PEKING UNIVERSITY

北京大学年鉴

北京大学年鉴编委会

2000

北京大学出版社

图书在版编目(CIP)数据

北京大学年鉴.2000/《北京大学年鉴》编委会编著.北京:北京大学出版社,2001.1

ISBN 7-301-04782-7

Ⅰ.北…　Ⅱ北…　Ⅲ北京大学-年鉴-2000　Ⅳ.G649.281-54

中国版本图书馆 CIP 数据核字(2000)第 77681 号

书　　　名:北京大学年鉴(2000)

著作责任者:《北京大学年鉴》编委会

责 任 编 辑:刘乐坚

标 准 书 号:ISBN 7-301-04782-7/Z·75

出　版　者:北京大学出版社

地　　　址:北京市海淀区中关村北京大学校内　100871

网　　　址:http://www.pup.com.cn

电　　　话:出版部 62752015　发行部 62754140　编辑室 62752032

电 子 信 箱:zpup@pup.pku.edu.cn

排　版　者:北京大学印刷厂

印　刷　者:北京大学印刷厂

发　行　者:北京大学出版社

经　销　者:新华书店

787 毫米×1092 毫米　16 开本　31.5 印张　1100 千字

2001 年 1 月第 1 版　2001 年 1 月第 1 次印刷

定　　　价:80.00 元

1999年12月23日，中科院副院长许智宏继陈佳洱之后出任北京大学校长，图为中组部副部长张柏林在大会上讲话

新任校长许智宏院士

三任校长合影，左起：陈佳洱、许智宏、吴树青

1999年进行的机关机构改革拉开了北京大学内部管理体制改革的序幕，图为机关干部聘任大会

陈佳洱校长向校长助理、人事部部长陈文申颁发聘书

7月，在勺园多功能厅召开机关工作研讨会

4月8日至10日，北京大学召开以“培养高素质的有创新精神和实际能力的人才为己任，深化改革、优化管理、创建世界一流水准的北京大学教育”为主题的教学工作会议

5月27日，北京大学召开科研工作会议

6月24日至27日，北京大学召开人事财政工作会议

作为学校内部管理体制改革的重要举措，1999年，北京大学外国学语学院和法学院相继成立，图为北京大学外国语学院成立大会现场

6月26日，北京大学法学院召开成立大会，任建新同志到会并发表讲话

教师节前夕，李岚清副总理与教育部部长陈至立在陈佳洱校长陪同下看望北大化学与分子工程学院教授唐有祺院士

1999年11月，钱其琛副总理出任北京大学国际关系学院院长，图为钱其琛副总理与校党委书记任彦申亲切交谈

9月9日，在图书馆报告厅举行北大庆祝教师节暨素质教育委员会成立大会

5月3日晚，纪念五四运动80周年合唱交响音乐会在北大百周年纪念讲堂举行

国务院副总理李岚清亲临北大纪念五四运动80周年合唱交响音乐会

4月29日晚，纪念五四运动80周年中外艺术歌曲音乐会在北大西门草坪举行

1999年9月27日，北京大学举行庆祝中华人民共和国成立50周年招待会

11月1日，北京大学迎澳门回归系列活动“华夏同心迎回归”开幕式在图书馆报告厅举行

北京大学离退休老干部举行联欢会，迎接新千年的到来

由北京市委教育工委、北京市教委和共青团北京市委主办，北京大学承办的“青鸟杯”首都大学生迎澳门回归知识竞赛现场

12月31日晚，北京大学举办丰富多彩的活动，迎接新千年，图为在百周年纪念讲堂前举行的“奔向2000年”大型露天晚会上欢乐的人群

12月3日，全国政协副主席马万祺等为北京大学迎澳门回归图片展剪彩

许智宏校长在春节团拜会上向全校师生员工拜年

10月14日，委内瑞拉总统乌戈·查韦斯·弗里亚斯校访问北大并发表演讲，图为陈佳洱校长与总统先生在亲切交谈

4月6日，授予埃及总统穆巴拉克北京大学名誉博士仪式暨总统演讲会在办公楼礼堂举行

10月31日，在授予著名的美籍华裔物理学家、诺贝尔物理奖得主丁肇中先生北京大学名誉教授仪式上，闵维方副校长代表北京大学向丁先生赠送纪念品

5月6日，南非总统纳尔逊·曼德拉访问北大并发表演讲

11月4日，《田长霖的柏克利之路》出版座谈会在勺园举行，迟惠生副校长代表学校接受田长霖赠书

12月3日上午，印度尼西亚总统阿卜杜勒拉赫曼·瓦希德访问北大并发表演讲

《北京大学年鉴》(2000)编辑委员会

《北京大学年鉴》(2000)编辑部

编辑说明

《北京大学年鉴》(2000)是北京大学建校百余年以来的第二本年鉴,反映了北京大学1999年度全面启动创建世界一流大学计划,在教学改革、学科建设、科学研究、对外交流等各方面的发展进程和最新成就。

《北京大学年鉴》(2000)以文章和条目为基本体裁,以条目为主。全书共分特载,专文,北大概况,机构与干部,院系情况,教育教学与学科建设,科学研究与高科技产业,管理与后勤保障,党建与思想政治工作,人物,北京大学党发、校发文件,统计资料,表彰与奖励,1999年毕业生,1999年大事记及附录等基本栏目。

1999年1月召开的第十次党代会是北京大学历史上的一次重要会议,确定了北京大学跨世纪发展的奋斗目标和行动计划,标志着北京大学创建世界一流大学计划的全面启动。由于在《北京大学年鉴》(1999)特载部分对这次会议的内容已经作了详细记载,在本卷中不再赘述。对创建世界一流大学计划启动后学校在学科建设重点项目与管理、校部机关机构改革、人事分配制度改革等方面的举措和成就,本卷设置特载一栏加以记述。特载中还收录了北京大学师生纪念五四运动80周年、庆祝新中国成立50周年等重大活动与许智宏同志就任北京大学校长等重要事项。

本年鉴所收录的各院、系、所、中心等单位的资料,基本上按照发展概况、学科建设、科研活动等条目编写。统计资料中仅收入与学生相关的统计数字,其他统计数字附在相关内容之后。

本年鉴所刊内容由各单位确定专人负责提供,并经本单位领导审定。

本年鉴采用双重检索系统。书前有目录,书后有索引。索引采用内容分析主题法,按汉语拼音排序,读者还可以通过书眉查检所需资料。

本年鉴主要收录了各单位1999年1月1日至1999年12月31日期间发生的重大事件,部分内容依据实际情况在时限上略有延伸。

《北京大学年鉴》(2000)由北京大学党委办公室、校长办公室组织编写,在编写过程中,得到了各有关单位和部门的大力支持,在此谨表衷心感谢。

《北京大学年鉴》编辑部

2000年11月

目 录

Contents

·特 载·

北京大学召开第十次党代会 全面启动创建世界一流大学计划

1999年1月,中国共产党北京大学第十次代表大会成功召开,创建世界一流大学计划全面启动。党代会的召开和这一计划的实施为北京大学提供了前所未有的发展机遇,使北京大学站在了一个新的腾飞的起点之上。

综 述

创建世界一流大学是一项艰巨的历史使命,需要几代人坚持不懈地奋斗。学校经过充分论证,提出了两步走的战略设想。即从1999年到2005年,这7年是打好基础的关键时期,学校的中心工作将围绕统一办学思想,加快体制改革和结构调整,全面提高办学效益展开。积极推进教学改革,实施创新教学计划,创建一批高水平的人才培养基地、知识创新基地和产学研结合基地,取得若干标志性成果,形成适应新世纪需要的高素质的师资队伍,着力改善办学条件和教职工待遇,从而为下一步发展提高奠定坚实的基础。从2006年到2015年,用10年时间,按照国际公认的世界一流大学标准,全面推进各项事业。届时,将建成一批处于国际学术前沿的学科点和研究机构,拥有一批世界知名学者,不断创造有重大理论价值和应用价值的学术成果,在回答和解决中国现代化进程中的重大问题上有突出贡献,成为国内外杰出学者和优秀学子向往的著名高等学府,并能产生荣获世界级大奖的成果和科学家,使北京大学成为真正的"培养和造就高素质的创造性人才的摇篮;认识未知世界、探求客观真理,为人类解决面临的重大课题提供科学依据的前沿;知识创新、推动科学技术成果向现实生产力转化的重要力量;民族优秀文化与世界先进文明成果交流借鉴的桥梁"。

北京大学第十次党代会在北大第二个百年历程之始、新的千年之交的重要历史时刻召开,是北大落实科教兴国战略、创建世界一流大学的动员大会。会议明确了创建世界一流大学的远景目标和近期主要任务,为北京大学下一步的发展指明了方向。党代会的召开,国家各项重点支持的落实,掀开了北京大学历史上崭新的一页,标志着北京大学创建世界一流大学计划的全面启动。

创建世界一流大学是一项复杂的系统工程,必须从改革入手。如果不改革原有的管理体制、管理模式以及教育内容和方法,不实现教育的"两个转变",全面提高教育质量和办学效益,即使有再多的投入,也建不成世界一流大学。因此,机关机构改革,人事分配制度改革,制定和实施学科建设、队伍建设、基础设施建设规划就成为创建世界一流大学计划三个重要而基本的组成部分。

借着党代会的东风,北京大学创建世界一流大学计划开始进入启动和实施的快车道。

学校贯彻"共建、调整、合作、合并"八字方针,先后与北京航空航天大学、清华大学、国家行政学院联合办学,与中国科学院共建实验室,与北京市共建首都发展研究院,与一些省市及企业开展产学研合作。同北京医科大学的合并工作也取得了新的进展。与此同时,以学校机关机构改革为突破,迈出了内部管理体制改革的重大步伐。经过充分论证和调研,从1999年6月起,学校采取了一系列大刀阔斧的改革行动,机关机构改革、财务制度改革、人事分配制度改革相继出台,北大初步形成了一种新的、充满活力和竞争力的机制,标志着北大实施创建世界一流大学计划迈出了实质性的步伐。

学科建设是创建世界一流大学的核心,需要科学的管理和各方面的协作。北大在原"211工程"办公室的基础上成立了"建设世界一流大学"综合办公室,负责立项、督办、调研和总结,并通过设立咨询机构,坚持不懈地开展预先研究,尽快明确学校发展的格局,包括战略布局、校际合并与合作的发展重点与格局调整;制定校内学科整合的目标与措施;加强研究中心、研究所、各种基地的建设;为创新人才的脱颖而出创造环境和舞台。

1999 年 9 月,首批国拨"创建世界一流大学"经费到位,北大的"创建世界一流大学"计划正式进入实施阶段。本年共到位经费 3 亿元。在严格论证的基础上,已经启动了 58 个学科建设项目。经过紧张的建设,首批建设项目进展顺利,不少项目在教学、科研上产生了明显的成效。

学科建设重点项目与管理

北大 1999 年学科建设的立项按照学科特点分为人文科学、社会科学、理学和高新技术科学。从学科建设和研究基地建设角度出发,各院系已经上报了"创建世界一流大学"计划的建设方案预期目标。由于 1999 年项目首次启动,国家支持力度相对较低,因此根据轻重缓急,学校有选择地支持了一些重要的项目,以期在近期内出现有重大影响的标志性成果,或者为承担重大项目建设打好基础。

北大 1999 年的世界一流大学经费主要投向学科建设、公共服务体系的建设、教学基础设施和实验室的建设、学科带头人引进配套、产学研基地建设、远程教育的建设等。其中用于学科建设的经费按照如下原则投入并首先考虑:(1)近期内能出标志性成果的;(2)国家重大项目的配套,如"973"、"863"等;(3)学校组织的、有重大意义的跨学科研究;(4)2000 年要验收的 6 个国家重点实验室建设;(5)急需的重大公共设备和实验室建设;(6)学科带头人的配套。按照上述原则,1999 年理科共立项 60 项,文科近 30 项。

此外,建立了严格的经费管理办法。从立项指南、申请、评审、拨款,到结题、验收、总结,在项目启动初期建立管理办法,规定支出内容,管好、用好国家的每一分钱。

(一)学校公共服务体系及理科与技术学科部分项目简介

(1)"985"信息网络建设

北京大学"信息与网络基础设施建设"项目是北京大学"创建一流大学计划"学科建设领域最大的一个子项目。北京大学校园网连接到学校各系所、部处,每座教学楼,每个实验室和学生宿舍。校园网的建设促进了学校教学改革和管理体制改革。在校园网的基础上,加强了信息系统的建设。

(2)图书馆建设

电子化图书馆的建设颇见成效。馆内设有多媒体光盘阅读室、声像阅读室,可为读者提供国际、国内联机检索服务,实现每天 24 小时、每周 7 天的网上不间断服务。

(3)数学学科

将重点建设资料室及中心实验室。

数学学院图书资料室

数学图书、数学杂志,以及数学文献检索工具是创建一流大学数学学科的最重要的物质基础,是培养数学创新人才和进行高水平数学科学研究所必需的知识信息载体。结合新理科楼的启用,在创建工程中将购进原版数学图书 1500 册,每年订阅原版数学杂志 60～100 种,购买 Math. Sci. Disk(数学评论电子版)等重要的数学文献查询工具。建立与国际上著名数学机构进行资料交换的网站。数学图书资料室与校图书馆的结合,将为教员、研究生以及访问学者提供齐全的图书资料和信息服务,为创建世界一流数学学科提供有力保障。

数学学院局域网暨中心实验室

通过"211 工程"的建设,数学学院的计算机化程度有了很大的提高,但较为分散。通过创建工程的中心实验室建设,将使五个实验室合并为一个,成为数学学院的中枢。网上数学文库的建成,将为检索文献提供技术支持,最大程度地做到资源共享,争取成为国内数学界寻找数学文献的首选网站。中心实验室将初步应用网络进行教学活动,先从使用 BBS、WWW 信息发布,E-MAIL 通讯手段进行学生与教师的电子交互做起,开展网上远程课程教学工作。数学中心实验室还将具有大规模工程计算和数据处理的能力。现有的统计实验室和计算实验室的利用率非常高,在中心实验室建成后,尤其在软件配置方面,能更好地为科研教学服务。

(4)化学

正在启动的建设项目主要涉及了中级实验室、稀土化学与功能材料、高分子科学与有机功能材料和药物分子的合成及其与生物大分子的相互作用、功能材料的分子工程学、生命化学和一些公用基础设施及研究设备等方面。

北大在稀土化学与功能材料研究领域取得了一系列重要的基础和应用研究成果,获得了国家"973"等一些重大项目的支持和策应。在创建工程中将集中力量建设稀土化学和功能材料的制备手段,结构、形貌和性能测定设备,确保北大在该领域的领先优势。

药物化学作为化学和生命科学相互交叉的领域是化学研究的重要方向。北大化学学院有不同学科的许多课题组围绕新药开发开展研究,具有一定的积累,近年来一直得到了国家自然科学基金委的重点支持。在创建过程中主要建设高效液相＋手性柱＋旋光仪、气相色谱、生物相互作用分析仪等实验体系。

北大化学学院经过多年的研究，在有机、高分子功能材料研究方面，奠定了坚实的基础，积累了丰富的经验并取得了一些国际首创的成果，得到了国家重大、重点或杰出青年基金的资助。在创建过程中将重点建设有机、高分子功能材料研究基地重要设施和实验室建设，使之增强国际竞争能力，达到国际先进水平。

在"211工程"建设中，中级仪器实验室已初具规模，成为了本科生、研究生从学习型向科研型转变的基地。然而，由于学科的发展和调整以及前期经费的限制，该实验室尚需继续建设。在创建过程中将主要添置粒度分析仪、IR及HPLC等新设备及附件，进一步提高中级仪器实验室的功能，促进化学学科的教学与科研的进步。

(5)螺旋波动力学

螺旋波动力学是当前非线性物理前沿问题，物理学界认为可激发系统螺旋波的研究将在医学领域有重要的实际意义，如心脏病学家可得到关于预防与控制致命的心率不齐与心颤的重要信息。在建设过程中，主要是组装一套具有世界先进水平的研究装置，建立有能力控制螺旋波行为的新的实验体系。该体系的建成将有力地推动北大非线性科学的研究现状，非线性物理实验室有望成为高水平的实验室。

(6)现代力学测试分析中心

北大力学与工程科学系经过几十年的努力，形成了自己的体系，建立了相应的各类实验室，但近些年来，由于学科的迅速发展，现有实验条件显得较为落后，实验条件急需进行改造。现代力学测试分析中心在创建工程中主要装备新技术含量高的仪器设备，在有关的流体力学、固体力学和一般力学实验室的基础上，集中力量建立一个面向力学科学研究和教学需要的具有国际水平的综合性的、强有力的实验分析功能体系的现代力学测试分析中心，使该中心具有开展前沿性力学问题实验研究的能力，使研究成果能够迅速达到国际先进水平。

(7)通信与信息处理研究中心

在通信领域，北大重点建设领域为：建立现代化的研究中心，为进行信源(语音和图像等)压缩编解码技术、信道编解码技术、信号调制解调和处理技术以及网络技术等方面进行更深入的研究提供实验条件。创建过程中配备一流的研究平台，包括多种硬件和软件开发环境、先进的测试设备、高精度信号源及显示系统。支撑完成重大科研项目"卫星通信专线网"、"863"重大项目"无线接入技术与设备"的成果转化，研制出先进的视、音频传输硬件设备及相应的软件，完成先进的视讯会议系统项目，完成新型城市光纤局域网新体制的预研工作。

(8)软硬件联合设计学科及研究基地建设

软硬件联合设计和SIP复用技术为微电子实现SoC可提供设计方法学和设计环境的支持。为了尽快弥补我国在CPU研制和生产、芯片设计和加工等方面的严重不足，在这一领域急需加强。北大在国内最早开展软件固化的研究，在CODES方面有较好基础。软硬件联合设计研究基地的建设主要是建立智能化实验室、比较完备的软硬件平台和测试分析条件，支撑完成20～40万门SoC的设计一个16位嵌入式mP，并应用于国防和国家安全领域，3～5个万门级IP模块的设计，使该项研究领域达到国际先进水平。

(9)基础软件研究基地建设

我国基础软件研究，整体上相对落后，不能适应国家和社会的要求。创建过程中对基础软件研究基地的建设将会推动北京大学在计算机软件领域全面接近或达到国际先进水平，为开展软件运行平台、软件开发平台、信息安全、人机界面和虚拟现实等方面的研究提供保障和支持，为高水平地完成"十五"计划重大科技项目、"973"计划国家重点项目提供支撑条件。

(10)功能基因组研究

北大的分子生物学及生物技术功能基因组研究定位在成为国际上有影响的以植物和人类功能基因组研究为主，同时兼容基因组相关的生物信息学、计算机生物学研究的基地。重点开展功能基因组的研究，筛选和克隆与重大农艺形状及重大疾病相关、具有重要生物学功能的新基因；同时发展与基因组学有关的生物信息学和计算机生物学，研制和开发相关的技术和产品。

功能基因组的研究主要完成以下研究任务：建成一个有10万突变体的拟南芥植物库，将此数据向全世界公开，并最终完成插入位置两侧序列的测定；完成该文库的所有突变体的表型分析、种子收集、分类、编号、储存等工作，并建立数据库；寻找到12个与疾病相关的新基因，在阐明功能的同时，研制和开发基因产品，通过技术与专利转让产生经济效益；将获得一批新的、与农艺性状相关的基因，并申请国内或国际专利。

(11)国家空间信息基础设施(NSII)关键技术实验基地

空间技术、信息技术和通信技术是人类解决目前面临的资源、环境、人口和可持续发展等重要问题的先进手段。北大参与承担了"973"项目"网络环境下海量信息组织与处理的理论和方法研究"的三个课题，经费共1100万。实验基地建设主要通过创建世界一流大学经费来支持，主要购置高性能支持多媒体协议的广域网路由器和网络安全管理系统，建设与国家计委信息中心连接的中心网站；建设高速子网，购置高性能光纤通道LAN交换机，使中心数据库服务器能与若干分结点(遥感所、计算机系、电子学系、环境中心等)连接；

购置高性能 UNIX 系统,多 CPU 超级服务器 3 台并组成集群系统;购置光纤通道的大容量 SAN 存储系统,使所有共享研究数据能够真正高速安全地提供给客户端使用;高性能并行数据库系统,配置国际上流行的主流 GIS 软件及开发工具软件。将实验室建成联合、流动、开放(跨学科,跨院系,跨学部)的具有设备(设施)共享的综合开放实验室。

(12)中港智能工程研究中心基地建设

研究对大规模的数据进行有效的组织、管理和运用,从中发现和识别隐藏在大量以至海量数据中的规律以及变化趋势,并提供开发友好的人机交互和查询手段,从而开发具有友好人机界面、智能化的信息处理系统成为当今信息科学研究的重要课题。香港中文大学和北京大学联合建立的中港联合智能工程研究中心,正是为研究这一重要领域而成立的。两校将在合作研究和发展的基础上,充分发挥内地和香港两地研究单位的优势,联合向国家和香港特别行政区有关机构申请项目。中港联合智能工程研究中心将在智能语音信息系统、数据仓库、数据挖掘和知识发现、基于内容的索引和查询等领域进行合作研究。香港中文大学已投入 120 万港币作为启动经费。研究基地主要进行以下几个方面的建设:在国家视觉与听觉信息处理实验室内建立一套电话自动语音采集及分析系统以及低噪语音自动采集系统,包括电话语音采集卡(PCI)、大容量硬盘(15G 以上)、光盘刻录机以及专用录音间的建设;建立模拟电话委托服务系统;建立与电子商务及远程教育有关的多媒体网络信息查询系统;建立一个模拟环境下的面向电子商务的智能购物向导原形系统。内地和香港联合智能工程研究中心的建设和发展不仅对促进中港两地信息处理领域的交叉研究和发展具有积极意义,也将为北京大学在信息科学领域争创世界一流发挥重要作用。

(13)视觉与听觉信息处理国家重点实验室更新改造

"211 工程"建设中北大对实验室的部分设备进行了更新改造,执行情况良好,改造后的实验室科研条件得到了很大提高,应用这些设备完成了多项重大课题项目。信息技术的发展确实太快了,在创一流大学过程中,作为北大主要从事信息技术研究和高水平研究人才的培养基地,缺少配套的高层次多学科交叉的教学实验环境,同时现有的高性能计算机系统由于缺乏相应的配套设备很难发挥应有的作用,另外一部分现有的实验设备已不能适应、满足教学和科研发展的要求;网络设施也有待扩展和提高;科研用房非常紧张,严重影响科研工作的开展。目前正在对实验室进行改造,主要建设方案:建立一个高速、安全、高性能的可扩展、可管理的中心局域网络,连接中心所有计算机设备,用于教学和科研;配备 30 台高性能微机工作站和 1 台高性能 NT 服务器,用于多媒体教学,主要是用于开设研究生核心课程上机实习;中心采购了 1 台超级图像工作站,通过学科建设配套和完善该设备使它能够为北大在高水平人才培养以及争取和承担国家重大课题项目上发挥重要作用。

(14)氧化物薄膜

氧化物薄膜(包括高温超导氧化物薄膜、铁磁氧化物巨磁电阻薄膜、氧化物铁电薄膜和氧化物绝缘介质薄膜等)的外延生长、物理性能和应用研究工作。在国内最早制备出外延 $YBa_2Cu_3O_7$ 超导薄膜并最早开展了锰氧化物薄膜的巨磁电阻研究。承担了超薄 $YBa_2Cu_3O_7$ 薄膜的超导性能和磁通动力学研究、高温超导薄膜的微波性能研究、掺杂锰氧化物薄膜的巨磁电阻效应研究等研究课题。在建设工程中,主要购置 Lambda 305I 型脉冲分子激光器,加强氧化物薄膜的制备力量。

(15)环境工程实验室

环境工程实验室将分 2 个系列进行分期建设。"水沙——风沙环境实验室"主要以目前主持的国内、国际重大科研项目为依托,重点针对近年我国江河洪水灾害加剧、水土流失面积不断扩大、风沙灾害日趋严重的现状,开展水沙环境、风沙环境、灾害形成机理及其防治等方面的基础研究,为我国进行环境保护、防灾减灾、实施可持续发展战略提供科学理论依据。"环境信息实验室"包括 CIDA 防洪培训与仿真模拟实验室、CAD 制图与工程信息实验室等子室。环境工程实验室将初步建立起水沙——风沙环境的科学基础理论,建设起一个具有强大生命力的新型专业;高水平地完成所主持的各项具有国内外深远影响的重大项目;结合 CIDA 制图项目为我国各级政府部门提供系列防洪培训。

(16)自然灾害研究中心

我国是世界上自然灾害最严重的国家之一,成为制约我国经济持续发展的重要因素。北大自然灾害研究中心集中北大在现代地球系统科学教学与科研方面的多学科交叉与综合方面的优势,对地球系统科学方面的重大科学课题进行系统、全面、多学科协同的攻关研究。将在地球系统科学、地震学与地球内部物理学、地球动力学、大气遥感卫星气象、大气边界层物理学、全球气候系统、太阳风与磁层物理等方面取得具有一定显示度的、突出的研究成果。第一期投入主要建设(低层大气)激光雷达和图形图像处理分析系统。

(17)天文学

天文学是一个有潜在突破和高显示度的学科,1998 年成立的中国科学院—北大联合北京天体物理中心,是我国专业科研机构和教育机构正在进行的体制和结构性改革的一种尝试，实现了科研院所与高等院校的优势互补。随着北大创建世界一流大学计划和科学院创新工程的实施，将使国际天体物理数据处理和分析中心成为北大和国内外最新观察设备的基地之一。目前，和英国学者已建立了良好的数据资源共享的良好合作关系。

(18)放射性核束物理基础建设

在“211工程”建设中，北大技物系承担了国际合作重大项目，取得了一些重要成果，掌握了RPC探测器技术。在创建一流大学的建设中主要购置较大型辐射探测设备和先进的数据信息管理设备，建立核信息服务系统，改善辐射探测实验室的基础条件，试制一批新的中性离子探测器，完成一批有特色的物理实验，依此承担更大规模的大科学合作任务，使核信息系统成为全国性的服务中心，并在物理成果上取得突破。

(19)暴雨监测与预测

由暴雨(强风暴)产生的洪涝是严重的自然灾害。暴雨(强风暴)的监测是高新技术和科学性强的学科领域。研究成果在基础理论方面将加强对风暴发生、发展机理的认识，其成果用于业务系统将改进我国暴雨监测和预测能力。通过实验设备、激光雷达、GPS/MET探测系统、移动大气探测系统和计算可视化软件、仪器设备的更新使实验室在基础研究、技术开发和人才培养方面达到一个新的阶段。第一期投入将主要完善GPS接收系统和微脉冲激光雷达。

(20)环境荷尔蒙地球化学新兴学科的建设

环境与健康是21世纪地球化学领域的主题之一。环境荷尔蒙/二恶英研究将促进地球化学学科领域里的发展。然而我国目前尚未开展此类研究，在国外也属新兴的热点研究领域。通过实验室的建设，形成独特的具有世界水平的评价技术体系，对地质学的现象、行为和机理进行综合性评价，提供新的解释方法、手段以及可能性。创建过程中重点支持JMS－700型/Mstation和超净实验室，并将在2000年6月完成该实验室的建设。此项目的建成，将使北京大学的环境有机物研究评价从同系物水平提高到能进行单一同分异构体研究水平，使有机物测试水平从毫微克的ng级提高到毫微微克的fg级水平。在二恶英类研究和评价方面有望达到世界水平。

(21)电子探针实验室

电子探针X射线显微分析仪主要从事矿物及各种材料的形貌和微区分析，是从事地质学和材料学研究的常规仪器。80年代以来国际地质学发展的重要趋势，即地质理论的提出不单纯依赖于野外地质观察，而是要结合实验和高精度的分析测试资料。现在使用的设备是1983年由教育部世界银行贷款购置的，该设备在近17年的使用过程中，为教学、科研提供了大量的有价值的数据，然而，与国际上目前采用的设备相比已非常落后，投往国际刊物的文章常因测试数据的精度问题而难以被接受。创建工程中购置了日本电子公司的JXA－8800型电子探针X射线显微分析仪。该仪器的投入使用，将不仅会加强地学学科群，而且也为物理、化学、无线电电子学、半导体、微电子学、机械、材料、冶金、核物理等学科教学、科研提供必不可少的重要分析手段。

(22)加速器质谱学研究

加速器质谱技术是一项现代核分析技术，具有超高灵敏度、测量核素种类多和所需样品量小等优势，已成为年代测量、跟踪和分析的有力手段，在考古、地学、环境科学和生命科学等诸多领域中有广泛的应用。北大AMS一直处于国内领先地位，但仍存在探测下限、测样能力和自动化程度不够等问题。在“211工程”和夏商周断代工程的支持下，已经有了很好的基础。创建工程主要通过技术改进、拓展可测核素种类和提高制样能力及水平使北大AMS比较全面地达到世界先进水平，开展高水平的多学科应用研究，成为北大乃至全国的跨学科研究基地。

(23)激光驱动高亮度电子束源

北大在高亮度电子束注入器和超导加速器研究方面具有较好的基础，激光驱动高亮度电子束源曾在国内是领先水平，在国际上也具有较好的声誉。但是由于这两年投入不足，而国内外在这一领域却飞速发展，北大已逐渐落后。在创建工程中将重点支持购进5兆瓦1.3GHz微波功率源和超高真空系统的建立。进一步提高现有的光阴极性能，探索研制新的光阴极材料。要将直流光电子枪从目前的100KV提高到200KV，新的直流光电子枪配以超导加速器将可以用于产生高平均功率FEL，这在军事上有重要的应用价值。目前美国军方已经全面介入该项研究，其重要的社会意义是不言而喻的。抓住机遇将目前的光电子枪上一个新台阶，将使北京大学在国内此项研究领域占据绝对领先的地位。

(二)文科学科建设

1999年第一期投入文科学科建设共1600多万元，将重点建设一批国家重点文科人才培养基地及科研基地，启动一批重大项目，如盛唐工程、中华文明史等。

(1)建设马克思主义研究基地

继续开展“马克思主义与中国现代化”研究；开展对马克思主义经典文本的研究和阐释；开设系列专题讲座(各12讲)：包括毛泽东思想专题讲座、邓小平理论专题讲座、第三代领导人社会主义现代化论述专题讲座；出版系列教材(各1本，每本30万字)、专著(各1本，每本30万字)。

(2)建设中国传统文化研究基地

开展中华文明史研究,出版《国学研究》与《国学研究丛刊》,编撰《中华文明史》共四卷(目前进展顺利)。

(3)建设中国古代史研究基地

继续开展盛唐工程和明清工程跨学科研究,编辑《盛唐画卷》大型图录(500页、800余幅);编纂《全世界散藏敦煌文献综合分类目录》;对首次开放的中国第一历史档案馆的清代外务部档案进行整理研究,整理出版全部档案。

(4)建设古代文明研究基地

开展古代文明起源研究,编辑出版《古代文明研究》半年刊。

(5)建设东方学研究基地

开展东方学综合研究,出版《东方研究》年刊及《北大东方学》丛书;出版《东方文化集成》100种,添置设备及大量相关图书资料,举办东方学系列讲座及国际学术会议。

(6)建设比较文学与比较文化研究基地

组织20世纪国际汉学(中国学)研究系统工程,包括东语、西语、俄语、英语学科在内,计划在5年内完成20世纪国际汉学(中国学)名著译丛40卷、国际汉学(中国学)史10卷等。

(7)建设外国语研究基地

编纂多种外语词典;编纂系列国别文学史;编纂系列国别文化史;编纂系列跨国、跨地区文化史丛书。

(8)建设古典文献研究基地

在《全宋诗》基础上开展对宋文化的全面研究(包括《全宋诗》电子版的开发、《全宋诗》补编、宋人别集整理等)和古籍数字化建设。

(9)建设宗教学伦理学研究基地

开展当代中国宗教现状调查与研究;开展中国宗教艺术实地考察;开展应用伦理学综合研究。

(10)建设艺术学研究基地

开展艺术学、美学综合研究。

(11)建设20世纪中国文化研究基地

编纂《20世纪中国小说史》(共7卷);编纂《20世纪中国诗歌史》(共6卷);开展共和国文学及文化现象研究;百年中国文学期刊研究等;编纂"20世纪中国人的精神生活"(共100种书)丛书;编纂"20世纪中国文学与出版文化"(共10种)丛书等。

(12)建设中国法制建设研究基地

开展"中国司法制度及其改革"问题的调查研究,描述中国司法制度的现状及其改革方向,为我国司法制度的改革提供政策建议。建立中国司法制度研究资料数据库(建设成全国第一库)、"中国经济与社会转型中的法律研究"(专著5种)

(13)建设中国政府与政治研究基地

继续开展中国社会转型时期的政治发展与行政现代化研究;开展社会主义市场经济发展与政府管理体制改革的研究;开展中国地方政府管理结构与功能转变分析的研究;开展我国社会转型与政府管理的科学化、高效化研究,创建公共管理案例库与公共政策数据库;建设公共管理模拟决策实验室和公共管理信息网。

(14)建设社会学人类学研究基地

继续开展"世纪之交的中国社会变迁"综合调查研究;开展"2010年中国居民生活方式变迁研究";开展中国农村基层组织建设问题研究等。

(15)建设社会调查研究基地

组建社会调查研究中心。

(16)建设工商管理研究基地

编写和出版具有权威性的MBA教材;建立北京大学文科信息服务中心;继续将MBA案例库建设成像哈佛大学案例库那样的MBA案例库。

(17)建设中国经济研究基地

开展"转型经济"研究;出版一套具有权威性的学术著作(10种:《转型的微观经济分析》、《转型的宏观经济分析》、《转型的经济增长分析》、《转型的国际经济分析》、《转型的道德文化分析》等);开展"中国经济中长期增长的发展战略"研究,在已完成的研究报告的基础上,出版高质量的学术研究专著,包括转型中的微观经济和宏观经济分析、转型中的经济增长及发展方式的转变考察、转型中的国际经济环境分析、转型中的经济与道德问题研究等;围绕经济转型问题研究,提出一系列政策建议。

(18)建设高等教育研究基地

开展"十五"期间"国家贫困地区义务教育工程"的前期调研,制定实施方案,为政府决策提供科学依据;开展教育发展及其对经济增长贡献的研究和"世界一流大学"专题研究。

(19)建设国际关系研究基地

继续开展21世纪初中国国际战略研究(包括全球化与21世纪初国际格局研究、中国面临的国际环境及其世界定位、全球一体化中的地区发展研究等)。

(20)建设人口研究基地

开展21世纪新人口问题研究;开展人口科学文化素质与经济结构调整问题研究;开展可持续发展的人口模型与应用研究,包括21世纪中国人口政策研究、生育观转变机理研究、中国高龄老人健康长寿对策研究等。

如何做好世界一流大学计划项目的管理,尤其是学校长期发展整体目标的设定,以及对中短期可以出世界水平成果的项目管理,对于世界一流大学的建设至关重要。项目管理是为了将有限的资源配置在最关键、最急需的地方,以最大限度地发挥作用。北大领导一直非常重视"创建工程"建设，广大教师的热情也非常高，大家希望通过"创建工程"的契机，把北大的学科发展水平推进到一个新的水平。

第一，充分认识学科建设在创办一流大学中的地位和作用。

北京大学创建世界一流大学计划的全面启动，是国家对北大自创建以来取得的办学成就的高度评价，是北大发展史上的一次重大机遇，对北大跨世纪的建设与发展具有重要和深远的意义。学科发展与建设一流大学有着十分密切的联系。要抓住这次历史性机遇，加快发展、完善北大的学科方向，把学校的教学、科研水平真正提高到一个新的水平。

第二，创建工程中，依据项目确定目标进行严格管理，使管理规范化，严格认真执行国家"创建工程"的总体建设规划和目标，在此前提下作好子项目的申请、立项及严格论证审批，以保证建设项目的必要性、合理性、实用性和可执行性，并具有一定的创新性，杜绝浪费、重复和落后的项目的立项。

第三，"创建工程"费用严格遵守专款专用，注重节约，实行定期跟踪建设过程，进行动态管理。

第四，项目申请过程中，所需建设项目和设备的预算严格以认真、负责的态度详细规划，并进行市场价格的初步调查和比较。

第五，真正达到实现"设备专管共用"的原则，使仪器设备发挥最大效益。

第六，进行必要的教学改革，调整课程结构。教师要能因材施教，根据不同学生的不同特点，运用不同的方法充分发挥学生的优势，挖掘其潜能。

"创建世界一流大学计划"学科建设经费投入(1999年)

项目类别	项目数	经费(万元)
文科重点学科建设	23	1654
理科重点学科建设	18	3627
学科带头人配套经费(含长江学者)	14	1450
基础课程建设		3160
改善公共教学条件 其中："985"信息网络建设 1150 万元， 图书馆建设 1459 万元		4080
产学研基地建设	1	300
总计		14271

积极推进办学体制改革和内部管理体制改革

综　述

1999年是北大实施创建世界一流大学计划的第一年，也是以管理改革为突破口，改革措施涉及范围最广、力度最大的改革之年。按照北京大学第十次党代会的会议精神，一系列重大改革措施相继出台。

一、为贯彻落实第十次党代会精神，先后召开教学工作会议、科研工作会议和人事财政工作会议，对学校教学、科研和人事财政等项工作的改革进行充分论证和研讨，为校内各项事业的发展规划了蓝图。

学校于4月、5月和6月分别召开了教学工作会议、科研工作会议和人事财政工作会议。这些会议都是以创建世界一流大学为目标，研讨和明确北大教学、科研以及人事、财政方面改革和发展的指导思想、重大举措和1999年起步的各项工作任务，包括深化教学改革，制订有利于培养创新人才的课程体系和教学计划，创建一批高水平的人才培养基地；文理科重大标志性项目的确定，知识创新基地的建设和产学研结合基地的建设；以及积极参加教育部"高层次创造性人才工程"，建设高水平的师资和干部队伍等。

这几次会议是学校第十次党代会后，落实科教兴国战略、创建世界一流大学的一系列重大举措中的重要内容，对于统一制订长远规划的指导思想、推动学校的各项改革和完成1999年度的各项有关工作起了积极作用。正是在这些会议的基础上，学校和各院系基本完成了创建世界一流大学规划的制订。

二、贯彻“共建、调整、合作、合并”八字方针，积极推进教育管理体制的改革。

为了建设一个学科布局更为合理、更加开放的综合性大学，1999年学校先于4月29日与北京航空航天联合成立了“北京大学工程研究院”，以高新工程技术为主要研究方向，以综合、交叉、边缘、新兴学科为主要生长点，实行产学研相结合；又于5月17日与清华大学签订了两校合作办学协议，在互聘教授、互相推荐免试研究生、定期交流培养方案和教学计划、扩大馆际互借服务等八个领域开展办学合作，携手共建世界一流大学。1999年，北京大学与北京医科大学的合并工作也取得重要进展，经多次协商，确定两校的合并将是实质性的合并，即做到一个建制、一个法人、一个党政领导班子和一个学术领导班子，校名为北京大学，在教育部的直接领导下进行统一的规划和统一的管理。在这一基础上同时实行教育部、卫生部与北京市共建共管的体制，以得到教育部、卫生部和北京市的共同支持。

为了促进教育与科研的结合，在积极开展与高校合作的同时，1999年，北大与中科院、国家文物局、中国原子能工业总公司等单位联合，在校园内建立联合科研中心包括北京天体中心、北京原子核中心、国家考古文博院等。这些中心的建立有利于打破条条框框的界限，有利于促进教育与科研的紧密结合。

同时，为了更好地取得地方支持，更好地为经济建设服务，北大按照“立足北京、面向全国、走向世界”的方针，与北京市共建北京大学首都发展研究院。北京大学首都发展研究院是北京市委、市政府和北大共建的服务于首都发展事业的机构。3月20日首都发展研究院正式成立，北京市市长刘淇任理事长。研究院依托北大人才资源雄厚、学科众多、科研设施先进及其在国际上有广泛联系等综合优势，针对北京市社会、经济、文化及可持续发展等方面的重大问题，深入开展跨学科研究，为北京市政府及有关部门提供政策建议和决策咨询，以及文化、科技和人才支持。同时，学校还与云南省、青岛、深圳、厦门等省市签订了协议，开展新的合作。

1999年，北大还通过国际合作，加强了与国外名校、国外知名企业和国外知名科研机构如西欧核子中心的合作关系。

通过与国内大学和科研单位的合作或合并，同地方政府的共建，同国内外企业的结合，同国外大学的合作交流，把北大的资源和国内外的信息资源、人才资源、科技资源、资金资源、物质资源等更好地利用起来，从而增强了学校的活力和实力，提高了办学的效益和水平。

三、以机关机构的改革为突破，北京大学迈出了内部管理体制改革的重大步伐。

1999年，学校内部管理体制的改革首先从校部机关开始。本着“理顺关系、革新设置、减员增效、转变职能”的思路，把机关改革置于创建世界一流大学的整体框架之中，从学校实际出发，根据精简、高效的原则，以及教育部关于高校机构改革的精神，采取统筹规划、分类归并、分步实施的办法，对现有机构进行改革。涉及的部门41个，其中党委职能部门12个，行政职能部门24个，后勤系统5个。改革后的党政管理机构为19个，减少了22个，精简幅度为53.67%。同时实行领导干部竞争上岗任期制和全员聘任制。改革后的校部机关，职能比较清晰，队伍比较精干，效率大为提高。

按照“着眼一流，立足改革，淡化身份，强化岗位，突出人才，优劳优酬，存量不动，增量拉开”的原则，学校推出人事分配制度改革方案。这次改革是对优秀人才、关键岗位实施激励计划，实行重点倾斜。主要内容是通过竞争择优的方式分层次精选出学校的骨干队伍，以水平、责任和业绩为依据，初步建立起体现优劳优酬和多劳多得的新的分配格局。通过设岗聘任，进入校级关键岗位和院系重点岗位的有2208人，约占在编教职工总数的32%，其中进入A类岗的804人，占教职工总数的11.76%，其中年津贴5万元、进入1级岗的100人，占教职工总数的1.5%。他们成为北京大学向世界一流大学发起冲击的中坚力量。

1999年，学校还进行了财务工作改革。改革的总体思路是：建立和健全新的财政管理体制，实行财力集中、财权下放、一级核算、两级管理；逐步推行会计人员派驻制；坚持“量入为出、收支平衡”的预算管理原则。今后财务工作应遵循“严格、透明、公平、效益、服务”的十字指导方针。通过改革，使学校增强了宏观调控能力，提高了资金的使用效益，经济活动更加规范。

与此同时，学校深化了院系管理体制的改革，正式成立了四个学部——人文学部、社会科学学部、理学部、信息与工程学部，聘请袁行霈教授、厉以宁教授、甘子钊院士和杨芙清院士分别担任各学部主任。成立学部是为了适应现代学科之间的交叉发展的趋势，适应学校管理重心的下移以及与北医合并的要求。学部通过增强相关学科之间的联系、沟通、渗透和交叉，在提高教学质量和科研水平、发展学科建设、发挥教师特别是知名教授在学校建设和管理中的作用等方面具有重要作用。6月22日、26日，北京大学外国语学院和北京大学法学院又分别宣告成立。新成立的外国语学院对学校原有的4个外语系的各专业进行了调整，共设英语系、东语系、俄语系、日语系、阿拉伯语系、法语系、德语系、西班牙语系及东方学研究院、翻译中心和世界文学研究中心。法学院院长吴志攀教授在学院成立大会上表示，新成立的法学院将在总体架构、教学改革、科学研究、对外交流等方面采取一系列措施，争取经过十几年的努力，把北大法学院建成世界一流的法学院。

如此之大的改革力度，在北京大学是前所未有的，引起的震动和波动也是剧烈的、深远的。这样的改革打破了原有的利益格局和平衡，影响到了学校的每位教职工。然而，改革却是在稳定有序的状态下进行的，虽然不同意见、失落之感时有起伏，但并未形成影响改革进行的大的波澜，相反，从校部机关到各个院系，广大教职员工焕发出良好的精神状态，锐意改革、艰苦创业、奋发向上、争创一流成为团结、凝聚大家共同奋斗的主旋律。

（薛松岩）

校部机关机构改革

为适应21世纪高等教育改革与发展趋势，落实“科教兴国”战略，北大第十次党代会明确提出，要在新一轮的内部管理体制改革中，以机关改革为突破口，精简机构，压缩编制，改进管理，转变作风，改善服务，提高效能，建立机关干部任期目标责任制和全员聘任制。以更大的改革步伐为创建世界一流大学提供有力保障，全面推进学科建设和各项事业的发展。

深化高校内部管理体制改革是一项十分艰巨的任务，如何实现既积极大胆推进改革，又保持学校的稳定和各项工作的有序运转，更是一项艰难的课题。因此加强论证调研，确保改革方案的科学性和可行性至关重要。

制定一套适合北大实际的改革方案是确保改革顺利进行的前提。为此，学校成立了三个工作小组：一是20人的体制改革研讨小组，包括专家学者、领导干部和教师代表，主要任务是出谋划策，参与构思，不参与决策，相当于课题研讨性质；二是7人的改革工作小组，由有关职能部门的干部组成，主要任务是调查研究，制定方案，做具体实施工作；三是5人的体制改革领导小组，由校党政领导班子成员（人事小组成员）组成，负责改革的顶层设计，指导操作的全过程。学校党委在认真学习有关文件精神的基础上，经过近5个月深入细致的校内外调查研究，有了前期的思想、舆论和必要的理论研究的准备之后，出台了经11次易稿的“北京大学校部机关机构改革方案”。1999年6月正式启动校机关机构改革，经过4个月的努力基本告一段落。机关部处由原来41个调整为19个（不含直属、附属单位和群团组织），精简幅度为53.67%，正副处级干部由98人（正31人，副67人）减少为63人，各部门分别整合重组了内设机构，撤销了原科室设置85个，新组建办公室77个，科级干部由原来的138人减少为121人，原来机关人员总数为609人（其中518人领取机关津贴），改革后校部党政机关机构人员编制总数为390人，减少了24.7%，第一批已聘任上岗336人。正处级干部年龄由50.2岁降为44.8岁，副处级干部年龄由44.3岁降为39.9岁。

一、机构改革

（一）机构改革的指导思想

1. 以解放思想为先导，以校机关机构改革为突破口，全面推进学校各项改革，整体性构建有利于今后发展的体制框架，为建立一个能与世界一流大学要求相适应的管理体制和运行机制奠定基础。

2. 分清职责，简政放权，理顺关系、规范管理、减员增效、改善服务，最大限度地发挥各院系工作的主动性和创造性。

3. 按照管理职能最佳组合的原则，建立一个架构合理、规模适度、职责分明的组织系统，并在此基础上建立一支人员精干、作风良好、爱岗敬业的管理队伍。

（二）改革的基本思路和指导原则

概括起来是十六个字：理顺关系、革新设置、减员增效、转变职能。

1. 理顺关系

把机关改革置于创建世界一流大学的整体框架之中，从学校实际出发，根据精简、高效、合理、规范的原则，及教育部关于高校机构改革的精神，采取统筹规划、分类归并、分步实施的办法，通过合并、合署、剥离、转制等方式，重新划分职能，建立新的管理系统和运行机制。对主体职能相近、工作性质、基本任务相同的部门进行合并；对工作职责交叉或工作相关性较大、工作对象基本相同的机构实行合署；对“一处二制”，集管理、服务或教学功能于一体的机构进行剥离；对行政管理职能较少、服务经营性很强并具有产业化发展前景的机构，按事企分开的原则实行转制；对一些急需加强或亟待开展的工作领域，如果原来的机构不具备这样的功能，缺乏应有的管理部门予以支撑的，要组建新的管理机构，或以组建新的委员会的形式，消除管理上的真空地带和薄弱环节；对参与组建新机构或需要整合归并的单位，以及不必单设独立机构的部门，则予以撤销。

2. 革新设置

关于新一轮高校内部机构改革，教育部明确指出，要“努力克服校部机关政府化倾向，不对口设置机构”，并规定了"学校党政管理机构数按学校规模确定，原则上10—20个左右"。根据以上原则和思路，北大在对各部门按工作的属性及其职能分析的基础上，对原有机构设置，该保留的保留，该合并的合并，该剥离的剥离，该转制的转制，该组建的组建，对属于机关管理部门的单位进行了重新整合归并。如将全校的外事系统管理，文理科研管理工作，在职人员与离退休人员管理，学校资产管理，学生毕业分配管理等分类归并。在校内机构设置的名称上取消原"处、科"称谓与级别划分，按照"部"和"办公室"设置。不再设处级建制，学校只明确管理权限。

3. 减员增效

精简党政部门的内设机构，避免部门与部门之间，以及部门内部之间因分工过细带来的职责交叉或重复；建立管理队伍的职员制度，在严格定编、定岗、定职责的基础上，强化岗位聘任和聘任后考核；实行干部任期目标责任制，真正建立起能上能下的任用机制。这是规范管理，提高效益的手段，是改革的二期工程。

4. 转变职能

要十分明确校部党政管理机构基本职能是为教学科研服务，为人才培养服务。通过改革，调整管理跨度，降低管理重心，规范管理行为，提高管理水平和服务质量。最终实现与创办一流大学相适应的管理体系，并在此基础上建立一支人员精干、作风良好、爱岗敬业的管理队伍。这是改革的最终目的。

(三)校机关机构改革方案

原有机构状况：除教学科研机构外，现有独立建制的机构57个。按照工作性质、职责，对全校机构进行统计分类，可划分为6类：

1. 党委系统(12个)

党委办公室、研究室、组织部、党校办公室、宣传部、校刊编辑部、统战部、保卫部、学工部、武装部、纪委、党史校史研究室。

2. 行政系统(24个)

校长办公室、人事处、财务处、国际交流与合作处、社会科学处、自然科学处、教务处、研究生院(含管理处、培养处、学位办公室)、物资设备与实验室管理处、老干部处、档案馆、审计室、海外教育学院(含留学生管理处、对外汉语中心、境外办学办公室)、校办产业管理办公室、成人教育学院、教务长办公室、人才交流中心、监察室。

3. 后勤部门(7个)

总务长办公室、基建处、房地产管理处、伙食管理处、事务中心、动力中心、工程技术管理办公室。

4. 群团组织(2个)

工会、团委。

5. 直属、附属单位(11个)

街道办事处、勺园管理处、校医院、图书馆、计算中心、电教中心、出版社、教育基金会、校友联络总部、附中、附小。

6. 非常设机构(1个)

昌平园区办事处。

全校有党政编制的管理人员847人，其中列为校机关管理序列的党政工团人员518人，占管理编制人员总数的61.2%。

这次调整与改革的重点和突破口是党政管理机构，涉及的部门41个，除上面所列的党委系统12个、行政系统24个之外，还有后勤系统5个(包括总务长办公室、基建处、房产处、工程管理办公室、勺园管理处)。群团组织(2个)和直属附属单位(10个)，列入后续改革范围。改革后的党政管理机构数为19个，减少了22个，精简幅度为53.67%。

改革后的校党政管理部门如下：

党委系统(3)：组织部、宣传部、统战部

双管机构(5个)：党委办公室校长办公室、发展规划部、纪检监察审计部、学生工作部、人民武装部、保卫部

行政系统(10个)：教务部、科学研究部、研究生院、继续教育部、国际合作部、产业管理部、人事部、财务部、资产管理部、总务部、基建工程部

新组建四个委员会：

1. 国内合作委员会

2. 教学科研工作委员会

3. 机关事务管理工作委员会(待成立)

4. 机关党委(待一、二机关党委合并)

北京大学机关各部门内设机构一览表

部门名称	内设机构	挂靠、直属、代管单位
组织部	干部工作室 党建工作室 综合办公室	党校办公室(挂靠)
宣传部	理论工作室 宣传工作室 综合办公室	校刊编辑部(直属) 广播电视台(直属) 网络与图片编辑部(直属)

统战部		党委对台工作领导小组办公室(挂靠)
党委办公室 校长办公室	文秘室 信息室 综合室	国内合作办公室(挂靠)
发展规划部	事业发展规划办公室 校园规划办公室	环境保护办公室(代管)
纪检监察审计部	纪委办公室 监察室 审计室	
学生工作部 人民武装部	教育宣传办公室 学生管理办公室 国防工作办公室 综合办公室	学生就业指导与服务中心(代管)
保卫部	保卫保密办公室 安全警卫办公室 交通管理办公室 外来人口管理办公室 治安综合治理办公室 综合办公室	派出所(代管) 校卫队(直属)
教务部	招生办公室 教学办公室 教材办公室 教务办公室 教育教学评估办公室 综合办公室	素质教育委员会办公室与教学办公室合署。 教材建设委员会办公室与教材办公室合署。
科学研究部	社会科学办公室 自然科学办公室 科技开发办公室(科技开发部) 综合办公室	北京大学学报编辑部(挂靠) 教学科研工作委员会办公室(挂靠) 北京大学知识产权管理办公室(虚体)
研究生院	学位办公室 研究生培养办公室 研究生招生办公室 综合办公室	
继续教育部	招生办公室 学籍管理办公室 教务办公室 培训办公室(自学考试中心) 综合办公室	
国际合作部	交流办公室 留学生办公室 专家与境外办学办公室 派出办公室 综合办公室	

产业管理部	金融财务办公室 企业管理办公室 法律事务办公室 综合办公室	
人事部	规划与调配办公室 工资福利办公室 人才开发办公室 博士后管理办公室 人事档案办公室 离退休人员办公室	人才交流与培训中心(挂靠)
财务部	管理办公室 审核办公室 出纳办公室 计划办公室 工薪办公室 综合办公室	资金运作部(挂靠) 会计派驻中心(直属)
资产管理部	房地产管理办公室 仪器设备管理办公室 实验室管理办公室 资产财务室 综合办公室	房改办公室(挂靠)
总务部	人事办公室 运行管理办公室 总务财务室 综合办公室	
基建工程部	计划办公室 工程建设办公室 维修管理办公室 基建财务室	

注:1. 挂靠单位:相对独立,学校有主管领导,职能部门只管人事,不管业务。

2. 代管单位:由职能部门代表学校实施管理,包括人事等授权相关事项。

3. 直属单位:由职能部门直接管理,部门领导就是该机构领导。

(四)关于机构改革方案的说明

1. 新组建的机构

(1)发展规划部:党委政策研究室与北京大学规划委员会办公室合并。发展规划部的设立是为加强学校宏观规划与研究。这是学校整体办学规划、校园规划顶层设计和研究的部门。应该是学校领导科学决策的参谋和智囊团。

(2)资产管理部:物资设备与实验室管理处的设备管理、实验室管理职能与后勤房地产管理处的房地产管理职能合并,组建北京大学资产管理部,统一规划、管理、配置、调控学校物资设备资产、房地产和学校无形资产。

(3)科学研究部:自然科学处与社会科学处合并,将文理科研管理打通。

(4)继续教育部:将成人教育学院的管理与办学职能分开,其管理职能列入校行政管理序列,成立北京大学继续教育部。

(5)总务部:后勤实行“小机关、多实体”的管理模式,新组建总务部,纳入学校行政编制序列,代表学校行使行政职能,与后勤服务实体建立甲乙方关系。

(6)基建工程部:由基建处与工程技术管理办公室合并,成立北京大学基建工程部,从后勤系统转入学校行政管理系统。

(7)新设四个委员会:

——北京大学国内合作委员会,委员会办公室设在校长办公室下,称国内合作室,统筹协调学校与国内各部门、各地区的合作事务。

——教学科研工作委员会,由主管校长任委员会主任。

——北京大学机关事务管理工作委员会，简称机关工委，下设机关工委办公室，统筹协调校机关党政公共事务。

——校机关19个部门，统一成立北京大学机关党委，并设机关党委办公室。机关党委办公室与机关工委办公室合署办公，为一套班子、两块牌子。原一机关党委和二机关党委撤销。

2. 合署机构

所谓"合署"，就是一套班子，对内合署办公，对外两块牌子。

(1)党委办公室与校长办公室合署办公。党政办公室设一个主任，统一内设机构。

(2)学生工作部与人民武装部合署办公，学生工作部部长兼人民武装部部长。

(3)纪检监察室与审计室合署办公，对内称"纪检监察审计部"。

(4)统战部与组织部两部合一成立一个党支部，就近办公，资源共享。

3. 合并机构

(1)党校办公室并入党委组织部。保留北京大学党校与北京大学干部教育中心两块牌子。

(2)教务长办公室工作职能并入教务部。

(3)人才交流与培训中心并入人事部，与人事部一套班子，两块牌子。

(4)人事处与老干部处合并，改称北京大学人事部，在人事部内设立离退休人员办公室。离退休人员的服务性工作，将从社区服务中得到保障。

(5)海外教育学院与国际交流与合作处合并，改称北京大学国际合作部，海外教育学院的留学生管理和境外办学职能并入国际合作部。

4. 剥离机构

主要是剥离不属于机关管理职能的部分。

(1)海外教育学院的汉语中心将纳入教学单位。

(2)原国际交流与合作处下属的国际交流中心从国际部剥离，将纳入新组建的"北京大学会议中心"，不列入机关建制。

(3)成人教育学院的办学职能，不再列入机关序列，按教学实体转化。按办学职能挂两块牌子：成人教育学院与继续教育学院。

(4)档案馆、党史校史研究室与即将成立的校史馆组建一个新的实体，不再列入校机关管理序列。

(5)校刊编辑部、北大闭路电视台、摄影组、广播站都不再列入机关管理序列。其业务仍由宣传部领导。原北大新闻中心(虚体)仍然保留。

(6)研究生毕业分配办公室从研究生院剥离，本科生毕业分配办公室从学生工作部剥离，合并为北京大学学生就业指导中心，挂靠在学生工作部。

(7)物资设备与实验室管理处的设备采购、定货与维修职能单独划出，成立服务中心，实行企业化管理，该中心挂靠资产管理部。

5. 转制机构

勺园管理处，按企业化管理转制。

6. 根据原国家教委有关文件精神和机构改革工作的整体性考虑，在本次机构改革中，取消"三长"(教务长、秘书长、总务长)的职务设置。

7. 撤销独立建制的机构(不包括合署)

(1)党委政策研究室

(2)党校办公室

(3)教务长办公室

(4)自然科学处

(5)社会科学处

(6)研究生管理处

(7)研究生培养处

(8)学位办公室

(9)海外教育学院

(10)留学生办公室

(11)境外办学办公室

(12)老干部处

(13)人才交流与培训中心

(14)物资设备与实验室管理处

(15)总务长办公室

(16)房地产管理处

(17)基建处

(18)工程技术管理办公室

(19)勺园管理处

(20)一机关党委、二机关党委(待完成)

8. 部分合并、合署的单位或挂靠单位对外工作需要时，可用原来的名称，对内不再设立独立建制。

(1)党委办公室

(2)校长办公室

(3)人民武装部

(4)党校、干部教育中心

(5)审计室

(6)人才交流与培训中心

(7)学位委员会办公室

(8)校刊编辑部

(9)学生就业指导中心

9. 调整挂靠单位的部门

(1)环境保护办公室(原挂靠在校长办公室，调整后挂靠在发展规划部)

(2)学报(原挂靠在出版社，调整后挂靠在科研部)

(3)教材科(原挂靠在出版社，调整后为教务部内设机构)

(4)校友联络总部(原挂靠在校长办公室,调整后与教育基金会合属办公)

(5)专利代理事务所(原属校机关,调整后归并到法学院)

二、干部制度改革

(一)指导思想

进一步贯彻落实北京大学第十次党代会的精神,深化干部人事制度改革,拓宽干部选拔视野,广开干部任用渠道,加大干部轮岗交流力度,真正形成干部能上能下的机制,形成公开、平等、竞争、择优的用人环境。

(二)具体做法

配合学校机关机构改革,对改革后校党政机关各部门干部实行任期制,每届任期四年,在全校处级现职干部范围进行部门正职干部的无记名推荐,根据推荐确定的初步人选经过组织考察,学校党委常委会集体讨论任命。

对改革后机关各部门副职干部实行公开招聘,按照干部管理权限,在学校党委的统一领导下成立公开招聘考核小组具体负责实施,党委组织部负责具体的组织工作。招聘考核小组由学校党委和行政有关领导、组织部长、人事处长、纪委、被招聘单位正职、相关部门负责人、有关基层单位负责人组成,其职责是按照规定程序对应试人员进行面试,确定初步人选,经组织考察报党委常委会研究决定任命。

对改革后各部门内设机构负责人及一般干部也成立相应的招聘考核小组,在全校范围内进行公开招聘。

机关机构改革前后机构及干部职数对照表

改革前机构	改革前干部职数	改革后机构	改革后干部职数
党委办公室	正职 1、副职 1	党委办公室	正职 1、副职 3
校长办公室	正职 1、副职 2、副职 1(兼)	校长办公室	
政策研究室	正职 1、副职 1	发展规划部	正职 1、副职 1、副职 1(兼)
纪委	正职 1、副职 1	纪检监察审计部	正职 1、副职 2
监察室	副职 1(兼)		
审计室	正职 1		
组织部	正职 1、副职 3	组织部	正职 1、副职 2
党校办公室	正职 1、副职 1(兼)		
宣传部	正职 1、副职 1、副职 1(兼)、副职 1(挂)	宣传部	正职 1、副职 2
校刊	正职 1		
统战部	正职 1、副职 2	统战部	正职 1、副职 1
学生工作部	正职 1、副职 4、副职 1(兼)	学生工作部	正职 1、副职 3
武装部	副职 1	人民武装部	
保卫部	正职 1、副职 4	保卫部	正职 1、副职 3
教务处	正职 1、副职 4	教务部	正职 1、副职 3
自然科学处	正职 1、副职 3	科学研究部	正职 1、副职 3
社会科学处	正职 1、副职 3		
教务长	正职 1、副职 1、副职 1(兼)	(撤销)	
秘书长	正职 1		
总务长	正职 1、副职 3		
		总务部	正职 1、副职 2、副职 1(兼)
研究生院	正职 1(兼)、副职 2	研究生院	正职 1、副职 3、副职 1(兼)
管理处	正职 1(兼)、副职 3		
培养处	正职 1(兼)、副职 1		
学位办	正职 1(兼)、副职 2		
成人教育学院	正职 1、副职 3	继续教育部	正职 1、副职 2
人事处	正职 1、副职 2、副职 1(挂)	人事部	正职 1、副职 3
人才交流与培训中心	正职 1(兼)、副职 1		
老干部处	正职 1、副职 2		

财务处	正职1、副职1、副职1(挂)	财务部	正职1、副职1、副职1(挂)
国际交流与合作处	正职1、副职3	国际合作部	正职1、副职3
海外教育学院	正职1、副职2		
外国学者留学生处	正职1(兼)、副职2		
对外汉语教学中心	正职1(兼)、副职1		
境外办学办公室	正职1(兼)		
设备实验室处	正职1	资产管理部	正职1、副职2
房地产管理处	正职1、副职2		
基建处	正职1、副职1	基建工程部	正职1(兼)、副职1
工程技术管理办			
校办产业管理办公室	正职1、副职1、副职1(兼)	产业管理部	正职1、副职1、副职1(兼)
勺园管理处	正职1、副职2	(转制)	
档案馆	正职1、副职1	(剥离)	
合计:41个部门	正职31,正职兼7,副职66,副兼7,副挂3	19个部门	正职18,正职兼1,副41,副挂1,副兼4

附　录

机关机构改革进程

1. 1999年1月23～26日,北京大学第十次党代会召开,提出机关机构改革和干部制度改革的指导思想。

2. 1999年3～4月,改革工作调研,召开各类人员座谈会,与中层干部谈话。

3. 1999年5月25日,学校召开党委常委、校长联席会议,讨论机关机构改革和干部制度改革方案。

4. 1999年6月9日,学校召开全校中层干部会,公布改革方案并进行正职干部人选的无记名推荐,考察。

5. 1999年6月10日,学校党委常委会研究决定正职干部的任命。

6. 1999年6月14～24日,进行校机关各部门副职干部招聘报名、考核,组织考察。

7. 1999年6月30日,学校党委常委会研究决定副职干部任命。

8. 1999年7月12日,召开机关干部聘任上岗大会。

9. 1999年8月24～25日,召开学校机关工作研讨会。

10. 1999年8月,确定各部门的内设机构的设置及编制方案。

11. 1999年9月3～9月16日,招聘确定校机关内设机构干部。

12. 1999年9月23～10月10日,机关全员招聘工作完成。

13. 1999年11月15～16日,机关"三定一聘"工作完成。

北京大学机关干部聘任管理暂行办法

一、总　则

第一条　为贯彻落实北京大学第十次党代会的精神,积极推进干部制度改革,真正形成干部能上能下的机制,加强管理、提高效率、改进服务,根据中共中央《党政领导干部选拔任用工作暂行条例》和《北京大学中层干部选拔任用工作暂行办法》的规定,结合我校党政机关的实际情况,制定本办法。

第二条　本办法适用于我校党政机关各部门正、副职干部(以下简称领导干部)的聘任管理工作。机关各部门其他干部的选拔、任用和管理也可参照本办法执行。

第三条　机关各部门领导干部的聘任必须坚持以下原则:

1. 党管干部的原则;
2. 德才兼备、任人唯贤的原则;
3. 群众公认、注重实绩的原则;
4. 公开、平等、竞争、择优的原则;
5. 民主集中制的原则;

6. 依法办事的原则。

第四条 北京大学机关各部门领导干部实行聘任制和任期制，每届任期一般为四年。正职干部在同一岗位连续任职不得超过两届。

二、聘任条件

第五条 机关各部门领导干部应具备以下基本条件：

1. 全面贯彻执行党的路线、方针和政策，具备运用马列主义的立场、观点和方法分析问题、解决问题的能力，具有与岗位职责相适应的政治理论水平和政策水平。

2. 坚持原则、办事公道、为人正派、团结合作、联系群众、作风民主、谦虚谨慎、廉洁自律。

3. 具有较强的领导协调能力和驾驭全局的能力，工作勤奋、讲求实效，敬业勤政、乐于奉献、顾全大局，具有创新意识和开拓精神。

第六条 担任部门正职者原则上应具有以下任职经历或职称之一：

1. 具有部门正职(正处级)任职经历；

2. 在部门副职(副处级)岗位任职两年以上(含两年)；

3. 具有副高级以上(含副高级)职称。

特别优秀者可不受本项任职经历或职称的限制。

第七条 担任部门副职者原则上应具有以下任职经历或职称之一：

1. 具有部门副职(副处级)任职经历；

2. 在部门内设机构负责(正科级)岗位任职两年以上(含两年)；

3. 具有中级以上(含中级)职称。教学、科研等管理部门一般应具有副高级以上(含副高级)职称。

特别优秀者可不受本项任职经历或职称的限制。

第八条 应聘机关各部门领导干部者，其年龄一般不超过 56 岁。没有部门领导(处级)任职经历者，应聘正职原则上不超过 55 岁，应聘副职原则上不超过 52 岁。

第九条 机关各部门领导干部应保证将主要精力用于党政管理工作。兼职干部在任期内应有四分之三以上的时间和精力投入部门管理工作。

三、聘任程序

第十条 学校党政机关各部门领导干部的选拔任用程序为：民主推荐、组织考察、充分酝酿、校党委常委会集体讨论决定。聘任工作由校党委统一领导，党委组织部负责组织实施。

第十一条 应聘候选人可采取组织推荐、群众推荐、自荐等多种形式产生。

第十二条 由学校主管领导、组织人事和纪检监察部门、有关机关和院系的领导代表组成面试考核小组，负责对应聘候选人进行面试考核，并根据考核情况提出考察对象名单。组织部按照岗位要求，在一定范围内对考察对象的德、能、勤、绩情况进行全面考察。现职干部近年的考核材料也是考察的重要依据之一。

第十三条 校党委常委会根据面试考核和组织部考察的情况，集体讨论决定最后的聘任名单。

四、考核　续聘　低聘　解聘

第十四条 对于学校机关各部门领导干部实行考核制度。考核分为年度考核和届中(届满)考核。其考核结果将作为干部聘任、奖惩、晋升、培训、调整、交流的主要依据。

第十五条 干部考核结果分为优秀、良好、称职和不称职四等。考核的具体办法和评估指标体系见《北京大学机关干部考核暂行办法》。

第十六条 机关各部门领导干部在考核中被确定为“称职”以上(含“称职”)等次的，方具有续聘和晋升资格。

第十七条 考核中被确定为“不称职”等次的干部将予以降职低聘。连续两次考核被确定为“不称职”等次的干部将予以解聘。

五、试聘　拒聘　辞聘

第十八条 首次被聘任的机关各部门领导干部须有一年的试聘期。

第十九条 被聘任的机关各部门领导干部应当在接到学校聘任通知后的一周内到任。没有正当理由逾期不到任者视为拒聘，学校将取消对其的任命。

第二十条 在任领导干部因故可以申请辞聘。申请人须提前三个月向党委组织部提出书面申请，由校党委常委会审批，并在收到书面申请的两个月内给予答复。未经批准，不得擅离职守。

六、附　则

第二十一条 我校工会、共青团干部的选拔、任用和管理，可参照本办法执行。选任制干部的产生按照有关规定执行。

第二十二条 本办法自校党委常委会批准之日起施行。

1999 年 8 月

北京大学机关干部考核暂行办法

为了规范对我校机关干部德才表现和工作业绩的考核，激励机关干部改进工作作风、恪尽职守、开拓创新，提高管理水平和服务质量，并为干部的聘任、晋升、奖惩、培训、调整、交流提供依据，根据中央《党政领导干部选拔任用工作暂行条例》、《党政领导干部考核工作暂行规定》等有关文件精神，结合我校的实际情况，制定本办法。

一、考核原则

1. 客观公正、实事求是的原则。根据考核的条件和标准，实事求是、客观公正地对被考核人做出恰如其分的评价。对工作的评价应注意分清主客观因素，既要看现实成果，也要看以往的客观条件和为以后的发展打下的基础。

2. 注重工作实绩原则。在对被考核人的"德、能、勤、绩"进行全面考核的基础上，以考核履行岗位职责的情况和工作实绩为主。

3. 民主公开的原则。机关干部考核的范围、时间、内容、方法、程序等事项要公布于众，并将考核结果书面通知被考核人。

4. 全面考核，综合评定的原则。采用个人自评，干部互评、群众测评和领导评定相结合，以定性考核为主，定量考核为辅。

二、考核范围

学校机关各部门都要建立和实行干部考核制度。本办法适用于机关副职以上干部，其他干部的考核可参照本办法执行。

挂职锻炼的机关干部，在挂职期间由挂职单位提供有关情况，原单位进行考核；兼职的机关干部，按照其主要的工作职务和工作任务进行考核；由单位派出学习、培训、脱产进修的机关干部，由原工作单位进行考核，其学习、培训的有关情况，由所在学习、培训单位提供。

三、考核的基本内容

机关干部考核包括德、能、勤、绩四项内容，重点考核工作实绩。考核中把德、能、勤、绩四项内容分解量化为若干具体要素进行考核。德、能、勤、绩分解的各种具体要素如下：

德(25%)：是指政治立场、观点、思想品德、工作作风等。主要包括：思想政治素质；团结协作、全局观念；民主作风、群众观念；个人修养、道德品质；遵纪守法、廉洁自律等方面。

能(20%)：是指工作能力、政策水平、业务专长、服务水平等。主要包括：政策水平与管理水平；决策能力；组织实施能力；开拓进取、创新能力等方面。

勤(20%)：是指工作态度、工作纪律和勤奋敬业的表现。主要包括：事业心、责任感、奉献精神；投入精力、真抓实干；办事效率；劳动纪律等方面。

绩(35%)：是指完成工作的数量、质量、效率、效益以及突出的工作成绩和突出贡献等方面。

符合下列条件之一者，在考核中应予以充分肯定：

1. 为学校的改革、发展和保持稳定，推进学校两个文明建设，提出合理化建议或改革方案，被采纳并收到明显效益的；

2. 在工作中开拓进取，做出优异成绩和重大贡献；

3. 有其他突出功绩的。

四、考核标准

机关干部的考核结果分为优秀(A)、良好(B)、称职(C)、不称职(D)。其中，优秀比例一般掌握在机关干部参加考核总人数的25%以内，不同职级的优秀比例要大体平衡。

考核结果的基本标准是：

(一)优秀：正确贯彻执行党和国家的路线、方针、政策，模范遵守各项规章制度，精通业务，工作勤奋，有改革创新精神，实绩突出。经综合考核，总分在90分以上，可定为优秀。

(二)良好：正确贯彻执行党和国家的路线、方针、政策，模范遵守各项规章制度，业务良好，工作勤奋，有改革创新精神，实绩突出。经综合考核，总分在75分以上，可定为良好。

(三)称职：正确贯彻执行党和国家的路线、方针、政策，自觉遵守各项规章制度，熟悉业务，廉洁奉公，能够完成工作任务，实绩较好，经综合考核，本年度总分在60分以上的，可定为称职。

为在干部考核工作中建立起竞争激励机制，对称职人员实行末位劝诫制度，即对全体参加考核总人数的倒数3%以内的称职人员给予劝诫一次。对于在连续两次考核中处于劝诫范围的干部，要确定为不称职等次。

(四)不称职：政治、业务素质难以适应工作要求，工作责任心不强，不能完成工作任务或在工作中造成严重失误，本年度考核总分在59分以下的，定为不称职。

此外，考核中凡有下列情况之一者，也定为不称职等次：

(1)受到党内警告以上处分或行政记过以上处分的；(2)政治上、经济上、道德上有严重问题正在审查处理之中的；(3)严重失职，给学校利益和声誉造成不良影响或严重损失的；(4)在工作中因责任事故造成重大损失的；(5)不能廉洁自律，违反学校规章制度和财经纪律，经教育仍不改正的；(6)政策水平、业务能力不能适应本职工作要求，经帮助仍无明显进步的；(7)拒不接受组织分配的任务，不履行工作职责的；(8)无正当理由不参加年度考核，经教育后仍拒绝参加的；(9)具有其他不称职行为的。

(五)其他特殊情况的处理

1. 因病休息或出国探亲超过半年以上人员；聘任试用期未满人员，按有关规定进行专门考察，考察结果供正式聘任或另行分配工作使用。

2. 对转任干部由现工作单位考核，其转任前的有关情况，由原工作单位提供。调任（或聘任）到机关工作不满半年的干部原则上只作工作总结。

五、考核方法、程序

对机关干部的考核分为年度考核和届中、届满考核。年度考核由干部所在单位组织实施，以平时考核为基础，结合年终总结一并进行。届中、届满考核由学校统一组织实施，考核程序如下：

1. 考前动员。召开考核工作动员会议，传达贯彻有关文件精神，部署考核工作。

2. 被考核人个人述职。每个干部对照考核内容和标准，将任期以来履行职责及完成各项任务情况进行书面总结，并将有关内容填入《机关干部届中（届满）考核登记表》，按照干部不同的职务层次，在一定的范围内以书面或者口头方式进行个人述职（由学校根据实际确定）。

干部个人书面总结要实事求是，客观具体，用实例和数字叙述，力戒空话、套话，一般控制在1000字以内。

3. 测评。在个人总结和述职的基础上，进行干部自评、互评、群众和领导无记名测评。

4. 考核结果的确定和审定。考核领导小组根据各项测评结果，在全面衡量的基础上，通过集体研究进行确定每个干部的考核结果，写出评语，考核结果要由考核领导小组组长签字。

5. 考核结果的反馈。考核领导小组要以书面形式将考核结果通知被考核人。被考核人对考核结果如有异议，可在接到考核结果通知之日起一周内向考核领导小组申请复核，考核领导小组在收到复核申请后十日内提出复核意见，经学校主管领导批准后以书面形式通知本人。

6. 考核时间

年度考核由各单位在年度结束时结合年终总结进行。届中（届满）考核在干部任期的届中（届满）或根据学校的统一部署进行。

六、考核的组织工作

考核工作必须加强领导，严格按程序办事，防止随意性和走过场。考核应集中力量和时间，尽量不影响机关各部门的正常工作。

1. 届中（届满）考核工作在校党委的统一领导下，有计划有组织地进行。校党政领导要亲自参加有关的考核工作。

2. 学校在机关干部届中（届满）考核时，设立非常设性的机关干部考核领导小组，负责机关干部的考核领导工作。考核领导小组由学校党政主要领导、纪检、组织、人事、机关工委及有关机构负责人和院系干部、教代会代表组成。

3. 考核小组主要负责制定考核实施方案，组织、指导考核工作，负责处理干部对考核结果的复核申请及考核工作中出现的其他问题。

4. 考核工作的日常事务及协调工作由党委组织部负责。

七、考核结果的使用

机关干部的考核结果与干部的聘任、奖惩、晋升、培训、辞退以及调整职务挂钩。学校根据实际情况对考核优秀的干部予以各种形式的鼓励和奖励。

机关干部年度考核被确定为不称职等次的，按下列规定处理：考核中首次被确定为不称职的，责令其限期改正；连续两次考核被确定为不称职的干部，按规定予以降职或解聘调离原岗位，离职培训或者另行安排其他工作。

对考核中发现违法乱纪、失职渎职的干部，要依照国家和学校有关规定予以查处。

八、考核材料归档

为有利于考核材料的保存和考核工作的连续性，党委组织部要建立专门的干部考核工作档案并做好材料归档工作。此外，各单位要建立干部年度考核档案，干部年度考核结果由干部所在单位保管。

九、考核纪律

1. 全体参加考核人员（考核人和被考核人）要提高对考核工作目的、意义的认识，保证考核工作顺利进行，要正确对待自己和他人，客观地、实事求是地反映情况，防止感情和偏见代替政策，保证考核工作的严肃性和公正性。

2. 负责考核工作的主管领导、考核小组成员、参加考核的所有人员及其办事机构的工作人员，必须遵守考核纪律，严格执行考核程序和考核标准，实事求是，客观公正。

3. 考核工作中要注意发扬民主作风，广泛听取各方面的意见，注意发挥考核工作领导小组的集体作用。

4. 对在考核工作中有违反考核规定和纪律，弄虚作假，徇私舞弊，打击报复行为的，一经查实，要严肃处理。

机关各部门要统筹兼顾，全面安排好工作，从时间上、组织上确保考核工作的顺利进行。

本办法由党委组织部负责解释。

（组织部　供稿）

人事分配制度改革

创建世界一流大学是党和国家对北京大学的信任和厚爱，也是赋予北京大学的光荣历史使命。高品质地完成这一重要历史使命的关键在于是否有一支结构优化、精干高效、富有创造性、竞争力、高层次的学术带头人队伍。改革开放以来，党和国家十分重视高校师资队伍建设。在教育部和其他有关部门的关心和支持下，经过学校和广大教师的共同努力，北京大学教师队伍建设正在扎扎实实地向前推进。但是，同世界一流大学相比，教师队伍的整体状况还存在很大差距，特别是教师队伍中有世界影响的一流学者人数还不多，吸引和汇聚拔尖人才、稳定骨干教师队伍的机制尚未形成。根据教育部"面向21世纪教育振兴行动计划"的要求，学校决定把加快实施高层次创造性人才工程作为创建世界一流大学人事制度改革的切入点。

一、目标和原则

以岗位设置和人员聘任为中心的人事制度改革的根本目的是为了出人才、出成果，做贡献、上水平，使之有利于学校的人才培养、科学研究、知识创新与成果转化，有利于建设一个吸引与稳定高层次人才从事教育、科学事业的制度环境，为落实国家科教兴国战略作贡献，为学校创建世界一流大学的总目标服务。

岗位设置的基本原则是"着眼一流，立足改革；淡化身份，强化岗位"。最终建立人员能进能出、职务能上能下、待遇能高能低的激励竞争机制，以竞争选优的方式分层次精选出学校的骨干队伍。在明确岗位目标责任制的基础上，按照"存量不动，增量拉开"的原则，实施相应的人事分配改革。对突出人才，实行优劳优酬政策。改变长期以来工资待遇"低而平"的状况，探索一种体现贡献与业绩的新的分配格局。

具体措施是在学校设立2500个左右关键岗位和重点岗位（这部分岗位的应聘人员占学校现有总人数的36%），学校重点扶持1000名关键岗位的应聘人员（占全校总人数的14.3%）。通过关键岗位的设置并配以一定力度的岗位奖励津贴，作为建立吸引国内外优秀人才和稳定现有教学科研骨干的强有力的机制，使之对落实高层次创造性人才工程具有重要意义。以关键岗位设立为契机，进一步推进教师队伍结构调整，进行较大幅度的分流和剥离，实施真正意义上的全员聘任制。在岗位设置和人员聘任中，要做到四个有利于：

——有利于推动优秀学科带头人和学术骨干上教学第一线，使主干基础课、精品课等课程的教学力量得到明显加强；

——有利于推动教师通过竞争，承担国家各类重大、重点项目，激励科研人员在学术研究中协同攻坚，勇于创新，在获取重大学术成果或成果转化上取得重大成就；

——有利于校、院系教学科研基础设施建设和发展及学校各项改革的深入；

——有利于稳定教学、科研骨干队伍，吸引国内外优秀的学科学术带头人，在队伍建设中建立竞争流动机制。

二、方案要点

（一）岗位分类

岗位设置共分A、B、C、D和特级岗位五类，其中特级岗位为聘请国内外杰出人才所特设，A类岗位为校聘关键岗位，B类岗位为院系聘重点岗位，C类岗位为基础岗位，D类岗位为一般岗位。A、B、C三类岗位各分三级，D类岗位为不进入创建一流大学计划的岗位。

（二）岗位津贴

受聘特级岗位、关键岗位、重点岗位和基础岗位的人员享有岗位奖励津贴。岗位奖励津贴与岗位职责、工作业绩和贡献直接挂钩，强化岗位的责任和义务。

（三）岗位目标责任制

对应聘A类、B类和C类岗位的人员实行岗位目标责任制，应聘人员在完成教学、科研、校系服务任务和取得创新性成果（最终和阶段性）等方面应有明确的目标，并填写"岗位目标责任书"和"学期工作进展报告书"。

（四）岗位设置

岗位设置必须考虑：(1)承担的基本教育规模；(2)承担的国家重大任务；(3)学科分布特点；(4)学科建设与教学科研的历史贡献；(5)学校创建世界一流大学的发展规划。

各院、系、所、中心根据北京大学创建世界一流大学的总体规划，制定落实创建世界一流大学计划的具体任务、岗位设置需求和目标责任书，报学校岗位设置审核小组审核。

学校成立岗位设置审核小组，对各单位的岗位设置方案进行审核。岗位设置审议小组由校领导、部分职能部门首长、相关学部主任、副主任和专家学者组成。岗位设置审核的主要内容为：(1)是否体现学校创建世界一流大学的目标规划；(2)是否体现院系在建设一流大学中精选的重点教学、科研任务和长期及近期（三年）目标任务（有特色的标志性成果）；(3)是否体现对主干基础课、精品课、特色课的岗位配置；(4)是否体现对重大、重点项目及重要创新性项目的岗位配置；(5)是否体现对优秀学科学术带头人的梯队配置；(6)是否体现对重要基础设施、校系长远建设所需要的岗位配置。

（五）各类岗位的应聘条件

1. 应聘特级岗位人员应是国际公认的一流学者。

2. 应聘A类岗位者必须满足学校规定的必要条件，应聘B类、C类岗位的必要条件由各院系自行规定。

3. 应聘A1类岗位人员应具有国内外公认的学术

成就和声望，为国内本学科领域的学术带头人，对学科建设和教学指导负有责任。

4．应聘A2类岗位人员应有公认的学术成果，为国内本学科领域的学术骨干；应讲授本科生主干基础课、研究生必修课、指导博士生；应主持有重要意义的科研项目。

5．应聘A3类岗位人员应有系统的学术成果，为校内本学科领域的学术骨干；应讲授本科生主干基础课、研究生必修课，指导博士生；应独立主持科研项目。

6．B类和C类岗位的应聘条件由各单位规定，应聘人员应承担明确的教学、科研和社会服务工作。

（六）人员聘任

各类岗位的人员聘任工作应遵循公开、公正的原则，注重师德学风，并对教学、科研和服务业绩进行全面考察。A类岗位、B类岗位和C类岗位的人员聘任实行三级审核。即由学校审定下达各单位岗位设置方案，各单位公布并组织实施人员聘任工作，经过院系、学部和学校三级聘任审议委员会审核，确定应聘人员，由校长办公会批准执行。

（七）考核与评估

1．各单位应制定对各类岗位应聘人员的考核与评估办法。

2．受聘A类、B类和C类岗位的人员应按学期填报“学期工作进展报告书”。每年应在所在单位报告一次工作，就工作业绩、履行职责情况，接受本单位的考评。考评结果将作为津贴发放、今后聘任与晋升的依据。各单位应将考评结果报人事部。考核不合格者，视情况减发或停发岗位津贴或解除聘任。

（八）聘期

1．每次聘期为1～6个学期。最短聘期应满1个学期。

2．到离退休年龄需要延长聘期的人员，按《北京大学高级专业技术职务人员退（离）休办法》的有关规定办理。

3．1999年9月到2000年7月为关键岗位聘用试行期，最长不超过2个学期。

三、改革进程

1999年7月24～27日和8月13日，学校先后两次召开了人事财政工作会议，围绕创建一流大学关键岗位设立问题进行研讨。会议初步确定了定岗和聘任的方案，并明确，关键岗位体现了与创建世界一流大学计划最密切相关的教学、科研和管理任务；关键岗位应聘人员应承担重要责任，发挥冲击世界一流大学突击队的作用。因此，实行关键岗位津贴制度不是北京大学全体教职工的工资普调。

在两次会议的间歇，各单位利用暑假，在原有创建世界一流大学计划基础上，深入研究、精心论证，制订本单位岗位设置规划并向学校提交了详细的论证报告。学校人事部依据规划过程中出现的新情况和新问题，多次召开座谈会，广泛征求意见，对有关文件进行了修订。8月底，党政联席会议通过了这一方案。

9月初，由学校领导牵头，人事部、教务部、科研部、研究生院、发展规划部等职能部门负责人逐个地听取了各单位学科发展规划和岗位设置汇报，在充分交换意见的基础上，对各单位的岗位设置方案进行了部分调整，以更加突出学校发展规划和学科建设需要，突出因事设岗的原则。校党委常委会和校长办公会对职能部门拟订的各院系岗位设置控制方案进行了审核，依据学校发展目标和规划重点，最终确定了各教学科研单位岗位设置控制指标方案，公布各单位执行。

9月17日，学校召开了党委常委会。会议肯定了各单位前一阶段艰苦细致工作的成绩，决定积极稳妥地展开下一阶段的工作，根据形势发展需要适时对岗位设置和人员聘任的政策程序做部分调整，以解决个别单位在政策理解上出现的偏差和具体实施中存在的不平衡问题。此后召开的学部主任会议和部分院系负责人座谈会也认为，在某些院系的岗位设置和人员聘任工作中确实存在着过于突出教师历史贡献的问题，对于创造未来显得力度不够。根据这些情况，学校进一步明确或调整岗位设置和人员聘任办法。主要措施有：（1）各单位必须与学校签订“目标责任书”，对未来三年学科发展和队伍建设提出明确的可检查的目标和切实可行的落实措施；（2）突出与创建世界一流大学目标相一致的岗位责任和应聘上岗条件，避免“排座次”、“评待遇”的偏差。对应聘A类、B类和C类岗位的人员实行岗位目标责任制，应聘上岗人员在完成教学、科研、校系服务任务和取得创新性成果（最终和阶段性）等方面应有明确的目标，并按要求填写“岗位目标责任书”和“学期工作进展报告书”。（3）受聘A类岗位、B类岗位和C类岗位的人员享有的岗位奖励津贴分为两部分发放。其中一部分按月发放。评估合格的，每学期末再发放另外一部分，作为业绩津贴，以体现履行岗位职责的情况、工作实绩和贡献。在教学科研上投入精力不足，教学工作量或质量未达到学校或院系规定的目标要求，科研工作的严谨性或阶段性工作进展未能达到预定目标，各单位可制定具体办法，停发或缓发业绩津贴。（4）下一阶段的审核工作分两步进行，首先由校长任命的专门委员会——岗位设置审议小组对各单位的岗位设置方案进行审核，通过后，再由各学部和校聘任审议委员会对岗位应聘人员的资格进行审议。要通过审核，强化学校这次改革的目的性，强化学校的指导思想。

在充分分析形势和部分调整政策和程序的基础上，学校决定对各单位岗位设置和人员聘任方案分批审议和批准，陆续推进，不草率行事。选择了准备充足、条件相对成熟的四个院系：化学学院、法学院、数学学院、哲学系作为首批审议单位。

9月28日，岗位设置审议小组召开会议，审查通过了四个单位的岗位设置方案。29日，人文学部、社会科学学部和理学部分别召开学部聘任审议委员会会议，对哲学系、法学院及化学学院、数学学院聘任人选，尤其是A1类岗位和A2岗位的聘任人选的资格进行审核。30日校聘任审议委员会召开会议，对学部聘任审议委员会的审议结果进行了审查。投诉申诉受理委员会还报告了涉及四个单位A类岗位的投诉申诉案件的调查结果。

四个单位的岗位设置和人员聘任工作基本完成了预定程序，为下一步工作积累了经验。总结四个单位的聘任方案，体现出以下特点：(1)紧密围绕创建世界一流大学的目标，根据本学科的实际和可能，既规定长远目标和近期目标，又有切实可行的操作步骤和具体措施，不是“按人设岗、对号入座”。方案中的目标不是空洞的口号，都有明确的标志性预期成果。(2)都是数年来，甚至是几届领导班子经过长期改革实践的结果。他们跟踪国际国内一流学科的发展状况、队伍构成和运行机制，认真研究自身的优势和差距，确定学科发展和建设的规划和重点方向，并已经开展了管理体制尤其是人事制度改革的探索和尝试。(3)操作过程公开、透明，既尊重教师尊严，又保证群众监督。(4)做了大量的思想动员和善后工作。在方案制定过程中，广泛征求群众意见；在人员聘任工作结束后，这些单位的领导又做了许多的善后工作，对于没有进入关键岗位的同志，单位指定专人进行谈话，以减轻思想压力；对于虽进入关键岗位但不符合个人意愿的同志，单位也分别找他们谈话，明确指出其不足，鼓励他们继续努力；对于个别精力外流、成果平平的同志，提醒他们对自己的发展作出明确的选择。

到10月21日，第二批10个单位的聘任人选最终通过校聘任审议委员会的审查；11月17日第三批28个单位的聘任人选通过审查。这样，学校岗位设置审议小组完成了42个教学科研单位的定岗聘任方案的审核，有3个单位的方案被要求进行调整，其中2个单位已经完成了调整方案。各学部和校聘任审议委员会完成了41个单位A类岗位受聘人员的资格审查，有6人未通过A1类岗位任职资格，1人未通过A2类岗位任职资格，1人未通过A3类岗位任职资格。同时，人事部会同其他职能部门也完成了对上述单位B类、C类岗位聘任方案的审核，部分单位根据审核小组的意见对原定方案进行了个别调整。

四、组织机构及运行

定岗聘任工作是1999年度人事分配制度改革的核心。它的顺利展开凝聚了学校、各院系领导和广大教职工的艰辛劳动和聪明智慧，工作程序紧凑严密、组织精心。

1999年定岗聘任工作流程图

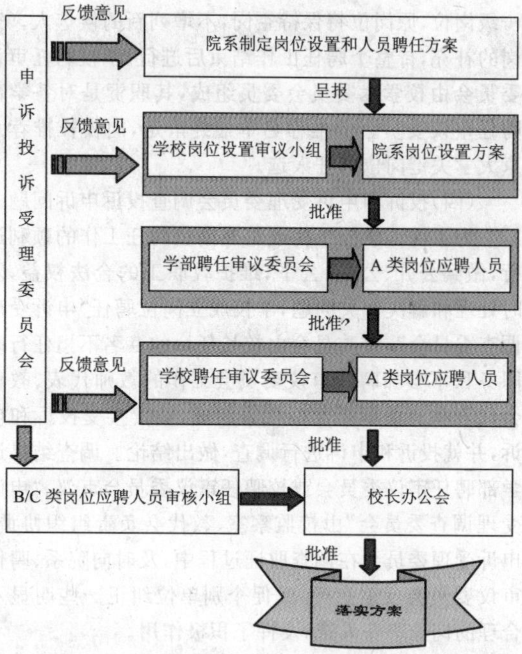

(一)院系确定定岗聘任初步方案

院系是教学、科研任务的直接组织者，它们的定岗聘任工作是整个人事改革的基础；院系又直接面对广大教职工，是困难和矛盾最集中的地方。院系的初步方案，必须是既科学合理、具有前瞻性，又现实可行、避免太大的震动，保持教学、科研秩序的稳定性。为稳妥推进院系方案的组织，学校确定了公平、公正、竞争、择优的原则，在学院及独立设置的系、所、中心成立聘任审议委员会。聘任审议委员会由党政主要领导、学术委员会负责人、教学和学位委员会负责人和院系内其他常设委员会负责人、相对独立的研究所和实验室负责人组成。其主要职责是：(1)全面领导本单位岗位设置和人员聘任工作；(2)接受教师应聘申请，或推荐应聘人选；(3)初步确定本单位关键岗位聘任人员；(4)制定本单位关键岗位管理办法、考核程序等规章制度。

(二)校岗位设置审议小组审核批准定岗方案

校岗位设置审议小组成员由校长委任。成员包括学校主管领导、部分职能部门首长、相关学部主任、副主任。该小组对各院系岗位设置方案进行审核。

(三)两级聘任审议委员会审议受聘人员资格

根据《北京大学岗位设置和人员聘任办法》的规定，A类岗位受聘人的资格由学部和学校两级聘任审议委员会评审，B类和C类岗位受聘人选由人事部等职能部门审查。

学部聘任审议委员会由学部学术委员会委员和学部办公会成员组成。其职责是对所辖单位的关键岗位初选名单进行审议表决,学部只审议各基层单位推荐的人选,不做横向调节。候选人遭到否决,自动转入下一级岗位,原岗位将保持空岗,不增列新的候选人。空岗的补充,待整个聘任工作结束后进行。学校聘任审议委员会由校学术委员会委员组成,其职责是对各学部聘任审议委员会的推荐名单最终审定,向校长推荐北京大学关键岗位聘任人选。

(四)投诉和申诉受理委员会调查投诉申诉问题

为了保证学校机构改革及岗位聘任工作的顺利进行,做到公开、公正、公平,维护教职工的合法权益,及时处理和解决有关问题,学校成立岗位聘任"申诉受理调查委员会"。该委员会由校长任命的9名不担任行政职务和不参加聘任审议委员会工作的教师代表、教代会代表和有关职能部门代表组成,负责接受投诉和申诉,并就投诉和申诉进行调查,做出结论。调查结果送学部聘任审议委员会或校聘任审议委员会审议。"申诉受理调查委员会"由校监察室、教代会负责组织协调。申诉受理委员会在调查取证过程中,及时向院系、聘任审议委员会反馈意见,敦促个别单位纠正一些明显不合理的岗位聘任人选,发挥了积极作用。

五、聘任结果分析

到1999年底各院系所中心和校机关各部共57个单位已完成岗位设置和人员聘任工作,3189人从1999年9月开始兑现岗位津贴。预计全校各单位改革完成之后,有约4000人上岗,进入建设一流大学计划。各教学科研单位和教学辅助单位的岗位设置和聘任工作中,共有2933人被聘任到关键岗位和重点岗位上。其中A1类岗位119人,A2类岗位251人,A3类岗位434人,B类和C类岗位1937人。基本达到了预计的目标。在此次聘任中,体现了"淡化身份"的原则。正高级职务(教授和研究员)人员中有65人被聘在B类岗位上,而副高级职称人员中有71人被聘在A类岗位上。各单位由于年龄、工作安排和个人原因未被聘任进入关键岗位和重点岗位的人员共计600多人,其中有人接近退休年龄,将近200人在国外进修学习、合作研究而未被聘任,其余的人聘任在一般岗位上。

各类岗位应聘人员的年龄分布反映了学校各类人员年龄分布的状况,其中A类岗位应聘人员年龄老化问题严重,应聘人员集中在60～65年龄段(参见A类岗位应聘人员年龄分布图),特别是发挥关键作用的A1类岗位应聘人员集中在65～69岁,可以说集中体现了北大高层次学术带头人新老更替的任务依然严峻。

A类岗位应聘人员年龄分布图

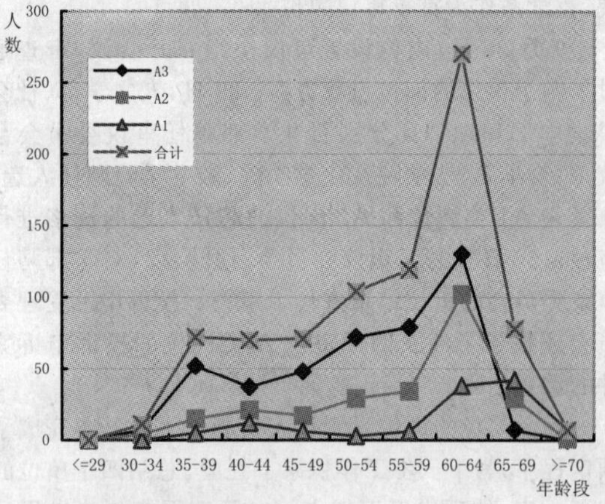

六、总结经验,改进工作

(一)改革工作的初步成效

这次人事分配制度改革是在十五大以后国家全面推进国有企业改革的形势下进行的,改革已成为人心所向、大势所趋的普遍共识,因此改革的阻力比预想的要小。通过改革,积极的变化已经开始发生。

1. 这次改革突破了观念上的限制,体现了"优才优用,优劳优酬"的激励机制,对全校教职工产生了很大的震动。

2. 这次改革打破了身份(如职称)的固有格局,强调了岗位职责、工作实绩和对于创建世界一流大学的贡献,体现了面向未来的人事政策导向,为今后的改革奠定了基础。

3. 一些改革有基础,学科发展势头良好的院系通过这次定岗聘任,为院系全面改革、学科发展上档次、队伍建设提高品位提供了新的契机,使之有可能在三到五年内,在某些学科方向上取得创新性成绩,构成北大的标志性成果。

4. 一些基础相对薄弱的院系,在定岗聘任过程中通过贯彻"四个有利于"的原则,明确了在人才培养、学科建设等方面的发展目标和努力做好工作的重点方向,工作得到了很大的推动。

(二)存在的问题

从长远看,这次改革突破了传统的分配观念,体现了知识的价值,势必使更多的海内外优秀人才投身到高等教育事业中来,从而使高等学校的人力资源状况大为改观。从近期看,由于人力资源的配置格局已定,调整的规模很小,不足以产生即时的重大影响。这可以看作是这次改革存在的问题,即缺乏学科整合和人力资源配置的政策准备。具体说,政策缺位所造成的影响包括:(1)未能在定编的基础上进行定岗,加大了工作难度;(2)岗位设置,对推进院系的联合和不同学科的交叉，还没有起到明显的效果；(3)没有进行公开招聘，不可避免地存在“重新评职称、评待遇”的倾向，这也就是某些院系过于突出受聘人的历史贡献，聘任工作对于创造未来的考虑显示不够的原因。(4)没有体现分类管理的原则。教学、科研、教辅、管理、工勤等各类岗位的不同特点没有在定岗聘任方案中明确体现，出现了某类人员岗位普遍定得不合适，或同类人员在不同院系之间差异较大的问题。

(三)改进措施

由于时间紧、任务重、缺乏经验等方面的原因，学校在以定岗聘任为中心的人事分配制度改革一开始就明确，这次改革方案的未尽事宜和不足之处将在试行一年之后再做调整。总结定岗聘任工作的经验和教训，应采取如下改进措施：

1. 强化协调机制

必须以院(及独立设置的系、所、中心)为定岗和聘任的中心。学科发展规划、重点方向的确定和协调是科学、合理确定编制、岗位的前提，这需要在大学决策层次上进行整合，作好顶层设计。

2. 确立分类管理原则

建立符合各类专业技术人员、管理人员和工勤人员各自特点的岗位设置和人员聘任政策和程序，符合人事制度改革的方向。学校设置的各类岗位都是创建世界一流大学必不可少的，分类管理、又尽可能保持各类岗位系列之间的平衡，是学校运行所必须的。这既可以避免不同岗位系列人员之间的互相攀比，又能充分保护各类教职工的利益。

3. 尽快核定编制

定编定岗工作和聘任制的推进应该尽快跟上，有了好的用人机制，有了明确合理的编制，就能够进行公开招聘，就有可能对现有方案进行重新调整，以更好体现学科发展规划。编制一旦确定，凡是进入编制的人员(无论出国进修，还是在职攻读学位)均应有相应的岗位。但岗位津贴可以按照学校政策或单位规定发放。

4. 明确公开招聘的原则

本年度的定岗和聘任工作已经充分地照顾了现状。在今后的聘任中，必须明确公开招聘的原则，一旦出现空岗(尤其是A类岗位)，必须由人事部门收回，进行公开招聘。

5. 尽快明确与聘任制相关的政策

这些政策包括：试用期政策、“非升即走，非升即转”的政策、“学术假”政策等，建立稳定有序的教师队伍管理规章体系，以实现有章可循，做好岗位聘任后的管理工作。

(人事部 供稿)

举办纪念五四运动80周年、庆祝新中国成立50周年等重大活动

1999年是中国人民搏击风浪战胜困难取得重大成就的一个重要年份。在这一年，迎来了“五四”运动80周年和新中国成立五十周年的喜庆日子，举国同庆澳门顺利回归祖国和新千年的到来；全国人民团结一致，强烈抗议以美国为首的北约集团对我驻南使馆的野蛮轰炸，严厉批驳了李登辉分裂祖国的“两国论”，严肃处理了毒害人民群众的“法轮功”邪教组织，全国人民在以江泽民总书记为核心的党中央领导下，取得了一系列重大活动的伟大胜利。北京大学在这些斗争与活动中，在校党委和校行政的领导下，既积极参与，又有利有节，既表达了心情，又维护了稳定，同时，以此为契机，在全校师生中开展了生动的爱国主义、集体主义和社会主义教育，把工作的出发点和立脚点放在促进学校各项事业上，大大推动了学校的改革、建设和发展，取得了可喜的成果。

纪念五四运动80周年

1999年5月4日是的五四运动80周年纪念日，国家把五四纪念活动列为1999年的一件大事。北京大学是五四运动的发祥地，更是把搞好对五四运动80周年的纪念作为学校的重要工作之一。经过精心筹备，认真组织，纪念五四运动80周年系列活动获得了圆满成功。

一、指导思想明确，准备工作充分

从3月中旬开始，北大党委多次对纪念五四运动80周年的活动方案进行专题研究，并明确提出了纪念活动的指导思想。在整个纪念活动中，要牢牢把握五四运动的历史意义和现实意义，以此为契机，对师生员工

进行一次深入的爱国主义、社会主义和党的基本理论、基本路线、基本纲领的教育。党委常委会指出，五四运动是一次伟大的反帝反封建运动、伟大的思想解放运动和新文化运动，它标志着中国民主革命进入了一个崭新阶段。这次运动高举爱国主义的旗帜，弘扬民主、科学的精神，促进了马克思主义在中国的传播，为中国共产党的成立在思想上和干部上准备了条件。在学校的纪念活动中，要按照中央的精神，正确总结我国革命和社会主义建设的历史经验，正确总结我国青年运动的历史经验，紧密围绕国家独立、人民解放和国家富强、人民富裕的主题开展纪念活动，抓住重点，突出特色。校党委特别强调，纪念五四运动80周年，必须在热烈、有序的状态下进行，务必保持校园稳定。要弘扬正气，避免有人借题发挥。有关部门要按照学校今年关于稳定工作的总体安排，做好预防工作。

学校还专门成立了北大纪念五四运动80周年活动领导小组，由党委副书记赵存生、王登峰，副校长林钧敬牵头，有关部门的负责人参加，认真详细地研究计划，落实方案。

二、组织责任落实，项目进展顺利

北大除积极参加全国和中宣部、教育部、团中央、北京市组织的有关活动外，根据北大的具体情况，组织了一系列纪念性、学术性和教育性的活动。根据这样的原则，在五四期间组织了如下活动：

(一)三个学术研讨会

(1)“五四运动与马克思主义中国化”理论研讨会。4月22日，北大召开了“五四运动与马克思主义中国化”理论研讨会，中共中央党史研究室副主任石仲泉、教育部社科中心主任田心铭、中宣部理论局副局长张国祚、中共北京市委宣传部副部长王学勤和北京大学任彦申、赵存生及北大学者40余人参加了会议。与会学者认为，五四运动伟大意义的一个重要方面就在于将马克思主义与中国实际相结合，从而开创了马克思主义中国化的新起点；在马克思主义中国化的历史进程中，产生了两次历史性的飞跃，产生了毛泽东思想和邓小平理论；而我们要将具有中国特色的社会主义全面推向21世纪，就必须坚持以我们正在做的事情为中心，努力开拓马克思主义与中国实际相结合的新境界。与会学者还研讨了五四精神与北大传统的关系，认为北大是五四运动的发源地，也是马克思主义在中国传播的最早基地，北大在长期发展中形成的爱国、进步、民主、科学的光荣传统，集中体现了五四精神的基本内涵；而目前北大所确立的高举邓小平理论伟大旗帜，落实科教兴国战略，创建世界一流大学的发展主题，也正是对五四精神的发扬和光大。

(2)“五四精神与跨世纪青年的历史使命”研讨会。4月24～25日，北大与共青团北京市委员会共同举办了“五四精神与跨世纪青年的历史使命”研讨会。团中央书记处书记胡春华，团市委书记张孝廉，副书记刘志国、王英偶，北京大学赵存生、王登峰、林钧敬等领导出席了开幕式；中共中央党史研究室龚育之等60余位党团史、青年学、教育学、社会学、青运史和现代史等各学科的专家、学者和青年工作者参加了研讨会，分别就“五四精神与中国青年运动的方向”、“五四精神与跨世纪青年的历史使命”、“五四精神与青年知识分子的成长”三个方面展开了热烈、广泛而深入的讨论，取得了富有意义的成果，这些成果对于教育工作者和青年工作者加强教育教学和青年工作具有很好的借鉴和启发作用。

(3)纪念五四运动80周年国际学术研讨会。5月1日上午，纪念五四运动80周年国际学术研讨会在北大图书馆新馆北配楼报告厅开幕。北大校长、组委会主任陈佳洱在开幕式上致词。全国人大常委会副委员长丁石孙、著名学者季羡林、全国史学会会长金冲及、俄罗斯学者基达连科等出席了开幕式并讲话。这次国际学术研讨会由北京大学社会科学处、中国蔡元培研究会、中国李大钊研究会联合主办，筹委会成员来自北大、清华、中央党校、中国社科院、中央党史研究室、中央文献研究室等单位。会议采取以文入会的形式，经过了较长时间的认真筹备。研讨会的主题是“五四运动与二十世纪的中国”。会议吸引了国际上很多研究五四运动的著名专家学者，来自中国大陆和香港、台湾地区，以及美国、俄罗斯、德国、法国、日本、韩国、新加坡、澳大利亚等国的百余名学者参加了会议，提交大会学术论文147篇。就五四运动的历史地位、五四精神与传统、五四运动与中国政治、五四运动与中国社会变迁、五四运动与中西文化论战、五四运动与中国的现代化等问题进行了广泛、深入的探讨。

(二)四场大型文艺演出

(1)“青春与祖国同行”纪念五四运动80周年文艺晚会。4月28日，由共青团北京市委和北京电视台主办，北大协办，在北大西校门内东侧草坪举办“青春与祖国同行”纪念五四运动80周年文艺晚会，很多为青年学生喜欢的歌手登台献艺，现场气氛热烈、活跃而有序，拉开了北大纪念五四运动80周年大型演出的序幕。

(2)纪念五四运动80周年中外艺术歌曲音乐会。4月29日，由中央歌剧芭蕾舞剧院的艺术家们演出的纪念五四运动80周年中外艺术歌曲音乐会在北大露天举行。这台晚会是在李岚清副总理的直接关怀和指示下走进北大校园的，演出的都是高雅、严肃的艺术歌曲，是中外艺术宝库中珍品的荟萃。演出结束后，艺术家们与北大师生代表举行了情绪热烈、气氛活跃的座谈。

(3)纪念五四运动80周年音乐会。5月3日晚，北大师生与中国交响乐团联合演出了合唱交响音乐会。中共中央政治局常委、国务院副总理李岚清在全国人大常委会副委员长丁石孙、成思危，及有关部委负责同志的陪同下，亲临北大，与师生员工共同欢度五四80周年的前夜。李岚清副总理的到来，使节日的北京大学更加充满了欢乐的气氛，北大纪念五四运动80周年、庆祝北大建校101年活动掀起新高潮。这台音乐会在北大刚刚落成的百周年纪念讲堂举行，这是百周年纪念讲堂建成后首次投入使用。

(4)“世纪春潮”文艺晚会。5月4日晚7：00，由北大团委主办，校党委宣传部、工会、艺术学系、北大附中、北大附小、北京大学未名生物工程集团协办的“世纪春潮”文艺晚会把北大纪念五四80周年和101年校庆的活动再次推向一个新的高潮。这台晚会在百周年纪念讲堂举行。晚会的大部分节目是由师生自编、自导、自演的，很多曲目既体现了师生们很高的艺术素养，又有较高的思想水平，更可以从中感受到扑面而来的青春气息和由于与生活的贴近而带来的亲切感。

(三)两个座谈会

北大分别于5月4日晚上9：00和5月5日下午2：30组织召开了学生和青年教师座谈会，学习胡锦涛同志的重要讲话。大家畅所欲言，畅谈在党的领导下青年一代的成长和发展。

与会师生认为，胡锦涛同志的报告对五四精神作了精辟的概括。在新的历史条件下，五四精神应该有新的内涵，“爱国”在当时是救亡图存，现在则是要求广大青年投身到中华民族伟大复兴的事业中；“进步”在当时是反帝反封建，进行思想启蒙，而现在就是要不断地解放思想，支持和拥护改革，把握契机，把有中国特色社会主义事业全面推向21世纪；五四时期的“民主”针对封建专制，“科学”直指愚昧迷信，而现在提倡民主和科学就是要进一步完善和发展社会主义民主和法制，致力于建设社会主义法治国家，坚定不移地实施科教兴国战略。大家认为，五四精神是常新的，在不同的历史时期有不同的表现形式，作为今天的北大青年向八十年前的五四青年学习，就应该积极投身于实施科教兴国的战略中去，为早日把北大建成世界一流大学贡献出自己的才智，挥洒青春的汗水。

与会师生认为，胡锦涛同志关于“党离不开青年，青年更离不开党”的概括是对八十年来青年运动的高度评价，对大家是极大的鼓舞；同时也指明了未来青年运动发展的正确方向，那就是坚持党的领导，坚持同人民群众的伟大实践一道前进。胡锦涛同志对当代青年所提出的党和人民所需要的、符合时代要求的社会主义建设者和接班人的四项要求与江泽民总书记去年在庆祝北京大学建校一百周年大会上的讲话中所提出的四个统一的殷切希望是一致的，关键就在于脚踏实地、身体力行地把这四个统一和四项要求融入到我们日常的工作、学习和生活中去，把它们化为自己的自觉行动。

(四)其他活动

除了以上较为大型的活动以外，北大各院系、单位和学生社团还举办了丰富多彩的纪念和庆祝活动。

从4月中旬开始，哲学系主办的“'99美育文化节”，数学学院举办的“迎接世纪挑战，振兴中国数学”第三届数学文化节，法律系主办的'99法律文化节，以“承五四青年报国志、做科教兴国栋梁材”为名的首都30所高校的1000余名学生新党员入党宣誓仪式，广州市团市委和北大团委共同主办的“广州市优秀青年代表赴北京大学迎五四火种”点火仪式，北大学生社团“山鹰社”女子登山队在三角地举办的关于1999年暑期登山的宣传发布活动，“周恩来、邓颖超与五四运动图片展”剪彩仪式，校团委组织的纪念五四80周年全国大学生征文大赛和演讲大赛，以及为纪念五四运动举办的几台大型文艺晚会，使美丽的燕园始终飘满浓郁的文化气息，充满着强烈的青春节奏，也使北大成为新闻媒体的焦点。

5月4日上午，北大校园中陆陆续续地多了许多陌生但亲切的面孔，在南校门进来的“五四路”上的校友接待处旁，不断聚拢着熙来攘往的人流。不论是白发的长者，还是青春的少年，都衣着齐整，面带自豪、欣慰、激动的笑容。北大从1999年起，对校庆接待校友返校的工作做出了新的安排，即每年(逢十大庆时除外)重点组织和接待入学10年、20年、30年、40年、50年的校友返校，参加当年的校庆活动。1999年学校重点组织和接待9字级校友返校。因为1998年刚刚组织过规模空前的校友返校活动，1999年接待的重点在做好宣传和反馈信息收集等工作，并在可能的情况下安排适当的活动内容。返校的9字级校友由原所在院系负责接待。此外，北大校友会、西南联大校友会、中法大学校友会分别在北大体育中心报告厅、电教报告厅和电教107室安排了聚会活动。虽然今年返校的校友在人数上比去年有所减少，但校园中依然充满节日和喜庆的气氛。

这次五四纪念活动，虽然酝酿和筹备的时间并不长，而且每一个项目的难度都不小，但由于指导思想明确，准备工作充分，加之有了去年百年校庆的成功经验，所以还是在时间短、任务重的情况下，圆满达到了预期目的。

在两个多月的筹备过程中，领导小组和项目小组的同志思路清晰，共识集中，方案明确，策划和筹备工作克服了各种困难，始终按照既定方针进行。在整个纪念活动中，广大师生员工忘我工作，无私奉献，表现出很强的敬业意识和很好的团队精神。特别是基建处的同志，在工期紧，任务重的情况下，他们勇于克服困难，承担重任，为百周年纪念讲堂顺利投入使用，立下了汗马功劳。

中央领导同志和各级政府部门的重视，社会各界的大力支持，也为纪念活动成功举行提供了现实保障。李岚清副总理非常关心北大的工作，积极推动和促成中外艺术歌曲走进北大校园，亲自为音乐会选定曲目，并于5月3日亲临北大与师生共庆五四运动80周年。中央歌剧芭蕾舞剧院、中国交响乐团及中央电视台、北京电视台等新闻单位的同志也为北大的纪念活动给予了大力的支持。中央领导的亲切关怀，有关单位的无私支持，极大地振奋和鼓舞了全校师生。

走过了百年风雨的北大，又一次站在了新世纪的起跑线上。人们衷心期待着，北京大学在第二个百年中，在迈向新时代的路途上能够继续书写出更加恢宏、壮丽的篇章。

抗议北约轰炸我驻南联盟大使馆

1999年5月8日清晨，以美国为首的北约悍然轰炸我驻南联盟使馆。这一侵略行径燃起了素有强烈爱国主义感情的中国人民的怒火，也燃起了以爱国、进步、民主、科学为光荣传统的北大师生的怒火！消息传来，校园中顿时涌起愤怒的浪潮。“反对侵略”、“反对霸权”、“维护主权”、“祖国尊严不可侮”、“中华民族不可欺”、“团结起来，振兴中华”等口号声、呐喊声，此起彼伏。北大师生通过抗议游行、召开座谈会等种种方式表达了对强盗的憎恶，对暴行的谴责，对正义的伸张，对祖国的挚爱。

一、北大师生积极参加示威游行活动，抗议北约暴行。

5月8日中午，北大学生从午间新闻中得知以美国为首的北约悍然使用三枚导弹攻击我大使馆的暴行。面对暴行，北大愤怒了！校园里响彻“强烈抗议北约暴行，为死难的同胞讨还血债”的愤怒吼声。校园三角地的公告栏里很快贴满了“强烈抗议美国为首的北约犯下的滔天罪行”、“踢翻强权政治，爱世界更爱中国”、“美帝国主义江山易改，兽性难移”等海报与抗议书。还有一张海报上是幅对联，上联是：“维护人道——军用民用一概炸毁”，下联是“捍卫和平——巴城贝城彻底炸平”，横批“使馆也不放过”，中书“向死难者致哀”六个大字。

北大学生会、研究生会代表全体北大学生起草了抗议书，指出：“北约对南斯拉夫40多天的狂轰滥炸，是对一个主权国家的公然侵略，造成了大量平民伤亡。现在又居然轰炸中国大使馆，这是对中国主权的蔑视，是对《维也纳外交关系公约》和国际关系基本准则的肆意践踏，是所有坚持正义的人们所不能允许的。……北京大学师生强烈抗议以美国为首的北约的霸权主义行径，强烈要求北约立即停止对中国主权的挑衅行为，并承担由此带来的一切后果。中国不可欺！已经站立起来的中国人民绝不容忍任何对中国主权的践踏行径。具有百年历史传统的北京大学师生时刻准备着，为捍卫国家利益和民族尊严而英勇斗争！”

在爱国热情的强烈召唤下，经有关部门批准，北大学生分别于5月8日下午3时30分、5月8日晚8时、5月9日凌晨1时、5月9日上午9时20分、5月9日中午12时，分几批前往使馆区，与首都各界代表一起举行游行示威。“打倒美帝，解散北约！”“抗议北约战争罪行！”“以美国为首的北约必须对轰炸我驻南使馆的野蛮行径承担全部责任！”等愤怒的吼声震撼天地。

据不完全统计，在两天的游行中共有3000余名同学参加。与此同时，校内的学生们在三角地采用不同形式表达自己对北约暴行的愤慨。从8日中午始各种抗议书源源不断送至三角地，时至午夜三角地依然人头攒动。5000余人次参加了校内的各种抗议活动。在这些活动中，广大同学有理、有利、有节、有效地表达了对北约强盗的愤恨，对祖国的热爱，对死难同胞的缅怀之情。

二、学校举行各种座谈会、主题团日等活动，声讨北约暴行。

5月8日下午4时30分，北大召开有各院系和校机关各部处负责人参加的干部会，与会干部强烈抗议和谴责以美国为首的北约用导弹对我驻南联盟使馆进行轰炸，使我主权受到蓄意侵犯、使我人员受到严重伤亡、使国际法准则受到粗暴践踏的野蛮暴行。

5月9日下午2点半，在党委书记任彦申同志主持下召开著名学者和学生代表座谈会，强烈谴责以美国为首的北约悍然轰炸我驻南使馆的野蛮暴行。著名学者季羡林、吴树青、胡代光、萧蔚云、赵宝煦、杨芙清等和学生代表争相发言，他们对以美国为首的北约轰炸我使馆表示极大愤慨，严正抗议以美帝国主义为首的北约的侵略罪行。

座谈会上，专家学者从法律、人权、历史、国际关系等不同方面对以美帝国主义为首的北约轰炸我驻南使馆事件进行了充分的认识。与会的师生代表认为，以美帝国主义为首的北约悍然轰炸我驻南使馆，是有预谋、有目标、有目的的。这是强权政治的一次大暴露，是一种典型的、地道的霸权行径，是对我中华民族的公开恐吓和对我国主权的公开挑衅。中华民族是有爱国主义传统的，中国人民是不可辱的。以美帝国主义为首的北约的三颗导弹炸醒了我们，美帝国主义的强盗行为和强盗逻辑，再次从反面教育了我们。

大家指出，以美国为首的北约打着维护“人权”和“自由”的幌子，对一主权国家进行狂轰滥炸，就已经是对世界和平的公然破坏；如今又对我使馆进行轰炸，更是冒天下之大不韪，如此暴行，是可忍孰不可忍！他们的种种借口完全是强盗逻辑，充分暴露了其霸权主义亦即帝国主义的反动本质。大家一致拥护我国政府的严正声明，并对经过公安部门批准的北大师生抗议美国为首的北约轰炸我使馆的游行示威活动表示坚决支持。许多干部指出，有着深厚爱国主义传统的北大师生决不会容忍我们伟大祖国的领土、主权和尊严受到侵犯，我们要通过各种方式，表达我们对以美国为首的北约的强烈谴责和对自己祖国、人民的深挚热爱。更为重要的是，我们只有励精图治，奋发图强，搞好自己的工作和学习，办好自己的学校，在改革开放中不断增强自己国家的实力，努力实现社会主义现代化和民族的伟大复兴，才能真正维护国家和民族的尊严，才能为反对霸权主义、强权政治，为维护世界和平和发展，为全人类做出更大贡献。大家还指出，我们既要同仇敌忾，又要注意秩序和稳定。这次事件再次给我们一个启示，必须以增强实力来反对霸权。为此，我们要化抗议的力量为动力，坚决团结在以江泽民同志为核心的党中央周围，把我们的综合国力搞上去，使我们的实力强大起来。

北大各民主党派负责人和政协委员们也以各种形式向以美国为首的北约提出最强烈的抗议。大家纷纷表示：中国主权不可侵犯，中国人民不可侮，帝国主义、国际霸权主义的反华图谋在中国人民的铜墙铁壁面前必将遭到彻底惨败。各民主党派负责人一致表示：坚决支持我国政府发表的严正声明，支持政府向以美国为首的北约组织提出的最强烈抗议，拥护我国政府对北约侵略行为采取的坚决措施，声援北京大学和首都其他高校学生到美国使馆游行示威、抗议北约战争罪行的正义行动，沉痛哀悼英勇牺牲的我国新闻工作者，向我驻南使馆工作人员致以崇高的敬意。大家还表示，一定要严格按照中央的部署和要求，坚守工作岗位，维护学校和社会的安定团结，以实际行动反击帝国主义和霸权主义的侵略。

5月9日下午，国家副主席胡锦涛就北约轰炸我驻南使馆，并导致使馆人员伤亡、馆舍毁坏一事，发表重要电视讲话。各院系、单位分别组织师生进行收看，各学生食堂也挤满了收看的人群，大家对胡锦涛副主席的讲话表示拥护和支持。

三、在组织游行、抗议活动的同时，在学生中开展爱国主义、集体主义、社会主义教育，同时注意做好外国专家和留学生工作，维护校园稳定，保证正常工作秩序。

面对这样一场突如其来的斗争，在举国声讨霸权行径、校园内外群情激忿的时候，在党中央、教育部和北京市的领导下，学校把握时机，掌握主动，充分利用这一事件在学生中适时进行主旋律教育。

针对学生提出的“中国不能软、中国不能乱、中国不能变”的口号，学校努力把我大使馆被炸这件坏事变成对广大师生进行爱国主义、集体主义、社会主义教育以及反对霸权主义、强权政治，认识资产阶级民主、自由、人权观点虚伪性的教育的好事。学校组织学生工作队伍，积极主动地开展工作，及时在“三角地”宣传栏和互联网上发表消息和评论，在校刊、广播电视上进行有深度的正面报道，在群众自发的行动中进行自觉的疏通和引导。由于学校积极主动、放收有度的组织和引导工作，既使学生充分表达了强烈的爱国热情又使抗议活动能够在规范有序的状态下进行。通过这场斗争，学生生动深刻地认识了霸权主义、强权政治的反动本质，以及西方民主、自由、人权观的虚伪面貌，爱国主义情怀得到了理性的升华。

学校同时注意做好外国专家学者和留学生的工作，确保校园各项工作的正常秩序。5月11日上午，学校先后召开国际合作与交流处、海外教育学院、留学生办公室、汉语中心、勺园管理处等外事部门干部会和涉外院系以及有关部门的负责人会议，晚上又邀集外国专家和留学生进行了座谈。学校领导指出：轰炸我驻南使馆是以美国为首的北约犯下的罪行，与美国和北约国家的人民无关，更与在北大工作学习的外国专家和留学生无关。长期以来，北大和美国及北约国家的很多学校建立了友好合作关系，有广泛的合作和交流。北大非常珍惜这种关系，将一如既往地加强这方面的工作，不会因以美国为首的北约轰炸我驻南使馆而产生任何动摇。学校将尽一切努力并且已经采取必要的措施，保护在北大的外国专家和留学生的安全和正当权益，保证大家能够进行正常的学习、工作和生活。

自5月8日以美国为首的北约野蛮轰炸我驻南使馆事件发生以后，北大师生迸发出了极大的爱国热情，在思想上经历了从愤怒声讨、沉痛哀悼、理性思索到奋发向上的过程，展示了新时期北大师生冷静、成熟与理智的精神风貌。5月22日，北大师生800多人又聆听了我国驻南斯拉夫使馆工作人员和新闻工作者英模事迹报告会，再次受到爱国主义教育，进一步认清了以美国为首的北约谎言背后的侵略和霸权本质，更加坚定了为祖国的繁荣富强而努力工作、学习的决心。经历了这件事情，一方面师生们认清了西方“人权”、“自由”、“民主”旗号下的侵略和霸权本质，认清了“客观公正”、“新闻自由”幌子下的舆论欺骗和煽动；另一方面北大师生的爱国主义热情空前高涨，大家感到祖国在每个人心中的分量从来没有像现在这么重，大家也从来没有像现在这样如此清醒地感到每个人肩上的担子、责任和使命是那么大、那么重。通过这次事件也充分反映出北大师生对维护安定团结的政治局面这一最根本大局的高度认同、支持和理解，充分反映了在对国家和民族根本利益的认识上北大师生与党中央是高度一致的。无论是“维护稳定，支持政府”还是“中国不能乱，中国不能软”的口号，都充分说明了这一点。

开展与“法轮功”的斗争

7月20日，中共中央颁布了《关于共产党员不准修炼“法轮大法”的通知》，民政部、公安部等国家机关也相继发布了有关文件，宣布法轮大法研究会为非法组织。北大师生坚决拥护和支持中央的这一决策，反对迷信，捍卫科学，维护稳定。学校和各基层单位分别组织召开座谈会、民主生活会等，从自然科学、哲学、法律、心理学等不同角度分析、揭露“法轮功”非法组织的真相、产生的根源及严重的社会危害性。

在座谈和讨论中，师生们指出：“取缔‘法轮功’是必要的、及时的。这种歪理邪说利用对自然和社会现象似是而非的解释迷惑人心，标榜李洪志是‘超人’，其根本目的是与科学相抗衡，控制民众，以达到他自己不可告人的目的。北大百年来爱国、进步、民主、科学的光荣传统要求我们，无论何时何地，都要坚持科学态度，提高文化素质，树立正确的人生观、世界观和价值观，坚定地反对迷信。歪门邪道总是利用人们对科学的无知，因此，北大作为高等学府，对发展教育科学文化事业，提高民众对科学的认识，清除社会危害负有义不容辞的责任。”有的教授说：“一个民族要在世界上站得住需要精神支柱。我们的精神支柱首先是马克思主义和爱国主义、集体主义、社会主义。‘法轮功’实际上是要瓦解这种民族精神，腐蚀民众的思想，把人们从党的一边拉到它那里去，为其所用。它的规模已经相当大并有严密的组织，要引起我们的高度警觉。思想阵地不是真空的，社会主义不占领，封建主义、资本主义就要占领。一方弱了，另一方就会强。毛泽东同志说过‘主义好比旗帜，旗帜举起来了，人们才有所指望’。北大有宣传马克思主义理论的光荣传统，现在更应自觉高举马克思主义的旗帜，坚持用辩证唯物主义、历史唯物主义分析处理问题，在宣传、教育工作方面尽到自己的责任。”

北大习练法轮功者，绝大部分是本着练功、健身的善良愿望参与习练的，但也有个别习练者陷得较深。对这些人，学校做了积极的转化工作。按照中央和上级部门的指示精神，学校连续召开党委常委会、分党委书记会和全校干部会，认真传达、贯彻、落实有关文件精神。常委会决定成立由党委副书记王登峰、副校长林钧敬和保卫部部长张虹组成的工作小组，全面负责处理对北大法轮功习练者的教育转化及有关事宜。

妥善处理这一事件，是确保学校教学、科研等各项工作正常进行的需要，也是确保大局稳定，国家各项建设事业顺利进展的需要。学校党委要求，全体党员一定要和党中央保持高度一致，严格遵守政治纪律、组织纪律，我们要充分发挥政治思想工作的优势，把这次对法轮功的斗争同时作为一次对大家的世界观和价值观的教育活动，切实提高认识，增强政治敏感性。

处理法轮功工作领导小组及各有关院系的领导同志，放弃了假期的休息时间，对本单位的法轮功习练者采取专人负责的办法，耐心细致地逐一做好教育转化工作。按照校党委的要求，在学习教育中，严格把握政策，团结大多数，特别强调对党员干部，要有严格的组织纪律约束。充分认识到斗争的重要性、紧迫性、复杂性和艰巨性，加强领导，落实责任制。在集中学习的基础上，全校各党支部也召开了民主生活会。

经学校和院系党委耐心、细致的工作，北大的法轮功习练者已基本转化。个别曾在法轮功组织中担任骨干的习练者，也有所悔悟，不仅交代了大量有关法轮功的幕后情况，还现身说法，帮助其他依然沉迷法轮功的习练者尽快解脱出来。

庆祝新中国成立50周年

1999年10月1日是伟大的中华人民共和国成立50周年。为了在全校师生员工中进行广泛的爱国、爱党、爱社会主义的教育，进一步激发全校师生员工建设世界一流大学的信心和干劲，北京大学围绕“热爱祖国，热爱党，热爱北京，热爱北大”的主题，在全校师生员工中开展了一系列隆重而丰富多彩的活动，通过这些活动的举办，广大师生员工不仅为新中国50年取得的发展变化感到欢欣、自豪，为盛大庆典的庄严、隆重感到振奋、鼓舞，而且对祖国和北大的未来满怀豪情，充满了信心。

一、领导高度重视，积极做好庆祝活动的安排

9月9日上午，北大召开了有党办校办、宣传部、统战部、学工部、保卫部、总务部、基建工程部、团委、工会等有关部门负责人参加的会议，研究、部署和协调迎接新中国成立50周年系列活动的安排工作。

会议指出，国庆期间，除认真、积极、高质量地完成上级布置的国庆庆祝任务（如参加国庆游行和晚会等）以外，要紧紧围绕新中国成立50周年，通过举办一系列校内活动，在全校师生员工中进行爱国、爱党、爱社

会主义的教育，进一步激发全校师生建设世界一流大学的信心和干劲。此次活动分为学习教育活动和文艺庆祝活动两个大的方面。会议确定了具体的活动内容、活动时间、以及负责的单位和部门。

会议最后要求，搞好国庆50周年的庆祝活动是一项光荣的政治任务，各有关部门要高度重视，积极作好庆祝活动的准备工作，各项活动要实行项目责任制，责任到人，务求把北大的各项活动举办成功，使全校师生过一个喜庆、热烈、祥和的国庆节。

二、隆重而丰富多彩的庆祝活动

9月27日，北大隆重召开了北京大学庆祝中华人民共和国成立50周年招待会。任彦申、闵维方、迟惠生、岳素兰、林钧敬、王登峰等学校领导，北医、北航等有关学校领导以及北大二十余位院士，数十位专家学者和二百多位师生代表欢聚一堂，共同欢庆伟大祖国的50华诞。

党委书记任彦申同志在会上作了热情洋溢的讲话。他回顾了建国50年来，我们的国家、民族取得的伟大业绩，总结了北京大学成立百年来在新旧社会两个五十年不同的发展变化的轨迹，并号召全校师生抓住历史机遇，紧密团结在以江泽民同志为核心的党中央周围，高举"科教兴国"的伟大旗帜，依靠全校师生的智慧和力量，同心同德、再接再厉、锐意改革、扎实工作，为北京大学早日实现建设世界一流大学的目标，为中华民族早日实现伟大复兴共同奋斗！

国庆期间，北大校园布置一新，花团锦簇。在南校门，一艘象征伟大祖国昂首迈向21世纪的白色帆船扬帆在鲜花的海洋中，从南校门到百周年纪念讲堂300米的马路两侧挂起了百只大红灯笼。在百周年纪念讲堂、新图书馆、理科楼群、办公楼等建筑物的前面都摆满了鲜花。到了夜晚，大红的灯笼和五彩的灯光更把北大映衬得分外美丽。

在身披节日盛装的校园里，迎接国庆50周年的各项活动也纷纷拉开帷幕。9月22日晚，为配合国庆期间对师生进行爱国主义教育，特邀了中央党史研究室李君如同志在办公楼礼堂作了题为"建国50周年社会主义建设基本经验"的报告；9月23日下午，北大统战部和侨联会共同组织召开了北京大学归侨、侨眷、港澳台胞（眷属）庆祝建国50周年暨欢度中秋联谊会；9月23日晚，北京大学99"世纪凌云"十佳歌手总决赛暨"迎国庆、庆回归"学生艺术节开幕式在百周年纪念讲堂举行；9月23日晚，北大京昆艺术学会在办公楼礼堂举行了"庆国庆、迎中秋"师生专场京昆演出；9月24日上午，组织了百名"共和国同龄人"攀登香山的活动；9月26日下午、晚上，邀请四川人艺为师生演出了音乐剧《未来组合》；9月27日晚，校团委和艺术学系共同组织举办了庆祝中华人民共和国成立50周年文艺汇演；9月28日上午，"北京大学庆祝建国50周年书画艺术作品展"在新图书馆大厅开幕；9月28日晚，中央芭蕾舞剧院为师生献上芭蕾舞专场晚会。10月1日，北大学生代表经过刻苦训练和充分准备参加了国庆游行和集体舞表演，展现了当代学子的风采。在民主党派、党外代表人士、归侨侨眷、港澳台同胞及亲属、各院系统战委员等统战系统方面的人员中，由学校党委统战部负责组织了丰富多彩的庆祝活动。9月19日，组织民主党派及侨联会的干部和部分院系的统战委员40余人，参观了北大新建的理科楼群、百周年纪念讲堂、新图书馆及学生公寓等处。9月30日，校统战部按照中央统战部和市委统战部的布置和指示，邀请并组织了全国政协常委、委员和党外中青年代表人士共20余人参加天安门国庆观礼和晚会。10月5日晚，统战部邀请民主党派和侨联会的成员，港澳台胞及亲属、各院系的统战委员和校党委机关的部分工作人员310余人，观赏了长安街、天安门、平安大道夜景。要求参加这次活动的人十分踊跃，尤其是一些多年来因身体和交通方面等原因不便出行的老先生都应邀参加了这次"爱首都、逛北京"的活动。他们中有92岁高龄的民进成员朱宣慈女士，88岁的邢其毅院士，80岁的杨立铭院士和张学书、梁柱等老领导和知名老教授。

三、庆祝新中国成立50周年活动的成果和意义

通过此次国庆活动，师生们不但为新中国50年所取得的发展变化感到欢欣、自豪，为盛大庆典的庄严、隆重感到振奋、鼓舞，而且对祖国和北大的未来满怀豪情，充满了信心。

（一）通过庆祝建国50周年活动，加深了广大师生的爱国主义的情怀，增强了对伟大祖国的热爱。

通过对伟大祖国50年来所取得的成就的了解，使大家看到新中国成立50年来，祖国确实发生了翻天覆地的变化。我国各族人民在以毛泽东同志、邓小平同志、江泽民同志为核心的三代中央领导集体的坚强领导下，为了中华民族的自立、自尊、自强，为了实现社会主义现代化强国的宏伟蓝图，进行了继往开来的斗争、创业和建设，使中国的面貌发生了翻天覆地的变化，在内政、外交各个领域都取得了旧中国不可比拟的伟大成就。特别是改革开放这21年，我国已成为世界上经济发展最快、人民得到的实惠最多、综合国力提升幅度最大的国家，社会主义制度在改革中获得了新的巨大活力。处于世纪之交的今日中国，已经完全不同于上个世纪之交那种内忧外患、积贫积弱、走投无路的状况，而是生机勃勃、蒸蒸日上，正在满怀信心、昂首阔步在强国富民的大道上。我们不仅为50年中国的沧桑巨变感到喜悦和自豪，而且更为庆幸的是，我们有一个坚强巩固、久经考验、能够团结带领全国各族人民胜利

奔向 21 世纪的伟大执政党——中国共产党，有一面能够解决社会主义前途命运问题、实现中华民族伟大复兴的光辉旗帜——邓小平理论，找到了一条在改革开放中胜利实现现代化的正确道路——建设有中国特色的社会主义道路。新中国 50 年，尽管经历了风风雨雨，前进中也有曲曲折折，但这 50 年确实谱写了中国近代史上最为灿烂辉煌的篇章。这是中国人民在掌握了自己的命运后共同创造的一部可歌可泣的历史，是马列主义、毛泽东思想和邓小平理论在实践中取得的伟大胜利。

在参加国庆观礼和晚会后大家纷纷赞叹："真壮观、真漂亮，民富国强、蒸蒸日上。祖国的 50 年尤其是近 20 年来的发展真是太快了。"

(二)通过观看庆祝建国 50 周年国庆游行，鼓舞了士气，振奋了人心。

北大有 1100 多名同学参加了国庆游行，300 多名同学参加了晚会的集体舞演出。有 20 余名院士及有关部门的负责同志参加了国庆观礼，校内的师生更是纷纷围坐在电视机前，关注着现场的直播报道。

到现场观礼和观看现场直播的老师和同学们说，"50 周年的庆典大会，真正体现了我国的军威和国力。总书记的讲话铿锵有力，振奋人心。三军仪仗队原来只是在电视上见到，现在亲眼所见，更觉不同凡响，确实是中国军人军威的化身，从他们身上体现出的朝气、英气、豪气，让每一个中国人都会感到鼓舞、振奋，更感到放心。""今年的群众游行，各个方队设计新颖，主题鲜明，训练有素，着装整齐，步调一致，精神面貌好，很有气势，反映了各界群众的风采，也反映了我们蒸蒸日上的综合国力，看起来既亲切又长志气，非常成功。""今年参加国庆阅兵的坦克方队和飞机方队最为鼓舞人心，也最受我们青年学生的关注。看到一辆辆新型坦克战车从天安门广场昂首经过，一架架战机在蓝天翱翔，我们都情不自禁地站了起来热烈鼓掌，大家纷纷指点说这是什么坦克，这是什么飞机，气氛特别热烈。随着我们国家科学技术的发展，国防现代化已指日可待，我们拥有先进的武器不是为了欺负别人，恰恰是为了保家卫国，维护正义，'落后就要挨打'，只有拥有了强有力的国防力量、科技军事力量，我们才有可能去谈维护世界和平。所以要想自立、自尊，首先必须自强。我们坚信，国家现在对教育、科技这么重视，我们的现代化强国之梦一定可以实现。"

看到走过风雨 50 年的共和国，正欣欣向荣，蒸蒸日上，每一个教职员工都为此而自豪，能有机会与祖国母亲共庆 50 华诞，大家一致觉得鼓舞了士气，振奋了人心。

(三)通过庆祝建国 50 周年活动，增强了广大同学建设祖国、服务祖国的决心和信心。大家纷纷表示，"我们要为祖国的未来奋发努力，身体力行"！

通过庆祝建国 50 周年活动，使广大同学深深地认识到，祖国的未来是美好的，但美好的未来要靠青年人的奋发努力和不懈攀登。

同学们纷纷表示，建设祖国需要我们每个人的共同努力，一要胸怀祖国，一要服务人民，要把二者结合起来。特别是青年人一定要按照江泽民总书记的要求"把实现个人价值和服务祖国人民统一起来"，在综合国力竞争日益激烈的今天，继承先辈遗志，树立远大理想，从身边小事做起，身体力行，发奋图强。以自己的实际行动，实现报国之志，为祖国的未来奋发图强！

(四)庆祝建国 50 周年活动，激发了广大师生员工热爱北大、建设北大的豪迈情怀。

此次国庆活动，不仅增强了广大师生员工的爱国热情，而且也增强了广大师生员工的凝聚力和建设世界一流大学的信心和决心。致公党北大支部副主委曹焯教授的一段话，代表了大多数师生员工的心声。她说："通过这次活动，感到北大这几年的发展实在是快，从而使我们对创建世界一流大学增添了信心。"同时，大家认识到，建设世界一流大学虽然是一项长期而艰巨的历史任务，需要几代人的艰苦努力，但是通过此次国庆活动，激发了大家同心同德，团结进取，创建世界一流大学的豪迈情怀。广大师生员工一致认为，有党和国家对北大的支持，有全校师生员工的努力，北京大学创建世界一流大学的目标一定能够实现！

庆祝澳门回归

1999 年 12 月 20 日，澳门回归祖国。为庆祝澳门回归，北京大学举行了系列活动。

1999 年 10 月 31 日晚，北大与澳门大学学生交流座谈会在法学楼模拟法庭举行。来自澳门大学和北大的数十名大学生就"华夏同心迎回归盼统一"的主题展开了热烈友好的讨论。这标志着北京大学"迎接澳门回归"系列活动拉开了序幕。11 月 1 日下午，"华夏同心迎回归"——北京大学迎澳门回归系列活动开幕式在北大图书馆报告厅举行。全国政协副主席马万祺特为开幕式发来了热情洋溢的贺信。11 月 1 日晚，北大港澳台办公室和国际关系学院等联合邀请黄汉强教授作题为"澳门从失落到回归"的讲座；11 月 3 日晚，北大港澳台办公室、国际关系学院团委等邀请肖蔚云教授主讲"澳门基本法与澳门回归"的讲座；11 月 5 日晚，北大港澳研究中心常务副主任徐雅民主讲"澳门回归后经济发展展望"的讲座。这些讲座增加了同学们对澳门问题的了解，取得了良好效果。11 月 6 日下午，校学生会、学生书画协会联合在大讲堂前的广场上举行了“学生书画迎澳门回归”活动。近20名学生当场挥毫泼墨，共同合作完成了一件长19.99米、宽1.22米的横幅，这条横幅将作为“首都大学生迎澳门回归”系列作品之一，送往北京市学联参加展出，最后将由中国革命历史博物馆收藏。11月1日晚，刘天华先生再传弟子——布多阿森二胡演奏会在北大办公楼礼堂举行；11月7日晚，北京大学新生文艺汇演暨澳门大学舞蹈团演出在北大办公楼礼堂同台进行，澳门、内地两地学生联袂表演，共同迎接澳门回归这一民族盛事；11月1日至7日，北大国际关系学院团委举办的喜迎回归图片展在北大三角地橱窗展出。11月10日晚，奥地利托费赫市铜管乐团应邀在北大办公楼礼堂举行了演奏会，奥地利的音乐家们在演奏会上为师生们演奏了《多瑙河圆舞曲》等名曲。由北大港澳台办公室、国际关系学院团委等单位联合举办的澳门问题系列讲座也在本月展开。11月10日至12月15日，北大学工部在全校师生中开展了“迎澳门回归知识竞赛”。以“华夏同心、共创未来”为主题的演讲比赛决赛在11月30日举行。由北大团委组织的“华夏同心共创未来”演讲比赛经过两轮激烈角逐，决赛阶段的比赛于11月29日在图书馆北配楼报告厅进行。酝酿已久的首都高校“北大青鸟杯迎澳门回归知识竞赛”各阶段的比赛在本月也紧锣密鼓地展开。来自全校各系的16位选手就“澳门回归、祖国统一”的主题发表了精彩的演讲。12月10日，北大师生纪念“一二·九”运动暨迎接澳门回归歌咏比赛把整个庆祝活动推向高潮。

12月19日下午4∶30，几个学生食堂陆续开门，同学们开始有秩序地观看电视中播出的澳门回归特别节目。晚7∶00，电教报告厅和7个电教教室全部开放，为同学们当晚收看澳门回归政权交接仪式实况提供方便。同学们不顾严寒，纷纷从宿舍赶到电教楼，围坐在电视机前收看实况。

12月20日零时，当五星红旗准时在澳门的土地上升起时，同学们按捺不住内心的激动，纷纷站了起来，教室中爆发出热烈的掌声和阵阵欢呼。欢呼澳门终于回到祖国母亲的怀抱！同学们纷纷表示，澳门回归祖国，是继中国成功对香港行使主权后，我国外交上的又一历史性胜利，这一胜利归功于“一国两制”的伟大构想，归功于中国国力的不断强盛，她也预示着一个真正统一的、民主的、强大的中国必将在不久的将来屹立于世界民族之林。

12月20日早晨6∶40，600名学生代表在电教楼前集合，举行庄严的升旗仪式，伴随五星红旗的冉冉升起，同学们再一次回味身为一个中国人的骄傲和自豪。至此，迎接澳门回归的各种庆祝活动圆满结束。

迎接新千年

1999年12月31日，北大校园里充满了喜庆与祥和的气氛。火红的灯笼挂在道路两边，五色斑斓的小彩灯攀绕在树上、建筑物上，似繁星点点。今宵无眠，今宵难眠。从人潮涌动的大讲堂前到熙熙攘攘的未名湖畔，从艺园的假面舞会到五四体育馆的联欢……北大师生在欢歌笑语中、在无数美好的祈盼与祝愿中迎来新的千年，迎来北大美好的明天。

百年讲堂前：迎接2000年第一缕霞光

位于大讲堂前的露天舞台早已搭好，百年纪念讲堂广场布置一新。“奔向2000年：北京大学迎接2000年联欢晚会”在这里举行。讲堂内放映着《1919》和《没完没了》。在这百年交替、千年更迭之际，师生们在这里回眸历史、笑看今朝。

晚10时许，讲堂前的舞台探照灯向天空射出银白的光束，缤纷的灯光在夜幕中编织出流光溢彩、玉映霞辉的景观。束束光芒在广场上空交织着，如薄雾将欢乐的人群轻轻笼罩。坐落在演出台一侧的“世纪之钟”庄重典雅，气势恢宏，在灯光的映衬下熠熠生辉，与欢乐的人群、青春的劲舞遥相辉映。

2000年1月1日零点到来的时刻，四名师生代表撞响了“世纪之钟”，雄浑悠长的钟声回荡在校园。在这欢庆之夜，北大党委书记任彦申、校长许智宏等校领导来到现场，与师生同迎新千年的到来。许校长发表新年致辞，他语重心长地说：“同学们，你们是名副其实的跨世纪一代，你们生逢盛世，拥有年轻与才华，更有开拓进取的热情与百折不挠的精神。北大培养了你们，你们则以自己的出色业绩给北大以荣耀。希望你们全面提高素质，特别是创新精神和实践能力，我愿与你们一道，并肩携手，以崭新的姿态去迎接新世纪的洗礼与挑战。”广场上响起雷鸣般的掌声。

未名湖畔：点燃明天的希望

节日的欢乐同样洋溢在彩灯点缀的未名湖畔。盈盈的灯光使浓浓的节日气息扑面而来。结冰的湖面已成为欢乐的海洋，笑声在夜空中飘荡，同学们正在尽情的狂欢中企盼新千年的到来。在深邃的苍穹下，一些同学点燃一支支蜡烛，也在点燃明天的希望！

在距离午夜零点还有几分钟的时候，钟亭早已挤满了人，时间在一分一秒中度过，焦急的同学难以抑制激动的心情，于是有人领头齐声高歌《歌唱祖国》：“越过高山，越过平原，跨过奔腾的黄河长江……英雄的人民站起来了，我们团结友爱坚强如钢！”很快，收音机中传来倒计时的声音，“……五、四、三、二、一、零，新年到了！”在大家的欢呼雀跃中，一直守在钟亭旁边的人们共同撞响了那口百年老钟，新世纪的钟声传向远方，传向深邃的天宇，蕴涵着无数美丽的企盼与心愿。此时的未名湖上，又燃起了更多的烛光，一支支红红的蜡烛被拼成“2000”的字样和心形的图案。同学们围在蜡烛旁边，默默祈祷美好的明天，憧憬遥远的未来。

宿舍与教室：千年不同度

华灯初上之时，校园里人潮涌动。学生宿舍中几乎人去楼空。极少的几位留守者也不显得寂寞。游戏、网上冲浪、看碟——电脑迷们一如往昔的执著。28 楼 437 室的电脑“开放公映”，几个寝室的同学挤在电脑前上网。137 室，七八个同学聚在一起聊天。室内张灯结彩，布置得喜气洋洋，门上用白粉笔写上了“Happy New Year”，这是特地为当晚的庆祝布置的。28 楼 306 寝室的一位同学则抱着二胡悠闲地拉着。不管怎样，大伙儿都是心情舒畅，尽情放松。在 11 点钟之后，三角地的盛会到了高潮，宿舍真的冷清了。原来信誓旦旦说要做“留守一族”的也都二话没说就冲向大讲堂前，与大家一起狂欢。

今晚的勺园，留学生们要么出去参加各种联欢活动，要么在宿舍中以各种方式迎接新千年的到来。在宿舍中，来自土耳其的马可钦说：“我将和友好、热情的中国朋友一道庆祝，希望新的千年给我带来新的变化，也希望北大有更新的变化。”韩国籍学生李贤美说：“在人生中经历世纪之交是很难得并令人惊奇的事情。很遗憾不能和家人在一起，但我将在中国更加努力学习。”

与此同时，另一种度过千年更迭之夜的方式不乏为北大校园中一道靓丽的风景。一教、文史楼的部分教室，迎面而来的是一如既往的书香。与外面的热闹相比，这里的宁静让你感受到另一种激动，学生们都专注于书本之中，或潜心阅读，或闭目凝思，或奋笔疾书。对于他们，TOEFL、GRE、考研等考试没有因新千年的到来而变得轻松，倒是充实的自习能让自己在千年的起跑线上占据先机。

新的千年，新的起点。每一个北大人在这新的华彩乐章即将开始的时候，为自己、为北大、为祖国，献上了衷心的祝福。明天会更好！

许智宏就任北京大学校长

1999 年 12 月 13 日下午 2：30，北京大学校长任免宣布大会在北京大学图书馆报告厅举行。中共中央组织部副部长张柏林，教育部党组副书记、副部长吕福源，北京市委常委、市教工委书记、市教委主任徐锡安，中科院副秘书长马彤军，北大党委书记任彦申，北大原校长陈佳洱，北大新任校长许智宏等领导出席大会并讲话，北大现任党政班子全体成员和前任的老领导，以及北大各职能部门、各院系负责人和知名专家、民主党派负责人、老干部代表、教师代表等近二百人参加了会议。会议由任彦申主持。

张柏林首先宣布了任免决定并讲话。张柏林在讲话中简要介绍了刚刚到任的北大新任校长许智宏的基本情况，同时对陈佳洱在任北大校长期间的工作给予了较高评价，并对北大领导集体提出了殷切的希望。他说，这是一次正常的工作变动。北大面临再发展、再提高的大好机遇，领导班子一定要保持政治上的清醒与坚定，加强团结，严于律己，在人才培养、科学研究和社会服务等方面为国家和社会做出更大贡献。

教育部党组副书记、副部长吕福源首先代表教育部党组向陈佳洱表示感谢和敬意，并向许智宏就任北大校长表示欢迎。吕福源对陈佳洱在任期间的工作给予积极评价，并预祝他在新的岗位取得更大成绩。吕福源在讲话中也对北大的工作提出了几点希望。他指出，在新的世纪即将到来的关键时刻，我国面向 21 世纪教育改革发展的大政方针已定。北大的领导班子首先要团结一致，齐心协力，争创世界一流；第二，要抓住机遇，深化改革，积极为科教兴国服务；第三，高校领导班子建设是高校党建工作的重要内容，当前要以“三讲”的精神搞好学校领导班子建设。领导班子中的每一位成员，都要按照“讲学习、讲政治、讲正气”的要求，加强自身修养，努力学习马列主义、毛泽东思想特别是邓小平理论，同时也要学习现代科学、市场经济和法律等方面的知识，努力提高自己的综合素质。

徐锡安代表中共北京市委表示衷心拥护中央的决定，相信北大校长的调整将对北大的工作产生积极的促进作用。北京市委将一如既往地支持北大的工作，也希望北京大学在北大党委和新任校长的领导下，取得更大成绩。

马彤军代表中科院在会上发言。

在热烈的掌声中，陈佳洱走上讲台。他激动地向今天到会的领导和全校师生员工表示由衷的感谢，台下再次响起长时间的掌声。陈佳洱充满感情地说，“中央和教育部、北京市的领导一直对北大的发展关心备至，北大的进步首先要归功于上级领导的正确领导和大力支持，要归功于全体党政领导干部的齐心协力，更要归功于全校师生员工的兢兢业业和无私奉献。我在北大45年，参与领导工作15年，是在北大的哺育下成长起来的。我的科学事业在北大，我热爱北大，也热爱北大的学生。今天令人高兴的是许智宏院士出任我们的校长，相信在他的带领下，北大一定会有更大的发展。”“我虽然因工作需要调任，但我还是北大教师，还是北大人，我愿意继续为北大的发展尽自己的最大努力。”

许智宏校长随后在会上讲话。他说，“今天怀着十分激动的心情就任北大校长。我1965年毕业离校，已经34年了，没想到还会回到母校工作，很高兴也很激动。北大是哺育我成长的地方，如果说这些年，我还有一点进步，那么北大对我的哺育是我成长的动力，想起北大，就会为我增添无穷的力量。今天的任命对我是一种挑战，以前从未在高校领导岗位上工作过，有一点紧张，但是看到北大的发展变化，想到北大正面临着历史上最好的发展机遇，我又很有信心，我愿意与全体教职员工一起努力，为创建世界一流大学而努力。同时，到北大以后，希望能够进一步增强与中科院的合作，用我的微薄力量促进科技与教育的进一步结合。为了共同的科教兴国战略，为了中国的腾飞和综合国力的提高，科教界应携起手来，北大、中科院在这方面要做出表率，在新的历史条件下，要无愧于党和国家对我们的支持和殷切希望。”

任彦申最后讲话。他首先代表学校党委表示衷心拥护中央的决定，欢送陈佳洱，欢迎许智宏。他说，北大目前面临着前所未有的机遇，也面临空前繁重的任务和挑战。这个时候，中央任命许智宏出任北大校长，体现了中央对北大的关心、支持和重视。学校党政班子一定会全力配合，为许智宏尽快熟悉、了解学校情况，全面担当起领导责任做好工作。同时也代表学校党委向陈佳洱到新的岗位上工作表示祝贺。陈佳洱在北大任职任教45年，在领导岗位上也有15年，党政班子始终协调配合，从未出现无原则的内耗。在组织实施“211工程”，创建世界一流大学规划中，陈佳洱做了大量工作，从他身上我们看到了很好的思路和很好的作风。谨向陈佳洱表示敬意和感谢，希望陈佳洱以后继续关心、支持北大的工作，帮助北京大学尽快实现北京大学创建世界一流大学的理想。

会后，许智宏、陈佳洱和北大党政领导班子全体成员及王学珍、张学书、梁柱、李安模、王效挺等前任校领导集体谈心。大家在会上纷纷表示欢迎许智宏回到母校工作，同时对陈佳洱校长的离任表示惜别。大家向许智宏介绍了学校目前的一些基本情况，并一致表示，一定在学校党委和许校长的领导下尽心工作，抓住北京大学目前面临的大好机遇，为实现北大创建世界一流大学的目标而共同努力。

附　录

许智宏简历

许智宏，男，汉族，中共党员。1942年10月出生于江苏省无锡市。1959年9月至1965年8月，就读于北京大学生物系植物专业；1965年5月参加工作后长期在中国科学院上海植物生理研究所工作；1979年8月至1981年9月，先后在英国约翰·依奈斯研究所和诺丁汉大学从事研究工作；1983年12月至1988年10月，任上海植物生理研究所副研究员、副所长；1988年11月至1991年2月，任上海植物生理研究所研究员、副所长；1991年2月至1999年10月，任上海植物生理研究所所长。1992年10月至今任中科院副院长、党组成员。1999年12月，被任命为北京大学校长。

许智宏长期从事植物生理学和生物工程的研究，为推动和发展中国的植物组织培养和生物工程研究，做出了重要贡献。1988年获“有杰出贡献中青年科学家”称号；1991年获国家自然科学三等奖；1994年获英国DEMONTFORT大学荣誉科学博士学位。1994年任香港大学荣誉教授。1995年当选第三世界科学院院士；1997年当选中国科学院生物学部院士。

中组部副部长张柏林在北京大学校长任免大会上的讲话

同志们：

最近，党中央、国务院决定，调许智宏同志任北京大学校长；陈佳洱同志调任国家自然科学基金委员会主任，不再担任北京大学校长职务。

这是党中央从北大和国家自然科学基金委员会两个班子建设的需要出发，通盘考虑做出的决定，是正常的工作变动，相信一定会得到北大广大干部和师生的拥护。

下面我简要介绍一下许智宏同志。

许智宏同志，现年57岁，1976年2月入党，1965

年北京大学生物系毕业后，曾任中国科学院上海植物生理研究所实习员、课题组组长、室领导小组成员。1979年至1981年赴英国，先后在约翰·依奈斯研究所和诺丁汉大学植物系工作。回国后在中国科学院上海植物生理所先后任课题组组长、副所长、副研究员、研究员、所长。1992年10月后任中国科学院副院长、党组成员。1997年当选为中国科学院院士。许智宏同志政治素质好，能自觉与以江泽民同志为核心的党中央保持一致。长期从事植物细胞培养研究工作，有较高的学术造诣，在国内外有一定的知名度。他思维敏捷，工作思路清楚，接受新事物快，考虑问题全面，有组织领导能力。任中国科学院副院长以来，分管基础研究及生命科学研究综合协调工作，提倡促进学科交叉、发挥综合优势、积极争取承担更多的国家重大研究项目；狠抓开放实验室建设，推动基础研究上层次、上水平；调整专业结构，优化基础研究队伍。他事业心强，作风正派，待人诚恳，办事稳重，对自己要求严格，在群众中有较高威信。相信许智宏同志来北大工作后，会和同志们一道，在过去很好的工作基础上，开拓进取，勤奋工作，不断取得新成绩。

陈佳洱同志在任北大校长期间，认真贯彻执行党的教育方针，善于从宏观上考虑问题，与党政班子一起，带领学校广大教职员工，紧紧抓住国家“211工程”建设和北大百年校庆等发展机遇，开拓进取，扎实工作，在学校教学、科研和行政管理等方面做了大量工作，为学校的进一步发展打下了较好的基础，为北大的建设做出了贡献。陈佳洱同志虽然不再担任北大校长职务，相信他会继续支持和关心北大的工作和发展。

同志们，北京大学是一所有着百年历史、享誉中外的著名学府，有着光荣的革命传统，作为我国重要的教育学术文化阵地，为祖国培养了一代又一代优秀人才，在社会科学和自然科学领域创造了许多重大成果，为我国革命、建设和改革事业做出了重大贡献。北大在发展，北大还要大发展。发展的关键在人，在领导班子。希望校党政领导同志坚持讲学习、讲政治、讲正气，始终保持政治上的清醒与坚定，全面贯彻执行党的教育方针，自觉与江泽民同志为核心的党中央保持一致；坚持民主集中制，加强团结，严于律己，不断增强领导班子的凝聚力和战斗力；进一步落实江泽民同志在庆祝北大百年校庆大会上的重要讲话中提出的要求，发扬传统，开拓进取，扎实工作，培养出更多的德、智、体、美等全面发展的高素质人才，发现和创造出更多的高水平科学研究和技术开发成果，为实施科教兴国战略和祖国现代化建设作出新的更大的贡献！

教育部党组副书记、副部长吕福源在北京大学校长任免大会上的讲话

刚才，中组部副部长张柏林同志宣布了党中央国务院的重要任免决定，作了重要讲话。我代表教育部党组向陈佳洱同志表示感谢和敬意，欢迎许智宏同志来北大工作。

陈佳洱同志从1996年7月起担任北京大学校长，至今已经三年多。在过去的几年里，北京大学党政领导班子认真贯彻党的路线、方针、政策，同心同德，开拓进取，坚持社会主义办学方向，较好地处理了改革、发展与稳定的关系；教学质量不断提高，学科建设不断取得重要进展，取得了一批具有重要国际影响的科研成果；对外交流与合作不断扩大；党的建设和思想政治工作进一步加强；师资队伍和干部队伍建设有了显著进展；学校从人才、科技等方面对我国的经济发展和社会进步做出了突出的贡献。同时，北京大学还为世纪之交中国高等教育的改革和发展提供了许多宝贵的经验。特别需要指出的是，北京大学抓住了百年校庆等难得的历史机遇，积极开拓进取，进一步扩大学校在国内和国际的影响，为加快北京大学各项事业的改革和发展创造了十分有利的内、外部环境，奏响了再创北大百年辉煌的新篇章。

这些成绩的取得，是学校领导班子带领广大党员、干部和教职工团结奋斗、开拓创新的结果，也是与陈佳洱同志勤奋努力的工作分不开的。陈佳洱同志与校党政领导班子其他同志一道，坚持正确的办学方向，锐意改革，紧密团结和依靠广大干部和教职工，克服困难，求实进取，使学校各项改革和发展都取得了明显的成绩。在陈佳洱同志即将卸任北大校长之际，我代表教育部党组预祝陈佳洱同志在新的、更重要的岗位上，为我国自然科学的发展做出更大的成绩。希望陈佳洱同志继续关心、支持北大的工作，为推动科教兴国、促进教育的改革和发展做出新的贡献！

中央决定，许智宏同志接任北京大学校长。刚才张柏林同志已经把许智宏同志介绍给大家。他是北京大学生物系65年毕业的，长期在中科院系统从事科研工作和领导工作。在组织和细胞培养研究方面有较高的造诣，1997年当选为中科院院士。他政治上坚定，有较强的组织领导能力，积累了比较丰富的管理工作经验；熟悉科研工作，了解高等教育改革和发展；事业心强，工作勤奋，思路清晰，注重调查研究，富有改革创新精神，工作有魄力；为人正直、作风朴实，对自己要求也很严格。1992年担任中科院副院长后，分管基础研究及

生命科学方面的综合协调工作。在深入进行调查研究、了解各方面情况的基础上，提出了中科院基础研究结构和专业结构的调整，在优化基础研究队伍等方面提出了一系列改革思路并狠抓落实，取得了明显的实效。为组建北京地球科学中心、上海生命科学中心也倾注了大量的精力。相信许智宏同志一定不辜负党中央、国务院的重托，在上级组织和学校党委的领导下，切实担负起领导北京大学走向新世纪的重任。

同志们，党中央确定的科教兴国伟大战略，不仅为教育改革和发展提出了明确而艰巨的任务，也为教育事业的发展提供了前所未有的机遇。在新世纪即将到来的关键时刻，党中央、国务院为了进一步推进科教兴国战略的实施，召开了改革开放以来的第三次全国教育工作会议，颁布了《中共中央、国务院关于深化教育改革全面推进素质教育的决定》。目前，面向21世纪的教育改革和发展的大政方针已定，大学应当成为科教兴国的强大生力军，北京大学面向21世纪的改革和发展是全国各界乃至全世界所关心、瞩目的。借此机会，提出几点意见，供大家参考。

一、团结一致，齐心协力，争创世界一流。北京大学作为我国高等学校的排头兵，她的建设发展一直倍受党和国家的重视和关注。毛泽东主席亲自为北大题写校名，三次写信鼓励北大师生团结起来为建设新中国而奋斗！邓小平同志在“文革”后亲自过问北京大学的“拨乱反正”和恢复发展的工作，并为北大图书馆题写馆名。江泽民总书记对北大的改革和发展给予了多方面的关心和支持，亲临北大视察，看望师生员工并与大家亲切交谈，在北大百年校庆大会上，发表了举世瞩目的重要讲话，再次向全党和全国人民发布了科教兴国的动员令，为北京大学和整个教育战线指明了改革和发展的方向。国运兴衰，系于教育，教育振兴，全民有责。21世纪，我国要向成为世界高等教育强国的目标奋进，要建立若干所世界一流的大学，建设一批在国际上有影响的高等学府，这是开创我国高等教育新世纪的光荣而艰巨的历史使命。面对这一重大的历史跨越，北京大学首当其冲，任重而道远，需要全校师生紧密团结、同心同德、齐心协力地去奋斗和拼搏。

二、抓住机遇，深化改革，积极为科教兴国战略服务。在庆祝北京大学建校100周年大会上，江泽民总书记深刻地指出：“我们的大学应该成为科教兴国的强大生力军，教育应与经济、社会发展紧密结合，为现代化建设提供各类人才支持和知识贡献。”这是面向21世纪教育改革和发展的方向。北大要成为科教兴国的生力军，必须把学校命运同我国的经济发展和社会进步紧密结合起来；进一步转变教育思想，更新教育观念，高度重视知识创新、人才开发对经济发展和社会进步的重大作用；不断改进教学，注重培养师生的创新意识和创新能力，不断提高人才培养质量和办学效益；要在校内管理体制改革方面取得初步进展的情况下，进一步总结探索，充分调动全校教职员工的积极性；鼓励他们在教学科研战线上进行创造性的工作，继续开拓产学研结合的道路，在发展高新科技、实现产业化方面扎扎实实地下工夫，积极推进与各级政府、科技部门和企业的多种形式的合作，与社会各界建立畅通的信息网络，更加全面、有效地为我国经济建设和社会进步服务，主动为首都各项事业的发展服务。我们高兴地看到，北京大学在方正集团、青鸟公司、资源集团等备受社会关注的高新技术产业已经走上成功之路的同时，在传播先进管理经验、参与社会文化建设以及提供信息、法律等服务方面也做出了突出的成绩。我们更希望北京大学成为培养和造就高素质创新性人才的示范区，成为技术创新、促进科技成果转化的“孵化器”，成为国家改革发展的“思想库”，成为中华民族优秀文化同世界先进文明成果交流与借鉴的一条绚丽的纽带。

三、按照“三讲”教育的要求，进一步加强学校领导班子建设。创建世界一流大学是一次伟大的创业实践，特别需要一个团结进取、求实创新的领导班子。当前，要按照中央关于“三讲”教育的要求，突出抓好学校领导班子建设。根据中央“三讲办”的统一部署，在今年取得试点经验的基础上，从明年开始，在全国高等学校都要开展以校级领导班子为重点的“三讲”教育。对此，北京大学党委要高度重视，要重点围绕坚持社会主义办学方向，建设具有世界先进水平的一流大学的目标，完善党委领导下的校长负责制，提高领导学校改革和发展的能力，进一步密切同广大教职员工之间的联系和加强党风廉政建设等主要内容来准备“三讲”教育。我们应当清醒地看到，同中央的要求相比，同学校发展面临的任务和要求相比，学校的领导班子和领导干部在一些方面还存在着这样或那样的不适应。要通过“三讲”教育，切实解决学校领导班子在党性党风和工作作风、工作方法方面存在的突出问题，不断提高领导班子的整体素质，提高驾驭全局和解决复杂问题的能力，进一步保持学校的稳定并加快推进学校的改革和发展。领导班子中的每一位成员，都要按照“讲学习、讲政治、讲正气”的要求，加强自身修养，努力学习马列主义、毛泽东思想特别是邓小平理论，同时也要注意学习现代科学、市场经济和法律等方面的知识，了解世界高新技术的发展趋势，追踪现代高等教育的最新动向，努力提高自己的综合素质。要在其位，谋其政，要对党的事业负责，对群众负责，对北京大学负责；要有奋发有为、迎难而上的旺盛斗志；要扎扎实实、勤勤恳恳地为广大教职工服务，为群众多办实事，团结带领全校党员和师生员工共创北大新的辉煌。当前，学校党建工作和对广大党员干部、教师和学生的思想政治工作都要把用邓小平理论武装干部和群众的头脑作为首要任务。弘扬爱国主义、集体主义和社会主义的主旋律。面临新的世纪、新的机遇和挑战，北京大学要继续发扬学习、研究和传播马列主义、毛泽东思想的优良传统，在创造邓小平理论“进课堂、进教材、进头脑”先进经验的基础上，不仅要继续成为学习、研究和传播邓小平理论的模范，更要成为实践邓小平理论的模范。用邓小平理论指导我们的整个事业和各项工作，牢牢把握社会主义的办学方向。

同志们，回顾过去，我们的事业日新月异，展望未来，我们更感到任重而道远。北京大学在走过的百年光辉历程中形成了“爱国、进步、民主、科学”的光荣传统，培养了近20万名毕业生，其中许多人成为社会各界卓有建树的优秀人才，他们在影响和推动中国近代、现代思想理论、科学文化和高等教育发展的进程中，在社会主义现代化建设中发挥了重要的作用。在新的世纪里，摆在北京大学面前的是实施科教兴国战略、振兴中华的伟大战略任务，为了中华民族的伟大复兴，我们必须以创新的精神抓住机遇，迎接挑战，赢得发展。江泽民同志说“一个没有创新能力的民族，难以屹立于世界先进民族之林。”创新是新世纪的主旋律。北京大学面临的任务是艰巨的，希望学校广大党员、干部、教师、职工和学生，在学校党政领导班子的带领下，在北京大学历届党政领导班子和全校师生员工勤奋努力所打下的学校各项事业发展的良好基础上，继续加快改革和发展的步伐。

最后，我想引用鲁迅先生的名言：“北大是常为新的，改进的运动的先锋，要使中国向着好的、往上的道路走。”让我们大家以此共勉！

中共北京市委常委、市委教育工委书记、市教委主任徐锡安在北京大学校长任免大会上的讲话

刚才张柏林部长宣布了党中央、国务院关于陈佳洱同志和许智宏同志职务任免的决定，在此，我代表北京市委表示衷心的拥护。我们相信，在世纪之交，对北大作出的这个重要决定将有力地推动北大的发展，也推动自然科学基金委的工作。我也十分赞同刚才吕福源同志作的一个全面总结和提出的三点希望，也同意他对陈佳洱同志所作的评价。在此，我十分感谢陈佳洱同志多年以来在北大校长工作岗位上和教学工作岗位上所做出的贡献，预祝陈佳洱同志在新的工作岗位上，以其品德和学识，为党和人民做出新的贡献。我们还要感谢中科院输送许智宏同志到北京大学来工作。许智宏同志有着丰富的工作经历和学识，他年富力强、德才兼备。我们相信，在他的领导下，一定会把北京大学的各项工作推向一个新局面。北京大学是首都以及全国高等学校的排头兵，在各项工作中有它不可替代的地位和影响。在刚刚总结和回顾了自己的百年光辉历程之后，北大又处在一个向世界一流大学迈进的新的起点上。在这时候，党中央、国务院作了这样的任免决定，为北京大学迈向世界一流大学的努力提供了有力的组织保证。北京市委将一如既往地支持北京大学党委的工作，支持北大校长的工作，配合教育部把北大的改革、发展和稳定工作做好。衷心希望北京大学在校党委和校长的共同努力下，开创各项工作的新局面，在新的世纪里取得更大的进步。

中国科学院副秘书长马彤军在北京大学校长任免大会上的讲话

我非常高兴能够参加母校为许智宏校长就职举行的欢迎会。

许智宏同志是中国科学院副院长、中国科学院院士，是在生命科学领域有着很深的造诣的科学家。在中国科学院，许院长是大家爱戴的科研工作的组织者和管理者，他为人正直宽厚，和他一起工作非常愉快。他同时也是北京大学培养出来的优秀学生。许智宏同志这次能回到母校任职，同时还担任中国科学院的副院长职务，对于加强和促进中国科学院和北京大学在人才培养和科学研究的交流和合作方面，将起到非常重要的推动作用。最后，我祝愿北京大学在许智宏校长的领导下，在各位领导、各位同学的共同努力下，尽快建成世界一流大学。

党委书记任彦申在北京大学校长任免大会上的讲话

刚才，中组部、教育部、中共北京市委、中科院的有关领导同志都做了重要的讲话，我们的老校长陈佳洱和新校长许智宏同志也做了重要的讲话。我代表学校党委完全拥护党中央、国务院任命许智宏同志担任北大校长的决定，衷心欢迎许智宏同志今天正式到任。

当前北大处在改革发展的关键时期，我们面临的机遇非常好，国家支持力度也非常大，改革、发展、稳定和提高的任务也非常艰巨。在这个重要的时刻，中央决定许智宏同志出任北大校长，这体现了中央对北大的

重视和支持，对于加强北京大学的领导力量，促进北大与中国科学院开展更加密切的合作，对于巩固发展北大改革、发展、稳定的局面，实现北京大学跨世纪发展的宏伟目标，都具有重要意义。我们学校党政领导班子的其他成员一定会全力支持和配合许智宏同志的工作，为他尽快地全面担负起学校行政领导工作的责任积极创造一切必要的条件，学校的党政领导班子将紧密团结，通力合作，继往开来地把北京大学的改革发展事业推向前进！

在这里，我也代表学校党委向陈佳洱同志荣任国家自然基金委主任这一重要职务，表示衷心的祝贺！陈佳洱同志在北京大学任教、任职四十五年，他献身于国家的教育和科技事业，热爱北京大学，为北京大学的发展倾注了巨大的心血，并做出了重要的贡献。我先后同吴树青、陈佳洱两位校长合作共事。我感到欣慰的是，这些年，北大在安定团结的前提下加快推进学校改革发展。学校的党政领导班子在办学思路、发展的方针、政策上有较高的共识，大家团结奋斗，没有无原则的内耗。特别是陈佳洱同志担任校长这三年以来，在组织实施"211 工程"、组织百年校庆、组织和落实创建世界一流大学计划方面，作出了重大努力，取得了显著进展。在同陈校长的共事和合作中，我也从他身上学到了许多好的思想、好的见解、好的作风。在陈佳洱同志离任的时候，我代表全校师生员工向他表示敬意和衷心的感谢，同时也衷心感谢他对党委工作所给予的理解和支持。当然我们也非常希望陈校长主持国家基金委的工作之后，进一步加强基金委对北京大学的关心和支持，推动北大的科学研究和科技工作不断迈上一个新的台阶。当然，陈佳洱同志以后还是北大的教授、博导、北大重离子研究所所长。我衷心地希望他能够继续分出一部分精力关心北大的教学改革、科学研究和社会服务等各项工作，继续为北大的发展贡献力量。衷心地祝愿陈佳洱同志在新的岗位上，工作顺利，再创佳绩！

前任校长陈佳洱在北京大学校长任免大会上的讲话

听了中组部和教育部关于北京大学校长调整的任免决定，在此，我谨表示衷心的拥护。我从 1996 年 7 月接任北京大学校长以来至今已有三年又五个月。上任时国家教委开轩同志和人事部颂陶同志等的嘱托，至今犹声声在耳。当时，我的心情的确是非常紧张的。我曾经说"北京大学校长"这六个大字是我一生中从未敢想的千斤重担。这三年多来，我有幸得到党中央、国务院、教育部和北京市各级领导的亲切关怀和支持，有幸得到全校同事们的信任和帮助，使得学校得以在稳定、改革、发展中阔步前进。我要借此机会向各位领导，向全体师生员工表示我由衷的谢意！我清楚地记得去年 4 月下旬江泽民总书记亲自来北大视察，给我们带来了党中央的无比的温暖，又是总书记在百年校庆大典上亲自向我们发出了向世界一流大学进军的号令。岚清副总理也总是经常地关心着北大的发展，百年校庆期间，他在百忙之中亲自出席了"面向 21 世纪大学校长论坛"的开幕式并作了重要讲话，平时他也常看望老教授，视察筒子楼，支持我们建百年讲堂、蓝旗营教工宿舍等，一次次地来到北大。教育部的领导更是对北大爱护备至，至立部长刚上任不久就来指导我们筹办百年校庆，又直接领导我们制订创建世界一流大学的规划，进行体制改革，还具体地帮助我们争取经费、争取土地等等。北京市的领导同样给了北大方方面面的大力支持，刘淇市长还亲自担任我们的"首都发展研究院"的理事长。可见这几年学校的进步首先要归功于中央、教育部和北京市各级领导的正确领导和大力支持。

当然，在即将离任之际，最使我难忘难舍的还是多年来我们夜以继日共同战斗的全校广大的师生员工。是他们给了我最得力的帮助和支持。无论是在百年校庆的喜庆日子里，还是在日常繁重的教学、科研、后勤、管理工作中，我们的老师、职工和干部那种孜孜不倦的奉献精神和奋发有为的创新激情，使我深受感动和教育。我实在不能忘记当我去教室听课时，看到白发苍苍的老教授一清早从老远赶到课堂里，一丝不苟地给同学们讲课的情景；我也清楚地记得我们的老专家、院士和中青年教师一起在办公室和实验室里意气风发地讲述他们的最新成果和设想时，一幅幅令人兴奋而激动的场面。为了迎接百年校庆，我们的后勤职工经过多少个日日夜夜的连续战斗，用自己的辛勤的汗水，把我们的燕园浇灌成世界上最美丽的校园之一。三年多来，图书馆、百年讲堂、理科楼群，一座座漂亮的大楼通过他们的劳动矗立在燕园之中。我当然永远也不会忘记在座的各位同志对学校工作所做的贡献。无论是抓学科建设、抓基地建设、推进素质教育，还是抓机构改革、组建学部和学院，以及最近进行的人事分配改革等，各位都能顾全大局，冲锋在前，化解各种矛盾，推进改革，发展北大的教育事业。特别值得一提的是，这三年多来，我周边党政领导班子中的各位书记、校长都给了我许多的指导和帮助，大家相互配合，从来没有发生过任何无原则的纠纷。我感到不安的是，好几位同志因为分担了繁重的任务而累病了。像闵维方、迟惠生、岳素兰、何芳川等同志，虽然年纪比我轻得多，却都因劳累心脏不好而被迫住院或休息。当然，这几年来，最使我动情的还是我们可爱的学生们。每当在校园里或在路上，听到我们的同学亲切地招呼我"陈校长，你好！""老师好！"

时，或者拉着我一起照相时，……我心里感到无比的温暖和幸福！

我在北大生活了近45个年头，其中参与学校领导工作的时间也有15年多了。我是在北大的抚育下成长起来的，这里有我的师长、我的老领导，有与我共同奋斗多年的同事和朋友，也有我的学生。我的科学事业在北大。我热爱北大，热爱北大的学子，愿意尽心尽力地为她奉献。但限于自己的思想水平、能力和素养，工作中有不少疏漏和失误的地方。在这里我只能向大家表示歉意，请大家多多原谅，并恳请大家给予批评指正！

今天令人高兴的是我们北大的校友、中科院的副院长许智宏同志出任我们的新校长。他在植物学上有很深的造诣，是中科院和第三世界科学院的院士。1992年以来，他一直担任中科院的副院长，有丰富的领导工作经验和卓著的业绩。长时间来，他一直是我校的兼职教授、国家重点实验室的学术委员和博士生导师，对学校教育的情况是了解的。他来当校长，还更有利于促进教育与科技的结合，促进北京大学与中科院的联合。过去，我在工作上与他有过一些交往。我感到他年富力强，富有创新精神，而且为人谦和，平易近人。我深信他担任校长之后，一定能将北京大学的工作向前推进一大步，把正在创建世界一流的北京大学建设得更加美好，在未来的21世纪中取得更大的辉煌！

最后，我虽然因工作需要调任了国家自然科学基金委员会的领导职务，但我还是北京大学的教师，还是北大人。我一定全力支持智宏同志的工作，在学校党委和行政领导班子的领导下，为建设世界一流大学，尽自己的微薄之力！

新任校长许智宏在北京大学校长任免大会上的讲话

我也怀着非常激动的心情，今天站在北大这个讲台上来接受这个新的任命。时间的确很快，我从1959年进入北大到现在整整四十个年头，从1965年大学毕业至今也已34年有余。的确，在我一生中，我没想到在我这么个年纪还重返北大，成为北大校长，所以刚才北大年轻的记者问我有什么感想，我觉得有这么几点：

第一点，我很高兴，也很激动，因为北大毕竟是哺育我成长的地方。刚才几位部领导对我个人的介绍，我觉得受之有愧。如果讲我对国家和对我们的科学事业做过一点事的话，那么我想北大的老师是为我能够做这些事奠定了一个非常好的基础，北大的老师对我的教导和培养也成为我在工作中的一种动力。每当我遇到困难和挫折的时候，我会想到北大老师的教导，这会给自己增添无穷的力量。

第二点，我到北大来出任校长，对我自己是一个很大的挑战。虽然我在科学院院领导岗位工作了7年，但是我自己毕竟没有在高等院校领导岗位上工作的经验，从这一点来讲，心里感到没底。但是我看到北大这些年来的进步和变化，心里感到高兴和自豪，对北大的未来也充满信心。说实在的，在我本人出任科学院副院长的7年中，由于家住中关村，我也常在周末来北大校园散步；由于我还兼着北大的教授，也常常从北大的老师和同学处了解到不少北大的工作情况。每次来到北大的校园里，看到北大的前进，看到北大的每一点变化，我总感到非常的激动，从内心感到由衷的高兴。特别是现在随着国家科教兴国战略方针的贯彻实施，随着我们国家创建世界一流大学规划的落实，北大得到了国家、教育部更多的支持，北大面临着一个历史上最好的发展机遇。因此，我觉得应该有信心，只要依靠我们全校的广大教职工，更好地向北大的老领导和同志们学习，了解情况，把北大办成世界一流大学的目标是完全可以达到的，我愿与大家一起为之贡献自己的力量。

第三点，我想说一下关于加强中国科学院与大学联合与合作的事。出任北大校长以后，我想我的主要精力应该移到北大来，尽管我仍旧兼任中科院副院长。路甬祥院长在征求我到北大出任校长意见时说过，希望我到北大能够进一步加强中国科学院与大学的结合。在过去的几年中，在我分管的范围内，在这方面作了一些尝试，比如说，在北大设立了中科院北京大学联合理论天体研究中心，现在正在酝酿联合组建天文系；中科院兰州近代物理所与北大也建立了很好的合作关系。我们科学院许多的研究人员知道我要来北大作校长，都提出希望进一步与北大加强合作，甚至提出进一步联合建立研究所、研究室的设想。我想，我将尽力推进这种科教之间的合作，探索在我们社会主义市场经济的历史条件下，怎么使教育与科技更好地结合。中关村地区具有得天独厚的条件和优势，在这里集中了我国一大批著名的高等学府，我们中科院系统在北京有44个研究所。我们没有任何理由把这两部分力量隔离开来。我很怀念在北大读书的时光，那时许多兄弟院校的教授、中科院的教授到北大来上课，北大很多教授同样在中科院担任研究室主任，有的还担任中科院研究所的领导，可是这种联系在“文革”期间遭到了破坏，我希望这种状况能恢复起来。为了我们共同的科教兴国战略目标的实现，为了中华民族重新腾飞，以及我们伟大祖国综合国力的进一步提高，我们教育战线和科技战线的工作者应该共同携起手来，共同为了祖国的社会经济发展作出我们更大的贡献。所以，从这点上讲，我想北大可以在这方面作出更多的尝试，通过我们的努力来逐步扭转我们国家科技与教育分离的局面。

最后，我想说一下，我们北大有很好的历史传统，无论在学术上、思想上，为我们国家的教育科技的发展做出过很重要的贡献。我想在新的历史条件下，北大理应为我们国家社会经济的发展做出更多的贡献，北大是我们国家的最高学府之一，我们应该不辜负国家和人民对我们的期望。我记得我在北大读书时很多师长都教育我们：是人民培养了我们，这句话在我一生的工作中都牢记在心。为什么？因为是人民培养了我们，我们必须把我们所学到的知识还给人民，为我们国家做出更多的贡献。我想在新的历史条件下，我们北大的全体师生员工一定会本着这种宗旨继续为我们国家的腾飞作出我们应有的贡献，无愧于北大这么一个百年老校。在新世纪中，我们应该创造北大新的光辉。

·专 文·

党委书记任彦申在春季全校干部大会上的讲话(摘要)

(1999 年 3 月 12 日)

面临的新形势

1998 年在北大发展史上是具有里程碑意义的一年。去年我们做了很多事,但我认为主要是完成了三件大事:

第一件大事,成功地举办了百年校庆活动。它不仅为北大过去的百年奋斗划上了圆满的句号,而且为北大在新世纪的振兴发展开辟了光明的前景。百年校庆所带来的多重效益和广泛影响将随着时间的发展充分显现出来。

第二件大事,北大创建世界一流大学的计划得到中央的确认和支持,百年校庆之后,北大和清华积极响应江泽民同志的五四重要讲话,不失时机地向中央提交了两校携手共创两所世界一流大学的报告,总书记做了重要批示。随后,教育部把创建世界一流大学计划列入《面向 21 世纪教育振兴行动计划》中,并得到国务院批准。这样,我校第九次党代会正式提出的创建世界一流大学的目标,就从学校行为上升为国家战略和政府行为,从 1999 年起正式付诸实施。

第三件大事,按时召开了我校第十次党代会。大家知道,我校第九次党代会与第八次党代会相隔了八年,而这次和上次党代会时隔四年,这表明北大的政治生活走上了正常化。这次党代会的主要成果,一是确定了创建世界一流大学的指导原则、总体规划和近期主要任务;二是选举产生了新一届党委,在新老团结合作的基础上、在新老交替和干部年轻化方面迈出了重大一步。这次党代会的突出特点是主题明确,共识度高,大家的情绪和精神状态很好。

去年这三件大事的完成为我校 1999 年的工作和 21 世纪的振兴发展创造了良好的前提,争取了重要的支持。去年的工作为在新的历史条件下如何做好学校工作创造了一些新的宝贵经验。首先是要紧紧抓住科教兴国的主题作大文章,把北大的发展同国家战略紧密结合起来;其次,对即将到来的机遇,要有高度的敏感性和预见性,事先做好充分准备,这样才能在机遇到来时当机立断,很好地淋漓尽致地利用机遇;第三,必须把解放思想、敢想敢闯同真抓实干的务实精神结合起来。

1999 年对北大来讲同样是至关重要的一年,它有三个新的特点:

一、今年是创建世界一流大学计划作为国家战略正式启动之年,也是北大新纪元的开元之年。对创建世界一流大学计划的启动工作,中央高度重视,社会也非常关注,我们务必要精心设计,精心实施,确保质量和效益,真正搞好开局新篇。

二、今年教育体制改革将加大力度、加快速度地向前推进。在办学体制改革方面,我们将完成与北京医科大学的合并等重大任务,这是继 1952 年院系调整之后,北大在办学体制方面的一个重大举措。同时,将迅速启动新一轮的全面的校内管理体制的改革。改革的任务非常重,难度也非常大。

三、今年对国家来讲,是大事多、喜事多、热点多、难点多的一年。今年是“五四”运动 80 周年,新中国成立五十周年,澳门将回归祖国,经济体制改革特别是国有企业改革进入了攻坚阶段,还有“六四”政治风波今年也是第十个年头了。因此,确保安定团结具有特殊的重要性。

1999 年, 我们可能还会面临着一些新的重大机遇。首先,我国将加快推进科教兴国战略。今年上半年,将举行改革开放以来的第三次全国科技创新工作会议和全国教育工作会议, 科教兴国的一系列重大举措即将出台, 这给学校提供了许多新的机会。从国际上来看,在经济遇到困难,进行大的结构调整时,正是发展教育的好机会。我们应当放眼科教兴国的社会大舞台,寻找机会, 发展自己。其次, 建设中关村科技示范区,已成为北京市和海淀区发展的新的战略重点。据说,中央将像六七十年代抓“两弹一星”、80 年代建设深圳经济特区、90年代开发上海浦东新区那样，在21世纪的头十年，大力扶植中关村科技示范区的开发建设，以此作为中国在21世纪的战略制高点。这对北大的发展来讲，是一个难得的好机会。我们一定要利用好这些重大机遇，加快自身的改革、发展、调整、提高，在国家科技创新体系中发挥重要的作用，像美国硅谷中的斯坦福大学那样，使北大成为中关村科技示范区的龙头大学。对于1999年面临的这种新形势、新机遇，我们应当有高度的敏感性，审时度势，乘势而上。按照常规的思路和常规的步伐，是难以驾驭局势、做好今年工作的。

今年工作的指导思想

今年学校的工作要紧紧围绕着“高举邓小平理论伟大旗帜，落实科教兴国战略，创建世界一流大学”这个主题，以江泽民同志的“五四”重要讲话作为根本指针，认真贯彻落实《面向21世纪教育振兴行动计划》和我校第十次党代会报告的精神，进一步把握好改革、发展、稳定的大局；精心地做好世界一流大学计划的启动和同北京医科大学的合并这两件大事；在教育体制改革方面将迈出重大步伐；在教学改革、知识创新和高新技术产业化方面择优扶强，取得突破性的显著成果；在吸引、选拔杰出人才和减员增效、下岗分流、转岗分流方面要采取重大举措；在优劳优酬、多劳多得和改善师生员工的工作生活条件方面，要办成几件实事，力求有新的明显进展。总之，要以改革发展的新成就迎接新中国成立50周年，使北大新纪元的开局有一个新气势，有一番新景象。朱镕基总理在国家科教领导小组第三次会议上指出，教育要正确处理三个关系：在数量和质量的关系上，要更加重视质量；在智育和德育的关系上，要更加重视德育；在发展和改革的关系上，要更加重视改革。这应当作为我们学校工作的重要指导思想。

我校第十次党代会围绕“落实科教兴国战略、创建世界一流大学”的主题，确定了今后一个时期学校改革发展的五项任务和两个保证。这五项任务就是以“共建、调整、合作、合并”为基本方针的办学体制改革，以减员增效为重点的内部管理体制改革，以培养高素质、创新人才为目标的教学改革，以创新为灵魂提高科研水平和效益，以建设高层次创造性人才队伍为重点的人事改革；两个保证，一个是物质保证，一个是政治保证。同时，对党的自身建设也提出了明确的目标和任务。各个职能部门、各个单位都应当结合自己的实际，把这些任务加以分解、落实，使之具体化，变成可操作的行动方案。近期内，党委和行政的各个职能部门，都要分头安排今年的工作，学校将先后举行教学改革会议、科研工作会议、内部管理改革的各种专项会议，分领域地部署工作，推进改革。

关于创建世界一流大学计划的启动问题

实施创建世界一流大学的计划，这对北大来说是最重大、最难得的机遇，是国家赋予北大的庄严使命，也是北大21世纪振兴发展的必然选择。国家把北大放在这么显要的位置上，下决心在经费上集中投入，在政策上实行重大倾斜，说明党和政府对北大寄予厚重。我们每一个干部和师生员工，都应当有一种强烈的责任感和使命感。季羡林先生在去年年底的一次座谈会上说：“国家选择北大作为大学的代表，北大办得好坏就不只是北大的事了，而是关系到国家责任、国家形象。北大只能办好，只能往前走，没有退路可走。我现在不是增加忧患意识，而是要增加前进意识。”我想这也代表了全校同志共同的心情。

万事开头难。好的开头是成功的一半。怎么搞好世界一流大学计划的启动呢？根据常委会讨论的精神，我讲以下几条原则。

一、要真正贯彻择优扶强的原则。创建世界一流大学计划是国家科教兴国、振兴高等教育的标志性工程，应该体现出国家水平。我们必须坚持点面结合、以点为主，有限目标，集中投入，重点突破，绝对不能搞平均主义。第一批启动的项目，应当是优势最明显、有希望跻身世界前沿的，最具中国特色、有原创性的，其他院校不可比拟的，国家急需、有望为现代化建设做出重大贡献的项目。北大一定要下决心搞成几个社会公认的强势学科，取得一些有重大创新价值的成果。即使世界著名大学也只是在某些学科具有公认的优势，如哈佛大学的商学、政治学，MIT的计算机工程和电机工程，剑桥的物理，牛津的数学等。

二、要总体规划，分步实施。成熟一个，启动一个，先选择几个单位试点，取得经验，再逐步扩大。千万不能一哄而上，搞夹生饭，弄得骑虎难下。先行试点单位应当是领导班子强、工作基础扎实、改革先行、发展势头好的单位，这样才便于取得经验。

三、坚持以人才为本，全面配套。既要见物，更要见人。一定要选准项目领头人。对项目的领头人，要在人、财、物方面给予较大的自主权。

四、注意同“211工程”的衔接。有些“211工程”项目效益明显，有望近期突破，要继续给予支持。对列入“211工程”项目但工作没有搞好，还没有达到预期效益的，应当停止支持，并限期改进。同时要认真吸取实施“211工程”项目的经验教训，进一步优化结构，合理布局，改进管理。

五、必须坚持改革的精神。几年前启动“211工程”时就强调老面孔不能进入“211工程”，今天更应该坚持这一原则。创建世界一流大学计划，是集改革、调整、建设、提高为一体的计划，改革是前提，提高是目的，不能把新的投入注入旧的体制中，给今后的改革增加难度。

六、要实行严格的项目责任制,加强对项目的组织管理,从立项、审批、投入、监管、验收等都应当规范化,所有项目都不搞“首长工程”,一律通过公平竞争,才能确定。在国家财力这么紧张的情况下,三年拿出十几个亿投向北大,很不容易,我们必须珍惜人民的血汗钱,把钱花在刀刃上,用出效益来。

关于体制改革问题

在学校的总体改革中,体制改革是关键,也是创建世界一流大学的突破口。办学体制改革的基本方针是“共建、联合、合作、合并”的八字方针,这项改革要加大力度、加快速度向前推进。内部管理体制是大势所趋,人心所向,早改比晚改好,必须尽快启动新一轮的内部管理体制改革。北大的体制改革比较滞后,应当急起直追。

在办学体制改革方面,头等大事是做好同北京医科大学的合并。北大和北医有历史渊源,经过多年联合办学,有了一定的工作基础,现在实行合并是两相情愿、水到渠成。但实现这种强强合并,大大合并,我们国家还缺乏经验。现在已经成立了以陈佳洱同志为组长、王德炳同志为副组长的合并筹备小组,并已展开工作。这是一项有时间进度表的改革计划,不可逆,不可退,只能前进,只能搞好,争取到今年秋季入学前完成合并工作,以一个新北大的形象出现在世人面前。

我校的党政领导对这一合并工作的基本态度是这样的:北大同北医的合并,是创建世界一流大学计划中至关重要的一步棋。这是一件大好事,或者说是对北大创建世界一流大学计划的最重要的支持。今后,我们就是一家人,没有你我之分,北医的发展就是北大的发展,北医的成功就是北大的成功。凡是因为合并而得到的新的政策倾斜、新的支持和投入,要优先考虑和满足北医的发展需要。同时,要把北医的改革发展有机地纳入到创建世界一流大学的总体规划中,特别是通过学科的交叉互补,共同建设一些新的强大的学科点。国外许多综合性大学都有医学院。我们要借鉴国外经验,立足中国实际,实事求是,大胆创新,争取在办学体制改革方面创造新的模式、新的经验。将来构建的办学体制和管理体制,应当有利于顺利地运行,有利于共同的发展。搞好两校合并,应当成为全校师生员工自觉的行动,特别是领导干部一定要有眼光、有觉悟、顾大局、讲团结,凡是有利于合并的话和事,就说,就做;反之,就不要说,不要做,这中间会有矛盾、会有不同的意见,一定要沉得住气,要大度、大气,要从各方面为这项改革创造良好的氛围,这应当成为全校同志的共识。

内部管理改革的关键是引入公平竞争机制,实行减员增效,下岗分流,转岗分流。难点是钱从哪里来,人往哪里去。我估计,完全下岗的人不会多,但分流的人会有一定数量。分流搞得好,有助于增加活力,调动人的积极性和潜力。我赞成有的同志说的:“不爱岗必然下岗,不敬业就会失业,不提高就会落伍。”建设世界一流大学,北大的所有人都要接受一次新的考验,面临着一次新的挑选,迫使每个人都要抓紧提高自己的素质、能力。我校第十次党代会的报告提出,北大的门槛应当是高的,在这里上学、任职是不容易的,但进了门各方面条件都应当好一些。如果北大人浮于事,冗员过多,都是终身制、铁饭碗,就不可能实现这种局面。对暂时下岗的富余人员,应当积极加强培训,大力开辟新的就业岗位。北大处在建设发展的高峰时期,用人的地方很多,现在是很多事没人干,不得不雇用大量的临时工。应当减少临时工,腾出岗位留给富余人员。同时,应当积极开展社会服务,发展继续教育、职业教育。富余人员中肯定有很多有才能的人,他们的才能、潜力、积极性被旧的机制埋没了,分流会给他们创造新的用武之地,在转岗中焕发新的青春。钱从哪里来?既要想法扩大增量,也要动脑筋盘活存量。每个单位、每个部门都有许多存量资产,包括有形的、无形的,硬件的、软件的,还包括一些政策资源。我们要开动脑筋,把这些存量资产激活,进行新的优化配置,发挥它们应有的效益。我们劳动分配改革的重点是在增量中拉开差距。创造增量,也不能只靠上级投入,要通过新机制、通过调动积极性在内部创造。北大教职工的总体素质是比较高的,只要把脑筋、机制和政策搞活了,把优势和潜力调动起来,不但不会没活干、没饭吃,而且北大绝大多数人的待遇都会得到改善。

在办学体制改革方面,党代会提出了要向四个方向开拓,一是同大学和科研单位结合,二是同地方区域经济社会发展结合,三是同中外企业结合,四是同海外的大学和国际组织结合,这里面贯彻的一条思路就是北大一定要善于利用国内的和国外的人才、科技、信息、资金等各种资源,实行多种形式的共建、联合、合作,资源共享,优势互补。体制改革就是做这种结合工作,打破原有的自我封闭和条块分割,把北大搞活,把自己的资源和外部的资源结合起来,利用别人发展自己。学校和每一个院系都应当进一步解放思想,积极开拓和探索办学体制改革的新形式,只要有利于提高办学水平和效益,有利于出人才和出成果,有利于改善办学条件和师生员工生活,可以大胆地试,大胆地闯,出了问题我们及时纠正。这里要强调一下,所有北大同外单位签订的合作协议,都应当“言必信,行必果”,要严守信义,处处维护北大的信誉。

关于确保安定团结的问题

今年确保安定团结非常重要。我们要保证国庆50周年和澳门回归祖国在一种安定祥和的气氛中进行,也要为改革攻坚、应对亚洲金融危机创造必要的社会前提。北大十年稳定来之不易,今年又面临着前所未有的好机遇。这么好的发展形势,我们必须十分珍惜和维护安定团结。现在学校稳定的因素很多,干部和师生员工的精神状态比较好,士气比较旺,想让北大乱起来的人即使有也是极个别的,是不得人心、没有市场的。但也不能掉以轻心,特别是社会矛盾还比较多,社会生活中的困难也比较大,有些矛盾和困难还可能加剧。今年,我们自己内部不要出事,也不能让社会矛盾在北大找到突破口。保持稳定,人人有责,特别是党的组织、各级干部、学生骨干都要有高度的政治责任感。"五四"运动80周年、建国50周年、澳门回归祖国是开展思想政治教育的极好时机,要通过多种多样的纪念、庆祝活动,回顾中国百年的沧桑巨变,回顾新中国成立50年、特别是改革开放20年取得的伟大成就,对师生进行现实生动的爱国主义、集体主义、社会主义,特别是邓小平理论和党的基本路线的教育,坚定走有中国特色社会主义道路的信心,以奋发向上的精神风貌,迎接新世纪,迎接中华民族的伟大复兴。

北大是"五四"运动的发祥地,应当牢牢把握住爱国主义的主旋律,以我们正在做的事情为中心,精心地组织好"五四"运动的纪念活动。最好的纪念是把创建世界一流大学的任务推向前进。由于"五四"运动无论是作为一场爱国政治运动,还是作为一场文化革命运动,或是作为一场思想解放运动,都对现代中国社会的进程起到了广泛而深远的、具有划时代意义的影响。因此,"见仁见智",存在着一些"远近高低各不同"的认识并不奇怪。我们的各项纪念活动,应当有组织地进行,掌握主动权,应当以正面教育为主,坚持正确的理论导向和舆论导向,把握好主旋律,着眼于建设,着眼于育人,着眼于发展。学术自由的目的是为了求得真理,解放思想的最高境界是做到实事求是。党的十五大提出的近代中国的两大历史任务和马克思主义与中国实际相结合的两次历史性飞跃,对我们纪念五四运动有着重要的指导意义,应当作为我们纪念"五四"运动的一条主旋律。

"六四"风波过去十年了,这是中国改革开放进程中的一个插曲,这个插曲已经过去了。十年来我国改革发展稳定局面的持续发展,特别是经济的快速增长,以及苏东剧变后的情况,使人们懂得了如何进行是非、利害与成败的判断和选择。国内外的某些敌对势力和心怀不满的人想借"六四"十周年挑起事端,同样不得人心,也不会得逞。但我们必须保持高度警惕。

今年校内体制改革的进展也会造成一些人的不理解、不满意或心理不平衡,北大的改革也会引起阵痛。我们要通过加强思想政治教育和解决实际问题相结合,理顺情绪,化解矛盾。在这方面,党的组织、教代会、工会都应当发挥积极的作用,做改革的促进派。今年我们将设立特聘教授岗位,实行长江学者奖励计划,校内在优劳优酬方面将要迈出重要的一步。这是针对国内外激烈的人才竞争采取的重要对策,北大是这项政策措施的重要受益者。这也是落实知识分子政策的一个重要突破,打破了长期教师待遇低而平的状况,这是社会的一个进步,是"让一部分人先富起来"的政策在知识界的一种体现。让一部分杰出人才先富起来,这个方向是对的。当然这也会产生一些负面作用,造成一些不平衡。但事情总要有一个开头,总是由不平衡到平衡。北大应当为这项政策的顺利实施创造一个宽松的环境。

我校第十次党代会对在新的历史条件下如何保持稳定总结了四条基本经验,我们要继续按照这四条经验做好今年的稳定工作。

关于提高干部的领导管理水平问题

今年,校系领导班子、机关职能部门都任务很重,责任很大,要求很高,迫切要求领导干部提高领导水平、管理能力和全面素质。江泽民同志最近指出:"面对新形势、新任务和层出不穷的新情况,有些干部不很适应,有些干部很不适应。主要表现为理论素养和知识水平不适应,工作作风和工作方法不适应,思想境界和精神状态不适应。"创建世界一流大学,所有成员,首先是领导干部都要接受新的考验,都有一个再学习、再提高的过程。

首先,要加强学习。"三讲"首先是讲学习。现在学习的内容很多,中央要求领导干部要学习马克思主义理论,学习现代经济知识,学习科技知识,学习历史知识。这学期,在继续学习邓小平理论和十五大报告的前提下,党委规定了干部、党员和教师必读的五个文件:《江泽民同志在庆祝北京大学建校一百周年大会上的讲话》、《高等教育法》、《李岚清同志在首都高校教师大会上的讲话》、《面向21世纪教育振兴行动计划》、北大第十次党代会的报告。学校将汇编成册,发给每个干部、党员和教师学习、贯彻。

整个学习活动都要紧紧围绕"落实科教兴国战略、创建世界一流大学"的主题,坚持理论联系实际,坚持在改造客观世界的同时努力改造我们的主观世界。通过学习要达到四个目的:一是坚定信念,对我国建设有中国特色社会主义的事业,对我校创建世界一流大学的事业要形成坚定的信念和执着的追求;二是开阔视野,对国际国内的形势变化,特别是科技革命、知识经济、国力较量的新态势以及21世纪世界教育科技改革发展的大趋势要有个基本的了解;三是端正办学思想,对面向21世纪我国教育改革发展的方向和高等学校的功能任务要形成共识;四是振奋精神,积极投身于科教兴国和教育改革的伟大实践,建功立业。

我校第十次党代会确定了创建世界一流应当遵循的四条指导原则,这四条原则是根据中央的一系列精神,总结历史经验,借鉴国外经验,针对我校实际而确定下来的。对此,应当形成全校的共识和共同的行动,不然,各行其是,创建世界一流大学就无从谈起。

第二,做好规划。机关各职能部门,各个院、系、所、中心,都应当按照教育部的《行动计划》和学校创建世界一流大学的总体规划,相应地制定本单位、本部门的长远规划和近期行动计划,目标和任务要非常明确和具体。作为领导者和管理者,一般都有一个工作程式,一是形成思路,二是制定规划,三是选择突破口和工作重点,四是选人用人,五是创造条件,争取支持。单位之间领导管理水平的差别就在这里。我们大力提倡创新精神,培养创新人才,首先干部要有创新精神,要创造性地开展工作,不能年复一年地在同一水平上重复。职能部门的责任就是把指导原则、总体规划具体化,下级部门必须研究、贯彻上级的指令和要求,不能层层照抄照转。干部就怕干油了、干麻木了,听到什么事情都激动不起来了,失去了创造的冲动,这是最危险的。

第三,敢于负责,善于科学决策、当机立断。干任何事情,特别是带有改革、创新、突破的事情,征求意见范围要广泛,要听到各种不同的声音,集思广益。决策范围要小,在核心层议决。当然一把手要当断则断,敢于拍板。好的决策,创造性、超前性的决策,往往都是在意见不一致、吵吵嚷嚷的情况下作出的决策,如果意见都一致了就不需要领导了,也就没必要搞民主集中制了。没有民主就办不好事,没有集中就办不成事。今年学校改革的任务很重,难度也很大,涉及到广泛的权力和利益格局的调整和再分配,领导干部一定要敢于负责,层层都要有消化矛盾的能力,任何单位都需要有一批敢作敢为、必要时敢于"趟地雷"的人。领导班子要一手抓常规工作,一手抓世界一流大学计划的启动、体制改革和重点突破的工作。领导层的力量需要重新配置,实行明确的分工,建立明确的目标责任制。首先,学校党政领导成员要建立明确的目标责任制。谁主管哪项工作谁就应当对哪项工作负责到底,达不到目标或发生问题,谁主管谁就应当首先承担责任。

第四,领导干部一定要把主要精力用在领导和管理上。我们现在很多领导同志都是"双肩挑"的,"双肩挑"是很辛苦的,但作为领导者首先应当保证领导工作的需要,领导岗位应当是主业,而不能成为副业,宁可耽误点自己也不能耽误集体、耽误大家。还是过去多次讲过的,在其位就要谋其政,司其职,负其责。领导工作是一门学问,是一门艺术,也需要刻苦钻研。对自己主管的事情,特别是大事,一定要连续地思考,连续地工作,才能取得成果,断断续续是做不成大事的。我们不少领导同志的社会职务、社会兼职都很多,这也是好事,但首先得种好自己的责任田,就怕"满天飞",遇到大事急事,哪里也找不到人,就把事情耽误了。学校的领导干部和职能部门,要带头转变职能,转变作风,深入基层,多办实事,提高效率,改善服务。

总之,希望全校的干部、师生员工,都要抓住当前非常好的机遇,同心协力地奋斗,艰苦创业,开拓进取,迎难而进,把落实科教兴国战略、创建世界一流大学的事业做好,在质量、水平、效益、贡献等方面北大都应当做出令中央满意、让社会信服的成就。

校长陈佳洱在春季全校干部大会上的讲话(摘要)

(1999年3月12日)

今年是北大迈入第二个百年的开局之年,也是实施教育部"面向21世纪教育振兴行动计划"、启动北大创建世界一流大学规划的开局之年。本学期学校行政工作的指导思想就是认真按照学校第十次党代会工作报告的精神,深化教育改革、加大发展力度、确保持续稳定,为贯彻实施科教兴国战略、创建世界一流大学而努力奋斗。党代会工作报告在规划未来时,提出了一个奋斗目标、两点基本保障、四条重要原则和五项主要任务,非常系统,非常全面,大家都已学过,我在这里不再重复。我只想重点就贯彻教育改革方针,深化校内管理体制改革、培养高素质创造性人才以及提高知识创新与技术创新能力等几个方面的问题谈一些意见。

贯彻教育改革方针,深化体制改革

认真贯彻高校体制改革"共建、调整、合作、合并"八字方针,通过改革搭好一个学科更加齐全、综合实力更强的发展框架,对于我们建设一流大学起步来讲是一个首要问题。为此我们首先要抓紧推进与北京医科大学的合并。岚清副总理曾对我们和北京医科大学讲过:"没有一个国际一流的大学没有医学院",也"没有一所国际一流的医学院,不在国际一流大学里”。可见,我们与北京医科大学两校通过“强——强”、“大——大”结合,实现优势互补,在学科结构、师资力量、科学研究以及综合实力等方面上一个新的台阶,对于学校跻身于世界一流大学的行列具有重要意义。国家教育部、卫生部和北京市已于今年年初通知两校成立并校的筹备小组,要求小组提出并校的可行方案,帮助政府在今年9月完成实质性的合并。迄今筹备小组已开过两次会议,决定先就并校后的体制框架和体现优势互补的结合点,包括跨学科的教学科研基地和重大项目等,进行调研和方案论证。筹备小组成员一致拥护领导决策,并要抓紧工作,促进两校平稳结合。大家一致认为,通过合并建设一个新的、代表国家水平的综合性大学,不仅是国家现代化建设的需要,也是历史赋予我们的使命。

除北医大之外我们还要推进与北京航空航天大学的合作和联合办学。我们和北京航空航天大学自1994年着手联合办学,这几年来,已取得了若干有意义的进展。最近,我们又和北航商定,并征得双方主管部门的同意,决定在北航建立“北京大学工程技术研究院”。这将是北大和北航在合作、联合办学方面的一个新的重大进展。北大在基础学科和人文社会科学方面有较大的优势,而北航在工程技术学科方面有很大的优势,我们两校之间的合作可以充分发挥优势互补、强强联合的作用。两校今后还将联合成立“系统与控制研究中心”等多个研究机构。我们期望通过联合逐步增强学校在工程技术方面的特色和实力,逐步实施北京大学工学学部的建设。

我校与清华大学也进行全面合作,携手共建世界一流大学。我们两校已初步议定了八个方面的合作领域,包括人才培养方面(如:允许学生互选课程,相互承认学分,互相推荐研究生,共同培养高素质的创造性人才)、师资队伍建设方面(如:互聘教授,或联合招聘教授)、管理方面(如:两校保持经常性的联系、沟通信息,对口的职能部门密切联系、合作),另外,在公共服务体系的建设方面及后勤社会化方面等都要进行合作。北大和清华两校联手共建一流大学的决策,无论从优势互补或从争取国内和国际支持方面都有重要意义,并将在国内外产生重要影响。

除此之外,我们还要推进与北京市以及其他若干省市的“共建”工作,做到“立足北京、面向全国、走向世界”,以取得各有关方面的支持。我校地处海淀,能不能得到北京市及其有关部门在财力、物力、政策等方面的大力支持,对学校的发展至关重要。为此,我们必须强化为首都服务的意识,发挥我们自身的优势和潜力,为首都的经济社会发展培养和输送人才,提供科技成果和咨询服务,共建中关村高科技示范区,实实在在地为首都的经济发展和两个文明建设做贡献,使北大成为首都发展的助推器。这也是建设世界一流大学理应肩负的一项重要的、义不容辞的责任和使命。最近,北京市领导已决定与我校共同成立“首都发展研究院”,并要求我校参与首都高科技示范区的规划。高科技示范区的核心是中关村,这对北京大学今后的发展,对北京市当前和长远的发展都将会产生深远而积极的影响。

最后,我们要继续高度重视发展同国内外著名大学、研究机构的合作和交流以及与国内外著名企业所进行的产学研相结合的合作,以密切学校与社会、经济的结合,加快我校的改革和发展的步伐,建设一个更加开放的、办学国际化的、与社会经济密切结合的综合性大学。

校内管理体制改革

为了深化教育改革、培养高素质的创造性人才,并为建设世界一流水平的学科提供良好环境,我们必须进行校内管理体制的改革来加强服务,改善管理,优化资源配置,提高工作效率和效益。这是大势所趋、人心所向的大事。我们要按照第十次党代会的精神,不失时机地启动和抓好新一轮内部管理体制改革。改革的内容包括机关的机构精简和减员增效、现有院系调整和重组、后勤的服务社会化以及人事、财务和校办企业的改革等。改革的任务非常艰巨。正如有的同志所讲的,今年是北大的改革之年。因此,我们一定要从北大的实际出发,贯彻中央的方针政策并充分吸取兄弟单位的经验教训,把工作做好,做出北大的特色来,使改革真正成为推动我校发展、建设世界一流大学的强大动力。我们要求每一项出台的改革都要做到酝酿充分、思路明确、政策稳妥、方案周到、工作细致,特别是思想工作要细致。我们要把当前考虑和学校的长远发展结合起来。为了加强校内管理体制改革的领导,学校已经成立了以任彦申同志为组长的改革领导小组,行政方面由闵维方同志具体负责。

学校决定,首先实施机关的改革,总的思路是精简机构,明确职能,压缩编制,改进管理,加强服务,提高效能,还要建立机关部处长任期目标责任制和全员聘任制。时间安排大体上是3～4月广泛调研、充分论证,制订方案,5月出台方案,6月基本完成。开学后,党委政策研究室已邀请校内各方面的代表举行了5次座谈会,广泛征求建议和意见。从5次会议的情况看,许多同志对学校机关改革非常关心,踊跃献计献策,其中有不少合理的和有价值的建议和意见。学校还准备组团走出校门,学习清华大学、上海交大、华中理工大学等兄弟院校的改革经验。我们将从北大的实际情况出发,集中大家的智慧并通过一定的程序,形成学校机关改革的初步方案。

在重新调整和组合现有的院系方面,我们将按照有利于教学改革,有利于学科的建设和发展,有利于资源优化配置和有效利用,有利于加强管理、减员增效的原则,组建学部、调整和组建学院,使学院成为拥有较大自主权的管理实体,党委建在院上。学部则将在相近学院之间,在学科建设规划、公共课程设置以及学科评估等方面充分发挥整合学科的作用。我们要在调查研究、科学论证的基础上形成方案,并将积极创造条件,成熟一个,建立一个,政策兑现一个。通过典型示范,推动这项工作尽快按照新体制运行。我以前曾经说过,我校现有的院系管理体制,基本上是按照高度分化的学科建立起来的。如果将这样的体系固定化或强化起来,是不符合现代科学发展的趋势和规律的,既不利于新的学科生长点的建设和发展,也不利于学生综合素质的提高。我们衷心希望通过重新调整和组合现有的院系,从根本上改变这种状况。

后勤改革的总方向是使后勤服务走向社会化,更好地为教学、科研、产业及全校师生员工服务。要以为创办世界一流大学做好后勤保障为宗旨,贯彻调整体制、理顺关系,转换机制、减员增效和改善服务、发展产业、提高效益的思路,实行管理、经营、服务分开,模拟企业化管理,资源有偿使用,全面成本核算,提高资金使用效率,和自我约束、自我发展、小机关、多实体、大服务的方针,进一步完善后勤各职能部门的运行机制。这些机制包括用工制度上的约束机制,工程建设中的投标竞争机制,资源配置上的优化、保值、增值机制,干部管理上的优胜劣汰机制,分配制度的激励机制,运行工程中的监督机制等等。总之要通过机构合理调整,完善管理机制,建立强有力的管理队伍,保证创办世界一流大学所需要的各项后勤保障服务。

财务改革要在坚持“严格、透明、公平、效益、服务”十字方针的指导下,使全校的各项经济活动有法可依,有章可循,财务行为规范化,实现宏观管好、微观搞活的总体改革目标,并使各项财务指标处于良性循环的轨道。财务管理改革要从会计人员派驻制为起点逐步推开,理顺校内各种经济关系,建立健全财务规章制度和切实可行的分配办法,规范校内经济秩序,实行“统一领导、分级管理”的财务管理体制,强化学校预算管理。闵维方副校长特别强调,今年的财政非常紧张,必须强化管理。当然,也有好消息,昨天陈至立部长说,创建一流大学的第一笔款项已经拨到了教育部,其中有我们的1亿。这是件好事情。我们要制定方案,把它用在刀刃上,用在创建一流大学上。必须强调,钱多了,并不等于不要加强预算管理,相反,今年一般拨款的财政支出要从紧。这个问题,我们将来还要具体讲。去年的财政预算非常紧张,该交的钱有的没有交,有的款项超出预算很厉害,有的钱刚到,第二天就用完了,我们都感到很奇怪。所以,我们要通过改革,把财政搞好。财政是基础,没有钱,什么事都干不好。在坚持集中财力的同时,要调动校内各单位的积极性;要加强国有资产管理,明晰产权关系,优化资源配置,加强财政服务,提高资金使用效益。还要高度重视并充分发挥教育基金会的作用。因为这些资金对于创建真正的世界一流大学来说是不够的,我们还要积极想办法多方面筹集资金。此外我们的欠债还没有还清。去年我们有2.4亿的债,现在是还了旧债又添新债。

除了上面这些改革之外,我们还要启动人事和分配制度改革。这是涉及到定编定岗、职务聘任以及优劳优得等重大政策措施的改革。实际上,前面提到的学校机关改革、院系调整、后勤改革等,最终都涉及到人事改革的问题。考虑到这项改革事关重大,涉及到每个人的切身利益,学校将采取十分慎重的态度。去年我们已经在一些院、系、所开始了试点的工作,要求在试点的基础上形成方案。有关这项改革的一些想法,包括优化、稳定队伍,优劳优遇、点面结合改善待遇等,我在上次教代会上都讲过了。今天就不再展开了,方案成熟之后学校将专门开会进行布置。此外,还有今年的职称评审、校办企业改革等,也都将在适当时候请有关同志一起来研究部署。

培养高素质的创造性人才

党代会报告中提到,学校的根本任务是培养人才。学校的一切工作、一切人员都应当首先面向学生,为培养人才服务。而人才培养的核心则集中体现在“高素质创造性”这六个字上。江泽民主席多次强调“创新是一个民族进步的灵魂,是国家兴旺发达的不竭动力。一个没有创新能力的民族难以屹立于世界先进民族之林”。为了培养高素质创造性的人才,我们必须认真学习邓小平理论,贯彻邓小平的教育和科技思想,转变观念,正确处理通识教育与专业教育、理论与实践、教学科研与产业、教师与学生等基本关系,走改革创新之路。这就需要以培养创新精神和实践能力为基点审视我们的教学和改革。我们所培养的学生,他们的创新精神源自于他们对于探索未知、寻求真理的强烈兴趣和不懈追求,源自于他们对于社会、国家乃至人类的使命感和责任感,也源自于他们在科学和社会实践中创造的欲望和激情;而学生的创新能力又决定于他们的知识构成和知识基础,他们的眼界和视野,他们思维的方式、方法以及独立分析、研究和解决问题的实践等等。

因此,为了培养高素质的创造性人才,首先,必须加强对学生“两课”的教育和人文教育,使他们具有马列主义、毛泽东思想和邓小平理论的基本修养,使他们对于中国传统文化和外国文化的精粹以及我国的国情和世界形势的发展有比较深入的理解和规律性的掌握。所以,我们的两课教育、人文教育和品质教育应该紧密地结合起来,使学生真正有一个正确的价值观、人生观和世界观。我校为了这个目的开设的邓小平理论课以及文化素质教育系列讲座等,取得了很好的成绩,深受广大师生的欢迎,今年要在此基础上进一步提高。在加强“两课”、大学语文、中国通史、数学和计算机等全校性公共基础课的同时,要开好中国传统文化系列讲座、艺术与美育系列讲座、自然科学前沿系列讲座以及时事和任务热点问题讲座等四大精品课,为加强学生思想道德和文化科学素养提供丰富的精神食粮。

二、要利用综合性大学基础学科力量雄厚、学科结构相对齐全的优势,一方面大力加强学生的基础课和基础训练,同时要适当地拓宽学生的知识面,改善学生的知识结构,增强文科学生的科技素养和理工科学生的人文素养,使他们在科技日新月异、世界形势复杂多变的环境中有比较强的适应性,善于抓住机遇发挥自己的创造能力。在加强基础课方面,去年我们通过抓本科生的主干基础课,从1900门本科生的课程中选择了372门对学生培养和学科发展重要的、受益面较大的课程加以重点支持,其中包括全校性的公共课和院系级的公共必修课等,使基础课的教学力量有所加强,在一定程度上缓解了一些重要课程没人开设,而另一些课程又重复开设的状况。一些全校性的计算机课如“计算概论”、“微机原理”等有了统一的主持人,提高了质量。学院间的相同课程如经济学院和管理学院的“经济学基础”、“微观经济学”,通过共同的主持人明确了统一的教学要求,取得了一定的进展。但在这个问题上是有不同意见的,有的同志说不错、很好,有的同志说抓主干基础课是个失败,我想成绩还是要肯定,同时也有不足。什么问题呢?必须承认原来希望通过抓主干基础课,动员学术造诣高深的教授上第一线任课这一问题还远远没有得到解决。据说年龄大的教授讲大课精力不够,年轻的老师则忙于科研顾不上讲基础课。据统计,在基干课的主持人中,教授只占65%,讲课的教师里正教授只占1/3。而清华的基干课,博导占50%。我们两校的差距太大。问题出在哪里呢?一方面,观念还没有完全转变,没有真正树立以学生为中心、一切为培养人才服务的观念。学术造诣深的同志或因年龄大了讲大课有困难,或由于年轻同志忙于科研没有时间去讲基础课,这固然是一方面的原因,但更重要的是组织安排上有问题。有些院系采取保护主义,不是从培养学生的角度出发,而是为了安排教师的工作。有些课,明明可以开大课,可以使教学质量更好,但却不这样做,因为如果这样就会使有些教师无法安排;有的课本来可以由更好的教师去讲,但某些系要首先安排本系的教师。公开招聘、竞争上岗,在不少地方有阻力,没有真正实现。对于这些问题,我们必须端正思想,采取坚决措施有步骤地加以解决。岚清副总理在今年全市教授的报告会上号召“名教授要上基础课”,我们觉得基础课对学生打好扎实的知识基础、树立正确的治学态度、掌握科学的学习和思维方法都具有重大的意义。基础课的质量往往对学生一辈子的事业有着深刻的影响。我自己的感受也是这样。我的许多工作方法、思维方式都是大学一、二年级的老师教给的。王大珩老师带我上实验课,我到现在还有很深的印象;朱光亚老师讲原子物理,现在想起来就像昨天一样清楚。所以学生的基础课确实非常重要。从学校到院系,首先要安排名教授上基础课。今年应聘的“长江学者”和特聘教授要带头上基础课,作出好的榜样。同时要作好规划,切实安排一批学术造诣高深的年轻博导和教授任主讲教师。年龄大的名教授讲大课可能有困难,可以安排担任基干课主持人,他们有丰富的科学实践和教学经验,可以在教学中发挥骨干作用。年纪轻的教师更要树立以承担基础课为荣的观念。不要总以为讲课会耽误科研,其实讲课十分有利于将日积月累的经验、思想、观点系统地总结升华;也不要怕年轻的学术带头人不熟悉教学法,重要的是让学生受到他们的科学实践和科学思维的熏陶。像著名的居里夫人,在那样专心致志地研究镭的同时,每周还要承担相当重的教学工作,而且她的学生都反映她的讲课不但新颖而且富于启发性,都喜欢听她讲课。居里夫人搞科研那么专心致志都能讲课,我们为什么不能讲课?我们的学术带头人、年轻学者为什么不能讲课?当然,讲什么课,怎样发挥每人的长处,要做好安排。总体上说,我们不要有顾虑。年轻人去讲课,教学上不熟悉。这没有关系,只要他认真负责,很快就可以提高。化学学院的赵新生院长就是这样。每个人都要经过这个阶段。总之,本科生的主干基础课要加强,要使学生受到科学和人文的熏陶。

除了本科生之外,硕士生的课程也要精选。研究生的课程也有1900门,许多也是重复的、小的、因人设课的。所以一定要精选。研究生院已经起草了专业基础课和专业主干课实施和教师聘任办法,将提交校学术委员会和校学位委员会联席会议审查批准后施行。这些课也要动员优秀教师来任课。总之,我们的所有老师都要树立以教学为荣,以上课为荣的观念。对于以上各类课程,学校要制订评估标准,组织专家和学生进行评估。专家侧重评估课程的科学水平和思想性,包括对创新能力的培养;学生则侧重在对教师的教学态度和因材施教的效果进行评估。这两方面缺一不可。如果只让学生评,对教师的学术水平不好讲,没有这个水平,搞不好还会造成教师讨好学生的情况,或者统统给高分或者讲得很容易,这是没有好处的。同样完全靠专家评也不行。现在有些课有问题,有的老师上课后布置同学看书或请自己的研究生去讲一下甚至是让学生互相讲一讲，这样做太不负责了。所以学生评估是重要的，要把专家评估、同行评估和学生评估结合起来。各院系应该设立教学督导小组进行经常性的督促检查。数学学院就建立了督导小组，我们应该向他们学习。今年学校将在基础课、专业基础课和专业主干课评估的基础上选出一批水平高、体系新、效果好、特色鲜明、在国内或国外产生影响的课程作为“精品课”给予表扬和较优厚的待遇，以带动整个课程教学工作。我们学校申请了25门本科生精品课，教育部批了17门。今后我们要继续通过专家和学生相结合的评估，选出一批精品课来。

为了动员名教授和优秀教师上基础课，我们还要修订和重申教师工作规范，强化评估和职称评审中对教师任课的要求。在评估和职称评审中没有明确的硬化指标是不行的。

三、要重视和加强实践环节，包括科学实验和社会实践。实践出真知，实践也是检验、锻炼和提高学生创新意识和能力的最重要的手段。有的外国朋友批评我们的学生善于解题而缺乏洞察和创新能力。我以为这和缺乏实践的锻炼有密切的关系。这里我希望特别强调一下校内的科研实践。我们要让本科生、研究生更早地进入到科学研究、社会实践中去。我们学校的本科生、硕士生、博士生、博士后，他们既是培育的对象，又是科研的一支生力军。我们既需要将科学研究作为必要的教育环节，使他们得以增长实际知识、提高创造性地解决实际问题的能力，又应充分发挥学校资源的效益，通过科学实践，充分发挥青年人想象力丰富、创造力旺盛等优势，出一大批高水平的科研成果。高校中师生之间的教学相长以及教育与科研之间相辅相成、相得益彰的关系是高校的优势和生命力之所在。让研究生和本科生尽早地进入科研领域、参与知识创新已经成为当前国际上的一种共识。我们北大的师生应该通过教学和研究的紧密结合积极地参与国家知识创新工程。

四、要坚定地树立教学以学生为主体的观念。要注意学生个性的发展，启迪学生的思维，努力贯彻因材施教的方针。要创造宽松、平等的学术气氛鼓励学生独立思考，向已有的知识和权威挑战，发扬北大不拘一格出人才的传统风尚，为优秀人才脱颖而出创造条件。

过去，我们对学生启发、因材施教注意不够，讲课往往是“满堂灌”。当然，以学生为主体并不等于降低对教师的要求，可以让学生“放羊”。相反，培养高素质的创造性人才对教师提出了更高的要求，要求教师不但要能根据学生的具体情况“传道授业”，循循善诱，开发学生的创造能力，甚至要帮助学生胜过自己和前人，还要善于以自己的师德风范，影响和提高学生的品德和综合素质。由此可见，只有造诣高深、品德优良的教师，才能通过他们的身教言教，带出一大批高素质的创新人才。“名师出高徒”，在当今信息时代仍然是有效的。为此，我们教师要有高度的使命感和责任感，不断地加强自己的素养。

总的来说，我们要以培养创新精神和实际能力为基点修订教学计划，确定面向21世纪的课程体系，改革教学内容、教学方法和一些规章制度，使学生在选课、考试和转系等方面有较大的自主性。同时要加强实践环节，密切教学与科研的结合，充分发挥学生的主动性，还要充分发挥教学计划之外各种专题讲座、学术报告以及学生社团活动等“第二课堂”的作用。要让学生在课堂学习之外能充分根据自己的志趣、天赋和特长在实践中向社会学、向同学学、向其他有实践经验的人学习。我们要把学生培养成为会求知、会审美、会做事、会做人、具有创新精神的高素质人才。

此外，还有必要强调一下研究生的教育问题。陈至立部长在最近的“全国优秀博士论文评选专家”会议上指出“研究生教育是培养高层次创造性人才的主要渠道”，“研究生的创新能力，不仅直接影响高等学校知识创新的水平，也关系国家未来的整体创新能力”。正是出于这一考虑，教育部决定每年评选出100篇优秀博士论文，而且每一优秀论文的作者，如果仍留在高校工作的，每年资助10万元，连续支持五年。这种资助的强度相当高，相当于一个国家杰出青年基金。教育部希望以此激励博士生的创新精神，提高研究生教育的质量。今年的博士论文评选，清华选上11篇，名列第一，我校理科选上5篇，文科2篇，共计7篇，名列第二。这里没有必要来讨论排名和评选过程的一些问题。我只想强调博士论文的评选从某种意义上说是对学校研究生教育质量和导师教书育人水平的最终检验，也是学校水平的一项标志。事实上过去一些著名大学的博士生，有相当一些就是通过他们所做的博士论文获得了诺贝尔奖。大家熟知的居里夫人通过她的博士论文发现镭元素并因此获诺贝尔物理奖，还有穆斯堡尔效应和约瑟夫森效应的发现者慕尼黑大学的穆斯堡尔和牛津大学的约瑟夫森，分别于1961年和1973年获诺贝尔物理学奖。发现DNA双螺旋结构的沃森，于1962年获诺贝尔生理学和医学奖，日本京都大学的江崎玲于奈，也因发明隧道二极管而于1973年获诺贝尔物理奖。这些发现都体现在他们的博士论文中。可见研究生教育的质量、博士论文的水平是衡量世界一流大学的一个重要方面。特别是我校研究生的数量已经达到6100人，每年的招生数量已经接近本科生，因此研究生教育质量的提高是一个举足轻重、必须攻克的制高点。对此学校领导过去强调和抓得都很不够。目前的当务之急是要从研究生的入学质量、学位课程、论文导师和题目的确定一直到研究生导师的遴选、学位管理，全面系统地加以研究和总结。一方面有过去重视不够的问题，如这次博士生论文评优，许多导师都说不知道。研究生的培养问题，4月份的教学工作会议要认真、系统地研究一下。另外，生源也是一个问题。我们常讲，在生源质量上，硕士生不如本科生，博士生不如硕士生。这一点清华大学比我们做得好。清华的本科生从三年级开始就学研究生的课程，以后通过不断的科研逐渐培养起了对学校的感情，从而一直攻读博士学位，这样博士的水平就高了。我们也应该多想办法努力提高博士研究生的生源质量和培养水平。另外，研究生还存在着选课过多、选修外语课过多的情况，这就会导致贪多嚼不烂。即使有的同学想出国，仅仅托福、GRE考得分数很高也是不够的，同样需要在科学研究方面具有相应的水平才行。我们的考试导向也有问题，外语考试难度过大，导致了一些专业很好，但外语略差的同学落榜，同时也形成了有些学生外语很好，课也选得很多，但搞科研的时间相对不足的情况。这个问题要系统研究。要确定应对措施，务求使研究生教育和博士论文的水平和质量有一个大的提高。具体怎么做，留待今年4月初的教学工作会议来讨论确定。这里我先把问题提出来，引起大家重视。

除了本科生和研究生之外，成人教育学生的培养同样要围绕着提高素质和创新能力来提高教育质量。成人教育，特别是高等职业教育，今天在满足社会需要方面有着特殊的重要意义。应该全校统筹，加强管理，把它办好，不断提高它的活力。

提高知识创新与技术创新能力

学校的科研工作要以知识创新与技术创新为核心，坚持科学研究与人才培养相结合，坚持基础研究、高新技术研究和应用研究协调发展，理论与实际相结合，产学研相结合的方针，充分发挥多学科综合的优势，注意开拓新的生长点，做出有特色、有影响的成果来。今年全国要开技术创新大会，学校也要开文理科相结合的科研工作会议，一些重要的问题将要在会上研究确定。这里我只就建设高水平学术基地，构筑有利于创新环境的问题说一些意见。

教育部在“面向21世纪教育振兴行动计划”中规定要把提高高等学校的创新能力放到突出位置，并为此启动“高层次创造性人才工程”和“高校高新技术产业化工程”，要求高校积极参与国家创新体系的建设。为了尽快建成高水平的创新基地，在知识与技术创新及创造性人才培养方面取得突破性进展，学校将根据学科的特点，有重点地建设一批基础研究、高新技术和应用研究基地，包括产学研结合的科研成果开发、转化基地。文理科的基础学科要根据学术带头人的优势和特色以及所承担的国家任务的状况，有重点地遴选一批能在国际竞争中占有一席之地的国家重点学科、国家重点实验室和开放实验室，给予长期稳定和充分的支持，使他们在较为宽松的环境下，通过不懈的奋斗，产生突破性的创新成果；对于具有应用背景的领域，包括经济、法律等应用性文科和信息、生物、环境等高新科技领域，要根据国家目标和社会发展的急需，对创新性强、特色鲜明、有重大发展前景的课题和领域，加大支持力度，力争早日突破，为国家社会经济发展做出突出贡献；这方面，有的虽然暂时还没有优势，但意义重大，要根据国家目标和社会发展的需要抢占制高点。对于创新性强、特色鲜明、有重大发展前景的领域要加大支持力度，力争找到突破口。实际上，我们在应用性文科和信息、生物领域优势不多，相对薄弱，这些方面要根据国家政策目标、发展前景有选择地支持。对技术开发领域，要面向市场，找准方向和结合点，有选择地建立若干产学研结合的高新技术孵化基地，更多、更快、更好地转化知识和技术创新成果，为国家高新科技示范区的建设和增强我国产品在国际市场上的竞争能力做出贡献。为了迎接今年的技术创新大会，我们要很好总结规划这一类基地的建设。我认为通过产、学、研之间的交汇与结合，积极发展大学与工业之间紧密的伙伴关系，鼓励面向市场经济和社会发展的研究，不仅能使社会和市场现实需求的刺激成为推动部分师生追求科技创新、市场开拓和社会发展的巨大动力，从而锻炼成长出一大批科技创新人才、企业家和各方面的专家，还能使大学真正成为推动科技成果向现实生产力转化的重要力量，像江主席去年五四校庆讲话时提出的“成为科技转化的生力军”。“斯坦福——硅谷”模式的成功和北大方正集团的成就都生动地显示了大学与产业界的伙伴关系对于造就创造性人才的重要意义。我们要继续加强高等学校与科研机构、企业的联合与合作，全面推动学校知识创新、技术创新，提高校办高新技术产业的水平，以充分发挥高校在国家创新体系中的动力和辐射源的作用。

上述这三类基地应是相互促进的，是一条长河中的上游、中游、下游，所以必须协调发展。为了建设好这三类基地，我们要一手抓好研究的队伍，一手抓好创新的环境。一流的科研只能靠高素质、富于创造能力的队伍才做得出来。这里最关键的是要吸引、稳住和培养一大批具有国际先进水平的优秀学术带头人和中青年拔尖人才，建立有利于人才成长的激励机制，加速形成一支具有知识创新和攻坚能力的学术人才梯队。去年我校通过国内外、校内外公开招聘、竞争上岗，聘请了一批中青年高水平学术带头人，包括十余名“长江学者”、特聘教授，几位中年院士和博导。当前的急迫任务是要帮助新聘来的教授组织好队伍，创造条件。请来这些著名学者很不容易，我们一定要千方百计地、尽力地做好工作，包括准备配套的梯队、实验室、办公室和基础设施等，使这些学者充分发挥作用。党代会报告提出要有一二百名优秀学术带头人,所以任务还很艰巨。除了继续公开招聘之外,还要努力依靠老中青相结合的机制着力培养一大批学术带头人。这里有许多工作要做,包括要大力加强教学和研究的基础设施和公共服务体系的建设,为在校的教学、科研人员建立一个有利于他们工作和发展的环境。还要结合人事、分配的改革建立必要的竞争、激励机制。学校人事处正在调研的基础上制定方案,以后要请大家来讨论研究,今天不再多谈。

下面谈一下环境的问题。这是一个非常重要的问题。因为许多原始性的、重大的创新成果只能在良好的环境下才能生长出来。这里一是要能使多种学科互相交汇、互相结合,使多种思想观点能自由地交流、撞击。最近学校纳米研究中心和物理系等单位都有了一些非常好的成果。这些成果都是靠多学科做出来的,将来要进一步发展。要真正发展成大树、成气候,就一定要依靠多学科的结合。将来我们和北医合起来了,我们就有更好的条件发展和医药卫生的学科结合。这方面多学科相结合的基地要重点加以支持。为了促进这种结合就要促进有关人员的交流。校内许多现有的多学科结合的中心,包括文理结合的中心,还有我们和中科院联合办的天体中心和核科学中心以及与北航合办的工程中心等,都可成为多学科人员交汇的良好环境。所以对于那些多学科紧密结合的项目和基地应注意给予重点的支持。此外,现代化的网络环境和现代化的图书资料环境更是必不可缺的重要手段,要加大投入。要早一点将网络通到教师家中,通到研究生宿舍中去。现在靠电话还是太慢。当然,信息的交流并不能代替人员之间的直接交流。将来最好找一个地方,建一个“创新俱乐部”,有个固定地方,教师去了,谁有新鲜想法需要别的学科支持的话,可以讲一讲。甚至可把我们的科研处长请去,如果需要钱的话,值得支持的可以支持一点。昨天陈部长说,将来在蓝旗营,北大清华一起搞个俱乐部,北大清华之间、工科理科之间、文科之间还可以有些思想交流。有利于启发思维,有利于创新。总的来讲,就是要创造一个思想交流、学科交汇的好环境。另外还要有一个好的导向。现在,我们的导向比较脱离实际。像理科的导向,过去就是一个SCI,据说去年,我们已经超过南大,我觉得,SCI当然是一个标志,要多一些。但是,我们也应该冷静,SCI超过去了,并不等于我们的建树正式超过去了。我有一次参加一个会议时,一个台方代表神气活现地说,“我们的人均SCI超过大陆30多倍”。巴西的一位第三世界科学院院士马上上去说:“请问先生,你在科学突破方面超过大陆多少倍?请举些例子。”台方代表什么例子也举不出来。后来有位日本代表上去说,“我要SCI上去很容易,写一篇错的文章,别人都来批判我。我的引文最多。”我并不是说SCI不要多,但头脑要冷静。廖山涛院士曾对吴树青校长讲,一个科学家一辈子有一项大的建树是很难的,这是我们要追求的。廖山涛先生关于微分动力系统的论文首先发表在未被SCI列引的北京大学学报上,但水平很高。他的贡献为国内外公认。第三世界科学院为此奖励了他,吸收他为院士。所以我想,对于不同的学科,我们要实事求是地制订不同的评价和导向标准。而这个标准最主要的是引导大家在科学上有真正的质的突破,有建树,真正像江总书记讲的那样,有原始性创新。

同志们,我校创建世界一流大学的行动计划即将正式实施,一方面,我们正在面临着一个重大而难得的历史机遇;另一方面,我们也正在面对着各种各样的严峻挑战,改革、发展和稳定的任务相当艰巨。就具体工作来说,本学期学校不仅要搞好校外的合并、合作、共建工作,搞好新一轮内部管理体制改革工作,而且要召开教学工作会议、科研工作会议、人事与财政工作会议、后勤改革工作会议,还要进行职称评定工作。同时,国家将先后召开技术创新大会和教育工作会议,还有纪念“五四”运动八十周年,建国五十周年,庆祝澳门回归祖国等重大活动。总之,今年任务重、喜事多,热点、难点也多。在这种情况之下,我们更要响应中央的号召,以邓小平理论为指导,“讲学习、讲政治、讲正气”,“讲大局”,认真贯彻实施高等教育法,以人才培养为中心,处理好改革、发展和稳定的关系。保持学校的稳定是学校改革、发展的基础和前提。我们应当将这个大局铭记在心,通过多做深入实际、深入基层、深化改革、改善服务、加强教育、化解矛盾的扎实工作,确保学校安定团结的政治局面。千万不能因为我们对稳定工作的疏忽而影响了整个学校的改革与发展,影响了我校创建世界一流大学行动计划的顺利实施。

最后,让我们高举邓小平理论的伟大旗帜,紧密地团结在以江泽民同志为核心的党中央周围,认真贯彻“两会”和总理政府工作报告精神,在新一届党委的领导下,焕发精神,团结奋斗,进一步发扬北京大学百年以来“爱国、进步、民主、科学”的光荣传统和“勤奋、严谨、求实、创新”的优良学风,使我们北京大学在改革、发展、稳定中,朝着创建世界一流大学的宏伟目标阔步前进!

党委书记任彦申在教学工作会议上的讲话(摘要)

(1999年4月8日)

今年是创建世界一流大学计划作为国家计划的正式启动之年,也是北大体制改革最关键的一年。很多工作都要从长计议,重新审视,做出长远规划和近期安排。今年的会议可能会多一点,但是要开就要开出效果,要有些别开生面的会议。

两个基本要求

常委会在讨论这次教学工作会时提出两个基本要求:一是希望认真贯彻北大第十次党代会报告中关于加强教学工作、深化教学改革的指导原则和任务、要求。党代会报告多处强调了教学工作的重要性,在关于学校功能和任务的论述中,指出了培养人才是学校的根本任务,必须坚持以培养人才为中心发挥三种功能,实现五个目标;在谈到学校各项工作时指出,教学是学校第一位的工作;在谈到学校全面改革的布局时又指出教学改革是核心,关于改革的突破口、关键点都会随着情况的发展有变化,但核心是不变的,这就把教学放在了突出重要的位置上。报告还指出了教学改革需要着力解决的主要问题,包括一些年深日久的问题,如狭隘的专业教育,片面的知识教育,人文教育和实践环节偏弱的问题,课程设置重复和内容陈旧的问题,培养模式单一、教学方法偏死和现代科技手段运用不够的问题,缺乏个性教育和创造性培养的问题,等等。党代会报告提出了深化面向21世纪教育改革的主要内容和将要采取的主要措施,这里不再重复。另外,报告还提到,在整个学校的教学改革的布局中,本科要突出素质教育,研究生要着重上水平,继续教育要增强活力,总的目的是培养高素质创造性人才,培养有创新精神、实践能力的高级专门人才,培养社会主义事业的建设者和接班人。这些论述综合了党中央、国务院和上级领导部门关于教学改革的总的指导思想,同时又结合了北大的实际。这次教学会议要认真地理解和贯彻。各级干部,特别是学校有关部门和各院系的书记、院长、主任、主管教学的同志,一定要把教学指导思想搞清楚。

第二个要求,希望对教育思想的大学习、大讨论有一个阶段性的总结。我们这些年连续组织了几次教学思想的大讨论,这一次与以往的不同之处是,第一是在科教兴国的大背景下进行的,第二是同创建世界一流大学的目标相联系的,第三是在当前突出强调素质教育和培养创新精神的形势下开展的。这次大讨论是创建一流大学的一个重要的思想武装,是一个统一思想的过程。如果对办学思想、教育思想没有一个共识,创建一流大学就不知道走向何处去了。我们的许多干部比较务实,但在理论思考、经验总结、工作思路上还有待加强,务实要与务虚相结合。没有思路,没有思想性,是工作中的一个大问题,希望大家重视教育思想、办学思想的讨论和学习。明确指导思想以后,就不能只停留在认识上了,应该坚决贯彻执行,把正确的办学指导思想和教学改革指导思想体现在教学改革的计划方案中,体现在加强教学管理的措施中。这次会议提出了一些措施和方案,供大家讨论。以此为基础,按照教育部领导的要求,北大一定要视野更宽一些,观念更新一些,思想更解放一些,务求创新,提出一些有力度的改革措施,包括我们多年想解决而解决不了的问题,这次都可以大胆地提出来。如果与现行的制度有冲突,北大可以采取某些特事特办的方法,放开一个口子。改革就是为了突破某些现行的、不合理的、陈旧的制度。各个院系之间也不求一刀切,如果哪个院系想作试点,方案有可行性,学校会支持这些院系去率先突破。各院系领导层的认识是不一样的,可能对改革的迫切性的认识也不一样,不必齐步走,因为齐步走是就低不就高的办法,常常是谁走得慢就跟谁走。我们鼓励走得快一点。

教师问题

过去毛主席说过一句话:"教改问题主要是教员问题。"落实科教兴国战略、创建世界一流大学、实施教学改革,如果没有广大教员的理解和参与,没有教师的积极性、主动性和创造性,都会落空的,光靠领导空忙是不行的。今年1月12日党中央和国务院在首都开了一个教授大会,这是建国以来第一次在人大会堂开教授大会。我记得有一次在李岚清同志办公室谈到这件事,说现在我们不断地开干部会,我们也开学生会,讲形势、讲任务、讲改革,可是我们现在教员的情况怎么样?教师是科教兴国的主力军之一。当时我说,希望中央能开一个教授大会,把中央的精神直接告诉给教授们,第一是开阔教师们的视野,使他们知道21世纪的世界往何处去,21世纪的教育改革、科技改革往何处去。第二,一定要把办学思想搞对头,形成高度的社会共识。第三,要解决一个精神状态问题,使他们投身到科教兴国、教育改革中间,建功立业,实现自身的价值。岚清同志马上说:“我决定采纳你的意见,开这个会。”我觉得,一定要做好教师的工作,中央给我们作了榜样,中央在直接做教师工作。现在,我们学校教师的总体素质是好的,当然也有教育部领导说的高原和高峰的问题,他们说可能北大是高原,担心高峰不多。这些年我校的办学规模在显著扩大,多种形式办学有了很大的发展,培养在学的各类学生达到了25,000人。同时,我们承担的科研和开发任务有了大幅度的增加,社会服务也有了多方面的扩展。再加上很多教师重视自身的提高,所以教师的工作量增加了许多。任务总量大幅度增加,而教员总量还在减少,而且待遇情况并不很好。在这种情况下,很多教师热爱北大,爱岗敬业,尽心尽力地为学校的改革发展做出了重要贡献。从总体上说,我们有一支好的教师队伍,非常值得肯定。但是,必须清醒地认识到,我们的教师队伍现在面临着众多的、非常严峻的挑战。首先是创建世界一流大学的挑战。创建一流大学首先是一个机遇,同时也是一个挑战。一流大学的标志,首先是有一流的师资。在开学初干部会上我们讲过,创建一流大学,很多干部还不很适应,甚至是很不适应。对教员,同样有这个问题,不很适应和很不适应都存在。每一个人都面临着一次新的考验,一次新的挑选。北大的教职工队伍是历史形成的,带有很多历史的特点。现在,我听到两个说法,一是在全国高校的会上,对该不该由北大创一流大学没意见,但认为应该解散北大,北大的教师应该向全国招聘。这个意见不是开玩笑,它是很尖锐的;二是在校内的几次会上听有的同志说,冷静地分析一下北大的教师队伍,如果与一流大学这样的任务相比较的话,多少人能胜任?哪些人是不能胜任的?有人说,大概是三个三分之一,三分之一的教师素质比较好,能够胜任这个任务;三分之一经过努力是合格的;还有一部分人恐怕面临着不合格的问题。我没有考证这类说法,现在也不必去考证,但这种说法可以激励我们每个人的危机意识、前进意识。可以认为,虽然我们的本科生是公认的世界一流,可是教员和干部还不敢这么说。创一流大学是一场挑战,这个挑战会来得很快。

第二是培养高素质创造性人才的挑战。这是整个世界范围内的一次深刻的教育变革。要培养出这样的学生,教师首先必须是高素质的创造性人才,如果你是一个低素质的“平才”,你怎么可能培养出杰出的人才呢?名师出高徒,就是这个道理。当然,高徒也利于出名师。如果教师没有创造性,很可能有创造性的学生就会被扼杀、被埋没了。北大需要一批高水平的学术带头人,一批著名的科学家,同时也急需一批高水平的教育家。教育家有两种,一种是精通教育管理的教育家,一种是教学实践家。过去很多著名的教授,既是科学家、文化大师,又是教育家。北大现在应该提出这个问题,应该培养一批教育家,而且必须出教育家。在某种意义上,成长一个教育家比一个科学家更难。因为他不仅要有渊博的学识,有学术造诣,而且必须有教育思想,懂得教育和教学规律,有丰富的教学实践经验。同时,还必须要有一定的教育学、心理学等方面的修养。教学是一门艺术,教师要为人师表,对学生要有人格的力量和榜样的力量。北大下一步要在教师中间发现、激励、重奖在教学方面类似教育家的教师,树立这方面的典范。

第三是现代科学技术的挑战,特别是信息革命的挑战。在去年世界著名大学校长论坛上,关于信息革命对教育的挑战是一个很热门的话题,大家发表了很多重要建议。一是计算机网络的发展正在引发一场教学模式的革命。教学和科技正在融为一体,教和学都日益地融入社会,日益地国际化。二是信息知识的来源多元化、多样化。知识和信息在全世界范围内开始实现共享。大学原来是知识信息的组织者和重要传播者,但随着信息的国际共享、网络化,这种功能在某些地方消失了、弱化了。三是教师的多元化。什么叫教师?上讲台授课的教师,现在越来越多地被计算机网络上的教师所替代,出现了众多的教师。教学模式、授课方式都在发生革命。四是学生知识信息的来源的多元化。这些知识不仅来自学校,而且来自社会,甚至来自全球。大学的围墙已经被突破了。网络技术的发展给学生提供更多的自我发展和指导自己学习的可能性,同时也使教师有了改变自身角色的必要性和可能性,教师的角色正在发生变化。当然有些大学校长担心拓宽了非正规教育,学生得到知识的内容和数量很可能是低劣的,现在网络上出现的教师也可能是低劣的、误导学生的教师,这就有一个在网上争夺学生的问题,谁来主导学生的问题。现在不少学生利用网络获取知识和信息的能力甚至超过了教师,一些教师不能很好地运用现代技术手段获取信息是一个很严重的问题。

学生对教员的要求越来越高。很多调查说明,学生不满意的教师已经多于学生满意的教师,有的教师也谈到这个问题。这是“客户”提出的问题,“客户”不满意了。在未来的教学改革中,学生的选择是很重要的,这是我们所培养者对我们提出的挑战。最近,一些在北大参加培训的同志谈到几个问题,第一,北大老师都很会讲,理论上头头是道,但是脱离实际,不了解社会上的实际情况,案例讲得很少。这是一个很尖锐的批评。第二,北大的课堂上几乎都是清一色的北大教员,而外面办学很多都是请社会上各方面的专家来授课,印象最深刻的很多是在社会上有实践经验的专家。第三,北大教学是“满堂灌”,没有给学生自我思考的空间和发挥自身能动性的机会。他们说“我们都是有很多实际经验的人,我们希望有一种‘官教兵、兵教兵、官兵互教’的教学”。总体感觉北大的培训中教学民主不够,教材也不规范。这些问题应该引起我们的足够重视。我们在正规教育、多种形式办学中都存在一个教育质量问题,都存在一个北大的声誉问题。我们现在很多地方都靠着北大这个牌子,就像企业,最初要想站立,主要靠产品制胜,到了一定程度就靠品牌。北大一些地方是靠品牌而不是靠产品来取胜。多种形式办学亟待提高、整顿和规范,当然也需要发展,现在发展得太乱,有损北大声誉的事也发生得太多。在一次座谈会上,一位教师提出一个问题,我觉得很有启发。他说,北大是培养学生的地方,而不是培养教师的地方。这句话的意思大家都明白。当然北大也不能不培养教师。这是说现在很多教师培养学生不那么专心了,而是在借助北大这个阵地更多地发展自身,在提高自己,在为自己的发展铺垫,或者把北大作为自己的一个敲门砖了,这是非常危险的。现在对学生不关心、不了解,对教学不负责任的例子也越来越多。有些教师在忙自己的事,没把学生放在心里,在他心目中学生不是最重要的,而他自己的发展才是最重要的,如果学生的事和他自己的事发生了冲突,他一定先去办自己的事而把学生的事放在一边。这样的例子听到的不是一起了。这次人大会上提到北大、清华的优秀人才出国的太多,教育部也提出留住优秀学生,在下一步改革的一个方面是在培养制度和政策上要做些调整。怎样留住好学生,这个问题在这次会上可以充分讨论。

关于课程方向问题,也就是关于教师的思想方向问题,同样应引起重视。这些年应该说我们的学术环境是宽松自由的,我们没有搞政治批判,也没有用政治或行政的手段简单地、粗暴地对待学术问题。但越是自由,越是需要教师的自律。现在在讲台上,在讲座中,或者在社会上的各种讲学中,有些教员的不负责任、随心所欲、信口开河的事情是不少的。我们并不想像过去那样通过查讲稿的办法来对待这个问题,但作为北大的教员,应该有一种责任感,应该有自尊和自爱。学术自由必须以科学作保证,尊重科学。如果没有科学的原则作保证,学术自由就变成了随心所欲。学术自由如果离开了真理的标准,就变成了不负责任。这是一个新问题,需要我们认真研究。有时候也听到有些教员在讲某些问题,别看有一、二、三、四,但只要懂得一些实际的人听了之后,便会觉得他真是不了解中国的国情,真是不了解实际。他还觉得自己很高明。当年毛主席批评教条主义时说,教条主义无非有三个缺点,第一个缺点是它不知道人是要吃饭的;第二个缺点是不知道打仗是要死人的;第三个缺点是不知道路是要一步一步走出来的。这种批评就很尖锐,就是说要了解实际。这对于今天某些人还是非常有教育意义的。现在社会上强调尊重知识、尊重人才,但咱们别把自己当作知识的代表,当作人才的代表,要别人都来尊重你。别人越是尊重你的时候,你就越应该尊重别人,尊重社会。从道德的层面来讲,如果你要叫别人尊重你,你不尊重别人,人家怎么有义务、有责任尊重你呢?这些问题都需要重视,所以还是强调要以科学的理论武装人,正确的舆论引导人,高尚的情操塑造人,优秀的作品鼓舞人。教师一定要把思想方向、学术方向和课程方向搞对头。

关于知名教授上讲台的问题。这涉及到教学和科研的关系问题,不能把二者割裂开来,更不能重研究轻教学。斯坦福大学校长卡斯帕尔说,斯坦福大学成功的秘诀是让那些从事创造性探索的学者们直接去教学生,这样做,受益的不仅仅是学生,当年轻一代认真地或天真地发问的时候,学术本身也会大大地丰富了。斯坦福大学强调,研究要从教学中受益,教学应该建立在研究的基础上。就是把教学和研究紧密地结合起来,知识技术转让的最成功的方法是教育那些努力探索和求知的第一流的学生,和那些将要在工商业中处于领导地位的男人和女人。我觉得这是很重要的。我很赞成这次的特聘教授都应该讲课。从事创造性劳动的或者在学术第一线的,一定要与学生交流,一定要给学生讲课。这就有一个对教师加强教育、加强培训和优化管理的问题,要做好培养人的人的工作。我们不可能在机构改革中设一个教师工作部,专门管教师工作。因为任何一个部门都管不起教师来,教师是分散在学校的各个方面。有一本书上讲,校长和系主任就是教师的教师,我觉得很有道理,他们是在管理教师的事情。现在,校党委、各院系分党委花很大的精力做学生的工作,这是对的,因为我们的最终产品就是学生。但是今后的工作重心也要适当地上移、上调,要用相当一部分力量去研究教师的教育问题、管理问题。因为应该是教师去教育、管理学生,而学校的更多精力是去管理和教育、培训教师。学校的职能部门都要研究一下,你们现在从事多少与教师有关的工作?像宣传部、组织部、统战部、学工部、教务处、研究生院等等,我看没有哪个部门是与教师没有关系的,和教师不打交道的。可能和学生不打交道的部门有,和教师不打交道的部门几乎没有。关于教师,首先是一个培训提高问题,因为创建一流大学,对每个人来说都有一个提高和适应的过程。过去搞的新教员上岗培训,时间太短,重视得也不够。现在虽然也有教师学习制度,但组织得不理想,到位率也不高。我们现在所说的培训提高是全方位的,是全面素质的,应该是两手抓。一手抓思想政治的建设,师德和学风的建设;另一手也要抓教师开阔知识视野,提高专业技能的问题。哈佛大学讲,一所伟大的学校,必须永远处于改革的状态,居安思危,永不守旧,才会永远不败。学校是这样,一所伟大学校的教师也得永远处于提高和进取的状态。我希望这次会议能认真探讨一下用什么制度和办法来提高我们的教员,使我们的教员能够具有胜任一流大学教员的素养。再过几年我们的计算机网络就要普及了,如果我们的教员获取信息的能力或者传授知识的手段都还不行,那么很自然就不能适应了。当前我们特别要注意的是,一定要想办法把我们的教员组织到教育思想、办学思想的讨论中间来。一个教师必须懂教育思想。不能要求所有的教师都是教育家,但是所有的教师都应该有教育思想。

关于教学管理的问题。这次出台了一些制度和办法,一是为了规范和严格教学制度,二是为了增强教学活力,这两个方面应该并重,大家可以讨论。关于教师的人事管理,是一个很重要的问题,还需要动脑筋。严格地说,脑力劳动是一个非常难管理的领域,脑力劳动就是用脑,在某种意义上,想就是做,不想就是不做。这就是脑力劳动的特点,它注重的是质量,注重的是一种成果的管理和目标的管理,很难进行数量的计件,也无法进行过程的监控。对教师的管理就要研究教师的特点。现在教师的人事制度,有上岗资格认定。你能否进北大,要认定一下;你能不能当教授,要评定一下;评完之后就不管了,认定以后就评聘一致了。认定了,就是上岗了,就是聘任了,而且是终身制的,永远没有下岗的问题,这就是我们的特点。最近,我看许多报刊杂志都在讨论外国的教授终身任期制的问题,各国在普遍地研究、关注和批评这个问题。他们说,这种教授的终身任期制的优点是有利于吸引最优秀的人才来任教,有利于保护学术自由;缺点和问题是妨碍了正常的评估和履行责任,学校的负担越来越重,专业的调整越来越难,而且保护了一批失去了进取心和丧失了认知能力的人。现在各国都在考虑对这方面进行改革,我们恐怕也非改不行了。现在很多国家都在采取有限任期和重新任命制,包括试聘制、任职后的评议制度和教授后的管理制度。我们的人事改革也要这样。当然,脑力劳动最主要的是靠教师的自觉性和创造性,但是没有必要的人事管理,没有必要的激励制度和惩罚制度,我们的制度恐怕就会陷入僵化,要想建设一流的教师队伍也是非常困难的。

关于待遇问题。我们要努力实现一个目标,就是北大的门槛是高的,北大的条件是好的。这是我们的理想目标,而且一直在向这个方向努力。总的来说是在人事改革的前提下,将分层次地、分步骤地、大幅度地提高教师的待遇,这是一个原则。党代会的报告把教师分成几个梯次,分层次就是这个意思,然后分步骤做,不会一步到位,但是有盼头的,看得见的盼头。再一个是将会有较大的幅度。现在特聘教授岗位的出台本身就是一个信号,这意味着一个突破,政策上实行一个新的突破,紧接着会有配套的政策出台。我们现在要为这样一个政策的出台创造一个好的舆论环境和心理环境,抓紧制定方案。创建一流大学计划的钱,不能搞基建,不能发工资,但发岗位津贴还是可以的。这就意味着逼你改革,向人才倾斜。今年"两会"期间,有人提出提案说,中国的教师不坐班,没有办公室和办公桌,是人才资源的最大浪费。如果做到每个教师都有一套现代办公设备,如一台电脑,一张桌子,一部电话等等,我想这会是一个过程,至于做到每人有一间办公室,那恐怕更需要一个过程。但这个理想还是要有,还是要努力实现这个理想。北大的办公用房还是一个问题。我有一次问工商管理学院,"你们一个人一间房子,利用率怎样?"他们说利用得相当好,晚上许多人都在上班。有几个单位条件比较宽松,已经开始这样做。全校目前做不到这一点,但是学校常委会上强调要使教师现在上课的条件在一年内有一个较为根本的改善,包括讲台问题、灯光问题、黑板问题、喝水问题、休息问题等。随着新教室的建成、理科楼群的建成,要把在一年内彻底地改变教师上课的条件作为一个硬任务来完成。尊重人才先从尊重教师说起,从改善他们不够现代化的条件说起。

关于特聘教授问题。第一批总共通过了 73 个,北大有 9 个,质量相当好,这是我们下一步向世界一流水平攀登的重要的"希望工程"。所以学校有责任,各院系都有责任给他们当好"后勤部长"。按照党代会提出来的"人才为本,全面配套",给他们创造一个环境,让他们来了后感觉到北大是尊重人才的,即使是在我们各方面条件都不太好的情况下,还是愿意集中力量保几个点。下一步还有扩展,又有 14 个岗位出来了,可能人还会更多。国家要设 1000 个岗位,我估计北大能拿到百八十个。这是非常重要的一个机会,我希望大家不要搞平均主义。对于优秀人才,我们宁肯在其他方面忍耐一下,也要保证让他们有希望冲出去,这是北大的全局需要。

最后一个问题,我们的教师还处在一个大规模的交替过程中。我希望各单位的领导都要注意,教师的成分发生这么大的变化会带来很多新问题。这个问题放在一个历史的角度去看是一个很大的换代式的交替,就是从"文革"前过渡到"文革"后,学科的领头人从六七十岁一下子过渡到三四十岁,是非常规的、跳跃式的交替。现在这一代人是在"文革"后、改革开放的背景下成长起来的,很多人是在国外的教育、社会背景下培养出来的,他们有爱国心、事业心、成就感,他们回来了,但由于他们的成长经历和教育背景发生的变化,也会给他们的思维方式、价值观念、生活方式、工作方式带来一些新的、不同于以往的特点。如果我们不承认这些差别,他们可能在这个地方就难以生存,但是如果他们不能和我们的制度、我们现行的这套东西相兼容,将来恐怕也有问题。这就叫新情况、新问题、新政策,需要我们研究。另外在有些院系,新的学术骨干中的政治结构也还有待于改善。一些单位学术骨干和学术带头人层面的党员比例比较低,甚至很少,也会带来新的问题。过去教授中党员的比例到了78%,现在新的年轻教授中,党员比例则比较低,这都需要我们很好地考虑解决。我现在提出这样一个问题,希望大家注意到在队伍的交替过程中出现的新情况,注意到在一些学科、一些学术骨干层面党的力量比较薄弱的状况并引起重视,努力改变这种状况。

校长陈佳洱在教学工作会议上的总结讲话(摘要)

(1999年4月10日)

总的来讲,这次会开得很成功,确实鼓起了大家建设世界一流大学的热情和干劲,增强了我们的凝聚力,增强了我们建设世界一流大学的决心,出了很多的好主意、好办法。但是,我们要知道这只是一个开始,因为在认识上许多问题还有待于深入,大家提出的经验、意见、办法还有待于进一步提炼升华为学校的政策、条例、制度;而且在不断的实践过程中,还要不断地加深认识,不断地提高,有很多很深层次的问题需要仔细地琢磨。

什么叫一流大学?一流大学的标准是什么?怎样来建设一流大学?我们学校的起点高,这是没有问题的,但一流大学的内涵是什么呢?需要大家共同来研究。我觉得,要用对国家和民族发展的贡献来衡量,说到底究竟是不是一流大学就要看对我们国家和民族的发展做出了什么贡献。在去年我们建校一百周年的时候,为什么国内那么多大学都来参加,为什么在国际上得到认可?就是因为在过去的一百年里,北大做出了其它学校无法取代的贡献。现在在新的历史时期,特别是在知识经济时代,在建设有中国特色社会主义的过程中,北京大学究竟能够做出什么样的贡献,这是最重要的标志。江泽民总书记讲得很清楚,我们的大学必须为建设现代化国家提供人才支持和知识贡献,而且这两个方面是分不开的,是相互依托、相互促进的。比如,为什么说哈佛大学是世界一流大学?首先,哈佛大学有36人先后获得诺贝尔奖,有6个人成为美国总统。这就是说哈佛大学培养出了最优秀的人才。那么,在新的历史时期,也要看我们究竟培养出了什么样的人才,有哪些建树?所以,我觉得大家应该更深、更细、更具体地想一想,究竟有哪些具体的标准和要求。

我感到,如果这样考虑的话,首先就是要培养人才;而培养人才,最根本的就是要紧紧围绕江泽民总书记所讲的高素质、创造性,只要培养出大批高素质、创造性的人才,就是我校成为世界一流大学的一个标志。那么什么叫高素质呢?我想,应该包括高的思想道德素养、高的科学文化素养、出色的心智体魄等等方面,以前我们讲德、智、体、美全面发展,其实德、智、体、美各方面的全面发展进一步说就体现着全面素养的提高。当然我是学物理的而不是学教育的,谈这个问题有些勉为其难,但我觉得我们一定要认真加以研究,只有研究清楚了才能有一个标准,才能朝着这个方向努力。高素质和创造性两者是相一致的,因为高的素质在一个方面就体现在具有强烈的创新精神、创新意识、创新欲望和创新激情,有坚韧不拔的创造性的动力,还有高的创造性的能力和水平。如果以此为标准来衡量的话,我们距离世界一流大学的差距还不小,不仅需要在物资方面、人才方面努力,同样需要加强和改进学校的管理。

在座的大家都是干部,我们一定要在不断的实践中反复地摸索和琢磨,能够形成一个建设世界一流大学的明确的思路、正确的政策、切实的措施,走我们北京大学自己的改革创新之路,我们要争取培养出具有北大风度的一流人才。要做到这一点,我感到我们的思想观念还要进一步解放,我们还要进一步研究一些问题。大家可能都听到过这样一些说法,美国的大学生学的东西不如我们多,水平也不一定比我们的高,甚至我们的硕士生也可能强于他们,但是一旦到博士阶段就和他们差得比较远了;还有的说,我们的学生很会解题,创造能力却不如他们;也有人告诉我,在我们这里不起眼的学生一旦到了国外,不出几年就达到了一流水平,比如说我们数学学院的田刚出去了七八年确实达到了顶尖水平。为什么在我们这里长时间却无法脱颖而出呢?难道就是因为物质条件不好吗?这个问题应该好好加以研究,我觉得至少还存在我们教育是否得法的问题,正如前两天任彦申同志所讲到的,我们的专业偏窄,实践偏弱,教师管得过多,领导统得过死等等。这些问题又是怎么来的呢?为什么会存在这些问题呢?这是否就涉及到我们怎样理解教育、怎样对待教育的问题呢?我们一定要认真深入地研究一下,西方教育的成功之处在哪里?我们的优势和弱点又分别在哪里?怎样在我们优势的基础上博采众长?我们也一定要记住,我们也有自己的长处,中国的学生是有自己的优势的,这是举世公认的;但是我们也有差距。当然,美国虽然有它非常成功的地方,但也是有弱点的。我们一定要好好比较中外的教育,我们一定要弄清楚究竟应该怎么搞好自己的教育。我这次到美国访问,在一个小型的研讨会上,牛津大学的门彻斯特院长作了一个题为"大学的观念"的报告,其中谈到训练和教育是两个明显不同的概念,训练就是传授知识、帮助你提高技巧和能力,但这不是大学尤其不是研究型大学的目的;研究型大学的目的是为世界和未来培养有教养的人;他认为教育要使学生懂得在未来世界的发展中自己的地位和责任,善于找准自己的位置,从而为社会做出贡献,善于待人处事,能够通过自己的奋斗成长起来,成为有贡献、有地位的人。反过来看一下我们的一些传统的想法,比如我们往往把教学看成传授知识、老师讲学生听,这看来是有差距的,实际上教育不能停留在训练的程度上,要高于训练。我们一定要着眼于教育、要为未来为世界准备新的人才。那么他们是怎么培养人才的呢?就是把一些有学问的人聚集在一起,让他们自由探索,让学生们参与进去,慢慢就能把学生熏陶出来。换句话说,他们除了课堂教学之外,非常注重教师对学生的影响。当然,我们也讲究"名师出高徒",讲究"身教、言教",讲究潜移默化,但总的来讲,我们教育的视野一定要大大拓宽,不能局限在课堂教育上,不能局限于老师讲学生听,应该把研究和课外活动纳入到教学中去。所以,教务处不能只管课程,还要管学生如何参加研究、第二课堂,教师如何带学生,否则培养出来的学生恐怕就难于和人家竞争。

我们的教学工作会议就是培养人才的会议,应该考虑怎样把教学和研究结合起来,怎样把第二课堂组织好,怎样把实践环节加强。我听了大家的讨论,感到大家似乎总是把教学和研究分开了,上课是教学,研究也是教学,学校的研究是重要的教学环节、不可缺少的教学环节,应该充分利用我们大学的研究条件来增强学生的创造能力,提高学生素养。斯坦福大学办学的秘诀之一就是教学和研究相结合,这里面包括几个方面的含义,一方面指对于上课的教师来说教学是要和自己的研究相结合的,要求教师要善于提出问题、研究问题、突破难点来创造,并把这些思想熏陶给学生;也包括学生要参与教学,教学并不是简单地老师讲学生听,而是学生和老师一起来研究问题、解决问题;也包括学生直接开展和从事研究。教学和研究相结合包含的内容很多,大家一定要认真研究一下,怎样把教学和研究紧密地结合起来,尤其是研究生更要参与到研究中去。要把北大建成世界一流大学,一定既要有崇尚学术、钻研学术的气氛和环境,又要把教学和研究相结合,教学相长。正因为这样,我想再把下面的几个问题提出来,和大家一起探讨一下。

第一,我们培养高素质和创造性的人才,一定要重视和加强德育和人文教育。这次我到美国访问,走了四个城市,对这一点我特别有感受。每到一地都有人告诉我,现在新出国留学的这一代人和你们老的一代人很不一样,他们的责任感、使命感、对专业的热爱、事业心都在失落和下降;甚至有人很不客气地说,同一个申请,如果有来自大陆和台湾的学生,宁愿要台湾的,因为大陆的学生来了之后不肯做研究而是跑去挣钱了。他们问,你们现在教育上是不是出现了什么问题?他们说,你们的学生事业心不强,特别是不热爱自己的专业,出来之后纷纷抛弃原来的专业而去搞别的更容易赚钱的东西。这一问题当然不是我们一个学校所能解决的,这和整个的大环境有关,但我们要培养高素质和创造性的人才,最基本的一条就是我们培养出来的人才要具有对国家和民族发展的使命感、责任感,要有正确的世界观、人生观和价值观,要有对事业的献身精神,这就要求我们加强德育教育和人文教育,特别是在市场经济大潮的冲击之下,我们只能加强而不能削弱,而且加强"两课"的教学是中央的决定。我觉得,关键在于怎样提高德育和人文教育的质量,应该把德育和人文的教育紧密地结合起来,让学生们通过对中国传统文化和世界文化精华的了解把马列主义的原理彻底消化变成自己的东西,变成自己的世界观和人生观。如果我们只是简单地讲一些马列主义、毛泽东思想和邓小平理论的原理,干巴巴的,学生就会觉得难受,觉得好像是被强迫接受这些东西;如果把这两方面结合在一起,结合得好去吸引他们,这样就能够提高教学的质量和效率,就会觉得是一种享受。问题就在于怎么讲,这就要求教师本身对中外的历史、文化有深入的了解。怎样把德育、政治课的教育与人文教育紧密结合,使之形成一个整体,真正有效地提高我们学生的思想道德和人文素养,这是问题的关键。我的主要想法就是一定要从学生的实际出发,利用我们的文化资源生动活泼地进行教学,而且德育课程和人文教育不能取消只能加强,这是坚定不移的方针。

第二,名教授要上讲堂,名教授要带学生。这本来是不成问题的问题,现在还是有些问题。在讨论中,也有的同志说,在我们这里形成一个风气,教授不上课好像是天经地义的,这是一个很奇怪的现象。这在国外简直是不可思议的,我们要努力形成教授要理所当然地讲课、带学生的舆论和环境,要制定这样的条例、制度,并坚决地贯彻下去。我们要使这样一个简单的道理深入人心,教师的天职就是教书育人,就是要通过教学培养学生。有的青年教师可能认为,搞研究能够使自己有收获、有长进,搞教学只是单纯地输出。这是不对的,一方面你受聘成为北大的教师,讲课是你的义务和责任;另一方面,你不带学生,你的研究也不会搞好,因为现在的研究不会单纯依靠一个人的努力就可以完成,而需要新鲜的、有生气的力量的参与,需要有与自己的思维异质的新的想法的注入和激发,需要以教学来启发自己的研究。我们一定要切实完善聘任制,受聘的老师就一定要讲课,即使这一次受聘的长江学者也不例外,受聘的条件之一就是你能够开什么课,你在多大的范围内开课,你能够带多少学生;而且仅仅聘任还不够,还要有具体的考核办法。我建议教务部门和人事部门一起制定一个考核的标准,要和享受的待遇挂起钩来。我们既要提倡教书育人,也要以具体的措施加以推动。我觉得化学学院的办法很好,研究生的课三个人以下不开,本科生的课十五个人以下不开,而且只要开了课,就必须认真上才行,你要使学生愿意上你的课才行,这里面也要引入竞争机制。我们要通过评估、考核来推动有造诣的主要是中青年的学术带头人上课和带学生,使他们在教学第一线上挑大梁;我想年轻教师都要过讲课这一关,晚过不如早过。当然,我们也要从实际出发,很好地规划一下,因为基础课、基干课、特色课的课程也有限,我们有这么多教师究竟应该怎么上,每一个院系都要很好地规划一下。我们要把提倡、考核评估和规划这三个方面很好的结合起来,真正能够调动中青年教师的积极性,使名教授上讲堂、带学生。我想,一定要要求每一位教授都要与学生接触,不仅可以通过讲课来接触学生,不讲课也要通过其他方式接触学生,比如文科可以请学生帮助搜集资料,理科可以让学生参与实验,这也是教书与研究相结合,教务和人事部门应该就此制定一个条例。

第三,博士生的论文质量问题。博士论文的质量是博士生教育质量的标志。在如何提高博士论文质量的问题上,在开学初的干部会上我做了自我批评,而现在我们要真正着手采取切实的措施把这个事情做好。我想,提高博士生培养的质量,关键的一条是不能只抓博士生,而要从大学生抓起,只有底下的基础扎实了,上面才会坚固,我们要从大学阶段起就注意发现好的苗子,培养他们对学科的感情,采用如硕博连读的办法加以培养;另外,关键还在于教学与实践相结合,要让学生更早地参与研究。我想,一方面要把研究生培养和大学生教育加以衔接,使两者更顺畅地结合起来,清华大学在这方面做得比我们好;另一方面,教学和研究要结合起来,我们要使大学生及早地参与研究,并从中发现有才能的学生,培养他们的兴趣,帮助他们独立地研究问题、解决问题;还有我们也可以评选优秀博士论文,可以请外面的专家来一起评,看看我们的论文质量究竟怎么样,研究生院可以把这个事情认真研究一下着手做起来。

第四,如何以学生为中心的问题。我们过去一直讲,在教学中教师处于主导地位,这与以学生为中心是不矛盾的,这里面包含着几个意思:一、教师的第一任务就是培养学生,你的其它活动都要服从于教学,教学是第一位的;二、要因材施教,要区别情况启发学生,不是学生只能听你的、接受你所讲的,要开发学生的智力和潜力,无论如何我们要启发学生的兴趣和主动性,要一把钥匙开一把锁,有的同志建议搞导师制,这可以请教务部门和研究生院研究一下;三、学生学习的自主性,我们的学分能否打开一些,本科生的150学分中70%是必修,好多都是规定的,我觉得这还是有些问题,真正的学分制是不是应该放开?别人总是批评我们的学生不能如痴如醉地钻研一个问题,有些才能发挥不出来,我觉得这个问题还是值得进一步研究。所以说,要加强学生学习的自主性,教师要把心放在学生身上,要对学生因材施教,加强对学生课外学习的引导,我觉得这些对于培养高素质和创造性人才都是重要的。

第五,培养高素质和创造性的人才,需要提供设施和条件作为保证。现在看来,我们学校改善条件需要从头做起,从最基本的开始,首先就是教室。我们能否对教室规定一些标准,逐渐地使每一个教室达到这些标准。首先,教室究竟应该规定哪些标准、应该怎样配置,要确定下来;其次,教室如何管理,要有一套办法;其三,教师下课后的休息室要有保证。我想一定要花一些力气来做这个事情,不花力气就做不好,如果连教室问题都解决不好,我们还怎么创建一流大学?教室的问题一定要解决。第二,阅览室问题。我本以为新图书馆开放后,就不存在这个问题了,有人说天井的阅览室关闭后位子又不够了,也有人说还有空的位子,但不管怎样一定要尽量多开阅览室,一定要保证学生有自习的地方。第三,办公室问题。我想,这只能逐步解决,但要规划一下。可能理科还好一些,因为还有实验室可利用,而文科就比较可怜,特别是中文系、历史系等,我们的老师搞学问总要有一个地方相互切磋、相互交流,办公室应该给予保证。当然这不可能一下子全部解决,但要制订一个规划,请后勤的同志研究一下,怎样可以更快地分期分批逐步解决。第四,图书资料问题。现在图书资料的确很贵,所以我们一方面要增加投入,另一方面也要精简。第五,网络问题。网络对于搞科研是非常重要的,我们一定要加强对网络的建设。当然,我讲到的基础设施的这几点不可能一下子全部解决,要一步一步地来,我现在最关心的就是教室和办公室的问题,这要首先解决。

常务副校长迟惠生在教学工作会议上的讲话(摘要)

(1999年4月8日)

此次研讨会是我校第十次党代会后,为落实科教兴国战略、创建世界一流大学所要召开的一系列工作会议的第一个;也是把我校从去年11月份开始的教学大讨论进行初步总结并推向新阶段,即把我们为适应新的形势要求,更自觉地培养高素质创新人才的一些观念和举措落到实处的一次重要会议。我们邀请了几个单位和教师代表介绍他们的经验和体会,并且请研究生院和教务处的同志在总结过去实践的基础上,根据教学讨论中大家提出的意见和建议,提出如何更好培养高水平人才的一些措施,供大家讨论修改,也请继续教育学院对如何增强活力提出一些初步想法。我们希望通过此次会议,大家能在一些基本问题上取得共识,从而更自觉地把培养高水平人才的工作落到实处。关于我校今后一段时期内的发展目标以及发展战略,第十次党代会报告以及全校干部会上任彦申书记和陈佳洱校长都有全面论述。任彦申同志和陈佳洱校长还要分别在开幕式上以及闭幕式上讲话。我的发言分为两部分,第一部分是传达教育部领导的指示,第二部分是就如何贯彻党代会精神,实施建设一流大学计划谈两点初步意见。

教育部领导的指示精神

今年3月11日,教育部陈至立部长、周远清和张保庆副部长约见了北京大学和清华大学领导,听取两校关于建设世界一流大学的汇报。参加汇报会的还有教育部办公厅、研究室、财务司、高教司、学生司、规划司、学位办、人事司、规划司直属办的负责人。在汇报过程中和汇报后,部领导都发表了一些重要意见,归纳如下:

(一)北大清华建设一流大学的计划从即日起(3月11日)正式启动。它是国家批准的“面向21世纪教育振兴行动计划”的一大组成部分。教育部指定学位办牵头协调各有关司帮助北大清华实施这一计划。

两校要把发展规划进一步修改完善。要站得更高,视野更广,改革思路清晰,措施具体,即:目标要明确、思路要清晰、措施一定要落实。总的目标是要建设世界一流大学,这是大目标。具体目标如学科如何建设,队伍如何建设,包括教师队伍建设、学生的培养都要落实,除了总体目标之外,还要有阶段性目标,要分解到各学科、各院系。使领导班子的思想、中层干部的想法都要一致,党组织要充分发动起来,各家都要有压力。修订好的规划6月底报教育部,教育部除为大家做好服务,帮助大家之外,在一定阶段也要进行检查,要实行目标控制。两校规划思路还可以新一点,机制还可以活一点。

(二)支持两校建设一流大学的第一笔经费已经到位,两校各1亿。国家财政采取依靠税收、现收现给的拨款办法,只能按季度拨。此外财政部还规定了一些使用原则,比如原则上不能用于基建,不能开工资,必须经过统一渠道下拨等。

(三)两校建设世界一流大学,这一任务既艰巨又光荣。要不断认识到任务的艰巨,口号虽然叫响了,但真正做起来艰巨得很。首先,目前两校与国际一流大学相比,差距还很大,想要跻身国际一流并不容易。其次,这是江总书记在北大百年校庆讲话时提出的重要战略任务,是与国家创新体系联系在一起的。固然很光荣,但压力和责任重大。

(四)教育部要发挥学校的主动精神,希望两校依法加强自主办学。

(五)在北大清华要形成一种机制,把最优秀的人才培养出来、吸引过来,能把最优秀的人才留下来。多年以来,我们自己培养的大师不多。我们应该花很大力气营造一种氛围,一方面要提倡各种学术思想的自由讨论,一方面要为优秀人才的吸引创造有利条件。优秀人才的吸引回来会留住一批好学生,有些人即使出去了也会回来,没有优秀拔尖人才出不了人才和成果。

(六)北大清华具体怎样建设世界一流大学还要看实际情况,但希望两校加强合作,互相启发,尽量做到有限教育资源可以共享。

两点意见

(一)建设世界一流大学是一项长期而艰巨的任务,也是一项复杂的系统工程。这里需要的是冷静而全面的思考以及勇往直前的锲而不舍的精神。

我们的教学工作研讨会所讨论的问题是如何培养具有高素质创新能力人才的问题,它作为学校的中心任务,牵扯到学校工作的各个方面,而不只是哪一两个部门,哪几个主管的事。为了培养高素质高水平的人才,我们必须建设高水平的教师队伍,必须有国际前沿的研究设施和研究领域,使优秀人才确能发挥所长,必须有良好的学术氛围和机制使拔尖人才能够脱颖而出,必须有高标准的、严格的要求和灵活有力的激励机制促人上进,必须有方便而周到的服务管理体系使得大家能够专心致志地去做学问。而我们目前的状况离比较理想的状态还有相当大的距离。通过前几个月的讨论,许多同志都看到了这一点,并且许多单位都认真考虑如何改变这种状况,总结经验,克服困难,修订规划,励精图治。我认为当前各单位各部门所要做的就是要根据中央和教育部领导的指示精神和学校发展的总体目标,制订或修订各自的发展规划。首先要冷静而全面地分析一下,我们这个单位,我们这个学科的现状,在国内外处于什么样的位置,国际发展前沿以及我们的发展潜力如何,发展的战略重点以及具体措施如何,各个阶段的具体目标以及前后如何衔接,需要什么样的支持和政策环境,特别是如何突出各自的特色和影响,能够在各自的发展中取得有显示度的成果,并且能够对学术的发展、人才的培养以及国家的进步作出重要的、与北京大学相称的贡献。学校要在各单位规划修订的基础上认真修订学校的计划,并且上报教育部。这是具体的行动计划,要随时可以检查。我们希望能在5月底之前完成这一过程。各单位的规划请党委研究室汇总。

建设一流大学计划的实施必然是与深刻的思想观念转变和不断改革与创新相伴的过程。世界银行1998—1999年世界发展报告即"知识与发展"中指出,"缩小知识差距不是轻易就能完成的。由于高收入工业国永远在不断扩展知识的疆界,因而发展中国家所追赶的是变动着的目标。实际上,比知识差距更大的差距是创建知识的能力上的差距。与收入上的差异相比,穷国和富国在知识创建方面用某些重要标准来衡量的差异要大得多"。这种严峻的现实和艰巨的挑战注定了我们要步入一流行列就一定要创新,在尊重客观规律的前提下要锐意改革,充分发挥我们之所长,充分吸收人之所长。此外,就是一定要突出重点,择优支持,注重水平,注重效益,实行目标责任制,具体实施过程要采取多种方式,既有支持院系建设发展的试点,也有对专项计划和研究单位的支持,不管什么方式,都要经过相应程序,经过海内外有水平同行的评估和学校审核。

另外一个值得重视的问题是要尊重群众的首创精神,充分发挥各方面的积极性。建设一流北京大学的事业是需要全体北大师生员工共同努力的事业。每个同志都应该在这一事业中充分发挥自己的光和热,并且充分体现自己的价值。学校很快要出台一系列措施支持学科带头人、学术骨干带领其群体尽快出有水平的成果,包括提高生活待遇、改善工作条件、改善服务措施;学校也要采取一系列改革措施给基层以充分的自主权、使学校运转更有效率。这里最重要的是要造成一个竞争的环境,要把待遇和业绩真正挂起钩来,并且形成可以具体考查的评价体系,使真正优秀的人才愿意到北京大学来工作,使他们能够充分发挥作用,尽快上水平。

(二)面临着国际的激烈竞争,我们的教育必须重新审视并且全面地进行改革,在这里我要向大家介绍一下:

美国国力竞争委员会于去年9月出版了一本研究报告,名为"走向全球——美国创新的新格局"。其中谈到"肯定地说,我们现在面临的最大危险源自对未来的无根据的自满。全球化的快速步伐正在改变着并强化着竞争的挑战。""在知识经济时代,每个人,每个集体以及国家的竞争性较之以往,更需要新的、更广的各种技能……因而在各种层次上的美国工作人员的教育和训练是最高优先等级以及各领域最关心的问题。""没有人才创造、应用和开拓新的概念和思想,就没有创新过程。创新不仅要求训练有素的科学家和工程师来作为企业发展的动力,也需要能读会算的大众来运行企业。寻找人才是研究与开发全球化之主要推动力。"

在人才资源的获得方面,美国采取的主要措施是:

1. 改善有缺陷的中学教育体系。

2. 在大学一是强调跨学科的教育,二是强调建立与工业界的伙伴关系,三是探索世界其他地方学得更快的信息技术和工具,并使大学课程跟上各迅速发展领域的步伐,四是加强世界级大学的研究交流和网络环境,并使研究和教育更紧密地结合,五是加强物质科学和工程的学位学生。

3. 修改移民法,使大学及公司能够招到最优秀的国际人才。

美国商业周刊介绍了印度理工学院(IIT)的情况。该学院虽然只有40年的历史,但对印度在世界上的地位是至关重要的,世界上一些最杰出的总经理、董事长、企业家和发明家都是该学院的毕业生,该院不可思议的高标准迫使学生每天平均睡眠不到5个小时,但却培养出了众多善解难题的毕业生,由于印度曾为英国殖民地,学生们熟悉西方情况,而且他们多年的学业是用英文修完的。这使他们在全球性公司的求职竞争中比其他亚洲学生拥有优势。每年硅谷新创业者2000多名,印度的毕业生占40%,其中一半出自IIT。

学院的老师以严格著称,每年入学的学生2500名,能够坚持到毕业的不到2000名,像其中M.S.卡马思教授的电机工程课,30年前是最令人生畏的课和教授,每次测验常只有一名学生得A,第二名成绩就为B,其他学生成绩则为C、D、F。他经常对学生讲:"印度理工学院是精英荟萃的地方,我不想让你们成为三流货色。"

为了塑造优秀人才,该院让十七八岁的学生接受类似新兵训练营中的训练，学生不仅应能发现问题，还要能找出解决的办法，光记理论是不行的，进行实践性学习是办学的关键。

教员中有很多人拥有美国大学学位，并且是各自领域的杰出人才，师生的比例仅为1∶6或1∶8，因而学生能得到教师的足够关注和指导。

学校生活的另一个要素是印度语言、民族和社会等级的多样性，使学生了解人们在思维和行为上的巨大差异，从而有应对复杂环境的能力。

依我看，我们在教学的相当多方面目前不是建设世界一流的问题，而是如何解决不要成为三流货色的问题。我们从中学招来了一些好学生，应该如何培养他们才不至于误人子弟，才能使他们真正成为国家有用的栋梁之才？为此我们必须

——认真修订我们的培养计划，并且认真抓好从招生、培养到毕业的各个环节，认真落实教学计划和培养措施；严格教学要求，加强教材和课程体系建设。

——认真抓好教师队伍的建设，首先是师德的建设，其次是业务上的提高，切实改善任课教师的工作条件，把教师的晋升和待遇切实与业绩挂起钩来。把教师的评聘制度认真执行起来。

——认真抓好研究与教学的紧密结合，抓好优秀学生的选拔和培养，以新的教学手段来改善教学效果。

在以上诸方面，已经制订了一些征求意见的方案或条例，征求大家的意见，希望大家能够认真地提出修改意见，各单位有些什么好的设想也不妨先试起来。总之，我们希望通过这次会能推动今后教学方面的改革，并且为国家培养更多高层次的人才。

党委书记任彦申在科研工作会议上的讲话(摘要)

(1999年5月27日)

非常感谢科技部朱丽兰部长在工作十分繁忙的情况下，来参加我们的会议，与大家座谈，并发表了重要讲话。

朱部长的讲话非常重要，首先，她一针见血地指出了科研工作中存在的一些时弊，这对我们转变观念，开拓视野具有很重要的作用。我非常赞同朱部长讲的一句话，一旦把指导思想和路线搞对头，它会产生出像原子弹一样的效应。北大这次科研工作会议一个很重要的目的就是要把我们的观念、指导思想问题搞清楚。第二，朱部长谈到了当前科研工作中的一些重要的指导原则，包括顶天立地的问题，包括有所为有所不为的问题等等，这些重要的指导原则都是我们这次科研会议和今后科研工作所应该遵循的。第三，朱部长特别介绍了"十五"的一些重要的计划和召开科技创新工作大会的想法，这对我们都是非常有价值的。我们要瞄准这些机遇，迎接科技大会，参与国家的创新计划和"十五"的各项计划。第四，朱部长也谈到了希望我们学校应该充分发挥人才培养、科学研究、社会服务的各种功能，能够成为创新的重要基地，成为一个培养有创新能力的高素质人才的重要基地等等，这对我们学校各项工作都具有重要的指导意义。我们由衷地感谢朱部长，希望她以后不断到北大来，指导我们的工作。

刚才，陈校长作了一个很重要的报告，北医、北航两个学校领导也都讲了话，我即席说几句。

首先，从朱部长的讲话中，大家看到机遇问题，在北大的科学研究或者办学上，我们面临着什么新的重大机遇？大家要琢磨一下。我想，除了我们过去说的机遇以外，新的重大机遇就在我们面前。一个就是即将召开的全国科技创新大会，一系列政策计划的出台，同时在6月份还要召开改革开放以后的第三次教育工作会议，解决面向21世纪教育该怎么办的问题。还有一个对北大来讲非常重要的机遇，就是中关村科技园区建设。象80年代抓经济特区，九十年代抓浦东一样，在21世纪中国下决心建设中关村园区。这是国家战略，是21世纪迎接知识经济、科技革命的一个制高点。最近岚清同志专门召集各个部委和北京市有关领导开会，研究了这个问题。要用十年左右的时间，把中关村地区建设成为推动科教兴国战略、实施"两个根本性转变"的改革试验区和知识化文明新社区，具有国际竞争力的国家科技创新示范基地，成为立足首都、面向全国的科技成果孵化和辐射的基地，成为高素质创新人才的培养基地，成为世界一流的科技园区。这些机遇是非常重要的，是北大自身所争取不到的，北大必须抓住这些机遇，及早地做好各种准备。只有跻身到国家的重大战略里头去，有个明确的定位，北大的下一步战略计划才能更好地实施。希望大家关注这几件大事，教育工作会议、科技创新大会、中关村园区建设等等，这次科研会一定要在这个背景下，在这样一个国家大战略下来

研究我们的问题。

第二,再重复一下北大科研工作的指导思想。学校第十次党代会工作报告已经明确地表述了北大科研工作的指导思想,总的就是21世纪教育改革的方向和一流大学的主要功能和特点。我们在科研工作中强调以创新为灵魂,提高科研水平和效益,水平和效益要并重,这是提法上很重要的一些调整;在科研的方向上,强调的是瞄准国际前沿,服务国家战略,这是科研的导向性原则,这里也谈到了基础、应用、高新技术转化等问题,文科理科要并重;在我们的选题选项上、布局上,强调的是顶天立地,一个是抓突破,一个是抓转化和贡献,要积极参与两大工程:一个是国家的创新工程,一个是高新技术产业化工程;在科研的道路和方式上,当时特别强调了教学和科研的结合、产学研的结合、多学科的结合等若干个结合;学校提出的一些重大举措,一个是北大要建设三个方面的基地,再一个强调择优扶重,重点突破,强调了以人才为本,全面配套。这些原则对这次会议同样是适用的,我们将在今后一段时间里,贯彻这样一些重要原则。

第三,关于这次会议的目的。开会是为了解决问题,会议不是为了"议",不能仅仅停留在议上,开会一定是为了解决问题。这次会议要解决什么问题?第一要找准问题。我们的问题不仅仅在于科研经费的数量不够,增长的速度不快,重大成果不多,论文数量也不令人满意,或者重点实验室还没有一个A级,等等,我觉得这只是现象。北大科研的根本性的问题在哪里?刚才朱部长讲了三条,北大同样存在这三个问题:一个是科技实力和储备不足;一个是科技创新的能力不强;一个是转化速度慢。长期以来,北大在科研方面作了大量工作,教师、科研人员非常辛苦、敬业,也取得了很大的成绩,得了不少奖项,这些我不再详细谈了。但总体来看,北大科研有值得深思的问题,一个是力量分散,低水平重复,理科现在在研的科研项目890多项,我们有多少力量在做这890多项科研课题?大家可以想象得出来,这是一个什么状况。总共一千多个教师,我们做了900个项目,问题是可以想象得到的。第二个就是总理的报告反复尖锐提出的,我们大部分科研力量和科研成果游离在企业和市场之外,游离问题、脱节问题刚才朱部长也谈到了。再一个是择优扶重不够。这些问题应该引起我们的足够重视,不能老议论,应该找准问题,下决心采取点措施来解决这些问题。

比如说在择优扶重上,我们到底采取什么措施?我希望这次会议能够议出点名堂来。我的意见,除了三大基地以外,还要有一些新的办法。第一是特聘岗位的设立,招一批比较有希望的种子选手到北大来,从内部选择和外部引进,这是一个契机,要引起我们足够的重视,一定要以这些岗位、这些种子选手作一个重点,以人为本、全面配套,在他们身上多下一些功夫。第二,北大专业的优势要保持住,比如理科的数理化方面,有许多地方是公认的具有传统优势的地方,这个不能丢掉;在文科方面,文史哲也有很多全国公认的优势项目,这些都要进一步支持,丢掉以后再上就更难了。但我们不能只是炫耀我们过去的辉煌,更重要的是迎接21世纪的挑战,北大在制高点上应该有一席之地,比如说信息,北大在信息领域必须有强大的研究、开发和转化的力量。我们现在很多地方力量分散得很,比如说地理信息系统,北大有六个地方在搞,最后哪个都搞不上去,能不能下决心选一两个点,组织起来去突破它行不行?再比如说生物技术方面、环境方面,都是国际公认的21世纪制高点,北大一定要在这方面有一席之地。文科除了文史哲这些传统强项以外,还有政经法等一些重要领域,一定要选择若干个点扶植起来,应该有这个决心。我担心北大是个高原,但是缺少高峰。第三,要择优扶重,就要下决心有所为、有所不为,不这样就很难突破,而且只有用政府投入,用组织手段和资金手段来扶植强项。现在想说服哪一块都很困难,只有采取组织力量和经济手段来支持一部分上去。第四是怎么在结合中增加创新优势的问题,与区域经济结合,与北医、北航的结合等等,我们怎么通过多种结合,开辟出北大新的优势来?这些问题希望大家能够认真考虑。不要封闭,封闭是没有希望的,光靠北大这些队伍,不可能所有队伍有竞争力,必须联合起来。

还有一个大家比较注意的问题,就是强调学术自由的环境,这非常对,我想在北大的科研工作中,科研的环境很重要。第一要讲科研的导向,第二要讲学术自由的环境、学术风气,第三要讲科研机制,要解决科研机制问题,这些都是科研的关键问题。这些问题,第一个是关于科研往那里去,我们要干什么,这是导向性原则;第二个是要有学术自由的环境,这个学术自由一个是外在的自由,一个是内在的自由,这两个是统一的。外在的自由就是你不能用行政的手段、政治的手段来对待学术领域的争鸣,另一方面,真正的自由还是要尊重科学,要坚持真理的标准,要有科学严谨的学风,只有通过内在自由掌握了必然以后,你才可能有真正的学术自由,要把外在的自由和内在的自由结合起来;第三个在科研机制上,北大的各种研究是不一样的,基础研究应该有基础研究的机制,应用研究应该有应用研究的机制,产学研应该有产学研机制,北大在机制创新方面应该大胆地走出一步。现在如果完全依靠过去的机制,科研就很难上去,我痛切地感到这一点,包括我们现在已有的认为很有希望的产学研机制,走了一段时间又陷入到旧体制中去了,失去了创新的活力,一定要研究我们的体制问题。

最后,关于创新问题。创新是国家强调的,其中之一是参加中关村园区建设,可能北大在本世纪或下世纪最重要的一次机会就在这里。这个园区是一流的文化设施、一流的科技创新、一流的产业化基地。北大下一步不要只是孤立地研究自己的发展,而要注意研究整个区域在怎么发展,这对北大来讲是非常重要的。如果中国真正要搞这样一个在21世纪的重要的创新园区,北大能不能成为这个基地、这个园区里头的龙头大学?这是北大每个人要考虑的问题。斯坦福大学成功的诀窍是五条:第一,永远追求一流的信念;第二,始终坚持教学科研的密切结合;第三,保持学术自由的良好环境;第四,大学和工业界要结成密切的伙伴关系;第五,永远开放,决不封闭。北大要成为中关村这个区域里头的龙头大学,能够起到像斯坦福大学那样的作用,也要研究北大的路应该怎么走。归根到底必须解决指导思想问题,必须解决机制问题,必须跟国家的战略密切结合,才能成为世界一流大学,才能做出公认的一流的贡献。

校长陈佳洱在科研工作会议上的报告(摘要)

(1999年5月27日)

江泽民总书记《在庆祝北京大学建校一百周年大会上的讲话》中指出,“为了实现现代化,我国要有若干所具有世界先进水平的一流大学。”教育部制定、国务院转发的《面向21世纪教育振兴行动计划》明确提出了要“创建若干所具有世界先进水平的一流大学和一批一流学科”,并把北京大学作为重点支持的两所学校之一,希望在下世纪初叶,能够建成为具有世界先进水平的一流大学。一流的大学必须有一流的人才,一流的教学和科研,上个月我们刚刚在这里召开了学校的教学工作会议,今天我们召开“北京大学科研工作会议”,就是要本着以人才为根本、以创新为灵魂的精神讨论如何贯彻坚持科学研究与人才培养相结合,坚持基础研究、高新技术研究和应用研究协调发展以及产学研相结合的方针,充分发挥学校多学科综合和教学相长的优势,以做出有特色、有影响的成果,培养出高素质创造性的人才,具体落实北京大学第十次党代会确定的创建世界一流大学的宏伟目标。

我们这次会议要发扬北京大学“融通文理”的好传统,采取文理科合在一起开的方式进行,以有利于彼此沟通、熏染,促进彼此从对方学科发展的成就中汲取营养,开拓思维,寻找手段,不断提高认识和研究的水平。蔡元培校长当年曾经指出:文科与理科隔绝,直视自然科学为无用,遂不免流于空谈玄想,反过来,理科与文科隔绝,视哲学为无用,将陷于机械唯物论的世界观。在学科发展空前交融的今天,我们需要把握好当今既高度分化,又高度综合的对立统一的趋势,发扬北京大学“融通文理”的好传统,实现文理比翼齐飞和交叉渗透,建设世界一流大学。

对我校科研和学科状况的回顾和基本估计

去年校庆,我们曾经对百年以来的成就进行了回顾。一个世纪以来,北京大学作为一个研究型的综合性大学,始终以振兴中华、繁荣科学和教育为己任,勇敢地走在时代前列,通过自己的教学与研究创造了许多重大的思想文化和科学技术成果,为我国的革命和建设事业做出了重要贡献,形成了“勤奋、严谨、求实、创新”的优良学风和独特的办学风格。在很长的一个时期中,学校名师云集,学术研究独领风骚。无论在文、史、哲、考古,还是政、经、法、社会学、人口学、东方学、心理学等领域,都取得了重大的、有影响的研究成果。自然科学与技术方面,从国际首次人工合成牛胰岛素、微分动力系统理论等基础研究到我国第一个核科学基地的建立、第一台百万次集成电路计算机的研制、第一块1024位MOS动态随机存储器的诞生,以至第一台汉字激光电子照排系统的研究开发成功等,无不对我国科技进步和社会发展做出了重大的贡献,产生了巨大的影响。

最近四年多来,在“科教兴国”战略的指导下,我校的研究工作通过大家的努力,也取得了很大的成绩。具体表现在以下几个方面:

1. 基础研究成果不断涌现

北京大学是一所以基础研究见长的综合性大学,我们很多的大成果都是从基础研究做起,首先在基础研究上取得突破性进展的。基础研究是知识和技术创新的源泉,是可持续发展的基石。因此,多年来,我们狠抓基础研究不放松,取得了一系列重要成果。

在人文、社会科学方面:季羡林先生领衔主编的《四库全书存目丛书》,古文献研究所集体编纂的《全宋诗》,都是规模巨大的学术工程,具有很高的学术价值、史料价值与版本价值。黄楠森教授作为第一主编的《马克思主义哲学史》八卷本，获中宣部“五个一工程”图书奖和北京市哲学社会科学优秀科研成果特等奖。我校参加的国家重大项目“夏商周断代工程”，是一个文理结合的大项目。经过文理有关学科的通力合作，集体攻关，已取得了阶段性的重大成果。^{14}C 测年精度稳定地优于 0.5%，达到了国际先进水平。

自然科学方面：1991 年张青莲教授领导的科研组测定的铟原子量成为我国首次被国际原子量委员会接受的国际标准。1993～1995 年间他们测定的锑、铕、铈原子量又先后多次被接受为国际标准。这表明我校在这方面的工作已达到国际先进水平。我校电子学系的科研组在王义遒教授领导下建立了我国第一个磁光阱，标志着我国迈入了激光冷却获得超冷原子这一前沿科学领域。我校纳米科技中心和物理系等单位分别在单层纳米管以及超高密度信息存储材料研究、蓝光激光、光栅光纤以及超导心磁波检测等方面取得重大的突破或进展。我校暴雨监测与预测国家重点实验室全程参加的“我国大气科学研究开展四大科学试验”被科技部组织评选为“1998 年基础研究十大新闻”，其中包括了由国家自然科学基金委员会资助、我校赵柏林院士主持的“淮海流域能量与水分循环试验”。

对理科相当一部分学科来说，衡量研究的一个量化标志是被 SCI 收录的论文的数量。1996 年全校 SCI 论文数为 285 篇，1997 年为 448 篇，比 1996 年增长 60%，据我们自己的查询，1998 年我们的 SCI 论文数又有较大比例的增长。其中化学学院的增长最快。我们要力争在 2010 年 SCI 论文数跻身 SCI 论文世界前一百名的行列。当然我们不仅要重视量的增长，更要采取措施高度重视质的突破，特别是科学的创新和建树。因此，一定要引导大家发表高水平、有重要建树的论文。

2. 应用研究为解决国民经济发展的重大问题做出了贡献

北京大学的广大科研人员有着强烈的社会责任感，渴望把自己的知识奉献给社会，改变中国落后的面貌。改革开放以来，特别是“科教兴国”的基本国策实施以来，广大科研人员更是将原有的探索研究拓展为积极面向社会发展和经济建设主战场的主动行动，以满腔热情为国家的决策咨询，以及知识、技术向生产力的转化做出贡献。

例如，以厉以宁教授为首的一批学者坚持对股份制理论与实践的研究，提出了许多真知灼见，为推动我国经济体制改革和建立现代企业制度做出了重要贡献。社会学、人类学研究所的一批中青年学者，在费孝通先生的带领下，开展乡镇企业研究、小城镇研究、边区开发研究、民族问题研究，取得了丰硕成果，实现了费老“志在富民”的科研宗旨。他们的科学著作在国内外多次获奖。最近，费老又获得“霍英东杰出成就奖”。

在科技应用方面，以徐光宪院士为首的科研小组从 70 年代开始研究稀土的分离提纯问题，他们的成果应用于全国各大稀土厂家，从根本上改变了中国稀土产业的面貌。近年来，重稀土分离理论与实践等项目获得了国家科技进步二等奖，年轻的科学家严纯华等接过了老一代科学家的接力棒，正在为把我们中国从一个稀土大国变为稀土强国而奋力拼搏。我校杨芙清院士主持的、具有自主知识产权的大型软件开发环境青鸟系统也获得了国家科技进步二等奖。我校区域光纤通讯网及新型光通讯国家重点实验室研制成功的 4×2.5 Gb/s 波分复用系统，是我国首次通过验收正式交付使用的系统。工程验收后，广东省邮电管理局使用没几天，国外公司向我国的系统报价就降低了 50%。此外，电子学系卫星通讯研究组研制的 VSAT 小站网也成为我国第一套自行研制、生产并装备部队的卫星通讯系统，解决了边防部队的通讯问题。

3. 一批中青年骨干茁壮成长

以理科为例，1994 年国家自然科学基金委设立国家杰出青年基金以来，我校共有 21 人获得资助，并有 4 人获得杰出青年基金的延续资助。共有 38 人被评选为教育部跨世纪优秀人才。在首批批准的 9 名“长江学者”中，既有在国外从事高水平科学研究的优秀人才如田刚、佘振苏，也有龚旗煌等我们自己培养的“土博士”，还有刘忠范、欧阳颀这样的学成回国，并在国内生根、开花、结果的“洋博士”。我校担任重大基础研究规划项目的首席科学家是 38 岁的严纯华教授。这些年来文科同样成长了一大批优秀的中青年学术带头人，包括部级跨世纪优秀人才 50 余人。

4. 科技开发和校办科技企业有了快速的发展

以科技成果转化款额的增长为例，1994、1995 年转让与合作签约合同额在七八百万元，年到款额大约在 200 万元左右，1996 年合同额首次突破 1000 万元，达到了 1300 万元，当年到款额增至 600 万元，1997 年合同额跃增至 5000 多万元，当年到款额也猛增至 2300 万元，1998 年科技开发工作又上了一个新台阶，合同额突破 1 亿元，当年到款达 3200 多万元，相当于 1996 年的 10 倍！近两年来的科技开发工作取得的发展在于改变了以前主要转让技术的观念，把重点放在加强与地方政府和企业的合作上，为企业提供了大量的技术服务，促成了大量的横向合作。与北京、云南、广州等许多省市地区建立了全面的合作关系，同时还与各地的企业保持广泛的联系和密切的接触，为一些企业的产品更新、新产品的开发作出了贡献，体现了学校产学研一体化的办学思想，同时也为学校的科研人员争取了可观的横向合作研究经费。与此同时，校办产业连续四年快速增长，已初步形成了以北大方正为代表的几个科技含量高、市场竞争力强,并具有一定规模效益的骨干企业。他们的销售收入从1994年的10亿元增加到1997年的60亿元和1998年的80亿元。北大方正已成为我国高科技产业的一面旗帜。

5. 科研经费有了大幅度提高

最近四年来,学校的科研经费有了大幅度提高。1995年以前,我校科研经费长期徘徊在五六千万元人民币,1996年首次突破1亿元,达到1.1亿元,1997～1998年更达到1.2～1.3亿元。其中自然科学基金增长较大,已突破每年3000万元。我校是一个以基础研究为主的综合性大学,很难拿到大的工程项目,我们的科研经费是靠我们的教员几万元、几万元地积累起来的,文科有的项目每年才有几千元。1亿多元对我们是一个不简单的数字,这里面浸透了我们广大教员辛勤劳动的汗水,也凝结了自然科学处、社会科学处同志们的刻苦努力。

对于我校教职工通过艰苦努力取得的各项巨大成绩,我代表学校表示衷心的感谢和敬意。我们应充分肯定这些得之不易的成绩,鼓舞士气、增强信心,增加凝聚力,进一步奋发向上。同时要冷静地、实事求是地估计我们的不足和面临的挑战。事实上这些年来,随着经济体制的转变和竞争的加剧,我校某些学科,特别是某些应用学科的进步幅度不如一些兄弟院校的同类学科,差距相对拉大。这使得我校长期保持的学科优势受到严重挑战。应用学科,包括经济、法律、信息(特别是计算机网络)等领域中一些相对薄弱的弱点更加明显。同时随着知名度高的老一辈学者的年龄老化,中青年学者知名度相对较低的问题也更加突出。过去那种杰出学者云集、科学研究独领风骚的绝对优势已不复存在。加上管理不善,个体优势比较明显,群体优势未得到应有的发挥,使得某些重要学科或这些学科的某些方面在国内处于相对劣势状态。例如我校国家重点实验室的数量居全国前列,但特色和管理水平都不如有的兄弟院校那样突出。我校年校科研总经费虽有较大增长但始终未能进入高校前十名。有的同志一针见血地指出:现在兄弟院校说北大强,多半是"客气"而不是"服气"。对于这样严峻的形势,并不是每一个同志都认识到了。不少院系向学校汇报时,往往自我欣赏我们在国内领先的某一些东西,而缺乏危机感和长远的目光。我认为如果我们再不对存在的问题有一个清醒的认识,连现有的相对优势也可能会逐步丧失。那时就为时太晚了。所以我们必须冷静地、实事求是地分析问题,提高忧患意识,并找出问题的根源和解决的对策,振作精神,加倍努力,重振雄风,以不负国家和社会的厚望!

对于建设一流大学,发展一流科研的思考

1994年北京大学第九次党代会确定了到21世纪初叶把北京大学建设成为世界一流大学的目标。今天,这已成为国家战略和政府行为,并已落实到教育部制定、国务院转发的《面向21世纪教育振兴行动计划》之中。这对北大来说是一个最重大、最难得的历史机遇,是国家赋予北京大学的庄严使命,也是北京大学面向21世纪振兴发展的必然选择。

江泽民主席在《庆祝北京大学建校一百周年大会上的讲话》中,提出了世界先进水平的一流大学的四个基本特征,指出,"这样的大学,应该是培养和造就高素质的创造性人才的摇篮,应该是认识未知世界、探求客观真理、为人类解决面临的重大课题提供科学依据的前沿,应该是知识创新、推动科学技术成果向现实生产力转化的重要力量,应该是民族优秀文化与世界先进文明成果交流借鉴的桥梁。"这一段话既是世界一流大学的特征和建设标准,也是我们创世界一流科研的奋斗纲领。因为江总书记提到的四点,也指明了高校科研的特点和要求。第一条讲到的培养和造就高素质的创造性人才,对高校的科研来说是明确了首先要为培养人才服务的方向。事实上只有在高水平的科学研究中,在对科学前沿的探索中,才能培养和造就高素质的创造性人才。因此,必须用一流的科研,培育一流的人才。第二、三条讲的是对基础研究和应用研究的质量和水平的要求。一流大学的科研应瞄准国际前沿,认识未知世界,探求客观真理,为解决人类面临的重大课题提供科学依据,通过创新达到国际先进水平;同时必须将知识创新和技术创新成果实实在在地转化为现实生产力,以增强国家的竞争实力。这也就是说一流大学的科研既要能"顶天"又应能"立地"。第四条是要求我们通过科研,用自己的先进成果走向世界,参与国际竞争,在国际上占有一席之地。只有这样才能成为与世界先进文明成果交流借鉴的桥梁。总的来说,我们的科研必须根据国家现代化建设的需要,出一流的成果、出大师级的人物,这样才能符合建设世界一流大学的要求。对此,我校每一位成员,特别是奋斗在科研第一线的教师和领导都负有神圣的使命和不可推诿的责任。我们必须以高度的使命感和责任感,抓住机遇,奋发图强,发展世界一流水平的科研,早日建成世界一流大学。

我校第十次党代会制定了两步走的战略设想,即从现在起到2005年,主要是为创建世界一流大学奠定基础;从2006年到2015年左右,争取进入世界一流大学的行列。根据这个设想,科研方面当前最重要的是要做好规划,搭好框架,建立创新机制,提高创新能力,为今后的快速发展打好基础。为此,我们要:

1. "择优扶重",有重点、有计划地抓好基地建设。这是一项有深远意义的"工程"。我们希望通过基地的建设,积极参与"国家创新体系"计划和"高校高新技术产业化工程",并通过不懈的努力和长时间的积累,能在若干重点领域持续地涌现冲击国际先进水平的人才和成果,为增强我国的综合实力做出应有贡献。

我校现有的基地大体有三类。一类是文理科基础学科的基地。对于这类基地,要根据学术带头人的优势和特色以及所承担的国家任务的状况,从国家重点学科、国家人才培养基地、国家重点实验室和开放实验室等中,精选一批能在国内外竞争中产生重要影响的单位,给予长期稳定和充分的支持,使他们在较为宽松的环境下,通过不懈的奋斗,取得突破,产生一批原始性的创新成果;

第二类是具有应用背景的新兴领域,包括以应用文科和高新技术为背景的基地。它们相对较弱,必须着力加强。特别是要围绕国家目标和社会发展的急需,着力加强经济、法律等学科和信息、计算机网络、生物、环境等高新技术领域的人才和研究基地建设。对创新性强、特色鲜明、有重大发展前景的课题和领域,必须加大支持力度,力争能为国家社会经济发展做出突出的贡献;

以上两类基地的发展主要要靠国家和学校的稳定支持。但当前我校的重点学科、重点实验室以及各种中心等数量不少,恐怕居全国之冠,而发展却很不平衡。如果以有限的资源平均分配,可能谁都上不去,所以不能搞平均主义。应该根据学科发展的趋势、社会发展和国家建设的需要、学术带头人和队伍的状况、过去的成就和基础以及其它资源、设施等条件,进行认真的评估、分析和梳理。在此基础上突出重点,精心规划,不求数量,但求特色,以有计划地、分期分批地进行集中、充分的支持,以使那些基础好、特色和优势明显、发展势头好的基地在经费投入、人力、房产资源配置等方面得到优先和高强度的支持;也要使那些关系到国家、社会急需,对学校发展影响重大的薄弱环节得到明显的加强。总之要通过改革和竞争,使一批体现北大特色的重点基地在不太长的时间内,在知识创新、技术创新和培养创造性人才方面取得突破,率先领先国内,并逐步发展到世界一流的水平。

第三类是“产、学、研”相结合的高新技术开发基地。这些基地要积极参与“高校高新技术产业化工程”,并要面向国内和国际市场找准方向和结合点,有选择地搞好若干高新技术孵化、开发工作,更多、更快、更好地转化知识和技术创新成果,为中关村国家高新科技示范区和其它地方科学园区的建设,为增强我国产品在国际市场上的竞争能力做出贡献,同时有力地促进我校教学、科研工作。

1. 积极发展大学与工业之间紧密的伙伴关系,通过产、学、研之间的交汇与结合,鼓励面向市场经济和社会发展的研究,能使社会和市场现实需求的刺激成为推动师生追求科技创新、市场开拓和社会发展的巨大动力,从而锻炼成长出一大批科技创新人才、企业家和有关方面的专家,使大学真正成为推动科技成果向现实生产力转化的重要力量。学校对于这类基地一定要给予应有的重视与必要的支持和扶持,同时要鼓励和帮助他们通过竞争得到地方、企业和市场的更高强度的支持。

2. 狠抓学科带头人和科研队伍的建设。党代会提出我校要积极参加教育部“高层次创造性人才工程”实施,建设一支具有世界先进水平的中青年人才队伍。通过校内选拔、校外引进和兼职借聘等多种方式,建立起800人左右的学术骨干队伍和200人左右的管理骨干队伍。其中,有50名左右能够跻身世界学术发展的前列、有希望领导本学科进入国际先进水平的重量级学者;有200名左右能够担任重点学科、重点实验室的带头人、重大课题的牵头人、名牌课程主讲人和产学研结合的负责人,成为国内著名的专家学者。

学校科研队伍建设的当务之急是不仅要吸引、稳定和培养一批具有国际先进水平的优秀学术带头人和中青年拔尖人才,而且要创造一个高水平人才辈出的制度化环境,建立有利于人才成长的政策框架和激励机制,加速形成一支具有知识创新和攻坚能力的、精干的科研队伍。为此,首先要选聘好优秀的学术带头人。选聘的对象应包括校内通过老中青的结合,在实际的教学和科研工作中培养和锻炼出来的,在实践中证明在国内外具有竞争能力的优秀学者,也包括留学海外,取得突出成就,愿意回国服务的优秀学者。两者相辅相成。二者都要根据学科的特点、学科发展的需求和基础,参照“长江学者”的条件,通过校内外和国内外的公开招聘和竞争上岗来吸引和物色,并根据“择优扶重、照顾全局”的原则,改善科研骨干队伍的工作条件。

对于受聘的优秀的学术带头人,包括“长江学者”,我们要为他们创造好的工作条件,放手支持他们自主地组建学术梯队和工作班子,建设高水平的“团队”。要大力加强教学和研究的基础设施和公共服务体系的建设,建立一个有利于研究人员工作和发展的环境。还要参考“长江学者”的做法,分类、分层次地根据承担的职务和贡献提高在第一线工作、从事重点项目的科研人员的待遇,使他们过上体面的生活,无后顾之忧,有用武之地。为此要通过人事和分配制度的改革,加大吸引和稳定的能力,建立流动、开放、竞争的机制,切实优化科研队伍,提高科研水平。

3. 要选准和抓好研究的“闪光点”和重大项目。这里是指那些对学科发展或社会进步、经济发展能产生重大影响的项目。这样的项目对于我校科研水平显然具有标志性的意义。我校科学研究虽然不断取得新的成果,但单兵作战、重复分散的“摊子”还是过多,造成力量分散,缺少有影响的重大成果。在实施我校一流科研发展战略时,我们一方面要坚持尊重知识分子脑力劳动的特点和实际,支持有丰富积累的个人研究项目,支持某一学科、某一领域的专深研究;与此同时,要狠抓我国现代化建设提出的许多重大理论问题和实际问题以及人类共同面临的诸多迫切需要解决的问题。这些问题往往需要多学科联合攻关,才有可能解决。我们必须适应社会需要和学科交叉、渗透的发展趋势,充分发挥文理综合性大学学科交叉的优势,推动对重大问题的跨学科综合研究,并要进一步解放思想,克服轻视实际、轻视实证研究、轻视应用研究成果的倾向,转变科研工作中的"小生产"观念,不断研究新情况,总结新经验,解决新问题,攀登科学高峰。以文科为例,当前国内外出现的许多重大问题,如国有企业改革问题,下岗职工再就业问题,金融危机问题,民族冲突问题,人权和主权问题,战争与和平问题,高新技术条件下的人类道德问题,马克思主义的继承、创新和发展问题等等,都是具有世界性意义的复杂课题,如果通过科学研究和实践找到解决这些难题的途径和办法,这将不仅是对社会发展和人类进步的贡献,也是学术上的重大突破。根据这样的认识,我校文科在主管校长的直接领导下,正在通过科学论证和民主决策,逐个确立今后几年人文社会科学研究的重大项目,他们叫做"开大船"。目前已经启动的"大船"有"世纪之交的中国社会变革"、"世界文明史"、"盛唐工程"等。他们希望通过集体攻关,占领学科制高点,发展新的学科生长点,出系列专著或其它形式的重大成果,同时推出我校文科新一代的学术骨干乃至学术权威。我校理科过去曾成功地通过发挥文理交叉的优势,取得了"激光排版电子出版系统"、"夏商周断代工程"等项目的重大成果。当前理科各系涌现了许多有创新性强、发展前景良好的"苗头"或成果,同样应该加强梳理和组织,选准"闪光点",建立重大项目,发挥多学科交叉结合的优势,获取有重大影响的成果。

为了做好以上各项工作,我们要加强政策引导,创造良好的科研环境。

1. 坚持基础研究、应用研究和高新技术研究和应用开发研究三个层次协调发展,"小科学"与"大科学"相结合的方针

这是我们要实现"顶天、立地"所必须坚持的方针,它也符合三个层次的科研相互关联的客观情况。基础研究是原始性创新的源泉,是培养创新性人才的摇篮,也是可持续发展的基石,我们必须瞄准国内外学术发展的前沿,进行长期稳定的支持,以取得突破性的、重大的思想、文化和科技成果。这几年来,虽然我们的科研有了很大的发展,但原始性的创新和具有自主知识产权的重大科技成果并不多。这说明我们必须继续高度重视基础研究;与此同时我们必须面向国家经济建设这个中心,围绕国家目标,把改革开放和现代化进程中的重大理论、实践和科技问题作为主攻方向,一方面积极探索有中国特色社会主义政治、经济、文化发展的规律,为党和国家的科学决策、咨询服务。另一方面,面向市场需求,努力促进科技成果的应用转化,扎扎实实地为发展生产力、造福社会做出贡献,才能使学校真正成为"科教兴国"的生力军,得到社会的承认和支持。

科研的三个层次,各自有不同的特点和对于资源的不同需求,应采用不同的指导方针,制定不同评估标准来引导,切忌"一刀切"! 对于探索未知的基础研究,要创造宽松、自由的环境。允许进行分散的"小科学"研究,长期地坚持不懈地进行探索。要力戒浮躁,狠抓不放。事实上今天的种种"大科学",大都是从"小科学"发展过来的;另一方面,对于目标明确、实用背景强的研究,我们必须组织方方面面的队伍,本着"有所为、有所不为"的原则,突出重点、抓住时机、集中力量,力求取得高的效益。

对于校内三个层次的研究,我们一定要掌握好它们之间的相对比例,主要是人员、资金和各种相关资源投入的比例,还要建立相应的激励创新的机制,形成点面结合,大小科学结合,三个层次协调发展的生机勃勃的局面,只有这样才能使我校科研得到长期持续的发展。

2. 充分发挥教学和科研结合以及教学相长的优势

这是学校科研的优势和动力之所在。学校拥有的大量青年学子是学校科研的最宝贵的智力资源,是一支强大的生力军。对于他们来说科研既是必要的学习环节,又是发挥用武之地的大舞台。对于教师来说,培育学生、指导科研既是应承担的神圣责任,又是寻求知音、教学相长、发展学科的重要条件。小平同志说得好,"我们的科学家、教师发现人才,培养人才,本身就是一种成就,就是对国家的贡献"。王选教授的博士生肖建国、阳振坤等就是在做博士论文期间解决了重大科学问题,并把他们的成果转化为社会生产力。今天他们又成为方正新一代的骨干。

我们要通过人事制度和科研体制的改革,促进教学和研究结合。今后,不上课的教授和不搞科研的教授一样,在北京大学将没有他们的地位。学科带头人,特别是"长江学者"一定要带头上学科的核心课程。我们的教授必须要从事高水平的科学研究,必须把学生带到学科的最前沿。今年我们有7位博士生获得了全国优秀博士论文奖,他们中间的绝大部分从事的都是最新的科学方向,如波分复用的研究、^{60}C的合成、扫描隧道显微镜的应用研究等。只有导师从事处于科学前沿的、高水平的研究,才有可能培养出高素质创造性人才。我们要创造条件,扩大研究生、博士后的规模。同时,想方设法改善他们的生活待遇,增强北京大学的吸

引力。

3. 贯彻"百家争鸣,百花齐放"的方针,着力建设浓厚的学术空气

学校浓厚的学术空气,教师之间和师生之间的砥砺切磋,对于知识和技术创新,具有极为重要的意义。许多创新的火花出自不同学派和不同思想、观点的交汇与撞击。因此我们必须认真贯彻"百家争鸣,百花齐放"的方针并为此创造必要的条件。要正确掌握和区分政治和学术问题的界限。政治上我们要高举邓小平理论的旗帜,立场鲜明,认真贯彻党和政府的方针政策,和中央保持一致,尤其在课堂教学中更应如此;在学术问题上则必须像小平同志一贯倡导的那样"提倡同志式的、友好的讨论,提倡摆事实、讲道理。允许批评,允许反批评",鼓励不同学术观点的交锋和讨论。在基础设施方面则要努力在改善教师研究工作的环境、教师和研究生的计算机网络等方面化本钱,下工夫。

4. 与地方、企业及其它高校建立更紧密的伙伴关系

今年我们与北京市合作成立了"首都发展研究院",给我们为首都经济和社会发展贡献力量搭起了桥梁,建立了纽带。我们要在首都的发展中找准自己的位置,积极为首都发展献计献策,并转化高科技的成果。我们还与北京航空航天大学建立了"北京大学工程研究院",同清华大学签订了全面合作协议,下半年将完成与北京医科大学的合校。这些伙伴关系,对于我们通过优势互补增强实力和取得社会和国家的更大支持,以及对于今后的长远发展都会产生深刻的影响。我们要抓住这些有利时机,加快内部体制的改革和学科方向的调整,为创建世界一流大学铺平道路。

常务副校长迟惠生在科研工作会议上的总结讲话(摘要)

(1999年5月29日)

首先我代表学校感谢各位认真与会,为我校建设一流大学如何实施出谋献策。也感谢为此次会议的筹备付出了心血的同志们。会议安排的内容还是比较丰富的,借用朱丽兰部长的话,是对世情、国情、科情有了进一步的了解。通过校领导的讲话、各典型发言以及分组讨论,对校情也有了进一步的了解。同时对如何搞好我校的科学研究或者对我校如何更快地发展提出了很多好的意见。当然,许多同志,包括我们自己,都对我们目前的状况不太满意,多有批评。对于来自各方面的意见和建议,社科处和自科处及学校领导还要认真梳理归纳。我以前说过,一流大学的建设是一项复杂的系统工程,在实施之初要有很周密的设计。上次召开的教学工作会议和此次召开的研究工作会议只是各自侧重地探讨了有关问题,其基本考虑是先从培养人以及提高学科建设水平的角度明确我们的形势和任务,从而为人事体制的改革会议做好前期准备,不然设岗无从谈起。当然这两次会的讨论是不完整的,也不可能各方面都涉及到。关于产学研以及科技产业发展的问题还要另外开会深入讨论。

下面讲几点意见:

第一是提交规划。在教学工作会议上我传达了教育部领导的指示。教育部要求我校在6月底以前上报建设一流大学的规划和可以检查的执行计划。学校希望各单位在5月底之前将规划报政策研究室,以便有一个月时间汇总协调,然后上报。我了解到各单位都认真做了这件事,像数学院和化学院、法学院等都经过了反复论证,但到5月底为止还没有一个单位报来。希望各单位抓紧时间,最迟不要超过下周末。

建设一流大学的规划应该是"211工程"规划的深化和发展。因此各单位要对"211工程"实施情况进行认真的总结。

根据教育部的指示,实施建设一流大学计划的原则是"全面规划,突出重点,抓住关键,重在落实"。根据我的理解,所谓"全面规划"就是要明确在今后不同发展阶段内发展与改革的主要目标和任务,并注意彼此的协调,这要建立在对现状客观分析的基础上。"突出重点",就是要把工作的重点放在影响全局的重要问题上,在体制和运行机制的改革上有所创新。"抓住关键",核心问题是抓一流学科的建设,而这一点最终归结为队伍的建设。所以最根本的是抓住高水平的学科带头人,形成高素质的合理梯队,提高生活待遇,创造良好的学术氛围和工作条件,建设良好的公共服务体系,形成良好的激励机制,从而使这支队伍能够"顶天立地"。所谓"重在落实"就是上了规划的事都要件件有着落,各单位各部门应权责明确,因此高素质的管理队伍建设是重要环节。教育部说要给北京大学充分自主

权,学校也必然要给各院系以充分自主权,给学术带头人充分自主权。当然,权利和责任是结合在一起的。各学科有各学科的特点,不可能整齐划一,希望大家能够在有限的资源条件下,创造出有声有色的活跃局面。

第二是抓住机遇的问题。这个问题在开始时领导同志都讲了,这里再强调一下。因为一些机遇是历史性的,也是转瞬即逝的。6月份的全国教育会议,8月份的全国技术创新会议前后会在教育、科技体制改革方面出台一些重要举措,正在进行的"十五"规划制订、"973"和"S863"立项以及"中关村"的建设等,都是需要抓住的机遇。我们的发展要和国家的发展紧密结合起来,为解决国家迫切需要解决的问题做出贡献,同时要对世界形势发展于我们的挑战做出回应。北京大学作为一所百年老校既有深厚的历史积淀,又背负着沉重的包袱;既有优良传统,又存在一些顽固的陋习。在许多方面是名不副实。会上许多同志提到我们要有危机感,要居危思危。我觉得是很对的。我们在学校工作的大部分同志感到压力很大,愿意听取大家的意见努力做好工作。盲目自满、故步自封、怨天尤人、无所作为的观点都是应当抛弃的。要焕发精神、努力进取、同心同德、有所作为。

当然,如江主席指出的那样,建设一流大学,需要一定的历史过程,需要经过社会实践的考验,既要有雄心壮志,又必须脚踏实地。我们要尊重科学和技术发展的客观规律,要有长远的规划也要有近期的设想与计划。总之,要锲而不舍。要找准自己的位置,定好发展的目标,在我国的条件下,发扬我们的长处,形成我们的特色。

第三是经费如何用法。在学科这一块还是要围绕着人来用。应该说,随着"长江学者计划"的实施,我校建设世界一流大学计划已进入实施阶段。这种计划实行的是公开招聘、竞争上岗、聘约管理办法,对其岗位责任做了明确规定,比方说,他应讲授本学科的核心课程;主持国家重大科研项目研究;领导本学科的学术梯队建设;带领本学科在其前沿领域赶超世界或保持国际先进水平。特聘教授属流动岗位,由专家评审委员会根据学科的发展和学术梯队建设需要每五年按规定程序确认,采取分段聘任方法,首次聘期三年,合同期内考核合格可续聘两年,合同期满后聘约自动解除。

当前,学校已采取措施,为"长江学者"积极配套,为他们准备实验室,下面还要根据他们的要求及学校的可能,为他们配备助手和梯队,当然也要有合适的待遇,帮助他们解决其他问题,充分发挥他们的自主权,使他们能够尽快开展工作。

在文科也应该有与"长江学者"相当的岗位。

随着学校和各单位学科建设及发展规划的明确,各种岗位的设置以及对应聘人员素质的要求就会具体化。学术梯队的组建就会落实,相应的配套经费就必须跟上。学科建设的经费围绕着学术队伍的建设而使用,这是经费使用的最基本原则。

经费使用的第二个原则是"匹配"原则。对于积极参与国际国内竞争而获得的重大项目、重要基地、所得的重要奖励以及取得的重要成果、发表的重要文章及专著都要相应匹配给以经费支持,以鼓励创新和具有实际价值的有分量的贡献。

经费使用的第三个原则是"保证重点",学校的重点一是基础设施和公共服务体系的建设(图书馆资料、计算机网络、公共仪器设备、现代化教育设施等),一是跨学科的重要研究基地的建设和重要举措的出台。各院系也要有相应的重点,不能平均分配。概括而言,是"保证重点,兼顾一般,分类匹配,绩效优先"。

为了有效而全面的使用经费,要有相应的审核机构和程序,首先要看一看211项目执行的效果,全校性的建设采取项目管理办法,实施项目负责人制度,面上的实施要先从试点单位开始,成熟一个实行一个。

对于建设一流大学计划的效果,要通过定期的评估来加以督促和检验,各单位要制定合理简明的评估标准,通过网页、年鉴、有关材料等正式发布。

校长陈佳洱在财政人事工作会议上的讲话(摘要)

(1999年6月24日)

这次工作会议是我校进一步深化内部管理体制改革,深入探讨人事和财政工作如何为教学、科研提供有效的人力和财力资源支持、实现世界一流大学的会议。希望各单位的负责同志能够认真参加会议,献计献策,并领会会议精神,会后结合本单位实际情况做好工作的部署和规划。

这里我先就我校财政工作,谈几点看法:

首先,过去的几年里,我校的财政工作是有成绩的,有力地保障了学校各项事业的顺利进行。特别是90年代以来,我校财政工作有了长足的发展,会计核算和财务管理水平不断提高,财经规章制度日趋完善。尽管国家财政拨款仍然十分紧缺,但经过多方面的努力,我校逐步形成了多渠道筹资的格局,成为解决办学经费来源的重要保障。总的说来,我校财政工作的发展,促进了我校的办学条件的明显改善,财务管理水平在部属高校中也名列前茅,为学校各项事业的顺利进行提供了基础性的保障作用。这些成绩的取得,与上级有关部门的大力支持和全校财会人员的辛勤努力是密不可分的。

近年来,国家实施"科教兴国"的伟大战略,最近又召开了第三次全教会。会上江泽民主席在报告中指出"国运兴衰,系于教育",精辟地阐述了教育对于增强国家经济实力、国防实力以及民族凝聚力所起的基础性、先导性和全局性的作用,提出要全面推进素质教育,增加民族创新能力。为此国家下大决心,提高对教育的投入,决定连续五年每年增加国家本级财政的一个百分点投入教育。与此同时,去年我校百年校庆以来,国家确定了北京大学在我国建设若干所世界一流大学的战略任务中所担负的历史重任。国家"211工程"和建设世界一流大学等专用大额经费先后到位。这就为学校的发展注入了生机和活力,给学校提供了前所未有的机遇。当然,也使学校的工作面临空前的挑战。无论是机遇还是挑战,财政工作都将在其中起到举足轻重的作用。财政工作的成效,将成为直接影响学校发展的一个重要的、基础性和关键性的因素。因此,各级单位的领导必须予以高度重视,都要认真学习国家财经法规,提高认识,统一思想,并且落实到深化财政管理体制的改革和运行机制的改革上来。这也是这次财政工作会议召开的目的所在。

其次,尽管我校的财政工作取得了相当大的成绩,但是必须清醒地看到,我们面临着相当大的困难和问题:

1. 众所周知,相当一个时期以来,一直存在着学校快速发展与办学经费、资源相对短缺、紧张的矛盾。这个矛盾看来可能还将存在相当长的一个时期。世界一流大学需要一流的人员及相应的待遇,需要先进的实验仪器设备,需要充足的教学和科研经费和相对宽松的资金环境。现实情况是,虽然国家已尽了很大的努力,但国家的财政拨款,还只是国外一流大学的几十分之一,或百分之几。我校尽管有建设世界一流大学等专款,但差距仍相当之大。这一点在短期内不可能有较大变化。不仅财政拨款有限,筹资难度也日益增大,因此学校不得不在资金紧张的条件下最大限度地追求发展和效益。办学经费和效益的问题始终将是影响我们创建世界一流大学进程的重要问题。

2. 办学经费不足和经费使用效益不高的现象同时存在。据了解,经费使用效益不高、资源浪费和流失的现象相当普遍地存在于校内一些单位;相当一部分单位对财务管理工作缺乏有力的领导,有的对如何用好、管好现有的物力和财力思考不够、投入不足,有的还缺乏全局观念。这些都使我校本来很不宽裕的财政状况,雪上加霜,增加了困难。

3. 学校财力分散,"小金库"比比皆是,这不仅影响学校的整体发展而且还会滋生出相当之多的违法现象。今后各单位领导应加强学习,树立财经法纪观念和全局意识,做好本单位的理财工作。

第三,根据以上情况,借此机会对今后财政工作的主要任务谈如下几点意见,请大家来研究:

1. 学校的财政工作必须紧紧围绕学校教学、科研两个中心来展开。财政工作之所以重要是因为它是学校生存和发展的基础。教学、科研是学校中心工作,财政工作要在遵守国家财经法规的前提下,努力为教学、科研创造条件,保证财政支持,提高服务质量。

2. 过去我校实行的是两种体制并存的管理,也即一级核算、二级管理和二级核算、二级管理并存的财务管理体制。这种体制是根据我校过去的实际经济状况搞起来的,基本上满足了当时的财政工作需要。在市场经济条件下,随着我校经济活动的复杂化和多元化,有必要通过实行新的财务管理体制来指导和规范学校的经济秩序。新财务管理体制的核心是一级核算、二级管理,目的是要达到财力相对集中、财权适当下放。主要手段之一就是实行会计人员派驻制。

3. 加大筹资力度,拓宽筹资渠道,进一步改善办学条件。在财政拨款比例相对减少、筹资难度日益加大的情况下,我们要在巩固原有多渠道筹资成果的基础上,继续探索筹资的有效途径,加大筹资力度,拓宽筹资渠道。同时,要提高现有资源的使用效益,以保障事业的顺利发展。

4. 健全财经制度,严格财政纪律,加强财务监督,杜绝违法现象。为此,在今后的工作中,我们要根据学校经济发展情况,不断地修订、完善和出台一些校内财务制度,健全各级经济责任制,使学校的各项工作有法可依,同时充分发挥审计监察的作用,使各项事业在合乎财经法规的轨道上快速发展。

5. 优化资源配置,提高经费的使用效益。提高经费的使用效益是今后一项长抓不懈的任务。要研究学校现有的资源条件,要鼓励学校不同单位之间开展协作,实行优势互补,要建立一系列分析考核指标,以此加强学校资源管理力度,防止资源流失和浪费,提高教育经费的使用效益。

6. 学校财政工作的职能部门应加强宏观管理,这样才可能真正处理好各种形式的经济活动,才可能真正对全校各个单位实施有效的管理;同时要通过研究,适当下放财权,以调动各部门当家理财的积极性,提高服务质量。

党委书记任彦申在财政人事工作会议上的讲话(摘要)

(1999年6月25日)

学校常委会授权闵维方同志对学校的改革作主报告,文申同志要对实施方案作具体的说明。在此,我先发表几点意见。

我校在创办世界一流大学的规划当中,把体制改革作为突破口。在今年年初的工作计划中已指出,1999年是北大新纪元的开元之年,是北大创建世界一流大学计划正式启动之年,也是北大体制改革之年。学校将加大力度、加快步伐地推进体制改革,务必取得显著的进展。在办学体制方面,从4月份以来,我们已经采取了一系列重要的举措。在内部管理体制方面,从6月份以来,我们开始紧锣密鼓地、一项一项地提出改革的新举措,校部机关的改革进展顺利,全校的党政机构从原来的40多个压缩到19个,部门主要首长的推荐选聘工作在4天内完成。很多学校的经验证明,如果机构改革拖好几个月,将使学校的各项工作受到严重的影响。而我们在4天之内完成主要首长的聘任,学校的各项工作没有受到影响。副职的招聘工作规范、严格,进展也很顺利。院系的重组,教学、科研组织方式的改革也提到了日程。面对这么艰巨的改革任务,就要求我们院系的领导有一个高度的共识,同时也要取得全校师生员工的理解和支持,光靠少数人做不好这项改革。

我想讲的第一个问题是如何看待我们教职工队伍的状况。总的说,北大的教职工队伍是一支素质水平比较高,敬业精神比较强,能够跟上时代的要求和步伐,为国家的现代化建设作出了重要贡献的队伍。在不同时期,都较好地完成了党和国家、社会和人民赋予北京大学的任务。如果没有这样一支队伍长期的奋斗和奉献,北大就不会有今天的地位、作用和影响。但是,面对着世界形势的迅速变化,知识经济的崛起和综合国力竞争的加剧,面对着国内改革开放和现代化事业的迅速发展,特别是经济的两个根本性转变,国有企业的改革和国家机关的大幅度调整,面对着科教兴国战略的加紧实施和一流大学计划的推进,我们的队伍还不能适应形势任务的要求。表现在:

第一,总量过大,现有人数和我们控编人数5000的目标还相距很远。我们的师生比有了改进,现在为1:11.6。不下决心进行人事制度改革就不能从根本上解决总量过大的问题。

第二,队伍结构的不合理状况相当严重。教师的比例长期偏低,只占教职工总数的1/3多一点。教师的年龄结构这几年有所改善,平均年龄现在是44岁,但教授的平均年龄居高不下,现在还是57岁,45岁以下的教授只占教授总数的15%左右,这说明,我们大多数学术骨干已过了创造力的高峰。我们的学历状况、学缘状况这些年来有了改善,但近亲繁殖的状况还相当严重。人事制度上最大的弊端,就是人员部门所有,终身制,能上不能下,能进不能出,分配上长期的“大锅饭”,工资上“低而平”的状况没有根本的改变。面对人才市场的出现,国内外人才竞争的加剧,我们处在一个非常被动的局面,优秀人才外流,精力外流的状况仍然十分严重。再加上高校人事改革滞后,如果搞得不好,大学就成为人家卸包袱的地方,成为其它单位转嫁困难的一个地方,所以再不改,会越来越被动。就像报纸上所尖锐批评的,大学不能成为终身制、铁饭碗和计划经济的最后堡垒。当然,造成这种状况的原因,是非常复杂的,多方面的,是历史造成的。既然是大学的通病,就不能说是哪一个人的过错,根本的原因是体制问题,政策问题,管理问题,一句话是个机制问题。大家知道,这些年学校的事业、规模在大发展,又是学校办社会,再加上社会保障不健全,所以后勤就必然有一支庞大的队伍才能保证整个服务保障体系的运转。全校会计有200多人,如果我们学校管理运行体制不改,院系重组不进行,财务制度不改革,会计人员就减不下来。所以随着国家改革的推进,一流大学计划的实施,改革的条件基本成熟,现在加快内部管理体制的改革是大势所趋,人心所向,早改比晚改好。因此学校决定加大力度,推进内部体制改革,最近连续推出了一系列的改革方案。这些方案希望大家在会上集思广益,不断加以完善。同时在回去以后,我们要在集中大家意见的基础上,使方案更加规范、科学和完善。此次会议的目的,就是希望大家知道这个方案,修改完善,形成共识,回去以后多做工作,减少震动和阻力。

第二个问题是人事改革的内容、重点和所要达到的目标。人事改革是内部管理体制改革的核心,兴衰成败关键在人。人事改革的内容大概包括七个方面:一是总量问题;二是结构问题;三是素质问题,教师和职工队伍必须坚持两种素质并重,知识、素质、能力要统一;四是效益问题,从根本上来说,这是一个人才资源合理配置的问题;五是机制问题,包括体制、政策、管理。六是待遇、条件问题,就是要改善教职工的待遇和工作条件;七是社会保障机制问题,包括养老、医疗和待业等一系列的保险制度的推出。人事改革的内容大致就包括这七个方面。这不是一下就能完成的,我们要逐步推出这些改革。人事改革的重点是出人才。也就是加快实施高层次创造性人才工程,搞好中青年学术、管理骨干的建设。人事改革的难点是减员增效、队伍分流。

这次人事改革我们要达到什么目标?我想在三个方面。第一,初步建立起一个良性的机制,促进人才资源的开发利用和合理配置,有利于优秀人才脱颖而出。第二,使队伍的总量得到精简,结构得到优化,素质有所提高,效益有所增强。第三,提高待遇,在减员增效的基础上,使在岗的教职工待遇得到不同的改善。其中优秀人才的工资或津贴,将有大幅度的提高。

这次改革的力度是相当大的,是空前的一次改革。投入的力度也是空前的。优秀人才和关键岗位的津贴会有几倍的增长。国家在如此困难的情况下,下这么大的决心,大幅度地提高我们的工资待遇,这说明国家对北大寄予厚望。所以我们只能搞好,而不能搞坏。要通过这次改革,出人才、出成果、出效益。这次的人事改革,是人事改革的第一步,要做三方面基础性的工作。第一是编制管理,既要宏观调控,又要层层建立起自我约束的机制,就是要树立一种全员成本核算的意识,看到编制的经济属性。第二是用人制度的改革。总的指导原则是按需设岗,公开招聘,公平竞争,择优聘任,严格考核,合约管理。基本做法就是"三定一聘"。在定编的基础上定岗、定职责,实行全员聘任合同制。我们要从观念上、制度上、政策上,扭转那种重评审、轻聘任,重身份管理,轻岗位管理的状况,改变能进不能出、能上不能下的状况。在用人制度上,一定要开拓思路,打破过去的用人观念,要采取灵活多样的用人机制,专职兼职相结合,固定流动相结合,一手抓稳定骨干的工作,另一手要注意抓顶岗兼职的工作,即不在编,但是可以顶岗。从而可以充分利用国内外高水平的专家学者。我们入编和定岗的原则不能是"养兵千日,用兵一时",偶然需要这个岗位,就设这个岗位,不能是"三天打鱼两天晒网",必须是全天候的岗位,一定是满负荷工作法。这次人事改革,对各单位优化调整队伍结构来说是一个难得的历史机遇,各单位一定要争取主动。在新的定编的过程中,不能简单地采取鞭打快牛的政策,不能让先行改革的单位吃了亏。在任职条件、聘任、考核、奖惩、出入、升降的过程和环节中,一定要坚持两种素质并重、水平效益并重,遵守教师的职业道德规范,增强职业的责任感。教书育人、为人师表。一定要防止"只讲业务标准,不讲师德标准"的倾向。在考核体系中,一定要突出师德和实绩这两条,实行"师德一票否决制"。第三个基础性的工作是分配改革。分配是最重要的利益导向,要下决心打破平均主义的大锅饭,打破那种工资待遇只与职称挂钩,而与职务、岗位、责任、贡献脱钩的状况。分配的原则是以岗定薪,岗变薪变,多劳多得,优劳优酬,效率优先,兼顾公平,存量基本不动,增量拉开差距,这就是我们的原则。这既是针对国内外人才竞争所采取的必要措施,也体现了社会主义按劳取酬和马克思主义关于简单劳动与复杂劳动的理论。关键岗位的设置要服从和服务于创建世界一流大学的目标,宁可虚位以待,也不要把位置都占满了,以后优秀人才进来没有岗位了。在分配改革政策的实施过程中要注意以下三个方面,一是对年轻的、发展势头很好、潜力很大的同志要加强激励;二是对年老的、过去贡献很多、名望也很高的教师,我们要有一点历史感,要给予必要的关照,让他们能够体面地安度晚年;三是坚持学术骨干和管理骨干并重,要激励和促进产生一些社会主义的教育管理专家,专业化的、精明强干的管理和德育方面的专家。

第三个问题是加强思想引导,做好队伍分流。人的积极性不只是靠发钱、物质刺激就能调动起来,必须发挥思想教育的作用,增强教师的责任感、上进心和职业道德水准。这次改革力度很大,前所未有,这种重大的利益格局调整会触动每一个人。处理不好,就会发生一些影响团结和稳定的事件。首先决心要大,力度速度都不能减,工作一定要做细,做认真。我们的干部不应只考虑岗位如何设,要认真学习和理解改革的精神和方案,要认真研究如何去做人的思想工作,疏导工作,做个别人的工作。特别是党员和党的干部一定要做好改革的思想先行工作,提供精神支持和思想保证。工会、教代会和民主党派都要发挥作用,加强民主监督,使改革依法进行,同时也要维护教职工的正当权益,关心实际困难,反映意见要求。再一个就是人往哪里去的问题,必须分流,没有别的办法。不能把分流看成一个坏字眼,流动就是分流,我觉得分流有几种情况,一种是转制剥离,就是编制序列改变了,但你照样在岗上,没有下岗。例如后勤、产业,一些经营单位,要从教育基本规模中剥离出去,这并不影响工作人员的岗位,并不影响他们的工作和收入,不过观念要转一转。第二是富余人员,对这些人要开辟新的就业岗位,一个是社会服务要加强,一个是通过新机制办学,争取北大办一所第二大学,这就需要新的师资,新的管理人员。另外还有一个加强社区服务的问题,校办后勤人员要逐步弱化,社区服务应逐步加强。我们的后勤服务和三产不应只是利用学校的资源为社会服务,而应该是利用外面的资源来为学校服务,社区服务一定要大大地发展起来。因为将来的社会保障体系许多是通过社区服务来完成的,这是现代社会一个很重要的内容。如果后勤不逐步地转入社区服务,庞大的后勤就永远解决不了。校内的其它用人单位要尽可能吸纳校内的分流人员,学校要制定一些有利于它们吸纳校内分流人员的政策和机制。同时鼓励一些人向社会流动。北大正处在一个大发展的时期,真正完全下岗的人不会很多。第三是不合格不胜任的人员,是会有的。这些同志也应有一个重新认识自己的过程,也是一个重新塑造自己的机会,让社会重新接纳。北大的下岗问题,不会构成一个严重的校内问题,也不会构成一个社会问题。上岗的人要淡化身份,下岗的人也要淡化身份。

北大目前正面临着一个前所未有的发展机遇,我们将坚定不移地以改革开放来促进发展,全校的干部师生都要抓住机遇、解放思想、深化改革、促进发展、保持稳定,使北大能够在向世界一流大学的前进中迈出重要的一步。

常务副校长闵维方在财政人事工作会议上的讲话(摘要)

(1999年6月24～27日)

在刚刚结束的第三次全国教育工作会议上,江泽民总书记指出,"国运兴衰,系于教育"。也就是说我们中华民族能不能走向新的伟大复兴,能不能屹立于世界先进民族之林,关键在于教育。党中央、国务院决定实施科教兴国战略,制定了《面向21世纪教育振兴行动计划》。这一计划中最重要的部署之一就是要创建世界一流大学。党中央、国务院和全国人民把创建世界一流大学的重任首先交给了北大、清华,北大人必须把这一神圣使命切实担当起来。

关于创建世界一流大学的问题,我们全校上下已经议论了很多,各院系都在制定各自的发展规划。我们的一流大学计划不应是海市蜃楼。一流大学计划必须建立在坚实的现实基础上,必须有强大的物质保障和可靠的财政支持。这次会议正是为了制定具有坚实的基础财政工作框架,以保证我们的世界一流大学计划的顺利实施。

这也是多年来我校第一次召开由各单位党政一把手参加的讨论财政工作大政方针的重要会议。我们这次会议的主题是:贯彻第三次全国教育工作会议和我校第十次党代会的精神,统一思想认识,深化财务改革,规范财经行为,严格财务管理,优化资源配置,增强办学实力,提高办学效益,确立与创建世界一流大学相适应的财政工作体制。

本次会议主要解决这样几个问题:

一、报告学校的财务状况,并将之与国内其它同类大学的财务状况作一比较。

二、通报学校党委常委会和校长办公会所通过的《1999年度学校综合预算和一流大学工程的经费预算》。今后每年都要向全校通报学校的收入预算和支出预算,进一步明确一级核算,两级管理,财力集中,财权下放的财政体制。

三、确立"量入为出、收支平衡"的预算原则和经费支出的成本效益原则。

四、要根据学校第十次党代会的精神,根据学校党委常委会和办公会的决议,逐步地实行会计派驻制,健全财务规章制度,规范学校财务活动。

五、确立多渠道筹措办学资金的新格局。

五年来我校财务工作回顾

一、多渠道筹措教育经费成绩显著,学校各项收入稳步增长,整体办学实力逐步提高,促进了学校各项事业的发展

五年来,随着国家经济体制和教育体制的改革,学校作为独立的法人办学实体,各项事业迅速发展,经费要求的压力日益加大。学校各级领导始终把开拓财源,多渠道筹措办学经费作为一项重要的工作任务。一方面积极争取国家的投入,另一方面调动各方面的积极性,努力开辟财源,通过大力加强科技开发、发展科技产业、开展社会服务、多种形式办学、争取科研经费、设立教育基金、争取海内外捐赠、进行资金运作等多种途径,使学校的各项收入逐年增加,学校综合实力明显增强。1994年至1998年,学校各项经费(含基建拨款)总收入29.09亿元,其中:国拨经费10.66亿元(含基建拨款3.8亿元),占总收入的36.64%;学校自筹经费收入18.43亿元,占总收入的63.36%。五年来,校办

产业上缴收入1.53亿元,科研经费收入5.2亿元,捐赠收入3.34亿元,自费留学生学费收入0.7亿元,成人教育收入0.24亿元,学校融资收入1.21亿元。1998年学校各项总收入达7亿元,比1994年的2.93亿元增加了4.07亿元。1994年至1998年学校各项支出24.5亿元,从1994年的2.6亿增加到1998年的7亿元。收入和支出的增长,办学实力的提高,为学校的改革和发展提供了强有力的财力保证。五年来,我校共为国家输送了本专科学生10791人,研究生6084人,成人教育学生10875人,留学生1722人。1998年末共有在校学生26448人,比1994年的21510人增加4938人,增长了22.96%。完成科研项目1823项,获奖项目377项,其中国家级奖48项,部委级奖251项,省级奖78项,这些获奖项目对国家的经济发展和基础研究领域都具有重要影响。固定资产总量逐年增加,从1994年的6.55亿元增加到1998年的12亿元,教学科研用房和生活用房大幅度增加,实验设备和实验条件大为改善。

二、基础设施建设迅速发展

我校作为一个百年老校,基础设施落后,设备老化,教学用房和教职工生活住房、学生宿舍紧张的问题严重制约着学校的发展。为了尽快改变这种状况,学校在办学经费十分紧张的情况下,加大了对基础设施建设的投入。五年来,共投入基建经费7.9亿元,其中国家基建经费拨款3.8亿元,校级财力支付自筹基建经费0.8亿元,海内外捐赠用于基建经费3.3亿元。

另外还有已由学校垫付但未落实资金来源的基建经费1.2亿元。五年共完成竣工面积14.5万平方米。新图书馆、管理学院大楼、热电联运工程、理科楼群工程、百年纪念讲堂工程、人才楼、燕北园、西三旗、兰旗营等工程的建设对改善办学条件、生活条件以及今后学校的发展都将起到重要的作用。

三、加大对学校教学经费和重点建设项目的投入,为创建世界一流大学提供硬件条件

几年来学校在保证教学、科研、后勤工作正常运转的前提下,加大了对重点项目的投入。其中,拨出290万元用于校园网的建设;从1996年开始每年拿出120万元用于本科生、研究生课程建设;逐年增加对图书经费的投入,五年共拨图书购置费2705万元;为吸引国内外优秀人才和鼓励发表具有世界一流水平的优秀学术论文,从1996年起学校共拿出1050万元专门设立校长基金,作为科研启动金和SCI论文补贴;1994年起为配合教学改革,发放基础课津贴390万元,以鼓励教师重视基础课教学,提高教学水平;采取多种形式加大对学生事务的投入,五年来用于学生奖、贷、助、困、勤、学费减免等方面的经费共8230万元;

四、产、学、研共同发展,校办产业已成为学校办学经费的重要来源

几年来,学校高度重视科技成果的转化和校办产业的发展,目前已经形成了具有北大特色的、以学校的基础研究、应用研究为源头的产学研相结合的高科技产业格局。校办产业从小到大、从单一到集团化的发展,形成了以电子、信息、化学、制药、物业和化工为骨干的几个规模效益型支柱企业,并成为学校办学经费的重要来源之一。校办产业五年共上交学校收入1.53亿元,其中:方正集团1.1亿元;资源集团2200万元;未名集团900万元;北佳公司537万元;青鸟集团330万元;大友公司54万元。

五、强化预算管理,坚持收支平衡、以收定支的预算管理原则

随着学校教学科研各项事业的快速发展,事业发展与经费短缺的矛盾日益尖锐。在这种情况下,学校每年安排综合预算时,始终坚持量入为出、以收定支、保证重点、着眼长远、照顾全局、收支平衡的预算管理原则,在首先考虑必保的人员经费和维持教学科研和后勤保障系统正常运转的前提下,合理安排建设和发展性支出,较好地完成了各项任务。1994年至1998年国家拨入教育事业费4.76亿元(不含专项拨款),而我校人员经费支出就达5.59亿元,占拨款数的117.29%。

五年中水电费支出6202万元,从1994年的745万元上升到1998年的2086万元,年平均递增36.02%。近两年每年递增500万元,如此高的递增幅度,给学校财政造成了巨大的压力。为此我们提出了水电费改革的管理办法,供大会讨论。

几年来学校在财政经费十分困难的情况下,采取了各种增收节支措施维持学校教学科研正常运转,并在困难的情况下,逐年增加对各系教学经费的投入,从1994年的2426万元递增到1998年的4039万元,五年共投入13875万元。

经过校、系两级的共同努力,校系两级财政始终处于良性循环的轨道,系级财力逐年增加,各系办学经费自主权不断扩大,到1998年底系级经费指标结余已经达到3.1亿元,充分体现了学校对各院(系、所、中心)采取的"加大投入、重点支持、结余留用、超支不补"的经费分配原则。

六、教职工收入逐年增加,福利待遇有所改善

五年来,学校在经费不足、事业发展需求加大的情况下,十分重视改善教职工的生活福利待遇,除保证国家工资正常晋升和提高标准及时到位外,在财力可能的情况下,学校逐年增加教职工的收入,通过发放校内津贴、岗位补贴等多种方式,使个人年人均收入从1994年的8409元增加到1998年的12001元,增长了42.72%;院(系、所、中心)创收能力增强,由系级财力支付的个人年人均收入从1994年的1493元增加到

1998年的5565元,增长了2.7倍。全校人均总收入达17566元。

学校还非常重视离退休人员的生活福利待遇,在国家离退休拨款严重不足的情况下,每年都要拿出一部分自筹经费用于离退休人员经费支出。1998年教育部拨入离退休专款只有1501万元,而离退休人员实际支出2802万元,拨款额仅占当年支出的53.57%。从1994年到1998年国家拨入的离退休经费只有5641万元,五年实际发生的离退休经费支出达8873万元,超过拨款3232万元,离退休人员年人均支出从1994年的6484元递增到1998年的10860元。

五年来,学校在现行的公费医疗制度下,保证了教职工和学生的看病就医。1994年至1998年我校公费医疗支出4414万元,其中由北京市公费医疗拨款3272万元,学校用自筹经费补贴公费医疗超支款1142万元,学校自筹经费支出占公费医疗支出的25.87%。1994年至1998年学校用于兴建教职工住宅的经费共计17215万元,其中国家基建经费拨款6248万元,学校自筹10967万元,共完成教职工住宅1523套,建筑面积达108072平方米,大大缓解了教职工住房紧张的状况。

七、加强制度建设,深化财务管理改革,财务管理水平有所提高

五年来,为使我校的财务管理和会计核算工作纳入制度化、规范化、科学化的轨道,学校重点加强了制度建设。针对1993年国家教委所属院校中有个别学校财经管理出现严重问题,校级财力严重滑坡,甚至难以支付当月职工工资的状况,1994年原国家教委向全国高校发出了严格财经管理的64号文件。我校根据该文件精神,于1995年制定了《关于加强校内财务管理的决定》等一系列财务管理制度和校内分配办法。这些制度的制定,对加强学校管理,规范经济活动行为,保证学校各项事业的发展起到了积极的作用,也使我校的各项经济指标始终处于良性循环的轨道。我校的综合实力、运行绩效和发展潜力等财务管理指标在教育部所属的44所高等学校中始终处于前列,连续几年被教育部评为财务管理先进单位。

目前财政工作中存在的困难和问题

一、事业发展需要和经费短缺的矛盾仍然制约着学校各项事业的发展

学校各项事业的迅速发展和经费相对不足,使学校面临严重的财政制约,学校每年只能按照先人员经费后运转经费的顺序安排当年的预算支出。公用经费支出中,首先要保证水电暖等刚性支出,然后才能考虑建设和发展支出。由于基本建设规模的扩大,学校在最近几年必须依靠自筹解决基建经费的巨大缺口。北大作为百年老校,历史悠久,多数古建筑年久失修,线路老化,火灾隐患严重,加上学生招生规模扩大,原有的设施不能适应教学科研的需要,如果不能在近几年内尽快改变这种局面,北大就有可能落后。为此,从1997年开始,学校加大了自筹基建投资的力度。热电联运二期工程、新图书馆、百年纪念讲堂、理科楼群、西三旗教职工住宅等基建项目相继开工。这些项目有的已经完工,有的正在建设中,长期制约学校发展的基础设施陈旧落后的状况正在逐步缓解。但由于国家基建拨款不足,这些项目加剧了学校的经费供求矛盾,基本建设经费的缺口达3亿元人民币。

二、财力分散,个别单位私开银行账户,公款私存,严重违反财经纪律的情况仍然存在

几年来,学校虽然三令五申,强调财经纪律,坚持财力集中,财权下放的财务管理体制,但仍然有个别单位置学校利益于不顾,把本应上交学校集中管理和核算的资金私自截留,未经批准单独在银行开立账户。从今年国家审计署检查出的情况看,有的单位不按规定将有关收入上交学校财务处;有的单位将近百万元的资金游离于学校财务核算之外,作为小金库,私存私分;有的单位未经批准擅自对外投资,截止审计进校时仍有近百万元的本金无法收回,给学校财产造成损失。

三、会计由单位管理带来的弊端

多年来我校一直实行会计由所在单位管理的体制,这样的管理方式不利于学校财力的宏观调控和资源的有效配置,存在诸多弊端。例如,有的单位和个人将科研经费存放于其他单位或公司,套取现金,逃避学校的核算与监督;有的单位私开银行账户,获取高额利息,并将高额利息截留私分,严重违反了国家有关金融管理规定。一些单位的财务管理和会计核算弱化,会计信息严重不实,虚增收入和支出等等。由于财务管理体制上的缺陷,使得有些会计人员不顾学校的利益;人员配置不尽合理,有些单位资金量大,会计业务繁忙,有些小单位资金量很小也同样设一会计岗位,既不符合《会计工作基础规范》的要求,又浪费了宝贵的人力资源。

要从根本上解决以上几个方面的问题,只有在全校范围实行会计人员派驻制,建立健全财务规章制度,加强会计队伍的建设与管理,才能实现财务管理的规范化、制度化。

四、校办产业产权关系不清晰,事企界限模糊

我校现有各类校办或系办、后勤办企业近50个,这些企业的存在和发展,对补充教育经费的不足发挥了重要的作用,特别是五大支柱企业,不仅对学校的改革和发展作出了重要贡献,而且对高校科技成果转化为生产力具有重要的示范作用。但是有一些企业还存在着成本核算不真实、不完整的情况,表现在有的企业占用学校的条件费用和人员费用不能及时、足额返还

学校;按照国家税务总局国税函[1996]138号的规定"国家给予校办企业免税的部分,应该用于学校补助教育经费的不足"。原国家教委教财[1994]64号通知中也提出"国家对校办产业优惠减免的税金,体现了国家政策对教育事业的支持,学校应有支配权",但实际上这种税收优惠大都留给了企业。如此等等,说明学校还应对校办产业进行产权界定,明晰产权关系,按照现代企业制度管理企业,建立起有利于产学研一体化发展的新体制。

五、财务规章制度和校内分配办法落后,制约了事业的发展。

随着改革的深入和社会主义市场经济的发展,在过去长期计划经济条件下形成的学校各类财务规章制度和分配办法相对滞后于当前的改革进程和事业的发展需要,所谓"合理不合法"的情况时有发生,因此不利于建立有效的激励机制和各项改革的深入。如何建立新的政策框架,利用经济杠杆合理解决校内各类深层次的矛盾,是我们需要认真研究的问题。为此,我们重新修订了若干分配办法和管理规定提交大会讨论。

财政工作改革的总体思路

我校财政工作改革的总体思路是:贯彻第三次教育工作会议和我校第十次党代会的精神,统一思想认识,深化财务改革,规范财经行为,严格财务管理,优化资源配置,增强办学实力,提高办学效益,建立和健全新的财政管理体制,实行财力集中、财权下放、一级核算、两级管理;逐步推行会计人员派驻制;坚持"量入为出、收支平衡"的预算管理原则。今后财务工作应遵循:"严格、透明、公平、效益、服务"的十字指导方针。"严格"是指财务工作要依法进行,严格执行国家的各项财务规章制度,要维护预算的严肃性。"透明"是指财务工作应避免非制度化的行为,完全透明化,财务信息公开。"公平"是指在资金的配置和利益的分配上要公平合理,兼顾各方面的利益。"效益"是指加强成本效益意识,对全校的财务活动进行全口径成本分析,提高办学效益。"服务"指财务人员应树立服务观念,为学校教学科研工作服务,支持学校各项事业的发展。

为实现财政工作改革的总体目标,学校的财务工作必须实现四个转变。

第一,学校经费要由过去被动的"等"、"靠"、"要"转为多渠道筹集资金。办学经费不足是制约学校发展的主要矛盾,事业经费和基建经费缺口怎么弥补?单纯依靠国家增加拨款不行,要广开渠道,多方筹措办学经费,充分利用学校的科技、人才优势,在保证正常的教学科研工作的前提下积极开展各种社会服务,争取海内外捐赠和社会资助,形成以国家拨款为主,多渠道筹措办学经费的新格局。

第二,学校财务工作要从核算型向管理型转变。学校的财务工作必须做好记账、报账等会计核算基础工作,同时具有计划、监督、管理、分析和调控等管理职能。利用经济杠杆调整各方面的经济利益关系,加强财务监督,建立健全财务规章制度,规范学校的经济行为,为学校的决策当好参谋。

第三,经费投入要向讲求效益转变。随着学校多渠道筹措资金工作的初见成效,自筹资金的比例逐渐提高,资金的科学投入与使用效益问题就摆在我们面前。好钢要用在刀刃上,教育经费也要讲求投入和产出的效益。特别是在经费短缺的情况下,提高资金的使用效益将成为财务工作的主要任务之一。

最后,国有资产从无偿占用向有偿使用转变。在市场经济条件下,学校要增强管理意识,明晰产权关系,严格评估固定资产、无形资产的价值。对教学、科研、行政使用的固定资产,应根据所承担的任务进行配置,超额占用部分实行有偿使用;经营型经济实体占用学校的固定资产,应按规定办理资产转移手续。

为了贯彻财政工作改革的总体思路所采取的具体措施是:

一、切实建立一级核算、两级管理的财务管理体制,加强学校的宏观调控能力,提高资金的使用效率。特别要强调财政工作的方针、政策、规章制度、资源调配、大额资金的调动、以及年度预算编制的统一管理。财力集中就是要使学校内部各单位的财力(不包括独立核算的企业),不论来源如何,都要经过学校统一核算,这是财政部、教育部和国家审计署的要求,否则就是违反纪律的行为。

二、逐步推行会计派驻制。

第十次党代会确定了实行会计人员派驻制的方针,这是我校财务管理体制改革的一项重要步骤,也是新的财政管理体制的重要内容。实行会计人员派驻制是为了更好地坚持一级核算、两级管理体制,集中财力、合理配置资源、提高资金使用效率,解决财力分散、财经纪律松弛的问题,使财务管理规范化、制度化,做到宏观搞好、微观搞活。

目前,我校共有会计人员263人。其中:各院(系、所、中心)会计69人(其中,在编在岗的人员42人,不在编在岗的人员27人),校机关会计25人,财务处42人(含教育基金会3人),其他后勤、校办产业等单位127人,会计队伍庞大。实行会计人员派驻制以后,全校院(系、所、中心)共需派驻会计49人,仅占原有会计人数的三分之二,占全校会计总数的比例由26%下降到21%,工作效率将有明显提高;机关体制改革以后,机关各部不再单独设立会计岗位,会计人员划归学校,机关各部原有的经费由财务部统一核算。实行会计派驻制后,会计人员由学校会计事务管理委员会统一管理,其人员编制、工资待遇、职称聘任、业绩考核、岗位培训等不再由各单位负责。

实行会计人员派驻制对会计人员提出了更高的工作要求,会计人员在对经济活动进行管理和监督的同时还要树立为教学、科研服务的思想。要大力加强会计队伍建设,通过各种形式的交流、学习和培训提高现有会计人员职业道德水平、政策法规水平和业务工作能力,形成一支知识结构合理、业务水平高、爱岗敬业的高素质的会计队伍,以适应我校创建世界一流大学的要求。

三、坚持财力集中、财权下放的原则。

坚持统一领导、分级管理、财力集中,财权下放的原则,是学校增强宏观调控能力、提高资金使用效益的内在需要。"统一领导"体现在财经方针政策和规章制度、资源调配、财会业务、大额资金的使用以及年度预算的编制等应由学校归口管理;"分级管理"是指在学校统一领导的基础上,根据财权划分,事权与财权相结合的原则,由学校和校内各单位分级管理;"财力集中"指校内各单位(不包括独立核算单位)的各种经费,不论其来源如何,都必须经过学校集中核算,未经批准不得在银行单独开户,形成"资金体外循环"。在这个问题上,有些同志缺乏正确认识,认为本单位争取的经费与学校无关,不知道他们争取到的经费与北京大学这块牌子的无形资产和学校的整体实力有着密不可分的关系。至今还有个别单位的领导并没有认识到他们私自截留办学收入和捐赠收入,私开账户、私分利息等是违反财经纪律的,有些行为甚至是违法的。从审计署检查的结果看,我校确实存在这样的问题,并已造成严重后果,应引起各单位的高度重视和警惕。"财权下放"是指财力集中的前提下,校内各单位的主管领导对本单位的经费具有完全的支配权和使用权。二级单位可以根据其所承担的事业任务和财力可能,按照收入和事业进度,统筹安排、合理使用学校预算分配的资金,拥有充分的自主权。各单位也可根据本单位实际情况和管理需要,制定具体的财务管理规定。

四、健全学校财务规章制度,规范经济活动行为。

健全学校财务规章制度是规范经济活动、建立良好经济秩序,使财经工作有效支持学校改革和发展的重要保障。从学校目前情况看,校内经济活动日趋多样化、复杂化,财务管理部门必须认真对国家相继出台的有关税收、物价、财务、金融等方面的政策法规进行学习和研究,修订校内各种相应的内部管理制度,如学生收费管理、大额资金的审批、票据使用规定等。校内各单位必须严格执行国家各种财务管理规定,做知法、懂法、守法的模范。

五、建立多渠道筹措办学经费的新格局。

改革开放初期,我们的经费百分之百由国家划拨,今后学校办学经费的格局是:财、研、费、产、社、基六大渠道。"财"就是国家拨款;"研"就是要争取科研经费;"费"就是学费;"产"就是校办的产业对学校的回报;"社"就是社会捐赠;"基"就是基金的运作。

六、建立健全会计信息网络系统,为教学科研提供一流的服务。

加强财务管理、健全规章制度、实行会计人员派驻制的目的就是把实现创建世界一流大学的总体目标,更好地为教学科研服务的工作落到实处,学校财务工作应充分利用现代化的管理手段,建立健全会计信息网络系统,做到信息真实准确。会计派驻制实施后,财务人员可以利用会计信息网络在院(系、所、中心)直接进行账务处理,教学科研人员可以在网络上查询与自己有关的经费使用情况,进行财务指标分析以及经费使用效益评价。同时,利用网络达到财务会计信息资源共享,以利于教学、科研和行政管理人员提高工作效率。当前,我校财经工作面临前所未有的机遇和挑战,我们要以强烈的事业心和责任感,努力工作,要有紧迫感,为把我校早日建设成世界一流大学做出贡献。

我们的目标是建设世界一流大学,学校的全部工作都是围绕建设世界一流大学的部署来展开的。建设世界一流大学的关键就是建设一流的队伍,这是全世界高教界的共识。首先是一流的教学科研队伍,也包括一流的管理队伍。所以这次人事工作会议,基本的目标是确立与建设世界一流大学相适应的人事工作的政策框架和队伍发展的目标规划。

具体来说,这次会议要解决四个问题:

一是工资改革的问题。

二是建设世界一流大学关键岗位的设置问题。

三是全员聘任制的问题。

四是分流人员的安排问题。

在讲到我们未来人事政策的框架时,首先要分析一下我们目前队伍的状况。从数量上来看,学校截止到6月23日为止,全校的职工总数是6389人,离退休人员2983人,全校在册人员的总数是9822人,这不含170多名博士后。在我们6839名在职人员中,教学科研人员2324人,占教职工总数的34%,约三分之一强;各类教学辅助人员1544人,占教职工总数的22.6%;各单位党政编制的管理人员844人,占12.3%;校本部的各类工勤人员1568人,占22.9%;中小学、医院等各类附属机构159人,占教职工总数的8.2%。从总量上来看,存在着结构性的问题。相对来说,工勤队伍、党政管理队伍比较庞大,调整起来也比较困难,需要一定的时间,需要一定的过渡期,这是我们教职工队伍建设中所面临的一个很大的问题,一个很大的挑战。

我们的教学科研队伍有2324人，其中专任教师2151人，科研编制的教师173人。整体结构的分布是这样的，教授779人，占教学科研总人数的33.5%；副教授779人，占教学科研总人数的33.5%；讲师585人，占教学科研总数的25.2%；助教181人，占教学科研人员总数的7.8%。从学历结构来看，教学科研人员中，具有博士学位的710人，占31%，而在世界一流大学中是99.9%；教学科研人员中，有硕士学位的765人，占33%；本科学历的850人，占36%。从年龄结构上看，教师的平均年龄44岁，教授的平均年龄57岁，副教授平均年龄43岁，讲师平均年龄34岁，助教是27岁。在2324名教师中，45岁以下的教师1316名，占教师总数的56.6%，现有的779名正教授中，60岁以上的440人，占教授总数的56.5%。上述统计数字反映出以下几个问题：一是职称结构中高级职称人员的比例与国家要求相比偏高，另一方面，助教在整体结构中比例也是偏高。今后助教要逐渐过渡到由博士生来兼任。二是骨干教师的老化比较严重，大量的博士导师都是60岁以上的。新老交替是我们面临的十分迫切的问题。三是虽然我们教师的学历结构有了较大的改变，具有博士学位的教员在全国高校中比例是最高的，但离一流大学的水准相距还是很大的。

从质量上来看，我们也应该有一个冷静而客观的评价。首先，在国内1000多所大学中，我们的教师质量是好的，从世界著名大学回到国内工作的博士，北大是最多的。在全国第一批评出的73名长江学者中，北大占了9个，在全国高校中也是最多的。但是我们的目标是建设世界一流大学，所以我们不能用国内的标准来衡量。我们的参照系是世界一流大学，从这个角度来看，我们的教师队伍的差距还是相当大的，我们后续队伍中的拔尖人才还是不够的。

总之，从数量和质量两个方面来看，我们今后还必须进一步加大队伍建设的力度，一流大学首先必须有一流的学者。而且必须注意教学和科研并重，学术队伍和管理队伍建设的并重。这就需要我们建立一种导向性的激励机制，使有才干、有能力、有水平的人也乐于上管理岗位。

下面我讲一讲如何确立与建设世界一流大学相适应的人事制度和队伍发展的目标。建设一流大学关键在队伍，首先是学术队伍。要建立起吸引世界一流人才的强有力的机制。一流的教授不是光靠本校自己培养出来的，而是从世界各地吸引来的。北京大学要形成有利于优秀人才脱颖而出的制度环境。因此，我们考虑建立这样的框架：第一，从数量上，要定编设岗，控制总量，着眼长远，照顾全局。第二，从质量上，我们的政策是择优扶重，奖勤罚懒，精简冗员，提高素质。我们的现状是没有体现择优扶重，奖勤罚懒的宗旨。第三，从机制上，要鼓励竞争，促进流动，能上能下，能进能出。这是我们的基本人事政策。第四，从结构上，要提高品位，提高层次，要注意优化结构，包括年龄结构，学历结构，科类结构，层次结构等等。要有海纳百川，有容乃大的胸怀。这四项内容是我们在这次人事会上要认真讨论和解决的。

两个会议都开得非常成功！这是与参加会议的同志们的共同努力分不开的，也是与各院系领导对这次会议的高度重视分不开的。大家对学校总体改革思路的认同度也比较高，对学校改革的总体方向也给予了大力的支持，从而体现出大家对我校改革与发展的高度责任心、使命感以及强烈的改革进取的精神。同时，大家还开动脑筋、集思广益，为学校的改革与发展提出了许多宝贵的、具有建设性的意见和建议。在此，我代表学校向大家表示衷心的感谢！也向为这次会议的召开做了大量、细致的准备工作的学校各有关职能部门表示衷心的感谢！

同志们，我校人事、财政改革的大方向已经制定和明确了，但具体的方案与细则还是初步的和意向性的，例如，建设世界一流大学计划中的教学岗和管理岗的设置与分级问题等，都需要在今后的工作中进一步修改和完善。但所有这些方案都是为建设世界一流大学奠定坚实基础所作出的努力。下面我就对这两个会议加以总结，并就大家提出的一些问题作出说明。

首先，关于财政工作会议。我们召开此次会议的目的就是，通过这次会议，形成广泛的共识，深化财政改革。我们现行的财务工作的体制，是在过去长期的计划经济体制中逐渐形成的，与社会主义市场经济有许多不相适应的地方，我们必须加以改革。通过改革达到规范财经行为、增强办学实力、提高办学效益的目的，使我们现有的人力、物力和财力能够按照科学的原则组织起来，达到最优的效果。对于这一改革的总体方向，大家是有高度共识的，而改革所涉及到的一些具体问题却需要进一步地加以说明、解释和完善。

第一，关于财务公开、透明的原则。具体地来说就是：严格、公开、透明、公平、效益，同时也要有利于建设世界一流大学这一总的奋斗目标。但有的院、系和职能部门提出，国家给研究生的经费拨款，为什么管理学生的部门没有拿到？对此，我要说明一下。今年，教育部、财政部在拨款方面作了较大的改革，过去是综合定额加专项补贴，即，综合定额加一些专项的支出，现在，专项的支出都转到综合定额上来了。文科生一年拨4500元/人，理科生一年拨4700元/人，财经、法律专业的学生一年拨4600元/人，这就是国家对大学生的拨款数额；而硕士生每年9800元/人，博士生每年11800元/

人,离退休人员每年每人7000元。在教育部和财政部拨款中包括了六项支出,这六项支出包括人员经费、行政公务费、教学业务费、教学设备费、房屋修缮费、后勤服务费。总起来叫综合定额。实际情况是,国家每年给北大的拨款共13000万,而这却还不够人员经费一项开支,只够人员经费的80%,学校还必须补贴20%的金额。因此,各院系和各职能部门没有得到学生经费,并不是学校把这笔钱截留了下来,而是用于了学校的人员开支和学校的建设。这就是我要说明的第一点,即财务公开、透明的原则。

第二,财力集中、财权下放、一级管理、两级核算的体制问题。对于这一方针大家并未提出太大的异议,只是对有些具体的规定大家有不同的看法,特别是保护和发挥两个积极性的问题。学校划拨给院系的经费,院系有完全的支配权和使用权。而学校对各院系的提成在全国各高校当中是最低的。这次会议所制定的文件当中对院系的权限的规定还是不够明确,会后还要进一步地加以修改和完善。为什么学校要强调财力集中呢?举例来说,去年年底,我们做了一个不完全的统计,个别院系在外边存的钱就有12000万。按照国家的财政法规,这是违反规定的,而且其资金效益也非常低下。如果能将其纳入学校统一的财务管理之下,我们可以在国家法规允许的范围内,做资金的管理和运作,将会收到更高的效益。因此,财力的统一不但可以使资金更好地周转,而且资金效益也会大大提高。财力集中也是各院系各部门对学校的一种贡献。财权下放,就是说,统一管理的各院系资金的使用权仍归各院系,而且,学校今后还会进一步下放资金的使用权。从而保护和发挥两个积极性。

第三,关于会计派驻制。这一制度的实施首先需要一个过程,同时,实施的细则也应进一步加以修改和完善。学校总的原则是正式启动,逐步实行。

第四,从单独的"等"、"靠"、"要"的财政工作的旧模式转向多渠道筹措办学资金的新格局。一,更多地争取国家拨款;二,鼓励积极争取研究经费;三,办学的收入,即学费,收取要规范化;四,加强对校办产业的管理,通过产学研相结合的途径,增加对学校的财力支持;五,通过社会捐赠增加学校的办学实力;六,在财力集中的基础上,通过资金的合法运作增加学校的收入。

我想,大家也许更关注人事方面的改革举措,现在,我就来讲讲这方面的一些问题。

首先,这次人事会议开得也是非常成功的。会议中,充分体现了大家积极的改革精神和思想观念的进一步转变。过去,各院系常常是和学校争编制的,而现在,通过对学校改革措施的了解,使大家看到,如果自己教学科研的任务完成得不好,所争的编制越多,自己的负担也就越重。因此,大家开始考虑如何优化岗位设置,这是一个可喜的现象;另一可喜的现象就是大家对择优扶重,奖勤罚懒,精简冗员的观念有了高度的共识;再有就是公平竞争的原则已深入人心。这就为我们下一步大刀阔斧地进行人事工资制度的改革奠定了坚实的思想基础。下面,我再就讨论中大家提出的一些具体问题作简要的说明:

一、我们的人事改革、队伍建设、及岗位设置必须与学校创建世界一流大学的计划紧密地联系起来。

二、关于择优扶重的问题。择优扶重、多劳多得、优劳优酬政策是在对我校实际情况有了切实了解的基础上制定出来的。建设世界一流大学必须有一流的人才,而对于优秀的人才,我们就要有特殊的待遇。同时,通过择优扶重、优劳优遇,才能真正建立起使优秀人才脱颖而出的竞争机制。

三、有的同志提出,岗位要求过高,不切实际。关于文件中这方面的内容学校没有最后确定,这些文件只是有关职能部门制定的、提供给大家的一个征求意见稿,我想,会后要在集中大家意见的基础上进一步科学化、完善化,使之更加切合北大的实际。有的同志提出要进一步加强师德方面的要求。这也是学校所一再要求的。有的同志也提出,我们的岗位分了八个级别,系数从0.3到5是否大了一点,我觉得可以考虑再加以调整,但不管怎么调整也不能搞成平均主义的"大锅饭",也要充分体现择优扶重的原则,体现对重点学科、重点岗位的支持。

四、关于教师队伍的建设。我们的教师队伍总的来说是好的,但是,我们第一不能过分骄傲,第二要高标准、严要求,第三不能搞"近亲繁殖"。要具有海纳百川的胸怀,实现学校制定的三个三分之一的人才格局。

五、关于"双肩挑"干部的问题。对"双肩挑"干部,我们首先要肯定他们为学校所做出的贡献。为了保持学校的正常运行,学校要设置关键管理岗位。对于上管理岗位的"双肩挑"干部,学校总的原则是就高不就低。如果某个人上了这样的岗位,虽然他也是个学者,但我们还是希望这些干部要加大对管理工作精力上的投入。上了这个岗,就要任其职、谋其事。再有就是人事改革中的教师系列和行政系列,两者要分开,我同意这样的做法。

上面,就是我要作的一些说明。我校财政人事工作会议就要结束了,在此我还想就下一步如何贯彻、执行此次会议精神和政策作一些说明:

首先,几乎所有的会议文件都是不成熟的、不规范的,只是作为讨论的基础。所以,学校决定,这次会议的所有文件都要收回,会后,我们要在集中大家意见的基础上,加以修改和完善。

第二,关于下一步的工作安排。我校的财政人事工作确实启动晚了,这是由于许多原因造成的。现在我们必须加快进度,迎头赶上。关于定编定岗,主要还是要依靠各院系大量耐心细致的工作,因为,学校对各单位只能有总体的了解,具体的情况只有各单位最清楚,学校只做总量调控。希望各院(系、所、中心)根据自己创世界一流的总体发展规划、学科建设计划和队伍建设计划,在7月底以前制定出各自的岗位编制计划,9月份敲定,10月份执行。

党委书记任彦申在秋季全校干部大会上的讲话(摘要)

(1999年9月15日)

上学期的简要回顾

上学期,我校创建世界一流大学的计划作为国家项目正式起动,今年的拨款已经到了一半(1.5亿),新一轮的内部管理体制改革也陆续展开。北大发展的机会从来没像今天这么好,任务空前繁重。学校的党政领导、机关部门和各个院系的领导,都感到责任非常重大,工作非常紧张,很多同志都有一种疲于奔命喘不过气来的感觉。整个暑假,许多同志都没有休息,比平时还紧张。闵维方同志累得几次晕倒,近几天心脏不好又住了医院。迟惠生同志也是几次犯病,都在带病坚持工作。大家都很辛苦。去年百年校庆,许多同志夜以继日奋斗了几个月。今年落实创建世界一流大学的计划,同样不轻松。但是面对这么好的发展机遇,大家都很振奋,只要北大有希望,苦一点、累一点没关系。

上学期学校工作的一个突出特点,就是节奏加快,接二连三推出学校改革发展的新举措。3月12日,召开全校干部大会,部署了今年的主要工作。4月上旬,学校召开了教学工作会议,部署教学改革。5月下旬,学校召开科研工作会议,重点研究创新问题。5月下旬开始,专业技术职务的评审工作全面展开。与此同时,校部机关的机构改革也开始启动。6月下旬,学校相继召开了财政改革会议和人事改革等会议,以对优秀人才、关键岗位实行岗位津贴为主要内容的人事分配制度改革开始进入实施阶段。这一系列重要的会议,都紧紧围绕着落实科教兴国战略,创建世界一流大学的目标,涉及到学校各个领域中改革发展的一些重大问题。每一项重大改革等举措,都做了认真的准备,做大量艰苦的工作。这样全面地快节奏地推动学校各方面的改革发展,以前还没有过。

上学期,学校工作的一个明显突破,就是体制改革开始迈出了重大步伐。在办学体制改革方面,我校先后同北京市共建首都发展研究院,同北京医科大学的合并工作正在稳步向前推进,同清华大学、北京航空航天大学签订了一揽子的合作办学的协议,同深圳市及香港科技大学签订了共建深港产学研合作基地的一揽子协议,同三亚市、青岛市也签订了校地合作协议,等等。特别值得指出的是新一轮的内部管理体制改革正式启动,校部机关改革率先进行。同时还建立了法学院、外国语学院,并成立了四个学部。原来校部管理机构40多个,现在经过精简、合并、合署、分流等措施,减少到19个,精简了一半以上。原来校部机关部处长有98名。现在经过公开竞争、招聘上岗的有60多人,分流的干部在1/3以上。最重要的成果是经过这次机构改革,初步建立了一种新的机制,机构可设也可撤,干部能上也能下,领导职位实行公开招聘,竞争上岗,机关干部第一次实行任期制(聘期一年),而不是终身制等等。应当说,在机构改革中,北大的干部,经受了严峻的考验,表现了很好的党性修养、大局意识、纪律观念,尽管应聘的新人还不够多,具体工作中也还会有一些漏洞和不足,但总的说,这项改革是积极的,成功的。

上半年,学校的基本建设取得重大进展,北大的面貌继续发生着重大的变化,办学条件进一步改善。继上半年百周年纪念讲堂的初步竣工后,在这学期开学之前,学校又有8栋5万平方米的教学楼、教工宿舍和学生宿舍交付使用,特别值得高兴的是,新教学楼建得很漂亮,新添了4000多个座位,加上此前图书馆新楼的3000个座位,学生教室紧张的状况得到根本解决。随着畅春园300多间单身公寓的建成,我校在消灭筒子楼方面迈出关键性的一步。电话进学生宿舍的问题也得到了解决。下个月,理科楼群主体建筑和中关村地区的标志性建筑物——北大科技中心将要落成。预计到年底,新竣工的建筑总面积17－18万平方米,明年还将有十多万平方米的新建筑竣工,两年建成30万平方米,这从一个侧面反映了北大发展的速度。当然,学校是咬着牙干这件事的,经费缺口很大,需要千方百计地筹措。

上学期,在政治生活中发生了两起意外的大事情,一是针对以美国为首的北约轰炸我驻南使馆事件掀起了群众抗议浪潮,二是对“法轮功”事件的处理。这是两场严峻的政治斗争。在抗议以美国为首的北约暴行的活动中,北大的学生表现得很好,高度义愤又不丧失理智,强烈反对霸权主义而不盲目排外,大规模的街头抗议示威又没有发生严重出格的行为和授人以柄的行为。北大的学生提出的“中国不能软,中国不能乱,中国不能变”的口号,反映了很高的政治水平,赢得了中央的高度肯定和社会的高度赞扬。学校的许多党政干部特别是学生工作干部和学生骨干,在那一段时间内,废寝忘食地工作,因势引导,较好地驾驭了局势。在处理“法轮功”的过程中,北大的各级党组织坚决贯彻中央和北京市委的精神,严格地依法办事和执行政策,耐心地开展所需疏导工作,在摧毁“法轮功”的组织、转化参与“法轮功”活动的人员以及分化争取个别骨干人员方面,做了大量艰苦细致和有效的工作。

创建世界一流大学是一项复杂的系统工程,今年以来,学校面临着许多重大而急迫的任务,战线很长,摊子很大,工作的节奏很快,推出的改革举措又很多,学校包括院系的许多领导同志都有一种力不从心,招架不住的感觉,我们发生失误的可能性也增加了。学校的发展确实进入了一个风险阶段,希望很大、困难很大、风险很大。我们一方面要坚定信心、坚定不移、勇往直前,另一方面,我们的工作要谨慎一些、细致一些,尽可能地减少失误和风险。在这个时期,尤其需要全校师生有一种同心同德、团结奋斗的精神。

本学期的三项主要工作

本学期,我们要继续以“落实科教兴国战略,创建世界一流大学”为主题统览全局,处理好“改革、发展、稳定”的关系,集中力量做好三项主要工作。

第一项主要工作就是要精心地组织好庆祝新中国成立50周年的各项活动。这是当前我国政治生活中的头等大事。

北大迎接50周年活动大致分四个方面。

一是教育活动,我们学校所有的工作都要着眼于育人,充分利用这一契机,围绕爱国主义这一主题,开展多渠道、多形式的宣传教育活动,使学生和广大教职工进一步了解中国民族争取独立和解放的历史,了解新中国50周年特别是改革开放20年来社会主义建设取得的伟大成就,激发热爱祖国、热爱社会主义、热爱中国共产党的感情,坚定走建设中国特色社会主义道路的信心和决心,增强振兴中华的使命感和责任感。

二是认真地、高质量完成国庆50周年的大型活动。我校1500多同学参加国庆游行和广场联欢活动,几个月来,这些同学刻苦训练,表现了很好的精神状态和集体荣誉感。希望这些同学能出色地完成任务,向世人展示北大学生、我国年轻一代的良好素质和精神风貌。在国庆期间,学校也将本着隆重热情、安全有序、勤俭节约的精神,在校内组织灵活多样的庆祝活动和文化娱乐活动,创造一种喜庆、欢乐、祥和的节日气氛。

三是进一步美化绿化校园,整治校园环境,治理一些脏乱差、影响校容市容的角落。这项工作要抓紧进行。通过百年校庆,北大的校园面貌有了一个大的改观,原来的建筑、道路都焕然一新。今年暑假许多人来北大参观,很多中学生看了北大校园就想报考北大。校园反映了一所学校的精神面貌,反映了一所学校的实力。要通过迎接50周年国庆,把校园美化绿化和综合治理工作再大大地向前推进一步。同建设世界一流大学和计划相匹配,下决心建设一流的校园。这笔钱该花还是要花,总务部、规划办和综合治理办公室相配合,统一规划,每年建设几个新景区、新景观,改造几个脏乱差角落,争取在三五年之内,使北大校园内的面貌包括自然景观、人文景观、生态景观、建筑风格以及道路交通等都有一个大变化,使北大有一个令师生自豪、令世人羡慕的漂亮清洁、文明有序的校园。

四是坚持维护国庆期间的政治稳定和校园稳定,保证各庆典活动的绝对安全。按照北京市委、市政府的要求,做到“五个确保”:确保领导人及重要外宾的安全;确保大型群众活动安全顺利进行;确保首脑和领导机关的安全;确保重要部门和重要公共设施的安全;确保政治稳定、治安稳定,不发生各类恶性事故。一定要提高警惕。国庆前,学校的保卫部门、街道和各单位,都要认真排查和提前消除各种不安定因素和不安全隐患,树立安全第一的思想,建立起严格的安全责任制。

总之,希望全校的干部,都要以高度的政治责任感,切实重视、精心组织、积极支持各项国庆活动,使这一历史盛事能办得隆重热烈,喜庆祥和,文明有序,鼓舞我国人民满怀信心地向着21世纪的光辉目标前进!

第二件重要工作,就是认真贯彻全国教育工作会议和全国技术创新大会的精神,认真学习贯彻中央、国务院颁发的《关于深化教育改革,全面推进素质教育的决定》和《关于加强技术创新,发展高科技,实现产业化的决定》,继续紧紧围绕创建世界一流大学的目标,进一步推进教学改革,加快知识创新、技术创新和高科技产业化的步伐。陈校长参加了这两次大会,就如何贯彻这两次大会精神和两个决定,他代表学校提出安排意见。学校党委常委会决定,在今年第三季度,学校将就技术创新和科技产业化召开专项会议,进行研讨和部署。

这两次大会,是改革开放以来第三次由中央、国务院召开的全国教育科技大会。面对21世纪的机遇和挑战,中央把发展高科技、实现产业化和实施素质教育,作为提高我国综合国力和国际竞争力的战略制高点,这体现了中央的远见卓识,也预示中国教育科技蓬勃发展的历史新时期的到来。两次大会,两个“决定”,在指导思想上、发展战略上、政策措施上,都有比较大的新突破和新发展。这两次大会同高校密切相关,我们应当认真地学习、钻研并结合实际加以贯彻落实。这两次大会,围绕同一主题——科教兴国,贯穿着同一线索——教育科技同经济发展、社会发展的紧密结合,切实解决“脱节”问题,纠正教育、科技游离于经济社会发展之外的弊端。这两次大会都突出地强调了创新问题。我们的教育改革必须以提高民族素质为宗旨,以提高创新能力和实践能力为重点,培养全面发展的社会主义事业的建设者和接班人。江泽民同志指出,教育在培育民族创新精神和培养创造性人才方面,肩负着特殊的使命,必须转变那种妨碍学生创新精神和创新能力发展的教育观念、教育模式、评价体系和划一呆板的教育教学制度,下功夫造就一批真正能站在世界学术前沿的学术带头人和尖子人才。要冲破障碍,鼓励和支持冒尖,鼓励和支持当领头雁,鼓励和支持一马当先。这些重要精神对北大的教学改革有重要指导意义。北大要创建世界一流大学,在人才培养上必须进行新的革命性的变革,我们培养出的学生不仅总体素质要高,而且要产生更多的各方面的拔尖人才。在学科上,北大不但成为“高原”,而且必须涌现几座“高峰”。我们学校有不少老师长期热心教育改革,积累了丰富的经验,希望这些老师按照中央的《决定》,积极进行教育改革新的探索。一个好的教改方案,或教改经验,教师付出的心血和劳动,它的意义和价值并不亚于一项重大的科研成果。我们的学校的科学研究和科技开发工作,应当以推进知识创新、技术创新和高技术产业化为重点,按照学校创建一流大学计划的总体要求,抓创新基地,抓重大项目,抓近期有望创新突破的“闪光点”。教育部领导提醒我们,在国家科技成果评奖办法改变之后,大学如果不加强重大项目的组织协同和联合攻关,很可能将陷于很被动、很难堪的局面。希望我们学校和科研部、产业部和各个学部应当高度重视这个问题。目前,学校可供调控的人力、财力、物力和政策资源比以前多得多,应当集中力量办成几件大事,选准若干领域、若干项目,大力协同,重点攻关,力求突破。在产学研结合、发展高科技产业方面,北大前几年取得了显著成绩,要借全国科技创新大会的春风,总结经验、教训,大胆开拓创新,争取在近两年内,在促进资金、人才、技术和经营管理的最佳结合方面有新的突破,在开辟新的产学研基地、新的产业化基地以及北大科学园建设方面有新的突破,在校办科技企业的改组改制、建立现代企业制度方面有新的突破。

第三件主要工作,就是进一步全面推进内部管理体制的改革,同时,与北京医科大学的合并争取近期内实现。

机关的改革,要在机构精简、领导干部竞争上岗的基础上,实行减人增效和机关人员的全员聘任制,现在机关机构设置和二级机构设置已经基本完成,主要部门首长和二级部门首长的聘任工作也基本就绪,下一步就是减员增效、三定一聘、全员聘任,进而通过转变观念,转变职能,转变作风,大力提高机关的办事效率和管理水平,使机关工作有一个新气象。财务体制的改革方案已定,要继续向前推进。这次机关改革实行收支两条线,机关部门能集中起来的资金有上亿元,北大财务体制改革的潜力非常大。本学期,要把后勤的体制改革和产业的体制改革提到日程上来,从现在起就组成专门小组,制定全面具体的改革方案。同时,要抓紧做好一些单位的转制工作、剥离工作,进一步全面清理、整顿原来各种名目繁多、职责重复和相近的人浮于事的机构。这些工作风险很大,比如机构改革是很痛苦的一步,很艰难的一步,这次的设岗,大家感到难度更大。下一步的后勤改革,难度同样很大,后勤将来不列入学校的基本教育规模编制,要规范剥离,走向社会化,这个过程将是非常艰难的。产业的改革,要实行现代企业制度,要实行股份化改革,联想、四通都改制了,大家都关心我们学校怎么办。改革搞得好可以调动积极性,可以使企业长治久安,搞不好的话,还没搞就要闹“地震”。今年的内部改革措施,要陆续地配套推出。在办学体制改革方面,首先是要巩固已有的成果,认真履行已经签署合同学校、科研机构以及地方政府的各项合作协议。北大做事要“言必信、行必果”,签署了协议就要兑现。学校已决定建立国内合作委员会,并在校长办公室内设置一个国内合作办公室,统一地规划、协调、落实和督办与地方、大学、研究机构及企业的各项合作。大学改变封闭的状况,拓展与社会的合作是体制改革的一个很重要的内容。体制改革就是把北大的优势和校外的资源结合起来,一是与地方合作,一是与企业合作,一是与科研机构合作,一是与国外合作。这都要逐步拓展。在办学体制改革方面,最重大的事情就是实现与北京医科大学的合并,目前在一些重大的问题上,两校以及教育部、卫生部已形成了一些共识,为实现合并奠定了良好的基础。但像北大与北医这样的大大合并、强强合并我们还缺乏经验,在未来的医学部如何保持同卫生部的传统关系上,在如何保持医学部在新北大的相对独立性上,在联合开创新的生长点上,在医学部如何逐步融入创建世界一流大学计划上,还有许多细致的工作要做。两部、两校的领导都非常明确这种合并是不可逆转的进程,必须坚定不移地尽快完成。还有两件需要积极筹划的大事。一是如何抓住当前这个非义务教育大发展的契机,扩大招生,包括要不要在昌平园区建设一个新校区。这是北大的一个重要问题、重大决策,一定要组织一个强有力的班子研究操作这件事。二是如何利用国家加快建设中关村科技园区的机遇,把北大的发展同中关村科技园区的发展更密切地结合起来，像斯坦福大学一样，在中关村科技园区起到龙头作用，把北大的科学园、北大的校园的发展和改造与整个区域的重新规划和大规模的改造结合起来。这个机会非常难得，要不要下决心，为子孙后代着想，去运作这件事？北大面临着一个重要的抉择。

正确处理改革、发展和稳定的关系，为全面推进体制改革创造一个安定团结的政治环境和良好的舆论环境。这个问题现在非常急迫。

当前正在进行的内部管理体制改革，包括机构改革、财政改革、人事分配制度改革，以及正在酝酿启动的后勤体制改革、产业体制改革等，都是前所未有的改革，涉及到广泛深刻的权力和利益格局调整，牵扯到每一个干部和教职工的切身利益。尽管从道理上讲都认为这些改革是势在必行，但一旦改革落到自己头上时，就产生种种不理解、不满意、不平衡。当前，特别要注意把握好改革、发展、稳定的全局，处理好改革力度，发展速度和群众承受程度的关系，确保改革在安定团结的前提下进行。这是讲政治的问题。

近两三个月，学校和各院系都要抓紧制定和准备实施对优秀人才、关键岗位实行岗位津贴的人事分配制度的改革方案。近几天，随着各院系设岗方案的公布和初聘名单的产生，这件事成了全校关注的热点。大多数单位进行得比较平稳，多数教职工也表示赞同或理解，但也有少数单位，少数同志反映相当强烈，到学校上访的人员或信件电话明显增加。学校也派出工作人员到各院系听取意见。有人说，这是1952年以来学校最重大的改革举措和发展的机会，都抱有很高的期望。在评审的过程中，大家都付出了大量的心血和精力，精心策划，深入细致地进行思想动员和解释工作。如数学学院，多次开会，在不同层次的教师员工中统一认识，形成共识。在评审的过程中，出现问题，领导班子及时开会解决。化学学院在半年前就开始调整队伍，为这次设岗打下了较好的基础。在评审过程中，工作做得很细致。现在需要我们对形势做一个定性、定量的分析。这么大的改革，出现这些情况也是意料之中的，这其中有认识不一致的问题，有心理不平衡的问题，也有工作不细致的问题。就工作来讲，有些单位还没有很好地贯彻按需设岗、按岗聘人的原则，更多的是对现有人员的对号入座，没有体现改革的初衷，在操作上有偏离现象。各院系工作状况很不平衡。一般地说，凡是对这一改革理解得比较好，前期工作比较仔细、又注意做好思想疏导工作的单位，情况都比较好一些。

下面我想就如何正确认识这项改革做一点说明：这次改革可以用几个字概括：着眼于创建世界一流大学的需要，立足改革，强化岗位，突出人才，增量拉开。

第一，这项改革，是对优秀人才、关键岗位实行岗位津贴，不是涨工资，不是发福利费，这是创建世界一流大学计划中有关人才工程的一部分，完全不同于以往那种普调工资和发放奖金。国家一再强调，创建世界一流大学的专项经费不能用于发工资或改善福利。这一点必须明确。

第二，强化岗位，这项改革是力图把过去那种强化身份，以职务级别工资为主的分配方式，改为强化岗位，以岗位津贴为主的分配方式。职务级别是对过去工作的一种承认，现在强调活劳动和向前看。遵循的原则是按需设岗，按岗聘任，以岗带薪，岗变薪变。首先，要科学地设岗，按照岗位的职责去选聘人才。这次在校内聘，预计明年要跨院系聘、向校外聘。希望大家首先把注意力集中在岗位上，明确上这个岗位需要的水平、承担的责任，而不是首先着眼于钱。我们现在设计的一级岗位，应当是国内外知名的学者，其学术水平达到或接近世界先进水平；二级岗位，应当是国内知名学者，水平、贡献应当是国内的领先水平。如果一级岗100个，二级岗300个，应当说不少了。一定要强化岗位意识，够格以后上岗，上岗后也必须够格。由于淡化了身份、强化了岗位，就必然产生了受聘的岗位同原来的身份、职级不相符的状况，高职也可能低聘，低职也可能高聘。淡化了身份和级别，这正是改革的初衷。大家一定要适应，不要觉得面子上受不了。

第三，对优秀人才实行了重点倾斜，打破了长期在分配上“低而平”的状况，实行多劳多得加优劳优酬，真正建立一个梯次较为合理的分配格局，这也是前所未有的一种大变革。现在学校的教师中，水平最高的和最普通的就差几百元钱，这是很不合理的。这次的改革向优秀人才实行重点倾斜，有利于吸引优秀人才。

第四，新的分配格局中，原有的工资存量不动，“大锅饭”的成分还是保留了，只是在增量中较大幅度地拉开差距。也就是说谁也没有失去什么，只是所得到的有所不同。在设计这个方案时也动了很多脑筋，尽量不伤害大家的既得利益。北大在编和离退休员工1万人，首先要想到这1万人；第二，北大在编员工6839人，在实行岗位津贴时，必须首先把教育基本规模编制和非教育基本规模编制剥离开，先剥离出2000多人。如果全员进入，就等于普调工资，这个方案根本就不能做。然后再“不讲理”地各砍掉15%，这样，在剩下的4000人中，分成两部分，一是由国家经费资助的，和创建世界一流大学设岗计划挂钩的校级关键岗和院系重点岗，不超过2500人 。二是1000多人的基础岗，学校再筹一笔钱解决，这是为了兼顾公平。在2500人中，校级关键岗不超过1000人，占目前教职工总量的14%左右。为了尽快出台这项改革，学校的领导一方面反复地向国家有关部门汇报、解释，争取较大的理解和认可，另一方面又责成学校的一些机关工作人员下到各个院系了解情况,征求意见。目前总的一个判断是:这一改革,外部的环境基本具备,内部的条件也基本成熟。要讲机会,现在就是机会,千万不能错过这个机会,不然后悔莫及。现在的设岗方案肯定还有很多不完善,操作又很匆忙,各院系在操作过程中工作也不够平衡,不公平、不合理的事也肯定会有。即使有百分之几的岗位聘得不合适,如果总体方案能够出台,这些都还可以补救,如果大方案不行,其他的也就不用说了。今年是试运行,有些问题大家暂时忍一忍,明年在实践的基础上再做大幅度的修改,可能放得更开。现在担心的是由于少数单位工作做得不好,或相互攀比造成一些人的不满意,到处反映,使这次改革搁浅;担心好事办不好,引发新的不稳定,不团结。在这项重大的改革措施出台前,确实也"战战兢兢,如履薄冰"。明天学校再开一次常委会,认真理解教育部的指示精神,汇总基层情况,再次进行利弊得失的权衡。第一,方案要不要再做修补?第二,方案什么时候出台?第三,齐步走还是分步走?少数人申诉的,要不要设机构受理?其中管理岗的问题,原来的九级岗是按学术岗设立的,后来把管理岗比照套进去,现在看来有不少问题,需要改进,争取做得更合理一些。

为了保证内部管理体制改革顺利健康地推进,第一,学校的党政领导和职能部门在制定改革的具体方案时一定要统览改革、发展、稳定的全局,采取积极而又稳妥的态度。要防止两种倾向,一种倾向是知难而退或步步后退,另一种倾向是过于理想化、简单化,犯急性病。机构改革不是机构越少越好,下岗的人越多越好,一切要从实际出发,实事求是。当前最重要的是让改革的措施平稳出台,使新的机制、新政策能够正常运转起来。只要出台就是最大的成功。在今后制定改革的方案时,要坚持民主科学决策,善于集中大家的意见,充分发挥专家系统的作用,今后要在发展规划部中设一个专家系统,动用专家的力量对学校的方案独立地进行设计,供学校采纳。同时注意研究借鉴兄弟院校的经验,大的改革举措在面上推开之前,一定要先行试点,取得经验,再行推广。

第二,许多方面的改革我们还缺乏经验,有些措施还不完善,有些措施一时还难以到位。任何改革举措都有利有弊,会影响到一部分人的利益。希望各单位和广大教职工对内部管理体制的改革采取一种补台合作和同心同德的态度,不得以是否对自己有利作为标准,而应当以是否有利于创建世界一流大学作为标准。有意见、建议可以积极反映,学校将随时听取大家的意见,力求把改革搞得更完善、更稳妥,各级党政领导班子,党组织,教代会、工会、共青团、民主党派等,都应当做改革的促进派,积极开展思想政治工作,发挥纽带和桥梁作用,疏导情绪,化解矛盾,增强人们对改革的理解力和承受力,努力创造一种有利于改革的政治环境,舆论环境和心理环境。

第三,衡量我们的内部管理体制改革是否成功,不仅要看设岗和聘任是否搞得好,而且很大程度上和最终要看分流转岗工作是否做得好。这对北大是一个考验。我们现在的注意力在设岗上,对下岗重视得还不够。我们应当以高度的责任感和关怀心,切实重视、积极妥善地解决转制单位和转岗分流人员的出路和各种实际问题。北大正处于大发展的时期,用人的地方很多,应当把暂时富余的人员当作一种财富加以开发、利用,只要加强协调,转变观念,目前下岗富余的人员我想绝大多数都可得到安置,这是经过测算的。比如,后勤强调社区服务,成人教育学院和继续教育部剥离开后也需要不少人员。对下岗分流人员,学校领导一直非常重视,请人事部先行调研和预测,做好准备,近期内学校党政领导将就开辟校内用人市场、积极吸纳消化转岗分流人员等问题做出部署。

第四,按"三讲"教育的要求,进一步加强校院系领导班子的建设。

按照中央的要求,在县级以上党政领导班子和领导干部中要以整风的精神开展以"讲学习、讲政治、讲正气"为主要内容的党性党风教育,以加强领导班子建设,提高领导干部素质。按照北京市委和教育部的部署,北京学校的"三讲"工作本学期继续扩大试点,下个学期逐步展开。

当前,我校的校院(系)领导班子担负的责任很重,工作非常紧张,压力也很大,而对创建世界一流大学的任务和当前艰难复杂的体制改革,很多同志都还不适应。我们要按照"三讲"教育的要求加强领导班子建设,努力提高干部的政治水平和领导水平。

按照上级党委的要求,学校的领导班子要通过"三讲"着力在四个方面进行提高和改进:一是大力加强思想政治建设,坚定社会主义、共产主义理想信念,做到在政治上自觉同以江泽民同志为核心的党中央保持一致,在办学思想、教育方针上形成高度的共识。上学期发生的以美国为首的北约轰炸我驻南斯拉夫使馆的事件,以及后来开展的同"法轮功"的斗争,都提醒我们,领导干部一定要讲政治,要有高度的政治敏感性和政治鉴别力,善于从政治上观察和处理问题,善于在路线、方针和政策上保持清醒和坚定。江泽民在就法轮功问题所做的重要指示中提出:"我们共产党人的根本政治信仰是社会主义和共产主义,世界观是马克思主义的辩证唯物主义和历史唯物主义,这是任何时候都丝毫不能动摇的。""一些人,包括我们一些党员和党员干部在内,他们在信仰马列、信仰唯物论、信仰科学等方面发生了动摇,甚至发生了偏离,这是'法轮功'趁机出笼和蔓延的一个重要的思想上的原因,我们不能不正视这种客观情况。”我们学校的党政领导干部,包括职能部门都应当讲学习,讲政治,在方向性、方针性、导向性的问题上保持清醒的头脑,层层担负起政治责任。

二是进一步加强民主集中制的建设。民主集中制是学校领导工作中最根本领导制度、组织制度和决策制度。我们要通过健全的民主集中制,增强领导班子的团结,消化矛盾,理顺各方面的关系,特别是实现重大决策的民主化和科学化,以及正确决策的有效实施。

三是进一步树立群众观点,密切联系群众,转变工作作风。当前面临着学校改革发展众多的新情况,新问题,应当特别注意加强调查研究,倾听群众呼声,加强同各方面群众的沟通,加强民主参与和民主监督,全心全意地依靠广大师生员工办好学校。陈至立部长在高校党建会上谈到,“要十分明确,高校的领导岗位首先是管理工作岗位,每一个成员必须把主要时间和精力用于学校的管理工作,用于对学校改革和发展的思考和策划上。”要实行党风廉政责任制,以实干精神、工作实绩和勤政廉洁高效的作风树立领导班子的良好形象,赢得群众的信任和支持。要多想到群众,多为群众谋福利,这一点要时刻注意到。北大的门槛应该高,进了北大后各方面的条件都应该好,今后要向这个方向努力,尽量解决长期困扰教职工的实际问题,使教职工的利益得到保证。

四是树立良好的精神状态,进一步增强改革创新意识。最近,中央一再强调创新问题,讲创新是民族进步的灵魂,国家兴旺发达的动力。无论是知识创新、技术创新、体制创新,都需要领导者有一种创新精神。北大作为国家的领头大学,担负着创建世界一流大学的使命,我们学校的领导干部必须有一种敢闯敢试、敢为天下先的精神,敢于进行原创性的工作,在解决难题时,要思想解放,不断开拓新的思想、寻找新的办法;在处理复杂矛盾时,不要畏首畏尾,而是敢于挺身而出,承担责任;在发生了失误和问题时,也不要推诿责任,怨天尤人。总之,希望我们校院系的领导班子,以一种良好的精神状态,去鼓舞学校的士气,激发学校的活力。

校长陈佳洱在秋季全校干部大会上的讲话(摘要)

(1999 年 9 月 15 日)

新的一个学年又开始了。在这里我想讲三个方面的问题,第一个方面是关于参加全国第三次教育工作会议和全国技术创新大会的体会,并向大家报告两次会议的精神;第二个方面是去年我们启动建设世界一流大学的计划后,在教学和科研上取得的进展;第三方面是谈一谈本学期的几项主要工作。

认真学习和贯彻全国第三次教育工作会议和全国技术创新大会的精神

今年 6 月和 8 月,党中央和国务院召开了全国第三次教育工作会议和技术创新大会。这两次会议的精神,对于我们办学的方向和思路,对于我们创建世界一流大学计划的实施都有极为重要的指导意义。我们一定要深入地学习和领会,并认真地加以贯彻实施。这两个会议正是在世纪之交召开。当前科学技术的迅猛发展,知识经济的兴起和国际社会的风云变幻,使我们对即将进入的 21 世纪既充满希望,同时又面临着严峻的挑战。特别是今年以来国内外发生的重大事件提醒我们:必须走强国之路,落后就要挨打。所以这两次会议正是表明我们国家高高举起科教兴国的旗帜,坚定不移地走教育强国、科技强国之路。

这次全教会的主题是:以提高民族素质和创新能力为重点,深化教育体制和结构改革,全面推进素质教育,贯彻《中共中央、国务院关于深化教育体制改革、全面推进素质教育的决定》。

江泽民总书记在全教会上深刻地指出:“在当今世界上,综合国力的竞争,越来越表现为经济实力、国防实力和民族凝聚力的竞争。无论就其中哪一个方面实力的增强来说,教育都具有基础性的地位。”“国运兴衰,系于教育”。鉴于教育的先导性、全局性、基础性的地位,会议要求“坚持在制定经济与社会发展规划时保证教育优先的适度的超前发展”。中央对教育这一明确的定位不仅对我国教育事业的发展至关重要,更使我们教育工作者深感责任之重大。对于教育工作的发展,中央的决定明确指出:“要以提高民族素质和创新能力为重点,深化教育体制和结构改革,全面推进素质教育”,以“努力造就‘有理想、有道德、有文化、有纪律’的,德育、智育、体育、美育等方面全面发展的社会主义事业的建设者和接班人”。我们大家都知道教育的本义和宗旨本来就在于全面提高受教育者的素质,培养德、智、体、美全面发展的一代新人。今天又这么强调素质教育还有更深层的原因。一方面是面对世界科技飞速发展的挑战,我们国家劳动力素质和科技创新能力相对不高的问题,已经成为制约我国经济发展和国际竞争能力增强的一个主要因素。江总书记的讲话中已经提到这个问题。因此,我们必须把增强民族素质和创新能力提到关系中华民族兴衰存亡的高度来认识,对我们学校来讲,必须把培养和造就高素质创造性人才,增强创新能力作为学校的一项突出任务。另一方面,正像李岚清副总理所指出的"我国教育还存在严重不相适应的情况,所谓不适应,主要是素质不适应和数量不适应,而且数量也必须以素质为前提"。所以陈至立部长说:"实施素质教育,牵一发而动全身,纲举目张,可以带动教育的改革和发展"。

当然,岚清同志也讲了,强调素质教育不是总的教育的方向和目标有所改变,更不是否定考试,而是对教育提出了更高的要求。那么素质教育究竟应怎么抓呢?这是这次会议的一个主题,当然也是摆在我们面前的一个重大课题。大家要结合我们自己的实践,很好地学习、体会。

根据我的理解,为了抓好素质教育至少有以下几点需要重视:

1. 思想政治素质是最重要的素质。不断增强学生和群众的爱国主义、集体主义、社会主义思想是素质教育的灵魂。如果轻视思想政治教育、历史知识教育和人格培养,那会产生很大的片面性,而这种片面性往往会影响人的一生的轨迹。

2. 要把德育、智育、体育、美育等方面,有机地统一在教育活动的各个环节之中。努力使素质教育的方方面面成为不可分割的整体,相互渗透、协调发展,促进学生的全面成长。这一点是岚清同志在报告中特别强调的。而且总书记在报告中讲到:没有必要的历史、地理、文学等方面的知识武装,人们的爱国主义、集体主义、社会主义思想是难以确立起来的。

3. 应该鼓励创新、重视实践,促进教育与经济社会实际紧密结合,改变那种只重书本知识、忽视创新精神和实践能力培养的现象。这种现象在我们学校还是大量地存在,这是一定要改变的。

4. 素质教育不是一时一事的事情,把素质教育贯穿于人才培养的全过程。岚清同志讲要使素质教育贯穿于从幼儿园教育到高等教育等各个阶段和各类继续教育。要努力开发每个学生的特长和潜能。每一个学校都要爱护和培养学生的好奇心、求知欲,帮助学生自主学习、独立思考,营造崇尚真知、追求真理的氛围,为学生的禀赋和潜能的充分开发创造一种宽松的环境。

5. 在出人才的问题上,要鼓励和支持冒尖,鼓励和支持当领头雁,鼓励和支持一马当先。总书记讲到:这不是搞个人突出、个人英雄主义,而是合乎人才成长规律的必然要求。

6. 推进素质教育,教师的素质是一个很重要的环节。只有造诣高深、品德优良的教师才能带出一大批高素质的创新性的人才。为了提高学生的素养,我们的教师不但要根据学生的具体情况,循循善诱,开发他们的创造能力,并且帮助学生胜过自己和前人,还要善于以自己的师德风范,影响和提高学生的品格和精神境界。教师的责任是非常重大的。

其他方面请大家深入学习文件,我在这里就不一一讲了。

8月份召开的全国技术创新大会,是我国科技事业发展史上的一个具有里程碑意义的盛会。本来科技的问题是很宽的问题,涉及方方面面,但是这次会议只集中一个主题,就是科技创新。岚清同志讲到,这次的会议就定一个主题,就是针对实施科教兴国战略中的迫切问题,即"加强技术创新,发展高科技,实现产业化"的问题。就这个问题进行了动员和部署,以应对我国所面临的国内外的激烈竞争和挑战。江泽民主席在会上指出:"美国等西方发达国家所以能够有恃无恐地推行霸权主义、强权政治,所以能够巧取豪夺地聚敛世界上的大多数财富,所以能够维持对广大第三世界国家不公正不合理的国际政治经济秩序,所以能够动辄对一些弱小国家进行武力威胁和发动侵略战争,很重要的一个方面,就是因为它们在科技上从而在经济上、军事上掌握了很大的优势。我们要在未来激烈的国际竞争和复杂的国际斗争中取得主动,要维护我们的国家主权和安全,必须大力发展我国的科技事业,大力增强我国的科技实力,从而不断增加我国的经济实力和国防实力。"为此"我们必须把以科技创新为先导,促进生产力发展的质的飞跃摆在经济建设的首要地位",并"要全社会真正形成推动技术创新工作的有效机制"。

会上有关报告和发言中,有以下几点与我们的工作密切相关:

1. 我们进行技术创新,一定要发挥社会主义制度能够集中力量办大事的这个政治优势,选准一些对推动经济和社会发展、维护国家安全、提高生产力和综合国力有重大带动作用的领域,集中力量,大力协同,重点攻关,力求突破。特别要加强基础性、关键性的高新技术领域的创新,加速高技术产业尤其是具有战略意义的新兴产业的发展和应用,同时运用高新技术不断提升、改造传统产业。因此李岚清同志在报告中具体指出,今后,一是要大力推进农业科技革命;二是要在电子信息特别是网络及通讯、计算机及软件、数字化电子产品等方面,在生物技术及新医药、新材料、新能源、航空航天、海洋等重要和有带动性的高新技术产业领域,努力实现技术跨越;三是要加快运用高新技术改造传统产业的步伐,大幅度提高我国工业技术装备水平,提高产品的质量、市场快速适应能力和技术附加值,促使产业出现新的生机;四是要努力提高服务业的科技含量,增强服务业的竞争力;五是要解决可持续发展领域中的一些关键和重大技术问题;六是要加强军民技术结合,大力发展军民两用技术。我们在建设一流大学的计划中,在人才培养和教学科研工作中,也列了一些重点领域。岚清同志的讲话对我们很有指导意义。如何加强我们学校理科,尤其是通讯和网络领域的发展,始终是一个大的问题。

2. 积极推进国家知识创新体系的建设,为技术创新和科技成果向现实生产力转化提供有效的保障与激励机制。首先要确立企业作为技术创新主体的地位;要优化科技力量的布局和科技资源的配置,加强政府、科研机构、大学和企业之间有机联系与分工合作。对学校来讲发展好"产、学、研"结合的基地,做好高科技成果转化的孵化工作,办好科技园区应是这种联系与合作的重要组成部分。

3. 要增强自主创新能力,实现技术发展的跨越。会议特别强调"我国是一个发展中的社会主义大国,在一些战略性、基础性的重大科技项目上,必须依靠自己,必须拥有自主创新的能力和自主知识产权"。我们在学习、消化和吸收国外先进技术的时候,不能跟着别人亦步亦趋,而必须进行我们自己的探索和创造。通过加强自主创新,加强人才培育,加强创新基地的建设,来提高企业的创新能力,掌握科技发展的主动权,在更高的水平上实现技术发展的跨越。会上很多发言都突出了这个主题,青岛海尔等著名企业的专题报告介绍了他们依靠自主创新、技术跨越,使企业获得大发展的精彩经验,为我国企业的发展树立了生动的典型。会上李岚清等领导同志对我校王选等同志依靠技术上的跨越,开发了汉字激光照排等一批有自主知识产权的产品,走出了一条成功发展的道路也给予了充分的肯定。许多领导同志在会上、会下见到我,都很关心我们学校的校办产业,特别勉励我们北大的校办企业一定要坚持走自主创新、技术跨越的道路,充分依靠技术创新来发展产业。我确实认为北京大学科技型产业发展的正确方向应该是坚持走自主创新、技术跨越的道路,否则不仅企业的发展不能持久,更不符我们北京大学的形象。

4. 推动科技进步、技术创新,关键在人才。要把培养学生的创新意识和开拓精神作为素质教育的重点任务,努力建设一支宏大的富有创新能力的高素质人才队伍。青年时期,是最富有创新精神的黄金时代。世界科技发展的一些重大突破,往往是由年轻人搞出来的。要努力为年轻人才脱颖而出营造良好的社会环境,让他们充分施展才华,勇于创新,大展宏图。李岚清同志还指出:过去,我们培养人才往往只注重他们的学术研究能力,忽略了创新和创业能力的培养,忽略了有科技头脑的经营管理人才的培养,要尽快改变这种状况。要通过加强素质教育,培养既有丰富的专业知识,又具有全面素质的创新和创业人才以及经营管理人才,为加强技术创新和科技成果产业化提供人才支持。

5. 会议特别强调,要高举科学的旗帜,坚决反对迷信,反对反科学、伪科学的活动。凡被实践证明了的科学真理,都要坚定不移地坚持。尚未被认识的客观事物,要鼓励以科学的态度进行研究和探索。但是,未被科学证实的假说,不应在社会上推行,更不能成为决策的依据。要把科技知识、科学思想、科学精神、科学方法的宣传和普及工作,作为精神文明建设的重要内容不断加强起来。

6. 虽然这次会议的中心议题是技术创新问题,没有涉及基础研究。但江泽民主席和李岚清副总理都着重指出:大家务必要充分认识到基础科学研究是现代技术发展的基础和源泉,是培养科技人才,提高创新能力的关键所在,具有特殊重大的意义。我们要继续注重加强基础研究和高技术前沿探索,逐步加大这方面的投入。既要支持广大科学家围绕国家确定的目标开展定向的基础研究和应用研究与开发,也要热情鼓励一些科学家进行自由探索式的研究。基础研究要坚持"有所为,有所不为",选准方向,突出重点,鼓励大胆创新。在我国长远发展有重大意义,以及国际科学前沿发展迅速,而我们又具有优势的领域,要集中力量力争有所作为、有所突破。

这次会议深刻指出,面对新的形势,我们既要充分估量新的科技革命带来的严峻挑战,更要珍惜它带来的难得机遇。能否驾驭新科技革命的趋势,是对我们的严峻考验。这一点也符合我校的情况。我们的干部和教师要认真学习这次大会的文件,来指导我校世界一流大学的建设,促进我校在科技创新上有一个新的飞跃!

上半年学校工作的主要进展

去年百年校庆之后,学校不失时机地争取启动了我校创建世界一流大学的计划。今年上半年学校和各院系都根据学校第十次党代会的精神,进行了发展建设规划的制订。根据党代会的决定,学校的建设将分两步走,前面的七年,即从1999至2005年是起步和奠定基础的阶段,后面的十五年是全面发展的阶段。起步的阶段最重要的是要以创新为核心,设计好发展的蓝图,构筑好发展的框架。从这一考虑出发,上半年学校重点抓了下面几件事:

第一,相继召开了教学工作会议、科研工作会议和人事、财政工作会议。这些会议都是以创建世界一流大学为目标,研讨和明确我校教学、科研以及人事、财政方面改革和发展的指导思想、重大举措和今年起步的各项工作任务。这里包括了深化教学改革,制订有利于培养创新人才的课程体系和教学计划，创建一批高水平的人才培养基地；包括文理科重大标志性项目的确定，知识创新基地的建设和产学研结合基地的建设；以及积极参加教育部"高层次创造性人才工程"，建设高水平的师资和干部队伍等。这几次会议对于统一制订长远规划的指导思想、推动当前的各项改革和完成本年度的各项有关工作起了积极的作用。正是在这些会议的基础上，学校和各院系基本上完成了创建世界一流大学规划的制订。学校的规划已于上学期期末上报教育部。学校还根据公开和开放的原则启动了一批一流大学教学、科学研究和科技成果转化项目的立项工作。

第二，积极构建学校与社会各有关方面的关系，推进办学体制改革。为了建设一个学科布局更加合理、更加开放的综合性大学，年初以来，我们先与北京航空航天大学联合成立了"北京大学工程技术研究院"，接着又与清华大学签订了两校合作的办学协议，携手共建世界一流大学。此外，我们还与香港大学、香港中文大学、香港科技大学签订了合作协议。今年1月，经教育部、卫生部和北京市联合授命我校与北京医科大学成立了两校合并的筹备小组。小组成立之后，分别就合并以后的体制和学科结合点的规划和建设进行讨论和研究。通过多次会谈，目前已基本达成共识，确定两校的合并将是实质性的合并，即做到一个建制、一个法人、一个党政领导班子和一个学术领导班子，校名还是叫北京大学，在教育部的直接领导下进行统一的规划和统一的管理。在这一基础上同时实行教育部、卫生部与北京市共建共管的体制，以得到教育部和卫生部以及北京市的共同支持。当然，北医大是医科院校中的老大和老校，也是医科院校唯一校长、书记由中央组织部管理、国务院任命的学校。北医有教职工11046人，党员4000多，卫生部每年下达的事业费1.5亿，固定资产约4亿，校部建筑面积近100万平方米，还有6个直属医院和9个教学医院。所以在两校合并中，如何在管理体制上尽量保证北医的相对独立性，确保北医在医药卫生界的地位不降，而且得到的各方面的支持比合校前更多，这是两校顺利合并，并且是合校后能迅速地向着一流大学的目标发展的关键，同时也是一个十分敏感的课题。由于两校领导充分认识到这种强强合并符合世界教育和科技发展的趋势，有利于面向21世纪人才培养、知识创新和学科发展，因此双方总体谈得还比较顺利。当然，这样大而历史悠久的两校，真要合起来，不是一件容易的事情，中间容易有一些不理解、不顺畅的地方，这些都是正常现象。重要的是大家都要考虑到两校的地位和影响，必须从两校的历史和现状的实际出发，精心规划、审慎操作，力求在合校的过程中做到相互理解、相互支持，做到平稳过渡。特别是我们北京大学，更应着眼于学校长远发展的全局，姿态应该更高一点，本着"精心、冷静、稳妥"的精神全力做好合校工作。

为了促进教育与科研的结合除了与学校联合办学之外，我们积极与中科院、国家文物局、中国原子能工业总公司等单位联合，在校园内建立联合科研中心包括北京天体中心、北京原子核中心、国家考古文博院等等。这些中心的建立都有利于打破条条框框的界限，有利于促进教育和科研的紧密结合。

同时，为了更好地取得地方的支持，更好地为经济建设服务，我们按照"立足北京、面向全国、走向世界"的方针与北京市共建了由北京市市长刘淇担任理事长的首都发展研究院，并且积极参与中关村园区的规划与发展建设。同时还与云南省、青岛、深圳、厦门等地市签订了协议，开展了新的合作。

另外，我们还通过国际合作，加强了与国外的名校、国外的名企业和国外的名科研机构像，西欧核子中心等的合作关系。

以上说明我们在办学体制改革方面确实花了很大的功夫，围绕着建设世界一流大学，进一步调整了学校在社会总体环境中的位置。能够打破条块分割、封闭办学的状况，在国内国际更广阔的领域内实现优势互补、资源共享，建立一个学科布局更加合理、更加开放的、国际化的综合性的一流大学。

第三，学校内部管理体制改革取得阶段性的重要进展。

今年被称为北大的改革之年，从年初开始，相继启动了许多的改革，包括机关体制改革、人事分配制度改革。这些工作开展得很好，可以说初战告捷。下面的后续工作还要做好，很重要的一点就是要安排好转岗分流人员的工作。有的同志在机关改革之后还没有上岗，我们叫作转岗或离岗，北京大学没有下岗的问题。对这些同志，组织部门、人事部门要认真地做好后续工作。我想，凡是尽责尽职为学校做出贡献的同志，学校都是不会忘记的。在建设一流大学的过程中，我们有许多可以干事业的地方，包括昌平新园区等等，一定可以妥善安排的。与此同时，我校深化了院系管理体制的改革，正式成立了四个学部——人文、社会科学、理学学部和信息与工程科学学部，而且聘请著名学者袁行霈先生、厉以宁先生、甘子钊先生、杨芙清先生担任学部主任，今后我们根据需要还可能增加新的学部，也就是医学部。我们认为成立学部是为了适应现代学科之间的交叉发展的趋势、适应我们学校管理重心的下移以及与北医合并的要求。新建的学部应该通过增强相关学科之间的联系、沟通渗透和交叉，在提高教学质量和科研水平方面，在发展学科建设方面发挥重要的作用；并通过学部更好地发挥教师特别是知名教授在学校建设和管理上的作用。今年学部一成立,就担负起了今年职称评聘工作的重任。人文学部提出了"严谨、公正、民主、高效"的方针,漂亮地完成了任务。除了建立学部之外,上半年,还先后举行了外国语学院、法学院的成立大会。从目前情况看,这两个学院运行正常。今后,学校仍将一如既往地,根据有利于高素质、创造性人才的培养,有利于学科建设和发展,有利于资源的有效利用和配置,有利于加强管理和减员增效的原则,稳步地推进校院系管理体制改革。比如我们可能要成立新的教育学院。这次全教会也提出综合大学要参与高层次教师的培养,将来的授课教师在任教之前都应该学一些教育学的知识。所以我们要成立教育学院。以后我们将在学部的范围之内本着"四个有利于"的原则进一步推进院系体制、管理体制的改革。

学校内部管理体制改革归根到底是为了落实科教兴国战略,是为创建世界一流大学创造一个良好的环境。过去我校管理体制改革的滞后,已成为制约学校发展、影响办学效益的突出问题。为此我们必须通过改革,理顺关系、改善管理、加强服务、优化资源配置、提高工作效能和效益,使北大的管理水平真正提高一个层次。否则,堂堂北大总是戴一顶管理不善的帽子,实在与我们的名声、地位不相称。

第四,学校在改革、发展的同时,保持了稳定,较好地处理了三者之间的关系。今年,国家的大事多、喜事多,热点多、难点多,因此稳定工作至关重要。多年来的事实告诉我们,北大什么时候保持了稳定,什么时候才有发展和进步。上半年,我们成功地举行了纪念五四运动80周年系列活动,同时又处理了中央统一部署的有关科索沃和法轮功等方面的问题,这几件事情我们大体上做得都比较好。从事思想政治工作和德育工作的同志,为此付出了很多心血。我们向他们致以衷心的谢意。

以上所讲的只是几项重点工作,其它日常工作包括后勤、财务、产业等,都在紧张地进行着,同志们都很敬业,很辛苦,我就不再一一点了。今年上半年的工作头绪多、任务重、压力大,在这种情况下,我们能取得这样的成绩,确实并不容易,这是全体同志共同努力的结果,同时也为下半年的工作奠定了一个很好的基础。

抓住重点,深化改革,以优异成绩迎接新世纪的到来

在欢庆国庆50周年之际,我们更要认真学习贯彻第三次全教会和技术创新大会的精神,全面推进素质教育,增强知识创新和技术创新的能力,围绕创建世界一流大学的总体目标,把握好改革、发展、稳定的大局,继续深化办学体制和内部管理体制改革,全面完成今年的各项任务,以优异的成绩迎接新世纪的到来。学校的各项工作都要围绕着这个目标,聚精会神地进行,这是北大发展的大局所在,也是北大发展的根本利益所在。

下面,我再就几项工作讲一点意见:

第一,贯彻两个会议的精神,推进素质教育,增强创新能力。两个大会的精神前面已经讲了不少,务必引起同志们的高度重视,认真学习和贯彻。培养高素质创造性人才以及提高知识创新与技术创新能力一直是建设一流大学的根本任务。我们必须抓紧、抓好,抓出成效来。素质教育是一项整体性的工作,不只是哪一个部门、哪一位任课教师的任务,而且要靠大家的共同努力。在今年教师节那天,正式成立了北京大学素质教育委员会和下设的四个分会,其目的就是要把德育、智育、体育、美育等,有机地统一在教育活动的各个环节之中,通过各个环节的教育来帮助学生树立正确的世界观、人生观和价值观,增强思想道德和科学文化的素养,提高心智体魄的素质,促进学生的全面成长。

素质教育委员会成立后,已议定了近期要开展的11项工作,以后将专门布置,我不多讲。我只想提五点原则性的意见:

1. 要把加强马克思主义理论课和思想品德课的教育同加强人文的教育密切结合起来。前面讲过,没有必要的历史、地理、文学和哲学等方面的知识武装,人们的爱国主义、集体主义、社会主义思想是难以确立起来的。所以我们既要充分重视和加强马克思列宁主义、毛泽东思想和邓小平理论的学习,切实加强和搞好"两课"教学,还要加强人文的教育,并把两者有机地结合起来。

2. 要把增强知识和技术创新能力和提高人文艺术素养密切结合起来。我们往往就科技论科技创新,其实脱离了人文和艺术的素养,科技的创新就有局限性。我认为,仅仅就科技论科技并不能真正的激励创新的激情,也不能把握创新的方向,更不能团结有关的人员协同攻克科学堡垒。所以两者应该密切地结合起来。

3. 要把学生真正地作为教育的主体,为他们创造一个宽松的、自主学习的环境。彻底转变"灌输式"的教育方式,真正实行因材施教,"有教无类",大力开发学生的禀赋和潜能,鼓励学生向现存的知识和权威提出质疑和挑战。我相信,只有这样才能有效地培养出创新性的人才来。

4. 大力加强实践环节,切实把教学与科学实践密切结合起来,与生产实践密切结合起来。实践出真知,实践也是检验、锻炼和提高全校师生创新意识和能力的最重要的手段之一。生产实践、科学实践、社会实践永远是人类认识客观世界、改造世界的基本途径,也是培育青年一代创造能力的基本环节。我们一定要想办法让我们的学生包括本科生和研究生更多地参加社会实践,更早地参加科学研究。这样我们才可能真正培养出具有创造能力的学生。

5."教育者必须先受教育",我们教师和干部职工首先要不断地提高我们自身的素质。为了提高学生的素养,我们不但要根据学生的具体情况,循循善诱,开发他们的创造能力,还要帮助学生胜过自己和前人。要善于以自己的师德风范,影响和提高他们的品格和精神境界;要在教育过程中真正地实现"教学相长"。

第二,关于实施一流大学计划。创建世界一流大学是北大今后一个时期中的首要核心任务。我们每位同志心中都要有这个意识。每个人都要为此尽力做出自己的最大贡献。只有这样我们才能通过几代北大人的艰苦奋斗实现这个目标。

国家对北大、清华给予了特别的支持,作出"3、6、9"的决策。这对我们是一个巨大的鼓舞,但同时也是巨大的压力和鞭策。这笔钱实在是不好拿,大家想一想,上千个兄弟学校都在看着我们,我们拿到这笔钱后能做出什么成果来?我经常在想,我们怎样做才能对得起这笔投入?特别是如果兄弟院校得到的支持比我们少,而进步反而比我们更快,贡献比我们更大的话,我们真是更无法交待了。不知同志们怎么看待这个问题,至少我心里的压力一直非常大,常常是坐卧不安啊!尤其是三年以后怎么办?问题更加严峻。教育部很明确,尽管国家给教育的支持是连续五年每年增加一个百分点,但三年后我们能有多大支持力度完全取决于我们能拿出什么样的成果?如果我们做得好,我们就可以得到各方面的理解和支持;如果在人才培养、知识创新上没有重大的符合北大地位的标志性成果,那么,不仅无法交账,而且在三年后国家更大的支持中就没有我们的份了!这是一个严峻的问题,现在大家一定要想着三年以后。

所以学校要求每个单位都要以全教会和技术创新大会的精神,再次审核和修订各自制订的一流大学的计划,以进一步明确自己在国内外学科发展中的定位和特色,突出重点的任务和目标。这里自己的特色是最关键的。只有形成鲜明的特色,有反映自己特色的标志性成果,你才能站得住,否则就会在激烈的竞争中被淘汰。是不是一流首先要从标志性的创新成果上反映出来。目前,我们的财力和条件还很有限,我们只能突出重点,只能择优扶重,只能"有所为,有所不为"。还要统筹兼顾长远发展和近期的阶段性目标,精心操作计划的启动,务必在三年中确保能拿出有自己特色的、标志性的成果来。如果三年以后,你这个院系拿不出,那么以后的支持中也就没有你们的份!当然学校也要根据总体规划,做好协调平衡,并按照择优扶重、突出重点的原则,尽力支持和帮助大家搞上去。在这方面,我们期望学部能在规划、协调和监督、评估充分发挥作用。总之,我们要齐心协力,务必在三五年内取得与北京大学地位相称的标志性成果!

最近,教育部领导一再强调博士生的论文质量问题。我想这不是就事论事,而是从培养高素质创造性人才的角度来强调的。博士生的论文水平是学校培养的学生水平的一个重要标志。北大有600多位博士生导师,每位每年指导出一篇优秀博士论文,就是600多篇。而我们被评为优秀论文的只有区区几篇,与北大的地位很不相称。博士论文和质量很大程度上跟博士生导师本身的造诣和责任心是分不开的,我希望老师们能真正负起责任来,并不断提高自身的学术水平。关于建设世界一流大学的其他问题,例如"973"项目的申报、科研经费的争取等等,我在这里就不都谈了。

第三,精心、稳妥地做好定岗、定编和人事分配改革。各院系、各部门的负责同志近一段时间以来,都在集中精力抓这项工作。由于这个工作进行得比较急,节奏比较快,各院系的进展情况很不平衡,有的系搞得比较好,有的系看起来还有不少问题。由于这项改革与每个人的切身利益密切联系在一起,又由于这次改革是打破过去的"大锅饭"、择优扶重、按需设岗的,拉开差距,所以引起的震动更大。然而岗位的设定和分配的改革,恰恰是创建世界一流大学的计划能否实现的关键,所以大家一定要再接再厉,全力以赴,把这项任务完成好。

做好这项工作的关键在于明确指导思想,对定岗、定编和人事分配改革有一个正确的思路。我们的这项工作并不是"普调工资",普遍改善一下待遇,而是要集中使用有限的财力确保创建世界一流大学计划的实施,确保三五年中出标志性的成果。为了这个目标,我们必须把最有竞争能力的人,特别是优秀的带头人、骨干放到关键和重点的岗位上来,让他们集中精力、专心致志地做好工作,不受社会上形形色色的各种诱惑的干扰。增强学校吸引一流人才的能力,强化对校内种种"精力外流"的抑制。

所以,归结起来,就是要按实施世界一流大学计划的需要设岗,而不是按原有的级别或教授、副教授等头衔来增加待遇。为此岗位的设置必须坚持四个"有利于"原则,即:

1.有利于推动优秀学科带头人、博士生导师和学术骨干上教学第一线,使主干基础课、精品课等课程的教学力量得到明显加强;

2.有利于推动教师通过竞争承担国家各类重大、重点项目,激励科研人员在学术研究中勇于创新、协同攻坚,在获取重大学术成果或在成果转化上取得重大的标志性的成就;

3.有利于推进校、院系教学、科研等方面基础性设施建设和学校的长远发展建设;

4.有利于从国内外、校内外吸引优秀的学科带头人和教师、干部队伍的稳定发展,建立人才流动、开放、竞争的机制。

坚持四个"有利于",就绝不能因人设岗或按职称"对号入座"。相反,必须要突出重点,"有所为,有所不为"。在设岗招聘时能否做到四个"有利于",关键在各单位的领导。现在我们了解到,凡是设岗招聘时坚持了这些原则的单位,工作开展就较为顺利;反之,现在没有坚持原则,表面上一团和气,照顾了方方面面,实际上为以后的工作埋下了隐患。将来工作上没有新气象,拿不出创一流的业绩,交不了账,结果既害了单位也害了自己。在这个问题上,各单位的领导同志必须清醒,务必深思。

在设好岗的基础上,做好工作的第二个关键是:按照公开、公正的原则,按岗招聘、竞争上岗。听说有个别单位不是按需设岗、按岗招聘、竞争上岗,而是专门为某人设计岗,还不让别人来竞争。甚至有的单位为了安排一些人上岗,私自拆借教学工作量或项目经费。还有过去按照择优的原则拿出来的基干课,有的单位为了安排自己的人要收回去等等。这些做法是完全错误的,必须立即纠正,否则一经发现就停止该单位的岗位津贴。所以请各单位在正式上报之前再一次审核、修订自己的岗位设置。

为了认真、妥善地做好这项工作,我们正在考虑如何改进学部和学校审核的方式方法。很可能在进入审核具体人员之前,先要审核单位出标志性成果的目标,按照单位的目标,根据"四个有利于"的原则审核岗位的设置,这些都通过之后才审核具体人选。

当然,同志们在工作中,还遇到不少政策性的问题。对于这些问题,我们将与有关部门一起在和大家共同探讨的基础上,确定有关政策。

第四,继续全面推进校内管理体制改革。改革是今年的重头戏,不改革就没有出路,也难以解决多年来形成的积弊。改革与发展、稳定的关系是辩证的。不改革,就难以突破,难以有真正的大发展;同样,不改革,还是在过去旧的体制和机制下面,也难以保持真正的校园稳定。

从校内外的大环境看,目前是改革的最佳时机。全国都在改革,人们有了较多的心理准备。学校党政联席会决定,要继续坚定地推进学校的各项内部管理体制改革:机关改革要尽快到位;财务改革继续进行;后勤和产业改革也要在下半年启动;人事分配制度改革按既定方针向前推进;院系调整也要继续稳妥地进行。其中人事分配制度改革是核心。目前,这项改革的关键之处在于如何严格地掌握标准,让真正符合条件的同志进入相应的岗位,而不是变成新一轮的大锅饭。前面我已讲过这个问题,学校人事部也有专门的文件,我不再多谈了。总之要尽可能完善这项改革,以期使北大的用人机制能符合建设世界一流大学的需要。

前面我还讲过,学校对改革的后续工作是一定要加以慎重考虑的,特别要求有关部门对分流转岗人员、对未聘上岗人员认真对待,实事求是地分析解决他们面临的困难和问题。同时也要明确,这不仅是学校需要考虑的问题,各院系、各部门也都要考虑,共同想办法、出注意,尽可能做到让绝大多数同志都比较满意。

这里我想特别强调一下,在推进改革之中,一定要请同志们加强思想政治工作。要讲"思想先行",不能一讲创一流、一讲改革就是要钱。首先还是要讲尽心尽责、讲艰苦奋斗、讲无私奉献、讲团结协作。更要以三讲的精神讲学习、讲政治、讲正气。只有思想工作先行,各项改革和工作才能顺利发展!

第五,关于保持校园稳定问题。下半年,我们要迎接国庆50周年、澳门回归、千年之禧,保持稳定事关重大。学校的各项改革也必须在稳定的环境中进行,这方面不可掉以轻心。各项重大活动,都要成立专门的工作小组,像组织校庆和今年五四活动那样,责任到人。

总的来说,下半年我们的任务很重,责任很大。大家要以良好的精神状态去迎接这些挑战。目标和任务确定之后,干部就成为工作成败的最重要的因素。在座的同志是学校工作的中坚力量,要以"三讲"的标准要求自己,切实担负起各自的责任来。我们相信,搞好今年的工作,一定能够为建设世界一流大学奠定一个好的基础。

同志们,波澜壮阔的20世纪即将结束,充满希望与挑战的21世纪已经渐露曙光;满载着光荣与辉煌的北京大学第一个百年已经落下帷幕,创建世界一流大学的第二个百年征程就在我们的脚下。让我们高举邓小平理论伟大旗帜,紧密地团结在以江泽民同志为核心的党中央周围,群策群力,奋发进取,确保改革和发展的各项任务圆满完成,为落实科教兴国战略,早日实现创建世界一流大学的宏伟目标而不懈奋斗!

·北大概况·

创办于1898年的北京大学，初名京师大学堂。中国在甲午战争中失败后，为了救亡图存，康有为、梁启超、谭嗣同等发起变法维新的改良运动，特别提出维新变法，须从废科举、兴学校开始。作为中国第一所现代高等学府和最高教育行政机关，京师大学堂应运而生。1898年6月，光绪皇帝在《明定国是诏》中宣布"京师大学堂为各行省之倡，尤应首先举办"。维新志士梁启超等人起草了京师大学堂章程。戊戌变法运动很快失败，所有新政措施几乎全部被废除，但京师大学堂却成为硕果仅存的变法成果得以保留，并于1898年12月正式开学，当时有学生近百人。

辛亥革命推翻了清王朝的统治。1912年5月，京师大学堂改名为北京大学，严复为北京大学第一任校长。

北京大学的创立，在我国高等教育史上具有里程碑式的意义。她在中国走向现代化的历史进程中起到了重要的先锋作用，形成了光荣的革命传统和优良的学术传统。作为新文化运动的中心和"五四"运动的发源地，作为中国最早传播马克思主义和科学民主思想的发祥地，作为中国共产党最早的活动基地，北京大学为民族的振兴和解放、国家的建设和发展、社会的文明和进步做出了很大的贡献。爱国、进步、民主、科学的精神在这里生生不息，代代相传。

1917年，蔡元培出任北大校长，这是一项对北大有至关重要影响的任命。这位著名的民主主义革命家、思想家、教育家"循思想自由原则，取兼容并包之义"，对北大进行了卓有成效的改革，促进了思想解放和学术繁荣。蔡元培延聘陈独秀担任文科学长。陈独秀是新文化运动的领袖之一，他主办的《新青年》杂志，提出反对封建复古主义，主张民主与科学。他任文科学长后，许多北大教授成为《新青年》的编辑，实现了《新青年》与北大的结合，使北大成为当时新文化运动的中心。李大钊出任图书馆主任，他是中国第一个接受并传播马克思主义的人。鲁迅、胡适等一大批学者前来任教，毛泽东也曾在校任职。1919年，伟大的"五四"爱国运动爆发，北京大学是其策源地。中国共产党在北方的第一个支部是在北大建立的，中国共产党第一批50多名党员中有20多位在北大学习和工作过，参加中共一大的13位代表中有6位曾在北大学习或任职。可以说北京大学对中国近现代的历史进程产生过重要影响，为中国的革命和进步事业做出了显著贡献。

1927年，奉系军阀统治北京时，悍然决定取消北京大学，将北京的国立9所学校合并，成立所谓京师大学校。国民党新军阀统治后，又将京师大学校改为中华大学，不久又改为北平大学。由于北大师生的强烈反对，1929年8月，恢复了北京大学。

抗日战争爆发后，北京大学师生辗转南下，与清华大学、南开大学共同组成长沙临时大学。1938年4月，由长沙迁到昆明，改名为国立西南联合大学，设立文、理、工、法、师范5个学院26个学系。在抗日战争的艰苦环境下，西南联大仍继续坚持着教育文化事业，每年在校学生一般保持在3000人左右。

抗日战争胜利后，西南联合大学于1946年5月宣告结束，北京大学在北平复校，同年10月正式开学。当时设有文、理、法、医、农、工6个学院和一个文科研究所，学生总数为3400多人。

1949年2月，北平和平解放，北京大学获得了新生。

中华人民共和国成立后，北京大学逐步发展成为一所新型的社会主义大学。为了继承和发扬"五四"光荣传统，北大将校庆日由过去的每年12月17日改为每年的5月4日。党和国家非常关怀北大的发展。毛泽东主席亲自为北大题写校名并曾3次写信鼓励师生团结起来，为建设新中国而奋斗。周恩来总理曾先后6次亲临北大视察或作报告。1951年6月，国务院任命著名经济学家、教育家马寅初为解放后北京大学第一任校长。

1952年，全国高等院校进行院系调整，北京大学的医、工、农学院以及其他部分学科或分出去单独成立高等学校，或并入了其他大学。清华大学、燕京大学的文、理、法科以及辅仁大学、浙江大学、中法大学等高校的有关系科并入北大。北大的校址也从北京市内的沙滩等地迁移到了位于北京西北郊著名园林风景区的原燕京大学校址，即"燕园"。院系调整后，北京大学成为一所侧重于文理基础科学的教学和科学研究的综合大学，为后来的学术发展和领先地位奠定了基础。当时全校共有12个系、33个专业，到1965年发展到18个系、53个专业。学校规模也不断扩大，1962年在校本科生曾达到10671人，研究生为280人。从1949年到1965年的16年间，北京大学共为国家培养了3万多名本科毕业生和2000多名毕业研究生。他们大部分成为我国各个领域的骨干。据不完全统计，在北大学习或工作过的师生中有398位中国科学院和中国工程院院士，中科院数理学部2/3的院士来自北大，地质系一个系培养了53位院士，数学系1954级毕业生中出了6位院士，技术物理系1956级毕业生中出了4位院士，中国哲学界有影响的4位大师级学者全部出自北大。蒋筑英、雷雨顺等作为中国知识分子的杰出代表，也正是北大培养的众多毕业生的缩影和写照。1955年，北大成立了中国第一个原子能系，为国防科技战线培养了一批骨干。60年代，与兄弟单位联手研制成功的人工合成牛胰岛素是国内基础研究方面的重大突破，对生命科学研究具有重大的理论意义和实践意义。1973年，中国第一台每秒运算百万次的电子计算机在北大诞生。

党的十一届三中全会以来，我们国家进入了以经济建设为中心，改革开放，建设有中国特色社会主义的新的历史时期，北京大学也进入了在改革开放中振兴和发展的新阶段。邓小平同志曾亲自过问北大的拨乱反正和恢复、发展工作，并于1978年为北京大学图书馆题写了馆名，1987年还为《今日北大》一书题写了书名。陈云同志为北大革命烈士纪念碑题写碑名。以江泽民同志为核心的党中央十分关心北大的改革、建设和发展，中央领导同志多次视察北大。

近十几年来，特别是邓小平同志视察南方发表重要谈话以来，北京大学不断解放思想，深化改革，加速发展，取得了历史上前所未有的建设成就。北大积极探索和进一步明确了各个领域的改革思路，陆续出台了各项改革措施，并逐步形成和完善了改革发展的总体思路。1994年7月，北大成功地召开了第九次党代会，确定了到21世纪初叶把北大建设成为世界一流大学的奋斗目标，通过了《北京大学改革发展纲要》，标志着北大的改革发展进入了一个新阶段。经过近三年的规划论证和申报审批，北大于1996年10月得到国家的正式批准，成为国家“211工程”实施中首批重点支持的两所高校之一。1999年北大又成为国家创建世界一流大学计划的两所重点高校之一，得到了国家的大力支持。

1999年是北京大学第二个百年的开局之年，是北京大学又一个新的起点。在新的一年里，北京大学全体教职员工高举邓小平理论伟大旗帜，贯彻落实科教兴国战略，按照1999年1月召开的北京大学第十次党代会确定的创建世界一流大学的远景目标、思路和任务，勤奋工作，不懈努力，各方面工作取得新的进展。

制定并启动创建世界一流大学计划

北京大学创建世界一流大学计划是北京大学90年代初在国家指导下所制订的长远发展规划和第九次校党代会决议在新形势下的深化，是与国家“211工程”和《面向二十一世纪教育振兴行动计划》有机结合在一起的，是贯彻党的十五大“科教兴国”与“社会可持续发展”战略的具体行动。北京大学创建世界一流大学计划明确制订了在下一世纪初叶把北京大学建设成为世界一流大学的战略目标、实施步骤和措施。这个计划的概要已写入北大第十次党代会报告，并已于1999年初正式启动。

学科建设得到重大推进

按照教育部本科生专业调整计划和北京大学创建世界一流大学计划，1999年，北大又对本科专业进行了调整，由原来的86个专业调整为77个(文科50个，理科27个)，新的专业设置进一步体现了培养厚基础、宽口径、具有较强适应性和创新能力人才的指导思想。1999年9月，北大素质教育委员会成立，提出了14项加强素质教育的措施，进一步促进了教学水平的提高，对于坚持办学方向、落实以教学工作为核心，培养高素质创造性人才起到了积极的推动作用。到1999年底，北大有27门主干基础课获得教育部创建全国理科名牌项目。

科研成果不断增加，科研水平有了新的提高

在“面向经济建设，立足基础，应用、开发协调发展”的科研方针指导下，北大科研以坚实的基础研究为后盾，发挥多学科的综合优势，推进高新技术的研究和开发，科学研究蓬勃发展。1999年北京大学科研项目数893项；科研经费也有了大幅度提高，约1.65亿元；申请获得国家自然科学基金85项。1999年获得国家级、省部级等各种奖励30项，通过鉴定、评审的科技成果32项，发表专著(译著)66部，申请专利17项，获专利9项。科学研究更加活跃，在基础研究、应用研究和科技成果转化方面都取得了许多重要的成果。1999年被SCI收录的论文数量达545篇，比1998年有所增加。人文社会科学的研究水平和获奖数目继续保持在全国高校中的领先地位。1999年首届国家社科基金项目优秀成果奖全国共评出153项，我校荣获18项(其中2项合作项目)；第四届国家图书奖全国共评出148种，我校荣获13种，两项评比我校均居全国高校之首。

办学规模稳步发展，学生结构不断得到优化，形成了以培养高层次人才为主，多层次、多形式办学的新格局

本科生招生继续保持高质量，研究生比重有显著增加，1999年在校本专科生9658人，研究生为6907人。留学生人数持续增长，继续教育日趋多样化、高层次化。

到1999年，北京大学共有10个学院，即数学学院、化学与分子工程学院、生命科学学院、经济学院、光华管理学院、国际关系学院、马克思主义学院、考古文博院、外语学院、法学院(包括知识产权学院)；17个系，即力学与工程科学系、物理系、地球物理系、技术物理系、电子学系、计算机系、地质学系、城市与环境学系、心理系、中文系、历史系、考古系、哲学系(含宗教学系)、政治学与行政管理系、信息管理系、社会学系、艺术系。全校共设有77个本科专业、2个第二学士学位专业、170个硕士专业(含2个专业硕士点)、137个博士专业,有42个全国重点学科,75个研究所、100个研究中心、2个国家级工程研究中心、11个国家重点实验室。

学校机关机构改革初见成效

北京大学机关机构改革从1999年6月9日开始,于1999年9月底以前顺利完成,经过一段时间的运转,初步达到了改革的预期目的,收到了良好的效果。党政管理机构由41个减为19个,精简幅度为53.67%。人员编制总数降为390人,降幅达24.7%。根据机构改革工作的整体性考虑,在改革中,还取消了"三长"(教务长、秘书长、总务长)的职务设置。

通过这次机关机构改革,调整了管理跨度,降低了管理重心,规范了管理行为,提高了管理水平和服务质量,初步建立了一支人员精干、作风良好、爱岗敬业的管理队伍,使北京大学管理薄弱的状况开始有所改变。

人事制度改革取得了阶段性成果

人事制度改革是学校内部管理体制改革的重要组成部分。这次改革紧紧围绕落实科教兴国战略,创建世界一流大学的目标,立足分配改革,按需设置岗位,按岗公开招聘,公平竞争上岗。对教职工的收入采取"确保已有存量,在增量中拉开差距"的做法。定岗定编、设置岗位津贴体现了改革精神,目的在于稳定和吸引优秀人才,激励有北大特点的优秀教学成果和重大科研成果的创造,促进一流大学建设目标的完成。这次改革对形成新的机制、新的活力、新的凝聚力,产生标志性的成果将起到积极的促进作用。

面向经济建设主战场,大力发展高新科技产业

北大依托基础研究和应用研究的强大优势,在已经形成的具有北大特色的、产学研相结合的高科技产业格局的基础上,在科研产业方面继续发展,并取得了良好的经济效益。

教学、科研、学习、生活条件有了明显改善

经过多年的建设尤其是近年来的努力,北大的校园占地面积增加到目前的231.8公顷,建筑面积达到102万平方米。近些年也是北大基本建设规模最大、成绩最为突出的时期,一大批教学、科研用房和教职工住宅陆续交付使用。1999年,北大百周年纪念讲堂、理科教学楼群也相继建成。

对外交流与合作的步伐进一步加快,层次和成效大幅度提高

1999年,北京大学共接待了5位国家元首、70多位知名大学校长。这不但反映了北大对外交流合作的成果,而且通过交流,促进了北大与国外在科技、文化和教育方面的合作,也为北大学习国外的先进经验,建设世界一流大学提供了借鉴。

党的建设和精神文明建设不断取得新成就

用邓小平理论武装头脑的工作坚持不懈地推进,以党内"双学"和干部"三讲"为主要内容的党性党风党纪教育取得积极成效。研究、宣传邓小平理论取得了一批有影响的成果。以学习贯彻邓小平科教兴国思想为中心的办学思想、教育观念的大学习、大讨论大张旗鼓地进行。发展新党员工作取得显著进展,积极上进、要求入党的学生骨干已占到学生总数的1/3以上,这些骨干在学生当中起到了先锋模范作用。申请入党人数从1998年的3591人上升到1999年的4005人。

校园综合育人环境不断改善,群众性精神文明创建活动不断拓展

校园文化活动丰富多彩又体现了主旋律,在抗议以美国为首的北约的暴行、庆祝建国50周年,以及喜迎新千年等一系列重大活动中,北大学生表现出的良好素质和精神风貌,给世人留下了深刻的印象。学校充分发挥了德育在培养人才中的主导作用,开展了具有北大特色的既高品位又多层次,既有主旋律又多样化的校园文化建设,良好的校园文化环境为学生的健康成长带来了积极而深刻的影响。

北大也清醒地看到,自身工作中,还存在着一些缺点和不足:一是在改革与发展的关系上,重视了发展,但改革进展不快,管理跟不上已成为制约学校发展、影响办学效益的突出问题。二是队伍建设中,有世界影响的一流学者人数还很少或不多,不少学科在国内的权威地位受到挑战,吸引和汇聚拔尖人才的机制亟待完善。三是在教学上,虽然经费投入有了较大增长,但离全面贯彻素质教育仍有不小的差距,一部分教师精力投入不足的状况还没有明显改变,教学管理比较薄弱;科研上突出的问题是创新不够,组织不力,小而散和低水平重复的状况还大量存在,有重大创新的研究成果和对社会经济发展有重大价值的开发成果较少,被SCI和SSCI收录的论文无论在质量上和数量上均有待提高;四是教学计划和学术支撑服务的质量尚不能适应社会的需求,学生的生活、学习条件在许多方面都比较差,欠账过多,解决的速度较慢;五是大学办学自主权还有待充分发挥。学校工作中存在的这些问题,主要是学校对形势的变化、事业的发展,从观念上、能力上、作风上存在着种种不适应的状况,特别是组织管理工作跟不上。北大将通过加强学习、总结经验和自我批评,在新的一年里不断提高和改进领导水平,使学校的工作再上一个新台阶。

(梁　枫)

·机构与干部·

校级领导干部

党委书记 任彦申
校　　长 陈佳洱(1999.12免)　许智宏(1999.12任)
党委副书记 赵存生　岳素兰　王登峰
副 校 长 王义遒(1999.2免)　闵维方　迟惠生　马树孚(1999.6免)　陈章良　何芳川　林钧敬
纪委书记 王丽梅
校长助理 陈文申　郝　平　鞠传进　吴志攀(1999.11任)

校务委员会

主　任： 任彦申
副主任： 陈佳洱　赵存生　吴树青　王义遒　郝　斌
委　员：(以姓氏笔画为序)　王邦维　王浦劬　甘子钊　厉以宁　卢咸池　朱　星　刘宇辉　关成华　杨芙清　李克安　吴志攀　张宝岭　陈占安　林建华　林毅夫　周其凤　袁行霈　韩汝琦

校学术委员会暨教师职务评审委员会

(1999年6月)

主任					
陈佳洱	男	1934年10月	教授、院士	校长	核物理
副主任					
迟惠生	男	1941年5月	教授	常务副校长	信息科学
闵维方	男	1950年10月	教授	常务副校长	教育经济学
委　员(以姓氏笔画为序)					
马　戎	男	1950年3月	教授	社会学与人类学研究所所长	社会学与人类学
王义遒	男	1932年9月	教授		无线电物理
王　选	男	1937年12月	教授、院士	计算机研究所所长	计算机科学与技术

厉以宁	男	1930年10月	教授	光华管理学院院长	经济学
叶　朗	男	1938年10月	教授	哲学系系主任	美学
宁　骚	男	1943年5月	教授		比较政治学
甘子钊	男	1938年4月	教授、院士	物理系系主任	物理学
申　丹	女	1958年4月	教授		英国文学
任彦申	男	1945年12月	教授	校党委书记	汽车制造
朱苏力	男	1955年4月	教授		法学
何芳川	男	1939年1月	教授	副校长	世界历史
佘振苏	男	1962年8月	教授		流体力学
张恭庆	男	1934年10月	教授、院士		数学
李晓明	男	1957年5月	教授	计算机科学与技术系系主任	计算机科学
杨芙清	女	1932年11月	教授、院士		计算机科学
陈晓非	男	1958年2月	教授		地球物理学
陈章良	男	1961年2月	教授	副校长	基因工程
林毅夫	男	1952年10月	教授	中国经济研究中心主任	农业经济学
欧阳颀	男	1943年5月	教授		物理学
赵柏林	男	1929年4月	教授、院士		大气物理学
赵新生	男	1961年1月	教授		化学
袁行霈	男	1936年4月	教授		中国文学
钱祥麟	男	1929年11月	教授		地质学
梁守德	男	1936年3月	教授		国际政治学
黄　琳	男	1935年11月	教授		固体力学
彭立中	男	1944年10月	教授		数学
翟中和	男	1930年8月	教授、院士		生物学
黎乐民	男	1935年12月	教授、院士		化学

北京大学第五届学位评定委员会

主　席： 陈佳洱

副主席： 王义遒　闵维方　迟惠生(增列)

委　员： 李　忠　王敏中　章立源　黄嘉佑　杨芙清　周其凤　丁明孝　刘瑞珣　陶　澍　唐孝炎　袁行霈　马克垚　赵敦华　梁守德　宁　骚　杨春洗　厉以宁　王邦维　张玉书　梁　柱

学部与学部学术委员会

人文学部

主　任： 袁行霈

副主任： 赵敦华　申　丹

人文学部学术委员会委员:(22 人)

袁行霈 裘锡圭 陆俭明 马克垚 何芳川 阎步克 赵敦华 赵家祥 楼宇烈 严文明 申丹
安美华 王逢鑫 叶奕良 傅成劼 王邦维 张玉书 赵振江 王文融 李毓榛 吴同瑞 赵存生

社会科学部

主　任: 厉以宁
副主任: 吴志攀 马戎
社会科学部学术委员会委员:(20 人)

厉以宁 张国有 吴志攀 魏振瀛 陈德华 吴树青 易纲 梁守德 黄宗良 陆庭恩 宁骚
赖茂生 李士坤 梁柱 闵维方 马戎 张纯元 林志超 孙小礼 李克安

理学部

主　任: 甘子钊
副主任: 姜伯驹 赵新生 赵进东
理学部学术委员会委员:(26 人)

姜伯驹 张恭庆 耿直 甘子钊 高崇寿 欧阳颀 黎乐民 赵新生 来鲁华 翟中和 赵进东
朱玉贤 陶澍 方精云 赵柏林 濮祖荫 陈晓非 刘元方 方家训 江栋兴 郑亚东 郝守刚
陈建生 朱滢 朱星 周其凤

信息与工程科学部

主　任: 杨芙清
副主任: 佘振苏 王子宇
信息与工程科学部学术委员会委员:(18 人)

杨芙清 许卓群 王阳元 薛增泉 王子宇 梁庆林 石青云 迟惠生 陈珂 阳振坤 史树中
黄琳 陈滨 佘振苏 唐孝炎 俞孔坚 羌笛 陈章良

校教职工代表大会执行委员会

主任委员: 赵存生
副主任委员: 马树孚 陈淑敏
委　　员: 丰子义 王登峰 尤承业 刘永福 江长仁 汤卡罗 岳庆平 赵钰林 梁燕 曾辉

校机关各部门、工会、团委负责人

（1999 年 6 月 11 日以前）

教务长		羌　笛
秘书长		史守旭
总务长		鞠传进
党委办公室	主任	刘宇辉
党委研究室	主任	岳庆平
纪委	书记	王丽梅
	副书记	叶静漪
党委组织部	部长	王　杰
党委办公室	主任	侯学忠
党委宣传部	部长	赵为民
党委统战部	部长	卢咸池
学生工作部	部长	王登峰
人民武装部	部长	王登峰
保卫部	部长	童宣海
老干部处	处长	赵兰明
工会	主席	赵存生（兼）
	常务副主席	陈淑敏
团委	书记	关成华
机关一党委	书记	王丽梅（兼）
机关二党委	书记	仇守银
后勤党委	书记	赵钰林（1999 年 1 月免）
		张宝岭（1999 年 1 月任）
产业工委	书记	隋凤花
昌平工委	书记	张荫春
校长办公室	主任	范　强
人事处	处长	陈文申
人才培养与交流中心	主任	陈文申（兼）
教务处	处长	李克安
自然科学处	处长	严纯华
		朱　星（1999 年 3 月任）
社会科学处	处长	程郁缀
研究生院	院长	陈佳洱（兼）
	常务副院长	周其凤
研究生院管理处	处长	刘曙雄
研究生院培养处	处长	蔡运龙
学位办公室	主任	周其凤（兼）
成人教育学院	院长	沈　鹏
财务处	处长	廖陶琴
监察室	主任	叶静漪
审计室	主任	赵立群

外事处(港澳台办)	处长	郝　平
设备实验室处	处长	王兴邦
校办产业管理办公室	主任	苏东波(1999年4月任)
基建处	处长	支　琦
房地产管理处	处长	宋心才
伙食管理处	处长	崔芳菊
勺园管理处	处长	杨永庚
档案馆	馆长	张爱蓉
电教中心	主任	殷金生
昌平园区办事处	主任	张荫春

校机关各部门、工会、团委负责人

(1999年10月以后)

党委办公室校长办公室	主任	刘宇辉
发展规划部	部长	岳庆平
纪检监察审计部	部长	王丽梅(兼)
党委组织部	部长	王　杰
党委宣传部	部长	赵为民
党委统战部	部长	卢咸池
学生工作部	部长	王登峰(1999年4月免)
		关成华(1999年4月任)
保卫部	部长	张　虹
教务部	部长	李克安
科学研究部	部长	朱　星
研究生院	院长	陈佳洱(兼)
研究生院	常务副院长	周其凤
继续教育部	部长	李国斌
人事部	部长	陈文申
财务部	部长	廖陶琴
国际合作部	部长	郝　平
总务部	部长	鞠传进
资产管理部	部长	史守旭
基建工程部	部长	鞠传进(兼)
产业管理部	部长	苏东波
工会	主席	赵存生
	常务副主席	陈淑敏
团委	书记	关成华
机关一党委	书记	王丽梅
机关二党委	书记	仇守银
后勤党委	书记	张宝岭
产业工委	书记	隋凤花
昌平园区工委	书记	张荫春

各院系、所、中心负责人

数学科学学院	党委书记	刘和平
	院长	张继平
力学与工程科学系	党委书记	秦寿珪(1999年7月免)
		于年才(1999年7月任)
	主任	方　竞
物理学系	党委书记	周岳明
	主任	甘子钊
地球物理系	党委书记	仲维英
	主任	黄嘉佑
技术物理系	党委书记	白郁华
	主任	叶沿林
重离子物理研究所	所长	陈佳洱(兼)
电子学系	党委书记	栾桂冬(1999年5月免)
		郭　瑛(1999年5月任)
	主任	项海格
计算机科学技术系	党委书记	魏引树
	主任	杨芙清(1999年3月免)
		李晓明(1999年3月任)
化学与分子工程学院	党委书记	关烨第
	院长	林建华
生命科学学院	党委书记	李松岗
	院长	周曾铨
地质学系	党委书记	宋振清
	主任	潘　懋
城市与环境科学系	党委书记	吴月照
	主任	杨开忠
遥感与地理信息系统研究所	所长	杨开忠(兼)
心理学系	党委书记	肖　健
	主任	王　垒
计算机科学技术研究所	所长	王　选
环境科学中心	党总支书记	栾胜基
	主任	张远航
信息科学中心	主任	唐世渭
计算中心	主任	张兴华
中国语言文学系	党委书记	李小凡
	主任	费振刚(1999年7月免)
		温儒敏(1999年7月任)
历史学系	党委书记	王春梅
	主任	王天有
中国古史研究中心	主任	王天有(兼)

考古系	党委书记	赵朝洪
	主任	李伯谦
哲学系/宗教学系	党委书记	丰子义
	主任	叶　朗
国际关系学院	党委书记	邱恩田
	院长	钱其琛
	常务副院长	潘国华
经济学院	党委书记	睢国余
	院长	晏智杰
光华管理学院	党委书记	王其文
	院长	厉以宁
人口研究所	所长	郑晓瑛
法学院	党委书记	刘守芬
	院长	吴志攀
信息管理系	党委书记	刘兹恒
	主任	吴慰慈
社会学系	党委书记	吴宝科
	主任	王思斌
社会学人类学研究所	所长	马　戎
政治学与行政管理系	党委书记	陈庆云
	主任	王浦劬
东方语言文学系	党委书记	吴新英(1999年6月改建制免)
	主任	王邦维(1999年6月改建制免)
西方语言文学系	党委书记	林成勤(1999年6月改建制免)
	主任	林成勤(代理,1999年6月改建制免)
俄罗斯语言文学系	党委书记	郑惠康(1999年6月改建制免)
	主任	任光宣(1999年6月改建制免)
英语言文学系	党委书记	孔宪倬(1999年6月改建制免)
	主任	胡家峦(1999年6月改建制免)
外国语学院	党委书记	吴新英(1999年6月建院任)
	院长	胡家峦(1999年6月建院任)
艺术学系	直属支部书记	彭吉象
	主任	叶　朗
马克思主义学院	党委书记	杨　河
	院长	陈占安
高等教育研究所	所长	闵维方(兼)
体育教研部	主任	田敏月

直属、附属单位负责人

成人教育学院	院长	沈　鹏(1999年10月免)
		魏常海(1999年10月任)
电教中心	主任	殷金生

档案馆	馆长	张爱蓉(1999年9月免)
		何芳川(1999年9月兼任)
图书馆	党委书记	高倬贤
	馆长	林被甸(1999年3月免)
		戴龙基(1999年3月任)
出版社	党委书记	周月梅(1999年5月免)
		王明舟(1999年5月任)
	社长	彭松建
	总编辑	温儒敏(1999年7月免)
		王明舟(1999年7月代理)
校医院	党委书记	傅　新
	院长	王慧芳(1999年6月免)
		张宏印(1999年6月任)
燕园街道办事处	工委书记	何敬仁
	主任	张书仁
附中	党委书记	董灵生
	校长	赵钰林
附小	直属支部书记	李建新
	校长	刘开云

各民主党派和归国华侨联合会负责人

中国国民党革命委员会北京大学支部委员会	主任委员	韩汝琦
	副主任委员	陈月华　吴泰然
	委　员	彭　甄
九三学社北京大学委员会	主任委员	许保良
	副主任委员	陈恢钦　姚孟臣
	委　员	张有民　张　镡　杨其湘　钱志熙
		吴念祖　徐爱国　魏丽娜　陈元冬
中国民主建国会北京大学支部委员会	主任委员	晏懋洵
	副主任委员	邱建国
	委　员	刘宝诚　黄恒学　吴梦如
中国致公党北京大学支部委员会	主任委员	李崇熙
	副主任委员	马　军
	委　员	唐晓峰　叶抗生　陈国谦
中国民主同盟北京大学委员会	主任委员	王晓秋
	副主任委员	黄嘉佑　沈正华　孟广礼
	常　委	沈佩珊　刘　力　贾庆国
	委　员	于希贤　甘良兵　李　玮　陈熙中
		张　靖　张文霞　董险峰

中国民主促进会北京大学委员会	主任委员	高巧君
	副主任委员	胡　军　佟　新　潘燕生
	委　员	顾玉标　刘丽静　王　铮　王燕海
		邢启江　张颐武　韩秀琴
归国华侨联合会	主　席	王德煌
	副主席	王佩瑛　李安山

·院系情况·

数学科学学院

【发展概况】 作为我国数学研究与教育发展历史的缩影，北京大学的数学学科已走过86年的风雨路程。1913年北京大学数学门建立，成为我国现代第一个数学系科。1919年改称数学系。1952年我国高校院系调整后称数学力学系。1995年在原数学系与概率统计系的基础上成立了北京大学数学科学学院(简称数学学院)。学院首任院长姜伯驹教授，现任院长张继平教授。

1999年是数学科学学院发展史上相当重要和关键的一年。学院制定并启动了建设世界一流数学学院的发展规划。学院改革、学科建设不断发展，教学、科研、服务等各方面更上一层楼。人事制度改革是建设世界一流数学学院的重大举措，是自1952年院系调整以来，该院最具影响力的改革行动和重大发展机遇。学院对此高度重视，认真准备，全面筹划，精心组织，积极、稳妥地实施和完成了这项重大改革措施，较好地体现了学校要求的有利于优化稳定队伍、促进教学科研的精神，增强了全院师生的凝聚力，为建设世界一流数学学院打下了很好的基础，在全国乃至国际数学界产生了重要影响。

数学科学学院有2个一级学科：数学、统计学。下设5个系：数学系、概率统计系、科学与工程计算系、信息科学系、金融数学系。数学科学学院是首批具有按照一级学科(数学)授予博士学位权的单位。学院有4个博士专业：基础数学、应用数学、计算数学、概率统计。四个博士专业都设有博士后流动站。

数学科学学院有9个院属实验室、研究所与中心：学院中心实验室、信息实验室、计算数学实验室、数理统计实验室、金融数学实验室、科瑞奇图像处理实验室、金科网络研究开发中心、数理统计研究所、几何分析中心。

数学科学学院所属数学杂志编辑部有：数学进展(中文)、逼近论及其应用(英文)、北京数学(中文)、数理统计与管理(中文)。

挂靠在数学科学学院的有关单位有：北京大学数学研究所、北京大学数学与应用数学开放实验室(教育部)、全国高校数学研究与高等人才培养中心。数学科学学院暨数学研究所1999年在编人员171名。其中教学科研人员145人，党政管理、实验技术、教辅人员26人，中科院院士4名，第三世界科学院院士2名，教授64名，副教授47名。博士生导师41名，教师中具有博士学位的92人，45岁以下的中青年教师97人。学校人事制度改革当中岗位聘任142人，其中A类岗61人，B类岗48人，C类岗33人。现有离退休人员40人。

【教学与科研工作】 数学科学学院在教学规模与教学任务量上都是北大理科最大的系科。承担的外系教学任务在全校也是最繁重的系科之一(仅次于外语学院)。1999年数学学院本科扩大招生50名，录取新生达204名，成为理科招生最多的院系，在校本科生528名。1999年毕业本科生135人。1999年硕士生入学55人，毕业41人，在校164名，博士生入学26人，毕业28人，在校91名。1999年博士后流动站进站4人，出站6人，在站9人。

学校确定的基础骨干课中数学学院有24门，是理科最多的院系。数学学院是全国数学与力学教学指导委员会主任单位，有十多名教授是全国数学与力学教学指导委员会主任委员、委员或指导小组成员。1999年数学学院被评为国家级优秀"理科基础科学研究与教学人才培养基地"。

1999年数学学院开设本科课程175门(近二分之一为外系或全校公共选修课)：春季开课92门，秋季开课83门。开设研究生课程139门，春季开课73门，秋季开课66门。数学学院积极稳妥地推进教学改革工作。对本科生课程设置和课程体系按照科学发展要求及社会发展实际进行了改革调整，进一步增加学生选修课的分量，指定和开始推行新的教学大纲。加强了教材建设，和北京大学出版社一起共同推出几十本"北京大学数学科学学院教材"和教学参考书。对研究生加强了基础知识和创新能力的培养，拟订了研究生18门公共选修课，使研究生培养质量不断提高。加强了对本科生综合培养的力度，使学生及早参与科研活动，开设了针对低年级尖子学生的科研讨论班。在全国大学生数学建模比赛中，数学科学学院代表队获总分第一名。

在科研方面，数学学院的整体实力不断增强。学院学科与研究领域齐全，经多年的不断精简，形成了较合理的老中青相结合的研究队伍结构，科研实力和基础雄厚。北京大学数学科学学院获高等级奖励的数量，约占全国数学获奖数目的四分之一。数学学院承担国家自然科学基金委项目30项左右，其中30人承担重点项目基金，占全国数学界的六分之一左右，其中10人是重大重点项目负责人，国家自然科学基金委已把数学学院选为科研重点研究基地。数学学院1999年在研科研项目111项，通过鉴定的科研项目5项，新获科研项目26项，结题28项。1999年获各类重要奖励11项：

李忠获国家自然科学奖(3等)

王诗宬获陈省身数学奖

王长平获“求是”杰出青年科学家奖

林作铨获国家杰出青年基金

刘张炬获国家杰出青年基金

林小松获国家杰出青年基金

张平文获冯康计算数学奖

鄂维南获聘长江特聘讲座教授

许进超获聘长江特聘讲座教授

张筑生获教育部科技进步奖(2等，科技教材类)

李正元、林源渠获北京市科技进步奖(2等)

1999年文兰教授当选中国科学院院士，张继平教授获国家级有突出贡献的中青年专家称号。1999年数学学院发表科研论文115篇，其中被SCI收录68篇(第一作者46篇)，出版专著4部，出版教材13部。

数学学院一直十分重视国内国际学术交流。1999年教师出国出境进行学术交流78人次，参加国际学术会议46人次，国外来访专家38人。参加国内学术会议32人次。举办国际学术会议8次。第二期北京大学特别数学讲座在国际著名数学家田刚教授的主持下，聘请国际一流的数学家任教，受到各方面的热烈欢迎，取得巨大成功。

数学科学学院具有优良传统和运行机制，风清人正，有一种无形而巨大的凝聚力。广大师生正更加努力地工作，加强数学学科的建设，增强学科综合实力，决心以辉煌的成绩迎接21世纪的到来和2002年世界数学家大会在北京召开，为中国早日成为世界数学大国做出更大贡献。

(数学科学学院　供稿)

力学与工程科学系

【发展概况】 力学与工程科学系下设流体力学教研室、固体力学教研室、一般力学教研室、结构工程教研室、计算力学与应用数学教研室、空气动力学实验室、测试分析室、计算机教学实验室、湍流研究国家重点实验室和北京大学力学博士后流动站。

1999年3月力学楼建成，固体力学教研室、结构工程教研室、湍流研究国家重点实验室的部分单位和系行政办公室搬到楼内办公。

1999年7月14日系党委换届，于年才教授任系党委书记。1999年8月14日系行政领导换届，方竞教授连任系主任。

全系共有教职工97名，其中教师系列53人，教辅系列28人，行政管理系列9人，工勤系列7人；其中有教授29人(包括长江特聘教授1人)，副教授13人，讲师9人，助教2人；正高工1人，高级工程师和高级实验师10人，工程师和实验师14人，助理工程师3人；博士生导师28人(其中兼职1人)。

1999年9月开始岗位聘任工作，聘任总数78人，其中教学科研系列岗位43人，党政管理与教学辅助系列岗位35人。聘任审批结果是：A1级1人，A2级11人，A3级11人，B1级12人，B2级9人，B3级6人，C1级14人，C2级10人，C3级4人。

为加强教师队伍建设，1999年该系派出1名青年教师到国外攻读博士学位，2名教师到国外进修。

本年度招收本科生73人，硕士生22人，博士生11人。现共有本科生282人，硕士生67人，博士生24人，博士后9人。1999年本科毕业生43人，其中16人被保送攻读研究生，2人读双学位，9人出国，16人就业；毕业研究生30人(其中博士生8人、硕士生22人)。博士毕业生多数就业，少数作博士后；硕士毕业生有半数就业，三分之一出国留学，十分之一读博士学位。

【学科建设】 1999年9月，力学与工程科学系新设的“工程结构分析专业”，正式获国家教育部批准，列入2000年高考招生目录。10月，新修订的“力学专业与工程结构分析的教学计划”完成。11月，国家教育部组织专家对北京大学理科基础科学研究与教学人才培养基地进行中期评估，评估专家组成员对力学与工程科学系的力学基础科学研究与教学人才培养基地进行了为期一周的实地考察评估，对基地的建设给予了充分肯定。为加强“理论力学”课程和动力学学科建设，成立了由陈滨教授主持的“理论力学”教学小组。“理论力学”课于12月获批准列入教育部“国家理科基地创建名牌课程项目”立项。

【科研活动】 1999年2月，北京大学系统与控制研究中心正式成立，挂靠在力学与工程科学系。余振苏教授的“气候动力学的标度律及其相关的层次结构”项目，陈滨教授的“柔性多体系统碰撞动力学建模理论及仿真算法的研究”项目和耿志勇副教授的“混合摄动动力系统的鲁棒控制”项目获国家自然科学基金资助。佘振苏教授的“湍流层次结构的实验与理论研究”项目，王龙教授的“摄动系统的分析与控制”项目和王健平教授的“湍流高精度计算”项目获国家杰出青年科学基金资助。9月，王敏中教授获北京大学1998～1999学年度教学优秀奖。10～11月进行了北京大学1999年度奖教金申报与评审工作。严宗毅教授获北京大学“杨芙清—王阳元院士奖教金”奖，唐少强副教授和耿志勇副教授获“安泰个人奖教金”奖，白树林副教授获“桐山奖教金”奖，李水乡博士获“岗松奖教金”奖。11月，由该系部分教师承担的“参数摄动控制系统的鲁棒分析与综合”项目获国家自然科学奖三等奖。12月，陈滨教授负责的“非线性支撑材料与间隙对结构动力学特性的影响”项目，获中国工程物理研究院院外基金一等奖。12月进行了第三届“周培源优秀基础教学奖”评选工作，王大钧教授、苏卫东博士获第三届周培源优秀教学奖一等奖，陈德成教授、邸元博士和胡永生实验师获二等奖，武际可教授主持的“数学分析教学小组”获教学集体奖，系行政办公室获集体奖。

【外事活动】 1999年，有1人参加了在新加坡召开的“第四届亚太计算力学会议”，1人参加了在美国召开的“国际流体力学会议”，1人参加了在澳门召开的“第七届科学与工程计算方法加强与提高国际会议”，2人参加了在日本召开的“亚洲多相流学术会议”，1人参加了“亚洲流体力学学术会议”，1人到丹麦参加了“第十届国际风工程会议”，2人参加了在美国召开的“激光流速计系统”研讨会，1人参加了在美国召开的“湍流和剪切流现象国际研讨会”。

分别派教师到美国Akron大学、澳大利亚新南威尔士大学、新加坡大学、香港中文大学和香港大学进行合作研究。邀请日本京都大学左藤忠信教授等五位外国专家来系短期讲学。

【学生工作】 系团委被评为北京大学“红旗团委”。4月，力学与工程科学系获北京大学学生田径运动会乙组团体冠军，并获道德风尚奖。5月，1996级本科生团支部获首都“先锋杯”优秀团支部。9月，力学与工程科学系获北京大学“挑战杯”二等奖，博士生孙宝江的“应用于喷射钻井的高效自激振荡射流喷嘴”科研成果获学校一等奖和全国“挑战杯”三等奖。10月，力学与工程科学系国庆游行小队被评为北京大学先进小队。11月，博士生朱怀球的“孤粒子：一朵美丽的‘数学物理之花’”获全国大学生科技征文比赛亚军。12月，1998级力学本科生班荣获北京市先进班集体。

【湍流研究国家重点实验室】 湍流研究国家重点实验室（以下简称湍流室）有17名教职工，其中教授7名（包括1名长江特聘教授），副教授2名，讲师2名，正高工1名，工程师和实验师4名，秘书1名，佘振苏教授任室主任。

1999年5月8日，召开了“湍流室科研与发展研讨会”，会议明确了实验室近期科研规划等。5月11日，湍流室与北京空气动力研究所（701所）草签了建立“可压缩湍流实验研究室”协议。9月，国家教育部副部长韦钰、国家科技部副部长李学勇来湍流室视察。9月15日～23日，湍流室与中国科技大学研究生院联合举办“湍流’99研讨班”，佘振苏教授与美国俄亥俄大学空间研究院湍流和转捩研究中心主任石灿兴教授主讲。此次研讨班的举办，促进了国内外湍流研究的学术交流。9月26日，湍流室用北京大学创建世界一流大学经费建成的集群式计算机系统通过专家验收。该系统由66台微机通过高速网络连接实现并行处理，最高浮点计算速度可以达到每秒288亿次，实现浮点双精度计算速度达到每秒130亿次，系统管理软件和应用软件功能齐全。此外，湍流室还先后邀请了日本福井大学山本富士夫教授、中国科技大学北京研究生院童秉纲院士等国内外专家教授18人次来室作学术报告。

（力学与工程科学系　供稿）

物理学系

【发展概况】 北京大学物理学系建系已有86年的历史。1999年教职工210人，其中教研、工程技术岗位人员182人，其中正高级职称67人（博士生导师42人），副高级职称52人，中级职称33人，中国科学院院士3人，长江学者2人，辅助机构人员28人。

1999年有本科生375人。招收了来自25个省市的新生129人（实招127人，转系生2人），包括保送生47人，走读生27人。其中，获得国际奥林匹克物理竞赛金牌者2人，银牌者3人。他们被物理学系录取的高考成绩为：900分制的最高分为898分，最低分为781分；750分制的最高分为686分，最低分为590分。

1999年共有研究生133人，其中博士生35人，硕士生98人。同年7月毕业49人。其中硕士研究生40人，博士研究生9人。

【学科建设】 1999年物理学系为本系及物理类系、理科非物理类系共开出34门主干基础课，上课学生约为38万人时数；限定选修课6门，上课学生约为1.36万人时数。

为保证教学质量，还对部分任课教师进行了公开招聘。任课教员中绝大多数为教授、副教授，属于A3级岗位以上的教员占50%以上。

在物理学系承担的课程中，量子力学、热力学统计物理学、数学物理方法、电磁学、光学、近代物理实验等6个课程组被学校评为优秀课程组。俞允强、陆果、罗强等3名教师获得北京大学教学优秀奖。

1999年11月，理科基地(物理学)通过了教育部专家组的验收，并得到了有关专家的一致好评，被评为优秀基地点。专家组认为："北京大学物理学基础人才培养基地的建设有其自己的特色。主要是依托重点实验室、重点学科办好基地，充分利用科研条件培养人才，教学与科研紧密结合；以及在学生培养上，注重实验能力、研究能力和创新意识的培养，发挥了学生积极参与科研和教学活动的创新精神。""由于教学体系、培养计划、教学内容的改革富有成效，师资队伍建设措施得力，基地学生基础扎实、能力强、综合素质高，研究生平均考取率达70%以上，优秀学生在学期间有的已发表了高质量的学术论文。"

物理学系的基础物理实验中心也于1999年11月正式宣布成立并挂牌。该中心承担着全校理科十几个院系的普物实验课和基础物理实验课。现有课程主持人1名、主讲人6名及带课教师若干名。在教学上本着"面对现实，增强基础，循序渐进，全面提高"的原则，进一步探索对普通物理实验课的教学内容和课程体系的改革，淘汰不适应科研、生产发展的实验方法、仪器，保留物理内容丰富、有训练意义的传统项目，并根据"因材施教"的原则，进行多层次教学，取得了良好的效果。对中心工作人员实行了校内公开招聘，择优竞争上岗。

1991年以来物理学系获教材奖43项，其中国家级奖13项，部委奖25项。1999年又出版了《李代数李超代数及在物理中的应用》(孙洪洲、韩其智编著，北大出版社)、《数学物理方法》(吴崇试编著，北大出版社)、《电动力学简明教程》(俞允强编著，北大出版社)、《量子力学习题精选与剖析》(第二版)(曾谨言编著，科学出版社)、《量子力学专题分析》(曾谨言编著，高教出版社)、《物理学难题集萃》(陈秉乾、胡望雨、舒幼生编著，高教出版社)、《基础物理学教学参考书》(陆果编著，科学出版社)、《电动力学题解》(张之翔等编著，科学出版社)等教材。

【科研工作】 1999年物理学系承担的科研项目共77项，科研经费570多万元。其中重大科研项目15个，科研经费约210万元。发表研究论文约200篇，其中SCI文章107篇。杨威生、盖峥、方胜、赵汝光、季航的研究项目"扫描隧道显微镜在纳米科技中的应用"获国家教委科学技术进步奖二等奖。该项目以自行研制的超高真空STM－LEED－AES系统为主，对四族半导体表面结构进行了系统研究，并对表面原子动态过程、表面缺陷结构、Ⅲ/Ⅳ、Ⅳ/Ⅳ、M/Ⅳ等结构进行了研究。并在纳米科技的量子点接触、量子线稳定性、表面台阶功函数、亚表面位错运动及氨基酸在金属表面的吸附研究上取得成果，发表文章44篇，SCI收录33篇。该系1995年博士毕业生盖峥的博士论文《扫描隧道显微镜的应用研究》于1999年6月获首届全国优秀博士论文奖，并获65万元专项基金资助。该论文利用自建的STM系统对介观物理、纳米科技和表面物理等领域的热点作了成功的应用尝试。

【党建与学生工作】 物理学系共有14个党支部，162名党员。其中教工党支部11个，党员106名(包括离退休党员)，占全系教工人数的50%；学生党支部3个(本科生、硕士生、博士生各1个)，党员56人，约占学生总数的10%。1999学年发展新党员11人。共有10名党员被评为校、系优秀党员，韩汝珊教授还被评为校级优秀党员标兵。"普通物理"党支部连续三年被评为校级先进党支部，本科生党支部被评为系级先进党支部。

1999年共有本科生375人，其中获学校奖学金者81人，占本科生总数的21.6%；获助学金者26人，占本科生总数的6.9%。1999年本科生毕业94人，其中，获校级优秀毕业生称号者13人，占毕业生人数的13.8%。

物理学系团委、学生会多次组织文化、国防科技、社会实践活动：在北约挑起科索沃战争、轰炸我驻南斯拉夫大使馆的大背景下，举行了"北京大学国防科技文化节"。其间组织了三次讲座、一次图片展览、两次录像展映及两次参观等活动。先后有近2000人次参加了这次文化节的有关活动。还利用寒暑假两次组织学生赴河北易县进行扶贫支教活动，分别开展了向易县贫困小学认捐北大学子育人奖学金活动和向易县农村学校和村民捐献图书和衣物以及其他形式多样的扶贫支教活动。原北大副校长沈克琦教授亲赴易县高中与教师座谈，并向部分教师作了报告。该活动受到受助学校师生和当地村民的好评。1999年7月下旬，21名师生赴甘肃开展科技参观考察活动，先后访问了中国科学院近代物理所、兰州大学物理学系、航空工业总公司兰州物理研究所、酒泉卫星发射中心等单位，并与他们进行了学术交流。另外，系团委、学生会开设了自己的主页。

【重要事件】 人工微结构和介观物理国家重点实验室张国义课题组承担国家"863"高技术计划信息光电子(307)主题的重大项目"GaN－based 蓝光LED的研制"

于1999年12月与哈尔滨大正产权经营公司达成协议，共同筹建"北大蓝光科技有限公司"，开发生产GaN-based蓝、绿光LED，填补国内空白。

杜为民领导的小组致力于进行实时在线拉曼光谱的研究开发工作，已向工业界进行了技术转让。

1999年3月24日，北京大学应用磁学研究中心成立。

1999年5月11日物理学系与中核集团公司联合开发高磁导率铁氧体软磁元件项目举行了签字仪式。

1999年4月，龚旗煌、欧阳颀被聘为"长江计划"特聘教授。

1999年3月，物理学系行政领导班子换届，甘子钊任系主任，王世光、张酣、冯庆荣任副系主任。

为落实北京大学"创建世界一流大学计划"的实施，1999年9月物理学系顺利地完成了岗位聘任工作，共有178名教工被聘。

物理学系岗位聘任情况一览表

A 类		B 类		C 类	
类 级	人 数	类 级	人 数	类 级	人 数
A1	10人	B1	17人	C1	19人
A2	19人	B2	26人	C2	9人
A3	36人	B3	35人	C3	7人

（注：A1级中包括2名院士和2名长江学者）

物理学系在研重大科研项目一览表

名 称	起 年	至 年	负责人
GaN基蓝－绿光材料制备及应用中的科学问题	1998.1	2000.12	张国义
稀土磁性(863)	1998	2000	杨应昌
超导863(SQUID)			甘子钊 戴远东
超导863(电子)			熊光成
超导863(材料)			高政祥
GaN－863重大	1998.1	2000.12	童玉珍
超导攀登(实验)	1995	2000	甘子钊 戴远东
超导攀登(理论)	1995	2000	甘子钊 韩汝珊
超导973	1999	2004	甘子钊 戴远东
稀土磁性(973)	1998	2003	杨应昌
发展近场光学与图像增强术研究体外细胞核(基金重大)	1998.1	2002.12	朱 星
扫描探针技术在若干前沿领域(STM在纳米科技)中的应用(基金重大)	1997.1	1999.12	杨威生
原子核的非自由度及其量子色动力学研究(基金重大)	1999.1	2002.12	杨立铭
短波非线性光学	1996.1	1999.12	孙驹亨
教委97年度"跨世纪优秀人才计划"基金	1998.1	2000.12	张 酣
杰出青年基金	1996.1	2000.12	龚旗煌
杰出青年基金	1998.1	2002.12	欧阳颀

（吴云媛、董晓华）

地球物理学系

【发展概况】 北京大学地球物理学系1958年建系，现有3个本科生专业：地球物理学、大气科学、天文学；5个硕士生专业：固体地球物理学、大气物理与大气环境、气象学、空间物理、天体物理；5个博士生专业：固体地球物理学、大气物理与大气环境、气象学、空间物理、天体物理。地球物理学系目前有3个一级学科：地球物理学、大气物理、天文学；2个研究机构：北京大学自然灾害研究中心、北京大学大气科学研究所；1个国家重点实验室：国家暴雨监测与预测重点实验室；1个基础人才培养基地：国家理科基础科学研究和教学人才培养基地；3个博士后流动站：大气科学博士后流动站、地球物理学博士后流动站、天体物理学博士后流动站。另有北京大学中国科学院联合北京天体物理中心。1999年7月由北京大学地质学系王仁院士提出将原地质学系地球动力学中心并入地球物理学系。

地球物理学系现有5个教研室：地球物理教研室、大气物理教研室、天气动力教研室、空间物理教研室、天体物理教研室；1个地球动力学中心。截止1999年底，该系有教职员工97人，其中教学与科研岗位81人，辅助机构16人，人员中正高级职称25人，副高级职称31人，中级职称32人，中国科学院院士2人，博士生导师19人。

地球物理学系1999年底在校学生351人，其中博士生36人，硕士生76人，本科生239人。1999年度招收本科生68人，硕士生28人，博士生11人；1999年毕业本科生38人，硕士生16人，博士生5人。

【教学工作】 制定和修改教学计划　1999年度根据北京大学的统一部署，地球物理学系对1995年版的本科生的教学计划按照系里的3个一级学科制定，即：地球物理学、大气科学和天文学；硕士与博士教学计划按照5个二级学科制定，即固体地球物理学、空间物理学、大气物理与大气环境、气象学和天文学。到1999年底，该项工作基本结束。

教学评估　1999～2000学年第一学期末，地球物理学系对所有课程第一次进行全面教学评估，收到了很好的效果。从第一次评估的情况看，学生对地球物理学系教师的教学态度是满意的，而所反映的问题有三个方面：一是不少的课程没有教材，二是实验课所用的仪器设备太落后，三是有些教师的教学方法需要改进。地球物理学系教务办公室认为，对今后的教学评估工作需有两点改进：一是将本科生与研究生的教学工作以不同的要求进行评估，突出各自的特点；二是在组织方面要坚强，以便使所有的同学都参与评估工作。

研究生进修班　1999年7月由地球物理学系与中国民航总局共同合作，举办了为期3个学期的天气动力学硕士研究生进修班，有31人获得结业证书。

【科研工作】 地球物理学系1999年在国家重点基础研究项目（即“973”项目）中投入了大量的人力物力。国家重点基础研究项目总共有10项，地球物理学系所涉及的项目就有2项，地球物理学系王绍武教授、陈受钧教授、陈晓非教授分别被聘为两个第一批启动的“973”项目的专家组成员。近20人分别主持了“973”项目的课题或专题研究。1999年地球物理学系正在执行的自然科学基金项目有56个，经费545.33万元，其中重大或重点项目有：赵柏林院士主持的“淮河流域能量与水分循环研究”，王绍武教授主持的“20世纪中国与全球气候变率研究”，陈受钧教授主持的“中尺度强对流动力学研究”，陈晓非教授主持的杰出青年基金项目“复杂地质构造中的地震波的激发与传播机理及其应用”，毛节泰教授主持的“中国地区气溶胶辐射特性的研究”，陈家宜教授主持的“半干旱草原土壤——植被——大气输送过程研究”。王绍武教授参加主持攻关项目“我国短期气候预测业务系统研究”，该系有若干人员参加。陈受钧教授参加主持“青藏高原地气系统物理过程及其对天气气候的影响”，秦瑜教授参加主持的“长江三角洲大气过程和生态系统相互作用研究”等；本年度地球物理学系新获准自然科学基金7项，博士点基金3项，在国际、国内学术刊物上发表论文近300篇，其中SCI论文18篇。地球物理学系1999年以“北京大学自然灾害研究中心”的名义，向北京大学提交了“创建世界一流大学工程”学科建设子项目申请，申请经费总额3000万元，计划三年之内学校分三批分别投入。1999年，第一批400万元经费已经到位。

【人事工作】 为了落实科教兴国战略，贯彻教育部《面向21世纪教育振兴行动计划》和北京大学第十次党代会精神，更好地适应21世纪高等教育改革发展的要求，进一步推进素质教育、学科发展和队伍建设的步伐，促进世界一流大学建设目标的早日实现，1999年北京大学启动了新一轮学校内部管理体制改革。人事分配制度改革是学校内部管理体制改革的重要组成部分。2000年6月下旬，学校召开了人事财政会议，以对优秀人才、关键岗位实行岗位津贴为主要内容的人事分配制度改革进入实施阶段。实行岗位奖励津贴是学校创建一流大学计划的重要组成部分，以按需设岗、按岗择优聘任为前提和基础，与岗位职责、工作业绩直接挂钩。岗位津贴的发放与管理必须体现在岗的原则，严格履职考核，加强聘后管理。在学校的统一部署下，地球物理学系按照北京大学学校聘任委员会的统一要求，组成了地球物理学系岗位聘任委员会，由七人组成。成员包括系主任、党委书记、学术委员会主任、职称评聘委员会主任、院士、资深教授和优秀中青年骨干。成员涵盖了地球物理学系的五个教研室。具体做法是：全系的正教授对A1、A2级岗位的人选进行无记名投票；聘任委员会根据学科建设规划，参考民意测验结果，经过充分讨论、协商，以无记名投票方式，评出A1，A2，A3岗位的人选。B、C类岗位的聘任，则由各个教研室召开全体教授或党政联席会议，根据本专业学科的岗位设置情况，提出候选人名单。系岗位评聘委员会听取各教研室主任对本教研室B、C类岗位候选人的情况汇报。聘任委员会根据各个教研室提出的岗位聘任建议，综合、协调及平衡各个学科，经过充分讨论、协商，最后以无记名投票方式，评出B、C类岗位的人选。地球物理学系A1岗位2人，A2岗位7人，A3岗位16人，B、C岗位50人，一般岗位1人。

【国家理科基础科学研究和教学人才培养基地验收】 地球物理学系十分重视国家理科基础科学研究和教学人才培养基地的建设。地球物理学系大气科学专业是国家教育部资助的重点本科生基地之一，系里采取三项措施加强对基地的管理，一是建立了以系主任、专业负责人组成的基地建设领导小组，负责设计安排基地建设的短期和长期的发展计划；二是以长期计划为目标，以项目形式组织攻关小组，逐步落实到项目小组，完成学科建设的任务；三是发挥地球物理学系现有教学和科研设备的潜力，以国家暴雨监测与预测重点实验室和重点学科实验室为基础，面向全系，服务于科研和教学工作。1999年11月，地球物理学系接待了国家教育部国家理科基础科学研究和教学人才培养基地中期评估团，大气科学专业有关教师与评估团的伍荣生院士、林家栋教授等进行了交流，中期评估顺利通过。

【"空间天气"讲习班开班】 1999年5月7日开始，由国家自然科学基金委员会地学部、北京大学自然灾害研究中心、地球物理学系空间物理专业共同举办了为期两周的"空间天气"讲习班，北京大学副校长迟惠生出席开幕式。中国人民解放军总参谋部宋笑亭少将、国家自然科学基金委员会地学部常务副主任林海、中国科学院空间科学与应用研究中心副主任吴季到会祝贺。地球物理学系教学主任焦维新介绍了开办讲习班的三个目的：推动我国空间天气研究的发展，深化空间物理专业教学改革，加强高校与科研、航天、应用、政府主管部门间的交流与合作。讲习班期间，6位校内外专家报告了空间天气研究近年来的进展情况。参加讲习班的部队及其他应用部门的同志对这次活动予以高度的评价，认为这是一个良好的开端，希望以后多举办这类活动，使我国的空间科学和空间探测技术能得到快速的发展。

【为气象学家、教育家李宪之祝寿】 "中国古代把福、禄、寿作为人生的理想，在李宪之教授身上我们体会到：品德、奉献、健康才能体现完美的人生。李先生的品德和奉献光辉如日月"。这是北京大学地球物理学系李宪之教授的学生在1999年10月恩师九秩晋五寿辰时对他的评价。

李宪之教授1904年9月生，1924年入北京大学读书，1930年赴德国留学。1934年获德国柏林大学理学博士学位。以后从事科研工作。1936年回国后，在清华大学、西南联合大学、北京大学任教，为地球物理学系的发展做出了杰出贡献。

（地球物理系 供稿）

技术物理系

【发展概况】 1955年，国家为了发展原子能事业，周恩来总理批准在北京大学建立了我国第一个核科技专门人才培养基地——物理研究室，1958年发展成为原子能系，1960年更名为技术物理系，现设原子核物理与粒子物理专业（后来发展了核技术及其应用学科）和放射化学专业（后来又发展了环境化学专业）。该系现设原子核物理与粒子物理专业、核技术及应用专业和无机化学专业2个博士点。

几十年来，技术物理系一直是我国核事业首屈一指的人才培养基地和重要的科研基地，为我国的核武器研制、核能利用以及核科学的发展作出了巨大贡献。先后有7名两院院士在技术物理系学习，工作过。该系共为国家培养输送了4000多名合格毕业生，其中5名成为中科院院士，2名成为工程院院士。技术物理系现有教职工161人，其中教授38人，中科院院士1人，博士生导师20人。1999年技术物理系还聘请了比利时、澳大利亚、日本、德国和瑞士的短期专家5名。

1999年9月，技术物理系招收各类新生106名。其中博士生11名，硕士生30名，本科生65名（其中应用化学专业40名，物理学专业25名）。

1999年11月，技术物理系2000届免试推荐攻读硕士研究生27名，其中核物理专业14名，应用化学专业13名。

（丰伟静）

【学科建设】 原子核物理与核技术专业包括核物理与粒子物理、核技术及其应用两个二级学科。1981

年第一批建立了博士点，1987年被评为国家教委重点学科，1993年作为国内核专业的唯一代表被单独评选进入物理学理科基地。1983年在技术物理系建立了重离子物理研究所，建设了一批重要的低能加速设备，取得若干杰出成果，1990年该所被原国家教委确定为开放实验室，重点发展粒子束物理及其应用；1994年该所被国家科委确定为少数几个基础性研究改革试点单位之一；1997年国家批准建立了核技术及其应用博士点。

该专业的教学力量居国内同类专业之首，曾组织编写出版四大力学（量子力学、理论力学、电动力学、热力学与统计物理）、近代物理等全套专业课教材，特别是本科生《原子核物理》、研究生《原子核理论》等核心教材，已在全国广泛使用并获得国家级奖励。近年来，在理科基地建设经费的支持下，面向全校的核物理教学实验室大大改观，核电子学等专业教学实验室目前也正在改造，一批新的专业基础课教材正在修订或重写，并推出了《人类的生存发展与核科学》等很受学生欢迎的全校性公共选修课。

该专业一直围绕国家重大目标开展工作，1987年建成了7000多平米的加速器大楼，在其中装备了4.5MV单级静电加速器、2×6MV串列静电加速器、2×1.7MV串列静电加速器等大型实验设备，在此基础上承担了诸如夏商周断代工程等若干重大项目，取得了一系列重要成果。与此同时，还按照国际惯例，积极参与国内外大科学合作，如LHC－CMS部分探测器研制、放射性核束物理等。

1973年，在已有放射化学专业的基础上，技术物理系又设立了我国第一个环境化学专业。1981年，放射化学专业成为国家批准建立的第一批博士点，而后又设立了博士后流动站。1984年，经原国家教委批准，原放射化学专业和环境化学专业合并成立了应用化学专业，增强了专业的应用性和适应性。几十年来，该专业为国家培养了大批专门人才，并取得了一批重要的研究成果。

目前，应用化学专业主要有以下三个研究方向：药物化学，材料科学，环境化学与工程。其主要特色是：(1)立足于高新技术的应用性基础研究和产业开发；(2)将核化学和放射化学交叉渗透到应用化学的研究领域中。

本专业的三个研究领域均取得了一系列重要成果。例如：核药物化学组在加速器质谱法研究化学物质的遗传毒性、放射性标记单克隆抗体药物及诊断和治疗肿瘤的放射性药物等方面的研究处于国内领先地位；天然药物“血脂康”已产业化，在国内天然药物领域已占有重要地位，并且以保健品形式进入了美国市场，是北京大学的支柱产业之一；在环境化学方面，大气化学反应的模式研究、酸雨及大气气溶胶方面的研究也处于国内领先地位；在高分子辐射化学方面，利用辐射化学方法合成生物相容性高分子材料、环境敏感性高分子材料，聚丙烯的辐射改性及食品和中药的辐照质量监测等方面取得了国内领先的成果，并保持强劲的发展势头；微乳液理论及应用研究也取得了很好的成果；同时，在生命起源和化学进化及应用量子化学等基础性研究方面，取得了一系列有影响的成果；围绕轮烷、多聚轮烷、环糊精纳米管、环糊精分子传感器展开的新型超分子体系的研究，目前在国内是唯一的，在国际上也是仅有的几家之一。

为本科生共开设了6门主干基础课，45门必修课，17门限选课，17门任选课；为研究生开设了30门课程。以第一作者出版的教材有2部：王文清编著的教材《物理化学习题精解（上）（下）》；胡少文等编著出版教材《无机化学习题精解（下册）》（“大学基础课化学类习题精解丛书”之一）；技术物理系叶沿林主讲的主干基础课《原子核物理》被评为北京大学优秀主干基础课。

（张胜群、丰伟静）

【科研活动】 1999年，技术物理系项目总经费共563万元，在研项目共51项，其中，来源于科技部的“九五”攀登项目子课题2项，科技部的国家攻关项目1项，国家自然科学基金委重点基金项目1项，国家自然科学基金委面上基金项目21项，国务院其它部门项目18项，横向项目6项，北京大学创建世界一流大学计划项目2项。发表学术论文107篇，其中，发表在国外学术刊物上35篇、全国性核心刊物上72篇，其中被SCI收录26篇。以第一作者出版的科学专著9部：张启仁主编专著《原子核理论——它的深化与扩展》，王文清编著科普著作《先有鸡还是先有蛋——著名科学家谈生命起源》、《脑与意识》、《宇宙·地球·生命》，王文清主编专著《生命科学》，王德民主编专著《化学的奥秘——浅谈量子化学》，唐任寰主编科普著作《走出核冬天——核化学与人类生活》（“走进化学丛书”第二辑之一），刘元方出版《院士文集》的个人文集，郭之虞等出版科技专著《年轻地质体系的年代测定（续）—新方法、新进展》，赵夔出版译著《带电粒子束》。1999年技术物理系共获得专利四项：王祥云等发明的“一种分离提纯贵金属的方法”，魏雄辉等发明的“程控电话防盗器”、“铁—碱溶液催化法气体脱碳、脱硫、脱氰技术”；伊敏等发明的“洗涤粉中改性沸石助剂的制备方法”。由李金龙主持的国家“八五”科技攻关课题“沿海经济发展地区酸沉降特征和防止研究”获得国家环境保护总局科技进步二等奖。

（丰伟静）

【举办"北京1999年国际亚原子物理暑期学校"】 1999年7月25日至29日，由北京大学、日本理化研究所、中国科学院近代物理研究所、中国科学院理论物理研究所、北京现代物理中心和中国高等科学技术中心联合举办了"北京1999年国际亚原子物理暑期学校"。学校主题是基于放射性核束的核物理和核天体物理。共有来自北京大学、清华大学、吉林大学、辽宁大学、安徽大学、日本东京大学、日本理化学研究所、中国原子能科学研究院、高能物理所的学生、学者约80人出席。会议邀请了12位在相关领域做出突出贡献的国内外科学家授课。其中外国科学家10人，来自RIKEN（日本）、GSI（德国）、GANIL（法国）、日本东京大学、大阪大学、京都大学、德国慕尼黑技术大学等著名实验室和大学，包括理论和实验方面的许多著名学者，如：Peter Ring（德国慕尼黑技术大学理论物理研究所所长）、Wolfgang Mittig（法国GANIL国家实验室研究员）、Isao Tanihata（"晕核"的发现者）等。参加本次会议的中外人士对本期暑期学校反响十分热烈，该暑期学校不但开阔了视野，而且对促进国际间的学术交流以及培养年轻人成才，提高各方面素质都有着重要意义。另外，为培养青年学生对核科学的兴趣，本次暑期学校还资助了北大技物系核物理专业成绩优异的三位学生参加学习，对培养他们及所在年级的同学学习核科学兴趣和了解核物理前沿产生了积极的作用。

（丰伟静）

电子学系

【发展概况】 北京大学无线电电子学系是1958年在北京大学物理系的无线电物理专业、电子物理专业及波谱专门化专业基础上成立的，1996年更名为电子学系。电子学系下设：区域光纤通信网与新型光通信系统国家重点实验室。基础教学实验室，11个专业实验室。其中近年新建的区域光纤通信网与新型光通信系统国家重点实验室，激光冷却和囚禁原子实验室，EDA、DSP实验室及基础电子学实验室具有高水平的设备和条件。

电子学系共有教职工108人，其中教授28人，内有中科院院士1人，博士生导师18人，副教授23人，讲师20人，助教5人，高级工程师7人，工程师8人，高级实验师2人，实验师3人，助理实验师1人，博士后5人，职员9人，工人2人。本年内新进博士后年轻教员4人。现有客座教授4名，兼职教授14名。现有学生405人，其中本科生288人，硕士研究生96人，博士研究生21人。1999年入学本科生102人，硕士研究生45人，博士研究生6人。

【学科建设】 电子学系专业设置有：1. 学士学位授权点：电子信息科学与技术。2. 硕士学位授权点：通信与信息系统、信号与信息处理、物理电子学、无线电物理、声学。3. 博士学位授权点：通信与信息系统、信号与信息处理、物理电子学、无线电物理、声学。4. 博士后流动站：物理学、电子科学与技术、通信与信息系统。

【实验室建设】 在"211工程"和世行贷款资助下，电子信息科学基础实验中心的筹建工作顺利进行，在北京大学创建世界一流大学计划支持下，电子信息科学基础实验中心计划用三年时间建立和完善7个实验室，即：基础电路实验室、电路系统实验室、EDA实验室、电路系统计算机辅助分析实验室、现代电子学实验室、信息处理实验室、开放实验室。在"211工程"资助下区域光纤通信网与新型光通信系统国家重点实验室购进价值200万元人民币的10Gb/s信号分析仪1台，属国内第二套同类仪器。电子物理实验室购进价值250万元人民币的可以变温的超高真空扫描隧道显微镜1台。

该系区域光纤通信网与新型光通信系统国家重点实验室和卫星通信实验室联合微电子所、化学学院和物理学系给学校创建世界一流大学计划提交的综合学科发展计划"新型光波器件研制与应用基地"将启动。

【教学工作】 1. 继续执行主干基础课课程和相应教员的聘任，教学质量得到提高。2. 实验室建设取得较大进展：继续筹建电子信息科学基础实验中心。电路系统计算机辅助分析实验室建设开始起动，电子信息科学基础实验中心的主要实验课程建设取得一定进展。DSP实验室已使用TI公司的软硬件教学科研平台，使设备更加配套，资料更齐全，更新更快的DSP芯片及教学仿真系统（TMS320C54系列）替代了较老的系统，调整了教学内容，教学质量得到较大提高。3. 完善课程体系，改革教学内容，落实教材建设取得新的进展：模拟电路实验在相关教员的努力下，教学内容和教学质量有所提高，并修编了《模拟电子线路》讲义。完善了光子学基础课程的内容。王楚教授主持编写的由教育部向全国推荐的"面向21世纪"教材陆续出版，1999年已出四册：《数学逻辑电路》（王楚、沈伯弘）、《基础物理中的数学方法》（王楚、吴锦雷、刘志雄、周乐柱）、《力学》（王楚、李椿、周乐柱）、《电磁学》（王楚、李椿、周东柱）。翻译并出版了《光纤通信系统》专业教材，新编了《可编程逻辑电路实验》、《数字电路实验》讲义，相关课程的教学内容也有较大的改进。4. 年轻教师队伍建设得到加强。在唐镇松教授的主持下，由电类主干理论课、实验课教员组成的教学讨论坚持每两周一次，已形成了有一定规模的以实验课教员为主的年轻教学队伍，实验教学质量有所提高。由博士后主讲光纤通信网基础和现代集成光学理论和技术两门新课程。修订了全系各专业博士生和硕士生培养方案，提交了增加电磁场与微波技术和电路与系统二专业的博士和硕士点的计划。硕士研究生已由计划招收32名增加到43名。随着北京大学新理科楼群的落成，该系将在2000年上半年迁入使用面积8000多平方米的现代化的理科2号楼，教学和科研条件将得到根本改善。

【科研工作】 在科研项目、科研经费和取得的科研成果方面发展平稳。1999年引进科研项目经费658.4万元。在研科研项目64项，其中基础研究18项，应用基础研究38项，科研开发服务8项。国家自然科学基金重大项目3项，国家自然科学基金面上项目10项，国防预研基金、国防重点实验室基金5项，博士点和教育部基金项目2项，北京市自然科学基金1项，博士后基金项目1项，留学归国人员基金项目2项，横向项目9项。

发表论文109篇，其中国外23篇，国内学术刊物80篇。地方学术刊物6篇。被EI收录15篇，SCl收录9篇。

重要成果有：徐安士等9人获国家科技进步三等奖；刘淑琴、董太乾获中国航天工业总公司科技进步二等奖；鉴定1项；获1999年北京大学学生工作先进系。

（栾桂冬）

计算机科学技术系

【发展概况】 1999年计算机科学技术系在编职工204人(含微电子学研究所85人，计算语言学研究所7人)。其中院士2名，教授(含正高工、研究员)36人，副教授(含高级工程师)40人。

计算机科学技术系设有计算机科学与技术和微电子学两个专业，1999年在校本科生632人，辅修班学生200人，硕士生194人，博士生74人，另有IBM证书班10人，进修教师16人，访问学者4人。

计算机科学技术系设有计算语言学研究所、微电子学研究所、软件工程研究所以及微米纳米加工技术实验室(国防重点实验室)。

1999年，接收出站博士后4人，毕业博士生6人，硕士生3人，本科生1人，调入2人，留学回国博士1人；博士后入站10人，出站4人；调出7人，辞职1人，退休5人。

按照学校人事制度改革的部署和要求，计算机科学技术学科提出“以学科发展为龙头，以培养人才为核心”的指导思想，根据教学和科研发展的需要，以创建世界一流大学计划的实施为契机，对计算机学科原教研室、研究室进行调整，形成9个重点发展学科领域，即：软件与软件工程、语言信息处理、计算机系统结构、计算机网络与分布处理、信息安全、数据库与信息系统、多媒体与人机交互、空间信息系统与并行计算、计算机科学理论；并设有计算机软件、硬件两个教学实验室及行政办公室。岗位设置和聘任情况见表。

微电子学研究所部分包括：异质结构器件和电路研究室、新器件研究室、微电子机械系统研究室、小尺寸器件物理研究室、超高速集成电路研究室、专用集成电路研究室、微电子教学研究室、动力实验室、微电子科学技术实验室(国家级重点实验室工艺部)、行政(科技、开发)办公室等。

【学科建设】 1999年计算机科学技术系在定岗聘任基础上，为了提高教学质量，并与国际一流大学的通行做法接轨，明确提出“一门课起点制”，即每个教师每年至少上一门课，改变了少数人员精力外流的状况。在教学改革方面主要做了三件事：重新修订了本科生与辅修学位的培养计划；组织教师进行了课程建设；认真组织了教学检查和评估。

对本科生教学计划的修订采取了以下做法：(1)按照一级学科(计算机科学与技术)的要求制定教学计划，并将微电子与计算机专业的部分基础课合并，专业课互选，做到淡化专业，加强基础，拓宽知识面。(2)减少总学时，减轻学生的负担。(3)保持北大重视基础课的特色，保证基础课的重要地位和比例基本不变。(4)增加了二十多门限选课或选修课。这些课程主要涉及计算机科学的基础理论、计算机科学技术的新发展、微电子技术、计算机与人文社会科学、实验技术和上机实践、计算机应用等。

修订后的本科生教学计划，计算机科学与技术专业准予毕业的总学分为150学分，其中必修课95学分，限选课25学分，选修课20学分，毕业论文10学分。微电子专业的总学分为152学分，其中必修课105学分，限选课24学分，选修课15学分，毕业论文8学分。课程设置中专业必修课15门，限选课

单位 \ 岗位类别	A1	A2	A3	B1	B2	B3	C1	C2	C3	合计
计算机科学技术学科	2	5	15	9	9	14	16	13	8	91
微电子学研究所	2	6	10	8	9	7	7	22		71
总　　计	4	11	25	17	18	21	23	35	8	162

16门，本系任选课7门。

对教学手段的革新和教学方法的探讨也取得进展。计算机学科专业的主要专业课都制作了教学胶片或多媒体教学课件。部分课程进行了网上教学的试点，特别是在学校教务部支持下，与英国西英格兰计算与数学系合作进行了基于Internet的远程网上教学实验。每个学校有一名教师用英语进行一门专业课教学，两个学校选择部分学生选修这两门课，课程发布、作业提交、答疑等各教学环节都通过网络进行。最后通过考试后，互相承认学分。该试验取得了圆满成功，为今后远程教育提供了有益的经验。

配合教学计划的修订，进行了第一批重点课程建设工作。全系选择10门课程制定了规范的课程简介和详细的教学大纲，并装订成册。

教材建设取得新成果。1999年全系共出版教材、教学参考书、译著10本。其中计算机学科5本，微电子学研究所5本。

【科研工作】 各教研室和学科领域的科研状况都有了一定程度的提高，全系承担的“863”计划、国家自然科学基金项目，以及横向课题和科技成果转化的数量和总额都有了明显提高。

1999年科研项目取得丰硕成果，完成科研项目10项，获奖项目4项，获专利1项。杨芙清、程旭等9人的《支持微处理器设计的软件协同设计环境(JBCODE)及JB-Core16位热处理器》被评选为教育部1999年中国高校十大科技进展，张立昂的《可计算性与计算复杂性导引》获教育部1999年科技进步二等奖(教材奖)；王阳元、张兴、黄如等8人的《新型抗辐照CMOS/SOI集成电路技术研制》获信息产业部科技进步二等奖，王克义等3人的《微型计算机基本原理与应用》获教育部科技进步三等奖(教材奖)，萧志雄(博士后，已出站离校)、张大成、武国英等7人发明的“硅/硅键合质量测试仪”获得发明专利。

1999年新上项目共13项，计有科研经费584.4万元，科技开发部立项项目24项，计有经费约180万元(人民币)。发表论文149篇，其中，计算机学科89篇；微电子学研究所60篇。1998年被SCI收录论文12篇；被EI收录论文7篇。

计算机科学技术系1999年出版教材一览

作者、译著者	书名	出版社
耿素云、屈婉玲、张立昂	离散数学(教材)	清华大学出版社
耿素云、屈婉玲、张立昂	离散数学题解	清华大学出版社
耿素云、张立昂	概率统计题解	北京大学出版社
王胜清	ORACLE8服务器技术精粹(译著)	清华大学出版社
严伟	最新网站技术基础(译著)	机械工业出版社
张兴、李映雪	用于VLSI模拟小尺寸MOS器件模型(译著)	科学出版社
甘学温	数字CMOS VLSI分析与设计基础(教材)	北京大学出版社
张天义	集成电路计算辅助设计基础教程(教材)	北京大学出版社
张兴、黄如、刘晓彦	微电子学概论	北京大学出版社
关旭东、刘晓彦	微电子学实验讲义(实验讲义)	北京大学出版社
董士海等	人机交互和多通道用户界面	科学出版社
倪明田、吴良芝	计算机图形学	北京大学出版社

(计算机科学技术系 供稿)

化学与分子工程学院

【发展概况】 北京大学化学系始建于1910年，是我国高等院校中建立最早的化学系之一，1994年发展成为化学与分子工程学院(简称化学学院)。近90年来，化学学院培养了8000多名本科生、1000多名硕士生和400多名博士生。目前学院设有化学系、材料化学系、高分子科学与工程系，以及若干研究所、研究中心、专业实验室，并有2个国家重点实验室和1个教育部重点实验室。学院拥有一支学识渊博、治学严谨的师资队伍。截止到1999年底有教职工305人，中科院院士8人，教授71人，副教授59人，博士生导师47人。有3人被教育部聘为“长江学者奖励计划”特聘教授。近十几年来，一大批年轻的博士、硕士毕业生陆续充实到教师队伍中来，现有教职工中具有博士学位的有108人，占教职工总数的35.4%。

学院每年招收本科生约180人、硕士生和博士生约100人。重视教学、注重学生素质的培养，注重扎实系统的基础理论教学和严格系统的实验训练是化学学院的优良传统。现有无机、有机、分析、物化四大基础课实验室，总面积为3000多平方米。全院拥有总价值6000多万元的各种仪器设备。自1986年起建立了博士后流动站，共进站博士后105人(截止1999年底)。学院有5个二级学科(无机化学、有机化学、分析化学、物理化学、高分子化学与物理)，均于1989年被原国家教委首批认定为重点学科。这些学科均设有硕士点、博士点和博士后流动站。

学院注重基础理论与应用基础理论研究，开展多项应用与开发研究，1999年化学学院从国家和有关省、部委获得科研经费1800万元。主持1项，参加3项国家科技部重点基础研究发展规划项目("973"项目)和3项国家科技部重大基础研究项目(攀登项目)、多项国家"863"高科技项目、攻关项目，以及近百项国家自然科学基金项目和省部级项目。1994～1999年有8人获得国家自然科学杰出青年基金资助，4人获得教育部跨世纪人才基金。

1999年配合学校启动创建世界一流大学规划，化学学院制订了学院的目标责任书，要在5～7年内基本完成化学学院的学科布局、管理体制和人员结构改革，建设一支在国际国内都有一定影响的教学和学术研究队伍。预计5～7年内化学学院每年SCI收录的论文数目将达到300篇左右，论文质量也将大幅度提高。应用基础研究和开发工作将有较大发展。在此基础上，进行了岗位聘任，共聘关键岗位65人，重点岗位79人，基础岗位71人，一般岗位5人。

1999年化学学院周其凤教授当选为中国科学院院士。赵新生、严纯华被聘为第二批"长江学者奖励计划"特聘教授。Akron大学程正迪教授应聘为"长江学者奖励计划"讲座教授。8位年轻教授新聘为博士生导师。

【学科与专业设置】 1. 本科生学位授予专业设置：化学专业、材料化学专业

2. 硕士生学位授予专业设置及研究方向：

无机化学：稳定同位素化学、稀土化学、无机固态化学、无机材料化学、物理无机化学

分析化学：电化学分析法、色谱分析法、光学分析及生化分析法、生化分析及痕量物质的分离、原子吸收光谱分析

有机化学：天然产物有机化学(含多肽合成)、生物有机化学、有机合成化学、元素有机化学、物理有机化学、有机结构分析

物理化学：化学动力学、电化学与光电智能材料、溶液化学(含生物热化学)、催化化学、胶体化学及表面化学、结构化学(含结晶化学、表面结构化学、生命过程中的重要化学问题、功能体系的分子工程学)、量子化学、纳米化学及有序组装膜化学、固体物理化学(含分子筛、复合氧化物等功能材料)、计算化学

高分子化学与物理：高分子合成与分子设计、医用和功能高分子、高分子多相体系与拉胀材料、感光与液晶高分子、生物降解与环境友好高分子

3. 博士生学位授予专业设置及研究方向：

无机化学：稳定同位素化学及原子量测定、稀土化学、配位化学及生物无机化学、稀土配位化学及材料化学、稀土材料化学及稀土分离化学、无机固体和材料化学、物理无机化学与应用量子化学、配位化学、无机合成及全碳分子化学

分析化学：生化分析、生化分析及有机试剂

有机化学：天然产物与有机合成、有机天然产物及有机反应、有机合成与多肽化学、有机合成与生物有机化学

物理化学：结构生物学与功能体系分子工程学、动力学(含分子反应动力学)与激光化学、生物大分子结构与药物分子设计、纳米化学及有序组装膜化学、固态表面分散体系结构与功能关系的研究、非晶体氧化物结构与小分子活化、纳米离子超晶格的结构化学和分子工程学研究、功能分子(分子磁体、纳米分子、抗癌药物)的设计、合成、结构和性能研究、固体表面结构与功能、量子化学与物理无机化学、理论化学、固体物理化学、电化学和光电智能材料、胶体与界面化学、化学信息学

高分子化学与物理：高分子化学、感光功能高分子与精细高分子、新型高分子合成与液晶高分子、液晶高分子(及光学活性高分子、特殊结构高分子)、中孔材料合成、聚合物凝聚态物理

【教学工作】 继续调整课程体系，改革教学内容。将原有112门课程精简、重组为79门课程，同时增开了"化学信息学"新课。继续按"一体化多层次"模式改革实验教学内容，组织编写了部分在内容和方法上至少跨两个二级学科的综合实验讲义初稿。制订了化学学院《主干基础课主持人和主讲教师职责和聘任条件》。按照"年龄结构合理，职称结构合适，教学好科研强，相对稳定的复合型教师梯队"的思路加强师资队伍建设，多数课程已经形成了较好的梯队。制订了主干基础课教学大纲，修订了化学学院《教师手册》。加强国家化学基地建设，本基地继1998年被评为第一名后，1999年又连续在第二、三批基地中期检查评估中被评为第一名。继1998年"结构化学基础"和"分析化学"被批准为"国家理科基地名牌课程项目"后，1999年"有机化学基础"又被批准为名牌课程项目。"分析化学系列课程"和"结构化学基础"被评为北京大学优秀

主干基础课，5 名教师荣获“北京大学优秀教学奖”。出版教材 3 部，编写讲义 3 部，完成教学研究项目 6 项。1999 年化学学院共招收本科生 172 人，其中 20%来自全国化学竞赛一等奖获得者，4 名 1999 年国际化学奥林匹克化学竞赛奖牌获得者(2 金 2 银)全部进入化学学院学习。招收硕士生 59 人，博士生 45 人。有 157 名本科生毕业，其中 149 人获得学士学位。有 87 名研究生毕业，其中 44 人获得硕士学位，43 人获得博士学位。1999 年在 5 个学科点的博士后流动站共进站博士后 19 人，9 位博士后出站。截止到 1999 年底化学学院在站博士后共 34 人。1999 年共获得 5 项博士后科学基金。在校团委、学生会组织的“我爱我师”评选活动中化学学院教师刘淑珍被评为“十佳教师”。

【学生工作】 化学学院学生工作荣获校“德育工作先进系”称号。99 级博士研究生黄岩谊同学获得由团中央、全国学联联合颁发的首届“五四奖学金”，同时获得建昊杯。98 博士班荣获北京市先进班集体和北京大学先进班集体称号；2 名同学获北京市优秀学生称号，共有 36 名同学获北京大学三好学生称号；有 24 名同学获优秀毕业生称号，其中 6 名同学获北京市优秀毕业生称号。1999 年化学学院研究生有 2 名同学获“北京大学学术十杰”称号，2 名同学获“北京大学学术优胜”称号。在本科生组织的“挑战杯”学术论文竞赛中，化学学院有 3 人获奖。5 月 11 日～28 日，化学学院团委、学生会组织了一年一度的化学文化节。暑假期间，化学学院团委组团赴内蒙古进行了为期 10 天的社会实践活动。

【成果统计】 出版专著 3 部，化学院教师参加编写著作 1 部；申请及获授权专利 10 项；在国内、外学术刊物共发表论文约 600 余篇，其中被 SCI 收录 230 篇。

著作：

《冯新德文集》，北京大学出版社；

《邢其毅文集》，北京大学出版社；

《一代宗师——曾昭抡百年诞辰纪念文集》，北京大学出版社。

《国际标准常规分析方法大全》，科学出版社，李克安等参加编写

专利：

申请专利 7 项：

1. 一种以低级煤改性的石油焦水浆体组合物及其用途，陈月华等；

2. 一种以石油焦改性的低级煤水浆体组合物及其用途，陈月华等；

3. 表面掺杂的弱团聚纳米氧化镐粉末的制备方法，谢有畅等；

4. 一种超薄感光层型感光版及制法和用途，曹维孝等；

5. 塑封锂离子电池，慈云祥等；

6. 一种制备单层碳纳米管的方法，施祖进等；

7. 一种纳米级过渡金属及其合胶体和其制备方法。

授权专利 3 项：

1. 晶格缺陷金属贮氧合金的复合材料及其制备用途，宏存茂等；

2. 雷米普利的合成方法，花文廷等；

3. 牙齿、口腔的保健牙线，李彦等；

【科研工作】 1999 年化学学院共承担科研项目 138 项，其中“973”项目 3 项(1 项化学学院负责)，国家科委重大基础研究(攀登计划)4 项(3 项由化学学院负责)，“863”项目 2 项，国家自然科学基金委重大、重点 12 项(6 项由化学学院负责)，国家自然科学基金委杰出青年基金项目 4 项、海外青年学者合作基金 1 项，国家自然科学基金委面上基金(含青年基金)62 项。当年完成项目 31 项，仍在进行中项目 107 项。

【学术交流】 (1)为促进学术交流，提高研究生和本科生的科研兴趣、创造良好的学术环境，化学学院继续举办了面向研究生的“兴大科学系列报告”和面向本科生的“今日化学”讲座。1999 年化学学院共举办兴大科学系列报告 25 讲和今日化学讲座 8 讲。

(2)香港浸会大学化学系系主任陈永康一行于 3 月 30 日访问化学学院，并介绍了他们的研究进展。

(3)4 月 1 日至 4 月 4 日在江苏溧阳召开了香港科技大学化学系与北京大学化学学院两校“青年教师研讨会”，双方共 40 多人参加了学术讨论。

(4)8 月 26 日至 8 月 27 日化学学院召开了首届青年教师学术交流会。会议收到论文 67 篇，有 53 人在会上作了学术报告。

(5)1998 年 4 月英国 ICI 公司决定三年内向化学学院赠送 100 册英文原版书，第二批 10 册于 1999 年 5 月运到。

(6)由化学学院主办纪念曾昭抡诞辰 100 周年大会 1999 年 12 月 11 日在北京大学图书馆召开。出席会议的有全国人大常委会副委员长、民盟中央主席丁石孙、教育部领导，北京大学校长陈佳洱，清华大学、武汉大学、中国人民解放军防化兵学院、中国农业大学、佛山大学等校领导，以及曾昭抡先生的亲属、生前好友、学生及各方代表 200 多人。大会由化学学院院长林建华主持。会上还举行了《曾昭抡文集》发行仪式，同时举办曾昭抡生平回顾展。

(7)化学学院 1999 年度由校国际合作部批准并支持的来校讲学、合作研究的外国及港澳台专家共 17 人。他们是：新加坡籍华人蔡德全教授，英国利兹大学 Colin Robinson 教授，美国 Alabama 大学 Boon H. Loo 教授，法国 Montpellier 大学 Schue Fracois 教授，瑞典乌普萨拉大学 S. E. Lindquist 教授，香港大学陈清泉教授，美国默克公司 Jack Baldwin 教授，日本大坂大学相本三朗教授，日本北海道大学高桥保教授，日本若规康雄教授，美国加州大学 J. Z. Zhang 教授，美国杜克大学 Richard A. Palmer 教授，波兰 Stanislaw Penczek 教授，台湾交通大学吴献仁教授等。

化学与分子工程学院重大科研项目一览表

项目名称	起止时间	负责人	总经费(万元)	任务来源
1. 稀土化学中若干重大问题的基础研究	1997.12～1998.12	严纯华	1500.0	973 项目
2. SO2 和 NOX 的吸附富集固态化学	1999.10～2004.09	寇　元	175.0	973 项目
3. 凝聚相、表面和界面复杂体系的动力学研究	1999.12～2004.11	赵新生	120.0	973 项目
4. 超高密度"光子电子型"信息存储材料的研究	1994～1999	刘忠范	500.00	国家科委攀登计划
5. 功能体系的分子工程学研究	1997.12～2000	桂琳琳	150.00	国家科委攀登计划
6. 生命过程中重要化学问题研究	1997.12～2000.12	来鲁华	150.00	国家科委攀登计划
7. 基于蛋白质三维结构的药物设计	1996.10～1998.12	来鲁华	75.00	国家科委 863 项目
8. 蛋白质分子设计方法研究	1996.10～2000.12	韩玉真	60.00	国家科委 863 项目
9. 重元素化合物计算方法及应用	1998.03～2001.12	黎乐民	30.00	基金委重大项目
10. 有机/无机复合纳米隧道的构建及室温	1998.04～2002.03	刘忠范	95.00	基金委重大项目
11. 化学反应及控制理论研究	1998.04～2001.12	赵新生	30.00	基金委重大项目
12. 有序高级结构分子聚集体的结构、构筑和性能研究	1999.01～2002.12	宛新华	50.00	基金委重大项目
13. 生物有机中若干功能体系的研究	1997.01～1999.12	金　声	70.00	基金委重点项目
14. 某些新材料的制备、结构与性能关系研究	1998.01～2001.12	吴念祖	70.00	基金委重点项目
15. 高分子光敏材料基础研究——高新技术光敏材料	1997.01～1999.12	曹维孝	80.00	基金委重点项目
16. 溶液中两亲分子有序组合体的形成、特性与功能	1998.01～2001.12	马季铭	80.00	基金委重点项目
17. 杰出青年科学基金	1996.01～2000.12	严纯华	100.0	基金委杰出青年
18. 杰出青年科学基金	1996.01～2000.12	来鲁华	80.00	基金委杰出青年
19. 杰出青年科学基金	1997.01～2000.12	林建华	80.00	基金委杰出青年
20. 杰出青年科学基金	1999～2001	席振峰	60.00	基金委杰出青年
21. 杰出青年科学基金	1999～2001	甘良兵	60.00	基金委杰出青年
22. 海外青年合作基金	1999～2001	危　岩	30.00	基金委杰出青年
23. 纳米组装体系中的室温单电子现象及器件原理	1998.01～2000.12	刘忠范	30.00	教育部重点项目
24. 教育部跨世纪人才基金	1998.01～2000.12	李元宗	20.00	教育部跨世纪人才

兴大科学系列报告

	报告人	所在单位或国家	题　目
1	洪茂椿研究员	中科院福建物质结构研究所	过渡金属聚合核原子簇化合物的合成、结构和性质
2	刘虎威副教授	北京大学化学学院分析测试中心	液相分离技术的微型化——毛细管电色谱
3	寇元教授	北京大学化学学院物化中心	XAFS 与催化：催化剂无定性结构的理论探索
4	应立明博士	北京大学化学学院物化中心	单个生物分子的荧光光谱与动力学

5	K. R. Poeppelmeier 教授	美国西北大学化学系	Mixed Metal Oxides as Heterogeneous Catalysts
6	Jack Baldwin 博士	美国 Pharmacopeia Inc.	组合化学及其在药物研究中的应用
7	Martin Kotora 教授	日本 Catalysis Research Center，Hokkaido Univ.	Formation of 5－Membered Ring Compounds by the Reaction of Metallacycles with One－carbon Unit Building Blocks
8	高松副教授	北京大学化学学院稀土中心	稀土磁分子材料
9	弥永利博士	香港科技大学化工系	奇妙的高分子
10	徐怡庄博士	北京大学化学学院稀土中心	分子光谱的新技术
11	D. Proserpio 博士 Jing Li Milano 博士	美国 Univ. Italia & Rutger Univ.	1. 多聚合配合物网络——结构和拓扑之世界 2. From Solid State Compounds to Inorganic－Organic Hybrid Materials：Building Novel Extended Structures in Superheated Fluids
12	郭沁林副教授	中科院物理所	纳米单晶氧化物薄膜
13	P. Sinay Dep. de Chimie 教授	法国 Ecole Normale Superieure	Important Roles of Oligosaccharides in Cell－Cell Recognition，signal Transduction，and Other Bioprocess of Life
14	K. Y. Zhang 博士	美国 Agouron Pharmacerticals，Inc.	A Warner－Lambert Company，From Ligand to Drug：Current Trend in Drug Discovery
15	邹德春副教授	日本九州大学	Functional Organic Materials and Their Applications
16	Saburo Aimoto 教授	日本 Institute for Protein Research Osaka University	Protein Synthesis：Past，Present and Future
17	K. C. Nicolaou 教授	美国 The Scripps Research Institute	Chemical Synthesis and Chemical Biology of Natural Products
18	吴毓林教授	中科院上海有机化学研究所生命有机化学国家重点实验室	机遇和积累—天然产物化学研究中的一些体验
19	赵新生教授	北京大学化学与分子工程学院	硅基底上的分子构筑
20	翁羽翔研究员	中科院物理研究所	Ultrafast Visible and IR Spectroscopic Study of Interfacial Back Electron Transfer in Dye Sensitized TiO2 Nanoparticle
21	杨国强博士李嫱博士	中科院感光化学研究所	利用 Diamond Anvil Cell 进行高压条件下光物理和光化学研究
22	荆西平博士	北京大学化学与分子工程学院	场发射显示器和低压阴极射线荧光粉
23	郑智平博士	美国 Department of Chemistry，The University of Arizona	Metal Clusters，Nanoparticles，and Metallodendrimers
24	Younan Xia 教授	美国 Department of Chemistry，The University of Washington	Self Assembly Approaches to Micro－and Nano－fabrication
25	Peng George Wang 教授	美国 Wayne State University	Lanthanide－catalyzed Reactions

今日化学讲座

	报告人	单 位	题 目
1	蔡生民教授	北京大学化学学院	电动车化学电源研究
2	罗国安教授	清华大学	中药复方化学研究体系
3	王夔教授	北京医科大学	稀土化合物——未来的药物
4	郭正谊教授	科普研究所	以化学的方法学科学
5	王敬尊教授	微量化学研究所	复杂体系样品的综合分析
6	王剑波教授	北京大学化学学院	手性有机化合物的不对称合成
7	徐光宪教授	北京大学化学学院	科学研究的创新思维和方法
8	许家喜副教授	北京大学化学学院	组合化学的产生、发展与应用

（化学与分子工程学院 供稿）

生命科学学院

【发展概况】 北京大学生命科学学院的前身是创办于1925年的北京大学生物学系，是我国高等学校中最早建立的生物学系之一。1993年，生物学系扩建为生命科学学院。学院现设6个系，即生物化学及分子生物学系、细胞生物学及遗传学系、生理学及生物物理学系、植物分子及发育生物学系、环境生物学及生态学系、生物技术学系，3个研究中心：生命科学研究测试中心、生物科学教学实验中心、大熊猫及野生动物保护研究中心，2个研究所：分子生物学研究所和细胞生物学研究所，2个国家重点实验室：蛋白质工程及植物基因工程国家重点实验室和生物膜及膜生物工程国家重点实验室(部分)。

生命科学学院现有教职工192人，其中教授32人(中国科学院院士1人，博士生导师39人，内含离退休返聘教授11人)；副教授31人，高级工程师和高级实验师13人，讲师、助教和其他教职工116人。这是一支具有较高理论水平和较强实践能力，学风严谨，勤恳敬业的师资队伍。他们重视理论教学，注意培养学生活跃的学术思想和良好的学风。多年来，为国家培养了大批优秀的生命科学教学、科学研究和管理人才。

1999年在校本科生839人，硕士生160人，博士生94人，博士后研究人员和进修教师各9人。全院具有博士学位授予权的学科6个，即植物学、动物学、生理学、生物化学及分子生物学、生物物理学和细胞生物学；具有硕士学位授予权的学科9个，即植物学、动物学、生理学、生物化学及分子生物学、生物物理学、细胞生物学、生态学、遗传学和微生物学。各系设有博士后流动站。

【学科建设】 生命科学学院本科生学制为四年。各系前三年共同学习的基础课主要有：高等数学、计算机语言、物理学、无机化学、有机化学、物理及胶体化学、植物生理学、动物生理学、微生物学、遗传学、细胞生理学、生理学或植物生理学、生态学、现代生物技术，第四学年学习专业课，专业大实验和进行毕业论文科研训练。生命科学学院的培养目标是，培养具有对国家，社会有强烈使命感和责任感，有坚实的生命科学知识基础，先进的实验技能和严谨的科学作风，有较强创新意识和能力，德智体全面发展的高素质人才。他们可从事生命科学教学、科学研究、科技开发及其他实际工作。

1993年8月，经原国家教委批准，生命科学学院被评为第二批理科基地科学研究和教学人才培养基地，并于1994年正式启动，这对深化生命科学学院的教育和教学改革无疑是一个巨大的推动。生物学新楼建设也即将启动，它将为学院的教学和科学研究提供更优越的条件。

几年来，生命科学学院陆续承担了教育部"面向21世纪生物学类专业教学内容和课程体系改革"、"生物化学及分子生物学课程改革与建设"、"细胞生物学课程改革和建设"和"生理学课程改革和建设"等项目的研究，取得了一批成果。与此同时，还将理论研究的成果用于指导实践，对本科生的教学培养计划进行了认真的修改，并在讲授内容上作了较大幅度的调整。在基础课实验教学方面，也作了一些改革的尝试，调整了实验内容，提高了实验教学的质量，收到了一定的效果。生物化学、生理学、植物生理学和细胞生物学等四个学科被评为教育部重点学科。

生命科学学院着重抓了基础课及专业课的教材配套建设，"九五"期间规划编写45本教材，其中《细胞生物学》、《生物化学》、《植物生理学》3种教材已被列为"九五"期间国家级重点教材，《细胞生物学》、《生物化学》、《植物生理学》和《现代分子生物学》等4种教材被列为教育部部级重点教材，有12本教材被列为校级重点教材。

师资队伍的建设是理科基础科学研究和人才培养建设中的重要任务，针对目前普遍存在的教师队伍年龄老化，出国热和重科研轻教学等问题，生命科学学院根据专业设置和师资队伍状况，有计划地从国内外引进一批有较高学历并有较好组织能力和表达能力的年轻学者充实教师队伍，使这支队伍的年龄结构有了较大的改善；为保持教师队伍的改善，还从长远考虑，主动安排基础较好，有较强组织能力的教师出国进修或在职攻读学位，从而保证了基础课师资队伍和教学质量的相对稳定；与此同时，还对青年教师进行有计划、有目的的培训，使他们的科研和教学水平得到提高；为了提高实验系列人员和教辅人员的素质和业务水平，定期进行培训和考核，使他们提高了工作能力，增强了信心，促进了实验教学水平的提高。

为了解决高校体制改革滞后的问题，一年来，生命科学学院在学校统一部署下，进行了人事分配制度的改革。通过改革，一批优秀学科带头人和学术骨干走上教学第一线，加强了基础课和精品课的教学力量；推动了教师通过竞争承担国家各类科研项目，激励教师在学术研究中勇于创新，奋力争取获得优秀研究成果；推进了院系教学、科学研究等方面的基础性设施建设和长远发展规划；从而有利于从国内外，校内外引进优秀的学科带头人和教师，以及干部队伍的稳定发展，建立人才流动、开放和竞争机制。随着人事分配制度改革的深入和发展，将会开辟更多用人渠道和工作岗位,也将为广大教职工提供发挥聪明才智和做出贡献的舞台。

【科研活动】 1999年,生命科学学院有各类科研项目90项,其中攻关项目5项,科技部攀登预选项目1项,“863”专项项目12项,教育部项目7项,国家自然科学基金项目32项,教育部理科博士点基金项目7项,部委项目1项,开发、协作项目10项和学校资助自选课题6项。此外,还承担了科技部重大基础科学研究(973)项目“细胞重大生命活动的基础与应用研究”和“国家转基因植物研究与产业化”专项研究课题5项。一年来,全院在国内外学术刊物上发表学术论文200余篇,其中有20余篇被《科技文献索引》收录。生命科学学院在承担科研项目、科研经费数额及拥有现代化仪器设备总值等方面,在全国高校生命科学院系中均名列前茅。

(王世珍)

地质学系

【发展概况】 北京大学地质学系创办于1909年,是我国设立最早的地质教育和科学研究机构,也是北京大学建立最早的理科系之一。90年来,以李四光教授为代表的高水平师资队伍,造就出了一大批地学界的栋梁之材。在3000多名毕业生中,当选中国科学院和中国工程院院士者已达53名,在全国高校的系科中名列前茅。地质学系1993年被国家教委批准为国家理科基础科学研究和教学人才培养基地,现在北大地质学系已经成为我国地质科学研究和高素质人才培养的重要基地。在人才培养方面,为了适应社会、经济和科学技术发展的需要,经过几年来的调整,该系已基本完成了由以培养专业口径较窄的专门人才为主,向以培养知识面宽、基础扎实的高层次人才为主的方向转变。同时,对延续多年的本科和研究生专业设置进行了大幅度的调整。1999年3月将原岩石学教研室和矿物教研室合并为岩石学、矿物学教研室;原地震地质教研室撤销,成立环境与灾害教研室;新设资源教研室。地质学系现有构造地质学、古生物学及地层学、岩石学与矿物学、地球化学、资源地质学和环境与灾害地质学6个教研室。专业设置方面现有地质学和地球化学2个本科生专业,构造地质学,古生物学及地层学,岩石、矿物及矿床学,地球化学4个硕士生与博士生专业,1个地质学博士后流动站。

地质学系现有教职工(截止1999年底)102人,其中院士2人,教授23人,副教授29人,讲师6人,实验技术、图书资料和行政管理岗位上的高级职称人员有12人,中级职称17人,其他14人。近二十年来,该系广泛开展国内外学术交流与合作,承担了数百项国家、部委及横向的科研与生产任务,创造出了一大批具有国际先进水平的科研成果,不少项目荣获国家或部委级的奖励。1991年建成的新地学楼、“211工程”投资兴建的地质博物档案馆和ICP-MS实验室,以及国家理科基础科学研究和人才培养基地资助的许多项目,为该系教学和科学研究提供了良好条件。

地质学系下设行政办公室、人事与党委办公室、教务办公室和教辅办公室(分管绘图、摄影、录像、图书资料和磨片等教学辅助单位)。

地质学系设有学生工作组,负责学生的思想教育和日常管理工作。1998~1999年度地质学系评出三好学生标兵2名,三好学生10名,创新奖1名,优秀学生干部2名,学习优秀奖8名,社会工作奖6名,评出各类奖学金获奖者29人。97级硕士班获优秀班集体,98级获先进班集体。

研究机构设有岩石圈研究所、石油与天然气研究中心、地球动力学研究室,该室1999年10月调入地球物理系)。实验室方面设有分析测试中心、教学实验中心、同位素地球化学实验室、有机地球化学实验室。其他有图书资料室、地质陈列馆和地质科技档案馆宝石鉴定中心等机构。

地质学系分析测试中心拥有数百万元的精密仪器设备,不仅可以满足系内科研和教学的需要,还向社会开放。1994年分析测试中心大型分析仪器通过国家计量认证。为加强基地建设,在引进人才的同时,1999年10月又引进了国内第一台VG Axiom高分辨多接收等离子质谱仪。分析测试中心开放的机制使多台大型仪器被纳入北京地区联合测试网,向全国开放。

地质系图书资料室创建于1955年,现馆藏面积约230平方米,设有书库、阅览室和网络、光盘检索室,馆藏各类文献5万余种册。馆藏外文现刊78种、中文期刊150种,国内外重要的专业核心期刊馆内均有收藏。地质学系历届毕业生学位论文和地质矿产图件资料的收藏是地质学系图书资料室的特色。馆内现配备高档计算机和部分光盘版专题文献数据库,资料室已联网并开展网上资源的检索与利用。

地质档案馆在争取到学校部分“211工程”配套资金的基础上,投资建立了面积约1800平方米的亚洲最大的地质档案馆,把本系教员多年科研积累的重要标本存放起来,结合已完成的科研成果进行展示。

地质陈列馆历史悠久,创立于1909年,是中国最早的地学专业陈列馆。80多年来行政机构多变,大量展品调拨到其他单位。现在陈列的展品主要是地质学专业恢复招生(1955年)以后积累的精品，珍藏了一批宝贵的标本，有矿物、岩石、矿床、宝玉石、化石和地质变动的岩石标本等。地质陈列馆于1992年5月4日在新地学楼开馆，面向全校师生及社会开放，已成为北京大学对外交流的一个重要窗口。

【90周年系庆活动】 1999年5月4日是北京大学101周年校庆纪念日，同时堪称中国地质人才摇篮的地质学系迎来了建系90周年。为迎接地质学系90华诞，在勺园举行了庆祝大会。校、院、系领导和中国地质大学等兄弟院校的领导及校友300多人参加了庆祝大会，系党委书记宋振清主持了庆祝大会，校党委书记任彦申参加大会并讲话，有15名院士和3名兼职教授到会，校友相聚燕园，畅谈地质学系走过的90年辉煌历程，面向21世纪地质学系的建设与发展及创新人才的培养，为地质学系跻身世界一流大学地质学系行列献计献策。

【学科建设】 为配合教育部和学校进行的新一轮本科生和硕士研究生培养方案的修订工作，经系办公会议讨论通过成立两个专业组，同时确立调整合并后的硕士点和博士点负责人。两个专业组分别为：地质学专业组，组长：韩宝福。地球化学专业组，组长：王关玉。合并后的硕士博士点负责人分别为：构造地质学硕士、博士点负责人：韩宝福；岩石学、矿物学、矿床学硕士、博士点负责人：魏春景；古生物地层学硕士、博士点负责人：孙元林；地球化学硕士、博士点负责人：王关玉；固体地球物理学硕士、博士点负责人：孙荀英(代)。

按学校要求，地质学系成立教学督导委员会，系督导委员会主任：刘瑞珣。

6月份，按学校人事部要求，对系学科评议组(职称评审委员会)学术委员会进行了调整。

地质学系何国琦教授在第五届"我爱我师"评选活动中，荣获"最受爱戴的教师"称号；郝维城副教授获北京大学1998～1999年度教学优秀奖；"普通岩石学"获北京大学优秀骨干基础课奖；常兆山讲师获北京大学1998～1999年度优秀班主任二等奖；侯贵廷副教授获三等奖。

1999年地质学系毕业本科生25人，硕士研究生25人，博士研究生7人。1999年超额完成了原各项招生指标，99级共招收新生84名，其中本科生43人，硕士生27人，博士生14人。这是地质学系近5年来首次按计划完成招生名额，并且超额完成任务。9月7日地质学系举行迎新大会，系主任潘懋教授致欢迎词，并向全体同学们介绍了该系情况，勉励同学们努力学习，积极进取。

【迎接教育部、北京市教委的检查、评估】 为检查"九五"期间理科人才培养基地建设情况，制定"十五"理科人才培养基地的建设计划，国家教育部决定11月初派专家团驻校检查、验收，检查内容从教学计划、课程建设、学生培养、科研成果、实验室建设到教学科研环境的改善等，几乎包括系里各方面的工作。地质学系于1993年被国家教委批准为国家理科基础科学研究和教学人才培养基地，每年都得到40～50万元的资助，对于地质学系的建设与发展起到了至关重要的作用。这次评估、验收关系到地质学系理科人才培养基地能否正式挂牌，今后能否继续得到资助等，事关重大。系党政办公会议进行了专门讨论，由系主任、党委书记挂帅成立了迎接理科人才培养基地检查和评估领导小组。从6月份开始做准备工作，全系齐心协力，各教研室、教学实验中心、图书资料室、实验室等都积极配合。11月8日教育部理科基础科学研究与教学人才培养基地工作检查组听取了北京大学理科基地的工作汇报，9日到地质学系检查了教学仪器设备和教学设施，参观系图书资料室，观摩了教师课堂教学，召开了教师学生座谈会，查看了各类教材，学生实习报告及获奖证书等资料；11日专家组对地质学系基地工作进行评估，对基地工作给予了高度的评价。地质学系理科基础科学研究与教学人才培养基地圆满通过验收，获得优秀成绩。

12月16日，在校资产管理部领导的陪同下，由北京市教委组织清华大学、北京工业大学等高校有关专家对教学实验中心进行了评估认证。教学实验中心(1998年11月成立)负责全系与教学有关的实习、实验工作。教学实验中心的设立是为了促进教学改革，提高教学质量、发挥现有资源整体优势，加强统一管理，是实验室结构改革的重大举措，受到学校主管部门的重视。教学实验中心设有基础计算机实习室、网络化计算机实验室、显微图像实验室和新建多媒体教学实验室(于1999年3月31日通过验收并投入使用)。在6大类39项评估指标中，教学实验中心都高质量地通过了评估，确定为北京市基础教学实验室，并准予挂牌。

【科研工作】 9月9～11日"华北及邻区前寒武纪地质与元古代超大陆再造"专题学术会议在北京大学地质学系举行。会议在国家自然科学基金委员会地球科学部的支持下，由北京大学地质学系发起并承办，中国科学院地质研究所、中国地质科学院地质研究所协办。大会议程主要包括两方面内容：(1)交流华北克拉通及邻区前寒武纪地质学、区域地质学、大地构造学、变质地质学、同位素地质年代学等领域最新研究成果及学术观点；(2)探讨华北克拉通及邻区前寒武纪地质前缘研究问题，华北及邻区

"十五"研究重大科学问题。60余人出席会议,沈其韩院士、翟明国教授、钱祥麟教授等27人作学术报告,部分优选论文分别在《岩石学报》1999年第4期和2000年第1期发表。

11月28日至12月2日,教育部"大陆动力学与成矿作用"和"自然资源形势与地球科学发展"高级研讨班在地质学系举办。研讨班邀请6位(其中3位院士)不同学科方向的专家讲课,来自20多个高校和科研院所的百余名学者听取讲课并参加了学术交流。

12月6日地学楼地质博物档案馆召开纪念乐森珥教授百年诞辰暨古生物学前沿进展研讨会。王鸿桢、刘东生、杨遵仪、郝诒纯、董申保、王仁院士,中国科学院南京地质古生物研究所、中国科学院古脊椎与古人类研究所、中国地质博物馆、北京自然博物馆的领导及学者,乐森珥教授的亲属等100余人出席了会议。北京大学党委副书记岳素兰出席会议并讲了话。会议举办了乐森珥教授生平及古生物前沿科学成就展览,4位国内著名学者作了精彩的学术报告。

1993年以来共获各类项目125项(不包括校内项目),其中国家攻关项目14项;教育部博士点基金项目20项;国家自然科学基金项目63项,包括重点项目3项。共获得科研经费1367.9万元。

1999年地质学系以第一作者发表的论文被美国《科学引文索引》(SCI)收录26篇,在国内核心期刊上发表论文76篇,一般刊物发表论文28篇。出版学术专著2部。

2000年1月5日地质学系1999年度学术报告会举行。地质学系每年都举行年度学术报告会,内容是对各类基金项目结题和在研项目及准备重点、重大课题申请、立项的论证等进行交流,以加强基金项目的管理,提高地质学系的科研和学术水平。本届会议由李茂松教授和刘树文副系主任主持,系主任潘懋教授致辞,国家基金委领导讲了话,何国琦、白顺良、阎国翰教授等18位地质学系教师作了学术交流。出席会议的《中国科学》、《科学通报》、《地质学报》、《自然科学进展》期刊编辑部领导也作了学术报告。

【其他】 为适应学科长远发展规划,创建世界一流地质学系的奋斗目标,1999年12月在系分析测试中心的基础上成立研究实验中心,任命韩宝福教授为中心主任。研究试验中心依托全系教学科研力量,以一大批现代大型分析测试仪器为技术支撑,主攻大陆动力学,朝着教育部和国家重点实验室的目标发展。通过全系实验室调整改革,重新组合,使研究实验中心科研力量雄厚,拥有一支高素质高水平的实验队伍,学科齐全,年龄结构合理。研究实验中心拥有高分辨率等离子质谱,等离子直读光谱,原子吸收光谱,原子荧光光谱,电子探针,X射线衍射仪,红外光谱仪,气相色谱,离子色谱,高温高压水热试验系统,常规K-Ar定年系统,分步加热和激光显微探针Ar-Ar定年系统,C,H,O稳定同位素和宇宙成因核素分析及地质信息系统等实验室。目前研究实验中心仪器设备先进,配置合理,专业特色突出。研究试验中心开放式管理,实行学术委员会指导下的实验室主任负责制,建立基金资助研究课题,并欢迎国内外学者开展合作研究。

经过多年的努力,地质学系的教学科研环境得到很大改善,师资队伍建设、人才培养、实验室的建设等方面都取得了显著成绩。在北京大学创建世界一流大学计划实施之际,有着辉煌历史的北京大学地质学系正围绕着人类所面临的资源、环境和灾害等重大地学问题,进行人才培养、课程体系和学科建设等系列改革,再创地质学系新世纪的辉煌,为培养地质学系创新人才做出新贡献。

(李凤棠)

城市与环境学系

【发展概况】 北京大学城市与环境学系的前身是1904年成立的京师大学堂中文学科大学中外地理学门(文学院地理学系)。1952年全国院系调整时成立北京大学地质地理系。1978年地理与地质分离,单独成立北大地理系,1988年在坚持基础研究和教学的同时,为适应环境保护、城市与区域规划等应用方向发展的需要,易名为城市与环境学系。

城市与环境学系以人类环境和可持续发展方面的研究和教学为己任,系全国该领域的科学研究、人才培养和对外交流的中心。师资力量雄厚,有教授35人(其中院士1人、博士生导师26人),副教授28人,还有一大批国内外著名学者任兼职教授。本学科领域与人类社会信息化建设、城市化建设、生态环境保护和可持续发展密切相关,科学研究与教学异常活跃。全系现设5个本科生专业、8个硕士研究生专业、5个博士研究生专业和博士后流动站,系地理学国家基础科学人才培养基地,其中人文地理是国家在该领域唯一设立的重点学科点。毕业生广泛活跃于国内外高校及社会各领域。近几年来每届本科毕业生有约60%～70%到国内著名学府或出国深造,1999届本科生有64人毕业,其中继续深造35人,占54.7%,出国留学10人,占15.6%,就业19人,占29.7%。1999年底各类在校学生673人,其中本科生321人,硕士生202人,博士生114人。

该系设有全球变化研究实验

室，土壤—环境—生态实验室，遥感与地理信息系统实验室。研究机构设有地理研究所、区域科学中心、土地科学中心、历史地理研究中心、生态学研究与教学中心、城市规划设计中心、不动产鉴定中心、景观规划设计中心，世界遗产研究中心、地理信息系统中心。

1999年该系培训部共招生197人。其中区域经济学专业4个班(北京房地产班29人，城信房地产班32人，锦州班67人，深圳班29人)。地图学与管理信息系统专业1个班(北京班40人)。

【理科基地建设】 北京大学地理学基础科学研究与教学人才培养基地是1993年经国家教委审定批准的国家理科基地之一。

基地自1993年批准建立以来，为迎接地理学系统革命、信息革命及信息社会、生态社会到来的机遇和挑战，按照“教育要面向现代化、面向世界、面向未来”和“加强基础、淡化专业、拓宽口径”的基本方针，改革课程体系和内容，逐步确定了“以培养具有竞争力的21世纪人才为目标，抓住机遇，迎接挑战，发挥北京大学的整体优势，以培养基础和创新能力为中心，优化育人环境，逐步建成世界一流的地理学人才培养基地”的总体思路和目标。

围绕这一基本思想，基地下大力气进行教学改革，制定了有利于具有竞争力的基础性地理学人才成长的培养计划。这一计划中最具关键创新意义的是“共同必修课，分配限选和自由选修”三合一的课程体系。所谓“分配限选”是指把学分按一定比例分配到具有共同基础，即地球系统、人地关系、世界地理和地理信息等领域中去，学生必须在每个领域选择一定分数，以保证学生具有比较宽厚、结构合理的专业知识；所谓“自由选修”是指让学生自由在所有地理专业课程中选择一定分数。

【学科发展战略】 1. 战略定位。地理学是关于地球表层和人地关系的综合科学。20世纪70年代以来，随着学科交叉综合和信息技术的发展，地球表层系统(以下简称地表系统)、人地系统和地理信息逐渐成为地理学三大前沿领域，并使地理学成为当代地球科学最活跃、最前沿的学科。根据学科的这种发展趋势和北京大学的综合特色和优势，北大地理学科将主要致力于地表系统、人地系统以及地理信息科学研究，努力揭示地表系统和人地系统物质流、能量流、信息流的规律，寻求人与自然协调发展途径，为人类可持续发展和信息社会提供科学依据。

2. 战略目标。逐步建设成为国际一流的地理教学、科学研究和技术服务三位一体的基地。(1)形成具有国际先进水平的理论地理学、应用地理学和地理信息学教学体系，逐步建设成为集聚和辐射全球的国际一流地理学人才培养基地；(2)在地表系统以及人地系统的若干基础性和前瞻性研究方面取得具有国际先进或领先水平的重要创新成果，逐步形成实力雄厚的北京大学地理学派。(3)在地理信息的若干重大科学问题研究和关键技术开发方面取得具有国际先进水平的重要创新成果，成为国际一流的中国地理信息科学和数字地球研发基地。

3. 战略领域。根据上述地理学发展的战略定位和目标，北京大学地理学发展分三个重大战略领域，即：领域(1)地表系统与环境变化；领域(2)人地系统与可持续发展；领域(3)面向数字地球的遥感与地理信息科学。

【科研项目】 1999年城市与环境科学系承担各类科研项目共75项，其中国家自然科学基金重点项目、面上项目24项，省部级项目51项。

【科研成果】 1999年出版专著5部，教材2部，译著2部，重新印刷教材1部，在核心刊物上以第一作者发表论文220篇，获得各类科技奖共9项。

【学术活动】 1999年北大主持召开了第8届国际泥沙与水相互作用学术会议。此会议由国际泥沙—水科学学会组织，每三年举行一次。这是第一次在亚洲国家举行，由城市与环境学系陈静生教授任主席，环境科学中心倪晋仁教授任副主席。会议于9月13～17日在中国科技会堂召开，有来自30多个国家的200名代表参加，其中外国科学家140余人。6位国际著名学者在大会上作专题报告，介绍世界上此领域各学科的研究进展和当前趋势。150余位代表在4个平行的分组会上交流发言。这是一次极为成功的大会，受到国内外与会者的广泛好评。

【学生工作】 系学生会组织了一系列群众性文体活动，开展了以展现城环人风采为主题的“城市—环境—城环人”摄影大赛，在“世界地球日”(4月22日)，举行了一系列有关热爱地球、保护地球的宣传活动。5月8日，以美国为首的北约野蛮轰炸我国驻南斯拉夫大使馆后，该系同学通过游行、座谈会、声讨会、写抗议信等方式表达了严正抗议。

在建国50周年大庆之际，系团委组织广大同学进行了一系列活动，回顾祖国走过的50年的风雨，并展望未来，明确了自己作为祖国21世纪的建设者的责任，激发了同学们的使命感和自豪感。

12月20日澳门回到祖国的怀抱，系团委举办澳门知识竞赛活动，部分同学还制作了关于澳门知识的网页。

城市与环境科学系及遥感与地理信息系统研究所专业目录

一级学科	学士专业	硕士专业	博士专业	博士后流动站
地理学	1. 地理科学 2. 资源环境与城乡规划管理 3. 地理信息系统	1. 自然地理学 2. 人文地理学 3. 地图学与地理信息系统	1. 自然地理学 2. 人文地理学 3. 地图学与地理信息系统	1. 地理学
地质学		4. 第四纪地质学	4. 第四纪地质学	
应用经济学		5. 区域经济学	5. 区域经济学	
历史学		6. 历史地理学	6. 历史地理学	
环境科学与工程	4. 环境科学	7. 环境科学		
生物科学		8. 生态学		
建筑学	5. 城市规划			

注:1. 地理学系博士学位一级学科授权单位

2. 人文地理学系国家重点学科

城市与环境科学系国家重点项目

课题来源	课题名称	负责人	职称
国家自然科学基金项目	中国企业地理研究	杨开忠	教授
教育部九五重大项目	西北地区可持续发展战略研究	杨开忠	教授
北京市九五社会科学重大项目	北京市环境经济研究	杨开忠	教授
国家九五重点科技攻关项目专题	井冈山旅游资源可持续利用研究与示范工程	杨开忠	教授
国家社会科学九五重大项目	国民经济可持续发展问题综合研究	杨开忠	教授
国家自然科学基金重点项目	港澳回归与珠江三角洲及其与周围地区协调发展研究	杨开忠	教授
国家自然科学基金项目	区域复杂空间格局演化规律的研究	杨开忠	教授
北京市科委	中关村科技园区发展战略研究	杨开忠	教授
北京市信息化办公室	中关村科技园区信息化前景研究	杨开忠	教授
国家自然科学基金重点项目	中国可持续发展管理理论与政策研究	杨开忠等	教授
国家自然科学基金项目	“CBD(中央商务区)的研究”的子课题 “CBD的功能与形态的研究”	吕斌	教授
国家自然科学基金重点项目	台湾海峡两岸生物地理格局及其与古地理的关系	方精云	教授
国家教育部重点项目	中国东部地区植物多样性的垂直格局及其机制	方精云	教授
国家自然科学基金委	滇东黔西旅游地域结构与资源持续利用途径研究	吴必虎	副教授
国家自然科学基金九五重点	中国旅游业持续发展支持系统与宏观布局理论研究	吴必虎	副教授
国家自然基金委	环渤海地区土地利用变化与土地持续利用模式研究	蔡运龙 (傅伯杰第一)	教授
国家重点科技项目 (部门专项)	我国沿海滩涂综合利用研究	王仰麟(中科院与北大共同承担,为第三主持)	副教授
国家重点科技项目 (部门专项)	开发区闲置土地合理开发利用与示范工程研究	蔡运龙、王仰麟等(北大与中科院共同承担)	副教授
国家自然科学基金重点项目	“环渤海三角洲湿地资源动态、景观结构及区域可持续发展”	萧学宁 许学工	副教授
国家自然科学基金项目	黄河三角洲重大开发活动的环境效应追踪及调控机理研究	许学工	副教授

国家杰出青年基金	环境中内分泌干扰物质的监测、危害性评价及其对策	胡建英	副教授
国家杰出青年基金(延续)	微量污染物形态与生物有效性	陶　澍	教　授
国家自然科学基金	水库区人力资源特征及其开发与管理	韩光辉	教　授
国家自然科学基金	清代以来我国人口资源空间过程,及其环境后果研究	韩光辉	教　授
国家自然科学基金	我国北方农牧交错地带历史文化景观的比较研究	邓　辉	副教授
国家自然科学基金	深圳东莞快速城市化地区景观复合分析及优化设计研究	曾　辉	副教授

城市与环境科学系出版科技专著、教材情况

作者姓名	著　作　名　称	著作类别	出　版　社
吴必虎等	中国国内旅游客源市场系统研究	专　著	华东师大出版社
蔡运龙 方创琳 蒙吉军	同等学力人员申请硕士学位地理学科综合水平全国统一考试大纲及指南	教　材	文教社
韩茂莉	辽金农业地理	专　著	社会科学文献出版社
于希贤	中国风水与建筑选址	专　著	台湾文艺出版社
唐晓峰	地理学与地理学家	专　著	商务印书馆
林　坚	中国城镇住房制度改革——目标模式与实施难点	专　著	民主与建设出版社
王仰麟	中国地理	教　材	高等教育出版社
俞孔坚	景观建筑学——场地规划与设计手册	译　著	中国建筑工业出版社
黄润华 贾振邦	环境学基础教程(第二、第三印刷)	教　材	高等教育出版社
杨开忠 李国平	持续首都——北京新世纪发展战略	专　著	广东教育出版社

城市与环境科学系科技成果获奖情况

姓　　名	成　果　名　称	奖项名称	获奖等级
陈静生　贾振邦 王学军　邓宝山	中国河流颗粒物(沉积物和悬浮物)环境地球化学研究	教育部科技进步奖	三等奖
陶　澍　倪晋仁 王学军　曾　辉 黄润华　赵智杰	深圳河治理环境影响评估	教育部科技进步奖	三等奖
陈昌笃等	中国生物多样性国情研究	国家环境保护总局科技进步奖	二等奖
陈昌笃等	中国生物多样性国情研究报告	1999年"全国优秀科技图书奖"暨"科技进步奖(科技著作)	三等奖
俞孔坚　李迪华	广东省中山市城市景观信息系统	广东省科技进步奖	二等奖
王仰麟(排名六)	矿区土地资源复垦技术与利用研究	国家环保总局科技进步奖	二等奖
吴必虎	中国城市居民旅游目的地选择行为研究	地理学报优秀青年论文奖	
吴必虎	景观志(人民出版社出版)	国家图书奖	荣誉奖
林　坚	北京市土地估价辅助系统	北京市房屋土地管理局科技进步奖	二等奖

(贾振邦)

心理学系

【发展概况】 北京大学是中国最早传播心理学的学府，早在1900年即开设心理学课程。1917年创立北京大学心理学实验室，这是中国现代科学心理学的开端，是由著名教育家、北京大学校长蔡元培先生倡导的，他曾在德国莱比锡大学冯特教授创建的世界第一个科学心理学实验室考察、学习，并为把科学心理学引入中国作出了重要贡献。自此，北京大学为中国培养了一批优秀人才，其中包括原中科院上海脑生理所所长张香桐院士、已故的原中科院心理所所长潘菽院士。

1952年全国院系调整时，清华大学、燕京大学、复旦大学的心理学师资并入北京大学，合成为哲学系心理学专业，云集了国内一大批著名心理学家，成为国内最具实力的心理学研究、教学机构。1978年，北京大学率先在国内恢复心理学专业，成立了当时国内第一个心理学系，并归入理科。

北京大学心理学系是中国著名的专业教学、研究机构，有符合综合大学规格要求的较全面的学科建制，从事多方面的研究，提供高质量的综合性高等教育，涵盖心理学各主要方向。心理学系现有在职教学、科研人员27人，其中教授10人，副教授7人，讲师10人，博士后2人，另有行政、教辅、技术、后勤人员11人。心理学系拥有理学学士、硕士、博士学位培养资格，同时设有心理学成人自学考试点，还受理在职人员申请硕士、博士学位。

心理学系的科研领域涉及较广泛的方面，包括实验心理学、认知心理学、认知神经科学、生理心理学、心理统计与测量、发展心理学、人格与社会心理学、情绪心理学、比较心理学、临床心理学、医学心理学、工业与管理心理学、消费与广告心理学、人力资源管理、工程心理学等，这些建制为培养心理学系高等基础与应用心理学人才奠定了重要基础。

心理学系最突出的特色之一是它的学科建设。心理学系的认知神经心理学、生理心理学在国内处于领先地位，也是目前国内唯一以灵长类动物为研究对象的心理学机构，该系的临床心理学、比较心理学、情绪心理学更是国内综合大学独一无二的。心理学系设有心理学研究所，并设有认知神经科学研究中心、人力资源评价与开发中心、临床心理学研究中心等机构。

心理学系有一系列设施服务于教学、科研各个领域，包括专用的计算机教室，各种录音录像设备，实验动物中心，以及拥有70多种外文专业杂志、20种中文杂志、近万卷图书的资料室。心理学系拥有一幢独立的用于神经生理心理学与比较心理学研究、教学的实验楼，一个专设的用于发展心理学研究、教学的实验室，一个独立的综合研究实验区，及一个行政办公区，并与校医院合建有心理诊所。

通常情况下，心理学系约有180名全日制学生，其中包括约90名硕士、博士研究生，另有自学考试大专生2000余人及在职进修、研究生班学生近200人。由于北京大学雄厚的实力背景，每年都有一批高素质的学生以优异的成绩通过全国统考进入心理学系。经过四年的学习，他们都取得极大成功，成为最有竞争力的毕业生，其中85%以上继续攻读研究生或出国深造。

心理学系与国外许多著名大学的心理学系建立有长期交流合作关系，其中包括英国牛津大学，美国密西根大学、伯克利加州大学，德国慕尼黑大学医学心理研究所，合作包括双方互访，共同研究，共享信息，交换教学。心理学系还与相当一批外国研究机构、学者保持各种形式的学术往来。此外，心理学系与香港中文大学心理学系有长期学术合作协议。

（王垒）

【教学工作】 继1998年全国统招硕士研究生报考心理学系的人数首次超百人之后，1999年研究生报名近150人，资格审查合格人数136，录取比高达15：1，创心理学系历史记录。

继1998年首期举办应用心理学专业人力资源管理方向研究生课程进修班之后，1999年招收第二届学员，报名人数近200人，经考试录取学员122人，在北京地区产生了很好的社会效应。为进一步探索、开拓新的办学模式，在课程设计、教材、教学方法与形式等做了大量研究、尝试，为完善教学体系确立了重要基础，并在北京地区树立了品牌优势。同时，开办研究生班，提高了师资效率，形成了立体化办学体系。

1999年心理学系有26名本科生、13名硕士生、3名博士生毕业，其中本科毕业生保研8人，硕士生硕博连读3人，出国继续深造或做博士后8人，其他人分别在高校、企业、国家行政部门等处供职。

1999年接受港澳台学生和外国留学生6人，进一步扩大了学生来源的多元化。同时，共接受国内外访问学者6人，进修教师3人。

（苏彦捷）

【科研工作】 1999年5月，为贯彻中央及学校创建世界一流大学的战略，经过反复研究，广泛征求意见，心理学系制订了学科建设、创建世界一流大学心理学系的五年规划，对心理学系教学、科研、国际合作、科技开发等方面的发展方向、规模、目标和发展模式作了充分论证和阐述，确立了把北京大学心理学系建设成中国认知神经科学及应用心理学领域的教学、科研、国际交流中心的目标。经有关统计，过去10年，北京大学心理学系在国内心理学机构中人均SCI论文数量排名第一，加强了实现规划的信心。

为改善教师工作条件，调动教师在教学、科研方面的积极性，1999年6月心理学系决定从自筹资金中拨款，大幅度提高教师发表论文的奖励金额，强调以世界为舞台，科研国际化，对在国际核心学术期刊发表论文给予较高奖励。此外，心理学系增设了教研人员办公业务费，每人每年拨款1000元，用于办公及其它工作事务。11月，心理学系自然科学基金第二批项目批准立项，该基金由心理学系自酬经费建立，旨在鼓励中青年教师的科研工作。此次共4位教师得到了不同额度的资助。同时，今年首次设立了重点项目，对意义大、基础好、队伍强的项目给予重点支持。为加强科研管理，在资源调配上进一步突出重点，大量向能做出具有世界水平成果的研究室和研究人员倾斜。

1999年科研学术氛围较往年更加浓厚，多位教师向系里提交了科研攻关、发表SCI论文、创世界一流的“军令状”，合作交流全面展开。心理学系创建了科研午餐研讨会制度，促进学术研讨。1999年心理学系共发表论文56篇，其中在国内核心学术杂志发表的论文数量比前年翻了一番，在国际性学术期刊发表论文12篇。同时有多部专著、编著出版，其中王甦教授主编的《中国心理科学》获1999年第四届国家图书奖提名奖。

（王垒、周晓林）

【学术合作与交流】 1999年心理学系国际交流更加频繁。4月26日至5月20日，澳大利亚University of New South Wealth心理学系Guil Huon博士来心理学系访问并从事合作研究。4月26日至5月29日，美国密西根大学Ann Arbor心理学系Serena Chan博士来心理学系进行双边学术交流，并讲授两门课程。这也是两系进行学术合作交流的第18个年头。5月1日至5月9日，加拿大著名认知心理学家，University of British New Colombia心理学系教授，*Brain and Memory*副主编Peter Graf博士来系访问，并作两场学术报告。6月23日至7月4日，美国伯克利加州大学心理学系新上任的系主任Karen De Valois教授及同系的Russell De Valois教授来心理学系进行正式友好学术访问，两位教授举行了两场认知神经心理学方面的讲座，这也是心理学系与伯克利加州大学心理学系建立学术交流关系以来对方的第二次正式访问。心理学系教师与客人进行了深入学术研讨，共14位教师向对方详细报告了自己的科研工作。9月，北美工效学代表团来心理学系作为期1天的访问，10月，哈佛大学心理学代表团来心理学系作为期1天的访问。全年共有20余位教师、160名本科生、研究生参加了有关接待、交流和学术活动。

1999年有不少港台地区著名学者来访，其中有台湾中央研究院杨国枢教授、香港城市大学商学院梁觉教授、香港科技大学工商管理学院樊景立教授，他们在心理学系做了学术交流并作了精彩的学术报告。

11月18日至12月2日，心理学系组成8人代表团考察英国、德国，共走访14家单位，重点考察了两国的认知神经科学教学研究工作，特别是基于脑成像的研究工作。该考察由香港方润华基金会部分赞助。这是心理学系历史上第一次系酬经费组团进行大规模学术考察，是贯彻学校创建世界一流大学计划的重要举措。考察取得圆满成功，对心理学系相关科研工作的规划和进展起到了重要作用。

（王垒）

【学生工作】 4月11日至4月30日，由心理学系团委策划、组织发起了首届首都高校心理学文化节。共有首都16所高校参加，举办讲座40余场，播放电影30余场，是目前为止最大的一次在高校学生中普及心理学的活动，心理学系为此项活动提供了大量的人力物力，北大也是此次活动的主要地点。在社会上收到了很好的宣传效果，引起了全社会对大学生心理状况的广泛关注。首都各大媒体均进行了大篇幅的报道，在校内学生们通过讲座、电影获得心理学的普及性知识，反响热烈。

7月，98级研究生张宴、徐必成、赵向阳和其他同学组成的“赛夫心理测评公司创业计划小组”在全国大学生首届创业大赛中获得金奖（即一等奖）。全国共有400多个团队参加了这次比赛，经过初赛、复赛和决赛，历时半年多最后评出10个金奖，20个银奖。“赛夫心理测评公司创业计划小组”是北京大学唯一进入决赛的团队。

（苏彦捷、曲振卿）

【行政及人事管理】 为加强财务管理，提高资金使用效率，心理学系1999年1月建立了财务预算制度，每年年初制订预算并向全系教职工公布，听取群众意见；每年年末进行决算并向全系教职工报告，做到财务公开，接受群众监督。截止1999年年底，心理学系通过各种科技开发和横向办学，财政收益达350余万元，创系历史纪录，上缴学校财政100余万元。

1999年师资队伍建设进一步取得实质性进展。7月份引进3名新教员，均来自中科院心理所，其中2人为出站博士后，1人为应届博士毕业生，均为生理与神经心理学方向，加强了基础心理学专业师资；10月份从香港大学心理学系引入出站博士后甘怡群博士，充实了应用心理学专业师资。

9月至12月，为贯彻北京大学人事工作会议精神，进行人事制度改革，实行岗位聘任制。根据学校部署，心理学系成立了聘任工作领导小组。经过两上两下的认真讨论和研究，顺利完成了岗位聘任工作，全系应聘教职员工共计35人，占全系教职员工人数的85%。根据岗位聘任工作的需要，心理学系制定了教职工考评制度。新的考评制度对心理学系各级岗位的任务和职责都作了明确的规定和要求，并有严格的奖惩制度。对应聘人员，在聘期内将严格按照考评制度对其工作进行考核，以确保各个岗位的工作得以顺利完成。

（肖健、曲振卿）

中国语言文学系

【发展概况】 早在京师大学堂时期就设有中国语言文学方面的教学机构。1910年京师大学堂开办分科大学，文科中国文学门为独立建制的中文系之雏形。1919年北京大学废门改系，设中国文学系，自此奠定中文系总体框架。沈尹默、马裕藻、胡适、朱自清、闻一多、罗常培、杨振声等先后任系主任。1952年院系调整，清华大学中文系，燕京大学国文系、新闻系与北京大学国文系四系合并为新的北京大学中国语言文学系，杨晦任系主任；1954年中山大学语言学系并入。调整后北京大学中国语言文学系设中国语文学和新闻与编辑2个专业，1953年起在中国语文学专业分设中国文学和中国语言学2个专业方向。1958年新闻与编辑专业并入中国人民大学新闻系。1959年增设古典文献专业，形成文学、语言和古典文献3个专业设置并延续至今。1971年重设新闻专业，1978年并入中国人民大学新闻系。1984年增设编辑专业，1996年转归北京大学信息管理系。"文革"结束后，季镇淮、严家炎、孙玉石、费振刚、温儒敏先后任系主任。

中文系现有在编教师112人，其中教授51人，副教授40人，讲师19人，45岁以下教师58人，占教师总数的51.8%；有博士学位的教师39人，占教师总数的34.8%。现有在编党政管理人员8人，教辅人员5人，工人1人。本年度在站博士后3人。

1999年招收各类新生总计221人，其中本科生103人，硕士研究生67人，博士研究生51人。截至1999年底中文系有在册各类学生、进修生、访问学者合计889人，其中本科生456人（含留学生97人），硕士研究生175人（含留学生26人），博士研究生155人（含留学生46人）。现有国内访问学者40人，国外访问学者10人；国内进修教师12人，外国进修生41人。

【学科建设】 中文系现有中国文学、汉语、古典文献3个专业，设古代文学、现代文学、当代文学、文艺理论、民间文学、现代汉语、古代汉语、语言学和古典文献等9个教研室；3个研究所：北京大学古典文献研究所、北京大学比较文化和比较文学研究所、北京大学中国语言文学研究所；1个实验室：语言学实验室。挂靠中文系的单位有：全国高校古籍整理委员会秘书处、中国俗学文学学会、中国文心雕龙协会、中国比较文学学会、中国中日比较文化研究会、北京大学王力语言学奖金基金会、北京大学王力语言学奖金评选委员会、二十世纪中国文化研究中心。

经过几代学者的不懈努力，中文系学科齐全、师资雄厚，在全国中文学科中处于整体领先水平。作为拥有本科专业、硕士点、博士点、博士后流动站的一级学科，中文系下设7个二级学科，含17个三级学科：语言学和应用语言学学科含理论语言学和实验语音学2个方向；汉语言文字学科含现代汉语、汉语方言学、汉语史、古文字学4个方向；文艺学学科含文艺学和中国文学批评史2个方向；中国古代文学学科含先秦两汉文学、魏晋隋唐文学、宋元文学和明清近代文学4个方向；中国现当代文学学科含现代文学、当代文学和民间文学3个方向；比较文学与世界文学学科；中国古典文献学学科。上述学科中的中国古代文学、中国现当代文学、现代汉语、汉语史和中国古典文献学5个学科为国家重点学科。

【教学活动】 中文系在本年度继续加强主干基础课的教学力量，注重教学质量，鼓励开设新课，全年共开设本科生课程91门次，其中上半年38门次，包括20门次必修课和18门次选修课；下半年53门次，其中必修课27门次，选修课26门次。开设留学生课程24门次，包括23门必修课和1门选修课，其中上半年12门次，下半年12门次。为新加坡东方文化学院开设课程13门次。

中文系一向注重研究生培养质量，对研究生培养的各个环节严格把关。全年开设研究生课程73门次，其中上半年40门次，下半年33门次。此外为香港树人学院开设研究生课程12门。

【科研活动】 据不完全统计，本年度中文系教学科研人员共出版各类学术著作39种，教材7种；发表论文345篇，其中在各类书刊发表234篇，在各类学术会议发表111篇。

1999年中文系教学科研人员承担各类科研项目63项，截止到12月30日，完成项目7项，正在进行中的项目56项，其中新立项项目11项。1999年科研成果获奖19项，其中第四届国家图书奖4项，国家社科基金项目优秀成果奖1项，教育部科学技术进步奖1项，北京市奖2项，文艺奖7项，其他2项。1篇博士论文获全国百篇优秀博士论文。1999年12月中文系主办纪念游国恩先生百年诞辰学术研讨会。本年度中文系聘请校外、境外学者来校讲学23次；教学科研人员参加国内外各类学术会议126人次，应邀在海内外各地讲学或作学术报告93人次，出国任教29人次。

（邵永海）

历史学系

【发展概况】 历史学系成立于1902年，是北京大学最早建立的系科之一，现有2个国家重点学科。1994年被评为国家首批人文学科教学与人才培养基地，1997年在全国人文学科基地检查评比中，被评为优秀基地。1998年又顺利通过了国家一级学科的评审。

1999年历史学系在编教职员工78人（含中古史中心科研人员及教辅人员13人），其中教授29人（博士生导师26人），副教授19人，讲师15人；已取得博士学位的教师25人，在职攻读博士学位的教师11人；另聘兼职教授3人，返聘教授9人，在站博士后2人。

1999年在册各类学生544人（含外国留学生78人），其中本科生275人，硕士生168人，博士生101人，另有访问学者及其他16人。1999年招收本科生60人（含留学生5人），硕士生50人（含留学生12人），博士生37人（含留学生9人）。1999年毕业本科生45人（含留学生6人），44人获学士学位；毕业硕士研究生36人（含留学生6人）并获硕士学位；毕业的博士研究生9人并获博士学位。

历史学系学生组织健全，设有5个本科生班，3个硕士生班，3个博士生班，均配备了班主任，指导各班工作。

1999年历史学系资料室接受周一良先生捐赠线装二十四史一套；接受罗荣渠家属、崔统华、美籍华人金秋等以及校内外各界人士赠书3400余册、期刊（外文）23种共2782册。新购置图书800余种共2000多册，书款65598.70元，中文期刊150种，人大复印报刊20种，外文期刊20种，报纸16种，校图书馆赠外文刊10种，计15105.46元。

1999年4月，侨鑫集团董事长周泽荣先生为历史学系捐款人民币300万元并捐赠本田雅阁汽车2辆，价值60余万元。

【学科建设】 历史学系设有6个教研室、1个研究中心、1个研究室，挂靠4个虚体研究中心和3个虚体研究所，以及“211工程”支持建设的文科多媒体实验室。1999年专业调整后设有历史学和世界历史2个本科生专业，33个硕士研究方向，21个博士研究方向，设有全国第一个史学博士后流动站。

【科研工作与成果】 1999年历史学系承担各类科研项目28项（其中省部级以上项目21项），本年度已完成3项，正在进行的项目25项。获社科成果奖8项，其中获国家社科基金项目成果奖3项。本年度出版各类著作29部，发表论文109篇（此统计不包括在国外境外人员），举办学术会议6次，参加各类学术会议74人次，在会议上发表论文67篇，应邀在国外讲学或作学术报告22人次，参加国际及两岸三地学术交流活动共64人次，邀请国内外学者来系讲学51人次。

获奖著作

（1）罗荣渠主编《现代化新论》/《现代化新论续编》，获国家社科基金项目优秀成果二等奖。

（2）何芳川、郑家馨等主编《非洲通史》，获国家社科基金项目优秀成果三等奖。

（3）王小甫著《唐、吐蕃、大食政治关系史》，获首届国家社科基金项目优秀成果三等奖。

（4）尚小明著《学人游幕与清代学术》，获首届全国优秀博士学位论文奖；北京大学优秀博士学位论文世顺奖一等奖。

（5）林被甸（编委暨9卷注释）《蔡元培全集》，浙江教育出版社，获国家图书奖荣誉奖。

（6）臧健的《近百年中国妇女论著总目提要》，获第三届全国妇女优秀读物陈香梅三等奖。

（7）王立新著《美国传教士与晚清中国现代化》，获天津市优秀社科图书二等奖。

（8）梁志明主编《当代越南经济革新与发展》，获北京市第五届社会科学优秀成果二等奖，北京大学人文社会科学研究优秀成果一等奖。

【学术会议】 历史学系1999年举办的学术会议有：

（1）3月，历史学系、中古史研究中心合办“纪念邓广铭先生逝世一周年”大会，北京。

（2）9月，中古史中心主办“海峡两岸中青年学者‘21世纪跨学科研究主题与方法’研讨会”，北京。

（3）9月，与南开大学历史学系合办“郑天挺先生诞辰百年纪念会”，天津。

（4）中古史研究中心与清华大学汉学所、社科院考古所、历史所、科学院自然科学史所合办“历史、考古与社会”研讨会（中法学术系列研讨会，1997～1999已举办16次）

（5）10月，历史学系、东北亚研究所、安重根奖学会合办“安重根与中韩抗日爱国活动”，北京。

（6）12月，历史学系、东北亚研究所合办“东北亚区域文化交流与互动”，北京。

（历史学系　供稿）

考古文博院

【发展概况】 北京大学考古文博院是在原北京大学考古学系(1983年成立)的基础上,由北京大学与国家文物局联合于1998年4月8日成立的。在国家文物局,又称中国文物博物馆学院。

考古文博院现有教职工60人,其中教师36人,行政人员8人,资料人员4人,工程及试验技术人员7人,技术工人5人。36名教师中,教授13人,副教授17人,讲师5人,助教1人。

考古文博院下设4个教研室,即旧石器考古、新石器商周考古、汉唐考古、博物馆学教研室;1个研究所,即陶瓷研究所;2个实验室,即科技考古实验室和文物修复与保护实验室;1个技术室(含摄录像、绘图、测量);1个资料室;1个博物馆,即北京大学赛克勒考古与艺术博物馆。

设有本科专业2个,即考古学专业和博物馆学专业。设有硕士研究生专业1个,即考古学与博物馆学专业。设有博士研究生专业1个,即考古学专业。与历史系合设博士后流动站。

考古文博院现有在校本科生102人(其中外国留学生4人),硕士生52人(其中外国留学生4人,港澳台学生5人),博士生23人(其中外国留学生7人,港澳台学生2人),博士后3人。另有国内进修生5人,国外进修生6人。

为了实现创办世界一流大学的战略目标,把科教兴国的任务落到实处,考古文博院在学科建设、人才培养、科学研究等方面进行了改革和建设,并取得了初步成效。

【学科建设】 在学科建设方面,根据国家文物考古事业的需要,在原有考古学专业和博物馆学专业的基础上,于1998年招收了文物保护专业方向的本科生,于1999年又招收了古代建筑专业方向的本科生。并聘请了清华大学、北京建筑工程学院及国家文物局系统的专家、教授授课。这样,加强了各学科之间的交叉和渗透,扩大了学生的知识面,教学效果显著。

对本科生的课程体系进行了调整和完善,使之更趋合理。将考古专业的专业课、考古技术课进一步压缩,将部分知识面窄、研究性强的课程放入研究生教育阶段。增加了选修课课程及文理交叉性的课程。这样,既加强了基础课,又有利于拓宽学科领域,增强学生的思维和综合研究能力,为造就出基础厚、素质高的创造性人才打下基础。

为了提高本科生的毕业论文水平,以教研室为主组成数个辅导小组,负责毕业论文的辅导和答辩,最后由全体辅导教员对毕业论文进行统一评估记分,严格把好质量关。毕业论文的水平明显提高,有的可达到发表水平。

田野考古实习是考古教学中非常重要的一个环节。考古文博院原有7个考古教学实习基地,即辽宁营口金牛山、内蒙古呼和浩特市大窑、湖北天门市石河镇、山西曲沃县曲村、北京房山琉璃河、河南邓州八里岗、重庆忠县甘井沟。1999年,又新增陕西扶风岐山周原实习基地。1997级考古专业的学生在周原进行田野考古实习,发掘面积近6000平方米,揭露大型宫殿基址一座,清理墓葬96座,出土青铜器、陶器、玉石器、骨器、蚌器数以千计。这次实习,既使学生得到较好的田野考古训练,同时为深入研究西周考古学文化增加了新的资料。1997级博物馆学专业的学生在重庆忠县甘井沟进行田野考古实习,发掘了新石器时代至南朝时期的遗存,初步认识了三峡地区各个时期的文化面貌及其发展演变过程。

在加强对本科教学建设的同时,也加大了对研究生的教学建设。根据社会的需要,扩大了研究生的培养方向。硕士研究生设有旧石器考古、新石器考古、商周考古、秦汉考古、魏晋南北朝隋唐考古、宋元考古、佛教考古、中西亚考古、古文字学、陶瓷考古、科技考古、文物保护科学、博物馆学、青铜器鉴定、玉器鉴定等15个研究方向。博士研究生设有旧石器考古、新石器考古、青铜时代考古、汉唐考古、宋元考古、佛教考古、中西亚考古、古代建筑、科技考古、文物保护科学等10个研究方向。在课程体系方面也做了调整和完善,增设学术前沿型及学科交叉型课程,早日熟悉本专业、本方向的学术增长点。并制定了提高研究生质量的相应措施:加强知识面及科研能力的考察,进一步规范考试命题,严把面试质量关;严格综合考试的要求,健全与完善淘汰制;严格学位委员会对学位论文的审查制度,不合格者一律不予通过。

【科研活动】 1999年,考古文博院进行了一系列的科研活动。科技部重大攻关项目——夏商周断代工程已进入最后攻坚阶段,协同人文社会科学和自然科学对夏商周的年代学进行了全方位的研究,在一些重要问题上取得了突破性的进展,基本上理清了夏商周考古学文化的发展脉络及年代序列。国家哲学社会科学精品项目《中国考古学》(8卷本)的编写工作正在抓紧进行,预计2000年底完成初稿。

结合科研,还进行了几项专题性的考古发掘和调查。1998、1999年,北京大学考古文博院与浙江省文物考古研究所、慈溪市文物管理委员会联合,先后两次发掘了越窑上林湖寺龙口窑址。发掘面积900余平方米,清理出龙窑窑炉遗迹、作坊遗迹,出土大量瓷器及窑具标本。通过对龙口窑址的整理和研究，再现了越窑从唐末五代到两宋时期发展演变的历史轨迹，提出了越窑与汝官窑、南宋修内司窑的关系以及浙江两宋时期官、民瓷业生产体系等一系列的学术问题。1999年7～9月间，在唐研究基金会的资助下，北京大学考古文博院与青海省文物考古研究所联合在青海都兰县热水乡血渭草场发掘了4座吐蕃时期的大中型墓葬。这次发掘对研究中国古代少数民族的宗教信仰、道教流传及民族间的文化融合具有不可忽视的学术意义。1999年7～8月，北京大学考古文博院与云南大学联合，调查了云南剑川石钟山石窟，初步建立了石钟山石窟的科学档案。这次调查，对研究大理地区佛教造型特点及与周围地区佛教艺术的关系等都取得了重要收获。1999年10～12月，为了探讨早期夏文化，北京大学考古文博院与郑州市文物考古研究所联合，对河南新密市新砦遗址进行了发掘。发掘面积150平方米，清理灰坑100多座，房基6座、墓葬7座。出土可供复原的陶器、石器、骨器共60余件。新砦二期遗存介于龙山文化晚期与二里头文化早期遗存之间，为探讨二里头文化的来源提供了非常重要的资料。

同美国、日本、斯洛文尼亚等国大学合作进行的"浙东史前文化研究"、"欧亚大陆新石器化进程"、"新疆地区出土死文字研究"、"四川盐业考古"等课题都取得了阶段性成果。许多教师多次出国参加国际会议、访问、讲学、合作研究，提高了学科研究的国际化程度。

1999年，考古文博院共发表学术论文81篇，专著2部。宿白教授的《中国石窟寺研究》一书，获全国社科规划办社会科学基金项目专著类一等奖。

（高崇文）

哲学系

【发展概况】 哲学系始建于1914年，是中国高等院校中最早成立的哲学系，创立之初为文科哲学门，亦称"中国哲学门"，1919年更名为哲学系。1937年因抗日战争随学校南迁云南昆明，与清华大学、南开大学的相关系科合组为西南联合大学哲学系，1946年回迁北京，恢复为北京大学哲学系。1952年全国院系调整，部分高校哲学骨干教师汇入哲学系，成为当时全国唯一的大学哲学系。1979年，心理学专业从哲学系分出，独立为心理学系。1995年宗教学由原来与哲学、逻辑学并列的专业独立成系，按照一种新的办学模式，宗教学系与哲学系联体运作，以求协力发展。

哲学系下设10个教研室：马克思主义哲学原理、马克思主义哲学史、现代中国哲学、中国哲学史、西方哲学史、东方哲学、美学、伦理学、逻辑学、科学技术哲学；1个与系结合的研究所：北京大学外国哲学研究所；2个本科生专业：哲学、逻辑学；8个硕士研究生专业：马克思主义哲学、中国哲学、西方哲学、东方哲学、美学、伦理学、逻辑学、科学技术哲学；8个博士生专业：马克思主义哲学、中国哲学、西方哲学、美学、逻辑学、科学技术哲学以及1998年新批准设立、1999年开始招生的伦理学和东方哲学，至此在1998年被批准为中国第一批一级学科博士点单位之后实现了在所有二级学科招收博士研究生。有3个全国重点学科：马克思主义哲学、中国哲学、西方哲学。1998年起被批准设立哲学学科博士后流动站，并开始接收博士后进站工作。此外设有办公室、教务室、人事室、外事室、交流室、资料室、计算机室。

现有教师71人，其中教授36人（内有博士生导师20人）、副教授27人、讲师8人，另有博士后2人。教师中有国家级有突出贡献专家3人，国务院哲学学科评议组成员1人，全国优秀教师2人。职员13人。学生总数387人（含港澳台及外国学生48人），其中本科生159人，硕士生130人（含港澳台及外国学生19人），博士生98人（含港澳台及外国学生29人）。

【哲学学科建设讨论会】 1999年5月1～2日，哲学系邀请全国各大学哲学系主任及各大学有关学院的院长，在北京大学召开为期两天的"哲学学科建设讨论会"。教育部高教司、北京大学、中国社会科学院哲学研究所的有关领导以及包括台湾辅仁大学哲学系主任在内的全国几乎所有大学的哲学系主任、有关学院院长参加了这次讨论会。

1998年12月及以后的几个月中，北京大学哲学系就创办"世界一流大学哲学系"的主题，组织系内多层次、多组别的学科建设与人才培养专题讨论会，并将有关思路和设想以简报的形式寄送有关领导和兄弟院校，以期得到建设性的意见和建议。这次"哲学学科建设讨论会"就是以此为主要目的的。

会议期间，哲学系主任叶朗、副主任赵敦华向与会同仁介绍了北京大学哲学系创办世界一流大学哲学系的设想和方案。北京大学哲学系确立的21世纪头十年的目标是：(1)继续保持中国一流和亚洲一流的地位，向世界一流靠近；(2)大大提高国际化程度；(3)出现一两位原创性的哲学家，四五位相当于院士水平的学术权威，十名国内一流教授；(4)有一批创造性的影响学科发展全局的成果，在若干有条件的学科创立新的学派；(5)在教学改革、学科建设和教材建设方面走在中国的前列；(6)培养出一批(不必很多)能够在国际学术界发言的高水平的博士;(7)在大学生的哲学素质教育方面取得显著的成绩。为达到上述目标,哲学系提出了以突出创新、加强基础、贴近时代、完善体系为特点的学科建设方面的十项措施和教学改革方案的五个要点。

讨论会参加者给上述设想和方案以高度评价和充分肯定,并围绕这些设想和方案,就"哲学学科的现状和问题"、"面向21世纪的马克思主义哲学教育"、"面向21世纪的哲学人才培养和学科建设"、"大学生素质教育中的哲学教育"等问题,结合各校系的具体情况,进行了热烈的讨论。这次讨论会不仅极大地推动了北京大学哲学系的学科建设和教学改革的开展,而且对面向21世纪的中国哲学教育的改革和发展也有重要的意义。

【教学改革】 经过包括"全国哲学学科建设讨论会"在内的多次讨论、论证的北京大学哲学系教学改革和人才培养新方案,于9月的新学年开始试行。这个方案包括:重新拟订的哲学本科教学计划,逻辑学本科教学计划,全校性选修课和辅修课程设置,哲学专业辅修课程教学计划,新的研究生培养方案、本科生精读、泛读书目等。以上本科生教学计划针对过去方案教学范围面面俱到,必修课所占学时太多,学生选择余地小的问题,对哲学专业基础课实行了并(合并课程)、压(压缩课时)、减(裁减)、增(增设)的措施,把专业基础课的学时减少了一半,占40学分。同时把选修课的学时提高一倍,达到75学分,占总学分的50%。计划开出7个系列78门选修课,要求学生每个系列至少选2门课,至少选3个系列,共修满50学分。新修改的研究生培养方案设置了4门全系性的基础课,要求学生拓宽基础,多读一些马克思的著作、西方哲学的著作和中国哲学的著作;要求学生多选跨专业的课程,使专业基础课、专业主干课、跨专业课的比例达到1∶1∶1。

【科研项目进展情况】 国家"七五"重点项目《现代逻辑学丛书》(王宪钧主编),共9种,哲学系教师担任7种,已全部完成并出版;《中国历代美学文库》(叶朗主编),共24册,1000万字,中国110位学者参加编注,已全部完成,力争2000年全部出版;《儒学发展史》(张岱年主编)共7卷,哲学系中国哲学教研室集体编写,预计2000年完成;《西方哲学通史》(朱德生主编),共3卷,已完成第1卷(已出版)和第2卷(即将出版),预计2000年完成第3卷;《柏拉图全集》,共5卷,王太庆翻译(遗作,1999年11月病逝),已完成2/3;《蒯因著作集》(涂纪亮、陈波主编),共6卷,哲学系有3位教师参加编译,预计2001年底完成;《马克思主义哲学原理》(赵家祥主编),1999年新立项目。赵家祥主编《历史唯物主义教程》("九五"国家重点教材)1999年由北京大学出版社出版。姚卫群著《佛教般若思想发展源流》1999年3月获北京市第5届社会科学优秀成果一等奖。哲学系教师在1999年共出版了20种学术著作。

【国际学术交流】 9月27日至10月8日,哲学系西方哲学教研室及外国哲学研究所与德国Wuppertal大学哲学系在北京大学联合举办第二届现象学——解释学高级研讨班,哲学系学者与著名亚里士多德和海德格尔专家、德国Wuppertal大学哲学系教授Hueni一起用现象学方法研读亚里士多德著作,并就有关哲学问题进行了讨论。11月,应哲学系邀请,著名儒学史权威、韩国高丽大学教授尹丝谆教授来校讲学,主要讲演题目为:"儒家的义利观"、"儒家的自然观"和"中韩实学思想比较"。此外,应哲学系邀请,著名印度哲学专家、美国俄亥俄·托来多大学教授罗摩克里希娜·普利干得拉来校讲学,主要讲演题目为:"东西哲学比较中的认识论问题"、"现象学与瑜珈哲学"。1999年哲学系有29人次出国或出境参加国际学术会议、讲学或进行学术交流。

(席大民)

【保罗·利科访问北大哲学系】 保罗·利科(P. Ricœur)是当代法国著名哲学家,在当代世界学术界享有很高声誉,是在现象学、结构主义、存在主义、解释学、语言学等方面均有建树的杰出学者。9月14日至24日,应哲学系邀请,利科来华访问。在法国驻华使馆文化处的协助及各方面的配合下,此次学术访问获得了成功,得到中外有关人士的好评。利科在学校作了题为"正义与报复"的讲座,并与参加讲座的近百名师生围绕讲座主题进行了座谈。此后利科与哲学系师生就现象学的现状问题、翻译问题又进行两次专题座谈。访问期间,利科与哲学系教授楼宇烈进行了三小时的对话,接受了哲学系学者的长篇采访。利科的讲座、讨论发言、对话及采访,均据录音整理成文,拟翻译由北京大学出版社出版成书。利科还访问了中国社会科学院哲学研究所。这次利科的访问对促进西方哲学特别是当代法国哲学在中国的介绍和传播,尤其是在北大的研究与教学,会产生积极的促进作用。

(杜小真、席大民)

【张岱年先生九十华诞庆祝会】 1999年5月23日是我国德高望重的学界泰斗、国学大师、哲学系教授张岱年90岁生日。哲学系在这一天上午主办了"张岱年先生九十华诞庆祝会"。协办单位有国际儒学联合会、孔子基金会、清华大学思想文化研究所、中国哲学史学会、孔子学会。全国政协主席李瑞环打电话表示祝贺;国务院副总理李岚清、北京市委书记贾庆林、教育部长陈至立派人看望并送花祝贺。哲学系主任叶朗主持庆祝会，副校长闵维方、校党委副书记赵存生代表学校讲话祝贺，季羡林先生、张维庆系友、丁艳红同学发言祝贺，李中华代表哲学系作主题发言。学术界人士、有关单位领导、张岱年的学生、朋友，哲学系教职员及学生数百人出席了庆祝会。大家高度评价张岱年的为人和学术成就，祝愿张岱年先生和师母健康长寿。张岱年十分高兴地接受了大家的祝贺，并致精彩答辞。张岱年说："感谢大家给我祝寿。感谢大家说了许多夸奖我的话。孔子说，登泰山而小天下，我虽然年届九十，还知道自己的不足。我还要不断努力，为中国的哲学和文化事业多做一些事情。"中央电视台新闻联播、人民日报、光明日报、新华社及首都各主要新闻单位对庆祝会做了报道或专访。

（席大民）

【学生工作】 在1998年获得学生工作先进系的基础上，1999年哲学系的学生工作取得了新的成绩。5月举办哲学系"爱智杯"学生学术论文赛，并通过论文答辩向学校选送3篇优秀论文参加学校"挑战杯"赛，取得了一个一等奖、一个二等奖、一个鼓励奖的良好成绩。4月至5月举办"99美育文化节"受到广泛好评。暑期组织哲学系学生赴四川攀枝花社会实践团，在攀钢进行了国企现状及改革的社会调查活动。此外还参加了天安门广场的迎澳门回归庆祝联欢活动，迎千年中华世纪坛揭碑庆祝活动。岁末哲学系全体师生员工召开了迎千年联欢会。由于哲学系对学生工作的重视和扎实的工作，学生工作取得了一定的成绩，学生全面素质有了进一步提高。1999年哲学系团委获"北京市红旗团委"称号，哲学系获1998—1999学年"北京大学学生工作先进系"称号，1998级本科生班获"北京市优秀班集体"、"北京大学优秀班集体"、"北京大学优秀团支部"和"北京大学军训先进连"称号，1998级硕士研究生班获"北京大学先进学风班"称号，硕士研究生足球队获北京大学"硕士杯"足球赛亚军。

（张晓黎）

【99美育文化节】 鉴于美育在学生素质教育中的重要地位，包括全国政协常委、哲学系主任叶朗在内的一些著名学者近年来一直呼吁将美育的内容列入教育方针。1999年3月国务院总理朱镕基在全国人大九届二次会议上所作的政府工作报告指出，"要大力推进素质教育，使学生在德、智、体、美等方面全面发展"，这标志着美育正式列入中国的教育方针。北京大学素有美育传统，老校长蔡元培就曾大力倡导美育。为了发扬北京大学的美育传统，推进北京大学的美育教育工作，提高广大学生的美育意识，更好地贯彻党和政府的教育方针，哲学系团委、学生会于4月下旬至5月下旬，举办了"99美育文化节"。学生工作部和哲学系党委是这次活动的顾问单位，北京大学团委是指导单位。学校有关领导任彦申、陈佳洱、迟惠生、何芳川、林钧敬、王登峰以及中国书法家协会代主席沈鹏、中华美学学会会长汝信、哲学系教授叶朗、中央美术学院教授邵大箴、哲学系教授杨辛、哲学系党委书记丰子义等任顾问。此次文化节的主要活动有：(1)美学修养系列讲座，其中有：叶朗的《美育和人生境界》、彭锋的《自然美的现代意义》、李砚祖的《中国陶瓷艺术与文化》、朱青生的《艺术学的三个方向》、马盛德的《少数民族舞蹈艺术》、邵大箴的《传统美术与现代美术》、童庆炳的《审美与文学的格式塔》和沈鹏的《书法艺术欣赏》；(2)推荐美学读物，邀请美学界10位专家推荐了10种美学经典著作：刘熙载的《艺概》、蔡元培的《蔡元培美学文选》、朱光潜的《谈美》、宗白华的《美学散步》(或《艺境》)、傅雷的《傅雷家书》、叶朗的《现代美学体系》、《中国美学史大纲》、李泽厚的《美的历程》、柏拉图的《文艺对话集》和席勒的《审美教育书简》；(3)"人与自然"佳片欣赏，放映了《森林之国》、《热带丛林历险记》等8部影片；(4)艺术鉴赏专题讲座；(5)书评征文大赛；(6)陶瓷艺术展。此外还编辑、印发了《共青苑·99美育文化节专刊》。文化节的成功举办受到有关领导、专家和广大学生的好评。据估算，北大学生约有4000人次参加了文化节的活动。中央电视台、《21世纪报》、《北京晨报》对文化节进行了报道。

（席大民、张晓黎）

【发展规划】 为创办世界一流大学哲学系，最近三年，哲学系在人才培养和学科建设方面的规划和拟采取以下措施。

人才培养方面抓三个重点：(1)课程建设和教材建设；(2)下大力气提高博士生质量；(3)面向全体大学生开展哲学素质教育。具体措施如下：(1)过去哲学专业只招收文科高中生，对哲学的长远发展不利，应该改变这一作法，文理科兼收；(2)调整本科生课程体系，压缩必修课，增加选修课，开设一批新课程，使课程体系更趋完善和合理(已开始试行)；(3)编出一批必修课和主干课的教材，使之成为国内大学哲学专业的比较优秀的教材；(4)增加原著导读课程，制定课外精读、泛读书目(已试行)；(5)调整硕士研究生课程体系，增加一级学科基础课比例，着重引导学生读原著；(6)从严规范博士生的培养；(7)在几个重点专业用硕博联读六年一贯制的方法培养博士生，目的是为了打厚基础，加强外语；(8)面向全校大学生，大力开展哲学素质教育，一是增开规范的给全校开设的哲学选修课程，二是为其他系学生开设哲学辅修专业(已开始试行)。

学科建设方面,拟加强基础,贴近时代,以实现突出创新的目标。具体措施如下:(1)马克思主义哲学作为基础学科和主干学科必须进一步加强,拟把重点放在对马克思主义经典文本的研究和阐释方面,有条件时拟建立马克思主义经典文本资料库和研究中心;(2)开展应用伦理学研究,拟在经济伦理、政治伦理、生态环境伦理、生命伦理和医学伦理等方面开设课程,编写教材举办学术活动;(3)建立"胡塞尔暨现象学运动档案馆",使哲学系成为中国和亚洲的现象学研究中心;(4)继续完成几个大型项目:《现代逻辑丛书》、《中国历代美学文库》、《儒学发展史》、《西方哲学史通史》、《柏拉图全集》、《蒯因著作集》等;(5)建立"北京大学哲学讲座";(6)组织哲学系学者参加世界哲学大会以及哲学各二级学科的世界性学术会议,以扩大哲学系的国际影响;(7)创办北京大学哲学学刊《哲学门》,立足本系,面向全国,成为中国最高水平的哲学刊物之一(2000年5月出版第1期);(8)每年"五四"举办"北京大学哲学系、宗教学系学术讨论会",向哲学界及媒体汇报上年学术成果。

(席大民)

宗教学系

【发展概况】 宗教学系的前身是北京大学哲学系宗教学专业,1995年正式独立成系,按照一种新的办学模式,宗教学系与哲学系联体运作,以求充分利用人力资源。

为弘扬北京大学宗教学研究的深厚传统,进一步开展宗教学的教学与研究,1982年哲学系建立了中国大陆第一个宗教学本科专业,同时在佛教、道教和基督教等专业方向招收硕士和博士研究生。如今的宗教学系又是中国国立大学的第一个宗教学系,它的成立将对中国宗教学研究水平的提高,对中高级教学人才的培养,宗教学知识的普及以及中外宗教学术思想的交流,起到重要的作用。

宗教学系下设宗教学原理、佛教、道教、基督教等4个教研室(研究中心)以及宗教学综合研究中心。伊斯兰教教研室(研究中心)正在筹备之中。宗教学系教师由专职和兼职两部分组成。专职教师主要由哲学系教师兼任,兼职教师从学校其他系和校外其他单位聘请。每年邀请少数海内外知名学者任客座教授。

宗教学系招收本科生、硕士研究生和博士研究生。本科生设宗教学专业,每年通过高考招收10人左右。硕士和博士研究生设宗教学专业,分宗教学原理、佛教、道教、基督教等专业方向,每年通过国家统考及学校的考试招收15人左右。以上各专业及方向除招收中国大陆学生外,还接收外国留学生和台港澳学生。

哲学系现有18位教师兼任宗教学系教师。1999年,宗教学系试行了新的教学计划,开展了更加广泛的学术交流活动,并且取得了一定的学术研究成果。

【学科建设】 从1998年12月开始,哲学系和宗教学系以创办世界一流大学哲学系、宗教学系为目的,进行了多层次、多组别的学科建设与教学改革的讨论,提出了包括宗教学系教学改革的一系列改革方案,并在1999年5月召开的"哲学学科建设讨论会",征求同行的意见和建议。

和哲学系一起,宗教学系也在1999年9月开始的新学年试行新的教学计划。其中本科生教学计划针对过去教学范围面面俱到,必修课所占学时太多,学生选择余地小的问题,适当压缩了一些专业基础课,增加了一些选修课。在150总学分中,除全校公共必修课35学分、学年论文1学分、社会调查2学分、毕业论文4学分外,必修课49学分:包括马克思主义哲学原理、哲学概论、宗教学导论、中国哲学概论、西方哲学概论、基督教、伊斯兰教、佛教、道教、宗教哲学、伦理学导论、《圣经》导读;限制性选修课40学分,包括基督教原典选读、佛教原典选读、伊斯兰教原典选读、道教原典选读、儒教选读、宗教社会学、宗教心理学、宗教人类学、宗教考古学、《古兰经》研究专题、禅宗研究、佛经翻译史、中国基督教史、早期天师道研究、世界宗教现状、基督教会史、宗教改革、神学导论、宗教仪式、东正教研究、中国民间宗教、世界历史、中国历史。此外还有跨专业的非限制性选修课26学分。

研究生的教学计划主要体现拓宽基础、多读原著和跨专业渗透,使专业基础课、专业主干课和跨专业课的比例达到1:1:1。

【科研活动】 (一)学术成果和发展规划:1999年宗教学系在学术研究方面取得了一些成果。除在各种学术会议和学术期刊发表有关宗教学研究的论文50余篇外,出版的学术著作主要有:许抗生的《僧肇评传》(南京大学出版社)、孙尚扬的《圣俗之间》(中国广播电视出版社)、王锦民的《基督教、儒教与现代中国革命》(香港汉语基督教文化研究所)、郭世铭的《〈老子〉究竟说什么》、何怀宏的《道德·上帝与人》。此外,姚卫群的《佛教般若思想发展源流》在1999年3月获北京市第五届社会科学成果一等奖。

今后几年的发展规划包括以下方向和内容:(1)开展"当代中国宗教现状的调查与研究",拟对目前中国(包括港、澳、台)宗教发展、传播的现状分门别类加以调查。这一项目拟与学生的教学实习相结合，既作为宗教学教学和研究的基础性工作，又可为国家宗教政策的制订和完善提供具体依据。(2)开展“中国宗教艺术实地考察”。我国宗教艺术遗产极其丰富，对其进行系统的实地考察，将有很大的学术价值，为实施这一计划，首先要筹集足够的经费。(3)建立“北京大学宗教学讲座”，每年邀请2～3名国际著名学者和若干国内著名学者来系作学术讲演，介绍宗教学研究最新成果和动态，营造浓厚的学术氛围，推动宗教学系的学术研究。(4)注重宗教典籍研究，加强语言教学，聘请海外学者担任客座教授主持语言类课程，争取开设希伯来文、古希腊文、拉丁文、梵文、巴利文、波斯文、阿拉伯文等语言课程，培养精通原文语言的学者。(5)进一步加强海内外合作，筹集为完成发展规划所需的各项资金。

(二)1999年宗教学系开展了比较广泛的海内外学术交流活动。3月，应哲学系、宗教学系邀请，著名汉学家、法国高等研究院宗教学教授施舟人来校讲学，主要讲演题目为:“道教思想研究”、“道教文化的现代意义”、“《汉武帝内传》研究”等。4月，陈来赴日本关西大学东西学术研究所讲学，主题为“以儒教为中心的中国思维特性与佛教的关系”。6月，万俊人、孙尚扬赴美国文化更新研究中心美国分会参加“第四届北美华人基督教与其他宗教学者学术研讨会”，孙尚扬作主题为“中国的多样性与基督教”的发言。7月，赵敦华、魏常海、孙尚扬等赴香港浸会大学参加“基督教与近代文化研讨会”。8月，宗教学系与加拿大维真学院中国部在加拿大卑诗省维多利亚市联合举办了主题为“基督教哲学与中国化”的研讨会，宗教学系多名学者赴加参会，并发表学术论文。10月，哲学系、宗教学系在北京大学举办第五届中美哲学与宗教学研讨会，美国基督教哲学家学会主席埃万斯等美国学者来华参会。12月，宗教学系与香港中文大学宗教学系在北京大学召开主题为“宗教经验与文化价值”的研讨会。

【揭批“法轮功”座谈会】 7月28日，哲学系、宗教学系部分教师在四院举行座谈会，揭批“法轮功”。与会学者从“法轮功”的邪教本质、对传统宗教的曲解、迷信“法轮功”的认识论根源及社会基础、“法轮功”等邪教的社会危害等方面进行了深入的分析，并指出加强马克思主义哲学教育、人文素质教育、科学观教育、法制教育，树立正确的世界观、人生观的必要性和重要性，以及开展“世界新兴宗教”研究、普及宗教学基础知识、进行民间宗教调查的现实意义。中央电视台、北京电视台、人民日报、光明日报及北京其他有关新闻媒体对座谈会进行了报道。

(席大民)

国际关系学院

【发展概况】 北京大学国际关系学院是中国综合性大学中建立最早的国际关系学院，是我国培养国际问题和外交、涉外工作应用、研究和教学专门人才的重要基地。学院现有三系(国际政治系、外交学与外事管理系、国际传播与文化交流系)三所(国际关系研究所、亚非研究所、世界社会主义研究所)，以及美国研究中心、日本研究中心、非洲研究中心等众多学术研究机构。学院师资力量较强，知识结构合理，梯队整齐，现有教师70名，其中教授23名(含博士生导师14名)，副教授30名，讲师16名；各类学生900余名(内含各层次的留学生142名)，其中本科生400余名，硕士生273名，博士生103名，专科生119名。

【钱其琛副总理担任国际关系学院院长】 1999年11月，在北京大学以及国际关系学院的长期努力下，钱其琛副总理正式应聘担任国际关系学院院长。2000年1月5日，钱其琛院长在北京大学办公楼礼堂首次为全院师生作了一场生动的国际形势报告。在报告会上，钱其琛回顾了1999年的国际经济和政治形势，指出经济全球化已成为不可避免的客观趋势，但是不能认为世界会由此融为一体，天下大同。在经济全球化的同时，各个国家的利益依然存在，矛盾依然存在，国家的作用依然重要。在国际政治方面，钱其琛说，科索沃事件没有改变国际关系的总趋势。科索沃事件以后，西方国家也在反思，其结果是认为必须慎重处理此类国际问题。总之，国际经济政治的新发展提出了许多新的问题需要我们进行思考和研究。此外，钱其琛还谈到，中国的大学应当在国际关系研究和外交工作中发挥更大的作用。我国的外交部门、研究机构和大学要互相配合。他希望北京大学的国际关系研究不断发展，培养出更多的优秀人才，写出具有高水平的著作。教育部、北京大学的领导和国际关系学院800余名师生参加了报告会。钱其琛副总理兼任北大国关学院院长给国际关系学院师生以巨大的鼓舞。老师和同学们纷纷表示，要进一步大力推进教学改革和科研发展，为创建世界一流的国际关系学院而努力。

【教学工作】 1999年，国关学院进一步严格管理制度，加强对学生的学风、考风教育，全年各类考试没有发现任何违纪现象，顺利完成学校及学院的各项教学任务。学院还着重加强了外语教学的力度，高薪聘请外国教师给本科生、研究生上课。在课程设置方面，国关学院的课程主要有三大类：一是历史类，如“近代国际关系史”、“现代国际关系史”等；二是理论类，如“国际政治概论”、“外交学概论”等；三是现状类，如“美国政治经济与外交”、“俄国政治经济与外交”等，为各级、各类学生开设的课程共有100多门。1999年6月，在总结各相关系、所教学、科研计划的基础上，本科生、研究生和双学位生的教学计划再度修改，进一步明确了各个层次学生的培养目标，使课程的安排、学分和学时分布更加合理。与此同时，学院还组织了离退休老教授所组成的专家听课组，抽样检查了“中国政治概论”、“中国文化概论”和“中华人民共和国对外关系”等三门本科生课程，采取听课、开座谈会、发教学检查通报等形式，努力改进本科生的教学工作，进一步督促本科生教学质量、教学水平的提高，受到了老师和同学们的欢迎和肯定。本年度，国际政治系潘维副教授荣获北京大学教学优秀奖。

【科研工作】 1999年，国际关系学院所属各科研机构在学院的统一领导下，开展了大量的学术科研活动，组办了一系列国际国内学术会议，其中主要包括4月的“中美战略对话会”、9月的“中日关系与台湾问题”和11月的“世纪之交的中美日关系”等6次国际学术会议，以及5月的“中国和南非友好关系”、7月的“中日教育比较”和8月的“科索沃战争的启示与新世纪国际格局的走向”等6次国内学术会议。1999年，美国研究中心与北京大学历史系合作启动了“走向现代化:中国留美学生口述历史”项目。同年，国际政治系讲师王联承担了国家社会科学基金年度项目“当代中东民族问题的国际化和地区战略安全格局”。目前，全院教师共承担6项国家社会科学基金项目，6项教育部项目，4项北京大学校级项目和6项外国资助项目，科研项目丰富，科研经费充足。在1999年由国家哲学社会科学基金规划办公室组织进行的社科基金项目评审中，曹长盛教授的《民主社会主义比较研究》、陆庭恩教授(第一主编)的《非洲通史·现代卷》和安维华教授等参加的《现代海湾国家政治制度研究》荣获国家社科基金项目优秀成果三等奖。据统计，全院教员1999年共出版学术著作19本，论文180余篇，600余万字。

【学术活动】 1999年，国际关系学院教师和学生共有49人次到国外访问、讲学、进修或参加学术会议，接待7位外国专家在国际关系学院任教，以及23位短期来访的外国专家。该年，国际关系学院保持和建立友好交流关系的外国和港澳地区院校有:日本的东京大学、日本大学、成蹊大学、信州大学、新潟大学，美国的丹佛大学、美利坚大学，法国的波尔多第四大学，德国的柏林自由大学，韩国的庆熙大学、梨花女子大学，以及香港城市理工大学和香港大学等。除与上述大学展开友好合作外，4月17～19日，国际关系研究所与美国布鲁金斯学会在北大临湖轩举办了“中美战略对话会”，中美两国约20名专家学者参加了会议。9月14～15日，与日本成蹊大学在北京大学法学楼举行“中日关系五十年”学术研讨会，来自两校的专家教授近20人与会。11月18～20日，在北京友谊宾馆举办“世纪之交的中美日关系”国际学术研讨会，来自美国、日本和国内北京、天津、南京的专家学者约30人参加了研讨会。11月3日，美国研究中心在图书馆报告厅与美国亚洲基金会举行“中国的发展与世界经济”学术研讨会，约60位两国学者参加了会议。

【党的建设与学生工作】 1999年，国关学院师生高举邓小平理论旗帜，认真贯彻北京大学第十次党代会精神，围绕创建世界一流大学的目标，在校党委、学生工作部和校团委的指导下，团结一致，努力进取，开创了学生工作的良好局面。在工作中，该院党的建设和学生工作密切联系实际，不断探索，以培养具有创新精神和实践能力的高素质人才为中心，全面推进素质教育，初步形成了自己的学生工作特色，即“发挥专业优势，加强素质教育，团结进取，开拓创新”，为学生工作适应新的社会需要奠定了坚实的基础。学院被评为北京大学学生工作先进单位、保卫工作先进单位；97级本科班被评为北京市优秀班集体，98级本科班和98级双学士班被评为北京大学先进学风班；多名党员被评为北京大学优秀党员。

【围绕科索沃问题展开的宣传教育等工作】 1999年3月24日，以美国为首的北约发动对南联盟的空袭、5月8日中国驻南联盟大使馆遭到北约导弹的袭击以后，国际关系学院进一步加强了对科索沃战争和冷战后国际关系格局的走向、国际新秩序的建立等问题的教学、科研和宣传教育工作，在校内外引起较大反响，收到良好的教育宣传效果。

(一)召开不同层次的研讨会，及时展开科学研究工作。4月23日，世界社会主义研究所举办了主题为“北约空袭南联盟及其对国际政治格局的影响”的学术研讨会，来自中联部、中央编译局、中国国际问题研究所、中国社会科学院东欧中亚研究所、欧洲研究所、中国现代国际关系研究所、中央党校和《光明日报》国际部等单位的专家学者及我院师生近40余人参加了讨论会。5月10日，为庆祝“五四”运动80周年和北京大学建校101周年，国际关系学院研究生会在院领导的支持和指导下，主办了题为“科索沃战争与冷战后国际新秩序”的学生学术研讨会，积极引导院内外同学深入关注思考当前的这一国际热点问题。5月21日，为促使广大教员从深层次上思考这场战争，院党委组织全院教工召开了“科索沃战争与冷战后的国际关系”学术交流会。通过讨论交流，与会教员深入分析了当前的国际形势，对科索沃战争展开了更深层次的思考，在不少方面达成了共识。

(二)举办各个级别的讲座、报告会，及时进行国际形势的宣传教育。自从科索沃危机不断加剧以来，越来越多的人们开始关注这一严重事件，他们迫切想对整起事件的来龙去脉有所了解。5月8日中国驻南联盟使馆被炸后，各界群众对这一突发事件的关注达到了顶点。面对校内外师生和广大人民群众了解事实真相的实际需要，国际关系学院14位教员，在校内外有关单位的安排组织下，以讲座、报告会的形式，先后进行了60次关于科索沃战争和当前国际形势的宣传教育活动，及时宣讲国际形势，正确引导人民群众全面分析这场战争，积极主动地做好广大学生和人民群众的思想工作，使他们全面认识当前的国际形势，进一步学习领会中央有关领导的讲话精神，安心做好本职工作，对稳定时局起到了良好的推动作用。《人民日报》、北京电视台等新闻媒体给予了较大篇幅的报道。

(三)发表学术文章，接受媒体采访，坚持正确的舆论导向。除了应邀作报告、办讲座外，国际关系学院教员还通过发表文章、接受媒体采访，积极引导校内外广大师生和人民群众全面、准确地认识当前的国际形势，认真贯彻领会中央精神，进一步做好稳定大局的工作。国际关系学院有19位教员先后接受各种媒体的采访55次，发表相关文章21篇，全面、系统、深入地阐述科索沃危机的方方面面。总之，在两个多月的时间里，围绕科索沃危机，国际关系学院师生积极发挥专业优势，主动配合有关方面的工作，大力开展对当前国际形势的研究、交流、教育和宣传工作，收到了预期的效果，获得有关方面的好评。

【驻华大使讲座】 在学校有关部门的大力支持和协助下，“中国与世界”各国驻华大使系列讲座从1999年5月到12月举行。国际关系学院副院长袁明、贾庆国教授主持了大使讲座。本科97级、双学士班和研究生约140人参加了听讲和讨论。来自加拿大、韩国、日本、荷兰、埃及、巴基斯坦、澳大利亚、塞浦路斯、印度、以色列、德国、马来西亚、芬兰等14国的驻华大使来校作了精彩演讲。

(王　联)

政治学与行政管理系

【发展概况】 北京大学政治学与行政管理系的前身可以上溯至京师大学堂创建之初的仕学院。1919年，北京大学废科改门为系后，才正式定名为政治学系。此后，政治学系几经变革，1988年始获重建，定名为政治学与行政管理系。1999年，政治学与行政管理系共有教职员工43人，其中教员34人(包括教授9人，副教授17人，讲师8人)，行政人员9名。在校本科生共有220名，研究生130名。此外，该系在各地招收的函授学生还有千余人。

(杨　松)

【教学工作】 1999年，政治学与行政管理系招收68名本科生，较往年扩大18人；招收硕士研究生50人，博士生14人；夜大、函授招生为358人，超出计划78人。1999年在教学内容与方法等方面进行了改革。在原有教学基础上，对部分基础课程进行了重新调整。根据课程的性质，有选择地对学时、学分及开课时间作了调整，并增开“中俄经济体制转型比较研究”等课程。王浦劬教授的“政治学原理”课被评为北京大学优秀基础课；李强教授获北京大学教学优秀奖。在教材建设方面，相继出版了5本教材，进一步完善了教材体系。

1999年政治学系与行政管理还加强了教学管理。本科生教学要求留有课堂讨论时间，要求教师定期检查学生的读书笔记；夜大学开始全面实行学分制，编写了《北京大学行政管理专业学分制实施细则》。实行学分制后，学习年限最短一年半，最长为5年。

(胡　华、高　虹)

【学科建设】 1999年，政治学与行政管理系加强了行政管理学学科建设，根据实践的需要和政治学与行政管理系现有的师资力量，在政治学理论博士点上设立行政管理研究方向并开始招生，并申请了行政管理学博士点；政治学系还参与了上级主管部门组织的公共管理硕士(MPA)项目的论证、筹备和试点工作，申报了“中外政治制度”硕士点、“公共管理学科建设规划”、“政治学一级学科建设”发展规划等项目，优化学科结构和师资配置。

根据学校的部署，政治学与行政管理系设立了五个单科课程建设小组，对本硕两个层次的基础课进行优化，调整了现有的课程体系，增加了跨学科的应用性课程，在本科和硕士两个层次上取消限制性选修课类别的划分，为跨系选课的学生提供便利和支持。

(周志忍)

【科研活动】 政治学与行政管理系在1999年共出版、发表了78项科研成果。其中学术著作11部，成果性论文67篇，发表在《北京大学学报》、《中国行政管理》、《中国人民大学学报》等核心刊物以及论文集中。《非洲通史》一书，获国家社会科学基金项目优秀成果三等奖。该系还出版了反映其学术成果的《政治与行政管理论丛》第一辑。

(佟福玲)

【对外交流】 1999年,政治学与行政管理系对外交流活动频繁。有2位教师分赴澳大利亚墨尔本大学和美国哈佛大学进行访问学习;9月28日,王浦劬、陈庆云、谢庆奎、燕继荣等9位老师赴台湾参加了以“两岸地方政府与政治”为主题的学术研讨会;11月份,李景鹏教授等3位老师赴日本进行课题研究;12月,魏明康老师应邀参加日本横滨市立大学主办的“东亚世界的未来和自治体、地区与市民的协作”国际学术研讨会。

本年度该系共接收4名进修学者,分别是日本亚洲经济研究所的佐佐木智弘研究员、日本横滨外国语大学的川村嘉夫教授、韩国国防大学的李健一教授、韩国忠南大学的李启熙教授。

3月5日,韩国亚太投资开发集团会长、亚太经济文化研究所所长尹锡宪先生来系访问,并作了题为“21世纪亚洲与太平洋时代中韩两国的发展”的报告;3月17日,日本驻华公使宫本雄二来系访问,并作了题为“从日本的角度看中美关系”的讲座;9月20日,英国伯明翰大学肖恩(Sean)教授等两人来系访问,并与部分老师进行了学术交流;9月21日,美国行政学会主席霍哲(Holzer)教授访问国家行政管理学会并顺访政治学与行政管理系;9月21～23日,日本筑波大学社会系十中丰教授作为短期专家访问政治学与行政管理系,并与部分教师和博士生进行了学术交流,作了“日本与韩国的市民社会和影响力构造”的主题讲座。

本年度,政治学与行政管理系举办了两个校际学术研讨会。9月13日,与德国柏林大学、自由大学以及台湾的学者联合举办了“中德社会变迁的制度分析”国际学术研讨会;10月,与台湾中山大学成功举办了“两岸地方政府与政治”学术研讨会,会议的论文在台湾结集出版。

(杨 松)

【党团工作】 1999年,系党委在配合系行政开展各项工作的同时,独立开展了以下几方面的工作:其一,带领全系党员认真学习、贯彻党中央关于批判“法轮功”的文件精神,进一步认清邪教的社会危害性及其反动的政治用心。其二,在全校同学一致抗议美国轰炸我驻南联盟大使馆的活动中,系党委抓住时机,开展了深入细致的爱国、爱党和遵纪守法观念的教育。其三,按照校党委关于党员评议的部署,在党员中开展了党员评议工作。其四,发展新党员55人,预备党员转正63人。此外,思想政治工作作为党委的一项长期工作也持续推进。

该系目前建有4个本科生团支部,一个研究生团总支。1999年,系团委在开展好常规工作的同时,重点加强了理论学习和基层团组织建设。4月,为了迎接五四运动80周年的到来,政治学与行政管理系团委、学生会举办了“民主与科学的对话——政治学与行政管理系第三届学生学术文化节”活动;在团中央主办的“展望新世纪——挑战杯设计大赛”中,该系96级本科生钟星的作品获得二等奖;5月,该系团委被评为北京大学先进团委。

(江荣海、杨 松)

经济学院

【发展概况】 经济学院的前身是北京大学经济学系。经济学系始建于1912年,是中国高等学校中建立最早的经济系科,源于1898年戊戌维新运动中创办的京师大学堂商学科,至今已有百余年历史。

著名学者、中国共产党的创始人之一李大钊同志曾在经济学系任教。我国经济学界老前辈马寅初先生(解放后曾任北京大学校长)是经济学系的早期负责人和教授。1952年全国院系调整后,著名经济学家陈岱孙教授长期担任北大经济学系主任。1985年5月北京大学经济学院正式成立,下设经济学系、国际经济系和经济管理系。1993年12月,经济学院进行了调整和扩充。

学院现有经济学系、国际经济与贸易系、金融学系、保险学系等4个本科系及少量专科,7个教研室和4个科研机构。经济学院师资力量雄厚,不仅拥有一批造诣深湛,享誉国内外的教授和学术带头人,还有众多近年来在学术上崭露头角的中青年学者。学院现有教师54人,其中教授17人(含博士生导师16人),副教授16人,讲师21人。

经济学院拥有完整的学士——硕士——博士人才培养体系,是面向全国培养高级经济人才的重要基地之一。在本科生培养方面,实行四年学制,坚持“注重基础,拓宽专业,加强实践,因材施教”的原则,自80年代中期开始实行学分制。在研究生培养方面,形成了鼓励优秀人才脱颖而出的制度和方法。“勤奋、严谨、求实、创新”是学院一贯倡导的学风。

1999年,经济学院共有学生5216人,其中博士后9人,博士生99人,硕士生580人,普通进修生40人,本科生673人,留学生76人,研究生课程进修生250人,普专生137人,成人教育部学生(大学本科与专科)3352人。

【学科建设】 经济学院的根本任务是为我国经济理论界、经济决策部门和企业界培养适应社会主义经济改革和建设及对外开放需要,德智体全面发展,既有扎实的经济理论基础,又有较强的实际工作能力的专门人才。同时,经济学院还承担着相关学科的大量学术研究任务。学院的教学、学术研究等各项工作坚持以建设有中国特色的社会主义理论为指导，坚持面向实际、面向世界、面向未来的办学方向，积极探索和实施与建立社会主义市场经济体制相适应的各项教学制度、方法和课程，并加强与国家职能部门及企业界的密切合作。在充分发挥原有的以史论见长的传统优势的同时，大力拓展对现实经济问题的教学与研究。

在学生培养方面，学院既重视提高学生的理论素质，又强调应用性学科和实际操作能力的训练。面对世界经济发展的新格局和中国转向社会主义市场经济的现实挑战，学院正在为造就跨世纪的经济人才而努力奋斗。

经济学院下设经济学教研室、国际经济与贸易教研室、金融学教研室、保险学教研室、数量经济教研室、中国经济史与中国经济思想史教研室、外国经济史与外国经济思想史教研室等7个教学机构。

经济学院是我国最早设立博士点的高等院校之一，现有经济思想史、西方经济学、经济史、政治经济学、世界经济、金融学等6个博士点，其中外国经济思想史和西方经济学是国家重点学科，此外还设有经济学博士后流动站。学院有政治经济学、西方经济学、经济思想、经济史、世界经济、金融学等6个硕士点和经济学、国际经济与贸易、金融学、保险学等4个本科专业。此外，学院成人教育部有3个兼读制本科专业和3个兼读制专科专业。兼读制学生教学由学院设在全国各地的函授站承担。

本科生必修课程、选修课程主要有：经济学基础、高等数学、会计学、统计学、微观经济学、宏观经济学、财政学、货币银行学、国际贸易、国际金融、发展经济学、经济计量学、经济法、经济学说史、英语、计算机、体育、文化艺术和自然科学课程等。

【科研工作】 经济学院是国内经济学研究的重要基地。学院素有史论见长的传统学术优势，同时十分注重对我国改革与建设的理论和对策的研究。1978～1998年，学院教师出版各种专著、译著、教材、参考工具书数百部，发表论文数千篇。自80年代以来，获奖著作近30部，论文40多篇。1996年以来，经济学院承担了60项科研项目，其中全国文科博士生科研项目22项，国家"七五"社会科学研究项目10项，国家"八五"社会科学研究项目10项，国家教育部青年科研项目6项。1999年，出版著作29部(其中专著8部、合著20部、译著1部)，发表文章55篇。这些科学研究对我国改革与建设的理论和实践起到了积极作用。

学院现有国外经济学说研究中心、市场研究中心、经济研究所、国际经济研究所等学术机构。

《经济科学》杂志是学院主办的国家级经济理论刊物，1979年创刊，面向国内外公开发行。其办刊宗旨是坚持四项基本原则，贯彻双百方针，繁荣经济理论，促进学术交流，为教学和科研服务，为改革开放与社会主义现代化服务。主要内容包括经济学、经济管理、国际经济、经济史、经济思想史等。

1978年以来，经济学院一直努力贯彻对外开放的方针，广泛开展国内合作与国际交流并取得了丰硕成果。1994年初，北京大学经济学院与原国家经济体制改革委员会正式建立了合作办学关系。双方商定在教学、科研、信息开发等多项领域切实合作，实现优势互补，积极研究建立社会主义市场经济体制的各项重大理论和实践课题，并探索新形势下开展经济科学教学与研究的新思路。

改革开放以来，经济学院先后派出多人次出国短期讲学，参加国际学术会议与长期进修。亦多次邀请国外专家来院讲学或短期工作。与多所海外大学与科研机构建立了合作关系，其中有奥地利维也纳经济与管理大学、日本北海学园北见大学、日本信州大学、日本新泻大学、台湾淡江大学等。

经济学院注重探索与企业界协力办学的合作方式。1994年以来先后有海内外的若干企业家资助学院。为加强同社会各界联系及充实教学力量，经济学院先后聘请了于光远、薛暮桥、孙尚清、乌杰、戎文佐、高尚全、蒋震、龚如心、伊安·罗兰等海内外数十名专家、学者及政府、企业界人士担任兼职教授或顾问教授。

(肖治合)

光华管理学院

【发展概况】 北京大学光华管理学院的前身是北京大学工商管理学院，于1993年12月在原北京大学经济学院经济管理系和北京大学管理科学中心的基础上成立。1994年9月18日，北京大学与光华教育基金会签订合作办学协议书，工商管理学院更名为光华管理学院。学院现有1.1万多平方米的教学科研楼，教学科研设备一流，教室、会议室、教师办公室、图书资料室、拥有250台计算机的计算机网络等设备，为教师和学生提供了良好的教学科研条件。

著名经济学家厉以宁教授为学院院长。学院现有教员47人，其中教授18人、副教授16人，教员中有24人获得博士学位。此外，学院还聘请了学术造诣深厚和富有实际管理经验的专家学者作为学院的兼职教授。

学院现有本科生508人(其中留学生28人)，MBA学生931人(其中MBA学位班289人)，其他硕士生213人，博士生76人，还有938名函授生和其他各种形式的在职培训学员。此外，为了体现交叉学科的特点，学院多年坚持文理兼收的原则招收学生，1999年光华管理学院招收本科生108人，全日制硕士研究生88人，工商管理(MBA)硕士研究生270人，博士研究生34人。

【专业设置】 本科专业设有：财务学、会计学、市场营销、工商管理、金融学(货币银行方向)；硕士研究生专业设有：国民经济学、金融学、产业经济学、管理统计、管理科学与工程、会计学、企业管理、工商管理(MBA)；博士研究生专业设有：国民经济学(原国家教委批准的重点学科)、金融学、产业经济学、企业管理。

【科研与学术交流活动】 1999年，光华管理学院共完结科研项目12项，共有在研科研项目19项，其中有6项为国家级项目，9项为省部级项目。7月，朱善利教授撰写的论文“论经济总量均衡的条件”获目前中国经济学界最具权威性和代表性的大奖——第八届孙冶方经济科学奖(孙冶方经济科学基金会)。9月，秦宛顺、厉以宁、闵维方、陈良焜教授等人著作的《教育投资决策研究》获全国第二届教育科学优秀成果一等奖、国家社会科学基金项目优秀成果三等奖；厉以宁教授著作的《教育经济学研究》获国家社会科学基金项目优秀成果三等奖。10月，由朱善利教授撰写的论文《外商的直接投资与中国的对外贸易》获“安子介国际贸易研究奖”优秀论文二等奖。

1999年6月19日，光华管理学院与经济科学出版社签订合约，联合投资400万元，以每本书稿酬20万元及另加版税的优厚待遇公开招聘作者，推出一套有中国特色的高水准MBA教科书。这套教材将涵盖管理学、宏观经济学、管理经济学、会计学、营销管理学、国际贸易、国际金融、财务管理与分析、运筹学等9个方面。

1999年8月6日，光华管理学院与北京华远集团正式签约，由华远集团出资500万人民币，在光华管理学院设立一名以“华远”冠名的讲座教授——华远管理学讲座教授。光华管理学院与华远集团的这次合作，为拓宽我国高等教育资金筹措渠道、改善大学教师待遇、选聘优秀人才闯出了一条新路。

1999年5月3日至6日，北京大学管理科学中心在光华管理学院大楼召开“世纪之交的房地产业高级研讨会”，有数十名相关学者、政府有关领导和国有大型房地产公司负责人就1999年议题“住宅怎样成为经济增长点”畅所欲言。北京大学光华管理学院院长厉以宁教授、国家建设部刘志锋副部长、中国建设银行石春贵副行长等到会发言。

1999年9月18日至19日，由北京大学金融与证券研究中心承办的“中国投资基金高级论坛”召开。厉以宁教授、刘鸿儒教授、邓楠女士、曹凤岐教授、张维迎教授等知名人士先后就加快投资基金法、投资基金的发展与管理、风险投资、产业投资、政府的作用和市场规范等方面作了发言。

1999年9月19日，北京大学光华管理学院命名五周年之际，国内外一流的保险学专家、高层管理人员汇聚一堂，举办“养老保险改革国际比较研究研讨会”，共同为中国的养老保险事业献计献策。中国保监会吴小平副主席、劳动与社会保障部社会保险司焦凯平司长、美国安泰国际保险公司代表、北京大学光华管理学院和经济学院的相关学者出席了此次会议。

国家教育部人文社会科学研究“九五”规划重点项目“中国企业管理案例组建工程”取得阶段性成果，1999年由北京大学出版社出版了厉以宁教授和曹凤岐教授主编的《中国企业管理教学案例》以及《〈中国企业管理教学案例〉使用说明》，并于1999年10月31日在北京大学光华管理学院召开“中国企业案例库组建工程”项目阶段性成果新闻发布会暨案例教学研讨会，与会者除各个高校MBA教学中心的40多名老师外，还有海尔集团、娃哈哈集团、TCL集团等近40家企业的代表。

1999年，光华管理学院培训中心正式成立，它是光华管理学院面向社会、面向企业进行MBA课程、工商管理职业培训教育的机构，旨在为跨国企业、国内大中型企业高级管理人员提供工商管理系列课程、中长期MBA、EMBA培训项目。培训项目包括EMBA培训、MBA核心课程培训、工商管理专题培训和不定期的高层管理研讨会等内容。其中EMBA培训项目旨在为繁忙的高级经理们提供世界水平的管理训练，该项目充分考虑到高级经理的一些共同特点，专门设计了不脱产的工商管理强化课程，由来自光华管理学院、美国西北大学Kellogg商学院和世界其他著名商学院的最优秀的教授授课。1999年培训中心已为中国联合通信有限公司、诺基亚(中国)投资有限公司、联想集团等单位的707名高级经理和管理人员提供了培训服务。

(光华管理学院 供稿)

法学院

【发展概况】 北京大学法科教育发轫于1860年京师同文馆开设的“万国公法”课目。清光绪三十年(1904)规定设置并于宣统二年(1910)正式开办京师大学堂法政科时，称“法律门”，民国八年(1919)废门改称法律系。1952年全国院系调整时，本系并入新建的北京政法学院(今中国政法大学)。1954年9月法律系重建。1999年5月26日宣布法律系更名为法学院,设单一法律学专业。本院办学历史久远,长期是北大的大系,也是中国法律教育的重要机构。

本院现设有法律图书馆、《中外法学》编辑部、同和律师事务所、司法鉴定室、妇女法律研究与服务中心和法制信息中心以及多个法学专门研究机构。图书馆使用面积1100平方米,收藏中外法学类为主的多种图书约7万册,中外期刊500余种,并有光盘、录像带与各种数据库等新型文献载体,其中有国内唯一的美国法律检索系统(West Law);此外,电子阅览室可与哈佛法学院联网开展国际网络教育。法学学术性双月刊《中外法学》(Peking University Law Journal)每期128页,国内外公开发行,是多年享有盛誉的中国法学类核心期刊之一。法制信息中心主办的"北大法律信息网"于暑期全面改版后,除可便利地提供各种立法信息的查询外,又设法律咨询、律师名录、案例要鉴等栏目,并与北大图书馆检索系统联通。本院的模拟法庭设有能容纳百余人的座位,是全院师生研讨学术,举办讲座、报告与教学实践的良好场所。

截至1999年底,本院现有在职人员115人,其中教授32人,副教授35人,讲师20人,行政与教学辅助人员25人,在站博士后研究人员3人。在册本科学生711人,硕士研究生671人,博士研究生166人,总计1548人。

【学科建设】 目前法学专业教学的主体架构仍为法学专业本科、硕士研究生和博士研究生三个层次。与此相应,除对符合条件的本科毕业生授予法学学士学位外,有权授予法学理论、法律思想史、法制史、宪法学、行政法学、刑法学、民法学、诉讼法学、经济法学、国际经济法、国际法、环境法共12个专业的硕士学位;按照新颁专业目录,有权对法学理论、法律史、宪法与行政法学、刑法学、国际法学、环境与资源保护法学、经济法学7个专业授予博士学位。在诸多法学学科中,国际法学(包括国际法和国际经济法)和法学理论(含法学基础理论、法律社会学、比较法学、司法制度研究)是两大传统优势学科,长期处于全国重点学科地位。经过近几年的努力建设,经济法学、刑法学、民商法学、诉讼法学以学术梯队趋于合理、导师力量雄厚、科研成果突出而正在迅速发展。

6月改院后,院决策层以深化法学教学改革,争创一流为指导思想,着手对专业教学的组织、结构、内容与方式进行了大幅度调整。根据法学专业的特点并参考国内外办学经验,取消了目前国内仍然通行的学科教研室建制,按学科的相对集中组成了非一级行政设置的4个学科研究中心,即民商经济法(含民法、商法、经济法、民诉法、知识产权法、环境法、劳动与社会保障法等)、法理宪政法史(含法理、宪法、行政法、立法学、法律史等)、刑事法(含刑法、刑事诉讼法、犯罪学、刑事侦察等)和国际法(含国际法、国际经济法等),旨在顺应科技整合的世界潮流,集中或凝聚学术研究力量,强化组织的学术研究功能,利于开展大型科研项目以及对外交流。

同时设立的专门负责教学改革的院教学指导小组几经酝酿、草拟和修订,于秋季开学时提出了《法学院本科教学计划》。该计划除了明确教育部核准的14门主干课程(法理学、宪法学、法律史、行政法与行政诉讼法、民法、刑法、经济法、民事诉讼法、刑事诉讼法、国际经济法、商法、知识产权法、国际私法、国际法)的主导地位外,并增加了刑法、民法课程的学分(民法已达9学分),以示侧重;法理学分为法学原理和法理学二门,分别在一、二年级开设,以符合学生学习法学的一般规律;此外,还开设大量有助于学生提高学术能力的选修课或新的深化类课;按照40%～50%的平时成绩和50%～60%的期末成绩的比例重新规范了考试制度;继续推行自上年开始的课程主讲人制度;提倡教授上基础课。在研究生课程方面,除了整合并充实约40门的常规性课程和10余门非常规性课程外,还提倡大班上课,并规定选修课以满15人为开设条件。

【科研工作】 自提出创建世界一流大学的目标以来,本院法律学术研究气氛更为浓厚,据本年不完全统计,本院教员撰写和出版了各类法学著作45部,译著3部;编写法学各科教材和教学辅导用书35种;在《中国社会科学》、《法学研究》、《比较法研究》、《中外法学》等专业报刊发表论文144篇;完成科研、咨询报告3项。沈岿申报的"行政法平衡理论和准政府组织问题研究"被批准为本年度国家社会科学基金项目(青年项目),李红云的"海洋法专题研究"、饶戈平的"多极化、全球化与现代国际法的发展"、白桂梅的"国际人权法研究"被批准为国家教育部人文社会科学研究项目。沈宗灵的《比较法研究》一书(1997年北京大学出版社出版)获国家图书奖,龚刃韧的《国家豁免问题的比较研究》获全国高校科研成果一等奖。

法学院教师、学生举办并由国内外学者、专家参加的各类学术研讨、报告、演讲、座谈活动频繁,形式多种多样。9月14日,吴志攀教授在北大图书馆主持了英国上议院院长兼法律大臣欧文勋爵对本院师生的演讲。欧文勋爵高度评价了中国近几十年来的法制改革,并对中英两国的法律制度进行了比较。11月5日,台湾著名法律史学者张伟仁先生应邀作关于先秦法政思想的学术演讲,这是法学院"张福运纪念讲坛"设立以来的第二次演讲。

8月中下旬,法学院学生与日

本东京大学、早稻田大学、中央大学等校学生共同参加的“99 中国学术之旅”中日法学学生学术交流活动在北京举行。12 月 16 日，继上年第一届评选之后，法学院学生会、研究生会主办的“迎千禧暨十佳教师”颁奖活动在海淀剧院隆重举行。由学生投票评选出的“法学院第二届十佳教师”是朱苏力、贺卫方、姜明安、陈瑞华、陈兴良、汤欣、沈岿、韦之、梁根林、葛云松。院长吴志攀被授予特别奖。这次由学生评选出的结果也被确认为法学院年终优秀教师的评选结果。

【未来战略发展规划】 本年是围绕撤系改院工作最为繁重的一年，在大力促进教学、科研与管理方面工作的同时，还制定了创办世界一流大学法学院的未来战略发展规划。力争在近期(1999.5～2001.4)两年左右，使法学院成为北大文科的名牌学院，完成硬件、软件建设的 8 件实事；在中期(2001.5～2004.4)，建成全国最好的法学院，实现科研领先，经费充足，涌现出名教授，实现法学教育的数据化、远程化、媒体化、产业化；在远期(2004.5～2014)，争取按国际公认的一流大学法学院的标准，全面实现科研成果、教学成果、教授、学生的四个一流。

(殷铭、赵焕、朴文丹、王健)

信息管理系

【发展概况】 信息管理系创建于 1947 年，是我国自己创办的最早的图书馆学和情报学教育基地之一。经过半个世纪的建设和发展，在几代人的不懈努力下，逐步壮大为一个多学科、多层次，全日制与继续教育相结合的新型专业教育中心，高层次信息管理人才的摇篮。现有教职员 47 人，其中，教授 10 人(含博士生导师 6 名)，副教授 16 人，讲师 10 人。其中图书馆学博士生导师 4 人，情报学博士生导师 2 人，兼职导师 4 人。另外，聘有国外客座教授 3 人，国内兼职教授多人。设有 4 个教研室(图书馆学、情报学、信息经济与立法、编辑出版学)，1 个研究所(信息传播研究所)，2 个实验室(电子图书馆实验室、计算机信息管理应用实验室)，还设有实习室、资料室、党委办公室、行政办公室、函授办公室、教务办公室等机构。

【学科建设】 在专业设置方面，经过多年的调整和发展，已形成了一个以信息管理为核心，专业门类齐全的专业体系。本科设有：信息管理与信息系统专业、图书馆学专业、编辑出版学专业，每年招生 60 人。博士生和硕士研究生设有两个专业：图书馆学、情报学，每年招收博士生 8～12 人，硕士生 22～25 人。1999 年在校全日制本科生人数达 240 人，硕士生 68 人，博士生 16 人。50 多年来，累计已培养出全日制本科生 1800 多名，研究生 300 多名。生源比较充足，学生就业状况良好。

教学改革是一个系健康发展和永葆青春的重要机制。1996 年，以贯彻学校部署的全面修订教学计划的任务为契机，系内开展了新一轮教改工作，重点解决学科发展方向和优化课程设置问题。经过全系师生广泛深入的调查研究、讨论和论证，确定了今后的学科发展方向：面向大信息，以信息资源管理和信息技术应用为核心和发展重点，为国家信息化培养合格人才。学科定位在信息资源建设和信息传播与服务的教学与研究方面。还提出，要特别关注网络信息资源与管理问题。未来的信息公路学科还将与传播逐渐融合，形成新的信息/传播学科群。

在培养目标上，强调基础宽厚，自我发展和应变能力强，提出要培养信息主管(CIO)、信息经纪人、数据库工程师等新型人才。研究生专业的研究方向也作了调整。在课程设置和教学内容改革方面。确立了一些新的指导原则和思路。强调课程设置要讲求科学性结合系统性，完善课程的论证和审议制度，加强信息管理和信息技术应用方面的课程，改造和优化那些必要的传统课程，提倡文理兼容互选。认为信息管理专业的学生的知识结构应包括 7 个方面：专业理论、信息增值知识和技能、信息服务与市场营销知识和技能、信息系统开发与管理知识与技能、坚实的数理基础知识、必要的人文社科知识、语言和交际能力。

根据上述原则和思路，对原教学计划进行了大幅度修订，并对本科生专业目录进行了新一轮调整。

【科研活动】 在科研方面，50 多年来，已完成各类科研项目 30 余项，出版各类教材、专著和其他著作百余种，发表论文 2000 余篇，获得各类学术奖励和荣誉 20 余项。目前正在进行的科研项目 20 多项，其中国家级项目 10 项，部级项目 10 项。1999 年，该系主持的学校“211 工程”子项目“网络化数字化信息资源开发管理环境”正式启动。

在学术交流方面，该系是国际图联、中国图书馆学会、中国科技情报学会、中国社科情报学会、中国信息协会、中国信息经济学会、全国科技传播研究会等重要学术团体的机构会员，并在其中担任了常务理事或副理事长等重要学术职务。该系与国内外一些重要大学的信息管理系或其他相关院系有密切的交往，每年都接待一定数量的国内外专家学者的访问或讲学，并选派若干名教师出国进修、访问或参加学术会议。近年，还分别与日本爱知淑德大学和日本图书情报大学签订了学校交流与合作协议。日本图书馆学会会长、爱知淑德大学副校长长泽雅男受聘为北京大学客座教授。1999年，爱知淑德大学70名师生来系进行交流访问。1999年，该系在澳门继续开设图书馆学大专课程；邀请了台湾大学李德竹、胡述兆二位教授来系讲学。

为纪念前系主任、著名图书馆学家刘国钧教授诞辰100周年，1999年该系与南京大学信息管理系、甘肃省图书馆联合举办了"刘国钧先生百年诞辰学术研讨会"，大陆同行学者、港、澳、台地区及美、韩等国学者共70余人参加了会议，并出版了这次研讨会的学术论文集《一代宗师》。

【成人教育】 自1956年开办函授班以来，至今已有40多年的历史，为国家培养了近8000名函授毕业生，为图书馆界输送了大批实用人才，并为函授教育摸索和积累了许多有益的经验。目前正在开办的成人教育专业有3个，图书馆学（专升本）、计算机信息管理（大专）、编辑出版（脱产大专），每年共招生500多人，正在学习的学生约有1600多人。另一方面，鉴于成人教育的高层次化趋势，该系从1994年起每年都开办研究生课程进修班，为社会上那些具有同等学力要申请学位的人员提供进修学习的机会。

（王余光）

社会学系

【发展概况】 1999年是社会学系平稳、扎实地向前发展的一年，在延续以往成熟的系科建设传统的基础上，又在许多方面做了扩充与创新的积极尝试。

社会学系的教学、教辅和行政人员维持着良好的稳定状态并有了一定的充实，1999年新进教师2名，使全系教学、教辅和行政人员的总数达到32人。在25名教师（含4名兼职和返聘教师）中，有教授9人（其中7人为博士研究生导师），副教授11人，讲师5人。其中，10人拥有博士学位，10人拥有硕士学位。与1998年相比较，全系教师的职称和学历构成均有相当程度的优化。

社会学系现设4个教研室和3个中心，即：社会学理论教研室、社会学方法教研室、应用社会学教研室、社会工作教研室和北京大学社会生活口述研究中心、北京大学万科社区发展研究中心和北京大学社会调查研究中心。机构的数量虽然没有膨胀，但教学和科研在质和量两个方面则都有突破。以1999年密切对外合作和交流为契机，社会学系资料室和计算机室在图书资料和电脑设备上也有补充和更新，资料室新辟一个"社会工作图书馆"，在文献方面为加强社会工作和社会心理方向的研究提供了便利条件。

社会学系现有社会学和人口学专业2个博士点，有社会学、人口学和社会保障3个硕士点，和社会学、社会工作2个本科专业。1999年，社会学系在三个层次上全面大幅扩招，分别招收博士研究生9人、硕士研究生17人、本科生49人；同年毕业博士研究生1人、硕士研究生13人、本科生34人；有在校学生238人，其中博士研究生20人，硕士研究生52人，本科生166人。除此之外，还有3名博士后研究人员在站从事社会工作、法律社会学、军事社会学等专业方向的研究工作。

【教学工作】 教材编写和教学创新是社会学系在优化教学工作中始终抓紧的两项重要工作。在教材编写方面，社会学系1999年即有《当代西方社会学理论》、《社会工作概论》、《农村社会学》、《劳动社会学》等数部教材面世，它们大多注重教师的研究心得与学生的领会能力相结合，从而使得这些教材在学术性和可读性的兼备上取得了可贵的突破。在教学创新方面，注重培养本科新生的学习兴趣和研究兴趣，如针对昌平园区本科生一年级专业基础课"社会学概论"的讲授，就有意识地通过课堂讨论发现学生各自的兴趣、特长，进而引导他们在适合自己能力的方向上进行研究的尝试；社会学系也注重在考核的环节上突出社会学的应用性，引导学生学用结合，如"家庭社会学"等课程的考核即采用"案例法"，要求学生运用社会学的理论和方法去考察家庭等领域的具体的社会现象，通过类似一些考核方式的改进，培养学生理论联系实际的良好学风；另外，社会学系还注重将学生的课堂学习与社会实践做有机的结合，如"社会工作"这门课，除了充分的课堂讲授之外，学生还有一段时间的实习，1999年即在任课教师的带领下赴贵州贫困地区，通过调查、讲课等活动，在深入基层社区的过程中研究社会并参与社会，不仅丰富了课程教学的形式和内容，而且提高了学生兼顾治学与做人的自觉意识。社会学系学生继连续三年在全国大学生社会实践"挑战杯"竞赛中获得全国一等奖的佳绩之后，1999年又获全国二等奖和北京大学一等奖，这从一个侧面反映了社会学系创新教学活动对提高学生实践能力的积极作用。

【科研工作】 科研工作的水平与教学活动的水平相辅相成，这已成为社会学系的一项共识，也成为推进研究的一个动力。首先，社会学系1999年立项的研究课题继续保持了较大的数量，除了"中国社区发展的战略和策略"、"中国工人职业生涯研究"、"北京市建设征地农转居问题研究"等国家或北京市社会科学基金资助的一些项目之外，"农村劳动力流动"（续）、"劳动力市场整合：城市职工与农村移民"、"当今中国城市失业和下岗工人的社会保障”、“中日社会福利政策比较”、“中国城市社会网络比较研究”、“农村基层政权案例研究”等一些横向合作项目也都在顺利地展开。其次，社会学系1999年结项的一些研究课题又多次获奖，显示了科研活动较高的质量水准，如“改革以来中国农村婚姻家庭的新变化”(国家社会科学基金项目优秀成果特别荣誉奖)、“中国社会工作的经验与发展”(北京市哲学社会科学优秀成果一等奖)、“中国社会保障体系的建构”(山西省“五个一工程”奖)等，这些获奖项目多关注现实中的社会问题，反映了社会学系服务社会的积极努力和良好效果。与国内外广泛的学术交流相结合，有关的学术活动在推进社会学系整体的研究发展方面也发挥了积极的作用，如1999年7月8至10日由社会学系以前述“农村基层政权案例研究”为基础、在福特基金会资助下所举办的“中国农村基层组织建设与农村社会可持续发展”国际讨论会，从乡村基层组织的运行、村民自治与乡村民主建设以及研究方法和视角三个方面，对既有的研究进行了总结，并为今后的研究展示了方向，因而获得了各界好评。

【学术交流】 为进一步拓展学术交流的领域及丰富学术交流的内容，社会学系采取了请进来和派出去两相结合的举措。1999年，社会学系正式聘请了美国哈佛大学社会学系A.G. 华尔德教授和中国社会科学院社会学研究所苏国勋研究员两位知名学者为兼职教授，使得社会学系的对外学术交流能以一种制度化的方式直接作用于教学和科研。此外，社会学系还于1999年邀请国外尤其是法国多位知名学者来华讲学，其中有法国国家科学研究中心A. 图雷纳教授、R. 布东教授和C. 列维教授及高等社会科学研究院的L. 泰弗诺教授，表明了社会学系加强与包括法国在内的具有深厚社会学研究传统的欧洲国家之间学术对话的意向。与此同时，社会学系的教师也继续扩大与其它国家和地区学者和机构的合作与交流：一方面是大力推进既有的合作研究项目，如“现代化与中国社会文化变迁”、“农村劳动力流动”(续)、“劳动力市场整合：城市职工与农村移民”、“当今中国城市失业和下岗工人的社会保障”、“中日社会福利政策比较”、“中国城市社会网络比较研究”等课题；另一方面是通过访问、与会等形式，直接于境外参与广泛的国际学术交流，社会学系教师1999年即访问了美国哈佛大学燕京学院、法国人文科学研究院、比利时布鲁塞尔自由大学、澳洲国立大学、加拿大不列颠哥伦比亚大学等多个学术机构，以研究、讲学等多种形式把握世界社会学发展的动态并扩大中国社会学的影响，还参加了“中澳社会福利比较研讨会”、“挪威第七届国际多学科妇女大会”、“澳大利亚社会工作者协会、国际社会福利联盟、亚太社会工作教育协会及澳大利亚社会工作和福利教育协会联合大会”等多个国际学术研讨会。除了以教师为主体的交流活动之外，社会学系于1999年还派出3名硕士研究生赴香港基督教服务处进行社会工作专业的实习，这也成为社会学系整体对外学术交流的一个组成部分，也代表了其未来发展的一个方向。

(唐军)

外国语学院

【发展概况】 北京大学外国语学院成立于1999年6月22日。它是由原英语系、东方学系、西语系和俄语系合并而成的北京大学第一个多系、多学科的学院。外语学院下设英语系、俄语系、德语系、法语系、西班牙语系、东语系、日语系和阿拉伯语系以及东方学研究院，共有9个博士点，1个博士后流动站。学院现有教职工302人，其中博士生导师62人，教授66人，副教授77人。现有学生903人，其中本科生657人，硕士生199人，博士生47人。学院办有3个学术刊物：《国外文学》，《北京大学学报(外国语言文学专刊)》和《东方研究》。学院还办有“星光外语教学电台”面向全校广播。

【学科建设】 1999年，外语学院共开设283门课程。其中本科生课程187门，研究生课程96门。本科生课程中有80门为主干基础课。外语学院为北京大学全体本科生开设6门外语辅修课，英语系大学英语教研室分别为全校本科生、研究生开设大学英语和研究生公共英语课。

1999年末，大学英语教研室与北京大学出版社联合出版了《北京大学学生优秀英语作文选评(1)》，为学生提供了一个发表自己优秀习作的园地。

1999年，外语学院有7位教授被遴选为博士生导师。

1999年12月，外语学院法语系与法国巴黎第八大学文学系联合培养的博士生杨国政完成题为《卢梭的自传和自画像——评卢梭三部自传体作品中的文体》的博士论文，并成功进行了论文答辩，获得博士学位。杨国政是中法联合培养的第一位博士。

【科研活动】 1999年外语学院科研立项项目4项，其中，国家哲学社会科学基金项目2项，教育部留学回国人员基金项目2项。《季羡林文集》、《敦煌学大辞典》获第四届国家图书奖，《汉语波斯词典》获第四届国家图书奖提名奖，《叙述学与小说文体学研究》获第四届全国优秀外国文学图书奖一等奖，赵振江、吴健恒译的《生命与希望之歌》、陶洁译的《圣殿》获第四届全国优秀外国文学图书奖三等奖，《红楼梦的排儒与释道合一》获中流文教奖。《指空研究：从印度到中国到高丽》获韩国学研究基金奖。《佛教对东南亚国家文化及社会的影响》和《南亚宗教民族主义及其影响》获韩静远先生哲学教育奖。

1999年4月19～21日召开中国“纪念普希金诞辰200周年学术研讨会”，6月21～25日召开第一届传记文学国际学术研讨会，8月25～28日召开“文化与翻译国际研讨会”。

学术交流也非常活跃，9月12～24日，瑞士日内瓦大学世纪法国文学教授Michel Jeanneret来访。9月下旬，美国普渡大学英语系教授Leonard Neufeldt来访，举办题为“美国诗歌”和“美国大学教育”讲座。10月8～14日，日本著名语言学者奥田靖雄率10人代表团来访。10月8日，日本创价大学教授菅野博史来访，举办题为“日本与《法华经》”的讲座。10月，伦敦罗汉普顿学院教授Dobson来访，举办Shakespearean Adaptations的讲座。11月20日～12月4日，法国巴黎第八大学前副校长雅克·乃夫教授来访，举办题为“虚构与叙事”的讲座，并与随访的Jean-Claude Bonnet教授一起参加了中法联合培养的博士生杨国政的论文答辩。11月10日，韩国外国语大学印地语教授金宇照女士来访并做演讲。12月9～24日，美国宾夕法尼亚大学教授Melvyn Hammarberg来访，并就美国印第安人作家Marmon Silko的小说Ceremony作专题讲座。12月13日，日本国立国语研究所主任研究员官井上优来访，举办“对比语言学”的讲座。1999年12月24日～2000年1月4日，日本京都学院大学教授吉村亨来访，讲授“京都文化史”。12月25日，日本驻华大使馆研究员川上新二来访，举办“日本当代民俗形状”的讲座。另外还举办了外语学院“语言学沙龙”。

【学生工作】 1999年6月，英语系外籍教师Nathen Faries获得北京大学学生会评选的“北京大学十佳教师”称号。外语学院团委荣获“99文化、科技、卫生三下乡暑期社会实践活动”优秀组织奖。9月22日，东语系举行“印地语辩论赛”，印度驻华大使夫人（V.K.Doraiswami）和一秘卫古玛先生应邀担任评委。由外语学院120名学生组成的合唱团荣获北京大学“一二·九”歌咏比赛二等奖和组织奖。

（刘杉杉）

马克思主义学院

【发展概况】 北京大学的马克思主义理论研究和教育的历史最早可以追溯到五四时期。1918年冬，李大钊、高一涵等在北大组织了我国最早的马克思主义研究团体，名为“马客士主义研究会”。1920年3月，在李大钊的带领下，又秘密发起成立“北京大学马克思学说研究会”，并于1921年11月17日在《北京大学日刊》上刊发《启示》：“本会叫做马克思学说研究会，以研究关于马克思派的著述为目的”，正式公开宣布研究会的成立，由邓中夏、黄日葵、高君宇、何孟雄、罗章龙、刘仁静等19人联名发起。研究会在研究、传播马克思主义方面，做过大量的工作，起过重要的作用。从1921年起直到1926年，在《北京大学日刊》上都能看到研究会发布的各种《通告》和《启示》。在我国大学中第一次把马克思主义理论正式列入课程，公开讲授，并对学生进行考核，也是在北京大学从李大钊开始的。自1920年起，李大钊在北京大学史学系、经济系、法律系和政治系先后开设了“唯物史观”、“工人的国际运动与社会主义的将来”、“社会主义与社会运动”等马克思主义理论课。在三四十年代，北京大学的一些教授也曾在经济系、政治系开设马克思主义理论的课程。中华人民共和国诞生后，北京大学成立了新民主主义论教学委员会，由许德珩、冯至、胡世华、许宝騄、楼邦彦、杨晦、金克木、王铁崖等教授开设专题讲座，张友仁、汪子嵩、李由义、赵宝煦、许世华等任助教。何干之教授等也被聘请来校授课。此后，又成立了政治课教学委员会，开设了“辩证唯物主义与历史唯物主义”、“社会发展史”、“中国革命史”等课程，从校外又邀请了艾思奇、胡绳、何思敬等著名学者来校授课。1952年院系调整后，北京大学成立了马列主义基础教研室和中国革命史教研室，负责全校“马列主义基础”和“中国革命史”两门课程的教学。1959年，北京大学成立马列主义基础教研室，统管全校马克思主义理论课的教学，由校长陆平兼任教研室主任。1978年4月，学校重建马列主义教研室。1980年，学校成立的马列主义研究所，是从事马克思主义理论特别是科学社会主义理论的科研机构。1985年，学校成立马克思主义理论课教学指导委员会。1992年3月17日，学校作出《关于建立北京大学马克思主义学院的决定》，指出：“建立马克思主义学院是全面贯彻党的教育方针、端正办学指导思想、落实德育首位的一个重要措施。该学院在学校党委和行政的领导下，负责统一组织全校马克思主义公共理论课的教学和思想政治课的教育，开展马克思主义的理论研究，承担高等学校马克思主义理论课教师和党政干部的理论培训任务，并接受学校委托，组织校内各方面的理论力量开展理论研讨活动，逐步把学院建设成我校一个马克思主义理论的教育、研究和培训基地，成为思想政治教育的一个重要阵地。”1992年4月2日，学校召开大会，宣布学院正式成立。当时的校党委副书记任彦申兼任学院院长,赵存生任学院首任党委书记。

【学院现状】 学院的教学科研单位有中国革命史(毛泽东思想)教研室、哲学教研室、经济学(邓小平理论)教研室、当代世界经济与政治教研室、社会发展研究所、德育研究所(思想政治教育专业),有邓小平理论研究中心、社会经济与文化研究中心、港澳研究中心和台湾研究中心等4个研究中心(虚体)。设有行政办公室、党委办公室、教务办公室、培训办公室、资料室等机构。学院现有中共党史、哲学、经济学、科学社会主义、思想政治教育等5个硕士点,有科学社会主义博士点。在成人教育和培训方面,有金融与贸易、企业管理、国际金融贸易等专科专业;有金融与贸易、思想政治教育2个本科专业;有经济学、思想政治教育2个硕士专业。学院现有教职工63人,其中教员54人,行政人员9人。在教员中有教授17人(博士生导师11人),副教授24人,讲师13人;在行政人员中有副研究员2人,馆员3人。

【教学与科研】 学院教师承担了全校本科生的马克思主义理论课,包括马克思主义哲学原理、马克思主义政治经济学原理、毛泽东思想概论、邓小平理论概论、当代世界经济与政治等课程;承担了全校本科生的思想政治教育课,包括人生理论与实践等;承担了全校硕士生、博士生的公共政治理论课,包括马列原著选读、科学社会主义的理论与实践等。现由学院教授、学者承担的国家重点课题有9项,一般性课题7项。1999年5月28日,学院与中国人民大学马克思主义学院、《中国特色社会主义研究》杂志社等单位联合举办"邓小平理论与当代大学生"理论研讨会。1999年5月至8月,学院举办了四期毛泽东思想概论课高级研修班,组织全国部分高校的教师学习、研修。1999年7月22日,学院与中国人民大学马克思主义学院、安徽省委党校等单位联合举办全国第六届真理标准问题理论研讨会。1999年12月,学院"马克思主义与当代现实"科研课题纳入北京大学创建世界一流大学计划,该课题包括"马克思主义中国化与毛泽东思想和邓小平理论"、"马克思主义哲学与西方近现代哲学比较研究"、"马克思主义政治经济学与当代西方经济理论比较研究"、"马克思主义伦理学与当代大学生思想品德修养"、"马克思主义国际政治理论与当代世界经济政治发展"、"马克思主义科学社会主义理论与中国特色社会主义"等子课题。

(黄南平)

艺术学系

【发展概况】 北京大学艺术学系正式成立于1997年4月,其前身是北京大学艺术教研室。北京大学艺术教研室成立于1986年,主要面向全校开设艺术类公共选修课,辅导学生艺术团体,并于1995年开始招收广告学专业本科生。

艺术学系现设3个本科专业:广告学专业、艺术学专业、文化艺术管理专业,艺术学专业(分为艺术教育、艺术批评、影视学、美术学、广告学、文化艺术管理等6个专业方向)。此外,艺术学专业还开设了文化艺术管理方向和古代艺术品(书画)鉴定方向的研究生课程班。

艺术学系承担了全校艺术类公共选修课的教学任务。1991年,北京大学率先在全国做出每个在校生需至少修满艺术类公选课2个学分才能毕业的决定。目前,艺术学系每年接纳公选课学生人数均在3000人左右。

艺术学系还负责管理北京大学学生艺术总团的日常工作及艺术指导工作。总团下设学生合唱团、学生管乐团、学生舞蹈团、学生民乐团四个分团。

艺术学系现有教职员工22人,其中教授5人,副教授8人,讲师5人,助教1人,资料员1人,教务员2人。

(陈旭光)

【学科建设】 艺术学系自成立以后,一直把加强学科建设,提高教学质量作为全系工作的重点,并多方面开展工作。

艺术学系艺术学专业硕士点是目前全国仅有的两个艺术学专业硕士点之一。

为了充分发挥艺术学系应有的提高大学生文化修养和艺术素质的功能,1998年11月,经国家教育部批准,在全国首次试办艺术学辅修专业,即从1999年~2000年学年度第一学期开始在全校学生(从主修专业第二学年开始)中招收辅修学生(攻读艺术学双学士学位)。1999年9月,来自全校各个院系的学生50余人,开始进入艺术学系正式攻读艺术学双学士学位。艺术学系制订了艺术学辅修专业较为详细的教学计划,第一学期的"美学原理"课和"艺术概论"课分别由叶朗教授和彭吉象教授授课。

遵循江泽民同志提出的教育要为社会主义经济建设主战场服务的精神,1998年艺术学系与北京电视台联合举办"文化艺术管理"研究生课程班,参加人员中40余人来自北京电视台、解放军总政治部、中央电视台、文化部等单位,相当一部分为文化艺术界的优秀骨干和知名人士。1999年艺术学系又招收了第二届"文化艺术管理"研究生课程班,人数达60人。艺术学系还与故宫博物院合作,拟举办艺术学专业古代艺术品(书画)鉴定方向的研究生课程班,已制定了详尽的教学计划并着手进行。

1999 年 7～9 月，艺术学系结合学校的岗位评聘工作，制定了每位教师个人的科研计划，及整个艺术学系的学科建设和发展规划，并较为圆满地完成了本系的岗位评聘工作。

（陈旭光）

【科研活动】 艺术学系自成立以来，重视科研工作和教材建设。1999 年度，艺术学系教师负责主编的"人文学科与人文精神"丛书正式出版。（包括《艺术的意蕴》、《美学的意蕴》、《伦理学的意蕴》等专著）。艺术学系教师撰写的《艺术的意蕴》、《将军门神起源研究》、《钢琴艺术史》、《传媒的现代理念》、《电视文化生态研究》、《行走的欲望》等理论专著均已正式出版。艺术学系教师主编的《中国艺术学》还获得了首届（1999 年）国家社科基金优秀项目成果奖二等奖。1999 年 3 月，日本著名广告学家、日本关西大学植条则夫教授来艺术学系进行为期一周的讲学，为广告学专业同学举办了公益广告、比较广告、政治广告三次专题讲座，效果良好。

（陈旭光）

【学生艺术团工作】 艺术团一年来的进步得益于新的艺术总团制度的建立和不断完善。体现在以下三方面：一、内部管理规范化，制度化，提高了艺术团统一的团队协作、优势互补能力；二、艺术总团制度的建立，对外提高了代表北京大学整体的艺术水平，对内体现北京大学美育教育的综合成果；三、艺术总团建立了良好的竞争机制，演出机会公平竞争、择优选拔，提高了学生的积极性，进而提高了艺术团的艺术质量。

（李小慧）

【学生艺术团演出及获奖情况】 1999 年，艺术总团围绕全国大学生艺术节、庆祝新中国成立 50 周年和澳门回归等工作，重点展开了一系列丰富有益的艺术实践活动。

1 月，艺术团完成 1999 年中学生艺术周活动并开始了首届大学生艺术节的准备工作。4 月，艺术团参加首届全国大学生艺术节，合唱团获北京市合唱组一等奖，舞蹈团的《心泉》、《缤纷新时代》分获北京市舞蹈组二等奖、三等奖，民乐团获北京市民乐组二等奖，管乐团获北京市弦乐组三等奖；5 月 3 日，大讲堂落成首演大型文艺汇演；5 月 4 日，庆祝五四运动 80 周年大型文艺汇演；5 月，合唱团录制创作歌曲《感谢》、美国爵士合唱曲《Jerriche》、中国古曲《满江红》以及《Sure on the shining night》；5 月，合唱团获全国大学生艺术节合唱组一等奖；5 月 10～12 日，舞蹈团参加了北京市组织的国庆联欢晚会的集体舞小教员培训；5 月，管乐团钢琴组同学担任校朗诵队伴奏，获奖；5 月，艺术团中、西器乐小组赴维也纳、萨尔兹堡、慕尼黑、自由堡访问演出；5 月 25、26 日，舞蹈团女子群舞《心泉》荣获全国大学生舞蹈比赛全国一等奖；6 月 5 日～16 日，艺术团参加了"祖国在我心中"全国大学生艺术节文艺晚会的彩排与录制；7 月，艺术团赴福建省福州、厦门演出；8 月 4 日～18 日，舞蹈团冒着酷暑每天早上 6：30 出发，晚上 9：30 回到校园，完成我校参加国庆游行的 300 多名学生 9 个新舞蹈的排练，在 8 月 19 日第 6 指挥部合练中，北大的表演受到表彰；9 月 27 日，艺术团在百年纪念讲堂主办北京大学国庆五十周年《与祖国同行》文艺晚会；10 月 1 日，艺术团参加了天安门广场联欢晚会；11 月 21 日，舞蹈团为未名集团召开的大型国际会议演出；12 月，民乐团参加北大基金会接受日本捐赠签字仪式演出；12 月 5 日，舞蹈团为未名集团召开的大型国际会议演出；12 月，民乐团参加北大基金会接受香港捐赠签字仪式演出；12 月，民乐团参加国际合作处与国家高教部的新年联谊活动；12 月 15 日，管乐团在北京海淀剧院举行北京大学未名交响乐团庆祝澳门回归暨新年汇报音乐会；12 月 17 日，舞蹈团在勺园多功能厅举办了舞蹈专场晚会；12 月 18 日，在燕园瑞雪初降之时，民乐团在办公楼礼堂举办新年民乐专场；12 月 23 日，艺术团参加留学生新年联欢晚会；12 月 23 日，合唱团在办公楼礼堂举办新年专场音乐会；12 月，艺术团参加统战部组织的新年团拜会演出；12 月，艺术团参加校工会新年团拜会演出；12 月 31 日，合唱团参加中央电视台元旦晚会的演出。

（李小慧）

重离子物理研究所

【发展概况】 经教育部批准，北京大学重离子物理研究所于 1983 年成立。著名物理学家虞福春教授任第一任所长。前任北京大学校长、现任国家自然科学基金委主任陈佳洱院士兼研究所所长。研究所位于成府路 201 号的加速器大楼内，占有实验室面积 5000 余平方米。

重离子物理研究所建立了现代科学院所的管理体制，实行理事会决策、所学术委员会指导下的所长分工负责制。所长在所务委员会的民主监督下根据理事会决定的大方向开展工作。研究所下设课题组作为科学研究的基本单元。

1999 年度的理事会是北京大学重离子物理研究所第一届理事会的第三次年会。会议总结了研究所一年来在教学、科研和人事制度改革等方面的工作及所取得的进展，并提出了 2000 年的工作任务和今后 10～20 年发展的思路，得到了理事会认可，并作为 2000 年工作的指导思想。

在 1994～1998 年，北京大学

重离子物理研究所作为国家科委基础性研究所改革试点单位时，确定了研究所的固定编制为80人，其中70人从事基础和应用基础研究，其余人员为管理、资料、网络维护和发展及科研成果转化的工作人员。

1999年北京大学人事制度改革中确定重离子物理研究所的岗位数为51个，其中校聘岗位14个，所聘37个。实际聘任人员47名，2000年预定进人3名，退休4名，这两年基本队伍维持在45名左右。目前，重离子物理研究所正在招聘高水平的学术带头人。

【科研活动】 重离子物理研究所目前有4个科研方向：(1)核物理。从事中子物理和核数据测量和评价及裂变物理。(2)加速器物理与技术。从事加速器质谱技术与应用研究。正努力发展高亮度连续波超导电子超导加速器样机，研制铜铌溅射重离子射频超导腔。研制整体分离环型重离子RFQ加速器并用RFQ加速器进行正负离子的同时加速的研究。加速器物理和技术研究方向现从事加速器基础技术的研究。(3)离子束物理。从事低能离子束与生物体系相互作用、团簇物理与团簇功能材料、离子与固体相互作用的机制、MeV离子束技术与应用研究以及高功率脉冲离子束物理与技术研究。(4)医学物理和影像工程。从事医学影像物理和技术，包括脑功能成像、医学图像的重建、图像配准、融合与分割研究及三维图像显示研究；还从事磁共振成像物理和技术，包括新成像原理、方法，新型成像装置及部件的研制。在核医学成像方法方面从事数据采集和临床应用软件包的研究和发展。作为医学物理的重要内容之一，该研究方向还从事放疗物理和技术，包括三维治疗剂量计算、三维治疗计划系统研究和硼中子俘获癌症治疗方法学的研究。

【科研成果】 本年度重离子物理研究所的主要科研成果有：(1)RFQ项目在年底通过了自然科学基金会对重点项目的验收，1MeV的重离子RFQ加速器的束流传输效率达到86%以上，各项技术指标达到了国际先进水平。(2)加速器质谱计(AMS)的^{14}C测年的精度已经达到5‰，结果可以与国际上最好的实验室相比，为我国夏商周断代工程作出了贡献。(3)1999年重点开发重离子超导加速腔，解决了腔的制造工艺和真空镀膜问题，以较快速度和很高的质量完成了用于重离子或质子加速器用超导铜镀铌腔的研制。(4)离子束材料研究方向参加国家自然科学基金的重大项目中辐射育种的物理机制研究。在1999年中期评估时是最好的。(5)医学物理方向上，经过几年努力，确立了包括脑功能成像在内的医学图像研究方向，设计了具有世界先进水平的小型核磁共振成像仪和深入开展了三维放疗计划的研究。(6)中子和裂变物理研究方向建立了和俄罗斯杜布纳联合核子所和镭研究所之间的长期合作关系，在重要核素的核数据测量以及裂变多模式模型的研究方面取得重要进展。

【主要设备】 (1)2×6MV串列静电加速器，在英国牛津大学赠送的EN型加速器主体基础上改造和建设新的输运线，以该器为主机专门设计而成的加速器质谱计已达到国际先进水平。利用这台加速器开展了离子束分析、重离子辐照等研究工作。(2)4.5MV静电加速器，是自行设计建造的国内端电压最高的单极静电加速器。利用这台设备开展了中子物理实验研究、荷电离子核反应分析实验研究、离子注入活细胞等工作。(3)300KV RFQ正负离子加速装置，可同时加速正负离子的强流脉冲离子束装置。目前O^+离子的流强可达700μA、O^-离子的流强可达1300μA，脉宽为1ms。(4)磁控溅射/蒸发团簇实验装置，集磁控溅射、液氮冷凝、电子束蒸发于一体的团簇实验装置。利用这台装置可开展金属、半导体等团簇膜及具有特殊功能的光学、磁学嵌埋团簇膜的制备与研究。

(包尚联)

计算机科学技术研究所

【发展概况】 北京大学计算机科学技术研究所的前身是北京大学文字信息处理技术研究室，始建于1977年9月，1983年正式成立计算机科学技术研究所。所内建有博士、硕士研究生培养点和博士后流动工作站，并以研究所为依托建有文字信息处理技术国家重点实验室和电子出版新技术国家工程研究中心，下设报业管理、文字与图形处理、数字媒体、金融信息技术、照排技术、彩色系统、地理信息、出版社管理、字模研制等多个研究室。80年代后期计算机研究所与北大方正集团通过技术转让形式建立合作关系，研制和销售方正激光照排系统。1995年，经北京大学批准，计算机研究所与北大方正集团共同组建北大方正技术研究院，实现了组织与管理机构的一体化。1998年，以研究所为主体的方正技术研究院被国家经贸委指定为国家级企业技术中心，负责方正集团的技术发展研究和新产品的研制开发，同时承担着部分基础研究工作，形成了从基础研究、成果转化到销售服务的一条龙体制，为高科技成果转化为现实生产力，以及产学研的有机结合创出了一条成功之路。

计算机科学技术研究所现有工作人员402人，平均年龄29岁，有副高级职称以上人员30人，博士18人，硕士162人。位于上地信息产业基地的方正大厦内，距中关村约7公里，总建筑面积近10000

平方米,各种仪器设备900余台套。

计算机科学技术研究所是中国最早从事汉字信息处理技术研究的单位之一,多年来一直走在电子出版技术发展的前沿,成为全球最大的中文电子出版系统研究基地和最主要的多文种电子出版系统研究基地之一。1975年,研究所在王选教授带领下承担了国家重点科技攻关项目"汉字信息处理工程"(又称748工程)中"汉字精密照排系统"的研究开发,大胆越过当时日本流行的光机式二代机和欧美流行的阴极射线管式三代机,直接研制当时国外尚无商品的第四代激光照排系统,发明了高分辨率字形的高倍率信息压缩技术和高速复原方法,在世界上首次使用控制信息(或参数)来描述笔画的宽度、拐角形状等特征,以保证字形变小后的笔画匀称和宽度一致。这一发明获得了欧洲专利和8项中国专利。以此为核心研制的华光和方正中文电子出版系统处于国内外领先地位,占领了国内报业99%和书刊(黑白)出版业90%的市场,以及80%的海外华文报业市场,取得了巨大的经济效益和社会效益,获得国家科技进步一等奖及中国十大科技成就等国内外奖励20余项,引发了我国报业和印刷业的一场"告别铅与火、迈入光与电"的技术革命,使我国沿用了上百年的铅字印刷得到了彻底改造。同时,方正日文和韩文出版系统进入日本和韩国市场,创下了中国自有品牌软件产品批量出口的记录。

其后,研究所紧紧把握世界先进技术潮流,相继研制了大屏幕中文报纸编排系统、基于页面描述语言的远程传版技术、彩色中文激光照排系统、PostScript Level 2栅格图像处理器、新闻采编流程管理系统等国内首创并达到国际先进水平的成果,得到迅速推广应用,又实现了我国出版印刷行业"告别报纸传真机"、"告别传统的电子分色机"以及"告别纸与笔"的技术革新,使中国报业技术和应用水平处于世界前列,极大地促进了印刷行业生产力的提高。

多年来,研究所重视研究工作的可应用性,并着眼于研究开发有国际竞争力的技术与产品,研究方向除包括多文种集成排版、图形与图像的计算机处理、栅格图像处理技术外,还涉及各类新闻出版与传媒单位(如报社、出版社、电台、电视台)综合业务处理系统、数字媒体技术、地理信息系统、以及Internet / Intranet上的应用技术的研究与开发等,推出了一大批新成果,创造了良好的经济效益和社会效益。

21世纪,研究所计划加强基础研究,搞好对外开放和学术交流,用5至10年时间建设成为世界一流的计算机应用研究所。

【学科建设】 计算机科学技术研究所设有博士后流动站、计算机应用技术博士点和硕士点。有博士生导师4人,硕士生导师13人,1999年博士生毕业4人,硕士生毕业7人,招收博士生2人、硕士生8人。现有博士生6人,硕士生23人。

1996年由方正集团出资设立"方正研究生班",学制三年,授课导师及所学课程与计算机应用技术硕士点相同,毕业后留在方正研究院工作。1999年方正研究生班第一期毕业9人,招生9人,现有在学生33人。

研究所注意充分发挥博士和硕士研究生的作用,使他们在学习期间掌握独立从事科研工作的能力,毕业后能在科研工作中独当一面。同时重视对青年科技工作者,尤其是学术骨干的培养,通过一系列有效措施激发研究人员的创造精神,使年轻的科研人才迅速成为主要研究方向的学术带头人。1999年特别加强了学术理论研究,共在国内外各类学术刊物上发表论文38篇。

【科研工作】 "863"计划研究课题取得新进展　1994年以来计算机科学技术研究所共有6项课题被列入科技部国家高技术研究发展计划("863"计划)研究课题,分别为:新版如意笔(1994～1995)、报纸版面自动规划与设计系统(1996～1997)、手写汉字识别系统(1996～1998)、人工智能的报业系统研究(1998～1999)、虚拟演播室系统中的实用VR技术(1998～2000)、电视台数字化系统(1998～2000),同时与《科技日报》联合开发"CIMS应用示范工程——计算机集成报业系统"(1998～2000)。

1.人工智能的报业系统研究。是一个具有高科技挑战意义的基础应用研究课题,它运用人工智能技术,快速处理新闻采编系统提交的新闻稿件,实现报纸版面的自动设计,并能同时生成多个版面,大大降低了编辑和操作员工作量,提高了报纸的时效性。此外,还可以通过不同设置的配置文件,达到实现各报社独特风格的要求。1999年,研究所与《科技日报》合作,开发出适用于大型的报业集团的智能排版1.0版本,初步实现了自动版面设计和智能输出。

2.电视台数字化系统。该系统包括"电视台数字化新闻系统"、"数字化视音频制作系统"和"数字化媒体定理系统"三个子项目。在电视台数字化新闻系统方面:为亚洲电视台、北京电视台、江苏电视台、南京电视台等十几家电视台开发该系统,已取得成功的阶段性应用成果;在数字化制作方面,与全球著名的视频硬件厂家Pinnacle公司和Matrox公司合作,在其硬件平台上开发数字化视音频制作系统,1999年完成正式版本,实现了一个产品原形、性能指标基本达到国际同类产品水平;在数字化播出方面,为亚洲电视台开发的基于视频网络和视频服务器技术的广告自动播出系统已正式交付使用，目前正计划进一步扩大研究成果，开发全台数字播控系统。在数字化媒体管理系统方面，正与北京电视台、杭州有线电视台等单位合作，已完成需求分析工作，正在进行概要设计。

随着电视技术及计算机技术的发展，电视台从模拟信号向数字信号过渡已是必然趋势，我国有3000多家大中小电视台和1000多家院校电教中心，未来几年都将面临这场数字化革命，因此电视台数字化系统的市场潜力十分巨大，估计将形成上百亿元左右的市场，必将成为新的经济增长点。

3. 虚拟演播室系统中的实用VR技术。虚拟演播室技术是在传统色键抠像技术的基础上，充分利用计算机三维图形技术和视频合成技术，根据摄像机的位置与参数，使三维虚拟场景的透视关系与前景保持一致，经过色键合成后，使前景中的主持人看起来完全置身于计算机所产生的三维虚拟场景中，从而创造出逼真的、立体感很强的电视演播室效果。它可以大大节省搭设真实布景的昂贵费用，克服了传统布景灵活性差、场地不能重复利用的缺点，满足了电视节目制作与播出的高时效性要求。该技术目前是国内的空白点，同样具有巨大的市场潜力。1999年该课题实现一个原型系统并在多家电视台试用，实现了虚拟场景的真实感快速绘制算法、实时视频合成、色键处理与视频输入/输出等功能，完成学术论文近十篇。

4.《科技日报》计算机集成报业系统。是我国第一家将CIMS理念引入新闻出版行业的示范工程，它将报纸生产管理中的信息采集、存储、编辑加工、信息发布进行总体规划、优化集成，从而极大地提高了效率、节约了成本、增强了竞争力，一旦应用于新闻出版行业的生产管理，将产生十分巨大的经济效益和社会效益。1999年工程已完成第一阶段，建立了一体化跨媒体柔性新闻生产系统，并对现有系统进行了技术改造。目前正进行第二阶段，全面整合科技日报的各个信息系统，形成完整的企业信息系统框架。

一批研究成果投入市场

1999年，计算机科学技术研究所又有多项研究成果投入市场，取得了良好的经济和社会效益。

1. 基于INTERNET全数字化一体化的跨媒体新闻信息综合业务管理系统。1999年4月与中国最大的报业集团《广州日报》合作开发，1999年10月完成。通过多种系统间的高度一体化和无缝集成，给用户提供了一个全数字化的跨媒体整体解决方案，为中国报业的技术进步做出了很大贡献，并取得了良好的经济效益。

2. "文韬"新闻采编系统V4.1 Web Access。1998年10月研究所在前三代新闻采编系统的基础上，在中国率先推出基于INTERNET的第四代新闻采编系统，1999年4月完成开发并投放市场，首次将复杂的非结构化的关键性生产业务管理系统全面构架在INTERNET上，探索出一条利用INTERNET促进企业技术进步的新路。

此外，1999年研究所还开发完成了"颐美"图片管理系统V1.0、"文衡"版面流程管理系统V1.0、以及"渊博"报业仓储系统2.0等新闻综合处理方面的产品，受到用户好评。

3. 报纸和书刊排版系统。"飞腾"报纸排版系统和"书版"书刊排版系统是研究所在排版方面的两个主力产品，1999年，研究所进行了新的技术改造，推出BIG5飞腾3.1和书版9.0版。前者是针对香港《明报》等几家主要报社的需求而进行的产品开发，后者则是运行在中文Windows95/98平台上的32位、以批处理为主、交互式为辅的书刊排版软件。它们在发扬老版本的优点和兼容性的同时，追求创新，力求完善和贴近用户，以其老产品、新面貌展现在用户面前。

4. 飞腾日文排版软件。日本的彩色印刷业十分发达，但印刷出版系统的软件并不先进，研究所针对此情况研制成功采用面向对象技术的飞腾日文排版软件，创造性地提出并实现了软插件体系，使系统容易扩展和升级。1997年日本第二大杂志社——日本株式会社利库路特(Recruit)公司购买了这一系统。这是中国企业第一次较大规模地出口和销售拥有自己知识产权和自有产品品牌的高科技应用软件。1998年8月为日本大型汽车销售杂志《Carsensor》开发日文排版技术和网络数据库技术相结合的项目，于1999年5月投产，提高工作效率10倍，得到日本客户的高度评价。

5. 智绘地理信息系统。1997年立项，已广泛应用于我国测绘、军事、出版等领域，1999年实现了全部数字化数据采集和地图出版流程，并在地图扫描矢量化算法、输出平台兼容性、大数据量高精度地图数据配准技术上有明显突破，一年销售近500套。1998年和1999年连续被国家科技部评为国产优秀地理信息系统软件，并列为国家九五科技公关项目，1999年获北京大学安泰奖。

6. 无限非线性编辑系统。1998年立项，主要用于专业电视节目的制作，具有专业视频采集、存储、编辑、特技效果、合成视频输出等功能。1999年10月正式发行1.0版。

7. 虚拟布景系统。1998年立项，是利用计算机图形图像处理技术制作电视节目布景的专业系统。这是国内第一个自主开发的、拥有自主版权的国产软件，目前已推出2.0版，有近十家国内用户，市场前景十分看好。

8. 电视台新闻采编项目。1997年9月立项,1999年推出2.0版本,获得极大成功,已有20多家电视台和电台用户,占据了国内65%的市场份额。新千年即将推出的3.0版本将给广电用户提供更加全面和完善的新闻制作和管理解决方案。

9. 奥思多媒体创作工具。1992年立项,1998年通过信息产业部鉴定。1999年推出3.1版本,获北京大学安泰奖。累计销售40多万套,在国内同类软件中知名度和市场占有率居首位。目前正在开发面向基础教育的网上多媒体开发平台。

10. 支持PostScript 3国际标准的方正世纪RIP－PSPNT 2.0 1998年3月立项,1999年8月正式推向市场。该产品除继续兼容方正系统各种输出文件格式外,全面支持印前领域版面描述语言最新国际标准PostScript 3,同时实现了对彩色管理系统以及输出管理系统的支持,对于提高电子出版系统输出效率和输出质量做出了很大贡献。该产品一经上市即获得用户广泛认可。

11. 激光打印机。1997年,研究所凭借在驱动计算机外部设备上的经验和技术优势,成功研制出性能价格比均优于同类产品的文杰、文景激光打印机。1998年销售量跃居国产打印机的前三名。1999年,进一步完善产品技术和型号,推出包括黑白、彩色及网络打印在内的全线激光打印机产品,销售量比1998年提高200%,同时开始了内嵌式CPU系统、网络连接和网络协议、Internet打印等技术的研究。

12. 画苑彩色桌面系统。是面向专业彩色制版,集图形、图像、文字处理于一体的制版软件。1995年立项,1998年11月发布,1999年10月又推出2.1版,印厂版本已销售150余套,在国内专业彩色印刷厂开始规模生产使用,仅福建彩印厂1999年使用方正画苑后,就创年产值800余万元。另外,配合扫描仪销售的普及版本也已销售4000余套。

【王选、阳振坤获多项个人奖】 1999年王选教授获"首都楷模"光荣称号和香港蒋氏科技成就奖;阳振坤教授获森泽信夫印刷奖一等奖、"长江学者奖励计划"特聘教授,并入选国家人事部"百千万人才工程"。

(丛中笑)

信息科学中心

【发展概况】 信息科学中心是由数学系、计算机系、电子学系等十个系(所)于1985年联合筹备建立的,体现了多学科的交叉与结合。以此为基础于1988年建立的视觉与听觉信息处理国家重点实验室是北京大学的第一个国家重点实验室。

信息科学中心和视觉与听觉信息处理国家重点实验室主要从事计算机视觉、图像处理与模式识别,计算机听觉、语音处理与说话人识别,视觉与听觉信息处理的心理和生理学基础研究及神经计算模型、以及智能信息系统与知识工程等方面的应用基础研究,是信息科学领域多学科交叉、综合研究的重要基地。

信息科学中心具有硕士点、博士点、博士后流动站,现有固定编制人员30人,其中研究人员19人(院士1人,博导5人),技术人员8人,管理人员3人,另有博士后2人,博士研究生24人,硕士研究生43人。

信息科学中心和视觉与听觉信息处理国家重点实验室主任是唐世渭教授,信息科学中心学术委员会主任是石青云院士,视觉与听觉信息处理国家重点实验室学术委员会主任是中科院高能所研究员唐孝威院士。信息科学中心设有学术委员会和学位委员会。视觉与听觉信息处理国家重点实验室设有学术委员会。

信息科学中心的重要特点是:多学科交叉、开放与联合。科学研究实体部分包括:视觉研究室、听觉研究室、信息系统研究室、生理心理研究室(虚实结合,与心理系联合)。已建或正在筹建的科学研究联合体包括:智能工程联合研究中心(与香港中文大学联合)、空间信息关键技术试验基地(校内联合)、数字图书馆研究所(校内联合)。

信息科学中心下设行政办公室,负责人事、教务、行政等事务工作。信息科学中心设有党支部和学生工作组,负责中心教职工与学生的全面政治思想工作和学生的日常管理工作。信息科学中心研究生已连续6年被评为北京大学优秀班集体。1998～1999年度教职工有5人、学生有8人获得各类奖教金奖学金及其它奖励。信息科学中心的机房,负责中心和实验室设备的管理维护工作。

视觉与听觉信息处理国家重点实验室学术委员会由国内著名专家学者组成,指导实验室的研究发展方向。实验室每年按开放课题基金指南,执行开放课题研究计划,1998年至1999年度批准国内申请开放课题基金项目9项。还吸收国内外访问学者5人,到实验室从事研究工作。

信息科学中心与国家重点实验室拥有一批先进的实验设备和良好的实验环境,具有一支结构合理充满生机活力的科研队伍,并与多个在相关领域中处于国际先进水平的国外研究机构建立了良好的交流与合作关系。

信息科学中心五年内的奋斗目标是:把信息科学中心办成科学

研究、高层次人才培养、成果转换的基地。

【学科建设】 开展多学科综合研究是信息科学中心创建时的初衷，也是现在发展的优势和特色。信息科学中心作为多学科研究（尤其是多学科综合研究）和高层次人才（研究生、尤其是博士生、博士后）培养的基地，其研究工作侧重于应用基础研究和重大工程中关键技术研究方面。因此，信息科学中心和视觉与听觉信息处理国家重点实验室，在今后一段时间内，将重点建设以下学科方向：(1)机器视觉和图像信息处理，包括：①图像压缩；②信息安全，包括信息隐藏、数字水印和生物测定学；③图像理解和计算机视觉的研究。(2)机器听觉及语音信号处理，包括：①统计学习方法和人工神经网络的研究极其在语言信号处理和生物测定学中的应用；②语音信号处理和听觉模型及其在说话人识别中的应用；③智能语音信息系统。(3)智能信息系统与多媒体信息系统，包括：①数据库与多媒体信息系统；②智能化多媒体信息终端；③数据仓库、数据挖掘与数据库中的知识发现技术。(4)视听觉信息处理的心理学和生理学基础研究与神经计算模型，包括：①视听觉的神经生理学和心理学基础研究；②视听觉信息处理的神经计算模型；③神经网络的学习和识别机制研究。

在学科基地建设方面，通过选拔、推荐、引进等多种渠道，吸引国内外高水平青年学术带头人到实验室工作，为他们积极创造良好的教学与科研条件，通过他们培养和带动一批年轻的学术骨干，推动学科发展，进一步提高实验室的学术水平，此外积极与国内外著名大学和研究机构开展学术交流与合作研究，努力把实验室建成具有国际先进水平的学科基地。到1999年底，实验室已从国外吸引青年学术带头人3人，包括“长江学者奖励计划”特聘教授1人。

在课程建设方面，重点建设好下列核心课程：计算机视觉，图像处理与模式识别，图像压缩技术，图像分析，语音信号处理，人工神经网络原理，数据库新技术，多媒体信息系统。另外从相关专业中选择一批优秀课程作为本专业的核心课程。如：认知神经学概论，计算语言学，信息论，还开设了具有特色的研讨班。

【科研工作】 信息科学中心和实验室充分发挥多学科综合交叉的优势，注重从视觉与听觉信息处理中提出新问题，并进一步开发出信息处理的新方法，承担了多项国家攻关项目、攀登项目、“863”项目、国家自然科学基金项目，取得了多项重要成果，1999年获教育部科技进步一等奖1项，在国内外刊物发表论文23篇。1999年主要在研项目有：“973”课题：“信息安全、传输与可靠性研究”，“基于先进网络的新一代交互式多媒体远程教育系统”，“面向内容的海量信息的集成，分析处理和服务”；科技攻关专题：“空间信息压缩及网络传输技术研究”，“集成电路产品设计：特定说话人语音控制器”，“空间信息共享技术研究”；重点基金项目：“小波分析理论及其在图像处理中的应用”，“听觉计算模型及其在说话人识别中的应用”，“中文数据库查询语言及界面研究”；航天“863”项目：“以遥现为背景的图像压缩与解压专用硬件实现”等。

【成果转化】 信息科学中心非常重视把科研成果及时转化为生产力，把指纹识别技术、语音识别技术、智能信息系统技术等的研究成果及时运用到实际项目的应用开发上，并积极推进产品化。目前，以这些研究成果为核心技术的应用系统已经在公安、银行、保险、政府部门等领域获得实际应用，取得了良好的社会效益和经济效益。

【体制改革】 为了实现创建世界一流大学的目标，依据学科建设和队伍建设的需要，信息科学中心在体制上实施开放、流动、联合的原则。在编制上“虚实结合”，研究人员既有在编固定人员，也有非在编的流动人员，既有固定研究人员，也有客座研究人员，既与国内有关单位或人员进行合作，又与国外有关机构或专家进行合作，流动研究人员与客座研究人员在实验室的工作时间也可长可短。为了积极推进多学科交叉与结合，除了中心现有研究室，还将在中心内设立具有多学科性质的研究所(室)，其人员编制实行虚实结合，同时积极参与建立多学科性质的研究机构。

（信息科学中心　供稿）

环境科学中心

【发展概况】 环境科学中心是北京大学下属的教学、科研系级建制单位，有大气环境化学、污染气象学、生态学、环境规划与管理学、可持续发展等5个教研室，和“环境模拟与污染控制”国家重点联合实验室大气环境模拟分室，环境工程研究所、中国可持续发展研究中心、北京大学环境影响评价室以及国家环境保护总局高级环保干部培训部。主要的研究方向包括大气环境化学、水污染与控制、水治理理论与技术、大气污染控制、环境模拟与模式、环境规划与管理学、环境社会系统发展学、环境人文学、环境系统分析理论与技术等。

环境科学中心拥有一支以中青年学者为学术骨干、新老结合的环境科学与环境工程学术队伍。目前专职教学科研人员达到50人，其中中国工程院院士1人、正高职称9人、副高职称14人；有博士生导师8人，具有博士学位的教师13人，有硕士学位的教师18人。中心有博士后流动站1个，现有6名在站研究人员。中心设有环境科学博士点1个,设有环境科学、大气物理与大气环境、生态学硕士点3个,以及环境规划与管理本科生专业。

在校博士生40人,硕士生80人,97、98本科生两届共42人,研究生进修班70人。中心计划每年招收博士生15名,硕士生25～30名。

【学科建设】 环境科学中心作为中国最早从事环境科学研究和教学的机构之一,为中国环境保护事业作出了突出贡献,目前已建成了门类较为齐全的环境科学教育和研究体系,一些领域如:大气环境化学、理论环境学、环境规划学、环境管理学、环境经济学等研究长期居于国家前列,并建成了完善的硕士生、博士生、博士后及国家环保干部和各类在职人员的培训体系。在环境科学学科建设方面,形成了以环境管理、大气环境、可持续发展和环境工程四个学科方向为支柱的学科框架,以及相应的基础科学体系,包括环境化学、大气物理、生态学、环境管理学、环境规划学、环境经济学、环境信息系统、环境人文学、环境社会系统发展学、环境评价学、环境法学等,并相应建立了本科－硕士－博士－博士后的教学体系。

环境科学与环境工程研究在国内外占有重要地位。近三十年来,在酸雨研究、光化学烟雾、区域环境规划与管理、中国自然保护区管理政策研究、全球性环境状况评估与对策、可持续发展的基本理论与指标体系等领域都取得了较大进展,建成了我国大气环境领域的唯一一个国家重点实验室。伴随着环境工程研究所的发展,在水资源可持续利用、水沙环境规律研究、水灾害形成机理与防治方法及多目标决策等方面确立了地位。环境科学中心为国内和国际社会的相关决策提供了重要的学术支持,成为相关方面具有重要影响的研究机构。

北京大学的环境科学经过十几年的艰巨努力,目前基础学科门类已较齐全,实验室条件有较大改善,建立了梯次结构的学术队伍。这支队伍相对年轻化、高学历化、富有朝气,形成了一支高效率的工作团队。

【科研工作】 1999年对环境科学中心而言是不平凡的一年。在这一年里,环境科学中心保持了在科学研究和国际交往方面的传统强势,在国家科教兴国和北京大学建设世界一流大学战略鼓舞下,环境科学中心在科研工作中取得了较大进展,完成了"中国消耗臭氧层逐步淘汰国家方案修订"(这个新的《国家方案》已于1999年11月15日由国务院通过);"城市汽车污染预测研究";连续两年承担国家"中国环境状况公报"的研究与编写;"广州城市大气污染控制能力建设";"北京市能见度改善研究";森林病虫害防治信息网络系统研究等30余项。完成了"沿海经济发展地区酸沉降特征和防治研究",获国家环保总局科技进步二等奖;"中国城市燃煤与大气污染控制",获国家环保总局科技进步三等奖。

1999年北京大学根据国家科教兴国和建设世界一流大学长远规划,实行了岗位聘任制,环境科学中心有8名教授被聘为A类校级关键岗位,其中一级岗3人、二级岗2人、三级岗3人。中心的中青年教师成长很快,有5人进入A类岗。朱彤教授获国家自然科学杰出青年基金。青年教师胡建信、邵敏、李文军获1999年中国环境科学学会青年科技奖。

1999年环境科学中心共接待外国及港澳台学者40多人次,组织了学术研讨会、讲座十几次。在《关于消耗臭氧层物质的蒙特利尔议定书》第11次缔约国大会在北京召开之际,1999年11月28日由环境科学中心和联合国环境规划署技术、工业、经济处共同组织在北京大学召开了"气候变化与臭氧层耗损关系研讨会",中外专家130多人参加了大会,这次会议影响很大,它充分展现了北京大学环境科学的研究成果,进一步加强了与国际国内的交往与合作。

【学生工作】 在中心领导关怀支持下,学生工作成绩突出,环境科学中心本科生获得北京大学军事训练优秀班集体,97级本科生团支部获北京大学优秀团支部。中心的学生曾获全国电脑软件大赛一等奖、北京大学"挑战杯"一等奖、北京大学科技创新奖等最高学生奖等。为弘扬中华民族正气,深化爱国主义教育,由环境科学中心团委、学生会组织发起成立了北京大学中华正气社,在社会上引起极大反响。

【发展规划】 根据北京大学建设世界一流大学的战略目标,环境科学中心于1999年制定完成了环境科学与技术领域的发展规划。中心将瞄准国际环境科学的发展前沿和中国可持续发展的实践需要,以环境科学、技术和可持续发展的基础理论与方法体系的研究为基础,以培养环境与发展所需复合型高层次人才为重点,以多学科整合和多方位开放联合的"政学研产"一体化为发展模式,通过不断创新和励精图治,使环境科学中心成为世界一流的环境科学研究和人才培养基地,成为我国可持续发展和环境决策的思想库。同时,在推动我国环境科学和技术产业化过程中,创建具有一定规模的环境保护产业基地。

（庞岩）

中国经济研究中心

【发展概况】 北京大学中国经济

研究中心是一个以科研与教学为主的实体。从1994年建立以来一直致力于这两方面的发展。中国经济研究中心现有教职员工24人，其中专职教学科研人员18人，行政办公及教辅人员6人。教授8人，副教授7人，讲师2名，在站博士后1人。1999年有博士生导师8人。新引进专职教学科研人员2人。中国经济研究中心现有博士研究生23名，研究方向有：世界经济、经济史、农业经济学、国际金融和西方经济学等；现有硕士研究生61名，已毕业硕士10人，研究方向有：政治经济学、中国经济史、外国经济史、西方经济学、世界经济和国际金融等。在校经济学双学位及辅修(本科)学生1138名，开设了微观经济学、宏观经济学、计量经济学、国际经济学、产业组织、人口经济、城市经济、环境经济、中国经济问题等10多门专业课。由中国经济研究中心具体操作，经国务院学位委员会批准，北京大学与美国26所商学院教育联盟联合举办的“北大国际MBA项目”于1998年开始招收首期全日班和在职学员各60名。该项目按国际规范采用新近出版的英文教材，用英语授课。为了提高学员解决实际问题的能力，北大国际MBA项目为学员提供了与国际国内知名企业总裁，各行业成功人士面对面交流的机会，开设了“总裁晚餐演讲会系列”、“领军(Leadership)人物演讲系列”等讲座。经国务院学位委员会批准，北大国际MBA在总结前两年联合办学经验的基础上，于2000年进一步扩大招生。

北京大学中国经济研究中心还设立培训项目，1999年中心与《财经》杂志合办了中国第一个为专业在职新闻记者设立的奖学金项目——首届《财经》杂志奖学金项目；为提高我国高校经济学管理学教学水平，1999年暑期与世界银行合办了经济学管理学培训班，对来自全国20多所高校的100多名教师进行了培训。

世界银行、福特基金会、洛克菲勒基金会、台湾亚陆投资公司、香港“致福轩”之友基金会、亚洲基金会等机构一直支持中心的发展与建设，为中心捐助研究课题经费、办公房屋修建、办公设备购置、外聘客座教授及行政开支、设立讲座教授等各种经费。1999年台湾亚陆投资公司董事长万众先生为中心捐款200万美元，用于新办公楼的修建，香港英之杰太平洋有限公司继续资助讲座教授基金100万元人民币，其利息用于支付中国经济研究中心1名教授的教学科研费用。现中心共有3位讲座教授。

1999年中国经济研究中心成功地举办了高质量的国际学术会议3次，其中有与美国国家经济研究局联合举办的第二届中国经济年会、社会保障制度研讨会及互联网政策与发展研讨会。邀请了包括诺贝尔经济学奖获得者罗伯特·福格尔、美国经济学会会长迪·盖尔·约翰逊在内的国内外著名经济学者、企业界知名人士来校举行学术报告70多次；派人参加国际学术会议20多人次，先后接待了包括英国文化委员会副主席提姆·兰开斯特(Tim Lankester)、日本经济团体联合会会长今井敬等在内的中外学者官员20多人次。

1999年，中国经济研究中心研究人员出版专著5部，其中包括林毅夫著《再论制度、技术与中国农业发展》、易纲主编《宏观政策调整与坚持市场取向》、中心五周年庆典所编《变化世界中的中国经济》、《中国经济研究》、《中国：经济转型与经济政策》；在国内外学术刊物上发表论文20余篇，其中林毅夫的《技术变迁与收入在农户间的分配：理论和来自中国的证据》获《澳大利亚农业与资源经济学杂志》1999年度最佳论文奖；出版面向国内政府经济决策研究和新闻单位发行的简报52期，大多受到政府部门重视或被新闻机构采用；出版反映中心研究成果的中英文内部讨论稿共34篇。中国经济研究中心主持、参与的研究课题主要有：财政部“中国金融体制改革的回顾和展望”、“中国国企体制改革的回顾和展望”、国家计委“十五规划”等。

1999年12月，中心举办了成立五周年庆典系列活动。12月16日“网络与中国经济发展”讲座在北京大学电教报告厅举行，国家信息产业部、国家信息中心、人民日报、北大方正等政府机构、传媒及IT行业高层负责人就网络与经济发展作演讲。12月17日“中国经济世纪论坛”在北京大学正大国际中心多功能厅举行，国务院研究室、社会科学院、北京天则经济研究所、中国人民银行金融研究所、北京国民经济研究所、农业部政策法规司等单位参加论坛，就中国宏观经济与金融改革、企业改革、经济发展战略等问题进行研讨。12月18日中国经济研究中心成立五周年庆典在北京大学图书馆报告厅举行。国家政府官员、国内外知名经济学家、北京大学各级领导等200余人出席会议。

(陈曦)

高等教育科学研究所

【发展概况】 北京大学高等教育科学研究所始建于1980年，当时称为高等教育研究室，1984年经教育部批准建所。其任务为从事高等教育领域的研究及研究生的培养，同时为教育机构和教育决策部门提供决策咨询。挂靠本所建有北京大学教育经济研究所(建立于1999年1月)，其任务是从事国家教育部财务司等部门所组织的“中国教育经济培训网络"的培训工作,以及有关教育经济和教育财政决策咨询研究。

现有在编人员 22 人,其中教授 5 人(博士生导师 4 人),副教授 5 人,副研究员 1 人,讲师 5 人,助教 2 人,副研究馆员,助理馆员,见习生及职员各 1 人。

【学科建设】 高等教育科学研究所从事高等教育领域的基础和应用性研究,侧重于宏观高等教育的跨学科研究,研究领域涉及高等教育学、教育经济学、教育管理、比较高等教育、中国高等教育、教育社会学和教育心理学等。研究生培养方向包括:(1)高等教育基本理论;(2)教育经济学和教育财政学;(3)中国高等教育及国际与比较高等教育;(4)教育研究方法;(5)教育管理。现设有高等教育学专业博士点(设于 1990 年)、硕士点(设于 1983 年)和教育经济与管理学专业博士点(设于 1997 年)、硕士点(设于 1995 年)。

高等教育科学研究所开设有硕士和博士课程 25 门;1999 年度在读硕士研究生 22 人,博士生 23 人,硕士班研究生 25 人。1999 年获博士学位 2 人,硕士学位 7 人,在职申请者并获硕士学位 3 人。

【科研工作】 1999 年科研项目总数有较大增加,来源仍主要是教育科学规划项目,内容主要集中在教育经济、高等教育宏观发展方面。本年度完成的大型课题主要有"高等教育中特困生就学问题研究"、"教育经费供求决策支持系统研究"、"教育与经济增长的关系研究"、"百年之鉴——20 世纪的中国高等教育"、"21 世纪理科人才素质培养",完成的横向项目有教育科学出版社项目"中国高等教育研究 50 年"和"面向 21 世纪:我的教育观",以及欧盟资助的项目"欧盟高等教育国际化"。

正在进行项目包括数项大型项目,它们是"社会主义市场经济条件下人力资源配置规律与高等教育发展战略研究"、"社会主义市场经济条件下高等教育运行机制研究"、"社会主义市场经济条件下高等教育投资体制改革对策及资源配置模式研究"、"中国博士生培养模式研究"等。比较教育方面的课题有"中美日德法五国高等教育国际化比较研究",另外有一项高等学校教学法方面的项目"大学教学中的'教'与'学'的心理学研究"。

本年新开始实施的项目多数来自教育部,如"初中阶段渗透职业技术教育模式研究"、"我国贫困地区教育发展与经济水平关系研究"、"'十五'期间国家贫困地区义务教育经费需求研究"、"社会主义市场经济的建立与完善对教育的影响"、"中国高等教育需求和规模速度研究"、"地区经济发展不平衡对教育的影响"、"实施四个世界银行'贫困地区基础教育项目'的经济效益和社会效益研究"、"世界银行各借款国将贷款用于发展教育的国别比较研究"、"发展教育、扩大需求、增加居民教育消费对 GDP 增长的贡献"。横向的课题有世界银行项目"世界银行贷款中国贫困地区教育发展项目(贫四)"、香港中文大学项目"高等教育中通识教育研究"、"中美高等教育交流失衡现象研究"。历史方面的项目有"50 年来中国高等教育发展的经验和问题"。

【学术交流】 本年度来高等教育科学研究所进行访问及报告的国外学者较多,主要有日本名古屋大学的大冢丰教授(3 月 17 日);澳大利亚 Newcastle 大学的 David Gamage 副教授;奥地利维也纳大学 Ulrike Felt 教授,报告题目:"全球教育中的高校管理"(4 月 5 日);瑞士洛桑联邦高等工业大学 Marcel L. Goldschmid 教授,报告题目:"高等教育改革:未来大学"(4 月 6 日);美国纽约州立大学 Bruce Johnstone 教授(7 月 12～16 日),报告题目:"世界高等教育财政和管理的发展趋势";美国加利福尼亚圣·巴巴拉分校 Russell Rumberger 教授(10 月 16～24 日),报告题目:"劳动力市场与高等教育"、"教育效益评估"、"教育研究的规划设计";世界银行专家 Charles Abelmann,报告题目:"东亚、欧洲经合组织及东欧的经济"(11 月 2 日);澳大利亚教育专家 Bob Elliot,报告题目:"新世界格局对教师素质的要求"(11 月 25 日);英国诺丁汉大学 John Morgan 教授(12 月 5～11 日),报告题目:"从比较研究的角度看半日制高等教育对社会的贡献";德国 Kassel 大学 Ulrich Teichler 教授,报告题目:"从比较的角度看欧洲高等教育的改革趋势"(12 月 13 日);澳大利亚悉尼大学 Anthony Welch 教授,报告题目:"高等教育的国际化与全球化"(12 月 14 日)。

来访的国内学者及专家主要有:香港中文大学杜祖贻教授(4 月 30～5 月 9 日),报告题目:"美国研究型大学的学术策略与成就"、"国际学术交流失衡的现象初探";教育部办公厅康宁副主任,报告题目:"高等教育扩招、产业化与民办教育"(9 月 28 日);国家教育发展研究中心研究员叶之红,报告题目:"民办教育现状"(11 月 4 日)等。

赴外参加的国际、国内学术活动主要有:陈向明副教授 1 月赴英国牛津大学从事为期 6 个月欧盟项目"欧洲一体化与欧盟高等教育国际化"的研究;喻岳青教授 4 月 5 日赴汕头大学参加"21 世纪高等教育"学术研讨会;魏新教授和阎凤桥副教授 5 月 16～21 日应邀赴厦门参加"教育经济培训网络"讲学;陈洪捷副教授 8 月 3 日应邀赴德国马克斯·普朗克历史研究所进行为期 2 个月的研究,9 月 28～10 月 1 日应邀参加在瑞士伯尔尼举行“洪堡大学思想国际影响”的国际研讨会；魏新教授9月19～22日应邀赴日本广岛大学参加六国大学校长高层会议；丁晓浩副教授10月17～22日应邀赴都江堰市参加联合国开发署举办的培训班讲学；马万华副教授10月11～14应邀参加全国妇联举办的“中美妇女问题研讨会”，10月25～26日应邀参加教育部教育发展研究中心举办的“中英教育节会议”；陈向明副教授10月24日赴美国华盛顿参加世界银行“教师培训个案研究培训会”；陈洪捷副教授10月26～30日赴重庆参加“全国比较教育学会年会”；魏新教授11月12～17日应邀赴美国纽约大学布法罗分校参加“高等教育成本分担及入学机会研讨会”；魏新教授和王蓉讲师随中国教育国际交流会派遣的专家调研考察团11月17日～12月5日赴加拿大、美国进行教育支付转移考察。

【特别事项】 国家教育部、财政部和国家计委有关司局共同决定，挂靠北京大学高等教育科学研究所建立北京大学教育经济研究所，以从事国家教育部财务司等部门组织的“中国教育经济培训网络”的培训工作，并为国家教育经济和教育财政决策提供咨询。1月15日举行了北京大学教育经济研究所成立大会。闵维方副校长兼任教育经济研究所所长。

《经济学消息报》2月19日刊登亚洲开发银行专家汤敏博士“教育启动消费呼之欲出”的文章，提出扩大高等教育规模以刺激短期经济增长，引起反响。北京大学高等教育科学研究所组织课题组对此观点进行了研究，《经济学消息报》8月8日刊登了署名为北京大学课题组题为“如何看待扩大高等教育规模对短期经济增长的作用”的分析报告。报告对汤敏的观点提出质疑，认为扩大高等教育的规模对促进短期的经济增长作用有限。该报告受到各有关领导部门的高度重视。

高等教育科学研究所为祝贺汪永铨教授70岁寿辰，8月出版了由陈洪捷主编的《社会、经济与高等教育——汪永铨教授七十寿庆纪念文集》，该文集收入本所教师及毕业生撰写的学术论文18篇。

（陈洪捷）

人口研究所

【发展概况】 北京大学人口研究所前身是1979年成立的北京大学经济学人口研究室，1984年经教育部批准扩建为北京大学人口研究所，现有教职工22人，其中教授6人，副教授6人，讲师3人。人口所中青年教师都有博士以上学位，使教学达到了较高的水平。该所拥有自己的资料室和计算机房，还定期出版《市场与人口分析》杂志。

1999年全所教员在人口经济、人口与健康、社会保障等研究领域发表研究论文61篇（其中有专著5本）。为国内外培养博士生2名、硕士生8名，有2人到人口研究所做博士后研究。聘请2名外国专家到人口所讲学，进行长短国际合作研究的专家4人次。人口研究所先后派出20多人出国留学，现有13人学成回国，全部成为教学骨干。

【学科建设】 人口研究所是一个多学科交叉联合的人口科学研究与培训机构，其主要研究方向是人口经济学、人口与健康、人口社会学、人口地理学、老年人口学、人口分析方法与应用、生殖健康的社会科学研究、工商人口学、区域管理人口学、家庭人口预测方法与应用、及人口、资源与环境经济学等。

人口研究所不招收本科生，只承担培养人口学博士、硕士研究生的任务。作为北大社会科学博士后流动站的一个分站，人口研究所还接受博士后研究人员来所工作。北京大学人口研究所现有博士研究生6人、硕士研究生18人；博士后研究人员2人。人口研究所开设的研究生课程主要有：人口经济学、人口社会学、人口分析方法与应用、生殖健康的社会科学研究、社会科学研究方法、计算机在人口科学中的应用、工商人口学、区域管理人口学、人口学概论、人口学著作精读、人口科学系列讲座、人口地理学等。

1991年初，北京大学人口研究所被命名为“世界卫生组织生育健康与人口科学合作研究中心”。在中国政府与国际人口组织的支持与资助下，成立了“国际硕士生班”，同时招收中国与外国研究生。

【科研活动】 人口研究所正在承担的科研项目主要有：国家社会科学规划基金课题主要有2项，即“村民自治新形式下计划生育民主管理研究”和“社会统筹及个人账户相结合式养老保险的风险因素分析”。国家部委的科研项目6项：“城市购买力指数评估研究”、“中国农村养老模式及其优化研究”、“新型IUD的引入性实验研究——评估”、“中国禁毒和青少年预防教育问题”、“出生缺陷干预工程——引入性试验”、“超生罚款改为税收必要性和可行性研究”。国际合作项目9项：“中国高龄老人健康长寿研究”、“中国1990年普查被访百岁老人研究”、“城市外来青年女工的生育健康状况与需求”、“中、印、美人口增长、消费与土地利用研究”、“中国沿海地区人口增长与消费对海洋资源的影响”、“迁移对中国农村妇女地位和生育健康的影响”、“中国妇女管理系统评估与培训”、“贫困地区妇女生殖健康需求研究”、“中国医疗体制改革与医疗保险基金的合理利用”。

1999年美籍教授Rachel Connelly博士继续在人口研究所合作

研究。研究所人员也分别到日本大学、瑞典斯德哥尔摩大学、荷兰格罗宁根大学人口研究中心学习或交流。

（景来明）

社会学人类学研究所

【发展概况】 社会学人类学研究所成立于1985年3月，当时名称为北京大学社会学研究所，由费孝通教授创建并任所长。它是一个以研究工作为主，并负担一定教学任务的机构。1987年被列为原国家教委文科重点研究所，同年设立社会学博士后流动站。为适应学科建设的需要和发挥研究所的特色，1992年4月，更名为北京大学社会学人类学研究所。在费孝通教授的指导下，研究所自成立以来有40余项研究成果和个人先后在国内外获奖。1999年在编员工19人，其中专职科研人员15人。其中有博士生导师4人，教授6人，副教授5人，讲师4人。获得博士学位者12人，年龄在45岁以下的10人，另有博士后研究人员2人，博士研究生17人，硕士研究生14人，海内外进修访问学者8人。除设有"城乡社区研究室"、"人类学与民俗研究室"、"民族社会学与人口研究室"、"环境与发展研究室"、"文化与传播研究室"外，还设有北京大学人类学与民俗研究中心秘书处、中国社会学学会民族社会学专业委员会秘书处、中国社会学学会社区研究专业委员会秘书处，以及由费孝通学术基金支持的"北京大学学生社区研究奖"评审委员会。编辑出版《人类学与民俗研究通讯》、《城乡发展研究通讯》、《民族社会学研究通讯》三种学术通讯和不定期的研究论文系列。

【学术交流】 1999年研究所继续认真贯彻江泽民主席在北大百年校庆大会上的讲话精神，进一步发扬"团队精神"，在学科建设、科学研究、人才培养及内部管理等方面取得了一定的成绩。全年共组织举办各类学术讲座、研讨14次，其中由费孝通、林毅夫等教授主讲的"农村问题系列讲座"组织了7讲，受到全校师生的好评。此外，邀请了美国、日本等专家学者来所，就学科前沿及诸多社会现实问题进行讲演讨论，如："当代社会学的困境"、"当代欧洲的民族问题"、"美国人类学研究现状"、"韦伯论儒家思想的评析"等，活跃了研究所的学术空气，对促进学科创新、人才培养和信息交流起到了重要作用。此外，与云南民族学院合作，成功举办了"教育部第四届社会文化人类学高级研讨班"，与香港中文大学崇基学院和台湾东华大学族群关系与文化研究所合作，举办了第六届"现代化与中国文化研讨会：走向21世纪的中国社会学人类学"，费孝通等海内外有关学者出席了研讨会。此外，研究人员出席在韩国、美国、香港等地举行的海内外各级学术会议10余次，发表会议论文近10篇。

【教学科研】 1999年全所完成和在研的各类课题22项，其中，由费孝通教授主持的教育部"九五"重大项目"社会人类学的理论与方法"、马戎教授主持的跨世纪人才项目"民族社会学的学科建设"等都取得了较大的进展。尤其是本研究所受何芳川副校长委托，承担组织的北大创世界一流文科"大船"项目："世纪之交的中国社会变迁研究"正在顺利按计划进行。此外，与美国未来研究所合作的"中国人生活方式研究"等国际合作项目也取得了可喜的阶段性成果。受国家人事部博士后科学基金会委托的"全国博士后流动站评估指标体系研究"年初开题，年末已近尾声。在陆续出版了16部《社会与发展研究丛书》及20余部其他学术著作的基础上，1999年全所又出版了《社会学人类学论丛》、《费孝通文集》、《潘光旦选集》、《职业教育与社会发展研究》、《居住在文化空间里》等学术著作13部，发表论文90余篇。周星教授被批准列入国家教育部"第二批跨世纪人才培养计划"，邱泽奇获留学归国人员科研启动基金，钱民辉等人获北京大学安泰奖教金。1999年5月起，研究所开始编印《工作论文》(working paper)系列，及时反映研究所工作人员近期的科研成果和正在进行的研究工作。到1999年底已编印了7期。新开设了"社会学与经济学"、"人类学导论"、"文化社会学"、"教育社会学"、"传媒与文化研究"、"社会评估理论与方法"等12门体现科研成果的课程，受到学生好评。由教师和博士、硕士研究生共同组织的"读书会"每周活动一次，对开阔学生思路和鼓励创新起到了很好的作用。

【体制改革】 研究所在北京大学校党委的领导下，从1999年9月起，着手进行与北京大学社会学系的打通重组工作，至1999年底，重组工作还在进行之中。重组后的新机构，将更好地继承费孝通教授等老一辈学者的治学传统，同心同德，朝着将北京大学社会学系、所逐步办成具有世界水平的社会学、人类学研究基地，培养社会学、人类学硕士、博士的教育中心和博士后人员研究中心的方向努力。

（于惠芳）

·教育教学与学科建设·

积极推进素质教育

1999年6月，党中央、国务院召开了改革开放以来第三次全国教育工作会议，颁发了《关于深化教育改革全面推进素质教育的决定》，动员全党和全国各族人民，以提高民族素质和创新能力为重点，深化教育体制和结构改革，全面推进素质教育，振兴教育事业，实施科教兴国战略，为实现党的十五大确定的社会主义建设宏伟目标而奋斗。

北大一贯注重学生素质的培养，并把培养和造就高素质创造性人才作为教育的根本任务。为了响应党中央和国务院的号召，贯彻和落实全教会和中央《决定》的精神，进一步推进素质教育工作，在整合过去几个有关素质教育的委员会的基础上，北大决定成立素质教育委员会。9月10日在教师节表彰大会上，宣布素质教育委员会成立，全面加强对素质教育工作的领导。

素质教育委员会主任由任彦申书记和陈佳洱校长担任(12月中旬后由许智宏校长担任)，下设四个分会，分别侧重于思想政治素质教育、科学文化素质教育、身心素质教育和艺术素质教育。四个分会均由学校党政领导牵头，相关部门负责同志参加。学校还从世界一流大学计划中划拨专款，支持素质教育计划的实施。学校素质教育委员会的任务，在于统筹规划加强领导，全面推进学校的素质教育工作，把德育、智育、体育和美育，有机地统一在教育活动的各个环节之中，努力使素质教育的方方面面成为不可分割的整体，相互渗透、协调发展；使学校各个部门的工作从不同角度、不同环节共同服务于高素质创造性人才培养的总体目标，以有效地帮助学生树立正确的世界观、人生观和价值观，增强学生的思想道德和科学文化素养，提高他们的心智体魄素质，促进他们全面发展。

素质教育委员会宣布成立后，各分会分别研究了加强素质教育的举措，经学校委员会汇总，确定了一个学期的工作要点，并划拨专款逐一支持各项计划的具体落实。

这些工作要点包括：

一、深入开展马克思主义理论课和思想品德课的教学改革，对思想政治素质教育进行整体规划，研究制定北京大学的“德育大纲”。重点加强“毛泽东思想概论”、“邓小平理论概论”和“思想品德修养”等课程的建设，改革教学内容和教学方法，通过课堂教学、影视观摩以及对革命历史足迹和改革开放成就的实地参观考察等多种形式，丰富教学内容，提高教学效果，更富有成效地推进邓小平理论“进教材、进课堂、进学生头脑”的工作。同时采取措施，进一步加强爱国主义、集体主义和社会主义教育，努力培养“四有”新人。

1999～2000年内，“两课”改革和建设的具体任务是：

1. 支持“毛泽东思想概论”、“邓小平理论概论”和“思想品德”课教学组，把这三门课建设成为精品课。

2. 一年级的“毛泽东思想概论”课和三年级的“邓小平理论概论”课做到每个学生至少看一次电影、一次录像并参观一个展览或一个改革开放典型单位。

3. 编印一本学习参考资料，免费向学生提供，在“毛泽东思想概论”、“邓小平理论概论”和“思想品德”三门课程中组织征文活动，并争取每门课都能编印一本学生学习心得体会集。

由素质教育委员会一分会协同有关部门对思想政治素质教育进行整体规划，研究、制订并组织实施北京大学的“德育大纲”。

二、继续贯彻“加强基础，淡化专业，因材施教，分流培养”的教学改革思路，深化人才培养模式的改革，设计体现素质教育思想的人才培养方案，进一步修订教学计划。在新的教学计划中要继续强调开设文理交叉选修课和艺术选修课，理科学生要修读大学语文课等基础课程。要提高选修课的比重，为学生发挥个性和特长，发展创新精神和实践能力创造条件，进一步加强对特长生、拔尖学生的招生、培养和管理，贯彻因材施教的原则，使拔尖人才能够脱颖而出。

继续推进教学方法的改革，努力提高运用现代化手段进行教学的水平；改革教学方式和考试方式，促进学生创新能力的培养，通过关键岗位的设置和聘任，使更多优秀教师走上关键教学岗位。

三、进一步加强课程建设。继续抓好主干基础课，把素质教育贯穿到教学过程之中，争取有更多课程成为北京大学优秀主干基础课或精品课程。继续抓好全校公共选修课，编写北京大学全校选修课指南，重点建设 20～30 门高质量的公共选修课程。组织编写北京大学素质教育丛书和一批高质量的素质教育教材或课外读物。支持学校承担的教育部“大学生文化素质教育书系”的编写。

四、重组并加强学生心理咨询中心的工作，完善其作为心理健康普查、专项咨询和个别辅导中心的职能，给予必要的人力和财力支持。

五、继续举办各种讲座，进一步活跃学校的校园文化氛围。在办好“形势与政策”、“中华文明之光”、“美育精品”、“自然科学前沿”等系列讲座的基础上，新开设人文社会科学、北大名师、法律、大学生心理卫生、创业、杰出校友等系列讲座。

六、与在京著名艺术团体和艺术院校合作组织大型音乐会与艺术表演等，推进高雅艺术进校园的活动。举办电影欣赏等文艺活动。每年至少举办两次大型高水平的文艺表演。将北京大学“五四”交响音乐会及“一二 · 九”歌咏比赛办成学校的传统项目；重新举办未名湖畔音乐欣赏活动。

七、继续加强学生艺术团建设。1999～2000 年度在学生管乐团的基础上完成组建学生交响乐团的工作；同时加大投资，改善其他艺术团的条件。

八、加强组织学生的体育活动。在继续广泛开展群众性体育活动的基础上，努力抓好能增强北大凝聚力、培养学生集体主义精神、团结协作精神和坚韧品质的活动，如体育文化节、登山、北大—清华学生赛艇比赛等。

加强高水平的、具有北大特色的学生体育运动队建设，增加资金投入，购买赛艇等运动器械。

加强体育活动场馆的建设。两年内将“五四”操场改造为塑胶跑道操场。

九、加强对学生社团及基层团组织活动的支持。鼓励学生课外科技创新活动及参加挑战杯赛等活动。1999～2000 年度该项活动经费增加 30%。同时，拨款支持学生尽早参加科研实践。

十、增加对学生课内外实验、实习的支持力度；1999～2000 年度将该项经费增加 30%。

十一、通过各种庆典及重大事件纪念活动，加强素质教育。抓住开学典礼与毕业典礼这一重要环节开展素质教育，形成北大特色。通过著名教授退休时举办的隆重仪式，对青年师生加强教育。

十二、继续加强校园的美化、绿化工作，加强校园环境的管理，发挥校园环境在提高学生素质方面的感染和熏陶作用。

十三、在与兄弟学校合作办学中，继续探讨与推进在素质教育方面的合作。

十四、进一步加强素质教育的设施建设。图书馆、博物馆、实验室、百周年纪念讲堂、新理科楼群、视听教室、多媒体教室、计算机中心、校内有线广播电视系统等设施应主动为素质教育服务。宣传部门应加大对素质教育的宣传力度。

经过各分会的积极努力，上述计划基本落实完成，为加强北大素质教育工作、培养具有全面素质的合格人才奠定了良好基础。素质教育委员会的各项工作正扎实有序地向前推进，希望通过不懈地努力，北京大学能够创造出一种严谨有序又活泼向上的氛围，培养出一大批既有优秀的思想道德素质，又有优秀的科学文化素质，既有创新精神，又有创造能力，既有个性智慧，又富团队意识的杰出人才，使北京大学在 21 世纪的激烈竞争中为我们的国家和民族再立新功，续写一个新的百年辉煌。

（薛松岩）

本科生教育

【概况】　1999 年，中央对素质教育的推进和教育振兴行动计划的实施，为高等教育的发展指明了方向，为北京大学教学工作提供了新的发展机遇。1999 年，北大被确定为国家大学生文化素质教育基地。为贯彻中央《关于深化教育改革全面推进素质教育的决定》的精神，北大成立素质教育委员会，下设四个分会，分别侧重于思想政治素质教育、科学文化素质教育、身心素质教育和艺术素质教育，把德育、智育、体育、美育等方面，有机地统一起来，从各个环节帮助学生树立正确的世界观、人生观和价值观，促进学生的全面成长。积极鼓励本科生参加科学研究，设立学生科研基金——“箬政”基金和“泰兆”基金，鼓励教师吸收本科学生参加科学研究，为师生的科学实践创造了良好的条件。

在学校管理体制的改革中，教务处、教务长办公室、出版社教材科、北大考试中心等单位合并重组，成立北京大学教务部。教务部下设 6 个办公室（教学办公室、教务办公室、教育教学评估室、教材办公室、综合办公室、招生办公室)和2个中心(教材中心、考试中心),实行全员聘任制。教务部成立后,制定了机关管理办法和各办公室、中心工作职责,确定了人员分工,制订了工作人员、各院系教务员工作评估办法,并组织实行,调动了教务管理人员的积极性,为教学科研提供了更好的外部环境。为响应学校创建世界一流大学的号召,教务部在切实稳定教学秩序和保证教学质量的同时,积极探索教学改革的新路子。组织各院系修订了教学计划,降低了对学生毕业学分总数的要求,增加学生修读"双学位"、"辅修学位"的机会,增设了艺术学双学位班,并支持哲学系于2000年开设哲学双学位班;组织评选北京大学优秀课程,共评出38门校级优秀课程;组织理科基地参加创建国家理科名牌课程项目,有10门课程入选,使北大进入该项目的课程达到27门;评出1998～1999年度优秀教师40人。教务部在被评为北京市优秀高校教务处后,又被评为全国优秀高校教务处。

本科在校生情况 1999年在校本、专科学生共计9658人,其中双学位(知识产权法和国际文化交流专业)104人,思想政治教育(大专起点)233人;本科留学生304人。

毕业生学历与学位 1999年本科毕业生共2059人(含1996级提前毕业11人)。其中:取得毕业资格的2023人;获辅修专业毕业证书的179人;授予学士学位的1993人(其中160人获经济学双学士学位);结业生24人;肄业生5人;延期一年毕业的6人;勒令退学1人;第二学士学位毕业生52人。应届专科毕业生18人(不包括本科转专科8人)。协和大学医预班结业58人;北医医预班结业60人。为成人教育授予学士学位871人。

推荐免试和报考研究生情况 1999年推荐免试研究生655名,占应届本科毕业生总人数的30.9%。其中,校内推荐465人,往校外推荐190人。为453人办理报考研究生手续。

出国情况 办理学生自费留学、探亲、访友、旅游等共437人,涉及26个国家和地区;办理公派留学、研修、考察等共53人;收取培养费372.775万元;退还培养费16万元。办理境外延期、豁免3人;办理公证、换汇各375人次。选拔6名毕业生到香港科技大学攻读研究生,选拔4名本科生作为校际交流学生到日本东京大学学习,选拔2名本科毕业生作为松下电器奖学金获得者赴日本东京大学攻读硕士学位。

本科生开课门数 1999年上半年本科生开课1508门,下半年开课1704门。

学籍异动情况 1999年全年学籍异动279人次。其中:休学28人;停学22人;复学40人;退学54人;专升本2人;转系转专业63人;留降级31人;办理试读30人。考试违纪情况考试违纪作弊人数23人,其中,受到警告处分的1人,严重警告处分的4人,记过处分的14人,留校察看处分的4人,勒令退学1人,不授学位的16人。

【招生工作】 北京大学1999年招收新生2660人,其中本科生2425人,外国留学生102人,专科起点思想政治教育本科班83人;二学位50人。招收各省市高考状元44人(文科30人,理科14人),各省市高考成绩前五名149人。招收数学、物理、化学、生物奥林匹克全国比赛优胜者140人,其中代表中国参加国际比赛的19名选手中,除2人是高二学生不能保送,1人保送复旦大学外,其余16人(8金、8银)均被北大录取。招收免试保送生316人。招收港澳台学生10人。理科试验班招收新生118人,文科试验班招收新生30人。为香港中文大学代招本科生18人,为香港大学代招8人,为香港科技大学代招本科生7人。

【修订教学计划】 1999年,教育部颁发了新的专业目录,北大本科专业也进行了相应调整,由原来的86个专业调整到77个专业(文科50个,理科27个)。在此基础上,教务部组织各院系对各专业教学计划进行了修订。这次修订,侧重培养学生的动手能力,进一步优化了课程结构,压缩了学分要求,合并、精简了一些重复的课程,增开多门反映现代科学的新课程,使课程体系更加合理,同时注重课程内容的一致性与连贯性。鼓励在保证学生获得完备的知识体系的前提下,尽量压缩课程门数和学时、学分,真正给学生创造一个良好的发展空间。鼓励取消限制性选修课的设置,代之为任意选修课,学生在完成选修课要求的前提下,可自由地选择上课的学期。

【学籍管理改革】 1999年,教务部修订了学籍管理细则,促进考试改革和加强考试管理,并修改了有关学籍管理办法。期末考试除本科主干基础课必须采取闭卷笔试外,其他课程考试方式可根据课程性质特点和教学要求由各主讲教师确定,并由院长、系主任批准。期终考试成绩除考虑期末考试成绩外,平时成绩的比重提高到占课程总成绩的40%～50%,避免期末考试时突击复习、死记硬背的学习方式。规定了优秀率与不及格率。采用平均学分绩点(4分制)对学生总体学习情况作出评价,在成绩排序时实行"绩点制记分"方法,以淡化学生片面追求高分的倾向,发挥学生学习积极性、主动性,以有利于学生创造性的培养。参照国际上大学的通行办法,取消试读,实行重修制。

【联合办学】 为了增强学校的综合办学实力,积极发展名校之间的合作，加强本科生交流和联合培养，北大与北京航空航天大学共同建立了北京大学工程研究院，与北京医科大学合并创建新的北京大学的重大举措在1999年也迈出了实质性步伐。1999年5月，为实现优势互补、资源共享，北大与清华大学签署了合作办学的协议，于2000年春季学期实现双方各提供10门课程向对方学校开放，实行两校互聘教师为本科生上课。北大还加强了与中国科学院等科研院所及中央和地方政府部门的合作，加强了与境外著名大学如新加坡国立大学及香港地区大学的合作，增强了学校的办学活力。

【基地建设】 1999年11月8日，教育部组织专家对北大数学、力学、物理学（含核物理学）、大气科学、化学、生物学、地质学、地理学八个理科基础科学研究和教学人才培养基地进行了为期一周的验收评估和中期检查。专家组对北大领导的建设思路、各基地建设进展表示满意，充分肯定了北大基地建设的成果并提出了建设性意见。理科基地建设的成果也极大地推动了文科、经济学基地的建设。

【教学研究】 *成立北京大学本科教学发展战略研究小组* 1999年12月23日，"北京大学本科教学发展战略研究小组"成立。它的主要任务是研究北大本科教学改革的目标和具体步骤，为学校行政决策提供咨询服务。研究小组由15名优秀教师组成，将定期召开会议，研究教学改革中的各种问题，并组织有关教学改革的调查和研究。

成立北京大学促进本科计算机教育核心小组 为了更好地进行全校本科计算机基础课教学工作，1999年4月28日成立了"北京大学促进本科计算机教育核心小组"。它的主要任务是进行计算机基础教学的调研，对我校计算机教育的宏观发展战略、教学大纲和教材建设的规划以及教师聘任等问题提供咨询服务。

（李克安、全顶兵、王韬）

【教材建设】 筹建北京大学新一届教材建设委员会，并于2000年1月6日召开第四届教材建设委员会成立会议，组织了教育部科技进步奖（教材类）的申请。经专业评审，北大获二等奖4项，三等奖3项。1999年底，为掌握现有教材状况，规划、组织教材建设与教材研究，教材办公室向全校发出通知，立项开展《北京大学教材建设成果调查》。

（谢淑环）

【教务管理信息化建设】 1999年，北京大学教务管理的信息化建设取得了很大进展。首先，建立了北京大学教务部网站（网址为：www. dean. pku. edu. cn），提供www服务和E-mail服务，实现了教务部门通知、文件等有关信息的上网发布，提供了学生成绩、课程表和教学计划的查询服务，给各院系教务员建立了E-mail信箱，使教务部与教务员的联系更加方便快捷。其次，实现了考试安排的计算机化。这是继课程安排计算机化后对教室资源计算机管理的又一重大进步，使北大的考试安排工作上了一个新台阶。第三，实现了学生提取出国成绩单的统一管理，即统一式样、统一翻译、统一签封、统一收费，学生提取成绩单只需要提供学号，成绩一律从数据库调出，保证了北大成绩单的权威性，避免了各种作假的可能性。

（何山）

【"两课"教学改革】 中共中央宣传部和国家教育部在1998年6月印发的《关于普通高校"两课"课程设置的规定及其实施工作的意见》中提出，各高校在大学本科生中在开设"邓小平理论概论"、"马克思主义哲学原理"、"马克思主义政治经济学原理"课的同时开设"毛泽东思想概论"课。根据这个文件精神，北京大学在校党委和行政的领导下，由马克思主义学院组织，革命史教研室具体负责，于1998年下半年试点开设了"毛泽东思想概论"课，1999年上半年接着进入第二轮试点，参加学习的是98级本科生，涉及8个院系近700名学生。"毛泽东思想概论"课的开设在社会上也产生了良好的反响。《光明日报》、《北京教育工作》和《思想理论教育导刊》等报刊先后刊登过介绍文章；中国教育电视台还播放了《毛泽东思想概论课在北大受到学生欢迎》的专题片。北大这门课的教学经验在教育部社政司举办的全国马列部主任工作会议上进行过交流；中共中央政策研究室组编的《政研内参》也刊登了有关内容。马克思主义学院于1999年和2000年的寒暑假先后举办过6期毛泽东思想概论研修班，来自全国高校的近700名教员参加了学习。

参考自1997年下半年开设"邓小平理论概论"课的成功做法，总结多年来"中国革命史"课的教学经验，根据"毛泽东思想概论"课的基本要求，北大在这门课的试点中着重从以下几个方面进行了探索：

第一，实行系列专题讲座的授课方式。这门课除导论（"毛泽东思想概论课的教学目的和学习方法"）外，一共设计了11个专题讲座。其中包括：(1)毛泽东思想的形成、发展及其历史地位；(2)近代中国的历史主题和发展道路；(3)新民主主义革命的总路线和基本纲领；(4)农村包围城市武装夺取政权的道路；(5)人民民主专政的理论与人民民主政治的建设；(6)有中国特色社会主义改造的道路；(7)对中国自己的社会主义建设道路的探索；(8)统一战线的理论与策略；(9)中国革命和建设的外部环境与中国共产党的国际战略；(10)中国共产党的建设的理论；(11)毛泽东思想的活的灵魂。这些讲座的开设，既力求涵盖毛泽东思想的基本内容，又突出了目前时期的教学重点；既避免了与中学政治历史课的重复，又体现了大学生学习的高层次；既保持了与原先“中国革命史”课的衔接，又反映了“毛泽东思想概论”课的新特点。

第二，组织专家教学组担任授课任务。考虑到这是一门新的课程，其内容又具有跨学科的特点，也为了培训教师的需要，决定超出革命史教研室的范围，在全院甚至全校选聘任课教师。根据11个专题的需要和对教师专长的了解，最后组成了以沙健孙(曾任北大副校长、中央党史研究室副主任，现为全国政协委员、教育部马克思主义理论课教学指导委员会副主任、全国中共党史学会副会长、中华人民共和国国史学会副会长)为牵头人，梁柱(北大前副校长，现北大校务委员会副主任、全国中共党史学会副会长)、钟哲明(马克思主义学院学术委员会主任)、萧超然(政治学与行政管理学系前系主任)、张文儒(哲学系现代中国哲学教研室主任)、陈占安(马克思主义学院院长、全国毛泽东哲学思想研究会副会长)等6人参加的专家教学组。大家分工协作，各显其长，课程总体形成一个连贯的体系，每个讲座又具有各自的特色。由于这些教授以往在毛泽东思想的理论研究方面颇有建树，同时他们的教学经验又比较丰富，讲课有艺术性，再加上他们自身的人品、人格力量，使这种教学更增加了对学生的吸引力和影响力。

第三，丰富学生学习的多种教学环节。为了搞好这门课的教学，除了6位教授的课堂讲授(这是主导性环节)以外，还安排了其他一些内容。其中包括：①给学生播放电视专题片《情系毛泽东》；②组织学生参观中国革命博物馆的历史展览；③举办学习方法讲座；④安排学生写作心得体会；⑤举办由多位教授参加并“答记者问”式的课堂讨论；⑥特别是1998年下半年第一次试点，正逢纪念毛泽东同志诞辰105周年，结合教学内容，专门邀请了毛泽东同志当年的保健医生徐涛同志和护士长吴旭君同志来北大作报告，他们讲的亲身经历，亲切感人，使学生很受教育。

第四，重视学生学习的日常教学管理。考虑到这是学生的一门必修课，采取的又是多人轮流任课的方式，教学环节多样，必须格外重视教学管理工作。在这方面，革命史教研室下了很大功夫。为了加强任课教师与学生之间的联系，保证教学各个环节的有序衔接，同时又便于对学生学习情况的跟踪考核，特为专家教学组专门配备了助教，由研究生中的优秀者担任。这一点受到了教师和学生两个方面的欢迎，对研究生也是一次很好的锻炼。

为了加强这门课的针对性，革命史教研室收集整理了北大学生关于毛泽东和毛泽东思想的认识方面提出来的问题，主讲教师力求能联系学生的思想实际进行讲授。他们还编印了《关于毛泽东和毛泽东思想的论述选编》一书，提供给学生作为阅读参考资料。另外，对学生的考试方法也有所改进，除了继续采取平时成绩占30分，最后考试占70分的办法外，特别在考题上给学生自由发挥留下了较大的余地。这样做，对扭转学生死记硬背的学习方法产生了好作用。

从总的情况看，这门课程在北大成了继“邓小平理论概论”课之后的又一门学生喜欢的公共政治理论课。通过这门课的教学，使学生全面了解毛泽东思想的主要内容和活的灵魂，深刻认识毛泽东思想作为马列主义同中国实际相结合的第一次历史性飞跃成果的伟大意义，进一步掌握现代中国社会历史发展的客观规律，真正懂得只有在中国共产党领导下，坚持社会主义道路才能救中国和发展中国的科学真理。实践证明，经过努力，这个目的是可以达到的，或者说，可以为达到这个目的打下一个好基础。很多学生反映，通过这门课的学习，对毛泽东思想的认识正确了，充实了，具体了，有立体感了。值得注意的是，不少学生谈到他们以前受某些影响产生过错误的想法，学了这门课以后有了转变。很多学生说，上了“毛泽东思想概论”课，学到了分析历史问题和现实问题的方法。有一些学生由于上了这门课，还产生了进一步深入学习和研究政治理论和近现代历史的兴趣。

(陈占安)

【体育教学】 *发展概况* 1999年，北京大学体育工作以“中共中央国务院《关于深化教育改革全面推进素质教育的决定》”和江泽民在第三次全国教育工作会议上发表的重要讲话精神为指导，围绕北京大学第十届党代会关于创建世界一流大学的奋斗目标，认真贯彻“健康第一”思想，树立创新精神，努力构建新时期北京大学体育教学体系。

实施机构改革后，北京大学体育教研部设2个教研室和科研、群体、代表队、后勤4个组，承担全校本科生、专科生、留学生的公共体育课，12支运动队的训练、竞赛及管理，指导体育运动协会的工作，以及组织校内外大型体育活动和进行境内外体育交流。现有专职教师40人，其中教授6人、副教授18人、讲师12人、助教3人、见习教师1人、教辅人员10名。有11名教师在全国及北京市各类体育组织中担任领导职务，有20名教师具有一级以上裁判等级，其中篮球国际级裁判1人，田径国家级裁判2人，武术国家级裁判1人，2人被国家体育总局武术管理中心评为中华武术高级段位。10月获得了由中华人民共和国教育部、国家体育总局授予的“全国学校体育卫生工作先进单位”称号。

体育教研部积极倡行“大体育”观，根据北京大学较为完善的学科结构，厚重的文化积淀和高素质的学生群体，立足实际，着眼发展，全面配合学校整体工作，制定了较为翔实、客观的三年计划；强化横向合作，建立规章制度，改善管理；积极发挥学生体育社团的群众性和能动性，扩大体育文化节的规模及影响。力争在未来几年内，加快体育硬件条件建设步伐，加速体育教师的在职培养，加快人才的引进与交流，优化队伍结构，提高体育教师队伍的整体水平；强化体育特长生的招生、管理、训练工作，立足三个层次的代表队建设，力争通过代表队窗口展示北京大学的精神风貌。

教学工作　1999年，体育教学成绩斐然。教师主动更新观念，加强学习，使体育教研部所制定的游泳考核标准得以顺利执行，在加大多项措施实施力度的前提下，游泳教学取得了突破性进展。为适应北京大学女生特色教学发展需要，强化健美操教学，于9月4日正式推出自行创编的健美操。这套操动作活泼、舒展、优美，难度增加，兼表演性与健身于一体，在国庆节联欢晚会上，为全校师生作了汇报表演。针对目前学生心肺功能较差的现状，试用世界上比较通用的12分钟跑代替1500米。加强专题理论课教学，其中：健康和影响健康的因素和树立终生体育观念，科学安排体育锻炼两个专题的讲授任务全部由教授承担，且每位教师必备“风雨教材”。

游泳特色教学有突破性进展　1999年是北京大学体育教研部实施特色教学的第五年，游泳教学成果显著。通过合理挖掘现有条件，提高教师业务水平，建立课外辅导站，以及严格考试制度等措施，一年内完成了考试合格标准由50米到200米的质的跨越。

年级	人数	达标人数	合格率
98级	1496	1277	85.36%
97级	2176	2120	97.43%
总数	3672	3397	92.02%

科研工作　体育教研部在科研方面投入的增加促进了科研能力的提高，由体教部3名教师组织参与的国家教育部“九五”重点科研课题已近结题，对北京大学体育特色教学的研究进展顺利。全年共发表论文44篇，有6篇论文被北京市教委推荐到第六届全国大学生运动会科研报告会。

代表队　北京大学共有足球、男女篮球、女子排球、田径、健美操、艺术体操、游泳、乒乓球、羽毛球、武术、赛艇12支代表队，运动员共计121人。1999年共招收体育特长生35名，其中著名运动员有体操世界冠军李春阳(经济学院)、乒乓球世界冠军刘伟(法学院)、国际象棋特级大师许昱华(法学院)，保送2000级研究生5名。获得全国及北京市大学生比赛冠军40项、亚军23项、第三名32项，打破4项北京市高校纪录、6项北京大学纪录和8项北京大学校运会纪录。赛艇队、皮划艇队受学校表彰。

北大、清华开展赛艇对抗赛　1999年7月28日在北京昆玉河通航典礼上举行的“旅游杯首届北京大学、清华大学赛艇对抗赛”中，北京大学赛艇队、划艇队双双荣获冠军。

本次比赛由国家体育总局、北京市人民政府联合举办，全程7500米，起点在长河闸码头，终点在八一湖，举办者有意将赛事办成与牛津、剑桥划船赛，哈佛、耶鲁挑战赛相媲美的国际传统比赛。

(刘铮)

课余体育活动　校内体育活动异彩纷呈，各种团体共组织了20项比赛和活动，主要的活动有：3月28日组织共计有2000人参加的北京市长跑节；12月9日，来自99级和98级的2000多名学生参加了“99迎澳门回归北京大学学生冬季长跑比赛”；3月15日～5月26日组织共有20名教师参与的游泳课外辅导；3月10日—5月31日，设立健美操、太极拳、中华传统健身功、健身、健身操共5个早操辅导站。

对外交流　4月8日香港教育学院钱铭佳博士受体育教研部邀请作关于世界健身发展状况的讲演。5月体育部青年教师谭君出任新加坡国家艺术体操队教练。9月12日北大、清华田径联队在清华大学与牛津、剑桥Achilles田径俱乐部进行了中英四校首次对抗赛，结果北大、清华联队以213：122取胜。9月26日，日本高山软式棒球协会向北大、清华赠送器材。

两岸三地体育交流　两年一度的北京大学、台湾大学、香港中文大学体育交流活动于1999年11月21日至27日在台湾大学举行。在所进行的三个项目的比赛中，北京大学获得女排冠军，台湾大学获得男篮冠军，香港中文大学获得足球冠军。此外三校还进行了高校体育教学、体育科研、运动队训练及课余体育活动等方面的交流与探讨，这是三校第三次体育全面交流。

(李德昌)

李宁当选“20世纪世界最佳运动员”　1999年6月26日，在匈牙利首都布达佩斯，享有“体操王子”美誉的1998级法学院学生李宁当选为由国际体育记者协会评选的“20世纪世界最佳运动员”。在所选出的25名运动员中，他是唯一获此殊荣的中国人。这份荣誉属于李宁，也属于中国体育，它代表着中国体育在世界体坛的崇高威望和对奥林匹克运动发展所做出的突出贡献。

北大“五四”运动场被选为“大运会”足球赛场　2001年第21届世界大学生运动会将在北京举行，北京大学“五四”运动场被大运会组委会指定为足球赛场。目前有关五四运动场及周边辅助设施改造的论证、设计工作已经启动，此举有望大幅度改善北京大学体育场馆条件。

马立军获金笛奖　北京大学体育教研部青年教师国际级篮球裁判马立军荣获“98－99CBA”最佳裁判员“金笛奖”，这是全国篮球裁判的最高荣誉。

（刘铮）

登山队周慧霞同学遇难　北京大学山鹰社女子登山队于1999年8月1日攀登位于四川境内海拔5588米的雪宝顶峰途中，发生滑坠，来自湖南年仅21岁的北京大学应用文理学院经济学98级学生周慧霞不幸遇难。

（李德昌）

【艺术教学】　北大开设艺术类公共选修课，规定每个在校生需至少修满艺术类公选课2个学分才能毕业。目前，艺术学系每年接纳公选课学生人数均在3000人左右。

艺术学系从1998年9月份开始开设了“美育精品系列讲座”，先后邀请了陈佐湟、袁世海、吴冠中、欧阳中石等著名艺术家前来讲学。1999年以来，讲座继续进行，又先后邀请了著名艺术家与学者多人前来我校作艺术讲座。如著名电影导演谢晋的“电影艺术漫论”，著名油画家、中国美术家协会主席、中央美术学院院长靳尚谊教授的“世纪之交：美术问题纵横谈”，著名电影导演、中国电影家协会副主席谢飞教授的“电影导演艺术：思考与探索”等。这些讲座不但受到了北京大学师生们的热烈欢迎，也在社会上产生了广泛的影响。中央电视台、新华社、北京电视台、《中国文化报》、《文艺报》、《北京青年报》等新闻单位都作了报道。

（陈旭光）

附　录

本科专业目录

序号	专业代码	专业名称	修业年限	学位授予门类
1	10101	哲学	四年	哲学
2	10102	逻辑学	四年	哲学
3	10103	宗教学	四年	哲学
4	20101	经济学	四年	经济学
5	20102	国际经济与贸易	四年	国际经济
6	20103	财政学	四年	经济学
7	20104	金融学	四年	经济学
8	20107	保险	四年	经济学
9	30101	法学	四年	法学
10	30201	科学社会主义与国际共产主义运动	四年	法学
11	30301	社会学	四年	法学
12	30302	社会工作	四年	法学
13	30401	政治学与行政学	四年	法学
14	30402	国际政治	四年	法学
15	30403	外交学	四年	法学
16	30404	思想政治教育	二年	法学
17	50101	汉语言文学	四年	文学
18	50102	汉语言	四年	文学
19	50105	古典文献	四年	文学
20	50201	英语	四年	文学
21	50202	俄语	四年	文学
22	50203	德语	四年	文学
23	50204	法语	四年	文学

序号	专业代码	专业名称	修业年限	学位授予门类
24	50205	西班牙语	五年	文学
25	50206	阿拉伯语	四年	文学
26	50207	日语	四年	文学
27	50208	波斯语	四年	文学
28	50209	朝鲜语	四年	文学
29	50210	菲律宾语	四年	文学
30	50211	梵语巴利语	四年	文学
31	50212	印度尼西亚语	四年	文学
32	50213	印地语	四年	文学
33	50216	缅甸语	四年	文学
34	50218	蒙古语	四年	文学
35	50220	泰语	四年	文学
36	50221	乌尔都语	四年	文学
37	50222	希伯莱语	四年	文学
38	50223	越南语	四年	文学
39	50303	广告学	四年	文学
40	50304	编辑出版学	四年	文学
41	50422	艺术学	四年	文学
42	60101	历史学	四年	历史学
43	60102	世界历史	四年	历史学
44	60103	考古学	四年	历史学
45	60104	博物馆学	四年	历史学
46	70101	数学与应用数学	四年	理学
47	70102	信息与计算科学	四年	理学

序号	专业代码	专业名称	修业年限	学位授予门类
48	70201	物理学	四年	理学
49	70301	化学	四年	理学
50	70302	应用化学	四年	理学
51	70401	生物科学	四年	理学
52	70402	生物技术	四年	理学
53	70501	天文学	四年	理学
54	70601	地质学	四年	理学
55	70602	地球化学	四年	理学
56	70701	地理科学	四年	理学
57	70702	资源环境与城乡规划管理	四年	理学
58	70703	地理信息系统	四年	理学
59	70801	地球物理学	四年	理学
60	70901	大气科学	四年	理学
61	71101	理论与应用力学	四年	理学
62	71201	电子信息科学与技术	四年	理学
63	71202	微电子学	四年	理学
64	71302	材料化学	四年	理学
65	71401	环境科学	四年	理学
66	71402	生态学	四年	理学
67	71501	心理学	四年	理学
68	71502	应用心理学	四年	理学
69	71601	统计学	四年	理学
70	80605	计算机科学与技术	四年	工学
71	81702	工程结构分析	四年	工学
72	110102	信息管理与信息系统	四年	管理学
73	110201	工商管理	四年	管理学
74	110202	市场营销	四年	管理学
75	110203	会计学	四年	管理学
76	110204	财务管理	四年	管理学
77	110301	行政管理	四年	管理学
78	110501	图书馆学	四年	管理学
79	80702	城市规划	五年	工学

本科课程目录

序号	课程代码	课程名称
		数学科学学院
1	00110110	软件形式化方法
2	00130030	信息科学基础
3	00130070	初等数论
4	00130140	实变函数
5	00130150	偏微分方程
6	00130160	数据结构
7	00130161	拓扑学
8	00130200	数学模型
9	00130210	计算机图形学
10	00130220	数字信号处理
11	00130280	计算方法(B)
12	00130420	常微分方程解析理论
13	00130440	偏微分方程选讲
14	00130460	傅里叶分析
15	00130490	运筹学
16	00130550	数值代数
17	00130560	数值分析
18	00130630	最优化方法
19	00130640	流体力学引论
20	00130650	微分流形
21	00130710	数据库
22	00130711	基础物理(上)
23	00130730	数理逻辑
24	00130850	数值分析上机
25	00130910	普通统计学(公选)
26	00130950	操作系统
27	00130960	操作系统上机
28	00130980	利息理论与应用
29	00130990	非寿险精算
30	00131010	寿险精算
31	00131030	偏微分方程讨论班
32	00131040	常微分方程讨论班
33	00131060	毕业讨论班(I)
34	00131090	毕业实习
35	00131100	金融时间序列分析
36	00131140	期权期货与其它衍生证券
37	00131160	数据库上机
38	00131170	数字信号处理上机
39	00131190	计算机图形学上机
40	00131220	常微与动力系统
41	00131280	证券投资学
42	00132300	抽象代数
43	00132301	数学分析(I)
44	00132302	数学分析(II)
45	00132303	数学分析(III)
46	00132310	微分几何
47	00132311	数学分析(I)习题
48	00132312	数学分析(II)习题
49	00132313	数学分析(III)习题
50	00132320	复变函数
51	00132321	高等代数(I)
52	00132322	高等代数(II)
53	00132331	高等代数(I)习题
54	00132332	高等代数(II)习题
55	00132340	常微分方程
56	00132341	几何学
57	00132350	泛函分析
58	00132351	几何学习题

序号	课程代码	课程名称	序号	课程代码	课程名称	序号	课程代码	课程名称
59	00132360	概率论	95	00134200	常微分方程数值解	130	04130004	体育四
60	00132410	计算机(1)—计算概论	96	00134220	毕业讨论班	131	60730020	军事理论
61	00132420	计算机(1)上机	97	00135040	程序设计技术与方法		**力学与工程科学系**	
62	00132440	计算机(2)上机	98	00135050	理论计算机科学基础	132	00330011	数学分析(一)
63	00132480	计算机代数上机	99	00135100	毕业实习	133	00330012	数学分析(二)
64	00132520	模形式	100	00135120	人工智能*	134	00330030	常微分方程
65	00132530	数理统计	101	00135160	计算机网络	135	00330050	计算方法
66	00132540	组合数学	102	00135180	编译技术*	136	00330061	理论力学(A)(上)
67	00132610	密码学	103	00135190	软件工程	137	00330062	理论力学(A)(下)
68	00132630	解析数论	104	00135210	图像数据库*	138	00330070	材料力学
69	00132910	现代数学简介	105	00135220	非参数统计	139	00330080	弹性力学
70	00133010	测度论	106	00135260	毕业班数学讲座	140	00330091	流体力学(A)(上)
71	00133030	统计计算	107	00135290	集合论与图论	141	00330092	流体力学(A)(下)
72	00133050	应用多元统计分析	108	00135500	稳健统计分析	142	00330101	力学实验(上)
73	00133070	应用时间序列分析	109	00135580	软件系统基础	143	00330102	力学实验(下)
74	00133090	应用随机过程	110	00135590	计算机图像处理	144	00330110	机械制图
75	00133110	应用回归分析	111	00436012	普通物理学(B)二	145	00330120	力学概论
76	00133160	统计软件(SAS系统)	112	02031900	大学语文	146	00330130	气体力学
77	00133170	统计软件上机(SAS系统上机)	113	02530060	微观经济学	147	00330140	计算流体力学
			114	02530070	宏观经济学	148	00330150	弹性板理论
78	00133200	保险风险模型	115	02530100	国际金融	149	00330160	粘性流体力学
79	00133290	常微渐近理论	116	02530110	货币银行学	150	00330220	自动控制原理
80	00133310	讨论班(1)	117	02530640	公司财务	151	00330240	计算机图像处理
81	00133320	讨论班(2)	118	03835031	大学英语(一)(3.5)	152	00330260	概率与统计
82	00133330	讨论班(3)	119	03835032	大学英语(二)(3.5)	153	00330270	专业英语
83	00133340	讨论班(4)	120	03835033	大学英语(三)(3.5)	154	00330280	振动理论
84	00133350	讨论班(5)	121	03835034	大学英语(四)(3.5)	155	00330320	断裂力学
85	00133360	讨论班(6)	122	04030150	思想品德修养	156	00330400	中国妇女文学史
86	00133370	数字逻辑与微机原理	123	04031120	马克思主义哲学(理科,外语)(2.0)	157	00330510	体力学进展
87	00133380	上机(1)班				158	00330520	流体力学进展选讲
88	00133390	上机(2)班	124	04031340	马克思主义政治经济学原理	159	00330590	多媒体技术基础
89	00134010	理论力学				160	00330650	结构矩阵分析
90	00134020	偏微分方程数值解	125	04031360	毛泽东思想概论(理科)	161	00330670	细观力学
91	00134080	计算机代数				162	00330680	数学分析
92	00134090	控制系统 CAD	126	04031370	邓小平理论概论	163	00330692	线性代数与几何(下)
93	00134170	数学物理中的反问题	127	04130001	体育一	164	00330721	数学物理方法
94	00134180	模拟与 Monte Carlo 方法	128	04130002	体育二	165	00330730	实用软件系统
			129	04130003	体育三	166	00330760	工程数学

序号	课程代码	课程名称
167	00330790	工程流体力学
168	00330810	结构力学
169	00330830	结构工程概论
170	00330850	钢筋混凝土结构
171	00330860	土力学与地基
172	00331120	工程材料概论
173	00331230	数学分析习题
174	00331270	starCD计算流软件的应用(讨论班)
175	00331280	工程流变学(非牛顿流)
176	00331290	线性代数与几何
177	00331300	工程结构分析
178	00331311	工程 CAD(1)
179	00331312	工程 CAD(2)
180	00331340	传热传质引论
181	00331360	工程弹性力学
182	00331380	微机原理
183	00331390	振动测试及模态分析
184	00431421	普通物理实验(B)(一)
185	00431422	普通物理实验(B)(二)
186	00436011	普通物理学(B)一
187	00436012	普通物理学(B)二
188	03835031	大学英语(一)(3.5)
189	03835032	大学英语(二)(3.5)
190	03835033	大学英语(三)(3.5)
191	03835034	大学英语(四)(3.5)
192	04030150	思想品德修养
193	04031120	马克思主义哲学(理科,外语)(2.0)
194	04031340	马克思主义政治经济学原理
195	04031360	毛泽东思想概论(理科)
196	04031370	邓小平理论概论
197	04130001	体育一

序号	课程代码	课程名称
198	04130002	体育二
199	04130003	体育三
200	04130004	体育四
201	60730020	军事理论

物理学系

序号	课程代码	课程名称
202	00130201	高等数学(B)(一)
203	00130202	高等数学(B)(二)
204	00130203	高等数学(B)(三)
205	00130211	高等数学(B)(一)习题课
206	00130212	高等数学(B)(二)习题课
207	00130213	高等数学(B)(三)习题课
208	00130260	线性代数
209	00431110	力学
210	00431120	热学
211	00431140	光学
212	00431162	量子物理学Ⅱ
213	00431163	量子物理学一
214	00431170	光学习题
215	00431180	力学习题
216	00431210	电磁学
217	00431211	普通物理实验(A)Ⅰ
218	00431212	普通物理实验(A)Ⅱ
219	00431213	普通物理综合实验
220	00431501	计算概论
221	00431520	算法与数据结构
222	00431540	现代物理前沿讲座
223	00432111	数学物理方法(A)(一)
224	00432112	数学物理方法(A)(二)
225	00432113	数学物理方法习题
226	00432120	理论力学(A)
227	00432130	热力学与统计物理(A)
228	00432140	电动力学(A)

序号	课程代码	课程名称
229	00432150	量子力学(A)
230	00432151	量子力学习题
231	00432160	电动力学习题
232	00432170	热力学与统计物理习题
233	00432230	热力学与统计物理(B)
234	00432240	电动力学(B)
235	00432312	近代物理实验(A)
236	00433230	磁性测量实验
237	00433310	激光物理学
238	00433320	激光物理实验
239	00433321	近代物理实验(A)Ⅰ
240	00433510	低温物理学
241	00433520	超导物理学
242	00433610	固体结构学
243	00434330	结构与物性
244	00434440	今日物理
245	00730600	电子线路基础(B)
246	00831080	微机原理及上机
247	02031900	大学语文
248	03835031	大学英语(一)(3.5)
249	03835032	大学英语(二)(3.5)
250	03835033	大学英语(三)(3.5)
251	03835034	大学英语(四)(3.5)
252	04030140	邓小平理论
253	04030150	思想品德修养
254	04031120	马克思主义哲学(理科,外语)(2.0)
255	04031340	马克思主义政治经济学原理
256	04031360	毛泽东思想概论(理科)
257	04130001	体育一
258	04130002	体育二
259	04130003	体育三
260	04130004	体育四
261	60730020	军事理论

序号	课程代码	课程名称
		地球物理学系
262	00130201	高等数学(B)(一)
263	00130202	高等数学(B)(二)
264	00130203	高等数学(B)(三)
265	00130211	高等数学(B)(一)习题课
266	00130212	高等数学(B)(二)习题课
267	00130213	高等数学(B)(三)习题课
268	00130260	线性代数
269	00130280	计算方法(B)
270	00230020	概率统计(B)
271	00330410	流体力学(B)
272	00431140	光学
273	00431170	光学习题
274	00431211	普通物理实验(A)Ⅰ
275	00431212	普通物理实验(A)Ⅱ
276	00432111	数学物理方法(A)(一)
277	00432112	数学物理方法(A)(二)
278	00432220	理论力学(B)
279	00432230	热力学与统计物理(B)
280	00432240	电动力学(B)
281	00432250	量子力学(B)
282	00530120	热学
283	00530130	电磁学
284	00530420	C语言
285	00530540	电磁学习题课
286	00531010	地震学
287	00531020	弹性力学
288	00531040	地磁与地电
289	00531050	地热与重力
290	00531580	地球物理观测与实验
291	00531581	地球物理观测与实验
292	00532010	大气物理学基础
293	00532020	大气探测学
294	00532510	大气物理实验
295	00532520	大气遥感和遥测
296	00532530	云物理与大气光声电
297	00533010	天气学
298	00533020	大气动力学基础
299	00533510	天气诊断分析
300	00533520	大气动力学精选
301	00533550	英语专业阅读
302	00533560	气候基础
303	00533580	微机应用
304	00533610	统计气象学
305	00534020	电离层物理与电波传播基础
306	00534030	磁层与太阳风物理基础
307	00534040	空间探测原理和实验
308	00534120	等离子体物理学基础
309	00535040	普通天体物理
310	00535050	实测天体物理
311	00535130	等离子体物理基础
312	00535140	理论天体物理学
313	00535160	脉冲星物理
314	00537010	力学
315	00537040	原子物理
316	00537050	计算机概论学
317	00537060	数据结构
318	00537110	数值天气预报
319	00537180	力学习题
320	00537200	基础天文
321	00537210	数值算法与程序设计
322	00539140	机械制图
323	00539160	自然科学中的混沌和分形
324	00539230	C语言
325	00539260	环境生态学
326	00539290	C语言上机
327	00539300	计算机概论上机
328	00539310	数据结构上机
329	00730301	电子线路
330	00730370	电子线路实验
331	00831080	微机原理及上机
332	01430040	普通地质学
333	02031900	大学语文
334	03835031	大学英语(一)(3.5)
335	03835032	大学英语(二)(3.5)
336	03835033	大学英语(三)(3.5)
337	03835034	大学英语(四)(3.5)
338	04030150	思想品德修养
339	04031120	马克思主义哲学(理科,外语)(2.0)
340	04031340	马克思主义政治经济学原理
341	04031360	毛泽东思想概论(理科)
342	04031370	邓小平理论概论
343	04130001	体育一
344	04130002	体育二
345	04130003	体育三
346	04130004	体育四
347	60730020	军事理论
		技术物理系
348	00130201	高等数学(B)(一)
349	00130202	高等数学(B)(二)
350	00130203	高等数学(B)(三)
351	00130211	高等数学(B)(一)习题课
352	00130212	高等数学(B)(二)习题课
353	00130213	高等数学(B)(三)习题课
354	00130221	高等数学(C)(上)
355	00130222	高等数学(C)(下)
356	00130231	高等数学(C)(上)习题课

序号	课程代码	课程名称
357	00130232	高等数学(C)(下)习题课
358	00130260	线性代数
359	00130310	线性代数(C)
360	00230020	概率统计(B)
361	00431120	热学
362	00431130	电磁学
363	00431212	普通物理实验(A)Ⅱ
364	00431261	普通物理实验(B)Ⅰ
365	00431262	普通物理实验(B)Ⅱ
366	00431311	普通物理实验(A)(一)
367	00432112	数学物理方法(A)(二)
368	00432120	理论力学(A)
369	00432311	近代物理实验(A)
370	0060034	电子电路基础及实验(二)
371	00630016	力学
372	00630018	光学
373	00630019	原子物理
374	00630021	普通物理(B)(一)
375	00630022	普通物理(B)(二)
376	00630031	电子电路基础及实验(一)
377	00630040	电工电子学及实验
378	00630080	机械制图
379	00630090	机械制图
380	00631011	数学物理方法(一)
381	00631030	电动力学
382	00631040	量子力学
383	00631050	热力学与统计物理
384	00631060	原子核物理
385	00631080	计算物理导论
386	00631110	核物理实验
387	00631120	固体物理导论
388	00631130	核电子学及实验
389	00631140	加速器物理基础

序号	课程代码	课程名称
390	00631171	计算概论
391	00631172	算法与数据结构
392	00631173	数字系统与微机原理
393	00631174	计算机软件系统
394	00631192	辐射物理基础
395	00631200	结构与物性
396	00631212	人类生存发展与核科学
397	00631230	辐射防护基础
398	00632013	分析化学
399	00632023	分析化学实验
400	00632031	有机化学(一)
401	00632041	有机化学实验(一)
402	00632042	有机化学实验(二)
403	00632051	物理化学(一)
404	00632052	物理化学(二)
405	00632061	物理化学实验(上)
406	00632062	物理化学实验(下)
407	00632070	结构化学
408	00632080	仪器分析
409	00632090	仪器分析实验
410	00632101	化学工程基础
411	00632102	化工实验
412	00632110	放射化学
413	00632120	放射化学实验
414	00632130	环境化学
415	00632140	辐射化学及辐射加工工艺
416	00632150	材料化学
417	00632180	生物化学
418	00632201	分离化学
419	00633012	环境科学导论
420	01030010	普通化学原理
421	01030030	普通化学实验
422	01030070	仪器分析实验
423	03835031	大学英语(一)(3.5)
424	03835032	大学英语(二)(3.5)
425	03835033	大学英语(三)(3.5)

序号	课程代码	课程名称
426	03835034	大学英语(四)(3.5)
427	04030150	思想品德修养
428	04031120	马克思主义哲学(理科,外语)(2.0)
429	04031340	马克思主义政治经济学原理
430	04031360	毛泽东思想概论(理科)
431	04031370	邓小平理论概论
432	04130001	体育一
433	04130002	体育二
434	04130003	体育三
435	04130004	体育四
436	60730020	军事理论
		电子学系
437	00130201	高等数学(B)(一)
438	00130202	高等数学(B)(二)
439	00130203	高等数学(B)(三)
440	00130211	高等数学(B)(一)习题课
441	00130212	高等数学(B)(二)习题课
442	00130213	高等数学(B)(三)习题课
443	00130260	线性代数
444	00130280	计算方法(B)
445	00432230	热力学与统计物理(B)
446	00432412	近代物理实验(B)
447	00730000	基础物理中的数学方法
448	00730010	数学物理方法
449	00730020	概率论
450	00730100	力学
451	00730110	热学与分子物理学
452	00730120	电磁学
453	00730130	光学
454	00730140	原子物理学

序号	课程代码	课程名称
455	00730150	理论力学
456	00730160	电动力学
457	00730180	固体物理
458	00730200	基础物理实验(I)
459	00730201	基础物理实验(II)
460	00730300	电路分析原理
461	00730301	电子线路
462	00730310	数字逻辑电路
463	00730320	信号与系统
464	00730330	微波技术与电路
465	00730350	数字信号处理
466	00730360	通信原理
467	00730370	电子线路实验
468	00730380	数字电路实验
469	00730420	算法与数据结构
470	00730430	软件系统
471	00730450	微机原理与接口应用实验
472	00730460	计算机基础
473	00730470	计算机网络
474	00730510	电子物理
475	00730520	声学基础
476	00730530	近代声学
477	00730540	传感器技术
478	00730550	光电子学
479	00730560	可编程数字逻辑电路
480	00730630	数字信号处理实验
481	00730700	量子力学(B)
482	00730730	磁共振基础(全校选修)
483	00730740	习题课
484	02031900	大学语文
485	03835031	大学英语(一)(3.5)
486	03835032	大学英语(二)(3.5)
487	03835033	大学英语(三)(3.5)
488	03835034	大学英语(四)(3.5)
489	04030140	邓小平理论
490	04030150	思想品德修养
491	04031120	马克思主义哲学(理科,外语)(2.0)
492	04031340	马克思主义政治经济学原理
493	04031360	毛泽东思想概论(理科)
494	04130001	体育一
495	04130002	体育二
496	04130003	体育三
497	04130004	体育四
498	60730020	军事理论

计算机科学技术系

序号	课程代码	课程名称
499	00130011	数学分析(一)
500	00130012	数学分析(二)
501	00130013	数学分析(三)
502	00130021	数学分析习题课(一)
503	00130022	数学分析习题课(二)
504	00130023	数学分析习题课(三)
505	00130031	高等代数(A)(上)
506	00130032	高等代数(A)(下)
507	00130041	高等代数习题课(上)
508	00130042	高等代数习题课(下)
509	00130201	高等数学(B)(一)
510	00130202	高等数学(B)(二)
511	00130203	高等数学(B)(三)
512	00130211	高等数学(B)(一)习题课
513	00130212	高等数学(B)(二)习题课
514	00130213	高等数学(B)(三)习题课
515	00130270	线性代数
516	00430700	量子力学(B)
517	00431110	力学
518	00431120	热学
519	00431130	电磁学
520	00431140	光学
521	00431170	光学习题
522	00431180	力学习题
523	00431212	普通物理实验(A)Ⅱ
524	00431213	普通物理综合实验
525	00432160	电动力学习题
526	00432170	热力学与统计物理习题
527	00432210	数学物理方法(B)
528	00432220	理论力学(B)
529	00432230	热力学与统计物理(B)
530	00432240	电动力学(B)
531	00730301	电子线路
532	00830010	计算引论
533	00830020	微型计算机原理
534	00830030	数据结构
535	00830040	数字逻辑
536	00830051	数字逻辑实验
537	00830060	计算机组织与结构
538	00830070	微机实验
539	00830080	数理逻辑学
540	00830090	集合论与图论学
541	00830100	代数结构与组合数学
542	00830110	概率统计
543	00830130	编译技术
544	00830140	编译实习
545	00830150	操作系统
546	00830151	操作系统实习
547	00830200	数据库概论
548	00830210	软件工程
549	00830250	计算机图形
550	00830260	计算机网络
551	00830300	计算机专业英语
552	00830340	理论计算机科学基础
553	00830350	毕业论文
554	00830360	工艺原理
555	00830370	ICCAD
556	00830420	汇编语言程序设计
557	00830510	半导体物理

序号	课程代码	课程名称	序号	课程代码	课程名称	序号	课程代码	课程名称
558	00830520	半导体器件物理	593	04031360	毛泽东思想概论(理科)	626	01030620	有机化合物光谱鉴定
559	00830530	固体物理				627	01030660	有机合成设计
560	00830560	微电子学专业实验课	594	04130001	体育一	628	01030690	化学史
561	00830690	集合论与代数结构	595	04130002	体育二	629	01030730	电解质溶液理论
562	00830750	mos 集成电路	596	04130003	体育三	630	01031070	化学与人类.社会
563	00830760	双极集成电路	597	04130004	体育四	631	01032221	有机化学实验(上)
564	00830770	半导体工艺实验	598	60730020	军事理论	632	01032230	有机化学实验(下)
565	00830870	Pascal 程序设计			**化学与分子工程学院**	633	01032241	物理化学实验(A)(上)
566	00830880	算法与数据结构	599	00130221	高等数学(C)(上)			
567	00830900	C 语言				634	01032252	物理化学实验(A)(下)
568	00830910	物理学(B)(上)	600	00130222	高等数学(C)(下)			
569	00830920	物理学(B)(下)	601	00130231	高等数学(C)(上)习题课	635	01032280	计算概论
570	00830950	原子物理				636	01032290	算法与数据结构
571	00831000	Java 编程	602	00130232	高等数学(C)(下)习题课	637	01032320	算法与数据结构上机
572	00831080	微机原理及上机				638	01032330	材料化学导论
573	00831130	微电子学概论	603	00431261	普通物理实验(B)Ⅰ	639	01032350	无机物研究法
574	00831140	数字系统设计自动化	604	00436011	普通物理学(B)一	640	01032380	材料化学实验
575	00831150	网络实用技术实验	605	00436012	普通物理学(B)二	641	01032400	原子光谱分析
576	00831180	程序设计实习	606	00632102	化工实验	642	01032420	电分析化学
577	00831290	UNIX 程序设计环境	607	01030040	定量分析	643	01032450	色谱分析
578	00831300	数值分析	608	01030050	定量分析实验	644	01032490	中级分析化学实验
579	00831310	人工智能概论	609	01030060	仪器分析	645	01032500	天然产物化学
580	00831380	面向对象技术引论	610	01030070	仪器分析实验	646	01032510	中级有机化学实验
581	00831480	中文信息处理	611	01030081	有机化学(上)	647	01032520	高分子化学
582	00831520	数字化艺术	612	01030082	有机化学(下)	648	01032530	高分子物理
583	00831560	电子电路设计制作工艺(实验)	613	01030101	物理化学(A)(上)	649	01032550	高分子化学与物理实验
			614	01030102	物理化学(A)(下)			
584	02031900	大学语文	615	01030120	结构化学	650	01032560	中级物化实验
585	03835031	大学英语(一)(3.5)	616	01030131	生命化学基础(上)	651	01032580	催化化学
586	03835032	大学英语(二)(3.5)	617	01030132	生命化学基础(下)	652	01032590	结构化学选读
587	03835033	大学英语(三)(3.5)	618	01030190	计算机上机	653	01032640	胶体化学原理与应用
588	03835034	大学英语(四)(3.5)	619	01030210	中级无机化学	654	01032790	英语听力
589	04030140	邓小平理论	620	01030270	分析化学选读	655	01032810	普通化学
590	04030150	思想品德修养	621	01030330	物理有机化学	656	01032840	普通化学实验
591	04031120	马克思主义哲学(理科,外语)(2.0)	622	01030440	化学动力学选读	657	01032930	普通物理实验(B)(Ⅰ)
			623	01030470	分散体系物理化学			
592	04031340	马克思主义政治经济学原理	624	01030480	界面化学	658	01032940	化工基础
			625	01030570	多晶 X 射线衍射	659	01032950	化学信息学

序号	课程代码	课程名称
660	01032970	无机化学
661	01032980	无机化学实验
662	01130050	生物化学实验
663	02031900	大学语文
664	03835031	大学英语(一)(3.5)
665	03835032	大学英语(二)(3.5)
666	03835033	大学英语(三)(3.5)
667	03835034	大学英语(四)(3.5)
668	04030140	邓小平理论
669	04030150	思想品德修养
670	04031120	马克思主义哲学(理科,外语)(2.0)
671	04031340	马克思主义政治经济学原理
672	04031360	毛泽东思想概论(理科)
673	04130001	体育一
674	04130002	体育二
675	04130003	体育三
676	04130004	体育四
677	60730020	军事理论
	生命科学学院	
678	00130221	高等数学(C)(上)
679	00130222	高等数学(C)(下)
680	00130231	高等数学(C)(上)习题课
681	00130232	高等数学(C)(下)习题课
682	00130242	高等数学(D)(下)
683	00130310	线性代数(C)
684	00431231	物理学(C)(一)
685	00431232	物理学(C)(二)
686	00431240	物理学(D)
687	00431421	普通物理实验(B)(一)
688	00730660	无线电电子学基础
689	01030750	无机化学(B)
690	01030840	物理化学(生物系非生化专业)(C)
691	01032660	无机化学实验(B)
692	01032670	分析化学(B)
693	01032680	分析化学实验
694	01032690	有机化学(B)
695	01032700	有机结构
696	01032710	有机化学实验(B)
697	01032720	物理化学实验
698	01032730	结构化学
699	01032930	普通物理实验(B)(Ⅱ)
700	01130010	生物化学(上)(生物分子的化学)
701	01130020	生物化学(下)(新陈代谢)
702	01130030	基础分子生物学
703	01130040	生物化学实验
704	01130060	微生物学
705	01130070	微生物学实验
706	01130100	遗传工程学
707	01130110	蛋白质化学
708	01130130	免疫学
709	01130140	同位素应用技术及实验
710	01130150	细胞生物学
711	01130160	细胞生物学实验
712	01130190	细胞生物学及遗传学大实验
713	01130200	遗传学
714	01130210	遗传学实验
715	01130220	群体遗传学
716	01130240	微生物遗传学
717	01130270	动物细胞培养及其应用
718	01130300	现代生物学概论(C)
719	01130340	生物伦理学
720	01130370	生理学(B)
721	01130380	生理学实验(B)
722	01130390	生理学及生物物理学大实验
723	01130400	生物电子学
724	01130410	生物电子学实验
725	01130420	神经解剖学及实验
726	01130430	生物大分子晶体学基础
727	01130440	生物物理学
728	01130562	植物生理学(下)
729	01130580	植物胚胎学及实验
730	01130600	植物分子及发育生物学大实验
731	01130670	脊椎动物比较解剖学
732	01130680	脊椎动物比较解剖学实验
733	01130700	环境生物学大实验
734	01130710	生态生物化学
735	01130720	昆虫学及实验
736	01130740	保护生物学
737	01130760	生物统计学
738	01130780	生物进化论
739	01130800	生态学概论
740	01130810	微生物发酵工程
741	01130830	生化及分子生物学仪器分析
742	01130840	计算概论及上机
743	01130850	算法与数据结构及上机
744	01130870	人类的性、生育与健康
745	01130880	普通摄影及实验
746	01130900	生物英语
747	01130901	生物英语
748	01130920	教学实习
749	01130930	普通生态学
750	01130960	保护生物学
751	01131010	生物技术制药基础
752	01131040	植物生物学

序号	课程代码	课程名称
753	01131050	动物生物学实验
754	01131060	植物生物学实验
755	01131070	生物技术大实验
756	01131080	动物生物学
757	01131090	微生物大实验
758	01131120	毕业论文
759	01131130	植物生理学
760	01131140	植物生理学实验
761	01139000	神经生物学
762	01139040	生物化学及分子生物学大实验
763	01139080	现代生命科学讲座
764	01139100	脑科学导论
765	01139110	睡眠与梦
766	01630001	普通心理学
767	02031900	大学语文
768	03835031	大学英语(一)(3.5)
769	03835032	大学英语(二)(3.5)
770	03835033	大学英语(三)(3.5)
771	03835034	大学英语(四)(3.5)
772	04030140	邓小平理论
773	04030150	思想品德修养
774	04031120	马克思主义哲学(理科,外语)(2.0)
775	04031340	马克思主义政治经济学原理
776	04031360	毛泽东思想概论(理科)
777	04031370	邓小平理论概论
778	04130001	体育一
779	04130002	体育二
780	04130003	体育三
781	04130004	体育四
782	60730020	军事理论

地质学系

序号	课程代码	课程名称
783	00130201	高等数学(B)(一)
784	00130202	高等数学(B)(二)
785	00130203	高等数学(B)(三)
786	00130211	高等数学(B)(一)习题课
787	00130212	高等数学(B)(二)习题课
788	00130213	高等数学(B)(三)习题课
789	00130260	线性代数
790	00230020	概率统计(B)
791	00431231	物理学(C)(一)
792	00431260	物理学(C)
793	00431421	普通物理实验(B)(一)
794	00831080	微机原理及上机
795	01030870	无机化学(B)
796	01130310	普通生物学
797	01430010	地球历史概要
798	01430020	地史中的生命
799	01430040	普通地质学
800	01430050	构造地质学
801	01430060	古生物学
802	01430070	结晶学与矿物学
803	01430081	普通岩石学(上)
804	01430082	普通岩石学(下)
805	01430110	地史学
806	01430130	地球化学
807	01430140	中国区域地质学
808	01430150	地球物理学
809	01430160	大地构造学
810	01430170	构造岩石学
811	01430190	现代地层学
812	01430230	粉末衍射分析
813	01430260	地震地质学
814	01430270	固体力学基础
815	01430350	古生态学与古环境分析
816	01430360	宝石学
817	01430400	成因岩石学
818	01430450	矿产经济学
819	01430460	矿相学
820	01430500	元素地球化学
821	01430510	同位素地质学基础
822	01430560	弹性力学
823	01430770	地质摄影
824	01430790	岩石学研究方法
825	01430800	计算机概论
826	01430810	算法与数据结构
827	01430840	地貌与第四纪地质
828	01430860	矿床学
829	01430930	新地球科学观
830	01430950	地球环境与人类社会
831	02031900	大学语文
832	03835031	大学英语(一)(3.5)
833	03835032	大学英语(二)(3.5)
834	03835033	大学英语(三)(3.5)
835	03835034	大学英语(四)(3.5)
836	04030140	邓小平理论
837	04030150	思想品德修养
838	04031120	马克思主义哲学(理科,外语)(2.0)
839	04031340	马克思主义政治经济学原理
840	04031360	毛泽东思想概论(理科)
841	04130001	体育一
842	04130002	体育二
843	04130003	体育三
844	04130004	体育四
845	60730020	军事理论

城市与环境学系

序号	课程代码	课程名称
846	00130201	高等数学(B)(一)
847	00130202	高等数学(B)(二)
848	00130203	高等数学(B)(三)
849	00130211	高等数学(B)(一)习题课
850	00130212	高等数学(B)(二)习题课

序号	课程代码	课程名称
851	00130213	高等数学(B)(三)习题课
852	00130260	线性代数
853	00230030	概率统计(C)(理科系)
854	00431250	物理学(C)
855	01030880	无机化学(C)
856	01030890	无机化学实验(B)(地学)
857	01032690	有机化学(B)
858	01531010	经济地理学
859	01531020	自然地理学
860	01531030	环境学基础
861	01531070	地图学
862	01531100	人文地理
863	01531110	城市化与城市体系
864	01531120	中国地理
865	01531130	中国自然地理
866	01531180	地貌学
867	01531190	气候学
868	01531200	计算概论
869	01531240	地球概论
870	01532010	工业地理学
871	01532020	空间结构与组织
872	01532030	交通运输地理
873	01532040	建筑概论
874	01532050	城市总体规划原理
875	01532060	区域经济学
876	01532070	城市设计
877	01532080	美术与制图
878	01532090	城市园林绿地规划
879	01532100	城市基础设施规划
880	01532110	居住区规划
881	01532130	人口地理
882	01532170	城市发展与规划史
883	01533010	房地产学导论
884	01533050	房地产估价
885	01533060	建设项目经济评价
886	01533070	经济学概论
887	01534020	土壤地理学原理
888	01534030	自然资源学原理
889	01534060	综合自然地理学
890	01534070	土地评价与管理
891	01534080	资源与旅游制图
892	01534090	自然灾害风险评价
893	01534110	农业地理学
894	01534120	土壤地理实验
895	01534200	水文学与水资源
896	01535020	旅游经济学原理
897	01535030	旅游文化
898	01535040	旅游地理学
899	01535050	旅游开发与管理
900	01536010	普通生态学
901	01536020	环境经济学
902	01536030	环境地球化学
903	01536040	应用数理统计方法
904	01536050	环境评价
905	01536060	环境生物学
906	01536070	植物地理学
907	01536080	环境污染与人体健康
908	01536090	环境监测与实验
909	01536100	应用生态学
910	01536110	仪器分析
911	01536120	环境工程原理
912	01536140	微机应用
913	01536150	分析化学
914	01537040	沉积与环境
915	01537050	中国地貌与第四纪
916	01537060	地貌调查与制图
917	01538020	历史地理
918	01539020	北京历史地理
919	01539030	海岸环境、开发与管理
920	01539040	人与海洋
921	01539050	全球变化及其对策
922	01539060	板块构造与地震
923	01539070	山水成因赏析
924	01539090	摄影
925	01539110	遥感概论
926	01539120	地理信息系统概论
927	01539130	地缘政治学
928	01540010	地理信息系统
929	01540020	遥感基础与图像解译原理
930	01540030	算法与数据结构
931	01540050	环境学基础
932	01540060	文化地理学
933	02031900	大学语文
934	03835031	大学英语(一)(3.5)
935	03835032	大学英语(二)(3.5)
936	03835033	大学英语(三)(3.5)
937	03835034	大学英语(四)(3.5)
938	04030140	邓小平理论
939	04030150	思想品德修养
940	04031120	马克思主义哲学(理科,外语)(2.0)
941	04031340	马克思主义政治经济学原理
942	04031360	毛泽东思想概论(理科)
943	04130001	体育一
944	04130002	体育二
945	04130003	体育三
946	04130004	体育四
947	60730020	军事理论

心理学系

序号	课程代码	课程名称
948	00130221	高等数学(C)(上)
949	00130222	高等数学(C)(下)
950	00130232	高等数学(C)(下)习题课
951	00130270	线性代数
952	00230020	概率统计(B)
953	00431231	物理学(C)(一)
954	00431252	物理学(B)
955	00431261	普通物理实验(B)I

序号	课程代码	课程名称
956	00831080	微机原理及上机
957	01130310	普通生物学
958	01130330	普通生物学实验(B)
959	01130370	生理学(B)
960	01130380	生理学实验(B)
961	01603010	心理测量
962	01603222	程序设计基础
963	01603223	程序设计基础上机
964	01603331	实验心理学实验(上)
965	01603332	实验心理学实验(下)
966	01630011	普通心理学(上)
967	01630012	普通心理学(下)
968	01630020	CNS 解剖
969	01630024	人力资源开发与管理
970	01630031	实验心理学(上)
971	01630032	实验心理学(下)
972	01630040	社会心理学
973	01630050	心理统计
974	01630060	发展心理学
975	01630070	SPSS 统计软件包
976	01630090	变态心理学
977	01630100	生理心理学
978	01630120	认知心理学
979	01630141	认知神经科学
980	01630150	比较心理学
981	01630190	环境心理学
982	01630220	生理心理实验
983	01630240	心理咨询与治疗
984	01630280	组织管理心理学
985	01630330	心理学史
986	01630340	专业英语
987	01630350	教育心理学
988	01630450	健康心理学
989	01630500	情绪控制学
990	01630530	心身疾病
991	01636060	高级统计 spss 上机
992	02031900	大学语文
993	03835031	大学英语(一)(3.5)

序号	课程代码	课程名称
994	03835032	大学英语(二)(3.5)
995	03835033	大学英语(三)(3.5)
996	03835034	大学英语(四)(3.5)
997	04030140	邓小平理论
998	04030150	思想品德修养
999	04031120	马克思主义哲学(理科,外语)(2.0)
1000	04031340	马克思主义政治经济学原理
1001	04031360	毛泽东思想概论(理科)
1002	04130001	体育一
1003	04130002	体育二
1004	04130003	体育三
1005	04130004	体育四
1006	60730020	军事理论

应用文理学院

序号	课程代码	课程名称
1007	04130001	体育一
1008	04130002	体育二

中国语言文学系

序号	课程代码	课程名称
1009	00132390	高等数学(D)
1010	02030010	现代汉语
1011	02030021	古代汉语(上)
1012	02030022	古代汉语(下)
1013	02030031	中国古代文学史(一)
1014	02030032	中国古代文学史(二)
1015	02030033	中国古代文学史(三)
1016	02030034	中国古代文学史(四)
1017	02030050	中国当代文学
1018	02030070	语言学概论
1019	02030110	中国文学理论批评史
1020	02030120	汉语方言学
1021	02030130	汉语音韵学
1022	02030160	文字学
1023	02030180	中文工具书使用法
1024	02030190	文学要籍解题
1025	02030200	史学要籍解题
1026	02030210	哲学要籍解题

序号	课程代码	课程名称
1027	02030220	目录学
1028	02030230	版本学
1029	02030240	校勘学
1030	02030251	古文献学史(上)
1031	02030252	古文献学史(下)
1032	02030260	训诂学
1033	02030340	叙事民俗学理论
1034	02030510	中国神话与小说
1035	02030790	比较文学原理
1036	02030920	现代汉语虚词研究
1037	02030930	现代汉语语法研究
1038	02030950	汉语修辞学
1039	02030980	实验语音学基础
1040	02031040	《诗经》导读
1041	02031060	《庄子》选读
1042	02031130	索绪尔语言学理论
1043	02031140	美国结构语言学
1044	02031150	语言与文化
1045	02031170	语义学
1046	02031180	说文解字概论
1047	02031200	日本中国学
1048	02031240	诗经
1049	02031250	论语
1050	02031270	《楚辞》
1051	02031280	《左传》
1052	02031290	《庄子》
1053	02031420	中国诗歌美学史
1054	02031450	语音专题研讨
1055	02031521	汉语史(上)
1056	02031522	汉语史(下)
1057	02031530	文学原理
1058	02031540	中国古代文化
1059	02031600	方言专题
1060	02031601	方言调查
1061	02031610	《聊斋》鉴赏与研究
1062	02031670	敦煌文献概要
1063	02031760	台港文学研究
1064	02031770	民俗与文化

序号	课程代码	课程名称
1065	02031800	《淮南子》选读
1066	02031870	古汉语词汇专题
1067	02032020	民间文学概论
1068	02032050	中国当代文学
1069	02032120	荀子
1070	02032130	当代文学中的哲学问题
1071	02032140	民间长诗学
1072	02032150	汉语方言语料分析
1073	02032240	鲁迅小说研究
1074	02032250	明清诗学
1075	02032260	老庄导读
1076	02032270	中国现代文学名著研究
1077	02039050	中国现代文学史
1078	02080010	高级汉语
1079	02080020	汉语修辞
1080	02080030	汉字书法
1081	02080041	现代汉语(上)
1082	02080042	现代汉语(下)
1083	02080051	古代汉语(上)
1084	02080053	古代汉语(下)
1085	02080060	汉语写作
1086	02080080	中国古代文化
1087	02080090	现代汉字学
1088	02080101	中国古代文学(一)
1089	02080102	中国古代文学(二)
1090	02080110	文字学
1091	02080120	语法研究
1092	02080130	中文工具书使用
1093	02080161	中国现代文学史(上)
1094	02080162	中国现代文学史(下)
1095	02080171	中国古代文学(三)
1096	02080172	中国古代文学(四)
1097	02080190	中国民间文学
1098	02080200	现代汉语词汇
1099	02080210	中国当代文学
1100	02080220	现代汉语虚词

序号	课程代码	课程名称
1101	02080240	中国古代神话选读
1102	02080250	先秦诸子概况
1103	02130011	中国古代史(上)
1104	02130012	中国古代史(下)
1105	02135060	世界上古,中古史
1106	02330010	哲学概论
1107	02330021	马克思主义哲学原理(上)
1108	02330030	逻辑导论
1109	02330040	西方哲学史
1110	03730310	俄苏文学
1111	03835031	大学英语(一)(3.5)
1112	03835032	大学英语(二)(3.5)
1113	03835033	大学英语(三)(3.5)
1114	03835034	大学英语(四)(3.5)
1115	04031330	马克思主义哲学原理
1116	04031340	马克思主义政治经济学原理
1117	04031370	邓小平理论概论
1118	04031380	当代世界经济与政治
1119	04130001	体育一
1120	04130002	体育二
1121	04130003	体育三
1122	04130004	体育四
1123	04530011	计算机基础与应用(上)
1124	04530012	计算机基础与应用(下)
1125	60730020	军事理论
1126	99930720	欧洲文学史
历史学系		
1127	02032041	中国古代文学史(上)
1128	02032042	中国古代文学史(下)
1129	02039050	中国现代文学史
1130	02130011	中国古代史(上)
1131	02130012	中国古代史(下)
1132	02130020	中国近代史
1133	02130030	中国现代史

序号	课程代码	课程名称
1134	02130040	中华人民共和国史
1135	02130050	世界上古史
1136	02130060	世界中古史
1137	02130070	世界近代史
1138	02130080	世界现代史
1139	02130090	当代世界史
1140	02130110	史学概论
1141	02130120	中国史学史
1142	02130130	外国史学史
1143	02130150	考古学通论
1144	02130160	中国历史地理概论
1145	02130190	中国古代经济史专题
1146	02130241	中国近代政治制度史
1147	02130251	中国近代对外关系史
1148	02130252	中国现代对外关系史
1149	02130261	中国近现代文化史
1150	02130290	中华人民共和国史专题
1151	02130340	魏晋南北朝史专题
1152	02130360	宋辽金史专题
1153	02130370	蒙元史专题
1154	02130420	辛亥革命史
1155	02130470	敦煌吐鲁番学导论
1156	02130480	亚欧封建社会比较
1157	02130490	世界现代化进程
1158	02130600	美国史
1159	02130601	美国史专题
1160	02130620	德国史专题
1161	02130640	俄国史
1162	02130650	苏联东欧史专题
1163	02130660	日本史
1164	02130710	文艺复兴
1165	02130720	宗教改革史
1166	02130740	中国通史(古代部分)
1167	02130750	中国通史(近代部分)
1168	02130761	世界通史(上)
1169	02130762	世界通史(下)
1170	02130860	中国历史名著选读

序号	课程代码	课程名称
1171	02130880	人类发展与环境变迁
1172	02130910	晚清史专题
1173	02130930	历史学家与社会学
1174	02131050	基督教文明史
1175	02131060	斯拉夫文明史
1176	02131070	中国古代官僚政治
1177	02131080	18－19世纪欧洲
1178	02131090	西方法制史
1179	02131101	拉丁文基础(上)
1180	02131560	中国古代史料学
1181	02131570	中国近代社会史
1182	02131580	中美关系史
1183	02131760	非洲历史与文化
1184	02132010	西方文明的文化类型研究
1185	02135020	中国近代史
1186	02135030	中国现代史
1187	02135070	世界近代史
1188	02135080	世界现代史
1189	02138610	英国史
1190	02138802	东北亚近现代史
1191	02180001	古代汉语(上)
1192	02180002	古代汉语(下)
1193	02330041	西方哲学史(A)(上)
1194	02330042	西方哲学史(A)(下)
1195	02330081	中国哲学史(A)(上)
1196	02330082	中国哲学史(A)(下)
1197	03835031	大学英语(一)(3.5)
1198	03835032	大学英语(二)(3.5)
1199	03835033	大学英语(三)(3.5)
1200	03835034	大学英语(四)(3.5)
1201	04030140	邓小平理论
1202	04031330	马克思主义哲学原理
1203	04031340	马克思主义政治经济学原理
1204	04130001	体育一
1205	04130002	体育二
1206	04130003	体育三
1207	04130004	体育四
1208	04530011	计算机基础与应用(上)
1209	04530012	计算机基础与应用(下)

考古文博院

序号	课程代码	课程名称
1210	00130241	高等数学(D)(上)
1211	00431232	物理学(C)(二)
1212	00431421	普通物理实验(B)(一)
1213	00830790	计算概论
1214	01030840	物理化学(生物系非生化专业)(C)
1215	01032690	有机化学(B)
1216	01032710	有机化学实验(B)
1217	01130850	算法与数据结构及上机
1218	02230040	考古学导论
1219	02230080	古文字学
1220	02230090	考古绘图
1221	02230100	考古测量
1222	02230120	田野考古学概论
1223	02230140	新石器时代考古
1224	02230150	夏商周考古
1225	02230160	战国秦汉考古
1226	02230170	三国两晋南北朝隋唐考古
1227	02230180	宋辽金元考古
1228	02230260	动物考古学
1229	02230360	印度与中亚佛教考古
1230	02230370	中国古代青铜器
1231	02230390	现代科技与考古
1232	02230410	中国佛教考古
1233	02230430	中国古代陶瓷
1234	02230520	中国古代货币
1235	02230530	中国古代物质文化史
1236	02230550	文物法规与行政管理
1237	02230560	学年论文
1238	02230571	文物研究与鉴定(上)
1239	02230572	文物研究与鉴定(下)
1240	02230630	考古摄影
1241	02230650	体质人类学
1242	02230670	中国古代字画
1243	02230720	旧石器时代考古学
1244	02230790	世界遗产
1245	02230800	文物保护技术概论
1246	02240020	建筑力学与建筑结构
1247	02240051	建筑初步与建筑设计(上)
1248	02240070	画法几何与阴影透视
1249	02240081	美术素描基础(上)
1250	02240082	美术素描基础(下)
1251	02240170	外国考古学专题
1252	02330150	美学原理
1253	03835031	大学英语(一)(3.5)
1254	03835032	大学英语(二)(3.5)
1255	03835033	大学英语(三)(3.5)
1256	03835034	大学英语(四)(3.5)
1257	04030140	邓小平理论
1258	04030150	思想品德修养
1259	04031120	马克思主义哲学(理科,外语)(2.0)
1260	04031330	马克思主义哲学原理
1261	04031340	马克思主义政治经济学原理
1262	04031360	毛泽东思想概论(理科)
1263	04031380	当代世界经济与政治
1264	04130001	体育一
1265	04130003	体育三
1266	04130004	体育四
1267	04530012	计算机基础与应用(下)

哲学系

序号	课程代码	课程名称
1268	00130013	数学分析(三)
1269	00132380	概率统计(B)

序号	课程代码	课程名称
1270	02330032	逻辑导论(文科)
1271	02330033	逻辑导论(理科)
1272	02330040	西方哲学史
1273	02330041	西方哲学史(A)(上)
1274	02330042	西方哲学史(A)(下)
1275	02330070	现代西方哲学
1276	02330081	中国哲学史(A)(上)
1277	02330082	中国哲学史(A)(下)
1278	02330100	马克思主义哲学史
1279	02330110	马列哲学著作选读
1280	02330120	东方哲学概论
1281	02330130	科学哲学
1282	02330150	美学原理
1283	02330160	宗教学导论
1284	02330350	西方马克思主义专题
1285	02330500	环境哲学
1286	02330590	波普的历史哲学
1287	02330620	科学哲学导论
1288	02330850	中国美学与中国艺术
1289	02330860	艺术与人生
1290	02331020	素朴集合论
1291	02331041	代数学引论
1292	02331050	模态逻辑
1293	02331130	归纳逻辑
1294	02332011	佛教(印度,中国)(上)
1295	02332012	佛教(印度,中国)(下)
1296	02332021	伊斯兰教(上)
1297	02332022	伊斯兰教(下)
1298	02332060	道教史
1299	02332080	古兰经导读
1300	02332111	基督教史(中国)
1301	02332131	圣经导读
1302	02332140	东正教
1303	02333051	古希腊语导论(上)
1304	02334010	西方哲学原著导读(形而上学原理)
1305	02334020	应用伦理学(环境伦理学)
1306	02334040	科学思想史
1307	02334050	人与机器:心灵哲学导论
1308	02334060	哲学与当代中国
1309	02334070	中西伦理思想比较
1310	02334080	部门艺术美学专题(电影美学)
1311	03835031	大学英语(一)(3.5)
1312	03835032	大学英语(二)(3.5)
1313	03835033	大学英语(三)(3.5)
1314	03835034	大学英语(四)(3.5)
1315	04030140	邓小平理论
1316	04031340	马克思主义政治经济学原理
1317	04031380	当代世界经济与政治
1318	04130001	体育一
1319	04130002	体育二
1320	04130003	体育三
1321	04130004	体育四
1322	04530011	计算机基础与应用(上)
1323	04530012	计算机基础与应用(下)
1324	60730020	军事理论
		国际关系学院
1325	02430010	国际政治概论
1326	02430020	国际政治经济学
1327	02430030	世界社会主义理论与实践
1328	02430050	外交学
1329	02430060	国际格局与国际组织
1330	02430070	国际关系与国际法
1331	02430080	近代国际关系史
1332	02430090	现代国际关系史
1333	02430100	社会主义资本主义两制关系史论
1334	02430110	第三世界发展学
1335	02430120	外国政治经济制度比较
1336	02430131	专业英语精读
1337	02430132	专业英语精读
1338	02430133	专业英语精读
1339	02430140	中华人民共和国对外关系
1340	02430141	专业英语听说
1341	02430144	专业英语听说
1342	02430145	专业英语听说
1343	02430150	中国政治概论
1344	02430160	英语写作
1345	02430210	中国近现代对外关系
1346	02430220	美国政治、经济与外交
1347	02430230	俄罗斯和中亚各国政治经济与外交
1348	02430310	南亚政治、经济与外交
1349	02430320	中东政治经济与外交
1350	02430350	世界环境与发展
1351	02430380	世界政治中的民族问题
1352	02430400	世界政党
1353	02430410	西方国际关系理论评介
1354	02430420	外国政治思想史
1355	02430440	中俄关系
1356	02430450	中国特色社会主义
1357	02430460	外事管理学
1358	02430470	涉外秘书学
1359	02430480	中国涉外法律概论
1360	02430510	谈判学
1361	02430530	涉外企业管理
1362	02430560	国际贸易和国际金融
1363	02430570	台湾概论
1364	02430580	香港概论
1365	02430590	澳门概论
1366	02430620	两岸关系与一国两制
1367	02430630	中美关系与台湾问题

序号	课程代码	课程名称
1368	02430640	香港与世界事务
1369	02430660	中外文化交流史
1370	02430670	对外宣传概论
1371	02430690	传播学概论
1372	02430700	跨文化交流学
1373	02430710	法国社会与文化
1374	02430720	说服学
1375	02430730	冷战后国际关系
1376	02430780	中西文化比较
1377	02430790	西方社会与文化
1378	02430810	英文新闻写作
1379	02430840	台湾四十年
1380	02430850	海外华侨与华人社会
1381	02430880	世界区域社会与文化
1382	02430940	中国文化概论
1383	02430950	新闻传播学理论与实践
1384	02430961	中文报刊选读
1385	02430962	中文报刊选读
1386	02430963	中文报刊选读
1387	02430964	中文报刊选读
1388	02430990	国际传播
1389	02431050	中美经贸关系史
1390	02431060	传播学研究方法
1391	02431070	经济外交
1392	02431090	毛泽东思想概论
1393	02431091	专业汉语
1394	02431092	专业汉语
1395	02431111	留学生英语
1396	02431112	留学生英语
1397	02431150	中外新闻事业比较
1398	02431211	中国外交史(上)
1399	02431270	冲突学概论
1400	02431290	媒体与国际关系
1401	02431300	东欧各国政治与外交
1402	02431320	东南亚各国政治与外交
1403	02431330	日本政治与外交
1404	02431340	德国政治与外交
1405	02431430	美国研究入门
1406	03835031	大学英语(一)(3.5)
1407	03835032	大学英语(二)(3.5)
1408	03835033	大学英语(三)(3.5)
1409	03835034	大学英语(四)(3.5)
1410	04030140	邓小平理论
1411	04031330	马克思主义哲学原理
1412	04031340	马克思主义政治经济学原理
1413	04130001	体育一
1414	04130002	体育二
1415	04130003	体育三
1416	04130004	体育四
1417	04530011	计算机基础与应用(上)
1418	04530012	计算机基础与应用(下)
		经济学院
1419	00130980	利息理论与应用
1420	01630490	组织行为学
1421	02530011	经济学基础(上)
1422	02530021	高等数学(微积分)(上)
1423	02530022	高等数学(微积分)(下)
1424	02530030	会计学
1425	02530051	统计学
1426	02530052	统计学
1427	02530060	微观经济学
1428	02530070	宏观经济学
1429	02530090	国际贸易
1430	02530100	国际金融
1431	02530110	货币银行学
1432	02530120	概率论与数理统计
1433	02530130	习题/概率论与数理统计
1434	02530140	计量经济学
1435	02530150	发展经济学
1436	02530160	外国经济史
1437	02530170	《资本论》选读
1438	02530190	中国经济思想史
1439	02530200	产业经济学
1440	02530220	房地产经济学
1441	02530240	市场营销学
1442	02530250	专业英语
1443	02530280	日本经济管理
1444	02530310	经济学说史
1445	02530340	投资学
1446	02530350	保险精算
1447	02530400	保险法
1448	02530410	风险管理学
1449	02530460	财产与责任保险
1450	02530470	人寿与健康保险
1451	02530480	国际经济学
1452	02530520	国外统计资料分析
1453	02530560	国别经济专题
1454	02530590	国际商法
1455	02530610	国际信贷
1456	02530620	国际投资学
1457	02530710	国际金融专题
1458	02530750	经济发展比较
1459	02530760	欧洲经济共同体
1460	02530860	商务日语
1461	02530870	经济法
1462	02530880	保险学
1463	02530910	跨国公司管理
1464	02530940	证券市场
1465	02530990	习题/高等数学(微积分)(上)
1466	02531000	习题/高等数学(微积分)(下)
1467	02532042	经济学基础(下)
1468	02532050	财政学
1469	02532080	公司财务
1470	02532091	保险精算(上)

序号	课程代码	课程名称
1471	02532120	世界经济专题
1472	02532130	西方财政学
1473	02532180	投资银行学
1474	02532200	随机过程
1475	02532460	专业英语
1476	02833410	财务管理
1477	03835031	大学英语(一)(3.5)
1478	03835032	大学英语(二)(3.5)
1479	03835033	大学英语(三)(3.5)
1480	03835034	大学英语(四)(3.5)
1481	04030030	现代社会的人生理论与实践
1482	04030170	毛泽东思想概论
1483	04031330	马克思主义哲学原理
1484	04031380	当代世界经济与政治
1485	04130001	体育一
1486	04130002	体育二
1487	04130003	体育三
1488	04130004	体育四
1489	04530011	计算机基础与应用(上)
1490	04530012	计算机基础与应用(下)
1491	04530080	影视编导概论
1492	60730010	军事理论与军事训练
		光华管理学院
1493	02830040	社会主义改革与建设
1494	02830060	会计审计实务专题
1495	02830110	人力资源管理
1496	02831110	经济学
1497	02831120	会计职业道德与责任
1498	02831310	管理学原理
1499	02831511	基础会计
1500	02831710	一元微积分
1501	02832110	微观经济学
1502	02832120	宏观经济学
1503	02832220	民商法
1504	02832410	资产评估

序号	课程代码	课程名称
1505	02832520	成本会计
1506	02832560	银行会计
1507	02832610	市场营销原理
1508	02832630	市场调研
1509	02832730	线性代数
1510	02832740	统计学原理
1511	02833150	产业经济学
1512	02833160	货币金融学
1513	02833210	财政学
1514	02833230	金融市场与金融机构
1515	02833241	国际金融
1516	02833270	商业银行管理
1517	02833290	国际结算
1518	02833320	生产作业管理
1519	02833340	管理思想史
1520	02833420	财务案例分析
1521	02833430	公司财务管理
1522	02833470	商业谈判
1523	02833510	管理会计
1524	02833541	中级财务会计(上)
1525	02833542	中级财务会计(下)
1526	02833550	高级财务会计
1527	02833580	税法与税务会计
1528	02833610	广告管理
1529	02833710	运筹学
1530	02833730	市场预测
1531	02833810	会计信息系统
1532	02833820	管理信息系统
1533	02833830	C语言
1534	02833840	金融电算
1535	02834030	国际营销
1536	02834230	保险学
1537	02834240	国际贸易
1538	02834250	国际税收
1539	02834330	组织行为学
1540	02834340	项目评估
1541	02834370	企业伦理
1542	02834410	财务报告分析

序号	课程代码	课程名称
1543	02834420	证券投资学
1544	02834510	审计学
1545	02834620	消费者行为
1546	02834640	推销策略
1547	02834650	营销案例分析
1548	02834820	策略管理
1549	02834830	金融衍生证券
1550	03835031	大学英语(一)(3.5)
1551	03835032	大学英语(二)(3.5)
1552	03835033	大学英语(三)(3.5)
1553	03835034	大学英语(四)(3.5)
1554	04031330	马克思主义哲学原理
1555	04031380	当代世界经济与政治
1556	04130001	体育一
1557	04130003	体育三
1558	04130004	体育四
1559	04530012	计算机基础与应用(下)
		法学院
1560	02330030	逻辑导论
1561	0293001a	法理学
1562	02930020	中国法律思想史
1563	02930030	中国法制史
1564	02930040	西方法律思想史
1565	02930050	民事诉讼法
1566	0293005a	外国法制史
1567	02930060	宪法学
1568	02930070	行政法
1569	0293007a	行政法与行政诉讼法
1570	02930080	民法
1571	0293008a	民法总论
1572	02930100	刑法
1573	02930101	刑法总论(刑法一)
1574	02930102	刑法分论(刑法二)
1575	02930105	外国刑法
1576	02930120	国际私法
1577	02930130	民事诉讼法
1578	02930150	刑事诉讼法学

序号	课程代码	课程名称
1579	02930180	知识产权法学
1580	02930200	企业法/公司法
1581	02930250	竞争法
1582	02930270	财政税收法
1583	0293028a	金融法/银行法
1584	02930300	劳动法与社会保障法
1585	02930320	中国外交史
1586	02930330	国际环境法
1587	02930340	国际经济法
1588	02930390	专业英语(听力及口语)
1589	02930430	国际税法
1590	02930440	海商法
1591	02930450	国际技术转让法
1592	02930470	商法总论
1593	02930480	国际公法
1594	02930510	法医学
1595	02930520	司法精神病学
1596	02930530	外国宪法
1597	0293057a	外国民商法
1598	02930590	著作权法
1599	02930610	青少年法学
1600	02930620	计算机技术的法律保护
1601	02930707	法律社会学
1602	0293074a	专业英语
1603	02930760	心理卫生学概论
1604	02930770	保险法
1605	02930780	刑事执行法
1606	02930810	专利文献检索
1607	02930820	技术合同法
1608	02930830	商标法
1609	02930880	世界贸易组织法
1610	02930890	经济法学
1611	02930940	环境法
1612	02930950	法学原理
1613	02930970	物权法
1614	02930980	债权法
1615	02930983	国际投资法
1616	02930985	国际人权法
1617	02930987	国际组织法
1618	02930996	法学方法论
1619	02930997	外国诉讼法
1620	02939990	国际航空法
1621	02939993	专业英语
1622	02939994	国际公法
1623	02939995	国际私法
1624	02939996	知识产权导论与专利法
1625	03835031	大学英语(一)(3.5)
1626	03835032	大学英语(二)(3.5)
1627	03835033	大学英语(三)(3.5)
1628	03835034	大学英语(四)(3.5)
1629	04030140	邓小平理论
1630	04030150	思想品德修养
1631	04031330	马克思主义哲学原理
1632	04031340	马克思主义政治经济学原理
1633	04031360	毛泽东思想概论(理科)
1634	04031380	当代世界经济与政治
1635	04130001	体育一
1636	04130003	体育三
1637	04130004	体育四
1638	04530011	计算机基础与应用(上)
1639	04530012	计算机基础与应用(下)
1640	60730010	军事理论与军事训练
1641	60730020	军事理论

信息管理系

序号	课程代码	课程名称
1642	00130201	高等数学(B)(一)
1643	00130202	高等数学(B)(二)
1644	00130203	高等数学(B)(三)
1645	00130211	高等数学(B)(一)习题课
1646	00130212	高等数学(B)(二)习题课
1647	00130213	高等数学(B)(三)习题课
1648	00130260	线性代数
1649	00130270	线性代数
1650	00132390	高等数学(D)
1651	00230030	概率统计(C)(理科系)
1652	02030010	现代汉语
1653	02030021	古代汉语(上)
1654	02030022	古代汉语(下)
1655	02030050	中国当代文学
1656	02031900	大学语文
1657	02130011	中国古代史(上)
1658	02130012	中国古代史(下)
1659	02135060	世界上古,中古史
1660	02330010	哲学概论
1661	02330030	逻辑导论
1662	02330040	西方哲学史
1663	03030070	西文工具书
1664	03030080	图书馆管理
1665	03030140	普通目录学
1666	03030160	中文工具书
1667	03030180	读者学(含书评研究)
1668	03030220	著作权法
1669	03030270	中国历史文献学
1670	03030300	数据库系统
1671	03030310	科技文献检索
1672	03030320	情报检索语言
1673	03030330	计算机情报检索
1674	03030370	传播学原理
1675	03030380	专业英语
1676	03030390	文献计量学
1677	03030400	中文信息处理
1678	03030420	信息环境学
1679	03030470	信息法学
1680	03030480	信息管理概论

序号	课程代码	课程名称
1681	03030500	社会实践
1682	03030520	信息环境论
1683	03030540	毕业设计
1684	03030550	毕业论文
1685	03030580	广告概论
1686	03030610	文献管理(一)
1687	03030620	文献管理(二)
1688	03030650	文献资源建设
1689	03030660	信息服务与用户
1690	03030670	电子出版技术
1691	03030700	计算机网络
1692	03030710	计算机原理
1693	03030720	信息经济学
1694	03030730	信息与媒体
1695	03030740	管理信息系统
1696	03030750	信息分析与决策
1697	03030760	出版经营管理
1698	03030770	微机基础
1699	03030780	办公自动化
1700	03030790	图书馆自动化基础
1701	03030910	多媒体技术
1702	03030920	数据库系统
1703	03030960	书刊编辑实务
1704	03030980	专利与专利信息
1705	03031010	计算机原理上机
1706	03031030	中文信息处理上机
1707	03031040	数据库系统上机
1708	03031060	计算机情报检索上机
1709	03031070	图书馆自动化系统上机
1710	03031100	办公自动化上机
1711	03031110	电子出版技术上机
1712	03031120	情报检索语言上机
1713	03031140	计算机网络上机
1714	03031150	多媒体技术上机
1715	03031160	管理信息系统上机
1716	03032000	管理学原理
1717	03032010	程序设计实习(C语言)
1718	03032020	广告实务
1719	03032030	程序设计实习上机
1720	03032040	电子资源的检索与利用
1721	03835031	大学英语(一)(3.5)
1722	03835032	大学英语(二)(3.5)
1723	03835033	大学英语(三)(3.5)
1724	03835034	大学英语(四)(3.5)
1725	04030140	邓小平理论
1726	04030150	思想品德修养
1727	04031120	马克思主义哲学(理科,外语)(2.0)
1728	04031330	马克思主义哲学原理
1729	04031340	马克思主义政治经济学原理
1730	04031360	毛泽东思想概论(理科)
1731	04031380	当代世界经济与政治
1732	04130001	体育一
1733	04130002	体育二
1734	04130003	体育三
1735	04130004	体育四
1736	04530012	计算机基础与应用(下)
1737	60730020	军事理论
1738	99930720	欧洲文学史
		社会学系
1739	00130340	线性代数(D)
1740	03100130	国外社会学学说
1741	03130010	社会学概论
1742	03130050	中国社会思想史
1743	03130080	贫困与发展
1744	03130110	社会调查与研究方法
1745	03130120	社会统计学
1746	03130130	统计学与统计指标
1747	03130140	计算机技术
1748	03130190	城市社会学
1749	03130200	社会问题与社会政策
1750	03130210	社会心理学
1751	03130250	农村社会学
1752	03130260	家庭社会学
1753	03130270	老年学
1754	03130290	人力资源开发与管理
1755	03130300	社会分层与社会流动
1756	03130420	个案工作
1757	03130431	团体工作
1758	03130440	社区工作
1759	03130460	社会保障与社会福利
1760	03130480	社会行政
1761	03130510	当代国外社会学学说专题
1762	03130570	公共关系
1763	03130590	中国社会
1764	03130660	发展社会学
1765	03130780	市场调查与预测
1766	03130840	劳动社会学
1767	03140020	马列经典著作选读
1768	03140110	文化人类学
1769	03140140	社会人口学
1770	03835031	大学英语(一)(3.5)
1771	03835032	大学英语(二)(3.5)
1772	03835033	大学英语(三)(3.5)
1773	03835034	大学英语(四)(3.5)
1774	04030140	邓小平理论
1775	04031330	马克思主义哲学原理
1776	04031340	马克思主义政治经济学原理
1777	04031380	当代世界经济与政治
1778	04130001	体育一
1779	04130003	体育三
1780	04130004	体育四
1781	04530012	计算机基础与应用(下)

序号	课程代码	课程名称
政治学与行政管理系		
1782	00130242	高等数学(D)(下)
1783	00130920	普通统计学
1784	03230010	马克思主义政治学著作选读
1785	03230020	政治学原理
1786	03230030	行政管理学
1787	03230040	比较政治学概论
1788	03230050	当代中国政府与政治
1789	03230080	中国现代政治思想
1790	03230100	当代西方国家政治制度
1791	03230120	组织与管理
1792	03230130	人事管理学
1793	03230140	政策科学
1794	03230160	社会调查的理论与方法
1795	03230180	发展政治学
1796	03230190	政治管理学
1797	03230200	政党学概论
1798	03230210	政治哲学
1799	03230230	监察与监督概论
1800	03230260	中华人民共和国对外政策
1801	03230270	中国农村发展政策
1802	03230320	台湾政治概论
1803	03230330	民族政治学
1804	03230350	美国政府与政治
1805	03230370	中国传统政治文化与现代化
1806	03230400	西方当代政治思想
1807	03230410	西方文官制度
1808	03230430	国家公务员制度
1809	03230441	政治学行政学专业英语(上)
1810	03230442	政治学行政学专业英语(下)
1811	03230450	行政领导学
1812	03230470	行政法学
1813	03230560	行政诉讼法
1814	03230670	秘书学与秘书工作
1815	03230690	政府经济学
1816	03230700	中国近现代政治发展史
1817	03230730	公共财政学
1818	03230770	中国政治制度史
1819	03230780	中国政治思想史
1820	03230790	西方政治思想史
1821	03230850	中俄体制转型的比较研究
1822	03835031	大学英语(一)(3.5)
1823	03835032	大学英语(二)(3.5)
1824	03835033	大学英语(三)(3.5)
1825	03835034	大学英语(四)(3.5)
1826	04030140	邓小平理论
1827	04031330	马克思主义哲学原理
1828	04031340	马克思主义政治经济学原理
1829	04031380	当代世界经济与政治
1830	04130001	体育一
1831	04130003	体育三
1832	04130004	体育四
1833	04530012	计算机基础与应用(下)
东方学系		
1834	02030020	古代汉语
1835	02039030	文学概论
1836	02039042	中国古代文学史(下)
1837	02039050	中国现代文学史
1838	03530010	东方文学史
1839	03530020	汉语语言学
1840	03530030	语言学概论
1841	03530060	东方文化
1842	03530080	古代近东文明
1843	03530150	东方语言文字文化
1844	03530170	东方文学名著导读
1845	03530200	实习
1846	03531051	蒙古字(上)
1847	03531052	蒙古字(下)
1848	03531061	蒙古语视听说(一)
1849	03531062	蒙古语视听说(二)
1850	03531070	蒙古民间文学
1851	03531081	蒙古文学史(上)
1852	03531082	蒙古文学史(下)
1853	03531091	蒙古小说(上)
1854	03531092	蒙古小说(下)
1855	03531101	蒙古报刊阅读(一)
1856	03531102	蒙古报刊阅读(二)
1857	03531160	蒙古民俗概论
1858	03531170	蒙古国的民主化进程
1859	03531440	汉(韩)朝翻译教程
1860	03531513	基础韩国(朝鲜)语(三)
1861	03531514	基础韩国(朝鲜)语(四)
1862	03531531	韩国(朝鲜)语视听说(上)
1863	03531532	韩国(朝鲜)语视听说(下)
1864	03531540	韩国(朝鲜语)语法
1865	03531550	朝鲜语(韩国语)报刊选读
1866	03531560	朝汉翻译教程
1867	03531590	韩国(朝鲜)古代文学导读
1868	03531620	朝鲜语发展史
1869	03531640	韩国(朝鲜)语方言
1870	03531670	韩国(朝鲜)文化
1871	03531680	韩国(朝鲜)现代文学选读
1872	03531720	朝鲜(韩国)国际关系史
1873	03532011	基础日本语(一)
1874	03532012	基础日本语(二)

序号	课程代码	课程名称	序号	课程代码	课程名称	序号	课程代码	课程名称
1875	03532013	基础日本语(三)	1911	03533070	越南文学史	1947	03536311	梵语(上)
1876	03532014	基础日本语(四)	1912	03533080	越译汉教程	1948	03537015	基础乌尔都语教程(五)
1877	03532030	日本历史	1913	03533091	越南近现代短篇小说选(上)	1949	03537021	乌尔都语视听说(一)
1878	03532041	日本语视听说(一)	1914	03533101	越南语视听说(一)	1950	03537041	乌尔都语报刊阅读(上)
1879	03532042	日本语视听说(二)	1915	03533102	越南语视听说(二)	1951	03537050	乌尔都语语法
1880	03532043	日本语视听说(三)	1916	03533141	越南报刊选读(一)	1952	03537061	乌尔都语翻译课程(一)
1881	03532044	日本语视听说(四)	1917	03533142	越南报刊选读(二)	1953	03537072	乌尔都语泛读(下)
1882	03532045	日本语视听说(五)	1918	03533170	越南文学作品选读	1954	03537091	乌尔都语写作教程(上)
1883	03532050	日本语文言语法	1919	03533180	越南文化	1955	03537092	乌尔都语写作教程(下)
1884	03532060	日本语作文指导	1920	03533503	基础泰语(教程)(三)	1956	03537111	巴基斯坦文化(上)
1885	03532070	日语口译指导	1921	03533504	基础泰语(教程)(四)	1957	03537130	乌尔都语短篇小说
1886	03532090	日本文化概论	1922	03533523	初级泰语阅读(三)	1958	03537562	波斯语报刊阅读(二)
1887	03532101	日本语报刊选读(上)	1923	03533540	泰语语法学	1959	03537572	波斯语小说(二)
1888	03532102	日本语报刊选读(下)	1924	03533621	泰国文化(上)	1960	03537592	波斯语诗歌选读(二)
1889	03532110	日译汉教程	1925	03534011	基础缅甸语(一)	1961	03537600	波斯语语法
1890	03532120	日本文学史	1926	03534012	基础缅甸语(二)	1962	03537611	波斯文学史(上)
1891	03532131	汉译日教程(上)	1927	03534061	缅语会话(上)	1963	03537612	波斯文学史(下)
1892	03532132	汉译日教程(下)	1928	03534511	基础印尼语(一)	1964	03537622	波斯语－汉语翻译教程(下)
1893	03532160	日本语概论	1929	03534512	基础印尼语(二)	1965	03537632	汉语－波斯语翻译教程(下)
1894	03532180	日本语词汇学	1930	03534520	印度尼西亚概况	1966	03537641	伊朗文化(上)
1895	03532190	日本语句法	1931	03535011	基础希伯莱语(一)	1967	03537642	伊朗文化(下)
1896	03532200	日本现代文学作品选读	1932	03535012	基础希伯莱语(二)	1968	03538011	基础阿拉伯语(一)
1897	03532210	日本古典作品选读	1933	03535402	菲律宾语视听说(二)	1969	03538012	基础阿拉伯语(二)
1898	03532222	日本语会话(下)	1934	03535513	基础菲律宾语(三)	1970	03538021	阿拉伯语视听(一)
1899	03532230	日本语言文化专题	1935	03535540	菲律宾概况	1971	03538024	阿拉伯语视听(四)
1900	03532251	公共日本语(一)	1936	03535550	高级菲律宾语	1972	03538025	阿拉伯语视听(五)
1901	03532253	公共日本语(三)	1937	03535630	菲律宾文化	1973	03538026	阿拉伯语视听(六)
1902	03532260	中日文化交流史	1938	03536026	印地语视听说(六)	1974	03538031	阿拉伯语口语(一)
1903	03532292	高年级日语视听说(二)	1939	03536033	印语报刊阅读(三)	1975	03538034	阿拉伯语口语(四)
1904	03532331	高年级日本语(一)	1940	03536034	印语报刊阅读(四)	1976	03538043	阿拉伯语阅读(三)
1905	03532332	高年级日本语(二)	1941	03536090	汉语译印地语教程	1977	03538044	阿拉伯语阅读(四)
1906	03532333	高年级日本语(三)	1942	03536200	印度文学史			
1907	03532334	高年级日本语(四)	1943	03536212	印度英语报刊文章选读(二)			
1908	03532370	中日语言对比	1944	03536240	印度宗教			
1909	03533061	越南语语法(上)	1945	03536281	高级印地语(上)			
1910	03533062	越南语语法(下)	1946	03536282	高级印地语(下)			

序号	课程代码	课程名称
1978	03538045	阿拉伯语阅读(五)
1979	03538051	阿拉伯语语法(一)
1980	03538060	阿拉伯语写作
1981	03538071	阿拉伯语口译(一)
1982	03538072	阿拉伯语口译(二)
1983	03538081	阿拉伯语翻译教程(一)
1984	03538082	阿拉伯语翻译教程(二)
1985	03538091	阿拉伯文选(一)
1986	03538092	阿拉伯文选(二)
1987	03538140	阿拉伯小说
1988	03538160	阿拉伯散文
1989	03538180	阿拉伯伊斯兰文化
1990	03538190	阿拉伯文学史
1991	03538221	阿拉伯报刊文选(一)
1992	03538222	阿拉伯报刊文选(二)
1993	03538223	阿拉伯报刊文选(三)
1994	03538240	阿拉伯语应用文
1995	03835031	大学英语(一)(3.5)
1996	03835032	大学英语(二)(3.5)
1997	03835033	大学英语(三)(3.5)
1998	03835034	大学英语(四)(3.5)
1999	04030150	思想品德修养
2000	04031120	马克思主义哲学(理科,外语)(2.0)
2001	04031340	马克思主义政治经济学原理
2002	04031360	毛泽东思想概论(理科)
2003	04031370	邓小平理论概论
2004	04031380	当代世界经济与政治
2005	04130001	体育一
2006	04130002	体育二
2007	04130003	体育三
2008	04130004	体育四
2009	04530011	计算机基础与应用(上)
2010	04530012	计算机基础与应用(下)
2011	60730020	军事理论
西方语言文学系		
2012	02039030	文学概论
2013	02039041	中国古代文学史(上)
2014	02039042	中国古代文学史(下)
2015	02039050	中国现代文学史
2016	02530021	高等数学(微积分)(上)
2017	02530051	统计学
2018	02530100	国际金融
2019	02530990	习题/高等数学(微积分)(上)
2020	03830013	英语精读(三)
2021	03830014	英语精读(四)
2022	03830023	英语视听(三)
2023	03830024	英语视听(四)
2024	03830043	口语(三)
2025	03830044	口语(四)
2026	03830071	写作(一)
2027	03830072	写作(二)
2028	03835031	大学英语(一)(3.5)
2029	03835032	大学英语(二)(3.5)
2030	03835033	大学英语(三)(3.5)
2031	03835034	大学英语(四)(3.5)
2032	04030150	思想品德修养
2033	04031120	马克思主义哲学(理科,外语)(2.0)
2034	04031340	马克思主义政治经济学原理
2035	04031360	毛泽东思想概论(理科)
2036	04031370	邓小平理论概论
2037	04031380	当代世界经济与政治
2038	04130001	体育一
2039	04130002	体育二
2040	04130003	体育三
2041	04130004	体育四
2042	04530011	计算机基础与应用(上)
2043	04530012	计算机基础与应用(下)
2044	04530080	影视编导概论
2045	60730020	军事理论
2046	99903311	德语(三)
2047	99930032	德语(三)(下)
2048	99930041	德语(四)(上)
2049	99930042	德语(四)(下)
2050	99930050	德国概况
2051	99930061	德语报刊选读(上)
2052	99930062	德语报刊选读(下)
2053	99930070	德语语法
2054	99930091	德语笔译(二)(上)
2055	99930121	德语口语(上)
2056	99930122	德语口语(下)
2057	99930131	德语国家文学史(一)
2058	99930132	德语国家文学史(二)
2059	99930133	德语国家文学史(三)
2060	99930200	经济德语
2061	99930210	德语录象
2062	99930220	法语录象
2063	99930230	西班牙语录象
2064	99930251	口译(一)
2065	99930252	口译(二)
2066	99930263	笔译(三)
2067	99930264	笔译(四)
2068	99930270	德语写作
2069	99930272	法国文学史和文学选读(下)
2070	99930280	法语语法
2071	99930290	法国历史
2072	99930300	法语国家及地区概况
2073	99930311	商务法语(上)
2074	99930312	商务法语(下)
2075	99930321	法国报刊选读(一)

序号	课程代码	课程名称
2076	99930322	法国报刊选读(二)
2077	99930323	法国报刊选读(三)
2078	99930324	法国报刊选读(四)
2079	99930340	法语文体学
2080	99930351	法文写作(一)
2081	99930352	法文写作(二)
2082	99930410	西班牙语(六)
2083	99930440	西班牙语语法
2084	99930451	西班牙语报刊选读(上)
2085	99930461	西班牙语作文(一)
2086	99930471	西汉笔译(一)
2087	99930472	西汉笔译(二)
2088	99930482	西汉口译(二)
2089	99930483	西汉口译(三)
2090	99930500	西班牙文学史和文学选读
2091	99930510	拉丁美洲文学史和文学选读
2092	99930520	西班牙语应用文
2093	99930530	拉丁美洲历史和概况
2094	99930580	拉丁美洲魔幻现实主义
2095	99930671	公共法语(上)
2096	99930672	公共法语(下)
2097	99930712	公共西班牙语(下)
2098	99930720	欧洲文学史
2099	99930731	公共德语(1)
2100	99930732	公共德语(2)
2101	99930761	意大利语(1)
2102	99930772	意大利语(2)
2103	99930811	法语(1)上
2104	99930812	法语(1)下
2105	99930911	法语(2)上
2106	99930912	法语(2)下
2107	99931121	德语(1)上
2108	99931122	德语(1)下
2109	99931131	德语(2)上

序号	课程代码	课程名称
2110	99931132	德语(2)下
2111	99931141	德语笔译(1)上
2112	99931142	德语笔译(1)下
2113	99931152	德语笔译(2)下/写作
2114	99931171	西班牙语(1)上
2115	99931172	西班牙语(1)下
2116	99931253	口语
2117	99931571	西班牙语泛读1
2118	99931761	德语精读(1)
2119	99931762	德语精读(2)
2120	99931763	德语精读(3)
2121	99931764	德语精读(4)
2122	99931771	法语精读(1)
2123	99931772	法语精读(2)
2124	99931773	法语精读(3)
2125	99931774	法语精读(4)
2126	99931861	德语泛读(1)
2127	99931862	德语泛读(2)
2128	99931863	德语泛读(3)
2129	99931864	德语泛读(4)
2130	99931871	法语泛读(1)
2131	99931872	法语泛读(2)
2132	99931873	法语泛读(3)
2133	99931874	法语泛读(4)
2134	99931961	德语视听(1)
2135	99931962	德语视听(2)
2136	99931963	德语视听(3)
2137	99931964	德语视听(4)
2138	99931971	法语视听(1)
2139	99931972	法语视听(2)
2140	99931973	法语视听(3)
2141	99931974	法语视听(4)
2142	99932111	法语
2143	99932214	法语写作(4)
2144	99932311	西班牙语
2145	99932321	写作
2146	99932331	听力
2147	99935242	法语(四)(下)

序号	课程代码	课程名称
2148	99939951	经济法语(1)
2149	99939952	经济法语(2)

俄罗斯语言文学系

序号	课程代码	课程名称
2150	02039041	中国古代文学史(上)
2151	02039042	中国古代文学史(下)
2152	02039050	中国现代文学史
2153	03730011	实践俄语(一)
2154	03730012	实践俄语(二)
2155	03730021	俄语(一)
2156	03730022	俄语(二)
2157	03730041	俄语写作(上)
2158	03730042	俄语写作(下)
2159	03730054	翻译(四)
2160	03730061	俄语视听说(一)
2161	03730062	俄语视听说(二)
2162	03730063	俄语视听说(三)
2163	03730064	俄语视听说(四)
2164	03730071	俄罗斯文学史(一)
2165	03730072	俄罗斯文学史(二)
2166	03730073	俄罗斯文学史(三)
2167	03730074	俄罗斯文学史(四)
2168	03730090	俄语功能语法学
2169	03730092	俄语新闻听力(下)
2170	03730102	俄语报刊阅读(二)
2171	03730130	俄语修辞学
2172	03730151	经贸俄语会话(上)
2173	03730152	经贸俄语会话(下)
2174	03730180	俄苏诗歌(公选)
2175	03730250	俄罗斯短篇名著赏析
2176	03730302	俄语口译(下)
2177	03730320	电影观摩
2178	03730333	实践俄语(三)
2179	03730334	实践俄语(四)
2180	03730343	俄语(三)
2181	03730344	俄语(四)
2182	03730351	俄语语法(上)
2183	03730352	俄语语法(下)
2184	03730361	翻译(一)

序号	课程代码	课程名称
2185	03730362	翻译(二)
2186	03730363	翻译(三)
2187	03730371	俄语新闻听力(上)
2188	03730381	俄语报刊阅读(一)
2189	03730383	俄语报刊阅读(三)
2190	03730401	俄罗斯及独联体其他国家概况(上)
2191	03730402	俄罗斯及独联体其他国家概况(下)
2192	03730421	俄语口译(上)
2193	03835031	大学英语(一)(3.5)
2194	03835032	大学英语(二)(3.5)
2195	03835033	大学英语(三)(3.5)
2196	03835034	大学英语(四)(3.5)
2197	04030150	思想品德修养
2198	04031120	马克思主义哲学(理科,外语)(2.0)
2199	04031340	马克思主义政治经济学原理
2200	04031360	毛泽东思想概论(理科)
2201	04031370	邓小平理论概论
2202	04031380	当代世界经济与政治
2203	04130001	体育一
2204	04130002	体育二
2205	04130003	体育三
2206	04130004	体育四
2207	04530011	计算机基础与应用(上)
2208	04530012	计算机基础与应用(下)
2209	60730020	军事理论
		英语语言文学系
2210	03830011	英语精读(一)
2211	03830012	英语精读(二)
2212	03830013	英语精读(三)
2213	03830014	英语精读(四)
2214	03830021	英语视听(一)
2215	03830022	英语视听(二)
2216	03830023	英语视听(三)
2217	03830024	英语视听(四)
2218	03830031	阶梯阅读(速读与理解)(一)
2219	03830032	阶梯阅读(二)
2220	03830041	口语(一)
2221	03830042	口语(二)
2222	03830043	口语(三)
2223	03830044	口语(四)
2224	03830051	英语语音(一)
2225	03830052	英语语音(二)
2226	03830060	应用文写作
2227	03830071	写作(一)
2228	03830072	写作(二)
2229	03830080	测试(A)
2230	03830091	英国文学史(一)
2231	03830092	英国文学史(二)
2232	03830100	普通语言学
2233	03830110	英译汉
2234	03830120	汉译英
2235	03830131	美国文学史与选读(一)
2236	03830132	美国文学史与选读(二)
2237	03830141	二外(德)(一)
2238	03830142	二外(德)(二)
2239	03830143	二外(德)(三)
2240	03830144	二外(法)(一)
2241	03830145	二外(法)(二)
2242	03830146	二外(法)(三)
2243	03831010	西方文明史
2244	03831020	希腊罗马神话
2245	03831050	语言学引论
2246	03831060	语法语义学
2247	03831080	英语结构
2248	03831100	英语文化
2249	03832010	文科教育思想选读
2250	03832020	文学形式导论
2251	03832040	欧洲文学选读
2252	03832060	西方思想传统
2253	03832100	欧洲现代文学选读
2254	03833020	汉英口译
2255	03833030	报刊选读
2256	03833050	语言与文化
2257	03833070	社会语言学
2258	03833090	英语语体学
2259	03833120	英国散文名篇
2260	03833130	英国小说选读
2261	03833150	二十世纪英美诗歌
2262	03833170	英美女作家作品选读
2263	03833230	美国政法体制
2264	03833260	文化与翻译批评
2265	03833270	文学与社会
2266	03833280	文学中的中国与西方
2267	03834010	测试(B)
2268	03834050	美国文化
2269	03834060	莎士比亚新读与欣赏
2270	03834080	同声传译
2271	03834090	跨文化交际
2272	03834100	中西文化比较
2273	04030150	思想品德修养
2274	04031120	马克思主义哲学(理科,外语)(2.0)
2275	04031340	马克思主义政治经济学原理
2276	04031360	毛泽东思想概论(理科)
2277	04031370	邓小平理论概论
2278	04031380	当代世界经济与政治
2279	04130001	体育一
2280	04130002	体育二
2281	04130003	体育三
2282	04130004	体育四
2283	04530011	计算机基础与应用(上)

序号	课程代码	课程名称
2284	04530012	计算机基础与应用(下)
2285	60730020	军事理论
马克思主义学院		
2286	03230030	行政管理学
2287	03230480	公共关系学
2288	04030070	现代西方哲学思潮研究
2289	04030090	中国民主党派史
2290	04030511	英语(一)
2291	04030512	英语(二)
2292	04030513	英语(三)
2293	04030514	英语(四)
2294	04030520	青年学
2295	04030530	文秘与写作
2296	04030540	伦理学
2297	04030580	社会学
2298	04030590	法学概论
2299	04031200	计算机应用
2300	04031210	思想政治教育心理学
2301	04031220	科学社会主义理论与实践
2302	04031230	思想政治教育原理与方法
2303	04031240	现代新儒家哲学思想
2304	04031290	建设有中国特色社会主义理论
2305	04031300	中国政治思想史
2306	04031310	政治学概论
2307	04031320	环境哲学
艺术学系		
2308	00130241	高等数学(D)(上)
2309	00130242	高等数学(D)(下)
2310	00130920	普通统计学
2311	02330150	美学原理
2312	02832610	市场营销原理
2313	03830022	英语视听(二)
2314	03830023	英语视听(三)

序号	课程代码	课程名称
2315	03835031	大学英语(一)(3.5)
2316	03835032	大学英语(二)(3.5)
2317	03835033	大学英语(三)(3.5)
2318	03835034	大学英语(四)(3.5)
2319	04030140	邓小平理论
2320	04030150	思想品德修养
2321	04031330	马克思主义哲学原理
2322	04031340	马克思主义政治经济学原理
2323	04031360	毛泽东思想概论(理科)
2324	04031380	当代世界经济与政治
2325	04130001	体育一
2326	04130002	体育二
2327	04130003	体育三
2328	04130004	体育四
2329	04330010	艺术概论
2330	04330011	艺术学概论
2331	04330040	西方音乐史及名曲欣赏
2332	04330050	中国美术史及名作欣赏
2333	04330060	西方美术史及名作欣赏
2334	04330090	世界电影史
2335	04330150	声乐
2336	04330160	合唱基础
2337	04330164	合唱(四)
2338	04330170	管乐
2339	04330180	钢琴
2340	04330230	广告学概论
2341	04330240	广告策划
2342	04330250	广告管理
2343	04330260	广告文案
2344	04330271	设计基础
2345	04330281	平面广告设计(一)
2346	04330282	平面广告设计(二)
2347	04330310	广告摄影

序号	课程代码	课程名称
2348	04330320	计算机广告设计制作
2349	04330321	计算机广告设计(一)
2350	04330322	计算机广告设计(二)
2351	04330350	广告实例分析
2352	04330360	广告实例分析
2353	04330380	文学与写作
2354	04330420	十九世纪欧洲浪漫主义音乐
2355	04330460	民乐队训练
2356	04330480	西方现代艺术史
2357	04330510	贝多芬专题
2358	04330530	艺术作品鉴赏(进入艺术的途径)
2359	04330550	影视鉴赏
2360	04330610	中国书法艺术技法
2361	04330640	交响乐
2362	04330660	美国电影概论
2363	04330710	广告媒体研究
2364	04330720	市场调查
2365	04330730	市场预测
2366	04330750	CI 研究
2367	04330820	广告法规
2368	04330830	苹果电脑设计
2369	04330880	基本乐理与管弦乐基础
2370	04330890	中国书法史及名作欣赏
2371	04330900	舞蹈课
2372	04330911	舞蹈(初)
2373	04330920	合唱课
2374	04330930	弦乐课
2375	04330940	民乐课
2376	04330970	传播学
2377	04331250	广告心理
2378	04331280	交响乐名曲赏析.b
2379	04331290	京剧艺术与中国文化
2380	04331320	广告与市场研究
2381	04331330	戏剧新探索(1)

序号	课程代码	课程名称
2382	04331340	西方音乐史及交响乐欣赏
2383	04331350	中国近现代音乐简史及名曲欣赏
2384	04331360	现代音乐专题
2385	04331370	艺术心理学
2386	04331380	艺术社会学
2387	04331390	广告心理
2388	04530011	计算机基础与应用(上)
2389	60730020	军事理论
	电化教学中心	
2390	04530020	计算机辅助教学
2391	04530040	高等数学 CAI
2392	04530050	传播媒体与信息技术
2393	04530060	影视编导基础与制作技巧
2394	04530090	因特网的最新实用技术及其应用
	中国经济研究中心	
2395	06232000	经济学原理
2396	06232010	农业经济学
2397	06232030	运筹学
2398	06232040	决策论
2399	06232050	微积分
2400	06232060	线性代数
2401	06232070	概率统计
2402	06232100	经济与商业统计
2403	06232200	中级微观经济学
2404	06232300	中级宏观经济学
2405	06232400	计量经济学
2406	06233300	国际贸易
2407	06233310	国际金融
2408	06233390	货币与银行
2409	06234200	经济史
2410	06234700	产业组织
2411	06234850	环境经济学
2412	06234900	中国经济专题
2413	06234920	经济学前沿理论与方法
2414	06234930	制度分析基础
	人口研究所	
2415	06830010	人口学概论
	社会学人类学研究所	
2416	03130940	人类学导论
	信息科学中心	
2417	03835034	大学英语(四)(3.5)
	环境科学中心	
2418	00130203	高等数学(B)(三)
2419	00130213	高等数学(B)(三)习题课
2420	00130260	线性代数
2421	00130890	算法与数据结构上机
2422	00132380	概率统计(B)
2423	00431251	物理学(B)
2424	00431261	普通物理实验(B)Ⅰ
2425	01032761	有机化学(理科班)(上)
2426	01430810	算法与数据结构
2427	01531010	经济地理学
2428	01531070	地图学
2429	01532050	城市总体规划原理
2430	03835031	大学英语(一)(3.5)
2431	03835033	大学英语(三)(3.5)
2432	03835034	大学英语(四)(3.5)
2433	04030140	邓小平理论
2434	04031120	马克思主义哲学(理科,外语)(2.0)
2435	04031340	马克思主义政治经济学原理
2436	04130003	体育三
2437	04130004	体育四
2438	08130010	计算概论
2439	08130030	生态学概论
2440	08130040	环境监测与实验
2441	08130050	环境管理
2442	08130060	环境工程学基础
2443	08130070	环境经济学基础
2444	08130090	环境质量评价
2445	08130120	专业英语
2446	08130130	环境学基础
2447	08130160	计算概论习题上机
2448	08130170	生产实习
	教务部	
2449	00130201	高等数学(B)(一)
2450	00130202	高等数学(B)(二)
2451	00130203	高等数学(B)(三)
2452	00130211	高等数学(B)(一)习题课
2453	00130212	高等数学(B)(二)习题课
2454	00130213	高等数学(B)(三)习题课
2455	00130260	线性代数
2456	00130880	算法与数据结构(理科实验班)
2457	00436011	普通物理学(B)一
2458	00436012	普通物理学(B)二
2459	00730030	计算概论
2460	00830800	数字系统与微机原理
2461	01032770	大学化学
2462	01032780	大学化学实验
2463	01130890	现代生物学概论
2464	01430910	普通地质学
2465	30330010	名著名篇导读
2466	30330030	外国建筑史
2467	30330040	外国近现代建筑史
2468	30330050	中国近代建筑史
2469	30330060	信号与系统
2470	30330070	系统仿真及虚拟现实
2471	30330080	数据库系统概论
2472	30330090	国内外新材料的奇妙应用
2473	30330100	化学与社会
2474	30330110	Java 语言基础
2475	30330120	计算机信息管理基础
	校医院	
2476	40930010	大学生健康教育

1998 年结业 1999 年成绩合格后换发毕业证书情况

化学与分子工程学院:6 人

陈征峰　苏迅航　陈　刚　鲁纪章

李东刚　牟维华

物理学系:1 人

李士杰

电子学系:1 人

王　亮

城市与环境学系:1

刘雅涵

历史学系:1 人

陈之川

法学院:1 人

王博剑

信息管理系:1 人

沈江天

光华管理学院:1 人

王　河

政治学与行政管理学系:1 人

张　宁

西方语言文学系:1 人

刘艳华

（教务部　供稿）

1999 年体育运动成绩

项目	成绩	领队	教练	运动员姓名（单项名次）	比赛名称	比赛地点	比赛时间
棋牌	亚　军			象棋队:于存德(平)　王玉恒(负)　王松林(胜)　董厚存(负)　黎德元(胜)　徐林洲(胜)　李贤德(平)　朱广宇(胜)　张建新(负)　刘士勇(负)　胡　宾(胜)　孙　亮(平)	第 13 届"京华杯"棋牌赛	清华大学近春园	4/11
				围棋队:李晓东(平)　孙晓宇(胜)　周　宁(胜)　徐　进(胜)　梅检强(胜)　王　石(负)　熊沛东(平)　张　静(平)　张文东(平)　李景睿(负)　宁昆渤(负)　李　咏(平)			
				国际象棋:李三心(负)　苏　阳(负)　鲁发凯(负)　贺卫国(负)			
				女子队:黎德玲(胜)　岳　峻(胜)　王　岳(负)			
				教工桥牌:(胜)			
				研究生桥牌:(负)			
				本科生桥牌:(胜)			
男子篮球	第三名	胡京翔	张　剑	周　洋　王　宇　许　洋　程　浩　邱　方　刘伟凯　王英东　续　光　樊　晗　张誉馨　吴恩延　张　承　李晓东	北京高校甲级联赛	(主客场)	4～6
	第三名			樊非非　严　明　崔天旨　周　洋　王　宇　许　洋　程　浩　**刘伟凯　邱　方　王英东　续　光	CUBA 北京地区选拔赛	(主客场)	9～10
	第二名				北京大学台湾大学香港中文大学篮球比赛	台湾大学	11/22～24
女子篮球	第三名	马立军	马立军	商　秦　商　宁　刘　玥　许　莉　苏丽娅　姜　南	北京高校联赛	(主客场)	4～6
	第三名		张亚谦	张宁宁　梁　迪　单　姗　商　秦　商　宁　刘　玥　许　莉　苏丽娅	CUBA 北京地区选拔赛	(主客场)	9～10

项目	成绩	领队	教练	运动员姓名 （单项名次）	比赛名称	比赛地点	比赛时间
游泳	冠军 （男团）	胡京翔	丘 震	孙 巍：100米仰泳，200米仰泳， 4×100米自由泳，混合泳接力(1)； 朱 喆：100米蝶泳，4×100米自由泳， 混合泳接力(1)，＊100米蛙泳(2)； 朱 蕾：50米自由泳(3)， 200米自由泳(4) 陈 涛：＊100米蛙泳，＊200米蛙泳， 4×100米混合泳接力(1) 陈 延：50米自由泳，200米自由泳， 4×100米、混合泳接力(1) 王 佳：100米自由泳(3)， 400米自由泳(2) 芮 鹏：100米自由泳，200米自由泳(2)， 4×100米自由泳接力(1)	’99北京高校“热浪杯”游泳运动会	光彩 游泳馆	6/26
	亚军 （女团）		余 潜	崔康康：100米仰泳，＊200米仰泳， 4×100米自由泳，混合泳接力(1) 马 佳：100米自由泳，200米自由泳， 4×100米自由泳，混合泳接力(1) 杨 泳：100米蝶泳，200米蝶泳， 4×100米自由泳，混合泳接力(1) 金奕颖：100米蝶泳，200米混合泳(2) 杨东宁：100米蛙泳，4×100米自由泳， 混合泳接力(1)，200米蛙泳(2) 付雪陪：200米仰泳(2)，100米仰泳(3)			
健美操			黄 育	李 铭：男单(1)； 曹圣光：混三(1)； 朱 蓓：混双(1)； 郑思薇：女单(1)； 程琳琳：混三(1)	’99北京市高校健美操比赛	中央 民族大学	12/5
武术	第三名 第四名	胡京翔	李士信	男队：杜 震：形意拳(1)、自选剑(3) 李沐泽：自选太极拳(1)、自选太极剑(3) 周 斌：自选剑、自选枪(5)、通背拳(3) 卢 明：南拳(1)、螳螂拳(3) 陈国峰：传统拳(7)、24式太极拳(8)、 自选太极剑(5) 马明俊：少林拳(5)、自选刀(7)、 初级太极拳(8)	’99北京高校武术比赛	北京 理工大学	6/6
	第三名		彭 芳	女队：周 钥：自选拳、通背拳(1)、对练(2) 卢 鑫：自选枪术、24式太极拳(1) 刘志颖：32式太极剑(3) 刘 莹：少林拳(1)、自选棍术对练(2) 白 凌：陈式太极拳(3)、初级三路长拳(4)			

项目	成绩	领队	教练	运动员姓名 （单项名次）	比赛名称	比赛地点	比赛时间
田径	第三名 第四名	田敏月	曹晓培 戴名辉 滕炜莹 刘 铮 李朝斌 陈 峰	秦 熙:100米(1)、200米(3)、4×100米接力(3) 李 辉:400米栏(1)、4×100米(3) 朱诺伟:铁饼(4)、铅球(4) 张庆跃:110米栏(3)、4×400米接力(3) 付 伟:800米(6) 高广斌:400米栏(4)、4×400米(3) 高 健:铁饼(3)、铅球(6) 于 洋:800米(5)、1500米(8) 邝浩欣:3000米障碍(5) 李 悦:400米(6)、4×400米接力 高 帆:4×100米接力(3) 苏 磊:4×100米、4×400米接力(3)	北京高校第37届田径运动会	首都师范大学	5/20～23
	第三名			王 榕:100米(1)、200米(5)、4×100米接力(2) 马景春:10000米(2)、5000米(5) 王亚宁:标枪(1B) 张 昕:跳远(6)、4×100米接力(2) 傅芳芳:三级跳远(3) 陈 浃:400米栏、400米(3) 张 丛:100米(3)、4×100米接力(2)、4×400米接力(4) 刘 茜:200米、4×400米接力(4)、400米(5)、4×100米接力(2) 厉 赛:100米(5) 张 鹤:三级跳远(5) 谢 钥:跳高(5)			
				秦 熙:100米(5) 张庆跃:110米栏(4) 高广斌:400米栏(8) 苏 磊、李 悦、于 洋、高 帆:4×400米接力(7) 朱诺伟:铅球(7) 高 健:铅球(8) 王 榕 张 从 陈 浃 马景春 张 昕	第7届全国大学生"一汽杯"田径锦标赛	东北师范大学	7/19
			曹晓培 戴名辉 滕伟莹 刘 铮 陈 鹭 李朝斌 胡京翔	秦 熙:100米(1)、4×100米接力(1) 张庆越:110米栏(2) 李 辉:400米栏(1) 朱诺伟:铅球(1) 何 峥:400米(2) 高 帆:4×100米接力(1) 刘 畅:800米(3) 1500米(4) 张 从:100米(1) 任 燕:400米栏(1) 张 曦:5000米(2) 赵为之:铅球(2) 陈 浃:400米(2)	中英四校田径对抗赛	清华大学	9/12
	第二名 （团体）			秦 熙:100米(1) 何 峥:400米(2) 李 辉:400米栏(4) 申 科:100米栏(4) 李泊桥:跳远(6) 任 燕:400米栏(1) 赵为之:铅球(1) 张 曦:5000米(2) 张 从:100米(3) 刘 畅:1500米(3) 王 榕:100米(4) 戴 莹:铁饼(4) 刘少妍:800米(5) 谷 淼:跳高(6)	北京高校田径杯	北京联合大学	10/15

项目	成绩	领队	教练	运动员姓名 (单项名次)	比赛名称	比赛地点	比赛时间
羽毛球	冠军 (女团)		李志贵	欧阳泽曼:女团(4)、女单(1)、女双(8) 张海霞:女团(1)、女双(8)	"露露杯"全国第4届大学生羽毛球锦标赛	北方交通大学	8/15～21
乒乓球		滕炜莹	侯文达 武文珠	混双(第五名):王江涛 女双(第五名):李　路	"双鱼杯"全国第9届大学生乒乓球赛	兰州铁道学院	8/2～7
	第三名 (男团/女团)			孙　杰:混合双打(1)、男子单打(3) 王江涛:混合双打(3) 杜相卿:男子单打(5) 阙晓燕:女子双打、混合双打(3) 刘　惜:女子双打(1)、女子单打(3)、混合双打(1)	北京高校乒乓球锦标赛	清华大学	11/27～12/4
自行车	亚　军	滕炜莹	李德昌	男:邝浩欣(个人第3名)、付　伟(个人第4名)、李明鑫、张洪波、苏方宇、马春莹 女:马景春(个人第6名)、曹欣欣、王润生、赵　明	首届"大榕洞杯"大学生山地车铁人三项邀请赛	北京平谷	10/16
				男:杜洪江　王茂林　周建军　聂玉春 李　伟　王大炜　杭　州　王春莹 李　浩　朱晓虎　苏方宇　常小刚 姚斌庆　韩文青 女:曹欣欣　王润生　肖索未　韩一蕾 路　莹　岳　颖　曾　静　金杜研	'99"迎回归"环保自行车考察	重庆～澳门,行程2189公里	7/10
排球	第三名	滕炜莹	冉文升 黄彬彬	孙　萍　王　潇　付东攀　袁　远　任　娜 马　莉　张　颖　杨冰虹　郝彩缤	'99北京高排球联赛	北京航空航天大学	10/5～11/5
	冠　军			孙　萍　王　潇　付东攀　袁　远　任　娜 马　莉　张　颖　杨冰虹　**郝彩缤	北京大学台湾大学香港中文大学排球比赛	台湾大学	11/22～24
足球	亚　军	李德昌	周朝君 武元朝	**李晓龙　李世涛　王　璞　金日华　兰　哲 王　波　李东晋　彭　坤　宋彦良　李伟华 陈庆辉　刘战峰　代宗周　谢　飞　周大勇	北京大学台湾大学香港中文大学足球比赛	台湾大学	11/22～24
赛艇	亚　军	刘　颖	吴尚辉	达奔那(8号桨手)　田　林(5号桨手) 程　浩(7号桨手)　赵立文(3号桨手) 许　洋(6号桨手)　王　伟(1号桨手) 王　宇(4号桨手)　彭　哲(预备桨手) 李　辉(2号桨手)　芮　鹏(预备桨手) 邝浩欣(舵手)	北大、清华"琅岐杯"百年赛艇对抗赛首届比赛	琅岐岛	7/19
	冠　军				"旅游杯"首届北京大学清华大学赛艇对抗赛	昆玉河	7/28
划艇	冠　军	张　剑	刘　铮	孙　巍　陈　延　朱　喆　窦　明　李明鑫 陈　涛			

*破北京高校游泳记录　**最佳运动员

北京大学田径记录

男子 1999.12.31

项目	成绩	姓名	单位	时间	地点
100米	10″5	秦熙	法学院	第37届高校运动会,1999.5	首都师范大学
200米	21″8	张轻	心理系	第28届高校运动会,1990.5	北京大学
400米	46″53(电)	于宝一	城环系	第7届全国运动会,1993.10	奥林匹克中心
800米	1′52″5	林军	城环系	第3届全国大运会,1988.8	南京
1500米	3′50″90(电)	林军	城环系	第3届全国大运会,1988.8	南京
3000米	9′23″9	谢寮	化学系	校田径运动会,1960.5	北京大学
5000米	14′27″1	马宏升	法学院	第35届高校运动会,1997.6	清华大学
10000米	32′23″5	杜春武	法学院	第28届高校运动会,1990.5	北京大学
110米栏	14″4	赵建军	法学院	第35届高校运动会,1997.6	清华大学
400米栏	54″4	蔡奕	法学院	第34届高校运动会,1996.5	体育大学
3000米障碍	8′57″5	马宏升	法学院	第35届高校运动会,1997.6	清华大学
4×100米接力	42″2		校田径队	全国高校田径锦标赛,1990.8	徐州
4×400米接力	3′15″4		校田径队	市九运会(高校组),1995.5	先农坛
跳高	2.15米	于洪	经济学院	第3届全国大运会,1988.8	南京
撑杆跳高	3.80米	陈子楠	力学系	校田径运动会,1985.5	北京大学
跳远	7.15米	李露	法学院	第28届高校运动会,1990.5	北京大学
三级跳远	14.67米	吴尚辉	心理系	校田径运动会,1990.4	北京大学
铅球	14.10米	朱诺伟	法律系	校田径运动会,1997.5	北京大学
标枪	57.90米	陈涛	经济学院	校田径运动会,1993.4	北京大学
铁饼	47.72米	屈树军	法学院	校田径运动会,1995.5	北京大学
链球	42米	沈弘	外语学院	校田径运动会,1985.5	北京大学
10000竞走	45′20″1	刘立峰	心理系	第28届高校运动会,1990.5	北京大学
十项全能	6089分	王辉	法学院	第35届高校运动会,1997.6	清华大学

女子

项目	成绩	姓名	单位	时间	地点
100米	12″17(电)	包菡薇	法学院	第4届全国大运会,1992.8	武汉
200米	24″27(电)	周娜	法学院	第5届全国大运会,1996.8	西安
400米	56″4	冷雪艳	心理系	第35届高校运动会,1997.6	清华大学
800米	2′19″6	王丽雯	心理系	第28届高校运动会,1990.5	北京大学
1500米	4′39″2	张曦	法学院	第37届高校运动会,1999.5	首都师范大学
3000米	9′32″4	黎叶梅	法学院	市九运会(高校组),1995.5	先农坛
5000米	17′02″1	黎叶梅	法学院	市九运会(高校组),1995.5	先农坛
10000米	35′30″6	黎叶梅	法学院	校田径运动会,1995.4	先农坛
100米栏	14″	刘波	心理系	第28届高校运动会,1990.5	北京大学
400米栏	1′00″0	邱爱华	心理系	第36届高校运动会,1998.5	北京大学
4×100米接力	47″4		校田径队	第35届高校运动会,1997.6	北京体师

项　目	成　绩	姓　名	单　位	时　间	地　点
4×100 米接力	4′02″6		校田径队	第 38 届高校运动会，1990.5	清华大学
跳高	1.77 米	倪秀玲	心理系	第 35 届高校运动会，1997.6	北京大学
跳远	6.55 米	关英楠	法学院	北京高校田径队，1995.10	清华大学
三级跳远	12.28 米	孙海姗	法学院	第 28 届高校运动会，1990.5	八一田径场
铅球	19.03 米	周天华	心理系	市九运会(高校组)，1995.5	北京大学
标枪	53.36 米	何童童	经济学院	第 28 届高校运动会，1990.5	先农坛
铁饼	44.44 米	周天华	心理系	第 35 届高校运动	北京大学
七项全能	5681 米	刘　波	心理系	第 30 届高校运动会，1996.6	清华大学

最好成绩(女子)

项目	成绩	姓　名	单　位	时间	地点
马拉松	2:38′08″	黎叶梅	法学院	第 14 届澳门国际马拉松赛	澳门

北京大学游泳记录

项目		男子				女子			
		成绩	姓　名	单　位	时间	成绩	姓　名	单　位	时间
爬泳	50 米	24″16	宋士新	心理系	1987	29″96	马　佳	法学院	1998
	100 米	53″95	宋士新	心理系	1987	1′05″87	马　佳	法学院	1998
	200 米	2′04″10	宋士新	心理系	1987	2′18″15	马　佳	法学院	1998
蝶泳	50 米	27″55	宋士新	心理系	1987	31″27	杨　泳	外语学院	1998
	100 米	1′02″50	宋士新	心理系	1987	1′09″90	杨　泳	外语学院	1997
	200 米	2′25″50	宋士新	心理系	1987	2′33″67	杨　泳	外语学院	1997
仰泳	50 米	30″16	孙　巍	法学院	1998	33″35	崔康康	法学院	1998
	100 米	1′05″66	孙　巍	法学院	1997	1′13″28	崔康康	法学院	1998
	200 米	2′33″13	孙　巍	法学院	1998	2′37″50	崔康康	法学院	1999
蛙泳	50 米	33″13	陈　涛	法学院	1998	36″05	杨东宁	经济学院	1995
	100 米	1′11″2	陈　涛	法学院	1999	1′21″04	杨东宁	经济学院	1995
	200 米	2′46″1	陈　涛	法学院	1999	2′57″28	杨东宁	经济学院	1996
混合	200 米	2′32″86	陈　延	法学院	1997	2′41″54	杨东宁	经济学院	1995

1999 年课余体育活动

活动名称	成绩、参加人员	时间	地点
攀登克孜色勒峰	男子登山队：陈科屹(队长) 陈　光　蔺志坚　王　辉　王　炜　张春柏　李　准 段　新　钟锦汉　王继喆　岳　斌　孙　萌　徐慧璇	7/14～8/19	
攀登雪宝顶峰	女子登山队：刘　韬(队长) 陈　弋　梁　雪　桑丽芸　马秀丽　许　欢　曹京华 黄　洁　周慧霞　李　兰　李　丹 技术指导：孙　峰　李　靖	7/28～31	

活动名称	成绩、参加人员	时间	地点
"北大杯"足球赛	1. 计算机科学技术系 2. 法学院 3. 应用文理学院	3/28～5/16	五四运动场 一体运动场
第四届资源杯教职工运动会	1. 北大附中;2. 图书馆;3. 计算机系	4/17	五四运动场
'99北京大学体育文化节开幕式暨学生田径运动会	甲组: 1. 法学院 472分 2. 应用文理学院 295分 3. 生命科学学院 181分 4. 数学科学学院 134分 5. 计算机科学技术系 126分 6. 技术物理系 114分 乙组: 1. 力学与工程科学系 262分 2. 城市与环境学系 144分 3. 艺术系 131分 4. 考古文博院 127分 5. 心理学系 111分 6. 社会学系 103分 精神文明奖:计算机科学技术系、城市与环境学系、历史学系 道德风尚奖:考古文博院、力学与工程科学系、哲学系 入场式特色奖:应用文理学院、政治学与行政管理系、生命科学学院、城市与环境学系、数学科学学院、海外教育学院	4/27～28	五四运动场
'99北京大学游泳运动会	项目:50米蛙泳、100米蛙泳男子97级50米、100米蛙泳 组别:97级男子组 97级女子组 98级男子组 98级女子组	7/3	五四游泳池
山鹰社社员运动会	100米、400米栏、800米、1500米、3000米、跳远、三级跳远	周二、四	五四运动场
洁诺99篮球甲级联赛	经济学院、电子学、法学院二队、城市与环境学系、数学科学学院、生命科学学院、光华管理学院	5/22～6/6	五四篮球场
洁诺99北京大学全明星篮球赛	留学生队85∶65战胜明星联队	6/14	第二体育馆
第三届三对三斗牛赛	冠军:快马队 亚军:应用文理学院队	6/6	五四篮球场
"新生杯"球类比赛	男篮:1. 法学院;2. 应用文理学院	9/27	五四篮球场
	男篮:1. 光华管理学院;2. 经济学院;3. 中文哲联队	10/4～11/30	昌平园
	足球:1. 法学院;2. 应用文理学院		五四运动场
	足球:1. 经济学院;2. 法学院;3. 社会学系	10/18～11/30	昌平园
	女子篮球:1. 法学院;2. 光华管理学院;3. 经济学院	10/18～11/30	昌平园
	排球(男女混合):1. 中文系;2. 社会学系;3. 经济学院	10/18～11/30	昌平园
研究生运动会		10/22	五四运动场
硕士杯篮球赛	1. 电子学系;2. 国际关系学院;3. 法学院 最佳组织奖:政治学与行政管理系 精神文明奖:生命科学学院 最佳得分手:蔡鑫(电子学系)	11/9	五四篮球场
硕士杯足球赛	1. 光华管理学院;2. 文史哲联队;3. 计算机科学技术学系;4. 物理系 最佳组织奖:生命科学学院 精神文明奖:法学院 最佳得分手:梁华峰	11/27	五四运动场

活动名称	成绩、参加人员	时间	地点
'99北京大学“百百乐杯”台球赛	教职工　学生	5/23	海淀百百乐台球厅
“百百乐杯”学生台球赛	学生	11/13	
'99迎澳门回归北京大学学生长跑比赛	97、98四个组别，2000余名学生	12/19	环校园，起、终点：五四运动场

（体育教研部　供稿）

研究生教育

【概况】 *研究生教育的历史发展*

北京大学培养研究生的历史可以追溯到20世纪初。1917年北京大学所属研究所开始招生，到1919年在校研究生达到148名，是当时国内规模最大、研究生人数最多的高等学校。1921年学校评议会颁布了《国立北京大学研究所组织大纲》，规定了研究生教育实施措施。1930年公布了新的研究所规程，进一步规范研究生教育培养程序与要求。1932年又将研究所改为北京大学研究院，下设文史部、自然科学部和社会学部。1937年至1945年抗战期间，北大、清华和南开三校联合组成长沙临时大学和后来的西南联大，但招收和培养研究生仍由各校分头自办。抗战胜利后，由于诸多原因，北大研究生教育的规模一直变化不大，发展速度也很缓慢，到1947年在校研究生仅有50余名。

1949年新中国成立后，北大研究生教育得以复苏。在《北京大学研究部教育通则》中明确规定了研究生培养目标，即“为培养新中国建设之专门人才，高等院校师资及研究工作者”。根据1953年中央人民政府高等教育部制定的《高等学校培养研究生暂行办法（草案）》，北大于1955年9月制定“北京大学培养研究生暂行条例（草案）”，明确了研究生的培养目标是：“在马列主义理论指导下具有广泛的、系统的、巩固的专业知识和独立研究能力的研究干部和高等学校师资。”自1949年至1965年的17年间，北大共毕业研究生1185名，分属于数学、力学、物理、化学、生物、地质、地理和中文、历史、哲学、政治、法律、经济、图书馆学以及东语、西语、俄语各系科。这些研究生后来多数成了我国在自然科学、社会科学等领域的知名专家、学者和教授，为新中国的建设事业作出了重要贡献。

1978年北京大学恢复研究生招生，学校成立研究生处，具体负责研究生教育管理工作。1984年8月教育部《关于在北京大学等二十二所高等院校试办研究生院的通知》下达后，北大于同年10月成立研究生院。

北京大学是1981年国务院首批批准的具有博士、硕士学位授予权单位。目前共有16个一级学科有博士学位授予权（共涵盖了91个博士点），学校可根据学科发展需要，自行决定招生、培养和授予学位。另外还有33个博士点，14个硕士点，以及工商管理和法律硕士2个专业硕士学位点。全校共有124个博士点，138个硕士点和2个专业硕士点。现有博士生指导教师760名。

自1978年至1999年，北京大学共招收研究生23902名，其中博士生4552名，硕士生19350名。此外，北大还接受在职人员以同等学力申请学位。截止1999年，北大共授予研究生学位14579个，有2082人获得博士学位，12497人获得硕士学位。其中授予在职申请博士学位48人、硕士学位821人。

研究生院坚持以改革为动力，积极推进研究生教育的发展，不断提高研究生培养质量。研究生招生在贯彻德智体全面衡量、择优录取、确保质量、宁缺毋滥的原则下，采取了免试推荐、单独考试、招收业绩特长生、定向、委培、在职兼读和自筹经费等多种方式方法吸引优秀人才。1999年，北京大学年招研究生人数达到2593人，在校生总人数达到6907人，硕士生4907人，博士生2000人。在研究生培养上，采取了硕士生提前攻博、硕博连读、直攻博等多种方式。多次对培养方案进行全面修订，适当调整专业方向。在保持北大“宽口径、厚基础”优势的同时，强调对专业前沿的新知识、新技术、新理论和前沿发展趋势的反映和要求。不断改进教学内容，加强研究生课程建设，认真遴选指导教师，并建立博士生指导小组，努力培养研究生的创新能力和培育更多优秀论文。北京大学培养的研究生特点是理论基础雄厚，外语水平高，有后劲，具有较强的分析问题和解决问题的能力。研究生院还积极开展国际合作与对外交流，开展了国内外导师联合培养博士研究生的工作。为提高研究生教育管理水平，研究生院还不定期召开工作研讨会，进行工作经验的总结和交流。1991年国家教委和国务院学位委员会表彰在工作中做出突出贡献的中国博士、硕士学位获得者，北京大学有29人获此荣誉。1995年10月，国家教委批示“北京大学研究生院试办期间，在研究生教育事业中，成绩显著，贡献突出，特予表彰”。1996年正式批准建院。1998年开展参加首次全国优秀博士学位论文评选，有7篇获得全国优秀博士学位论文奖。1999年，研究生院又被评为“全国学位与研究生教育管理工作先进集体”。

自1978年，特别是研究生院成立以来，经过二十多年的努力，北京大学的研究生教育在各个方面都取得了显著的成就。正如陈佳洱校长在《如歌岁月》一书的序言中所写的那样：“从1978年起，北大研究生教育生机勃发，经过最近20年的苦心经营，已经形成了较完善的体系，出现了学科门类较齐全、师资力量雄厚、管理严密、规模适度的新局面，培养了一大批高级专门人才”。

展望21世纪，研究生院将继续坚持“教育要面向现代化，面向世界，面向未来”的指导思想，紧紧围绕我国经济建设、科技进步和社会发展的需要，不断总结经验，进一步发挥已形成的特色和优势，努力提高培养质量和办学效益，为国家培养更多的优秀人才。

研究生院机构改革　在1999年校机关的机构改革中，研究生院机构设置由原来的三处一办减为一个部级单位，精简幅度为71.4%，超过全校的平均减幅17.7个百分点，总人数由原来的31人减为24人，是校机关机构改革力度最大的单位之一。

虽然研究生院在机构改革后紧缩了机构并减少了人员，但是大家一致表示，要振奋精神，努力工作，增强创新意识，达到减员增效。在大家的共同努力下，工作开展顺利，出现了新气象新面貌。研究生院新班子上任后，召开了工作研讨会。围绕如何提高研究生培养质量的问题，结合本学期工作，谈了今后工作的新思路。大家首先表示愉快地接受学校的聘任，并共同表示，新班子上任要有新形象、新面貌，要有创新意识，要搞好服务，提高研究生教育管理水平。大家认为，研究生教育作为高等教育的重要组成部分，是一个独立的、高层次的培养阶段。要全面提高研究生的培养质量，就要从招生、培养到学位授予形成一个完整的过程管理，其中招生工作是保证研究生培养质量的前提；抓培养工作要贯穿研究生学习的全过程，包括教学管理、成绩管理、学籍管理、科学研究等；学位授予作为资格认定和质量标准的监督与验收，要把好最后的质量关。也就是说，要保证研究生质量，必须把好三关，一是招生录取，二是培养教育，三是学位授予。大家强调指出，研究生院要为培养“精品”营造学术氛围。要多出优秀人才，多出优秀博士学位论文，这就要求行政管理人员增强服务意识，为研究生导师和学生排忧解难，解除他们的后顾之忧，以使他们安心地在学术领域尽情驰骋。为适应研究生教育管理的需要，便于研究生导师和各级管理人员查阅有关研究生教育管理工作的文件，准备将现有的研究生工作文件、管理规章制度重新修订，并汇编成册，使研究生管理工作有章可循、有法可依，走向规范化、制度化。同时，要充分利用现代化的管理手段，进一步提高工作效率。用副院长王仰麟在研讨会总结发言中的两句话来说，就是：“我们一直在努力，我们还要更努力。”要把提出的工作新思路落到实处，逐步加以实现，真正化语言为行动。

【招生工作】 1999年进一步加强了招生的宣传工作，并采取一系列措施积极组织和动员优秀生源报考北大。在加强招生宣传工作方面，充分利用网络的优势，建立了北大研究生招生主页(http://www.pku.edu.cn/admission/graduate/grszs.htm)，在网页上公布关于硕士招生、博士招生、港澳台及外国留学生招生等方面的各种信息，以及专业目录、历年报名录取比、常见问题解答、注意事项、最新消息等。在吸引优秀生源方面采取的主要措施是：(1)积极向教育部争取招收推荐免试生的名额。在保证本校优秀生源不外流的同时，加大接受外校推荐免试生的比例。(2)在过去试点的基础上，继续扩大招收本、硕连读和硕、博连读生的数量。(3)进一步优化调整硕士生的考试科目，保证录取的学生有更加宽厚的专业基础和综合素质。(4)尽量保证重点学科、中青年学术骨干、重大科研课题组，以及北大重点扶持发展的新兴学科、交叉学科招生的名额。(5)为重视和做好特殊人才的招收工作，制定了《北京大学关于招收和培养“业绩特长博士生”的试行办法》。通过采取适当灵活的政策，选拔社会上那些专业基础扎实，综合素质高，已经在各个工作领域中取得突出成绩或者担负着重要工作职务的特殊人才，进入北大接受高层次的系统教育，以便为国家做更多的贡献。(6)提出了公开以前考研专业课试题的设想。为了积极开拓生源，使更多的学生了解北大试题类型，体现公平竞争，提高出题水平，在各院(系、所、中心)进行了公开过去硕士入学考试专业课试题的调查，根据各院系意见，将于2000年开始逐步公开过去历年考研的专业课试题。(7)办了政治、外语考前辅导班。(8)加强了计算机管理，进一步提高工作效率。与计算中心合作开发的硕士研究生招生系统已经是第二年运行。博士招生系统是边开发，边运行。这两个系统都大大节省了人力，减少了错误，提高了效率。北大研究生招生系统(包括硕士、博士)，从报名到录取的各种功能都非常完备有效，居于国内领先水平。另外，读卡机报名系统(与泰兴公司合作开发)投入使用取得良好效果，在很大程度上把人力解放出来，提高了效率，增加了报名数据的准确性，达到了事半功倍的目的。

1999年报考北京大学硕士研究生6552人，比1998年增加892人，录取1820人(包括留学生36名，港澳台学生61名)，比1998年增加208人，报考与录取的比例为3.6：1；报考博士生2013人，比1998年增加529人，录取773人(包括留学生47名，港澳台考生39名)，比1998年增加176人，报考与录取的比例为2.6：1。1999年的考生人数居历年之首，生源质量也有所提高。招生的层次和类型有硕士生、博士生、计划内招生、计划外招生、定向招生、委托培养、硕士专业学位、在职兼读、港澳台生、外国留学生、异地办班、免试推荐、统考生、单考生等。

2000年度硕士研究生推荐免试工作，共接收了508名应届毕业生：其中接收本校403人，占推荐免试硕士研究生总数的79.3%；接收外校57人，占11.2%。接收本校的403人都是能吸引到的最好生源，这些学生具有专业基础扎实、综合素质高的特点，是招收硕士研究生的主体。北大鼓励各院(系、所、中心)接收外校的优秀生源，既吸引优秀人才，也避免近亲繁殖，增进各校的交流、融合。北大接收的外校推荐免试生有两大特点：一是来自于具有推荐资格的名校，二是学生综合排名基本都在前三名。

报考北大2000年度硕士研究生总人数为9055人(其中外国留学生88人)。报考博士研究生共有2305人(其中外国留学生89人)。报考硕士生人数比1999年又增加了2503人，增幅38.2%；报考博士生人数比1999年又增加了292人，增幅14.5%。招生工作存在的问题是：学校的客观条件不允许再扩大招生规模，但各院系仍要求增加招生名额。过分限制研究生特别是博士生的招生人数，对北大科研任务的完成可能产生不利影响。与此密切相关的是，在硕士生/博士生、文科/理科、社会需求/办学能力诸方面存在着严重的比例失调。另外，研究生招生处在国际竞争的大环境下，竞争能力不强，生源质量不甚理想。因此应适当压缩那些社会需求不旺或师资力量较弱，培养质量不高的专业或教师招生。

【培养工作】　围绕着如何提高研究生，特别是博士研究生的培养质量问题，研究生院在进行调查研究和总结经验的基础上，对研究生培养过程的各个主要环节进一步加强了管理。

在教务工作中，继续对教学情况进行检查，尤其是对新学期的开课情况和期末考试的检查。1999年全校开设研究生课程1763门。由研究生院直接主管的全校研究生政治、外语和计算机公共课开班132个。聘请了5名外教教授博士生一外英语。办理外单位人员旁听研究生课程230人次。

在学籍管理方面，研究生新生入学注册2593人次。办理研究生离校(含毕业、结业、肄业)1625人。办理延长学习年限、提前毕业、休(停)退学、转专业转系转学等学籍异动519人次。办理研究生出国手续391人次，其中公派出国的92人次，自费出国的299人次，涉及19个国家和地区。为促进培养高素质创新人才，使博士生的论文写作有更充裕的时间，制定了《关于博士研究生办理停学的暂行规定》。凡博士研究生学分已修满，成绩合格，综合考试通过后，可作出博士学位论文写作计划，申请办理停学手续。批准后可发给课程结业证书，复学后通过学位论文答辩，再发给毕业和学位证书。停学期限最短为一学期，最长为四学期。

在培养工作中，进一步抓了对博士研究生的培养问题。一是采取了有效措施鼓励并及时吸收优秀在读硕士生攻读博士学位，使直接攻博和硕博连读的博士生人数有所增加，某些博士点专业提出或考虑只招收直接攻博学生的办法。二是强化培养过程的科学管理，包括课程学习、学科综合考试、学位论文开题报告、预答辩、答辩等一系列重要步骤和环节。既重视研究生的目标管理，又重视过程管理，把好培养的质量关。三是在强调建立博士生指导小组的同时，针对学校博士生导师队伍正处于新老交替阶段的实际情况，在指导小组中适当吸收一些尚未取得博导身份的优秀年青教师参与工作。在征得导师同意的情况下，也可考虑以指导小组的名义招生。

在培养工作中，尊重培养规律，进一步优化培养方案。经过反复推敲与修改并在学校召开的教学工作研讨会上征求意见后，提出了“北京大学关于修订研究生培养方案的基本要求”，对研究生培养方案修订工作做了全面的布置。

培养工作是研究生院工作的重心，为做好培养工作，研究生院不断地从各个方面积极探索与完善提高博士生培养质量的办法与措施。例如：对近几年来学校少数理(工)科专业“直攻博”和“硕—博连读”研究生培养实践的良好效果进行总结后，已在全校所有理(工)科专业开展了“直攻博”和“硕—博连读”培养，并且在“硕—博连读”生资格的审查与认定方面采取比较灵活的措施，即只要是优秀的硕士生，可不仅仅局限于一年级末或二年级初予以办理；同时，“直攻博”和“硕—博连读”在人文与社会学科有关专业也已进行试点。再如，在多次召开博士生代表座谈会和召开“优秀博士学位论文”的指导教师和作者代表座谈会，广泛征求各方面意见的基础上，拟制定“北京大学关于进一步提高研究生培养质量和培育‘优秀博士学位论文’的若干意见”，等等。

【学位工作】 1999年共授予博士学位380人，硕士学位1376人，是授予学位最多的一年。在所授学位中，包括以同等学力在职申请博士学位4人，硕士学位164人。到1999年底，累计授予博士学位2082人，硕士学位12497人，合计14579人。其中授予以同等学力在职申请学位869人(硕士821人，博士48人)。

1999年还进行了学位评定委员会和学位评定分委员会换届的准备工作。北京大学第五届学位委员会是1996年12月开始的，按规定应在1999年换届，为此从上半年就开始策划，布置了学位评定委员会的换届工作。各院系分会换届已基本完成。

1999年配合北京市学位委员会进行了第一届学科评议组成员的选聘建档工作。研究生院经过积极认真的准备，由院系推荐，学校审核批准，上报了一批合适的专家作候选人。最后经北京市教委批准，北大有15人当选(其中文学一组1人，文学二组2人，经济一组1人，经济二组1人，法学一组1人，法学二组1人，工学一组1人，工学四组1人，哲学1人，历史学1人，教育学1人，理学一组1人，理学二组1人，理学三组1人)。根据北京市教委要求，为他们建立了档案。

【教学和学科建设】 北京大学现有一级学科博士授权点16个，含91个二级学科博士点，其他二级学科博士点33个，二者合计，共有124个博士点。1999年招生博士点101个，1999年12月经校学位评定委员会审核通过，伦理学和宗教学已列入招生专业，这样，招生博士点是103个，招生硕士点为125个。

1999年研究生院继续加强了教学和学科建设工作。在研究生教学中，继续改进马克思主义理论课的教学。在业务上强调“宽口径、厚基础”，重视交叉学科和学科前沿领域的研究，使学生打好专业基础，拓宽知识领域，并具有较强的动手能力。研究生院提出了“北京大学关于修订研究生培养方案的基本要求”，包括了对专业方向进行调整，课程设置、教学计划的制订以及指导教师的配备。强调要及时更新教学内容，注意适应科学研究的跨学科、多学科，实行不同学科交叉开课、跨学科联合培养。在教学中要反映专业前沿的新知识、新技术、新理论和发展趋势，要把反映当代科学技术的最新成果及时地进行收集、整理、形成课程，传授给学生，要保持课程内容的先进性。在课程建设中，完成了1997年度立项课程的中期检查和1998年度课程建设的立项。同时，已就1997年度立项建设的课程的结项、1998年度立项建设课程的中期检查和1999年度课程建设的申报工作做了布置。在导师队伍的建设中，制定了《北京大学1999年选聘博士生指导教师的试行办法》，遴选了一批优秀的教师担任博士生指导教师。

在学科规划和建设上，根据国务院学位委员会和北京市教委关于今后学科发展要列出规划，包括何时增列硕士专业点、博士专业点、一级学科博士学位专业点，以及指导教师力量的配置、科学研究条件的完善、教学科研水平的提高、其他硬件条件等都要做出规划的指示精神。经过反复讨论、仔细审查，在学科建设的布局上，按照国家经济建设、社会发展、科技进步和国防建设的需要和学校学科发展的实际情况，把国家的急需放在首位，优化资源配置，力求做到合理，完成了学科建设的规划。今后几年内，北京大学的学科建设的目标为：增列博士学位授权一级学科点15个，二级学科博士点25个，二级学科硕士点22个。

【选聘博士生导师】 1999年，根据《北京大学1999年选聘博士生指导教师的试行办法》，进行了博士生指导教师的选聘工作。高标准地遴选那些思想素质好、学术水平高、治学严谨，而且有适于作为研究生科研课题的在研项目的教师上岗指导研究生，是选聘导师的指导思想。按需设岗是选聘的基本原则。1999年共遴选博导137人(其中1月增列1名，7月增列5名，12月集中进行了博士生导师遴选，通过个人申报，院系学位分会初审，四个学部分别开会审理，最后校学位评定委员会通过，增列127名，2000年1月校学位委员会对一些遗留问题进行了讨论，又增列4名)。北大原有在岗博士生导师人数为623人，至1999年年底，人数为756人，至2000年1月为760人。在1999年增列博导后，博导队伍的年龄结构和学位结构得到了进一步的改善。

为做好博士生导师队伍的建设工作，学校对博士生指导教师的退休年龄作了具体规定，同时规定“退休前两年不再招生”。特殊学科、特殊情况需要招生的，要经校长特别批准(如有些专业，导师队伍没有形成合理梯队，后续暂时无人，而老导师有科研经费和项目，身体健康，还能指导博士生，特别是人文学科的导师)。1999年经校长特批，有104位导师可在2000年继续招生。以后，研究生院还将对原来的导师情况进行清理登记，对已经退休或因其他情况不再带学生的导师将不作为在岗人员统计，预计总人数会减少。

【表彰优秀博士学位论文的作者和导师】 根据国务院学位委员会、教育部[1998]30号文件关于《开展全国优秀博士学位论文评选工作的通知》，北大参加了首次全国优秀博士学位论文的推选工作。各院（系、所、中心）在对1995～1997年度共授予博士学位683人，其中理科398人，文科285人的博士学位论文进行认真的审查和遴选后，共推荐出59份优秀博士学位论文（其中理科33份、文科26份）。在学校组成专家组对各单位上报的博士学位论文进行了严格评审后筛选出20份（文、理科各10份）上报参加全国优秀博士学位论文的评选，有7篇被评为1999年全国优秀博士学位论文。从北大评选的优秀博士学位论文来看，其共同的特点就是具有创造性，其中不少科研成果达到了本学科领域的国际先进水平。

在1999年举行的研究生毕业典礼暨授予学位仪式上，学校对优秀博士学位论文的作者和导师进行了表彰。该奖项由香港世顺集团捐款设立。各院系推荐的59篇优秀博士学位论文同时获得北京大学优秀博士学位论文奖。7篇被评为全国优秀博士学位论文的获得北京大学优秀博士学位论文一等奖，奖金5000元；18篇获得二等奖，奖金3000元；34篇获得三等奖，奖金2000元。共有59名博士生和64名导师（其中4名有两篇获奖）受到奖励。

1999年优秀博士学位论文的评选和表彰在全校引起了强烈反响，使全校上下对2000年的评选工作更加重视。为在第二届评选中能出更多的全国优秀博士学位论文，研究生院有关人员到各有关院（系、所、中心）列席其学位分委会并参与讨论，还为各个学部的二级评审及校学位委员会的最终评审准备材料做了大量工作。从文件的准备、表格设计到工作布置、咨询、材料审核、学部会议的组织、校学位评定委员会专家组的聘请、会议组织等，1997～1998年北大授博士学位336名，学校计划评出50篇，实际评出了51篇（理学部23篇，人文学部9篇，社科学部14篇，信息学部5篇），推荐上报国家17篇。这样，校级三等奖34名，校级二等奖17名，校级一等奖待国家评出后再定。

参加全国评选优秀论文的工作，对进一步提高北大研究生尤其是博士生培养的质量和科研水平，以及建立和完善质量监督和激励机制起到了促进作用。

【表彰优秀博士毕业生】 1999年共有2054名本科生、1355名硕士生和326名博士生获得了学士、硕士和博士学位。在这些同学中，有许多勤奋求知、锐意求索、甘于奉献、勇于创新的典范，生命科学学院96级博士研究生朱小健和城环系96级博士研究生岳升阳正是他们中的突出代表。7月9日下午，北大为朱小健和岳升阳举行隆重的表彰大会，授予他们优秀毕业生的光荣称号。

朱小健同学是生命科学学院动物学专业96级博士研究生，师从潘文石教授。朱小健以长期的、大量的野外研究工作为基础，对野生大熊猫繁殖行为和繁殖对策作出了科学的分析，并提出了独到的见解。她的博士论文《秦岭大熊猫的交配系统和母幼关系》不仅对于认识大熊猫这一举世关注的物种的濒危原因有着重要的理论意义，而且对于保护策略的制定也有很大的参考价值，对解决大熊猫研究中十分重要而又长期悬而未决的问题做出了极为有益的贡献，得到同行专家的高度评价。朱小健也曾前往美国国家动物园开展合作研究，任务完成后她谢绝了美国同行的挽留，毅然回到祖国，继续其艰苦的野生大熊猫研究工作，并终于在这一领域开创了自己的一片天地。

岳升阳是城市环境学系历史地理专业96级博士研究生，师从于希贤教授。其博士论文《北京城市空间结构的演变与宣南士人文化》紧扣宣南士人文化空间的塑造与变化和清代城市结构演变的关系，分析城市文化景观形成的历史机制与地域结构，将宣南的有形物质文化与非物质性的精神景观融为一体，纳入统一视野进行综合考察，用历史地理的方法研究士人文化、京师文化、地域文化互动产生的种种现象及其影响，为近代思想文化史的研究开拓了视野、拓展了领域，填补了北京城市历史地理和城市史的空白，对深化北京城市历史地理研究有重要的学术价值，对今天城市建设与改造也有具体的指导意义。特别值得指出的是，岳升阳在攻读博士学位期间，以高度的民族责任感关注我国环境变迁与古人类活动及史前文化的关系，在以优异成绩完成博士研究生学业的同时，在侯仁之先生所提倡的历史地理学思想的启发下，提出了人类最早是在什么时候从山区和山台地、阶地来到北京平原上生活的这样一个具有挑战性的课题；他注重多学科学习，不囿于前人的成见，勇于开拓，坚持野外考察，不断有所发现，并终于于1996年12月14日在北京东方广场工地发现了约22000年前的旧石器时代晚期的古人类遗址。该发现首次证实人类在2万年前就已从洞穴来到了平原，这不仅对研究北京远古历史具有重要意义，同时这个发现也纠正了那一时期北方寒冷地区人类难以在平原上生存的观念，具有很大的学术价值。这也是第一次在世界著名首都城下发现2万多年前的人类遗址，因此引起了重大反响，他本人也因此受到国家文物局和北京市文物局的表彰。

在表彰大会上，校长陈佳洱，

副校长林钧敬，党委副书记王登峰等同志发表了热情洋溢的讲话，生命科学学院、城环系的领导、两位毕业生的导师以及同学代表也纷纷发言，充分肯定、高度评价了这两位同学潜心向学，勇于探索和创新的精神。

【刘燕文诉北京大学案】 原无线电电子学系(后改为电子学系)92级博士研究生刘燕文于1999年8月22日向海淀法院提出诉讼，状告北京大学学位委员会，要求授予他博士学位，发给他毕业证书。海淀法院受理了该案，并于11月19日和12月17日两次开庭审理。学校法定代表人校学位委员会主席陈佳洱校长委托法学院湛中乐副教授为律师，研究生院常务副院长周其凤为被告代理人，出庭应诉。

海淀法院于12月17日判决北京大学败诉，判决书要点如下：(1)北京大学撤回发给刘燕文的结业证书，于两个月内发给毕业证书；承担全部诉讼费用；(2)北京大学学位委员会撤销不授予刘燕文博士学位的决定，于三个月内重新审理其博士学位申请；承担全部诉讼费用。

刘燕文有关情况是：男，92级无线电电子学系博士生，于1995年12月22日提出论文答辩申请，1996年1月10日进行答辩，答辩委员会同意建议授予博士学位，但在评语中“建议作者对论文作必要修订，作为正式博士学位论文”。电子学系学位评定分委员会于1996年1月11日开会讨论了刘燕文的申请，要求修改论文后再投票。1996年1月19日投票通过。北京大学学位评定委员会于1996年1月24日开会，经无记名投票表决，刘燕文未通过。研究生院根据国家教委及北京大学研究生学籍管理的规定，发给了刘燕文博士研究生结业证书。

对刘燕文状告北大案的情况以及法院判决的内容和依据，研究生院常务副院长周其凤向学校作了汇报，认为海淀法院对法规的解释是错误的；北大应该上诉，不然，将对北京大学乃至全国高校正确执行有关法规以及保证教学及学位授予质量产生严重的不良后果。

注：此案一审结束后，北京大学向北京市第一中级人民法院提出上诉，北京市中级人民法院依法裁定如下：

北京市第一中级人民法院行政裁定书[(2000)一中行终字第45号]：

上诉人北京大学因拒绝履行颁发博士毕业证书一案，不服北京市海淀区人民法院(1999)海行初字第104号行政判决，向本院提起上诉。本院依法组成合议庭，审理了本案。

本院认为，上诉人北京大学在本案审理过程中所提的诉讼时效问题，原审法院未能查清。为保证案件的正确审理，依照《中华人民共和国行政诉讼法》第六十一条第(三)项，裁定如下：

一、撤销北京市海淀区人民法院(1999)海行初字第104号行政判决；

二、发回北京市海淀区人民法院重审。

(魏志义)

附 录

1999年研究生课程建设项目表(理科)

序号	单 位	课程名称	主持人
1	数学科学学院	组合数学	徐明曜
2	数学科学学院	图像处理的数学方法	姜 明
3	数学科学学院	有限元II	王 鸣
4	数学科学学院	统计数据处理	郑忠国
5	数学科学学院	同调论	姜伯驹
6	力学与工程科学系	非线性动力学	黄永念
7	力学与工程科学系	线性系统与多变量控制	叶庆凯
8	力学与工程科学系	工程中的粘性流动	颜大椿
9	力学与工程科学系	计算力学概论	武际可
10	技术物理系	量子化学与分子光谱	王德民
11	技术物理系	核磁共振成像学	俎栋林
12	技术物理系	配位化学	王祥云
13	技术物理系	带电粒子束光学	吕建钦
14	地球物理学系	天体物理方法	张华伟

序号	单 位	课程名称	主持人
15	地球物理学系	等离子体物理学	濮祖荫
16	电子学系	通信系统仿真	郑大春
17	电子学系	通信网原理	何英姿
18	电子学系	扫描探针显微学	侯士敏
19	化学科学学院	波谱学原理与技术	陈月华
20	化学科学学院	量子化学导论	黎乐民
21	化学科学学院	功能高分子化学	李福绵
22	生命科学学院	植物发育生物学	崔克明
23	生命科学学院	植物发育的分子生物学	白书农
24	生命科学学院	微生物发酵工程	罗大珍
25	生命科学学院	心肌细胞电心理学	刘泰逢
26	生命科学学院	微生物遗传学	薛友坊
27	生命科学学院	蛋白质化学	茹炳根
28	生命科学学院	细胞分子生物学	翟中和
29	生命科学学院	化学生态学	阎凤鸣
30	生命科学学院	保护生物学	潘文石
31	城市与环境学系	自然环境研究与管理	许学工
32	城市与环境学系	城市、区域与国土规划	吕 斌
33	城市与环境学系	混杂沉积相概论	崔之久
34	城市与环境学系	中国古代地理学源流	于希贤
35	城市与环境学系	第四纪基本理论与问题	夏正楷
36	城市与环境学系	城市生态学	李迪华
37	地质学系	交代作用与成矿	艾永富
38	地质学系	地球化学热力学基础	曾贻善
39	地质学系	高等大地构造学	李茂松
40	地质学系	岩石学进展	魏春景
41	地质学系	结构矿物学	郑 辙
42	心理学系	认知心理学专题	王 甦
43	信息科学中心	计算机视觉	石青云
44	电镜室	扫描电子显微镜的 X 射线显微分析	陈文雄
45	环境科学中心	环境数据处理	邵大可

1999 年研究生课程建设项目表(文科)

序号	单 位	课程名称	主持人
1	中国语言文学系	中国现代诗学研究	孙玉石
2	中国语言文学系	战国文字概论	李家浩
3	中国语言文学系	马克思主义文艺理论发展史	董学文
4	中国语言文学系	文心雕龙研究	张少康
5	中国语言文学系	语义理论研究	叶文曦
6	中国语言文学系	对外汉语教授法	陆俭明
7	历史学系	欧美现代史研究	徐天新
8	历史学系	拉丁语	彭小瑜
9	历史学系	中国现代军事史	徐 勇
10	历史学系	转型社会中的农村与农民问题研究	王红生

序号	单 位	课程名称	主持人
11	历史学系	中国古代经济史研究	郭润涛
12	历史学系	中国近代文化思想史研究	房德邻
13	考古学系	旧石器时代考古研究	黄蕴平
14	哲学学系	科学史名著选读	孙永平
15	哲学学系	西方近代哲学原著(选读)	尚新建
16	哲学学系	道教史料学	王宗昱
17	国际关系学院	世界政治理论	潘 维
18	国际关系学院	当代西方社会结构与政党政治研究	林勋建
19	国际关系学院	中东经济	安维华
20	经济学院	当代西方经济思潮评介	王志伟
21	经济学院	高级微观经济学	刘文忻
22	光华管理学院	市场营销	涂 平
23	光华管理学院	会计学	黄慧馨
24	光华管理学院	产业组织理论	张维迎
25	光华管理学院	证券投资学	刘 力
26	信息管理系	信息资源管理专论	岳剑波
27	信息管理系	情报学基本理论问题研究	秦铁辉
28	社会学系	经济发展与社会分层	林 彬
29	社会学系	数据分析技术	刘德良
30	社会学人类学研究所	比较社会学	麻国庆
31	社会学人类学研究所	符号人类学	高丙中
32	政治学与行政管理系	公共政策分析	陈庆云
33	政治学与行政管理系	政治哲学专题研究	李 强
34	政治学与行政管理系	中国现代政治思想专题研究	江荣海
35	东方学系	古代西亚艺术与建筑	张玉书
36	东方学系	伊克巴尔及其诗歌研究	刘曙雄
37	东方学系	东南亚历史与现状研究	李 谋
38	东方学系	高级汉阿翻译教程	张甲民
39	东方学系	朝鲜(韩国)古代文学专题研究	李先汉
40	东方学系	日本作家与作品专题研究	李 强
41	东方学系	日本文化史	刘金才
42	西方语言文学系	德语文学概论	谷 裕
43	西方语言文学系	拉美魔幻现实主义	段若川
44	西方语言文学系	符号学选读	王东亮
45	俄罗斯语言文学系	俄语话语语法	李 玮
46	俄罗斯语言文学系	中俄比较文学	查晓燕
47	俄罗斯语言文学系	俄罗斯学导论	李明滨
48	英语语言文学系	《圣经》文学阐释	刘意青
49	马克思主义学院	社会主义建设改革专题研究	刘志光
50	马克思主义学院	思想政治教育方法论研究	祖嘉合
51	马克思主义学院	马克思主义哲学原著专题研究	林 娅
52	科学与社会研究中心	科学、技术与社会	孙小礼
53	对外汉语教学中心	对外汉语教学理论与实践	赵燕皎
54	对外汉语教学中心	对外汉语教学语法研究	李晓琪
55	研究生院	研究生法语(二外)	研究生院

1999年在岗博士生指导教师名单

专业	姓名	专业	姓名	专业	姓名
哲学		科学技术哲学	*龚育之	世界经济	肖琛
马克思主义哲学	赵光武	科学技术哲学	孙小礼	**应用经济学**	
马克思主义哲学	宋一秀	科学技术哲学	*何祚庥	国民经济学	厉以宁
马克思主义哲学	施德福	科学技术哲学	马名驹	国民经济学	闵庆全
马克思主义哲学	赵家祥	科学技术哲学	傅世侠	国民经济学	高程德
马克思主义哲学	张文儒	科学技术哲学	任定成	国民经济学	陈良焜
马克思主义哲学	陈志尚	科学技术哲学	吴国盛	国民经济学	*高尚全
马克思主义哲学	李士坤	**理论经济学**		国民经济学	*王梦奎
马克思主义哲学	魏英敏	政治经济学	吴树青	国民经济学	秦宛顺
马克思主义哲学	张翼星	政治经济学	张友仁	国民经济学	胡健颖
马克思主义哲学	丰子义	政治经济学	刘方棫	国民经济学	杨岳全
马克思主义哲学	王东	政治经济学	傅骊元	国民经济学	邹恒甫
马克思主义哲学	曹玉文	政治经济学	刘伟	区域经济学	刘昌明
中国哲学	汤一介	政治经济学	陈德华	区域经济学	杨开忠
中国哲学	朱伯崑	政治经济学	钱淦荣	金融学	肖灼基
中国哲学	楼宇烈	政治经济学	徐雅民	金融学	曹凤岐
中国哲学	陈来	政治经济学	雎国余	金融学	李庆云
中国哲学	许抗生	政治经济学	李顺荣	金融学	孙祁祥
中国哲学	魏常海	政治经济学	卢锋	金融学	胡坚
中国哲学	李中华	政治经济学	董辅礽	金融学	刘力
中国哲学	胡军	经济思想史	赵靖	金融学	陈平
外国哲学	张世英	经济思想史	石世奇	金融学	高西庆
外国哲学	陈启伟	经济思想史	晏智杰	产业经济学	张维迎
外国哲学	杨适	经济思想史	郑学益	产业经济学	朱善利
外国哲学	赵敦华	经济史	陈振汉	产业经济学	张来武
外国哲学	万俊人	经济史	*林毅夫	**法学**	
外国哲学	靳希平	经济史	周其仁	法学理论	沈宗灵
外国哲学	杜小真	经济史	萧国亮	法学理论	赵震江
外国哲学	张祥龙	西方经济学	胡代光	法学理论	周旺生
外国哲学	韩水法	西方经济学	*易纲	法学理论	罗玉中
外国哲学	姚卫群	西方经济学	宋国青	法学理论	朱苏力
逻辑学	刘壮虎	西方经济学	刘文忻	法学理论	巩献田
逻辑学	陈波	西方经济学	王志伟	法律史	饶鑫贤
伦理学	何怀宏	世界经济	张康琴	法律史	王哲
美学	叶朗	世界经济	张德修	法律史	*武树臣
美学	闫国忠	世界经济	巫宁耕	法律史	李贵连
宗教学	张志刚	世界经济	海闻	法律史	贺卫方

专业	姓名
宪法学与行政法学	肖蔚云
宪法学与行政法学	*罗豪才
宪法学与行政法学	姜明安
宪法学与行政法学	郑胜利
宪法学与行政法学	应松年
宪法学与行政法学	袁曙宏
刑法学	杨春洗
刑法学	储槐植
刑法学	张　文
刑法学	陈兴良
刑法学	刘守芬
刑法学	汪建成
刑法学	赵国玲
刑法学	周振想
刑法学	张玉镶
经济法学	贾俊玲
经济法学	盛杰民
经济法学	刘瑞复
经济法学	刘剑文
环境与资源保护法学	金瑞林
环境与资源保护法学	魏振瀛
环境与资源保护法学	朱启超
环境与资源保护法学	尹　田
国际法学	王铁崖
国际法学	芮　沐
国际法学	赵理海
国际法学	邵　津
国际法学	杨紫烜
国际法学	龚刃韧
国际法学	吴志攀
国际法学	饶戈平
国际法学	白桂梅
政治学	
政治学理论	#赵宝煦
政治学理论	李景鹏
政治学理论	宁　骚
政治学理论	萧超然
政治学理论	丁则勤

专业	姓名
政治学理论	谢庆奎
政治学理论	王浦劬
政治学理论	陈庆云
政治学理论	周志忍
政治学理论	黄恒学
科学社会主义与国际共产主义运动	曹长盛
科学社会主义与国际共产主义运动	梁　柱
科学社会主义与国际共产主义运动	钟哲明
科学社会主义与国际共产主义运动	黄宗良
科学社会主义与国际共产主义运动	闫志民
科学社会主义与国际共产主义运动	林代昭
科学社会主义与国际共产主义运动	*沙健孙
科学社会主义与国际共产主义运动	林勋建
科学社会主义与国际共产主义运动	潘国华
科学社会主义与国际共产主义运动	薛汉伟
科学社会主义与国际共产主义运动	智效和
科学社会主义与国际共产主义运动	陈占安
国际政治	#赵宝煦
国际政治	梁守德
国际政治	方连庆
国际政治	陆庭恩
国际政治	陈峰君
国际政治	袁　明
国际政治	林良光
国际政治	王　杰
国际政治	龚文庠

专业	姓名
国际政治	刘金质
国际政治	叶自成
国际政治	李　玉
国际政治	贾庆国
社会学	
社会学	*费孝通
社会学	*雷洁琼
社会学	马　戎
社会学	王思斌
社会学	卢淑华
社会学	郭崇德
社会学	刘世定
社会学	杨善华
人口学	袁　方
人口学	张纯元
人口学	曾　毅
人口学	郑晓瑛
人类学	周　星
教育学	
高等教育学	汪永铨
高等教育学	喻岳青
高等教育学	陈学飞
心理学	
基础心理学	陈仲庚
基础心理学	王　甦
基础心理学	朱　滢
基础心理学	沈　政
基础心理学	钱铭怡
基础心理学	王登峰
基础心理学	肖　健
基础心理学	周晓林
基础心理学	王　垒
中国语言文学	
文艺学	陈熙中
文艺学	王岳川
文艺学	刘　烜
文艺学	董学文
文艺学	李思孝

专 业	姓 名	专 业	姓 名	专 业	姓 名
语言学及应用语言学	林 焘	中国现当代文学	洪子诚	德语语言文学	孙凤城
语言学及应用语言学	徐通锵	中国现当代文学	钱理群	日语语言文学	潘金生
语言学及应用语言学	沈 炯	中国现当代文学	温儒敏	日语语言文学	徐昌华
语言学及应用语言学	王洪君	中国现当代文学	陈平原	日语语言文学	顾海根
汉语言文字学	陆俭明	中国现当代文学	曹文轩	印度语言文学	季羡林
汉语言文字学	郭锡良	中国现当代文学	商金林	印度语言文学	刘安武
汉语言文字学	蒋绍愚	比较文学与世界文学	乐黛云	印度语言文学	王邦维
汉语言文字学	王福堂	比较文学与世界文学	严绍璗	印度语言文学	唐仁虎
汉语言文字学	何九盈	比较文学与世界文学	孟 华	西班牙语语言文学	赵德明
汉语言文字学	符淮青	**外国语言文学**		西班牙语语言文学	段若川
汉语言文字学	张双棣	英语语言文学	胡壮麟	西班牙语语言文学	赵振江
汉语言文字学	李家浩	英语语言文学	陶 洁	阿拉伯语语言文学	仲跻昆
汉语言文字学	袁毓林	英语语言文学	申 丹	阿拉伯语语言文学	张甲民
汉语言文字学	李小凡	英语语言文学	王逢鑫	阿拉伯语语言文学	孙承熙
中国古典文献学	裘锡圭	英语语言文学	胡家峦	阿拉伯语语言文学	陈嘉厚
中国古典文献学	*金开诚	英语语言文学	刘意青	亚非语言文学	李 谋
中国古典文献学	孙钦善	英语语言文学	辜正坤	亚非语言文学	姚秉彦
中国古典文献学	倪其心	英语语言文学	韩敏中	亚非语言文学	孔远志
中国古典文献学	安平秋	英语语言文学	沈 弘	亚非语言文学	史习成
中国古典文献学	李 零	英语语言文学	高一虹	亚非语言文学	叶奕良
中国古典文献学	杨 忠	俄语语言文学	彭克巽	亚非语言文学	赵 杰
中国古典文献学	董洪利	俄语语言文学	吴贻翼	亚非语言文学	张玉安
中国古代文学	林 庚	俄语语言文学	李明滨	**历史学**	
中国古代文学	袁行霈	俄语语言文学	李毓榛	考古学及博物馆学	宿 白
中国古代文学	陈贻焮	俄语语言文学	陈君华	考古学及博物馆学	吕遵谔
中国古代文学	褚斌杰	俄语语言文学	任光宣	考古学及博物馆学	*徐苹芳
中国古代文学	孙 静	俄语语言文学	李国辰	考古学及博物馆学	邹 衡
中国古代文学	张少康	法语语言文学	陈占元	考古学及博物馆学	严文明
中国古代文学	葛晓音	法语语言文学	桂裕芳	考古学及博物馆学	陈铁梅
中国古代文学	周 强	法语语言文学	王文融	考古学及博物馆学	原思训
中国古代文学	费振刚	法语语言文学	张冠尧	考古学及博物馆学	马世长
中国古代文学	周先慎	法语语言文学	罗 芃	考古学及博物馆学	李伯谦
中国古代文学	夏晓虹	法语语言文学	王庭荣	考古学及博物馆学	晁华山
中国古代文学	钱志熙	法语语言文学	秦海鹰	考古学及博物馆学	王幼平
中国古代文学	程郁缀	法语语言文学	郭宏安	考古学及博物馆学	赵朝洪
中国现当代文学	严家炎	德语语言文学	杨业治	考古学及博物馆学	刘 绪
中国现当代文学	谢 冕	德语语言文学	张玉书	考古学及博物馆学	高崇文
中国现当代文学	孙玉石	德语语言文学	范大灿	考古学及博物馆学	齐东方

专业	姓名	专业	姓名	专业	姓名
考古学及博物馆学	葛英会	**数学**		概率论与数理统计	钱敏平
历史地理学	侯仁之	基础数学	姜伯驹	概率论与数理统计	谢衷洁
历史地理学	于希贤	基础数学	*丁石孙	概率论与数理统计	程士宏
历史地理学	韩光辉	基础数学	#程民德	概率论与数理统计	耿直
中国古代史	吴荣曾	基础数学	段学复	概率论与数理统计	何书元
中国古代史	祝总斌	基础数学	#张恭庆	概率论与数理统计	陈大岳
中国古代史	吴宗国	基础数学	丁同仁	应用数学	#程民德
中国古代史	王天有	基础数学	*潘承彪	应用数学	#张恭庆
中国古代史	闫步克	基础数学	李忠	应用数学	钱敏
中国古代史	张希清	基础数学	王雪平	应用数学	石青云
中国古代史	邓小南	基础数学	刘嘉荃	应用数学	陈亚浙
中国古代史	李孝聪	基础数学	*殷蔚萍	应用数学	程乾生
中国古代史	岳庆平	基础数学	李承治	应用数学	郭懋正
中国古代史	荣新江	基础数学	*石生明	应用数学	黄少云
中国古代史	徐凯	基础数学	王诗宬	应用数学	胡德焜
中国古代史	朱凤翰	基础数学	彭立中	应用数学	刘张炬
中国古代史	王小甫	基础数学	徐明曜	应用数学	林作铨
中国近现代史	*刘桂生	基础数学	文兰	应用数学	张乃孝
中国近现代史	王晓秋	基础数学	张继平	应用数学	王正栋
中国近现代史	房德邻	基础数学	陈维桓	应用数学	刘培东
中国近现代史	徐万民	基础数学	王铎	**物理学**	
中国近现代史	茅海建	基础数学	谭小江	理论物理	杨立铭
中国近现代史	欧阳哲生	基础数学	赵春来	理论物理	高崇寿
世界史	马克垚	基础数学	丘维声	理论物理	杨泽森
世界史	林承节	基础数学	王长平	理论物理	曹昌祺
世界史	刘祖熙	基础数学	王杰	理论物理	曾谨言
世界史	徐天新	基础数学	郑志明	理论物理	宋行长
世界史	沈仁安	基础数学	段海豹	理论物理	赵光达
世界史	郭华榕	基础数学	柳彬	理论物理	林宗涵
世界史	郑家馨	基础数学	刘和平	理论物理	俞允强
世界史	梁志明	计算数学	应隆安	理论物理	彭宏安
世界史	何芳川	计算数学	滕振寰	理论物理	李重生
世界史	何顺果	计算数学	张平文	理论物理	吴崇试
世界史	林被甸	计算数学	李治平	理论物理	熊传胜
世界史	宋成有	计算数学	徐树方	理论物理	刘玉鑫
世界史	高毅	概率论与数理统计	*龚光鲁	粒子物理与原子核物理	陈佳洱
世界史	朱孝远	概率论与数理统计	郑忠国	粒子物理与原子核物理	张启仁
世界史	董正华	概率论与数理统计	陈家鼎	粒子物理与原子核物理	江栋兴

专业	姓名	专业	姓名	专业	姓名
粒子物理与原子核物理	王正行	无机化学	苏勉曾	物理化学(含:化学物理)	谢有畅
粒子物理与原子核物理	叶沿林	无机化学	刘元方	物理化学(含:化学物理)	黎乐民
粒子物理与原子核物理	孟杰	无机化学	吴季兰	物理化学(含:化学物理)	邵美成
凝聚态物理	尹道乐	无机化学	吴瑾光	物理化学(含:化学物理)	桂琳琳
凝聚态物理	甘子钊	无机化学	王文清	物理化学(含:化学物理)	林炳雄
凝聚态物理	章立源	无机化学	黄春辉	物理化学(含:化学物理)	徐筱杰
凝聚态物理	杨威生	无机化学	*王夔	物理化学(含:化学物理)	蔡生民
凝聚态物理	任尚元	无机化学	李标国	物理化学(含:化学物理)	马季铭
凝聚态物理	杨应昌	无机化学	顾镇南	物理化学(含:化学物理)	赵新生
凝聚态物理	秦国刚	无机化学	高宏成	物理化学(含:化学物理)	朱步瑶
凝聚态物理	*王忠烈	无机化学	王祥云	物理化学(含:化学物理)	来鲁华
凝聚态物理	戴道生	无机化学	哈鸿飞	物理化学(含:化学物理)	寇元
凝聚态物理	吴思诚	无机化学	严纯华	物理化学(含:化学物理)	吴念祖
凝聚态物理	韩汝珊	无机化学	林建华	物理化学(含:化学物理)	杨锡尧
凝聚态物理	闫守胜	无机化学	陈志达	物理化学(含:化学物理)	刘忠范
凝聚态物理	朱星	无机化学	魏根拴	物理化学(含:化学物理)	李芝芬
凝聚态物理	张树霖	无机化学	*支志明	物理化学(含:化学物理)	郭国霖
凝聚态物理	王世光	无机化学	高松	物理化学(含:化学物理)	章士伟
凝聚态物理	戴远东	无机化学	甘良兵	物理化学(含:化学物理)	黄其辰
凝聚态物理	章蓓	分析化学	孙亦梁	高分子化学与物理	冯新德
凝聚态物理	熊光成	分析化学	慈云祥	高分子化学与物理	李福绵
凝聚态物理	林勤	分析化学	童沈阳	高分子化学与物理	丘坤元
凝聚态物理	田光善	分析化学	李南强	高分子化学与物理	陈慧英
凝聚态物理	张国义	分析化学	常文保	高分子化学与物理	曹维孝
凝聚态物理	欧阳颀	分析化学	李克安	高分子化学与物理	张鸿志
凝聚态物理	张酣	分析化学	李元宗	高分子化学与物理	周其凤
凝聚态物理	俞大鹏	有机化学	张滂	高分子化学与物理	宛新华
光学	孙駒亨	有机化学	邢其毅	高分子化学与物理	魏高原
光学	邹英华	有机化学	金声	高分子化学与物理	危岩
光学	刘弘度	有机化学	叶秀林	高分子化学与物理	程正迪
光学	龚旗煌	有机化学	李崇熙	**天文学**	
无线电物理	董太乾	有机化学	花文廷	天体物理	乔国俊
无线电物理	王义遒	有机化学	叶蕴华	天体物理	吴鑫基
无线电物理	杨东海	有机化学	袁谷	**地理学**	
无线电物理	汤俊雄	有机化学	席振峰	自然地理学	陈静生
化学		有机化学	王剑波	自然地理学	陶澍
无机化学	#徐光宪	物理化学(含:化学物理)	#徐光宪	自然地理学	蔡运龙
无机化学	张青莲	物理化学(含:化学物理)	唐有祺	自然地理学	黄润华

专业	姓名	专业	姓名	专业	姓名
自然地理学	方精云	**地质学**		植物学	曹宗巽
自然地理学	王学军	矿物学、岩石学、矿床学	冯钟燕	植物学	吴相钰
自然地理学	周力平	矿物学、岩石学、矿床学	崔文元	植物学	许智宏
人文地理学	杨吾扬	矿物学、岩石学、矿床学	艾永富	植物学	陈章良
人文地理学	胡兆量	矿物学、岩石学、矿床学	王仁民	植物学	尤瑞麟
人文地理学	周一星	矿物学、岩石学、矿床学	阎国翰	植物学	顾红雅
人文地理学	*郭来喜	矿物学、岩石学、矿床学	许保良	植物学	崔克明
人文地理学	谢凝高	矿物学、岩石学、矿床学	郑　辙	植物学	林忠平
人文地理学	董黎明	矿物学、岩石学、矿床学	张立飞	植物学	李　毅
人文地理学	王辑慈	地球化学	曾贻善	植物学	赵进东
人文地理学	俞孔坚	地球化学	穆治国	植物学	白书农
人文地理学	吕　斌	古生物学与地层学	王新平	植物学	邓兴旺
地图学与地理信息系统	马蔼乃	古生物学与地层学	白顺良	动物学	张　昀
地图学与地理信息系统	徐希孺	古生物学与地层学	郝守刚	动物学	潘文石
地图学与地理信息系统	李　琦	古生物学与地层学	董熙平	动物学	许崇任
地图学与地理信息系统	邬　伦	古生物学与地层学	齐文同	生理学	刘泰槰
地图学与地理信息系统	晏　磊	古生物学与地层学	白志强	生理学	高天礼
大气科学		构造地质学	钱祥麟	生理学	于龙川
气象学	王绍武	构造地质学	何国琦	生理学	孙久荣
气象学	陈受钧	构造地质学	郑亚东	细胞生物学	翟中和
气象学	刘式适	构造地质学	刘瑞珣	细胞生物学	吴鹤龄
气象学	陶祖钰	构造地质学	李茂松	细胞生物学	丁明孝
气象学	黄嘉佑	构造地质学	邵济安	细胞生物学	尚克刚
大气物理学与大气环境	赵柏林	构造地质学	史　謌	细胞生物学	陈建国
大气物理学与大气环境	陈家宜	构造地质学	潘　懋	细胞生物学	莫日根
大气物理学与大气环境	*周秀骥	构造地质学	韩宝福	细胞生物学	舒红兵
大气物理学与大气环境	毛节泰	构造地质学	徐　备	生物化学与分子生物学	茹炳根
大气物理学与大气环境	刘式达	构造地质学	侯建军	生物化学与分子生物学	朱圣庚
大气物理学与大气环境	桑建国	第四纪地质学	崔之久	生物化学与分子生物学	*梁宋平
大气物理学与大气环境	秦　瑜	第四纪地质学	杨景春	生物化学与分子生物学	朱玉贤
地球物理学		第四纪地质学	任明达	生物化学与分子生物学	唐建国
固体地球物理学	臧绍先	第四纪地质学	倪晋仁	生物物理学	卢光莹
固体地球物理学	蔡永恩	第四纪地质学	夏正楷	生物物理学	张人骥
固体地球物理学	陈晓非	第四纪地质学	莫多闻	生物物理学	吴才宏
空间物理学	濮祖荫	第四纪地质学	刘耕年	**力学**	
空间物理学	萧　佐	第四纪地质学	李树德	一般力学与力学基础	黄　琳
空间物理学	涂传诒	**生物学**		一般力学与力学基础	陈　滨
		植物学	李正理	一般力学与力学基础	叶庆凯

专 业	姓 名	专 业	姓 名	专 业	姓 名
一般力学与力学基础	王 龙	微电子学与固体电子学	吉利久	核技术及应用	包尚联
固体力学	*胡海昌	微电子学与固体电子学	许铭真	核技术及应用	于金祥
固体力学	王 仁	微电子学与固体电子学	张 兴	核技术及应用	唐孝威
固体力学	武际可	微电子学与固体电子学	倪学文	**环境科学与工程**	
固体力学	王大钧	微电子学与固体电子学	盛世敏	环境科学	唐孝炎
固体力学	王敏中	**信息与通信工程**		环境科学	*戴乾圜
固体力学	殷有泉	通信与信息系统	王 楚	环境科学	李金龙
固体力学	黄筑平	通信与信息系统	*谢麟振	环境科学	叶文虎
固体力学	苏先樾	通信与信息系统	项海格	环境科学	陈国谦
固体力学	王建祥	通信与信息系统	吴德明	环境科学	张远航
固体力学	王 炜	通信与信息系统	沈伯弘	环境科学	白郁华
固体力学	刘凯欣	通信与信息系统	梁庆林	环境科学	朱 彤
流体力学	孙天风	通信与信息系统	徐安士	**工商管理**	
流体力学	周光坰	通信与信息系统	佘道衡	企业管理	涂 平
流体力学	吴望一	通信与信息系统	王子宇	企业管理	王其文
流体力学	陈耀松	信号与信息处理	迟惠生	企业管理	张国有
流体力学	吴江航	信号与信息处理	谭少华	企业管理	靳云汇
流体力学	黄永念	信号与信息处理	陈 珂	企业管理	王立彦
流体力学	严宗毅	信号与信息处理	查红兵	企业管理	梁钧平
流体力学	魏庆鼎	**计算机科学与技术**		企业管理	陆正飞
流体力学	王健平	计算机系统结构	李晓明	企业管理	项 兵
流体力学	佘振苏	计算机系统结构	程 旭	企业管理	梁 能
流体力学	吴介之	计算机软件与理论	袁崇义	企业管理	成思危
工程力学	颜大椿	计算机软件与理论	杨芙清	**公共管理**	
工程力学	袁明武	计算机软件与理论	许卓群	教育经济与管理	闵维方
工程力学	陈德成	计算机软件与理论	俞士汶	**图书馆、情报与档案管理**	
工程力学	方 竞	计算机软件与理论	董士海	图书馆学	周文骏
工程力学	顾志福	计算机软件与理论	宋再生	图书馆学	吴慰慈
电子科学与技术		计算机软件与理论	唐世渭	图书馆学	肖东发
物理电子学	吴全德	计算机软件与理论	张立昂	图书馆学	王锦贵
物理电子学	徐承和	计算机软件与理论	陈 钟	图书馆学	王余光
物理电子学	周乐柱	计算机软件与理论	邵维忠	情报学	赖茂生
物理电子学	西门纪业	计算机软件与理论	杨冬青	情报学	*梁战平
物理电子学	薛增泉	计算机软件与理论	王立福	情报学	*赵澄谋
物理电子学	吴锦雷	计算机软件与理论	梅 宏	情报学	*关家麟
物理电子学	龚中麟	计算机应用技术	王 选	情报学	*徐学文
物理电子学	刘惟敏	计算机应用技术	陈堃銶	情报学	秦铁辉
物理电子学	彭练矛	计算机应用技术	肖建国		
微电子学与固体电子学	武国英	计算机应用技术	阳振坤		
微电子学与固体电子学	王阳元	**核科学与技术**			
微电子学与固体电子学	韩汝琦	核技术及应用	方家驯		
微电子学与固体电子学	谭长华	核技术及应用	赵 夔		
微电子学与固体电子学	*马俊如	核技术及应用	赵渭江		
微电子学与固体电子学	张利春	核技术及应用	郭之虞		

说明：1999年在岗的博士生指导教师共760人（包括在北大兼职的指导教师34人和2000年1月批准的4人）。已不指导博士生，也不再新招博士生的导师未包括在内。在名单中标有*的为兼职导师，标有#的为两个专业的导师。

（魏志义）

北京大学有博士、硕士学位授予权的学科专业目录

	01 哲 学	
	★0101	哲学
1	*010101	马克思主义哲学
2	*010102	中国哲学
3	*010103	外国哲学
4	*010104	逻辑学
5	*010105	伦理学
6	*010106	美学
7	*010107	宗教学
8	*010108	科学技术哲学
	02 经济学	
	★0201	理论经济学
9	*020101	政治经济学
10	*020102	经济思想史
11	*020103	经济史
12	*020104	西方经济学
13	*020105	世界经济
14	*020106	人口、资源与环境经济学
	★0202	应用经济学
15	*020201	国民经济学
16	*020202	区域经济学
17	*020203	财政学(含:税收学)
18	*020204	金融学(含:保险学)
19	*020205	产业经济学
20	*020206	国际贸易学
21	*020207	劳动经济学
22	*020208	统计学
23	*020209	数量经济学
24	*020210	国防经济
	03 法 学	
	0301	法学
25	*030101	法学理论
26	*030102	法律史
27	*030103	宪法学与行政法学
28	*030104	刑法学
29	030105	民商法学(含:劳动法学、社会保障法学)
30	030106	诉讼法学
31	*030107	经济法学
32	*030108	环境与资源保护法学
33	*030109	国际法学(含:国际公法、国际私法、国际经济法)
	0302	政治学
34	*030201	政治学理论
35	*030203	科学社会主义与国际共产主义运动
36	030204	中共党史(含:党的学说与党的建设)
37	030205	马克思主义理论与思想政治教育
38	*030206	国际政治
39	030207	国际关系
40	030208	外交学
	0303	社会学
41	*030301	社会学
42	*030302	人口学
43	*030303	人类学
	04 教育学	
	0401	教育学
44	*040106	高等教育学
	0402	心理学
45	*040201	基础心理学
46	040203	应用心理学
	05 文 学	
	★0501	中国语言文学
47	*050101	文艺学
48	*050102	语言学及应用语言学
49	*050103	汉语言文字学
50	*050104	中国古典文献学
51	*050105	中国古代文学
52	*050106	中国现当代文学
53	*050107	中国少数民族语言文学
54	*050108	比较文学与世界文学
	0502	外国语言文学
55	*050201	英语语言文学
56	*050202	俄语语言文学
57	*050203	法语语言文学
58	*050204	德语语言文学

59	*050205	日语语言文学
60	*050206	印度语言文学
61	*050207	西班牙语语言文学
62	*050208	阿拉伯语语言文学
63	*050210	亚非语言文学
	0503	新闻传播学
64	050302	传播学
	0504	艺术学
65	050401	艺术学
	06	**历史学**
	★0601	历史学
66	*060101	史学理论及史学史
67	*060102	考古学及博物馆学
68	*060103	历史地理学
69	*060104	历史文献学(含:敦煌学、古文字学)
70	*060105	专门史
71	*060106	中国古代史
72	*060107	中国近现代史
73	*060108	世界史
	07	**理　学**
	★0701	数学
74	*070101	基础数学
75	*070102	计算数学
76	*070103	概率论与数理统计
77	*070104	应用数学
78	*070105	运筹学与控制论
	★0702	物理学
79	*070201	理论物理
80	*070202	粒子物理与原子核物理
81	*070203	原子与分子物理
82	*070204	等离子体物理
83	*070205	凝聚态物理
84	*070206	声学
85	*070207	光学
86	*070208	无线电物理
	★0703	化学
87	*070301	无机化学
88	*070302	分析化学
89	*070303	有机化学
90	*070304	物理化学(含:化学物理)
91	*070305	高分子化学与物理
	0704	天文学
92	*070401	天体物理
	★0705	地理学
93	*070501	自然地理学
94	*070502	人文地理学
95	*070503	地图学与地理信息系统
	★0706	大气科学
96	*070601	气象学
97	*070602	大气物理学与大气环境
	★0708	地球物理学
98	*070801	固体地球物理学
99	*070802	空间物理学
	★0709	地质学
100	*070901	矿物学、岩石学、矿床学
101	*070902	地球化学
102	*070903	古生物学与地层学(含:古人类学)
103	*070904	构造地质学
104	*070905	第四纪地质学
	★0710	生物学
105	*071001	植物学
106	*071002	动物学
107	*071003	生理学
108	*071004	水生生物学
109	*071005	微生物学
110	*071006	神经生物学
111	*071007	遗传学
112	*071008	发育生物学
113	*071009	细胞生物学
114	*071010	生物化学与分子生物学
115	*071011	生物物理学
116	*071012	生态学
	0712	科学技术史(分学科,可授理学、工学、农学、医学学位)
117	0712	科学技术史
	08	**工　学**
	★0801	力学(可授工学、理学学位)
118	*080101	一般力学与力学基础

119 ＊080102 固体力学
120 ＊080103 流体力学
121 ＊080104 工程力学

0809 电子科学与技术(可授工学、理学学位)
122 ＊080901 物理电子学
123 ＊080903 微电子学与固体电子学

★0810 信息与通信工程
124 ＊081001 通信与信息系统
125 ＊081002 信号与信息处理

★0812 计算机科学与技术(可授工学、理学学位)
126 ＊081201 计算机系统结构
127 ＊081202 计算机软件与理论
128 ＊081203 计算机应用技术

0827 核科学与技术
129 ＊082703 核技术及应用

0830 环境科学与工程(可授工学、理学、农学学位)
130 ＊083001 环境科学

12 管理学

1201 管理科学与工程(可授管理学、工学学位)
131 1201 管理科学与工程

1202 工商管理
132 120201 会计学
133 ＊120202 企业管理(含:财务管理、市场营销、人力资源管理)

1204 公共管理
134 120401 行政管理
135 ＊120403 教育经济与管理(可授管理学、教育学学位)
136 120404 社会保障

1205 图书馆、情报与档案管理
137 ＊120501 图书馆学
138 ＊120502 情报学

139 工商管理硕士
140 法律硕士

说明:截止1999年北京大学共有16个一级学科有博士学位授予权(即学科专业目录中标有★的一级学科);有124个博士学位授权点(即学科专业目录中标有＊的专业,这些专业同时有硕士学位授予权);有138个硕士学位授权点和2个专业硕士点。

1999年全国优秀博士学位论文

序号	论文题目	作者	导师	系别专业
1	汉语变调构词研究	孙玉文	郭锡良	中文系 汉语言文字学
2	清代学人的幕府生涯及学术活动	尚小明	刘桂生	历史系 中国近现代史
3	随机删失模型中的渐近理论	王启华	郑忠国	数学学院 概率论与数理统计
4	二进小波变换、吴方法及其在图像处理和计算机视觉中的应用	许传祥	石青云 程民德	数学学院 概率论与数理统计
5	扫描隧道显微镜的应用研究	盖 峥	杨威生	物理系 凝聚态物理
6	Ⅰ. ^{60}C衍生物的合成及性质 Ⅱ. 功能性金属配合物及LB膜	周德建	黄春辉	化学学院 无机化学
7	波分复用光纤通信系统若干问题的实验和理论研究	张 侃	谢麟振 徐安士	电子学系 通信与信息系统

(魏志义)

成 人 教 育

【概况】 1999年，原北京大学成人教育学院(继续教育学院)管理职能和教学职能剥离，成立继续教育部，负责全校成人、继续教育的归口统一管理和组织协调工作，原成人教育学院(继续教育学院)向教学实体转化。在体制改革的过程中，继续教育部、继续教育学院的全体职工围绕“增强服务意识、改变工作作风、提高自身素质、提高工作效率”的主题，做到了局面不乱、工作不断，圆满完成了各项任务。

成人学历教育顺利完成了招生计划，共招收函授、夜大学、成人脱产、远程教育各类学生4510人，受到了教育部的表扬。现代远程教育首次招生，在大连、丹东、太原、济南、青岛、杭州、昆山、万州和广州等9个教学中心招收国际经济与贸易(高中起点本科和专科起点本科)和法学(专科起点本科)两个专业的学员973人，这是北大第一批现代远程教育学生。

在校外合作与联系方面，接受广东省自学考试委员会的邀请，经广东省自学考试委员会批准，承担了广东北达经贸专修学院举办的自学考试“小考班”的主考任务。计算机系、法学院作为第一批“小考班”主考院系分别承担了广东省计算机应用技术、法律专业自学考试小考班的主考任务。

(李国斌、安会泳)

【推行学分制】 1999年北京大学成人学历教育在夜大学专升本层次、脱产班专科和本科(包括专升本)、远程教育本科(包括专升本)层次全面推行学分制。主要作法是由学生根据专业教学计划自主安排学习进度，允许成人学历教育学生选学全日制本科的相同、相关课程，从学习期限和知识结构等方面为学生提供了选择的自由，为成人教育学生解决工学矛盾，主动自觉地学习及培养创新能力，提高自身综合素质创造了条件。

全面学分制的试点工作于1997年在夜大学97级专升本理财学专业推行。到1999年7月该班60名学生当中已有38名学生修完原三年制专业教学计划规定的全部学分，获准提前毕业。提前一年毕业的学生数占总数的63%，他们是北京大学成人学历教育全面实行学分制以后第一批受益的毕业生。

(高文学)

【推进教学管理改革】 继续教育部在总结教学改革成功经验的基础上，在严格执行有关管理规定的同时，又采取了一系列新的措施，收到了良好的效果。1999年4月，制定并下发了《关于统一函授课程总评成绩考核办法的意见》，规定函授教育各门课程期末考试卷面成绩均是80分满分，平时成绩占20分。这样从制度上切实保证了学生自学、作业等教学环节的有效实施，对提高教学质量有很大的促进作用。继续教育部教学管理与研究办公室还坚持进行期初、期中、期末三段式教学检查，并根据不同情况决定检查的重点内容。1999年的检查重点有两个：一是对学分制执行情况进行检查，并及时组织有关院系进行研究、交流；二是抽查函授教育部分公共课阅卷情况，纠正有误的分数，并将一名阅卷不够认真的教师辞退。

(刘广送)

【高层次继续教育】 完成进修教师接收任务　1999年有334名进修教师结业，其中访问学者162人(副教授76人)，硕士学位教师进修班31人，单科进修141人。新接收进修教师351名，其中访问学者174人(副教授100人)，硕士学位教师进修班38人，单科进修139人。在进修教师工作中，注意发挥北大优势，重点放在国内访问学者的培养上，实现了连续多年访问学者人数超过普通单科进修人数。访问学者中，副高级职称人数比例也由1998年的47%提高到1999年的57%。另外，1999年接受的访问学者向重点实验室倾斜，在8个国家理科基地安排了11名国内访问学者，既为兄弟院校培养了学术骨干，也有力地支持了北大重点实验室的建设。

(杨学祥)

举办高级研讨班　举办的高级研讨班有：考古文博院的“中国古代瓷窑遗址的发掘及研究”，信息管理系的“中国信息资源建设”，地质系的“自然资源形势与地球科学发展”和“大陆动力学与成矿作用”，社会学人类学所的“社会人类学”等。

(张玫玫)

开办高层次研修班　1999年，为发挥北大优势，促进学校与地方的合作，组织了多个院系开办跨学科、跨专业的高层次研修班。如：为云南省开办师资培训班1个，培训高校英语师资71人；为青岛市开办“拔尖人才”干部研修班5个，培训各级领导干部837人；还接受北京市海淀区委托，开办了“现代公共管理研究生课程干部研修班”；受贵州省委组织部和航空第一集团委托，开办了“经济管理高级研修班”；受北京市朝阳区委托，开办了“现代工商管理研究生课程班”等。这些高级研修班的举办，突破了传统学科、专业的界限，促进了不同学科、专业的渗透与融合，既为行业、系统和地方培养了高级管理人才，又探索了继续教育的新路子，推动继续教育向高层次、高质量、高品味的方向不断发展。

（杨学祥）

【开通现代远程教育网】 1999年3月23日，教育部电教办以《关于对〈北京大学关于现代远程教育试点工作的申请〉的复函》（教电办函[1999]7号）批准北京大学为"现代远程教育试点学校"。7月29日，教育部韦钰副部长来校指导工作，就北大现代远程教育工作作了四点指示。根据教育部文件及韦钰副部长的指示精神，北大远程教育办公室依照既定的技术路线和确定的招生专业、办学层次、站点布局方案开始准备招生工作。8月，印发了《北京大学现代远程教育1999年招生简章》，在大连、丹东、太原、济南、青岛、杭州、昆山、万州和广州等9个现代远程教育教学中心（点）组织了招生宣传工作。9月24日，由北大单独命题并统一组织了现代远程教育的入学考试。10月15日，完成了新生录取工作。11月1日，校内外各现代远程教育中心全部开始上课。现代远程教育网的开通与第一届现代远程教育学生的诞生，在北京大学成人教育和继续教育教学手段现代化进程中具有里程碑式的意义。1999年10月学校制定并下发了《北京大学现代远程教育教学中心管理办法（试行）》、《北京大学成人教育课程考核管理办法（试行）》等文件，规范了现代远程教育各项办学活动和教学环节，确保了现代远程教育步入正规化、规范化轨道。

（侯建军、赵先明）

海 外 教 育

1999年海外教育与留学生工作在"抓住机遇、深化改革、稳定规模、提高质量"的方针下取得了新进展。在校生人数和自费生学费收入都达到了历史最高水平。共招收长期外国留学生552人，使在校长期留学生总数达1170人，是历年来人数最多的一年。仅长期留学生学费一项即上缴学校财政2025万元人民币，达到历史最高水平。同时，北大还接收了短期留学生1265名。

1999年，"自费生学习优秀奖"首次颁发，36名留学生获奖。为了吸引美国从事中国问题研究的博士生来北京大学，"中国学奖学金"项目也正式启动，进一步扩大了北京大学在欧美的影响。由于其良好的效果，美国哈佛大学、夏威夷大学计划与北京大学加强合作，扩大该项目的规模。

为提高留学生的中文语言水平和中国文化水平，北大留学生办公室设立预科培训项目，对留学生进行汉语补习和文化课程培训，收效显著。留学生办公室多次组织长、短期外国留学生参观北京名胜古迹，到洛阳、西安、上海、杭州、苏州等地开展教学实习或旅游观光，在达到教学目的同时，增进了留学生对中华文化的了解。

在做好留学生工作的同时，北大积极开展丰富多彩的港澳台学生活动，如组织学生泛舟昆明湖，共度中秋节，与澳门同学共庆澳门回归等。

在境外办学方面，北京大学与新加坡东方文化学院合作开办了中国语言文学学士学位课程。

自费生学习优秀奖统计表

学生类别	获奖等级	人数	金额(RMB)	获奖等级	人数	金额(RMB)
本科生	一等奖	10	3000	二等奖	10	2000
硕士生	一等奖	4	15000	二等奖	4	10000
博士生	一等奖	4	15000	二等奖	4	10000

（张秀环）

·科学研究与高科技产业·

理科科研工作

【概况】 北京大学科学研究部是1999年校内行政机构体制改革中新成立的职能部门，是由原社会科学处和自然科学处合并组建而成。成立的宗旨在于加强北京大学文理科之间的学科交叉，促进学科渗透与综合管理。科研部根据学校科研管理的要求，设立了社会科学办公室、自然科学办公室、科技开发办公室和综合办公室。其中，自然科学办公室、综合办公室负责理科的科研基地建设、科研项目和科技成果管理。

为推动科研管理科学化、现代化，1999年，科研部在长期管理经验和数据积累的基础上建立了网络主页，为北大科研工作提供更好的服务，同时扩大北京大学在国内外的影响（网址：www. research. pku. edu. cn）。为进一步提高文科科研管理工作的水平和效率，科研部为各单位普遍安装了“文科科研管理信息系统”，并提供了技术支持。北大1998年度的文科科研统计工作连续第四年实现了统计数据的自动生成，并获得了国家教育部社政司的表彰。科研部现已结合年度的科研统计工作，完善了科研人员库，着手建立了科研项目库和科研成果库，从而初步建成北京大学文科科研基础情况数据库。

学科建设是高等学校的安身立命之本，是高校一切工作的中心。科学研究部各项工作紧紧围绕全校学科建设，制订了本年度的基本工作思路，即“对内强化管理，对外积极竞争”。对内强化管理是指在深入调研的基础上，全面摸清全校各单位基本情况，因地制宜地采取有力措施，进一步加强学科建设，努力提高科研管理水平和服务水平；对外积极竞争是指通过精心组织，积极争取各级各类项目和经费，特别是重大科研项目，有计划地推出一批年轻的学术带头人，促进北大科研总体实力的提高。1999年是北大“创建世界一流大学计划”（“985”）项目实施的第一年，对北大学科建设条件的改善、研究方法的转变、队伍的建设都具有重要意义。对于急需支持的、近年内可能出现较大成果的项目以及新型交叉学科，学校要给予优先资助。科研部与教学科研工作委员会共同审阅了院系的“985”项目申请，确定了资助的原则和顺序。批准项目已经开始实施。

1999年5月27日，为研讨科研发展战略，北大召开科研工作会议，科技部长朱丽兰和教育部、总装备部的领导与会讲话。各院系和重点科研机构150多名负责同志参加了研讨会，会议集中讨论了基地建设、人才建设问题以及“985”项目实施的基本原则，讨论了在新的百年中如何进一步加强学科建设、推进北京大学科学研究工作的战略性举措。

【科研项目与经费】 1999年北京大学理科新增科研项目数和到校经费数均达到新的水平。国家增加了对科研和教育的投资，增设了新的专项科研计划，如“国家重点基础研究发展规划”（简称“973”项目），“国家转基因植物研究与产业化专项”（简称转基因专项），教育部“面向21世纪教育振兴行动计划”等。北大近年来优秀人才的引进和科研条件明显改善，大大提高了承担完成科研项目的实力。1999年在全国新增加的“973”项目中，北大教授出任其中3个项目的首席科学家：“核心数学中的前沿问题”（数学科学学院的姜伯驹院士）、“超导科学技术”（物理学系甘子钊院士）、“细胞重大生命活动的基础与应用研究”（生命科学学院丁明孝教授）；北大还参加了23个项目中的32个子课题，到校总经费2638万元。在国家科技部新启动的转基因专项中，教育部系统承担的12个课题中，有5个课题由北大负责，批准总经费3770万元，占国家总投入（2.5亿）的15%。此外，北大还争取到一批国防科研项目，其中最大的一项为总装备部的专项项目，经费为1640万元。

1999年北京大学理科科研项目数共计997项（详见《1999年理科科研项目统计表》），科研经费约14453万元（详见《1999年各单位科研经费统计表》）。

教育部“资助优秀年轻教师基金” 北大理科有4位青年教师获1999年度教育部“资助优秀年轻

教师基金”，他们是：数学科学学院的刘培东，项目为“随机微分动力系统的遍历理论”；技术物理系的班勇，项目为“高计数率阻抗板探测器的研制”；化学与分子工程学院的高松，项目为“稀土磁分子材料”；城市与环境学系的柴彦威，项目为“城市居民交通出行行为及其规划的时间地理学研究”。

教育部“优秀青年教师教学科研奖励基金” 获得该项基金支持的青年教师是：数学科学学院张平文、法学院张守文和化学与分子工程学院宛新华。

教育部跨世纪人才计划 1999年教育部在信息科学、材料科学、管理科学和工程技术四个领域中共评出70名年轻学者入选“跨世纪人才计划”，北大计算机科学技术系李晓明、化学与分子工程学院宛新华、环境科学中心陈国谦等3位青年教师榜上有名。北大入选人数在各高校中居第三位，与上海交通大学并列。

国家自然科学基金 1999年北大共提交249项国家自然科学基金面上项目，获准资助82项，获准经费1200万元；申请重点项目14项，获准资助3项(其中1项是与外单位联合负责)，获准经费150万元。北大这两类项目的获准项目数和经费数居全国高校第三。与1998年相比，北大的获准项目总数、总经费数和获准率均有下降。

国家杰出青年科学基金 国家杰出青年科学基金是目前国家设立的最高层次的青年人才专项科学基金，资助在自然科学基础性研究中已取得国内外同行公认的突出成绩的优秀青年学者在国内进行基础性研究。1999年北大共有23人申请国家杰出青年科学基金，11人获得资助。他们是：数学科学学院的刘张矩、林作铨，力学与工程学系的王健平、王龙，物理学系的熊传胜，化学与分子工程学院的王远，生命科学学院的舒红兵、王忆平，城市与环境学系的胡建英、周立平、环境中心的朱彤。

海外青年学者合作研究基金

海外青年学者合作研究基金是为鼓励部分在海外的优秀青年学者每年回国进行自然科学基础性研究而设立的(不少于2个月)。有7人以北大为合作研究基地申请海外青年学者合作研究基金，4人获得资助(括弧内为基地合作者)。他们分别是：林晓松(数学科学学院王诗宬)，杨伟涛(化学与分子工程学院黎乐民)，李中汉(化学与分子工程学院林建华)，王玉田(生命科学学院于龙川)。在全国高校中，北大获以上两类基金资助的人数名列榜首。

联合资助基金 国家自然科学基金委员会与香港研究资助局联合科研资助基金(简称联合资助基金)于1998年11月设立，其目的是为了进一步促进祖国内地与香港特别行政区在科技领域的合作，共同资助一批立足科学前沿、体现优势互补并具有实质性研究内容的合作项目。此项基金于1999年开始启动并受理首批项目申请，经过双方同行专家两轮的严格评审，从229份立项申请书中遴选出14个联合项目给予资助，批准率仅为6.1%。14个项目的平均资助强度为人民币35.71万元(内地方面)，港币71.42万元(香港方面)。北大获得了其中的3项，是获资助项目最多的单位。这三项分别是：化学与分子工程学院刘忠范教授的“功能性低维材料的设计、合成、组装及应用”，地球物理系秦瑜教授的“区域空气品质数值预报系统的研究”，微电子所王阳元院士的“包含数字电路、存储器电路以及高频通讯电路的研究”。

在1999年国家自然科学基金资助的20项重大项目中，有1项为北大化学与分子工程学院宛新华教授与中科院感光化学所共同负责，题目为“有序高级结构分子聚集体的结构、构筑与性能研究”。另外，还有4项重大项目的一级课题由北大负责：力学与工程学系武际可教授负责的“旋转机械系统多自由度非线性动力学数值分析”，化学与分子工程学院徐筱杰教授负责的“有序高级结构分子聚集体的理论基础研究”，化学与分子工程学院宛新华教授负责的“有序高级结构分子聚集体的形成规律研究”，电子学系徐安士教授负责的“WDM全光通信网波长可变节点研究”。

【科技成果】 **通过鉴定、评审的科技成果** 1999年，科学技术成果通过鉴定、评审共32项，其中，国际水平的16项，国内首创的6项，国内先进的7项，其它3项。

专利 北京大学的专利申请量从1998年开始有所上升。1999年，北大理科申请专利17项，其中，发明专利16项，实用新型专利1项。获得专利权9项，其中，发明专利7项，实用新型专利2项。

科技专著译著 科技专著、译著是体现北大科研成果的一个方面。北大的科研人员和教学人员，通过科技活动和教学实践，提炼精华，写了大量的科技专著和教材。为让更多的专业人员和学生了解国外动态，翻译出版了科技专著，并为非专业人员写了科普著作。1999年北京大学出版的科技专著、译著、专业教材和科普著作共66部，其中，科技专著26部、专业教材28部、科普著作7部、译著5部。

【获奖成果】 组织申报各种奖励是北大科研管理的重要工作，奖励的层次、获奖成果的数量是评价高校科研水平的重要指标。1999年北大理科共获得各种奖励34项。其中，国家级奖励项目6项，省、部级奖16项，其他奖12项。特别值得一提的是城市与环境学系的侯仁之院士是北大第一位“何梁何利科学与成就奖”的获得者。

【重点实验室】 1999年教育部的《面向21世纪教育振兴行动计划》设立专项基金，在高等学校国家重点实验室和教育部重点实验室实行访问学者制度，以促进国内外的学术交流，提高重点实验室的学术水平和教学水平。北大14个重点实验室接受了68位访问学者的基金申请，目前第一批海内外57位访问学者已经获教育部批准，资助金额为318万元，首批到款为250万元。

教育部将在直属高校中增设一批"教育部重点实验室"，这对学校的基地建设和提高某一学科的学术地位有深远影响。科研部组织、协调了实验室的申报工作。这次北大有5个实验室申报教育部重点实验室：地表过程分析与模拟实验室（城市与环境科学系）、造山带的结构、组成与演化实验室（地质学系）、纳米化学与器件实验室（化学与分子工程学院）、量子计测前沿实验室（电子学系）以及遥感空间科学与GIS工程实验室（遥感与地理信息系统研究所）。

国家重点实验室和教育部重点实验室是北大科研基地的主要组成部分。1999年北大积极参与组织了化学化工类国家重点实验室的评估工作。其中北大稀土材料实验室获得评估优秀，并且得到较大的后续资助，为北大争得了荣誉。

在教育部网上合作研究中心的立项工作中，本次立项10个网上合作研究中心，北大有2个，即数学与应用数学网上合作研究中心（数学科学学院）和生命科学与生物技术网上合作研究中心（生命科学学院）。网上合作研究中心是教育部将大力建设的合作研究机构。教育部分别给予数学科学学院100万元和生命学院50万元的立项经费。其中数学与应用数学网上合作研究中心也获得了75万元访问学者经费。

【科技开发】 近年来，北京大学把人才培养同重大科学研究和面向国民经济主战场有机结合起来，大力发展应用研究，加强科技开发。科技开发部积极促进与社会各界的合作，把学校的技术和人才优势与地方及企业的优势结合起来，以促使更多的科研成果转化为生产力。北大与北京、云南、广州、江西、深圳、青岛等许多省、市政府部门建立了全面的合作关系，同时也与各地的企业保持广泛的联系和密切的接触，为企业的技术创新和产品更新做出了贡献。IBM公司、P&G公司、微软公司及日立公司等国外知名企业也与北大建立了从基础研究到应用开发等多方面的合作。

一系列高水平的科研成果通过科技开发部的推广，取得了较好的经济效益和社会效益。这种横向合作以科技和经济相结合、中央和地方相结合、高校和企业相结合为指导原则，兼顾国家教育和地方经济的发展。既使北大的高科技项目得到企业的资助（如生命科学学院的金属硫蛋白项目等都得以顺利实现产业化），又对社会和企业做出了北大的贡献，积极带动了地区经济的发展。以下是1999年几个典型的合作事例。

科教兴农 1999年初，北京大学与江西汇源环境生物技术发展有限责任公司合作成立了"江西北大高新科技产业基地"，基地的成立启动了"全国生态农业示范基地县"的建设，有力地推动了革命老区的经济发展。1999年6月在青岛召开的华东七省市国有企业改革和发展座谈会上，江总书记对北大积极支援老区建设、实现科技兴农的行动给予了肯定和鼓励。1999年底，北大又与江西省新余市结成科技经济友好合作关系，共同成立了"江西北大高新生物工程集团有限责任公司"，组建"北大新余社会经济发展专家顾问小组"，同时在新余设立"北大新余高新产业园区"，并创办高新技术产业示范工程。

江西北大高新生物公司总投资为6000万元，北大占有30%的无形资产和技术股权。江西北大东都集团投资为1亿，北大占有40%的股份。上述公司均以北大生物工程高新技术为基础，展开在生化医药、肉制品、保健食品、添加剂等行业的生产、经营。公司发展生态农业的主要项目是以生物制药为龙头、带动养殖、种植和加工业等，即以生物饲料、生物肥料和生物农药的多元性组合，形成产业基地进行系列化生产。如用无公害的原料生产无公害饲料，饲养出无公害的环保猪，用猪的脏器提取高质量的生物医药原料，这样可使养猪业中每头猪增殖千元以上。这些高科技生物工程项目经过多次增殖，形成规模经济，从而有力地促进了北大科技开发工作和科技兴农之路，同时也推动了江西地区的经济发展。

"哑铃"模式 科技开发部代表北京大学于1999年与美国波士顿仪器有限公司、宁波机械控股集团有限公司三方合资成立"宁波波大医疗仪器有限公司"。该公司是北大海外学子借助国外信息和技术建设国内高科技产业的典型例子，也是横向合作的一个范例。它的成立启动了一种发展我国高科技研究开发和产业化的新机制，即"哑铃式"科技基地和产业的模式。该模式的发展及与之相关的创业投资问题得到了朱镕基总理、李岚清副总理和国家计委、科委等部门领导的高度重视和大力支持。朱镕基总理在批示中指出："哑铃式科技基地"有利于及时引进国际先进技术成果，并尽快吸收、消化和实现产业化。所谓"哑铃式"是指针对有市场潜力的高新技术项目，分别在国内和国外建立研究开发基地，两个基地独立运作、密切联系。国内基地依托大学或研究所，从事研发、形成产业，并与教育培训相结

合;国外基地由留学生以公司形式组成,提供技术支持,并与国际前沿的科技与产业界密切合作;合资公司把两个基地密切相联。波仪公司正是选择了北大留学生所掌握的核磁共振成像装置的高新技术作为哑铃式科技基地的试点,逐步发展成为吸引国外留学生建设国内高科技产业的一种有效模式。

高科技攻关 1999年11月9日,为加速实现高校科技成果的产业化和商品化,科技开发部与东圣投资有限公司共同设立北大先行科技产业有限公司。公司以化学与分子工程学院慈云祥教授和周恒辉博士的科研成果——锂离子电池高新技术为依托,主要从事锂离子电池及其相关产品的研发、生产和销售。公司总投资为1亿元,其中北大占有40%的股份,选址于新落成的北大太平洋科技发展中心。公司的成立标志着北大在高科技成果转化和高新技术产业化的道路上又迈出了新的步伐。1999年科技开发部代表学校签订各类技术合同80余项,技术合同额近2亿元,创历史最高水平(1998年北京大学签订各类技术合同60余项,合同金额约1.3亿元)。已完成和正在进行的项目涵盖了电子、信息、新材料、化工、生物工程、医药、农业等多个方面。如近期签订的锂离子电池技术转让与合作生产的项目总投资为5000万元,其中北大占有40%的股份;1999年深圳高交会上,"磁性材料"、"波分复用光纤通讯系统"两个项目正式签约,预计总投资额达到2亿元。

(王进)

附 录

国家重点实验室

序号	实验室名称	实验室主任	联系电话	实验室副主任	联系电话
1	人工微结构与介观物理	甘子钊	62751731	张 酣、龚旗煌、熊光成	62754233 62757172 62757396
2	分子动态与稳态结构	吴念祖	62751490	金祥林	62751490
3	蛋白质工程及植物基因工程	陈章良	62752497	朱玉贤	62751193
4	生物膜与膜生物工程	吴才宏	62751864	于龙川	62751867
5	视觉与听觉信息处理	唐世渭	62751936	李 林、谭少华、封举富	62751936 62751936 62751936
6	湍流研究	佘振苏	62751993	魏庆鼎、黄永念、张伯寅	62751992 62764941 62751991
7	稀土材料化学及应用	黎乐民	62751016	严纯华、陈志达	62757955 62751016
8	暴雨监测与预测	陈受钧	62751135	毛节泰、刘式达	62751131 62751135
9	区域光纤通信网与新型光纤通信系统	吴德明	62751763	徐安士、王子宇	62751763 62754170
10	文字信息处理	王 选	62981435	刘秋云	62981430
11	环境模拟与污染控制	胡 敏	62751920	朱 彤	62751920

国防重点实验室

序号	实验室名称	负责人
1	微米/纳米加工技术国防重点实验室	王阳元

教育部重点实验室

序号	实验室名称	实验室主任	联系电话
1	数学与应用数学	张恭庆	62752978
2	重离子物理	陈佳洱	62751200
3	生物有机与分子工程	袁 谷	62751497

国家工程研究中心

序号	研究中心名称	中心负责人
1	电子出版新技术工程研究中心	王 选
2	软件工程国家工程研究中心	杨芙清

1999 年理科科研项目统计表

单 位	攻关项目	863 专题项目	各部委（总公司）	总装备部	教育部项目	博士点基金	科技部项目	科技部重大基础研究	科学基金项目	重大科学基金	重点科学基金	国家杰出青年基金	留学人员科研启动金	开发、协作项目	校内基金	其他	总计
数学科学学院		2	1	1	6	16		3	27		9	5	7	17	8	5	107
力学与工程科学系				1	6	6	1	1	14	1		1	5	9	8	4	57
物理学系	1	5		1	3	11	12	4	39	2	3	2	7	14	11	1	116
地球物理学系	2					7	4	4	18	3	3	1	2	10	4	4	62
技术物理学系	3	1	3		5	5	2		17	2	2		3	12	4	8	67
电子学系	1	2		14	2	1			9	2			1	2	4	2	40
计算机科学技术系	12	5			1	2				44					4	1	33
化学与分子工程学院	1	2	2	1	8	10	7	9	54	3	5	6	7	14	11	11	151
生命科学学院	5	14			5	6	6	4	29		3	1	4	8	6	9	100
地质学系	3	1	1		3	7	2		23		1		3	1	5	9	59
城市与环境学系	3				4	3	1		24		2	1	5	6	6	23	78
心理学系	2				1				6	1			2	1	4		17
计算机科学技术研究所		2			1												3
遥感所	2	1	2		1		2		3				1	4		2	18
微电子所	2			18	1	1		3									25
信息科学中心	5	1			1			3			2			2		1	15
环境科学中心	1	1			4	1		1	4	3	1	1		4	3	9	33
其他	2						1		9	1	1			2			16
总 计	45	37	9	36	52	76	35	32	280	18	32	18	47	110	78	81	997

1999年理科各单位科研经费统计表

单位：万元

单位名称	重点实验室	攀登计划	973项目	攻关	863经费	科学基金	教育部项目	军工及其它项目	合计
数学科学学院		14.00	6.00		27.00	296.89	52.38	112.30	508.40
力学与工程科学系	77.68	200.00	33.80	8.00	13.60	143.59	44.96	116.09	637.72
物理学系	109.80	68.65	35.00	3.00	323.00	307.50	80.30	16.30	943.55
地球物理学系	97.61	55.83	34.59	43.83	5.00	272.62	17.26	18.60	545.34
技术物理学系	96.00	8.00	0.00	12.00	42.00	239.00	121.28	72.77	591.05
电子学系	58.00	9.00	0.00	61.80	39.30	98.10	23.70	362.00	651.90
计算机科学技术系	0.00	0.00	0.00	943.90	112.00	16.40	13.80	5.80	1091.90
化学与分子工程学院	172.71	533.90	150.00	66.89	36.50	579.40	112.03	162.12	1813.55
生命科学学院	115.70	23.50	23.00	62.50	315.00	300.95	46.89	154.16	1041.70
地质学系	0.00	4.00	0.00	27.11	8.00	156.26	41.70	79.37	316.44
城市与环境学系	0.00	0.00	6.48	22.00		326.15	43.79	501.47	899.89
心理学系	0.00	2.00	0.00	8.00		31.10	5.32	4.70	51.12
计算机科学研究所	50.00	0.00	0.00	45.00	39		10.00	0.00	144.00
遥感技术研究所	0.00	0.00	0.00	89.17	8.5		0.00	74.00	171.67
信息科学中心	105.22	0.00	45.68	99.20		47	1.70	0.00	298.80
微电子研究所	0.00	0.00	60.00	0.00			2.16	420.53	482.69
环境科学中心	14.55	0.00	0.00	9.00		86	22.27	187.89	319.71
待拨经费	9.75	−206.90	2,244.10	8.71		−206.24	1,071.40	1,023.25	3944.07
合计	737.25	711.98	2,592.97	1,267.57		2,695	1,560.57	3,051.46	14453.50

1999年科技合同数目统计表

单位名称	技术转让	技术开发	技术服务	合资联营	云南合作	总计
数学科学学院			1		1	2
力学与工程科学系		2	2			4
物理学系	1	1				2
技术物理学系	2	6	2			10
电子学系	1	11		1		13
计算机科学技术系	18	8				26
化学与分子工程学院	5	3		3	1	12
生命科学学院	4	3		1	3	11
地质学系			2	1	1	4
城市与环境学系	2	5	13			20
心理学系		4				4
遥感技术研究所		7	2			9
环境科学中心			1			1
信息管理系		1				1
科技开发部(含综合所)	4	4	6	3		17
公司(校办)					1	1
总计	37	55	29	9	7	137

（吴涓整理）

1999年各单位科技合同到款额统计表

单位名称	金额(元)	单位名称	金额(元)	单位名称	金额(元)
数学科学学院	73000	生命科学学院	6755275.05	技术物理学系	471343.67
力学与工程科学系	128235	地质学系	150000	电子学系	901000
物理学系	351650.89	城市与环境学系	1620915.15	计算机科学技术系	1777674.4
地球物理学系	20000	心理学系	198000	化学与分子工程学院	4309213
环境科学中心	20000	遥感技术研究所	383000	信息管理系	50000
科技开发部(含综合所)	3367126.51	其他	2071993.2	总计	22648426.87

1999年科技合同金额统计表(单位:元)

单位名称	技术转让	技术开发	技术服务	合资联营	云南合作	总计
数学科学学院			15000		900000	915000
力学与工程科学系		450000	278000			728000
物理学系	500000	560000				1060000
技术物理学系	90000	1840000	120000			2050000
电子学系	2500000	17030000		3000000		22530000
计算机科学技术系	979925	1338195				2318120
化学与分子工程学院	12700000	1520000		16300000	860000	31380000
生命科学学院	13600000	8199500		1800000	4700000	28299500
地质学系			280000	4500000	598000	5378000
城市与环境学系	30000	840000	2222000			3092000
心理学系		95100				95100
遥感技术研究所		1503000	293000			1796000
环境科学中心		50000	280000			330000
科技开发部(含综合所)	457250	2433000	1956700	74310000		79156950
公司(校办)					25500000	25500000
总计	30857175	35858795	5444700	99910000	32558000	204628670

(吴涓整理)

1999年理科各单位发表学术论文统计表

单位 \ 种类	国外学术刊物发表(篇)	全国性学术刊物发表(篇)	地方性学术刊物发表(篇)	合计(篇)
数学科学学院	54	56	3	113
力学与工程科学系	51	100	5	156
物理学系	170	165	0	335
技术物理学系	80	115	0	195
电子学系	22	74	6	102
计算机科学技术系	28	92	0	120
化学与分子工程学院	346	319	6	671
生命科学学院	58	157	0	215
地质学系	28	77	18	123
城市与环境学系	44	210	8	262
微电子研究所	13	31	11	55
计算机科学技术研究所	1	26	0	27
信息科学中心	6	18	0	24
环境科学中心	31	37	0	68
总计	932	1477	57	2466

1999年通过鉴定、评审的科学技术成果(32项)

(未注明组织鉴定单位的项目均由教育部组织鉴定)

数学科学学院

1. 武器系统可靠性增长评估方法(中国航天总公司一院组织鉴定验收)
陈家鼎 郑忠国 房祥忠 张庆丰

2. 921—4系统可靠性综合评估方法研究(中国航天总公司一院组织鉴定验收)
郑忠国 陈家鼎 房祥忠

3. 液体火箭发动机性能可靠性统计评定方法研究与软件编制
(中国航天总公司一院组织鉴定验收)
郑忠国 李东风

4. AVIDM计算软件编制(中国航天总公司一院组织鉴定验收)
郑忠国 李东风

力学与工程科学系

5. 大型冷却塔塔群风压分布研究(合作完成,中国电力规划设计总院组织鉴定)
顾志福 陈为炎等

6. 湍流数值模拟并行机群的研制(北京大学组织专家评审)
吴锤结 梁彬 陈军 朱凤荣

7. 水槽实验在大气环境研究中的应用
张伯寅 桑建国 李长龄 孟宪忠 刘辉志

技术物理系

8. 重离子整体分离环型RFQ加速系统的研究
陈佳洱 方家驯 于金祥 陆元荣 郭秋菊
于茂林 韩崇沾 王忠义 张振芳等

电子学系

9. 全光通信实验网
徐安士 吴德明等

计算机科学技术系

10. 支持微处理器设计的软硬件协同设计环境及JB-Core16位微处理器
杨芙清 程旭 崔光佐 佟冬 王克义
吉利久 朱德新 宋传华 谢丹夏 吴运生
韩果凌 管雪涛 吕志远 刘强 许俊娟
张海洋 易江芳 王宏伟 白峰 徐凯
郭鸿飞 兰景宏

生命科学学院

11. 金属硫蛋白的结构与功能及其应用研究
茹炳根 帖建科 潘爱华 铁锋 熊燚
李令媛 王文清 施定基 任宏伟 王英彦
何笃修 余瑞元 孙军 郭祥学 任黎
陈正佳 冯雅君 吴大庆 马宏宝 殷慎敏
周妍娇 张晓钰 郑军恒 魏欣 余梅敏
刘颖 袁洪生 张竞 吕文英 李侠

12. 普通生物学多媒体系列教学软件的研制开发与应用
张庭芳 许崇任等

13. 凝血酶生产工艺的研制
陈来同 孙冬梅 刁建波 崔红莲

14. 肝素钠精品生产工艺的研制
陈来同 孙冬梅 刁建波 崔红莲

地质学系

15. 无公害环保型生物饲料
秦火保 郑文涛 龙达坤 白志强 汤广琳
雷敏钊 莫艳华 张英钊

16. 用LDDA方法研究三维水工结构的抗震安全
(合作完成,水电科学院组织鉴定)
蔡永恩 李青松

17. 新疆塔里木盆地志留纪—泥盆纪地层划分及沉积相
(新星石油公司组织专家评审)
郝维城 白顺良 王新平 江大勇

18. 中国陆区天然气成藏聚集的构造条件研究
(中科院兰州地质研究所组织专家评审)
钱祥麟 李江海 王素华 侯贵廷

19. 天津城区热矿泉研究
(天津地热管理处组织专家评审)
廖志杰 邵宏翔 赵凤三 陶冶

城市与环境学系

20. 导弹试验场数字地形模型(解放军酒泉卫星发射中心组织鉴定)
邬伦 田原 刘宇 叶燕林 刘越峰
林报嘉 高勇 周贵云 王永乾 韦忠亚

21. 北京的郊区化及其对策研究(北京市哲学社会科学规划办公室组织评审)
周一星 孟延春

22. 北京市土地估价辅助系统(北京市房屋土地管理局组织鉴定)
董黎明 冯长春 林坚 杨晓锋 种法良
陈建业 李宏 邓岚 王倩

23. 绍兴市旅游业发展总体规划
(绍兴市人民政府组织专家评审)
蔡运龙 王仰麟 杨友孝 刘波 陈忠晓
万军 刘忠伟

微电子所

24. GeSi/Si HBT 器件研究
韩汝琦　贾　霖　关旭东　倪学文　莫邦燹
李炳辉　刘晓彦　康晋峰　张　录　罗　葵
孙玉秀　翟霞云　王铁松　马连荣　张　维

25. 小尺寸 MOS 器件可靠性及其应用技术研究
许铭真　谭长华　何燕冬　刘晓卫　段晓蓉
解　冰　卫建林　梁　怡　王金延　王立琦
吴拥军　王子欧　杨存宇　薛　静

26. 基于 VHDL 的 ASIC 设计方法研究
吉利久　任恭海　蒋安平　盛世敏　刘　越
王　玲　傅　玲　袁　旭　王广杰　杨　波
白晓亮

27. CMOS/SOI/ASIC 及深亚微米器件电路研究
王阳元　张　兴　黄　如　奚雪梅　张大成
李　婷　田大宇　李映雪　张　录　阎桂珍
倪卫华　孟宪馨　孙　胜　杨　兵　万新恒

28. 硅基超高速双极集成电路研究
王阳元　张立春　倪学文　高玉芝　莫邦燹
宁宝俊　张　录　阎桂珍　金海岩　罗　葵
王兆江　叶红飞　王　玮　王铁松　马连荣
张广勤　张　维　孙玉秀　张太平　张大成
郝一龙　刘诗美　邓　柯　田大宇　赵宝瑛
李　婷　费　霞　张天义

遥感所

29. CMOS 数字图像获取、存储与显示传输装置原理样机
晏　磊等

30. 遥感数字图像实时处理与无胶片化学感光快速输出系统
晏　磊　夏榆滨　黄文常　肖　嵩　赵　纲
景　涛　郄胜强　王建民　杨学志　刘大平
郭士德　马蔼乃　徐希孺

计算中心

31. 高校校园网络环境下的仪器设备与实验室管理系统
王兴邦　孙绍芳　章毅远　李润娥　李小寒
王倩宜　张聂彦　种连荣　黄　凯　耿幼平
宋雅琴　高　颖　张似平　赵洪云　王一心
黄达武

电教中心

32. 计算机辅助教学信息管理系统
李树芳　王　洪　孙辩华　郝永胜　吴　峰
陆子平　张学宏　王其文　黄　涛　张永魁
贾卓生等

1999 年申请的专利项目(17 项)

1. 一种新型快速光电响应材料金属/绝缘体嵌埋团族膜及制备　发明专利
物理学系　赵子强

2. 氦氖激光器　实用新型
物理学系　赵绥堂等

3. 高性能辐射交联聚丙烯的制备方法　发明专利
技术物理系　魏根栓

4. 碳纳米管的组装技术及电子器件　发明专利
电子学系　薛增泉　刘惟敏　顾镇南
施组进　侯士敏　张兆祥
赵兴钰　吴锦雷　吴全德

5. 偏僻农村高轨卫星通信系统配置　发明专利
电子学系　项海格　陈芳允　周乐柱
李　斗

6. 半导体激光及电吸收调制器的高码率驱动器　发明专利
电子学系　王子宇

7. 内场助金属超微粒子/介质复合光电发薄膜及应用　发明专利
电子学系　吴锦雷　张琦锋　刘惟敏
薛增泉　吴全德

8. 中轨赤道卫星星座方案　发明专利
电子学系　陈芳允　林来兴　陆镇麟
项海格　周乐柱　李　斗

9. 表面掺杂的弱团聚纳米氧化锆粉末的制备方法　发明专利
化学与分子工程学院　谢有畅等

10. 一种超薄感光层型感光版及制法和用途　发明专利
化学与分子工程学院　曹维孝　赵　鸿
陈康英　杨伯暄　陈金玉

11. 塑封锂离子电池　发明专利
化学与分子工程学院　慈云祥　周恒辉
陈继涛　岳　载

12. 一种制备单层碳纳米管的方法　发明专利
化学与分子工程学院　施祖进　顾镇南
廉永福　周锡煌

13. 一种纳米级过渡金属及其合胶体和其制备方法　发明专利
化学与分子工程学院　王远等

14. 一种以低级煤改性的石油焦水浆体组合物及其用途　发明专利
化学与分子工程学院　陈月华等

15. 一种以石油焦改性的低级煤水浆体组合物及其用途 发明专利
化学与分子工程学院 陈月华等
16. 以无活性胰岛素为骨架的含精氨酸－甘氨酸－天冬氨酸序列的抗酸新药 发明专利
生命科学学院 唐建国等
17. 一种新型CMOS电荷泵及其级联方法 发明专利
微电子所 吉利久 林斌

1999年授权的专利(9项)

1. 干式冷却塔控风特性实验系统 发明专利
力学与工程科学系 魏庆鼎等
2. GaN/AI复合材料在Ⅲ－Ⅴ氮化物外延生长中衬底的方法 发明专利
物理学系 张国义等
3. 浮雕、碑刻三维激光扫描仪 实用新型
物理学系 张明等
4. 洗涤粉中改性沸石助剂的制备方法 实用新型
技术物理学系 伊敏等
5. 晶格缺陷金属贮氧合金的复合材料及其制备和用途 发明专利
化学与分子工程学院 宏存茂等
6. 雷米普利的合成方法 发明专利
化学与分子工程学院 范文廷等
7. 牙齿、口腔的保健牙线 发明专利
化学与分子工程学院 李彦等
8. 小麦醇溶蛋白分子微胶囊制备方法 发明专利
生命科学学院 王素云
9. 一种用于检测高血脂血清试剂盒及其制备方法 发明专利
生命科学学院 王素云

1999年理科出版的科学著作(65部)

数学科学学院 20部

1. Wen Guochun (闻国椿). Approximate mathods and numerical analysis for elliptic complex equation, *Gordon and Breach Science Publishers*
2. Wen Guochun (闻国椿). Linear and nonlinear parabolic complex equation, *World Scientific Publishing Co*
3. 闻国椿:《非线性偏微分复方程》(教材),科学出版社
4. 闻国椿:《复变函数的应用》(教材),首都师范大学出版社
5. 姜启源、高立等:《数学实验》(教材),高等教育出版社
6. 裘宗燕等:《从问题到程序——程序设计与C语言引论》(教材),北京大学出版社
7. 张筑生:《微分拓扑讲义》(教材),北京大学出版社
8. 丘维声等:《数学》(第三册)(教材),高等教育出版社
9. 雷功炎:《数学模型讲义》(教材),北京大学出版社
10. 陈省生、陈维桓等:《微分几何讲义》(专著),World Scientific Publishing Co
11. 李忠、周建莹:《高等数学简明教程》(第二册)(教材), 北京大学出版社
12. 李忠、周建莹:《高等数学简明教程》(第三册)(教材), 北京大学出版社
13. 李忠、周建莹《高等数学简明教程》(第一册)(教材), 北京大学出版社
14. 姚孟臣:《高等数学》(一)(教材),中国审计出版社
15. 姚孟臣:《高等数学》(工专)(教材),中国审计出版社
16. 姚孟臣:《高等数学》(二)(教材),中国审计出版社
17. 姚孟臣等:《经济数学基础习题集》(教材),中央广播电视大学出版社
18. 姚孟臣:《概率论与数理统计复习指导》(教材),国家行政学院出版社
19. 徐明曜:《有限群导引》(上)(教材),科学出版社
20. 徐明曜等:《有限群导引》(下)(教材),科学出版社

物理学系 2部

21. 曹烈兆、阎守胜等:《低温物理学》(合作完成)(教材),中国科学技术大学出版社
22. 吴崇试:《数学物理方法》(教材),北京大学出版社

技术物理学系 12部

23. 张启仁:《原子核理论——它的深化与扩展》(专著),北京大学出版社
24. 王文清等:《先有鸡还是先有蛋—著名科学家谈生命起源》(科普著作),广西师范大学出版社
25. 王文清等:《生命科学》(专著),北京工业大学出版社
26. 王文清:《脑与意识》(科普著作),科学技术文献出版社
27. 王文清:《宇宙、地球、生命—化学家眼里的生命》(科普著作),湖南教育出版社

28. 王文清、高宏成、沈兴海:《物理化学习题精解》(上、下)(教材),科技出版社
29. 王德民等:《化学的奥秘—浅谈量子化学》(走进化学丛书)(科普著作),湖南教育出版社
30. 唐任寰:《走出核冬天—核化学与人类生活》(走进化学丛书)(科普著作),湖南教育出版社
31. 刘元方:《刘元方文集》(专著),北京大学出版社
32. 赵夔、耿荣礼等:《带电粒子束》(译著),原子能出版社
33. 胡少文、唐任寰:《无机化学习题精解》(下册)(教材),科学出版社
34. 陈文寄、郭之虞等:《年轻地质体系的年代测定(续)—新方法、新进展》(专著),地震出版社

电子学系　2部

35. 吴锦雷、吴全德:《几种新薄膜材料》(专著),北京大学出版社
36. 吴全德:《吴全德文集》(专著),北京大学出版社

计算机系　5部

37. 耿素云、张立昂:《概率统计题解》(教材),北京大学出版社
38. 屈婉玲、耿素云、张立昂:《离散数学题解》(教材),清华大学出版社
39. 耿素云、屈婉玲、张立昂:《离散数学》(教材),清华大学出版社
40. 王胜清:《ORACLE8服务器技术精粹》(译著),清华出版社
41. 严伟等:《最新网络技术基础》(译著),机械工业出版社

化学与分子工程学院　1部

42. 周同惠、李克安等:《国际标准常规分析方法大全》(专著),科学出版社

生命科学学院　3部

43. 王亚馥、戴灼华等:《遗传学》(教材),高等教育出版社
44. 杨安峰、程　红:《脊椎动物比较解剖学》(教材),北京大学出版社
45. 尚玉昌:《我们生活在同一片蓝天下——生物与环境》(科普著作),湖南教育出版社

城市与环境学系　10部

46. 柴彦威:《中日城市结构比较研究》(专著),北京大学出版社
47. 柴彦威:《城市空间》(专著),科学出版社
48. 顾朝林、柴彦威等:《中国城市地理》(专著),商务印书馆
49. 崔之久、刘耕年:《中天山冰冻圈地貌过程与沉积特征》(专著),河北科学技术出版社
50. 成思危、董黎明、冯长春、林坚、楚建群等:《中国城镇住房制度改革－目标模式与实施难点》(专著),民主与建设出版社
51. 胡兆量:《中国区域开发导论》(专著),北京大学出版社
52. 李琦、吴少岩:《数字地球:人类认识地球的第三次飞跃》(专著),北京大学出版社
53. 承继成、李琦:《数字地球与国家空间信息基础设施》,清华大学出版社
54. 董锁成、方创琳等:《21世纪中国可持续发展新论》(专著),陕西人民出版社
55. 马蔼乃、杨开忠、汪劲、晏磊、陈来、王浦劬:《可持续发展与长江地区发展战略》(专著),武汉出版社

计算机所　3部

56. 王选:《王选谈信息产业》(专著),北京大学出版社
57. 潘爱民、王国印:《Visual C＋＋技术内幕》(第四版)(译著),清华大学出版社
58. 潘爱民:《COM原理与应用》(专著),清华大学出版社

微电子所　2部

59. 张兴、黄如、刘晓彦《微电子学概论》(教材),北京大学出版社
60. 张兴、李映雪:《用于VLSI模拟的小尺寸MOS器件模型》(译著),科学出版社

环境中心　5部

61. 马志军、李文军等:《丹顶鹤:行为生态.生境选择.保护区功能区划.可持续发展》(专著),清华大学出版社
62. 张世秋、栾胜基等:《新世纪的曙光:可持续发展》(科普著作),中国和平出版社
63. 马中、张世秋:《环境与资源经济学》(教材),高等教育出版社
64. 张世秋等:Assessment of the Funding Requirement for the Replenishment of the Multilateral Fund for the Period 2000－2002, Volume 1(专著),联合国环境署
65. 张世秋等:Economics, Environment, and Industry in China(专著),*International Press*(US)

1999年理科获奖情况

国家级奖励项目(6项)

国家自然科学奖(3项)

三等奖3项:

1. 无穷维 Teichmuller 空间中的几何

数学科学学院　李　忠

2. 参数摄动控制系统的鲁棒分析与综合

力学与工程学系　黄　琳　王　龙　于年才

3. 若干生物医学高分子的研究

化学与分子工程学院　冯新德等(北大为第二完成单位)

国家科技进步奖(3项)

二等奖1项:

1. 重稀土分离理论与实践

化学与分子工程学院　严纯华　廖春生　贾江涛　易　涛　高　松　孙聆东　王哲民　程福祥　李标国　徐光宪

三等奖2项:

2. 4×2.5Gbit/s　154公里无中继波分复用通信系统

电子学系　徐安士　朱立新　吴德明　王子宇　张肇仪　史美琪　刘　佳　唐　瑛

3. 建立开发中国百科术语数据库(合作完成)

计算机研究所　陈堃銶等

省、部级奖(16项)

教育部科技进步奖(9项)

二等奖4项

1.《微分拓扑讲义》(教材类)

数学科学学院　张筑生

2.《可计算性与计算复杂性导引》(教材类)

计算机科学技术系　张立昂

3.《现代分子生物学》(教材类)

生命科学院　朱玉贤　李　毅

4. 重大科技工程项目管理理论与方法

北京大学工程研究中心

三等奖5项

5. 水槽实验在大气环境研究中的应用

力学与工程科学系　张伯寅　桑建国　李长龄　孟宪忠　刘辉志

6.《地球物理流体动力学》(教材类,合作完成)

地球物理学系　杨大升等

7.《微型计算机基本原理于应用》(教材类)

计算机科学技术系　王克义　宋新波　罗建英

8.《城市地理学》(教材类,合作完成)

城市与环境学系　周一星等

9. 复合材料先进树脂传递工艺技术应用研究

北京大学工程研究中心

北京市科技进步二等奖(1项)

10. 非线性发展方程行波解、平衡解的稳定性(合作完成)

数学科学学院　李正元　林源渠

中国航天工业总公司科技进步二等奖(1项)

11. 军用小型铷原子频率标准(合作完成)

电子学系　刘淑琴　董太乾等

信息产业部科技进步二等奖 (1项)

12. 新型抗辐照 CMOS/SOI 集成电路技术研制

微电子所　王阳元　张　兴　黄　如　奚雪梅　李映雪　张大成　张　录　闫桂珍

新闻出版署科技进步三等奖(2项)

13.《中国生物多样性国情研究报告》(教材类)

城市与环境学系　俞孔坚　李迪华等

14.《中天山冰冻圈地貌过程与沉积特征》(专著类)

城市与环境学系　崔之久

国家环境保护总局科技进步奖(2项):

二等奖1项

15. 沿海经济发展地区酸沉降特征和防治研究(合作完成)

环境科学中心　胡　敏等(排第七)

三等奖1项

16. 中国城市燃煤与大气污染控制(合作完成)

环境科学中心　唐孝炎等

其他奖(12项)

何梁何利科学与成就奖

1. 城市与环境学系　侯仁之

陈省身数学奖

2. 数学科学学院　王诗宬

冯康科学计算奖

3. 数学科学学院　张平文

中国环境科学学会青年科技奖

4. 环境科学中心　胡建信

5. 环境科学中心　李文军

6. 环境科学中心　邵　敏

香港'99蒋氏科技成就奖

7. 计算机所　王　选

中国分析测试协会 CAIA 奖(3项)

一等奖1项

8. 电分析化学在 DNA、血红蛋白及细胞色素 C 与小分子作用及测定中的应用

化学与分子工程学院　李南强　屈　锋　朱志伟

李美仙

三等奖 2 项

9. 核磁共振谱在 Rh(II)－卡宾分子内 C－H 插入反应的机理研究中的应用

化学与分子工程学院　王剑波　陈　蓓　梁锋廷

10. 改性硅胶的制备、性质及其在富集、分离痕量物质中的应用研究

化学与分子工程学院　刘　锋　李克安　童沈阳

霍英东教育基金会青年教师奖

11. 数学科学学院　张平文(研究类)

12. 计算机科学技术系　程　旭(教学类)

(王进)

文科科研工作

【概况】 北京大学在历史上是以文科为特色的综合性大学。一百年来,在传播马克思主义、弘扬中华民族优秀文化、推进我国现代化建设方面,人文学科发挥了独特的作用,形成了优良的学术传统和学风。北京大学文科现有 15 个院系。研究机构中,一级实体研究所或中心有 3 个,二级实体研究所或中心有 12 个,虚体研究所或中心有 50 多个。北大文科学科齐全,重点学科 19 个、博士点 67 个,都高居全国之首。国际学术交流与合作十分频繁,而且层次高、影响大。在国家、省部级历次评奖中,获奖成果均名列前茅。1993 年以来,文科科研遵循学校提出的"扬长补短"的方针,适时地调整了一批研究机构的研究方向,在保持基础学科研究优势的同时,增设了若干跨学科综合性或应用性研究机构,以适应国家现代化建设和经济建设主战场的需要。1999 年,在第一届国家哲学社会科学基金项目优秀成果评奖中,北大有 16 项成果获奖(其中 2 项合作项目),获奖总数位居全国高校之首。季羡林教授的《敦煌吐鲁番吐火罗语研究导论》一书,既荣获北京市特等奖,又荣获了国家教育部一等奖。该书被专家称为"一部我国前所未有的开创性著作",在国际学术界为中国赢得了荣誉。中文系古文献研究所编纂的《全宋诗》,是荣获北京市一等奖的优秀成果,1999 年又获第四届国家图书奖。荣获北京市第四届哲学社会科学优秀成果一等奖的还有林毅夫教授的《中国的奇迹:发展战略与经济政策》、刘伟教授的《工业化进程中的产业结构研究》、朱善利教授的《经济繁荣之路——资源的有效配置与所有权》等论著。他们都是瞄准国家经济建设的需要,通过对本学科某一专题的深入研究,为经济体制改革和现代化建设出谋划策,发挥了积极的作用。1999 年是国家教育部人文社会科学重点研究基地实施试点的第一年,按照教育部有关文件精神,北大进行了科研机构调整与改革,申报了古文献研究中心、中国古代史研究中心等三个研究机构,其中中国古文献研究中心 1999 年 10 月已通过专家组实地考察,并已挂牌;中国古代史研究中心即将迎接专家组实地考察,上述两个中心均成为第一批获得通过的国家教育部人文社会科学重点研究基地(全国共 20 个)。1999 年 10 月 19 日,科学研究部组织召开北京大学文科科研成果获奖表彰大会,对本年度获得省部级以上奖励的教师进行配套再奖励,这一举措极大地调动了广大文科教师开展科学研究的积极性。

【科研项目与经费】 北大文科科研项目经费资助来源主要包括全国哲学社会科学规划办公室的国家哲学社会科学项目,教育部的人文社会科学规划项目,北京市哲学社会科学规划办公室的哲学社会科学项目以及其他部、委和各类机构、基金设立的项目。1999 年北京大学文科科研项目经费总额为 729.70 万元。

国家哲学社会科学基金年度项目 国家哲学社会科学基金年度项目,包括一般项目和青年项目 2 种,每年 3 月受理申请,每年全国获批准资助 520 项左右。1999 年北大文科共申报 75 项,通过初审、复审,最后获批准 12 项。

教育部留学回国人员科研启动基金项目 为了贯彻国家留学回国人员方针,充分发挥广大留学人员在科教兴国建设中的作用,支持他们回国后的教学、科研工作,教育部于 1991 年开始特设留学回国人员科研启动基金。教育部留学服务中心,随时受理留学回国人员的科研启动基金项目申请书,每年 3 月份、7 月份共审批两次,申请者必须具有博士学位(获国内博士学位在外留学一年以上),年龄在 45 岁以下。

中一欧高等教育合作项目 中　欧高等教育合作项目是由中国教育部与欧盟委员会合作,资助中国学者从事有关欧洲问题的研究。该项目始于 1997 年,共持续四年,将于 2000 年结束。1997～1998 年度为该项目的第二轮资助,1998～1999 年度为该项目的第三轮资助。该项目分为合作项目和人员交流项目两种。

霍英东青年教师基金 霍英东教育基金会是由全国政协副主席、香港著名实业家霍英东先生出资 1 亿港元,与国家教育部合作,于 1986 年成立的。基金会旨在鼓

励中国高等院校青年教师脱颖而出和出国留学青年回国内高校任教，对在教学和科研工作中取得优异成绩的35周岁以下的青年教师，进行资助和奖励。该基金每两年评选一次。1999年为该基金项目第7届评选。

中流研究奖助金　该奖金始设于1996年，由台湾中流文教基金会设立，资助从事人文或社会科学研究的教师和研究生。

韩静远哲学教育奖学金　该奖学金始设于1998年，由台湾韩效忠先生出资设立，资助从事哲学方面的研究项目。

韩国学研究基金　本基金始设于1995年，由韩国国际交流集团设立。该基金资助有关韩国问题研究的人文及社会科学项目。

其他资助项目还有：教育部资助年轻教师基金和国家自然科学基金管理科学部年度资助项目。

国家哲学社会科学基金项目

立项名称	单位	负责人	职称	成果形式
中国社区发展的战略和策略	社会学系	夏学銮	教授	专著
中国工人职业生涯研究	社会学系	佟　新	副教授	研究报告
“他者化”东方文艺创作的误区	外国语学院	林丰民	副教授	专著 研究报告
行政法平衡理论和准政府组织组织问题研究	法学院	沈　岿	副教授	论文 研究报告
当代中东民族问题的国际化与地区战略安全格局	国际关系学院	王　联	副教授	专著
教皇制度史研究	历史学系	彭小瑜	副教授	专著
社会公平研究	马克思主义学院	夏文斌	副教授	专著
村级自治新形势下基层计划生育管理对策研究	人口研究所	陆杰华	副教授	论文 研究报告
中西宗教与现代文学	外国语学院	喻天舒	副教授	专著
生态伦理的思想资源与哲学基础	哲学系	何怀宏	教授	专著
八十年代以来发展经济学的新进展	中国经济研究中心	林毅夫	教授	论文
现代汉语语义指向研究	中国语言文学系	沈　阳	副教授	专著 论文

1999年教育部留学回国人员科研启动基金项目

负责人	所在单位	课题名称
于迎春	中国语言文学系	中国文人文学的早期历史
王　青	中国语言文学系	关于中日儒学思想文化与近代化关系的比较研究
邱泽奇	社会学人类学研究所	市场化改革和国有企业组织机制的转变：案例研究
高丙中	社会学人类学研究所	公民身份的建构
齐小新	外国语学院	美国研究导论
褚　敏	外国语学院	俄语词汇的民族文化语义
刘华杰	科学与社会研究中心	伪科学与反科学的哲学和社会学问题
王　蓉	高等教育研究所	中国经济转型时期个人收入分配与人力资本的关系
曾　志	哲学系	西方知识论的最新进展
程　炼	哲学系	智能的观念

1998/1999年度中—欧高等教育合作项目获资助者

项目负责人	单位	项目名称
刘宇飞	经济学院	欧盟面临的金融监管国际合作问题研究
张小明	国际关系学院	欧盟多边安全机制及其对东亚的意义
王利军	历史学系	英国与欧洲大陆国家在欧洲一体化中的比较研究

项目负责人	单位	项目名称
孟　华	中国语言文学系	欧洲一体化运动对启蒙思想的继承和发展
叶静怡	经济学院	90年代以来欧盟农业政策选择的变化和效果评估
张　骐	法学院	欧共体产品责任法在欧盟国家的适用及其对中国的经验

1999年霍英东青年教师奖获得者

姓　名	所在单位	获奖类型
陈瑞华	法学院	研究一等奖
张　弛	考古学系	教学三等奖

1999年霍英东青年教师基金项目获资助者

负责人	所在单位	项目名称
姚　洋	经济研究中心	中国农村制度变迁的理论与实证研究
王　博	哲学系	郭店楚墓竹简研究

1999年中流文教奖助金教师获奖者

负责人	所在单位	项目名称
刘　瑛	中国语言文学系	先秦典籍数术研究
刘勇强	中国语言文学系	中国古代小说情节类型研究
于迎春	中国语言文学系	中国早期社会中文人与社会政治的关系
汪春泓	中国语言文学系	六朝文论新探
欧阳哲生	历史学系	傅斯年学术思想研究
任元彪	科学与社会研究中心	中国科学启蒙与中国传统文化
江荣海	政治学与行政管理系	魏晋玄学与魏晋政治
吕　艺	信息管理系	先秦黄帝之学与汉代儒学发展之关系
王余光	信息管理系	中国历代史志目录补辑研究
喻天舒	外国语学院	红楼梦的排儒与释道合一

1999年韩静远先生哲学教育奖助金教师获资助者

负责人	所在单位	项目名称
苏贤贵	哲学系	当代基督教生态思想研究
赵敦华	哲学系	西方人学思想历程
章启群	哲学系	论中国艺术自觉的哲学基础
韩水法	哲学系	社会正义与历史限制
杨立华	哲学系	聂豹的心学思想及其在王门分化中的地位
吴国盛	哲学系	技术理性批判
杨　河	马克思主义学院	知识经济基本问题的哲学研究
黄小寒	马克思主义学院	论系统哲学与现代哲学、后现代哲学
傅增有	外国语学院	佛教对东南亚国家文化及社会的影响
姜景奎	外国语学院	南亚宗教民族主义及其影响

1999年韩国学研究基金获资助者

负责人	所在单位	项目名称
崔建华	经济学院	韩国经济的现代化及其对我国的影响
刘群艺	经济学院	韩国大企业集团的经营危机及其对我国的启示
张海滨	国际关系学院	面向21世纪的中韩环境合作
祁延莉	信息管理系	中韩数据库产业比较研究

负责人	所在单位	项目名称
刘玉才	中国语言文学系	韩国奎阁藏抄本"皇朝遗民录"整理研究
王邦维	外国语学院	指控研究:从印度到中国到高丽

1999 年获教育部资助年轻教师基金资助的文科学者

单位	姓名	项目名称	资助
历史学系	彭小瑜	罗马天主教会与美国政治(1838 年—1985 年)	3.0 万
中国经济研究中心	赵耀辉	我国城镇劳动力流动的决定因素	3.0 万

国家自然科学基金管理科学部年度资助项目

项目负责人	所在单位	课题名称
曹凤岐	光华管理学院	中国资本市场的培育与管理问题
王其文	光华管理学院	投资项目的风险决策和风险管理
王立彦	光华管理学院	公司管治与会计信息披露机制:A 股与 H 股比较实证研究
陈　平	中国经济研究中心	复杂经济周期下的非线性微观经济动力学模型
傅世侠	科学与社会研究中心	科技团体创造力评估模型研究

【获奖成果】 国家哲学社会科学基金项目优秀成果奖　国家哲学社会科学基金项目优秀成果奖由国家哲学社会科学规划办设立,旨在奖励获得国家哲学社会科学基金资助的项目。1999 年为第一届评奖。参选项目为从"六五"至"八五"即 1980 年至 1995 年期间获得该基金资助并已完成的成果。北大的获奖成果总数在全国各高校中名列第一。

第四届(1999)国家图书奖　在第四届国家图书奖评选中,北大获荣誉奖 1 项,图书奖 4 项,提名奖 5 项。

第四届(1999)全国优秀外国文学图书奖　北大参加了 1999 年全国优秀外国文学图书奖评选,获一等奖 1 项,3 等奖 2 项。

1999 年国家社会科学基金项目优秀成果奖获奖学者名单

单　位	姓　名	职　称	成　果　名　称	等　级
社会学人类学研究所	费孝通	教授	行行重行行	特别荣誉
社会学系	雷洁琼	教授	改革以来中国农村婚姻家庭的新变化	特别荣誉
哲学系	黄楠森等	教授	马克思主义哲学史	一等
考古学系	宿　白	教授	中国石窟寺研究	一等
经济学院	胡代光等	教授	评当代西方学者对马克思《资本论》的研究	二等
历史学系	罗荣渠	教授	现代化新论	二等
外国语学院	季羡林	教授	印度古代文学史	二等
艺术学系	彭吉象	教授	中国艺术学	二等
马克思主义学院	阎志民	教授	强国之路	三等
国际关系学院	曹长盛	教授	民主社会主义模式比较研究	三等
哲学系	张翼星	教授	列宁哲学思想的历史命运	三等
法学院	沈宗灵	教授	现代西方法理学	三等
历史学系	王小甫	教授	唐·吐蕃·大食政治关系史	三等
光华管理学院	厉以宁	教授	教育经济学研究	三等
光华管理学院	秦宛顺	教授	教育投资决策研究	三等
哲学系	张世英	教授	黑格尔辞典	三等
合作项目	刘竞、安维华		《现代海湾国家政治体制研究》	三等
	何芳川等		《非洲通史》	三等

第四届(1999)国家图书奖北京大学获奖学者名单

单位	姓名	职称	成果名称	等级
古文献研究所	北大古文献研究所编		全宋诗	荣誉奖
外国语学院	季羡林	教授	季羡林文集	图书奖
法学院	沈宗灵	教授	比较法研究	图书奖
中国语言文学系	曹文轩	教授	草房子	图书奖
外国语学院	季羡林主编	教授	敦煌学大辞典	图书奖
生命科学学院	朱玉贤等	教授	现代分子生物学	提名奖
中国语言文学系	曹文轩	教授	红瓦	提名奖
校史办公室	北京大学校史办公室		国立西南联合大学史料(6卷)	提名奖
外国语学院	曾延生主编	教授	汉语波斯语词典	提名奖
图书馆金石组	图书馆金石组编	教授	北京大学图书馆藏历代金石拓本	提名奖

第四届(1999)全国优秀外国文学图书奖北京大学获奖学者名单

单　位	姓　名	职　称	成　果　名　称	等　级
外国语学院	申　丹	教授	叙述学与小说文体学研究	一等奖
外国语学院	赵振江 吴健恒译	教授	生命与希望之歌　(尼加拉瓜　达里奥)	三等奖
外国语学院	陶　洁译	教授	圣殿　(美国　福克纳)	三等奖

部分获奖成果简介

《全宋诗》　北京大学古文献研究所编，傅璇琮、孙钦善、倪其心、陈新、许逸民任主编，北京大学出版社1991年7月起陆续出版，1998年底出齐，总计72册，获第四届(1999)国家图书奖荣誉奖。《全宋诗》是教育部全国高校古籍整理研究工作委员会的重点项目，近4000万字，包括诗人9000余，篇幅相当《全唐诗》的五倍，历经12个寒暑才编纂成功，被称为中国诗歌史研究的一大工程，20世纪古籍整理的重大成果之一。

与唐诗相比，宋诗尚无一代总集，《全宋诗》之编纂实为中国诗歌史和中国文学史研究以及弘扬优秀传统文化所急需。

《全宋诗》的整理、编纂是一项难度很大、内容繁复的学术研究和组织工作。编者采取了按正编、补编两步进行的做法。正编为《全宋诗》的主体，包括：(甲)目前传世的诗集，(乙)第一批书目辑集所得。所谓第一批书目，主要是：①现存宋元诗话、笔记及其他史籍。②现存宋元类书、总集，以及残本《永乐大典》和《诗渊》。③宋元方志，以及近年来集中印行的若干重要方志，如影印天一阁藏明代方志。④《宋诗纪事》、《宋诗纪事补遗》部分引书。⑤敦煌遗书。⑥部分佛藏，如《语录》。补编辑集范围主要是上述正编所及之外的明、清时期的各类书籍，以及书面题跋和散存各地的石刻、拓片手迹、个别稀见版本等等。

《全宋诗》为填补空白的开创之作。与《全唐诗》相比，诗人的数量相当《全唐诗》的四倍，诗篇的数量更多，且绝少依傍。在体例上注重创新，形成了特色，诸如按照作者生平时代统一编次、小传随文标注史料来源、校勘说明版本并异文及取舍依据、辑佚详注出处、辨伪列“存目”及“附录”等等，都有开创性，超过了前人所编的总集，从而确保了《全宋诗》的学术质量和价值，因此被誉为中国诗歌史整理与研究的巨大成果，古籍整理的宏大系统工程。

《全宋诗》具有广泛巨大的社会效益。它不仅具有文学方面供专家研究和读者欣赏的学术价值和美学价值，而且是研究宋代历史和文化的重要参考之作。《全宋诗》在弘扬传统优秀文化方面也产生了巨大影响，著名旅美科学家杨振宁教授在接受北京大学赠送的《全宋诗》时，由衷地感叹道：“真不愧为国之瑰宝！”

《中国石窟寺研究》　宿白著，文物出版社1996年8月出版。获国家哲学社会科学基金项目优秀成果奖一等奖、北京市第五届哲学社会科学研究优秀成果奖特等奖。作者系统考察了克孜尔石窟、云岗石窟、敦煌莫高窟及西藏拉萨札拉鲁浦石窟寺和元代杭州藏传密教遗迹等方面内容，从历史考古学的角度，分析了一些具体石窟的类型及其演变过程，从中归纳出石窟寺考古的基本工作方法，对于我国石窟寺考古的发展具有重要指导意义。该书出版不久，便荣获国际学术界在东亚艺术史研究领域的一项大奖——美国第三届“岛田著作奖”。

《马克思主义哲学史》　黄楠森等主编，北京出版社1989～1996年出版。获国家哲学社会科学基金项目优秀成果奖一等奖、北京市第二、三届哲学社会科学研究优秀成果奖特等奖。该书从马克思主义哲学的形成开始，一直到战后当代社会主义的改革浪潮、苏联东欧社会主义的大曲折、中国特色社会主义的新探索，采用逻辑和历史相统一的手法，完整、系统地勾勒出马克思主义哲学从萌芽到产生、发展、逐步完善的全过程，充分阐发了各个历史时期马克思主义哲学的基本内容，为世人了解马克思主义哲学这一人类重大精神财富提供了一幅相当完整的画面。该书是我国57位马克思主义哲学工作者13年来勤奋研究、共同合作的最新成果，集中代表了我国马克思主义哲学史研究的最高水平。其时空跨度之大、研究水平之高，堪称国内外同类著作之最，具有较高的学术理论价值和现实意义。

《稼轩词编年笺注》(增订本) 邓广铭笺注，上海古籍出版社1993年10月出版。获全国高等学校第二届人文社会科学研究优秀成果奖一等奖。对于辛词的编年与笺注，直接影响到对其六百余首词章理解之确当与研究之深入程度。关于稼轩词的写作时次问题，由于缺乏词作者行状碑铭之类比较完整的传记资料，始终难以排比清楚。作者自20世纪30年代后期，开始对有关辛稼轩生平行实的资料进行广泛的搜讨。早在1937年，作者就以"《辛稼轩年谱》及《稼轩词疏证》总辨正"一文为学术界所瞩目，受到胡适、傅斯年、陈寅恪、夏承焘等著名学者的好评。经过长期不懈的钩稽积累、严密翔实的细致考证，本书多次增订，厘清了几个世纪以来的纷纭参差，对于稼轩南渡后的用舍行藏诸大端作出了令人信服的解说，稼轩词的编年随之取得了重大的突破。该书面世后，受到了国内外学术界的广泛好评。

《东方文学史》 季羡林主编，吉林教育出版社1995年12月出版。获全国高等学校第二届人文社会科学研究优秀成果奖一等奖。作为外国文学史，《东方文学史》没有中国专章，但是在各编的总概述中都将中国文学作了参照，特别是彼此影响的部分作了归纳。东方以前一般指亚洲和北非，不包括北非以外的非洲，本书则因包括了整个非洲，实质上是一部较为完整的亚非文学史。本书以马克思主义的辩证唯物主义和历史唯物主义为指导思想，依据五个大的时代划分，系统考察了东方各国文学发展历程。本书在侧重介绍东方几个文学遗产比较丰富的国家和地区的文学，以及一些影响世界文学的作家和作品的同时，本着尊重各个国家和民族的文学遗产的态度，对众多东方的民族和国家的优秀遗产也加以全面介绍，这是其他任何同类著作所没有的。全书资料真实可靠，具有较高的学术性和科学性。

《股份制与现代市场经济》 厉以宁著，江苏人民出版社1994年8月出版。获全国高等学校第二届人文社会科学研究优秀成果奖一等奖。在党的十四大将社会主义市场经济确定为中国经济体制改革目标的新形势下，作者密切联系我国社会主义市场经济体制建立的实践，就如何在中国建立社会主义市场经济新体制而进行了深入的理论探索。在对中国从传统的计划经济体制向市场经济体制转轨的过程全面分析的基础上，作者强调确立市场经济的规范的重要性，提出了要按照建立社会主义市场经济的要求来评判经济工作中的是非得失等创新性观点，在建立和规范现代企业制度、特别是股份制等具体问题上，作者提出了一系列有针对性的政策建议、如国有股应该流通、国有产权需要明细化、股票发行和上市应该规范化等等。该书具有重要的理论价值和现实社会意义，受到了社会各界的广泛关注和好评。

《国家豁免问题的比较研究——当代国际公法、国际私法和国际经济法的一个共同课题》 龚刃韧著，北京大学出版社1994年6月出版。全国高等学校第二届人文社会科学研究优秀成果奖一等奖。国家豁免直接关系到国家主权和基本利益。随着各国跨国经济活动增加以及我国改革和对外开放的深入，涉及到国家豁免的跨国法律纠纷势必不断增加。因此研究国家豁免不仅是国际上的一个重大的理论课题，同时也具有重要实践意义。作者根据大量原始资料和国际权威学说，对从17、18世纪开始的古典国际法理论，以及从19世纪开始直到20世纪90年代各国的有关实践和理论进行了系统、深入的比较研究。作者就国家豁免的历史起源和理论根据进行了详尽的历史性考察，澄清了国家豁免的两种基本对立的立场，对国家豁免的主体问题，放弃或弃权问题，政府机关和国有企业责任关系等一系列实体法上的问题，都提出了个人的独到见解。本成果为政府决策、参与国际立法以及为司法机关、涉外经济部门或公司提供了重要参考依据。

《西藏的人口与社会》 马戎著，同心出版社1996年12月版。获全国高等学校第二届人文社会科学研究优秀成果奖一等奖。作者运用实地调查得来的第一手研究资料，参考借鉴了国外在研究种族、民族关系方面的最新成果，综合运用历史学、社会学、人口学等多学科的研究方法，对西藏的人口与社会这两个方面的历史、现状与发展中存在的问题，进行了比较系统和全面的分析，比较清晰和准确地勾画出今天西藏社会的基本轮廓。本书是迄今对于西藏人口、社会结构、经济发展等方面进行社会学研究的一部比较系统、规范、方法严谨的学术专著，具有较高的学术价值和现实意义，特别是其中对藏通婚的现状、城区建设中的民族居住区域特点等方面研究内容，对于西藏社会发展有关政策的制订，具有积极的参考价值。

《中华文明之光》丛书与《中华文明之光》150集电视系列片　《中华文明之光》丛书(1～3集)，北京大学出版社1999年1月出版。《中华文明之光》150集电视系列片，北京大学中国传统文化研究中心与中央电视台联合拍摄(1993～1998年)。《中华文明之光》以中华文明发展的历史脉络为序，上至远古传说，下至五四运动，内容涉及哲学、宗教、文学、语言、艺术、历史、考古、天文、地理、科技、民俗、中外文化交流等学科领域，包括了中国各民族在各个历史时期所创造的优秀文化成果。北京大学中国传统文化研究中心动员多学科的学者参与，充分发挥综合大学的优势，组织了季羡林等一百多位著名学者撰稿，力图全面地展现中华民族优秀的传统文化，做到了既严谨可信、知识丰富而又形象生动、通俗易懂，实现了思想内容和表现形式的完美统一。《中华文明之光》播出后，受到党和国家领导人的高度重视以及社会各界人士的普遍好评。《中华文明之光》试播之后，国务院副总理李岚清同志特地给北京大学和中央电视台写信表示祝贺，并要求"以高度的社会责任感和求实的科学态度，努力创作出更多更好的文化精品，为社会提供营养丰富的精神食粮"。

《证券法》、《香港基本法》等一批重要法律、法规的起草工作　党的十二届三中全会以来，随着我国改革开放步伐的不断加快，为了更好地适应新形势的要求，我国加快了立法工作步伐。北大以光华管理学院厉以宁教授，法学院罗豪才教授、萧蔚云教授、罗玉中教授为代表的一大批专家学者结合不同专业的教学科研工作，积极参加国家的各项立法工作，先后主持或参与起草了《证券法》、《香港基本法》、《澳门基本法》、《环境法》、《行政诉讼法》等数十部重要法律、法规，为我国经济建设和社会发展做出了重要贡献。其中，法学院萧蔚云教授主编的《一国两制与香港基本法律制度》一书，获得了首届高等学校人文社会科学研究优秀成果一等奖。

《叙述学与小说文体学研究》　申丹著，北京大学出版社1998年出版。获第四届全国优秀外国文学图书一等奖。这是国内外第一本将叙述学研究与小说文体学研究相结合的专著。本书旨在对这两个学派的一些主要理论进行深入系统的评析，以澄清有关概念，并通过大量实例分析来修正、补充有关理论和分析模式。本书特别对这两个学派之间的关系进行了梳理与探讨，以帮助填补这方面学术研究的空白。全书分为上、中、下三篇，上篇和中篇分别对叙述学的理论和问题学的理论进行了有独到见解的评析，下篇则系统探讨了叙述学的"话语"与文体学的"文体"之间的辩证关系，并从不同角度对两者之间的重合面进行了深入研究。

【学术会议】　·部分国内学术会议介绍·

经济学与哲学专题研讨会　会议由北京大学现代科学与哲学研究中心于1999年2月4日至14日举办。校内外专家、学者50多人出席了会议。研讨会从对国内外经济运动过程纵横交错的比较研究入手，立足当前中国的国情，对我国经济发展的模式、途径和机制作了对策性的理论探讨。

逻辑学与哲学研讨会　会议由北京大学现代科学与哲学研究中心举办。参加研讨会的有来自北京大学、中国人民大学、北京师范大学和中国社会科学院等高校与研究单位的专家、学者、研究生等50人。北京大学宋文坚教授讲了数理逻辑在我国近百年来的传播与发展的情况。他指出，虽然我国现代逻辑的研究整体上还比较落后，但在某些方面已达到了国际先进水平。

杨晦学术思想讨论会　为纪念杨晦先生诞辰100周年，由北京大学中国语言文学系主办的"杨晦学术思想讨论会"于1999年6月5日召开。数十名专家学者，杨晦先生生前的朋友、同事、学生济济一堂，共同缅怀先生生前诸多感人事迹，就杨晦先生在马克思主义文艺理论、中国古代文艺思想研究、文艺评论、教育等方面的学术思想和贡献展开了广泛深入的讨论。

证券法与中国证券市场发展研讨会　由北京大学金融与证券研究中心举办，1999年1月30日召开。出席研讨会的专家学者有《证券法》起草小组组长、北大光华管理学院院长厉以宁教授及起草小组其他成员。北京证券有限公司董事长卢克群教授以及金融证券业内其他知名人士也出席了研讨会。与会人员围绕《证券法》对中国证券市场的影响、如何贯彻执行《证券法》以及1999年中国证券市场走势等方面的问题进行了广泛而深入的讨论。

纪念普希金诞辰200周年学术研讨会　会议于1999年4月19日举行。国内普希金研究方面的专家学者及学生近200人参加了会议。俄罗斯驻华大使罗高寿，对外友协副会长陈昊苏等出席了开幕式。本次会议由中俄友好协会、中国俄罗斯文学学会、普希金研究会与北大俄罗斯语言文学系共同举办，旨在纪念伟大诗人，进一步推动中国的普希金研究，并为沟通中俄文化作出贡献。

张国华先生学术思想暨21世纪中国法学展望研讨会　会议于1999年5月28日在北京大学法学楼模拟法庭举行，来自全国各大学及法律界的人士出席了会议。张国华先生是北京大学的著名教授，是中国法律思想史学的奠基人和开拓者。对北大法律系的学科建设、年轻人才的培养、以及国际合作办学等方面做出了重大贡献。

纪念李大钊诞辰110周年学术研讨会　会议由中国李大钊研究会主办,1999年10月29日至31日在北京大学举行。来自全国各地的110多位专家学者出席了会议。大家深情地回顾了李大钊短暂而光辉的一生,颂扬了李大钊为马克思主义在中国的传播及对中国革命的进程所做的历史贡献,深入研究和探讨了新时期如何更好地继承李大钊未竟的事业。10月29日上午,《李大钊文集》出版暨李大钊同志诞辰110周年座谈会在人民大会堂召开。中共中央政治局常委、国家副主席胡锦涛在座谈会上作了重要讲话。

·部分国际学术会议介绍·

1998年北大文科各单位承办国际会议23个,1395名国内学者和681名国外学者参加了会议。1999年承办国际会议15个,参会的国内、外学者分别为552和290人。

第一届传记文学国际学术研讨会　会议于1999年6月21日－24日在北京大学召开,由北京大学世界传记中心、北京大学英语系、中外传记文学研究会联合举办。来自亚洲、欧洲、澳洲、非洲和美洲等十多个国家和国内的111位代表出席了会议。大会的主题为:"自传的媒介化方式","传记的视野和视角"和"日记、书信和回忆录的作用与误用"。本次会议是中国有史以来第一次国际传记文学学术研讨会。它的召开不但为中外传记文学的学术交流架设了桥梁,而且也必将对中国传记文学的创作和研究产生深远的影响。

五四运动与20世纪的中国国际学术研讨会　1999年5月1日至3日,北京大学举行了"五四运动与20世纪的中国"国际学术研讨会。参加会议的有来自中国大陆、港台、美国、法国、德国、俄罗斯、日本、韩国、新加坡、澳大利亚等国家和地区的学者共117人,其中来自海外的有27人,收到论文近百篇。

会议讨论的主要问题有:(1)五四精神、五四传统的内涵及其历史意义。学者们就五四运动的性质、五四精神和传统、五四时期的民主和科学、五四的历史地位、如何研究五四和继承五四的精神和传统等方面进行了深入而细致的讨论和阐释。(2)传统文化与现代文化的关系。(3)五四时期的人物、社团与刊物。(4)五四时期的文化、思潮。(5)五四时期的社会与经济研究。(6)五四运动与世界的关系。(7)关于五四运动的反省与研究。

这次研讨会反映出目前五四研究的几个特点:第一,五四研究仍是学术界的热点,并已成为国际中国学研究的重要问题。第二,五四研究正在逐步深化、细化。此次大会收到的论文,对许多过去少有涉及的问题进行了研究。比如,对过去很少注意的一些人物像王希天、周剑云、高一涵、朱光潜、冯友兰等在五四时期的活动的研究;对五四时期音乐领域的变化、天主教会与新文化运动的关系、华侨对五四运动的支持等的讨论,都在某种意义上填补了五四研究的空白。第三,五四研究呈现出多元化发展的趋势。五四研究正成为政治学、社会学、心理学、哲学、文学等诸多领域研究的对象。研究方法也呈多样化。这次研讨会集目前国内外学术界五四研究之大成,把五四研究提升到了一个新的高度。

世界知识产权组织关于大学和科研机构在21世纪知识产权制度中的作用亚洲地区研讨会　会议由北京大学知识产权学院主办,于1999年5月10日至12日在北京大学召开。70名与会代表分别来自中国、美国、孟加拉、澳大利亚、不丹、英国、印尼、伊朗、马来西亚、蒙古、尼泊尔、印度、巴基斯坦、巴布亚新几内亚、菲律宾、韩国、斯里兰卡、越南、文莱、联合国。会议主题为:大学和科研机构在21世纪知识产权制度中的作用。

刘国钧先生百年诞辰学术研讨会　会议由刘国钧先生工作过的北京大学信息管理系、南京大学信息管理系、甘肃省图书馆联合发起,于1999年11月15日至11月17日共同主办。其主题为"刘国钧先生与20世纪中国图书馆事业"。与会学者共计50人,其中包括来自美国、韩国及港澳台等国家和地区的学者7人。会议共收到论文70篇。会议全面肯定了刘国钧先生在20世纪中国图书馆学术史上的贡献。

北京大学—道富银行养老保险制度与改革研讨会　1999年12月6日在北京大学召开。会议由北京大学法学院与美国道富银行联合发起,由中国工商银行总行协办。参会代表71人,其中美方13人,全部来自道富银行;中方58人,来自国内大学、研究机构、银行及其他金融机构等。双方介绍了各自的养老保险制度与近年来的改革动态。通过这次会议,中方代表了解了国外特别是美国养老保险基金的管理和改革的最新动态,进一步明确了我国养老保险改革的目标。他们认为,目前建立多层次的养老保险体制是适合我国国情的,在养老基金的市场化管理方面,美国有一套成熟的经验,值得我们进一步研究和借鉴。

中国北京大学—韩国东国大学第二届学术讨论会　1999年10月21日至23日,中国北京大学—韩国东国大学第二届学术讨论会在北京大学召开。会议由北京大学中国传统文化研究中心主办。双方各有6位学者参加,共同就中国传统文化与现代化的关系问题、中韩文化交流的历史和现状的问题进行了研讨。

公民权利与司法公正学术研讨会　会议由北京大学—香港大

学中国法律研究中心、北京大学法学院人权研究中心联合主办，1999年10月16～17日在北京大学召开。与会代表共计30人，国内代表20人，除北大教授外，还有从事司法实际工作的专家；境外代表10人，其中有8位来自香港，另外2位分别来自荷兰和瑞典。

社会转型的制度分析国际学术会议　会议由北京大学政治学与行政管理系举办，于1999年9月13～14日在北大召开。来自德国、中国大陆和台湾的30位学者参加了会议。会议围绕新制度主义政治学展开了讨论。会议反映了我国学者追踪国际学术界最新潮流的敏锐性和运用最新方法研究中国社会问题方面的能力。

"世纪之交的中日两国社会与经济"国际学术讨论会　由北京大学与日本樱美林大学共同主办，于1999年10月30日至11月1日在北京大学举行。日方代表6人，中方学者30人出席了会议。宣读论文11篇。讨论会围绕三个专题进行：面向21世纪的中日关系、中日环境问题、教育及学术研究现状。

第二届CCER与NBER中国经济年会　会议由北京大学中国经济研究中心(CCER)与美国国家经济研究局(NBER)共同举办，1999年6月27日～30日在北京大学召开。来自美国和中国的100多位经济学家就中国的国有企业改革、中国的宏观经济政策及中国的金融市场改革、中国的社会保障制度等热点问题进行了广泛而深入的讨论。

第五届中美哲学与宗教学研讨会　出席本次研讨会的代表共20名，其中中方代表11名，来自北京大学、中国社会科学院世界宗教研究所、山东大学、厦门大学和香港浸会大学；美方代表9名，来自哥伦比亚大学、密执根大学、印第安那大学、圣母大学、马利蒙特大学、加尔文学院、贝瑟尔学院和麦肯那学院。与会代表大多是中美大学或科研机构的知名专家学者。会议主题为：宗教人类学及其相关的前沿问题。

附　录

1999年文科科研成果统计表

学科	专著	编著教材	工具书	译著译文	国内外发行论文
管理学	8	8	1	4	51
马克思主义	16	15	3	1	114
哲学	35				150
语言学	4	4			52
中国文学	32	7	4		61
外国文学		1			5
历史学	1				3
考古学	2				75
经济学	14	12		4	90
政治学	6	5		4	63
法学	43	35	2		120
社会学	14		3		97
新闻与传播学			1		1
图书情报文献学	8	2	4		95
教育学		5	1	2	40
总计	183	94	19	15	1017

教育部"跨世纪优秀人才培养计划"入选学者

（人文社会科学）

第一批入选者(1997年)

姓　名	单　位
荣新江	历史学系
朱孝远	历史学系
高　毅	历史学系
朱善利	光华管理学院
刘　伟	经济学院
陈兴良	法律系
朱苏力	法律系
龚刃韧	法律系
马　戎	社会学所
闵维方	高等教育研究所

第二批入选者(1998年)

姓　名	单　位
陈　来	哲学系
丰子义	哲学系
刘壮虎	哲学系
林毅夫	中国经济研究中心
王浦劬	政治学与行政管理学系
叶自成	国际关系学院
周　星	社会学人类学研究所

第三批入选者(1999年)

姓　名	单　位
邹恒甫	光华管理学院
袁毓林	中国语言文学系
王邦维	外国语学院
曹文轩	中国语言文学系
钱志熙	中国语言文学系
申　丹	外国语学院
周旺生	法律系

文科正式出版刊物

刊　名	主　编	创刊时间	刊期
北京大学学报(哲学社会科学版)	龙协涛	1955年	双月
北京大学学报(自然科学版)	陈进元	1955年	双月
中外法学	罗玉中	1989年	双月
经济科学	刘　伟	1979年	双月
国外文学	季羡林	1980年	季刊

（耿琴）

文科国际会议统计表

(1998年)

会议名称	承办单位	参会人数		
		国内	国(境)外	合计
19世纪中叶以来的东亚与中国国际学术讨论会	北大世界现代化进程研究中心、荷兰国际亚洲研究所联合举办	28	12	40
传统文化与中日两国社会经济发展	日本研究中心	60	17	77
中国经济体制转型中的政府作用	政治学与行政管理系	37	13	50
面向21世纪的法学教育国际会议	法学院	31	18	49
中国资本市场发展国际会议	光华管理学院	126	42	168
中国的发展和21世纪的国际格局	国际关系学院	35	33	68
汉学研究国际会议	中国传统文化研究中心	196	89	285
纪念蔡元培诞辰130周年国际学术会议	蔡元培研究会	72	10	82
国际刑事法院的建立与国际法	北大国际法研究所、中国政法大学国际经济法系联合举办	30	12	42
中国经济改革与发展	北大中国经济研究中心、美国国家经济研究局联合举办	18	12	30
21世纪女性研究与发展	中外妇女问题研究中心	88	38	126
21世纪:文化自觉与跨文化对话	人类学社会学所	42	28	70
7～8世纪东亚地区的历史与考古国际学术讨论会	北大考古学系、日本经济法科大学联合举办	24	8	32
戊戌维新100周年国际研讨会	中国史学会	125	25	150
传统文化与中日经济发展	北大东北亚研究所	5	30	35
现代汉语语法学国际学术会议	中国语言文学系	142	70	212
中日哲学研讨会	哲学系	43	10	53
中韩文化与现代化国际学术研讨会	北大韩国学研究中心、韩国明知大学人文学院联合举办	42	34	76
面向21世纪的中国现代化:课题与展望	经济学院、政治学与行政管理系、亚非研究所	60	22	82
第四届中美哲学与宗教学研讨会	宗教学系	15	13	28
21世纪大学图书馆的新使命	图书馆	84	85	169
第六届中国澳大利亚研究国际学术讨论会	澳大利亚研究中心	53	39	92
21世纪亚太地区劳动法与社会保障国际研讨会	北大劳动法与社会保障法研究所、中国劳动法研究会、香港社会保障学会联合举办	39	21	60

(1999年)

会议名称	承办单位	会议时间HT〗	参会人数		
			国内	国(境)外	合计
农村基层组织建设与农村可持续发展国际学术讨论会	社会学系	1.10～1.14	35	5	40
五四运动与20世纪的中国——纪念五四运动80周年国际学术研讨会	北京大学	5.1～5.3	90	27	117
世界知识产权组织关于大学和科研机构在21世纪知识产权制度中的作用亚洲地区研讨会	法学院知识产权学院	5.10～5.12	36	34	70
第一届传记文学国际学术研讨会	北大世界传记中心、英语系、中外传记文学研讨会联合举办	6.21～6.24	71	40	111

会议名称	承办单位	会议时间 HT 〗	参会人数		
			国内	国(境)外	合计
第二届 CCER＋NBER 中国经济年会	北大中国经济研究中心(CCER)、美国国家经济研究局(NBER)联合举办	6.27～6.30	50	50	100
文化与翻译国际研讨会	北大英语系、香港中文大学翻译研究中心主办	8.25～8.28	50	50	100
社会转型的制度分析国际学术会议	政治学与行政管理系	9.13～9.14	18	12	30
公民权利与司法公正学术研讨会	北京大学－香港大学中国法律研究中心、北京大学法学院人权研究中心联合主办	10.16～10.17	20	10	30
北京大学－韩国东国大学第二届学术讨论会	中国传统文化研究中心	10.21～10.23	9	8	17
世纪之交的中日两国社会与经济国际学术讨论会	北京大学国际关系学院、日本樱美林大学联合主办	10.30～11.1	30	6	36
刘国钧先生百年诞辰学术研讨会	北大信息管理系、南大信息管理系、甘肃省图书馆联合举办	11.15～11.17	43	7	50
世纪之交的中美日关系国际学术研讨会	国际关系学院	11.18～1.20	25	5	30
北京大学－道富银行养老保险制度与改革研讨会	北大法学院、美国道富银行联合举办	12.6	58	13	71
第五届中美哲学研讨会	哲学系	10.20～10.23	10	10	20
中国下岗问题及其对策小型座谈会	北大法学院劳动法与社会保障法研究所、中国劳动法学会、香港浸会大学社会工作系、香港社会保障学会联合举办	12.22～12.23	7	13	20

校办高科技产业

【概况】 1999年，是北京大学创建世界一流大学计划作为国家项目正式启动之年，也是体制改革年。北京大学校办产业以“创造创新创业，改制规范发展”为主题，在企业技术创新、体制改革和资本运营中迈出了重大步伐，产学研结合工程建设大幅加快，融资渠道有了突破性拓展，以“技术＋资金”的模式，扶持了一批努力创造、创新、创业的新企业。全年共实现销售收入87.3亿元(不完全统计)，创汇2973.8万美元，上缴税收11119.4万元，上交学校财政4200万元。

这一年，从校办产业整体来看，多数企业继续保持良好的发展势头，各项指标均居全国高校校办科技产业前列。方正、青鸟、未名和资源四大支柱企业集团不断扩展。北大方正集团根据技术和市场发展状况，逐步调整了企业发展战略，在巩固和发展原有业务优势基础上，将重点发展以E-Media为核心的媒体行业解决方案，为电子商务铺路；通过收购奥德集团，业务向金融电子化领域拓展；“北大方正”商标被国家工商局正式认定为中国驰名商标。青鸟集团在技术创新和产品开发方面取得了相当的成绩，有7项软件产品被评为中国软件行业的优秀产品，并通过ISO9001国际质量认证，标志着北大青鸟的内部运作和软件生产过程管理的规范化。未名集团以生物工程和制药为重点发展方向，其主要产品“赛若金”、“依普定”、“血脂康”等在市场上颇受欢迎，仅血脂康胶囊就创汇402.8万美元。在企业飞速发展的基础上，未名集团正在积极建设北京北大生物城、厦门北大生物园、深圳北大生物谷三大基地，为21世纪中国生物工程产业的腾飞奠定坚实的基础。资源集团依托北京大学的综合资源优势，致力于北大周边地区资源的优化重组工作，在 1995 年北大南街改造工程全线竣工、1998 年燕园教育培训中心落成后，又于 1999 年完成了北大科学园主体建筑——北大科技发展中心的一期工程。在继续致力于北京大学科技园建设的同时，开拓了多个领域，为高科技成果商品化、产业化和企业发展提供更为广阔的空间。其他校系两级中小型企业发展状况参差不齐，部分中小企业在中关村建设的热潮中努力寻找创新点，积极开展横向结合。

这一年，校办高科技企业技术不断创新，产品体系不断完善。校办高科技企业依托北京大学的技术和人才优势，不断提高研发人员素质，使研发工作与市场目标结合更加密切，不仅创造出了多项国内率先实现商品化应用的新技术，而且形成了系列产品。例如：方正商祺 6000 系列高级可管理 PC 在国内第一个实现了国产电脑的可管理性，是融高科技、创新性于一体，全面面向 21 世纪网络计算的全新设计理念的高级商用电脑。方正颐和 2000 是国内第一种具有网络移动计算功能的便携式电脑。“方正协作天使”是第一个由国内企业主导的完整的、商品化的中小企业解决方案。在此基础上，证券业解决方案、移动办公解决方案等等的推出，从而使北大方正在继续保持全系列个人电脑产品研发制造的同时，完成了从单纯的 PC 产品供应商向信息系统解决方案供应上的提升。北大青鸟在国家支持的重大科技攻关项目“青鸟工程”的基础上，逐渐形成了集软件、微电子、系统集成、嵌入式系统、网络、通信和教育与一体的“SCIENCE”产品体系。未名集团部分植物基因工程产品如转基因甜椒、转基因西红柿、转基因花卉等面市。

在首届中国国际高新技术成果交易会上，北京大学展示了 4 个国家重点实验室、4 大支柱企业集团、6 个重点项目、166 个推广成果及北大企业的 50 个高新科技产品及项目，充分显示了今日北大的科技水平和高科技企业的风采。其中，北大“深圳北大生物谷工程”等 4 个项目正式签约，涉及总投资额 14 亿元人民币。

1999 年，产业党工委不断加强党的组织建设、思想建设和作风建设，充分发挥党组织的核心作用和党员的先锋模范作用。紧紧围绕学校的中心任务，结合产业工作实际，健全了党的基层组织，特别是青鸟与天桥商场进行资产重组后，把新公司党委划归崇文区党委领导，为今后的企业改革、党组织建设探索出了新的模式。

【产学研工程建设】 为贯彻党中央、国务院关于全面实施科教兴国、科技创新战略，北京大学校办高科技产业继续加强产学研工程建设及高新技术企业孵化基地的建设，为促进科技成果转化和高新技术企业的脱颖而出发挥了重要的作用。

高新技术企业孵化基地不断扩展 根据中央关于加强中关村科技园区建设的指示精神，北京大学将进一步扩展北大科技园，扩展后的北大科技园除原有区域外，还将包括成府、南门海淀园区和西门、位于上地信息产业基地的北京大学生物城、方正信息产业基地、海淀北区生态农业区，北大周边地区逐渐形成高科技的孵化器和辐射源。其全面开发规划已得到国家批准，被列为 15 家重点建设的国家大学科技园之一。

兴办大学科技园，对于激活高校科技资源，把人才和智力优势转化为生产和经济优势，加速中国高新技术产业发展，具有重要意义。北京大学科技园作为北京大学最早的高新技术企业的孵化基地，自 1992 年至今，已吸引近 300 多家企业入园，其中 80%以上是高新技术企业。据统计，园内企业 1997 年总营业收入超过 10 亿元人民币，年利润超亿元，创造就业机会 4000 个。产业主要分布在电子信息、生物制药、物业、光机电一体化、新能源、环境科学等领域。园区还拥有配套性服务行业如法律咨询、金融财会、健身娱乐和旅店餐饮等。

未来两年中，北大科技园将主要对成府园区和海淀北区生态农业区进行滚动式开发，在 5 至 10 年内建设成为中关村科技园的真正核心以及国家创新体制的发动机，促进产学研的有机结合，确保北京大学向世界一流大学迈进。

地校合作 高新技术产业是一种技术密集和知识密集的产业，是调整产业结构、创造就业机会和促进经济增长的有效途径，高校在高新技术产业的发展中起着主导和核心作用。北大针对一些省市科技人才缺乏，产业结构不合理，科研开发和科技成果转化能力弱，亟待提高科技发展后劲等问题，已经在 1999 年前与云南省、内蒙古自治区、南宁市、广州市等地签订了全面合作协议，建立了产学研基地，积极开展与各地的合作共同开拓产品和市场。1999 年中，学校与地方政府的合作范围更加扩大，特别是与深圳市的合作有了相当的基础。

深圳市在经济高速发展的同时，面临着技术创新和科技成果向现实生产力转化能力弱等问题。北京大学、香港科技大学和深圳市政府于 5 月 22 日达成合作协议，决定在深圳成立集产业发展、教学培训和科研开发为一体的深港产学研基地，优势互补，互惠互利，共促发展，这对推进科技成果产业化、商品化，加强科技和经济的结合都具有深远的影响和积极的作用，深圳将成为北大在北京以外的最大的产学研基地。北大科兴生物、方正的指纹采集器、青鸟的嵌入式系统和波分复用光纤通信系统等一批重大项目的研发和生产基地放在了深圳，并取得了良好的效果，深圳市在政策和资金等方面予以了大力支持；方正显示设备有限公司、北大青鸟深圳科技有限公司先后在深圳科技园设立，作为全国最大基因工程产业化基地的北大科兴生物制品有限公司已成为深圳十大跨世纪工程之一。同时，为了培养高级人才，成立北京大学、香港科技大学高级经理研修院(深圳)和公共管理学院。

此外，北京大学与宁夏回族自治区关于“高活性蚓激酶”的项目合作，与苏州市的合作，与江西新余市关于“发展江西省无公害低成本饲料业和生态农业”的合作等正在洽谈中。

【银校合作】 北京大学是我国人才培养、科技创新和高技术产业化最重要的基地之一，但是在人才建设和科技成果转化等方面一直受到资金的制约，十分需要金融业的大力支持，包括商业银行和资本市场的支持。而高校高科技产业的进一步发展对商业银行蕴含着巨大的商业契机。银校互相支持、互利发展，为实施科教兴国战略提供了一条崭新的道路。

北京大学开创了我国高校与商业银行进行全面合作的先河，为高校进入资本市场开创了一种崭新的模式。6月14日，北京大学与华夏银行正式签署了《银校合作协议》。根据协议，华夏银行1999年将为北京大学提供总额5亿元人民币的融资额度，并将逐年加大对北大的金融支持力度，支持北京大学建设世界一流大学的计划，落实科教兴国、支持科技成果转化，促进产学研一体化。同时华夏银行还将以优质高效的服务向北京大学学生提供教育助学贷款，向教职工提供多种消费贷款；北京大学将以输送优秀毕业生、提供业务和管理培训等形式给华夏银行以大力支持。10月，产业管理部与联合证券有限责任公司签订了产业合作协议。有关协议正在积极地分阶段落实。北京大学与中国银行、中国农业银行、中国工商银行、中国建设银行等的合作也在顺利地进行中。在未来的五年中，北京大学校园、教职工宿舍、学生公寓、校办产业等方面的建设将得到大大的加强。

【校办产业改制】 北京大学校办产业从十多年前起步，在党和国家的关怀和校领导的支持和领导下，蓬勃发展，取得了巨大的成功，开创了一条具有中国特色的产学研相结合的道路。然而，北京大学校办企业尚未根据《公司法》建立完善的现代企业制度，公司内法人治理结构不完善。随着社会主义市场经济体制的逐步完善，竞争日益激烈，如果没有有效、完善的体制和机制，校办企业将在未来的竞争中缺乏组织和制度的保障，企业的发展将受到极大的限制，因此，建立现代企业制度势在必行。

1999年，北京大学产业管理部经过对北京大学科技产业化的方向问题的研究，完成了《北京大学校办产业改革与发展规划报告(征求意见稿)》及附件，共约50万字，并在相当范围征求了意见。改制的目标主要有以下几个方面：

1. 企业通过机制调整、产权重组，明确学校和企业之间的权责关系，使学校对企业承担的责任从无限责任变成有限责任，学校和企业间的关系由以行政纽带相联结转换为以资本为纽带的产权关系，消除学校所可能面临的巨大风险，建立适应市场机制的“产权清晰、权责分明、政企分开、管理科学”的现代企业制度。

2. 理顺企业内部管理体制，使企业能够真正按照市场对企业的要求来制订企业内部制度、优化企业资源配置、提高办事效率，更好地利用学校内外资源为企业发展、社区经济服务。

3. 盘活学校资金，使学校真正发挥高科技企业孵化器和科研成果蓄水池的作用；

4. 建立科技创新成果转化、产业化的稳定、健康渠道，探索科技产业化的成功模式，以更好地利用市场回馈的资金来推动学校科技创新活动，支持学校办学。

5. 寻找激励更多的科技创新人员投身于科技成果转化、科技产业化的激励方式，更大地挖掘出北大科技人员的创新潜力。

6. 发挥北大的软科学优势、综合优势、独有优势为社会服务，创立北大软科学服务品牌，创造良好经济、社会效益。

7. 对校办产业的大部分管理职能从学校行政剥离，减轻学校行政负担，简化学校和校办产业之间的管理关系，使管理工作更加高效；提高企业的自主决策能力、管理效率和灵活应变能力。

部分企业经过对改制方案的研讨，已逐步实行改制。

【接纳脱钩企业】 中国兴发集团是一家以高科技和金融为主的全民所有制的集团公司，经过战略调整和改组改制，1999年正式归属北京大学。在新的机遇和挑战下，兴发集团明确提出了“为北大产业增值、为北京大学做贡献”的口号，制定了“融入北大行动计划”。与脱钩企业结盟，取长补短、优势互补，不仅能为北大增加有效资产，同时也壮大了北大科技企业实力。与其它有关脱钩企业的接触和谈判也在进行中。

(刘文)

主要高科技企业

·北大方正集团公司·

【概述】 北京北大方正集团公司(以下简称集团)是北京大学创建的高新技术企业。集团拥有两个控股的上市公司：方正(控股)有限公司和上海方正延中科技集团股份有限公司；18家独资、合资企业；员工约6000人；总资产51亿元；1999年集团工业总产值82.5亿元，销售收入84.3亿元，利润1.6亿元，上交税金0.97亿元，出口创汇2239万美元。

集团拥有国家级企业技术中心，中心下设方正技术研究院和5个研究所（方正指纹技术研究所、方正信息技术研究所、方正信息产品研究所、方正精细化工研究所以及方正稀土科技研究所）。方正研究院设有文字信息处理技术国家重点实验室和电子出版新技术国家工程研究中心，主要研究方向为报业、印前、广播电视、互联网、地理信息、出口软件等，中文文字信息处理技术和指纹处理技术处于世界领先水平。

1997年，集团成为国家120家大型试点企业集团之一，国家首批6家技术创新试点企业之一和国家重点支持的5家PC生产厂家之一。

集团在软件开发与系统集成方面处于业界先进水平，既有广泛应用于海内外的报业、印前、广播电视、互联网产业的信息集成系统，又有面向银行、保险、税务、证券业的大型信息系统，应用于公安、保安及民用的指纹信息系统，可应用于各行业的信息可视化决策分析集成系统，以及面向教育现代化的教学仪器、多媒体教学软件和校园网络系统。

在IT业硬件制造方面，方正电脑成为国内驰名品牌，已连续三个季度进入亚太前10名，1999年产销70万台；显示器年产销100万台，居国内企业首位；方正激光打印机销量在国内名列前茅。

集团在精细化工和稀土材料领域发展迅速，精细化工的香精香料有多项先进的专有技术和多个系列的产销品种；稀土分离和稀土功能材料研究居同行业先进水平，稀土材料年出口已达3000多万美元。

创造科技与文明，坚持以创新为先导，以优质产品服务于社会，是北大方正的一贯宗旨。

【领导层的调整】　方正是高科技产业化和产学研相结合的一面旗帜，中央两代领导集体对方正都给予了直接的关心和支持。一段时间以来，北大方正集团公司在生产、经营、人事等方面遇到了一定的困难，北大领导对此高度重视，并从维护方正的良好声誉出发，从有利于企业当前的运行和今后的发展出发，着眼于大局、着眼于建设、着眼于未来，于1999年10月对方正的人事问题作如下调整：

（1）改组方正集团公司董事会，张玉峰不再担任董事长，王选也不再担任董事，组成以闵维方为首的新董事会。闵维方担任北大方正集团公司董事长，苏东波担任副董事长。董事会成员的组成要遵循如下原则：充分代表学校的利益；能够为大多数人所接受；有利于方正下一步的发展。

（2）调整香港方正公司董事局，王选继续留任董事局主席职务，主持香港方正的工作。

（3）张玉峰担任方正集团公司名誉董事长，同时留任方正科技公司董事长职务。

（4）鉴于闵维方工作担子过重，为其配备一名工作助手。

调整后，方正集团高层领导组成为：方正集团董事会董事长闵维方，总裁张兆东；方正技术研究院院长肖建国；方正（香港）有限公司董事局主席王选，总裁张旋龙；上海方正延中科技集团股份有限公司董事长张玉峰，总裁祝剑秋。

【研究与开发】　方正集团作为国家六家技术创新试点企业之一，依托电子出版新技术国家工程研究中心、文字信息处理技术和稀土材料化学及应用两个国家重点实验室，以及集团企业技术中心的技术优势，多年来，在文字信息处理、电子出版、数字媒体技术、人体生物特征识别、地理信息科学、金融数学与信息系统、PC和显示器技术、精细化工以及稀土材料等领域一直处于国内外先进水平，绝大部分已形成了具有市场竞争实力的规模产业。1991年以来，方正集团凭借其雄厚的研发实力，赢得了多项荣誉。1991年1月，北京大学等单位研制的电子出版系统获国务院重大办颁发的国家重大技术装备研制特等奖。1991年，北大方正指纹识别系统获国家教委科学技术进步一等奖。1993年3月，北大方正电子出版系统获1992年度北京市科学技术进步特等奖。1993年，北大方正指纹识别系统获国家科学技术进步二等奖。1995年12月，北大方正电子出版系统获国家科学技术进步一等奖。1996年，北大方正电子出版系统获国家1995年度十大科技成就奖。1999年1月5日，国家工商行政管理局认定“北大方正”商标为驰名商标。

【企业管理与发展】　1999年5月，在教育部的具体指导、协调下，中国教学仪器设备总公司整体并入北京北大方正集团，全部国有资产无偿划转北京北大方正集团公司，同时，解除与教育部的行政隶属关系。6月，方正（香港）有限公司与北京奥德计算机技术有限公司（包括其子公司北京奥德映真计算机技术有限公司）达成重组上市的协议，并于8月成立北京方正奥德计算机系统有限公司。方正奥德正式成为上市公司方正（香港）有限公司的一个组成部分。重组后的方正奥德继续专注于金融、保险、证券、电信、电力、航空、政府等行业的系统集成业务，并致力于电子商务、决策支持系统、网络及信息安全等领域的产品开发，尤其是大型应用软件的开发和软件生产的国际化。8月，北京北大方正集团公司成立合资公司北京方正昭德科技有限责任公司，主要业务是IC卡的研制、开发和应用，目前主要应用在金融、社会保险、医保等领域。

方正的发展倍受社会关注，1999年多次接待了各界人士的来访，主要有：全国人大代表团，香港特首董建华一行，全国政协副主席陈锦华，上海市市委书记黄菊、市长徐匡迪、市人大主任陈铁迪、市政协主席王力平为首的上海市代表团，湖北省省委书记贾志杰一行，泰国上议院议长米猜·雪初攀先生，石家庄市委副书记陈来立等。其中，陪同客人来访的还有北京市的许多领导，如北京市市委书记贾庆林、市长刘淇、市委副书记张福森、副市长林文漪、副市长张茅等。

【业务发展】 1999年，方正集团业务继续得到迅猛发展。2月，方正电脑年产100万台新生产线在广东东莞投产。3月，方正电脑投入6000万元进行建设的“世纪航程”服务体系正式启动，以“为方正电脑客户提供全程、安全、快速、增值的服务”为服务理念。4月，方正电脑公司提出e-Management（电子管理），这是国内企业首次提出的面向未来信息时代的社会发展新思维，在中国社会信息化进程中起到了积极的作用。5月，方正文韬新闻采编系统4.1版发布。该系统构建在Internet技术平台上，形成了以Intranet技术为主体的全面技术解决方案。6月，北京北大方正电子公司召开员工大会，李汉生总裁提出内部进行业务调整、机构重组，制定企业发展的战略计划。7月，北京北大方正电子公司发布了E-Media策略，立足于出版业、广电业、互联网三大业务支点，推动互联网时代的全新数字信息生产和传播方式的发展。据IDC统计报告，1999年第二季度，方正电脑第一次跻身亚洲十强，排名第十。之后，在第三季度，方正电脑再上一层楼，在亚太电脑市场占有率排名第九，在中国国内电脑市场占有率成功超越IBM、HP、CAMPAQ等老资格国际品牌，成为国内市场第二大品牌。8月，方正电子与中国科学院软件所、康柏电脑公司联手推出红旗Linux操作系统产品，标志着在中国规模性地开发Linux操作系统时代的开始。9月，方正上海延中科技股份有限公司董事会临时会议通过本公司出资3000万元与人民教育出版社所属人民教育电子音像出版社、北京人教教材中心合作设立网上书店销售系统项目的决定。方正（香港）有限公司与美国雅虎（YAHOO）签署合作公司协议，共同拓展中国市场。这次合作是方正电子E-media策略中推进互联网业务发展的开端。10月，方正指纹公司参加深圳市国际高新技术成果交易会，朱镕基总理到方正展台前参观方正指纹技术，观看了指纹门禁、指纹考勤等产品的演示。10月，在深圳市国际高新技术成果交易会上，北大方正集团公司与深圳市宝安区政府签订石岩湖科技园工程项目，总投资超过5亿，占地面积约27.8万平方米，石岩湖科技园将成为北大方正集团在深圳的研发、生产基地，该项目由深圳市北大方正科技发展有限公司与深圳市宝安区石岩镇投资管理有限公司合作开发，预计5年内完成该工程项目。11月，方正电子与SUN中国公司、美国BroadVision公司、香港永泰公司结成电子商务联盟，推进个性化电子商务的发展。方正电子与SUN合作成立中小企业解决方案技术中心（SME. Com Center），为开发商提供先进的开发支持平台。12月，方正电子全面承接的第一个大型综合性网站建设项目广州日报站点开通。当月，方正电子在北京申办2008年奥运网站的竞标中战胜多家对手一举中标。方正奥德与SUN联合建设“方正奥德—SUN解决方案开发中心”，该中心利用SUN的硬件平台优势和方正奥德开发人才与客户资源优势，目前主要进行企业银行、银行卡信息分析系统、银行卡综合信息服务系统等项目的开发。

【主要产品】 软件　方正集团开发的主要软件有：方正RIP（栅格图像处理器），方正字库，方正FIT（排版软件），方正书版（排版软件），方正画苑（图像拼版、处理软件），方正文合（拼版软件），方正包装（盒型设计软件），方正智绘（地图软件），方正超线（底纹创意设计软件），方正新闻采编系统，方正经略广告管理系统，方正翔宇电子报纸系统，方正稿酬管理系统，方正渊博信息检索软件，方正指纹识别软件，方正奥思（多媒体制作软件），方正点睛（动画制作软件），方正无限（非线性编辑系统），方正虚拟布景软件，等等。

硬件　硬件有：方正电脑（商用台式电脑、家用多媒体电脑、笔记本电脑、服务器、消费类电子产品），方正显示器，方正激光打印机，方正WYSE终端，方正飞虹Modem，等等。

系统集成　系统集成有：印前制版系统，新闻出版综合业务网络系统，广播电视网络综合应用系统，商业流通应用系统，邮电综合业务系统，地理信息系统，数据可视化信息管理系统，公安刑侦指纹系统，刑事犯罪情报资料综合管理系统，指纹身份识别管理系统，多媒体教学网络系统，电子交易系统，票据电子化管理系统，现金自动化管理系统，客户自助服务系统，电话中心服务系统，等等。

精细化工　精细化工方面有：在香精香料方面拥有多项世界领先的专有技术，拥有中国发明专利——多环麝香人工合成技术，开发生产的产品有方正麝香等。稀土材料方面：稀土分离和稀土功能材料研究，生产各种高纯的单一稀土化合物，以及金属氧化物产品。

方正集团1999年主要企业名录

企业名称	电话传真
北京北大方正集团公司	010.62982266/62981525(FAX)
方正控股有限公司	00852.26114138/24133218(FAX)
北京北大方正电子有限公司	010.62579955/62563881(FAX)
北京方正奥德计算机系统有限公司	010.68729966/68458733(FAX)
上海方正延中科技集团股份有限公司	021.52986118/52985038(FAX)
北大方正科技电脑系统有限公司	010.62531116/62557420(FAX)
东莞市方正科技电脑有限公司	0769.6603111/6603222(FAX)
北大方正人教电子商务软件开发有限责任公司	010.68917748/68917793(FAX)
上海延中办公用品实业公司	021.54037433/54037369(FAX)
中国教学仪器设备总公司	010.66097397/66064089 (FAX)
北京北大方正指纹电子有限公司	010.62752426/62752408(FAX)
北京北大方正进出口有限公司	010.62981520/62752408(FAX)
深圳市北大方正科技发展有限公司	0755.2411925/2420677(FAX)
北京北大方正集团公司深圳分公司	0755.2265571/2414063(FAX)
东莞方正丽康科技设备有限公司	0769.6607775/6620933(FAX)
深圳方正育星信息系统有限公司	0755.2429810/2404750(FAX)
成都方正电子有限公司	028.5559957/5559814(FAX)
北京北大方正电子出版社	010.62755478(含FAX)
北大正元科技有限公司	010.86250005/86250006(FAX)
江苏省溧阳方正稀土有限公司	0519.7229031/7229218(FAX)
四川金融租赁有限责任公司	028.6120539(含FAX)
北京北大方正实业开发公司	010.62759075/62752429(FAX)
北京方正昭德科技有限责任公司	010.68715720/68711071(FAX)
北京北大方正投资有限责任公司	010.88026864/88026860(FAX)
北京方诚物业管理有限责任公司	010.62981446/62981448(FAX)

注:上表信息截止到2000年5月。

(刘禾)

·北大青鸟集团·

【概述】 北大青鸟集团成立于1994年,是一家以软件为主体的高科技企业集团,北京大学的四大支柱产业之一。由著名计算机软件科学家、中科院院士杨芙清教授任公司董事长。

北大青鸟依托北京大学的技术和人才优势,秉承"以人才为根本,以技术为核心,以产品为依托"的经营宗旨,在国家支持的重大科技攻关项目"青鸟工程"的基础上,面向行业,不断拓展,积极推动科研成果向市场产品的转化,逐步形成了集软件(Software)、微电子(Chips)、系统集成(Information System Integration)、嵌入式系统(Embedded System)、网络(Network)、通信(Communications)和教育(Education)于一体的IT"SCIENCE"技术与产品体系。

自成立迄今,北大青鸟在总资产、净资产、产值、利税、市场占有率等五方面的年增长率均超过了100%,目前公司注册资金为1.4亿元,资产规模约8亿元,拥有青鸟天桥、华光科技两家上市公司及多家控股公司,呈现出高科技集团快速发展的良好趋势。

【集团经营】 北京天桥更名为青鸟天桥 4月13日,北大青鸟控股公司北京市天桥百货股份有限公司在北京天桥第十一次(1998年度)股东大会上,通过了更名和调整经营范围等议案,并于15日发出董事会公告,宣布自1999年4月14日起,将公司名称由原来的"北京市天桥百货股份有限公司"改为"北京天桥北大青鸟科技股份有限公司"。自1999年4月20日起,股票简称由"北京天桥"变更为"青鸟天桥",英文缩写为JBTQ。公司的经营范围也拓展到计算机软硬件、电子产品、通信设备等领域。

北大青鸟与无锡市人民政府签订科教合作协议 6月16日,北大青鸟与无锡市人民政府签订科教合作协议,双方将在无锡市科教、信息化建设及信息产业的发展等领域开展全方位合作。北大青鸟将发挥自身的科技优势为无锡市经济建设提供决策咨询、科教规划、人才培养、课题研究和成果转化等方面的支持，并考虑条件成熟时在无锡设立有关课题的科研基地和北大青鸟集团分支机构，拓宽公司的业务范围。无锡市人民政府还聘请公司董事长杨芙清院士和总顾问、北大微电子研究所所长王阳元院士为无锡市人民政府高级科技顾问并颁发聘书。

北大青鸟通过ISO9001国际质量认证 7月6日，北大青鸟顺利通过了北京九千标准质量认证中心的审核，获得ISO9001和UKAS(英国皇家)质量体系认证证书。近年来，ISO9000已经成为评价企业现代管理水平和产品质量的国际化标准，它起着对内强化质量体系，对外获得企业发展"通行证"的重要作用。北大青鸟从5月31日通过质量体系文审工作到7月6日认证中心技术委员会最终认定正式通过ISO9001质量认证，前后历时一个月，赢得了认证中心和有关审核专家的一致赞许。此次ISO9001质量认证工作的结束使北大青鸟成为国内通过这一标准的少数几家软件企业之一，标志着北大青鸟在内部运作和软件生产过程管理规范化方面迈出了重要的一步。

北大青鸟软件生产基地开工建设 10月28日，北大青鸟软件生产基地开工典礼在大兴工业开发区举行，基地是集软件产品开发、生产、服务于一体的大型软件生产基地。基地项目属于北京软件园的首期启动项目，被北京市计划委员会推荐为"国家高技术产业推进项目"。北大青鸟软件生产基地一期建设占地40000平方米，建筑总面积23247平方米，总投资9943万元人民币，主要包括软件技术教育基地、嵌入式产品生产基地、软件产品开发中心以及软件工程国家工程研究中心工程化基地一期工程，项目建成后正常年利润总额预计达到4200万元。"灵活的经营机制、优美的园区环境、先进配套的基础设施、一流的人才队伍"，是基地发展的最终方向。基地建成后将为形成软件的规模化生产和发展民族软件产业做出贡献。

北大青鸟新世界网络有限公司成立 10月28日，在由北京市政府与香港特别行政区有关机构共同主办的"京港合作研讨洽谈会"上，北大青鸟与香港新世界集团共同投资2400万美元成立北大青鸟新世界网络有限公司，主要从事网络软件开发、网络系统集成、电子商务和信息服务业务。香港新世界是一家投资经营房地产、基础设施、酒店、百货、电力、电讯为主的多元化企业集团，在港排位居四，港澳知名人士郑裕彤任董事会主席，其长子郑家纯博士(全国政协委员)任董事总经理。

北大青鸟成为ISP(Internet Serve Provider：Internet服务提供商) 11月2日，经信息产业部审核批准，北大青鸟获得了"中华人民共和国计算机信息网络国际联网业务经营许可证"，获准在北京、上海、广州、深圳、成都、重庆、天津、西安、武汉、沈阳等十个城市设立节点，并通过北京中心站点接入CHINANET，经营计算机信息网络接入业务，北大青鸟的业务经营范围向网络领域进一步拓宽。

北大青鸟通过软件企业和软件产品认证 11月26日，北大青鸟顺利通过了北京市软件企业和软件产品认证小组的认证，成为北京软件行业协会认定的44家软件企业之一，并将享受国家税务总局给予软件开发生产企业的税收优惠政策。

"青鸟杯"首都大学生迎澳门回归知识竞赛举行 1999年11月，由中共北京市委教育工作委员会、北京市教育委员会、共青团北京市委联合举办，北京大学具体承办，北大青鸟出资协办的"青鸟杯"首都大学生迎澳门回归知识竞赛吸引了首都高校学生和社会各界人士的竞相参与和关注，并取得了圆满的结果。对迎接澳门回归祖国，普及澳门有关知识，在首都青年学生中深入普及爱国主义教育起到了良好的效果。

北大青鸟赞助"北京大学杨芙清王阳元院士奖励基金" 2000年1月5日，由北大青鸟集团董事长杨芙清院士、总顾问王阳元院士出资设立的"北京大学杨芙清王阳元院士奖励基金"签字仪式暨1999年度颁奖仪式举行。"北京大学杨芙清王阳元院士奖励基金"是根据杨芙清、王阳元两位院士的意愿，以杨芙清院士所荣获的"何梁何利奖"奖金(港币15万元)和王阳元院士所荣获的"潘文渊研究杰出奖"奖金(新台币50万元)为基础，由北大青鸟集团进一步出资设立。奖励基金的金额暂定为18万元，奖励范围初定为北京大学信息和工程学部的优秀师生，以后将视基金本金的增加逐步扩大。北大教育基金会吴树青理事长高度评价了该项奖励基金的设立，并强调在北大百余项奖助学金、奖教金和研究基金中，这是首项由北大教师出资设立的奖励基金。

【产品研发】 **信息安全新品推出**

正值政府上网、企业走向电子商务之际，3月15日，北大青鸟研制的"JB—SG2安全保密网关"系统正式面市。该系统由北大青鸟、总参第五十八研究所、国家保密技术研究所共同合作开发研制，是基于电子印章和网关证技术的电子信息安全控制系统，是在防火墙技术的基础上发展起来的一种真正面向信息的网络安全产品。它一方面能防范来自网络外部的攻击，起到防火墙的作用；另一方面还能对流向外部的信息进行密级控制及出关检查，防止非法用户窃取内部网络的信息和内部信息通过网络泄漏，全面保卫网络信息安全。系统技术成果目前已通过国家有关部门的技术鉴定，并已获得公安部颁发的产品销售许可证。

4项产品获“推荐优秀软件产品”称号 4月12日，由中国软件行业协会主办的“1998年度推荐优秀软件产品活动总结大会”对评选出的60项国产优秀软件进行了颁奖，北大青鸟有4项产品获奖。“青鸟商业自动化系统（JB-CMIS）”、“青鸟区域清算及电子联行业务系统（JB-RCS&EIS）”、“北大青鸟通信平台（JB-COMM）系统V1.1”分获管理类、财务类、工具类“推荐优秀软件产品”称号。“青鸟CASE软件工具（JBCASE for Windows）V3.0”由于在1996、1997、1998连续三年获得推荐优秀软件产品称号，因而获得“中国优秀软件产品”的称号。以上产品均是继1997年软件推优活动后再获殊荣，体现了北大青鸟的产品研发优势。

北大青鸟“网上追逃”立大功 7月1日，全国公安机关“追逃专项斗争”全面开始，北大青鸟在“追逃”斗争中承接了公安部“在逃人员快速查询/查证系统”软件的研制开发工作。该系统运用先进软件开发技术，利用国际互联网信息存储量大、传递快、形象的特点，具有快速查询、抓获人员查询、数据的更新及维护、统计报表和信息发布诸多功能。整个查询过程只需敲击几下键盘便可完成，极大地提高了办案的准确性和速度。在实际行动中，日均查询量达到5973次，最高日查询量达到59985次，为斗争的胜利完成做出了重要贡献。此次“网上追逃”在科技方面也是一个创举，北大青鸟把传统的C/S系统结构发展为B/S结构，为系统在较短的时间内能够于全国范围内实施提供了技术保障。此外，此次网上追逃所应用的软件系统和技术对于公安业务信息系统的建设具有重要的推广价值，对于公安业务中犯罪信息管理、人口信息管理与社会化服务等均具有重要的参考样板作用。

北大青鸟最新推出车载GPS产品 10月15日，北大青鸟在北京大学召开“卫星定位导航技术产品发布会”，展示了最新研制的GPS卫星定位导航系统。此次推出的GPS卫星导航定位系统，针对我国近年来城市发展过程中所普遍存在的车辆失窃、汽车尾气污染、交通拥堵等问题，提供了一整套高科技的解决方案，可应用于车辆报警、道路求援、电话叫车调度等领域。GPS（Global Positioning System）卫星定位导航系统的定位精度可达5米以内，已在欧美发达国家广泛用于车辆导航、定位、调度和监控等领域。北大青鸟常年致力于GPS卫星定位系统的研制，青鸟JB-230汽车GPS产品在国内率先通过了公安部安全防范报警系统产品质量监督检测中心的检测。

北大青鸟推出全国第一张银行校园IC卡 10月26日，北大青鸟与北京农行合作开发的“北京农行首师大校园IC卡应用系统”项目成功投入运行。这是北大青鸟凭借多年来从事金融系统集成和IC卡研制开发和生产的经验，为金融业推出的符合《中国金融集成电路（IC）卡规范（V1.0）》、极富应用前景的新型信息系统。系统首次将作为支付中介的银行系统与校园IC卡应用联系起来，利用银行已有的网络资源及系统资源，拓展了校园IC卡的应用范围。与普通意义的校园IC卡相区别，北大青鸟银行校园IC卡是银行和学校联名发行的、为教职工和在校学生提供多种服务的新型金融产品。北大青鸟银行校园卡也可作为专用卡在校园范围内使用，应用于收费、缴费及款项发放、消费购物等。同时，持卡人可在与发卡行联网的所有营业网点或ATM机上办理存、取款业务和圈存、圈提业务。

【市场推广】 **青鸟特约联行业务系统落户山东** 6月3日，由北大青鸟与中国人民银行济南市分行合作，为利用信息技术和现有的金融区域网，解决区域范围内农村信用社、城市商业银行、城市信用社等金融机构间汇路不畅、异地结算难、业务汇划与资金清算不同步、对账方法不科学、汇票支付风险大等问题而研制开发的“青鸟特约联行业务系统（JB-SEIS）”在山东投入运行。系统处理的主要业务包括异地资金汇划业务（包括汇入、汇出业务）、汇票签发业务和汇票解付业务。该系统具有投资规模小、易于推广使用的特点，填补了国内空缺，为其他省市在特约联行业务系统的建设方面提供了成功范例和重要参考。

北大青鸟签约甘家口大厦 8月19日，北大青鸟与华奥集团签订协议，承接甘家口大厦计算机综合信息管理系统项目。北京甘家口大厦是北京市跨世纪开业的大型综合性商业企业，该商业自动化系统从网络设备到硬件选型方面都体现了技术的先进性和实用性，在目前国内商业企业中是不多见的。此外在应用系统功能的设置上，注重了对项目决策支持系统的完善和发展，为企业高层管理者决策的制定提供了强有力的支持。系统还结合目前国内外市场流行趋势，为企业电子商务应用提供保障。

青鸟“天目”GPS服务网拟覆盖全川 8月20日，北大青鸟与美国摩托罗拉公司在成都举行“GPS卫星定位技术产品研讨会”，发布并展示了双方最新研制的卫星定位产品，会上北大青鸟还宣布了将与重庆东银集团合作，在全川建立“天目”GPS服务网的计划。目前“天目”GPS服务网已经在成都、自贡、内江、德阳、绵阳五个城市获得省无线电管理委员会批准的230M频点，即将投入试运行。北大青鸟和四川各行业合作建立的天目系统，将为全川的安全行驶、调度提供更好的服务保障。

北大青鸟商业自动化领域再签新单　8月28日，天津新安瑞泰购物广场开业；9月10日，武汉商场购物中心迁至武汉世贸广场重新开业。北大青鸟与武商集团武汉瑞泰管理公司合作，将先进的“武广模式”内涵溶入信息系统分析和设计之中，承接了天津新安瑞泰购物广场的商业自动化开发和武汉商场购物中心的商业自动化更新换代工作。“武广模式”是武汉广场管理有限公司（武汉商业集团下属企业）在创建武汉广场购物中心的过程中，所形成的一套以购物中心为主体，引进若干百货公司机制，瞄准世界先进水平又结合中国国情的商业零售业的发展模式。天津新安瑞泰购物广场是由香港安信集团和香港新世界出资、营业面积达3万多平方米的大型零售企业，武汉商场购物中心是隶属于武汉商业集团、营业面积达4万多平方米的老牌企业。

京客隆系统运行　9月3日，由北大青鸟承接的北京京客隆商厦“计算机信息管理系统”正式投入运行。此系统是由北大青鸟在“青鸟商业自动化系统JB-CMIS V3.0”的基础上研制开发的新应用系统。系统采用先进的计算机信息处理技术，实现了大型连锁企业的总部、配送中心的集中控制，以及统一进货、购销分离的先进经营管理方式，充分体现了“大后台，小前台”的先进的管理思想。北京京客隆商厦为大型连锁企业，1999年与北京朝阳区副食品公司合并后仍称“京客隆商厦”。目前在全市范围内有20多家连锁点，此后会有更大规模的网点扩充。

发展软件代理业务　北大青鸟依托自身软件技术优势，致力于发展软件代理业务，向用户提供高品质、高性能的国内外优秀软件产品。1999年3月，北大青鸟成为BMC全线产品的中国代理。1999年11月，成为CA Unicenter TNG中国区总代理。

（王洪波）

·北大未名生物工程集团·

【概述】　1992年10月19日，时任北京大学生物系系主任的陈章良博士与生物系教授潘爱华博士在北京大学校园未名湖畔创办了北大未名生物工程公司，经过几年的艰苦创业，北大未名生物工程公司发展为北大未名生物工程集团。

在创新理论的指导下，北大未名集团在实践中探索出一条发展我国生物工程产业的道路：利用一个产品启动一个市场，利用一个市场发展一个企业，利用一个企业创建一个基地，利用一个基地推动一个产业。沿着这条道路，北大未名从一家只有40万元流动资金、一间仅14平方米办公室的生物技术公司发展成为一个拥有深圳科兴生物制品有限公司、山东科兴生物制品有限公司、北京北大维信生物科技有限公司、厦门北大之路生物工程有限公司、北大未名诊断试剂有限公司等十几家全资、合资、合营企业，净资产几亿元的生物高科技企业集团，创造了令世界生物工程产业同行叹服的业绩。截止到1999年底，北大未名生物工程集团总资产达2亿元人民币，总销售额1.5亿元人民币。

【产业与产品】　在“科教兴国、产业报国、健康强国”的企业理念指引下，北大未名制定了以生物工程和制药为重点发展方向的战略目标，具体包括以下八个领域：基因工程制药、天然药物、化学药物、生化药物、疫苗、诊断试剂、农业生物工程、第三态保健食品。

深圳科兴生物制品有限公司

深圳科兴生物制品有限公司是北大未名生物工程集团和美国汉鼎亚太公司合资经营的现代化生物高技术企业。1989年7月7日经深圳市政府批准创建于深圳科技工业园，投资总额2亿元人民币，是国务院发展研究中心认定的全国最大的基因工程药物产业化基地。目前主要生产赛若金(r)SINOGEN(r)（注射用基因工程干扰素α1b）和悦康仙(r)RecoSun(r)（注射用重组人白细胞介素－2），基因工程胰岛素也即将投放市场。1999年实现销售额1.54亿元人民币，利税7000万元人民币。

山东科兴生物制品有限公司

山东科兴生物制品有限公司（原山东赛若金生物药业有限公司）是由北大未名、赛若金（中国）有限公司和山东海泰集团等共同出资兴办的高科技生物制药企业。企业总投资1亿元，首期工程投资6000万元，地处济南章丘市明水开发区，占地118亩。现已投放市场的产品有“依普定”EPOSINO(r)（重组人红细胞生成素注射液）。公司实行GMP规范管理，1999年9月通过了国家药品GMP认证。经过一年多的生产和产品临床应用证明，依普定的生产技术和工艺、产品质量均达到国外同类产品的先进水平，获得广大患者和医疗工作者的赞誉。

北京北大维信生物科技有限公司　北京北大维信生物科技有限公司是北大未名与新加坡维信集团合资兴办的高科技生物制药企业，1994年8月经北京市政府批准创建于北京新技术产业开发试验区，注册资本8000万元人民币。北大维信以现代中药的研究、开发、生产和销售为发展方向，目前主要生产天然调血脂药物“血脂康”。1999年实现销售额9000多万元人民币，利税3500万元人民币。

厦门北大之路生物工程有限公司　厦门北大之路生物工程有

限公司成立于1998年12月18日，是北京大学与厦门市政府在生命科学项目合作的成果，并由北大未名生物工程集团、厦门国贸股份有限公司和深圳延宁发展有限公司等合资的现代化高科技生物工程企业，注册资本5000万元人民币。目前已推出第三态保健品“再生人”。正在开发之中的产品有虎纹镇痛肽HWAP-I和神经生长因子(NGF)。此外还从事农业生物工程的开发和产业化，现已上市的有转基因西红柿和转基因甜椒等。

北大未名诊断试剂有限公司

北大未名诊断试剂有限公司是专门从事现代诊断制品开发生产的中外合资企业。投资方有北大未名生物工程集团、北京华卫实业有限公司、香港汉鼎药业有限公司、新加坡生物创新有限公司。公司注册资本1000万元人民币。目前拥有2000平方米的符合WHO标准的GMP产品车间和研究开发实验室。

北京鼎立康生物药业有限公司　北京鼎立康生物药业有限公司是由北大未名生物工程集团投资并控股的生物药品销售公司，1999年5月成立于北京市海淀区。北京鼎立康生物药业有限公司已建立起自己的销售网络体系，努力寻求与世界一流的医药公司建立战略联盟关系。现设三个部门：血液制品部、疫苗部和诊断试剂部，目前开展的主要业务有：①在中国代理销售韩国绿十字生物制品公司(KGCC)的血液制品，如人血白蛋白。KGCC是一家从事血液制品研究开发具有30多年历史的跨国公司。②在中国代理世界上第二大生物技术公司——意大利凯龙(Chiron)公司的疫苗产品。③在中国代理世界上最大的诊断试剂公司——美国雅培(Abbott)公司的诊断试剂产品，如血糖检测仪。

北京北未生物技术研究中心

北京北未生物技术研究中心完成的农业植物基因工程项目已有13项通过了农业部农业生物基因工程安全评价，进入了大田实验。在全国获准商品化许可的6个植物基因工程项目中，未名研究开发中心获得了3项，其中包括转基因甜椒、转基因西红柿、转基因烟草和转基因花卉等。部分产品现已面市。

【人才培养】　创新是民族的希望和灵魂；创新是企业发展不竭的动力。几年来，北大未名力求在观念、体制、技术、产品、市场、管理六个方面进行全面创新。在“出思路、出模式、出人才、出效益”方面作出了表率作用。为推进知识经济，探索产学研结合模式、技术创新、高科技产业化等方面提供了成功的范例。

培养造就创新型的人才是实现一切创新的关键。几年来北大未名一直实施旨在培养符合三高标准(高学位、高素质、高水平)的人才工程，培养造就一批三高型的科研技术专才和经营管理专才。目前，北大未名共有20多位中外名牌大学(如美国哈佛大学、普林斯顿大学和哥伦比亚大学)毕业的博士。以三高型人才为骨干而形成的北大未名人才群体将携手并肩共同托起中国生物工程产业的大厦。

【未来展望】　为了迎接生物学世纪的到来，为了推动中国生物工程产业的发展，在深圳科兴、北大维信等企业取得飞速发展的基础上，按照集团发展的基本思路：“利用一个产品启动一个市场，利用一个市场发展一个企业，利用一个企业创建一个基地，利用一个基地推动一个产业”，北大未名正在积极创建北京北大生物城、厦门北大生物园、深圳北大生物谷三大基地，为21世纪中国生物工程产业的腾飞奠定坚实的基础。

北京北大生物城是北大未名集团的集研究、开发和产业化于一体的生物工程产业化基地，位于北京市海淀区，占地30万平方米。首期项目包括：基因工程G-CSF；甲肝灭活疫苗；诊断试剂；转基因植物园区等。北大生物城的建设已列入北京市1996～2010年中长期社会经济发展重点项目和北京“中关村高科技园区”首批重点建设项目。

深圳北大生物谷位于深圳市高新技术产业园区，占地约9万平方米。是以深圳科兴生物制品有限公司为依托而发展起来的基因工程制药基地。主要有基因工程干扰素不同亚型和不同剂型项目、基因工程胰岛素项目和生长激素项目等。该基地被国家计委列为国家高新技术产业示范工程，被深圳市列为2000年十大重点建设项目之一。

厦门北大生物园位于厦门市忠仑公园，占地10万平方米。主要从事生物工程产业化、高科技保健品生产和转基因植物产业化。目前进行中的项目有神经生长因子、虎纹镇痛肽HWAP-I、“再生人”保健品和转基因植物。厦门北大生物园的建设已被列入厦门市重点建设项目。

·北大资源集团·

【概况】　北大资源集团的前身——北大房地产开发部成立于1992年9月，在北京市新技术产业开发试验区注册。1993年3月北京大学南街工程开工，北京北大资源开发公司成立，1996年8月更名为北京北大资源集团。北大资源集团是北京大学的全资企业，成立以来，一直担负开发北大周边地区，建设北京大学科学园的使命。集团遵循“开拓、实干、高效、奉献”的企业宗旨，经过7年艰苦创业，目前初步建成北大科学园的框架性结构。集团现拥有近10万平方米建筑，职工170多人。集团下设12个部，分管30个控股或参股公司，是拥有近10亿资产的高科技企业集团，并成为北京大学校办产业的支柱型企业。作为北京市高新技术产业的利税大户，集团受到政府的奖励和表彰。

集团自1992年起，在没有国家行政性拨款的条件下，依靠政策支持，自筹资金，发展壮大，在集团建设中实施了三项重大举措：

1. 北大南街改造工程。1993年3月4日，是北京大学历史上值得纪念的日子，矗立了几十年的北大南墙被推倒，它宣告北大人走出象牙塔，开始融入市场经济的大潮。经过两年多的艰苦奋战，南街改造工程于1995年全线竣工。5月，总建筑面积27000平方米的资源楼正式对外营业。资源大楼是北大科学园的起步区，地处中关村黄金地段，北四环路、海淀路、中关村路和成府路交汇于此。内设宽敞明亮的营业展厅和标准写字间，设施齐备，可提供法律、信息、商务、金融、邮政等方面服务。经过五年的经营，在写字间市场树立了一定声誉，目前有200余家高新技术企业入驻。资源楼的建设彻底改变了南街原有的杂乱无序状态，创建了现代化科技文化一条街。资源楼这一成功的起步，为集团未来的发展积累了宝贵经验，奠定了坚实基础。

2. 建设燕园教育培训中心。北京大学科学园二期工程——燕园教育培训中心于1998年校庆之际开业，该项目投资近7000万元，总建筑面积18000平方米。培训中心位于北京大学西南角，海淀路与颐和园路的交汇处，交通极为便利。它背依中国最高学府，南邻海淀图书城，地处独特的人文环境之中。建筑风格古朴典雅，装饰美观实用，设备精良耐久。内设写字间、客房、公寓、餐厅等多种功能用房，为到北京大学进修的学子和有志到中关村地区创办高新技术企业的人士提供一流的教育培训、办公会议、住宿餐饮、体育健身等多项服务。燕园教育培训中心的成功在于准确地把握市场需求，发掘教育资源巨大的市场潜力，改变了集团单纯的物业经营格局，转向对教育资源、科技资源的综合利用和开发。

3. 启动北大科技发展中心一期工程。北京大学科学园主体建筑——北大科技发展中心一期工程于1998年5月4日北大百年校庆日当天开工。该项目建筑面积4万多平方米，高达百米，内设专业电脑市场和写字间，具有中央冷暖空调、进口电子消防及保安设施、现代化综合布线系统等。从外观到内部设施配置均按国际标准设计施工，设施完备、功能先进、设计观念超前，是一座现代化综合智能型大厦。作为北京大学百年校庆的献礼工程，大厦于1999年10月隆重开业。在未来的经营管理中，它将全力为高新技术产业的发展提供专业优质的服务，成为高科技合作与交流的中心。北京大学科学园主体建筑工程的启动，标志着科学园区的建设已初具形态。

【发挥优势，走产学研结合的道路】

北大资源集团依托北京大学的综合资源优势，致力于北大周边地区资源的优化重组工作，创建北京大学科学园。其目的是主动形成一个高校与社会的融合地带，以较高品质的硬件设施和软件服务为高新技术成果的商品化、产业化、国际化提供载体，同时为企业和企业家们提供一个广泛接触最新科技成果的场所。通过对学校和社会的双向服务和互动作用，达成高校与社会的良性依存关系：一方面，开发大学资源，促进科技成果转化，能够带动区域经济的发展；另一方面，在科技成果向现实生产力转化的过程中，为大学提供必要的资金，更有力地支持教学科研工作。在这一互动过程中北大科学园扮演了孵化器和辐射源的角色。

1. 集团的综合资源优势

(1)人才优势。北大资源集团的事业是北大人的事业，集团的创建者、决策者和管理者多数接受过北大的教育和熏陶，良好的教育背景赋予他们创新精神、实践能力、顽强意志和智慧胆识，使他们迅速完成从机关、讲台到企业、市场的角色转变。经过几年的实践磨炼，资源集团已拥有了一支观念领先、团结实干的经营管理队伍。目前，优秀的北大学子仍源源不断地加入到集团队伍中来，北大的声望也强烈吸引着企业界的精英。

(2)技术优势。北京大学作为全国著名综合性大学，蕴藏极大的人才资源和技术资源，每年都开发出许多科学研究成果。在原来封闭的办学体制下，研究成果往往长期搁置。集团利用灵活的企业机制，加速高科技成果向现实生产力的转化，创造出巨大的社会经济效益。现与北大化学与分子工程学院、物理化学研究所等建立长期合作关系，在其科研基础上，研制开发出多种高科技产品，部分产品居于世界领先水平。

(3)地理优势。北大科学园与北京大学和清华大学接壤，位于高新技术企业和科研开发机构云集的中关村科技园区的核心地带，与清华科学园、中科院科学城形成优势互补、相互依存之势，该地区成为北京地区，乃至中国最具发展潜力的地区之一。

(4)管理优势。在几年的经营管理实践中，集团总结出一套较为成熟的管理制度，如岗位责任制\考核激励制等。另外，还在集团范围内实行例会、恳谈、汇报、联谊、学习等多种制度，以制度的形式保障工作环节的畅通，保障整体效益的实现。

(5)政策优势。科教兴国是我国实现经济振兴和国家现代化的根本大计。江泽民同志在庆祝北京大学建校100周年大会上再次发出科教兴国动员令，要求“我们的大学应该成为科教兴国的强大生力军”。世纪之交，国务院批转教育部《面向21世纪教育振兴行动计划》，这是我国教育战线面向新世纪实施科教兴国的施工蓝图。党中央、国务院和北京市领导一直十分关心北大高科技产业的发展，多次到北大现场办公。1999年《国务院关于中关村科技园区有关问题的批复》更为北大资源集团步入21世纪的新发展提供了历史性机遇。

2. 主营产业及主要公司　北京大学科学园业已形成在电子信息技术、光机电一体化技术、生命科学与生物工程技术、新能源、新材料、环境科学技术等高科技领域进行研究、开发和经营的格局。在科学园的建设中，集团广泛吸纳国内外技术、资金与人才，使北大周边地区逐步形成高科技产业群和高科技辐射源，成为中国“硅谷”——中关村的核心地带。1999年是资源集团大踏步向前迈进的一年。继中关村北大科学园初具规模之后，集团又在西北地区设立新疆基地、在西南地区设立昆明基地、在华南设立中山基地、在华东设立青岛基地，形成“一园”即北大科学园，“三业”即物业、科技产业、教育产业，“五基地”的格局。北大资源集团已投资的高科技项目主要分布于电子信息、精细化工、新能源、新材料的研制开发等领域。

目前集团控股、参股公司有30家，主要公司有：(1)北京北大新世纪科技发展有限公司。由北京大学科技开发部和北大资源集团共同出资组建，于1999年2月成立，注册资本为500万元人民币。公司依托北大的高科技力量，致力于加速北大高科技成果向现实生产力的转化，目前已筛选出一批以高能锂离子电池、DCPA、纳米材料、氮化镓蓝光管等高新技术产品为代表的最新科技成果进行扶植、孵化，并面向开放的资本市场寻求合作伙伴。(2)北京北大正元科技有限公司。由北大资源集团与北大方正集团在原北大方正化工公司的基础上，共同出资组建的以高新技术为先导的大型化工企业。公司成立于1999年，注册资本5000万元人民币，主要致力于合成香料、香精、医药、化工、生物传感器等领域的研究开发及生产。公司充分利用北京大学人才与技术的优势，在高科技领域成功生产出新型合成麝香产品——方正牌佳乐麝香(Musk　Found)等合成香料产品。目前在生产规模和产品质量上均处于世界领先水平，主要外销欧美及东南亚地区。公司还在北大化学与分子工程学院有关实验室的基础上成立了专业的精细化工研究所，进行香料、化合物等多领域的开发与研究。目前已开发出极具市场前景的几十种新型香料产品。(3)北京北大先锋科技有限公司。注册资本1000万元人民币，公司开发出具有国际领先水平的多种吸附剂、催化剂和分离净化技术，用于各种气体的分离和纯化，可提供以下设备与产品：变压吸附(VPSA)空分制氧新型吸附剂PU-8、变压吸附(VPSA)空分制氧设备、一氧化碳吸附剂PU-1、变压吸附分离一氧化碳设备、一氧化碳低温氧化催化剂PU-6、高效脱氧剂PU-5、气体加氢除氧催化剂PU-7等，性能达国际先进水平。其中一氧化碳吸附剂PU-1，获中国、美国和加拿大专利，并获“国家级新产品”称号，已在国内外推广应用。(4)云南生物资源开发有限公司。公司利用现代生物工程技术积极参与云南省四大支柱产业之一的生物资源开发产业的开发，投入6000多万元人民币引进日本的种苗、设备和技术，建立了规模达2000亩的山嵛菜生产基地，建成一座具有山嵛菜系列产品生产能力的现代化加工厂，年产山嵛菜新鲜根茎200吨，各种半成品500吨，管状山嵛菜膏500万支。山嵛菜是一种富含营养成分、具有较强杀菌、消毒作用的天然香辛料，尤其是管状山嵛菜膏在国内具有良好的销售前景。(5)北京北大融通科技发展有限公司该公司致力于知识创新和信息技术在关键行业的应用，通过知识创新和行业应用为客户提供高质量的专业化的应用系统，成为最好的行业应用解决方案的提供者。(6)北大西飞高新科技材料有限责任公司。由北大资源集团控股的北大资源科技有限公司在原北京中建科西飞公司建筑材料有限公司的基础上增加投资，扩大生产经营规模而发展起来的。主营蜂窝复合墙体、门及系列产品，蜂窝包装箱、托盘，铝合金门窗、塑钢门窗及其它建筑材料。另外集团控股、参股的公司还有北京世纪京华房地产公司、新疆北大资源科技文化股份公司、北大科学园建设公司、国创国际高技术投资公司、密云北大资源工业园、北京华颖东方国际医药公司、北京宝源化工公司、北大资源科技公司及其子公司北大辰龙科技公司、北大资源法律事务所、北达资源中学、北大学园、北大资源文化艺术中心及其子公司北大蔚秀投资公司和燕园书店、北达物业管理公司(筹)、博闻广告中心、博亚特商贸公司、资源宾馆、北大太平洋科技公司、北大明天资源科技公司和北大资源科技大厦(筹)等。

北大资源集团充分挖掘北京大学蕴涵的丰富的科技、人才和知识资源，为科技成果的孵化及转化提供便利条件和资金支持，大大提升了现代高等学府的科技创新能力和知识应用能力，为实现现代大学功能的转变和办学模式的改革做出有益探索，也为社会创造了经济效益。

【情系北大，奉献社会】　作为北京大学的校办产业，北大资源集团义不容辞地承担起支持北大教育事业发展的使命。目前已为学校增加数十亿元的固定资产,1995～1999年累计向学校上交利润4750万元,其中1999年上交利润2300万元,比上年提高90%以上。另外,集团还以多种方式支持北大教育事业:1995年出资建立"北大资源公司北大院士文库出版基金",并与北京大学出版社合作出版《北京大学院士文》,目前已出版16部;1998年参加北大百年校庆书画展的赞助活动,为学校募集了1100多幅名家的书画作品;集团与北大附中合作创办北达资源中学,学校本着服务于北大、服务于园区的宗旨,为奋斗在教学科研和经济建设一线人员的子女提供优良的成长环境;连续三年捐助"北大资源杯"教工、学生运动会;向学校见义勇为基金捐款;参加校企联办教工、学生文艺社团等。

北大科学园的建设带动了区域经济的发展。在短短几年内,集团凭借良好的企业形象和社会声誉,吸引了包括高新技术企业在内的各类企业300余家入驻科学园。据统计,1999年科学园内企业总营业收入超过22亿元,年利润超亿元,创造直接就业机会4000多个。集团从1995年到1999年上交税收超过500万元,成为北京市高新技术产业试验区的利税大户,受到政府的奖励和表彰。另外,集团作为探索产学研结合道路的先行者,为加速科技成果的转化、引进国外高新科技成果和先进管理经验、加快中关村科技园区的建设发挥了重要作用。

【未来展望】 在未来的发展中,北大资源集团将继续以前瞻性的发展理念、严谨务实的工作作风、诚实守信的商业信誉、健全完善的管理制度,塑形象,练内功,不断提高企业的经营管理水平和自我发展能力。未来五至十年内,北大资源集团将继续依托北京大学的综合资源优势,在北京大学周边地区和附近开阔地带筹建规模更大的科技园区,在实施招商引资和园区建设的同时,着重发展三大支柱产业:(1)物业开发、经营和管理:在现有资源楼、资源宾馆及北大科技发展中心的基础上,继续开拓新的物业项目,打通中关村通往上地信息产业基地的瓶颈地区——成府路,为中国硅谷的建设疏通血脉。(2)继续创办高科技产业:主办北京大学科学园为各类高科技企业服务;运用风险投资进行科技成果的孵化和转化,其中以电子信息、生物制药、精细化工、生物资源利用、新材料和环保领域为主攻方向;创办实业,生产各类生物、化工、环保产品及设备。(3)探索发展教育文化产业道路:与北大成人教育学院合作,开办远程教育,兴办网络教育;建设北大学园,探索从幼儿园到大学阶段的育人模式。北大资源集团还将承担北京大学学生公寓的建设任务,并参与北大周边成府小区的改造任务。到21世纪初,北大在科学园内将建成几十万平方米的高科技用房和科研开发中心,学校的综合办学实力和办学条件将得到较为彻底的改善。面对知识经济的挑战,北大资源集团将承担探索科教产业化道路的使命,乘着加快建设中关村科技园区的东风,大胆改革,锐意进取,走规模化经营和规范化管理的发展道路,推动中关村科技园区迈向新世纪的前进步伐,为把北京大学建设成为世界一流大学而努力奋斗。

(郭倩卿、李海霞)

附 录

北京大学校办企业名录

名 称	办公电话	地 址
方正集团	62981527	上地信息产业基地五街九号
未名生物工程集团	62988009	上地信息产业基地五街九号
资源集团	62750998	颐和园路一号资源燕园宾馆北配楼
青鸟集团	62751294	成府路207号北大青鸟楼
中国兴发集团有限公司	62510799	海淀路169号兴发大厦
天正科技发展有限公司	82667678	北大太平洋科技发展中心19层
北佳信息系统有限公司	62754537	北大资源宾馆西三层
科技实业发展中心	62860599	西苑一亩园
计算机系统工程公司	82657287	紫金大厦16层
集软计算机应用工程公司	62752483	海淀区西苑乙二号
大北科技开发公司	62753014	老技物楼222.224.226室
深圳盖雅公司	0755－3822395	福田区彩田南路海滨广场福荣阁6E
信息工程公司	62751935	哲学楼1－1

名　　称	办公电话	地　　址
德力科公司	62755628	新化学楼南区 103 室
电子仪器实验厂	62874840	西苑一亩园 118 号
宇环微电子系统工程公司	62751788	北大微电子所
圣方宇环科技有限责任公司	62048818	知春路 20 号国际企业合作大厦 1011 房
实创新技术公司	62751759	物理大楼 229 室
物理学系工厂	62751753	物理大楼 152 室
方达理化工程公司	62755493	老技物楼 109 室
光电设备公司	62751817	老技物楼东 204 室
山宝科技开发公司	62751165	逸夫楼二层 3712 房
三川信息技术公司	62751684	三院 204 房
天元管理顾问工程公司	62757190	法学楼 5216
东方文化艺术公司	62753176	文化活动中心 412 室
未名科技文化发展公司	62751059	图书馆西南天井
金秋新技术公司	62753337	燕南园 63 号
东奥文化服务公司	62754275	三角地
高智电子开发中心	62536809	资源西楼 2322 房
绿地环境与生物技术公司	62751480	老地学楼
科玛技术发展中心	62753733	老技物楼 3701138391
纵横管理咨询公司	62750958	光华楼
化学实验厂	62754189	新化学楼南区 107—111 房
地球物理学系工厂	62751131	物理楼 513 室
世佳公司	62752468	依林公司四层
印刷加工部	62751065	图书馆南天井
方联医学科技中心	62751083	校医院住院部 309
明和珠宝		

主要教学科研服务设施

北京大学图书馆

【概况】 1999 年对于北大图书馆来说，是十分重要的一年。在馆舍面积增加一倍，图书经费大幅增加，而人员却没有增加的情况下，全体职工克服困难，共同努力，圆满完成了预期目标。在保证为读者提供良好服务的同时，图书馆完成了四项重大工作：(1)继续新馆搬迁工作，并基本完成；(2)新系统投入使用，运行良好；(3)管理中心设在北大图书馆的 CALIS 项目正式启动，并通过项目中期检查；(4)完成岗位评聘工作，通过学校审核。此外，图书馆进一步加强了与读者的交流，虚心听取读者的意见，更好地改善了读者服务态度，同时针对读者的具体需求，主动开展培训讲座，收到了很好的效果。

【文献采访】 由于经费投入增加和采访工作人员的努力，与 1998 年相比，除接受赠书数量比往年有所下降外，其余各项指标均持平或有所上升。其中购买外文图书的正常经费增长 85%；中文图书经费增长 40%；文献增量为 31%。1999 年共采集中文图书 18961 种，计 50099 册；外文图书 8162 种，计 8907 册。共订购中外文报刊 7221 种，计 65948 册。

另外，图书馆还引进光盘 10 种，网络数据库 88 种，电子期刊 4000 种；购进语言录音带 200 盘，影视光盘 420 盘。

【书刊编目】 编目部通过全体工作人员的不懈努力，在完成任务方面取得了显著成绩。西文新书已经做到没有任何积压，采访送书后能及时编目投入流通；中文新书的积压情况也得到一定的缓解。

1999年图书采访统计表

		经费金额	中文图书(种)	中文图书(册)	外文图书(种)	外文图书(册)
校拨经费	外文	626912.20			731	772
	中文	1251627.33	16432	44491		
文科专款		1818939.70			3286	3714
数学专款		290732.01			397	400
国外赠书					3748	4021
国内赠书			2529	5608		
总　计		3988211.24	18961	50099	8162	8907

1999年报刊订购情况表

	经费金额	报刊种数	报刊收登册数
中文报刊	416668.29	4010	40100
外文报刊	5207606.28	3211	25848
总　计	5624274.57	7221	65948

1999年编目情况统计表

月份	中文	西文	回溯		期刊论文	日文	统编
			中	西			
1—2	1546种/4240册	842种/991册				154/220	932
3	1296种/3606册	786种/882册		1022		165/202	904
4	1378种/3338册	869种/953册		1556		121/177	972
5	1588种/3587册	782种/979册		382		99/145	794
6	1493种/3857册	1121种/1258册	553	456		143/183	565
7—8	2100种/5680册	512种/532册	2494			183/246	566
9	433种/1177册	MQ493		60		115/132	249
10	1128种/3005册	726种/770册	224		ZD72	118/152	
11	1680种/4909册	1329种/1615册			ZB151	139/181	
12	1897种/5035册	1800种/2062册		8	WB220	140/158	
总计	14539/30577	8767/10042 MQ493	3271	3484	443	1377/1796	4982

【读者服务】 由于更换系统,1999年普通图书借还统计无法准确进行。以12月为例,当月总还书量54091册,平均每日借书2000多册。开架普通图书阅览室读者流量平均每日约9000人次;工具书阅览室共接待读者56168人次;总咨询台接待校外读者3463人次;期刊部接待读者533007人次。咨询部回答各类咨询3万人次。

由于CALIS项目的投入和新馆基础设施的完善,1999年图书馆在为读者提供电子资源服务方面发展很快,表现突出,成为图书馆读者服务工作的后起之秀,体现了北大图书馆面向现代化的重要发展方向。截至1999年底,图书馆为校内读者在校园网上提供免费检索光盘及网络数据库40余个,电子期刊近6000余种,读者普遍对SCI、INSPEC等权威数据库以及各类电子期刊上网表示感谢。光盘及网络检索室1999年4月搬迁后,至12月共接待使用数据库检索的读者8605人次,上网浏览和收发e-mail的读者12019人次。各类检索统计近20万次。咨询部共完成科技成果查新任务22件,论文查收查引152件,代查代检319件。1999年,图书馆扩大与国内外图书馆的文献传递关系,截至年底已经有近10家,共完成馆际借书283册次,复制及传递图书694册次,论文138篇。

视听部声像资料计算机检索系统建成并投入试运行,具有检索点多、查找速度快、数据补充更新便捷等优点。1999年夏季,图书馆增加自习座位,充分发挥新馆安装空调的良好学习环境的作用。暑假期间,增加了开馆时间,满足读者学习要求。期刊部利用暑假调换新刊架,并对期刊架号进行了调整,使读者能够尽快利用期刊资源。

新馆搬迁之后,与读者网上交

流更加畅通,"读者留言"量大增,对此馆领导非常重视,改变过去由一人负责回答的做法,改为由相关部门具体回答,由于各部门都很重视,回答耐心、及时,得到读者的肯定。通过网上留言交流,不仅解决了读者的具体问题,而且加强了图书馆与读者的沟通,使读者对于图书馆的工作有了很好的了解与理解。为加强与读者的沟通,图书馆还在暑假、寒假前两次邀请部分读者代表进行座谈,虚心听取读者对图书馆的意见,并对读者提出的具体问题作了现场解答,受到读者代表的好评。

"读者留言"中反映出很多读者对于图书馆有哪些可利用的资源、如何使用图书馆都知之甚少。针对这种情况,图书馆决定一方面通过网上和印发宣传材料,加强图书馆资源和使用的宣传,一方面加强读者培训。其中较突出的有咨询部举办的"一小时讲座"、为各系举办的专场讲座,期刊部邀请信息管理系教授举办的期刊工具书讲座等。

信息咨询部的"一小时讲座"包括光盘与网络数据库资源系列(七讲),工具书系列(文理科两部分)、OPAC 检索定期讲座等,全年共举办讲座 77 次,参加者 3172 人,其中教师占 10.6%,研究生 36.7%,本科生 52.7%。此外,咨询部还编写各类宣传材料 62 件,广泛散发,取得很好的用户教育效果。期刊部举办的期刊工具书讲座同样收到了很好的效果。读者纷纷要求在新的学期能够继续举办此类讲座。

【交流合作】 新馆搬迁后,北配楼学术报告厅成为北京大学举办重大讲座、会议的理想场所。1999 年接待了南非前总统曼德拉和委内瑞拉、哥伦比亚、印尼等多国总统在北大演讲。此外,国际交流合作部组织的每周五下午各国驻华大使讲座也在学术报告厅举行。1999 年图书馆共接待国内外参观来访 160 余次,其中较为重要的有日本国会图书馆代表团、香港中文大学校长、台湾汉学研究中心主任、日本东京大学校长、杨振宁博士、美国哈佛燕京图书馆代表团等。图书馆还邀请了香港科技大学图书馆馆长周敏民、美国俄亥俄州肯特州立大学图书情报学院副教授曾蕾、美国 DIALOG 公司技术经理张甲等来馆作专家讲学。

为加强合作,促进资源共享,北京大学图书馆与清华大学图书馆于 1999 年 5 月签署馆际互借协议,自 9 月起,互办馆际互借证 300 个。

1999 年北大图书馆继续接受海内外图书捐赠,比较重大的活动有:哈佛燕京学社研究员方志彤博士赠书展;纪念瓦尔特－德－格鲁特知识出版社 250 周年图书展览,展后该社将全部展书(300 种珍贵外文学术图书)全部赠与北大图书馆;日本友人正木龙树连续第 12 年向北大图书馆赠书,北京大学授予正木龙树先生"名誉校友"称号。

此外,北大图书馆还组织、承办了一些重要会议:如华北高校图书馆协会第十三届年会闭幕式,"迈向 21 世纪图书馆自动化管理系统建设与发展"研讨会等。

【新馆搬迁与旧馆改造】 为方便读者,减少对读者的影响,新馆搬迁工作采取边搬迁边开馆的办法,到 1998 年底已经对读者开放了新馆一层参考工具书阅览区、二层人文社科图书借阅区、三层科技图书借阅区和四层期刊阅览区。1999 年春季学期刚开始,信息咨询部和视听部就积极做好光盘和网络检索室、音乐视听室、单体录像室的搬迁准备工作,与此同时,音乐视听室、光盘和网络检索室等的内部装修和设备安装也在紧张有序地进行。经过各部门的积极努力,到 1999 年暑假之前,新馆除古籍部外,基本完成搬迁。陆续对读者开放的服务部门有:OPAC 检索大厅,光盘与网络检索室,音乐视听室,单体录像室,台湾文献中心等。至此,新馆在读者服务现代化方面已经具有相当高的水平,图书馆专门用于读者目录检索和光盘、网络检索,配置较高的计算机有近百台,拥有一个可容纳 250 人,按照专业音响配置设备和场地装修的音乐影视教学欣赏教室;一个可容纳观众 80 人,配备 40 台电视机和录像机,实行中央集中控制的单体影像室。古籍部经过古籍藏书调查、清点、目录建设、图书吸尘、打捆、编号等准备工作,从 1999 年秋季学期开始,逐步搬迁分散在图书馆多处的古籍善本和普通古籍,到 1999 年底,古籍部基本完成搬迁工作,至此,新馆搬迁工作基本完成。

一些部门搬往新馆之后,图书馆抓紧时间对腾出的阅览室进行简单的装修,一部分用作学生自习室,一部分调整为其他阅览室,并且对内部书库进行了调整搬迁,文艺期刊阅览室、过刊阅览室、文艺图书阅览室等相继重新对读者开放。同时,为方便读者,将原设在二楼的总出纳台和卡片目录厅迁至一楼,并且设立总还书处。此外,旧馆的采访、编目等内务部门也进行了搬迁调整。这样整个旧馆的布局基本确定完成。

经过新馆搬迁和旧馆改造调整,图书馆的总体布局设想基本实现,即新馆以面向读者为主,旧馆以内务部门和自习区为主,新馆主体和南北配楼动静分离,功能分配合理,更好地方便了读者。

【新系统的测试和启用】 新系统的测试和启用是关系到图书馆自动化网络化发展的大事。1999 年上半年,自动化部和相关人员经过不懈努力,成功地完成了馆藏书目数据的转换、参数设置、用户数据装载和新借书证的发放等工作,并对系统的功能及第一阶段汉化的效果进行了全面的测试，为系统运行作好了准备。7月，系统供应商SIRSI公司来馆进行了以系统正式运行为目的的为期两周的培训。7月19日，新系统正式启用流通和OPAC模块。新系统启用后，自动化部工作人员与流通和咨询等部门工作人员保持密切的联系，针对在流通操作和OPAC公共查询中出现的各种实际问题进行了及时的处理和调整，对工作人员和用户因对系统功能不了解或对系统操作不熟悉而出现的疑问给予及时的帮助和解答，保证了系统的正常运行。在保障系统正常运行的前提下，对系统的各种功能进行进一步的开发和应用，流通模块除了实现基本的借还功能之外，还实现并开始使用续借、用户状态查询和用户记录编辑修改等功能。OPAC公共查询启用后，自动化部根据读者的建议对界面重新进行了设计，对界面翻译进行了修改和完善。随后进行了编目模块试运行、采访和期刊控制模块培训及启用以及系统汉化二期工程等工作，现在编目、采访、期刊等已经正式使用，并且运行良好。总的来说，新系统启用后，总体情况正常，读者反映良好。

【CALIS项目】 中国高等教育文献保障体系(CALIS)自1998年11月国家发展计划委员会批准项目可行性研究报告正式启动以来，在教育部的领导与各方面支持下，经过各参加单位的努力，在短短的一年中已取得较大进展。

设在北大图书馆的CALIS管理中心对于CALIS项目的顺利展开起着举足轻重的作用。为保证管理中心正常运行，图书馆与领导小组协商，调配人员，成立了专门的工作班子，从事项目的规划、实施，子项目的管理，规章制度的制订，以及服务系统的开发、建设、运行等等。管理中心现设工作班子有：办公室、服务系统建设组、联合目录项目组、现刊目次库项目组、引进数据库工作组、特色数据库建设组、馆际互借工作组等，现有专职人员11人，还有一批包括外校人员的兼职人员。管理中心制订了一系列文件，使各项工作有章可循。管理中心向成员馆征集数据，组织自建数据库，包括联合目录数据库，中文现刊目次库，中文特色数据库，学位论文和会议论文数据库，目前已经积累了相当的数据量。为了保证系统建设与服务的顺利进行，管理中心组织各子项目进行人员培训，取得了很好的效果。作为一个网络环境下的文献信息保障体系，CALIS的功能要靠一个架构于各成员单位的自动化集成系统之上的公共服务系统来实现。这一公共服务系统包括硬件、软件及相应的运行、管理办法。CALIS为每个中心配置了统一招标的服务器和相关外围设备。CALIS自行开发了统一的数据库建设软件和公共检索与馆际互借、文献传递软件，并且逐步投入使用。目前，CALIS已经初见成效，主要表现为，共建共知共享的观念开始得到普遍认同；引进数据库使用量逐渐上升，效益明显；对用户文献信息需求的保障能力有较大提高；一支适应新形势的高水平队伍逐渐形成。

作为CALIS三大文献中心的全国文理中心也设在北大图书馆，目的是利用北大图书馆原有的文献资源和网络条件，加大投入，把全国文理中心建设成为拥有最丰富文献数据库资源，能提供强大网上检索和文献传递服务，面向全国高校“211工程”文理科重点学科的最终文献保障基地。CALIS启动后，文理中心成立了管理委员会，着手硬件设备、网络环境等基础设施建设，已经具备比较先进的水平。在校外读者文献查询方面，共接待校外读者3463人次，代查代检310件。文理中心自1999年9月起，还为CALIS成员馆读者提供检索或代检服务近百人次。截至1999年底，文理中心已经与美国、香港等地近10所大学图书馆、国家图书馆以及部分CALIS成员馆签订了馆际互借协议，1999年9月以来文理中心为校内外读者提供馆际互借283册次，复制、传递图书3675册次，论文138篇。文理中心还与UMI、OCLC、不列颠图书馆、中国科技信息所等国内外文献传递机构建立了文献传递关系，1999年9月以来为校内外读者提供文献传递服务100余篇。文理中心还负责文理重点学科学科资源导航库的组织工作以及一些具体学科导航建设工作，通过与本校重点学科的联系，目前初步开始建设的学科已有14个。

到1999年底，文理中心引进和正在引进的数据库有SCI、CA、UnCover期刊目次库、UMI学术期刊图书馆、EBSCO学术期刊全文数据库、Science Online等十余种。为降低引进数据库经费支出，文理中心在引进上述数据库时，在CALIS范围内组织多个集团，联合采购，不仅降低了数据库的价格，而且取得很多优惠条件。为帮助读者了解和熟悉使用数据库，提高引进数据库的利用率，文理中心还采取“一小时讲座”、“引进数据库培训班”等方式进行用户培训。此外，文理中心还在开发引进数据库提供的各项服务功能、扩大非CALIS成员参加等方面做了大量的工作。

(邹新明)

北京大学出版社

【概况】 北大的出版活动已有近百年的历史。北大前身京师大学堂创办之初即设立了相应的出版机构。1902年，京师大学堂设立编书处，编写、出版全国通行的统编国学教材。蔡元培先生出任北大校长期间，又设立了出版部，出版了包括共青团中央机关刊物《先驱》在内的一些有重要影响的刊物和李大钊等一批著名学者的著作。1952年，北大出版部因调整被撤销。党的十一届三中全会以后，经主管部门同意，教育部于1979年9月批准北京大学成立出版社，北大出版社建制恢复。

20年来，北大出版社获得了良好的社会效益和经济效益。自1993年以来，连续三次被中共中央宣传部和国家新闻出版署评为全国优秀出版社，被国家教委评为先进高校出版社和全国教材管理工作先进集体。20年间共出版教材、学术著作等各种图书5000多种，发行1.5亿册，在各级各类出版物评奖活动中获奖500余种次，其中《东晋门阀政治》、《全宋诗》、《比较法研究》先后获出版界最高奖——国家图书奖，《中国文学简史》获国家图书奖提名奖。1999年印制码洋1.65亿元，发行码洋1.4亿元，出书超过1020种次。北大出版社对外版权贸易成绩突出，已向国外、海外转让版权的图书达400余种，每年购进一批国外优质图书的版权，在国际出版界和学术界享有良好的声誉。

【喜庆恢复建制20年】 1999年11月6日，北京大学出版社隆重集会，纪念北大出版社恢复建制20周年。人大常委会副委员长丁石孙写信表示祝贺，中宣部常务副部长龚心瀚，中宣部出版局副局长邬书林，新闻出版署图书司司长阎晓宏，教育部社政司副司长阚延河等有关部门负责人，以及北京大学校长陈佳洱，常务副校长迟惠生，校党委副书记赵存生等北大校领导和数百名作者、书店等方面代表出席了大会。

邬书林代表中宣部出版局讲话，对北京大学出版社恢复建制20周年表示热烈祝贺，称赞北京大学出版社就是大学出版社的先进代表，希望北大出版社进一步认清使命，把握功能，深化改革，促进发展，坚持导向，办出特色。

阚延河代表教育部讲话时指出，北京大学出版社恢复建制20年来始终坚持党的出版方针，正确把握出版导向，坚持为教学科研服务、为培养人才服务的办社宗旨，坚持把社会效益放在首位，出版了大批高水平的大学教材和学术专著，填补了我国教材建设中的不少空白，创造了良好的社会效益和经济效益，为发展我国的教育事业和出版事业做出了自己的独特的贡献，为全国大学出版社提供了可借鉴的办社经验，为全国的高校出版社做出了表率。希望北大出版社总结经验，更好地坚持党的出版方针，坚持办社宗旨，抓住教育事业大发展的好机遇，解放思想，锐意改革，加强管理，优化结构，扎实工作，争取在不太长的时间内，努力实现建设国内一流、世界有一定影响的大学出版社的发展目标。

【《全宋诗》等获奖】 1999年，北京大学出版社有多部图书获奖。《全宋诗》、《比较法研究》分别获第四届国家图书奖荣誉奖和图书奖；一批图书获国家社会科学基金项目优秀成果奖，其中《改革以来中国农村婚姻家庭的新变化》获特别荣誉奖，《现代化新论》、《现代化新论续篇》、《印度古代文学史》获二等奖，《唐·吐蕃·大食政治关系史》、《现代西方法理学》、《教育投资决策研究》获三等奖。《叙述学与小说文体学研究》获第四届全国优秀外国文学图书奖一等奖。《近代光学信息处理》获全国优秀科技图书奖暨科技进步奖(科技著作)三等奖。《微分拓扑学讲义》、《微型计算机基本原理与应用》、《可计算性与计算复杂性导引》获教育部科技进步奖教材奖二等奖。《商战之魂：东南亚华人企业集团探微》、《国际合同：法律适用论》获"安子介国际贸易研究奖"优秀著作三等奖。《邓小平理论专题讲座》获第三届全国高校出版社优秀双效书奖，《怎样组建股份制与股份合作制企业》、《中国企业批判》获第三届全国高校出版社优秀双效书荣誉奖。

【选题研讨会】 8月27至29日，北大出版社召开选题研讨会，全体编辑参加了会议。社党委书记、代总编辑王明舟主持了研讨会。主管编辑部工作的副总编辑张文定在会上围绕选题如何适应改革开放的大形势作了主题报告。会上还专门请来中国青年出版社社长胡守文作报告，介绍中青社的一些做法和他对中国出版业现状及未来格局的一些认识，帮助大家拓宽思路。彭松建社长对各单位汇报和研讨情况进行了总结。

研讨会着重汇集和分析了北大的教材建设情况。大家一致认为应首先抓好基础课教材和主干课教材的建设，抓组织编写和修订创新工作。会议用了两天的时间听取各编辑部和编辑个人汇报选题调研的情况。初步估计，全社共提出了约800个选题，其中大多数是各院系所的教材选题。建设世界一流大学，有必要加强教材建设，要用一流的教材来教育培养一流的学生，为此，会议决定设立"北大创新教材工程"或"北大新时代教材工程"，初拟至少列选题500种教材。这些教材应具有知识创新和结构创新，具有新的时代气息。

会议主题报告提出，综合性大学出版社要办出特色，就应有所为有所不为。必须要在有所为的领域中形成规模效益。有的学科没有编辑力量，就只能放弃，使学科领域相对集中。要学习和研究牛津、剑桥出版社的选题策略，图书要系列化、规模化。要抓几大类图书。首先是教材，尤其是基础课教材一定要抓住。第二大类是教学参考书。第三大类是科技读物。在学术著作出版方面，要建立必要的学术基金，优秀的学术著作也不能外流。要有精品意识、精品战略，努力形成品牌。要鼓励编辑走进各种学术团体，了解各学科领域的学术带头人和好的中青年作者，接近好的作者，争取好的书稿。

彭松建社长在会上作总结时，就选题问题提出了五点意见：一是思考要超前；二是策划要调研；三是选题要论证；四是规划要落实；五是工作要扎实。对于"创新教材工程"，为建设一流大学和一流大学出版社，要利用好北大这个名牌的无形资产，形成名校、名社、名书。要抓住改革的大好时机，抓住教材，搞好规划。

（刘乐坚）

附录

1999年出版新书目录

书名	作者
2000年研究生入学考试复习指南与模拟试题·政治理论	赵建文
2000年研究生入学考试复习指南与模拟试题·数学（工学类）	邵士敏
2000年研究生入学考试复习指南与模拟试题·数学（经济类）	邵士敏
2000研究生入学考试英语复习指南与模拟试题	石春祯
21世纪的大学	北大校办
"21世纪的大学"论坛讲演集	魏星
3D STUDIO MAX 2·5学习教程	郑伟　董伟
'98中国特大洪灾遥感图集	国家遥感中心
A LABORATORY COURSE IN C++实验课程	Nell Dale
Borland C++ Builder 3应用程序开发	郭迅华
CorelDRAW 8.0中文版学习教程	陈烨
CorelDRAW 9.0自学捷径	彭万波
Delphi 4.0学习教程	黄庆生　孙景华
Excel 2000中文版自学捷径	薛书琴
Mcrosoft Windows CE程序设计	微软公司
Microsoft Excel 2000即学即会	微软公司
Microsoft Frontpage 2000即学即会	微软公司
Microsoft FrontPage 98即学即会	微软公司
Microsoft Office 2000即学即会	微软公司
Microsoft Office 2000快速入门	微软公司
Microsoft Outlook 2000即学即会	微软公司
Microsoft Outlook 98即学即会	微软公司
Microsoft outlook 98中文版快速教程	微软公司
Microsoft PhotoDraw 2000即学即会	微软公司
Microsoft PowerPoint 2000即学即会	微软公司
Microsoft Publisher 2000即学即会	微软公司
Microsoft Windows NT Internet技术内幕	微软公司
Microsoft Word 2000即学即会	微软公司
Microsoft Access 2000即学即会	微软公司
Ms Visual Basic 6.0程序开发环境	微软公司
Office 2000先睹为快	范史惕　何凡齐
Office 2000学习教程	吴永礼
Photoshop 5.0文字特效自学捷径	张俊刚
Photoshop 5.0中文版学习教程	许玉巍
Photoshop 5.0中学版自学捷径	谢国峰
TCP/IP详解（第一卷·协议）	W. Richard
Visual BASIC 6.0学习教程	张强
Visual C++6.0学习教程	凌贤伍
Visual c++6.0自学捷径	韦源
Visual Foxpro 6.0学习教程	黄少棠
Windows 98中文版疑难解答	北京博彦科技公司
Windows NT 5.0学习教程	王微　杨贵强
Windows程序设计（第五版）	微软公司
Word 2000中文版自学捷径	张国权
澳门过渡期重要法律问题研究	许昌
巴尔干纷争	马细谱
跋涉者：何满子口述自传	何满子
半山与马厂彩陶研究	李水域
保险营销学	张红霞
北大缤纷一百年	李宪瑜
北大海外教育（第二辑）	郭振华　赵燕皎
北大史学5	北大历史系
北大史学6	北大历史系
北京大学百年庆典	赵存生
北京大学大学生英语优秀作文选评(1)	北大外语学院英语系
北京大学图书馆藏古籍善本书目	北大图书馆
奔腾2/3电脑自己装	朱佳良
变化世界中的中国经济：北京大学百年校庆经济学系列讲座	林毅夫
财务案例	凯斯特
蔡元培研究集	丁石孙等
陈佳洱文集	陈佳洱
传播媒体和信息技术学习指导	汪启富
从标准Pascal到Delphi4.0(下册)	黄维通　张铭
从文本到行动：保尔·利科传	蒙甘
从问题到程序：程序设计与C语言引论	裘宗燕
大学英语四级词汇与语法	李伟
大学英语四级阅读	李玮
大学英语听力配套教程(1－2)	吴青
大学英语听力配套教程(3－4)	吴青
代数特征值反问题引论（英文版）	徐树方
带翅膀的摄影机：侯波、徐肖冰口述回忆录	侯波　徐肖冰

当代世界经济与政治	李淑珍
当代西方社会科学名著导读	王寿林 王磊等
当代西方社会学理论	杨善华
当代亚太政治与经济析论	陈峰君
道学与佛教	周晋
德国经济犯罪与经济法研究	王世洲
德语教程(四)教师手册	赵登荣
第八届国际北京仪器分析会议和展览学术报告会文集	BCEIA 学会
电动力学简明教程	俞允强
电脑史话	叶平
调和分析讲义(实变方法)	周民强
东方神话传说(第一卷)	唐孟生
东方神话传说(第二卷)	孙承熙
东方神话传说(第三卷)	李永彩
东方神话传说(第四卷)	薛克翘
东方神话传说(第五卷)	邓殿臣
东方神话传说(第六卷)	张玉安
东方神话传说(第七卷)	张玉安
东方神话传说(第八卷)	史习成
东周列国故事选	胡志挥
董申保文集	董申保
段学复文集	段学复
敦煌吐鲁番研究(第四卷)	季羡林
二十世纪欧美文学史(三)	李明滨
二十世纪欧美文学史(四)	李明滨
二十世纪哲性诗学	王岳川
发达国家的现代化道路:一种历史社会学的研究	丁建弘
《反杜林论》哲学编解说	赵建文
法理学(附法理学自学考试大纲)	沈宗灵
法理学自学考试指导与题解	沈宗灵
法律文书写作(附法律文书写作自学考试大纲)	宁制远
翻译·文学·文化	孔慧怡
房地产法(附房地产法自学考试大纲)	程信和
风雨平生:萧乾口述自传	萧乾 傅光明
冯新德文集	冯新德
冯友兰哲学思想研究	陈战国
概率统计(财经类)	范培华
概率统计题解	耿素云
高等数学简明教程(第二册)	李忠
高等数学简明教程(第三册)	李忠
高分子金属络合物	张志奇
高级汉语口语(上)	刘元满
高级汉语口语(下)	祖人植
高科技产业与资本市场	陈开全
公司法(附公司法自学考试大纲)	顾功耘
公司管理中的法律问题	高程德
公司战略经济学	武亚军
公众公司及其股权证券	何美欢
古代汉语字典	张双棣 陈涛
古今民间诗律	段宝林 过伟
股份公司财务管理	刘力
股份制企业会计	刘才星
管理信息技术考试指导与模拟试卷	伊娜
国际法(成人高教教材)	饶戈平
国际法自学考试指导与题解	端木正
国际海事法学	赵德铭
国际货币金融法学	李国安
国际金融教程	吕随启
国际经济组织法教程	郭瑜
国际贸易英语	约瑟芬·克林顿
国际商展英语	彼德·伯恩斯
国际税法	刘剑文
国际投资法学	陈安
国际项目融资	孙黎 刘丰元等
国学研究(第六卷)	袁行霈
海关业务制度及实务	白树强
汉日定语比较研究	山田留里子
汉日双解辞海(上下)	日语大东文化大学
汉外语言对比与偏误分析论文集	张起旺
汉语初级听力教程(上册)	林欢 刘颂浩
汉语非线性音系学:汉语的音系与单字音	王洪君
汉语高级听力教程	幺书君
汉语信息结构	武果
汉语与文化交际	杨德峰
汉语语义学	贾彦德
汉字和汉字教学研究文集	吕必松
汉字形义分析字典	曹先擢 苏培成
合同法附合同法自学考试大纲	王利明 崔建远
核裂变物理学	胡济民
宏观政策调控与坚持市场取向	北大中国经济研究中心
后殖民理论与文化批判	张京媛
胡适文集(1～12)	欧阳哲生
话说今日中国	刘谦功
环境法学	金瑞林
环境与资源保护法学(附大纲)	金瑞林
会计学:教程与案例(第九版)	罗伯特
婚姻法学自学考试模拟卷	马忆南
基础审计学	李凤鸣
基础物理中的数学方法	王楚
基因工程及其分子生物学基础	静国忠
基于组件的应用程序设计	微软公司
集成电路计算机辅助设计基础教程	张天义
几种新型薄膜材料	吴锦雷 吴全德
脊椎动物比较解剖学	杨安峰
计算机基础实用教程	聂永生
计算机图形学	倪明田
凤凰涅槃:纪念五四运动八十周年藏书票	陈亚丹
季镇淮先生纪念集	夏晓虹
简明中国古代史(第三版)	张传玺

将军门神起源研究:论误解与成形	朱青生
蒋硕杰经济科学论文集:筹资约束与货币理论	蒋硕杰
教育法规讲读	谢志东
接听电话英语	罗竹茜
解析几何	丘维声
金融法(附金融法自学考试大纲)	吴志攀
金融革命:投资银行产业总评判	钱弘道
金融危机的防范与管理	刘园
金庸小说论稿	严家炎
经济法	杨紫烜
经济全球化:世贸组织与中国	张汉林
晶体和准晶体的衍射	周公度
聚焦克林顿	英语活页文选编辑组
看图学 WPS 2000	卢正明
肯尼迪·尼克松·布什	许爱军
空间的驰想	林庚
苦涩风流	李若愚
快捷掌握 Windows 98 中文版	郭涛
困扰人类的全球问题	尹希成
劳动社会学教程	刘艾玉
李代数李超代数及在物理中的应用	韩其智
力学	王楚
历史唯物主义教程	赵家祥 李清昆
历史智慧的启迪	梁柱
立体化学	叶秀林
聊斋遗文七种	马振方
刘元方文集	刘元方
流利英语单词 2000	苏雅敏
留学与定居加拿大指南	胡佐宁 齐力新
六朝美学	袁济喜
卢作孚文集	凌耀伦
马克思主义与当代中国	北大党委宣传部
满族的妇女生活与婚姻制度研究	定宜庄
美国禁毒史	周云
美国一流商学院申请指南	张达红
美英报刊科技文章选读(第二册)	陈羽纶
迷失的范式:人性研究	埃德加·莫兰
民法学自学考试指南	王作堂
民事诉讼法学自学考试模拟试卷	李春林
明清之际士大夫研究	赵园
明清之际小说评点学之研究	林岗
模形式讲义	陆洪文
票据法研究	郑孟状
平衡论:一种行政法认知模式	沈岿
平面解析几何方法与研究	刘连璞
苹果电脑操作系统与实用软件	潘晓南
普通无机化学	严宣申
企业理论与中国企业改革	张维迎
企业形象塑造	王维平
企业组织与环境考试指导与模拟试卷	马龙龙
汽车技术专业教程	屈求真等
抢占制高点:软件市场热点透视	李儒雄
秦汉史	翦伯赞
清代诗学研究	张健
清史探微	郑天挺
全宋诗(第三七册)	北大古文献研究所
全宋诗(第三六册)	北大古文献研究所
全宋诗(第三八册)	北大古文献研究所
全宋诗(第三九册)	北大古文献研究所
全宋诗(第四十册)	北大古文献研究所
全宋诗(第四一册)	北大古文献研究所
全宋诗(第四二册)	北大古文献研究所
全宋诗(第四三册)	北大古文献研究所
全宋诗(第四四册)	北大古文献研究所
全宋诗(第四五册)	北大古文献研究所
全宋诗(第四六册)	北大古文献研究所
全宋诗(第四七册)	北大古文献研究所
全宋诗(第四八册)	北大古文献研究所
全宋诗(第四九册)	北大古文献研究所
全宋诗(第五十册)	北大古文献研究所
全宋诗(第五一册)	北大古文献研究所
全宋诗(第五二册)	北大古文献研究所
全宋诗(第五三册)	北大古文献研究所
全宋诗(第五四册)	北大古文献研究所
全宋诗(第五五册)	北大古文献研究所
全宋诗(第五六册)	北大古文献研究所
全宋诗(第五七册)	北大古文献研究所
全宋诗(第五八册)	北大古文献研究所
全宋诗(第五九册)	北大古文献研究所
全宋诗(第六十册)	北大古文献研究所
全宋诗(第六一册)	北大古文献研究所
全宋诗(第六二册)	北大古文献研究所
全宋诗(第六三册)	北大古文献研究所
全宋诗(第六四册)	北大古文献研究所
全宋诗(第六五册)	北大古文献研究所
全宋诗(第六六册)	北大古文献研究所
全宋诗(第六七册)	北大古文献研究所
全宋诗(第六八册)	北大古文献研究所
全宋诗(第六九册)	北大古文献研究所
全宋诗(第七十册)	北大古文献研究所
全宋诗(第七一册)	北大古文献研究所
全宋诗(第七二册)	北大古文献研究所
人力资源管理教程	张一弛
人生理论与实践(修订本)	沈继英
人寿保险(上下)	肯尼斯·布莱克
商务交流考试指导与模拟试卷	王秀村
商务接待英语	凯文·格林伍德
商务礼仪英语	约瑟芬·克林顿
商务旅游英语	罗竹茜
商务谈判英语	约瑟芬·克林顿
社会保险法学	谢建华 巴峰
社会科学的应用与中国现代化	乔建

社会心理修辞学导论 陈汝东
审美现代性批判 张辉
生物伦理学 高崇明
师德修养十讲 杨春茂
诗歌与哲学是近邻:结构—解构诗论 郑敏
实用教学新法 戴汝潜
实用教育新法 卢子洲
实用日汉辞典 尹学义等
实用英语写作教程 冯启忠
世界高科技前沿 李文鹏
世界教育发展趋势 李济英
市场营销管理:教程与案例 约翰·A·昆克
收发电子邮件自学捷径 刘小峰
数里乾坤 张德鑫
数学模型讲义 雷功炎
数学物理方法 吴崇试
数字 CMOS VLSI 分析与设计基础 甘学温
数字地球:人类认识地球的第三次飞跃 吴少岩
税法(附税法自学考试大纲) 严振生
税法原理 张守文
苏联文艺学学派 彭克巽
素质教育指要 崔相录
所得税法 刘剑文
探求一个灿烂的世纪:金庸/池田大作对话录 金庸 池田大作
唐研究(第五卷) 荣新江
天职 教育部
田长霖的柏克利之路 刘晓莉
挑战大学英语考试辅导丛书·大学英语六级翻译与写作 寇学敏
挑战大学英语考试辅导丛书·大学英语六级阅读 彭典贵 朱晓慧
挑战大学英语考试辅导丛书·大学英语应试语法 罗少茜
挑战大学英语六级考试辅导丛书·大学英语六级词汇 朱晓慧
挑战大学英语四级学习丛书·听力 李玮
挑战大学英语四级学习丛书·写作 李玮
投资学 汉姆·列维
图解 3D Studio 4.x 王宇 张俊
图解 Access 2000 中文版 黄磊
图解 Cool 3D 2.0 张岱岚
图解 Excel 2000 中文版 赵颉
图解 FreeHand 8.0 孙奕
图解 FrontPage 2000 中文版 熊傲
图解 Outlook 2000 中文版 唐忠华
图解 PhotoDraw 2000 中文版 熊傲
图解 PowerPoint 2000 中文版 孙伟
图解 Word 2000 中文版 陈健
图解 CakeWalk 8.0 李文超
图解 Internet 孙景利

外国法制史 何勤华
外国法制史自学考试模拟试卷 由嵘
外国法制史自学考试指南 由嵘 胡大展
王国维诗学研究 佛雏
王仁文集 王仁
王选谈信息产业 王选
微电子学概论 张兴著
微生物学实验技术 钱存柔 黄仪秀
为卢梭申辩:卢梭政治法律思想评判 钱弘道
为您解答 GRE 类比、反义词 刘劲松
为万世开太平:一个经济家对文明问题的思考 盛洪
未来时速 比尔·盖茨
文化传递与文学形象 乐黛云
文学理论:走向交往对话的时代 钱中文
文艺美学 胡经之
文艺心理学概论 金开诚
无机化学(生物类)(第二版) 孙淑声
吴全德文集 吴全德
西方二十世纪文论史 张首映
先秦史 翦伯赞
现代俄语复合句句法学 吴贻翼
现代法理学 赵震江
现代汉德德汉词典(第三版) 赵汤寿等
现代汉语词汇系统论 徐国庆
现代美学体系 叶朗
现在:与十二位媒介人的对话 杨君
小量—半微量有机化学实验 关烨弟
小人物大时代:朱正口述自传 朱正
小说艺术论稿 马振方
心灵的探寻 钱理群
新编土地法教程 刘光远 王志彬
新汉语教程(1) 李晓琪
新汉语教程(2) 李晓琪
新汉语教程(3) 李晓琪
新世纪托福听力教程附机考指南 刘宏
新世纪研究生英语(上) 马衰
刑法基础论 杨春洗
刑法学自学考试指导与题解 高铭暄
刑事诉讼法学自学考试指导与题解 王国枢
行政法与行政诉讼法 姜明安
邢其毅文集 邢其毅
性别·种族·文化 王守仁
选择经济考察述要 苏东斌
研究生教育信息管理系统荟萃 仇守银
研究生英语语法 胡青球
燕京学报(新六期) 燕京研究院
燕京学报(新七期) 燕京研究院
一代宗师:曾昭抡百年诞辰纪念文集 文集编委会
意大利语三百句 王建花
印度古典诗学 黄宝生
应用经济统计学 李心愉

英汉实用书信手册 傅似逸
英汉文体翻译教程 陈新
英汉应用文手册 傅似逸
英语词汇的意趣 梁晓鹏
英语广告词精品 吴克明
英语活页文选（十三） 本书编辑部
英语活页文选（十四） 本书编辑组
英语活页文选（十五） 本书编辑部
英语活页文选（十六） 本书编辑组
英语活页文选（十七） 本书编辑部
英语活页文选（十八） 本书编辑部
英语活页文选（十九） 本书编辑组
英语时文翻译教程 林烈城
英语戏剧精品 马衰
赢在连锁：连邦崛起的秘密 李儒雄
用英文做简报 威廉·斯蒂芬
用英语对公众说话 珍妮弗·斯蒂芬
用英语开会 理查兹·沙雷特
元素地球化学 牟保磊
原子核理论：它的深化与扩展 张启仁
载人航天：中国飞船控制者的现场讲述 熊伟
再论制度、技术与中国农业发展 林毅夫
怎样搞教育科学研究 丰力
战后国际关系史(1945－1995) 方连庆
战胜 Photoshop 5 必做练习 50 题 汪端
植物衰老生物学 宋纯鹏
殖民主义史南亚卷 林承节
中国：经济转型与经济政策 林毅夫
中国出境检验检疫 刘耀威
中国当代文学史 洪子诚
中国法律思想史 李贵连
中国法律思想史自学考试指导与题解 杨鹤皋
中国法律文化辞典 武树臣
中国法制史自学考试模拟试卷 赵昆坡
中国古代史纲(下) 张传玺
中国古诗词三百首(汉法对照)(上下) 许渊冲
中国古特提斯生物及地质变迁 八尾昭
中国和日本的早期工业化与国内市场 严立贤
中国环境与自然资源立法若干问题的研究 金瑞林
中国剪影：中级汉语教程 李晓琪
中国教育的改革和发展 杨银付
中国经济研究：北京大学中国经济研究中心内部讨论稿选 林毅夫
中国木版水印概说 冯朋生
中国票据法律制度研究 王小能
中国企业管理教学案例 厉以宁
《中国企业管理教学案例》使用说明 厉以宁
中国企业融资：制度变迁与行为分析 方晓霞
中国区域发展导论 胡兆量
中国人与日本人 尚会鹏
中国文学理论批评史教程 张少康
中国文学史纲要（一） 中古文学教研室
中国文学史纲要（四）(修订本) 李修生
中国现代主义诗潮史论 孙玉石
中国学生走地球 于展
中国艺术意境论 蒲震元
中国印度尼西亚文化交流 孔远杰
中国哲学的诠释与发展 陈来主编
中华古诗文读本·寅集 中国青基会
中华古诗文读本·辰集 中国青基会
中华古诗文读本·巳集 中国青基会
中华古诗文读本·午集 中国青基会
中华古诗文读本·未集 中国青基会
中华民族凝聚力的形成与发展 马戎
中华千字歌 艾玉成
中华人民共和国法律、行政法规、规章、司法解释分卷汇编 全国人大法工委
《中华人民共和国合同法》点释 法律点释编写组
《中华人民共和国行政复议法》译释 张桂龙
中级汉语精读教程(1) 赵新
中级汉语精读教程(2) 赵新
中级汉语阅读教程(1) 周小兵
中级汉语阅读教程(2) 周小兵
中日城市结构比较研究 柴彦威
中日饮食文化比较研究 贾惠萱
重铸辉煌：世纪棋后战实录 林峰
自我的秘密 刘曙雄
走进当代的鲁迅 钱理群
组合化学 许家喜
最新大学英语四级词汇导读 李正栓
最新日语外来语分类辞典 讲谈社
最新实用汉语口语 张军

北京大学档案馆

【概况】 北京大学档案馆前身为北京大学档案室，建于 1958 年 11 月，是党委办公室的内设机构，1982 年 12 月成立北京大学综合档案室，为处级建制。1993 年 4 月建立北京大学档案馆。1999 年北京大学进行管理体制改革，档案馆为学校领导下独立的直属机构，既是学校档案工作的职能管理部门，又是永久保存和提供利用本校档案的科学文化事业机构，下设文书档案、科技档案和技术三个办公室。

北京大学档案馆馆藏档案非常丰富，有北京大学、西南联合大学、日伪占领区的北京大学、北平大学、燕京大学等五个全宗。截至

1999年12月31日，档案馆库存纸质档案61154卷，照片60297张（含底片），录音录像带1719盘，底图3190张，资料1004卷（册），分为党政、教学、科研、基建、设备、出版物、会计、声像等门类。其中清朝档案162卷，民国时期档案13799卷，新中国建立后档案47193卷。这些档案反映了百年来北京大学创建、变迁、发展、建设的历程，有些档案极为珍贵，如：《钦定京师大学堂章程》，1906年京师译学馆舆地学讲义，1907年京师大学堂第一次运动会记录及毕业文凭留样，校匾（实物），铜钟（实物），1916年12月26日蔡元培被任命为北京大学校长后对学校进行整顿和改革的材料，1918年至1926年北京大学先后成立的音乐会、辩论会、速记学会、国史研究会、书法研究会、国是研究会等学生和教职员社团组织的章程及会员名册，1917年在李大钊领导下成立的“马克思学说研究会”的会员及发起人名单，李大钊、蔡元培、马寅初、马叙伦、胡适、周作人、蒋梦麟等人领薪存根，李大钊、陈独秀、毛泽东、鲁迅在北京大学任职、任教的记载，1949年中国人民解放军北平市军事管制委员会接管北京大学的文件，1950年3月17日毛泽东为北京大学题写校名的手迹，同年4月21日为祝贺北京大学“五四”运动31周年的题词手迹，1987年10月15日邓小平为《今日北大》题写书名的手迹，党和国家领导人周恩来、朱德、陈毅、彭真、江泽民、李鹏等到校视察工作的记载，阿根廷、墨西哥、巴西、意大利等多国总统到校参观访问的记载，“计算机——激光汉字编辑排版系统”的材料及其获第十四届日内瓦发明展览金奖的证书、奖章和获国家与部委级奖的各类奖状等。此外还有大量珍贵的照片，如：历届校长照片，在北京大学学习或任教的著名教授、学者、革命者、科学家等的单人照片，1903年京师大学堂重要教职员合影，1920年北京大学最早入学的女学生合影，北京大学马克思学说研究会会员合影，北京大学学生参加“五四”运动、“一二·九”运动、“一二·一”运动、1947年参加华北学生北平区反饥饿、反内战运动等的照片，1949年1月参加欢迎解放军入城和庆祝北平解放大游行的照片及1949年10月参加中华人民共和国中央人民政府成立大会庆祝游行的照片，党和国家领导人到校视察工作的照片等。

北京大学档案馆在工作中很重视档案管理业务基础建设。档案工作规章制度日趋完善，先后制定了《北京大学档案管理实施办法》、《北京大学党政管理档案立卷的步骤与要求》等17项管理办法。部门立卷已形成制度，理科科研项目档案课题组立卷制度也在逐步形成。为做好档案的查阅利用工作，进一步开发档案信息资源，档案馆先后整理了北京大学、西南联合大学、日伪占领区北京大学、北平大学、燕京大学的历史档案及建国后的部分档案，编制了案卷目录及部分全引目录、专题目录、专题卡片等，并根据档案价值大小，对利用率高的档案编制了46种专题检索工具。燕京大学学生学籍档案和北京大学1981～1995毕业生学籍档案的专题检索数据库已经建立，各类档案原件的扫描和光盘存储工作正在开展。现在部分珍贵历史档案资料和照片已经过扫描存入光盘，有效地保护了原件，提高了利用效率。北京大学档案馆学术空气日益浓厚，在做好日常工作的同时，工作人员积极开展档案学术研究，在各种刊物上发表学术论文和其它文章共39篇，在高校档案学术交流会上提交论文21篇，5位同志的论文被收录在《中国档案管理精览》一书，13篇论文被《北京高校档案学术论文选萃》一书选录。1999年档案馆人员撰写的《对建立高校档案工作计算机管理体系模式的几点看法》一文获教育部档案协会档案学术论文评选一等奖，为学校赢得了荣誉。王继红获1998～1999年度北京市档案系统先进个人。

【档案收集】 档案馆继续巩固1998年收集工作成果，鉴于1999年学校机构变动较大，对全校90余个应归档的单位都进行了催收。全年共接收文书档案1425卷，科研档案201卷，出版档案102卷，会计档案188卷，声像档案264盘，照片49张，奖品44件，样书593册，其它资料84册。

【档案利用与服务】 1999年档案馆努力开发档案信息资源，较好地发挥了服务功能。学校工作查考、新闻出版单位以及校内院系筹备系庆，举办展览、出专刊等，到档案馆查阅了大量文字材料和照片档案。全年向利用者1713人次提供档案3844卷次，利用照片580张，复制、翻拍照片826张，放大冲洗黑白照片249张。学籍档案和基建档案继续保持较高的查阅率。本年学籍档案为补办学历证明以及提供出国成绩核对发挥了很大作用，计656人次；基建档案为学校的扩建、修缮工程提供图纸档案复印件383卷次。

【档案整理】 北大历史悠久，档案库藏量大，解放后至“文革”前的档案很多需要进行规范化整理。1999年在过去整理的基础上对学籍档案进行编目、插卷，同时开展基建档案综合材料及基建底图的整理工作，并对部分学生单人照片及电教中心归档的录像带进行整理。全年整理档案844卷，单份文件355份，基建项目档案图纸224张，整理照片2279张，完成了馆藏录像带的防磁倒带工作，并对1998年进馆的会计档案进行了检查核对。

【学术交流与编研】 1999年档案馆工作人员在国内杂志上发表文

章5篇，在高校档案学术交流会上提交论文9篇。档案馆工作人员撰写的学术论文《对建立高校档案工作计算机管理体系模式的几点看法》和《信息技术与档案管理现代化》分获教育部档案协会学术论文评选一等奖和三等奖。由档案馆参加编辑的《西南联大史料》，全书6卷已于1999年全部出版。

（刘晋伟）

博物馆

【北京大学赛克勒考古与艺术博物馆】 北京大学赛克勒考古与艺术博物馆于1993年5月27日正式向社会开放。位于北大校园西北部鸣鹤园中。

博物馆致力于收藏、研究和传播中国考古学科研和教学标本，向广大师生和社会公众普及考古和文物知识，展现北京大学深厚的中国传统文化研究底蕴，同时也促进北大与海内外大学的交流与友谊。

博物馆现收藏有从旧石器时代到近现代的玉石、青铜、陶器、甲骨等各类文物2万多件(组)。近年来，依据国家文物局颁发的藏品管理工作规范，对馆藏品进行了认真的登记，并采用了计算机藏品数据管理系统，将馆藏品相关数据录入计算机，此举将使博物馆藏品管理工作更为规范，加强藏品安全保护，更为藏品信息检索、利用奠定了基础。

1999年百年校庆时，北大校友刘平将自己多年珍藏的彝文经书和彝文经典选抄各一册捐赠给博物馆。6月，为筹办"瓷器制作工艺标本展"，博物馆工作人员分赴安徽、江西、宁夏、甘肃和河北等省，收集古代制瓷标本，在当地文物考古部门的支持下，获得了许多珍贵的科研教学标本。另外，北大校友宋岳兰将近代著名学者王国维生前使用的书桌捐赠给博物馆。博物馆还接受校内外人士捐赠书画作品和古代文物数件。

博物馆的基本陈列为"中国考古学教学标本展"，以及"金牛山人"、"山东长岛北庄新石器时代遗址"和"山西侯马天马—曲村晋国遗址"等专题展。1999年，国际知识产权组织总干事 Kamil Idris 先生、泰国诗琳通公主、德国前外长根舍先生等国内外来宾22000人参观了博物馆。博物馆还接待了大批来北大参观的中小学生，因博物馆没有专职接待讲解工作人员，考古文博院的同学们热情为中小学生导游讲解，受到广大同学的称赞。

1999年9月10～22日，国家文物局与北大考古文博院合作举办的"全国文物、博物馆处处长高级研讨班"在博物馆举行，11月1～12日"全国博物馆馆长高级研讨班"在博物馆举行。这两期高级研讨班总结了我国当前文物、博物馆工作现状，并探讨了新世纪文博工作的发展思路。

（宋向光）

【北京大学地质陈列馆】 地质陈列馆是北京大学大学生素质教育和科普宣传的基地，也是北京大学对外宣传的窗口之一。1999年期间，地质陈列馆配合"地史中的生命"和"地球历史概论"等素质教育课程的教学活动，接待了北大近300名学生的参观。校庆期间举办了中国古代鸟类化石精品和奇石精品展览。作为科普宣传的基地，2000年暑假期间，接待了来自全国各地中小学"爱科学夏令营"的学生近15000人。同时还接待了外国游客近百名。此外，在原有展品的基础上，1999年陈列馆新购进了2块珍贵的水生爬行动物化石标本、1块大型珊瑚化石标本和一批海百合化石标本，充实了馆藏标本，也使地质陈列馆的馆藏标本上了一个新的台阶。这些新标本将在2000年展出。

（孙园林）

【北京大学地质博物档案馆】 北京大学地质博物档案馆位于逸夫二楼(新地学楼)地下室，总面积约2500平方米，包括4个标准档案室、1个展览大厅、1个信息室。工程总投资约130万元，其中"211工程"拨款50万元。共建有存档用钢制轨道式标本柜146个，抽屉23360个，可存30万～50万件标准手标本；斜面展柜86个，通天柜1个；西展览大厅、第一档案馆和信息室等在年内进行了装修，装修面积共1200平方米；拥有微机、标本盒、抽湿机、幻灯机和投影仪等配套设施。档案室现存有数百万件有待进行规范化归档的地学标本，以及一些国内外著名专家如英国地质学家、布里斯托大学副校长 Dineley D.L. 博士送存的文献资料；西大厅展出地质系教师的部分科研成果和标本，是地学基础课和相关学科的教学实习基地，也是了解地学研究进展和前沿的一个窗口，还可用于召开科学讨论会；在第一档案室可进行小规模的会议和课堂讨论。

地质博物档案馆作为北京大学"211工程"项目之一，已经成为北京大学重要的学术科研成果展示窗口和科研实践创新基地及本科生素质教育基地，也是重要的科普教育基地。2000年再次由"211工程"投资122.4万元进行继续建设。在原有的存档、展示规模基础上，又建设了3个接受国内外学者在馆内进行存档标本研究的研究室；建设了一套全功能多媒体展示系统和一套便携式投影系统；建成了局域网并与校园网联通，配备了3台电脑和相应的网络设备及打印设备；安装了一套高档的显微镜和数字信息提取处理设备；进行了部分基建改造工程。

在基础建设的同时，档案馆进行了管理系统和数据库系统的开发，对部分存档标本进行了数字化信息处理和保存。档案馆已成为课程教学和实践的重要场所，上半年已有5门本科生基础课在馆内进行教学和实践活动。另外，档案馆利用自己的设备优势，承办了多次重要的学术会议。在暑假期间，档案馆接待了近15000名中小学生，使他们在科学的北大感受到了北大的科学。

在档案馆的建设过程中和建成后，曾有40多个国家的学者来参观，并给予了很高的评价，认为已达到亚洲第一流水平，体现了北大师生在科研教学方面的水平和"勤奋、严谨、求实、创新"的精神，而且是了解中国和北大地学研究和发展的一个窗口。

（江大勇）

电教中心

【发展概况】 北京大学电教中心成立于1973年，1986年建成并启用建筑面积1万多平方米的电化教学楼。现有教职工50人（1999年12月统计），其中具有正高职称的5人，副高职称的9人，中级职称的22人。现有4间多媒体教室，3间电化教室，9间语言实验室，4间微机房，各种型号微机200多台。有大、小演播室各1间，面积分别为180和80平方米。具有BVU、M2和BETACAM等档次的录像制作设备。有三维动画视频制作系统SGI Indigo-2工作站，可制作多媒体教材。在即将成立的北京大学教育学院中，电教中心的相关部分将组建成教育技术系。

电教中心下设5个室：办公室，教育技术教研室，文科计算机教研室，多媒体技术实验室和技术室。

办公室负责电教中心的资料管理、教室管理和后勤保障工作。协助电教中心领导处理本单位有关人事、行政事务。电教办公室对内负责大楼7个电化教室（其中含4个多媒体教室）、9个语言实验室（共有356个座位）的日常管理和技术保障工作；电教中心仪器设备的建卡、出入库和清查、统计工作；全中心教职工（含离退休人员和临时工）的劳保及有关福利待遇的发放工作；本单位安全、卫生等各项规章制度的制定、检查、监督和落实工作。办公室下辖的资料室，藏有中、英、法、德、俄、西、日等各语种的图书文献计2500余册，上述各语种的音像资料达5500多部，可满足校内各学科、系和专业的师生教学观摩的实际需要和娱乐观赏的各种要求。

教育技术教研室的主要任务为：对全校文科教师进行教育技术培训；教育技术学硕士研究生培养；进行教育技术和远程教育的研究与开发，为全校开设有关教育技术的公共选修课。现有教职工10人，其中教授4人，副高职称2人，中级职称3人，助教1人。

文科计算机教研室成立于1993年，承担全校文科学生的公共基干课"计算机基础与应用"，进行教育技术的科研工作。现有教职工11人，其中副教授2人，讲师6人，助教1人，高级实验师1人，助工1人。

多媒体技术实验室的主要任务是：多媒体技术研究、开发，多媒体教材及音像节目制作。现有工作人员9人，具有副高级职称的2人，中级职称的6人。该实验室有180平方米的大演播室1间，80平方米的小演播室1间。主要设备有SGI工作站及非线性编辑系统、BETACAM编辑系统、M2和VHS摄、录、编系统。可制作M2、BETACAM、VHS格式的音像节目，还可刻录VCD、CD-ROM光盘，制作形象逼真的三维动画。

技术室的主要任务是承担电教中心及电化教室硬件、多媒体教室的设计、安装及有关设备的维修；承担6个多媒体教室、9个语言实验室、3个电化教室等管理工作；定期对使用电教设备、语言实验室、多媒体教室的任课教员进行技术培训；负责全校有线电视网的设计、安装、维修及全校闭路电视节目的接收和播放。技术室在中心领导下，先后建成了7个（校本部4个，昌平园区3个）现代化的语言实验室，7个（校本部6个，昌平园区1个）多媒体教室，保证了学校教学工作的顺利进行；建成了覆盖全校各大园区的闭路电视网，进一步丰富了广大教职员工的业余文化生活。近两年又陆续与海淀网、清华大学网实现连通，使传输信号质量进一步提高，传输内容更加丰富多彩。

【教学工作】 电教中心承担了全校文科学生的"计算机基础与应用"课程的主讲和全部文科学生的上机任务；负责全校文科教师的教育技术培训；面向全校开设了5门公共选修课。"计算机基础与应用"，每学期上课的各类学生（含本科生、研究生、留学生和成人教育学生等）约1500人。计算机基础课是北京大学文科本科学生的必修课，文科研究生的限选课。本科生的课程安排一般为一个学年。每周2学时上课，2学时上机。为满足一部分同学进一步学习计算机知识、提高计算机应用水平的要求，文科计算机教研室在1997年初从北大文科学生中挑选了几个计算机水平较高、对计算机有浓厚兴趣的学生，成立了北大文科学生计算机兴趣小组。他们在老师的指导下，学习INTERNET知识，编制HOMEPAGE，取得了一定的成果，例如，北大赛克勒博物馆主页（正在建设中）、北大学生社团网页等。全校文科教师的教育技术培训工作，在1999年举办了4期共有70多位文科教师参加。由于效果明显，深受教师们的欢迎，学校决定追加投资，扩建教师培训机房。面向全校文理科学生的5门选修课是："计算机辅助教学"，"高等数学CAI"，"传播媒体与信息技术"，"影视编导基础与制作技巧"和"INTERNET最新技术与应用"。

【科学研究与开发工作】 主要从事远距离教育的理论、模式的研究，计算机辅助教学(CAI,CAL)课件开发工具的研制和网络化教学管理系统的研究开发工作。还承担了国家自然科学基金和横向开发研究项目。"九五"国家攻关项目子项目"计算机辅助教学管理信息系统"(CAIMIS)通过鉴定，(项目负责人:李树芳)。正在进行的研究项目有:国家重点"九五"攻关项目"软件工程环境(青鸟CASE)工业化生产技术"(第二期);"计算机辅助教学软件构件和集成化制作系统的研究开发"(项目负责人之一:朱万森);云南省省校合作教育项目"计算机辅助教学平台研制"(北大方负责人:朱万森)。

【音像教材的制作与理论研究】 几年来共制作1000多小时包括A、B、C三类的录像教材，几万张幻灯片。出版了《中华文化讲座》、《邓小平理论专题讲座》、《中国木兰拳》等。1999年制作、出版了《毛泽东思想专题》(9集，180分/集，B类片)，《中小学英语辅导》(54集，50分/集，B类片)。为人民教育出版社摄制了中学政治课录像教材(36集，12分/集，C类片)。

【教学服务】 电教中心面向全校，负责6个多媒体教室，3个电化教室，9个语言实验室，4个计算机房及电教报告厅的管理工作，经常有校内外、国内与国际会议在电教中心召开。此外，昌平园校区的多媒体教室、语言实验室、微机机房、电化教室也由电教中心负责管理。

【校内新闻及电视共用天线】 负责全校共用天线的设计、安装、维修及管理。1999年初完成了北大国际交流公寓的境外电视节目收视工程，上半年完成了与清华大学互相转播校内新闻。完成校内新闻全年38期的摄、录、编、播任务，建国50周年庆典、澳门回归和迎接新千年等学校要求的转播任务。

(殷金生)

计算中心

【发展概况】 北京大学计算中心是原数学力学与工程科学系建于1963年的一个实验室。1985年正式与北京大学计算所分离，成为独立建制的全校性大型综合实验室。

计算中心目前下设网络室、管理信息系统研究室、计算机硬件运行室、计算机教研室和行政办公室。学校1993年成立的"北京大学管理信息中心"，1995年成立的"北京大学网络中心"，现均挂靠在计算中心。计算中心是集计算中心、管理信息中心和网络中心于一体的以网络建设、信息开发、上机服务为宗旨的教学辅助单位。

计算中心现有在编职工70人。其中具有高级职称者24人，中、初级职称者46人;具有博士学位者2人，硕士学位者14人，学士学位者32人;35岁以下者占总人数的34%。

计算中心现有超大型服务器IBM S/390机1台、大中型服务器Sun3000等9台、小型服务器12台、图形工作站18台、各种PC机850台。设备总数达1358件，资产总值为6000余万元。

计算中心目前承担的主要工作有:全校计算机网络的基础建设，其中包括校园网的规划、设计、施工、管理及维护，全校师生网络应用的全方位服务等;学校管理信息系统建设，包括系统的规划、研制、开发和维护;学生计算机实习环境的建设与管理;北大成人教育学院计算机专业学生的教学及管理;建设和管理IBM技术中心，使其成为高层次计算机教学实习场所;中国教育和科研网(CERNET)华北地区主节点的建设、管理和维护，其中包括将河北省、天津市及北京市部分学校接入中国教育和科研网;承接纵向、横向计算机应用和科研方面的任务，包括"863"项目、计算机网络"九五"攻关项目、自然科学基金项目和其它应用工程项目。

【校园网建设】 网络室是北大校园网建设和管理、CERNET华北地区网络北大主节点建设与管理、网络应用技术研究及软件开发的技术实体，它下设网络控制组、网络系统组和网络支持组。近十年来其工作成就有:

(1)1989年参加"中关村地区示范网"(简称NCFC)建设。"中关村地区网"是由国家计委投资，中国科学院、北京大学和清华大学共同承担建设，由中国科学院院网、北京大学校园网和清华大学校园网三个院、校网通过光缆连结而成。北京大学自行设计、施工，独立完成了北京大学校园网(第一期工程)的建设(建设经费为500万元)，校园网于1992年底正式开通，1993年1月通过了计委组织的验收。验收小组认为北京大学校园网络建设处于国内领先地位，达到80年代中后期国际先进水平。当时的校园网:主干网采用了10Mbps速率的光纤以太网，用光缆将11栋楼内的局域网连起来，用微机当路由器将整个网络微段化。

(2)1994年5月，北大校园网与Internet连通。

(3)1994年承担CERNET华北地区网北大主节点建设。1994年11月，计委投资，国家教委主持，由清华、北大等全国八大地区十所高校承担建设的"全国教育科研网络示范工程"开始实施，北大具体承担CERNET华北地区网络北大主节点建设任务，该节点负责河北省、天津市的高校及北京市部分高校与CERNET的连接。北京大学以北京大学校园网为依托，充分利用建设校园网时培养的技术队伍和经验，于1995年底完成CERNET华北地区网络北大主节点的建设任务，1996年1月8日国家教委组织了验收和鉴定。鉴定小组认为网点建设采用的技术已经达到90年代国际先进水平，其中在中文信息资源建设、国外信息资源镜像等方面，处于国内领先地位，并达到90年代初国际先进水平。“全国教育科研网络示范工程”获1996年国家教委科技进步一等奖和1997年国家科技进步二等奖。CERNET华北地区网络北京大学主节点的建设，进一步丰富了北京大学校园网的软、硬件资源，初步建成了校园网上的Internet的信息服务系统。北大校园网通过光缆以10M速率与CERNET连接。

(4)1995年11月校园网建立了电话拨号网络系统，为全校师生提供电话拨号入网服务。

(5)1996年北大“211工程”为“北京大学信息网络建设”立项，1997年10月完成校园网主干网的网络设备的更新改造。1992年底建成的北京大学校园网(一期工程)主干网采用了10M速率的以太网，用微机当路由器将整个网络微段化。1996年初测试主干网的平均流量为70%，峰值流量为90%，主干网的带宽严重不足。1997年10月利用“211工程”拨款完成校园网主干网的网络设备的更新改造。全面采用交换网络技术和虚拟网络技术，主干网采用高速的ATM技术，速率为622M，到一些主要楼群的速率为155M(ATM)或100M(LAN交换)；楼内采用10Base-T或100Base-T交换式以太网络。计算中心、图书馆和物理大楼三个主节点分别配置了一个主交换机Catalyst5500和一个路由器Cisco7505，主干网上运行速率为ATM 622M。主干网到校内楼群的连接提供三种速率以供选择：10Base-FL(以太交换)共48个端口；10Base-TX(以太交换)共24个端口；100Base-FL(快速以太交换)共48个端口；10/100Base-TX(快速以太交换)共48个端口；155Mbps(ATM)，共72个端口。设备于1997年5月底到货，6月安装调试，8月初投入运行，逐步更换原来老的网络设备，在这期间，新、老网并行运行，到10月份以后，全部运行新的网络系统。更新改造工作进行顺利，系统运行良好。

(6)1996年底与生命学院合作完成了移植与开发生物基因数据库。分子生物数据库是欧盟支持的分子生物信息共享组织。欧洲分子生物信息网把欧盟各国在该领域研究的最新成果信息收集起来，供各国科研人员共享。北大于1996年底成为该系统上的中国国家节点，从而使中国成立亚洲第一个具有这种资格的国家。目前该组织收集了200多个信息库，含500GB信息量，由于硬设备资源不足，仅收集了其中的30多个信息库，这些信息所涉及的领域包括生物、医学、农学、药学、环境等，首先为国内的人类、水稻、基因组等重大科研课题提供生物信息服务。

(7)1998年10月，由北大主持，与东北大学共同承担研制与开发的国家“九五”科技攻关项目“分布式中英文目录服务技术”，通过了教育部主持的鉴定，鉴定意见认为“该系统在技术上处于国内领先，达到国际先进水平”。目前网络目录服务已经为Internet网络用户提供中、英文信息检索与查询服务，还可以为电子邮件系统、电子数据交换EDI、网络管理系统等多种信息服务提供信息检索、身份认证等服务，具有极广泛的应用前景和实用价值。

(8)1999年5月安装了一条E1数据线路(2Mbps)，可以让30个56K Modem用户同时接入互联网。

(9)1999年5月北大校园网与CERNET网控中心的连接速率由10 M提升到155 M。

(10)1999年10月实现了研究生宿舍楼的计算机联网。所有8栋楼共建有1400个网络信息点，配置一个千兆位交换机和70多个中、小型交换机，千兆速率上连校园网，100兆到楼，10兆到房间。还在研究生宿舍楼网络上开通了IP/TV。

(11)1999年，北大校园网国际信息流量(流入量)已达到413GB，比1998年增加了一倍。

(12)1999年中国教育和科研计算机网华北地区北京大学主节点连网学校达到35所，比1998年增加60%，国际信息流量(流入)达到820GB，比1998年增加1.1倍。

(13)1999年9月以光缆方式将校园网延伸到上地产业区的方正大厦。

(14)1999年12月北京大学(www.pku.edu.cn)网站被评为中国科技与教育类优秀网站。

(15)北京大学计算中心与Novell公司于1999年10月建立了北京大学Novell NDS中国实验室。

(王一心)

【管理信息系统工作】 管理信息系统研究室主要从事管理信息系统的研究、系统集成和开发等工作。近几年来，该室主要承担了“北京大学管理信息系统建设”的规划设计、研制开发和运行维护工作，结合北京大学的实际，研制高校校园网络环境下的管理信息系统。在系统集成中所采用的网络技术、数据库技术、复制服务网技术、面向对象的开发技术、图形图像处理技术以及客户/服务网与浏览网/服务网有机结合的体系结构均属目前国际上成熟的先进技术。经过几年的努力，目前已有“本(专)科生教务管理信息系统”、“办公自动化系统”、“综合查询与统计系统”在校园网络环境下投入实际运行，并于1998年3月全部通过教育部主持的部级鉴定。专家们认为上述三个系统的“整体水平已处于全国同类系统的领先地位”。目前该室研制的高校校园网络环境下的管理信息系统已开始向全国各高校转让。另外，“人事管理信息系统”、“财务管理信息系统”、“仪器设备与实验室管理信息系统”、“外事管理信息系统”、“研究生教务管理信息系统”正处于试运行状态。而“成人教育管理信息系统”、“学工部管理信息系统”则正处于开发阶段。该室曾经完成和正在开发的主要系统还有“丹东化纤工业公司企业管理信息系统”、“CERNET贵重仪器设备共享信息系统”、“北京利康搬家公司企业管理信息系统”、“网络化远程教育的教务管理信息系统”等。总之，管理信息系统研究室多年来为高校和社会上的企事业单位研制开发过不同规模、不同类型的管理信息系统，且不少项目获得过校级、省部级奖励。

1999年管理信息系统研究室完成了如下工作：

(1)“校园网络环境下的研究生教育系统”中的硕士生招生子系统于1999年1月投入运行，从而使北大的硕士生招生工作纳入了计算机管理。

(2)1999年3月，完成了对“校园网络环境下的仪器设备与实验室管理系统”的改造，并对主要院系的仪器设备和实验室管理员进行了培训。12月，该系统通过了教育部科技司组织的专家科技成果鉴定。

(3)1999年3月开始研制“校园网络环境下的外事管理信息系统”。8个月后，该系统投入部分试运行。

(4)1999年4月，在对全校各院系的学工部门负责人展开培训后，其所研制的“校园网络环境下的学生工作系统”在北大校园网上正式投入运行。

(5)1999年6月，开始研制B/S结构的“北京大学校内信息服务系统”。11月，该系统的所有工作完成，并进入试运行。

(6)为适应学校会计派驻制的需要，1999年8月全面启动了“校园网络环境下的财务管理信息系统”中的系级财务管理子系统。

(7)为使校内各基金会的财务管理规范化，将“校园网络环境下的基金会财务管理信息系统”纳入开发规划，并于1999年11月开始研制该系统。

(孙绍芳)

【教学工作】 计算机教研室自1993年开始受北京大学成人教育学院委托，对该院计算机专业学生实施教学与管理。6年来，已培养了480名毕业生，仅1999年就有143名各类毕业生完成学业。目前仍有161名本科生、130名专科生在校继续学习。在为社会上培养不同层次毕业生的同时，也积累了一整套成人教育的办学经验。培养出的毕业生知识面广、基础扎实、动手能力强，深受用人单位的欢迎。

计算机运行室是计算中心为北大理科各系计算机教学、实习及INTERNET应用提供一线服务的部门。每年除积极配合相关教学外，还为在校的理科学生免费提供机时进行实际操作。仅1999年就为9011名理科生提供了328112小时(总机时)的上机服务，有力地保障了学校的教学质量。

(吕凤翥、孙光斗)

· 管理与后勤保障 ·

对外交流与合作

【概况】 1999年，北京大学国际合作部积极围绕科教兴国、创建世界一流大学的总体目标大力开展国际交流与合作，充分发挥百年校庆后北京大学国际形象、国际地位迅速提升的有利形势，掀起了新一轮国际交流与合作的热潮，使1999年外宾总流量达到20909人次，全年访问北大的代表团达到503批次。

为进一步拓展国际交流，1999年北大还积极参与了一系列交流项目。北大国际合作部部长应邀参加美国"艾森豪威尔项目"。该项目每年邀请中国各个部门的领导人赴美进行为期3个月的考察，以促进中美关系的发展。北大国际合作部部长此行重点考察了美国的教育基金会，对大学筹款、资金运作、校企合作、国际交流等问题进行了深入考察。1999年下半年，根据国家教育部"21世纪教育振兴计划"，北大行政管理干部培训团一行15人赴美国伯克利加州大学学习管理经验，培训团于2000年2月成行，在美国进行了为期两个月的访问，取得了圆满的成功。

在促进国外知名企业与北大合作方面，一是建立共同的实验室，如美国摩托罗拉公司与北大微电子所合作，建立了"电子通讯联合实验室"，共同进行科学研究；二是资源共享，如北大与摩托罗拉公司培训部（摩托罗拉大学）合作，邀请美国宾西法尼亚州立大学管理学著名教授利用为公司培训部讲学的机会，来北大光华管理学院就人力资源、企业管理等主题举办讲座。企业进入大学，在寻找合作伙伴、开展研究项目的同时，也为大学带来了巨额的资金支持。如北大与美国帕卡德基金会长期接触，获捐赠300万美元，用于修缮体斋、健斋，建立帕卡德国际访问学者公寓。5月25日，公寓正式揭幕，美国惠普公司总裁普莱特及帕卡德基金会执行主任科尔·魏伯特前来北大参加有关活动。与基金会有密切关系的中国惠普公司还捐赠了价值30万元人民币的机器设备。

【校际交流与合作】 截至1999年年底，北京大学已经与46个国家和地区的168所大学建立了校际交流关系。全年新签及续签交流协议6份，其中美国1份，亚洲4份，港澳台地区1份。

来访的大学代表团共149批次，其中校长代表团53批次。来访大学多是世界知名大学，如美国哥伦比亚大学、康奈尔大学，加拿大蒙特利尔大学，德国洪堡大学，奥地利维也纳大学，以色列特拉维夫大学，日本早稻田大学和东京大学等。北大与世界名校合作的不断加强，真正体现了"强强合作"这一国际交流合作的大趋势。

根据北大与境外大学签订的交流协议，全年来北大学习的境外大学学生共87人，其中来自欧美地区的77人，亚非地区10人。同时，北京大学根据交流协议拟派出北大教员48人，其中42人已被对方接收，接收率为88%。

北大向境外派出代表团近17个，其中重要的有：任彦申书记率领代表团赴港参加北京大学—香港科技大学互聘教授仪式；陈佳洱校长赴美参加第一届"中美大学校长会议"；迟惠生常务副校长率领北京大学访欧代表团暨北京大学学生艺术团访问欧洲五国等。

1999年的交流活动中，除传统交流形式得以拓展之外，学生成为校际交流活动的主角之一。英国牛津大学、日本早稻田大学、以色列希伯莱大学、比利时鲁汶大学均为北大在校生提供奖学金，邀请北大学生赴该校访问或攻读学位。英国剑桥大学在与中国四所大学面谈之后，准备每年派出其研究当代中国的本科生和研究生20人到北大学习6～9个月。哈佛大学的哈佛燕京学社计划与美国夏威夷大学合作，在全美挑选10名中国学博士生，于2000年秋季送到北大学习一年。1999年5月，北大学生民乐团赴欧洲五国访问演出。这是北大首次派学生艺术团出国访问演出，获得了广泛好评。9月，奥地利维也纳大学派出学生四重奏演奏组参加北大的开学典礼并举办演奏会，反响也很热烈。

（夏红卫）

【国际会议】 1999年，北大举办和参加了一系列国际会议。5月，在我国驻南联盟大使馆被轰炸后不久，北大国际关系研究所所长袁明教授召集中美学者研讨会，就国家主权独立、中美关系的现状及前景等焦点问题展开了热烈讨论。10月，第一届"中美大学校长会议"在哈佛大学召开。北大校长陈佳洱院士与哈佛大学校长鲁丁斯坦教授共同作为会议的主要召集人，领导两校积极开展筹备工作，使会议取得了圆满的成功。出席本次会议的还有清华大学、上海交通大学、复旦大学、南京大学、西安交通大学、浙江大学等国内著名大学的校长，麻省理工大学、杜克大学、洛杉矶加州大学、弗吉尼亚大学等美国知名大学的校长以及美国大学联合会主席（美国明尼苏达大学前校长）。会议围绕"21世纪高等教育面临的挑战"这一主题进行了广泛的探讨。本次会议是中美交流史上第一次高层次的教育研讨会，是一次面向新世纪的大会。会议的成功举办，既扩大了北大的国际影响，也增进了与其他高校的了解与合作。1999年11月北大协助美国亚洲基金会举办"美国亚洲基金会在华活动50周年"纪念活动。基金会新任董事长、美国伯克利加州大学前校长田长霖教授出席会议并致辞。

（白燕）

【派出工作】 为落实机构改革的精神，提高工作效率，方便对外开展教育交流与合作工作，1999年初北京大学把派出工作归口到国际合作部。1999年，北大派出校级代表团17个，因公出国1391人次，因公赴港、澳、台658人次，因私出国（境）1259人次。

（庞志荣）

【专家工作】 聘请外国专家工作 1999北京大学共聘请长期专家（1999年9月至2000年7月）60人次，短期专家（1999年1月1日至12月31日）280人次，分别来自亚、欧、美、大洋洲等24个国家和地区。长期专家分布在外国语学院、研究生院、成教学院以及文史、社科和理科院系，短期专家分布在30多个院、系、所和中心。外国专家除承担本科生、研究生语言和文化教学外，还承担了青年教师进修培养和合作编写教材的工作，从而保证了北京大学多语种正常的语言和文化教学，促进了北京大学教学水平和教材质量的提高。在一些国家急需的和重点的科研项目上，在各个院系重点和新兴学科的建设与发展中，外国专家也发挥了重要的作用。

"中国与世界"驻华大使系列讲座 在北京大学日益频繁的国际交流与合作活动中，外国驻华使馆发挥着巨大的桥梁作用。大使和使馆官员主动牵线搭桥，促成他们各自国家的政界、学术界、企业界人士与北京大学开展广泛的交流与交往，把他们的国家同北京大学的交往作为同中国交流的重要的有机的组成部分，体现了使馆官员对国家间政治、经济、文化交流与合作的重视程度。一些国家的大使不仅是出色的外交官，也是某些学术领域的专家和学者，享有一定的知名度，特别是有的大使对中国的政治、经济和文化的发展颇有研究。

为进一步发挥外国驻华使馆在北京大学对外交流中的作用，并为北京大学国际交流寻求新的合作契机，1999年4月～12月，北京大学邀请了15位驻华大使来校访问并做学术报告，他们是：加拿大Howard Balloch大使、韩国Kwon-Byong-Hyon大使、日本谷野作太郎大使、荷兰Oostra大使、埃及Mohamed Noman Galal大使、巴基斯坦I. Haque大使、塞浦路斯L. Markides大使、澳大利亚R. Smith大使、马来西亚Majid大使、意大利Paolo Bruni大使、丹麦Bramsen大使、德国Ueberschaer大使、新西兰Adams大使、印度V. K. Nambiar大使和以色列Ora Namir大使。

（白燕）

【境外政要及知名企业家来访】 1999年访问北大的国家元首共有5位，分别是埃及总统穆巴拉克、哥伦比亚总统斯帕特拉纳、南非总统曼德拉、委内瑞拉总统查委斯、印度尼西亚总统瓦希德。来访各国驻华大使、公使26人，外国及港澳台政要、社会名流48人，国外知名企业家18人，基金会代表13人，外国及港澳台的协会、机构（报纸、电视台、中心）等43人，其中包括德国前副总理兼外长根舍，澳大利亚前总理基廷，韩国前总理李寿成，英国上议院议长兼法律大臣欧文勋爵，挪威教育、科研与宗教事务大臣利勒通，世界知识产权组织总干事伊得理斯，泰国公主诗琳通等。

外国大公司总裁也十分热衷访问北大，寻求合作。3月9日日本理光公司桥本诚董事一行4人来访，与北大签署了理光资助北大发展信息科学技术研究的备忘录；3月11日美国康柏电脑公司总裁Edkhard Pfeiffer来校演讲；4月11日爱立信（中国）有限公司副总裁刘持全来校拜会校领导，探讨在通讯技术方面开展合作；11月16日德国奔驰公司9位高级副总裁访问北大，希望继续加强与北大的合作。

（夏红卫）

附 录

1999年因公出国人员统计表

国别 \ 出访类别	国际会议	合作研究	访问考察	长期任教	短期讲学	实习培训	其他	合计
美国	146	34	105	0	11	9	74	379
澳大利亚	18	4	1	0	0	0	24	47
法国	13	12	33	0	2	0	26	86
加拿大	13	5	12	0	0	0	0	30
日本	100	27	163	7	5	4	24	330
荷兰	3	3	8	0	0	1	1	16
韩国	49	8	35	12	2	1	0	107
马来西亚	3	1	0	0	0	0	2	6
印度尼西亚	1	0	3	0	0	0	0	4
新加坡	7	4	4	0	10	2	0	27
巴西	1	0	0	0	0	0	0	1
芬兰	1	0	0	0	0	0	0	1
德国	28	19	37	0	1	5	4	94
蒙古	1	0	5	0	0	0	0	6
斯洛文尼亚	1	0	0	0	0	0	1	2
阿尔及利亚	0	0	0	0	0	0	1	1
波兰	2	0	4	0	0	0	0	6
希腊	1	0	0	0	0	0	0	1
俄罗斯	3	2	9	0	0	0	2	16
意大利	15	3	5	0	0	0	0	23
葡萄牙	0	1	0	0	0	0	0	1
爱尔兰	2	0	0	0	0	0	0	2
伊朗	0	0	1	0	0	0	0	1
以色列	2	0	1	0	0	0	2	5
朝鲜	0	0	5	0	0	0	0	5
丹麦	5	1	2	0	0	0	3	11
奥地利	11	2	13	0	0	3	0	29
捷克	1	1	0	0	0	0	0	2
斯洛伐克	2	0	0	0	0	1	0	3
坦桑尼亚	1	0	0	0	0	0	0	1
斯里兰卡	1	0	0	0	0	0	0	1
保加利亚	0	0	4	0	0	0	0	4
泰国	8	0	0	0	0	2	2	12
瑞典	5	0	5	0	0	0	3	13
塞浦路斯	1	0	0	0	0	0	0	1
比利时	7	2	2	0	0	0	0	11
英国	23	9	17	0	2	0	1	52
挪威	3	1	1	0	0	0	1	6
越南	5	0	1	0	0	0	0	6
沙特阿拉伯	2	0	0	0	0	0	0	2
埃及	0	3	0	0	0	0	0	3
土耳其	1	0	0	0	0	0	0	1
印度	3	0	4	0	0	0	0	7
新西兰	4	0	1	0	0	0	0	5

出访类别 / 国别	国际会议	合作研究	访问考察	长期任教	短期讲学	实习培训	其他	合计
瑞士	7	4	3	0	0	0	0	14
菲律宾	4	0	1	0	0	0	0	5
南非	2	0	0	0	0	0	0	2
西班牙	1	0	1	0	0	0	0	2
匈牙利	1	0	0	0	0	0	0	1
合计	508	146	486	19	33	28	171	1391

（庞志荣）

1999年自费出国（境）人员统计表

	所赴国家（地区）	留学	工作	探亲	旅游	定居	访友	学术交流	其他	合计
1	美国	516		94			10	10	8	638
2	日本	6	3	11	1		5	4	2	32
3	加拿大	18		18	2	2	2	1	1	44
4	中国香港			14	67		5		3	89
5	奥地利			1			1		1	3
6	德国	6		5	1		5	2		19
7	新加坡	15	1	7	51		9			83
8	中国台湾			5						5
9	韩国			2	4		4			10
10	法国	3		2	1		6			12
11	英国	7		5			2		1	15
12	罗马尼亚						1			1
13	澳大利亚	1		7	4			1		13
14	意大利			2	1				1	4
15	泰国				136		30			166
16	以色列	2		1						3
17	乌克兰			1						1
18	新西兰	1			3					4
19	芬兰			1			1			2
20	荷兰	2		4			2			8
21	蒙古			1						1
22	比利时	1		2						3
23	瑞典			2			1			3
24	圣卢西亚			1						1
25	瑞士			1						1
26	埃及	2								2
27	马来西亚			2	41				1	44
28	越南						2			2
29	马耳他						1			1
30	朝鲜	4								4
31	挪威	1		1						2
32	俄国			1			1		1	3
33	叙利亚	3		2						5
34	中国澳门				35					35
合计		588	4	193	347	2	88	18	19	1259

（庞志荣）

1999年赴港澳台情况

区　域	参加会议	合作研究	访问交流	学术讲学	培训就读	合　计
香港	117	44	88	71	46	366
澳门	15	1	50	14	0	80
台湾	76	7	112	17	0	212
合计	208	52	250	102	46	658

（李惠津）

北京大学校际交流院校一览表

国家及地区		院校名称	英文名称	签署时间	续签情况
美国	1	美国伯克利加州大学	University of California at Berkeley	1979.4	
	2	哥伦比亚大学	Columbia University	1979.7	
	3	纽约州立大学总校	The State University of New York	1979.9	
	4	纽约州立大学石溪分校	The State University of New York at Stony Brook	1979.9	1985.10
	5	纽约州立大学奥伯尼分校	The State University of New York at Albany	1979.9	
	6	马里兰大学	University of Maryland At College Park	1980.8	
	7	明尼苏达大学	University of Minnesota	1980.9	
	8	伊利诺依大学	University of Illinois at Urbana Champaign	1980.7	1994.7 1996.5
	9	芝加哥大学	University of Chicago	1980.10	
	10	普林斯顿大学	Princeton University	1981.5	
	11	哈佛大学文理学院	Faculty of Arts and Science, Harvard Univ.	1981.8	
	12	埃默里大学	Emory University	1982.9	
	13	密执安州立大学	Michigan State Univ.	1982.10	
	14	基督教联合大学	The Christian College Consortium	1984.9	
	15	密苏里大学	University of Missouri	1984.12	
	16	得克萨斯工艺大学	Texas Tech University	1984.12	
	17	内布拉斯加大学	University of Nebraska	1985.8	1996.11
	18	加利福尼亚大学	University of California	1986.3	1992.7
	19	哈姆林大学	Hamline University	1986.4	
	20	乔治·华盛顿大学	George Washington University	1988.5	
	21	摩托罗拉大学	Motorola University	1996.4	
	22	俄克拉荷马大学	The University of Oklahoma	1996.6	
	23	西南路易斯安那大学	The University of Southwestern Louisiana	1995.11	
	24	乔治亚理工学院	The Georgia Institute of Technology	1988.7	1997.12
	25	宾州州立大学	The Pennsylvania State University	1988.7	

国家及地区		院校名称	英文名称	签署时间	续签情况
美国	26	夏威夷大学	University of Hawaii	1988.8	1993.11
	27	斯坦福大学	Stanford University	1988.10	
	28	普渡大学	Purdue University	1990.10	
	29	科罗拉多大学(丹佛)	University of Hawaii at Denver	1993.8	
	30	曼隆学院	Menlo College	1997.1	
	31	布朗大学	Brown University	1998.5	
	32	康奈尔大学	Cornell University	1998.1	
	33	得克萨斯农业机械大学	Texas A&M University	1998.5	
	34	约翰霍普金斯大学	John Hopkins University	1980	
	35	犹他州立大学	Utah State University	1998.3	
	36	华盛顿大学(西雅图)	University of Washington	1998.11	
	37	宾夕法尼亚大学	University of Pennsylvania	1998.11	
加拿大	1	麦吉尔大学	McGill University	1979.9	
	2	蒙特利尔大学	University of Montreal	1981.6	
	3	不列颠哥伦比亚大学	University of British Columbia	1988.5	
	4	多伦多大学	University of Toronto	1989.3	
	5	阿尔伯塔大学	University of Alberta	1995.10	
	6	渥太华大学	University of Ottawa	1997.9	
澳大利亚	1	澳大利亚国立大学	The Australian Nation University	1980.12	
	2	墨尔本大学	University of Melbourne	1987.8	
	3	新南威尔士大学	University of New South Wales	1989.2	
	4	莫纳斯大学	Monash University	1987.8	
	5	悉尼大学	University of Sydney	1994.5	
新西兰	1	惠灵顿维多利亚大学	Victoria University of Wellington	1986.8	
	2	奥克兰大学	University of Auckland	1997.11	
巴西	1	巴西利亚大学	Universidad de Brasilia	1986.6	
墨西哥	1	墨西哥国立自治大学	Universidad Nacional Autonoma de Mexico	1983.7	
哥伦比亚	1	哥伦比亚国立大学	Universidad Nacional de Colombia	1990.3	
德国	1	柏林自由大学	Free University of Berlin	1981.4	1984.4 1986.4 1988.6 1990.11 1997.9
	2	洪堡大学	Humboldt University of Berlin	1986.4	1990.11
	3	杜塞尔多夫大学	University of Duesseldorf	1987.7	1995.4
	4	慕尼黑大学	University of Munich	1996.5	
	5	拜洛伊特大学	University of Bayreuth	1993.7	
	6	自由堡大学	Albert－Ludwigs University of Freiburg	1999.5	
	7	奥斯那布鲁克大学	University of Osnabruck	1997.5	
	8	图宾根大学	University of Tubingen	1987.9	

国家及地区		院校名称	英文名称	签署时间	续签情况
法国	1	波尔多·孟德斯鸠第四大学	University Montesquieu — Bordeaux Ⅳ	1996.8	
	2	国立东方语言文化学院	L'Institut National des Langues et Civilisations Orientales	1984.9	1997.8
	3	马赛普罗旺斯大学	University of Provence	1989.4	
	4	巴黎第二大学	University of Paris Ⅱ	1993.12	
	5	巴黎十大	University of Paris Ⅹ	1993.4	
	6	巴黎索尔邦暨第四大学	University of Paris — Sorbonne (Paris Ⅳ)	1998.12	
英国	1	伦敦大学玛丽皇后学院	Queen Mary College (University of London)		
	2	伦敦大学政治经济学院	The London School of Economics and Politics	1989.4	
	3	米德尔塞克斯大学	The Middlesex Univ.	1994.11	
	4	牛津大学	University of Oxford	1996.12	
	5	剑桥大学	University of Cambridge	1997.11	
西班牙	1	格拉纳达大学	University of Granada	1987.12	
	2	马德里卡姆鲁滕斯大学	The Complutense University of Madrid	1991.5	
俄罗斯	1	莫斯科大学	Moscow State University	1987.9	1990.9 1999.4
	2	阿穆尔大学	Amur State University	1990.9	1996.4 1997.11
	3	圣·彼德堡大学	Leningrad University	1990.9	
乌克兰	1	基辅大学	University of Kiev		
南斯拉夫	1	贝尔格莱德大学	University Belgrade	1980.7	
捷克	1	查理大学	Charles University	1987.6	
波兰	1	华沙大学	University of Warsaw	1984.3	
荷兰	1	耐梅根大学	The Catholic University of Nijmegen	1984.10	
	2	阿姆斯特丹大学	University of Amsterdam	1989.8	
	3	莱顿大学	Leiden University	1980.11	1994.12
希腊	1	雅典大学	University of Athens	1994.2	
瑞典	1	斯德哥尔摩大学	Stockholm University	1980.11	
	2	乌布撒拉大学	Uppsala University	1988.6	1993.10
	3	龙德大学	Lund University	1997.9	
意大利	1	佛罗伦萨大学	University of Florence	1994.9	
	2	罗马大学	Universita Degli Studi Di Roma "La Sapienza"	1981.5	1992.5
	3	卡里亚里大学	University of Cagliari	1993.6	
芬兰	1	赫尔辛基大学	University of Helsinki	1983.12	
丹麦	1	哥本哈根大学	University of Copenhagen	1990.11	
挪威	1	奥斯陆大学	University of Oslo	1995.11	
葡萄牙	1	科英布拉大学	University of Coimbra	1995.12	
瑞士	1	洛桑大学	The University of Lausanne	1993.6	

国家及地区		院校名称	英文名称	签署时间	续签情况
奥地利	1	萨尔茨堡大学	University of Salzburg	1997.10	
	2	维也纳大学	University of Vienna	1997.10	
	3	维也纳经济管理学院	Wirtschafts Universitat Wien	1997.5	
比利时	1	列日大学	University of Liege	1997.8	
白俄罗斯	1	白俄罗斯国立大学	National University of Belarus	1998.5	
日本	1	创价大学	Soka University	1980.4	1985 1995
	2	早稻田大学	Waseda University	1982.6	1986
	3	法政大学	Hosei University	1982.11	1985 1993.1
	4	共立女子大学	Kyoritsu Women's Univ.	1996.7	
	5	京都大学	Kyoto University	1983.4	
	6	东京大学	University of Tokyo	1985.3	
	7	庆应义塾大学	Keio University	1985.5	1988.7
	8	九州大学	Kyushu University	1985.12	
	9	日本大学	Nihon University	1986.10	1992
	10	大阪经济法科大学	Osaka University of Economics and Law	1986.10	
	11	学习院大学	Gakushuin University	1988.10	
	12	一桥大学	Hitotsubashi University	1990.8	
	13	东京工业大学	Tokyo Institute of Technology	1991.8	
	14	北陆大学	Hokuriku University	1992.7	
	15	中央大学	Chuo University	1993.7	
	16	大东文化大学	Daito Bunka University	1987.1	
	17	神户大学	Kobe University	1994.12	
	18	关西大学	Kansai University	1998.12	
	19	东北大学	Tohoku University	1999.11	
	20	樱美林大学	Eibirin University	1998.12	
	21	同志社女子大学	Doshisha Women's College of Liberal Arts	1997.9	
韩国	1	高丽大学	Korea University	1993	1997
	2	延世大学	Yonsei University	1993.10	
	3	汉城国立大学	Seoul National University	1993.11	
	4	庆熙大学	Kyung Hee University	1994.8	
	5	浦项科技大学	Pohang University of Science and Technology	1994.7	
	6	精神文化研究院	The Academy of Korean Studies	1994.9	
	7	汉阳大学	Hanyang University	1994.9	
	8	忠南大学	Chungnam National University	1996.7	
	9	梨花女子大学	Ewha Women's University	1996.4	
	10	亚洲大学	Ajou University	1995.10	
	11	淑明女子大学	Sookmyung Women's University	1996.6	
	12	庆北大学校工学院	Kyungpook National University	1994.6	
	13	东国大学	Dong Guk University	1999.1	

国家及地区		院校名称	英文名称	签署时间	续签情况
蒙古	1	蒙古国立大学	National University of Mongolia	1990.6	
朝鲜	1	金日成综合大学	Kim Il Sung University	1981.6	
越南	1	河内国家大学	National University of Hanoi	1996.1	
	2	胡志明国家大学	University of Ho ChiMinh City	1994.1	
菲律宾	1	菲律宾大学	University of the Philip－Pines	1984.11	
	2	马尼拉大学阿基诺分校	Ateneo de Manila University	1991.11	
新加坡	1	新加坡国立大学	National University of Singapore	1991.12	
	2	新加坡教育学院	Educational College of Singapore	1993.3	
马来西亚	1	马来西亚南方学院	Southern College of Malaysia		
	2	马来西亚新纪元学院	New Era College of Malaysia	1997.9	
	3	马来西亚百育灵学院	The University of Birmingham, UK and Prime College	1997.9	
印尼	1	印度尼西亚大学	University of Indonesia	1992.11	
伊朗	1	德黑兰大学	University of Tehran	1991.1	1994
巴基斯坦	1	旁遮普大学	University of the Punjab, Lahore	1998.11	
泰国	1	曼谷东方文化书院	1993.10		
	2	朱拉隆功大学	Chulalongkorn Univ.	1988.10	1995.2
	3	华侨崇圣大学	Huachiew Chalermprakiet Univ.	1994.12	
埃及	1	艾因·夏木斯大学		1985.9	
	2	开罗大学	Cairo University	1986.8	2000.3
南非	1	开普敦大学	University of Cape Town	2000.3	
	2	比勒陀尼亚大学	University of Pretoria	2000.3	
坦桑尼亚	1	达累斯萨拉姆大学	University of Dar es Salaam	2000.3	
土耳其	1	安卡拉大学	Ankara University	1993.8	
以色列	1	特拉维夫大学	Tel Aviv University	1993.7	
	2	希伯莱大学	The Hebrew University of Jerusalem	1993.7	
香港	1	香港大学	The University of Hong Kong	1993.5	1996.11 1999.9
	2	香港城市大学	City Polytechnic University of Hong Kong	1993.12	1996.11
	3	香港中文大学	The Chinese University of Hong Kong	1985.5	1997.1
	4	香港树仁学院	Hong Kong Shue Yan College	1987.3	1998.12
	5	香港科技大学	The Hong Kong University of Science and Technology	1998.6	
台湾	1	台湾大学	National Taiwan Univ.	1995.4	
	2	中山大学	National Sun yat-sen University	1999.10	
澳门	1	澳门大学	Macao University	1995.12	

（李晓勤）

人 事 管 理

【概况】 1999年是北京大学队伍建设和人事制度改革出现重要转变的一年。1月召开的学校第十次党代会,确定了北京大学创建世界一流大学计划,3月,国家批准了这项计划,从而使创一流的宏伟蓝图成为国家行为。多年来,学校期望在人事管理上建立一种"能上能下、能进能出、能高能低"的激励竞争机制,形成有利于创造性人才发挥才干、优秀中青年教师尽快成长的制度环境。随着创建世界一流大学计划的落实,这方面改革有了切实的物质基础和政策保障,队伍建设在原有的基础上又大大向前推进了一步。

6月9日,北京大学校机关机构设置方案公布,人事处与老干部处合并,组成新的人事部。人事部下设规划调配办公室、工资福利办公室、人才开发办公室、博士后办公室、人事档案办公室、离退休人员办公室等6个办公室。通过公开招聘,层层落实了办公室主任、副主任、成员人选,明确了职责,优化了队伍。6个新的办公室主任平均年龄40岁,比改革前降低了4岁,干部队伍进一步年轻化。发挥人事部年轻人集中的优势,积极开展前瞻性的人事管理改革探讨和研究工作,是人事部1999年工作的特色。在繁忙的工作之余,组织一部分人力翻译印制了《洛杉矶加州大学人事政策和程序概要》、《洛杉矶加州大学教师指南》等资料,学习借鉴西方发达国家高等学校人事管理经验。结合工作需要组织研究小组,对重要的政策问题进行预先研究,积累了重要的研究成果。其中关于"教师职务聘任制"的研究已经形成了一系列配套完整的文件,有待学校决策落实。关于"职员制"的研究形成了"模拟职员制试行办法",已经开始执行,效果良好。关于编制问题的研究已经为2000年编制核定工作奠定了基础。

人事部十分重视制度建设,注重推动从经验管理向制度管理的过渡。世界一流大学的特征之一是规范、有序、高效而有弹性的管理。逻辑严密、结构合理、语言精练、符合国家法律的校内规章制度体系是创建一流管理的重要前提。当前经验型的管理已经不能适应日益加快的社会发展的形势,特别是随着法治思想的进一步深入,要求学校的行政政策和程序必须透明、清晰。同时完备有序的政策和程序也会提高办事效率,改善机关形象,增强教师对于机关工作的信任感。而且随着学校办学自主权的逐步增加,北大制定完善的规章对全国将发挥示范效应。1999年中,各办公室都对既有的规章进行了清理归并,并根据工作中新出现的问题进行总结,制订和发布新的规章。这些规定包括:"博士后管理规定"、"教师出国出境管理办法"、"教师出国出境审批程序"、"富余、转岗人员管理办法"、"人事档案管理规章"等等。

【教职工队伍状况】 北大教职工队伍建设的基本形势可以概括为:总量进一步压缩、结构逐步趋向合理,但创建世界一流大学所要求的师资阵容尚未形成,优秀的中青年拔尖人才仍显不足。截止到1999年12月31日,在职教职工人数6514人,其中女性2867人,占44%。加上离退休人员3374人和流动人员195人,学校总规模超过1万人。

进入90年代以来,北京大学教师队伍的年龄结构、学历结构、学缘结构逐步趋于合理。教师中具有博士学位、硕士学位和本科毕业的人员各占三分之一。在具有博士学位的教师中,国外回国博士、本校毕业博士和国内其他院校毕业博士也基本上各占三分之一。教师平均年龄从1990年的49岁下降到43岁,其中教授平均年龄55岁。

劳动计划执行情况 编制劳动计划是目前学校人力资源规划的重要方式。根据学校人事改革提出的控制规模、改善结构的原则,近年来,劳动计划编制的基本思路一直是:(1)保证教学、科研和教学辅助等岗位对于人员的需求,严格控制后勤、行政、附属单位的人员规模;(2)逐步增大引进国内外优秀人才和选留博士后的比重,降低选留应届毕业生的比重;(3)在选留毕业生中,逐步增大选留博士研究生的比例。1999年学校共下达劳动指标241人,其中,事业编制201人,企业编制40人。截止1999年12月31日,学校共增员222人,完成劳动计划的92.1%,其中事业编制178人,企业编制44人。

1999年北京大学增员222人,其中硕士、博士研究生学历的人员占到了85.6%。全校总增员比1998年的293人减少71人,其中事业编制增员减少35人。选留毕业生为132人,占全校增员的59.5%,与1998年的66.9%相比,下降了7.4个百分点。录用回国留学生22人,占9.9%,选留博士后29人,占13.1%,录用留学生与选留博士后共51人,占全年总增员的23.0%,其中博士学历为50人,只有1名为硕士学历。这个比例与1998年的14.0%相比,上升了9个百分点。地方调入人员共39人,占17.6%。这部分人员的组成比较复杂,既包括从校外引进的教学科研骨干,也包括学校教辅、管理等岗位以及附属单位的补充人员。

减员情况 1999年北京大学共减员514人,其中离退休332人,调出校外120人,辞职、自动离职57人,在职死亡5人。1999年共有130位具有正高级专业技术职务的人员离退休,这表明高级专业技术人员离退休高峰已经来临。

1999年北京大学非离退减员177人,其中事业编制减员75人,企业编制减员102人。企业编制减员,与方正集团业务调整有直接关系。事业编制减员较1998年的109人相比,减少34人。从减少人员的岗位分布看,依然集中在教学科研岗位;而从学历分布上看,则集中在硕士层次上,其中具有博士学位的18人,具有硕士学位的120人,其他学历人员40人。

北京大学人员规模控制历史比较 10年来,北京大学人员规模控制持续取得成效,而以1998年和1999年最为突出。其关键原因在于:(1)教职工、尤其是具有高级职务的教师离退休高峰到来。(2)1999年一流大学计划的实施和国家提出的三年之内高校后勤社会化的改革目标大大的推动了工人队伍的结构性调整,仅1999年12月至2000年1月,北京大学有224位工人办理了退休手续,等于十年来工人退休数的总和。

北京大学教职工基本情况一览表(1999)

人员及分类	数量	百分比
总规模	9903	100%
在职总人数	6514	65.8%
其中:女性	2867	44.0%
教师	2324	35.7%
其中:专任教师	2133	32.7%
非教师专业技术人员	1706	26.2%
党政管理人员	804	12.3%
工勤人员	1399	21.5%
中小学幼儿园教师及工勤人员	356	5.5%
其中:教师	281	
附中	218	
附小	89	
幼儿园	49	
事业编制人员	5685	87.3%
企业编制人员	319	4.9%
集体所有制人员	510	7.8%
博士后流动人员	195	0.2%
离退休人员	3374	34.1%
离休人员	403	11.9%
退休人员	2905	86.1%
退职人员	66	2.0%
教师	1038	30.8%
其中:教授	752	
非教师专业技术人员	841	24.9%
党政管理人员	558	16.5%
工勤人员	937	27.8%

教师队伍专业技术职务状况和年龄状况(1999)

	人数及百分比		45岁以下人数及百分比		平均年龄
总人数	2324	100%	1403	60.3%	43岁
教授	798	34.3%	171	22%	55岁
副教授	808	34.8%	367	46%	42岁
讲师	614	26.4%	—	—	32岁
助教	104	4.5%	—	—	26岁

教师队伍的学历状况(1999年)

学位情况	人数	百分比
博士学位	810	35%
硕士学位	769	33%
本科生	745	32%
具有博士学位人员中:		
国外回国博士	253	31%
本校毕业博士	250	31%
国内其他院校毕业博士	307	38%

教师队伍的年龄、学历、职称结构历史比较(1990—1999)

项目 \ 年份	1990	1994	1995	1996	1997	1998	1999
平均年龄	49	46	46	45	44	44	43
45岁以下人数	1061	1008	1175	1241	1335	1420	1403
占总人数%	43.6%	40.6%	48.3%	51.3%	54.7%	58.8%	60.4%
教授平均年龄	65	59	58	58	57	58	55
具有博士学位人数	135	382	459	522	611	711	810
具有硕士学位人数	613	612	759	768	795	832	769
教授人数	339	731	835	800	884	869	798
副教授人数	993	782	880	833	826	807	808
讲师以下人员人数	1102	972	712	787	705	813	718

北京大学新增人员技术岗位分布情况(1999年)

	小计	教学科研	实验技术	图书资料	出版印刷	工程技术	党政管理	中小幼教	医护
事业编制	178	127	9	5	5	4	17	10	1
企业编制	44	17				24	3		
合计	222	144	9	5	5	28	20	10	1
百分比	100%	71.3%	5.1%	2.8%	2.8%	2.2%	9.6%	5.6%	0.6%

北京大学新增人员的来源及学历分布(1999年)

	合计	百分比	选留毕业生	录用留学生	地方调入	选留博士后
合计	222	45.5%	132	22	39	29
博士	101	40.1%	40	21	11	29
硕士	89	12.6%	75	1	13	
本科	28	1.8%	17		11	
大专	4				4	

北京大学离退休人员技术岗位分布情况(1999年)

合计	教学科研		实验技术		工程技术		图书	出版	中小幼教	医药卫生	干部	财会	工勤
	教授	其他	正高	其他	正高	其他							
332	114	28	11	14	3	6	7	3	14	7	50	5	70

北京大学非离退减员工作岗位分布(1999年)

总计	教学科研	实验技术	工程技术	党政管理	图书资料	出版印刷	中小幼教	工勤
177	87	7	68	7	2	1	3	2

北京大学规模变化情况(1990—1999)

	1990年	1994年	1995年	1996年	1997年	1998年	1999年
教师	2434	2485	2433	2420	2439	2417	2324
其他专业技术人员	2813	2260	2264	2219	2184	2122	1706
党政管理人员	831	864	865	892	893	857	804
工勤人员	1886	1818	1773	1717	1683	1622	1399
总人数	7964	7427	7335	7249	7158	7010	6514
比上年净减少人数	—	—	92	86	91	148	496

北京大学骨干教师队伍建设的历史轨迹(1990—1999)

	1990年前	1994年	1995年	1996年	1997年	1998年	1999年
院士	14	29	31	30	30	27	30
突出贡献专家	21	28	28	31	31	31	35
百千万工程	—	—	—	18	18	21	24
杰出基金	—	4	10	14	18	21	32
教育部跨世纪人才	—	7	9	10	26	29	36
北京市百人工程	—	—	—	20	20	20	20
特聘教授	—	—	—	—	—	10	20
调入教授	—	3	1	2	8	8	11
吸引国外博士	22	23	14	24	16	21	

【“长江学者”聘任与人才工程建设】 学术带头人的培养是学校学科发展的关键,也是学校人事工作的重中之重。90年代以来,就总体而言,北京大学的队伍建设特别是骨干队伍建设的状况在全国高校中处于领先地位,但同部分兄弟院校的差距并不明显。特别值得注意的是优秀学术带头人队伍建设的优势在各个学科间分布很不平衡。文史哲等传统学科的优势还比较明显,政经法等应用学科的优势不如传统学科那么明显,而传统学科又是人才竞争和稳定的敏感地带。理科大部分学科的队伍建设总体上比文科要好,但理科中计算机科学和技术、电子学和信息科学技术等领域,对拔尖人才的争夺更激烈、更明显。

院士推荐遴选 1999年是中国科学院和中国工程院院士增选之年(每两年进行一次)。学校领导和各院系对院士遴选推荐的各个环节都给予高度重视。学校人事部门在征求有关方面意见后,统一印制了申报推荐材料,做了大量的辅助工作。本次院士推荐工作启用了新的数据库,对学校的工作也提出了新的要求。1999年年初学校开始布置院士推荐工作。推荐工作历时4个月,经过院系推荐和校内院士评审,共向教育部推荐了23名候选人,其中中国科学院院士候选人19名,中国工程院院士候选人4名。最终,北京大学有2位教授当选中国科学院院士,他们是数学学院的文兰教授和化学学院的周其凤教授。

特聘教授岗位申报及人员推荐 长江学者奖励计划自1998年实施以来,在社会上和学术界产生了广泛的影响。截止1999年12月31日,北京大学共获准在32个学科设立特聘教授岗位,目前已经有19人签署工作协议。

北京大学长江特聘教授岗位申请及审批情况(1997—1999)

申报批次	北大申报数	教育部批准数	全国批准岗位数
第一批(1997)	47	9	144
第二批(1998)	15	14	302
第三批(1999)	26	9	160

北京大学推荐候选人推荐及审批情况(1997—1999)

推荐批次	申请人数	学校推荐候选人数	教育部批准数	已签协议人数	全国情况	备注
第一批	30	13	11	10	72	1人辞聘
第二批	60	14	6+4	6*+3**	128+11	1人缓签

注:*指特聘教授数,**指讲座教授数。

学校中青年学术骨干的培养和资助计划 1994年1月第335次校长办公会通过了《北京大学方正优秀中青年教师培养奖励基金试行办法》。根据该办法和有关协议的规定,由方正集团公司每年出资100万元作为培养奖励基金,资助北京大学优秀中青年骨干教师的入选者和近期从国外或国内其它单位引进的优秀人才,用于个人生活津贴、资助教学科研经费、资助出席国内外重要学术会议和出版学术著作。根据《北京大学优秀中青年骨干教师选拔培养办法》的规定,到目前进行了两次选拔工作,共有107人入选,中间因调离等原因减少5人。基金到位情况不太理想,至1997年,累计资金120万元。而批准支出的生活津贴、国际国内学术会议补贴、出版学术著作补贴、科研启动费等合计超过147万元。基金在数年运作中,对学校中青年骨干教师队伍的培养发挥了积极作用。不少教师反映,使用方正基金,虽然都是小额经费(最多不超过20000元),但手续快捷简便,资金使用灵活,能备急用。目前由于资金问题,这一计划已经停止。

青年教师流动公寓 住房问题一直是队伍建设,尤其是优秀中青年骨干教师队伍建设的瓶颈。尽管学校多年来把住房建设放在学校基建的重要位置,但由于人员规模大、历史陈账多,许多优秀青年教师缺少应有的体面的生活空间,也为吸引人才带来了困难。校园中流传着"住房就是人才"的呼声。1996年,学校领导下决心动用大额专项基金,兴建青年流动公寓,重点解决青年骨干教师的住宅问题。学校人事部和房产部门共同制定了公寓的管理办法。该公寓与学校其他住宅采取完全不同的运行模式,以高租高贴方式确保公寓的流动性,为青年优秀教师提供公寓式住宅,解决引进人才的燃眉之急。1997年第一栋72套住宅投入使用,1999年两栋144套住房建成,其中一栋用于国内外高级访问学者的临时住所。青年流动公寓为吸引、稳定高层次青年优秀人才发挥了重要作用,也为住房制度改革做出了有益的探索。

百千万人才工程 这是在1995年由国家人事部牵头,国家科委、国家教委、财政部、国家计委、中国科协、国家自然科学基金委员会等部委参与的旨在培养跨世纪学术和技术带头人的一项人才计划。该项计划选定的人才分为三个层次。其中入选第一、第二个层次的人员由人事部直接掌握。到今年北京大学已经申报了三批人选,共有21人入选第一和第二层次。1999年学校申报了7名青年教师作为一、二层次候选人,均为教授,其中自然科学领域的5人都是"国家杰出青年基金"的获得者。目前尚未批复。

教育部优秀中青年教师教学科研奖励基金 1999年教育部根据《面向21世纪教育振兴行动计划》的要求,将"资助优秀青年教师基金"改为"优秀青年教师教学科研奖励基金",将面向对象扩大到所有的40岁以下的优秀青年教师。资助办法有了重大修改,即每年资助10万元,连续支持5年,其中每年可以有3万元作为个人的生活补贴。根据教育部的布置,北京大学选拔推荐了14位候选人,有3人得到批准,他们是数学学院的张平文,法学院张守文,化学学院宛新华。另外教育部科技委和科技司主持一项人才培养计划,称为"跨世纪优秀人才计划",自1993年开始实施。主要培养方式是对入选的人员给与课题经费支持,最初设想连续资助2～3年,每年从数万元到十万元不等。但到1997年,资助方式产生了变化,即资助金额设定为30万,其中10万元由所在单位配套,资助时间为2年。到1998年,北京大学共有20人获得该项基金的资助。这项人才培养计划在北京大学的申报工作由自然科学处负责。1999年,该项人才培养计划并入"教育部优秀青年教师教学科研奖励基金"。

教育部资助年轻教师基金 这项基金由教育部人事司主持,从1986年开始评审。主要面向年龄不超过40岁的青年教师(以从国外归来或即将归来的学者为主)。

北京大学派出教师进修情况(1999)

派出类别	人数	派出类别	人数
单位公派进修	52	单位公派读学位	8
校际交流	27	其他	2
单位公派出国任教	15	国家公派读学位	1
国家公派进修	9		
总计	114		

北京大学派出进修学习人员学历、职称、年龄分布状况(1999)

职称	人数	学历	人数	年龄段	人数
正高	11	博士	36	50 以上	11
副高	51	硕士	50	45—50	9
中级	43	本科	23	40—45	11
初级	5	无学历	5	35—40	27
无职称	2			30—3	542
中教高级	2			30 以下	14
总计	114				

主要资助方式是项目经费支持，自然科学领域不超过 10 万元，社会科学领域不超过 3.5 万元。在北大一直由自然科学处和社会科学处负责申报和管理。到 1998 年共有 44 人次获得该项基金的资助(其中有 8 人出国自动离职)。1998 年该项工作由人事处负责申报和管理，共有 12 人获得资助。1999 年度北京大学推荐了 14 名候选人，共有 6 人获得资助，他们是：技术物理系班勇、化学学院高松、城环系柴彦威、历史系彭小瑜、中国经济研究中心赵耀辉。

政府特殊津贴　政府特殊津贴是由人事部专业技术人员管理司主持的一项对高级知识分子进行生活补贴的计划。从 1991 年开始，入选人员每人发给每月 100 元免税的特殊津贴直到去世(最初有 50 元档，后统一为 100 元)，并颁发盖有国务院印章的证书，具有一定的荣誉性。自 1995 年开始，补贴办法改为一次性 5000 元的奖励。到目前，累计有 830 人享受政府特殊津贴。由于病故、调离等原因，目前实际享受政府特殊津贴人数为 748 人，其中在职人员为 352 人。1999 年北京大学再次申报 20 人作为享受政府特殊津贴候选人。

派出留学及因私出国管理　选拔中青年教师出国进修是教师队伍建设的重要一环。这方面的主要工作有：公派出国人员选拔、审批、报批；国家、政府交流项目候选人的推荐、选拔工作；教职工出国出境的日常管理工作(包括教职工探亲、访友、旅游等事务的审批、公证事宜)。

1999 年办理公派出国人数共计 146 人，有 114 人(男 67，女 47 人)办理完毕出国手续(32 人在 2000 年陆续办理出国手续)，办理教职工因私出国出境 121 人次。

1999 年共有公派留学人员 72 人回校(男 47 人，女 25 人)，办理出国出境人员自动离职、辞职共计 53 人。

1999 年承办国家项目包括：(1)教育部 1999 年赴日攻读博士学位项目；(2)教育部联合国教科文组织青年妇女生命科学奖学金项目；(3)教育部 2000 年度太古奖学金项目；(4)教育部 2000 年公派赴德国攻读博士项目；(5)英国大使馆教育处人权法培训项目；(6)教育部富布莱特项目；(7)留学基金委高等学校系主任/研究所/实验室骨干出国研修项目；(8)教育部哈佛燕京学社交流项目；(9)教育部高等学校管理干部出国研修项目；(10)向联合国教科文组织推荐法、英文笔译人员；(11)教育部 2000 年哈佛高级访问学者项目；(12)教育部牛津大学在读博士生研修项目。

【院系岗位设置与人员聘任】　以岗位设置和人员聘任工作为中心的人事制度改革构成 1999 年度学校人事工作的重头戏。学校先后两次召开人事财政工作会议，研究设岗和聘任问题。

7 月 24～27 日，首次人事财政工作会议在西山的杏林山庄召开。会议的主题是：以学科建设为龙头，以转换机制为核心，通过人事分配制度的改革，强化岗位，打破“铁饭碗”和平均主义“大锅饭”，废除职务“终身制”，形成“能进能出、能上能下、能高能低”的激励竞争机制，创造一个有利于优秀人才尽快成长和发挥才干的制度环境，以期在三五年内，使学校在培养高素质、创造性人才，科学研究、知识创新以及科技成果转化等方面取得切实进步，做出显著成绩。这次人事工作会议就北京大学人事分配制度改革、聘任制的实施和转岗、富余人员分流安置等方面，进行了深入的讨论。

会议主要围绕以下几个方面问题：(1)改革现行的校内工资分配体系，建立一个以国家工资、校内津贴和岗位津贴为基本构成的内部分配制度。把国发工资同校发各种津贴分开，特别是把自1993年国家实施工资制度改革以来学校以不同名义和方式发放的各类校发津贴合一，按照人员的不同序列分别建立统一规范、结构合理的校发津贴体系。(2)以创建世界一流大学计划为目标，建立与此奋斗目标和岗位责任相适应的岗位津贴制度。这是创建世界一流大学计划的重要部分，具有特殊含义。它与岗位紧密联系，聘任上岗的人员才享受该项津贴，没有岗位者不享受该项津贴。因此，这不是北京大学全体教职工的工资普调。(3)岗位津贴将以校聘关键岗位和院系关键岗位两部分为基本构成。各类人员将在学校确定的岗位数内，按岗位的基本职责和任务要求竞争上岗。(4)建立岗位津贴制度之后，学校将进一步加强队伍建设的管理，实施真正意义的聘任制，并以聘任制为核心建立招聘、考核、管理等配套的各项内部管理政策。(5)根据创建世界一流大学基本规模的要求，各单位要有部分人员从现有岗位中分流出来，开辟新的事业。同时在聘任制的实施过程中，一些未能聘任上岗的人员也将通过转岗分流的各项内部政策予以解决。

学校财政人事工作会议之后，各单位利用暑假，在原有"985"规划基础上，深入研究、精心论证，制订本单位岗位设置规划并向学校人事部提交了详细的论证报告。校人事部依据规划过程中出现的新情况和新问题，多次召开座谈会，广泛征求意见，对有关文件进行了修订。

8月13日，学校召开了人事财政工作第二阶段会议。确定了人员聘任的基本原则、组织机构、工作程序和监督、纠错机制，强调聘任过程中师德学风及教学、科研和服务业绩的全面考察的要求。确定关键岗位人员聘任实行三级审核的制度，即由学校审定下达各单位关键岗位方案，各单位公布并组织实施人员聘任工作，经过院系、学部和学校三级聘任审议委员会审核，确定应聘关键岗位人员，由校长批准执行。

9月4日，学校召开各教学科研单位负责人会议，公布全校岗位设置控制指标，布置人员聘任工作的具体安排。这次会议要求各单位一定要从创建世界一流大学的需要出发，从学科建设出发，按需设岗、以岗择人。人员聘任不仅要考察应聘人的历史贡献和成就，更要考察应聘人对于学校创一流目标将要发挥的作用。

经过学校领导、职能部门和各教学科研单位数月的共同努力，在广泛听取意见、多次上下沟通、深入细致研究的基础上，制订了北京大学关键岗位设置和人员聘任办法以及具体方案。11月15～16日，校党政联席工作会议审议通过第一、二批院系定岗聘任方案，到年底，学校完成了对主要院系和单位岗位设置人员聘任工作的审查。1999年度岗位设置和人员聘任工作基本完成。

作为创建世界一流大学计划和创新性人才工程的一部分，岗位设置和人员聘任工作的成功实施是关键性的一步。它的顺利进行有赖于学校强有力的领导，职能部门的密切配合，各基层单位艰苦细致的工作，同时也有赖于政府部门，特别是教育部的支持。教育部领导非常关心北京大学创建世界一流大学计划的实施，陈至立部长多次表示要坚定不移地支持北大、清华实施创建世界一流大学计划，肯定了学校改革的做法。

【校部机关编制核定与人员聘任】

北京大学内部机构改革起步较晚，但改革的结果具有特色。主要体现在：敢于大胆构想，突破了传统的体制架构；改革虽有不足，但从思想认识和具体实践上都迈出了重要的一步，为今后的改革奠定了重要的基础。为落实校部机关的改革，学校人事、组织部门互相配合，在较短的时间内确定了各部门内设机构调整、编制核定和人员聘任工作。

通过调整，内设机构总量得到了较好的控制：总量从85个减少到76个，精简9.4%。有些部门根据工作需要增加了内设机构，如组织部、宣传部、纪检监察审计部、发展规划部等原来没有内设机构的部门，共新增11个内设机构；其它行政各部减少了22个。内设机构职能划分更加明确，这突出表现在因事因需设置机构和岗位，一方面合并了职能重叠的内设机构；另一方面剥离了与本部门管理职能无密切关系的内设机构。在内设机构审批和编制核算过程中，压缩了管理机构的编制，精简了人员，理顺了管理人员的类别及其对应的职能，便于人员的分类管理，也便于制定人力资源发展规划和用人计划。

建立了机关全员招聘机制。这次机构改革在定编定岗的基础上实行全员聘任制，有力地推动了校内管理人员的流动，并通过双向选择达到人力资源的合理有效配置。竞争上岗的方式确立了因事设岗、择优录用的竞争机制，强化了岗位竞争意识。通过公开招聘，截止1999年12月31日，各部机关已有320人应聘上岗。通过招聘，还为许多年轻人提供了锻炼机会，使得管理队伍在年轻化、专业化方面得到加强，管理队伍学历层次也得到大幅度提高。通过招聘，人们在观念上已开始接受竞争、流动等概念，并自觉地履行新的聘任程序。这次全员聘任出现了高职低聘、高职落聘的现象，打破了职务身份终身制。

制订"北京大学模拟职员制试行办法"。高校党政管理干部队伍与教师队伍具有不同的特点，教师晋级可以通过专业技术职务的评审解决，党政管理干部队伍中领导职务有限，对大部分干部而言，晋级渠道不能全部通过职务提升的办法来解决。从管理目标上看，对教师主要是增强教师队伍的竞争机制，使教师队伍充满活力；而对管理队伍，则希望有一个骨干队伍能够长期稳定工作。《中华人民共和国高等教育法》第四十九条规定：高等学校的管理人员，实行教育职员制度。《高等教育法》在1998年8月29日通过后，教育部及高校都在积极地探讨在学校党政管理岗位上实行教育职员制度的可能性，并开始进行调研及教育职员制文件起草工作。因此，引入教育职员制，使管理干部有一个稳定有序的晋升机制，是1999年度学校机构改革的一项重要内容。1999年6月人事财政工作会议后学校人事部门和组织部门加快了教育职员制度文件的修改及完善，并与发展规划部、科研部及党委办公室校长办公室等其他部门进行反复的讨论、征求意见和修改。先后修改了二十多次，最终在1999年11月中旬学校党政联席会议上原则通过"北京大学模拟职员制试行办法"。

模拟试行教育职员制涵盖学校在党务、行政和群团等管理岗位上工作的人员，具体包括校部机关、群团组织、院、系、所、中心，以及直属附设单位的专职从事党务、行政、学生工作的管理人员。这个办法的特点是：(1)职员的职级与职员的职务、职称、调研员等级及资历有关。即职员可以通过职务、职称、调研员等级的提升以及任职年限获得职级的晋升。(2)职员制待遇部分只对应职员的岗位津贴，职员的国家工资和校发津贴则按照全校统一的办法执行(这正是称为"模拟职员制"的原因)。实行完全意义上的职员制需要改革整个工资制度。(3)具有党政领导职务的职员，享有相应的党政领导职务津贴。这体现了领导职务岗位的责任，符合高校管理岗位工作的实际情况。

【专业技术职务聘任】 鉴于1998年度暂停了全校性的专业技术职务评审工作，学校决定于1999年上半年完成专业技术职务评审工作。年初布置了与职称相关的外语考试和计算机考试工作。6月9日召开全校干部会，布置了1999年技术职务评审工作，7月3日各单位上报院系评审结果，7月15～18日，各学部学术委员会分别召开会议，完成了学部学术委员会评审工作，7月22日，北京大学学术委员会暨教师职务评审委员会和北京大学专业技术职务评审委员会召开会议，最终通过1999年晋升职务人员名单。1999年的专业技术职务评审工作有如下特点：(1)采取试点单位与非试点单位双轨运行。试点单位没有名额限制，各院系根据学科发展需要自行确定晋升数，并进行评审。学部学术委员会对其进行单独审查，不受名额限制进行表决。而非试点单位则基本沿袭了与往年相似的做法。可以说，今年的职称评审工作是从现有的职务晋升模式向新的职务聘用制度的过渡，发挥着承上启下的作用。专业技术职务评审中确定的试点单位分别是：数学学院、化学学院、物理系、重离子物理研究所、中文系、历史系、法律系、工商管理学院等，它们实际上也构成了设岗聘任工作先行一步的单位，制订的学科发展和队伍建设的翔实的规划，为学校整个定岗聘任的改革发挥了积极的示范作用。(2)由于1998年暂停职务评审工作，今年申请晋升的人数较往年大幅度上升，各级评审委员会工作量加大。(3)这是学部学术委员会成立后，第一次召开会议，审议职务晋升问题，对学部开局是否顺利，影响很大。人文学部学术委员会主任袁行霈教授在人文学部学术委员会会议上强调，作为学部成立以来的第一次重要学术会议，要形成和造就"严谨、公正、民主、高效"的风气。从各学部学术委员会评审过程和评审结果看，各学部都发扬了这种作风。

从晋升教授表决结果看，各学部通过的教授中，50岁以下的教师占到75%，超过了学校规定的各学部表决结果中50岁以下人员不得低于60%的期望，在人文学部达到85%，理学部非试点单位达到了80%。这一方面反映了北京大学教师队伍后继有人的可喜局面，另一方面也体现了学部学术委员会对学校长远利益的关注，对中青年教师的成长关心、爱护的精神。

北京大学1999年度教授评审结果

	基本情况		通过人员年龄分布					通过人员学历分布			
	申报数	通过数	≥56	51～55	46～50	41～45	≤40	博士	硕士	本科	其他
文科单位	58	42	3	7	10	14	8	22	12	7	1
理科单位	52	39		10	5	3	21	24	4	11	
总计	110	81	3	17	15	17	31	44	18	20	1
其中：破格	14	11		1	2	2	6	10	1		1

北京大学1999年度副教授(含教师中的副研究员)评审结果

	基本情况		通过人员年龄分布			通过人员学历分布			
	申报数	通过数	≥46	41～45	≤40	博士	硕士	本科	其他
文科	72	53	1	6	48	27	24	1	2
理科	91	65	1	4	60	55	10		
总计	163	118	2	10	108	82	34	1	2
其中:破格	4	1							
确认资格	5	5		4	1	6			

北京大学1999年度非教师专业技术职务系列评审结果

	正高级职务	副高级职务	中级职务
试验技术	7	18	48
图书资料	1	8	31
出版编辑	1	1	4
卫生技术	1	4	6
后勤工程	1	2	7
高教管理	7	13	26
学生工作	1	1	10
校产工程	1	10	44
校产管理		3	8
合计	20	60	184

【工资与福利】 依照国家法律和规章,不断改善教职工工资和福利待遇,改革工资和福利制度,是提高教职工工作热情,不断推进校内管理体制和分配制度改革的关键,也是北京大学对广大教职工的重要承诺。

1999年,重要的工资调整有两项,一是根据国办发(1999)78号文件的规定,从1999年7月1日起为全校7060名在职教职工调整了工资标准,并于建国50周年大庆之前发到教职工手中。人均增资140元,年增资总额1186万元。二是正常晋升工资档次工作。1998年正常晋升工资档次是对1997年正常升级的补充,人数较少,在1999年初完成,执行时间是1998年10月,共有522人晋升了工资,人均月增资30元。1999年正常晋升工资档次工作于12月完成,执行时间是1999年10月1日。在职人员升级人数5977人,人均月增资36.69元,年增资额264万元。正常晋升工资档次的依据是年度考核的结果,在1999年度的年终考核中,共有214人的考核结果为不合格。主要是出国、病假、事假等原因而不在岗。

目前由学校支出的福利费项目主要包括离退休纪念品、离退休人员冷饮费、幼教中心儿童节补助、因公牺牲人员家属及孤老慰问、在职及离退休人员临时困难补助、机关家属互助医疗费等,包括下拨院系单位的福利费在内,共支出542329元。到1999年,北京大学享受生活困难补助的遗属48人,每年享受补助4.8万元。为体现学校对遗属的关心,1999年提高了补助费标准人均每月50元,全年增加投入2.9万元。

养老保险和失业保险 目前在事业单位中,养老保险的覆盖面较窄,主要涉及新老合同制工人和临时工。1999年学校负责新老合同制工人145人和临时工64人的养老保险工作,全年单位缴纳养老金339118元,个人交纳107112元。1999年北京市进行了失业保险改革,从1月起,扩大失业保险的覆盖面,调整了交费标准,并规定保险费缴纳满一年才可享受失业保险待遇。预计北京大学1999年应补交保险费106万元,其中单位交纳90万元,个人交纳16万元。

【离退休人员工作】 1999年1月23日召开的北京大学第十次党代会提出:"对于一些年事已高的著名学者,要给予更多的关心照顾,使他们能够安度晚年。进一步重视离退休工作,使他们老有所养、老有所医、老有所为、老有所乐。"改革后的人事部离退休人员办公室职能没有减弱,保持了工作的连续性。

组织丰富多彩的活动,充实离退休老干部的生活是老干部工作的重点之一。1999年,围绕庆祝建国50周年的主题,学校组织200名老干部参观了"光辉的历程——中华人民共和国建国50周年成就展",并召开老干部座谈会,畅谈建国50周年的成就。5月中旬,组织离休干部参观了西柏坡和华北革命烈士陵园。9月底,组织离休干部逛京城,参观北京新貌,感受改革开放后祖国和北京取得的新成就。围绕国际老人年的主题,为老人办实事。年初,原老干部处自筹经费为每位离退休老同志送了一件实用性纪念品——纯棉踏花被,并印上"庆祝九九年国际老人年纪念”的字样，提出的口号是“小小踏花被，暖身又暖心”。年底，邀请中国照相馆来学校举办“为离退休老同志现场免费照相，满意后放大”的活动，为行动不便的老同志照相。北大老干部活动站是离退休老同志自娱自乐的重要地点，到目前为止，共有4个绘画班(100人)、1个布贴艺术班(60人)、1个老同志合唱团(70人)，1个老年健身舞蹈班(40人)，定期举办内容丰富的活动。

组织庆祝国庆大型书画展　9月28日，为庆祝建国50周年和国际老年人年，喜迎澳门回归，学校人事部同北大书法协会、北大老年书画协会、北大书画协会共同举办了“庆祝建国50周年书画艺术作品展”，这次展览共有书法作品110件，绘画作品109幅，布贴、剪纸、摄影作品114件，总计参展作品333件。参观人数近万人。

举办“国际老年人年”宣传周　为吸引更多的人关心老人，帮助老人，关注老龄化问题，6月16～20日北京大学举办了国际老年人年宣传周。宣传周的主要内容是：在北大主要道路上悬挂“养老、敬老、爱老、助老”宣传横幅，在“三角地”出了九个板的宣传橱窗，展示北大老干部的生活和精神面貌。举办老龄问题系列讲座，宣传中国人口老龄化的现状及老人卫生保健知识。由《北京大学校刊》出版了纪念国际老年人年专版。举办“俺爹俺娘”摄影展，展出了著名摄影家焦波的摄影作品。

举办北京大学’99老龄问题学术研讨会　为庆祝国际老年人年，11月16、17日在北京大学召开了全国性的“北京大学’99老龄问题学术研讨会”。学校十分重视这次会议，将其列为本年度学校组织的重点学术活动之一，由副校长牵头筹备。出席会议的有教育部老干部局的领导，有老龄问题专家、学者共120人。会议围绕国际老年人年的主题、联合国老年人原则、中国的尊老文化、中国养老保障的现状、现阶段中国老年人的照顾和健康等问题进行了研讨。会上学者呼吁在高校应尽快设立老年学专业，关注中国老龄化问题。

【博士后流动站】　自1985年在数学、物理、化学、力学、大气科学和生物学等六个学科设立博士后流动站以来，在北京大学陆续设立地理学、社会学(1988)、地质学、计算机科学与技术(1990)、理论经济学、中国语言文学、历史学(1992)、法学、外国语言文学(1994)以及应用经济学、工商管理、电子科学与技术、信息与通信工程、环境科学与工程、哲学、天文学、地球物理学(1999)等博士后流动站。累计招收博士后共计646人，合格出站422人，其中留在北京大学工作的有206人。在招收的博士后中间，国家资助的349名，占总数的54%，自筹经费190名，占总数的29.4%，从国外留学归来的98人，占总数的15.2%，博士后招聘主要依靠国家资金资助。1999年在站博士后199人，其中新招收109人，为历年最多。

组织博士后学术和联谊活动，为博士后生活和工作服务是博士后管理工作的重要内容。1999年6月7～8日，校人事部博士后办公室、北大博士后联谊会主办，城环系、地质系和中国博士后科学基金会协办的“首届全国博士后地学学术研讨会”在北京大学举行。组织经济学院、光华管理学院在站博士后参加了1999年5月在西安交通大学举行的“全国博士后第三届经济学管理学学术讨论会”。为加强北大博士后管理中的信息沟通，1999年编辑了6期北大《博士后通讯》，设立了北大博士后的互联网主页，增加沟通渠道。

企业博士后　为了充分发挥博士后制度在科学技术研究、人才培养使用及流动方面的优势，促进产、学、研结合，培养和造就适应国民经济和企业发展需要的高级科技和管理人才，提高企业的技术创新能力，加快科技成果转化为生产力，近年开始开展了企业博士后工作。截止到1999年，全国建立企业博士后科研工作站的企业已达79

北京大学招收博士后概况(1986－1999)

年度	进站人数	出站人数	留校工作人数
1986	4	—	
1987	11	—	
1988	16	6	2
1989	21	10	6
1990	30	9	7
1991	35	23	13
1992	33	22	14
1993	54	33	21
1994	49	31	17
1995	56	57	29
1996	70	53	25
1997	72	53	22
1998	86	56	28
1999	109	69	22
合计	646	422	206

家。开展企业博士后工作，就是要发挥各自优势，依托项目，从事具有较好市场前景和较高学术、技术水平的项目研究，既促进企业的技术进步和发展，又有利于培养和造就高层次科技人才。1999年，北京大学的地质系、光华管理学院、经济学院先后受委托为胜利油田、大庆油田、嘉陵摩托集团公司招收了博士后。

【人事档案管理】 北京大学教职工和学生人事档案管理的主要职责由人事部承担，并得到其他相关部门的配合。其中教职工档案是学校人事档案的重要组成部分，由从事教学、科研、党政管理的干部档案和为教学科研服务的教辅人员、工勤人员的档案构成，是以个人为单位保存起来的记载个人在教学、科研、党政工作和生产劳动中的经历、政治思想、品质作风、业务能力、工作表现、工作实绩、劳动态度等内容的文件材料，为学校的组织人事、教学科研、改革发展、考察考核、选拔培养和干部使用提供凭证和依据。学生人事档案是学生在接受教育阶段形成的记述和反映个人学历和学习成绩的文字材料，是个人全部人事档案的基础和重要组成部分。1999年，因学生毕业等原因，派遣转出学生档案2359卷，因学生入学，接收核对学生档案3719卷，接待人事档案查阅4834卷，机要转档1810卷，整理教职工档案1200卷。从1999年开始，学校拨款24万元人民币支持"争创干部人事档案国家一级标准"项目，做好干部档案的整理和装订工作，建立和完善有关规章制度，按照国家标准配备库房设备及办公设施，利用计算机辅助管理档案系统，实现档案管理工作的科学化和现代化。

（人事部　供稿）

财务与审计

财务工作

【学校财务状况】 收支总量稳步增长　1999年学校收入总额121585万元，扣除"21世纪教育振兴行动计划"特殊专项经费和太平洋科技大厦建设费37424万元后，与1998年同口径相比，比1998年的70100万元增加14061万元，增长20.06%。支出总额78442万元，扣除住房基金用于自筹基建的支出670万元后，实际支出为77772万元，比1998年的62221万元增加15551万元，增长24.99%。固定资产总额从1998年的12亿元提高到1999年的13亿元。收入支出均比1998年有所增长，且收入增长幅度大于支出增长幅度，表明国家落实科教兴国的战略，加大了对高等学校办学经费的投入力度，学校自主办学能力日益提高。

多渠道筹措办学经费　1999年北京大学各项收入总额121585万元，比1998年的70100万元增加51485万元，增长73.45%。其中国家经费拨款占总收入的54.98%；自筹经费收入占总收入的45.02%。收入大幅度增长的原因是，1999年国家正式启动"21世纪教育振兴行动计划"，拨款3亿元作为支持北京大学创建世界一流大学经费，国家拨款增加；学校通过开展多种形式办学，申请科研项目经费，发展高科技产业，争取海内外捐赠，进行资金运作等多种自筹经费形式，积极组织收入，实现了收入的大幅度增长。1999年各项收入构成见图《1999年收入构成》。

支出结构趋于合理，更加注重使用效益　1999年，学校围绕创建世界一流大学发展规划的总体目标合理安排支出，全年全校总支出为78442万元，比上年的67911万元增加10531万元，增长了15.51%。其中：人员经费支出占总支出的34.37%，公用经费支出占总支出的65.63%。在1999年的支出预算安排上，仍然注重了对基础设施和教学科研设备的投入力度，设备购置费和结转自筹基建支出达27819万元，占总支出的35.46%。在很大程度上改善了办学条件；支出内容增减的变化表明1999年的支出结构趋于合理，资金的投向更加注重长远目标和办学效益。

"211工程"专项资金使用效益显著　1999年学校使用"211工程"专项资金采购的国外进口的先进仪器设备达2080万元，几年累计已达6718万元，是建国以来最大的一笔学科建设投资。这对于提高重点学科、国家重点实验室及一些新兴优势学科的装备水平，改善科研条件，提高学术水平起了重大作用。根据统计，北大42个重点学科中有32个直接受益，其中理科22个重点学科有21个直接受益，15个国家重点实验室有12个仪器设备得到了改善。

"创建世界一流大学"专项资金进展顺利　以"面向21世纪教育振兴行动计划"正式启动为标志，北大的"创建世界一流大学规划"在进行了长期精心准备后也正式拉开帷幕，在上级有关部门的关怀下，国家财政拨款的3亿元专项资金全部到位。

"行动计划"专项资金预算根

据上级批准的总体框架，经过校内各有关职能部门反复研究论证、校长办公会通过的预算分配方案包括六部分：(1)队伍建设；(2)学科建设；(3)提高学生素质；(4)基础设施改造；(5)改善公共教学条件；(6)其他。各部分“行动计划”专项资金按预算正常运作。

获得世界银行贷款“高等教育发展”项目300万美元贷款额度　专项用于更新、充实本科基础课教学实验仪器设备，校园计算机联网系统，改革教学内容，加强对基础课教师、实验技术人员的培训与提高等项目。

自主办学能力提高，财务状况良好　根据“高等学校财务状况预警系统”指标体系的考核要求，1999年北京大学现实支付能力为13.93个月，潜在支付能力14.23个月，非自有资金余额占年末货币资金的比重为72.84%，自有资金余额占年末货币资金的比重为32.14%，自有资金动用程度为40.46%，自有资金净余额占年末货币资金的比重为30.85%，财务状况良好。

总体办学效益　1999年学校平均在校学生(含本科生、研究生、留学生、函授夜大生)为26964人，在职教职工全年平均数为6818人，教职工与学生比为1∶3.95，比上年提高了0.35；专任教师全年平均数为2014人，专任教师与学生比为1∶13.39，比上年提高了1.43。学生人数特别是研究生人数的适度增长，教学人员占学校教职工的比例逐年上升，师生比进一步优化。事业发展效率、自筹经费能力、人均经费等财务运行绩效指标名列教育部属高校前列。

1998、1999年收入对比

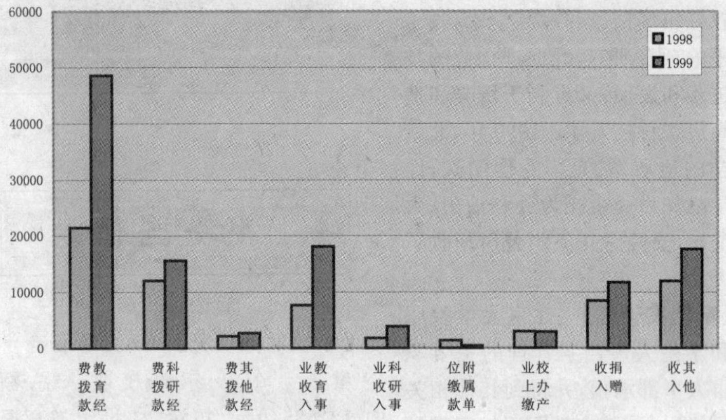

1999年收入构成

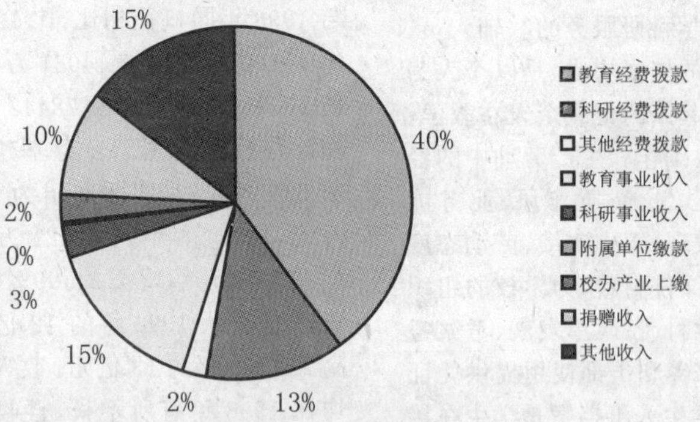

事业支出结构图

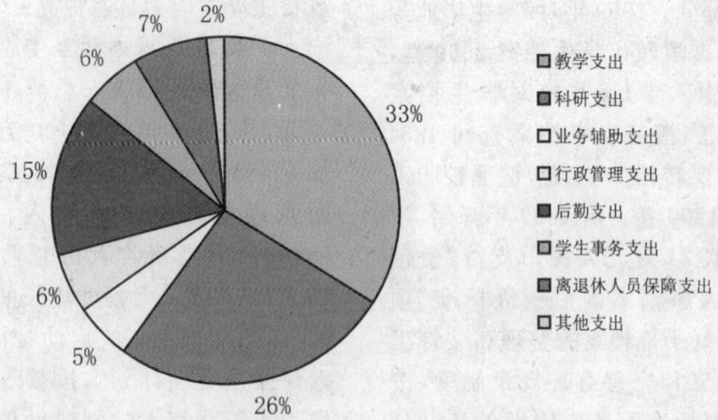

【财务管理工作】　*坚持预算收支平衡，支持学校各项事业的发展*　1999年是学校各项事业快速发展的关键一年，事业发展需要与财政拨款不足的矛盾仍然存在，财务部在主管校长的领导下，顺利完成了预、决算工作。1999年预算坚持保证重点，兼顾一般，有所为有所不为的原则，在保证学校教学、科研、行政、后勤等各项事业正常运转的前提下，根据财力可能，安排了较大的自筹基建支出和基础课津贴支出。

接受财政部和国家审计署审计检查　1999年1月通过了财政部对北京大学预算外资金的专项检查。4月国家审计署教育审计局进驻北京大学，这是以政府审计的

形式第一次对学校进行全面审计，范围广，要求严，既是对学校各方面经济活动的全面审计，也是对学校财务工作的一次考验。在主管校长的亲自主持领导下，财务部高度重视，认真对待，对审计提出的问题一一作出解释，从审计检查的结果看，学校财务部的财务管理与核算得到了国家审计署的肯定。

作好“创建世界一流大学”专项资金财务预算 配合学校有关职能部门制定了“面向21世纪教育振兴行动计划”1999年专项预算，并接受财政部、教育部审查。根据教育部制定的财务管理规定，起草了《北京大学行动计划专项资金财务管理办法》，该办法已经校长办公会通过。多次向教育部、财政部、税务总局等部门反映“行动计划专项经费”中涉及的人员经费、个人所得税缴纳、基建经费使用等问题。使有的问题的解决得到主管部门的支持，有的取得了积极的进展。

召开全校财政工作会议 1999年6月学校召开了全校人事财政工作会议，财务部为大会起草了1994～1998年财政工作报告，全面总结了前5年财政情况，并向全校通报了1999年财务预算，同时提出了财务管理改革的13个文件提交大会讨论。大会再次重申北京大学实行“财力集中、财权下放、一级核算、两级管理”的财政管理体制，财务工作必须坚持“严格、透明、公平、效益、服务”的十字方针，为实现创建世界一流大学的总体目标奠定了基础。

实行会计人员派驻制 按照学校第十次党代会的要求，结合学校的体制改革，1999年6月开始实行会计人员派驻制，将会计人员由各单位管理的体制改变为学校集中管理。改革首先从院（系、所、中心）开始，经过公开招聘，竞争上岗，10月初，院（系、所、中心）会计派驻制基本完成，会计人员（包括财务部、机关、院、系、所、中心）由原来在岗124人精简到定岗94人，实际招聘86人，工作效率明显提高。实行派驻制以后，各单位的财务活动统一由派驻会计管理，在一定程度上避免了小金库和违反财经纪律情况的发生，会计人员的监督核算职能得到了保护。

坚持收支两条线，集中学校财力 根据教财厅[1999]5号《关于直属高校和事业单位落实“收支两条线”规定的通知》要求和学校“一级核算、两级管理；财力集中、财权下放”的财务管理体制，在落实中央提出的“收支两条线”的规定方面重点做了以下工作：第一，召开人事财政工作会议，进一步明确财务管理体制，并将人事改革与财务改革结合起来，特别强调了财经纪律以及对违反财经纪律的党政干部的处罚措施；第二，把落实“收支两条线”和规范预算外资金管理相结合，成立了常务副校长闵维方为组长、财务部部长廖陶琴为副组长的“预算外资金检查领导小组”，从组织上保证了“收支两条线”工作的落实；第三，进一步规范收费立项管理，坚持《校内收费许可证》制度，所有收费项目和收费标准必须经过财务处审核后报主管校长批准，收费必须使用合法的票据；第四，按照文件要求，开设了预算外资金收入汇缴专用账户和预算外资金支出专用账户，并始终按教育部规定的预算外资金的范围和上缴比例及时、足额地上缴中央财政专户；第五，在现有条件下，争取做到票款分离，开学集中交费时，交费现场由财务处开票，银行派人收款。11月中央收支两条线检查组对学校的做法给予了充分肯定。

参加学校机关体制改革 根据学校制定的改革总体方案，财务部在核算任务加重，资金总量增加，工作范围扩大的情况下，严格按照学校的部署，化解各种矛盾，大胆起用年轻干部，改革后财务部的精神面貌大有改观，室主任中具有本科以上学历和会计师以上职称、40岁以下的年轻干部占60%。

研制系级财务管理软件 在进一步完善计算机会计核算程序的基础上，开发了系级财务管理软件，这个管理软件的开发对提高系级财务管理水平具有重要的作用。目前已经有90%以上的院（系、所、中心）使用，从根本上改变了传统的手工记账模式，实现了二级财务核算的飞跃。现在，系级会计人员可以在本系输入、打印、查询本单位的会计数据；财务部核算的会计信息通过学校校园网直接传送到各系，系级教学经费指标可以核算到教研室，科研经费项目可以核算到子课题，真正做到了会计信息资源共享。

顺利完成牡丹卡换卡工作 1999年是牡丹卡集中换卡年。学校使用牡丹卡的人数已经达到7000多人，如果由财务处集中办理，不仅工作量大，而且由于换卡时间长，牡丹卡到期后不能正常使用，影响教职工生活。经过与银行多次协商，经过艰苦努力，工商银行北京市分行特批为北大在海淀图书城开设了一个换卡点，在北京市尚属首例。

转变服务职能，加强自身建设 1999年财务部重点抓了处风建设，首先抓增强服务意识的教育，并按服务质量的好坏列出奖惩措施。其次，设立了服务指南和处长信箱，在财务部和各单位之间建立了良好的沟通渠道。

组织会计人员培训 针对学校的情况，在学生收费、计算机账务处理等方面组织会计人员培训，并参加了国家机关事务管理局组织的会计人员持证上岗培训班；支持和鼓励符合条件的会计人员参加在职高等学历教育和会计人员职称考试，考取在职研究生1人、本科生2人，5人通过了全国会计人员职称考试。

后勤社会化后财务改革　实行后勤社会化以后，后勤与学校的财务关系将会出现明显的变化，财务部从学校整体利益出发，派人进行调查研究，提出切实可行的核算办法，既要保证学校利益不受损失，又能使后勤社会化顺利进行。

（财务部　供稿）

审计工作

【审计项目情况】　1999年，学校审计室完成各类审计、审签项目266项。具体情况如下：(1)完成财务收支审计、经济责任审计、专项审计14项，审计总金额为101967万元。主要审计项目有：学校1998年预算执行情况和决算审计、应用文理学院财务收支、考试中心财务收支审计、图书馆财务收支审计、计算中心财务收支审计、住房基金财务收支审计、环保经费财务收支审计、正大中心财务收支审计、勺园财务收支审计、教务部教材中心财务收支审计、房产处处长离任审计、印刷厂厂长离任审计、出版社发行部专项审计、出版社专项审计等。查出各类违法违规金额数百万元，对被审单位提出52条意见和建议，并督促落实，促进了被审单位的管理。(2)完成基建工程竣工结算审计项目3项，包括畅春园青年公寓(60＃、61＃、62＃)、中关园人才楼(2＃、3＃)、北大附中辅助用房，审减金额39万元。(3)完成各类审签项目249项，审签总金额为73224万元。其中，科研经费财务决算审签1827万元；基建经费财务决算审签71397万元。

通过审计，为学校领导及时提供了信息，使学校及时了解了有关单位违反财经法规的情况，减少了学校在财经活动中的风险，也使学校和有关单位及时了解了管理活动中的漏洞，改进了管理，为学校节省了经费开支，发挥了审计部门作为参谋和助手的作用。

【落实教育部关于加强审计工作的意见】　1999年10月，教育部下发了教财[1999]年25号文件《进一步加强教育审计工作的若干意见》。该文件明确：(1)充分认识教育审计在深化教育改革中的作用；(2)切实加强对教育审计工作的领导，建立健全内审机构；(3)进一步加大教育审计监督的力度，审计工作要覆盖全部经济活动；(4)努力提高人员素质和审计工作质量。

学校领导对此高度重视，与审计部门多次研究如何在机构改革的情况下进一步加强审计工作，并采取了如下措施。

1. 保持审计机构的相对独立性，加强对审计工作的领导。学校于1999年6月进行了机构改革，学校审计室与学校纪检监察部门合署办公。虽然合署办公，但是不等于对审计工作的削弱。合署的目的主要在于加强与纪检监察部门的协调。学校有关领导在多种场合表示，从学校的改革发展来看，审计工作必须加强。为了在合署办公中保持审计机构的相对独立性，学校决定审计部门的业务工作仍然由常务副校长领导，并保持审计室的业务独立、经费独立、印章独立、人员编制独立。

2. 进一步明确审计工作定位、目标与道路，加强学校审计工作：(1)定位：内部审计机构是现代组织中的重要组成部分，一流的大学必须有一流的管理，一流的管理中离不开一流的审计工作。(2)目标：内部审计是管理控制活动的组成部分，必须处理好监督与服务的关系，为规范学校管理服务。通过审计，提高国家对学校教育投入的使用效益。(3)道路：坚持走现代内部审计的道路，学习国际内部审计经验，结合国情校情，开展内部审计工作，即：①在学校总体审计工作中，必须坚持走制度化的道路；②在审计部门的具体审计工作中，必须坚持走规范化的道路。

3. 进行审计机构内部业务管理体制改革，提高审计效率与质量。借学校机构改革的契机，学校审计部门也进行了内部的业务管理体制改革。(1)改革的宗旨是“明确审计目的、转变审计方式、提高审计效率、提高审计质量”。(2)在改革中，制订并执行了下列三个方面的业务制度，即：①“独立主审、项目定期、工作定量”的业务组织制度；②“程序规范、报告规范、底稿规范”的业务操作制度；③“效率衡量、质量衡量、效果衡量”的业务评价制度。(3)通过内部改革，取得了明显的效果，具体表现在以下三个方面：①审计效率明显提高，单个项目审计时间比过去缩短一半以上。②审计质量明显提高，这集中表现在审计报告方面。审计报告是审计工作的最终成果，是审计质量的集中反映。改革后的审计报告的文字表述简练、逻辑关系清晰、事实认定清楚、审计结论明确，得到多方面的好评。

4. 拓展审计领域——组织开展基建审计。学校过去一直没有开展过基建审计。对于施工单位报价只是由校基建处进行审核。1999年下半年，在学校主管校长的领导和大力支持下，审计室积极组织开展基建审计。审计室克服人手少、基建审计力量不足、没有基建审计经验等客观困难，推动基建审计开展。由于北大基建工程规模大，所以采取了由审计室组织协调、借助社会审计事务所力量、内部审计人员配合协作的办法。审计取得了明显的效果。如通过对畅春园青年公寓(60＃、61＃、62＃)、中关园人才楼(2＃、3＃)两个项目的审计，为学校节省基建经费39万元。

（王雷）

资 产 管 理

【概况】 北京大学资产管理部成立以前,房地产管理处负责学校房地产的管理、调控与配置,主要包括教学、科研、行政办公用房的调控与配置;教职工家属住房、集体宿舍和学生宿舍管理;人防工程及普通地下室的维护与管理;经营性用房以及其他用房的管理,以及房地产产权登记与产权管理等工作。物资设备与实验室管理处负责学校的物资设备与实验室管理工作,主要包括全校实验室的规划、建制和建设,实验技术队伍的建设与管理,各项管理制度的建立与完善;全校仪器设备,特别是大型贵重仪器设备的管理,仪器设备的维修、维护;仪器设备与器材的进口、国内采购,以及学校利用外资贷款等。1999年5月,为了适应21世纪高等教育的改革与发展,北京大学进行了内部管理体制改革。按照学校机构改革的要求,1999年6月,原物资设备与实验室管理处同原房地产管理处合并,组建了北京大学资产管理部,统一规划、管理、配置、调控学校物资设备资产、房地产和学校无形资产,并进一步加强学校资产的管理,促进、协调相关资产的合理配置和使用,使学校资产保值增值,为学校的教学、科研等各项事业的发展服务。资产管理部下设综合办公室、房地产管理办公室、设备管理与进口办公室、实验室管理办公室等4个内设机构,1个挂靠机构(房改办公室),人员编制31人。

1999年底,北京大学占地面积227278平方米,各类房屋建筑面积1049654平方米,其中教学及科研用房212268平方米,行政办公用房17609平方米,教职工住宅(含集体宿舍)428148平方米,学生宿舍83657平方米,其他用房307972平方米。1999年底,北京大学共有各类实验室117个,实验室总使用面积53815平方米,其中国家重点实验室12个,部委开放实验室3个,校中心级实验室5个。全校共有各种仪器设备34432台(套),总价值6.09亿元,其中用于教学、科研的仪器设备29158台(套),价值5.39亿元。

(姜晓刚)

【房地产管理】 房地产是学校固定资产的重要组成部分,是支持学校教学科研和日常运作的重要条件,也是体现和落实教职工待遇,吸引和留住人才的有力保障。1999年,在努力做好各项常规工作的同时,积极开展了一些探索性的工作。

1. 公用房调配与管理。公用房包括学校教学、科研、行政办公用房及经营性用房等。1999年,同学校有关部门一起对新建成的教学、科研及办公用房进行了验收,建筑面积10万平方米。其中新理科楼群1号楼、2号楼、公共教学楼85978平方米,北大附中高中楼13084.8平方米,生命科学学院大熊猫研究中心楼1085.9平方米。1999年,对学校教学、科研及办公用房进行了调查、测算,为实现科学定额管理打下了基础。随着新建房屋的投入使用,学校公用房将会有较大的调整和改善,为保证合理和优化配置教学、科研及办公用房,针对学校实际情况,对公用房定额管理办法进行了多次修改调整,反复进行测算。在此基础上,按照"科学定额管理,超额有偿使用"的原则,拟订了《北京大学公用房管理条例》及各项实施细则(讨论稿)。配合学校的整体规划建设,进行了化学南楼南侧平房的拆迁工作,涉及化学学院和电子学系两个单位,拆迁总面积527平方米。新办理及换发了校内部分经营性用房的租赁协议,1999年共收取经营性用房房租105.3万元。

2. 教职工住房分配与管理。北京大学住房管理及分配实行教代会分房审议委员会集体决策,房产职能部门进行日常管理操作的模式。1999年,教职工人均住房面积达到7.85平方米。按照《北京大学教职工住房分配办法》及相关政策规定,在住房分配中都实行政策公开、计分公开、房源公开,按分排队,依次挑房,1999年共分配调整1121户住房。1999年初开始进行三居室住房的分配工作,6月份经三榜公布后,共分配住房327套,为36户住房困难的教职工进行了楼层调整。1999年7月开始进行二居室的住房分配工作,12月份经三榜公布后,共分配住房352套,为29户住房困难的教职工进行了楼层调整。这两次住房分配是学校实行福利性实物分房以来的最后一次大批量住房分配。在二居室住房分配中,为稳定学校青年骨干教师队伍,经校领导批准,试行了新的排队办法,将具有博士学历、副高以上职称的人员单排一队,参加住房分配。1999年底,为保证学校改造筒子楼的要求,将一居室住房重点用于解决青年教师住筒子楼问题。为保证住房分配的公平、公正,全年共接待来访人员2000余人次,走访540多户。1999年,进行集体宿舍分配450余户,调整60余人次,搬迁22户,验收房屋300余间。配合学校校园改造,进行了中关园、朗镜区部分平房的拆迁,共拆迁26户,建筑面积900多平方米。针对外单位人员不合理占用学校住房的问题,加大挖潜力度,继续清理社会户,共挖潜成套住房

19套，散房12套，共计建筑面积计1241.5平方米。1999年收房租、天线费和供暖费计230万元。此外，同人事部配合，1999年办理博士后进站住房150多户，办理出站70多户。

3. 综合治理校园违章建筑，建立校园规划改造协调机制。近年来校园内私搭乱建违章建筑问题日益突出，给学校落实校园总体规划、拆迁改造带来了极大困难。1999年10月，在主管校长的牵头下，由资产管理部、保卫部、街道办事处、燕园派出所等部门建立协调配合机制，共同进行治理违章建筑，落实校园规划拆迁改造工作。通过先期进行违章建筑拆除，使中国经济研究中心在朗镜区的搬迁及建设工作进展顺利，为下一步实施校园规划改造打下了良好的基础。全年共清理校园违章建筑10余处。

4. 人防工程的维护与管理。1999年，在中央国家机关人防办和教育部人防办的直接领导下，认真贯彻执行了《中央在京单位结合民用建筑修建和使用防空地下室暂行管理办法》，对防空地下室建设标准、易地建设、建设审批程序、竣工验收程序、平时利用审批程序等逐步实现正规化管理。对现有人防地下室进行维护；对可开发利用地下室进行改造，平战结合；加强对人防工程进行安全、防火检查；收取并向教育部人防办上缴人防工程使用费。根据教育部的要求，对全校人防工事进行了全面彻底的普查，获得了准确的普查数据，被教育部评为1999年度人防普查工作先进单位。1999年底，北京大学共有人防工程(含普通地下室)35处，面积25997平方米。

(李宏、杨晶)

【房改工作】 北京大学房改办公室负责学校住房制度改革及房改售房的具体工作。自1995年正式启动房改售房开始，对全校4051套可售住宅楼房分别按1995年成本价(1165元/建筑平方米)，1995年标准价(710元/建筑平方米)，1996年成本价(1337元/建筑平方米)，1997年成本价(1450元/建筑平方米)向学校教职工出售。到1999年底，共计出售公有住宅楼房3280套，占可售住房总数的81%，累计回收资金7920万元。

1. 第一批房改售房的房屋所有权证制作、发放工作圆满结束。北京大学第一批出售的公有住宅楼房(1995价)，历时3年，经过方案报批、备案、登记审核，收缴购房预付款，房屋测绘，房产确权，计价，评估，收缴全额房价款，签订房屋买卖契约等程序，于1999年最后完成制证工作。1995价房改售房共制作房屋所有权证2043册，1999年7月按住宅园区逐一发到购房教职工手中。这批产权证的发放，标志着北大第一轮房改售房工作顺利走完了全过程。

2. 加大房改力度，继续做好出售公有住房工作。1999年，基本完成了1996价售房产权证制证的准备工作。到1999年12月，1997价售房共操作8批购房户，除首次购房户外，还包括蓝旗营住房腾空的二轮房和三轮房购房户。1997价累计出售住房1093套，其中450户购房户已结清全额房价款，643户购房户缴纳了购房预付款，共回收资金1700万元。属于集资建房的燕北园9号、10号楼按1997价出售，对76户购房户先行进行了申报工作，1999年5月对10号楼购房户结清了全额房价款。

3. 深化住房制度改革，积极推进住房分配货币化工作。1999年是国家住房制度从福利性实物分配转到货币化住房补贴的重要过渡时期，中央及北京市陆续出台了相关文件和指导意见。1999年8月，《在京中央和国家机关进一步深化住房制度改革实施方案》出台，房改办根据方案对北京大学1万余名教职工(包括离退休人员)的住房货币化补贴额进行了多方位的测算，为学校今后住房分配货币化方案的制定提供了基础数据。在此基础上，积极对住房分配货币化工作中的诸多难点热点问题进行研究。1999年12月17日，联合在京教育部所属13所院校的相关职能部门在北京大学召开首届北京高校深化住房制度改革工作研讨会。大家针对高校特点和实际情况，对进一步深化房改，推进住房分配货币化工作进行讨论，在住房分配货币化及住房补贴面积标准等方面，各高校基本达成了共识。

(杜德华)

【筒子楼改造工程】 北京大学的筒子楼改造工程在李岚清副总理的关心下启动。为实现不把青年教师住筒子楼问题带入21世纪的目标，1998年以来，学校加大了改造筒子楼力度，逐步改善青年教师的住房条件。1999年，250户青年教师搬出筒子楼，入住新建成的青年公寓。为进一步落实学校的筒子楼改造计划，1999年底，经北京大学教代会分房审议委员会讨论通过，并上报学校批准，将学校蓝旗营住宅后续腾出的一居室住房专项用于筒子楼改造工程。这次一居室分配，共有200余人报名登记，经审核，164人符合住房分配条件。至此，北京大学青年教师住筒子楼问题已得到初步解决。(李宏)

【仪器设备管理】 1999年，北京大学新增仪器设备4317台(套)，价值6276万元，其中直接用于教学、科研的仪器设备3519台(套)，价值5282万元，20万元以上的大型仪器设备39台(套)，价值1540万元。1999年开展的仪器设备管理工作主要有：(1)组织北京大学大型仪器设备参加北京地区协作共用网的工作。1999年优选出9台大型仪器参加了该协作网，年度总结结果：使用、开放情况良好，共完成课题348项，测试样品4403个，完成机时7021个(小时),测试收入51.49万元,从协作网获得运行补贴费18.98万元。(2)北京大学1999年度大型仪器开放基金工作。参加开放的50台仪器共完成课题330项,总执行金额35万元,执行情况良好。(3)完成了1998～1999年度大型仪器使用情况调查。接受调查的大型仪器164台,共完成机时15万个(小时),完成课题670项;完成120台大型仪器照片及文字资料的上网(教育网)工作;向海淀高新技术开发区信息网发送500台仪器(5万元以上)的信息。(4)完成申请国家科技部2000年"仪器设备改造补贴"的57台大型分析测试仪器的调查上报工作,共申请补贴1259万元。(5)利用北京大学多学科和高技术人才优势开展大型仪器的维护,维修工作。修复PE983红外分光光度计(70万元)、俄歇电子能谱仪(63万元)、ICP光量计及AMRAY－1910FE场发射扫描电镜(150万元)各1台。(6)根据学校的部署,和学校计算中心等单位一起对全校大型仪器设备和计算机类进行了"Y2K"问题的普查工作,并及时解决了有关问题,使北大与"Y2K"问题有关的仪器设备顺利地过渡到2000年。(7)向教育部推荐并组织北京大学物理系的"扫描隧道显微镜(STM)"参加了1999年9月20日至10月18日,由国家计委、中宣部、国家经贸委、财政部、国家统计局和北京市在北京展览馆共同主办的"光辉的历程——中华人民共和国建国50周年成果展",受到好评。

(张解东)

【设备采购】 1999年,北京大学办理设备进口及接受境外赠送申报及审批共149项,金额为468.01万美元;谈判、签订进口合同(不含接受境外赠送)96项,639台(件、套),合同金额376.99万美元,折合人民币3129.01万元。1999年,在设备进口及接受境外赠送中,向海关申报科教用品免税1323项,免税金额419.62万美元,折合人民币3200.2万元。

1."211工程"及"985项目"设备进口采购。1999年,北京大学"985项目"开始执行,在项目建设期内,学校用于学科建设上的经费约6亿元,其中70%～80%的经费将用于先进仪器设备的引进。

1999年,办理"211工程"及"985项目"进口设备申报及审批39项,金额为226.26万美元;谈判、签订进口合同34项,513台(件、套),合同金额为225.08万美元,折合人民币1868.16万元。其中5万美元以上的设备有:地质学系的高分辨等离子质谱系统(USD415000),化学学院的超高真空镀膜机(CHF551750),生命科学学院的激光共聚焦显微镜(USD212000),城环系的全自动光释光/热释光测年仪(DDK468500)。向海关申报科教用品免税37项,免税金额为233.63万美元,折合人民币1557.93万元。

1999年,"211工程"国内设备采购为1220万元。计算机及其外部设备870台(件),各类软件163套,网络配件29批,生化分析测试设备226台(件)。

(石铄、张聂彦)

2. 正常设备进口采购。1999年,办理"211工程"及"985项目"以外的正常进口设备申报、审批65项,金额为173.49万美元;谈判、签订进口合同62项,126台(件、套),合同金额为151.91万美元,折合人民币1260.85万元。其中5万美元以上的设备包括:信息中心的SGI图形工作站(USD11649)、生命科学学院的快速液相色谱系统(USD55334)、化学学院的液相飞行时间谱仪(USD190000)及全自动有机合成仪(USD124000)。向海关申报科教用品免税59项,免税金额120.97万美元,折合人民币1003.08万元。

3. 接受境外赠送。1999年,办理申请接受赠送的报审手续45项,金额为68.26万美元,折合人民币566.02万元。除国家规定不能免税的产品外,其余36项办理了科教用品的免税手续,免税金额65.02万美元,折合人民币539.19万元。

(石铄)

【实验室管理】 1999年底,北京大学共有各类实验室117个,其中基础课实验室20个,专业基础课实验室24个,专业实验室35个,科研实验室30个,综合实验室8个。1999年开展的实验室管理工作主要有:(1)基础课教学实验室评估工作。实验室评估工作在1998年取得实质性进展的基础上,经过深入细致的组织,在教务部配合下,1999年先后有化学学院的无机化学基础课实验室和地质学系的地质教学实验中心分别通过了北京市的评估,并获得好评。特别是地质学系教学实验中心由原来属于各教研室的8个实验室合并而成,在准备评估的过程中,进行了大量的整改工作。通过评估工作,促进了实验室建设,完善了管理体制。(2)实验室条件建设工作。1999年,新理科楼群建成并投入使用,参加了教室及实验室中有关仪器设备的配置、安装、验收工作。完成了北京大学1999年度实验室修购专项资金申请报告(包括可行性论证、项目内容、预期效益)及使用需求调查表。(3)仪器设备与实验室管理系统通过教育部科技成果鉴定。同学校计算中心联合研制开发的"高校校园网络环境下的仪器设备与实验室管理系统",经过两年多的试运行和不断完善,于1999年12月通过教育部组织的专家鉴定。鉴定委员会一致认为,该系统稳定可靠,是目前高校校园网络环境下运行的同类系统中功能最强的，其整体水平已处于全国同类系统的领先地位，并建议在全国高校中推广应用。该系统提供的数据查询、统计、信息分析以及信息录入、修改等功能有助于快捷、准确地了解北京大学各单位的仪器设备分布、数量、变动等情况，为仪器设备的“卡片式管理”向“计算机管理”的转变提供了保证。1999年底，已有化学院、生命学院等8个理科院（系）的仪器设备实行了计算机网上管理，实现了信息资源共享。(4)实验室设备招标采购工作。1999年底，对学校计算中心、数学学院和电教中心批量采购的计算机及其外部设备进行了招标采购。第一批招标采购量为816台（件），共有国内外12个厂家参与竞标，总价值584.73元；第二批招标采购量为51台（件），共有国内外13个厂家参与竞标，总价值37.35万元。

（张聂彦）

【世行贷款“高教发展项目”】 1998年，经国家计委、教育部、财政部批准立项的世界银行贷款“高等教育发展项目”，北京大学分得额度300万美元。1999年10月，该项目经世界银行批准，正式生效。同时，该项目进入立项后评估以及仪器设备采购第一期国际招标阶段。完成并上报了中英文的世行贷款“高等教育发展项目”可行性研究报告（最终修改版）和《2000年校级执行计划》。与六个在建实验中心协作编制了“北京大学世行贷款高等教育发展项目第一期国际招标设备采购清单”，金额约占贷款总额的50%，共计153万美元，涉及100余种设备。此外，1999年完成了世行贷款“重点学科发展项目”的收尾工作。

（张聂彦）

【“北京核磁共振中心”建设】 经过两年多的调查、论证，1999年12月，国家科技部正式批准国家级“北京核磁共振中心”依托建设在北京大学。该中心由国家科技部、教育部、中科院、军事医学科学院四单位联合共建，其核心设备是目前世界上最高档的800M核磁共振谱仪。该中心将是我国开展生物大分子结构功能、蛋白质、疾病机理，药物设计等研究的重要基地。

（王兴邦）

【无形资产管理】 随着知识经济的兴起，科教兴国战略的实施，高等学校及其无形资产日益引起人们的重视。北京大学的名称、校标及各种标识，土地使用权，校誉以及各种知识产权等无形资产是学校的一笔巨大财富。1999年，北京大学进行机构改革后，将无形资产的管理纳入资产管理部。无形资产管理的基本原则是，要立足于管理好这一资产，维护北大权益，防止学校无形资产流失及声誉受到损害；同时，也要运用好无形资产，使其保值增值，不断发展。1999年主要开展了以下几项工作：一是对学校无形资产问题进行了初步调查研究。通过调查研究，明确了无形资产主要包括哪些方面，目前存在的主要问题，在此基础上，着手制定一个关于无形资产管理的基本方案。二是针对北京大学名称的使用问题，尤其是企业的使用，同产业管理部密切配合，对校内企业名称使用进行了摸底调查。同时，结合资产管理部办理经营场所产权证明的工作，对学校设立或合作设立的公司、企业及各种经济实体，进行了初步核查。对于那些没有经学校主管领导或有关部门批准而使用北大名称的企业，以及租用学校房屋，冒用北大名称或损害北大权益的，不予办理产权证明。三是建立健全学校的土地及房屋产权档案资料。明确北京大学各宗土地的四邻界址，做好土地及房屋使用情况的建账工作。积极协调并努力处理好学校与外单位、个人之间的房地产产权争议和纠纷。四是积极开展房地产产权登记工作。1999年，进行了燕北园、中关园等园区的国有土地使用权登记，进行了正大会议中心、学生活动中心等处的房屋产权登记。

（姜晓刚）

附录

1999年北京大学房屋基本情况汇总表（按用途划分）

房屋用途	面积（平方米）
一、教学及辅助用房	212268.42
教室	31468.29
图书馆	52351.00
实验室及附属用房	115246.31
体育馆	11667.40
会堂	1535.42
二、行政办公用房	17608.68

房屋用途		面积(平方米)
三、生活用房		819776.69
学生宿舍		83657.00
学生食堂		11998.09
教工集体宿舍		17433.20
教工住宅		410715
教工食堂		4368.80
生活福利及其他附属用房		291604.60
合　计		1049653.79

(刘学志)

1999年北京大学土地资源基本情况汇总表(按区片划分)

区片	面积(平方米)
校园	1066266.79
校园周边	740402.64
昌平园区	346601.82
其他	119509.03
合　计	2272780.28

(刘学志)

1999年北京大学教工住宅现状情况表

建筑面积(平方米)	使用面积(平方米)	居住面积(平方米)	实住户数(户)	家庭人均居住面积(平方米)	有成套房户数(户)	住房成套率(%)
410715	308808	185284	7200	7.85	5603	78

(赵月娥)

1999年北京大学成套家属房汇总统计表(按区片划分)

区　片	套数(套)	建筑面积(平方米)
校内	190	23656
中关园	1073	73319
蔚秀园	1495	90117
燕东园	828	51697
燕北园	1294	88511
西三旗(一期)	316	22387
西三旗(二期)	133	14963
六道口	83	6166
燕东园小楼		6547
燕南园小楼		5650
合　计		383013

(赵月娥)

1999年北京大学人防工程(含普通地下室)统计表

地区	项目	个数	面积(M^2)
办公区	校办公区	25	21912.2
宿舍区	中关园	1	477
	燕东园	4	1489.8
	蔚秀园	2	511.1
	燕北园	3	1607
合计		35	25997.1

(杨晶)

北京大学出售公有住宅楼房情况一览表

统计截止时间:1999年12月

	1995价	1996价	1997价	蓝旗营住宅小区	育新花园(一、二期)静淑园
售房价格(建筑平方米)	成本价:1165元 标准价:710元	成本价:1337元	成本价:1450元	1800元	96价 97价
售房时间	1995～1996	1996～1997	1997～1999	1998	1997～1999
核定购房户	2043	324	1093	615	416
已交预付款户	2043	324	1093		416
结清房价款户	2043	324	450	615	287
实收购房款(万元)	4461.25	678.72	1700	3812	
已办理产权证户	2043				129

(杜德华)

1999年北京大学实验室基本情况

序号	单位	实验室个数	实验室使用面积(平方米)	教学实验(98—99学年)			仪器设备			
				实验个数	实验时数	实验人时数(万人)	数量	金额(万元)	其中20万元以上 数量	其中20万元以上 金额(万元)
0	合计	117	53815	1789	74215	157	27240	52103	336	26600
1	数学科学学院	3	957	41	2866	1.37	568	853	5	179
2	力学与工程科学系	8	3545	28	1072	0.96	1360	2336	15	1021
3	物理学系	10	5405	241	1192	24.35	2876	4673	34	2175
4	地球物理系	7	1250	29	486	0.62	1239	1857	8	777
5	技术物理系	12	4875	128	6238	3.03	2285	3647	20	1798
6	电子学系	13	2800	82	19014	36.34	1737	2553	16	1002
7	计算机与科学技术系	5	1780	50	1325	10	1450	6463	45	3996
8	化学与分子工程学院	20	11273	296	2790	27.83	3887	6764	71	3691
9	生命科学学院	16	4445	452	6336	19.68	4167	4980	35	1459
10	地质学系	3	2970	188	908	1.77	1270	976	3	148
11	城市与环境学系	3	1280	67	463	1.07	893	955	3	83
12	心理学系	2	530	132	27498	12.44	415	294		

序号	单　位	实验室个数	实验室使用面积（平方米）	教学实验（98—99学年）			仪器设备			
				实验个数	实验时数	实验人时数（万人）	数量	金额（万元）	其中20万元以上	
									数量	金额（万元）
13	中国语言文学系	1	60	12	2010	0.98	191	236		
14	考古学系	2	320	3	240	0.55	301	685	7	404
15	法学院	1	150	1	12	0.08	261	222		
16	电教中心	1	7000	6	1036	9.6	1305	1582	7	295
17	计算机科学技术研究所	1	1600				102	1133	5	700
18	遥感与地理信息系统研究所	1	550				311	486	2	109
19	电子显微镜实验室	1	280	7	21	0.06	68	808	6	728
20	计算语言学研究所	1	40				30	31	5	700
21	人口研究所	1	75	3	96	0.13	21	85	1	69
22	信息科学中心	1	440				240	1403	11	940
23	环境科学中心	1	200	4	24	0.02	194	786	12	541
24	计算中心	1	1200				760	6073	5	4899
25	光华管理学院	1	450	18	588	6	425	578	1	28
26	图书馆	1	400				884	1644	19	858

（张解东、黄凯）

1999年北京大学校内开放大型仪器设备情况

仪器编号	仪　器　名　称	负责人	所在单位
1	交变梯度磁强计(2900—4C)	陈海英	物理系
2	提拉法测磁装置	刘尊孝	物理系
3	材料衍射仪(X’pert MRD)	王永忠	物理系
4	激光拉曼分光光度计	张树霖	物理系
5	振动样品磁强计	孙允希	物理系
6	热分析仪(STA1500)	王永忠	化学学院
7	FT多功能拉曼红外谱仪(910/750)	翁诗甫	化学学院
8	扫描电镜(S-450)	刘淑祺	化学学院
9	电子能谱(ESCALAB5)	黄惠忠	化学学院
10	四元单晶衍射仪(AFC-6S)	金祥林	化学学院
11	高分辨核磁共振谱仪(ARX400)	吕木坚	化学学院
12	色质联用仪(ZAB)	林孝元	化学学院
13	热分析系统(2010/2960)	章　斐	化学学院
14	气谱/质谱联用仪(GCQ)	张新祥	化学学院
15	磁园二色分光光度计(J—500)	周永芬	化学学院
16	元素分析仪(Vario EL)	刘　晖	化学学院
17	凝胶色谱仪(208)	黄　兰	化学学院
18	ICP光量计(2.5)	申国荣	化学学院
19	热分析系统(1090B)	廖复辉	化学学院
20	全自动X衍射仪(D/max2000)	阮慎康	化学学院
21	紫外、可见、红外分光光度计(UV3100)	周永芬	化学学院
22	扫描寿命荧光光谱仪(48000S)	姚光庆	化学学院
23	气谱/质谱联用仪(HP5971A)	王显仑	化学学院

仪器编号	仪　器　名　称	负责人	所在单位
24	双联拉曼光谱仪(U1000)	赵壁英	化学学院
25	气体同位素质谱仪(SARI24)	金德秋	化学学院
26	快速比表面孙隙分布测定仪(ASAP 2010)	章　斐	生命学院
27	高压液相色谱仪(HP1100)	刘虎威	生命学院
28	气相色谱仪(HP6890)	刘虎威	生命学院
29	蛋白质序列仪(491A)	沈为群	生命学院
30	制备超速离心机(L8-80M)	潘　卫	生命学院
31	中压液相层析系统(AKTA Expro Ver)	任燕飞	生命学院
32	中压液相层析系统(Lcc501 Plus)	任燕飞	生命学院
33	微量高压液相色谱仪(ABI 173A)	沈为群	生命学院
34	透射电镜(JEM-100cx)	马淑芳	生命学院
35	同位素扫描成像仪(445 SI)	瞿礼嘉	生命学院
36	多功能离子束分析系统(5SDH－2)	沈定予	技物系
37	高压离子色谱仪(2010I)	陈淑芬	技物系
38	高压液相色谱(5060)	何永克	技物系
39	气相色谱(GC-9A)	周玉荣	技物系
40	红外分光光度计(PE683)	周维金	技物系
41	ICP 光量计(ICAP-9000)	邵宏翔	地质系
42	电子探针(EPM810Q)	舒桂明	地质系
43	红外分光光度计(PE983G)	朱炜炯	地质系
44	表面结构分析仪(M50)	赵兴钰	电子学系
45	场发射扫描电镜(1910FE)	陈文雄	电镜室
46	透射电镜(JEM-200cx)	汪裕萍	电镜室
47	扫描电镜(KYKY1000B)	张会珍	电镜室
48	高分辨透射电镜(H9000)	尤力平	电镜室
49	富利埃变换红外光谱仪(FTS65A)	邵可声	环境中心
50	气相色谱/质谱联用仪	曾立民	环境中心

（张解东）

1999 年北京大学“211 工程”及“985 项目”进口仪器设备一览表

序号	品　名	数量	合同金额	使用单位
1	频率基准仪	1 台	$ 4770.00	电子学系
2	波长计	1 台	$ 14700.00	电子学系
3	时间频率基准仪	1 台	$ 7173.00	电子学系
4	超高真空镀膜机	1 套	CHF551750.00	化学学院
5	可调谐光滤波器	1 套	$ 6400.00	电子学系
6	脉冲逻辑处理系统	1 套	$ 11268.10	技物系
7	飞秒单脉冲自相关测定仪	1 套	$ 20000.00	物理系
8	离心机、振动仪、测氧仪	13 台	$ 7026.00	生命科学学院
9	SPEX 模块式荧光光谱系统	1 套	$ 45000.00	物理系
10	数字源表、纳伏表	2 台	$ 8383.00	物理系
11	荧光显微镜	1 套	$ 9500.00	物理系
12	CISCO 网络设备	208 台、件	$ 220604.00	计算中心
13	微弱电磁信号数据采集系统	1 台	$ 5000.00	物理系
14	高压灭菌仪	1 台	$ 4500.00	生命科学学院

序号	品　名	数量	合同金额	使用单位
15	气相色谱仪	1台	$24158.78	城环系
16	高分辨等离子质谱仪	1台	$415000.00	地质系
17	原子吸收分光光度计	1台	$41159.20	城环系
18	红外光谱仪	1套	$21000.00	城环系
19	锁相放大器、前置放大器	2台	$5920.00	物理系
20	SUN E3500 服务器	1台	$43146.70	计算中心
21	SUN E250 服务器	1台	$25675.00	图书馆
22	精密移液器	50支	$19500.00	生命科学学院
23	激光共聚交显微镜系统	1套	$212000.00	生命科学学院
24	旋转式摇床	1套	$12847.00	生命科学学院
25	7001 程控开关控制器	1套	$3738.00	物理系
26	高速离心机	4套	$11058.00	生命科学学院
27	超声波破碎仪	1套	$3945.00	生命科学学院
28	基因扩增仪	1套	$15104.00	生命科学学院
29	激光粒度仪	1套	$28000.00	城环系
30	CISCO 网络交换机	204台、件	$494654.00	计算中心
31	高温炉	2台	DM15640.00	物理系
32	超高温冰柜	1台	$5600.00	生命科学学院
33	数字城像分析系统	1台	$35068.00	生命科学学院
34	四路数字延迟/脉冲发生器	1套	$4500.00	物理系
35	全自动光释光/热释光测年仪	1套	DKK468500.00	城环系
36	磁化率测试仪	1套	GBP11287.22	城环系

折美元合计　　513套(件、台)　　$2250881.5

(张洁)

1999年北京大学正常进口仪器设备一览表

序号	品　名	数量	合同金额	使用单位
1	半导体激光器	8台	$17160.00	电子学系
2	数字相关仪/多通道定标仪	1套	$5313.46	化学学院
3	红外光谱仪	1台	$19500.00	化学学院
4	SUN 工作站	3套	$155983.00	图书馆
5	SUN 工作站系统	3套	$165108.00	图书馆
6	高效液相色谱系统	1套	$46330.00	生命科学学院
7	发酵罐	1套	$42500.00	生命科学学院
8	高效双相电泳系统	1套	$34616.00	生命科学学院
9	恒温水浴	1批	DM1680.00	生命科学学院
10	热线风速仪	1套	$9166.00	生命科学学院
11	光盘网络服务器	2台	$42080.00	图书馆
12	PE 生化试剂	1批	$6572.00	生命科学学院
13	生化试剂	1批	$3239.90	生命科学学院
14	锁相、前置放大器、斩波器	3台	$7935.00	物理系
15	多道光信号分析仪	1台	$24400.00	物理系
16	倒置系统显微镜	1台	$21287.00	物理系
17	恒温水浴培养箱	3套	$3098.70	生命科学学院
18	高效液相色谱系统	1套	$38500.00	城环系

序号	品　名	数量	合同金额	使用单位
19	SGI 图形工作站	1套	$116149.00	信息中心
20	制冰机	1台	$3300.00	生命科学学院
21	质量流量计	5台	$8854.00	物理系
22	氢气纯化器	1台	$7890.00	物理系
23	SGI 工作站	1套	$34276.00	化学学院
24	PE 生化试剂	1批	$1674.30	物理系
25	双光束光纤光度计	1台	$9182.52	化学学院
26	门积分仪	1件	$4149.00	电子学系
27	光强度计	1台	$2100.00	化学学院
28	超低温冰箱	1台	$6500.00	生命科学学院
29	显微拉针器及微型操纵器	2件	$8622.00	生命科学学院
30	电泳仪	1套	$4283.00	生命科学学院
31	高速离心机	1台	$5500.00	生命科学学院
32	基因扩增仪	1台	$4800.00	生命科学学院
33	光发射机	1套	$17587.00	电子学系
34	半导体光放大器	1套	$14565.00	电子学系
35	微弱电流放大器	1台	$2425.00	电子学系
36	SGI 工作站	1套	$29788.00	化学学院
37	激光粒度分析仪	1套	$29788.00	城环系
38	紫外/可见分光光度计	1套	$14000.00	化学学院
39	高稳定度精密电源	1台	DDK60500.00	重离子所
40	数字 CCD 光谱探测系统	1套	$25500.00	物理系
41	脉冲电击仪	1台	$2734.00	生命科学学院
42	恒温培养箱	1台	$2324.92	生命科学学院
43	旋转真空泵配件	1套	$815.00	化学学院
44	土壤、气相测量仪器	3台	$29350.00	城环系
45	细胞培养装置	1套	$3099.00	生命科学学院
46	超纯水系统	1套	$6000.00	生命科学学院
47	紫外分光光度计	1套	$9750.00	生命科学学院
48	电泳仪	1台	$647.00	化学学院
49	生化试剂	1批	$3502.00	生命科学学院
50	紫外检测仪及试剂	1套	$4761.90	生命科学学院
51	超低温冰柜	1台	$5600.00	生命科学学院
52	光波长计	1套	$28275.00	电子学系
53	光功率计	1套	$8422.00	电子学系
54	化学试剂	1批	$6015.00	生命科学学院
55	快速液相色谱系统	2套	$55334.00	生命科学学院
56	基因扩增仪	1台	$7500.00	生命科学学院
57	精密移液器	42支	$15800.00	生命科学学院
58	高压灭菌仪	2台	$11000.00	生命科学学院
59	液相飞行时间质谱仪	1套	$190000.00	化学学院
60	全自动有机合成仪	1套	$124000.00	化学学院

折美元合计：126台(套、件)　$1519068.70

(石铄)

1999年北京大学办理国外赠送科教用品一览表

序号	品名	数量	合同金额	使用单位
1	化学试剂	1批	JP￥20,410.00	化学学院
2	化学试剂	1批	JP￥189,965.00	化学学院
3	化学试剂	1批	JP￥18,000.00	化学学院
4	化学试剂	1批	JP￥619,880.00	化学学院
5	图书	1批	$974.10	法学院
6	化学试剂	1批	JP￥165,600.00	化学学院
7	化学试剂	1批	JP￥340,000.00	化学学院
8	磁盘阵列	2台	$100,000.00	计算中心
9	半导体参数分析仪	1套	$43,000.00	微电子所
10	路由器	5台	$2,790.00	计算中心
11	图书	1批	$400.00	东方学系
12	气相色谱仪	4套	JP￥4,510,960.00	化学学院
13	核磁共振仪	1套	JP￥10,086,000.00	化学学院
14	路由交换机	1套	$1,821.00	计算机所
15	化学试剂	1批	$578.70	化学学院
16	化学试剂	1批	$909.36	化学学院
17	化学试剂	1批	$1,909.68	化学学院
18	化学试剂	1批	$912.00	化学学院
19	化学试剂	1批	$15,458.75	化学学院
20	化学试剂	1批	$1,020.45	化学学院
21	臭氧分析仪	1台	JP￥963,133.00	环境中心
22	图书	1批	HK$145,000.00	基金会
23	图书	1批	JP￥2,594,842.00	图书馆
24	一氧化碳分析仪等	2套	JP￥700,000.00	环境中心
25	LB制膜系统	1套	GB7,250.00	化学学院
26	图书	1批	$1,000.00	图书馆
27	吸收率测试仪	1套	DM2,000.00	技物系
28	交换机	2台	$388.50	计算中心
29	SUN服务器	1套	$20,000.00	计算中心
30	软件	1套	$152,423.00	计算中心
31	计算机配件	1批	$6,441.16	国际合作部
32	气相色谱-质谱仪	1套	JP￥500,000.00	城环系
33	化学试剂	1批	JP￥886,460.00	化学学院
34	软件	1套	$15,745.00	计算中心
35	超导磁铁备件	1套	$7,500.00	化学学院
36	化学试剂	1批	DM2,545.00	化学学院
37	压力测定仪	1套	$1,645.00	环境中心
38	玻璃蒸馏仪	1台	JP￥140,000.00	化学学院
39	电阻板室探测器配件	1批	CHF760.00	技物系
40	化学试剂	1批	JP￥340,000.00	化学学院
41	气溶胶采样系统等	2套	NLG63,500.00	环境中心
42	图书	1批	JP￥200,000.00	外语学院
43	自由基发生系统	1套	DM5,880.00	环境中心
44	化学试剂	1批	$27,084.00	化学学院
45	棒球用品	1批	$405.00	国际合作部

折美元合计： 56批(台.套) $682,593.46

北京大学历年仪器设备增长情况示意图

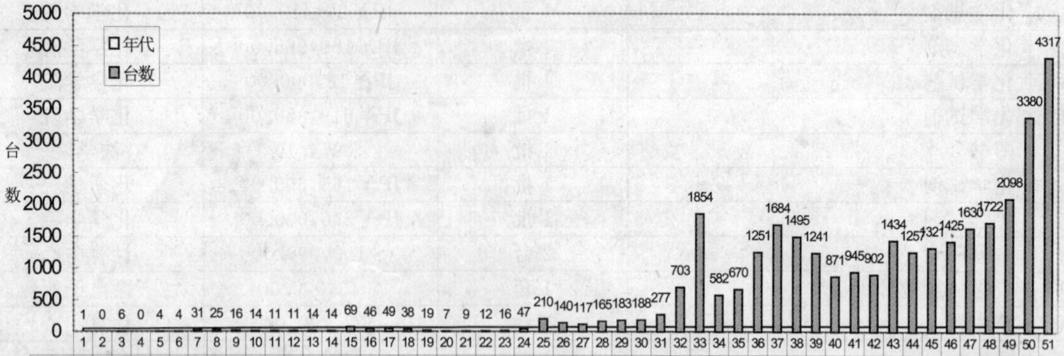

	1	2	3	4	5	6	7	8	9	10	11	12	13	14	15	16	17
□年代	49	50	51	52	53	54	55	56	57	58	59	60	61	62	63	64	65
▨台数	1	0	6	0	4	4	31	25	16	14	11	11	14	14	69	46	49

	18	19	20	21	22	23	24	25	26	27	28	29	30	31	32	33	34
□年代	66	67	68	69	70	71	72	73	74	75	76	77	78	79	80	81	82
▨台数	38	19	7	9	12	16	47	21	14	11	16	18	18	27	70	18	58

	35	36	37	38	39	40	41	42	43	44	45	46	47	48	49	50	51
□年代	83	84	85	86	87	88	89	90	91	92	93	94	95	96	97	98	99
▨台数	67	12	16	14	12	87	94	90	14	12	13	14	16	17	20	33	43

（殷雪松）

基 建 与 后 勤 工 作

【概况】 1999年后勤在运行保障系统的管理、设施改造及完善服务、后勤社会化改革和创办一流大学后勤工作中取得了可喜的成绩，与学校教学、科研和师生生活密切相关的各项工作运行状况良好。

从1999年6月学校人事、机构改革开始，到2000年2月底止，后勤职工从995人减至829人(总务部570人、基建工程部58人、产业中心201人)，其中：全民工548人、集体工281人、办理退休166人。后勤工作虽然发生了很大的变化，如机构重组、老领导退休、领导班子年轻化、工作职能转变，人员变化等，但总务部党政领导班子团结协作，锐意改革，带领后勤干部、职工在改革中坚持做好后勤服务保障工作，使后勤各项服务水平不断提高，改革的步伐稳步加快。

加快后勤社会化改革进程　1999年2月6日，北京大学后勤服务社会化改革研讨大会召开，加快了后勤改革的进程。3月5日，后勤又召开百余名班组以上骨干参加的后勤服务社会化改革动员大会，总务长鞠传进作了题为“转变观念，转换机制，推进后勤社会化改革”的动员报告。报告强调，后勤社会化改革的目标是完善企业化管理，按市场规律办事，做到资源合理配置；当前的主要任务一是要做好宣传工作，教育干部、职工积极投入改革，作好换岗、转岗、下岗分流的思想准备，同时要树立以服务求生存的观念，以主人翁的精神，优质的服务，合格的质量，良好的形象，合理的价格，赢得社会的认可，在竞争中获得发展；要结合校情，逐步走出一条北京大学后勤改革生存发展之路。按照职能和工作的需要，后勤调整了机构设置：成立了运输中心；调整了节能办公室的部分工作职能；伙食处更名为餐饮中心，并从1999年开始不再要学校的拨款。后勤改革工作由此向前迈进了一步。

2000年1月21日，总务部再次召开了“北京大学后勤社会化改革研讨会”。学校副校长林钧敬以及总务部、组织部、人事部、财务部、资产部、基建工程部有关负责同志出席了大会。会议听取、讨论了林钧敬、鞠传进同志关于“北京大学后勤社会化改革方案”(讨论稿)的报告。“北京大学后勤社会化改革方案”(讨论稿)包括五个方面：(1)指导思想：认真贯彻落实“全国高校后勤社会化改革工作会议”精神，运用政府提供的政策支持和改革措施，密切结合北京大学的实际情况和后勤改革的经验，逐步建立起适应社会主义市场经济体制，符合创建世界一流大学需要的后勤保障体系；(2)改革的进程和目标：后勤社会化改革大体分为三个阶段(2000.3～2000年底，2001年初～2001年底，2002年初～2002年底)，分步达到预期的目标；(3)改革管理体制：在学校的组织领导下进行，学校的代表机构与实体形成甲乙方之间的契约关系；(4)改革的措施：按服务行业组建相应的7个实体(餐饮中心、水电中心、供暖中心、校园服务管理中心、学生宿舍服务管理中心、运输中心、幼教中心)；(5)改革的政策支持：在人事管理、财务管理、资产管理等方面作了相应规定。校长办公会已原则上通过了这个方案。

稳定队伍，推动改革　1999年5月，北京大学人事、机构改革中，总务长建制取消，各级干部就地待岗，等待重新招聘上岗。总务部、基建工程部、资产管理部（家属宿舍、房改）、产业中心（全建制转入燕园社区服务中心）从大后勤中分离出来，分别作为学校独立的职能部门。6月，各部部长通过招聘上岗开始组建各部新一届领导班子。鞠传进任总务部部长，张宝岭（兼）、杨仲昭任总务部副部长。总务部内设3个办公室（综合办公室、人事办公室、运行管理办公室），招聘办公室主任、副主任8名，招聘一般工作人员6名。总务部工作人员共16名。

面对即将开始的后勤社会化改革和机构合并而带来的转岗分流等新形势、新情况，后勤干部职工也曾出现过困惑、迷茫和不理解。在这样的形势下，稳定后勤基层干部、职工的情绪显得尤为重要。后勤党、政、工、团各级组织及各服务实体的领导，一次次地深入基层，召开不同形式的座谈会，了解职工的思想动态，了解基层干部职工在工作、生活中的困难和亟待解决的问题，有针对性地予以解决。同时，加强政策宣传工作，鼓励大家看到光明的前途和希望。总务部领导还要求机关工作人员做到“门好进、脸好看、事好办”，对来自基层的事情要快速办理，对办不了或暂时解决不了的问题要说明情况，耐心劝解，避免引发矛盾。通过细致的工作，后勤队伍得到了稳定，后勤干部职工承受住了来自心理、思想上的压力，顾全大局，自觉坚守岗位，坚持做好后勤服务保障工作，确保了全校基础设施的正常运转和教学科研工作的正常进行，为学校整体改革平稳、有序地进行做出了贡献。

解决遗留问题　在后勤有关部门的努力下，一些多年未能解决的问题在改革变动时期得到了圆满的处理。(1)在学生宿舍区增建一座400KVA变压器，师生不再为学习生活用电电力不足、计算机不能使用而犯愁；(2)多年困扰中关园一公寓的室内冒臭气问题，经过动力中心零修组的治理得到了圆满解决；(3)经多方努力，学校首批房改售房（1995价）购房的2043户教职工喜得房产证；(4)满足师生饮用水需求、改善水质，校内43号楼西侧打出了460米的深水井，师生将能饮用类似矿泉水水质的自来水；(5)垃圾中转站投入使用，解决了垃圾露天存放环境污染问题。

日常运行管理工作　日常运行管理工作顺利完成，内容包括：(1)校园综合管网管理系统通过验收，彻底改变学校新老管网并存，不同门类管网交叉无序的状况；(2)完善了冬季取暖购煤招投标制度和供暖承包责任制；(3)学生宿舍家具配置首次实行公开招投标；(4)建成11万伏新电站，缓解了校内供电紧张状况，完成了规划校园路灯的考察、调研工作；(5)家属区楼房二期线路改造工作开始施工；(6)部分学生、家属宿舍使用预付费电表（电卡表）工作启动。

运行保障工作　全年完成的运行保障工作项目包括：(1)供水、供电、供汽、供暖系统全年度正常运行；(2)学生宿舍的维修、电气改造按计划实施，33号学生宿舍楼投入使用，解决了1094名同学的住宿问题；(3)为缓解学生就餐拥挤而改造的佟府食堂、家园餐厅相继开业；(4)食堂推出便民措施，农园餐厅增加磁卡售饭、学五食堂欢迎晚下课的同学就餐；(5)副食基地自产自销的新鲜产品受到校内学生、老年教职工的欢迎，加工部集中加工主食供应各食堂；(6)园林建设速度加快，几大新建筑周边种植草坪16191平方米，工作量比往年增加了60%；(7)幼儿园在拆旧建新的情况下收托儿童540名，解除了家长的后顾之忧；(8)为师生出行订售火车票、飞机票15669张；(9)报刊、信件、汇款的收发量不断扩大；(10)零修（瓦、木、管、玻璃、油）全年跑票24431张。另外，还圆满地完成了学校101周年的庆典、国庆50周年游行练队、国庆庆典联欢晚会、庆祝澳门回归、迎接新千年联欢庆祝等项活动的后勤保障工作。

紧急处理突发事件　市政白颐路改造工程施工中，两次误挖和挖断电缆和自来水管，造成燕东园和中关园家属区断水、断电。后勤各相关部门协调一致，全力以赴，干部职工冒着严寒，配合北京市抢修队昼夜施工，在最短的时间内恢复了供水、供电，保证了师生的生活和学习。

党务工作　后勤党委有党员347人，预备党员2人，申请入党人员90人，积极分子33人，2000年预备发展党员25人。后勤党委注重加强党的建设，发挥党组织的政治核心作用和党员的先锋模范作用，努力开创后勤党委工作的新局面，作了大量的工作：

在民主评议党员工作中，后勤347名党员中，除离退休党员和3名病号外，全部参加了民主评议工作。通过民主评议，广大党员明确了方向，坚定了共产主义理想和信念。

在党支部考核评估工作中，有14个党支部达到工作优秀，达到工作良好的有8个党支部，各党支部找出了各自的不足，制定了改进的措施。

在评选校级优秀党员工作中，经民主评议评选出校级优秀党员9名，后勤级优秀党员23名，还评出先进党支部6个。

努力做好“法轮功”练功人员的思想转变工作　后勤练习“法轮功”的人员约有10人，其中党员、群众各半。后勤党委认真广泛地开展学习教育活动，使广大党员、职工充分认识“法轮功”邪教组织反党反社会主义的政治目的和危害性，使练功人员尽早从“法轮功”邪教组织中解脱出来。后勤党委针对每个练功者的具体情况分别谈话，主动到练功者的家里看望，从生活上关心，从思想上帮教，不嫌弃、不歧视。10 名练功者主动地交出了“法轮功”书籍、证章，在思想上、组织上与“法轮功”划清了界限。

努力搞好宣传工作。1999 年后勤党委向校内外发放《北京大学后勤简报》8 期，出版宣传橱窗 48 版，制作后勤新闻 46 条款（其中：“北京大学地下管网计算机管理验收工作”，“理科教学楼群投入使用”，“餐饮中心在改革中前进”，“改善教师居住条件——中关园人才楼竣工”四条专题新闻先后为中央电视台、《中国广播电视报》、北京电视台采用）。负责北京大学《后勤简报》编辑的同志也作为《全国高校后勤通讯》北京地区后勤通讯员，被评为学校宣传部、《全国高校后勤通讯》编辑部优秀通讯员。

（潘燕生）

【基建工作】 *综合情况* 1999 年 6 月北京大学进行机关体制改革时，把原后勤基建处与工程技术管理办公室合并，组成北京大学基建工程部。部长鞠传进（兼），副部长支琦，下设 3 个办公室：计划管理办公室（9 人），工程建设办公室（9 人），维修管理办公室（12 人），人员由原 69 人精简为 32 人，其中高级工程师 4 人，高级会计师 2 人，工程师 15 人。基建工程部的主要职责是承担学校基建工程和房屋大、中修的组织管理工作。

建筑工程质量优良 由于狠抓工程质量，1999 年学校在建工程质量优良率达到 97%以上。北京大学理科教学楼群工程被列入北京建国 50 周年重大工程项目。该工程由广东省建筑设计院设计，北京中铁建筑公司施工，北京帕克监理公司负责工程监理，基建工程部负责工程组织管理与协调。在两年多的施工过程中，参建各方坚持高标准、严要求，使该项工程荣获北京市结构优质工程奖、北京市优质工程奖、邵逸夫项目奖，并获得北京市迎接建国 50 周年重大工程建设做出贡献荣誉证书，已申报国优鲁班奖。此外，校史博物馆工程设计荣获北京市十佳建筑设计方案奖，及建筑艺术创作优秀设计方案奖。1999 年在建部分工程项目已申报市优工程，如北大附中高中教学实验楼、畅春园青年教师公寓 62 号。“百年大计，质量第一”的口号，已落实到北京大学每一个工程项目建设中。

工程效益良好 1999 年是北京大学列入国家重点建设“211 工程”项目的第四年，几年来学校利用国家投资，加强、充实、完善各学科建设和公共服务体系装备，大大改善了教学科研环境。1999 年，“211 工程”项目中的基础设施建设，也取得可喜成绩，新建理科教学楼群工程，建筑面积 86454 平方米，1999 年底已基本落成，其中的“公共教室”楼暑期提前竣工，投入使用。“公共教室”楼中有 4 个大教室，20 个中小教室，共有 4060 个座位。

1999 年是完成筒子楼改造工程的最后一年，教育部下达给北京大学的筒子楼改造计划为 28931 平方米。北京大学在 1999 年利用国家投资和学校自筹投资，先后完成属于筒子楼改造的异地建设工程，畅春园青年教师公寓 60、61、62 号和中关园人才楼 2、3 号总建筑面积 21319 平方米，建成一室户 453 套，二室户 96 套，500 多位青年教师喜迁新居。正在建设的属于筒子楼改造工程的中关园人才楼 1 号和燕北园住宅 5 甲、12 甲建筑面积总计 7292 平方米，计划在 2000 年 8 月竣工，至此北京大学完成教育部下达的筒子楼改造建设任务 29811 平方米 。

百周年纪念讲堂工程由于资金问题延长工期，未按时于百周年校庆前竣工。1999 年校庆期间，学校决定在纪念讲堂举行“五四”运动 80 周年纪念大会。经过施工、监理、学校多方努力合作，百周年纪念讲堂观众厅工程终于在“五四”前竣工交付使用。

附中教学实验楼工程建筑面积 13042 平方米，在 1999 年投入使用，新建教学实验楼具有现代教学科研设施，既改善了附中教学用房紧张状况，又为附中师生提供了舒适的学习工作环境，为北大附中创办重点示范中学创造了良好条件。

科技发展中心一期工程，建筑面积 41279 平方米，于 1999 年 10 月竣工交付使用。该工程被称为中关村地带的标志性工程，是集办公、科研、招商于一体的大型综合性建筑。

学生宿舍 33 号楼一期工程 8644 平方米，1999 年暑期交付使用，为学校提供四人间学生宿舍 202 间，为扩招新生创造了条件。

（张淑鸾）

【后勤财务】 根据学校的预算安排和后勤创收能力及实际运行支出情况，由总务财务室负责安排综合预算，全面反映后勤收支情况。1999 年学校机构改革，根据财务部和总务部的要求，预、决算仍按年初的计划安排执行。经后勤各处、中心共同努力，积极开源节支，在各部门资金困难的情况下，保证了运行，保证了综合预算的平衡，并略有节余。

1999 年预算收支情况：预算拨款 2982.27 万元；后勤经费总支出 5235.46 万元；后勤抵支收入 1551.57 万元；后勤事业基金补充经费 470.32 万元；“985”专项预算结余 8.98 万元。

1999 年后勤创收情况：后勤

创收纯收入594.18万元;上缴学校(总务长)369.45万元;上缴收入占总纯收入62%。

控制水电费支出 节能办继续实施定额管理超标收费的办法,加大收费力度,控制水电费支出。1999年全校总用电量4200万度,比1998年增加272万度,年增长率6.5%,应多付电费138万元。全校总用水量533万立方米,比1998年增加38万立方米,应增付费用190万元。从以上两项来看,应增加支出328万元,但实际上1999年水电费比1998年仅增加208.42万元,节约支出119.58万元。其原因在于加强了管理,完成了燕北园、中关园和蔚秀园家属区用电与校网剥离工程,减少学校暗补电费近百万元;另外,采取了节能措施,安装4000多只节能灯,安装800只预计式电能计量表等,节约了水电支出。

控制修缮费支出 1999年投入正常运行经费1490.84万元,比1998年增加282.84万元。由于建立了严格的工程招标制度,投入经费完成了31楼锅炉房改造为学生食堂工程,缓解了学生就餐拥挤局面;维修学生宿舍10栋楼756个房间;为家属区线路改造投资303万元;其他投入还有为保障后勤经常运行设备的必要维修等。

控制饮食炊事维持费支出 1999年伙食处实行新办法,学校不再给伙食处炊事维持费和人员工资,伙食处三年内不上交创收,实行自负盈亏。通过机制转换,伙食处自行解决炊事维持费995.27万元,同时保证了学生伙食质量,就餐者反应良好。

控制供暖费支出 1999年供暖面积比1998年增加12万平方米。供暖支出比去年增加16万元,由于继续实行煤炭招标采购,提前进煤,节省煤款40万元。

(杨敏)

【餐饮中心】 管理体制与运行机制改革 1999年3月上旬,后勤系统试行模拟企业化管理,取消经费、人员工资等学校拨款,自主经营,自负盈亏。伙食管理处成立餐饮服务中心,中心实行总经理负责制。餐饮中心办公室在总经理授权范围内承担监督管理、经济监控、协调和服务功能。为推进伙食产品的标准化和制式化,减少商品的流通环节,中心组建了生产供应部和副业开发部。

改革食堂的管理体制。中心设总厨师长,食堂设厨师长,对全校伙食负责。中心财务实行集中管理,取消食堂的财务人员和保管员,新设核算保管员,承担食堂伙食成本核算和保管的职责。公寓食堂变单纯福利型食堂为多层次服务食堂。为发挥员二食堂的资源优势,将其转产,成立食品加工部(隶属于生产供应部)。实行全员申请上岗和考核竞争上岗,允许人力资源在全中心范围内自由流动。

由于思想工作到位,组织统一有序,改革到1999年5月初基本完成。全处用工人数从513人减少到467人,减员率达9%,职工情绪稳定,岗位意识、竞争意识和拼搏精神大大增强,学管理、钻技术的积极性高涨。各食堂伙食质量稳步提高,伙食品种显著丰富,服务水平不断改善,师生反映良好。

基础设施建设 为缓解就餐拥挤状况,将31楼锅炉房改造成就餐面积900多平方米的家园餐厅。家园餐厅采取统一管理下的排档式经营,提供几十种南北风味小吃、点菜和烧烤涮食品,运转良好。《中国食品报》和北京电视台"教育新闻"对家园餐厅进行了采访报道。此外,佟府食堂、松林小食堂(学一食堂东部)、艺园食堂也都得到了扩建和改建。

以大豆肌纹蛋白食品为龙头的集中加工 为改善北大师生的营养结构,中心投资20余万元,购买哈尔滨食品工程研究所的大豆肌纹蛋白技术专利,将物美价廉的10多个品种的大豆肌纹蛋白营养食品供应给师生。《中国食品报》、《北京青年报》、《北京晨报》等进行了报道。

加工部组建后,以蔬菜初加工、大豆肌纹蛋白和主食小食品加工为主业,兼生产洗涤灵等相关产品,推进了伙食产品的标准化,降低了成本,保证了质量,提高了效率,有效地服务了食堂。

副食品基地与服务部 副食品基地继续发挥为北大服务的功能,全年向校内食堂和师生优惠供应优质蔬菜12万多斤和生猪750多头。为满足教职工的需求,餐饮中心发挥优势,5月11日起在中心办公室楼下开办自产、自制、自采、自售服务部。由于产品质量可靠、新鲜便宜,受到师生的普遍好评。

(李振)

【动力中心】 1999年是动力中心继续由事业化管理向企业化管理过渡的一年。这一年中心以"抓服务质量,严格成本核算,搞好运行服务"为重点,圆满地完成了生产任务,取得了较好的社会效益和经济效益。

满足学校水、电供应需求 为迎接建国50周年、澳门回归和新千年庆典,学校对水电供应提出了更高的要求。电站严把安全关,严格按操作规程要求进行操作和管理,并对全部设备进行了反复检查和清扫,按北京市供电局要求做了预防性试验和停电保护试验,保证了学校重大活动中的水电供应。

为使供水、供电更安全可靠,完成了电站和水井的安全检测,水质化验工作,对西校门水井、物理楼水井、水塔水井和校内教学科研、学生生活用电设施进行了较大改造,对印刷大楼进行了增容改造,供水、供电安全可靠性得到增强。全年水电供应安全运行,向学校供电3268.4万度(不含家属区),供水479.9万吨,没有发生重大的责任事故和设备故障。

实现家属区用电社会化。在家属区新建3个配电室，埋设高低压电缆4600米，完成了家属区电网从校园内电网剥离工程。家属区将由北京市供电局供电，实行预付费用电（使用电卡）。腾出约2500KVA的电量用于教学科研工作，缓解了北大用电紧张状况。

1999年维修、零修费用836658.02元(不含教室、学生宿舍的集中检修和专用设施的巡回检查)。零修报票3万余张，紧急挖漏抢修70余处。

供暖新貌 1999年出现了十几年不遇的寒冬，连续40余天白天气温在0℃以下。理科楼群、学生区33楼、中关园人才楼、畅春园人才楼以及大讲堂启用后，又新增供暖面积109881.32平方米，使供暖面积达到1022534.70平方米(其中校内931558.27平方米，燕北园90976.43平方米)。在这种情况下，全体供暖职工共同努力，实现了连续五个月安全供暖，室内温度普遍比1998年提高1～2摄氏度，圆满地完成了供暖工作。

加强了冬季取暖用煤购煤工作管理。实行公开招标，严格集中采购，严格控制煤的数量和发热量，严格控制含硫量，加强环保意识，被海淀区技术监督局评为购煤先进单位。1999年冬购煤量30063.95吨，支付购煤经费605万元。

加强了对用户平时室内温度和天气异常时室内温度的调查反馈工作。根据温度的分配状况及时调整管网系统，达到最佳供暖效果和社会效益。集中供暖锅炉房被评为北京市先进锅炉房。

完善维修承包责任制 进一步完善了夏季设备维修承包责任制，调动了广大职工的生产积极性，保证了工程的质量和期限。先后完成了锅炉本体及辅机的正常检修，汽炉麻石除尘器、灰水系统的改造。还完成了人才楼、理科楼群外线工程、理科楼群换热站改造、技物锅炉房与科学院联网供暖改造等工程。将技物大院和科学院4栋家属楼共约21000平方米的供暖并入科学院集中供暖网。

材料供应物美价廉 1999年完成维修材料营业额450万元，累计支出453万元，比1998年增加26%，全年累计收入363万元，比1998年减少管理费用22%。给各单位送货计1970车次，共1900万吨，行车46806公里，保证了中心各项工作的正常开展。

供气量充足 1999年为学生食堂、校医院供应蒸气5000多立方米，向大浴室供热水7万多吨，接纳洗澡人数70多万人次。全年总收入112万余元。在人员经费、运行经费自理的情况下，结余经费146万元。投资20万元改善硬件条件，维修了蒸气锅炉，改造了大浴室的气水换热系统。强化服务意识，延长浴室开放时间，克服了洗浴面积狭小、人员多的困难。

完成工程量 全年完成工程收入1184.6万元，计划内收入811万余元，计划外收入372万余元，实现利润188.7万元。在承担了全中心工作人员的全部工资外收入的情况下，返回学校工资101.09万元，上缴学校管理费60.52万元。

（李少庄）

【事务中心】 *概况* 1999年1月，事务中心进行了组织机构调整。汽车队、高汽公司从事务中心分离出去，组建了运输服务公司。校园环境卫生、绿化、教室卫生、收发室、茶煤、订票、救护车等日常管理服务工作继续留在事务中心。职工人数由1998年的182人减少到90人。

校园绿化 园林科担负着北京大学校园绿化、环境卫生、荒山造林、植树和花卉种植养护、节日摆花、会场布置等工作。北京大学校园总面积161.9万平方米，已绿化面积79.9万平方米，绿化覆盖率为56.73%，人均绿地29.52平方米。校园有各类树种212个，乔灌木60340株，其中，300年以上一级古树30株，100年以上二级古树386株。各种绿篱4539延长米，草坪244367平方米，花坛、花带2500平方米，每年摆花3.5万株(盆)。

园林科始终将园林绿化养护管理工作作为园林工作重点。1999年对全校416株古树进行施肥浇水和病虫害防治工作，清除了影响古树生长的杂树，修补了古树树洞，对倾斜的古树进行支撑，在古树管理方面取得了良好效果。

自1982年以来，北京大学连续18年被评为首都绿化美化花园式单位及荒山绿化先进单位。1999年新植乔灌木1756株，攀援植物1604株，绿篱5866株(折合1466延长米)，草坪16491平方米。为配合迎接建国50周年、五四运动80周年、澳门回归的庆祝活动，完成南北阁周围绿地改造工程，青鸟公司绿化工程，健斋、体斋绿地改造工程，理科楼群一、二期绿化工程等。

优质的教室服务 为了更好地为广大师生服务，教室管理服务部在教学楼配备了教员休息室，推迟了各教学楼关门时间，在中午开放第三教室楼，方便同学自习。1999年，理科楼群投入使用，新增教室面积约9000平方米，缓解了教室紧张的矛盾。

方便快捷的收发订票工作 收发服务部1999年新增了学生个人信箱。茶煤服务部更新了锅炉，安装了水碱净化器，提高了饮用水质量。订票服务部与北京站客票服务中心实现计算机联网，简化了订票手续。

爱卫会工作 北京大学爱卫会办公室挂靠在事务中心。负责全校灭鼠、灭蟑螂、灭蚊蝇、卫生防疫及门前三包工作，接受全国、市、

区、高校卫生检查。1999年7月，学校投资43万元，在校内修建了垃圾中转站，解决了校内垃圾露天污染环境及清运问题。

（董文华）

【运输中心】 基本情况 北京大学运输中心成立于1999年3月，由校车辆管理科、北京市家佳搬家公司、北京市北达加油站、北京市北达科远汽车应用技术开发公司、北京市北达进口汽车配件经销公司、北京市北达科远汽车修理厂、北京市花馔园饭店等单位组成。中心的主要工作是为学校和社会提供客货运输及车辆修理、配件供应、油料供应等方面的服务。中心现有事业编制和企业编制职工共110人。

下属机构和企业 车辆管理科有职工44名，车辆60台。制定了规范的管理制度，岗位职责明确，保证了车队的正常运营和服务工作。车管科推出的《车管科服务承诺制》，受到了全校师生的欢迎。在分配制度上，以多劳多得、劳效挂钩为分配原则，调动了职工的积极性。1999年，车队不仅完成了学校教学、科研、行政用车的基本任务，还在学校庆祝国庆50周年、迎接澳门回归等重大活动中出色地完成了任务。家佳搬家公司现有人员90名，车辆19台；北达加油站现有人员7名。1999年车队及搬家公司、加油站的经济效益显著，向学校返还工资30.35万元，提取折旧费共计67.79万元，更新车辆2部，向学校上缴60万元。

北达科远汽车应用工程技术开发公司，成立于1992年11月，注册资金为200万元。北京市北达进口汽车配件经销公司成立于1993年1月，现有职工28人，注册资金100万元。北达科远汽车修理厂成立于1989年5月，现有职工22人，注册资金60万元。花馔园饭店成立于1995年3月，经营面积约300平方米，职工30人左右。

（牛林清）

【学生宿舍管理服务中心】 基本情况 1999年9月，根据学校整体改革的精神，原隶属总务部房地产管理处的学生宿舍管理科、家具科、木工厂合并，成立学生宿舍管理服务中心，具体负责在校住宿学生宿舍的计划、分配、管理服务工作。学生宿舍管理服务中心有正式职工18人，楼长58人，保洁员33人；管理学生宿舍楼21栋，住宿总面积近8万平方米，住宿学生13500人。

家具采购实行招投标 1999年8月，根据学校关于实施公寓化管理的有关要求，进行了前期准备和部分尝试工作。首先，以33楼在新学年投入使用为契机，进行公寓楼家具招标工作，重庆市得意家具公司一举中标，为北大学生公寓楼生产了1094套款式新颖、美观大方、坚固耐用的新式学生公寓家具设备。

规范管理制度 1999年8月，起草制定了《学生公寓管理规定（试行）》和《学生公寓管理服务岗位职责（试行）》等相关管理规定，对入住公寓学生要求签订“入住合同书”，对应聘上岗的管理服务员进行了岗前培训。

自筹资金建学生宿舍 1999年11月，建于50年代的34楼学生宿舍全部拆除，在原址重建单元式学生公寓楼。这标志着由学校自筹资金建设学生宿舍楼的整体改造工程正式启动。

做好学生宿舍的管理和服务工作 中心利用暑假修缮各毕业生楼，并提前做好新生住宿计划的分配和调整。1999年总计安排新生3748人，计划外自筹、委培、走读学生约350多人。1999年9月，“201校园卡”电话进入学生宿舍，极大地方便了广大同学的学习和生活。校园计算机网在8栋研究生宿舍楼开通，受到广大同学的普遍欢迎。

家具科工作 负责购置、配备和维修家具，以及废旧家具的回收、登记及汇总等工作。家具科在家具采购、维修、调配、配置工作中，首先考虑经济、实用、质优、价廉，为学校节约了大量的资金。

木工厂工作 1999年，木工厂制作家具2865件（套），维修各种家具1650件，维修教室座位11865个，全年完成产值106万元，实现利润15.8万元。

（段利久）

【幼教中心】 概况 北京大学幼教中心，包括燕东、蔚秀2所幼儿园，设大、中、小、托4种年龄18个教学班，其中寄宿制班2个，日托班16个，在园幼儿共计540多人。1999年在职教职员工68人，退休职工12人。在职人员中，已获取或正在攻读本、专科学历的有14人，教师队伍素质较高，能力较强。

完善的园所环境 北京大学幼教中心积极加强园所的改造与建设，尽一切努力为在园幼儿营造一个安全、舒适、愉快的生活学习环境，让幼儿园成为孩子们的乐园。1999年，学校投入资金700多万元，对燕东、蔚秀两所幼儿园的基础设施进行了较大规模的改造，拆除了燕东幼儿园旧教学楼，在原址上新建一栋设施齐全、功能完备，符合未来发展需要的新教学楼，对蔚秀幼儿园2000多平方米的房屋进行了重新装修，极大地改善了幼儿园的教育环境。

优质服务 1999年，幼教中心注重提高教师服务意识，提高服务质量。通过互相观摩、交流，总结经验，转变教师观念，树立正确的教育观，重视能力培养，强调寓教于乐。通过开办家长学校，举办育儿讲座，开展亲子运动会等活动，密切家、园关系，帮助家长更好地了解幼儿在园情况。中心的工作得到了社会的充分肯定，1999年3月，北京大学幼教中心荣获北京市海淀区“师德先进集体”的称号，并于同年底顺利通过幼儿园二级二类复审工作。

教科研结合　1999年，幼教中心参加了北京市教育科学院基础教育研究所“九五”教育科研规划课题“幼儿现实数学及语言教育体系研究”的推广实验工作，将幼儿数学及语言教育从传统的教育模式中解放出来。参加了北京师范大学儿童心理发展研究所主持的国家自然科学基金项目“幼儿社会化”研究课题，针对当今幼儿社会适应能力方面存在的不足，积极采取相应的社会技能训练及教育，帮助幼儿从小养成正确的社会心理并掌握基本的社会技能。中心还继续参加了中央教育科学研究所的“3·3·3”课题研究等，实现了以科研带教研，教科研相结合的目的。

（余丽）

【节能办公室】　**概况**　1999年，节能办公室继续加大对公用单位进行指标管理的力度，增强各单位节水节电意识，加大了用电监察力度，把对公用单位的管理逐步纳入到市场经济的轨道，取得了较好的社会效益和经济效益。同时，为全校各单位水电费的全额收费工作打下良好的基础。

1999年，全校总用电量4200万度（含300万度热电站自发电），年增长12%；电费支出2240万元，年增长16%。全校总用水量533万立方米，年增长1%；水费支出169万元，年增长33%。水电费支出合计为2409万元，比1998年增加支出321万元，年增长15%。

由于管理到位，措施有效，1999年回收抵支水电费总额为1551万元，比1998年增收231万元。因此获得北京市节水办节水技措费10万元。

节能工程建设　1999年，燕东园、中关园和蔚秀园家属区用电与校网剥离，缓解了学校教学科研用电，节约了学校暗补电费近百万元的支出。推广应用节水节电器材，安装节能灯4000余只，预计年节电20万度。在部分青年公寓及33楼新生宿舍安装了800只预付费式电能计量表，保证了学校水电费的回收，同时为学生宿舍用电的收费管理做了先期准备。在南北阁及办公楼周围安装微喷管线1000延长米，年节水量5000立方米。

（王祖荫）

附　录

1999年基建投资完成统计表

序号	工程类别	施工面积（平方米）	竣工面积（平方米）	基建投资完成（万元）						1999年新增固定资产（万元）
				国家计委	教育部	财政部	校自筹	捐赠	合计	
1	211工程	95805		2600	1000	1400	4463		9463	668
2	非211工程	242422	738	2100			7269	9626	18995	192
3	筒子楼工程	24175	21319			968	1063		2031	3266
4	专项工程			720					720	740
	合　计	362402	22057	5420	1000	2368	12795	9626	31209	4866

1999年修缮工程完成投资统计表

序号	工程类别	工程量	建筑面积（平方米）	完成投资（万元）	投资来源	备　注
1	抗震加固	4栋	57483	520	教育部	
2	家园食堂改造	1栋	1000	380	总务长专款	
3	承泽园一期翻建	1栋	600	160	自筹	
4	镜春园76号院翻建	1栋	680	185	自筹	
5	燕北园开发用房	2栋	610	89	总务长专款	
6	一体电气改造			20	维修	
7	土建维修工程			469	维修与自筹	校内家属区屋面防水、门窗维修及零修工程
8	给排水维修工程			150	维修与自筹	卫生间改造、防水、更新上下水管等自筹5万元
9	供暖维修工程			21	维修款	拆改及暖气系统安装
10	电气维修工程			316	维修与自筹	线路更新改造变压器扩修等自筹34万元
11	合计		60373	2310		

（张淑莺）

教育基金会与校友会工作

【概况】 1999年6月，由于学校人事制度的改革，北京大学教育基金会的建制进一步扩大。北京大学国际合作部部长郝平兼任北京大学教育基金会秘书长，秘书处下设四个部门：业务部、行政部、财务部、校友联络部。全职工作人员由1998年的10名增加到13名。

1999年6月，北京大学教育基金会常务副理事长闵维方明确提出1999年度筹款目标为5000万元人民币。这是北京大学教育基金会成立以来首次确定年度筹款目标。

1999年新增设奖学金项目4项，助学金项目3项，奖教金项目2项，从而使北京大学教育基金会管理的资助项目达118项（包括奖学金66项，助学金22项，奖教金19项，研究基金11项），分别由93个团体、机构或个人出资设立，年度发放资助金额达859万元人民币（含在校基金本金增值1035855元），全校共计3088名教师和学生获得资助。

1999年校庆期间，校友会组织了“9”字级校友返校活动，募集人民币2.6万，修缮了图书馆301自习室，令在校学生感到了学长们的关爱。1999年10月22日成立北京大学欧美同学会，陈佳洱院士出任会长，闵维方博士任常务副会长，郝平博士任秘书长。校友联络总部还创办了校友通讯《北大人》，并正在筹建校友网页。

（严军、高超）

【重要捐赠项目】 1999年度北京大学共获各类捐赠价值约7000万元人民币，其中51%用于学校的基础建设及修缮项目，16.4%用于学校的教学科研工作，12%用于其他项目。重大的捐赠项目有：香港嘉里集团董事长郭鹤年先生捐赠2500万元人民币兴建学生宿舍楼和学生餐厅；台湾亚陆投资银行董事长万众先生捐资1500万元人民币支持中国经济研究中心二期扩建工程；香港英皇集团主席杨受成先生捐资1000万元人民币支持北大建设；香港广华（远东）贸易发展公司、深圳长江家私有限公司董事长江学院先生捐助支持百周年纪念讲堂建设，价值约600多万元人民币；华远房地产股份有限公司捐赠500万元人民币在光华管理学院设立教席；侨鑫集团董事长周泽荣先生捐赠300万元人民币，专项支持历史系的教学科研工作；香港“北大之友”有限公司捐资200万元港币创建北京大学建筑学研究中心；美国微软公司捐赠123万元人民币支持北京大学知识产权学院法制研究中心科研工作；香港恒通资源集团有限公司施子清先生捐赠100万元人民币，支持北京大学学报优秀论文的评选和奖励工作；金科公司向北京大学数学学院捐赠价值100万元人民币的设备，以建立“数学金科网络实验室”；北京对外友好交流促进会捐赠100万元人民币（非指定用途）等。

（严军）

1999年奖学金、奖教金、助学金、研究基金发放情况

奖学金

编号	奖学金名称	设奖单位、个人	奖学金总额（元）	奖励人数	奖励额度（元/人）
1	光彩奖学金	中国光彩事业投资集团	920000	230	4000
2	光华奖学金	光华教育基金会	735000	500	本1200，硕1500，博1800
3	明德奖学金	陈国钜有限公司	576000	144	4000
4	世顺奖学金	香港世顺集团有限公司	328000	120	一等5000，二等3000，三等2000
5	奔驰奖学金	戴姆勒克莱斯勒公司	216000	48	4500
6	佳能奖学金	佳能公司	180000	70	特4000，优2000
7	董氏东方奖学金	香港东方海外货柜有限公司 香港董氏慈善基金会	150000	50	3000
8	安泰奖学金	美国安泰国际保险公司	129900	91	本1200，硕1500，博1800
9	摩托罗拉奖学金	摩托罗拉（中国）电子有限公司	124000	94	特4000，优5000
10	汇凯奖学金	中国汇凯实业（集团）有限公司	120000	60	2000
11	柯达奖学金	柯达（中国）有限公司	110000	24	本硕4000，博5000，方正研6000
12	细越育英奖学金	财团法人细越育英会	108000	54	2000
13	宝洁奖学金	宝洁公司	92000	56	本1500，硕2000
14	东京三菱银行奖学金	东京三菱银行	92000	40	2300

编号	奖学金名称	设奖单位、个人	奖学金总额（元）	奖励人数	奖励额度（元/人）
15	美国通用电气基金会奖学金	美国通用电气基金会	92000	46	2000
16	靳羽西奖学金	靳羽西化妆品有限公司	84000	21	4000
17	三和国际基金奖学金	日本三和银行	80000	40	2000
18	杜邦奖学金	杜邦(中国)集团有限公司	67500	25	本 2500,研 3000
19	有大奖学金	崔海根先生	60500	23	本 2500,研 3000
20	西门子研究生奖学金	西门子(中国)有限公司	60000	20	3000
21	杨芙清－王阳元院士奖学金	杨芙清院士、王阳元院士 北大青鸟集团有限公司	60000	10	6000
22	IET 奖学金	美国 IET 教育基金理事会	51200	32	本 1200 或 1600,研 2000
23	岗松奖学金	岗松家族	50500	44	本 1000,硕 1200,博 1500
24	国泰奖学金	台湾国泰人寿保险公司	46000		
25	宝钢奖学金	宝钢教育基金理事会	40000	20	2000
26	怡和奖学金	怡和太平洋有限公司	36000	12	3000
27	中国科学院奖学金	中国科学院	35000	20	本 1000,硕 2000,博 3000
28	华为奖学金	深圳华为技术有限公司	33000	11	3300
29	住友银行奖学金	住友银行	32000	20	1600
30	花旗银行奖学金	花旗银行	30000	10	3000
31	杨钦清宗教学奖学金	杨钦清先生	27000	24	本 1000,硕 1200,博 1400
32	IBM 中国优秀学生奖学金	IBM(中国)公司	24000	4	本 4000,研 8000
33	住友商事奖学金	日本住友商事株式会社	22400	14	1600
34	通化东宝生命科学奖学金	通化东宝实业集团公司	21000	7	3000
35	香港城市大学校长奖学金	香港城市大学	20000	15	本 1000,研 2000
36	松下电器育英奖学金	松下电器产业株式会社	19500	13	1500
37	人口学奖学金	人口学奖基金	17000		
38	华臧奖学金	新加坡净宗学会	16000	12	本 1200,硕 1300,博 1500
39	湖北建行优秀研究生奖学金	中国建行湖北分行尊师重教联合会	15000	10	1500
40	欧阳爱伦奖学金	欧阳桢教授	13000	11	本 1000,研 1500
41	建辉奖学金	建辉社会文教基金会	12000	10	1200
42	林超地理学奖学金	刘闯先生、刘阳女士	10000	4	本 2000,研 3000
43	恒生银行奖学金	恒生银行有限公司	10000	5	2000
44	小川平四郎奖学金	小川平四郎家族	9000	3	3000
45	谢义炳奖学金	谢义炳奖励基金理事会	8400	6	本 1200,硕 1500,博 1800
46	成舍我奖学金	成舍我纪念基金会	8000	2	4000
47	日本 NKK 奖学金	NKK 公司(日本钢管株式会社)	6000	4	1500
48	力学攀登奖学金	中国科学院力学所	6000	5	1200
49	余景山奖学金	余景山先生	5700	3	本 1700,硕 2300
50	冯友兰奖学金	余景山先生	5700	3	本 1700,硕 2300
51	霍铸安法律奖学金	霍铸安先生	5700	3	本 1700,硕 2300
52	霍铸安经济奖学金	霍铸安先生	5700	3	本 1700,硕 2300
53	杨乃英历史奖学金	杨乃英先生	5700	3	本 1700,硕 2300
54	杨乃英国政奖学金	杨乃英先生	5700	3	本 1700,硕 2300
55	儿玉绫子奖学金	铃木重岁、儿玉绫子夫妇	5400	8	
56	盖洛普论文奖学金	盖洛普咨询有限公司(Gallup Research Ltd)(China)	5000		
57	谢培智奖学金	谢培智基金	4500	3	本 1400,硕 1500,博 1600
58	冯奚乔奖学金	冯奚乔纪念基金会	4000	1	4000
59	威林克	威林克公司	3500	3	特 1500,优 1000
60	重离子所青年奖学金	陈佳洱校长	3000	1	3000
61	钱穆中国历史奖学金	余景山先生	2150	1	2150
62	芝生奖学金	冯钟璞女士	2000	2	1000
63	关伯仁奖学金	Dr. & Mrs. Gordon Beanlands, Jacques Whitford Environment Ltd	2000	1	2000
合计			5068650	2122	

奖教金

编号	奖学金名称	设奖单位、个人	奖教金总额	奖励人数	奖励额度
64	桐山奖教金	日本阿含宗、桐山靖雄先生	210000	40	特10000,优5000
65	安泰奖教金	美国安泰国际保险公司	151800	59	个人2400,项目3000
66	杨芙清－王阳元院士奖教金	杨芙清院士、王阳元院士 北大青鸟集团有限公司	120000	6	20000
67	美国通用电气基金会奖教金	美国通用电气基金会	72000	18	4000
68	摩托罗拉奖教金	摩托罗拉(中国)公司	60000	12	5000
69	宝洁奖教金	宝洁公司	40000	10	4000
70	花旗银行奖教金	花旗银行	40000	10	4000
71	华为奖教金	深圳华为技术有限公司	40000	10	4000
72	宝钢奖教金	宝钢教育基金理事会	35000	6	特10000,优5000
73	柯达奖教金	柯达(中国)有限公司	32000	4	校内6000,方正10000
74	怡和奖教金	怡和太平洋有限公司	30000	6	5000
75	湖北建行优秀研究生导师奖教金	中国建行湖北分行尊师重教联合会	30000	5	5000
76	IBM奖教金	IBM(中国)公司	30000	3	10000
77	通化东宝生命科学奖教金	通化东宝实业集团公司	25000	5	5000
78	岗松奖教金	岗松家族	22500	15	1500
79	杨钦清宗教学奖教金	杨钦清先生	13800	6	2300
80	威林克	威林克公司	6000	2	3000
合计			958100	217	

助学金

编号	奖学金名称	设奖单位、个人	助学金总额	资助人数	奖励额度
81	郑格如助学金	郑格如基金会	324000	81	4000
82	晨兴助学金	香港恒隆有限公司	200000	100	2000
83	东港助学金	东港工贸集团公司	150000	150	1000
84	奔驰助学金	戴姆勒克莱斯勒公司	118560	48	2470
85	摩托罗拉助学金	摩托罗拉(中国)集团	70000	35	2000
86	汇凯助学金	中国汇凯实业(集团)有限公司	60000	40	1500
87	中国建行助学金	中国建设银行爱心基金管理委员会	60000	30	2000
88	苏永乾助学金	苏永乾先生、李锦卿女士	30000	15	2000
89	怡和助学金	怡和太平洋有限公司	20000	10	2000
90	香港校友会助学金	香港校友会	16000	8	2000
91	浩瀚助学金	浩瀚基金会	15000	10	1500
92	香港工商专业		15000	10	1500
93	王名伟吕毓芳翁锡肇育才助学金	王名伟先生、吕毓芳先生、翁锡肇先生	14400	7	2400,2800
94	智慧助学金	照惠法师(释照惠)	14000	6	本2000,硕3000
95	卜一明助学金	卜一明先生	7500	5	1500
96	君合助学金	君合律师事务所	7500	5	
97	长城律师助学金	长城律师事务所	7500	5	
98	邓爱平助学金	邓爱平女士	6900	3	2300
99	德福助学金	曾先生及郭丽卿女士	6000	2	3000
100	育才助学金	许太太	6000	2	3000
101	华泰助学金	华泰财产保险股份有限公司	6000	3	2000
102	振兴中华数学教育助学金	黄志源先生			
合计			1154360	575	

研究基金

编号	研究基金名称	设奖单位、个人	资助总额	资助项目	资助额度
103	光彩著作出版基金	中国光彩事业投资集团	600000	28	
104	笹川良一研究基金	东京财团	294000	113	硕 2000,博 4000
105	董氏东方海外研究奖学金	香港东方海外货柜有限公司 香港董氏慈善基金会	150000	14	
106	韩国学研究基金	韩国国际交流集团	137600	20	硕 3200,博 4800,教 6400
107	505 中国文化奖	陕西咸阳抗衰老研究所 中国老年报社咸阳保健品厂	120000		
108	中流研究奖助金	中流文教基金会	70000	20	研 2000,教 4000
109	韩静远哲学教育奖学金	韩效忠先生	70000	20	研 2000,教 4000
110	泰兆大学生科学研究奖助金	泰兆教育基金	47000	13	理 5000,文 3000,论文 1000
111	IBM 研究基金	IBM(中国)公司	30000	2	15000
112	湖北建行研究生教材出版基金	中国建行湖北分行尊师重教联合会	12000	1	12000
合计			1530600	231	

以上共奖励资助 3145 人(或项目),总额共计 8711710 元。

(教育基金会　供稿)

昌平园区工作

【概况】 北京大学昌平园区地处昌平区十三陵乡西山口村,位于燕山山脉的寿山脚下。占地 530 多亩,现有建筑面积 53000 多平方米。主要建筑和设施有主楼(内有教室、办公室、计算机房、语音教室、多功能教室)、图书馆、4 幢宿舍楼、学生食堂、教工食堂、30 千伏电站 1 座、10 千伏电站 1 座、2 口水井、100 部程控电话交换机 1 台、6 台锅炉、田径和足球场 1 个、蓝排球场 6 个、游泳池 1 个;另有生活设施:浴室、茶炉、医务室、商店、邮政所、储蓄所等。

1998 年 6 月国家教育行政学院全部迁出园区后,办学空间增加了很多。1999 年暑假后,除 1999 级文科一年级 774 名学生在园区学习外,还开办了高教自学考试计算机专业大专辅导班,学生 102 名。园区学生总数为 876 名。

本科专业有:古典文献、中国文学、汉语言学、中国历史、世界历史、考古学、哲学、宗教学、社会学、政治学与行政管理学、国际政治、外交学、图书馆学、编辑出版学、国际经济与贸易、国际金融、经济学、会计学、金融学、财务管理学、法律学等。

1999 年派来园区授课的教师 158 名。在园区工作的职工 53 名,其中属园区编制的 10 名,各系派驻的班主任 14 名,根据需要从各单位抽调和对口派到园区工作的干部和职工 29 名。

1999 年园区的中心任务是:继续保持政治稳定,培养具有较强实践能力的创造性的高素质人才,为北大创建世界一流大学做贡献。

【教学与管理】 教学工作　园区努力加强教学管理,提高教学质量。在加强纪律教育和学风教育的同时,建立评选最佳教员制度,组织教学评估,注重教学效果。园区同学有着良好的学习风气,学习刻苦努力,出勤率达到 97%。学习成绩优良,及格率 96%～97%,优秀率 20%～25%。考场纪律很好,没有违反考场纪律和作弊现象。

学生工作　党支部是昌平园区学生工作骨干队伍的核心。1998 级有党员 96 名,1999 级有党员 86 名。他们在学习、工作、生活中发扬“有困难找党员”的精神,从小事做起,无私奉献,为同学们树立了良好的榜样。以学生党员、入党积极分子为主体的学生骨干队伍,担任了园区各种学生组织的负责工作,围绕园区中心任务组织了多层次、多形式的活动,为营造园区健康向上的文化氛围,陶冶同学情操,帮助同学全面成才发挥了良好的作用。围绕国庆 50 周年,开展了参观“建国 50 周年成就展”、社会调查、“迎国庆爱祖国”书画作品展、参加学校“一二·九”歌咏比赛(获得一等奖)等活动;为迎接澳门回归,举办了“迎澳门回归图片展”、“庆澳门回归迎新世纪到来”征文大赛、“迎澳门回归讲演赛”、“澳门回归知识竞赛”等活动。

后勤工作　1999 年,在维持教学和师生员工正常后勤保障的同时,进一步对园区部分房屋进行了修缮,并增添了必要的设施。完成了图书馆、老医院、老电站、新医院计5600多平方米的修缮和上下水、电气、水暖的更新、改造工程；主楼二段屋顶1300平方米的翻修和防水工程；主楼一段8700平方米的防震加固工程；新打一眼水井，为今后更好地开发利用园区打下了良好的基础。

安全工作　1999年园区的保卫工作坚持“安全第一、防患于未然”的原则，贯彻“群防、群治”的方针，积极组织和发动学生参与园区治保工作（包括宿舍 校园的巡逻），实现了“保一方平安”的目标。

党建工作　在党的建设工作中，坚持从严治党方针，突出加强领导班子的教育和管理，在群众中树立了较高的威信。突出基层党支部的作用和党员的先锋模范作用，提倡“有困难找党员”。在党员的影响下，广大学生积极向上，要求入党人数达410人。1999年底，昌平园区认真开展了民主评议党员工作。由于党支部和党员对评议工作重视，态度认真，方法得当，取得了较好的效果。群众普遍认为党员能严格要求自己，有正气，值得信任，平易近人，工作认真，起到了先锋模范作用。

（张荫春）

国内合作工作

【发展概况】　为贯彻党中央、国务院关于教育体制改革的决定，落实“科教兴国”战略，从90年代以来，北京大学面向国民经济主战场，积极探索产、学、研相结合的道路。为加速我国高新技术产业的发展，建立科技创新机制，充分发挥人才培养、科学研究和社会服务的功能，北大积极开展与国内各地方、各部门和企业的合作。合作的内容包括科技成果转化、科技咨询、各层次的教育培训、人才交流等，涉及校内多个部门。为更好地协调校内力量，进一步发挥北京大学的综合优势，更好地发挥社会服务职能，1999年6月，在学校进行机构改革时，北京大学决定成立国内合作委员会。1999年11月国内合作委员会正式成立。

【主要工作】　1999年3月，北京大学与北京市政府共同建立了首都发展研究院。北京大学首都发展研究院是为了适应党中央、国务院关于将北京市建成国际城市的发展战略，以及将北京大学建设成为世界一流大学的需要，切实贯彻落实“科教兴国”战略，利用北京大学多学科的综合优势，为首都发展服务的事业机构。研究院由北大城市与环境学系、环境科学中心、经济学院、管理学院、法学院等单位组成。

首都发展研究院实行理事会领导下的院长负责制，理事长由北京市长刘淇担任。院长由北大常务副校长迟惠生兼任。

研究院从筹建之日起就积极参与了北京市的若干重大问题的研究与决策，如：中关村高新技术园区的发展规划与政策、北京市的环境问题与对策等。

1999年8月16日，北京大学与深圳市政府、香港科技大学签署协议，在深圳共同建立了深港产学研基地。基地的法定地址在广东省深圳市高新技术产业园区内，为深圳市正局级事业单位。为此北京大学成立了深港产学研基地工作办公室，派驻深圳，除深港产学研基地本身工作外还承担组织、协调北京大学在深圳的产、学、研等工作。

深港产学研基地的宗旨是：贯彻科教兴国战略，积极探索和实践官产学研相结合的新路子，为我国高新技术产业的发展，创立具有中国特色的科技创新机制，推进我国的教育体制改革，建立现代化的教学科研体系，形成以市场为导向，以产业为龙头，以研发为支撑，以效益为目标，适应现代市场经济的技术创新机制。

深港产学研基地实行理事会领导下的主任负责制，理事会由合作三方组成，理事长由深圳市市长李子彬担任。陈章良副校长兼任深港产学研基地主任。

1999年10月中国首届国际高新技术成果交易会在深圳召开。国内合作委员会在科技开发部及产业部的配合下，组织北大132个项目及四大集团公司参加了高交会，并为深港产学研基地开辟了独立展位，对基地进行宣传和介绍。朱镕基总理亲临北大展台，并兴致勃勃地试用了方正指纹门禁系统。党委书记任彦申率北京大学代表团参加了大会并出席了方正集团公司与深圳石岩镇的合作项目、北京大学与香港汇科公司合作改造英海威光通信公司的签字仪式。陈佳洱校长应邀到高交会作了专题报告，并出席了深圳北大中核磁业有限公司磁性材料生产开业仪式。在这次高交会上，北大代表团共签订了14亿多元的合作合同，获高交会优秀组织奖和优秀成交奖。

1998年，北京大学与云南省就已签署了全面合作协议。该协议包括合作项目27项，合同额近7000万元；教育合作项目主要有研究生培养计划，教师进修计划，共建重点实验室计划，人才培训合作项目包括干部在职培训、干部挂职锻炼等。1999年主要落实这些合作项目，继续教育部为云南中学教师开办了为期半年的中学英语教师进修班、政治与行政管理系为云南少数民族地区举行了为期3

个月的县级干部培训班，都取得了很好的成果。科技合作项目进展顺利，有些项目取得了好的成果，如云南公安网络综合信息系统。

北京大学与青岛市在1998年也签订了合作协议，1999年主要落实这些协议。在青岛市政府的支持下，北大成功地为青岛市举办了跨世纪人才在职硕士研究生课程班和各类短期培训班，为青岛的发展培养了大量的储备人才。另外在青岛市政府的支持下，在青岛市崂山区海滨建立了北京大学青岛国际学术会议中心。

为配合党中央、国务院建设中关村高新技术园区的重要决策，北京大学与中国科学院、国家科委火炬办、清华大学及海淀区组成五方合作委员会，共同研讨、协调、规划并组织实施中关村国家级高新技术园区的发展。

1999年12月，广州市与科技部、教育部、人事部共同在广州市举办了留学人员科技成果交易会，北大参加了交易会，并与广州市就落实全面合作协议进行了研讨。

1999年是国内合作工作蓬勃发展的一年，国内合作委员会的成立对北京大学与国内各省市、企业的合作起到了很好的整合作用，推动了学校社会服务功能的发挥。1999年北大共接待全国各省市、地方、企业来访人员2000多人次，签署合作协议100多项。

（史守旭）

会 议 中 心

【概况】 北京大学会议中心是1999年9月在学校改革过程中通过改制、剥离而组建的。它负责为外国专家、留学生和中外宾客提供住宿、餐饮等服务；组织承办各类会议，开展各种形式的对外学术文化交流活动；管理经营群众文化活动场所，组织各类群众文化艺术活动，是集三大功能于一体的专业化服务部门。

会议中心所辖范围包括勺园宾馆、百周年纪念讲堂、理科楼群中的交流中心三部分。作为学校重要的对外窗口，会议中心要与北大创建世界一流大学的目标相适应，高水平、专业化地组织各类重要的会议、接待和大型群众文化活动，为学校的教学、科研服务，为对外交流和机关工作服务，为实施素质教育和培养人才服务，为全校师生员工和国内外宾客服务。会议中心要通过新的运行机制实现人、财、物资源的合理配置，使之更加充分有效地利用，最大限度地发挥效益。

会议中心实行理事会领导下的主任负责制，设主任一名，副主任若干名，由学校聘任。下设办公室、勺园管理部（勺园宾馆）、会议与学术交流部（对外称“北京大学对外交流中心”）、百周年纪念讲堂管理部。

会议中心采用企业化的管理方法，充分发挥学校优越的无形资产和自身所拥有的人员、设施等资源优势，立足学校，面向社会，内外结合，开拓市场，通过专业化、规范化的管理与服务，利用北大特有的文化氛围和观众群体等有利条件，积极参与承办会议、内外事接待、对外文化交流和文艺演出等市场的竞争。根据不同部门的发展状况，逐步实现独立核算，自负盈亏，自我积累，持续发展。

会议中心坚持社会效益与经济效益并重的原则，以有偿、低偿、无偿服务相结合的方式，最大限度地满足不同方面、不同层次的需求；坚持服务宗旨，主要活动的定位面向广大师生员工，体现群众性和大众化；通过有效经营尽可能多地创造利润，在增强自身实力、维持稳定发展的同时尽力回报学校。

经北京大学校领导和有关部门负责人组成的聘任小组通过，聘任范强为会议中心主任，朱宏涛、陈振亚、张胜群为副主任。会议中心办公室设在勺园。

（范强）

【勺园宾馆】 勺园宾馆的前身是成立于1981年12月的勺园管理处，因地处明代大书法家米万钟修建的著名园林勺园旧址而得名。清代在勺园旧址上重建了弘雅园，西方国家首次正式派遣的访华使团——英王二世派遣使团曾在此居住，勺园因此成为最早接待西方国家正式使团的地方。

勺园管理处成立以后，随着中国改革开放的深入进行和北京大学对外交流工作的日益发展，其接待规模也不断扩大。经过多年的建设和发展，今天的勺园宾馆（包括1995年起与正大集团合作建设的北京大学正大国际中心）已成为北京大学重要的对外接待窗口，共辖10栋楼，总建筑面积达43000平方米，有客房777间，是目前中国高等院校中规模最大的校园宾馆。1999年常住外国专家40多人，留学生来自70多个国家和地区，总数达1000多人。接待中外宾客6970人次，其中海外宾客4224人次，包括港澳台宾客410人次，接待各类国际国内会议和活动81次、1579人次，短训班29批，757人次，年住房率为78.5%。

勺园宾馆下设办公室、财务、餐饮、客房、前厅、综合服务、工务、保卫等8个部门，现有职工约400人，其中正式职工203人。1999年全年营业收入3182万元，利润1155万元。上缴学校600万元，归还因建9号楼向正大集团借款400万元。

1999年北京大学在内部管理改革中将勺园纳入新组建的会议中心。10月20日，在迟惠生常务副校长领导下，组成由范强、杨永庚、张宝岭、姜玉祥、张秀环等五人参加的勺园转制工作小组，在1998年提出的《勺园管理处发展与改革方案》基础上继续就勺园转为企业化管理的有关问题进行调查、研讨工作，并于12月6日向北京大学校领导提交了《关于勺园实行企业化管理改革的意见》。12月24日迟惠生常务副校长在庆祝勺园建园18周年大会上宣布自2000年1月1日起，勺园新老领导班子正式交接，开始实行企业化管理改革，由范强兼任总经理，朱宏涛兼任副总经理。

（范　强）

【会议与学术交流部】 改革开放后大批海外宾客来北京大学参观访问和开展学术交流活动，国际学术会议逐年增加。为了适应形势发展该部于1993年6月成立，初名为北京大学国际会议与文化旅游中心，1996年经校长办公会批准更名为北京大学对外交流中心(以下简称"中心")。中心一直隶属于国际合作部(原外事处)，是相对独立的涉外服务性部门，主要任务是承办国际学术会议、展示会及展览会，承接短期高层次研修团体，接待来校访问的旅行团体。

中心成立后，业务逐步扩展，七年中承办了各类国际会议60余次，特别是组织承办了许多大型国际会议，收到良好的效果。如1998年的"面向21世纪世界著名大学校长论坛"，有196名校长、副校长出席，江泽民等中央领导会见与会代表，李岚清副总理致辞；1994年8月承办的"第25届国际物理奥林匹克竞赛"有来自51个国家的450名海外人员参赛；先后承办了中英、中德、中澳大学校长会议等。还组织接待了修学旅行团体80多批，承接了十余期研修团体，接待了旅行团体近500批，计2万余人次。

1999年，北京大学实行机构改革，中心从国际合作部剥离出来，并入新组建的会议中心，成为会议中心的会议与学术交流部，经学校批准对外业务继续沿用"北京大学对外交流中心"名称。同时，学校将交流中心大楼中具有会议功能的部分交给会议部管理使用。大楼内设有1600平方米的多功能阳光大厅，以及大、中、小型会议室12间，是北大难得的集会议、展览于一体的高雅的学术交流场所。交流中心大楼装修精良，设有中央空调，预计于2000年6月中旬全面投入使用，以崭新的面貌、优质的服务、一流水准竭诚为各界人士服务。

会议与学术交流部于1999年12月后开始重新组建，由陈振亚兼任主任，崔岩任副主任；目前共有职员6名，另聘有10名服务工作人员，并有近20名研究生、本科生加盟。

（陈振亚）

【百周年纪念讲堂】 北京大学百周年纪念讲堂是在李岚清副总理的亲切关怀下，为庆祝北京大学建校100周年于1997年5月4日奠基动工兴建的。讲堂建筑面积12671.8平方米，使用面积10129平方米，地下1层，地上3层，局部6层，最高处达34.8米。内设观众厅、纪念大厅、多功能厅、四季庭院、会议室、贵宾室、排练厅、化妆间、展廊、休息厅等。观众厅分为上下两层，共有2169个座位，楼下1459个，楼上710个。舞台面积共844平方米，其中主台面积610平方米，侧台面积234平方米。

百周年纪念讲堂的建筑设计在"1977年第四届首都规划设计汇报展"上入选首都十佳建筑，并获得建筑艺术创作优秀设计方案三等奖。其风格与周围的建筑群浑然一体，相得益彰，达到了与校园环境的和谐统一。

百周年纪念讲堂良好的设施可满足多种活动的需要：电影放映，音乐、舞蹈、戏剧等文艺演出，各类会议、讲座、展览，师生业余文艺社团活动等，是北京大学举行重要活动和广大师生员工进行文化娱乐活动的重要场所。

百周年纪念讲堂在尚未完工的情况下，已举办了多次重要活动。1999年5月3日晚，李岚清、丁石孙、成思危等领导同志与2000多名北大师生一起参加了北京大学纪念五四运动80周年暨建校101周年音乐会，欣赏了中国交响乐团的演出，这是在新讲堂中举行的第一次大型活动。9月10日，全国总工会文工团在讲堂为庆祝北京大学工会成立50周年举行专场演出。9月底，为庆祝建国50周年，中央芭蕾舞团、四川人民艺术剧院等在讲堂为北大师生进行专场演出。10月22日晚，举办庆祝北京大学欧美同学会成立中国交响乐团专场音乐会。1999年12月30日至2000年1月1日，校工会、学生工作部、校团委、学生会在讲堂连续举办了五场迎千禧年电影招待会。

百周年纪念讲堂管理部于1999年12月组建，由张胜群兼任主任，刘寿安任副主任，现有职工12人，其中外聘人员4人。讲堂工程预计于2000年4月底基本完工，自5月起，讲堂将开始试运营。

（张胜群）

燕园社区服务中心

【概况】 北京大学燕园社区服务中心(简称北大社区)成立于1999年11月16日。其宗旨是为北大教职工的生活提供高质量的服务,解除在岗教职工的后顾之忧,使他们全身心投入到教学、科研和学校的各项工作中,同时也为离退休教职工及其家属创造一个良好的工作、生活环境,通过多方位、高水平、高质量的社区服务来充分体现学校党政领导对北大教职工的关怀。

北大社区按照服务、经营、管理职能分离的原则,设立"小机关、大实体、大服务"的社区服务体制;坚持社会效益、经济效益并重的原则,贯彻独立核算、自负盈亏、自我积累、自我发展、自我完善的发展方针;适应市场经济发展需要,逐步建立实体化、产业化、规范化、社会化的社区服务体系;北大社区以创建一流大学为目标,努力建设具有中国特色的全方位服务于教职工的高校社会化社区服务模式。

北京大学设立"北大燕园社区服务中心理事会"代表学校管理社区服务中心。理事长由学校分管副校长林钧敬担任,常务副理事长由社区服务中心主任赵桂莲担任,副理事长由人事部、财务部、总务部部长和燕园街道办事处主任担任,理事由组织部、宣传部、保卫部、党办和校办、统战部、资产部、发展规划部、基建工程部、校工会、校医院、派出所等单位的负责人担任。理事长会和理事会由理事长召集,每年根据工作需要不定期召开。

理事会的日常执行机构是北大燕园社区服务中心,北大社区在理事会领导下开展社区服务工作。北大社区设主任1名,副主任3名。下设5个职能部门:服务管理部、经营管理部、综合管理部、工程管理部和财务管理部。下属经营管理机构1个:后勤产业中心。北大社区现有人员216人,经营实体24个,固定资产300万元。1999年营业收入1.1亿元;实现利税912万元;上缴学校275万元。

【组建及实施方案】 燕园社区是北大教职工及家属生活、居住的特定区域。燕园社区围绕学校教育的特点,形成了包括教育、购物、休闲、娱乐为主要内容的特定社区服务模式。社区服务是学校建设的一项基础工作,也是北大社区两个文明建设的重要载体。创建世界一流大学,必须努力建设与之相适应的优质规范的社区服务体系,北京大学燕园社区服务中心将承担和完成这一历史重任。

社区服务中心的宗旨 成立社区服务中心是实现高等学校后勤社会化的一条有效途径。北大燕园社区服务中心的宗旨是为教职工生活提供优质服务,使在岗教职工解除后顾之忧,全身心地投入到教学、科研和学校的方方面面工作中去,使离退休教职工及教职工家属有一个良好的生活、文化活动环境,这是社区工作的基本点。因此,社区服务中心要合理调配社区资源,努力发展社区服务经营实体,增强社区经济实力,健全社区服务设施,不断加强社区精神文明和物质文明建设。坚持立足社区,面向社会的原则开展社区服务工作。

社区服务中心的性质和运行机制 社区服务中心是在学校党政领导下的一个服务性管理部门。社区服务中心下属的服务、经营实体,是具有群众性、服务性、区域性的社会化服务实体。各服务、经营实体全部实行独立核算,经营实体要坚持自负盈亏、自我积累、自我发展、自我完善的"四自"方针,逐步建立完全社会化的社区市场体系。北大社区依托社会力量和社区资源,为社区提供优质服务,同时改造和调整现有的社区服务项目,实行集约化、规范化、行业化的服务和管理,把传统的由学校直接承担的社区保障和服务工作,逐步发展成为社区服务的独立经济实体和服务实体。

社区服务中心的领导体制 (1)成立"北大燕园社区服务中心理事会"代表学校管理社区服务中心。

(2)理事会的日常执行机构为"北大燕园社区服务中心"(简称北大社区)。北大社区实行主任负责制,副主任协助主任工作。北大社区建立主任办公会制度,主任办公会是北大社区日常工作的领导机构。

北大社区下设五个职能部,各职能部设主任1名,副主任1～2名,各部人员在全校招聘,由北大社区聘任,报校人事部备案。

北大社区根据实际服务和经营项目设若干实体。每个实体负责组织开展具体的服务和经营活动,管理相应的服务设施、经营项目。各实体负责人由职能部提出,社区主任办公会聘用,并进行工作考核,根据考核情况决定续聘或解聘。

服务范围与内容 服务范围划分为:东区(燕东园、四至七公寓、中关园);西区(蔚秀园、畅春园、承泽园、燕南园、朗润园、镜春园);北区(燕北园);校内(部分学生生活区)。

各园区居民是社区服务的主要对象,社区服务内容依据各园区居民的需要确定。根据各园区的调查情况,准备开展家政、医疗、生活、文体活动等服务内容。

并入社区服务中心的项目及

运行方式　并入的项目：(1)后勤产业中心(北大劳服管理中心)连同其下属企业及服务经营用房全建制并入北大社区；(2)原老干部处管理的金秋公司全建制并入北大社区，63号院离退人员活动站亦并入北大社区；(3)北大居民居住区范围内与社区服务有关的(除代收费以外)所有收费服务和经营管理的内容全部并入北大社区，由北大社区会同有关部门统一规划和管理。

运行方式：(1)凡原独立存在的经营服务单位，并入社区后按原来的运行模式运行。条件成熟时，由社区服务中心统筹规划，合理布局，综合调整；(2)并入社区的经营服务实体工作人员的身份性质不因变换工作单位或隶属关系的变更而改变。经营、服务部门职工的待遇由企业经营服务的效益决定；(3)并入社区的资产，要认真盘点，不动产的所有权仍归学校，社区服务中心及其所属实体有使用权。固定资产的所有权按投资主体划分，属学校投入的固定资产归资产部管理，使用权归社区服务中心；非学校投入的固定资产在资产部备案；(4)社区服务中心经营、服务实体的收益，实行先费后利的核算方式，采取收支两条线，每年的纯利润由社区服务中心统一上交学校财务部，财务部根据社区的发展与建设需要做出资金预算，但每年的预算金额不少于社区上交利润额度。

学校对社区的政策支持　学校对社区服务实行以下政策：

(1) 赋予燕园社区服务中心下属干部的任免权。

(2) 在学校统一规划前提下，支持社区以多种形式发展小企业，赋予社区服务中心开发社区及其周边零散地段的权利，以利于社区服务和经营条件的改善。

(3) 本方案中规定并入社区的内容，学校按照原有的设备和经费，原有的人员和职责，原有的资源和条件，有步骤地转入社区服务中心。

(4) 允许社区服务中心开拓新的经济增长点，允许社区福利设施投资主体的多元化和社区福利设施服务价格的多元化，以形成竞争机制，增加社区收益，造福于社区的全体成员。不允许社区服务中心以外的单位和个人涉足社区的经营和服务，以形成发展社区服务的整体合力。

(5) 社区服务项目属院内服务业，为降低成本，优惠居民，一般不在工商部门注册。

【后勤产业中心】　概况　1999年北大后勤产业中心26个企业按时全面完成了合同规定的各项指标，取得了社会效益和经济效益的“双丰收”。全年营业额流水达到1.1亿。实现利税912万元；上交学校275万元；职工年人均收入2.1万元。

1999年后勤产业中心面临的困境　1999年后勤产业中心面临的困境是：(1)1999年是北京大学改革之年，后勤产业中心归属与前途一时未能确定；(2)北京市对校园周边治理，共拆除中心近千平方米的出租房，使收入减少近百万元；(3)国家金融政策改革，大幅度降息，使后勤产业每年近百万元的资金使用费收入骤减到50万元；(4)税率有所增加，交税比1998年增加一倍；(5)学校管理部门和院系较大幅度增加职务津贴，波及职工的工作积极性。虽然面临诸多困难，后勤产业1999年总收入仍与1998年持平，且职工收入比1998年增加15%，比北京市财政局统计全市人均收入递增7.8%高近一倍。

方法及对策　(1)努力拼搏，艰苦创业。博实商场在两位经理的带领下，不惧酷暑，不怕寒冬，每天坚持16个小时营业，商场盘点工作全部用停业后的时间，全体干部职工经常是通宵达旦。全员职工没有一人违反商场制度，职工每次培训考核都取得了好的成绩。(2)提高职工素质。在实践中，建筑工程处深刻认识到知识技术的重要，多次对职工进行技术培训。目前中高级管理人员已占职工总数40%，有60%的职工取得了上岗证书。职工队伍素质的提高是工程质量的保证，也是建筑工程处取得成功的关建。(3)节支增收，勤俭办企业。(4)积极开拓市场，注重营销策略。

主要经验　(1)加强规范管理，开拓新的市场。1999年中心在管理工作中集中抓了企业经理的培训，组织经理人员到外地参观、考察，学习兄弟院校和上市公司的经验，还请专人辅导学习十五届四中全会决定精神。全年组织了两次企业经理培训考核，还组织了全员职工政治业务考核。专门组织财务人员学习《会计法》，使财会队伍稳步提高。(2)紧抓综合管理，增强凝聚力。(3)妥善安置企业职工，使职工队伍安居乐业，一心扑在中心发展上。(4)适当减轻企业负担，合理调整政策，使各企业更有实力参与市场竞争，以立于不败之地。(5)积极开发新项目，拓宽市场，形成规模经营。

展望未来　虽然后勤产业中心在行政归属上有些变化，但在学校党政的领导下，各单位间肯定会更加默契与配合，共同努力为全校师生员工服务，为把北京大学建成世界一流大学多做贡献。展望2000年，困难仍然存在，如停业企业职工的安置问题，与教学科研和管理层待遇差距加大对职工的影响问题等。如何实行多元化的管理，提高规模效益，增加职工收入，如何拓展新的领域，如何按照北京市关于《高校后勤社会化改革规划》的精神，到2002年实现集团化规模经营的目标，承受住市场经济的考验，是中心在未来面临的重要课题。中心将在学校党政的领导下，继续发扬勇于探索、敢于创新、艰苦创业，脚踏实地的精神，再创后勤产业新局面，真正实现“今年花胜去年红”。

附 录

燕园社区服务中心章程

总 纲

建设高校社区组织是创建世界一流大学的内容之一，是加强两个文明建设的重要举措，是提高教职工及其家属生活质量的重要保证，亦是实现高校后勤服务社会化的重要途径。北京大学在建设世界一流大学的进程中，要努力发展、完善与之相适应的规范的社区管理体系，为教职工提供多方位优质社区服务。

性 质

第一条 “北大燕园社区服务中心”（简称“北大社区”）是学校党政领导下的公益性社区服务机构和经营管理实体。北大社区按照服务、经营、管理职能分开的原则，发展、建设“小机关、大实体、大服务”结构合理的社区服务体系；北大社区坚持社会效益、经济效益并重的原则，在学校和政府的支持下做好社区服务工作。

北大社区实行独立核算，自负盈亏、自我积累、自我发展、自我完善的四自方针。

宗 旨

第二条 北大社区的宗旨是为教职工提供优质的服务，使在岗教职工解除后顾之忧，全身心地投入到教学、科研和学校的方方面面建设中去，使离退休教职工及教职工家属有一个良好的生活、活动环境，通过多方位、高水平、高质量的社区服务来充分体现学校党政领导对北大教职工的关怀。社区工作基本出发点是：1. 通过合理调配社区现有资源，发展社区服务经营实体，增强社区经济实力，逐步健全社区服务设施，实现社区精神文明建设和物质文明建设共同发展的目标。2. 坚持立足社区，面向社会的原则开展社区服务工作，将社区服务纳入社会主义市场经济发展轨道，最终使社区服务走向产业化、实体化、社会化的道路，逐步建立完全社会化的社区服务体系。3. 依托社区资源和社会力量，按照市场化、社会化服务体制要求，改造和规范社区已有的经营实体，使其“回归”社会，发挥其商品化、企业化和产业化的优势，逐步发展成为承担社区保障和服务工作任务的独立的社区服务经营实体和服务实体，从而创建具有中国特色全方位服务于教职工的社会化社区保障、服务体系。

组织机构

第三条 成立“北大燕园社区理事会”代表学校管理社区服务中心。理事长由学校分管校长担任，常务副理事长由社区服务中心主任担任，副理事长由人事部部长、财务部部长、总务部部长和燕园街道办事处主任担任；理事由组织部、宣传部、保卫部、党办和校办、统战部、资产部、发展规划部、基建工程部、校工会、校医院、派出所等单位的负责人担任。

理事长会和理事会由理事长召集，每年根据工作需要不定期召开。

理事会是代表学校管理北大社区的领导机构，理事会的职责是：审定北大社区工作方针、发展规划、体制机制、管理制度、资源配置、收支预决算等重大事项。理事工作量分别计入各位理事岗位工作量考核指标。

北大燕园社区服务中心是理事会的日常执行机构。北大社区在理事会领导下开展工作。北大社区设主任1名，副主任1～3名。

北大社区建立主任办公会制度。主任办公会的主要任务是研究、制定社区工作方针、发展规划、收支预决算、实体管理、干部聘任等具体事宜。

北大社区下设五个职能部，即服务管理部、经营管理部、工程管理部、财务管理部、综合管理部。职能部设主任1名，副主任1～2名，职能部人员在全校招聘。

管理方式

第四条 北大社区实行主任负责制，副主任协助主任完成分管的工作。各职能部按照职责分工，做好本部门的服务、经营和管理工作。职能部正、副主任对主任负责。社区下属服务、经营实体负责人对主管部负责；社区实体采取多种形式的经营管理责任制：目标管理责任制、经营指标责任制、经营承包责任制、股份有限责任制。主任和职能部主任不直接从事经营活动。社区下属经营实体一般具有法定代表人资格，承担法人义务，按合同规定向社区上交年度利润。社区下属服务实体及不具备法人资格的经营企业，按目标责任制要求，完成规定的服务指标和经济指标。

服务、经营范围

第五条 服务、经营范围划分为：

东区（燕东园、四至七公寓、中关园）；

西区（蔚秀园、畅春园、承泽园、燕南园、朗润园、镜春园）；

北区（燕北园）；

校内（部分学生生活区）。

服务、经营内容

第六条 服务内容主要是：

1. 家政、医护、维修、职介、孤、老、幼等各项服务工作；

2. 社区文化、体育、文艺等服务工作；

3. 信息咨询、殡葬等服务工作；

4. 社区网络服务、网络购物等项目

5. 学校和教职工需要的其它服务项目；

经营内容主要是：

1. 负责全校各园区内经营、服务实体的管理、规划、改造、设置；

2. 负责管理并入企业；

3. 负责社区内和社区周边零散地段的合理开发和经营管理；

4. 负责开办、设立新企业。

职能部的职责

第七条　服务管理部主要负责社区服务方面的全部工作；

经营管理部主要负责社区与经营有关的全部工作；

工程管理部主要负责社区工程建设方面的全部工作；

财务管理部主要负责社区财务、统计方面的全部工作；

综合管理部主要负责社区行政、人事、党务、工会等方面的全部工作。

第八条　本章程经第一次理事会讨论通过，自 2000 年 6 月 1 日起执行。

北京大学后勤产业中心企业名录

企业名称	经　理	经营地址	注册资金	联系电话
北京市海淀区新北高科技开发公司	苑天舒 马明芳	北京大学 501 楼	55 万元	62752045
北京海淀北欣科技公司	余　焓	北京大学资源东楼 1521 室	50 万元	62750675
北京海淀大科电子科技公司	李建民	西城区新街口大街 112 号	120 万元	66180024
北京海淀华美装饰用品商场	王来僧	海淀区海淀路 14 号	50 万元	62752042
北京海淀成龙玻璃经销公司	魏永忠	成府路	50 万元	62752055
北京北大校苑博实商场	练　勤 程　丽	北京大学校内(三角地)	50 万元	62754270
北京北大文化用品经销部	张亚泉	北京大学校内(总务楼西)	55 万元	62751564
北京北大华阳综合服务部	董福亨	北京大学校内(总务楼前)	50 万元	62758784
北京海淀华庆商行	华永毅	北京大学校内 13 区(三角地)	50 万元	62754582
北京海淀国辉食品批发部	孙　国	北京大学蔚秀园	50 万元	62758682
北京燕园蔚秀商店	刘继凤	北京大学蔚秀园	4 万元	62755715
北京海淀北大综合服务社	吴文彬	北京大学校内	4.9 万元	62754271
北京望福竹楼酒家	李　兰	西苑操场乙 2 号	6 万元	62758163
北京北大燕园建筑工程处	郭　举	北京大学校内 3 区(朗润园)	616 万元	62751554
水电服务队	叶国才	北京大学水塔下面		62755635
北京银梦酒吧	李朴珍	北京大学燕东园 1 区(4—7 公寓对面)	1 万元	62757893
北京大学理发店	石玉华	北京大学校内		62753284
北大后勤产业中心招待所	常玉琦 宗宝利	北大承泽园北大七公寓北大 40 楼外(原教委库)		62755755
北京大学抗震加固队	武恩德	北京大学校内		62755723

(燕园社区服务中心　供稿)

燕园街道办事处

【概况】　1999 年，燕园街道办事处以保稳定、抓治理为重点，推动和促进文明社区和居(家)委会建设等各项工作的开展。经过努力，在确保“两会”顺利召开，政治敏感期的平稳过渡，揭批“法轮功”、“法轮功”练习者的转化教育工作等方面都做出了应有的贡献。在环境整治、社区服务方面亦有新的突破。成立了家政服务中心，建立了社区服务实体，整合现有服务资源，提高了整体服务水平。

燕园街道办事处设科室 10 个，机关工作人员 25 人。1999 年完成了劳动局布置的建立北京市劳动力市场信息三级网络的任务，填写了 1116 份失业人员情况登记卡，为北京大学 492 人办理了就业证。计划生育工作稳中求进，计划生育率为 100%，晚育率 100%。调节各类民事纠纷 78 起，调节率为 95%。根据北京市司法局的布置，还对辖区内的 2000 名外来人口进行了法制测试，扩展了普法教育的范围。

【治安防范与环境治理】　燕园街道非常重视本地区的稳定与治安防范工作。在揭批“法轮功”的斗争中，遵照上级指示精神，街道工委与北京大学保卫部、燕园派出所紧密配合，深入摸底，有针对性地进行宣传和做好教育转化方面的工作。共收缴法轮功书籍265本，录像带108盘，本地区参与“法轮功”习练的70余名居民退出非法活动。生活园区的治安防范也得到进一步加强，至1999年11月，燕园街道辖区所属8个家属生活园区都聘用了专职保安人员巡逻值勤，并投资4.3万元配备了保安器械和对讲机，使生活园区的治安防范得到明显加强。

1999年北京市以及海淀区政府为加强城市管理下达了拆除违法建筑的任务，燕园街道的上账任务为2300平方米。在各方面的通力合作及共同努力下，组织大规模拆除违法建筑6次，拆除违法建房244间，5899平方米，清理渣土4300吨，圆满完成了任务。通过大规模拆除违法建筑，整治和撤销占路市场，使500多名外地来京人员撤离燕园。各居(家)委会在此基础上，为迎接国庆，迎接全国城市卫生大检查，组织专职保洁人员和广大居民进行卫生大清扫，共进行了卫生大清扫20余次，清除卫生死角18处，使园区卫生状况得到根本改善，全国卫生城市检查组对此给予了高度评价。

【文明社区建设】 按照北京市《社区居民服务需求参考项目》，燕园街道的社区服务工作有了新的突破，兴办了九类76项社区服务项目，组织成立了“燕园社区家政服务中心”，有力地支撑起便民服务热线，为居民开展了系列服务。1999年，北京大学批准成立燕园社区服务中心，结合这一机构体制改革的形势，拟运用服务产业模式建立一种具有高校特点的社区服务体制，为社区单位和社区成员全方位服务。社区服务工作的推进，对争创文明居民区的活动也起到了很好的促进作用，有条件的居委会已陆续建起健身房、读书室、老年人活动站、卫生保健站等，有的居委会投资修建了室外活动场地，每天早晨由居委会干部组织居民们参加打太极拳、练剑、跳舞等形式多样的有益于身心健康的活动，为创建精神文明居民区奠定了良好的基础。

【居(家)委会建设】 燕园街道居民科对11个居(家)委会干部进行了系统的培训，组织学习业务知识以及宪法、民法、刑法等法律知识，使居委会的工作沿着法制化方向发展。通过提高居委会干部素质，居(家)委会建设得到了加强。为了适应形势的发展，燕园街道将在居委会组织形式、工作原则、人事管理考核等各方面予以全新的考虑并进行规范性操作。

(王振华)

北京大学医院

【概况】 校医院现有职工156人，其中卫生技术人员117人，包括主任医师2人，副主任医师27人，主治医师62人，医师26人(含相应职称)；行政后勤人员39人。开设病床130张。有万元以上医疗设备65件，其中1999年新购置支气管镜、动态血压监测仪、内窥显示仪、HP服务器、服务器等5件。800元以上固定资产总价值669万余元。总建筑面积7913平方米。设有10个普通门诊，30个专家、专业、专科门诊，由正副主任医师和外聘教授开诊。1999年2月起，暂停产科业务。1999年7月，校医院行政班子换届。按照学校人事制度改革的要求，结合医院临床工作的特点进行岗位的设置，明确职责和聘任条件，制定效绩考核制度，参考职工5年来所做的贡献，进行综合评估，减少15%编制，实行全员聘任，签订岗位目标责任书。正在筹建北大方联医疗科技中心和北大教授保健医疗服务中心，并积极探索大学社区服务及医疗网络服务的途径和办法。

学校实行会计派驻制后，在学校财务部指导下，调整了医院财务总账、明细账科目，使医院财务纳入学校统一管理。继续执行学校1996年的公费医疗改革方案，筹建公费医疗管理办公室。10月起试运行计算机网络管理系统，使用计算机进行门诊挂号、划价、收费及药房药品管理。医院还改善了病房条件，调整了办公用房，被评为1999年首都大专院校公费医疗管理先进单位。医院以改善服务态度和服务作风为中心，开展普遍的职业道德教育。如何做到少花钱，治好病，让病人满意而归，是1999年重点解决的问题。医院利用闭路电视、校刊，解答教代会、学代会提案等形式，加强了同师生的联系与沟通，用科学数据和民主监督机制不断检查完善工作，收到了较好的效果。为推动精神文明建设，医院同新组建的燕园社区服务中心合作，提供不同层次需求的医疗服务，医护人员坚持上门送医送药，受到普遍赞誉。1999年荣获市、区、校级先进集体3次，先进个人3人次。

【医疗保健与护理】 1999年全年门诊181582人次，日均门诊544人次。家庭病床581人次。急诊16894人次。抢救危重症3人次，抢救成功率33.3%。入院591人次，出院605人次，床位使用率34.08%，床位周转次数4.73次/张，治愈率64.47%，好转率20.62%，死亡率5.72%。入出院诊断符合率98.77%，七日确诊率97.75%。普外、妇科及耳鼻喉科手术582例，其中大手术2例。查体27048人次,其中学生20994人次,教职工5425人次,幼儿629人次。经查体发现癌症患者10人。师生员工中有1942人无偿献血,获1999年北京市无偿献血金质奖。北大肿瘤物理诊疗技术研究中心临床医学部收治肿瘤病人81人次,采用手术、化疗、放疗、介入疗法、中西医结合等方法对晚期癌症进行治疗,提高患者生活质量,延长生命,取得显著疗效。取得了北京市公费医疗办公室、北京市医保中心的认可,成为公费医疗定点单位。

不断完善护理工作制度,坚持综合护理质量考评。全年业务考核7次,有210人次参加,合格率90%。加强基础护理与操作技能训练,使全院护理人员技术操作合格率达85%。定期召开院内感染委员会例会,进行物表采样及空气培养,认真填写报表,使院内感染率控制在6%以下,漏报率控制在8%以下。加强病房规范化管理,修订探视及陪住制度,规范护理表格的书写,合格率为90%。全年护理人员外出参加中华护理学会北京分会学习班20人次,组织护士继续教育学习240人次,主管护师撰写论文10篇。

【科研与交流】 在科研方面,继续与北医三院合作进行"糖尿病高危人群监控",在教工中进行预防糖尿病知识的宣传及生活干预,主要采取饮食与运动两方面的指导,举办专家讲座,取得了良好的社会效益;继续与北京心肺血管疾病研究所合作进行国家"九五"医学科技攻关项目"心血管病社区人群综合干预研究";已进入高血压干预观察阶段;进一步与日本北海道大学附属医院及日本渡边牡蛎研究所合作进行"活性型牡蛎丸对血清脂肪代谢的影响"的研究;与北京医科大学肿瘤研究所合作"肿瘤的初筛与自查"已进入第四年。全年撰写医学科技论文33篇,其中一级刊物刊登6篇,二级刊物刊登26篇,国外杂志刊登1篇。为推动科研进展,加强了国际交流工作。日本渡边贡先生一行三次来院进行活性牡蛎对脂质代谢影响的讨论和研究;荷兰、英国、美国及香港的心理学学者先后来森田疗法病房参观访问,进行学术交流;日本财团负责人岗本先生和日本东京慈惠医科大学中村敬博士参观了森田疗法病房,并对中日神经症临床表现进行对比研究;与美国夏威夷大学护理学院院长就社区服务及护士资格审定等问题进行了学术交流。

【医学教育】 1999年有80人次参加中华医学会组织的学术报告活动,22位医师参加了首都医科大学全科医学培训中心举办的"全科医师培训班",并获得结业证书。为本院职工举办各种业务讲座12次;派赴外院进修医生1名;接收心理进修人员1名。医院承担了大学生健康教育课,授课32学时,451名大学生选修并参加考试;开设大学生健康教育选修课,34学时,有233名大学生参加考试,及格率93.2%。学生红十字会会员达到1000余名,职工红十字会会员达到200余名。医院为100名大学生红十字会会员讲授红十字会法、会务知识、内科心肺脑复苏急救技术等8门课程。广泛开展宣传活动,组织卫生常识宣传、戒烟宣传,发放宣传材料2100余份;举办艾滋病讲座,400余人参加。医院被评为"北京市红十字全国高校工委先进集体"。

(叶树青)

北京大学附属中学

【概况】 北京大学附属中学建于1960年,是北京市重点中学,是北京大学的重要组成部分。1981年,北大为了解决教职工子弟的入学问题,决定成立二附中。1997年7月,北大附中和二附中实现了合并,合称北京大学附属中学。

北大附中位于海淀区中关村,分南北两个校区,面积105亩,建筑面积4.2万平方米。有教学楼、教学实验楼、阶梯教室、图书馆楼(藏书15万册)、宿舍楼、体育馆及各种球类运动场地。置有物理、化学、生物实验室及计算机、多媒体、心理咨询、语音、地理、美术、劳动等专用教室。有闭路电视、校园广播和计算机系统,所有计算机均联入北京大学网络并进入国际互联网。北大附中还有一个颇具规模的培训中心,可以接待国内外进修教师和各种参观访问团、学术会议、培训班及外国留学生。

北大附中现有教职工220人,教师146人(其中特级教师11人),教学班54个,学生2850人。北大附中是北京市花园式先进学校、北京市科技活动示范校、全国体育传统项目先进学校、青少年科技俱乐部活动基地。

北大附中深受北京大学的影响,形成了独特的办学特点。建校之初的首批骨干教师队伍由北京大学的40名优秀讲师和助教组成。他们以创业精神奠定了北大附中的教风、学风和校风。改革开放以来,北大附中坚持教育改革,全面发展,把北大的优良传统和附中的实际相结合,从而形成了北大附中的办学模式。北大附中历来注重素质教育,提倡"百花齐放"的学术空气,学生的个性特长得到了充分的发展,教师的个性风采也得到了充分展现。多年来,北大附中高考升学率一直为100%,为北京大学、清华大学等著名高等学校输送了大批优秀人才。北大附中在历次国际中学生奥林匹克竞赛中共夺得9枚金牌、4枚银牌,为祖国赢得了荣誉。如今,北大附中已经成为"名师的沃土,英才的摇篮,科研的基地,辐射的中心"。北大附中在教育、教学观念上不断更新,始终处于改革的前沿阵地。北大附中承担着全国理科实验班的实验课题,实验班的学生是从全国物理竞赛中选拔出来的,高三阶段在北京大学上课,高三毕业后全部升入北大、清华。经北京大学批准,从1999年起设置直升北大的"大学——中学"衔接实验班。在课程改革上,北大附中也走在前列,现在开设的除了常规课程外,还有社会综合实践活动课、艺术活动课及多种选修课。

北大附中是一所国际化的学校。目前,北大附中已经和美国、法国、日本、加拿大、澳大利亚等多个国家的著名中学建立了友好关系。北大附中还发挥自身优势,与社会力量合作办学,在广东汕头、深圳,湖南长沙,北京香山开办分校。由北大附中承办的"北达资源中学",已进入正常运转阶段。为了北大附中的发展,学校成立了教育投资公司,负责筹集学校发展所需资金。目前,由投资公司策划的深圳南山分校已经开学,王铮担任校长,运转情况良好。

【教学工作】 1999年北京大学附属中学在教学工作上取得了丰硕的成果。2月,海淀区人民政府督导室就1998年区督导评价组来北大附中督导评价情况,发出"督导结果通知书"。评价组充分肯定了北大附中的办学思想和教育质量,并提出了积极的意见和建议。4月,由北大附中和湖南未名科教发展有限公司联合创办的北大附中湖南分校在长沙成立,首届500名学生于1999年9月份入学。6月,北大附中被确认为北京市青少年科技俱乐部活动基地学校,有21名高中生成为俱乐部的会员。7月,北大附中毕业生在老师的辛勤培育下,在中考和高考中取得了好成绩。中考成绩名列前茅,高考有60名学生(含保送生)考入北京大学和清华大学。8月,北大附中副校长,数学特级教师张思明荣获全国数学教学最高奖之一——"苏步青数学教学奖"一等奖。9月,胡蕾老师荣获第十二届"北京市中小学优秀班主任"紫禁杯一等奖。10月,张思明的"数学建模"和语文组"小论文实验课题"分别荣获北京市人民政府颁发的"北京市首届基础教育教学成果评比"一等奖和二等奖。

【课外活动】 1999年,北大附中学生开展了丰富多彩的课外活动。5月8日,以美国为首的北约轰炸我国驻南联盟大使馆,消息传来,群情激愤,学生纷纷声讨暴行,喊出了"反对霸权,振兴中华"的爱国口号,表现了高涨的爱国热情。8月,附中管乐团被授予"金帆管乐团"称号,并在北京市比赛中荣获一等奖。9月,台湾发生强烈地震,造成严重人员伤亡。消息传来,北大附中学生心系台胞,管乐团举行了赈灾义演,将募集的数千元人民币交给有关部门,体现了中华大家庭的手足之情。10月,北大附中师生热列庆祝祖国50华诞,舞蹈队20多名师生参加了国庆游行,并承担了中心区表演任务,荣获"优秀表演奖"和"五好表演单位"称号。12月,北大附中师生迎澳门回归、迎千禧之年文化艺术节开幕。艺术节历时15天,师生们表演了精彩的节目,共有8名师生喜获艺术节特别贡献奖。

【改善办学条件】 1999年8月,北大附中新建的教学实验楼竣工,建筑面积13058平方米,耗资3500万元,设备先进,大大改善了学校的办学条件。11月,北大附中庆祝建校40年校庆办公室成立,筹备工作正式启动。11月,北大附中在认真总结经验的基础上,制定了建设示范高中校的规划和具体方案,接受了北京市教委组织的示范高中专家组的论证、评审。

(赵钰琳、程翔)

北京大学附属小学

【概况】 北京大学附属小学在1998年党政两套班子改选后,工作效率有明显提高。经过对年轻干部的考察,校长于1999年任命两名原教学大组长为主任,学校领导层形成三位校级干部、三位主任的架构。

为了加强教师队伍的建设,附小采取了四项措施:(一)实行聘任制,教师持证上岗。(二)精选教师,招聘人才,激活竞争机制。(三)进一步强化在职人员的继续教育。目前,全校教职工99人,平均年龄38.5岁。其中教师83人,具有本专科学历的59人,占71%。教工队伍正朝着群落年轻化、知识专业化、能力多元化的目标前进。1999年,3位教师在教育部全国小学计算机辅助教学研究中心(北京部)主办的"唯美杯"小学计算机辅助教学大赛中获奖;1位教师获得北京市中小学体育评优课一等奖;16位教师的教科研论文在全国、市、区各级评比中获奖。(四)启动人事分配制度的改革。与北大同步,对优秀人才、关键岗位实行岗位津贴。津贴发放依据人员职称、工作职责、教科研业绩拉开明显差距。此项改革稳定了教师骨干队伍，调动了教师竞争上岗、钻研业务、踊跃科研、锐意进取的积极性。

目前，附小教育教学质量稳步提高。1999年7月，245名毕业生全部升入北达资源中学和北大附中继续学习。同年9月招收一年级新生308人，加上各年级转插生，教学班达到37个，学生总数1690人。在社会影响不断扩大的新形势下，附小克服困难，创办了住宿部，当年收进住校生51人。

在学校管理方面，加强党纪党风和精神文明建设，形成了上下一致、干群同心、共创名校的大好局面。1999年4月23日，附小接受北京市海淀区教委"教学管理"和"校园文化建设"两个条例大检查，均获98分，以全区第一的成绩被评为"教学管理示范校"和"校园文化建设示范校"。同年5月6日，海淀区政府教育督导室对附小进行督导，评定为93分。回复意见指出，附小"一、重视两支队伍建设，领导班子结构合理，充满活力，创新意识强；教师队伍整体素质高，爱岗敬业，勤奋工作。二、先进的教育教学设施为学校教育教学现代化奠定良好的物质基础。三、办学目标明确，管理工作科学有序。四、以教科研为动力，全面推进素质教育。五、以爱国主义为主线，以养成教育为重点，传统教育和主题教育相结合，全方位开展丰富多彩的德育工作……德育工作取得显著成绩"。同时，希望附小"在培养'名师'和改革传统教学方法上争取有更大突破"以及"进一步规划校园，使校园布局更趋合理"(注：系指附小无正规操场而言)。5月12日，海淀区教委在附小召开近200名小学校长参加的现场会，区教委副主任刘惠敏讲话，充分肯定附小的工作。11月30日，由北京市各区县组成的检查团又一次检查附小校园建设，评选附小为当年海淀区唯一的"北京市校园环境示范校"。校长刘开云在全市作了典型发言。12月，北京市政府确定附小为市领导联系校，由副市长张茅同志与附小建立联系。

1999年，附小与国内外同行交流频繁。一年来，江苏、福建、广东、内蒙、河北等地各级各类教育代表团近600人来校参观学习；刚果教育部长一行5人、日本东京女教师代表团50余人分别到校参观访问；12月，香港协和小学师生60多人到校联谊，与附小结成友谊校。6月份，校长刘开云参加教育部组织的中国小学校长代表团，应日本文部省邀请，赴日5周，学习学校运营管理；8月，薛文治老师率校棒球队赴美参加友谊赛；12月，大队辅导员王丽萍带领学生代表团赴澳门参加回归联谊活动。这些互访促进了附小与世界教育的接轨。

【教学改革与特色教育】 为了适应新的教育形势，附小对如何在素质教育观的指导下，建构新型的教育教学模式进行了积极的探索：(一)成立了教科研领导小组，强化情报工作，组织教师学习。(二)加强教法研究，确立学生是教学主体的意识，突出"学生的主体参与"和"知识、智力与学法同步性原则"，把"创新"二字渗透教学全过程。1999年，组织了两次大型教学研讨会，17人做校级研究课，结合研究课进行教学思想、教学改革的大讨论，真正落实"发展为本、主动参与、重在思维、合作成功、探索创新"的主体教学课堂模式。(三)基本实现全员计算机扫盲，35岁以下年轻人过级，计算机进课堂的既定目标，为提高使用现代化教学技术的能力奠定了良好基础。(四)科学院心理所编辑的《现代小学数学》教材，经历十余年、数十个试点班的教学试验之后，目前已经在全校铺开；在此基础上，进一步强化思维训练课，有目的、有计划地进行数学思维能力的专项训练，促进儿童能力发展。(五)从1999年9月起，全校开设心理课，从小培养学生乐观、自信、稳定、善于合作的人生态度，提高全体学生的心理素质。为了落实"全体动员、全员参与"心理教育的精神，12月上旬，全校召开心理教育研讨会，选择低年级《你能坚持多久》、《聪明的我》，中年级《了解兴趣》、《怎样看待他人》，高年级《尊重他人》、《寻找快乐》六课书进行了全校的专题研究。12月24日，全国中小学心理健康培训班全体成员200多人来附小参观，听了两位教师的心理健康指导课，校长做了专题经验介绍，学校向全国心理研究会议送了展板。(六)为扩大同行交流，实现资源共享，附小应全国青少年基金会希望网校之邀，编写了语文、数学、英语三科的全套教案上网交流；同年，北京大学出版社出版了附小两本优秀教案集。(七)继续进行"小学生主体发展"、"高效率学习"、"回宫格习字法"、"小学生心理健康发展与自主学习"、"学习困难儿童心理因素鉴定、研究与培养"等课题的研究。

结合澳门回归和国庆50周年两件大事，附小以爱国主义为主线开展了一系列教育活动。4月份，全校召开"迎回归"主题大队会。之后，600余名学生到大兴栽种"友谊树"，千名学生在"庆回归"长卷上签名。附小与澳门濠江中学附属小学结成友谊校。12月，附小12名少先队员赴澳门参加"献百面国旗，绘千米长卷，奉万颗红心"大型联谊活动。在庆祝国庆50周年的日子里，附小数百名师生坚持了五个月的苦练，出色完成了参加庆祝祖国建国50周年庆典的任务，荣获庆典指挥部颁发的组织奖。国庆即将到来之际，附小3名学生还组队参加了全国"共和国的标志"知识竞赛决赛，夺得铜牌。12月31

日，80 名学生代表参加了江泽民总书记点燃新千年圣火的活动。除了结合形势及时组织各种教育活动之外，1 至 6 年级继续全面开展"读千古美文，做少年君子"的中华古诗文诵读活动。6 月 1 日，附小举办"中华古诗文在校园回荡"大会，北京大学任彦申、闵维方等领导以及曹灿、陶浩、郑健康、方明等艺术界、新闻界专家到会并参加演出，中央电视台作了转播；校艺术团在北京市委、中国青少年发展基金会主办的首都少儿古诗文诵读演出中获优秀节目奖。独具特色的民族艺术教育之花常开不谢——娃娃京剧团继续活跃在各类舞台上。11 月，中央电视台、北京的电视台对全国作了专题播放，年底参加了北京人民广播电台的春节演唱录制，并应邀到人民大会堂参加全国"手拉手"艺术团成立的开幕仪式，受到全国政协副主席万国权的接见。这些活动使学生在创造美、欣赏美的同时，积淀着民族文化的精华，潜蕴了爱国主义的情感。

丰富的教育教学活动促进了学生整体素质的提高。1999 年，在全国和市、区的计算机、书法、美术、作文等各类大赛中，学生共获奖 181 人次；棒球队在北京市"奋进杯"大赛中分获男子甲、乙组第二名；篮球队在海淀区中小学竞赛中获女子组第二名。附小被评为 1999 年海淀区"科技先进校"；少先队大队被评为"海淀区雏鹰大队"，荣获"北京市少先队星星火炬奖"。

【改善办学条件】 通过多渠道筹措办学资金，附小办学条件有了进一步的改善。在 1999 年，投资 60 多万元修建学生食堂；10 余万元改造学生宿舍；修建了 60 平方米的学生浴室；平房教室全部安装了闭路电视。为了丰富学生的文化生活，全方位提高素质，投资 10 多万元购买乐器，成立附小管弦乐队。同时在校园环境建设方面，加大投资力度，表现不同主题的 4 幅电脑合成的大型壁画使附小校园环境更有特色，育人功能更加显著。

（刘开云）

·党建和思想政治工作·

组 织 工 作

【概况】 1999年北京大学共有党员7438名，占全校总人数的28.3%。其中干部606名(占干部总数的94.5%)；教师1411名(占教师总数的71.9%)；工人194名(占工人总数的30.8%)；其他专业技术人员833名(占其他专业技术人员总数的59.6%)；学生2616名(占学生总数的14.3%)，其中研究生1466名(占研究生总数的21.2%)，本科生1115名(占本科生总数的11.8%)，大专生与成人脱产班学生35名(占其总数的1.8%)；中小学教工92名(占中小学教工总数的29.2%)；离退休人员1091名；长期在国外的其他人员595名。

1999年6月之前，全校共有基层党组织42个，其中党委35个，党工委3个，党总支2个，直属支部2个；6月之后，全校共有基层党组织38个，其中党委32个，党工委3个，党总支1个，直属支部2个；党支部424个(不包括2个直属支部)，其中教工支部280个，学生支部126个，离退休人员支部18个。共有中层干部286名(其中正处94名，副处192名)，男229名，女57名(占中层干部总数的19.9%)；党外中层干部27名(占中层干部总数的9.4%)；少数民族干部7名(占中层干部总数的2.4%)。总平均年龄为46.4岁(正处50岁，副处45岁)；45岁以下中层干部132名，占中层干部总数的46.2%；50岁以下中层正职45名，占中层正职的47.9%。其中博士62人，硕士76人，本科137人，大专11人。正高职称122人，副高职称126人，中级职称31人，初级职称3人，无职称4人。

1999年1月召开的北京大学第十次党代会是一次承前启后、继往开来的大会，对于北大今后的发展具有重要的意义。组织部在1998年筹备工作的基础上，与有关部门合作，在党委委员和纪委委员候选人的产生和人事材料的准备、选举的准备和组织实施以及会后各项材料的上报、归档等方面做了大量工作，有力地保障了党代会及第一次全委会的顺利召开，保证了新一届领导班子的顺利产生。

第十次党代会确定以机关机构改革为突破口，全面推进学校内部管理体制改革和人事分配制度改革。在校党委的领导下，组织部与原党委政策研究室、人事处等部门共同合作，参与了机构改革方案的前期调研和制定、各部门公开招聘中层干部的组织实施、内设机构及各部门编制的确定以及人事分配制度、特别是职员制的研讨制定等工作。

在上级领导的统一部署下，暑假期间组织部配合其他部门组织了全校党员的集中学习教育活动，开学后又安排了各单位暑期未参加集中学习的党员的教育补课工作。同时在校党委的领导下，与纪检委、保卫部及有关单位一起，对练“法轮功”的党员做了大量的教育转化工作。严格按照中央制定的方针政策，积极稳妥地做好个别未转化练功党员的组织处理、纪律处分工作。

此外，与学生工作部、校团委共同制定了《北京大学关于加强学生党员队伍建设的若干意见》、《北京大学学生党支部书记联系制度》、《北京大学学生党员行为规范》、《北京大学党委组织部、共青团北京大学委员会关于做好推荐优秀团员作发展对象工作的实施办法》等四个文件。

【民主评议】 根据市教工委的统一部署，在校党委的领导下组织开展了全校的民主评议党员和教工党支部评估活动。在1998年部分教工党支部评估试点的基础上，制定了《北京大学教工党支部考核评估办法(试行)》。全校共有5268名党员参加了民主评议，占应参加评议党员人数的95.6%；还有63名离退休的党员也主动参加了民主评议。全校共有249个教工党支部参加了评估考核。其中考核“优秀”的99个，占被评估支部总数的39.8%；考核“良好”的136个，占被评估支部总数的54.6%；考核“一般”的13个，占被评估支部总数的5.3%；考核“较差”的1个，占被评估支部总数的0.4%。校党委组织部还将对民主评议党员和教工党支部评估工作的情况作出详细书面总结。

【党校工作】 党校教材建设取得了新进展，编印了《民主评议党员学习资料汇编》、《党员干部培训工作学习资料汇编》、《入党积极分子学习资料汇编》(一、二)等，使培训工作的内容更加规范化。上半年完成了第十一期入党积极分子党性教育读书班，共有809人参加；下半年举办了第十二期党的知识培训班，共有1619人参加(包括209名本科新生预备党员)，通过严格的考勤、考试，最后有1414人获得结业资格(其中有本科生新生预备党员209人，入党积极分子1205人)。还与学生工作部合作，举办了有400多人参加的学生党支部书记培训班。

【党员发展】 全年计划发展党员700人，实际发展576人，其中教工11人(包括3名正教授)、研究生160人、本科生405人。未能完成发展计划的主要原因是下半年各单位定岗聘任工作非常繁重，发展工作受到一定影响。

【干部队伍建设】 在机关机构改革的同时，实行了机关干部任期目标责任制；同时对校部机关副部长以下全体干部实行了公开招聘、竞争上岗。这是多年来前所未有的一次干部用人制度的改革，初步建立起了“机构能设能撤，干部能上能下，人员能进能出”的新机制。配合机关机构改革，制定下发了《北京大学机关干部聘任管理暂行办法》和《北京大学机关干部考核暂行办法》，将这次改革的成果加以规范化、制度化。

1999年，全校中层干部人数从1998年底的356人大幅度减少到286人(减少了19.7%)，其中正职从117人减少到94人，副职从239人减少到192人，实现了年初第十次党代会提出的“精官简政”的目标。原有中层干部中，一部分通过公开招聘、竞争上岗，继续从事党政管理工作(其中相当一部分干部“高职低聘”，体现了能上能下的精神)；一部分干部转岗分流到教学、科研、院系党政管理及服务实体岗位，充实了一线；还有一些老同志退出了领导岗位。同时一些院系的优秀干部竞聘机关岗位，机关内部亦有一批同志进行了跨部门的轮岗交流，为各单位补充了新鲜血液。目前全校年龄超过60岁的中层干部人数由1998年底的54人减少到22人(其中大多数为院、系、所、中心的行政正职)，减少了59.3%。1999年党政班子换届、调整充实、建制改变共39个，班子换届17个(党委系统8个，行政9个)，调整与充实11个(党委系统4个，行政7个)，建制改变11个(新组建党委2个，撤销处级建制3个，撤销党委建制5个，党总支1个)。中层干部任免共151人次，新任命干部25人次，提任(副处→正处)9人次，连任32人次，调配与兼任16人次，免辞69人次。1999年换届的17个班子，平均年龄都有所下降，下降最多的21岁；换届前平均年龄为52.3岁，换届后为45.2岁，平均年龄下降7.1岁；换届前30岁以下的1人，换届后为2人；换届前31～40岁的3人，换届后为8人；换届前41～50岁的24人，换届后为25人；换届前51岁以上的33人，换届后为18人，减少15人。1999年新任命中层干部25人，平均年龄为41.4岁，最小的29岁。1999年新提正职9人，平均年龄45.4岁，最小的31岁。

1999年50岁以下正职为45人，占正职总数47.9%，1998年50岁以下正职为47人，占正职总数40.2%，1994年50岁以下正职为23人，占正职总数24.4%，五年内，50岁以下正职的比例上升了23.5个百分点。

1999年45岁以下中层干部132人，占中层总数46.2%，1998年45岁以下中层干部145人，占中层总数40.7%，1994年45岁以下中层干部105人，占中层总数26.7%。

1999年中层干部平均年龄46岁，1998年中层干部平均年龄47岁，1994年中层干部平均年龄52岁，五年内中层干部平均年龄下降了6岁。

【干部培训】 努力提高干部队伍素质和专业化水平、加大干部培训力度、改进培训方式方法。除了继续举办中青年党员干部马克思主义理论读书班之外，下半年举办了四期“党政领导干部系列知识讲座”，充分发挥北大多学科的人才优势，大大增强了培训的理论性、针对性、知识性和实用性。尽管时间全都是安排在周末，与一些部门的会议等也有时间冲突，但广大中层干部表现出了很高的学习热情，共有260多人次参加了讲座学习，对系列讲座的内容和这种形式均反应热烈。四次讲座的题目为：“后工业社会对高等教育的要求”(主讲人：政治学系李强)，“领导与激励”(主讲人：光华管理学院张国有)，“管理心理学”(主讲人：心理系王垒)，“世界一流大学对我们的启示”(主讲人：高教所陈向明)

(孟庆焱)

宣 传 工 作

【概况】 1999年北大的宣传工作，在理论学习方面，主要是围绕党和国家的工作大局和学校的中心工作，组织全校师生学习《中共中央国务院关于深化教育改革全面推进素质教育的决定》、《中共中央国务院关于加强技术创新发展高科技实现产业化的决定》,讨论如何深入理解邓小平科教兴国的思想,进一步推进北京大学创建世界一流大学的进程。为了富有成效地组织学习,宣传部具体制定了学习计划,包括学习主题、讨论题和时间安排等,编印《学习参考资料》3期,约15万字。配合校党委思想政治工作和意识形态领域的斗争,宣传部编印《理论宣传动态》5期,完成了4次大型调查研究任务。

在文化宣传方面,主要是配合开展反对以美国为首的北约轰炸我驻南使馆的野蛮行径、批判李登辉"两国论"、批判李洪志的"法轮功"等三大斗争以及纪念五四运动80周年、庆祝中华人民共和国成立50周年、迎接澳门回归等三大活动。围绕北京大学创建世界一流的中心工作,宣传部开展了以下5个方面的重点宣传:(1)围绕北京大学第十次党代会的召开,宣传北京大学改革开放所带来的巨大变化;(2)围绕创建世界一流大学计划的启动,宣传教学和科研体制的改革;(3)围绕"长江学者"计划的实施,宣传人才典型和人才培养战略;(4)围绕中央关于素质教育和技术创新的决定,宣传创新思想和素质教育的经验;(5)围绕学校机构改革和人事分配制度,宣传教育的新观念和新体制。

在媒体建设和发展方面,1999年学校行政机构改革,明确了校刊编辑部、广播台、闭路电视台、摄影组均属新闻媒体,从党政机关的编制中剥离,其性质为事业单位编制,其与宣传部的从属关系不变,经费仍由宣传部划拨。为适应形势发展的要求,发挥现代媒体的优势,增加传播渠道,拓展宣传空间,北京大学对校内的新闻媒体进行了调整:保留校刊编辑部;原闭路电视台从电教中心分离出来,与广播站合并成为广播电视台;创建网络与图片编辑部。调整后的媒体扩大了功能,精简了人员。校刊编辑部全年编辑校刊44期,约110万字,是历年来出报最多的一年,实现了每周一刊。电视台播出《北大新闻》41期,广播台播出节目158期。编辑互联网北大主页的新闻44期。完成摄影任务225次,有效图片3000余张,制作摄影橱窗11期。此外,新闻中心正式开始在全校本科生中开设《新闻理论与实践》课,100余名学生选修了这门课程。配合素质教育,广播电视台在未名湖畔安置草坪音箱25个,恢复了"未名湖畔音乐欣赏"活动。

(赵为民、夏文斌)

【思想理论工作】 1999年宣传部通过组织理论学习和研讨、调整和加强北京大学理论队伍、落实理论研究课题等途径,在全校师生员工中加强了邓小平理论的学习、研究和宣传,深化了对邓小平科教兴国思想的理解,调动了全校各层人士为创建世界一流而共同奋斗的积极性和创造性。

围绕党和国家大局以及北京大学的中心工作,有计划地组织理论学习。(1)纪念五四运动80周年,学习、继承和发扬五四精神。主要学习讨论了以下几个问题:五四精神的实质是什么;五四精神和北京大学传统的关系;当前应如何发扬五四精神。(2)结合庆祝新中国成立50周年,加强爱国主义、集体主义和社会主义的学习和教育。通过组织学习和收听收看反映建国50年辉煌成就的文章、图片、广播电视节目等,讨论并总结北大50年来所取得的成就,深入开展爱国主义、集体主义和社会主义教育,增强建设有中国特色社会主义的信念,增强创建世界一流大学的信心和决心。(3)组织学习全国教育工作会议和全国技术创新大会的精神,把握科教兴国战略的实质,深化对创建一流大学的意义和内容的认识。通过组织学习江泽民同志的有关讲话和中央关于推进素质教育和技术创新的决定,结合北大创建世界一流大学的实际工作,研究和讨论如何推进教育思想、教学内容和教学管理的改革,如何提高学生的创新能力和实践能力,如何促使教育和经济相结合,如何深化对素质教育和创新能力的理解等问题。(4)结合庆祝澳门回归和新世纪的到来,开展维护祖国统一和主权的宣传和教育。通过纪念澳门回归祖国,深入组织学习邓小平"一国两制"构想和江泽民关于台湾问题的八项主张,坚决反对李登辉的"两国论"。台湾问题纯属中国内政,解决台湾问题,实现祖国统一,是全国人民的崇高愿望和神圣使命。围绕这一主题的学习,主要讨论了以下几个问题:"一国两制"构想对于跨世纪中国发展的意义;"台独"的危害是什么;如何认清"人权高于主权"的政治本质。

高举邓小平理论伟大旗帜,深入开展理论研讨活动。(1)围绕主题,开展一系列学术研讨活动:①举办"五四运动与马克思主义中国化"理论研讨会。为纪念五四运动80周年,宣传部和科研部于1999年4月22日联合举办了"五四运动与马克思主义中国化"理论研讨会,共有50多名专家学者参加了会议,会议收到论文30余篇。这次会议对五四运动进行了广泛的理论层面的探讨,提出了一些有价值的新观点,进一步深化了五四精神,为纪念活动起到导向作用。②举办"社会主义现代化与人的素质"理论研讨会。宣传部与中国人学学会于1999年12月4日联合召开了"社会主义现代化与人的素质"理论研讨会,会议围绕人的素质的基本理论和如何全面推进素质教育的实践进行了广泛而深入的讨论,为北京大学以及全国正在进行的素质教育工作提供了积极的理论支持。③组织了"北大精神与爱国主义传统"、"市场经济中青年知识分子的思想状况"、"法轮功滋生的社会原因和文化原因”等专题调查，并召开了小型的理论研讨会。(2)加强跨学科马克思主义理论队伍的建设。为了加强和优化北大的邓小平理论研究队伍，宣传部和北京大学邓小平理论研究中心于1999年7月，聘请了龚育之、冷溶、李忠杰、田心铭、萧蔚云、厉以宁、赵家祥、钟哲明、梁柱、马戎等70余位专家学者为北大邓小平理论研究中心研究员，这些专家学者基本涵盖了哲学、经济学、科学社会主义、法学、政治学、国际关系学、历史学、管理学等有关学科，从而在北京大学形成了相对稳定、年龄层次结构比较合理的邓小平理论研究的骨干队伍。(3)组织邓小平理论研究课题。为了更好地用邓小平理论指导学科建设和学术发展，宣传部和北大邓小平理论研究中心组织了一批邓小平理论研究课题，其中包括黄楠森教授主持的“邓小平理论与当代中国哲学的发展”、吴树青教授主持的“邓小平理论与当代中国经济学的发展”、厉以宁教授主持的“邓小平理论与当代中国管理学的发展”、赵存生教授主持的“邓小平理论与当代中国教育学的发展”、阎志民教授主持的“邓小平理论与当代中国科学社会主义理论的发展”、宁骚教授主持的“邓小平理论与当代中国政治学的发展”等。这些成果的完成将会进一步推动北京大学邓小平理论的学习、研究和宣传。

（夏文斌）

【时事政策教育】 1999年宣传部围绕国际、国内的重要时事和中央重要精神，以及北京大学的中心工作，及时全面地开展了一系列的时事政策教育和文件资料的学习工作。主要内容有：

以邓小平科教兴国思想为重点，组织学习《中共中央国务院关于深化教育改革全面推进素质教育的决定》、《中共中央国务院关于加强技术创新发展高科技实现产业化的决定》；结合重大现实问题，组织学习抗议北约暴行、揭批“法轮功”、批判“两国论”，学习国庆50周年、澳门回归的主要精神；结合北大实际，组织学习和贯彻北京大学第十次党代会精神；此外还组织学习了《邓小平文选》、党的十五大报告、《邓小平教育理论学习纲要》、《江泽民同志在北京大学建校一百周年大会上的讲话》、《江泽民同志在纪念改革开放二十周年大会上的讲话》、《中华人民共和国高等教育法》、《李岚清同志在北京教授大会上的讲话》、《面向二十一世纪教育振兴行动计划》等。

组织的形势政策报告主要有：新华社副总编闵凡路同志关于国际问题的报告；中央党史研究室副主任李君如同志关于建国50年成就及经验的报告；外交部港澳台司司长朱祖寿同志关于台湾问题的报告等。

编印的学习材料和参考文件主要有：(1)《理论宣传动态》，把握学校理论学习与研究的动向，对新思想、新观念及时予以宣传通报，不定期。1999年共出5期：《1999年度北京大学理论学习计划安排》、《北大“五四运动与马克思主义中国化”理论研讨会纪要》、《李君如、朱祖寿同志来我校做形势报告》、《关于设岗和招聘的教师思想动态调查分析》、《社会主义现代化与人的素质理论研讨会综述》。(2)《学习参考资料》，按照宣传工作计划，配合理论学习和形势教育的需要，1999年宣传部共编印了3期《学习参考资料》，主要内容有：《全国教育工作会议专辑》、《崇尚科学、破除迷信专辑》、《技术创新与科教兴国专辑》等。

（王荣奎）

【调查研究工作】 1999年宣传部从国际、国内整体形势的大背景和北京大学的具体工作出发，对全校教职员工的思想状况进行了调查研究，并通过各种形式上报给学校党委，下发校内各职能部门。

本年内进行了4次大型调查研究工作：(1)第11次参加了一年一度的“全国八省市高校教师滚动调查”活动，经过随机发放问卷、召开座谈会、与教师单独交流等方式，最终将调查报告上报市教育工作委员会和学校领导；(2)与科研部共同进行北京大学马克思主义学科现状调查，对全校马克思主义学科的状况深入调查，在掌握基本资料的基础上进行课题研究，并报告学校领导；(3)进行科索沃事件的教师思想调查；(4)进行“法轮功”事件教师思想调查。

此外还围绕时事问题和学校的工作，对北大教师的思想状况进行了如下调研工作：(1)第三次全国教育工作会议；(2)李登辉抛出“两国论”；(3)1999年上半年国内政治经济形势；(4)北京大学进行人事和分配制度改革；(5)中美首脑新西兰会晤；(6)中共十五届四中全会召开；(7)政府出台措施拉动内需；(8)“神州”号载人飞船发射成功；(9)中央表彰“两弹一星”功臣；(10)中国就加入WTO与美国签署双边协议；(11)中共中央发布《关于加强和改进思想政治工作的若干意见》；(12)建国50周年庆典；(13)对1999年北京市委工作的意见和建议等。

（王荣奎）

【文化活动】 1999年，宣传部主办了多场大型文艺演出。5月3日，为纪念五四运动80周年暨北京大学建校101周年，由中国交响乐团演出了大型交响音乐会，李岚清副总理到校观看了演出；9月25日、28日，为庆祝中华人民共和国成立50周年，由四川省人民艺术剧院演出了音乐剧《未来组合》、由中央芭蕾舞团演出了大型芭蕾舞专场；10月，为庆祝北大欧美同学会成立，由中国交响乐团演出了管弦乐音乐会；11月，为庆祝澳门回归，由著名艺术家布多阿森演出了二胡独奏音乐会；12月，由学校与北京市委教工委对外交流协会联合举办了菲律宾小雅歌艺术团演唱会等。

宣传部还组织和举办了一系列大型展览。其中包括"'五四'北大人物摄影展"；"野蛮的罪行，正义的斗争——北大师生愤怒声讨美国轰炸我驻南使馆罪行"图片展；"在共和国的旗帜下——北京大学50年来成就展"；迎接澳门回归图片展；'99国际老年人年北京大学尊老敬老活动和"俺爹俺娘"摄影图片展。

7月份，在宣传部的策划下，首届北大清华"划艇比赛"在福建省琅岐岛举行，与其同行的北大学生艺术团在福州市、琅岐岛、厦门市举行了多场演出，并与当地校友会及边防战士进行了交流。

年底，宣传部与学生工作部等联合举办迎接澳门回归的"华夏同心迎回归"文化月活动；发动并协助举办了"首都大学生迎澳门回归知识大奖赛"；并邀请民族英雄文天祥第二十四代传人文元衍先生到北大演讲，指导和帮助北大学生成立了"中华正气社"。

（孙战龙）

【校刊工作】 1999年是北京大学校刊自改革开放以来完成工作量最多的一年，也是自身改革创新之年。

（1）常规工作——提高效率，提高质量

加大工作投入，提高工作效率。校刊1999年共出报44期，比百年校庆之年——1998年还多出了一期报，按一学年10个月计算，平均每月出报4.4期，每周一期还要多，是近20年——改革开放以来校刊完成工作量最大的一年。

把握舆论导向，唱响主旋律。1999年中国大事多，喜事多，突发事件多。为配合大事、喜事与突发事件的宣传和舆论导向，校刊编辑部出版了多个专刊、特刊与专版：五四运动80周年专刊、国庆50周年专刊、迎澳门回归专刊、迎新千年特刊、抗议声讨北约轰炸我驻南使馆特刊、批驳"法轮功"歪理邪说专版等，积极主动进行正面报道与正确的舆论引导。

1999年是北京大学改革之年。校刊较为集中并有一定力度地及时反映了学校改革举措出台及效果，配发言论，形成正确的舆论导向。校刊先后编发北大人事财务制度改革专版，机关机构改革专版，设岗定编人员聘任专版，法学院、外国语学院成立专刊与专版、首批"长江学者"专版、北大新部长访谈专版等。

1999年，新的形势给宣传思想战线提出了新的任务。校刊在党委领导下，高举马列主义、毛泽东思想和邓小平理论的伟大旗帜，注重弘扬社会正气和时代精神，用健康向上的精神产品占领宣传阵地。一年中，校刊编发了96生化班先进集体事迹专版、纪念李大钊诞辰专版、五四运动与马克思主义中国化专版、以马克思主义指导文科建设专版等，旗帜鲜明地唱响主旋律。

贴近师生生活，提高可读性。坚持作党的喉舌与作人民喉舌的一致性，是新闻媒体的宗旨。1999年，校刊注意报道来自师生员工的声音，并依靠学生努力办好学生专刊，反映学生关注的热点问题：教师素质与教学质量、学生评优、勤工助学、学习生活条件改善以及对社会文化动态的关注等。学生反应较为热烈。

电子版更加规范。自1998年9月5日校刊推出电子版之后，1999年校刊电子版上网更加规范：每期均与印刷版同时与读者见面，这在全国高校中是为数不多的。

（2）创新工作——开出"新闻理论与实践"选修课

1999年春季学期，校刊面向全校本科生首次开设了"新闻理论与实践"选修课。

该课在学生中产生了积极反响。全校众多院系的100多名本科生（含3位进修教师）先后报名听课，其中17个院系的99位学生（含3位进修教师）参加考试，取得了学分。选课人数大大超过了原来分配给各系的名额（原定50人），教室不得不临时调换。

该课教学内容包括理论与实践两部分。讲授内容为新闻学基本理论、新闻学史、新闻采访与写作，并安排社会新闻媒体的记者、报告文学作家等与学生座谈研讨。

该课任课教师由校刊主编牵头，校刊编辑参加，组成教学组，由教学组研究制定教学计划、教学内容与教学安排。在此基础上，再根据各自的理论专长与知识积累，结合长期工作实践，每人承担相关教学内容的讲授，努力做到精心备课、精心讲授，讲授精要、精彩。

新闻学是一门实践性很强的学科，指导带领学生参加新闻实践对于理解理论，学习知识，掌握技能十分重要。校刊充分利用校内新闻媒体，聘任选课学生兼作校刊学生记者，组织他们参加新闻采访与写作。

99名选课学生采写了消息、通讯或新闻言论，63人采写的62篇作品（有的作品为两人或三人合写），经修改在北大校刊上登载，其中有9人被刊登的新闻作品在2篇以上。

课程结束前，教学组对选课学生进行教学效果抽样调查。同学们对这门课程的教学内容、安排、教学质量、教学效果等方面给予了积极的评价。同学们普遍认为选修这门课有收获，了解了新闻基本理论，学习了新闻采访、写作、编辑等基本技能，对报纸等新闻媒体的工作程序有了初步认识，开阔了视野，拓宽了知识面，锻炼了能力，有利于以后的学习与工作。

开课给编辑部带来了新的运

行机制和新的要求。编辑部既是教学单位，又是实践基地；既要办报，又要育人。这对于提高编辑人员的整体素质是很好的契机，这种尝试在全国高校校报中尚属首例，引起了积极的反响。

(3)兼顾社会宣传，成果硕丰

1999年校刊编辑部自己编辑或组织学生采写，发表在《光明日报》、《北京日报》、《中国教育报》、《高等教育》、《北京晚报》、《北京教育报》、《大学德育》、《共产党员》等社会报刊上的文章共40余篇，有消息、通讯，也有特写与侧记，对于让社会了解北大的改革发展起到了积极作用。

1999年，在全国和北京市校报系统好新闻评选中，北大校刊均名列前茅，取得了好成绩。①在北京新闻奖(大学校报系列)1999年度评选中，北大校刊申报的1998年度刊登的5篇作品，均获奖：一等奖2篇，二等奖3篇。②在中国高校校报协会组织的1997～1998年度全国高校校报好新闻评选中，北大校刊申报的4篇作品均获奖：一等奖2篇，二等奖2篇。③在北京市教工委组织的1997～1998年度北京高校对外报道好新闻评选中，校刊编辑采写的3篇作品获奖：一、二、三等奖各1篇。

（魏国英）

【广播电视台】 在1999年的学校机构改革中，原校广播台与电视台合并，成立北京大学广播电视台，任命孙华为主编，台长由党委宣传部副部长张黎明兼任。广播电视台成立后，对广播宣传和电视宣传两个方面从内容和形式上进行统一管理，发挥各自优势，资源共享，提高节目质量，加强内部管理，把宣传的重点转向创建世界一流大学的工作上，全面展示学校的建设成就和发展规划，配合素质教育工作，使广播电视台成为学生素质教育的重要基地。1999年，电视宣传播出《北大新闻》41期共788条，播放全程录像15次；电视台开辟专栏报道第十次党代会、学校机关机构改革和岗位聘任、校庆、迎澳门回归；《北大新闻》打破每周末播出的常规，以第一时间报导第十次党代会、抗议以美国为首的北约野蛮轰炸我驻南使馆事件、批判“法轮功”等重要活动，以新闻、纪实报道、专题采访相结合的形式，使观众在发生当天就能够通过《北大新闻》了解到事件的过程及详细背景。第十次党代会期间每天晚上播出当日的大会实况和专题采访，取得了良好的成效。广播宣传播出节目158期，早间新闻231天，课间操202天，进行会议扩音76次。为加强对学生的素质教育，恢复“未名湖畔音乐欣赏”节目，新增草坪音箱25支，线路1500米。广播宣传中每天播出专题节目“聚焦20世纪”、“环保世纪行”，专题报道抗议以美国为首的北约野蛮轰炸我驻南使馆事件和庆祝澳门回归等。广播宣传采取了把师生请进播音室进行现场采访的方式，别开生面地展示学校的教学科研和文化生活。

（孙　华）

统战工作

【概况】 北大有各民主党派成员470多人，有一批著名的党外代表人士以及归侨侨眷、台胞台属、少数民族同胞、港澳同胞及其亲属和外籍华人家属。北大各方面统战人士数量多、素质好、层次高，在社会和海内外有广泛的联系和较大的影响。

在北大各民主党派成员中，现有3人任民主党派中央副主席、5人任中央常委，1人任市委主委、4人任市委副主委。北大的8名九届全国人大代表中，有民主党派成员3人、无党派人士3人；19名九届全国政协委员中，有民主党派成员9人、无党派人士7人、少数民族同胞1人；4名十一届北京市人大代表，全部是民主党派成员；14名九届北京市政协委员中，有13名是民主党派成员、无党派人士和归侨、台胞、少数民族同胞。在校内，有1名党外人士任副校长，有20多位统战各方面人士担任院(系、所)和机关各部、处的重要领导职务。北京大学广大统战人士积极参政议政，参与学校的民主决策、民主管理和民主监督，在学校的改革、发展和稳定方面发挥了重要作用。

到1999年底，6个民主党派在北大建有校级组织，即民革北大支部、民盟北大委员会、民建北大支部、民进北大委员会、致公党北大支部和九三北大委员会。民革、民盟、民建、民进、农工党、致公党、九三、台盟等八个民主党派在北京大学均有成员，计477人(北京大学民主党派组织机构状况详见附表)。

【主要工作】 *召开学习邓小平理论研讨会*　近年来，学习邓小平理论已经成为北大各民主党派组织和广大成员的自觉行动，许多基层组织长期坚持以各种形式学习邓小平理论。1999年4月，党委统战部和各民主党派组织联合召开了以“学习邓小平理论，落实科教兴国战略，创建世界一流大学”为主题的研讨会。参加研讨会的除各民主党派成员外，部分院系的党委统战委员也应邀出席。北大各民主党派组织事先进行了充分、精心的准备，推选出吴泰然(民革)、王晓秋(民盟)、许保良(九三)等人的9篇论文进行大会交流或书面发言。与会同志就如何在邓小平理论指导下，落实科教兴国战略、加快改革步伐，把北大建设成为世界一流大学等问题进行了深入细致的研讨。

协助完成学校6个党派基层组织的换届工作　1999年，北大的民革、民盟、九三、民建、致公党、民进等6个民主党派基层组织先后进行了换届工作。从1998年下半年起，在一年多的时间里，在各民主党派成员酝酿提名的基础上，统战部与各党派负责人就换届事项及新一届领导班子的人选反复进行了认真细致的酝酿和协商，对主要负责人的安排和新进班子的人选都听取了所在单位党委和民主党派上级部门的意见，征得同意。至1999年12月，6个民主党派换届选举工作全部完成。换届后，原民进北大总支升格为民进北大委员会。至此，北大的民主党派共有3个基层委员会(民盟、九三、民进)和3个支部(民革、致公、民建)。

协助做好民主党派的组织发展工作和党外代表人物的工作　北大民主党派慎重稳妥地进行组织发展。据统计，1999年各民主党派共发展成员16名，到年底全校民主党派成员总数已达到477人。统战部始终注意不断加强党外代表人物工作。1999年，根据中央统战部布置，并结合北大民主党派组织换届、推荐特约工作人员等工作，对原有的党外代表人物档案进行了整理、核对和补充，为2000年进一步开展党外代表人物工作打基础。根据中央统战部的要求，统战部与各民主党派组织和各院系党委密切协作，积极推荐党外专家申请华夏英才基金资助出版专著、论文。1999年，北大叶文虎、倪晋仁、梁立基、任光宣和褚斌杰5位党外教授获专著出版资助，还有2位党外博士获论文出版资助。

配合学校改革，做好同党外人士的沟通和思想工作　1999年学校实行了校内管理体制和人事分配制度的改革，北大各民主党派成员和党外人士均对此事予以高度关注。统战部就教职工对待改革的不同心态和利益要求，学校机关应如何提高效率、加强服务，如何建立有效的激励机制等方面问题，多次召开各民主党派主委、副主委以及部分老中青党外教师座谈会，并及时将会上提出的意见和建议向学校有关领导和部门反映，对有关改革政策的出台起到积极的作用。在定岗定级和全员聘任的过程中，有的党外人士存在一些意见和思想情绪，统战部及时地做了耐心细致的思想工作。

纪念中共中央[1989]14号文件发表十周年总结、研讨北大统战工作　1999年是《中共中央关于坚持和完善中国共产党领导的多党合作和政治协商制度的意见》(即中共中央[1989]14号文件)发表十周年，为了总结北大统战工作的成果和经验，研讨在改革、发展的新形势下，如何使北大统战工作上一个新的台阶，统战部先后分别召开各民主党派负责人、部分成员以及部分院系统战委员的座谈会。与会者充分肯定了北大统战工作十年来所取得的成绩，就统战工作面临的新形势、新问题发表了各自的看法，并提出了许多积极而有建设性的意见和建议。统战部在调查研究、认真总结经验的基础上，写出《面向新世纪的北京大学党外知识分子工作——纪念中共中央[1989]14号文件发表十周年》的工作论文，送到在南京召开的'99全国部分高校党外知识分子工作研讨会进行交流。

组织统战系统联谊活动　1999年是建国50周年，统战部组织部分民主党派成员、无党派代表人士、归侨侨眷、港澳台同胞及亲属，各院系党委统战委员等统战系统人员开展了一系列庆祝活动，并先后组织参观了校园新建筑和市区新景观。

统战部与各民主党派、侨联会于12月28日联合举办北京大学统战系统迎接新千年联谊会，各方面统战人士和学校有关领导300多人济济一堂，气氛热烈、融洽，校领导、民主党派、少数民族教职工、无党派代表和侨联会负责人分别致辞，回顾过去一年所取得的巨大成就，共同展望新千年美好前景。联谊会上还演出了精彩的文艺节目。联谊会受到各方面人士的充分肯定和好评。

积极开展理论信息工作　1999年1月、12月，北京市高校统战理论研究会1998年年会暨换届大会和1999年年会分别在北大召开，本市高校党委和统战部负责人到会。北大统战部分别在两次年会上交流了研究论文。北京市高校统战理论研究会换届后，北大党委副书记赵存生担任研究会会长，统战部长卢咸池为常务理事兼秘书长，副部长周爽为理事兼副秘书长。在北京市统战系统1999年度调查研究、理论研究优秀成果评比中，统战部报送的《面向新世纪的北京大学党外知识分子工作——纪念中共中央[1989]14号文件发表十周年》获优秀调查研究报告二等奖，《伟大的构想，光明的前程——浅谈台湾问题与邓小平“一国两制”理论》获优秀理论研究论文三等奖。

统战部坚持及时向学校领导和中央统战部、市委统战部等上级有关部门反映工作情况和有关信息，1999年全年共编写34期简报。1998年12月至1999年11月期间向市委统战部报送的信息，被采用13条，得107分，居全市高校第一位。部分简报反映的情况和问题引起中央有关部门的高度重视。1999年度统战部再次被评为北京市统战系统信息工作优秀单位，有两位同志被分别评为北京市统战系统信息工作优秀领导者和优秀信息员。

附 录

1999年北京大学民主党派组织机构状况

党派	委员会	支部	小组	成员	外单位成员数	备注
民革		1		22	6	1999年发展1人,另有博士生1人
民盟	1	8	1	198	10	1999年发展3人、去世1人,另有博士生、博士后4人
民建		1		15	7	另有博士后1人
民进	1	6		97	5	1999年发展3人、去世1人
农工				5		参加清华支部,1999年发展1人
致公党		1		29		1999年发展2人
九三	1	6		110	6	1999年发展6人、去世2人
台盟				1		参加海淀老年支部
总计	3	23	1	477	34	

（谢　宁）

纪检监察工作

【概况】 1999年北京大学纪委以邓小平理论和党的十五大精神为指导,从学校实际工作出发,认真贯彻落实上级纪检监察机关的工作部署和学校第十次党代会精神,坚持反腐败工作的三项格局和"教育是基础,法制是保证,监督是关键","标本兼治,综合治理"的党风廉政建设和反腐败工作思路,继续推进干部廉洁自律,建立和完善党风廉政建设的领导体制与工作机制,为促进学校的改革、发展和稳定发挥积极作用。

积极参与学校机关机构改革,6月完成了纪检监察和审计的合署办公,对内称"纪检监察审计部",校纪委监察室的编制为6人。

为加强纪检、监察和审计队伍的自身建设,先后制定和完善了《中共北京大学纪律检查委员会职责》、《校纪委委员工作职责》、《校纪委会工作制度》、《纪委办公室工作职责》、《监察室工作职责》、《审计室工作职责》以及各岗位的责任制度。规范了内部管理制度和工作程序。

校纪委办公室被北京市纪委评为优秀信息单位,经学校纪委推荐,曲春兰被评为北京市优秀纪检监察干部。

【党风廉政建设】 *建立和完善党风廉政建设责任制* 根据市委、市政府的要求,北大于1999年3月31日成立了贯彻落实党风廉政建设责任制领导小组。组长:任彦申;副组长:岳素兰、闵维方;成员:王丽梅、王杰、陈文申、叶静漪。

这一工作从3月开始着手,在进行充分调查研究的基础上,4月写出了《北京大学党风廉政建设责任制》(征求意见稿),而后将草案分送学校有关领导、校纪委委员和相关单位负责人审阅、修改。先后召开了有关院(系)、机关部门、直属和附属单位的党政干部、群众参加的四次座谈会,征求修改意见和建议,并将草案在学校机关改革研讨会上提出讨论。根据各方面的修改建议,"责任制草案"六易其稿,加强了现实针对性和可操作性,经校党委常委讨论通过并于1999年11月16日以党发[1999]43号文发至各单位贯彻执行。

纪委还协助校党委起草制定《北京大学关于贯彻落实〈关于领导干部报告个人重大事项的规定〉的实施办法》于1999年11月16日以党发[1999]42号文发至各单位党委。

贯彻落实领导干部廉洁自律的各项规定 新一届纪委领导班子开始工作后,重视抓好学校的党风廉政建设工作,年初先后召开两次纪委会和文理科院系、机关部处等20多个单位的负责人参加的二次座谈会,就"你对我校党风廉政建设的评价和看法"、"校系两级干部在廉洁自律、廉政勤政方面的现状、存在的问题及原因"、"你对加强我校党风廉政建设的思路和对策的意见、建议"等题目,提供情况、信息,发表意见和建议。

纪委制止了两起以学会、协会的名义,在外地办班、组织举办学术研讨会,实际却违反中央有关规定,计划用办理旅游证的方式组织与会人员出国考察、变相出国(境)旅游的错误做法,从而避免了违规行为的发生。

在推进干部廉洁自律工作中，采取了典型引路的方法。3月24日在全校各单位纪委委员会上，请昌平园区党委书记张荫春同志介绍领导班子作风建设方面的情况；图书馆党委书记高倬贤同志作了“陈秉才案引发的教训和思考”的发言；哲学系党委作了制度建设和财务公开方面的汇报。会后，在校刊上做了综合报道，对全校领导班子和领导干部的廉洁自律和全校党风廉政建设起到了一定示范和推动作用。在1999年第8期《是与非》杂志上发表了高倬贤的“研究馆员窃‘书’为哪般”的署名案例剖析文章。

民主生活会　按照中纪委、中组部和北京市教育工委的要求，结合学校实际，召开了校、院（系）处级领导干部廉洁自律专题民主生活会。为了开好校级领导干部民主生活会，校纪委与组织部一起分别于12月15日、16日和17日召开了三次座谈会，有学校文理科院（系）、校机关、直属和附属单位以及群团组织的党员、干部和教师、群众代表30余人参加，听取他们对学校领导的意见和建议，由校纪委和组织部整理成《校级领导干部民主生活会征求意见座谈会情况反映》，生活会前向校级党政领导班子进行反馈。2000年1月19日，校级党政领导干部12人如期召开了民主生活会。

院（系）处级领导干部民主生活会在学期末之前按时召开，有26个单位的163人参加了生活会。

【党纪监督工作】　校纪委、监察室努力履行监督职能，积极支持、参与和维护学校的改革。6月份，针对学校内部管理体制改革中一些部门或个人可能会出现的违反组织纪律、政治纪律、财经纪律等方面的问题，协助党委制定、公布了《关于在内部管理体制改革中严格纪律的规定》，要求各单位在内部管理体制改革中讲大局、守纪律，严防突击分钱、分物，造成国有资产流失等各种违纪行为的发生。这一规定与学校的内部管理体制改革方案同时出台，它对改革的顺利、健康发展起到了一定的保障作用。结合学校工作实际，先后对北大执行校务公开、预算外资金管理情况进行了调查，并写出了调查报告，参加了11月2日至4日教育部纪检监察局在福州市召开的教育系统推行“政务公开、校务公开”工作汇报交流大会，王丽梅参加并汇报了北大推行校务公开的做法和效果。11月23日至25日教育部在安徽合肥工业大学召开直属高校加强预算外资金管理与监督工作座谈会，王丽梅参加了会议并在会上汇报了北大预算外资金管理的情况。

按照教育部《关于做好1999年普通高等学校招生考试管理和执法监察工作的通知》要求，加强了招生工作的专项监察。纪委、监察室有2名干部到外地参加了招生工作。北大首次在北京市试行网上招生录取，纪委、监察室直接参加并对招生录取全过程进行监督，实现了网上录取和网上监督同步进行。招生工作结束后，纪委、监察室会同招生办、财务处一起对1999年收取学费的标准、政策依据、实际收费情况进行了专项检查。结果表明，北大1999年响应中央号召扩大部分招生，但在扩招中没有出现“双轨制”现象，扩招生与计划招收学生实行了同一收费标准，收费全部开具了正式收据。

为了保证学校人事、分配制度改革的公开、公正和顺利进行，维护教职工的合法权益，及时处理和解决有关问题，根据《北京大学岗位设置与人员聘任办法实施细则》规定的精神，受学校委托由纪委书记牵头，于1999年9月20日成立了岗位聘任申诉受理调查委员会。委员会由11名不担任行政职务和不参加聘任审议委员会工作的教师代表、教代会代表和有关职能部门代表组成（成员有：法学院贺卫方、科研部何淑云、光华管理学院李越、历史系周怡天、外语学院刘建华、力学系黄永念、物理系王德惶、城环系曾辉、组织部王淑文、研究生院汪太辅、教务部刘雨），专门负责调查处理岗位聘任工作中的有关申诉与投诉问题。由校监察室、教代会、人事部等部门和部分教师代表组成协调小组（成员有：校纪委叶静漪、姜晓刚，社会学所马戎、校工会刘永福、校医院李鸿明、人事部张立），协助申诉受理调查委员工作，办公室设在监察室。

从9月至11月底止，共收到各类关于岗位聘任问题的申诉和投诉143件（不含校领导和其他部门转来的重复申诉件），涉及申诉、投诉人近150人。经过调查委员会和协调小组的工作，共有20名申诉人的岗位级别得到了相应的调整，有12名申诉、投诉人的岗位级别此次虽然没有进行调整，但所在院（系）也给予了其他的相应补救措施。对每一个有明确署名，并有明确申诉事项的申诉人逐一给予了书面答复。

【信访与案件查处】　1999年共受理群众信访举报104件，其中来信68件，电话举报11件，群众来访25人（次）。对违纪线索进行初步核实的有9件，正式立案的有4件，办结的3件。校纪委协助中纪委、山东省潍坊市检察院等有关单位查处案件5件，其中包括原江西省副省长胡长清伪造北大学历事件。经过调查了解，查清胡原本是大专毕业，为了抬高自己的学历，本想通过北大的焦某给他办一个文凭，无奈北大管理严格，焦某只得从路边的小贩手里自己花钱给胡买了一个假文凭。焦某已在1995年底调离北大到宗教局任职，焦某的问题由宗教局作出了处理。

（曲春兰）

保 卫 工 作

【概况】 1999年,北大的保卫工作始终坚持围绕国家大事和学校的中心工作展开,在学校的迎接建国50周年庆典、迎接澳门回归祖国、迎接新千年等重大活动,以及与美国为首的北约和"法轮功"邪教组织进行斗争的过程中发挥了重要的作用。在学校机构精简和人事分配制度实质性改革的情况下,保卫工作做到了不断线,充分依靠和发动群众,积极开展治安综合治理和安全保卫工作,维护了校园政治稳定,保障了学校正常的教学、科研、生产、生活的正常进行。1999年,北京大学被评为首都治安综合治理先进单位,被消防局授予消防工作先进单位,燕园地区被评为交通安全达标单位。保卫部荣立北京市公安局颁发的集体三等功。

围绕创建世界一流大学的总目标,学校以机关为突破口,进行了全员招聘和人事分配制度改革。保卫部机构建制予以保留,张虹任部长,刘长友、张寅、窦书霞任副部长,童宣海任北京大学治安综合治理委员会副主任兼秘书长。改革后保卫部设置了6个办公室,分别为综合办公室、保卫保密办公室、安全警卫办公室、交通管理办公室、治安综合治理办公室、外来人口管理办公室,1个代管机构(派出所),1个直属机构(校卫队);编制由原来94个精简为70个。保卫部领导积极想办法妥善安排转岗职工,4名职工转岗到理科楼群做安全保卫工作。注重发挥各室主任的领导职能,塑造队伍形象,提高管理服务意识,办公程序逐步走向规范化和制度化,创办了保卫工作专报、工作周报,制定了各类文件传阅处理制度。

在提高队伍素质,促进保卫学研究方面也取得了较好的成绩。1999年6月,保卫部前部长童宣海参加了美国校园执法者协会第四十一届年会,并顺访了美国的几所大学。他撰写的《对美国校园警察制度及安全管理工作的考察与思考》刊登在《中国高教研究》上。12月,成功召开了第四届保卫工作理论研讨会,收集论文43篇,并印发了论文集。

(张　虹、窦书霞)

【重大警卫活动】 1999年,共完成55项首长、外宾警卫和50周年庆典、澳门回归、迎接新千年等大型活动的安全保卫任务,其中22项是二级以上警卫,每一项警卫工作都是精心组织、周密安排,落实专人负责,做到了万无一失。

【维护稳定与治安防范】 年初保卫部对1999年的总体形势进行了分析研究,针对国庆保卫、澳门回归、"五四"运动80周年等重大庆典和敏感日的维护稳定工作提出相应的措施和建议,并根据北大特点,就如何应对由国内国际热点问题引发的群体性突发事件提出对策、意见。

5月8日,以美国为首的北约悍然用导弹袭击了中国驻南联盟大使馆,引起师生强烈反响,保卫部在工作中注意保护广大青年学生的爱国热情,将校外一些行为过激或别有用心的人及时带离现场进行处理,其中有2人被北京市公安局收容;及时处理校园内带有煽动、攻击性的大小字报,配合国家安全机关连破4起校外人员作案的案件,并适时对三角地的大小字报、标语进行清理,保障整个抗议活动在有理、有利、有节的情况下进行,既抗议了以美国为首的北约的暴行,又维护了北大的稳定。

与"法轮功"邪教组织的斗争,是一场前所未有的政治斗争,敌我矛盾和人民内部矛盾交织在一起。在斗争中,保卫部始终按照校党委的要求,本着教育、团结、转化大多数的原则,严格区分,正确处理两类不同性质的矛盾,分别情况,区别对待。7月21日以来,保卫部在几次"法轮功"习练者"反弹"中,接回习练者约近80人次,累计谈话教育500余小时。在积极协助公安机关对各类人员进行处理的同时,配合有关校内单位的党组织做好重点人的教育转化工作。

全年上交公安机关邮件87件,配合公安机关破获1件。保卫部与党委办公室、学生工作部以及其他有关单位共同努力,确保了北大参加50周年庆典、澳门回归、迎接新千年三项大型活动的顺利进行。

派出所接报处理"110"报警52次,各类案件直接经济损失456180元。1998年9月,保卫部将治安科与派出所合并,使治安力量大为充实,打击力度得到加强。1999年保卫部派出所与校卫队协同作战,通过打击与管理相结合,治安状况好于1998年。全年共发生案件161起,其中刑事案件75起,治安案件86起,破获刑事案43起,破案率为57.3%;处理各类违法犯罪人员289人,其中拘留48人,收容遣送40余人。保卫部、派出所会同街道办事处、房产处等部门,对校内及周边家属区共进行清查20余次,查出从事违法犯罪活动人员40人左右,缴获非法盗版光盘31000余张。一度治安秩序比较混乱的中关园家属区治安状况有了明显改观。加强外来人口的管理工作,对内部单位使用外来人口核定用工指标,控制总量,对在校内务工的外地人员集中进行函调,发函1186份(其中回函435份),查获2名重大杀人负案在逃犯。

【保密工作】 保密工作落实领导工

作责任制，积极开展自查和保密法宣传教育工作。与学生工作部联合组织了一次大学生保密法规知识学习。4月8日下午，校党委保密委在体育活动中心召开了北京大学纪念《保密法》颁布十周年、大学生保密法规知识有奖竞答抽奖暨颁奖大会，北京市国家保密局陈志达局长和市委教育工委王志忠副处长应邀到会指导并为获奖学生颁奖。组织部分单位的教职工收看了保密法制宣传教育录像片《秘密保卫战》。先后4次组织全校42个单位统一监销密级与内部文件资料近5吨。

（张 虹）

【环境秩序整治】 保卫部加强了校园及周边交通、商业网点、违章建筑及私搭乱建、防火、基建工程安全管理、出租房屋、扰民等问题的管理和整治。对校内150余个室外消火栓进行了检查、维护；对分布在全校的59处变压器进行核实登记；12月份，抽调20余名专兼职保卫干部对全校70多个单位进行安全大检查，查处违章与发火险隐患通知书27次。1999年共发生火险事故11起（校园内7起、家属园区4起），除一起损失在550元以上外，其余10起都在200元以内。对校内交通环境进行规划，规范了哲学楼、一教前自行车停车场，对校内道路机动车行驶路线进行整顿，购置、埋设统一交通标志；办理机动车通行证1400多个，有效地控制入校机动车总量，实行机动车进校的分流；对校内违章停放的机动车驾驶员进行处理；为2700多名机动车驾驶员办理牡丹交通卡；遵照有关规章制度，收取各项管理费100余万元，已全部上交学校财政及有关金融管理机构。配合有关部门拆除违章建筑20余处，房屋130余间，面积2500多平方米；对校内朗润园、镜春园平房出租房屋的情况进行了调查。共收缴和捡拾无主自行车1645辆。

（窦书霞）

工会与教代会工作

【概况】 根据校党委和上级工会的部署要求，1999年校教代会、校工会工作的基本思路是：深入贯彻党的十五大精神和学校第十次党代会精神，以邓小平理论为指导，按照中国工会十三大提出的方针、要求，努力履行各项职权与职能，积极推进各方面工作，更好地发挥民主参与作用和桥梁、纽带作用，团结和动员教职工为创建世界一流大学而努力奋斗。

循着这一基本思路，校教代会、校工会着重抓好以下几方面工作，带动1999年工作的全面发展和整体水平提高：(1)配合学校党政及有关部门，组织学习、参观、调研、研讨等活动，宣传北京大学创建世界一流大学的目标、任务及工作进展，调动教职工的积极性，并集思广益，为学校决策提供参考依据。(2)通过座谈会、先进评选、优秀教学科研成果展等方式，促进以师德建设为核心、青年教师为重点的教职工队伍建设。(3)努力履行维护职能，进一步做好文体、福利、女工等方面工作，为教职工办实事，同时积极发挥民主参与、民主监督作用，做好校务公开的宣传与准备工作，促进全心全意依靠教职工办学方针的落实。(4)加强教代会、工会的自身建设与改革，利用有关研讨会、"两代会"换届筹备、校工会建立50周年等时机，总结工作经验，研究改进和加强工作的办法、措施，提高专、兼职干部的水平。在校内机构、人事改革中，校工会对原有部室和人员进行了调整精简。

1999年9月7日～11日，校工会选送16位青年教师的事迹材料参加北京市教育工会在中央美术学院展览馆举办的"北京高校青年教师优秀教学科研成果展"，他们分别是：陈章良、吕植、龚旗煌、欧阳颀、刘忠范、严纯华、肖建国、阳振坤、张继平、曹文轩、吴志攀、申丹、胡坚、阎步克、何怀宏、孙蚌珠。

（梁 燕、王冬云）

【提案工作】 提案工作是教代会工作的重要组成部分，是教职工代表履行职责、参与学校民主管理和民主监督的基本方式之一，也是学校领导广泛听取教职工意见、建议的必要渠道。1986年北京大学建立教代会制度时，即设立了提案审理工作委员会。在第三届校教代会第一次至第四次会议期间（1995年底至1999年初）提案审理工作委员会共审理提案332件、意见145件。这些提案、意见的内容涉及学校工作和教职工切身利益的许多方面，其受理工作关系到校内近半数的单位。提案审理工作委员会在每次年会后将征集的提案分门别类转给各受理单位，要求认真处理和答复，并对落实情况进行跟踪调查和督促，从而使提案人对处理、答复的满意和基本满意率（年平均）达到80%。为促进提案落实工作，校教代会执委会在每次年会上对提案受理工作积极负责、满意率高的单位给予表扬，对不重视、不认真的情况提出批评。为调动代表们的提案积极性，经提案审理工作委员会建议，第三届教代会于1997年设立了优秀提案奖，用以奖励那些格式规范、内容翔实并有合理建议的提案的提出者。至1999年，共有6位提案人获奖，3位提案人受到表扬。

（梁 燕）

【文体活动】 第十三届"京华杯"棋牌赛　1999年4月11日，北京大学、清华大学第十三届"京华杯"棋牌友谊赛在清华大学近春楼举行。北京大学代表队在大比分11：11平的情况下，以42：44的小比分负于清华大学代表队。

教工田径运动会　4月17日，第四届"北大资源杯"教工田径运动会在"五四"运动场举行，中国教育工会、北京市总工会、北京市教育工会领导和学校党政领导出席了运动会开幕式。本届运动会共有52个单位参加入场式；29个单位1000余人参加第八套广播体操表演；44个单位1000余人参加了"走进新时代"燕园彩绸健身舞表演；参加比赛项目的运动员1108人；累计参加人数为7000余人次。附中、图书馆、计算机系分获团体总分前三名，化学学院、保卫部、数学学院等十二个单位获得精神文明奖。

教工合唱团活动　"五四"前夕，校工会教工合唱团参加了北京电视台、北京大学联合主办的纪念五四运动80周年文艺晚会；5月3日，教工合唱团参加了在新落成的百周年纪念讲堂举办的"北京大学纪念'五四'运动80周年交响合唱音乐会"，李岚清副总理观看了此次演出。

教师节活动　教师节期间，校工会组织了系列庆祝活动，内容有：北京市教育工会主办，北大工会承办的"首都教育系统文艺汇演"、"教师节电影招待会"和"特邀全总文工团来校进行教师节慰问演出"等。

国庆50周年庆祝活动　为庆祝中华人民共和国成立50周年，校工会于"十一"前组织了全校30多个单位400多人参加的"与祖国同行"持旗接力赛，还组织了全校95位与共和国同龄的同志登香山活动。

北京大学教职工体育节　11月～12月期间举办，项目有篮球赛、羽毛球赛、乒乓球赛、围棋赛、象棋比赛，以及女教职工趣味运动比赛等，累计1000余人参加了以上活动。此外，"奔向21世纪"北京大学教职工冬季长跑比赛也在此期间进行，参加者近千人，计算中心、信息中心等15个单位获组织奖。

（张丽娜）

【生活福利工作】 "送温暖"活动　北京大学工会从1996年春节前开始此项活动，目的是把党对广大教职工的关怀送到千家万户，特别是帮助生活上有困难的教职工过好春节。1999年1月，北京大学工会对全校55户生活上有困难的教职工进行了慰问。

为教职工学车、购车服务　1998年6月，北京大学工会为教职工开办了首期汽车驾驶员培训班。1999年6月校工会再次为教职工开办汽车驾驶员培训班，有50人参加。同年10月20日起，校工会与有关公司合作，首次在校内为教职工举办为期一周的汽车展销活动，并为部分教职工提供无担保个人购车服务。

推出女职工保险计划　1999年5月30日，北京大学工会为全校58个部门工会的1310位女教职工办理了加入中国职工保险互助会的入会手续，并代付了会员费。这些女教职工参加了女职工安康互助保险计划，一旦患原发性乳腺癌等四种重大疾病，就可申请给付全额的保险金额赔付（每份36元保10000元，每人最多可保3份）。

工会生活福利工作研讨会　1999年8月14日至17日，北京大学工会召开首届生活福利工作研讨会。与会的部门工会生活福利委员们就学校管理、发展的有关问题和新形势下如何依法维护教职工权益等问题进行讨论，并提出了意见和建议。

金山开发　经校领导批示，1999年12月起，北京大学工会与北大资源集团合作，对由工会管理的北安河金仙庵旧址（原北京大学生物活动站）进行开发。

（崔　龙）

【第五届教代会工会工作研讨会】 北京大学教代会、工会于1999年8月18日～21日举办第五届工作研讨会。研讨主题是：筹备和开好第四届教职工代表大会暨第十六次工会会员代表大会，更好地发挥教代会、工会在学校创建世界一流大学进程中的作用。赵存生副书记、林钧敬副校长，"两代会"筹备工作领导小组、校教代会执委会、校工会常委会成员和各单位党政分管领导干部、部门工会主席共90余人参加了会议。

会上，赵存生同志传达了江泽民主席在第三次全国教育工作会议上的讲话精神，并作研讨会主题报告；生命科学学院工会主席任时仁等4位同志分别作工会、教代会工作经验介绍；校人事处长陈文申通报了学校人事、工资改革方案的内容。与会同志还学习了教代会、工会工作的有关文件、材料，并在小组讨论和大会交流中提出了工作意见和建议。

【庆祝北京大学工会成立50周年】 1999年12月30日，北京大学工会成立50周年庆祝大会在勺园举行。全国教育工会主席蒋文良，北京市总工会副主席孙学才、原副主席郑守廷，市教育工会主席刘祚屏、副主席杜自中，学校党政领导及各部门工会负责人共140余人参加了大会。

庆祝大会由校工会常务副主席陈淑敏主持。校党委副书记兼校工会主席赵存生在讲话中回顾了北京大学工会成立50年来的发展历程，阐述了工会工作的基本经验，提出校工会要继往开来，适应学校创造世界一流大学目标任务的需要，进一步加强自身建设，更好地履行职责。蒋文良主席代表全国教育工会致辞，他希望北京大学工会在现有基础上再接再厉，抓住机遇，开创工作新局面，为学校的改革和建设作出新贡献。任彦申书记、许智宏校长在讲话中肯定了校工会在学校工作全局中发挥的积极作用，对工会干部们表示感谢和慰问，并表示欢迎和支持校工会、教代会参与学校的民主管理、民主监督。原校工会主席沈承昌、数学学院工会主席刘张炬等也在大会发了言。

（梁 燕）

学 生 工 作

【概况】 北京大学学生工作部成立于1984年，由原北京大学党委学生部和学生处合并而成。原设有教育、管理、勤工助学、本科生就业分配四个科室，1999年6月，北京大学机构调整，学生工作部与人民武装部合署办公，受北京大学党委和行政双重领导。学生工作部、人民武装部内设综合办公室、教育宣传办公室、学生管理办公室、国防工作办公室四个办公室（本科生就业分配办公室和研究生院研究生毕业分配办公室合并为学生就业指导服务中心，挂靠学生工作部），主要负责全校学生的思想政治教育、日常管理、勤工助学、毕业生就业指导与服务、国防教育几方面的工作。

1999年恰逢五四运动80周年、国庆50周年、澳门回归祖国、又发生了“五八”事件，大事多、喜事多、难点多、热点多，同时又是北京大学的改革之年，学生工作部、人民武装部在北京大学党委和行政的领导下，精诚协作，克服工作任务重、突发事件多、机构调整等诸多困难，坚持做好学生思想教育、日常管理、毕业生就业、学生骨干队伍建设、国防教育、学生军训等常规工作，积极开展学生思想政治教育、学生素质综合测评、就业实践、后备军官选拔与培训等重点工作，并在此基础上积极探索创新，取得了一系列成果。

【重大活动】 学生工作部依托重大事件，突出主旋律，一方面主动开展计划中工作，另一方面积极完成国家和学校交办的各项任务。为纪念五四运动80周年，与北京电视台合作举办大型晚会，并成功举办中外名曲演唱会，有近万名师生参加。在国庆50周年之际，组织1120名师生参加国庆游行，充分展示了北大学生的良好风貌。发起并组织了“青鸟杯”首都高校大学生迎澳门回归知识竞赛，共有42所高校参加，经过激烈角逐，北京大学代表队夺得冠军，校内4600名同学和社会各界1600余人参加了竞赛笔试，在社会上引起了广泛反响。组织学生参加中央电视台“相逢2000年”等大型晚会的录制和中华世纪坛首都各界迎接新千年庆祝活动，举行北京大学迎接新千年长跑活动。

【思想政治教育】 *形势政策教育* 根据国际国内形势，教育引导学生开展思想领域的三项斗争即抗议北约暴行、驳斥“两国论”、揭批“法轮功”。1999年5月8日，以美国为首的北约悍然轰炸中国驻南斯拉夫大使馆，引起北大师生大规模的抗议活动，对此学生工作部密切关注、积极支持、及时引导，把学生的爱国热情引导到知识报国的行动中。对于李登辉抛出的“两国论”，组织学生参加批驳“两国论”的专题报告和讨论，使同学认清台湾当局分裂祖国的图谋，坚定一国两制、统一祖国的信念。“法轮功”非法聚集事件发生后，根据中央和上级有关单位的指示，详细摸底，了解在校学生练习“法轮功”的情况，教育学生认识“法轮功”的邪教本质，对重点对象开展细致的转化工作，力图使其迷途知返。

学生骨干队伍建设 以学生党建为龙头，加强学生骨干队伍建设。1999年2月和11月，先后两次召开学生党支部工作研讨会，修订并颁发了《北京大学关于加强学生党员队伍建设的若干意见》等四个党建文件，使学生党建工作逐步走向规范化、制度化，充分发挥学生党支部的战斗堡垒作用和共产党员的先锋模范作用。开办第二期助理学校，培养学生骨干。

讲授“人生理论与实践课” 1999年学生工作部和校团委的机关工作人员开始承担“人生理论与实践课”的教学任务，这既有利于学生工作干部全面了解学生思想动态以增强工作的针对性，又能理论联系实际，达到教育效果。

积极调研，总结经验 密切关注学生思想动态，积极开展调研，撰写各类情况反映共22期，完成1999年全国八省市高校滚动调查课题北京大学学生基本状况调查报告。编写《北大学生工作通讯》6期，约20余万字，总结经验成果，完成《改革开放二十年北京大学德育工作回顾与总结》和《北京大学二十年德育工作大事记》。

【完善助学体系】 及时掌握经济困难学生状况，初步建立经济困难学生档案。落实国家助学贷款工作，协助华夏银行实施教育贷款，有59名学生获得了共80.5万元的贷款。1999～2000年，减免1166名学生学费共189.625万元，为1996～1998级1134名学生审批发放贷学金92.08万元，划拨到各、院、系的临时困难补助为25.34万元，为全校经济困难学生发放临时性补助和探家车票补助近3000人次，达20余万元，为550名学生发放17项助学金112.06万元，为98名学生联系到13项社会爱心零散资助21.06万元，帮助学生解决学习和生活中的困难。

【学生日常管理】 *奖励先进，鼓励创新*　1998～1999学年评出116名三好学生标兵，754名三好学生，70名优秀学生干部，108名创新奖，636名学习优秀奖，307名社会工作奖，38名红楼艺术奖，22名五四体育奖，26个优秀班集体，47个先进学风班，推荐10个班级为北京市先进班集体，推荐25名同学为北京市三好学生，3名为北京市优秀学生干部，2126名学生获得56项奖学金共490.57万元，评选出326名1999届北京大学优秀毕业生，91名北京市优秀毕业生。在1998年设立创新奖学金的基础上，1999年决定在校级奖励中增加"创新奖"，共有108人获该奖，其中学术类77名，社会活动类7名，艺术类15名，体育类9名。

加强和改进管理　全面启动学生工作部管理信息系统，初步实现学生工作网络化和办公自动化。开展新生班主任培训，召开班主任工作研讨会。改革早操组织办法，与体育教研部共同组织1998、1999级本科生参加12分钟有氧跑锻炼，对学生的锻炼过程由各院系进行监督，锻炼结果由学工部进行考核。

【学生素质综合测评】　为促进学生提高全面素质，培养具有创新精神和实践能力的人才，学生工作部在深入调研的基础上，制定《北京大学学生素质综合测评条例》(试行)，对学生的学习成绩、基本素质和创新能力进行测评，作为评奖、评优，专升本、推荐免试读研等工作的依据。经过5个院系试点，在试行的基础上通过了《北京大学学生素质综合测评实施办法》，在全校范围内推广。学生素质综合测评内容全面，测评方式量化并具有可操作性，测评结果对学生有明显的教育和导向作用，为学生管理教育在科学化、规范化方面迈出了重要的一步。

【国防教育与国防定向奖学金】
举办国防系列讲座，先后举行台湾问题、车臣问题、高技术兵器、"神州"号飞船专场报告会，组织30余名学生参加全国性国防演讲比赛，获全国优秀组织奖。承担并完成2400余名学生军事理论课教学任务，初步实现多媒体教学，深受学生欢迎。完成1998级本科生军训任务，开展1999年度北京大学国防潜力的登记、统计、造册、上报工作，选拔并考核1999年度后备军官。有26名同学享受国防定向奖学金，配合校招生办研究确定每年招收30名国防定向生。

（杨跃平）

【毕业生就业指导与服务】 *就业概况*　1999年北京大学本专科毕业生2066人，统分生2032人，其中录取研究生673人，占33.1%；自费出国留学434人，占21.4%；可分毕业生848人，其中北京生源待分25人，实际派遣823人(落实就业单位765人，二分58人)，就业去向落实单位的765人中，去机关72人，占9.4%，其中省部级机关38人，占5.0%；去事业单位193人，占25.2%，其中高校27人，占3.5%，科研单位41人，占5.4%；去企业488人，占63.8%，其中到三资企业107人，占14%；去军队12人，占1.6%。与1998年相比，毕业生流向省部级机关的比例进一步减少，申请自费出国的比例有所增加，申请不就业的学生由1998年的3人上升为67人。1999年北大毕业研究生1202人，其中博士生311人，硕士生891人。除去自费出国314人和考博、做博士后112人外，实际参加就业776人。其中，去高校242人，占31.2%；去科研单位60人，占7.7%；去党政机关147人，占18.9%；去其他事业单位66人，占8.5%；去部队13人，占1.7%；去企业227人，占29.3%；其他5人，占0.6%；回省二次就业16人，占2.1%。

加强就业指导与服务　针对1999年严峻的就业形势和面临的各种问题，学校根据就业制度改革的方向和要求，采取各种措施来保证就业工作顺利开展。

1.开展调研，调整政策。为做好1999年毕业生的就业工作，学校早在1998年9月就对毕业生进行了问卷调查，了解1999届毕业生就业去向和心态，并通过多种渠道信息的反馈，把握社会需求形势的特点。1998年11月召开全校就业工作会议，主管校长林钧敬针对1999年就业形势和毕业生特点及可能存在的问题，明确任务，统一思想，初步形成就业工作全校一盘棋的良好氛围。在调整就业政策方面，在全国高校中率先制定毕业生可以不参加就业的政策，放宽毕业生到中关村科技园区所属高科技单位的指标限制。

2.拓宽信息渠道，加强就业指导。广泛征集需求信息，举办形式多样的供需见面会，组织召开全校规模的大型就业洽谈会和150多场专场招聘会，组织学生利用寒假参加全国各省市举办的人才招聘会，并把收集到的就业信息发放到有关院系，在学校中心地带设立就业信息橱窗，增强信息利用率。加强就业指导，开展直接面向学生的就业咨询，出版《北大学生就业指导报》，举办高质量的系列讲座12讲，讲授择业心理、择业改革、择业过程、求职技巧等知识，深受毕业生欢迎。启动心理测评系统，为毕业生免费测试，使毕业生求职有了一定的科学依据。

3.开展就业实践，拓宽就业渠道。从1998年暑假起，与用人单位合作正式组织毕业生开展就业实践活动。1999年暑假，组织6支就业实践团队，分赴青岛开发区管委会、青岛天泰房地产公司、惠普公司、康柏公司、沈阳军区、酒泉卫星发射中心等用人单位，受到学生的欢迎和社会的肯定。同时，学校积极拓宽就业渠道，大量发函收集用人单位信息，加强和各部委、地市的广泛联系，邀请总政、各省市等组成专门招聘团来校招聘。

4.加强就业信息网建设。基本完成就业信息网的软件开发工作，各院系就业工作小组也基本配备了计算机，就业信息网即将进入安装和试运行阶段。

（缪劲翔）

共青团工作

【概况】 1999年，北京大学团委在学校党委和上级团组织的正确领导和广大团员尽力支持下，以“沉静务实、开拓进取、立足建设、争创一流”为总的指导方针，深入贯彻学校十次党代会和团的十四大精神，锐意创新，不断进取，踏实努力，狠抓落实，使共青团工作取得了可喜的成绩。

一年来，北京大学团委继续加强思想建设，深化邓小平理论学习，大力开展主题教育活动，进一步完善了“一条主线、两个侧重、三点切入”的工作模式，并提出了“举小平理论旗，走科教兴国路，做世纪栋梁材”的口号，开展了形式更加活泼多样，内容更加丰富深刻的各种学习活动，在同学中再次掀起邓小平理论学习的热潮，许多团支部和团员上交了学习汇报和总结。为建设一流校园文化，北大团委以世界一流大学为目标，以老师为主导，以学生为主体，开展了既有主旋律，又有多样化，坚持高品位，保证多层次的校园文化建设。校团委推出的项目化管理制度对基层团委和学生社团开展活动提供了制度上及资金上的保证，极大地促进了校园文化活动的蓬勃发展。各院系和学生社团及两会举办的各种文化节更为建设一流的校园文化奠定了坚实的基础。在制度建设方面，北大团委开展了制度汇编工作，进一步规范与完善了各部的工作制度，同时加强组织建设与骨干培养，提高团的战斗力，树立共青团的良好形象。根据学校学工系统针对学生素质培养提出的总体要求，围绕以“政治文化建设为灵魂、道德文化建设为基础、学术科技文化建设为核心、文艺体育文化建设为补充”的工作布局，北大团委开展了形式多样的素质教育活动，努力培养全面发展的创新型人才。共青团工作还要树立为青年服务的观念，北大团委在这方面取得了可喜的进步，改进和完善志愿者服务、家教中介等方面的服务体系，并积极探索新形势下共青团工作的新机制。

【基层组织建设与骨干培养】 基层组织建设　基层团组织是北京大学共青团工作的主体和基础，加强基层团组织建设一直校团委是组织部工作的重点。在实际工作中，北京大学团委主要是从五个方面展开：①理论学习，寻找基层工作的支撑点；②完善基层管理细则，使团员的教育与管理有章可循；③实施“项目化管理”制度，建立基层扶持体系，推动基层试点工作的开展；④推优入党，提高基层团组织地位；⑤评优创新，以点带面拉动基层。通过这些工作，稳步推进团的建设，使北京大学共青团工作取得了可喜成绩，也积累了一定经验。

1999年，北京大学团委组织部先后举办了“做一天北大主人”和“庆国庆、迎回归”两次主题团日活动，收到鲜明效果；并且通过组织“五四精神与跨世纪青年的历史使命”研讨会、“挑战杯”中国大学生展望新世纪主题设计大赛全国总决赛作品展、“'99中国十大杰出青年北大行”活动，庆祝澳门回归升旗仪式等丰富多彩、形式多样的活动，多渠道地对广大共青团员进行爱国主义、集体主义教育，帮助他们思考人生，展望未来，立志做跨世纪栋梁材。同时通过“基层团组织组织委员例会”制度，促进基层团组织建设的规范性和制度化建设，帮助他们建立健全各项规章制度；并大力开展基层团组织调研工作，力求做到脚踏实地。

骨干培养　为营造一个适应时代发展的、能使大学生健康成长的校园文化氛围，学生骨干的培养是重要一环。多年来，北京大学团委经过不断探索，学生骨干培训体系不断完善，并形成了两条主要途径。

北京大学团校是北京大学有特色地培养共青团基层组织干部的模式，自1982年以来团校培养了一大批优秀人才，被誉为“北大黄埔”、“政治代表队”，在广大团员中享有极高声望。1999年，北大团委继续坚持办好北京大学团校，通过新生团支部书记培训班，第十五、十六期初级团校，第四、五期高级团校这一“三阶两级”模式，开展丰富多彩的活动，举办精彩生动的讲座以及“五四”青年论坛活动，全面加强共青团骨干培养工作。值得一提的是，2000年1月份，高级团校学员与国防大学许世功教授的座谈活动，以其鲜明的政治导向性、深刻的政治理论性，在社会上产生了广泛影响。

北京大学研究生干部学校是为加强研究生骨干队伍的建设，提高研究生骨干的理论水平、政治素质及工作能力而组建成立的培训机构，适应了校园文化研究生时代的需要。1999年，第三、四期研究生干部学校围绕创新、成才、素质教育等主题组织了多场报告会，举办了"名师治学与做人"等系列讲座，并赴天津武清观看空军表演，增强了国防意识。一年来，研究生干校为学校和社会培养了一批具有较高思想修养、理论水平和较强工作能力的跨世纪人才，实践了办校宗旨。

【理论与宣传】 北大团委宣传部借助现代网络技术，利用快速、便捷、及时的特点，推出《网络简报》创刊号，成为团委和上级领导获取校内外信息的又一窗口。《北大青年》报社精心策划了《北大青年·纪念"五四"运动八十周年特刊》，并在12月份对在校学生进行了1999年度北大学子评选国际、国内、校内十大新闻的问卷活动。北京大学第二届学生"演讲十佳"大赛、"华夏同心，共创未来"迎澳门回归演讲赛也相继举行。北京大学团委还发起并组织承办了"纪念五四运动八十周年全国大学生征文比赛"，大赛在全国范围内引起强烈反响。4月24日又举办了有首都近百名专家学者参加的"五四精神与跨世纪青年的历史使命"研讨会。本次研讨会挖掘了"五四"传统的时代精神，揭示了跨世纪青年的历史使命，关注青年的创新精神并把它提到重要的位置上来，产生了广泛的影响。为展示北大建国50年来的巨大成就及在世纪末的良好风貌，北京大学党委宣传部和北京大学团委宣传部联合主办，北大青年摄影学会承办了"在共和国旗帜下"大型图片展，图片展重点突出"振兴中华"的追求，以此作为向50年国庆的贺礼。

【科技学术与社会实践】 北大团委加大了对大学生课外科技活动的支持和引导力度，以"挑战杯"为龙头，按照普及性、提高性和竞赛组织三个层次展开科技文化活动，相继推出了北京大学首届学生创业计划大赛、首届"研究生学术十杰"、"本科生学术希望之星"评选、"华为"科技创新周等活动，并制定了《北京大学"挑战未来"——学生创新行动计划纲要》。在"挑战杯"全国大中学生展望新世纪主题设计竞赛总决赛中，北大2名同学(环科中心唐明宇，化学学院张继华)获杰出展望奖。10月份在重庆举行的第六届"挑战杯"全国大学生课外学术科技作品竞赛上，北京大学共有6件作品入围总决赛，获一等奖1个，二等奖1个，三等奖1个，鼓励奖2个，团体获"优胜杯"。此外，在1999年度北京市大学生数学建模与计算机应用竞赛中，北京大学有5队获一等奖，4队获二等奖，13队获成功参赛奖。团委还与学生创业团队合作组建了高科技网络公司——北京大学天正科技发展有限公司。

在学术文化方面，继1998年成功推出"素质教育一百讲"系列讲座后，1999年团委各部、学生会、研究生会、学生社团和各院(系)又先后推出了"院士系列讲座"、"迈向新世纪"、"名师治学与做人"、"世纪回响"、"研究生学术论坛"等一系列精品讲座，受到广大同学的欢迎和好评。团委学术实践部还借举办北京大学微星&AMD首届计算机文化节之际，推出了"计算机主题论坛"专题讲座，请来了如AMD公司中国市场经理纪朝晖先生、康柏公司中国区总裁谢克人先生、Yahoo创业人杨致远先生、四通集团总裁段永基先生等IT界的知名人士为同学开办讲座。这些讲座都有力地推进了校园文化建设和学生学术发展。

6月27日举行1999年北京大学文化、科技、卫生"三下乡"暑期社会实践活动的出征仪式，拉开了本年度学生社会实践活动的帷幕。1999年暑假，北京大学团委共组织了72支社会实践团队、2000多人次投入到社会实践中，足迹遍布全国25个省(市)、自治区，历时两个月，行程达3万公里。在社会实践过程中，广大同学通过座谈走访、调查演讲等多种形式，不仅深入了解了我国社会主义初级阶段的基本国情和基本路线，切实加深了对邓小平理论的理解，而且努力锻炼自身，增长才干，服务社会。9月底，又成功举办了暑期社会实践图片展，并编写了《北大青年·暑期社会实践特刊》。12月初，编成《走我们的路——'99北京大学文化、科技、卫生"三下乡"暑期社会实践论文集》。由于社会实践的出色成绩，北京大学再一次被评为"全国大中学生暑期社会实践"先进单位。

【社团建设与文体活动】 社团建设　在北大校园文化建设中，社团文化是一道亮丽的风景线，校内近百家社团可谓是校园文化建设的生力军。1999年，理论、实践、文体三大类社团根据自身条件，充分发挥自身特长，开展了丰富多彩的活动。文物爱好者协会在1999年11月中旬至12月中旬，举办了"北京大学'99文物保护宣传月"活动，以"保护文物、爱护遗产"为主题，通过讲座、电影和参观活动，普及文物保护知识，有效地加强了北大学生的文物保护意识。与此比肩的是红楼梦研究会在1999年10月中旬至11月中旬举办的"北大红楼文化活动月"活动。王蒙、刘心武等知名人士做了对《红楼梦》进行精辟解析的讲座。同时，"走近大观园"的系列活动，使《红楼梦》更走近北大学生。在1999年4月，山鹰社举办了"北大首届登山文化节"。8月，山鹰社女子登山队攀登雪宝顶峰登顶成功，继山鹰社登山队在1998年登卓奥友峰登顶成功后，在大学生业余登山史上，再次添上绚丽的一笔。

在举办大型特色活动的同时，社团活动更加注重面向社会、贴近同学。1999年12月3日晚，爱心社与DIY电脑俱乐部共同举办“生命的旋律——北大佳能爱心演唱会”，盲人歌手方琼、盲校和盲哑学校学生、外请专业歌手、北大十佳歌手同台献艺，以助残、爱残为主题，呼吁将爱心撒向社会，撒向全人类。北大自行车协会则从另一角度展现了他们的风采。每周五下午的义务修车活动，以简简单单的行动温暖了无数的心。

暑期社会实践也是社团活动的重心。爱心社“爱心万里行”，到贫困地区扶贫支教；自行车协会迎回归环保团远赴澳门，表达了北大学生对祖国统一的拥护和渴望。

1999年，在团委社团部的指导下，各社团充分发挥自身的优势，主动积极而又有序地开展活动，使社团充满生气，并带动校园生活更加丰富多彩。

文体活动 1999年2～6月，北京大学响应北京市委号召，围绕“歌颂伟大祖国，迎接新世纪太阳”这个主题，开展了一系列丰富多彩的文化艺术活动。4月28、29日，分别与北京电视台、中央电视台合作，联合举办了纪念“五四”运动80周年晚会。5月4日，“世纪春潮”——北京大学纪念五四运动80周年晚会在百周年纪念大讲堂隆重举行。北大学子将自己对五四精神的理解与对当代青年历史责任的深思融入晚会，展示了北大学子继往开来、不断进取的精神风貌，表达了“承五四青年报国志，作科教兴国栋梁材”的共同心声。“与祖国同行”——北京大学庆祝国庆50周年文艺晚会，展示北大新生良好修养与素质的1999新生文艺汇演及北京大学纪念“一二·九”运动暨迎澳门回归歌咏比赛也相继成功举办。

1999年，北京大学文艺活动成绩斐然。在“北京市大学生艺术节”上，北大参选项目共获6个一等奖。在’99全国大学生艺术节文艺晚会上，北大102位女生组成的方队参加了演出。

这一年，北大也以更加开放的姿态，迎来多场演出，如杨学进个人演唱会、海南省中学舞蹈团赴北大演出专场、布多阿森二胡演奏会等。

【青年志愿者活动】 北京大学青年志愿者总队是一个有活力、有朝气的团体，他们活跃在校园的各个角落，奉献着自己的爱心，为校园的精神文明建设发挥着重要的作用。一年来，青年志愿者总队举办了“青春与美同在”系列讲座，增强了同学们的美育观念；继续举办文明讲师团，为校保卫队义务讲授英语、计算机知识，提高队员的科学文化知识和修养；志愿者总队导游分队的同学们多次参加导游礼仪、基本素质、应变能力等方面的业务培训，促进了校内导游工作质量的提高。北大6名应届本科毕业生放弃优越的城市生活，主动参加团中央组织的中国青年志愿者扶贫接力计划第二届研究生支教团，赴国家重点贫困县支教一年。

基于以上的成绩，北京大学被科技部、共青团中央联合授予“优秀青年志愿者援助单位”。

【学生会与研究生会】 1999年，北京大学学生会与研究生会以服务同学学习生活为根本宗旨，以内部制度化、规范化的组织建设和管理为起点，以“科教兴国”、素质教育为重点，开展了多种类型的活动，丰富了校园文化生活。文艺活动历来是两会工作的重点，除了传统的活动，如学生会举办的“世纪凌云——99北大十佳歌手大奖赛”，学生会与研究生会分别举办的女生文化节，关心女生时尚，贴近女生生活，还响应“高雅艺术进校园”的号召，学生会承办了维也纳大学室内乐团演奏音乐会新生专场、智利钢琴家福里佩独奏音乐会教师节专场、国际爵士音乐节北大专场音乐会等演出，研究生会举办了“祝福新世纪——钢琴名曲音乐会”和“研究生系列艺术”活动，有力地推动了高雅艺术在校园内的普及。为提高同学的身体素质，各类体育比赛活动也如火如荼地展开，’99“新生杯”、“北大杯”足球赛，“硕士杯”篮球赛、足球赛，推动了同学们加强体育锻炼的风尚。同时，利用北大自身优势，学生会组织了北大体育明星交流会，李宁、刘伟、陆莉、许昱华四位体育明星与同学进行了座谈。作为百年名校，学术科技活动更是重中之重。学生会推出了’99学术学习调研、创新系列讲座、’99科学文化节、IT推广系列活动；研究生会以“信息化校园”建设为工作主导方向，相继举办了研究生论坛、“Soyou杯”首都高校网络文化节、“数字论坛在北大”系列讲座、“世纪回响”系列学术报告会”和“迈向新世纪”信息技术系列报告。这些活动极大地加强了北大校园的学术氛围。而第五届“我爱我师——最受学生爱戴的十佳教师”评选活动更是超出往年的规模，吸引了广大老师、学生的注意力，起到了沟通学生与老师的桥梁作用。

学生会和研究生会的常代会工作进一步走向制度化、务实化，加强对两会的财务监督和人事监督，并加大自身的宣传力度，开展一系列的调研活动，扩大了在同学中的影响。

（王永辉）

·人　物·

在校院士简介

中国科学院
数学物理学部

段学复　1914年生，陕西华县人。1936年毕业于清华大学数学系，1943年获美国普林斯顿大学博士学位。曾任清华大学数学系主任、北京大学数学系主任。现任北大数学学院教授、博士生导师。

长期从事代数学方面的教学和研究工作。早年研究有限部群的计数定理，在与华罗庚合作的基础上，成功地推广了A. 库拉考夫定理；在研究有限群模表示论方面，与R. 布饶尔合作，对于阶恰为一个素数的一次幂所除尽的有限群，特别是单群的线性群，得到了重要结果；在与C. 谢瓦莱在代数李代数与代数李群方面合作所取得的成果，是代数群现代理论早期发展中首创性工作。70年代，其开始有限群对一类组合问题的应用的研究，曾以解决某项实际问题提高计算时效而获奖。

姜伯驹　1937年生，浙江苍南人。1957年毕业于北京大学数学力学系，留校任教至今。曾任美国普林斯顿高等研究所、巴黎高等科学研究所研究员、联邦德国海德堡大学客座教授，1985年当选第三世界科学院院士。现任数学学院教授、博士生导师。

主要从事不动点理论的研究，60年代以来，在不动点理论中Nielsen数的计算方面，首创迹群和有限覆迭方法，取得突破性进展。80年代以来，深入研究低维的不动点问题，对于曲面自同胚，证明了Nielsen数等于最少不动点数；并以辫群为工具发现了与高维情形相反，曲面自映射的最少不动点数一般不等于Nielsen数。这项工作解决了自20年代Nielsen理论创立以来的最大疑难，获国家自然科学二等奖。1984年被评为国家级有突出贡献的专家。

张恭庆　1936年生，上海人，1959年毕业于北大数学系，曾在美、英、法、德、意大利、加拿大等国作研究访问。现任北大数学学院教授、博士生导师。并被授予“国家级有突出贡献专家”称号。

张恭庆教授在非线性泛函分析及非线性偏微分方程理论研究中都获得了国际领先成果，特别是他建立和发展了孤立临界点无穷维Morse理论，把几种不同的临界点定理纳入了一个新的统一的理论框架，由此又发现了好几个新的重要的临界定理，运用这一理论，得到了一批重要理论成果。此外，他发展了集值映射拓扑度和不可微泛函的临界点理论，解决了一批有实际应用的非线性偏微分方程的自由边界问题。他的这些成果都达到国际领先水平，多次获国家级科学奖。

杨立铭　1919年生，江苏溧水人。1942年毕业于重庆中央大学机械系，1948年获英国爱丁堡大学博士学位。1952年到北大物理系任教。现为北大物理系教授、博士生导师，并兼任中国核物理学会理事长等职。

杨立铭教授长期从事原子核理论研究，取得了一系列重要成果，为我国核理论及其队伍的形成和发展作出了重要贡献。他在原子核集体运动方面提出了系统的微观基论，该理论不但为国际上著名的相互作用玻色子模型提供了微观基础，而且可以解决唯家理论未能适用的某些领域中的问题，他的这一突出贡献曾获得国家教委科技进步奖一等奖，国家自然科学奖三等奖。

杨应昌 1934年生，北京市人。1958年毕业于北京大学物理学系，留校任教。曾在法国、美国等地从事研究工作。现任北大物理系学教授、博士生导师。

杨应昌教授研究物质的磁性，研究固体的宏观磁性与微观结构的联系，特别是结合我国资源特点，研究稀土金属间化合物的结构与磁性，取得了一系列在国际磁学界具有重要影响的成果，如合成了以稀土—铁为基的新相，发现了间隙原子效应，开发了具有我国知识产权的新型稀土永磁材料等。曾获国家自然科学二等奖、王丹萍科学奖以及多届国家教委科技进步一等奖等。

甘子钊 1938年生，广东信宜人。1959年毕业于北大物理学系，后攻读研究生4年。曾在美国从事科研工作。现任北大物理学系教授、博士生导师、系主任，兼任北大固体物理研究所所长，被授予“国家级有突出贡献的专家”。

甘子钊教授最先在国内实现了燃烧型气体动力学激光器，为发展我国大能量激光做出突出成就。他在半导体中隧道效应的机理，多原子分子多光子离解的物理模型以及光在半际体中相干传播的理论等方面有开拓性工作。他还长期担任国家超导专家委员会负责人，为我国高温超导研究作出重要贡献。最近他又被聘为国家“高临界温度超导电性的基础研究”项目的首席科学家。

陈佳洱 1934年生，上海市人。1954年毕业于吉林大学物理系。1963年至1965年应英国皇家学会的安排赴英国牛津大学和卢瑟福高能研究所等处访问，从事串级静电加速器和等时性回旋加速器的研究工作。曾任北京大学校长，现任北京大学技术物理系教授，核物理及核技术专业博士生导师，北京大学重离子物理研究所所长，同时任国家自然科学基金委员会主任、国家教委科技委员会委员、中国科学院数理学部原子核科学委员会委员、国家高技术项目主题专家组成员、中国核学会理事、中国粒子加速器学会副理事长、中国科协全国委员会常务委员、北京市科协主席、中国物理学会理事长等职。

陈佳洱教授长期从事粒子加速子器的研究与教学，在十分艰难的条件下完成了4.5兆伏静电加速器的设计、建造和2×6兆伏串列静电加速器的改建工程，为填补国内单色中子能区空白和拓展重离子束核分析技术做出贡献；建成了静电加速器质谱计，在国内首次实现C-14同位素的超灵敏检测；他在回旋加速器中心区物理和束流脉冲化研究上取得了一系列创造性的成果，大幅度地提高束流输运和利用效率；在加速器发展的前沿，他建议并主持新型重离子RFQ加速结构和超导加速腔的实验研究，取得了具有国际先进水平的成果，为我国新一代加速器的发展作出贡献。在国内外发表论文70余篇，获得省部级科技进步奖三项，是一位理论素养与实验技能兼备，熟悉多种加速器的物理学家。

文　兰 1946年生，甘肃省兰州市人。1964年到1968年在北京大学数学力学系读本科，1978年到1981年，在北京大学数学系读研究生，师从著名数学家、国际微分动力系统研究主要代表人之一廖山涛院士。1982年到1988年，在美国纽约州立大学、西北大学数学系学习，其间获得西北大学博士学位。1988年回国，在北大博士后流动站从事两年研究工作。1990年8月晋升教授。

文兰教授是数学学院微分动力系统专家，独立解决了流C1稳定性猜测，建立了不一定可逆系统的C1封闭引理，证明Williams猜测对一大类非扩张双曲引子成立。由于这些工作，文兰教授先后获得国家教委科技进步二等奖（1992年）、国氏博士后奖励基金（1994年）、陈省身数学奖（1996年）、求是杰出青年奖（1997年）。1999年11月，当选为中国科学院理学部院士。

丁伟岳 1945年生，上海市人，1968年毕业于北京大学数学系，“文革”后以优异的成绩考取中国科学院数学研究所研究生，1986年获博士学位。现任北京大学数学学院教授。

丁伟岳在几何分析这一当代基础数学的前沿领域许多重要而

困难的课题上做出了令人瞩目的成果。他推广了著名的 Poincare-Birkhoff 定理并将其应用于常微分方程周期解的存在性问题；在著名的 Nirenberg 问题研究上取得了突破性进展，首次证明了该问题有解的充分条件，这一结果与其它一系列相关研究有利地推进了具共形不变性的半线性椭圆方程的理论；他在调和映射的存在性问题和热流方法、Kahler-Einstein 度量的存在性等一系列重要问题上也获得了有国际影响的结果。目前丁伟岳指导的一个几何分析青年研究中心，集中了一批该领域的优秀青年数学家，并取得了丰硕的成果。丁伟岳曾获国家自然科学二等奖、陈省身数学奖和求是杰出青年奖，在 1991 年被国家教委和国家学位委员会授予“做出突出贡献的中国博士学位获得者”。

陈建生　1938 年生，福建省福州人。1963 年毕业于北京大学地球物理系天体物理专业，1979 年～1980 年在英澳天文台访问，1982 年～1983 年在欧洲南方天文台访问，现任现任北京大学天文系主任，中国科学院北京天文台研究员，中国科学院—北京大学联合北京天体物理中心主任，1986 年起任博士生导师，1991 年当选为中国科学院院士，中国科学院数理学部副主任。兼任中国科学院天文学科专家委员会主任、国家自然科学奖等、国家评审组专家、中国科技大学兼职教授、国际天文学会第 9、第 28 委员会组委、美国《Fundalmental of CosmicPhysics》学报编委、国务院学位委员会及人事部博士后专家组成员、中科院学位委员。是第八届全国政协委员、第九届全国人大常委、教科文卫委员会委员，中一德议会友好小组成员。主要研究领域：类星体巡天、类星体吸收线、星系际介质、星系物理、施密特 CCD 测光及大视场、大尺度、大样本天文学，现领导 BATC（北京—亚里桑那—台湾—康奈狄克）CCD 多色巡天计划。现主持“九五”中科院重大基础研究项目及国家基金委重点项目。

中国科学院化学部

张青莲　1908 年生，江苏常熟人。1930 年毕业于上海光华大学，1936 年获德国柏林大学博士学位，并进入瑞典斯德哥尔摩物理化学研究所当访问学者。回国后曾任西南联大教授、清华大学教授、北京大学化学系主任。现任北大化学学院教授、博士生导师、中国科学院化学部副主任。

张青莲教授长期从事无机化学的教学和研究工作，对同位素化学造诣尤深，是我国稳定同位素化学研究工作的奠基人和开拓者，亦是最早对重水物理化学常数和状态图进行研究的学者之一，所测定的重水密度值是最佳值之一，被国际承认和引用。1991 年，他测定的铟原子量被采用为国际新标准。

邢其毅　1911 年生，贵州贵阳人。1931 年毕业于辅仁大学，1936 年获美国伊利诺大学博士学位，并在德国慕尼黑大学进行博士后研究工作。回国后曾任中央研究院化学研究所研究员、华中军医大学教授、北大教授。现任北大化学学院教授、博士生导师。

邢其毅教授长期从事大学化学教学工作，专长有机化学合成反应及其应用领域的研究。早年提出的测定不饱和的脂肪酸结构的方法得到了普遍应用；“氯霉素新合成法”于 1978 年获全国科学大会奖；他参与研制的人工合成牛胰岛素获国家自然科学一等奖，多肽合成方法获国家教委科学技术进步二等奖。他编写的《有机化学》及《基础有机化学》教材，被国内各大专院校广泛采用。

唐有祺　1920 年生，上海南汇人。1942 年毕业于同济大学，1946 年赴美留学，师从世界著名化学家鲍林教授，并获博士学位。1952 年到北大任教，现任北大化学学院教授，博士生导师，物理化学研究所所长，兼任中国化学会理事长，国家教育部科技委员会主任等职。

唐有祺为我国晶体化学和结构化学的奠基人之一，曾筹建北大物质结构研究基地，参加对胰岛素结构的测定，并在晶体结构基础理论、超导体和催化剂的科研方面作出了贡献，获国家自然科学奖、国家教委科技进步奖等多项奖。近年来又主持国家重点实验室“北京分子动态及稳态结构实验室”。

徐光宪　1920 年生，浙江绍兴人。1944 年毕业于上海交通大学化学系，1951 年获美国哥伦比亚大学博士学位，回国后在北大任教。现任北大化学与分子工程学院教授、稀土化学研究所中心主任、博士生导师、国家自然科学基金委员会化学科学部主任、中国化学会理事长、中国稀土学会副理事长等职。

徐光宪教授与合作者在量子化学领域中，提出了原子价的新概念 $nxc\pi$ 结构规则和分子的周期律、同系线性规律的量子化学基础和稀土化合物的电子结构特征，被授予国家自然科学二等奖。他的“串级萃取理论”，把我国稀土萃取分离工艺提高到国际先进水平，并取得巨大经济和社会效益，其《物质结构》一书在长达四分之一世纪的时期内是该课程在全国唯一的统编教材，被授予国家优秀教材特等奖。

冯新德 1915年生，江苏吴江人。1937年毕业于清华大学化学系，1948年获美国诺德丹大学博士学位。1952年由清华大学调入北京大学。现任北大化学学院教授、博士生导师，兼任中国科学院感光化学所研究员、石化总公司顾问。

冯新德教授为中国高等学校第一个高分子化学专业的创始人之一。在自由基聚合、共聚合、医用高分子材料、生物降解药物缓释放高分子、电荷转移光聚合、开环聚合等方面的研究中都取得了突出的成绩，获得国家奖励。他重视人才的培养，所指导的博士研究生中有二人获得中国化学会青年化学奖。

张　滂 1917年生，江苏南京人。1942年毕业于国立西南联合大学化学系，1949年获英国剑桥大学博士学位。现为北大化学学院教授，博士生导师。兼任中国化学会常务理事等职。

张滂教授在有机化学领域有很深的造诣，他特别着重于基础理论研究，取得了独创性的成果，在国内外重要期刊上发表了数十篇高水平的论文。他在以天然产物为中心的有机合成、新型化合物、试剂和方法的研究及新的有机反应的发现等研究领域都作出了突出的贡献。他还长期担任国家化学课程改革的学术领导工作，为我国有机化学人才的培养、教材建设及教学改革作出了重大贡献。

黎乐民 1935年生，山东电白人，1958年毕业于北大化学系，1962年在北大技物系攻读络合物化学研究生。曾任美国IOWA州立大学客座科学家。现为北大化学学院教授、博士生导师，北大稀土化学研究中心副主任。

黎乐民教授专长于应用量子化学及物理无机化学。他长期从事应用量子化学及无机配位化学、萃取化学方面的研究，在研究无机物电子结构与成键理论及萃取化学方面取得了系统的有特色的研究成果，并获得一项国家自然科学奖二等奖及多项部委省级科技成果奖。在教学方面，他长期从事应用量子化学的教学，出版了多部应用量子化学方面的教材及专著，为教材建设作出了贡献。

周其凤 1947年生，湖南浏阳人。1965年到1969年在北京大学化学系学习，1979年到1981年，在北京大学化学系读研究生，师从著名化学家冯新德先生。1981年到1983年在美国麻省大学攻读研究生，1983年获得博士学位回国。1990年8月晋升教授，1995年任北京大学研究生院常务副院长。

周其凤教授主要从事高分子化学的教学和科研工作。他创造性地提出了“Mesogen-JacketedLiquidPolymer”(甲壳型液晶高分子)的科学概念并从化学合成和物理性质等角度给出了明确的证明。该成果获1997年国家自然科学三等奖。最先发现通过共聚合或提高分子量可使亚温态液晶分子转变为热力学稳定的液晶高分子两个原理；并发现了迄今认为是最早人工合成的热致液晶高分子；发现了高分子六方柱相超分子结构等。16年来，周其凤发表论文160篇，据SCI统计，其论文被引用486次。曾获中国化学会高分子基础研究王葆仁奖、霍英东教育基金会优秀青年教师基金、国家教委科技进步二等奖等奖励。

刘元方 1931年生，浙江镇海人。1952年毕业于北京燕京大学化学系。同年到北大化学系任教。现为北大技术物理系教授、博士生导师。兼任中国核学会常务理事、核化学与放射化学学会理事长等职，并受聘为瑞士国家反应堆研究所客座科学家。

刘元方教授于1955年在中国首先进行了热原子化学研究，领导建成了我国第一台5万转/分的浓集 ^{235}U 的气体离心机，重制了 ^{251}BK 的衰变纲图，并系统地开展放射性核素标记抗癌单克隆抗体的化学的重要研究，取得了突出成就。他是新中国培养的第一代放射化学家，在创立和建设我国第一个放射化学专业的教育事业中作出了重要贡献。

中国科学院地学部

董申保　1917年生，江苏武进人。1940年毕业于北京大学地质系，1948年赴法国留学，回国后曾任北大地质系教授、长春地质学院院长等职。现任北大地质系教授、博士生导师，兼任中国矿物岩石地球化学学会常务理事。

其在变质岩石和岩浆岩石学研究方面取得了重要突破，特别是在变质岩石学方面造诣精深，曾获1978年全国科技大会先进工作者称号。其发起组织和领导了中国变质地质图件的编制与研究，填补了我国地质科学中的一项空白。其专著《中国变质图及说明书》、《中国变质作用及其与地壳演化的关系》，分别获得地矿部及全国优秀科技图书一等奖。

侯仁之　1911年生，山东恩县人。1940年毕业于燕京大学，1949年获英国利物浦大学博士学位。1952年任教于北大地质地理系，曾任系主任和校副教务长等职。现任北大城环系教授、博士生导师，兼任北京市人民政府首都发展战略顾问组顾问等职。

侯仁之教授长期致力于历史地理学的教学与科学研究，1950年发表“中国沿革地理课程商榷”一文，第一次在我国从理论上阐明沿革地理与历史地理的区别及历史地理学的性质和任务。其在对北京历史地理的研究中，解决了北京城市起源、城址转移、城市发展的特点及其客观规律等关键性问题，为北京旧城的改造、城市的总体规划及建设作出重要贡献。其还在西北干旱及半干旱地区的考察中，揭示了历史上不合理的土地利用是导致沙漠化的重要原因，为沙区的治理在决策上提出了重要的科学依据。1984年被英国利物浦大学授予荣誉科学博士称号。

赵柏林　1929年生，辽宁辽中人。1952年毕业于清华大学气象系，同年到北大物理系任教，1957年到苏联科学院应用地球物理研究所进修。曾先后到美、日、德等国讲学考察。现为北大地球物理系教授、博士生导师。兼任中国气象学会理事、卫星气象委员会副主任等职。

赵柏林教授参加了人类首次乘气球入云测量云中电荷，研制出多频微波辐射计系列，建立了大气遥感站，这一成果属国内首创，获1988年国家科技进步一等奖。他还建立了光学遥感气溶胶和二氧化氮新方法以及低空大气遥感系统等，并应邀与日本合作从事世界气候计划中云辐射对气候影响的研究。他以卓越的成就荣获“国家级有突出贡献专家”称号以及全国高校先进科技工作者称号。

王　仁　1921年生，浙江吴兴人。1943年毕业于西南联大航空工程系，1953年获美国布朗大学博士学位。1955年到北大工作，曾任力学系主任、力学研究所所长。现任北大力学系教授、博士生导师、国家自然科学基金委员会副主任委员。

其专长塑性力学的研究，在滑移线理论、结构的塑性动力响应、柱壳在轴向冲击下的塑性动力稳定性等方面做过深入的工作。还研究地球动力学，曾在地球构造的驱动力研究、地球构造应力场、华北地区地震迁移规律、引潮力对地震的触发作用、岩石破裂机制的研究等方面做过很多开创性的工作，著有《固体力学基础》。

中国科学院技术科学部

王　选　1937年生，江苏无锡人。1958年毕业于北大数学力学系，同年留校任教。现任北大计算机科学技术研究所教授、博士生导师、所长，文字信息处理技术国家重点实验室主任，被授予“国家级有突出贡献的专家”。

王选教授为汉字激光照排系统的创始人和技术负责人。针对精密汉字字形信息量大的问题，他发明了高分辨率字形的高倍率信息压缩和高速复原方法，他设计的专用超大规模集成电路实现复原算法，显著改善了系统的性能价格比。他所领导的科研集体研制出的汉字激光照排系统处于国内领先地位，获国内外十几项大奖，取得了重大的经济和社会效益，为新闻、出版全过程的计算机化奠定了基础，被誉为“汉字印刷术的第二次发明”。1992年又研制成功世界首套中文彩色照排系统。

杨芙清　1932年生，江苏无锡人。1959年北大数学力学系研究生毕业。曾留学苏联，任莫斯科杜勃纳联合核子物理研究所计算中心中国专家。现任北大计算机科学技术系教授、博士生导师、系主任，兼任中国计算机学会副理事长等职。

杨芙清教授主持研制了我国第一台百万次集成电路数字计算机操作系统，解决了资源共享和多道程序运行等一系列概念和方法，为我国多道操作系统的发展奠定了基础。她主持研制成功了国内第一个使用高级语言书写的操作系统。并在软件结构、软件设计和软件工程支撑环境的研究方面成绩卓著，多次获国家级科技奖。

吴全德　1923年生，浙江黄岩人。1947年毕业于清华大学电机系。1952年到北大物理系任教。现为北大电子学系教授、博士生导师。

吴全德教授提出银氧铯阴极光电发射的物理模型，推导出长波光电激发的光电流密度和量子产额公式，计算了它的长波光谱响应理论曲线，指出对长波有贡献的平均银超微粒的直径为31。此理论被国外有关文献称之为“吴氏理论”。他对超微粒子—半导体薄膜材料的结构和特性进行系统研究，获国家级科技奖。他还与合作者提出实用多碱光电阴极“多碱效应”的解释以及多晶光电发射模型的理论，提出固体表面上原子团和超微粒的形成和生长理论，并推广到外延生长条件等问题。

石青云　1936年生，四川人，1957年毕业于北京大学数学力学系。现任北京大学数学科学学院教授，应用数学专业博士生导师；北京大学信息科学中心学术委员会主任，视觉与听觉信息系统国家实验室学术委员会主任，中国自动化学会理事，模式识别与机器智能专业委员会主任，国际模式识别委员会理事。

石青云教授在模式识别领域开展了一系列处于国际前沿的工作，发表论文40多篇(国际权威性刊物上五篇)。她以高维属性文法实现统计与句法模式识别有效结合，开拓了模式识别理论的新方向；她率先在我国开展图像数据库的研究，取得二维符号串ICON索引方面的重要成果；她首创新型图象数据结构CD表示，并为她主持研究的地理信息系统(评价为具国际先进水平的突破性成果)提供了关键技术；在她主持研究的“七五”攻关项目“模式识别图象数据库”取得四项国际先进水平的成果中，“指纹自动识别系统”获国家教委科技进步一等奖，居国际领先水平并战胜了日本NEC和北美Morpho两个著名公司而夺标；近期她又在数学形态学、新一代图像数据压缩技术方面有新的突破。

王阳元　1935年生，浙江省宁波市人，1958年毕业于北京大学物理系。1982～1983年在加州伯克莱大学任访问学者。现任北京大学微电子学研究所所长。

在微电子领域进行了系统的有开创性的研究工作，取得了14项重大成果，获11项国家和部委级奖励。主持研制成功我国第一块三种类型1024位MOS DRAM，使我国MOS集成电路技术和产业水平进入新阶段，被认为是我国硅栅N沟道技术开拓者之一。该集体成果获全国科学大会奖。在多晶硅薄膜电子性质和氧化动力学研究方面提出了迁移率统一模型和应力增强氧化模型及其特征参量、氧化速率常数和工程方程，被评价为“对现在进行的研究工作有极重要指导意义”，获国家教委科技进步一等奖。在SOI/CMOS电路研究方面被认为“模型工作有创新”，“已进入国际先进水平行列”。在新器件研究方面获光华科技基金一等奖。与合作者一起提出MOS绝缘层陷阱电荷弛豫谱测试新方法，首次实现陷阱电荷三个基本参量的直接测量，获国家发明三等奖(第三发明人)。主持研究多晶硅射级超高速集成电路，对改变我国双极集成电路技术落后面貌有重要意义。发表著作五部、论文100余篇。

中国科学院生物学部

翟中和　1930年生，江苏溧阳人。1956年毕业于苏联列宁格勒大学生物学系。回国后在北大生物系任教。后曾到苏联科学院生物物理研究所进修，并为美国麻省理工学院生物学系访问教授。现任北大生命科学学院教授、博士生导师，兼任中国细胞生物学会副理事长、中国电子显微镜学会常务理事等职。

翟中和教授较早建立细胞超微结构技术，首次研制成鸭瘟细胞疫苗，在动物病毒复制与细胞结构关系方面取得突出成就。他在国际上首次证实原始真核细胞存在染色体骨架与核骨架，并在国内首次建立了非细胞体系核重建的实验模式，首次直观地显示了重建核的核骨架体系。这些成果受到国际上的高度重视。

许智宏　(详见“特载 · 许智宏就任北京大学校长”)

朱作言　1941年出生，湖南澧县人。1965年毕业于北京大学生物系，1980年毕业于中国科学院研究生院。1980～1983年分别在英国南安普敦大学、伦敦皇家肿瘤研究所和美国波士顿遗传所进修，1988～1991年在美国马里兰大学海洋生物技术中心任教授研究员、Facultymember，1991～1994年英国阿伯丁大学任高级讲师、TeachingStaff、博士生导师，1995～1999年任中国科学院水生生物研究所所长。现任北京大学生命科学学院教授、国家自然科学基金委员会副主任、国家淡水生态与生物技术重点实验室主任，是中国科学院院士和第三世界科学院院士，专业领域为分子遗传及基因工程。长期从事鱼类基因工程、鲤类基因组等方面的研究，并取得了多项具有开创意义的重要成果，为鱼类基因育种奠定了理论基础。曾6次获得国家和部级科技成果奖，共发表研究报告90多篇，其中3篇已成为转基因鱼领域公认的经典文献。

中国工程院信息与电子工程学部

王　选　(见346页“王选”)

中国工程院农业轻纺与环境工程学部

唐孝炎　1932年生，江苏太仓人。1953年毕业于北京大学化学系；1959年1月至1960年5月，曾在苏联科学院地球化学与分析化学研究所进修；1985年9月至1986年10月，先后在美国布鲁克海文国家实验室（Brookhaven National Laboratory）和美国国家大气科学研究中心（NCAR）任客座研究员。曾任国际纯粹与应用化学联合会（IUPAC）的大气化学委员会的中国国家代表，1987年8月在IUPAC大会上，被选为大气化学委员会的衔称委员（类似常务委员）。

现任北京大学环境科学中心教授，环境化学专业博士生导师；中国环境学会副理事长，环境化学专业委员会副主任；中国气象学会大气化学及大气污染专业委员会委员；《中国环境科学》杂志和《环境化学》杂志副主编，《环境科学学报》编委；中国环境科学研究院学术顾问。

唐孝炎教授在我国创建环境化学专业和开创、发展大气环境化学新领域方面有显著贡献。在环境化学前沿领域大气臭氧化学和酸雨化学方面作过许多具有开拓性和创造性的系统工作。领导组织了兰州光化学烟雾大规模现场研究，证实了光化学烟雾在我国的存在，发现了我国光化学烟雾不同于外国的成因。在国内，设计建造了第一个大气光化学反应模拟装置和最早建立了化学反应与大气扩散相结合的计算模式。对酸性雨水、雾水和云水开展了酸化过程的化学研究，对致酸氧化剂 H_2O_2 的研究和云水酸化成因模式的研究，达国际先进水平。主持编写了“中国消耗臭氧层物质逐步淘汰国家方案”，已经国务院批准报送联合国。曾多次获奖，包括3次国家科技进步奖（2次二等奖，1次三等奖）。

教授名录

说明：本名单收录范围包括1999年12月31日在职的具有正高级专业技术职务的人员，除教授之外，也列出了具有研究员、编审、主任医师等专业技术职务的人员和享受教授级待遇的高级工程师。各教学科研单位按照名称首字的拼音顺序排列，校部机关和其他教学科研辅助部门如图书馆等列在最后。名单按照姓氏的拼音顺序排列，是女性的做出了标记。

城市与环境科学系

教授

蔡运龙 陈静生 崔海亭 崔之久 董黎明
方精云 韩光辉 胡兆量 黄润华 李 京
李 琦(女) 李树德 刘耕年 刘继韩 吕 斌
马蔼乃(女) 莫多闻 任明达 陶 澍 王红亚
王缉慈(女) 王学军 邬 伦 夏正楷 谢凝高
徐海鹏(女) 徐希孺 晏 磊 杨景春 杨开忠
杨吾扬 于希贤 俞孔坚 张永和 周力平
周一星

研究员

吴月照

地球物理学系

教授

蔡永恩 陈家宜 陈受钧 陈晓非 黄嘉佑
刘式达 刘式适 刘树华 毛节泰 濮祖荫
乔国俊 秦 瑜 桑建国 孙荀英(女) 谭本馗
陶祖钰 涂传诒 王绍武 吴鑫基 吴月芳(女)
萧 佐 谢 安 臧绍先 赵柏林 朱元竞(女)

研究员

张荫春

地质系

教授

白顺良 白志强 崔文元 董熙平 韩宝福
郝守刚 何国琦 侯建军 李茂松 刘瑞珣
潘 懋 齐文同 史 謌(女) 王 涛 王时麒
王新平 许保良 阎国翰 曾贻善 张立飞
郑 辙 郑亚东

研究员

穆治国 徐 备

电子学系

教授

董太乾 龚中麟 梁庆林 刘志雄 刘惟敏(女)
栾桂冬 毛晋昌 沈伯弘 汤俊雄 唐镇松
王长清 王 楚 王子宇 吴德明 吴锦雷
吴全德 西门纪业 奚中和 项海格 谢柏青(女)
徐安士 薛增泉 杨东海 余道衡 余耀煌
张兆祥 周乐柱 祝西里(女)

研究员

姜玉祥

教授级高工

姜天仕 许培良 王 逊 王树元

法学院

教授

白桂梅(女) 陈兴良 储槐植 龚刃韧 巩献田
贺卫方 贾俊玲(女) 姜明安 李贵连 刘剑文
刘凯湘 刘瑞复 刘守芬(女) 罗玉中 钱明星
饶戈平 盛杰民 汪建成 王 哲 魏振瀛
吴志攀 肖蔚云 杨紫烜 尹 田 张 文
张玉镶 赵国玲(女) 郑胜利 周旺生 朱启超
朱苏力

高等教育科学研究所

教授

陈学飞 闵维方 汪永铨 魏 新 喻岳青

光华管理学院

教授

曹凤岐 陈 良 胡健颖(女) 靳云汇(女) 厉以宁
梁钧平 刘 力 陆正飞 秦宛顺 涂 平
王立彦 王其文 杨岳全 张国有 张维迎
朱善利 邹恒甫

国际关系学院

教授

陈峰君 方连庆 龚文庠 黄宗良 贾蕙萱(女)
贾庆国 居三元 李 玉 李义虎 梁守德
林代昭 林勋建 刘金质 陆庭恩 潘国华
尚会鹏 王 杰(女) 叶自成 袁 明(女) 张敏秋(女)
张锡镇 张振国

汉语中心

教授

郭振华 李晓琪(女) 赵燕皎(女)

化学与分子工程学院

教授

蔡生民 曹维孝 常文保 陈志达 程虎民
戴乐蓉(女) 邓 卓 段连运 甘良兵 高 松
高盘良 顾镇南 关烨第(女) 桂琳琳(女) 郭国霖
韩玉真 何美玉(女) 花文廷 黄春辉(女) 黄其辰
金祥林 寇 元 来鲁华(女) 黎乐民 李安模
李标国 李崇熙 李福绵 李克安 李南强
李星国 李元宗 李芝芬(女) 林炳雄 林建华
刘兴云 刘英骏 刘忠范 马季铭 裴伟伟(女)
钱秋宇(女) 羌 笛 丘坤元 阮慎康 汤卡罗(女)
唐有祺 童沈阳 宛新华 王剑波 魏高原
吴瑾光(女) 吴念祖 席振峰 谢有畅 徐光宪
徐筱杰 严纯华 杨华铨(女) 杨迈之(女) 杨锡尧
姚光庆(女) 叶蕴华(女) 袁 谷 张鸿志 赵璧英(女)
赵新生 赵振国 郑朝贵 周其凤 朱步瑶(女)

研究员

蔡小海 章士伟 赵钰琳

教授级高工

黄惠忠 林孝元 翁诗甫

环境科学中心

教授

陈国谦 刘宝章 倪晋仁 唐孝炎(女) 叶文虎
张世秋(女) 张远航 朱 彤 邵可声

计算机科学技术研究所

教授

陈堃銶(女) 史树中 宋再生 王 选 肖建国
阳振坤

研究员

刘秋云

计算机科学技术系

教授

陈 钟 程 旭 代亚非(女) 董士海 方 裕
耿素云(女) 关旭东 韩汝琦 吉利久 李晓明
梅 宏 屈婉玲(女) 邵维忠 唐世渭 王德和
王立福 王阳元 吴良芝 许卓群 杨冬青(女)
杨芙清(女) 俞士汶 袁崇义 张立昂 赵宝瑛

研究员

魏引树 许铭真(女)

技术物理系

教授

白郁华(女) 丁富荣 方家驯 高宏成 哈鸿飞
江栋兴 李金龙 刘洪涛 刘元方 楼滨乔
孟 杰 戚生初 施 鼐 孙庆瑞 王文清(女)
王祥云 魏根拴 夏宗璜(女) 许方官 姚荣奎
姚淑德(女) 叶沿林 伊 敏(女) 张保澄 张启仁

教授级高工

沈定予 袁忠喜

经济学院

教授

陈德华 胡 坚(女) 李庆云 刘 伟 刘文忻(女)
石世奇 睢国余 孙祁祥(女) 王志伟 巫宁耕
萧 琛 萧国亮 萧灼基 晏智杰 张德修
张纯元 郑学益

研究员

丁国香

考古学系

教授

晁华山 陈铁梅 高崇文 葛英会 李伯谦
林梅村 刘 绪 马世长 齐东方 王幼平
严文明 赵朝洪

力学与工程科学系

教授

陈 滨 陈德成 方 竞 顾志福 黄 琳
黄永念 黄筑平 佘振苏 苏先樾(女) 孙 静
王 龙 王 炜(女) 王大钧 王建祥 王健平
王敏中 魏庆鼎 吴江航 吴望一 武际可
严宗毅 颜大椿 叶庆凯 殷有泉 于年才
袁明武 邹光远

研究员

刘凯欣

教授级高工

张伯寅

历史学系

教授

邓小南(女) 董正华 房德邻 高毅 何芳川
何顺果 李孝聪 梁志明 林被甸 林承节
刘俊文 刘祖熙 马克垚 茅海建 牛大勇
欧阳哲生 荣新江 沈仁安 宋成有 王天有
王小甫 王晓秋 徐凯 徐万民 阎步克
岳庆平 张希清 张衍田 朱孝远

研究员

王春梅(女)

马克思主义学院

教授

仓道来 陈占安 江长仁 李青宜 李士坤
李顺荣(女) 梁柱 钱淦荣 秦玉珍(女) 吴国衡
薛汉伟 徐雅民 阎志民 易杰雄 赵建文
智效和 钟哲明

人口研究所

教授

李涌平 邵秦(女) 曾毅 郑晓瑛(女)

研究员

顾鉴塘

社会学系、社会学人类学研究所

教授

高丙中 郭崇德(女) 郭志刚 刘世定 卢淑华(女)
马戎 王铭铭 王思斌 吴宝科 夏学銮
杨善华 周星

生命科学学院

教授

白书农 陈建国 陈章良 崔克明 戴灼华(女)
丁明孝 顾红雅(女) 黄仪秀(女) 雷光春 李毅
卢光莹(女) 罗林儿 莫日根 潘文石 茹炳根
尚克刚 孙久荣 唐建国 王忆平 吴才宏
吴光耀 许崇任 尤瑞麟 于龙川 俞梅敏(女)
翟中和 张继仁 赵进东 周曾铨 朱圣庚
朱玉贤 朱作言

研究员

林忠平

教授级高工

周先碗

数学科学学院

教授

陈大岳 陈家鼎 陈维桓 陈亚浙 程乾生
程士宏 董镇喜 段海豹 高维新 耿直
郭懋正 何书元 胡德昆 黄少云 姜伯驹
蒋美跃 蓝以中 李忠 李承治 李正元
李治平 林源渠 林作铨 刘和平 刘嘉荃
刘培东 刘西垣 刘张炬 柳彬 潘文杰(女)
彭立中 钱敏平(女) 丘维声 裘宗燕 孙山泽
谭小江 滕振寰 田刚 王铎 王杰
王长平 王诗宬 王雪平 王耀东 王正栋
文兰 伍胜健 谢衷洁 徐明耀 徐树方
应隆安 尤承业 张恭庆 张继平 张乃孝
张平文 张绪定 张筑生 赵春来 郑志明
郑忠国 庄大蔚 周建莹(女)

教授级高工

魏泽光

体育教研部

教授

李士信 李宜南(女) 林志超 刘承鸾(女) 孙玉录
王余

外国语学院

教授

安美华(女) 陈嘉厚 崔应久 段若川(女) 范大灿
高一虹(女) 辜正坤 顾嘉琛 韩敏中(女) 胡春鹭(女)
胡家峦 季羡林 解又明(女) 金海民 景云英(女)
孔远志 李谋 李国辰(女) 李明滨 李毓榛
刘安武 刘金才 刘意青(女) 罗芃 马克承
马文韬 孟继有 潘金生 秦海鹰(女) 任光宣
任友谅 沙露茵(女) 申丹(女) 沈弘 石春祯
史习成 孙玉(女) 孙承熙 唐仁虎 陶洁(女)
汪大年 王邦维 王东亮 王逢鑫 王庭荣
王文融(女) 王燕生(女) 魏玲(女) 吴贻翼 徐昌华
徐曾惠 姚秉彦 叶奕良 于荣胜 张保胜
张冠尧 张甲民 张荣昌 张玉安 张玉书
赵杰 赵德明 赵登荣 赵玉兰(女) 赵振江
仲跻昆

微电子研究所

教授

谭长华 武国英 张兴 张利春

研究员

盛世敏

教授级高工

莫邦燹　倪学文　张大成

物理学系

教授

曹昌祺　陈秉乾　陈开茅　陈文雄　程檀生
戴远东　丁浩刚　段家忯(女)　冯孙齐　傅济时
甘子钊　高崇寿　高巧君(女)　龚旗煌　郭建栋
韩汝珊　李振平　李重生　廖绍彬　林　勤
林纯镇　林祥芝(女)　林宗涵　刘弘度　刘玉鑫
陆　果　吕斯骅　马伯强　欧阳颀　秦国刚
任尚元　舒幼生　宋行长　孙　亨　田光善
王德煌　王兰萍(女)　王世光　王守证　王文采
王祖铨　吴崇试　吴思诚　熊传胜　熊光成
阎守胜　杨威生　杨应昌　杨泽森　尹道乐
俞大鹏　俞允强　夏蒙棼　张　酣　张承福
张国义　张树霖　章　蓓(女)　赵光达　赵汝光(女)
赵志泳　钟锡华　钟毓澍　周治宁　朱　星
邹英华

教授级高工

程本培　赵绥堂　周赫田

心理学系

教授

韩　凯(女)　钱铭怡(女)　沈　政　王　垒　王　苏
王登峰　肖　健　朱　滢

信息管理系

教授

傅守灿(女)　赖茂生　李国新　孟昭晋　秦铁辉
王锦贵　王余光　吴慰慈　肖东发　余锦凤(女)

信息科学中心

教授

陈　珂　迟惠生　石青云(女)　谭少华　姚国正

艺术学系

教授

丁　宁　彭吉象　朱青生

哲学系、宗教学系

教授

曹玉文　陈　波　陈　来　陈启伟　陈志尚
杜小真(女)　丰子义　韩水法　胡　军　金可溪
靳希平　李国秀(女)　李醒尘　李中华　刘壮虎
楼宇烈　马名驹　任定成　孙小礼(女)　万俊人
王　东　魏常海　魏英敏　吴国盛　许抗生
阎国忠　杨克明　姚卫群　叶　朗　张文儒
张祥龙　张志刚　赵敦华　赵家祥

研究员

何怀宏

政治学与行政管理系

教授

陈庆云　黄恒学　李景鹏　宁　骚　石志夫
王浦劬　谢庆奎　张国庆　周志忍

中国经济研究中心

教授

陈　平　海　闻　梁　能　林毅夫　卢　锋
宋国青　周其仁

中国语言文学系

教授

安平秋　曹文轩　车槿山　陈平原　陈熙中
程郁缀　褚斌杰　戴锦华(女)　丁尔苏　董洪利
董学文　费振刚　符淮青　葛晓音(女)　何九盈
洪子诚　蒋绍愚　乐黛云(女)　李　零　李家浩
李思孝　李小凡　刘　烜　陆俭明　马　真(女)
孟　华(女)　倪其心　钱理群　钱志熙　裘锡圭
商金林　沈　炯　孙钦善　孙玉石　索振羽
王福堂　王洪君(女)　王岳川　温儒敏　夏晓虹(女)
谢　冕　徐通锵　严家炎　严绍璗　杨　忠
袁行霈　袁毓林　张少康　张双棣　周先慎
周　强　朱庆之

研究员

张剑福

重离子物理研究所

教授

包尚联　陈佳洱　郭之虞　吕建钦　施兆民
唐国有　于金祥　赵　夔

教授级高工

王建勇　谢大林　张征芳(女)　赵渭江

研究员

陈金象

校部机关

教授

任彦申　王义遒　吴树青　朱邦芳(女)

研究员

曹树石　曹在礼　陈文申　郭建荣　郝　斌
林钧敬　马树孚　邵济安(女)　史守旭(女)　王丽梅(女)
王兴邦　夏祖述　赵存生

编审

魏国英(女)

赵为民

教授级高工

赵仲成(女)

出版社

编审

陈靖媛(女) 江　溶　龙协涛　彭松建　乔征胜

张文定　赵学范(女) 周月梅(女)

图书馆

研究馆员

蔡蓉华(女) 戴龙基　沈乃文　谢琴芳(女) 张玉范(女)

朱　强

教授级高工

孙辨华

计算中心

教授级高工

黄达武　刘贺湘(女) 孙绍芳(女) 王一心　张兴华

电教中心

教授

高利明(女) 李树芳　万明高　朱万森

研究员

殷金生

校医院

主任医师

王　军(女) 徐川荣(女) 钟玮玲(女)

校办产业

教授级高工

杜永昌　杜宗躬　巩运明　何宇才　姜纪冰(女)

孟志华(女) 潘爱华　宋　云　王　川　王永达

晏懋洵　于立德　张玉峰　周　宁　朱守涛

研究员

陈美章(女) 鲁永令　张兆东　周瑜采(女)

其他附属机构

研究员

杨永庚　赵桂莲(女)

1999年逝世人物

单位	姓名	职称/职务	生卒年	在校工作时间
哲学系	王太庆	教授	1922/01～1999/11	1949/08～1991/07
生命学院	陈德明	教授	1920/03～1999/11	1950/09～1990/07
俄语系	田宝齐	教授	1907/03～1999/05	1952/10～1986/07
历史系	张蓉初	教授	1915/12～1999/11	1954/03～1987/04
地质系	王英华	教授	1933/12～1999/09	1956/09～1998/11
西语系	倪诚恩	教授	1934/02～1999/07	1960/05～1996/04
图书馆	陈绍业	研究馆员	1921/07～1999/01	1949/09～1987/05
代管	史梦兰	原北大党委副书记、新疆大学党委书记离休后北大代管	1911/08～1999/04	1953/09～1965
燕园街道办事处	刘振瑜	副总务长兼街道主任	1925/10～1999/06	1978/10～1986/01
保卫部	肖祖德	正处级调研员	1933/12～1999/06	1951/02～1994/04
英语系	钮友儁	正处级调研员	1927/04～1999/12	1952/10～1988/07
中文系	高秀芳	正处级	1924/10～1999/04	1953/12～1987/05
总务长办公室	荣殿启	正处级	1927/11～1999/06	1960/06～1990/01

· 1999 年北京大学党发、校发文件 ·

党发文

党发[1999]1 号　关于后勤党委选举结果的通知
党发[1999]2 号　关于贺飞等四人职务任免的通知
党发[1999]3 号　转发《关于北京大学第十次党代会选举结果的批复》
党发[1999]7 号　关于团委副书记的免职通知
党发[1999]8 号　关于学生工作部部长的任免通知
党发[1999]9 号　关于考古系党委选举结果的通知
党发[1999]10 号　关于法律系党委副书记的任免通知
党发[1999]11 号　关于电子学系党委选举结果的通知
党发[1999]12 号　关于出版社党委选举结果的通知
党发[1999]15 号　关于历史系党委选举结果的通知
党发[1999]16 号　关于成立北京大学外国语学院的通知
党发[1999]17 号　关于成立北京大学法学院的通知
党发[1999]18 号　关于成立中国共产党北京大学外国语学院委员会的通知
党发[1999]19 号　关于成立中国共产党北京大学法学院委员会的通知
党发[1999]20 号　关于张栋的任命通知
党发[1999]21 号　关于马树孚免职的通知
党发[1999]23 号　关于力学与工程科学系党委选举结果的通知
党发[1999]25 号　关于申请中国李大钊研究会会长准予延长任职年龄的请示报告
党发[1999]27 号　校机关机构改革方案(经 1999 年 5 月 25 日党委常委、校长联席会议讨论通过)
党发[1999]28 号　校机关各部门正职推荐条件
党发[1999]30 号　经学校党委常委会研究决定,任命以下同志为校机关各部门正职
党发[1999]31 号　经我校党委常委会研究决定,任命以下同志为校机关各部门副职
党发[1999]32 号　关于生命科学学院党委选举结果的通知
党发[1999]33 号　北京大学关于公章管理的暂行办法
党发[1999]34 号　关于撤销中国共产党北京大学海外教育学院总支部委员会的通知
党发[1999]35 号　关于学院(系、所、中心)党政领导班子任期的通知
党发[1999]36 号　关于公布机关各部门内设机构负责人名单等的通知
党发[1999]37 号　中共北京大学委员会关于做好 1999 年民主评议党员工作的意见
党发[1999]38 号　北京大学关于解决方正集团公司目前问题的决定
党发[1999]39 号　中共北京大学委员会关于召开第四届教职工代表大会暨第十六次工会会员代表大会的通知
党发[1999]40 号　关于技术物理系党委副书记任命的通知
党发[1999]41 号　中共北京大学委员会工作规则
党发[1999]42 号　北京大学关于贯彻落实《关于领导干部报告个人重大事项的规定》的实施办法
党发[1999]43 号　北京大学党风廉政建设责任制
党发[1999]44 号　关于开好 1999 年度党政领导班子廉洁自律专题民主生活会的通知
党发[1999]45 号　北京大学素质教育委员会近期工作要点
党发[1999]46 号　关于许智宏、陈佳洱职务任免的通知
党发[1999]47 号　关于赵聪免职的通知

北党发

北党发[1999]3号 关于对阎桂勋同志错按右派分子对待问题的纠正意见

北党发[1999]4号 关于中共北京大学第十次党员代表大会和第十届委员会、纪律检查委员会第一次全体会议选举结果的报告

北党发[1999]5号 关于《李大钊文集(注释本)》编注工作的简要报告

北党发[1999]6号 关于请求江泽民同志为《李大钊文集(注释本)》题写书名的请示报告

北党发[1999]12号 关于杨春洗同志离休后享受司局级待遇的报告

北党发[1999]15号 我校《北京大学校报》经学校批准,同意进行年检并重新登记。

北党发[1999]16号 关于推荐一批专家的报告

北党发[1999]20号 关于北京大学校长助理的任职报告

校发文

校发[1999]5号 关于成立古代文明研究中心的通知

校发[1999]6号 关于国际关系学院行政班子调整的通知

校发[1999]7号 关于光华管理学院行政班子换届的通知

校发[1999]8号 关于人口研究所行政班子换届的通知

校发[1999]9号 关于免去黄道林职务的通知

校发[1999]10号 关于张宏印任职的通知

校发[1999]13号 关于图书馆行班政子换届的通知

校发[1999]14号 关于计算机科学技术系行班政子换届的通知

校发[1999]17号 北京大学校园参观管理暂行办法

校发[1999]22号 关于追加1998年校级综合预算的批复

校发[1999]23号 关于物理学系行政班子换届的通知

校发[1999]24号 北京大学动员组织公民无偿献血暂行办法

校发[1999]28号 关于中国特色社会主义理论研究中心更名和变更挂靠单位的通知

校发[1999]29号 关于朱星和严纯华职务任免的通知

校发[1999]31号 关于成立首都发展研究院的通知

校发[1999]41号 关于苏东波等四人职务任免的通知

校发[1999]44号 关于成立软件工程研究所的通知

校发[1999]45号 关于系统科学研究中心更名的通知

校发[1999]46号 关于成立北京核科学中心的通知

校发[1999]47号 关于成立联合研究中心和联合实验室的通知

校发[1999]48号 关于实行会计人员派驻制的暂行规定

校发[1999]49号 关于实行会计人员派驻制暂行规定的实施细则

校发[1999]50号 北京大学会计档案管理办法

校发[1999]51号 关于成立北京大学白颐路北延及成府改造工程办公室的通知

校发[1999]58号 北京大学大学生学籍管理细则

校发[1999]59号 关于节假日和晚上对入校机动车进行收费的暂行办法

校发[1999]60号 关于在昌平园区工作的教职工在原单位的编制和工资待遇问题的决定

校发[1999]61号 关于阳振坤任职的通知

校发[1999]62号 关于免去王若江职务的通知

校发[1999]63号 关于昌平园区办事处工作调整的通知

校发[1999]64号 关于成立益通发展中心的通知

校发[1999]66号 关于彭永平职务任命的通知

校发[1999]68号 北京大学关于表彰1999届优秀毕业生的决定

校发[1999]71号 关于成立法学院和外国语学院的通知

校发[1999]72号 关于龚旗煌等九人职务任免的通知

校发[1999]75号 关于对我校基建项目进行竣工审计的通知

校发[1999]76 号　关于成立北京大学教学科研工作委员会的通知
校发[1999]77 号　关于校医院行政班子换届的通知
校发[1999]78 号　关于成立人文学部的通知
校发[1999]79 号　关于成立社会科学部的通知
校发[1999]80 号　关于成立理学部的通知
校发[1999]81 号　关于成立信息与工程科学部的通知
校发[1999]82 号　关于北京大学女子登山队 1999 年攀登雪宝顶峰活动的批示
校发[1999]83 号　关于公布校机关职能部门设置情况的通知
校发[1999]84 号　关于温儒敏和费振刚职务任免的通知
校发[1999]85 号　关于王明舟和温儒敏职务任免的通知
校发[1999]86 号　北京大学关于成立学部学术委员会的通知
校发[1999]87 号　关于成立北京大学素质教育委员会的决定
校发[1999]90 号　关于对北京大学建筑设计研究所变更注册资金申请的批复
校发[1999]93 号　北京大学创建世界一流大学规划学科建设项目实施办法
校发[1999]94 号　关于留学生交费问题的通知
校发[1999]96 号　关于启用校机关职能部门印章的通知
校发[1999]98 号　关于罗芃任职的通知
校发[1999]99 号　关于宋振清任职的通知
校发[1999]100 号　关于北大青鸟公司从事经营 ISP 业务的批复
校发[1999]102 号　关于成立复杂系统研究中心的通知
校发[1999]103 号　关于成立建筑学研究中心的通知
校发[1999]104 号　关于变更环境工程研究所挂靠关系的通知
校发[1999]105 号　关于成立金科网络研究开发中心的通知
校发[1999]106 号　关于成立国家核磁中心的通知
校发[1999]107 号　关于物理化学研究所行政班子换届的通知
校发[1999]108 号　关于分析测试中心行政班子换届的通知
校发[1999]111 号　关于《大学图书馆学报》开展广告业务的批复
校发[1999]112 号　关于成立自然科学办公室和社会科学办公室的通知
校发[1999]115 号　关于调整档案馆领导班子的通知
校发[1999]116 号　关于宋心才和杨秀岚职务任免的通知
校发[1999]117 号　关于李国忠任职的通知
校发[1999]118 号　关于赵桂莲任职的通知
校发[1999]119 号　关于范强任职的通知
校发[1999]120 号　关于朱庆之任职的通知
校发[1999]121 号　关于成立研究生培养办公室的通知
校发[1999]125 号　关于王雷任职的通知
校发[1999]126 号　北京大学关于表彰 50 周年国庆工作先进小队和先进个人的决定
校发[1999]127 号　关于免去曾琪明职务的通知
校发[1999]128 号　关于免去张静职务的通知
校发[1999]129 号　关于叶静漪任职的通知
校发[1999]130 号　关于免去魏常海职务的通知
校发[1999]131 号　关于侯建军和张虹任职的通知
校发[1999]132 号　关于调整成人教育学院领导班子的通知
校发[1999]133 号　关于成立会议中心等三个中心的通知
校发[1999]134 号　关于同意北大资源集团在新疆设立新疆北大资源科技文化有限公司的批复
校发[1999]135 号　关于成立房地产管理办公室和房改办公室挂靠资产管理部的通知
校发[1999]136 号　关于同意未名生物工程集团在生物城厂区建临时房的批复

校发[1999]139号　关于成立新闻中心的通知
校发[1999]140号　关于同意成立"北京北大青鸟新世界网络有限公司"的批复
校发[1999]141号　关于同意参与与发起设立"北京北大青鸟宇环科技股份有限公司"的批复
校发[1999]144号　北京大学关于表彰1998～1999学年度三好学生和先进集体的决定
校发[1999]152号　关于吴志攀任职的通知
校发[1999]155号　北京大学1999年选聘博士生指导教师的试行办法
校办[1999]156号　关于会议中心组建方案有关事项的通知
校发[1999]157号　关于调整校务委员会成员的通知
校发[1999]158号　关于公布国内合作委员会成员名单的通知
校发[1999]159号　北京大学关于对北大法制信息中心科技成果转化中作出重要贡献的人员给予奖励的决定
校发[1999]161号　关于成立北京大学发展规划部专家组的通知
校发[1999]162号　关于北京大学校园内各项建设项目立项审批程序的规定
校发[1999]167号　关于李贡民和胡运起任职的通知
校发[1999]168号　关于朱宏涛等三人任职的通知
校发[1999]169号　关于安平秋任职的通知
校发[1999]172号　关于成立北京大学本科教学发展战略研究小组的通知
校发[1999]175号　关于成立东方学研究院的通知
校发[1999]176号　关于北京大学分析测试中心建制的通知
校发[1999]178号　北京大学机关收入管理及经费分配办法(试行)
校发[1999]179号　北京大学"面向二十一世纪教育振兴行动计划"专项资金财务管理暂行办法

党办发文

党办发[1999]7号　关于印发《人事分配制度改革宣传提纲》的通知
党办发[1999]9号　关于印发中组部副部长张柏林等同志在北京大学校长任免宣布大会上讲话的通知

校办发文

校办[1999]1号　关于放寒假的通知
校办[1999]4号　关于春节放假的通知
校办[1999]15号　北京大学公文处理暂行办法
校办[1999]16号　关于编写《年鉴》的通知
校办[1999]25号　1999年献血工作安排
校办[1999]26号　关于确定文博院大楼楼址的通知
校办[1999]27号　关于印刷厂东侧临建房屋拆迁问题的通知
校办[1999]30号　关于我校教职工子女今年入初中的通知
校办[1999]32号　关于"五一"节放假的通知
校办[1999]39号　1999年"五四"接待校友返校活动安排
校办[1999]40号　关于接受国家审计署审计的通知
校办[1999]43号　关于数学科学学院成立北大金科网络研究开发中心的批复
校办[1999]74号　关于昌平园区98级文科学生迁回海淀校本部有关工作的通知
校办[1999]101号　关于国庆节放假和中秋节晚停课的通知
校办[1999]114号　关于国庆节放假的通知
校办[1999]122号　关于印发学位委员会办公室《关于学位委员会、学位分委员会换届的通知》的通知
校办[1999]137号　关于停止使用"北京大学数学系"和"北京大学概率统计学系"印章的通知
校办[1999]154号　关于转发教育部办公厅《关于高等学校进一步强化管理,坚决制止"小金库"有关意见的通知》的通知
校办[1999]166号　关于12月20日放假的通知
校办[1999]173号　关于元旦放假的通知

·1999年统计资料·

各院系在校本、专科学生人数

院系全称	一年级	二年级	三年级	四年级	五年级	总计
总计	2480	2518	2345	2303	12	9658
其中:女	1146	1035	936	872	9	3998
国家任务	2480	2517	2339	2280	12	9628
数学科学学院	206	157	163	150	0	676
力学与工程科学系	73	68	72	68	0	281
物理学系	129	89	89	68	0	375
地球物理学系	68	61	55	51	0	235
技术物理系	65	67	71	78	0	281
电子学系	102	78	75	70	0	325
计算机科学技术系	157	168	164	165	0	654
化学与分子工程学院	172	177	169	155	0	673
生命科学学院	237	198	203	201	0	839
地质学系	43	24	26	29	0	122
城市与环境学系	114	71	70	66	0	321
心理学系	20	24	24	24	0	92
应用文理学院	1	202	0	0	0	203
中国语言文学系	104	87	80	88	0	359
历史学系	55	41	40	32	0	168
考古学系	29	29	15	19	0	92
哲学系	45	47	36	31	0	159
国际关系学院	83	85	105	87	0	360
经济学院	148	175	163	167	0	653
光华管理学院	108	105	103	152	0	468
法学院	154	149	177	198	0	678
信息管理系	61	61	59	58	0	239
社会学系	48	41	42	33	0	164
政治学与行政管理系	68	47	50	54	0	219
外国语学院	164	148	178	154	12	656
马克思主义学院	0	81	75	77	0	233
体育教研部	0	0	0	0	0	0
艺术学系	26	17	19	28	0	90
环境科学中心	0	21	22	0	0	43

招收各省、自治区、直辖市高考第一名名单

姓　名	性　别	院　　系	来源省份	中　　学
王　璞	男	文科试验班(中文)	北京市	一〇一中学
李　强	男	法学院	天津市	耀华中学
孙　铮	男	经济学院	河北省	石家庄一中
陈胜胜	男	法学院	山西省	康杰中学
张文靖	男	法学院	内蒙古	赤峰宁城八里罕中学
黄晓庆	女	经济学院	辽宁省	大连二十三中
孙嘉弥	女	经济学院	辽宁省	鞍山市一中
孙海萍	女	法学院	吉林省	长春外国语学校
胡　玲	女	光华管理学院	黑龙江	哈尔滨三中
刘　翎	女	经济学院	上海市	延安中学
褚　涛	男	外国语学院	江苏省	南京外国语学校
陈春仙	女	外国语学院	浙江省	义乌中学
陈良文	男	政治学与行政管理系	安徽省	枞阳浮山中学
郑徐兵	男	经济学院	江西省	玉山一中
吴淑佼	女	经济学院	江西省	南城一中
孙笑乐	女	经济学院	山东省	文登一中
刘　翔	男	法学院	山东省	胶南市二中
夏　冰	男	经济学院	山东省	青州一中
刘艳伟	男	信息管理系	河南省	平顶山煤矿一高
黎孔静	女	外国语学院	湖北省	宜都市一中
何　颉	女	经济学院	湖南省	常德市桃源一中
林　婉	女	经济学院	海南省	海南中学
丘　先	男	法学院	广西壮族自治区	桂平浔州高中
余静阑	女	光华管理学院	四川省	成都市实验外语学校
刘　馨	女	光华管理学院	重庆市	重庆外国语学校
盛利君	女	中文系	西藏自治区	格尔木办事处中学
张瑞彩	女	法学院	甘肃省	白银公司二中
李　杰	男	光华管理学院	青海省	夏邑县完全中学
殷丽敏	女	光华管理学院	宁夏回族自治区	固原一中
唐伯贤	男	法学院	新疆维吾尔自治区	乌鲁木齐一中
杨　帆	男	计算机系	天津市	耀华中学
萧　寒	男	数学学院	安徽省	六安中学
吴　巍	男	生命科学学院	福建省	建瓯一中
王明钰	男	生命科学学院	山东省	德州一中
柳　超	男	计算机系	河南省	开封高中
黄　鲲	女	生命科学学院	湖北省	华中师大一附中
许　顺	女	计算机系	广东省	省实验中学
杨佳雄	男	电子学系	广东省	揭西棉湖中学
欧阳图	男	计算机系	广西壮族自治区	梧州高中
张　力	男	生命科学学院	四川省	成都树德中学
刘　缙	男	数学学院	重庆市	西南师大附中

姓　名	性　别	院　系	来源省份	中　学
陈　希	男	数学学院	贵州省	贵阳一中
颉　伟	男	生命科学学院	甘肃省	靖远矿务局一中
高锦华	男	物理学系	青海省	西宁五中

新生奖学金名单

特等奖

	系　别	姓　名	性别	获奖理由
1	数学科学学院	刘若川	男	数学金牌
2	数学科学学院	程晓龙	男	数学金牌
3	数学科学学院	孔文彬	男	数学银牌
4	数学科学学院	萧　寒	男	安徽理科第一名
5	数学科学学院	陈　希	男	贵州理科第一名
6	数学科学学院	刘　缙	男	重庆理科第一名
7	物理学系	季　涛	男	物理金牌
8	物理学系	蒋　良	男	物理金牌
9	物理学系	段雪峰	男	物理银牌
10	物理学系	张志鹏	男	物理银牌
11	物理学系	贾　珣	男	物理银牌
12	物理学系	高锦华	男	青海理科第一名
13	化学与分子工程学院	洪毅颖	女	化学金牌
14	化学与分子工程学院	傅　丹	男	化学金牌
15	化学与分子工程学院	曹晓宇	男	化学银牌
16	化学与分子工程学院	陈德来	男	化学银牌
17	生命科学学院	彭晓聿	女	生物金牌
18	生命科学学院	张焱明	男	生物金牌
19	生命科学学院	刘沁颖	女	生物银牌
20	生命科学学院	颜　毅	男	生物银牌
21	生命科学学院	吴　巍	男	福建理科第一名
22	生命科学学院	王明钰	男	山东理科第一名
23	生命科学学院	黄　鲲	女	湖北理科第一名
24	生命科学学院	张　力	男	四川理科第一名
25	生命科学学院	颉　伟	男	甘肃理科第一名
26	计算机科学技术系	杨　帆	男	天津理科第一名
27	计算机科学技术系	柳　超	男	河南理科第一名
28	计算机科学技术系	欧阳图	男	广西理科第一名
29	计算机科学技术系	许　顺	女	广东理科第一名
30	电子学系	杨佳雄	男	广东理科第一名
31	文科试验班(中文)	王　璞	男	北京市文科第一名
32	中国语言文学系	盛利君	女	西藏文科第一名

33	法学院	李　强	男	天津文科第一名
34	法学院	陈胜胜	男	山西文科第一名
35	法学院	张文靖	男	内蒙文科第一名
36	法学院	孙海萍	女	吉林文科第一名
37	法学院	刘　翔	男	山东文科第一名
38	法学院	丘　先	男	广西文科第一名
39	法学院	张瑞彩	女	甘肃文科第一名
40	法学院	唐伯贤	男	新疆文科第一名
41	经济学院	孙　铮	男	河北文科第一名
42	经济学院	黄晓庆	女	辽宁文科第一名
43	经济学院	孙嘉弥	女	辽宁文科第一名
44	经济学院	刘　翎	女	上海文科第一名
45	经济学院	郑徐兵	男	江西文科第一名
46	经济学院	吴淑姣	女	江西文科第一名
47	经济学院	夏　冰	男	山东文科第一名
48	经济学院	何　颉	女	湖南文科第一名
49	经济学院	林　婉	女	海南文科第一名
50	经济学院	孙笑乐	女	山东文科第一名
51	光华管理学院	胡　玲	女	黑龙江文科第一名
52	光华管理学院	余静阑	女	四川文科第一名
53	光华管理学院	刘　馨	女	重庆文科第一名
54	光华管理学院	李　杰	男	青海文科第一名
55	光华管理学院	殷丽敏	女	宁夏文科第一名
56	外国语学院	褚　涛	男	江苏文科第一名
57	外国语学院	陈春仙	女	浙江文科第一名
58	外国语学院	黎孔静	女	湖北文科第一名
59	政治学与行政管理系	陈良文	男	安徽文科第一名
60	信息管理系	刘艳伟	男	河南文科第一名

一　等　奖

	系　别	姓　名	性别	获奖理由
1	数学科学学院	李　龙	男	全国决赛一等奖
2	数学科学学院	朱　轶	男	全国决赛一等奖
3	数学科学学院	黄　雷	男	全国决赛一等奖
4	数学科学学院	周　俊	男	全国决赛一等奖
5	数学科学学院	郑　维	男	全国决赛一等奖
6	数学科学学院	冷福生	男	全国决赛一等奖
7	数学科学学院	许晨阳	男	全国决赛一等奖
8	物理学系	杨　帆	男	全国决赛一等奖
9	物理学系	周卓为	男	全国决赛一等奖
10	物理学系	林斌彦	男	全国决赛一等奖
11	物理学系	郑　毅	男	全国决赛一等奖 (98级、补新生奖学金)
12	电子学系	刘　喆	男	全国决赛一等奖
13	电子学系	谭　磊	男	全国决赛一等奖

二 等 奖

	系 别	姓 名	性 别	获奖理由
1	数学科学学院	郝 宁	男	全国决赛二等奖
2	数学科学学院	张新未	男	全国决赛二等奖
3	数学科学学院	周 舟	男	全国决赛二等奖
4	数学科学学院	江银灯	男	全国决赛二等奖
5	数学科学学院	林 乾	男	全国决赛二等奖
6	数学科学学院	朱志素	男	全国决赛二等奖
7	数学科学学院	金春来	男	全国决赛二等奖
8	数学科学学院	高文华	男	全国决赛二等奖
9	数学科学学院	周伟威	男	全国决赛二等奖
10	数学科学学院	白沁园	男	全国决赛二等奖
11	数学科学学院	雷 灵	男	全国决赛二等奖
12	数学科学学院	余成杰	男	全国决赛二等奖
13	数学科学学院	陈大卫	男	全国决赛二等奖
14	数学科学学院	宋 鹏	男	全国决赛二等奖
15	数学科学学院	唐渝东	男	全国决赛二等奖
16	数学科学学院	赵汗青	男	全国决赛二等奖
17	数学科学学院	王在之	男	全国决赛二等奖
18	数学科学学院	宋世君	男	全国决赛化学一等奖
19	数学科学学院	许建强	男	全国决赛化学一等奖
20	物理学系	宋昌盛	男	全国决赛二等奖
21	物理学系	唐昕龙	男	全国决赛二等奖
22	物理学系	王萦明	男	全国决赛二等奖
23	物理学系	刘 丹	男	全国决赛二等奖
24	物理学系	王宇昊	男	全国决赛二等奖
25	物理学系	初 宁	男	全国决赛二等奖
26	物理学系	刘 鑫	男	全国决赛二等奖
27	物理学系	仇 乐	男	全国决赛二等奖
28	物理学系	刘玉菲	男	全国决赛二等奖
29	物理学系	章一鸣	男	全国决赛二等奖
30	物理学系	袁 方	女	全国决赛二等奖
31	物理学系	练唯诚	男	全国决赛二等奖
32	物理学系	萧博文	男	全国决赛二等奖
33	物理学系	黄 洋	男	全国决赛二等奖
34	物理学系	傅云华	男	全国决赛二等奖
35	物理学系	孙 亮	男	全国决赛二等奖
36	物理学系	王锡华	男	全国决赛二等奖
37	物理学系	舒 菁	男	全国决赛二等奖
38	物理学系	胡 涛	男	全国决赛二等奖
39	物理学系	万 放	男	全国决赛二等奖
40	物理学系	丁 锐	男	全国决赛二等奖
41	物理学系	马 杰	男	山东理科第二名
42	电子学系	顾瑶瑶	女	全国决赛二等奖
43	计算机科学技术系	申俊嵘	男	全国决赛化学一等奖

44	化学与分子工程学院	王　津	男	全国决赛化学一等奖
45	化学与分子工程学院	金　星	男	全国决赛化学一等奖
46	化学与分子工程学院	汤　明	男	全国决赛化学一等奖
47	化学与分子工程学院	蓝　宇	男	全国决赛化学一等奖
48	化学与分子工程学院	骆亦奇	男	全国决赛化学一等奖
49	化学与分子工程学院	冯海涛	男	全国决赛化学一等奖
50	化学与分子工程学院	陈人绪	男	全国决赛化学一等奖
51	化学与分子工程学院	郑　斌	男	全国决赛化学一等奖
52	化学与分子工程学院	陈春来	男	全国决赛化学一等奖
53	化学与分子工程学院	曹　睿	男	全国决赛化学一等奖
54	化学与分子工程学院	刘亚孰	女	全国决赛化学一等奖
55	化学与分子工程学院	何　智	男	全国决赛化学一等奖
56	化学与分子工程学院	徐　达	男	全国决赛化学一等奖
57	化学与分子工程学院	陈志健	男	全国决赛化学一等奖
58	化学与分子工程学院	姜人宽	男	全国决赛化学一等奖
59	化学与分子工程学院	王祖鹏	男	全国决赛化学一等奖
60	技术物理系	喻宏伟	男	全国决赛化学一等奖
61	生命科学学院	石　锐	女	黑龙江理科第二名
62	生命科学学院	车南颖	女	吉林理科第二名
63	生命科学学院	雷　鸣	女	重庆理科第二名
64	生命科学学院	杨　克	男	北京理科第二名
65	生命科学学院	陈　聪	男	辽宁理科第二名
66	生命科学学院	李　化	男	云南理科第二名
67	生命科学学院	韩　飞	男	全国决赛二等奖补（98级新生奖学金）
68	国际关系学院	唐　新	男	广西文科第二名
69	国际关系学院	陈　洁	女	浙江文科第二名
70	经济学院	林隆华	男	福建文科第二名
71	经济学院	郭俊华	女	山西文科第二名
72	经济学院	孙　伟	女	天津文科第二名
73	经济学院	吕　卓	女	黑龙江文科第二名
74	经济学院	蔡　悦	女	江苏文科第二名
75	经济学院	杨　勇	男	江苏文科第二名
76	经济学院	包文恺	男	安徽文科第二名
77	经济学院	谷晓岚	女	湖南文科第二名
78	经济学院	朱泓锦	女	云南文科第二名
79	经济学院	潘圆圆	女	江西文科第二名（补1997年新生奖学金）
80	光华管理学院	高　洁	女	海南文科第二名
81	光华管理学院	陈理行	男	甘肃文科第二名
82	光华管理学院	孙　雷	男	新疆文科第二名
83	光华管理学院	李敬业	女	新疆文科第二名
84	法学院	吕　霈	男	四川文科第二名
85	法学院	彭俊磊	男	重庆文科第二名
86	法学院	戴动坤	女	青海文科第二名
87	法学院	蒋璐奇	女	湖北文科第二名
88	法学院	周　雯	女	天津文科第二名

89	法学院	王　喆	男	吉林文科第二名
90	外国语学院	朱岩岩	女	河北文科第二名

三　等　奖

	系　别	姓　名	性别	获奖理由
1	数学科学学院	乔　琦	女	全国决赛三等奖
2	数学科学学院	姜　薇	女	全国决赛三等奖
3	数学科学学院	林　隆	男	全国决赛三等奖
4	数学科学学院	王　泊	男	全国决赛三等奖
5	数学科学学院	张婷婷	女	全国决赛三等奖
6	数学科学学院	陈　翀	男	全国决赛三等奖
7	数学科学学院	谢和虎	男	江西理科第三名
8	化学与分子工程学院	蒋　帆	男	全国决赛化学二等奖
9	化学与分子工程学院	王荐文	男	全国决赛三等奖
10	技术物理学系	陈奕龙	男	全国决赛化学二等奖
11	技术物理学系	尚志华	男	全国决赛化学二等奖
12	技术物理学系	张　钧	男	全国决赛三等奖
13	技术物理学系	董国材	男	全国决赛三等奖
14	技术物理学系	钱则侃	男	全国决赛三等奖
15	技术物理学系	章安文	男	全国决赛三等奖
16	技术物理学系	周济远	男	全国决赛三等奖
17	技术物理学系	李　锐	男	全国决赛三等奖
18	技术物理学系	董　昊	男	全国决赛三等奖
19	技术物理学系	祁东晨	男	全国决赛三等奖
20	技术物理学系	卜力翔	男	全国决赛三等奖
21	技术物理学系	塔小元	男	全国决赛三等奖
22	技术物理学系	华　健	男	全国决赛三等奖
23	技术物理学系	黄亦元	男	全国决赛三等奖 (补98级新生奖学金)
24	地球物理学系	李　嘉	男	全国决赛三等奖
25	地球物理学系	王文博	男	全国决赛三等奖
26	地球物理学系	李艳龙	男	全国决赛三等奖
27	地球物理学系	何建森	男	全国决赛三等奖
28	地球物理学系	施　勇	男	全国决赛三等奖
29	地球物理学系	朱炜玮	男	全国决赛三等奖
30	地球物理学系	罗　曦	男	全国决赛三等奖
31	地球物理学系	赵　明	男	全国决赛三等奖
32	地球物理学系	李柯伽	男	全国决赛三等奖
33	物理学系	李　晨	男	全国决赛三等奖
34	物理学系	刘彦良	男	全国决赛三等奖
35	物理学系	孟　尚	男	全国决赛三等奖
36	物理学系	詹　凯	男	全国决赛三等奖
37	物理学系	张　杰	男	全国决赛三等奖
38	物理学系	林国基	男	全国决赛三等奖
39	物理学系	林清宇	男	全国决赛三等奖
40	物理学系	李　盈	男	全国决赛三等奖

41	物理学系	李 亮	女	吉林理科第三名
42	地质系	孙 瑞	男	全国决赛三等奖
43	地质系	雍稳军	男	全国决赛三等奖
44	地质系	王占刚	男	全国决赛三等奖
45	计算机科学技术系	刘 佳	男	全国决赛三等奖
46	计算机科学技术系	唐洁刚	男	海南理科第三名
47	计算机科学技术系	陈斌斌	男	福建理科第三名
48	力学与工程科学系	丁 毅	男	全国决赛三等奖
49	力学与工程科学系	乔 勇	男	全国决赛三等奖
50	力学与工程科学系	叶世禄	男	全国决赛三等奖
51	力学与工程科学系	薛 冰	男	全国决赛三等奖
52	电子学系	贾玉婷	女	新疆理科第三名
53	生命科学学院	白 云	女	天津理科第三名
54	生命科学学院	杨江峰	男	湖北理科第三名
55	生命科学学院	李林宸	男	青海理科第三名
56	中国语言文学系	周忠清	男	海南文科第三名
57	中国语言文学系	沈文钦	男	广西文科第三名
58	国际关系学院	赵玉文	男	河南文科第三名
59	经济学院	龙 亮	男	湖南文科第三名
60	经济学院	罗 玥	女	北京文科第三名
61	经济学院	王少杰	男	内蒙文科第三名
62	经济学院	冯 双	女	黑龙江文科第三名
63	经济学院	王 凡	男	湖北文科第三名
64	经济学院	余 楠	女	北京文科第三名
65	光华管理学院	黄玲文	女	贵州文科第三名
66	光华管理学院	梁恒柱	男	甘肃文科第三名
67	光华管理学院	薛 瑛	女	青海文科第三名
68	光华管理学院	陈 超	男	吉林文科第三名
69	光华管理学院	赵 媛	女	内蒙文科第三名
70	法学院	李 静	女	山西文科第三名
71	法学院	樊振华	男	内蒙文科第三名
72	法学院	刘琳琳	女	辽宁文科第三名
73	法学院	杨晓怡	男	浙江文科第三名
74	法学院	董颖琼	女	福建文科第三名
75	法学院	潘晓琳	女	青海文科第三名
76	信息管理系	袁 源	男	西藏理科第三名
77	外国语学院	冯 超	女	上海文科第三名
78	外国语学院	张 玥	女	安徽文科第三名

鼓 励 奖

	系 别	姓 名	性 别	获奖理由
1	电子学系	孟红玲	女	吉林理科第四名
2	电子学系	王苗苗	女	吉林理科第五名
3	计算机科学技术系	彭 云	男	新疆理科第四名
4	计算机科学技术系	孙国辉	男	宁夏理科第四名
5	计算机科学技术系	夏 天	男	江西理科第五名

6	生命科学学院	张文朋	男	青海理科第四名
7	生命科学学院	陈 果	男	重庆理科第四名
8	生命科学学院	谢 阳	男	四川理科第四名
9	生命科学学院	陈厚强	男	海南理科第五名
10	中国语言文学系	邓 丹	女	湖北文科第四名
11	中国语言文学系	顾怡玫	女	上海文科第四名
12	中国语言文学系	王圆圆	女	新疆文科第四名
13	中国语言文学系	张 松	男	新疆文科第五名
14	国际关系学院	李 航	男	山西文科第四名
15	国际关系学院	黄 欣	女	黑龙江文科第四名
16	国际关系学院	潘妮妮	女	重庆文科第五名
17	国际关系学院	胡丽芳	女	山西文科第五名
18	经济学院	方扬帆	男	湖南文科第四名
19	经济学院	徐 冲	男	山东文科第四名
20	经济学院	徐慧卉	女	海南文科第四名
21	经济学院	孙 楠	男	云南文科第四名
22	经济学院	石 拓	男	重庆文科第四名
23	经济学院	梁吉娜	女	天津文科第五名
24	经济学院	侯叶楠	女	黑龙江文科第五名
25	经济学院	陈 智	女	四川文科第五名
26	光华管理学院	王 劲	女	四川文科第四名
27	光华管理学院	李 青	女	宁夏文科第四名
28	光华管理学院	吴 静	女	甘肃文科第四名
29	光华管理学院	王迪尼	女	海南文科第五名
30	光华管理学院	马良骥	男	陕西文科第五名
31	法学院	杨 旭	女	天津文科第四名
32	法学院	张 维	女	河北文科第四名
33	法学院	朱 颖	女	浙江文科第四名
34	法学院	潘思元	女	河北文科第五名
35	法学院	赵瑞卿	女	河北文科第五名
36	法学院	刘 卉	女	浙江文科第五名
37	法学院	林 隐	男	安徽文科第五名
38	法学院	周艺燕	女	福建文科第五名
39	法学院	吴晓琼	女	福建文科第五名
40	法学院	王 琦	女	宁夏文科第五名
41	法学院	王 力	男	重庆文科第五名
42	外国语学院	白 果	女	湖北文科第五名
43	外国语学院	徐 添	男	浙江文科第四名
44	外国语学院	徐小薇	女	山东文科第五名
45	历史学系	汪雪亮	男	河南文科第五名

各院系在校研究生人数统计

单位	博士	硕士	合计
数学科学学院	89	153	242
力学与工程科学系	24	68	92
物理学系	37	116	153
地球物理学系	36	76	112
技术物理学系	26	95	121
电子学系	21	110	131
计算机科学技术系	73	195	268
化学与分子工程学院	124	170	394
生命科学学院	88	156	244
地质学系	31	74	105
城市与环境学系	117	193	310
心理学系	16	62	78
信息科学中心	3	41	44
环境科学中心	38	73	111
中国语言文学系	172	189	361
历史学系	94	143	237
考古系	28	50	78
哲学系	102	129	231
国际关系学院	110	270	380
经济学院	104	204	308
光华管理学院	87	835	922
法学院	247	697	944
信息管理系	16	63	79
社会学系	38	56	94
政治学与行政管理系	56	159	215
外国语学院	52	196	248
马克思主义学院	37	131	168
科学与社会研究中心	16	11	27
艺术学系	14	14	28
对外汉语教学中心	/	15	15
中国经济研究中心	23	61	84
高等教育科学研究所	24	22	46
人口研究所	8	18	26
合计	1937	4845	6782

成人高等学历教育在校生统计

类别	在校学生数			
	类别小计	97级	98级	99级
函授	5061	1535	1776	1750
夜大	1664	478	551	635
脱产	1699	166	730	803
远程	973	973		
共计	9397	2179	3057	4161

(樊虹)

1999年成人学历教育招生录取人数统计

项目	合计	函授、夜大学		成人脱产班				远程	
		专 科（其中二学历）	专升本	专科	专升本	高起本	干修班	高起本	专升本
录取数	4510	1673(370)	991	418	52	317	86	139	834

(屈兵)

非学历教育和高层次继续教育在校学生统计

	进修教师										高级研讨班						普通培训班		总计	
	小计		访问学者	骨干班		助教班		学位班		单科进修	小计		教委		自办					
	班次	人数		班次	人数	班次	人数	班次	人数		班次	人数	班次	人数	班次	人数	班次	人数	班次	人数
1998～1999	4	334	162					4	31	141	17	838	5	179	12	659		6700	21	7872
1999～2000	4	386	176					4	38	172	22	1249	6	未定	16	1249		6500	26	8135
总计	8	720	338					8	69	313	39	2087	11	179	28	1908		13200	47	16007

(杨学祥)

留学生数字统计

按学生类别分

本科	硕士	博士	普通进修生	高级进修生	学者	自费	官方奖学金生	校际交流
418	152	157	366	45	32	873	249	73

按国别分（主要国家）

日本	韩国	印尼	泰国	新加坡	美国	德国	英国	法国	俄国
284	513	19	13	33	69	25	12	13	11

(林百学)

本科毕业生去向统计

毕业生数	人数	录取研究生人数及所占比例	自费出国留学人数及所占比例	实际参加就业人数及所占比例	省部级以上机关人数及所占实分比例	省部级以下机关人数及所占实分比例	去国有企业人数及所占实分比例	去三资企业人数及所占实分比例	去高校人数及所占实分比例	去科研单位人数及所占实分比例	其它事业单位及所占实分比例	二分及所占比例	待分及所占比例
2066 本科 1997 专科 18 二学位 51	2032	673 33.1%	434 21.4%	848 41.7%	38 4.5%	34 4.0%	381 44.9%	107 12.6%	27 3.2%	41 4.8%	125 14.7%	58 6.8%	25 3.0%

(缪劲翔)

1999 年毕业研究生去向统计

流向		人数	比例(%)
总计		1202	100
出国		314	26.1
录取博士(后)		112	9.3
实际参加就业	合计	776	64.6(100)
	高校师资	242	(31.2)
	科研单位	60	(7.7)
	党政机关	147	(18.9)
	企业	227	(29.3)
	其它事业单位	66	(8.5)
	部队	13	(1.7)
	回省再就业	16	(2.1)
其它(自谋职业)		5	(0.6)

(缪劲翔)

·表彰与奖励·

1999年各类奖教金获得者

安泰个人奖(42人)

力学与工程科学系	唐少强	耿志勇	
马克思主义学院	宋国兴	秦维红	
中国语言文学系	孟二冬		
化学与分子工程学院	田曙坚	杜福胜	
历史学系	彭小瑜	郭润涛	
心理学系	李同归		
艺术学系	陈旭光		
计算中心	种连荣		
计算机科学技术系	陈向群		
外国语学院	李奇南	林凤民	傅国英
生命科学学院	杨　雄		
电教中心	吴　峰		
光华管理学院	于鸿君		
地质学系	江大勇		
考古学系	宋向光	张　辛	
体育教研部	刘丽萍	戴名辉	
技术物理学系	张剑波	赵子强	
社会学系	刘爱玉	钱民辉	
国际关系学院	关贵海		
法学院	孙东东		
物理学系	孙云峰	罗　强	
环境科学中心	邵　敏		
信息科学中心	许　超		
城市与环境学系	李有利	韩茂莉	
高等教育科学研究所	阎凤桥		
数学科学学院	王冠香	刘旭峰	

安泰项目奖(17项)

化学与分子工程学院	魏高原
历史学系	包茂宏
计算机科学技术系	李晓明
生命科学学院	杨　雄
地质学系	张志诚
国际关系学院	罗燕华
法学院	吴志攀
物理学系	俞大鹏
城市与环境学系	李培军
计算机科学技术研究所	徐剑波
数学科学学院	林作铨
电子系	胡赛桂
地球物理学系	张宏升
政治学与行政管理系	周志忍
方正研究院	尹伟强
人口研究所	陆杰华
哲学系	陈　波

宝钢奖教金(6人)

物理学系	龚旗煌
生命科学学院	周增铨
技术物理学系	叶沿林
外国语学院	王东亮
光华管理学院	张维迎
中国经济研究中心	海　闻

通用电气奖教金(18人)

外国语学院	孔宪倬	谢秩荣	丁文林
光华管理学院	张国有	秦宛顺	
国际关系学院	梁云祥	连玉如	
计算机科学技术系	关旭东	吕其超	
社会学系	阮桂海		
信息管理系	谢新洲		
经济学院	刘　怡		
政治学与行政管理系	沈明明		

法学院 李红云 汪劲
马克思主义学院 陈德民
中国语言文学系 陈平原 李家浩

桐山特等奖教金(2 人)

哲学系 赵敦华
化学与分子工程学院 席振峰

桐山优秀奖教金(38 人)

计算机科学技术系 耿素云
数学科学学院 孙山泽 张绪定
政治学与行政管理系 袁刚
外国语学院 姜景奎 戚德平 马文滔
信息科学中心 王岚
力学与工程科学系 白树林
国际关系学院 印红标 龚文庠
历史学系 郑家馨
技术物理学系 张启仁
重离子物理研究所 蔡建新
物理学系 钟锡华 张酣 刘玉鑫
吴崇试
社会学系 邱泽奇
生命科学学院 尚玉昌 程红
信息管理系 肖东发
哲学系 张文儒 陈志尚
艺术学系 陈刚
考古学系 权奎山
化学与分子工程学院 李元宗 周锡煌
中国语言文学系 周强 谢冕
马克思主义学院 林娅 尹保云
心理学系 沈政
法学院 梁根林 马忆南
体育教研部 李志贵
地质学系 曾贻善
高等教育科学研究所 喻岳青

宝洁奖教金(10 人)

化学与分子工程学院 杨华铨 李南强
电子学系 沈伯弘
物理学系 连贵君 马平
技术物理学系 施鼐
微电子研究所 高玉芝
城市与环境学系 崔之久 王缉慈

数学科学学院 李正元

岗松奖教金(15 人)

地球物理学系 朱锦红
力学与工程科学系 李水乡
化学与分子工程学院 孙聆东
法学院 郑戈
电子学系 刘爱民
生命科学学院 徐庆
中国语言文学系 蒋朗朗
考古学系 雷兴山
地质学系 常兆山
物理学系 杨宏
技术物理学系 何平
国际关系学院 丁斗
计算中心 崔建
外国语学院 咸蔓雪
数学科学学院 李东风

顶新奖教金(20 人)

考古学系 黄蕴平
哲学系 孙永平
地质学系 郑文涛
生命科学学院 高崇明
物理学系 黄显玲
技术物理学系 施兆民 夏宗璜
历史学系 梁志明
城市与环境学系 马蔼乃
光华管理学院 杨岳全
外国语学院 赵杰 谷裕
数学科学学院 周建莹
电教中心 蔡翠平
地球物理学系 吴月芳
化学与分子工程学院 张婉静 花文廷
中国语言文学系 王洪君 马振方
马克思主义学院 刘志光

怡和奖教金(6 人)

城市与环境学系 许学工 贾振邦
经济学院 石世奇 陈德华
地球物理学系 宋礼庭
国际关系学院 张学斌

花旗银行奖教金(10人)

经济学院 苏　剑　刘宇飞　吴有昌　王一鸣　吴侨玲　孙　薇　崔建华　刘　伟　巫宁耕　晏智杰

摩托罗拉奖教金(12人)

经济学院 萧灼基
计算机科学技术系 孙家骕　甘学温
光华管理学院 王立彦　陈良堃
外国语学院 胡春鹭　安美华　张冠尧
电子学系 姜天仕　唐镇松
数学科学学院 郭懋正
历史学系 郭华榕

东宝奖教金(5人)

生命科学学院 黄仪秀　沈　扬　陈雅蕙　苏都末日根　钟诲文

柯达奖教金(4人)

方正技术研究院 尹伟强　贾文华
计算机科学技术系 刘建国
电子学系 栾桂冬

奥德奖教金(6人)

计算机科学技术系 冯　燕　康晋峰　刘晓丹　刘从义　王　雁　严　伟

国家杰出青年基金(7人)

数学科学学院 刘张炬　林作铨
力学与工程科学系 王　龙　王健平
物理学系 熊传胜
化学与分子工程学院 王　远
生命科学学院 舒红兵　王忆平
城市与环境学系 周力平　胡建英
环境科学中心 朱　彤

教育部资助年轻教师基金(6人)

数学科学学院 刘培东(随机微分动力系统的遍历理论,资助8万)
技术物理学系 班　勇(高计数率阻抗板探测器的研制,资助8万)
化学与分子工程学院 高　松(稀土磁分子材料,资助9万)
城市与环境学系 柴彦威(城市居民交通出行行为及其规划的时间地理学研究,资助3万)
历史学系 彭小瑜(罗马天主教会与美国政治[1838年—1985年],资助3万)
中国经济研究中心 赵耀辉(我国城镇劳动力流动的决定因素,资助3万)

教育部优秀青年教师教学科研奖励基金(3人)

数学科学学院 张平文
法学院 张守文
化学与分子工程学院 宛新华

1999年优秀主干基础课、公共基础课和教学优秀奖

优秀主干基础课(37门)

课程名称	主持人	主讲人
高等代数及习题	丘维声	丘维声　王　杰　丁　帆
几何学	段海豹	段海豹　尤承业
常微分方程	李承治	李承治　郑志明　柳　彬
数学分析及习题	彭立中	彭立中　刘和平　王　铎　王耀东　刘张炬　朱学贤　伍胜健　李伟固　刘培东　黄克服　朱海平　唐少强

概率论	钱敏平	钱敏平 何书元
概率统计(B、C)及习题	耿　直	耿　直 栾贻会 周赛花 高惠璇 孙万龙 何书元 耿素云 范培华 崔兆鸣
高等数学(B)	李　忠	李　忠 周建莹 庄大蔚 董振喜 黄少云 柳　彬 叶抗生 田茂英 张锦炎
流体力学(A)上、下		严宗毅
热力学统计物理	林宗涵	林宗涵 张承福 李先卉 张建玮
光学	钟锡华	钟锡华 周岳明 王若鹏 汤俊雄 许方官
电磁学	陈秉乾	陈秉乾 王稼军 濮祖荫 宋礼庭 王　楚
量子力学	曾谨言	曾谨言 程檀生 张启仁 郭　华
数学物理方法	吴崇试	吴崇试 钟毓澍 周治宁
近代物理实验	吕斯骅	吕斯骅 吴思诚 王祖铨 赵汝光 姚淑德
原子核物理	叶沿林	叶沿林 江栋兴
电路分析原理		余道衡
细胞生物学	丁明孝	丁明孝 陈建国 张　博 苏都莫日根 卢　萍 陈丹英 沈　延 翟中和(顾问)
生理学(A)及实验(上、下)	周曾铨	周曾铨 柴　真 王世强 张艳平 陈守良
定量分析化学及实验	李克安	李克安 赵凤林 刘锋
结构化学	段连运	段连运
地貌学		杨景春
经济地理学概论		李国平 胡兆量
普通岩石学	张立飞	张立飞
计算机组织与结构		程　旭 张海洋
政治学原理		王浦劬
经济学基础(下)	睢国余	睢国余 刘　伟 崔建华
法理学	周旺生	周旺生 朱苏力 巩献田 张　骐 贺卫方
基础阿拉伯语		谢秩荣 景云英 傅志明 倪　颖 梁雅卿 顾巧巧 蒋和平 林丰民
基础法语(精读)	王文融	王文融 张冠尧 王庭荣 顾嘉琛 黄蓉美 杨国政 周林飞
西班牙语精读	段若川	段若川 徐曾惠 陈　文 丁文林 王平媛 王　军 卜　珊 赵德明 赵振江
英语精读	孔宪倬	孔宪倬 王继辉 刘建华 李素苗 燕　翎 韩敏中
现代汉语	陆俭明	侯学超 沈　阳 袁毓林 郭　锐 李小凡 项梦冰 詹卫东 符淮青 马　真
中国古代文学史(1—4)	袁行霈	张　鸣 葛晓音 程郁缀 钱志熙 刘勇强 孟二冬 傅　刚 于迎春 夏晓虹 李　简
古代汉语	蒋绍愚	张双棣 朱庆之 张联荣 宋绍年 耿振生 张　猛 杨荣祥 邵永海 刘子瑜 张渭毅
中国近代史	王晓秋	王晓秋 徐万民 房德邻 郭卫东
世界古代史	朱孝远	朱孝远 彭晓瑜 颜海英 黄春高 李隆国
邓小平理论概论	陈占安	陈占安 吴树青 任彦申 赵存生 沙健孙 梁　柱 薛汉伟 钱淦荣 孙蚌珠 居维刚 宋国兴

优秀公共基础课(1门)

课程名称	主持人	主讲人
大学英语	安美华等9人	沙露茵等29人

教学优秀奖(40人)

数学学院	陈家鼎	张顺燕	蓝以中	历史学系	何顺果		
物理学系	俞允强	陆　果	罗　强	考古学系	张　弛		
地球物理学系	徐仁新	焦维新		艺术学系	朱青生		
技术物理学系	刘洪涛			哲学系	靳希平		
化学学院	裴伟伟	王颖霞	高月英	外国语学院	赵华敏	李　政	赵登荣
	高盘良				吴贻翼	赵　杨	王逢鑫
生命科学学院	许崇任	杨　继	樊启昶	国际关系学院	潘　维		
地质学系	郝维城			政治学与行政管理系	李　强		
心理学系	韩　凯			经济学院	李心愉		
力学与工程科学系	王敏中			光华管理学院	李　东		
电子学系	周乐柱			法学院	贺卫方		
计算机科学技术系	王克义			马克思主义学院	祖嘉合		
中文系	蒋绍愚	钱理群		中国经济研究中心	赵耀辉		

（宋映泉）

1999年优秀德育奖

数学科学学院	孙　丽	哲学系	束鸿俊		
力学与工程科学系	李文胜	国际关系学院	王其芬		
物理学系	董晓华	光华管理学院	李九兰		
地球物理学系	王东明	法学院	龚文东		
技术物理学系	王彤文	信息管理系	刘兹恒		
电子学系	魏中鹏	社会学系	鄢盛明		
计算机科学技术系	严敏杰	政治学与行政管理系	江荣海		
化学与分子工程学院	张　莉	外国语学院	吴新英	安晓鹏	
生命科学学院	沈　扬	马克思主义学院	秦维红		
地质学系	折志凌	艺术学系	李　静		
城市与环境学系	邓宝山	高等教育科学研究所	陈定芳		
中国语言文学系	蒋朗朗	团　委	刘　颖	沈千帆	
历史学系	刘一皋	学生工作部	缪劲翔	迟行刚	查　晶

1999 年优秀班主任奖

一等奖

数学科学学院　王冠香
化学与分子工程学院　李　彦
中国语言文学系　杨荣祥
哲学系　杨立华
经济学院　姚志勇
信息管理系　张广钦
环境科学中心　宋豫秦

二等奖

数学科学学院　冯荣权
力学与工程科学系　苏卫东
物理学系　王永忠
地球物理学系　张　铮
技术物理学系　何　平
计算机科学技术系　王　雁
化学与分子工程学院　杜福胜
生命科学学院　杨　雄　陈雅惠
地质学系　常兆山
城市与环境学系　田昭一
中国语言文学系　漆永祥
历史学系　欧阳哲生
考古学系　晁华山
国际关系学院　梁云祥
经济学院　刘群艺
光华管理学院　李　其
法学院　马宝霞　张智勇
社会学系　赵雪峰
政治学与行政管理系　袁　刚
外国语学院　周林飞　阚冬青
艺术学系　高　译

三等奖

数学科学学院　房祥忠　黄　海　杨　瑛
力学与工程科学系　刘克飞
物理学系　高巧君　王若鹏
地球物理学系　冯永革　朱锦红
技术物理学系　钱　涛
电子学系　李朝辉　金欢阳　刘爱民
计算机科学技术系　冯　燕　张　铭　黄　如　汪　琼
化学与分子工程学院　赵风林　徐东成　张　东
生命科学学院　郑宏生　苏彦辉　杨兴文　任燕飞
地质学系　侯贵廷
中国语言文学系　彭　牧　傅　刚
历史学系　牛　可
考古学系　胡艳秋　李崇峰
国际关系学院　黄京良　李　琨　李义虎
经济学院　张　延
光华管理学院　王明舰　马　捷
法学院　蔡志敏　葛云松　朴文丹　沈　岿
信息管理系　段明莲　李常庆
社会学系　佟　新
政治学与行政管理系　白智立　王丽萍
外国语学院　林　琼　傅增有　吴杰伟　潘　钧　徐哲平　王庭荣　郭颖杰　李桂霞
艺术学系　徐金灿
人口研究所　陆杰华
汉语教学中心　于素荣

1999年奖学金获得者

三好学生标兵

数学科学学院

俞诗鹏　张　骅　宋　瑞　王　鹏　曹　晶

罗武安　周　烽

力学与工程科学系

万　蕾　周春锋　庄　宁

物理学系

钱　海　吴俊宝　王　宇

地球物理学系

董　峰　田　玥　张军华

技术物理学系

蔡博峰　纪丽丽　胡岩乐

电子学系

张利剑　肖世军　高　迪

计算机科学技术系

张　浩　吴益华　刘桂美　张志汝　杜　鲲

常继传　吕思伟

化学与分子工程学院

刘镇宁　韩　冰　夏国尧　张　磊　黄世明

罗明俊　黄云辉

生命科学学院

马超宇　游晓军　李倩如　姚　远　杨　谦

丁志勇　赵　允

地质学系

唐国军　段体玉

城市与环境学系

李卫锋　于海波　杨超伟　朱忠礼

心理学系

张　慧　王　茜

应用文理学院

周水标

中国语言文学系

薄　茹　姚静仪　李　莉　马明俊　王冬玲

沈　浩

历史学系

周青丰　高　波

考古学系

雷喜红　唐　炜

哲学系

房自正　刘成伦

国际关系学院

卢　峰　王秀丽　左瀚颖　刘江涛　李文凯

经济学院

刘丽娜　瞿昕华　孙　嘉　李智娟　富　雷

孟祥轶　朱　永

光华管理学院

谢雯娟　张玲玲　贾文玉　啜玉林　唐箭云

郑春建

法学院

彭　声　高云龙　魏　帼　刘云鸽　李　佳

王寒冰　程金华　鲁智勇

信息管理系

罗丽丽　刘晓玲　李爱红

社会学系

黄玉琴　毕向阳

政治学与行政管理系

宁兆欣　高翔　周汝永

外国语学院

刘雅敏　陈永利　刘　巍　迟　方　曾　雅

修立梅　翁家慧

马克思主义学院

南京媛　王　磊

科学与社会研究中心

段培君

艺术学系

金　妍

中国经济研究中心

郭　明

高等教育科学研究所

阴　悦

人口研究所

杨宏星

信息科学中心

周剑平

环境科学中心

王志恒　李正山

三好学生

数学科学学院

王　沛　唐　翔　陈华一　陈志坚　杨海成

李佳慧　宣宇琳　罗　冲　王　烈　蔡　宁

赵　睿　佘轶原　彭献华　林冬瑜　丁吉建

黄　洋　刘宗键　徐佳东　周　晨　曾　钢

方烨 于品 张鹏 黎波 阎兢
方初莹 刘映雪 龚焘 周娜 胡丹
刘苏 樊春鹏 夏天 刘恋 刘雨龙
徐正富 余歆炜 刘海燕 姚健钢 于炜
陈南 何金国 林宙辰 曲海鹏 蒋达权
孙玉冰

力学与工程科学系

杨虹 刘建 潘海珍 潘文潇 周卫星
黄为鹏 余宏标 葛幼璋 毛小锋 程暮林
黄源浩 刘艾琳 朱波 欧阳正清 彭文波
祝发荣 万晓亮 陈凯 田家勇

物理学系

倪凯旋 刘晓 李燕 徐耿钊 穆良柱
李智 胡景实 张伟华 谢黎博 陈元
范凯 杨翔宇 邓志峰 孙锴 刘媛
李志强 屈强 董卉爽 李乐愚 孙永科
邓宇俊 蔡明 刘婷婷 孙锴 孙文红

地球物理学系

景志成 曹军 桂剑 陈武 王毅
王兴娟 章卫祥 毛晓明 林腾飞 杨浩
闻新宇 姜振涛 汪德鹏 束传政 吴京文
张海明 洪碧海

技术物理学系

张远波 栾远涛 李文 邱兴华 黄涛
汪振国 庞丹阳 徐卫民 江卫军 龚奕
王韶辉 唐毅南 夏春雷 李爽 姬志强
张静 李凌云 卢爱明 张云驰 马经国
姜健准 郝建奎

电子学系

亓男 郭凯 傅大群 匡雄才 温琪
王华辉 邓杰 张静 张辉 葛维严
马强 李刚 胡宗敏 钟声 黎晓晨
俞水清 冯磊 马黎黎 高翔 刘勇
陈江

计算机科学技术系

高峻 李英华 张邈 刘天成 何雷
刘鹏 高韬 郭迎春 许俊娟 王汐
董方鹏 吴旭升 陈旭宁 张鹏 吴杰
刘世杰 郭琳 余利波 宋春燕 刘洪洲
杨勇 陈原 杨杰 殷晓田 程行之
邱迪 郭德超 聂书忻 安禹佳 谭佳
陈江枫 赵静 高晓洁 董申 潘文斌
李欣 李小勇 刘洵 汤敏 彭京亮
郭胤 朱德新 林斌 吴琼 董欣
顾磷 杨存宇 杨道良 卫建林 余华山

化学与分子工程学院

孙稚平 张伟 嵇楠 杨朝晖 汪建明
赵临 管海荣 李巍 张鑫然 何筝
袁敏 杜宇 赵宇星 王树志 张新南
何健 刘聪 宁柏宇 晏皖琳 谢秋喆
鲁海舸 刘佳 孙俊良 王新益 李丽华
陈以昫 赵宇 王策 杨琳 刘铭钊
颜君 陈鹏 周桓宇 胡道颖 代明骥
俞莹 姚疆 李卫杰 黄伟强 王金凤
陈继涛 南小林 徐维明 范江峰 刘婷
刘善堂 梁玉增 王永成 闫爱新 王胜龙

生命科学学院

祖可 周娜 黄可欣 丁捷 沈宇锋
李漪娜 常淑蓉 李丕龙 黄燕华 王广文
李毓龙 渠翊 黄腾波 刘建文 谢芳
张岚 吴贝贝 姚杰 候仲刚 林兰
蒋少娟 何冰 胡一多 韩熠 刘琼
李媛 刘曼 谭磊 陈曦 王倩
张金伟 张瑶 唐华平 韩飞 邵毓敏
曹春辉 沈杰威 温艾 于芙蕖 李媛
苏云鹏 吴亮其 刘顺和 李卓 梁允宽
王德智 刁建波 张志宏 王莉江 王则能

地质学系

薛胜 罗纲 许绚 田杰 赵睿
王欢 吴伟娟 王勇 赵桂萍 鲍景新

城市与环境学系

赵亮 陈腾 刘战烽 蒋依依 郑一
钱伟 王彩凤 景娟 杨小兰 吴倩
李青淼 白萌 俞奉庆 党宁 关蕊
甘颖进 张茵 张文冶 周洁峰 张洋
刘江涛 张波 孙鹏 张平 高学民
范闻捷 樊绯 薛领 李英奎

心理学系

袁文涛 陈梦晖 刘嘉 陈宁 叶冬梅
陈祉妍 王均 廖芳怡

应用文理学院

李建宁 胡彦彬 董泽 王艺红 刘毓锋
赵莹莹 杨帆 陈通 李桦 邱观波
林松生 刘娜 马春荃 李浩 张蓓
章岩 黄丹红

中国语言文学系

胡少卿 何翔 胡秋蕾 霍志静 周嫄
徐百柯 杨慧 胡斌 蒋文仙 张铁
俞骅 蒙娃 艾英 陈园媛 刘春华
孙鹏 龚海燕 何佳 谈鸣 王学振
王钰梅 姜仁涛 查正贤 吴宇宏 张智乾
苏明明 张翔 李二民 战立忠 徐兰君
杨早 赵强 周威兵 陈剑 詹颂
张树国

历史学系

孙英刚 任裕婷 王锦萍 常越男 何心平
黄 君 丁彦琼 苏卫国 夏兆营 姚 昱
朱孔京 刘子忠 朱晓罕 傅世明 宋 霞
杨 光

考古学系

齐 纪 阎 欣 王琳琳 阎 志 高 洁
何元洪 孙 翔 杜水生

哲学系

席加省 余 莲 李 立 邵 冰 宁晓萌
罗洁洁 阮 吉 程绮瑾 侯兴宇 先 刚
朱 莉 胡慧冬 张国栋 萨尔吉 宋景堂
杨道圣 孙 毅 唐文明

国际关系学院

陶 靖 陈京晶 连淑钰 苏颖君 陈 菁
张晓文 梁亚军 陈慧颖 管 梅 颜 畅
周 杰 杨 琛 黄培皓 邹 欢 楼 莹
郭一峰 金 兰 陈 香 徐 涛 朱来生
孙应帅 胡 兴 林 颖 史 哲 邬 磊
孔志强 张 军 刘 洁 龚艳玲 孙华宇
王文英 叶远强 张 辉 郑桂红 刘东国

经济学院

张秋雷 阳穆哲 吕 霞 郭 彬 秦 斐
周 静 陆新艳 刘双玲 吴 旖 林明锋
刘志颖 王 耿 马 骥 张艳华 曹杰存
沈俏蔚 李 瑶 胡晓晗 孟 元 黎新平
谷 颖 程满清 李淑萍 唐 昊 锁凌燕
龚陟帜 李 峰 顾开嘉 莫思多 宋英培
胡 莹 陈 琳 钱艳琼 陈洪元 鲁 刚
杨建勋 尹 嘉 蔚兴华 张 伟 敬义嘉
曹宇芳 叶建第 宋芳秀 邹 丽 黄俊立
陈 莉 李丹红

光华管理学院

周纪冬 刘 洋 袁 颖 陈 涛 宋 焱
廉 洁 左晓燕 赵柯禹 马晓静 刘 娜
代冰彬 童晓晖 周 潇 傅 焘 施 浩
胡 君 江 岚 邓 旻 邱华方 刘晓浏
杨 艳 叶仲广 贾 楠 戈爱晶 张 鹏
陈兴珠 江慧琴 李文德 字 伟 龙 秀
顾佳峰 于利鑫 陈 莹 唐飞雪 应 帅
吴运迪 高佃恭

法学院

孙 晔 张志宏 贾 月 李 蕾 汤叶霞
崔 磊 刘 扬 魏双娟 胡 镔 丁春艳
李晓龙 蔡斯栩 胡 茜 刘景明 吴 冬
朱 荃 陈 瑱 刘晓春 张 宁 周 倩
郑 芳 祖 辉 吴 昊 冯翠玺 祁燕泰
韩思婷 余韶华 张 锐 王斯曼 赖 萌
焦 娇 赵 枫 陆艳平 高广彬 宋合成
金 磊 赵 亮 金圣海 马清升 徐世亮
李 莉 李少鹏 胡国辉 孙 黎 周 虹
董文媛 陈 倩 赵英敏 苏德栋 姜丽勇
叶向阳 台 冰 马 捷 贺日开 杜 颖
李长喜 李红海 王红一 郑 琰

信息管理系

钟智锦 艾 晖 魏 铮 周 芳 侯大怿
王海娟 楼丽萍 徐 波 辛鸣镝 旻 苏
杨 虎 张 迪 郭 强 李 颖 范晓虹
李 娜 马红艳

社会学系

孙晓琳 李志国 李 璐 李 妍 刘小涛
季 蕾 张 敏 肖莉娜 谢万玲 高 琴
赵丙祥 郭建如

政治学与行政管理系

李 静 宋 斌 王淑平 王冬欣 周 陈
刘灿灿 刘月梅 张 鑫 陈 虹 林 俊
任莉颖 汪 萍 傅红庆 王 莹 王洛忠
尹海涛 林 猛 周少来 褚松燕

外国语学院

刘丽梅 吴 锐 史 月 边 疆 章 燕
刘湘燕 刘 丽 张嘉妹 周 密 马 雪
查轶伦 张锐瑞 崔 燕 王 曼 史 迪
翁妙玮 周 莉 王新萍 李 娜 刘 燕
俞丽娜 彭爱民 楼菁菁 王润生 李 煜
来婷妍 马乃强 赵剑英 沈 涵 曹 飞
易 璐 杨 俭 刘 淳 耿琳琳 董 岚
周淑梅 郭 利 孙婷婷 李雪梅 王 旭
刘 俊 刘 舒 陈 茵 李丽娟 何 宁

马克思主义学院

孙在辰 董志国 赵 杰 王启军 杨宏伟
肖 玲 袁 涛 舒思今 阎敬武 郭继平
向拥俊 奚万荣 许 戎 单继刚

科学与社会研究中心

贺雪梅

艺术学系

倪丽慧 姚宏波 俞 静 谭洁瑜

汉语教学中心

王 玉

中国经济研究中心

荣 昭 吴任昊 白金辉 柯 钦

高等教育科学研究所

靳 军 刘 强

人口研究所

尤丹珍

信息科学中心
陈　珺　罗平宇
环境科学中心
马　宁　胡　璇　卢雪云　曹　云　陈雪霞
肖　雪　王立新

优秀学生干部

数学科学学院
李秋生　孙喜晨
力学与工程科学系
张志雄　钟　彦　张　宇
物理学系
华　明
地球物理学系
汪　洋　王洪光
技术物理学系
马兆远　赵　坤
电子学系
李　强　陈东斌
计算机科学技术系
黄　璜　谢　涛
化学与分子工程学院
李文钧　戴怀成　王　震
生命科学学院
曾卫华　徐文杰
地质学系
李　强　朱彦北
城市与环境学系
苏燕羚　刘春舜
心理学系
吴佳音　周建中
中国语言文学系
梁小倩　陈洪治　陈宇航　谷　建
历史学系
王　宇　田杰亮
考古学系
马　健　陈　馨
哲学系
成　果　张晓林
国际关系学院
王丽新　倪　斌　孙立国
经济学院
程春华　孙　斌　杜升武　刘书林
光华管理学院
胡　江　宁方明　丁大勇　郭　政
法学院
杨海峰　佘明旭　金锦萍
信息管理系
郑清文　汤路漫
社会学系
荆志国　李放春
政治学与行政管理系
杨　光　汪玉宝
外国语学院
李　江　李小平　孙　辉　马浩岚　王秋石
马克思主义学院
衡凤英　袁　超
科学与社会研究中心
杨艳萍
艺术学系
朱媛媛
汉语教学中心
马　楠
中国经济研究中心
尹海涛
人口研究所
庄　源
信息科学中心
孙宝海
环境科学中心
张宝慧　付　欣

学习优秀奖

数学科学学院
彭　捷　吴隆庆　周　怡　刘华东　张　州
倪　忆　张会娜　王　证　刘　青　周　翔
季　霞　王军辉　陈　莉　博午日亘　胡国强
钟　声　甘　锐　成　彬　邢　冲　李辰欣
文　晓　方　方　汪　辉　李佩繁　肖　磊
吴宇宏　陈小俊　刘劲松　覃瑜君　宁　峰
齐　欣　章复熹　马　辉　黄　红　齐　峰
力学与工程科学系
徐　丹　陈家琼　王　举　钱　劲　张　恺
聂春戈　张海健　陈　勇　刘　慧　钟锦汉
杨　勇　梅小露　于　天　郝鹏程　高　娟
曹　建　赵盛琳　李　明　李　丁　王　进
段志生
物理学系
曹　群　高　鹏　吴晓华　刘　韶　王　锋
潘　奕　杨　华　申耀明　李　霞　廖慧敏
肖　笛　罗春雄　李　博　张贝贝　程　翔

向杰 韩柯 路宇 吴从军 张帆
黄东浩 田雨 王孙涛

地球物理学系

孙晓辉 刘睿 邓毅 张勇 莫倩
覃争锐 徐袁 黄毅 姜明明 张辉
韩勤 陈刚 侯章栓 陈起永 方晓华
崔宏 张东和 姚展予

技术物理学系

范文历 周德民 高歌 张亚龙 朱铁才
朱岳 杨强 钟春来 叶松柏 张超
孙凤龙 唐亮 黄亦元 刘睿 张智渊
李湘庆 刘宁 唐渝兴 刘峻峰 张艳群
乐小云

电子学系

肖灯伟 李开 丁辉 沈志虹 刘政通
吴学德 谢芬 王彦 贾涛 马猛
宋京 王巍 姚宏颖 张智 罗艳
李秀兰 金鹏 顾旗君 李建昌 周小计

计算机科学技术系

孙飞 许云 李涛 单松巍 王龙
何丁山 徐颖 张小华 姚勇 赵剑云
李薇 张兹浔 张凌霄 周力 龚笔宏
冯海涛 梁研 张怡 彭程 危夷晨
邢岩 戴祝运 张慧邃 翟博 袁杰
王新宇 韦杰 任品 马坚 薛静
邓志鸿 高小峰 丁晓诚 邓志刚 杨振川
陈兆琪 吕邕 宋传华 张震 周欣
王子欧 朱晖文

化学与分子工程学院

武利庆 刘瑾 王晨博 慕成 洪睿
欧阳莲 何斌 梅岩 袁海 刘登峰
雷晓光 胡逸民 杨宇 李晓东 苗辛
顾超 王小立 欧阳缇 杨洪 邢小羽
朱文江 向晶 李竹 贾磊 尹嘉路
张志华 李述周 周晓蕾 林建平 李巍
陶鹏 韦天新 张慧敏 张庆敏 王忠胜
魏忠

生命科学学院

雷颖 李林 郑小燕 陈昱 姚蒙
郭峰 唐显丽 崔粲 金华 于海源
张宜男 吴松锋 杨洁 李晴 纪明
余小萌 牛丽莉 冯丽瑾 潘良斌 卓佳
王伟 张颖 赖茂毅 马莉 张颖
聂思惟 凌晨 董国刚 聂书怡 庄斌全
陈纪袁 冯倩 赵卫星 韩晓佳 杨春
王悦 阮侠 张晗芸 刘晔 杜辉
张涛 陈艾 毛云涛 蔡群 王友军
齐眉 陈杨坚 何伟 王啸波 廖靖军
单丹丹 汤富酬 李枝蓉 任秋婷 王昊
金文均

地质学系

张阿利 许西桥 陈杨 陈舒舒 巫银良
陈华勇 李超 何文渊

城市与环境学系

王明田 徐辉 王锐 闻怡 张巍
马乐宽 苏洁琼 樊晗 陈阳 毛娟
张云海 左谦 古陶 杨家文 刘松
罗湘华 胡海瑛 邓静 刘东云 陈韫敏
凌翔 叶生发 王滔 陈爱军 李德文
江涛 张莉 范海生

心理学系

周小彬 陈曦 姚君华 吴超荣 张昕
付蕊 何海瑛 刘祖祥 钟杰

应用文理学院

谢超 胡海莹 刘晶 吴简蕊 杨国滨
肖兴路 陈碧清 王楠

中国语言文学系

孙淑慧 汤晓燕 黄羽 林艳敏 刘勇
丁元 李峻岫 萧索未 缪川 杨金涛
杜轶 宋作艳 曾汀燕 杜新艳 戴海静
章欣 张娟 汪洋 李李 程凯
刘津 赵彤 李畅然 余杰 汪锋
陆成 张慧文 徐津 张键 廉萍
路文彬 王枫 龚刚 颜浩 易晖
张沛

历史学系

郑小威 赵万霞 孙明 田欢 徐慧璇
段江飞 张在华 宋丽萍 张红菊 赵挹彬
仲笑林 刘乃亚 谭继军

考古学系

曹大志 霍杰娜 刘芳 王海城 武家璧
张晓梅

哲学系

丁艳红 诸世卓 张寄冀 马秀丽 汤倩
刘镇 唐英英 李琼 顾卫宇 王献华
李剑 李旭 曹荣湘 李星良 王善超
陈岸瑛 贺翠香 彭国华

国际关系学院

金蕾 李绘新 律海林 龙瑾 李湲
邱静 周萍 谢仁绮 许静倩 徐倩
穆阳 罗华明 杨晓娟 李力 马英钢
朱宏立 任剑晴 高静宇 陈立忠 胡九龙
李江华 杨彬彬 衣春瑶 曾鹏飞 曾向荣
谌园庭 艾建琪 赵常伟

经济学院
沈复初　张　莉　黄　昆　林瑞明　张　薇
车　瑞　邵　亮　林慧丹　陈　宁　耿　琳
应婷婷　李　佳　李　燕　吴　华　黄　莹
楼狄飞　秦雪征　高　凌　熊碧华　王晓瑞
杨　鑫　王红霞　孙立明　贺　君　袁东明
郭海秋　赵云安　罗　涛
光华管理学院
江　萍　高　展　盛　雯　杜海峰　张娜娜
郭　磊　张　蕾　刘　韵　诸葛晨　陈　辉
王　晨　蔡　珍　李　季　杨　鹏　吴云英
金　蕊　阎　林　汤文斌　徐　蕾　李祎程
陈　慧　许玉莲　谭　畅　吴　笛　孙　菁
韩　楚　孙康勇　王新佑　晋　旗　徐林洲
陈　沅　李玉刚　廉晓红　童俊莉　谢　民
史娟娟　欧阳俊　邵东亚
法学院
武　欣　顾契妮　张　颖　陈　聪　贾莉蓉
熊江宁　陈亚丽　刘科科　张　颖　杨冰虹
缪　静　张会峰　吕　凯　刘　勇　杨　巍
彭　皖　王　重　李玲玲　马永强　盛　茜
杨莉轩　李　路　周　曦　张一诺　刘诗芳
傅　甜　任扬帆　王子暄　丁建勇　于　皓
王　波　李　玲　刘　泽　简龙湘　刘慧卓
张玉珠　王鑫海　郭三转　赵春宇　罗　莹
徐绪辉　宋小海　黄　永　张智霞　赵　君
杨正洪　关文伟　丁　利　李国如　孙同鹏
刘为波　刘中发　李　毅
信息管理系
侯欣然　陈　敏　黄楚慧　孙利红　秦　晖
朱海玲　黄　剑　宋建敏　冯　静　胡晓峰
刘富玉　安淑敏　邵晓舒　刘红敏　王凌云
梁海丽　林　琳
社会学系
董　杨　常　姝　胡琳琳　宋　婧　童根兴
白春燕　兰雁冰　胡善冰　贾西津　叶响裙
政治学与行政管理系
崔绪奎　王　利　张　毓　张　帆　江锦凡
许　星　姜　宁　龚慧娴　李晓玮　孙　楠
林国荣　田海军　张立华　赵　义　周鲲鹏
姚铁男　马海兵
外国语学院
陈　倩　顾仲阳　周朝虹　夏海涵　沈莉霞
操　辉　栾　晔　高　颖
马克思主义学院
生　华　朱云汉　王守华　许　丹　鲍雅梦
葛东军　刘红岩　杨钟红　刘志广　冯书泉
李卓鹏
科学与社会研究中心
陈　强
艺术学系
尹铁钢　陈　欣　王晓丰
汉语教学中心
刘　冰　柳　兰
中国经济研究中心
吴斌珍　汤　弦　刘明兴　李永军
高等教育科学研究所
鄢　波　潘天舒　肖　若
人口研究所
朱海燕
信息科学中心
刘俊辉　谷列先
环境科学中心
李全林　陈　磊　凡小涛　白宇波　王宜成
曹　静

红楼艺术奖

数学科学学院
王黎鸣　沈芳芳
电子学系
鲍小玲　田　甜　宋　阳　王婷婷　张　浩
王庆阳
计算机科学技术系
陈　翕
化学与分子工程学院
张　峰　魏　芳
生命科学学院
成若之　耿　泱　张　雷
城市与环境学系
谌　磊　林　凡　田　军
心理学系
牛　婧
应用文理学院
王　平
国际关系学院
米　娜　佟佳家
经济学院
黄　欣　王　燃　陈丽嘉
光华管理学院
崔金欢
法学院
王齐鸣　李　凡　乔　熙　玉　婷　吴　迪

刘入铭
政治学与行政管理系
孟　焱
外国语学院
刘　杨　李　苒　宋　阳　尤永琳
艺术学系
霍　焰　秦　川

"五四"体育奖

生命科学学院
白　凌
经济学院
朱海燕　窦　明
法学院
张　颖　于　洋　达奔那　郝彩缤　苏　磊
李　佳　邝浩欣　李明鑫　王　伟　傅芳芳
商　秦　朱　喆　赵立文　周　斌　朱诺伟
朱　蕾
外国语学院
杨　泳　王　辉　马　佳

社会工作奖

数学科学学院
安金鹏　黄　海　王　强　刘佰军　赵继承
方军雄　杜素贞　陈　颖　王　伟　吴　昊
陶　萌　孙　威　何学松　倪　强　张　莹
韩　嵩　李建清　黎　雄　王永革
力学与工程科学系
周昌令　高永刚
物理学系
曹　政　苗　川　张冰峰　赖　昌　李长辉
刘钧钧　于立平　冉广照
地球物理学系
曾　锐　陈志宇　阎文希　郑中华　管晓悦
王　凯
技术物理学系
孟铁军　董立淳　熊春乐　刘小鹏　王　佳
韩　笑
电子学系
孙　伟　胡　楠　郭晓东　罗文勇　杜　民
计算机科学技术系
韩　怡　单　静　高　磊　张宏伟　裘　莹
倪卫平　杨　洁　袁　骏　段卫华　徐　亮
韩近强　章　悦　延　涛　李大磊　马　振
陈　静　宋　翔　和　强

化学与分子工程学院
刘文设　颜　河　王　宁　于　涛　叶　宏
陈丽娜　周　江　曹昕宇　黄　鑫　史　峰
田　雪　毛　书　毕　波　武　巍　叶朋林
张明泉　冷永华　于海东　赵宪瑞　齐　航
郑晓亮
生命科学学院
徐敬华　吴　昕　连　佳　杜婷婷　邢　旭
地质学系
姚卫浩　杨默涵　曲军峰　马铭波　辛　鑫
王海青　王　冬
城市与环境学系
龚　华　萧晓柏　高林宇　于占福　黄　刚
王道军　陈忠晓
心理学系
田　林　秦速励
应用文理学院
蒋松荣　陈耀泉　李　雪　谢　端　李　军
闫　超　梁　璐　张　梅　徐　昕
中国语言文学系
梁　顺　吴箫镙　刘　卓　徐冀静　郭　滨
李　杰　姜　南　王范儒　黄荣荣　陈　星
秦爱华　马　宝
历史学系
生云龙　彭　琦　林小异　李　骊　鞠　雷
邢　颖　杨　柳　成广金　何维保　付传侃
顾　杭　蔺志强
考古学系
李媛媛　赵　永　苏　璟　孙　莉
哲学系
向　勇　陶云飞　邵　锋　陈国峰　刘传全
国际关系学院
杨晓兰　殷凯业　曾　荣　唐慧杰　朱　轶
陈志远　陈　莉　张　璟　于　斌　王　玮
王传洋　季　萌　李宏毅　张建成　朱艳圣
经济学院
郭　超　王　颖　周坤轮　韩　西　李国山
刘惠芳　钱　珺　郑婉仪　廖华汶　赵　媛
隋　勇　王　蕾　陈科屹　睢　岚　王海民
王磊蕾　周佩兰　姚羽蒙　叶　捷　段忠辉
刘永强　任　菲　文　渊　方　明　张大宝
光华管理学院
吕晨飞　吴　丽　欧阳敏　曾海涛　周　芳
姜　杉　赵肖行　李　骅　伍　非　安菲菲
法学院
刘亚玲　张晓萌　程　曦　白　冰　王艳梅
李鹏越　魏　姝　徐　晴　吴　枚　令狐铭

苏　浩　管　妍　朱秀梅　刘劲夫　袁秀挺
史大晓　撒贝宁　杨君佐　刘德恒　侯　健
张庆方

信息管理系

田立文　熊　赟　张新名　郑宏祎　周易军

社会学系

姚映然　李雁刚　孙　捷　张闫龙

政治学与行政管理系

李　楠　庄　严　王　霞　史峰峰　李文华
肖立辉　顾平安

外国语学院

李　腾　王　华　孙晓艳　黄亮新　毕　玮
徐　芳　刘　华　彭冬梅　朱　骏　章　蓉
葛　佳　于　荣　刘　歌　王　威　白　洋
王　亲　孙天骄　刘　捷　郝小松　邱　萍
徐　清　任立榕　郭泰然　赵英南　田　越
李　威　许　飞　王建宇　张奔扬　刘　岩
吴　晶　郑　毅　王　海　阙登峰　贾　哲
田艳妍　李芳芳　孙　晔　吕　雯　陈洪利
罗蕾蕾　潘莹欣　周芬芬　李莉春　梁　波
吴红亮　蔡恩彦　佘志茹　姜丹丹　王懿静
张晓静　蔡学娣　揣姝茵　王志刚

马克思主义学院

赵海燕　赵　昆　张　忠　徐　辉　张　辉
柴元君　刘复兴　舒　虹　王在全

艺术学系

孙　飚　曲　葳　陆磓轩　王亚洲　张建锋

中国经济研究中心

夏　春

环境科学中心

郑　彦　王少霞　张　媛

创新奖

数学科学学院

邵永武　韩嘉睿　王　璐　杨　磊　朱洪亮

力学与工程科学系

熊春阳

物理学系

柏树丰　姚　坤　孙庆丰　袁　烽　姬长国

地球物理学系

康杜娟　郑永光　张天华

技术物理学系

应　军

电子学系

刘　菁　陶振宁　付军贤

计算机科学技术系

王　冲　万新恒　穆甫臣

化学与分子工程学院

张继华　李道兵　黄岩谊　廉永福　马宝清
闫文飞　杨伯瑄

生命科学学院

蔡达文　王　萌　陈　溪　口如琴　李　斌

地质学系

彭　澎

城市与环境学系

唐　蔚　宋先花　刘　波　盖文启

心理学系

张　佩　朱荣春

中国语言文学系

袁绍辉　李予湘　郭　珊　贺桂梅　刘耘华

历史学系

陈继静　陶新华

考古学系

路　菁

哲学系

翁贺凯

国际关系学院

曾筱迦　黄照静　刘　馨　刘振莉　宋　伟
徐　挺　孙晋忠　王报换

经济学院

杨　蕊　王　亮　周　星　张路路　戴蒲英
夏　春　杜　琰　李　佳

光华管理学院

郭　娜　张松洁　田　昆　黄建军

法学院

凌　斌　易　平　朱利江　苏灵麒　王　瑛
马景春　马　龙　张庆越　李　辉　全奕颖
程　浩　卢　鑫　商　宁　刘　愔　陈　涛
张晨颖　王　成　杨书文　刘艳红
欧阳泽曼

信息管理系

陆之光　曹宽增

社会学系

王列军　蒋广慧　赵雪峰　欧阳觅剑

政治学与行政管理系

钟　星　谷　雪　葛元杰　胡永佳

外国语学院

李　姝　樊　宇　姚　骏　吴　琼

高等教育科学研究所

雷　静

人口研究所

王广州

信息科学中心

方 方

环境科学中心

陈 冰

北京市三好学生

数学科学学院 周 烽

力学与工程科学系 万 蕾

物理学系 吴俊宝

地球物理学系 董 峰

技术物理学系 纪丽丽

电子学系 高 迪

计算机科学技术系 吕思伟

化学与分子工程学院 刘镇宁

生命科学学院 李倩如

地质学系 段体玉

城市与环境学系 李卫锋

心理学系 张 慧

中国语言文学系 马明俊

历史学系 周青丰

考古学系 雷喜红

哲学系 房自正

国际关系学院 王秀丽

经济学院 瞿昕华

光华管理学院 张玲玲

法学院 高云龙

信息管理系 刘晓玲

社会学系 黄玉琴

外国语学院 陈永利 曾 雅

信息科学中心 周剑平

北京市优秀学生干部

国际关系学院 倪 斌

信息管理系 郑清文

政治学与行政管理系 杨 光

光彩奖学金

数学科学学院

李 超 袁珂珂 宣宇琳 蔡 宁 俞诗鹏

黄 洋 徐佳东 周 晨 王 鹏 刘雨龙

周 烽

力学与科学工程系

余宏标 周春锋 杨 勇 程暮林 朱 波

物理学系

刘 晓 李 智 向 杰 孙庆丰 袁 烽

地球物理学系

曹 军 董 峰 王 毅 田 玥 陈 刚

洪碧海 张军华

技术物理学系

范文历 朱轶才 汪振国 韶 辉 唐 亮

刘 睿 卢爱明 胡岩乐

电子学系

萧世军 张 辉 葛维严

计算机科学技术系

孙 飞 张 浩 何 雷 董方鹏 吴旭升

张 鹏 郭 琳 张志汝 杜 鲲 谭 佳

化学与分子工程学院

武利庆 沈鸿雁 阎 瑾 李兆飞 宁柏宇

胡逸民 黄 波 晏皖琳 李晓东 李丽华

王 策 周桓宇 代明骥 黄云辉 朱广宇

生命科学学院

赵文利 吴松锋 张 岚 吴贝贝 李倩如

姚 远 陈 曦 唐华平 唐 玉 邬 洁

王德智 王金玲

地质学系

杨 艳 文彦君 唐国军 赵 睿 段体玉

城市与环境学系

陈 腾 苏洁琼 李卫锋 俞奉庆 甘颖进

张 波 高学民 朱忠礼

心理学系

张 慧 孙 洋 叶冬梅 肖广兰

应用文理学院

黄丹红

中国语言文学系

张 铁 姚静仪 王钰梅 王 昶 沈 浩

赵 强 陈 剑 马庆洲

历史学系

张里蓉 周青丰 王霄飞 丁彦琼 姚 昱

张红菊 王 静 杨 光 马 健 闫 志

刘 芳 高 洁 唐 炜 孙 翔

哲学系

向 勇 罗洁洁 刘 镇 程绮瑾 刘成伦

张国栋 李星良

国际关系学院

王丽新 苏颖君 张晓文 李绘新 律海林

杨 琛 黄培皓 左瀚颖 刘江涛 邬 磊

任剑晴 刘 洁 韩 隽

经济学院

阳穆哲 秦 斐 刘丽娜 林明锋 李智娟

李淑萍 张 伟 孟祥铁 曹宇芳 叶建第

光华管理学院

代冰彬　施　浩　徐红光　李志宏　张　静
陈　畅

法学院

彭　声　魏双娟　胡　茜　张　宁　刘云鸽
祁燕泰　王斯曼　焦　娇

信息管理系

钟智锦　周　芳　王海娟　辛鸣镝　杨　虎
张　迪　李爱红

社会学系

黄玉琴　常　姝　季　蕾　李放春　兰雁冰
郝津京　郭建如

政治学与行政管理系

祝乃娟　宁兆欣　张　鑫　高　翔　陈　虹
陈　娟　孙曙光　孟令梅　萧立辉　胡启生

外国语学院

刘雅敏　刘丽梅　陈永利　马　雪　查轶伦
张锐瑞　崔　燕　史　迪　刘　巍　刘　燕
楼菁菁　迟　方　马乃强　赵剑英　曹　飞
耿琳琳　曾　雅　郭　利　孙婷婷　王　旭
陈　茵　修立梅

马克思主义学院

李旻雨　萧　玲　舒思今　袁　超　王　磊

艺术学系

曹小霞　汪骏原　曲　葳　卞　勇　谭洁瑜

中国经济研究中心

柯　钦　蔡　荣　汤　弦

高等教育科学研究所

阴　悦

人口研究所

杨宏星

环境科学中心

李佳漪　张宝慧　赵慧艳　萧　雪　王立新
邓文碧

光华奖学金

数学科学学院

刘　啸　黄　海　张　卉　刘华东　曾　辉
王　璐　成　彬　柯宝官　童　彦　方　方
刘　苏　吕　楹　马瑞芹　关　凌　李　颖
宁　峰　王家军　李国栋　章复熹　黎德玲
衣　婧　朱学庆

力学与工程科学系

陈　勇　葛幼璋　于　天　郝鹏程　田中华
陈　凯　段志生　田家勇

物理学系

钱　海　杨　华　申耀明　刘志斌　张　威
艾颖华　张　瑞　吴从军　李乐愚　邓宇俊
黄东浩　田　雨　涂修文　孙文红　刘树新

地球物理学系

覃争锐　姜振涛　汪德鹏　张东和　王　娜

技术物理学系

李　文　叶　鹏　张　静　刘　宁　郭　锴
杨　希　张艳群　乐小云　应　军

电子学系

肖灯伟　张　媛　方俐善　王　薇　郭晓东
罗　艳　吕兰斌　柏柯嘉　李新维　郝　冰
肖　嵩

计算机科学技术系

李　涛　刘　鹏　张宏伟　王晓光　徐　亮
殷晓田　徐　岗　陈向葵　楚　放　蔡旭斌
寿映馨　丁晓诚　彭京亮　任晓霞　邓志刚
凌海滨　蔡　勇　杨振川　胡文蕙　林　斌
宋传华　王　勇　徐　快　周　欣　王　军
李　辉　朱晖文　王生原

化学与分子工程学院

徐　燕　葛　珺　石　伟　尹海清　朱耀球
谢秋喆　赵　宇　韩　伟　张明泉　冷永华
刘建宇　苏　萍　高　莹　侯廷军　张　昕
钱　程　黎　艳　李晓峰　高　峰　蒋　鸿
毛　敏　于振宁　郑　杰　王亚婷　高兴明
李洪亮　刘善堂　郑激文　杨伯瑄　由芳田
汪　倩　郭永恩　蒋　楠　雷晓钧　尉继英
逄杰斌

生命科学学院

宋　艳　王宁彦　许伟宏　潘　晴　金　华
赵海军　王冠南　牛丽莉　冯丽瑾　韩　熠
马　莉　李勇青　张金伟　葛　媛　罗　鹏
陈　艾　周　欣　王友军　齐　眉　王　涛
刘顺和　张　宁　曹　静　徐　伟　陈秋实
刘　颖　邹本德　李　斌　孙　丽　卢迎春

地质学系

李　强　张海泉　王　石　张成渝　陈华勇
孙世鹏　甘怡绚

城市与环境学系

龚　华　杨家文　陈忠晓　陆荣建　周洁峰
朱　凌　罗湘华　孙卫玲　胡海瑛　张　文
邓　静　刘东云　刘旭红　凌　翔　叶生发
薛　领　沈大勇

心理学系

张哲宇　张　昕　何海瑛　安　芹　姚　宏

中国语言文学系

艾　英　杨金涛　李予湘　谈　鸣　罗书臻

张兴成 王卓异 赵晨宇 余洁 张梅
汪锋 李艳 王连成 徐欣 曾祥波
战立忠 冷霜 徐兰君 高晓虹 王冉冉
李华川 周守晋 王清珍 李学武 萨支山
顾钧 刘耘华

历史学系

生云龙 学白羽 段江飞 成一农 苏卫国
宋丽萍 张婧 仲剑弢 付传侃 朱孔京
张斌绪 仲笑林 朱晓罕 陈志坚 杨琥
刘乃亚 余章松 李存朴 刘兰 宋霞
张四齐 蔺志强 李建伟 杨颖亮 路菁
王海城 燕生东 陈馨 杜水生

哲学系

席加省 叶莺 郭珏 蔡蓁 朱静玮
郭春雨 李活东 周丁 陈国峰 常宏
雷煜 王广胜 孙珺 张兴明 郭跃
李剑 刘成付 欧阳肃通 齐文辉 王立刚
张敏 贺志勇 刘光彩 陈文庆 王德岩
李智 厉才茂 彭国华 孙毅

国际关系学院

刘敬 金蕾 杨金丽 李晶 沈谷鸣
穆阳 徐涛 宋敏 朱来生 孙应帅
王新港 杨晓娟 焦自伟 李颖 孙博红
杨威 朱雯芳 匡志盈 王帅 孙瑞
陈立忠 苏黎 党建军 董书慧 龚艳玲
胡九龙 王文英 姚说 叶远强 曾向荣
刘武通 周丕启 罗会钧

经济学院

周坤轮 林瑞明 邓一凡 林慧丹 周桦
郭晓琪 韩华 雷震洲 戴蒲英 秦雪征
高凌 姚羽蒙 李素云 许莲姬

光华管理学院

袁颖 魏星 张娜娜 张玲玲 李倩
周潇 王晨 周昊 汤文斌 李祎程
叶仲广 吴笛 吕赫 居恒 黄正红
梅挽强 叶猛 王育民 赵学军 徐振东
刘霖 邱琼 魏玉根

法学院

高醇恺 钟鑫 严然 丁晓东 李霞
全奕颖 李路 杨洁梅 张梁虹 普丽芬
王波 朱秀梅 简龙湘 戈艳冲 韩友谊
胡耿 刘慧卓 徐建军 王景 张玉珠
石秀丽 李华周 游克湘 李荣 鄢莎莎
宋小海 黄永 张晨颖 胡恩中 关文伟
刘银良 丁利 黄震 包万超 何慧新
李国如 孙同鹏 封丽霞 毛毛 郭明跃
刘中发 张庆方 周长征 李毅

信息管理系

熊赟 宋建敏 邵晓舒 张燕婴

社会学系

谢万玲 白春燕 王文韬 何江穗 赵雪峰
樊欢欢 贾西津 叶响裙

政治学与行政管理系

葛元杰 宋红海 任莉颖 汪玉宝 吴群芳
周汝永 范贤睿 张庆东 邓名奋 秦梦卿
齐子鑫 唐耀 范盱阳 杨清 孙如立
王峰 王馨仪 赵金波 刘银喜 林猛
李宜春 褚松燕

外国语学院

李姝 陈佑伟 王炜 汤晓萍 张蕾
操辉 徐雪梅 郭劼 周淑梅 底婕
刘俊 刘舒 陈劼 张立群 李莉莎
李丽娟 朱晓洁 何宁 王秋石 吴春梅
王志刚 李莹 罗益民 包国红 郭国兵

马克思主义学院

李颉 王启军 衡凤英 袁涛 葛东军
郭继平 杨钟红 程宏 向拥俊 奚万荣
安然 许戎 舒虹 张秀琴 李拓

科学与社会研究中心

陈强 杨艳萍

艺术学系

李璇 朱媛媛

对外汉语教学中心

柳兰

中国经济研究中心

夏春 支兆华 丁峰 谷京萍 周万龙
路磊 孙俊

高等教育科学研究所

雷静 靳军 刘强 陈彬

人口研究所

庄源 任强

信息科学中心

李小龙

环境科学中心

赖斯芸 郑洋 张卫 胡守丽 杜可
曹淑艳 李正山 苏芳 任信荣

安泰奖学金

数学科学学院

刘衍波 蒋凌霄 陈莉莎 唐洪敏 徐进军
刘卫平 王东发

力学与科学工程系

赵辉 阮海辉 朱俊彬 王进 毕卫涛

地球物理学系

王怀军　余　彬

技术物理学系

张　勇　马经国

化学与分子工程学院

陈　浩　刘安田

地质学系

方世文　王海青　朱彦北

城市与环境学系

徐　辉　王彩凤　白　萌　苏　凯　权晓红

唐　江　史中华　林报嘉　白　墨　李英奎

心理学系

衣琳琳　蒋　毅　萧　敏　霍　燕　陈玉翠

应用文理学院

周水标　陈　通　张　蓓

中国语言文学系

方　欣　文　雯　孙志阳　张慧文

国际关系学院

王　燕　韩　丽　李　全　郭　军　于铁军

农华西　张莉萍

经济学院

周　萱　黄　昆　王　亮　周佩兰　彭艳琳

洪　宇　李　佳　黄　诚　方　明　张大宝

光华管理学院

卜蓉蓉　林　妍　李　莉　刘天君　段肖磊

陈游芳

法学院

顾契妮　陈　聪　贾莉蓉　熊江宁　陈亚丽

程秀强　杨　路　吴　涛　许克显　肖爱华

胡有斌

社会学系

金钰伟　巫俏冰　李春华

政治学与行政管理系

姜　宁　安明栓　陈海军

外国语学院

刘湘燕　李博婷　常佐威　欧阳晓莉

经济研究中心

苏　剑

环境科学中心

李　迪　林伟立　王少霞

奔驰奖学金

物理学系

柏树丰　冯秀程　罗喜良　谢　平　孙　锴

周云鹤　章一鸣　林国基

中国语言文学系

何　翔　胡　斌　胡晓霞　张丽华　李　莉

王学振　王　潇　彭姗姗

哲学系

张寄冀　赵民民　杨晓晨　汤　倩　唐英英

朱　琴　肖清和　张　鹏

光华管理学院

韩　颖　左晓燕　李　蕾　王　俭　邓　旻

王　斐　唐家齐　胡　玮

法学院

杨　起　丁春艳　刘景明　马永强　夏春利

曾为欢　李　强　刘　卉

外国语学院

王　曼　初艳红　赵敏莉　张林林　钟　礼

林卫光　高震云　王名南

董氏东方奖学金

数学科学学院

李辰欣　宋佳嘉　周　娜

力学与科学工程系

黄为鹏　刘艾琳　彭文波

物理学系

王志海　钱　卫

地球物理学系

康杜娟　邓　毅　章卫祥　洪　刚

技术物理学系

蔡博峰　叶松柏　刘小鹏　白　洁

计算机科学技术系

高　峻　张　邈　高　韬　刘洪洲　韩近强

化学与分子工程学院

黄祚刚　张　磊　尹嘉路　白　欧　南小林

生命科学学院

陈　溪　冯　倩　蒋　芳　于芙蕖　梁允宽

赵恢武

城市与环境学系

党　宁　关　蕊　孙　鹏　范闻捷

心理学系

袁文涛　刘　嘉

中国语言文学系

马明俊　谷　建

历史学系

侯肖林　王锦萍　黄　君　雷喜红

国际关系学院

孔志强　李文凯

法学院

胡　镔

马克思主义学院

吴文宏
汉语教学中心
王　玉

摩托罗拉特等奖学金

数学科学学院
张　骅
力学与科学工程系
刘志强　黄源浩
电子学系
张利剑
计算机科学技术系
赵　静　李　欣
光华管理学院
谢雯娟　陈　涛
外国语学院
来婷妍　沈　涵

摩托罗拉优等奖学金

数学科学学院
刘首政　张　莹
物理学系
高　鹏　廖慧敏　姚　望　傅　玲　杨李林
电子学系
马　猛　孙　伟
计算机科学技术系
吴　杰　冯海涛　李大磊　任　品
化学与分子工程学院
王树志　杨　宇　朱光宇
生命科学学院
任　民
地质学系
余　绒
城市与环境学系
王明田　姜世国　肖晓柏　高林宇　黄　刚
毛　娟
应用文理学院
李建宁　刘毓锋　李　桦　邱观波　章　岩
中国语言文学系
陆　乐　郭雷鸣　宋　晓　蒙　娃　杨俊峰
龚海燕
历史学系
林小异　李　骊
国际关系学院
张　埼　谢仁绮
经济学院
李长秀　雒庆举　刘佳佳　曹　郁　李　骥
吴　华　黄　颖　徐　华　吴　莹　苏　亮
陈　颖　沈　丽　田雅林
光华管理学院
盛　雯　杜海峰　赵春来　金　蕊
法学院
孙秋宁　高　姗　张誉馨　付芳芳
政治学与行政管理系
庄　严
外国语学院
李豁溪　项　琳　徐　佳　白　洋　翁妙玮
田　越　牛　珩　胡小琼　许莹莹　陈　明
郝薇薇　杨竹松　沈莉霞　方　宏　陈先梅
曾　毅　夏玉蓉　冯国慧
马克思主义学院
杨宏伟　许　丹　鲍雅梦　阎敬武
艺术学系
张　明

靳羽西奖

数学科学学院
顾一驰
计算机科学技术系
宋春燕　许　顺
化学与分子工程学院
洪毅颖
生命科学学院
唐显丽　蒋少娟　刘沁颖　黄　鲲　彭晓聿
中国语言文学系
何蕴琪　盛利君
国际关系学院
龙　瑾
经济学院
李　燕　黄　莹　莫思多　黄晓庆　孙嘉弥
刘　翎　吴淑姣　孙笑乐　何　颉　林　婉
光华管理学院
贾　楠　余静阑　殷丽敏　刘　馨　胡　玲
法学院
张　璐　李　佳　韩思婷　陆艳平　孙海萍
张瑞彩
外国语学院
王　莺　宇　博　陈春仙　李朝晖　栾　晔
易　婷　洪　玮　高剑妩　黎孔静

汇凯奖

数学科学学院
杨　超　罗　冲　彭献华　于　品　张　鹏
张　蓓　方初莹　吴宇宏
力学与科学工程系
徐　丹　谭　华　郭　巍　毛小锋
物理学系
周新建
地球物理学系
黄　毅　周佰艳　杨　浩　韩　勤
技术物理学系
陈　琦　黄　涛　龚　龚　孙凤龙
计算机科学技术系
刘天成　程行之　安禹佳　陈江枫　潘文斌
化学与分子工程学院
陶国华　何　筝　邓达义　张继华　李　竹
朱建峰
生命科学学院
罗　敏　蔡达文　卓佳旻
城市与环境学系
刘　波
心理学系
王　悦　田　林　陈　宁
中国语言文学系
梁小倩　郭　珊　萧　铁
历史学系
常越男
哲学系
翁贺凯
国际关系学院
孙晋忠
光华管理学院
周纪冬　郭　娜
法学院
马景春　张庆越　李　辉　张一诺　丁建勇
程　浩　卢　鑫　商　宁
信息管理系
艾　晖　胡晓峰
社会学系
蒋广慧
政治学与行政管理系
宋　斌　李应利

宝洁奖学金

数学科学学院
邢　冲　文　晓　汪　辉　李佩繁　刘劲松
齐　欣　位继伟
力学与工程科学系
曹　建
物理学系
穆良柱　朱　磊
地球物理学系
贾晓峰　任　奎
技术物理学系
郑　斐　唐晓刚　张云驰　姜健准
化学与分子工程学院
李　琦　刘　洋　沈丽春　钱　华　颜　珺
生命科学学院
于海源　李毓龙　贾馨丹　游晓军
地质学系
吴伟娟　高洪林
城市与环境学系
刘　松　陈韫敏　杨晓玲
中国语言文学系
陈园媛　孔令涛　余　杰　张　翔　李二民
历史学系
刘子忠
国际关系学院
周　萍　徐　倩
法学院
戎　砚　贺凤哲　苏　浩　杨莉轩　陈　漾
管　妍　王　来　董琛琛
信息管理系
侯大怿
外国语学院
刘英军　王　丽　吴　锐　邢　露
马克思主义学院
徐　芳　朱云汉　董志国
艺术学系
张　洁
人口研究所
尤丹珍

三和国际基金奖学金

国际关系学院
陈京晶　连淑钰　施新政　夏维勇　陈慧颖
蒋苏晋　颜　畅　刘慧萍　高　颖　李宏霞

经济学院
张秋雷　郭　彬　刘双玲　车　瑞　刘志颖
王　耿　崔　巍　谷　颖
光华管理学院
王巍巍　宋　焱　崔金欢　李　静　陈映雪
赵肖行
社会学系
姚映然　梁　克　董　杨　李　璐　王利平
张　敏　宋　婧　萧莉娜
政治学与行政管理系
贾　琦　金　波　贾旻娜　陈玲玲　刘灿灿
刘月梅　檀　莉　黄玮茹

东京三菱银行奖学金

经济学院
王红霞　杜升武　鹿炳辉　刘书林　蔚兴华
陈宇东　袁东明　刘润娟　黄雪昀　任　菲
陈　莉　李丹红
华管理学院
梁　丰　张新宇　王丽艳　何童童　朱怀奇
王宝华　范学红　杨　鹏　李鹏涛　李青妹
林荣环　赵迎春
法学院
赵　亮　金圣海　徐世亮　胡国辉　孙　黎
周　虹　赵英敏　苏德栋　台　冰　马　捷
贺日开　杜　颖　李长喜　李红海　王红一
郑　琰

住友银行奖学金

经济学院
陈翱宇　韩　西　张　薇　钱　珺　邓红霞
王　蕾
光华管理学院
童晓晖　李　季　江　岚　欧　怡　严　欢
孙　菁
法学院
孙　晔　吕　凯　彭　皖　王　重　余明旭
张正伟　傅　甜　陈　涛

西门子研究生奖学金

电子学系
桑　和　马黎黎　高　翔
计算机科学技术系
朱德新　吴　琼　杨存宇

经济学院
杜　琰　郭海秋　朱　永
光华管理学院
向华翔　黄建军
信息管理系
曹宽增　李　颖　刘志江　范晓虹　梁海丽
李　娜　林　琳　马红艳
信息科学中心
罗平宇

宝钢奖学金

数学科学学院
李秋生　张　彀
力学与工程科学系
金定考　庄　宁
技术物理学系
马兆远
计算机科学技术系
杨　勇
生命科学学院
姚　蒙　俞　立
中国语言文学系
俞　骅
哲学系
王　灿
国际关系学院
陶　靖　陈　香
经济学院
何　露　段忠辉
光华管理学院
刘晓浏　康小明
信息管理系
田立文　刘红敏
政治学与行政管理系
杨　光
艺术学系
侯秀红

岗松家族奖学金

力学与工程科学系
李　明　张　宇
物理学系
徐耿钊　黄　颉　石砺墀　俞　鹏　孙永科
张　伟　何勇志
电子学系

贾　涛　宋　京
计算机科学技术系
陈　静　李　麟
化学与分子工程学院
贡素萱　梅　岩　王小立　陈鹏武
生命科学学院
李劲颖　甄　鑫　赵卫星　童雪梅
中国语言文学系
王振华　孙红梅
历史学系
孙　莉　李海荣　张晓梅
国际关系学院
程　颖　庞　宏　高　歌　门洪华
经济学院
陶然峰　罗　涛
法学院
郝彩缤　张　颖　杨冰虹　黄旭巍　马　龙
令狐铭　张文静　陈志伟　黎　军　王建勋
王　鹏

华为奖学金

数学科学学院
闫　兢　刘海燕　于　炜　于　剑　孙玉冰
电子学系
郭　凯　李　刚
计算机科学技术系
袁　骏　余华山
信息科学中心
周剑平　方　方

怡和奖学金

计算机科学技术系
陈旭宁　余利波
生命科学学院
谢　芳　徐书翔
城市与环境学系
蒋依依　唐　蔚　宋先花　吴　倩
历史学系
曹大志　阎　欣
经济学院
沈俏蔚
孙　嘉

杜邦奖学金

化学与分子工程学院
贾炳南　杨朝晖　夏国尧　刘　婷　卫　敏
生命科学学院
王显花　胡一多　冯旭燕　丛翔宇　万　宏
城市与环境学系
赵　亮　刘战烽　赵　伟　张　平　盖文启
法学院
朱利江　李　蕾　王　瑛　张会峰　蔡斯栩
刘晓春　李　莉　叶向阳　王　成　杨书文

佳能特等奖学金

数学科学学院
宋　瑞　姚健钢
物理学系
王孙涛
地球物理学系
孙晓辉　林腾飞
技术物理学系
徐卫民
计算机科学技术系
邱　迪
化学与分子工程学院
黄世明　苏辰宇　陈继涛
生命科学学院
刁建波
城市与环境学系
钱　伟　景　娟　张　茵
哲学系
翟继光　张华伟
信息管理系
陆之光
外国语学院
边　疆　翁家慧
环境科学中心
朱高洪

佳能优等奖学金

数学科学学院
刘佰军　丁　吉　刘宗键　曾　钢　孙喜晨
黄　红
物理学系

罗春雄　屈　强　孙　锴

地球物理学系

黄雪梅　刘亚静　张　辉　汪　洋

技术物理学系

张远波　栾远涛

电子学系

王　彦　李　强　邓　杰　张　静　陈红宇

计算机科学技术系

高　磊　张兹浔　陈兆琪　卫建林

化学与分子工程学院

赵　强　孙豪岭　何　斌　袁　海　邢小羽

赵小莉　陈柳民　梁玉增

生命科学学院

徐敬华　马　鸥

城市与环境学系

范海生

中国语言文学系

胡秋蕾　汤晓燕　黄　羽　曾汀燕　张　娟

哲学系

何　平　王世松　刘祥和　刘宏勋　魏小奋

外国语学院

韩　惠　章　燕　李洪权

信息科学中心

卿锡科

细越奖学金

数学科学学院

杨达治　黎　波

力学与工程科学系

周卫星　欧阳正清

物理学系

程　翔

地球物理学系

卢婷婷　肖佳放

技术物理学系

邱兴华　庞丹阳

电子学系

马　强　姚宏颖　胡宗敏　黎晓晨

计算机科学技术系

李英华　郭迎春　龚笔宏　梁　研

化学与分子工程学院

张雅薇　鲁海舸　迟　蕾　王晶晶

生命科学学院

沈　扬　王继征　王　冶　温　艾

城市与环境学系

马乐宽　郑　一　李青淼　林　雯　古　陶

心理学系

张　佩

中国语言文学系

袁绍辉　朱滨丹

国际关系学院

曾筱迦　黄照静

经济学院

熊碧华　胡　莹　王晓瑞

法学院

李玲玲　盛　茜

信息管理系

张新名　旻　苏

政治学与行政管理系

郭丛斌

外国语学院

史　月　刘　丽　张嘉妹　周　莉　李　娜

俞丽娜　彭爱民　易　璐　刘　淳

艺术学系

王清原　王晓丰

东宝奖学金

生命科学学院

李　方　李枝蓉　张志宏　任秋婷　张晓钰

李　艳　王　昊

香港城市大学奖学金

数学科学学院

张建荣　曲海鹏

生命科学学院

张惠敏　王　屹

心理学系

廖芳怡

应用文理学院

胡彦彬　王艺红　赵莹莹　林松生　陈碧清

中国语言文学系

萧鲜蓉　宋作艳　杨　早　钱婉约

信息管理系

黄楚慧

湖北建行奖学金

数学科学学院

王　燕　郑　君　齐　峰

物理学系

张　斌　张　波　俞慧丹

技术物理学系

韩宝玺　韩朝晖　唐凌天

地质学系

张　宇

杨清钦奖学金

中国语言文学系

谢　玄

历史学系

马　赛

哲学系

金　鹏　张　军　王菊英　丁艳红　余　莲

房自正　张凌毅　刘　晨　赵立建　陆　鹏

李　卓　陈　瑛　张　静　张卫华　赵如发

曹荣湘　宋景堂　王善超　石衡潭　武锡申

张光成　彭高翔

花旗银行奖学金

经济学院

龚陟帜　王　琳　富　雷　宋英培　陈　琳

尹　嘉　夏　春　贺　君　敬义嘉　刘永强

冯奚乔奖学金

物理学系

范　凯

欧阳爱伦奖学金

化学与分子工程学院

徐　波　郑文炜

中国语言文学系

姜　华　寇渝佳　梅园梅

经济学院

李　获　孙素民

光华管理学院

吴强军

外国语学院

王海芳　宋　阳　彭宣维

芝生奖学金

中国语言文学系

霍志静

历史学系

张会芳

冯友兰奖学金

哲学系

成　静　阮　吉　先　刚

余景山奖学金

中国语言文学系

孙淑慧　徐百柯　姜仁涛

杨乃英奖学金

历史学系

邹　端　高　洁　何维保

国际关系学院

林　燕　贺艳青　陈忠卫

索尼奖学金

数学科学学院

林冬瑜　曹　晶

物理学系

胡景实　王宇方

技术物理学系

纪丽丽

化学与分子工程学院

程亚军　朱文江

生命科学学院

侯仲刚　刘　琼

心理学系

陈梦晖

法学院

陈　瑱　郑芳

霍铸安奖学金

经济学院

沈复初　张　莉　杨建勋

法学院

张　颖　刘　扬　金锦萍

林超地理学奖学金

城市与环境学系

王　锐　李　雁　张　洋　江　涛

小川平四郎奖学金

国际关系学院
林　颖　丁志勇
外国语学院
李雪梅

谢义炳奖学金

地球物理学系
周　华　徐　袁　姜明明　李亚萍　丁守国
陈　敏

谢培智奖学金

历史学系
昝　涛　庞冠群　叶　炜

力学攀登奖学金

力学与工程科学系
杨　岩　刘洪伟　刘　慧　张凯凯　梅小露

NKK 奖学金

数学科学学院
单　盈　陈　莉
中国语言文学系
黄晓鹏　陆　成

住友商事奖学金

数学科学学院
张会娜　甘　锐
化学与分子工程学院
甄剑锋　胡道颖
生命科学学院
许晓鸿　杨　洁　王　伟　吕海慧　黄洁虹
应用文理学院
李　浩
光华管理学院
胡　江
外国语学院
周　密
马克思主义学院
王文生
环境科学中心
李　莉

五四奖学金

数学科学学院
邱亚娜　张　州　刘　青　方军雄　胡国强
钟　声　萧　磊　樊春鹏　刘　恋　陈　南
冯庆富
力学与工程科学系
李俊修　潘文潇　张海健　高　娟　陈　虎
物理学系
吴晓华　张伟华　谢黎博　张贝贝　郑　毅
刘婷婷　姬长国
地球物理学系
桂　剑　王兴娟　毛晓明　吴京文　张海明
技术物理学系
唐毅南　夏春雷　李　爽　张智渊　李凌云
郝建奎
电子学系
亓玗男　王华辉　胡　楠　张　智　邓恒华
罗文勇
计算机科学技术系
单松巍　何丁山　赵剑云　刘国翌　刘世杰
段卫华　陈　原　戴祝运　郭德超　聂书忻
吕　邕　张　震　王子欧
化学与分子工程学院
卿　泉　张新南　项　昊　史　峰　孙俊良
欧阳缇　廖明毅　向　晶　贾　磊　洪　亮
徐维明　阎文飞　张慧敏　张　生
生命科学学院
李　宁　马超宇　蔡　绮　黄腾波　林　兰
何　冰　吴　涛　王　倩　张　瑶　夏远峰
阮国祥　汤萍萍　廖靖军　汪　敏　刘晓玲
地质学系
鲁颖淮　牟　莉　王　勇
城市与环境学系
闻　怡　张　巍　于占福　左　谦　张昊冶
朱才斌　杨超伟　张　莉
心理学系
周小彬　王　均
应用文理学院
董　泽　杨　帆
中国语言文学系
刘　卓　肖索未　刘春华　孙　鹏　戴海静
陈　源　檀作文　李宪瑜　张树国　易　晖
历史学系

张　辉　田　欢　王　宇　熊　婵　张在华
赵挹彬　田杰亮　高　波　霍杰娜　王琳琳
何元洪
哲学系
诸世卓　李　琼　侯兴宇　梁媛媛　唐文明
国际关系学院
节大磊　梁亚军　吴晓风　王秀丽　郭一峰
李　湲　胡　兴　朱宏立　倪　斌　杨冠达
衣春瑶
经济学院
吕　霞　周　静　吴　旖　周　星　应婷婷
李　佳　黎新平　程满清　王海民　王磊蕾
乐建东　范　堃　黄俊立　赵云安
光华管理学院
丁大勇　牟咏梅　阎　林　陈　慧　许玉莲
戈爱晶　张　鹏　黄成明　郭　政　杨阿仑
法学院
凌　斌　汤叶霞　缪　静　刘　勇　杨　巍
周　倩　祖　辉　刘诗芳　赖　萌　王子暄
高广彬　李少鹏　王鑫海　董文媛　赵春宇
罗　莹　姜丽勇
信息管理系
郑清文　魏　铮　楼丽萍　郭　强　王凌云
社会学系
王列军　刘君代　干咏昕
政治学与行政管理系
李培营　龚慧娴　王征宇　姚铁男　朱光明
外国语学院
朱　琳　岳　蕊　史　阳　王　辉　王新萍
王润生　李　煜　汤　潞　杨　俭　祝秀波
郑国栋　冉　斌　刘绯绯　蒋和平
马克思主义学院
王悦平　单继刚　曾红颖
科学与社会研究中心
贺雪梅
艺术学系
张建锋
汉语中心
刘　冰
经济研究中心
李永军
高等教育科学研究所
李文利
人口研究所
朱海燕
信息科学中心
陈　珺
环境科学中心
阎　元　居学海

IET奖学金

数学科学学院
方　烨　龚　焘　覃瑜君　李　丹
地球物理学系
束传政　姚展予
技术物理系
李湘庆　赵　坤
电子学系
丁　辉　李吉红
生命科学学院
邢　旭　潘良斌　张　颖　刘　曼　杨　刚
韩　嵘　丁志勇
地质学系
陈　征　王素花　张原庆
城市与环境学系
陈爱军　樊　绯
心理学系
李　波　姚晴蕾
中国语言文学系
贺　敏
经济学院
雎　岚
信息管理系
孙利红　冯　静　周易军
政治学与行政管理系
胡良俊
外国语学院
郝小松
艺术学系
刘妍婷

成舍我奖学金

中国语言文学系
薄　茹　于浩淼

柯达奖学金

数学科学学院
隗雪莲　罗武安
物理学系
王　宇　蔡　明
电子学系

高　迪　钟　声　傅军贤　杨　琛　刘　勇
李建昌　陶振宁
计算机科学技术系
吴益华　王　汐　李小勇　邓志鸿　杨道良
穆甫臣
化学与分子工程学院
赵宇星
光华管理学院
王　冬

微软奖学金

数学科学学院
邢桂伟
电子学系
周小计
计算机科学技术系
吕思伟　郭　胤
法学院
金　磊　马清升　王寒冰　程金华　鲁智勇
刘艳红

中科院奖学金

力学与工程科学系
万晓亮　朱怀球
物理学系
李　燕　王基刚　徐家胜
地球物理学系
汪　洋　张　勇　郑中华　郑永光
化学与分子工程学院
俞　莹　赵宪瑞　秦东奇
生命科学学院
潘肖潇　牛蔚然　李　卓　周妍娇
地质学系
沈文略　张　南　史宏宇　陈廷礼

世纪精英奖学金

力学与工程科学系
向　宇
生命科学学院
黄燕华
国际关系学院
卢　峰

杨芙清王阳元院士奖学金

力学与工程科学系
杨胜齐　潘海珍　熊春阳
电子学系
顾旗君
计算机科学技术系
赵　畅
城市与环境学系
于海波　刘江涛
信息管理系
罗丽丽　刘晓玲
信息科学中心
孙宝海

恒生银行奖学金

经济学院
李　瑶　孟　元
光华管理学院
宁方明　曾海涛　秦丽娜

通用电气奖学金

电子学系
沈志虹　傅大群　刘政通　匡雄才　刘　菁
计算机科学技术系
黄　璜　张凌霄　王　冲　邢　岩　章　悦
高晓洁　马　坚
国际关系学院
刘振莉　周　杰　邱　静　邹　欢　楼　莹
金　兰
经济学院
杨　蕊　李　峰　顾开嘉　钱艳琼
光华管理学院
胡　君　邱华方　杨　铯　谭　畅
法学院
崔　磊　李晓龙　余韶华　刘　愔
欧阳泽曼
信息管理系
秦　晖　徐　波　刘富玉　安淑敏
社会学系
董　治　李　妍　胡琳琳　盛　洋　童根兴
政治学与行政管理系
熊美娟　周立平　焦　炜　许　星　李晓玮

林 俊

建辉奖学金

数学科学学院

吴 溪 孙 威

化学与分子工程学院

路国欣 周广彦

生命科学学院

纪 明 廖 俊

国际关系学院

王报换 刘中民

松下电器奖学金

数学科学学院

于 萍 周 怡 佘轶原 姜永镔

技术物理学系

张 超 王 佳 蒋云峰

化学与分子工程学院

王新益 杨 琳

生命科学学院

殷 征 李 媛 黄 悦 祁 晟

威林克特等奖学金

技术物理学系

孟铁军

威林克优等奖学金

技术物理学系

陈中阳 李 丹

钱穆奖学金

历史学系

陶新华

奥德奖学金

计算机科学技术系

韩 怡 高 旭 高 飞 张小华 李 超

刘岳菊 杨 洁 周 力 姚柏强 彭 程

杨 杰 张慧邃 延 涛 袁 杰 宋 翔

雏鹰奖学金

数学科学学院

胡国强 宋诗畅 刘建军 王 冲

力学与工程科学学系

刘 慧 何海国 桑春雷 周江波

物理学系

郑 毅 申耀明 钟 诚 华 明 韩 柯

张冰峰 金晓亮 肖零艺

地球物理学系

徐 袁 王兴娟 章卫祥 吕晓林 季永杰

王 炜

技术物理学系

翟晨阳 冯 雷 陈 宬 李 丹 储祥蔷

周巧儿

电子学系

萧世军 鄢毅阳 李 刚 江兆宁 张 辉

邓 杰 孙 伟 乐天遥

生命科学学院

姚 杰 蒋少娟 吕海慧 李勇青 张金伟

苏 洋 张艳岭 许 明 甄 鑫 邢 旭

王 昊 曹忠仁 贾小羽 张 栋 谢志平

李 燕 陈 强 张晓军 施永辉 王心悦

张文静 臧 彤 郭 煜 王 健 蒲 海

化学与分子工程学院

尹海清 卿 泉 胡逸民 黄 波 李晓东

尹嘉路 欧 洲 刘 佳 孙俊良 黄科峰

周 江 张 岩 陈 超 朱明新 俞 彬

牛佳莉 石 磊 许 述 顾 超 张晓瑜

蔡新宇 张 珂 廖若雪 王小立 高 卓

黄 南 沈丽春 奉文涛 王志会 余宇翔

陆 江 黄 鑫 相明辉 徐小明 施建兴

于岚岚 柳敬元 邓 亮 陈 洁 刘 畅

地质学系

李明艳

城市与环境学系

金 玲 林 涛 陈 睿 侯 全 李文彬

孔江涛

心理学系

管延军 吴超荣

信息管理系

邵晓舒 曾凤萍

中国语言文学系

陈 星 罗德宏 杜新艳 施 杰 卢 涛

温海墨 徐世梁 陈宇航 孙瑞雪 慕志勃

杨治宜　陈　岚　詹　勇　赵文雯　胡　洋
李　旻　张慧瑜　陈　俊

历史学系

张　玲　谢　慧　张　岩　栾国磊　张玉华
罗　玲　赖毅斌　耿超锋　陈嘉渊　高　宇

哲学系

宁晓萌　盛　珂　蓝文飞　殷　浩　李秋实
谭　嫦

关伯仁奖学金

环境科学中心

刘秋霞

·1999年毕业生·

本科毕业生

数学科学学院:132人

基础数学专业:36人

张 成　喻亚明　李晓龙　庄伯金　刘长剑
李志宏　许江雄　郑本拓　朱辰畅　张小虎
谢 纲　崔 涛　李 伟　李 威　柳 耸
张信波　李浙宁　杨再勇　苏 阳　钟 山
石丹竹　陈伟国　王咏亚　时建新　周 劬
姚 毅　于 立　魏晋伟　屈鹏展　俞 红
陈 锋　朱 江　曾 焰　陈 酌　朱典文
韩江峰

应用数学专业:23人

吴 芹　王周谊　吴 炜　陈正光　刘 磊
廖俊君　胡航宇　张江涛　刘正琛　田剑波
黄惠宇　陈志英　李 珺　管智英　李 稚
梁 宇　金雪峰　王智勇　汪 涛　张新海
吴增涛　赵慧敏　毛 颖

计算数学及应用软件专业:24人

张 镭　钱 江　黄良大　程明松　陈敏时
胡智韫　杨志坚　李飞跃　张俊利　张玉峰
郭 巍　刘 闯　谢 辉　毛 东　王俊锋
杨志杰　姜金荣　余志坤　孙 懿　翟传磊
卢 朓　肖 嵩　颜水成　刘 笛

概率统计专业:19人

唐 璐　智 慧　奚伯维　吕文斌　沈 琪
王庆成　刘卫华　黄 涛　纪 新　蒋树峰
叶华军　谢贱生　董 军　张俊玉　王 量
李金辉　吴宝林　张岭松　宋 杨

信息科学专业:30人

朱正明　桂艳峰　周 玲　史 胜　郑琴仿
张 雁　林 明　史晓莉　孙燕征　韦明远
潘 宁　杨 宇　郑玉国　易艳芳　冉茂国
吴国胜　陈溟鹏　石 浩　郑诗凝　韩 庆
孙海波　张 懿　王成远　吴文渊　陈雪峰
李国志　王 伟　孙 猛　王乃威　张剑青

力学与工程科学系:43人

理论与应用力学专业:43人

王 巍　梁栋平　田 军　荣 劼　孟昭龙
鲁 昊　蒋立俊　尹小龙　李 锴　胡 欧
刘 欣　王治国　沈 芳　邢小月　李晓军
王晓涛　李 罡　张剑锋　王 平　贾丛贤
叶 骅　邱全辉　彭高柱　孟 敏　陈 伟
张 振　谢文俊　孙念东　周春燕　刘 皓
赵杰军　涂孟夫　夏震东　徐中强　汪 忻
刘向东　曹 珂　仇吉龙　缪海波　赵洪生
马 加　高铁军　官靖华

物理学系:92人

物理学专业:92人

单连军　陈永瑞　丘阳春　彭 进　江志刚
连子龙　程 军　张升原　孟树超　陈英勇
吴 双　周 立　方 伟　严海峰　段明磊
陈雁北　黄 元　万 朋　王 霆　刘 宁
沈明皓　肖 越　李卫华　宋阜宁　袁 嘉
赵军民　李文杰　刘庆伟　赵 雷　吴赛骏
李懿馨　李念北　程 远　张泽湘　李年华
罗 婷　邵 晖　唐学体　罗 康　赖之安
邬 欣　孔云川　汪 澎　杨 锟　梁晓甘
罗志全　戴树刚　袁任贤　杜 渡　张正帆
王爱民　阎树德　梁爱华　姜金龙　王 昕
李 亮　严函斐　沈庆飞　李绍春　李春勇
黄 莺　柴广宇　曾 葳　刘 靓　王 潜
栾 峰　王 洋　陶 重　张 强　杨 丹
包春玉　罗宇翔　张 铭　郝 元　冯 天
陈云青　丁 伟　澜 清　李立龙　张春柏
马 欢　朱文光　曹志峰　李 微　陈瑞松
高雨鹍　王轶然　陈 骏　吕 曜　常晓波

王 湛 王金国

地球物理学系:35人

天文学专业:5人

黄志宏 蔡 锴 赵颖初 叶方富 徐轩彬

地球物理学系学专业:9人

张 伟 王 韬 郭武超 毛兴华 邹最红
谭 英 倪紫剑 董兆霖 谢周敏

空间物理学专业:8人

徐中华 刘凯军 王正槐 俞震江 阙一平
黄宗英 王玲华 徐 亚

大气科学专业:13人

刘蜀湘 梁 爽 彭怡然 张晓龙 臧益明
钱毅新 赵传峰 蔡 嵩 王 蕾 杨光林
文 慧 唐永弢 张蕴斐

技术物理学系:53人

原子核物理学专业:25人

赵 杨 赵镇宁 吴 俊 郭 昱 周生强
东 栋 华宏亮 朱 凤 朱子美 孟兆祥
郭春刚 李玉衡 梁 涛 蔡振国 毛丹丹
向 蓉 肖 湧 吕 利 刘赛锦 朱志勇
刘 莉 李 宾 金豪义 李雨松 刘宏伟

应用化学专业:28人

尹 航 王 祥 高 虹 高 毅 龚 萍
祝 乐 王炳武 金东彬 逯迎冬 喻志云
张 倞 吴 海 彭海林 陈少杰 程 艳
罗 芳 周华军 李代双 甘海勇 卢远瞩
高建勋 唐熙鹏 胥 謆 张尔宁 罗 希
李 小 马 信 费 成

电子学系:70人

电子信息科学与技术专业:70人

林 彬 白 淳 王 勇 张 剑 杨东林
周文旻 孙增斌 李海军 方 磊 王天汉
朱文彬 赵 刚 杜 勇 朴世权 郝 帅
李巨浩 吴 斌 楼英勇 杨 承 胡铁军
唐威锋 童念念 熊 强 谢凌云 黄新宇
景 强 符晓斌 王文佳 刘 煜 刘若江
王红璨 徐明波 王 岩 王晓鲲 王 玮
姚 萍 张 鹏 赵 兵 武 宁 薛 震
龚 兆 张西尧 王庆阳 裴世东 李秀林
张志峰 李 岩 张 涛 于 涛 张 剑
邹 挺 陆 隽 钱泽洪 张平宗 陈旭晖
李晓旭 黎庆伟 薛 峰 范 勇 蔡 鑫
冯成林 黄啸龙 胡文闯 邹光南 陈宏智
张 锴 赵慧周 唐文静 王春燕 喻 翔

计算机科学技术系:153人

微电子学专业:18人

王维东 林长海 肖 悦 管 沣 林 林
王路源 兰景宏 刘华政 贾高升 胡颖杰
徐爱民 李 铁 窦训金 崔洪清 黄广宇
陈剑鸣 徐 雯 杨晓寒

计算机软件专业:135人

杨庆跃 史 俊 盛向治 宋佳忆 单建洪
郭奔宇 上官麟 常 琳 沈 川 邵 岩
屈振鹏 胡上峰 陈 宇 胡 钢 赵江波
关 欣 沈 忱 王 葳 赵春晖 黄 峰
李 敏 陶有东 黄 舒 张 乐 贾锦杰
徐 佳 龙 凯 冯 罡 王 刚 任万喜
刘志凌 刘宏迁 范建春 王 矛 李 强
邵 尉 谢映莲 李培贤 刘旭蓬 张力楠
高若枚 赵欣培 季晓云 陈 松 牛明哲
孔海斌 周东浩 李英哲 张夏楠 唐 渊
王 云 金 燕 倪叔琳 王 泊 王祥华
张本宇 王翰超 钱 铁 贾 娟 李国平
王继英 陈健聪 葛 佳 陈远筑 赵恺棣
李肇宁 李盛韬 吴 浩 吴 刚 刘 莹
杜 炜 唐 烨 章秀静 谢 凯 于海霞
刘松涛 马 龙 李英玉 张 元 赵 颖
王卫华 高云峰 孙显斌 陈竞凯 戴耀飞
赵 通 骆永华 孟齐源 刘金山 黄 锐
王文杰 王 勇 黄登玺 李 丹 吴运声
许 挺 韩果凌 翁念龙 吕志远 朱 晟
杨万里 曾 征 顾晓晖 赖 宁 王 莹
谭继志 孙 岩 梁振凯 何 涛 刘晋泽
刘世冰 缪 石 马志刚 陆爱胜 陈 涛
屠锋锋 金 金 陈 锋 陈 恳 姜 伟
汪雷东 文 立 刘宇虹 曹传宇 陈建巍
陈品磊 罗 红 雷永开 刘 佳 李 隆
王永炎 葛 浩 黄 浩 孙咏波 王 瑾

化学与分子工程学院:149人

化学专业:149人

杨 波 江 林 陆晨光 陈燕宁 李 琪
贺笑非 彭 博 叶 云 王 悦 周 岩
魏 薇 余 华 陈铮铮 范可强 曾 侠
陈海波 刘 路 邓 巍 贺 玺 邹 鸣
张 戬 刘 剑 杨 治 阎 震 肖云海
马 进 黄 隼 赵九江 张桔波 许开东
刘东升 郎 军 柯勇刚 赵海涛 陈亚坤
甘震海 葛晨灏 高 珊 仇晓琰 于 颖
秦瑞雯 应丽贞 李 蕊 江典盛 曹亚旗

史飞　李璟睿　方磊　向云　韩峰
姜哲　王晗　季明哲　沈磊　罗锋
程桂龙　柏龙　孟磊　王亦佳　卢羽
沈陵陵　翟慧莉　王健玫　杨立芳　谢嵩文
杨丽然　刘海波　骆宏鹏　赵青松　郭森立
方震　金明钟　孟繁宇　孙峰　范宇鹏
黄福志　张世强　梁健　王嘉实　张英强
陈真　尹克　张辰　李棱　屠军
吴秦　杨榕　盛晓霞　陈旌蕾　苏晓丹
张丽　臧凯赛　刘芳芳　唐晓琴　周志勇
雷玉国　魏明　陈悦　陈蓉华　潘越
濮憬智　阮科　林峰　巴朝义　吴鹏
汤勇　侯杰　李润锴　谢祥金　施卫锋
严铮洸　米健秋　徐炳蔚　彭胜钟　涂彬
许英达　华媛媛　张轶群　金焱　宋漾
魏垠　杨艳红　张翎　陈庆庆　王华丽
罗亚敏　吕震宇　李志　焦大治　黄钦
田露　汤菲力　江波　魏彦君　沈昊
赵金富　王东　沈显峰　于平荣　赵俭平
何建涛　陈滔滔　张胜利　曾翌宁　赵若非
陈雨　张东山　方延云　石雪松

生命科学学院:143人

细胞生物学及遗传学专业:20人

王绛　龙华　刁丽霞　吴立宇　陈淑贞
孙玉慧　杨鹏　李静　夏雪　傅正泓
任刚　张震　韩劲　李力　吴昱
岑晓东　陆剑　韩春　易睿　黎明

生物化学及分子生物学专业:40人

刘蔚蔚　安棣　倪海英　葛晖　孙瑜
刘愫　张宁　吴茜　雷宁　滕瑛琪
庞振华　孙思洋　唐斐　杜云志　周巍
徐海燕　黄靖　王海波　薛鹏飞　林甦
王健　党巍巍　张玉昭　梁浩博　许强
李松　赵剑飞　张芃　邵宏兵　许青
陈凌懿　张磊亮　刘宝华　杨领海　刘智林
卢旭　关宏涛　韩星　卓越　陈伟强

生物技术专业:32人

吕江辉　田雅姞　金丽华　冯怡　陈雁淼
赵欣　王健　刘志华　钟琛　申云平
王尧　朱天鸣　李宇晖　方刚　刘世庆
李冲　徐涌　顾国平　傅宇昌　张辉
徐欢胜　杜波　李力毅　马千里　叶宁
付强　邹耀中　王燚　张志锋　黄光才
罗海雄　童师亮

生理学及生物物理学专业:20人

王静　王多　王虹　陶晓　郭碧清
胡旻　杨冬妮　张宇　夏鹏　刘忆舟
欧阳昆富　李凯　端木德强　孙衍刚　王涛
李中一　徐俊　李澄宇　陈辉　黄小英

植物分子及发育生物学专业:20人

柴晶晶　赵饮虹　康宁　王颖　丁耕
黄菊　安丽华　黄一凡　黎伟熙　冯人果
陈嵩　耿毅　祁昕　邢云龙　徐冬一
赵亮　卢昊　李云　陈崇　安瑞生

环境生物学及生态学专业:11人

张炎　杨苧　郭荣　李迎霞　陆文博
禹胄　张运坤　朱里忠　吴亚雷　黄果
苑韶华

地质学系:20人

构造地质学专业:4人

衣学磊　林晨　吴传庆　黄少英

古生物学及地层学专业:2人

周宏　王轶明

岩矿及地球化学专业:7人

刘娟　童春晖　朱海婷　吴玉新　倪云燕
李震　隋颖慧

地震地质学专业:7人

柳玉臻　刘广平　何涛　桑汶成　胡岩
潘常周　王智勇

城市与环境学系:64人

城市与区域规划专业:30人

许晓欢　詹飞兰　薛颖慧　孙文杰　罗维
徐蕾　陈洁　吴晓兰　刘志林　金霞
周芳　钟岳梅　朱虹　黄国平　魏凯
刘龙　谢文典　梁洁　郑彦峰　郑雷
齐新　何其春　黄智晖　王立明　王百川
欧雄　王念　陈磊　袁云　王永红

自然资源与环境生态专业:13人

王虬南　王晓　姚文宇　苏凤琳　乔立佳
周贵云　黄韬　李旭　周章　陈晓东
周洪寨　贾佳　张斌

环境学专业:21人

沈海花　李文馨　郭丽青　赵蓉　孔宁宁
翟喜红　李莹　张焱　王国平　李亚琦
马廷　朴世龙　白继伟　蔡强　郑荣舜
赵建伟　安凯　王裕东　许国雄　刘建辉
李海滨

心理学系:18人

心理学专业:18人

戚健俐　栾胜华　黄之弘　刘海影　陈玢

杨　沐　孙　迪　隋晓爽　刘　韬　庄明科
施俊琦　丁夏齐　陈文锋　刘洪华　尚　兵
王　彦　张　剑　罗凤英

运动心理学专业:1人(第二学士学位)

刘　波

中国语言文学系:88人

中国文学专业:52人

薛　剑　李佳莉　王庆泓　王　洋　王　润
王穆丹　耿金丽　张　琳　王韶莉　王永丽
赵　静　张咏华　马　哲　时秀芙　滕　威
杨　凯　杨　志　谢华育　吴世建　王俊文
谢　萍　张　鑫　王　敖　陈　君　李　纯
宋　军　谭　畅　侯桂新　张蓉蓉　卢宝祥
方英恩　刘海千　李俊义　陈　朴　侍卫华
金佳琪　胡西陵　吴猷雅　逯　悦　刘　洋
赵锦丽　王　玥　宋　辉　马　明　李冠南
邓　芳　翁　阳　闫　妮　叶　菡　王鹤丹
刘　畅　隋　倩

汉语言学专业:23人

常志丹　崔　凯　李　然　王爱萍　王力飞
富　丽　张雪兰　张　涛　曾　飚　张自春
陈宝贤　马凌云　曾和平　周　方　赵东方
苏　丹　邱习丹　王晖辉　马文婵　杨　洋
蔡　虹　吴彩娟　凌　锋

古典文献专业:13人

申鹏华　张　量　徐　鹏　于成霞　李武南
杨晓波　张富海　程书华　马又清　杨　可
刘肇熙　周　浩　吴　迪

历史学系:39人

中国历史专业:22人

张文东　魏　鹏　张志雄　栾庆华　张惕浩
吴孝娟　高　波　王　伟　魏彦彦　朱艳浩
许　曼　郑有华　陈　爽　葛丽珊　王　珊
易素梅　胡少诚　张小萌　李　佳　侯晓佳
张　磊　林　鹄

世界历史专业:17人

杨艾茵　朱步冲　刘益华　袁开宇　卫晓莉
宋　菡　朴　燕　金文杰　刘旭东　王　辉
尹红杰　刘长勤　李　纪　赵　海　林　茂
程　龙　余　瑾

考古学系:19人

考古学专业:12人

刘　越　王嘉佳　邓　超　易晓玲　黄　生
王　浩　范丽萍　刘耀辉　王京传　王建华
刘　钧　柴　蕊

博物馆学专业:7人

翟雪英　李志玲　祖文锐　吴敏娜　来　磊
吴聿立　达薇佳

哲学系:33人

哲学专业:29人

刘　蕾　李　想　赵丽萍　李慧超　尚杜元
补利军　王威威　那宇丽　刘锦震　程乐松
张　峰　李红侠　杨正华　李军会　张其明
吴千能　向德行　王治国　李允冠　吴　舒
张禄友　税泥染　黄建江　刘　漱　李轶群
姜　悦　刘　哲　汪　琼　边四方

宗教学专业:4人

巫升海　孔建设　刘海波　郑　妍

国际关系学院:57人

国际政治专业:25人

洪家春　张大鸿　龚　剑　李晓红　栾国涛
丁　辉　汪卫华　陈红霞　程希昭　张　彪
郑卫华　张　宁　赵　岩　吴逢时　郑　器
王　缅　张　婕　李　发　徐未欣　郭建业
王　洋　印小平　刘　妍　归泳涛　林辉撑

外交学与外事管理:17人

魏　巍　任　涛　刘　颖　简　易　刘东海
刘　东　邹　恒　张洪军　王　栋　郑　源
陈　盘　胡国志　韩　炎　孔　华　马　佳
张力刚　刘　宇

港澳台与世界事务专业:4人

周宏波　封　毅　黄建勇　李飞文

国际传播与文化交流专业:11人

王　佳　陆　莉　谭　跃　王　昭　李　力
张敏敏　楼　夷　沈　柯　陈应武　李文科
韩　柏

国际文化交流:19人(第二学士学位)

韩洪波　梁瀚杰　杨仲琴　张晓炜　许　伟
李凤芹　王　翔　张冬梅　张海军　张　念
王卫红　陈　曦　刘铁花　李大勇　易　海
刘　昱　孔　圆　魏　娟　梁　燕

经济学院:186人

经济学专业:45人

阚春梅　吴明日　曾　卓　姬江帆　王轶佳
马立维　曹　曦　杨　钋　张　洋　唐竹蕾
刘国新　齐亚强　果占林　常　亮　金日虎
李京华　石　峰　张　强　毛海峰　周　豫
包刚升　盛　军　查晓峰　杨海燕　张水泉

王弢	唐杰	李建刚	张颖	邓江涛
周涛	黄日荣	谢冬梅	张海燕	刘婕
陈尔航	郑宗权	袁琼	周玉孝	王芳
庞凌云	陈怀东	李亚峻	张杰	王鹏

国际金融专业:52人

孙淼玲	陈昊飞	黎霞	柳立文	闵昱
李可	赖芳	王佳楠	明佳	于映辉
孙杰	滕巍	何颖	曾震	戴超
张钺	吴域	童志明	欧文彬	张勇
王国强	李宁忠	褚晓菲	丁冬青	梁斌
陈利敏	刘雅静	王征	陶昭华	高飞
谢莉莉	唐淑晖	林海天	何芳	梁凌子
曾令翔	刘剑枫	谢光启	肖胜	代振羽
李文鸿	马净	朱峰	李伟	郭儚嬛
吴金香	王鹰	周文娟	王勇	顾贞娜
马跃	步亚坤			

保险专业:44人

林涵	马效磊	陆麒	薛小琳	董纪炜
黄嘉嘉	胡笳	任哲	崔逸静	徐斌
黄怡春	张静	常玉华	崔燕	李睿鉴
杨国庆	徐璟	张历慧	林宏海	胡碧华
欧阳良宜	李钦	刘榕俊	刘志青	张鹏
耿俊召	胡云	黄滢	李恒	彭向阳
李潇	江梓栋	曾勇	卢迅禹	张艳
张向顶	张波	张晓龙	朱研	邓力伟
康乐	楼晓霞	陆垠	赵海东	

国际经济与国际贸易专业:45人

曹伯龙	梁震	赵冶虹	赵炜	肖楠
高飞	单小竹	王荣辉	郭济莺	曾晓丽
郑芳	肖凤群	汪建颖	刘辉	张爱民
闫海进	周爱国	谢芳	陈金映	陈晓洁
唐翔	陈颖	李响	刘鲲	金志刚
李晓	刘峥	李晓东	熊育竹	赵晓宁
马国昕	段楠	吴菲	韩隽	具春梅
罗英梅	胡先琴	胡晓燕	杨晔	王露
张慧姿	曲靖原	李小敏	刘段武	解卫国

光华管理学院:117人

企业管理专业:29人

许薇娜	曾燕银	林承志	谢绚丽	王剑锋
宋黎	樊锦平	祁小虎	唐晓云	郑迎旭
牛力扬	赵蔚松	姜昧军	董海宁	洪宴
刘网林	冯阳松	傅刚	王丛	刘京安
茹玮珂	孙营军	郑升芳	王雯	周哲娟
陈琪	王翠	贾颖	李萱	

会计专业:28人

曹颖杰	张月	郭爽	杨晓苑	朱丽双
傅雪松	田欣	于海华	王吉洁	魏晓清
赵榕	徐秋梅	李启信	王小莉	韩天
熊功伟	左娟	卜波	王庭勘	张鸿标
曾晓红	陈畅	李媛琳	汪凌凌	张祖苹
谢可可	宁雄	杨国壮		

财务学专业:39人

秦华	刘淼	董晓凌	罗玮	闵荣
乔非	蒋颖	董蓓	黄昕华	吴玲
张国宏	刘笑涛	张昆	李淑梅	陈源源
徐大卫	郑冰姿	沈苏柠	许乐	王卫
刘福文	许枝煌	李坚	杨柳	黄明辉
宫英晖	刘爱红	官艳玲	程海燕	唐荣玉
冯子敏	曹海英	陈道雷	杜青	孟茹静
景军华	丁世艳	张莉	徐琳	

市场营销专业:21人

臧恒佳	龚花	张蔚	杨翌昀	金凯
程谦	赵素艳	崔善花	李宏蕴	秦英梅
文红莲	朱世平	潘勇	钱明军	黄翎
李莹	徐继业	洪洋	何涛	贾正如
董晶				

法学院:162人

法学专业:162人

王煊	白少华	封锐	徐轶聪	刘阳
程晓峰	李达	汪庆华	刘芳	饶剑刚
赵辉	王春平	李丹	邹红艳	许振宏
吕雪梅	申渊明	汪蕊	范宜	马世鼎
庞蕾	石鹏	王元	姚晓培	李洋
王正	李微	王鹏	王蔷	韩流
宋艳蕊	李昊	薛丽	赵春雷	帕提古丽
吕舸南	张剑	李永丽	王磊	邓芳
张玉田	陈平	彭俐萍	梁小翔	磨红柳
柳宇华	陈若英	蒋路军	曹震	梁燕
李莎	纪旭	范毓华	黄善端	王琦
王雪岚	杨光	张烨	王佳明	杨玉华
赵德爽	孙远	任志毅	刘颖	赵岩
李顶	姜岸	周新	陈建伟	吴钧
邓秀萍	李清池	何音	王雷	董晓敏
阮秀	宋皓	黄慧鹏	蒙晓燕	付艳
张辰波	秦钰	李大凯	樊春丽	何苗
索娜	陆晓明	仇素雁	赵米乐	戴文震
孙洁	李丹	白云	徐邦炜	史震建
田晓东	许贞姬	王芳	金明	罗艳宁
潘可嘉	赵锡勇	陈斌	宋誉	祝燕萍
褚福宝	张晓涛	田芬	印慧敏	李欣
谭家悦	谢颖	殷永纯	马志江	王冰
俞嘉颖	曹程钢	罗颖	孙虹霞	张晞

刘亚楠　许金国　商镇　董华春　齐华英
赵建丽　郭永茂　王晴　刘芳　濮庸
李晓峰　姜奕　张承　王洋　孙海珊
戴莹　夏杨杨　马龙　吴恩延　杜震
马庆茹　范智　周玥　马东红　张蕾
李韶　李铭　周娜　王建波　冯炅
方文飞　何印胜　张彬　陈浩　王华
张天镝　秦国辉　陈梦伶　姜南　王勇
蔡妮　张海霞

知识产权学院:32人(第二学士学位)

知识产权法专业:32人

李红星　裴军　王艺　韩冬　王国臣
胡天龙　李林懋　张少波　党晓林　吴丹
刘健敏　陈宇萱　许冬　曾利萍　王晓光
张静洁　王云光　冯薇　刘学洋　邱浩波
高重阳　常慧灵　吕鹏华　杨雪晶　卞学琪
赵煜　张浩　崔跃勇　李伦波　赵岩
刘莉婕　梁军

信息管理系:48人

编辑学专业:19人

林岩　孙剑波　宿大东　姚志敏　王勇
许枫华　罗国建　周远明　黄鸿滨　赵明
陈旭　臧义彬　金健　李茹　张向东
赵慧勤　钟琳　陈翔　邓欲强

图书馆学专业:3人

寇小　马晓超　邵泽辉

科技信息(情报学专业):26人

姚益圣　张莉扬　郇天莹　胡斌　张囡嘉
于飞红　高文龙　朱岩　周红忠　黄卫华
周晓冰　田敏　杨正道　张俭恭　王佳平
葛嘉佳　董科军　陈芳洲　余燕　李桦
刘园园　付兵涛　庞觉祥　李骥　关国锋
梁胜利

社会学系:33人

社会学专业:23人

李筱悠　张睿　张玉杰　臧迎　黄震
高旭　黄金鹏　刘亚秋　刘月　薛凌云
许志毅　陈华珊　张美川　范艳春　刘建华
郭召志　于怀东　马冬玲　何丹　杨涛
王开宇　魏秦歌　热孜万古

社会工作专业:10人

郭静　任道远　钟华　庄玉强　周涛
许旖旎　杨桦　周琳琳　高翔　王冬

政治学与行政管理系:51人

政治学与行政管理专业:51人

杨志敏　皇娟　夏雷　蔡海波　陈林
宋震　孙广厦　赵华　何玓　宫颖
翟庆海　段明倩　胡桂敏　王振东　王梦
倪海娟　郭翌弘　周永强　王伟　许洋
张晗　哈巍　朴成哲　李月梅　李永新
姜雪花　郝勇　李桃　陈伟　徐峻峰
张建伟　陈劲松　徐印　丁峰　侯华伟
王龙雷　张文府　廖明　邓湘树　胡雪
殷亚妮　周强　张璞　杨立华　李春
申和平　韩红云　帕提曼　羊雪芳　陈莉
林挺进

东方学系:38人

阿拉伯语言文化专业:11人

秦亦峰　朱曦　齐林源　王炅　王婷
孙海虹　孔泉　王振明　方华　孟强
盖伟江

印度尼西亚语言文化专业:12人

孔涛　陈琳　韩芳　崔岩　黄兆旦
郑海娃　张雨燕　胡庚　赵睿宇　王虹
李涛　田静静

缅甸语言文化专业:6人

庄北宁　李景晖　易嘉　蒋寅刚　钟玉珊
邱鸣涛

希伯莱语言文化专业:9人

蒋国鹏　王立春　周红林　常锐　张晔
徐讴　段宇恺　张颖　张雨辰

西方语言文学系:29人

德语语言文学专业:15人

张辰　黄冰源　张春洁　张弢　段洁清
刘小燕　孙进　赵小琳　蒋妍芳　胡蔚
单克飞　赵远方　许兰兰　吴志娟
欧阳怡雯

法语(国际经济辅修)专业:14人

周昫　陈弋　田芳　张妍嫣　邓青蔚
黄京波　罗黛琛　王妥　刘茜　何德刚
滕丹　毛芳　徐晓力　蒋莎琳

俄罗斯语言文学系:18人

俄罗斯语言文学专业:18人

秦春秋　孙云　王楠　杨志坚　邓妍洁
杜艳　孙曼　赵艳　于天娇　樊继光
吴天翔　葆晨辉　殷树喜　陈明　张清东

刘　莹　张　沫　徐　磊

英语语言文学专业:45人

李　旭　张　晖　王沛怡　季敏华　朱嘉敏
刘　昊　杨海帆　王　悦　程　石　张　怡
徐　婕　赵利捷　于萍萍　李玉霞　丘　雁
罗　健　田　苗　程端子　胡震虹　梁学明
高　坡　颜　冰　张　媛　曲雪梅　辛志明
王　丰　王海涛　张　丹　王晓霞　周　铮
倪湛舸　庄　蕾　吴科萍　唐　薇　潘荣荣
宋本刚　孟　琰　向　明　周　凌　蔡俊峰
海苑苑　陈霜叶　朱秀梅　王　丽　陆嘉琳

马克思主义学院:67人

思想政治教育专业:67人

曹伟风　贾建坤　孙静彬　杨延群　冀爱霞
王双龙　林　琳　张新华　刘　静　韩旭海
陈若思　刘伟见　周林洁　郭志民　王　蕾
陈姝翾　王红颖　裴春艳　曹金敏　徐瑞华
关爱华　尹晴日　黄　英　贺　源　李　松
田晓燕　陈杰文　梁伟玲　王　卫　张树然
杨燕华　陈丽华　史燕敏　张金荣　张　俊
方绪晓　解海英　赵庆凯　王　强　晋文湛
董成文　姜宏云　张冬喜　吴健　　韩　伟
付　飚　孙娉婷　陈　新　张庆文　张　婷
余　新　顾现出汭　顾耀华　刘洪辞　朱宁强
金以荃　庞晓屹　许寿峰　化志强　陈孝奇
王本文　王昌岭　陈晓华　吕　丹　叶　偲
何　芬　孙　艳

艺术学系:21人

广告学专业:21人

李　智　曹　雪　刘　平　王　缅　南　宁
裘东蕾　冯华年　苑　菲　姜义丹　梁山鹰
韩　勇　张　溪　魏　苑　刘子珍　范松志
李　莉　盛　磊　陈　勇　赵尊岩　张　捷
李　挺

（郭翠华）

硕　士　毕　业　生

数学科学学院

白　华　曹大创　陈　果　陈旭盛　代伟英
丁美春　董　博　韩友斌　黄　晟　贾淑梅
靳　园　李　平　李晓满　李育安　梁　刚
刘敬伟　刘亚利　吕禅军　彭　磬　沈　华
宋铁维　孙　晔　孙明举　汪天喜　王海燕
王晓谦　熊春光　熊雨沛　薛志强　杨　春
杨　青　禹建奇　张建科　张利华　张培刚
张庆峰　郑晓明　钟波清　朱　可　朱　炜

力学与工程科学系

曹露洁　陈　斌　陈　光　黄　浩　李　毅
李　勇　刘大军　刘贺飞　乔　羿　尚俊杰
孙智利　王文彦　王希坤　吴德全　肖春雨
徐　刚　薛嘉行　尹兆华　张立柱　张为斌
张杏超　朱华宁

物理学系

白志刚　曹庆宏　陈　钢　陈汉栋　陈花胜
陈庭勇　丁　彧　杜　序　杜尚锋　杜胜望
高　岩　杭青岭　康　健　李　非　李中华
林　立　刘　威　刘四明　鲁　立　聂惠芬
邵建飞　宋鹏程　王　令　王国忠　王继纯
王启亨　王艳兵　魏霁昆　鲜于海清　谢晓波
辛永春　邢　杰　薛亦元　杨亚声　尹　彦
张　凡　张　宇　张洪洲　张克明　赵国念
於筱青

地球物理学系

陈　勇　陈挺东　段建军　盖增喜　李　立
刘　莉　刘继锋　盘　军　宋焱云　孙　峰
王立琨　徐　涛　许　庆　杨慧燕　张治坤
赵　鹏

技术物理学系

陈代涛　陈守元　范　莉　郭　华　何　龙
焦杰英　李　桥　李　琰　李义军　刘　俊
卢雪权　秦向东　唐　莉　杨志涛　易　芳
尹毅宁　张　鹏　周广辉　朱　磊　朱向炜

电子学系

蔡朝辉　陈洪涛　贺卫军　黄文常　焦 华
李 磊　李 毅　梁 冰　马 昂　马 皓
毛新宇　汪 霞　王 超　王 辉　王 进
吴培生　夏丹峰　邢观斌　曾奇志　张军坦
郑 毅

计算机科学技术系

崔 鹏　张大成　曹雪迎　陈志刚　丛国京
邓晓晖　董全武　方 晖　高 卫　顾 坚
顾 烈　郭鸿飞　郭立峰　何新明　贺晓聪
胡江萍　胡瑛昆　黄敏芳　黄其军　蒋宇全
李 茹　李 昕　李赫嘉　李枝琳　林 斌
林 川　刘 畅　刘 超　刘 宇　刘向光
刘友军　申东华　沈朝阳　孙 杰　孙 胜
檀 燕　唐 淳　田 原　王 峰　王 刚
王立琦　王文奎　温晓辉　吴 兵　吴 静
吴 琳　吴 畏　熊 怡　徐 凯　徐健新
徐启昌　严 怡　袁灯山　袁望洪　张春雨
张志宽　赵绍君　郑 羽　滕长林

化学与分子工程学院

卜林涛　蔡春明　陈延丰　邓 凯　丁 辰
傅南雁　何 峰　何 琰　姜长春　姜翠红
李 洁　李 磊　李 密　李志涛　刘 瑛
刘昌辉　刘卫军　刘宇翔　龙耀玲　吕 智
孟智勇　乔学斌　秦海虎　曲泽川(肄业)
沈菊林　史亚茹　孙 颖　王 巍　王刚立
王言洽　肖 岚　徐 斌　徐 锐　徐克伟
徐志刚　严京峰　杨庆华　杨夏万　杨先碧
张 震　张建业　张黎征　张紫娟　赵海波
佘 劲

生命科学学院

安 好　卞茂华　陈明南　陈新浦　程 钤
邓 翔　董金辉　方巧君　郝 莉　简鸿雁
江国英　焦建伟　金 杨　李 兵　李春升
李东辉　李恩虎　刘 健　刘 松　吕海亮
牟晓东　牛建功　潘 宁　钱 斌　沈 炯
王丙武　王健蕾　王利民　王鲁勇　王树生
王学文　王玉梅　魏 欣　许 岗　杨福雄
杨国华　杨晓冬　杨志宏　殷 武　张海龙
张小四　赵明哲　周北雁　朱冬宵　邹冀中

地质学系

艾慧容　包洪平　波 音　常祖峰　范俊喜
高永军　何中甫　华永刚　黄费新　霍文虎
姜文波　李 敏　李 献　李 欣　李德春
李青松　林 颖　沈百玲　田 健　王大明
谢华斌　叶良新　张绪宝　闫 欣　闫志梅

城市与环境学系

曹艳丽　陈福友　陈建业　戴尊国　邓 岚
狄雯华　方 森　方 圆　费松林　付在毅
郭宏飞　黄永梅　黄跃飞　贾宏辉　李 宏
廖 谦　毛小苓　阮学金　宋 峰　王 军
王 哲　王 倩　韦忠亚　武 悦　徐国飞
徐尚平　杨 军　杨子明　叶燕林　张学青
张泽浦

心理学系

定险峰　范 熠　孔 宏　李 旭　李雪英
罗珊红　沈大为　王 秋　王玉改　易晓明
张光健　朱冽烈

中国语言文学系

洪 越　白雪华　陈小菱(肄业)　陈雪竹
陈阳春　程 瑛　方 希　顾海燕　桂 靖
洪浚荧　胡兰江　胡晓舟　黄信爱　蒋 晖
金景棼　金克中　金芝英　赖燕萍　李 倩
李 菁　李恩英　李洪波　李鹏飞　李知玹
李揆一　梁 源　林光江　林丽子　刘安春
刘美贞(肄业)　马东瑶　马浩楠　梅 雯
孟 晖　潘 健　裴贞和　彭耀钧　阮黄英
宋 刚　宋贤锡(肄业)　宿 娟　丸井宪
吴 琼　吴晓黎　西填延子　向 农　徐 刚
叶翠华　张洁宇　赵 爽　赵文菊
郑寿良(肄业)　周丽娟

历史学系

金容基　白 巍　崇 明　党宝海　费秀丽
冯 杰　高 原　葛业文　韩克敌　洪庆明
姜庆晖　具滋元　李 刚　李 静　李 霞
李东勋　李恭忠　李淑红　李章郁　林 芳
林金珊　刘海方　刘旭东　骆 威　彭 硕
彭国运　唐利国　翁天兵　谢 蔚　谢成光
严雅辉　易秋芳　袁卫东　岳占仁　张 剑
张大伟　张继海　张振海　阙光联

考古学系

陈冬雪　范淑英　郭 物　李宝平　李鍾淑
刘利红　卢 岩　沈睿文　孙秀丽　田名利
王建平　王力之　魏 峻　袁永明　闫亚林

哲学系

查 梅	陈清春	陈振宇	陈志红	陈中浙
程 斌	高岳森	郭洪体	金容权	柯小刚
李虎群	刘春梅	刘凤罡	马晋霞	朴永镇
全顺熙	汪立群	王 珺	王 珍	王细荣
温海明	吴 飞	吴荣荃	武建敏	杨安民
殷 迈	于晓凤	张晓霞	赵奉来	周 濂
周文峰	朱东华			

国际关系学院

蔡燕冬	陈敬华	陈志明	程红霞	杜 民
葛 昫	恩刚嘎(肄业)		葛军领	洪芝完
江少佳	金硕基(肄业)		具永裕	黎 宇
李定桓	李文胜(结业)		李小源	李义峰
梁晓君	刘国武	罗红卫	孟 辉	穆朝辉
乔卫兵	秦力洪	史学伟	谭宏庆	王 芳
王 勇	王 琦	王传剑	王森林	王永辉
魏 军	魏范强	吴 薇	薛 薇	阎兴宇
姚 铃	尹 欣	曾 淼	章 芹	张晓明
张耀军	朱 贤	祝 贺		

经济学院

曹 琳	曹海军	陈 彤	陈计明	陈丽青
陈文辉	陈炜喆	邓永峥	董年波	冯 娟
冯雁秋	郝爱民	何富强	侯新岸	冀迺暹
解红义	金赛男	黎 军	李 晶	李仉军
梁永平	刘凤喜	刘向东	刘学荣	刘智夫
卢 莹	陆 挺	罗 杰	马 骏	尚 妍
沈 春	施贤文	史 举	孙金永	田 强
王 青	王锦标	王利辉	吴崇奇	谢晓迎
谢小英	杨 冰	杨 芳	杨 澜	杨彤轩
易 芳	殷倜凡	云 彤	张岚松	郑 伟
郑永生	周 雁	祝 灿		

光华管理学院

伭宏伟	艾立夫	蔡港树	陈 益	陈长龄
陈于文	储军学	崔 静	崔华峰	董 涛
董长英	董志刚	杜 枫	樊健康	范 强
方 军	方 鸣	房震宇	高 地	高春政
古红梅	顾一民	郭 川	郭 胜	郭 郁
郭晋秦	郭小军	郭咏梅	韩 兵	韩进之
侯 菲	胡 忠	胡武凯	黄 斌	黄卫中
黄咏梅	吉 洁	吉小民	贾若莉	建兰宁
姜 波	蒋 彬	蒋兴权	金宪郁	康 宏
孔 宁	孔祥国	冷 煜	李 兵	李 民
李 敏	李 彤	李维刚	李维中	李兴旺
梁文涛	凌晓雪	刘 兵	刘 冰	刘博元
刘德胜	刘海梅	刘京雷	刘军霞	刘晓辉
刘雨梅	刘震宇	刘志有	龙 飞	陆怡如
吕一凡	马翔宇	牛玉英	庞建全	彭 睿
彭尤忠	乔学军	曲晓力	邵永春	石 泉
史凯峰	司马红	宋 杰	苏辉艳	苏盛辉
孙 亮	孙 仪	谭 杰	谭 强	唐予松
唐赵苾	田天凯	王 宏	王 杰	王 军
王 蕾	王 萍	王 翔	王 永	王 赞
王大勇	王定国	王广才	王宏伟	王会东
王继民	王凯男	王乐忠	王清宇	王胜利
王文军	王新蓉	吴玉臣	吴云燕	武 英
徐 涛	徐 征	徐成湘	许 学	薛毅戈
严鸿宴	颜 涛	杨 彬	杨 川	杨 静
杨绍亮	杨晓东	尹丽媛	于 晓	余俊生
俞 楠	俞岱曦	喻天红	袁 野	袁世雄
袁晓玲	章 昆	章保东	章建宏	张 会
张国梁	张海涛	张洁莹	张屹磊	张宇红
赵晶丽	赵武令	赵雅杰	赵原绪	郑刚勇
钟天帆	周 劲	周 敏	周 权	周 燕
周蔚文	朱 江	朱 翔	邹虹英	邹积建
芮 毅	滕云田			

法学院

包晔弘	蔡书墨	曹振亚	陈 洁	陈 旭
陈良刚	陈明利	陈效南(肄业)		陈伊伟
陈玉珍	程十庆	崔国斌	崔建新	崔秀庆
崔皓旭	戴庆康	邓建南	董 华	杜 华
杜 越	杜瑞芳	杜以龙	段国选	鄂晓梅
范在峰	范振汝	费中明	冯文生	傅 诚
傅 锐	付 民	付 荣	高汉承	高健军
龚英姿	宫邦友	顾建华	郭卫华	韩笑民
韩燕煦	何绮莲	贺 欣	贺 宇	衡晓帆
胡 钢	黄 忻	黄炳森	黄汉森	黄威文
黄耀德	黄溢湘	黄远康	黄跃辉	霍锦就
冀红梅	季伟平	姜德高	蒋怡	靳学军
鞠晓雄	孔庆平	黎振江	李 复	李 辉
李 岭	李 榕	李倞耐	李保甫	李彩练
李朝应	李光昱	李果正	李婉平	李向东
李银姬	李裕丰	刘 涛	刘 颖	刘 鑫
刘爱兵	刘长好	刘京川	刘瑞玲	刘为群
刘晓纯	刘晓丹	刘兴亚	刘学兵	刘学亮
刘言浩	刘迎泽	刘宰源	刘泽军	卢 琼
鲁云龙	陆炳华(肄业)		陆英华	马天财
马正勇	牟世凤	欧阳伟雄(肄业)		欧阳倩
彭雪峰	秦 野	区绍裘	曲力慧	全相胤
冉燕飞	任亚芬	沈 浩	沈恒德	沈天毅

石亚丽　孙　勇　孙　瑾　孙伶伶　孙晓芳
唐应茂　田锐华　万　丹　汪　帆　王　平
王　艳　王大敏　王飞跃　王光辉　王连清
王少峰　王晓玲　王晓元　王秀梅　王昱婷
魏君贤　温伟权　吴国樑　吴玉和　吴正鑫
谢更新　谢鸿飞　谢志东　熊少萍　徐　彬
徐复雄　许永强　许仲仁　严国强(肄业)
杨惟婷　杨先恒　杨欣欣　姚茂斌
姚宇红(肄业)　易继明　尹好鹏　尹文强
于志远　余　诤　俞永生　张　波　张　杰
张　劲　张　强　张　颖　张宏业　张家良
张施闻　张晓辉　张晓彤　张霭文　赵　锋
赵　晶　赵　舒　赵　星　赵祖钊　郑少雄
郑顺炎　郑晓晴　郑耀抚　周宝妹　周俊武
周之瑜　周志豪　朱　玲　朱丽君　朱泰余
庄雪慧　庄振钏　闫　研　晏长青

信息管理系

艾　露　陈　芳　丁朝欣　高　杰　韩圣龙
胡　慧　林　璐　刘建军　刘尚焱　刘燕飞
邱效兰　孙　颖　王忠红　喻乒乒　张丹阳
张久珍　滕　彪

社会学系

包胜勇　程秀英　胡宗泽　刘玉照　卢学慧
罗　刚　田　青　吴愈晓　杨贵凤　叶金莲
曾　强　郑　宇　周武彪

政治学与行政管理系

方　琳　冯支越　傅广宛　高富锋　高鹏程
何庆哲　胡必松　胡建奇　姜　浩　蒋达峰
金昌佑　李发平　李永新　廉士兵　林　震
林庆洙　刘朝晖　刘西明　权世振　任淑华
桑国宽　宋永祥　陶澄滨　王　锋　王　欢
王　维　王　琦　王蓆赟　王华伟　王庆锋
谢思芳　薛　凯　杨绍陇　杨振东　尹春吉
赵振纲　周福才

外国语学院

安渭贞　包贺喜格　曹红蓓　曹武军　黄跃民
金明珠　李明刚　李仁良　李雁南　林成姬
刘　昕　刘琳琳　卢文亚　陆水若　陆晚霞
罗喻臻　全华敏　王　丹　魏如明　杨国影
张立明　张素芬　周祥勇　龚　觅　胡旭东
胡怡红　靳　剑　李　毅　孟玉秋　彭文娟
粟博莉　徐　畅　徐　华　袁克秀　张兵武
周佳音　何皓瑜　胡卫平　刘　涛　刘江平

唐登俊　杨怀玉　章　锐　崔鲜泉　崔晓阳
丁林棚　董　欣　樊　莹　韩金鹏　郝田虎
胡翠君　吉晓倩　黎　丹　李钟涛　刘建伟
马　劲　秦秉玉　沈利江　王志欣　闻　钧
武丽丽　张　静　周　雷

马克思主义学院

曹　蕾　柴　楠　陈　铮　陈保卫　陈桂刚
程　程　迟　伟　方　红　高立功　贾　益
贾红英　解泽林　景逢春　李　军　李　盟
李　萍　林世丹　林世东　刘大为　刘海侠
牛　彤　牛金莉　庞丽君　荣德永　孙　芬
孙　丽　孙　宇　孙　虬　孙凤国　王　颖
王鲁娜　文　君　谢志斌　邢久强　徐　冰
徐　闻　袁　野　张　丽　张　肃　张　义
张凤来　张尧斌　张永昌　张幼林　赵　梅
赵晓民

科学与社会研究中心

刘晓峰

对外汉语教学中心

蔡云凌　高小平　梁秀敬　卢京姬
石原正代　徐文娟　杨　桦　尹贤姬
扎法乌拉

遥感与地理信息系统研究所

陈　杉　房青山　郭红燕　郭庆华　王　乐
王　强　王恩宙　杨巨杰　周铱鑫

外国哲学研究所

陈德中　陈建洪　关群德

亚非研究所

付　彦　金爱庆　朴庆恩　王　玮　王小民
杨志军　俞敏浩　张　洁　郑克军　朱玉轩

中国经济研究中心

白　艳　曹雄飞　戴　勇　范　敏　李　骥
陆　玉　倪金兰　武永胜　张　逸　张居衍

社会发展研究所

郭万超　郭永中　李　炜　王晓红　郑晓红
周家雷

高等教育科学研究所

蔡　晖　丁延庆　雷　虹　李春燕　王　洁

朱 红 茆卫彤

人口研究所

陈江涛 冯 晴 李雪鹏 刘建业 宿德军
田耀山 张 钧 卓敏莉

信息科学中心

柴 玮 邓 浩 侯砚林 李 睿 马 黎

陶艳瑰 韦朝春 殷剑锋 赵鲁印

环境科学中心

刘吉成 曹文田 贺 燕 洪 阳 黄凤茹
刘 猛 刘淑媛 马一琳 王 珉 王彩欣
王雪松 吴 涓 谢正宇 曾 健 曾海霞
朱世铭

（魏志义）

博士毕业生

数学科学学院

陈 益(结业) 包志强 郭建华 郭玉霞
国 栋 蒋立宁 林甲富 刘 勇 刘跟前
吕克伟 马 斌 马玉杰 彭春华 朴大雄
漆 毅 王春梅 王曙光 王奕倩 王恺顺
吴 岚 吴金彪 于 江 于江生 张 奎
张双林 赵旭安 邹本腾 闫宇松

力学与工程科学系

熊鳌魁 金 明 梁治安 孙宝江 陶建军
王 钢 张 彦

物理学系

何东风 毛伟华 戴 伦 董光炯 李 涛
龙 文 谢元南 辛晓滨 余雪平 张铁桥
赵学应

地球物理学系

卞建春 任小波 张 宇 周天军

技术物理学系

王福泉 翟茂林 高春媛 华 辉 居学成
李红霞 刘跃民(肄业) 孙 刚 吴 瑜

电子学系

陈景标 肖海桥 邢爱堂 熊桂生 李正
饶亲江 李 正(结业) 王晓辉 肖磊
张跃江 赵建业

计算机科学技术系

吴拥军 常 明 常宝宝 丛升日 林应明
刘 田 罗英伟 汪红梅 王宏武 伍 江
阎宏伟 杨燕燕

化学与分子工程学院

贺卫国 吴忠云 张继军 朱军民 安 金
陈广强 陈海峰 陈义旺 程福祥 翟 锦
冯亚兵 高 军 高体玉 高希存 郝彦忠
候益华 纪建国 江 鹏 李 博 李怀娜
李正平 刘 辉 罗红霞 马 刚 马 军
任雪芹 宋苑苑 孙献茹 王 树 王洪钟
王任小 王小勇 王艳芹 武登国 肖 军
谢伦嘉 邢国文 徐东成 徐四川 于安池
张 文 张阿方 张春阳 张国栋 张新杰
祝严师 臧芝倩

生命科学学院

段学彦 刘迎芳 杨嘉树 安 钰 鲍 林
戴建国 董宇清 高新胜 何田华 吉成均
李 雷 吕华飞 吕善运 孙 艳 田国伟
王 蔚 王春霞 王晓晨 杨广微 周鹏程
朱 山 朱小健

地质学系

蔡俊军 陈富文 侯贵廷 蒋金荷 倪志耀
赵永超

城市与环境学系

刘鸿雁 阙维民 崔凤军 戴君虎 代学珍
江 波 刘家明 龙花楼 蒙吉军 田文祝
杨新军 岳升阳 曾 辉 张惠远
张天新(肄业)

心理学系

李晓轩　刘　丹　左　巍

中国语言文学系

塔拉斯　白岚玲　常　森　陈戎女　大野香织
顾歆艺　郭　锐　胡敕瑞　姜必任　李　今
李　娟　李政林　刘明银　刘毓庆　桥本秀美
慎锡赞　宋昡宣　田炳锡　王　峰　王家平
吴万钟　徐在日　詹卫东　张旭春　张玉春
周亚琴　宗明华

历史学系

李志生　于心华　白晓红　薄洁萍　戴桂菊
金永丽　李　帆　李　立　李新峰　刘后滨
刘显忠　宁映霞

考古学系

金教年　陈　琪　金教年　钱耀鹏　赵春青

哲学系

张景芬　安载皓　陈金芳　高中理　戈国龙
胡辉华　蒋永青　金晟焕　雷立柏　李　涛
李四龙　刘时工　刘文旋　刘宗坤　罗保国
罗筠筠　朴胜显　田永胜　王武召　吴增定
伍先林　游　斌　章启群　张德伟　郑　开

国际关系学院

姜利立　千辰焕　杨丽　范士明　郝　平
黄大慧　贾都强　金灿荣　柳东垣　梅　然
宋　毅　宋正勋　孙建中　王　瑜　王海霞
肖伟中(肄业)　朱文莉　朱旭东

经济学院

李准晔　王晓龙　常志霄　郭　研　胡怀国
黄炜光　刘　辉　刘宇飞　鲁颂宾　骆　毅
马朝旭　宁士敏　齐良书　任　冷　宋国祥
孙建冬　汤汇浩　王彦国　王韬光　吴文武
武亚军　易建华　周　洪　周建波

光华管理学院

梁志明　程伟庆　贾春新　焦天立　李　麟
李礼辉　刘　学　刘明志　史忠健　王　斌
王全斌　赵　晓　庄乾志

法学院

别　涛　陈　敏　陈汪杰　程　洁　丁后盾
董　炯　杜　群　方世荣　高　强　葛锦标
郭义贵　李　毅　麻国安　强世功　宋小庄
王　磊　王　杨　王晨光　王千华　王树义
王锡锌　许　昌　张守文　张小虎　张秀明
张亚芸　张永祥　赵晓力　祝二军　邹碧华
闫　政　臧　立

信息管理系

关飞霞

社会学系

陈忠清　方卫华　李　康

政治学与行政管理系

方江山　李南周　阎树森　关海庭　黄小勇
李相斌　李正男　林国基　马宝成　彭宗超
任志安　宋月红

外国语学院

李　淳(结业)　陈　明　林丰民　刘曙雄
许宗华　赵蕾莲　李　玮　王钦仁　温哲仙
沈建青　邹　溱(结业)　黄　豪　李战子
李正栓　王东风　周玉军　左　岩

马克思主义学院

董险峰　王　磊　王乃学　王寿林　徐祥生

科学与社会研究中心

柳中杰　方　勇　韩　骏　朱效民

遥感与地理信息系统研究所

陈良富　马洪兵　杨海宏(肄业)　尹连旺

外国哲学研究所

杨玉成　张　旭　周荣胜

中国经济研究中心

唐志宏(肄业)

高等教育科学研究所

文东茅　袁本涛

人口研究所

吴　忠　蒋耒文(肄业)　童玉芬　赵　锋

环境科学中心

仝　川　刘兆荣　彭立新　周志刚

(魏志义)

成人高等学历教育毕业生

财务会计专科

是雪梅	殷杰	张丽博	成世军	闫奕明
李宗庆	陈燕平	刘聪	权春霞	姚金学
于守杰	李林	刘茹青	高英	刘艳
朱广全	刘宁	冯松茹	刘权	徐志津
郑珍芳	马小琴	王海燕	邵松才	崔永红
李景连	郭京梅	郝建红	孙丽华	焦慧芳
张全喜	何富平	高爱军	邵丽	刘国联
李跃晓	李荣宽	关迎惠	张伦英	林红英
黄勇	张印涛	胡明华	李慧	黄彦水
郭强	杜雅静	刘勇	赵亚丽	孙亦军
呼家梅	王晓燕	王洪华	高书敏	支新华
沈胜艳	刘明明	季顺秋	吴晓杰	李艳
索艳超	王孝宏	刘增会	杨旭杰	崔晓梅
马森	孟慧萍	孙京燕	王宏	谢少华
耿妮	刘素贞	何宝勇	顾博	贾华美
董桂明	迟恩华	孙少山	赵新建	钟彦茹
江小宁	刘雪丽	崔明明	杨存顺	杨继红
王利	董玉英	崔丽萍	宋淑巧	赵晓杰
张子江	李亮	佟立强	张咏笑	张艳芳
田向阳	谢晖	许凌云	郭华	郎海军
孙克勇	王铁丽	王玉芳	郑东梅	李红光
王建新	王晓燕	杜文杰	宋继东	傅丽
闵刚	王海峰	黄琳	孟雪茹	梁中州
邓英君	张益群	周家春	考晓玲	杨翠巧
赵春桥	杨帆	王建民	丁运兴	张玲玲
冯磊	艾永平	胡彦初	卢淑梅	邹积权
王桂萍	王治国	薛春良	毛翠	程燕平
王宝	董玉芝	郭宏军	王云峰	崔学君
姚丽	齐海霞	薛卫平	于首洋	李德林
任艳辉	宋彦平	曹云倩	冯燕	马春艳
闫彩云	张雅琴	侯炜	王建芳	叶晓琳
王亚芳	刘彦须	佟宏宇	王永胜	王志成
翟小莉	郭松峥	张俊岭	沈桂亭	孙荣杰
牟勇证	奚玮	李建成	刘南	张奇虹
申红梅	李志勇	闫艺	董芳梅	刘华
吴澎	席思锋	初金海	陈晓旭	袁中山
范淑华	郑玉萍	张兆娟	车玉峰	蔡彦君
李冬玲	马俊	路珍	王树明	唐少华

孙朝旭	唐华	华琳	栾奕奕	周小四
徐淑馨	张润娟	黄继红	郭华	陶晓明
于岩	宫薇	彭彬	刘红娟	陈金海
顾宇红	高毅	张霞	张殿香	李献民
王岚岚	任莉	孙哲军	车育	于蓉
石兆言	王颖	吕金会	高淑震	赵云玲
郭秀梅	李秀玲	于直	刘钰	贾鹤琴
殷宏亮	刘雪宁	任厚德	张盛	高新杰
付大鸣	崔新萍	孙咏梅	文长虹	张彩霞
司丽薇	武艳梅	杜渤海	刘君芳	闫海霞
汪媚蓉	周雪	由静娟	石金昌	孙建娣
刘浩冉	陈雪华	赵力	高晶	闫文臻
李巧云	何震玲	唐桂芹	肖虹	汪涛
曹威光	郭秋芬	戴丽萍	李树利	吕悦
娄荟	张丽	张良玉	郭彦	张轶微
沙秋苑	刘中辉	李洪艳	尹利娟	崔新红
杨秀敏	班艳君	窦红	王雪平	张怡
肖红霞	黄波	陈彦	冯雪慧	吴书国
田志海	傅昂	徐华	田云涛	张晶
孙杰	付广霞	陈玉龙	翟京菁	郭红霞
张书玉	张秀芳	张辉	丁国辉	张庆英
刘媛	王树军	张浩军	陈江林	王磊
李霞	王莹	田华	韩英	李鑫萍
周宏兰	周家红	崔安安	宋明蔚	夏国森
范建伟	汪兵	廖雄英	郭增义	徐丽贞
于晓娟	郭社才	王拴珍	杨克海	王樱
司治国	刘丽芹	宋彦民	杨秀梅	艾凤东
刘金华	刘印全	李荣誉	路露	赵敬波
常春颖	李艳梅	李小兵	李杰文	陈庆文
孙旭晨	王嘉森	李健	钱宝林	郭丽
马树志	付爱华	王楠	董娜	宋涛
霍冬英	吴素芝	王亚辉	刘涛	袁文
于凤玲	杲洪涛	尚颖彬	王清	孙美娜
李瑛卓	孙百红	刘向志	周远梅	王硕平
杨兰芝	吕红娟	王会芝	闵丽宏	刘岩涛
孙雅萍	杨遵秀	卜丽莉	蒋春莉	迟丽华
李东胜	耿素华	贾秋娟	刘静	陈娟
施春梅	幺乃鹏	周勇琦	周亚斌	刘向雯
白旭	冯丽娜	张玥	刘学文	代杨杨
张亚军	屈卫红	王娟	王虎	吴新辉

沙月娥 郭耀东 石建生 陈培光 郭子乾
黄广烨 孙 宾 赵礼彬 路红艳 杨雪芹
靳馥瑜 张志勇 刘 茜 闫保藏 王锦秋
陈广伟 邵凌寒 王 松 马 涛 徐振强
肖庆伟 张尚辉 李保庆 段玉红 邢亚民

政治学干部专修科

陈 英 周 健 洪应星 陈肖东 赵 琦
吴云雁 边 帅 谢 健 普金荣 常传兴
薛 蕾 杨德志 李 科 岳 峻 洪超美
单晓华 魏凤娟 徐 璞 李晓东 姬小平
虞学聪 王 力 张雯燕 廉 峰 张建军
杨 华 倪根棋 方 勇 徐 帆 黄洪军
张颖华 王金贵 胡文杰 牛保军 蔡国娟
詹拥军 张武梁 古齐发 白福文 于 滔
胡献青 陶丽丽 王 绮 范长飞 陈 涛
周满君 王韶华 刘永清 唐德祥 汪 洋
梁嘉萍

计算机实用技术专科

潘寒竹 齐文玉 孙笑谚 戴 聪 张 磊
杨福利 孟晓利 季晓会 芮学永 魏 巍
马光华 韩 杨 韦虎生 杨 斌 马 毅
赵敏恒 王 昆 康超星 张 波 李勇功
钱 青 袁京辉 李 宁 张利强 刘道纶
张春野 陈菁春 刘培勇 杜 鹃

国际贸易专科

陈 锋 张继泉 党 军 邱 卫 戚汝民
徐海鹏 赵成文 王朝阳 张红振 赵志强
时艳红 贾同金 侯润芳 刘 炜 叶 巍
梅 江 李 波 张 磊 刘 伟 万福元
郭保轩 王 敏 汪 伟 万 静 孙 莹
王林冲 范海燕 黄淑丽 龙 凡 梁春磊
王力为 陈文山 王春龙 冯 怡 田 燕
时云清

金融与贸易专科

胡松青 李 凤 吴立泉 袁 野 蔡 华
卢海军 王晓莉 杨秀芹 赵 进 黄 斌
谢 鹂 于晓艳 吴艳英 史寿永 卞雪冰
危 洋 郑 平 刘 南 杨熙卓 姚滨莉
刘连星 陈 健 孙群峰 陈远鸥 赵璀瑛
孙有巧 曹 菡 王志萍 邓春亮 崔 敏
唐文斌 路连川 孙庆存 陈永春 郭艺珍
王健儒 李 卉 韩丹丹 张 岩 彭余国
万 琴 安祥锋 窦明智 孙爱华 刘鹏飞

赵中宏 龙 旌 张 炜 康兆波 张东伟
杜 巍 徐长彬 王秋礼 李颖南 倪海岩
孟 悦 梅 静 邹慧月 张青春 侯朕昌
张 雷 张国际 聂风雷 贺争光 李忠斌
王 军 张玉艳 刘丽娅 王朝霞 杨 燕
傅 强 杨春玉 姜微微 刘延萍 王安军
甘新颖 孙毅峰 韩 泉 苏 静 王德勇
晋吉方 陈 锋 邱 诚 古 新 迟美林
周 成 罗鲁红 刘 豫 谈 坚 梁 安
郝大光 吕阿丹 连向飞 王燕兰 叶玉璋
王 勇 原广田 赵季秋 郭锦华 祝 岗
张咏雪 宋 涛 尚德勇 张日华 胡 震
张 迎 曾小云 梁艳萍 路文会 马法军
魏 健 王 龙 王珍璋 杨丽娜 张 鹏
张 川 钟立萍 曹仲明 韩利萍 付海波
李松柏 董 冬 朱应亮 蔡晓旭 熊典训
韩媛媛 霍 妍 宋 刚 罗绍平 邹大华
刘建军 张 华 张 薇 王贵斌 李深华
李金彭 张建群 刘玉红 孙秀琴 尹龙芳
曾建文 李 斌 姜 劲 荣立宏 张立松
祖 燕 周珍恩 金艳红 周明箴 薛家艳
姬海涛 李 琦 陈春明 陈 强 程 浩
赵 杰 王立国 苏德泉 钟 琦 张新桥
安世良 邓 军 索 晶 郑国林 梁 慧
李国江 武 飞 梁文军 靳 松 胡志勇
沈金龙 钟筱金 卓子兵 王秀义 王海东
吕泽新 李小刚 张学敏 姜 丽 赵 奕
孙静芳 孙传武 龚汉丽 胡 华 高秀娟
时月娥 赵金鑫 朱 洲 李 日 于 潇
陈良平 张 莉 于治荆 陈 星 姚艳华
李 丽 张 帅 林 毅 夏自强 罗生雄
姜泳秀 于春旺 李 刚 张明辉 刘 潇
邓 峰 王 强 马建军 吕海萍 李 明
杨忠宝 薛庆先 高文春 温中虎 梁贞卓
王 伟 张维萍 崔 昱 王守江 张志成
田 欣 陈菲菲 吴天岩 牛祖民 张洪薇
张汉英 马俊芳 吴梅梅 王国民 李 杰
邵春辉 褚丽娟 李 松 黄 影 杨 萍
白红永 朴永俊 王 琳 王 奇 卢友灵
王 娟 包玉涛 王利友 杨 华 刘 毅
赵 晨 刘 琴 王 军 张 锐 王原伟
申永梅 李 颖 崔 昱 王 莉 张会武
贾 灵 郭保生 张雪莲 冯胜利 米 仑
郑 涛 吴轶君 尹 军 王大涛 李修宁
王建平 尚先智 高海峰 杨小龙 贾 磊
鲁新军 杨 琴 勾 磊 闫建军 杨喜敏
杜 磊 秦海燕 王宗友 栾 军 陈润金

李俊莲　洪彪　李宏亮　严俊　任晓利
段丽琴　石志明　李东伟　杨占顺　宋淮平
李秀平　郭晋魁　刘志明　李晨　吴春梅
王继革　葛宇　蔚炜　王丽　刘跃飞
武卫方　缪晓明　张秉霞　王亚男　徐家伟
唐海涛　黄凤丽　吴艳　于凤江　王文君
潘开明　王中生　龚冬燕　任洪波　孟祥鸿
周旭珍　胡乃军　闫杰　高山　申建民
马占先　杜勇　杨立华　王华　赵友军
刘克武　魏建军　桑鹂　乔艳红　赵冬
孙静　高广　周秀花　彭要周　王秀娟
曹枫　张殿军　姬云鹤　慕泾宏　罗莉琳
方明　梁建梅　王军　康莉　陈晓梅
张孝峰　朱学治　刘月婵　李文生　马俊萍
冯娟　俞民　姜道辉　张彬　庄允超
黄健　张艳玫　刘志强　刘学森　高树贤
高森　王亚君　徐居军　张守芹　李燕琴
武欣　张帆　郭军　牛有山　臧拥军
白文　杨永平　王志彬　黄强　周丽萍
孙志学　刘长青　康健　杭颖　左宏涛
何萍　胡章红　贾旭鹏　韩志刚　许多
高智新　王萍　崔少军　蔺瑞娟　张宇
李红梅　张芳　余正伟　吴晓霞　丁春珍
盖哲　王明中　佟艳　张同娟　刘丽萍
吴娟　柯中美　王东秀　李克俭　张磊
洪泽龙　孟蒙　陈佳君　王瑶　范斌
杨燕　孔令东　刘剑　王庆华　王慧颖
申香玉　尹欣　张乐　方来立　韦罡
封喜耘　周超　马云　张宇　辛亚丽
兰海军　赵智湧　黄志方　赵一鸥　张娟
刘玲　李旦诞　林振忠　杜海龙　曾华
张小玲　胡凡　牛敦　王晖　俞辉
王艳秋　赵飞　冯伟　詹前辉　张卫平
贾双燕　杨国英　刘学东　高贤金　金敏
于晓霞　黄涛　张亚伟　郝霓霓　郭鹏
胡争辉　索勇　李月娥　赫醒狮　王欣
徐华山　李兆鹏　魏帼　吴晟　黄一玲
吴非　王荩　王征　许明　李言
蔡世景　顾颖　李静　沈敏　潘向阳
秦君　叶子梦　陈春凤　刘磊　赵文治
张瑞峰　杨江阳　余温情　郭静　南征
王德赟　康锋　祁华　李雪松　籍晓琼
吴亦康　颜晓玲　聂亚琳　孙伟杰　郭颖骋
张怡　肖杨霞　赵春芳　张进　魏若
洪毅斌　李永梅　罗全喜　林红　李颖
尤丽　单丽霞　易昕玥　张曼　尤俊
任君　金礼门　朱劲松　吴芬　凌锐
尚华　邹永冬　郑颖　甄晓艳　许信海
符曼　贾文娜　孙一立　李锬　穆利峰
吴淮　赵照　李征　张发明　吕盛华
陈慧芬　徐杉　刘丽君　闵佩雪　沙露
吕爱军　侯文立　王雷　金理佐　静北
李妍娜　张子良　刘洋　王鹏　周海洋
王亮亮　高勇　单化令　吉克方　欧德光
张晖　张影　杜金华　邹轶　邱红楼
宁哲　陈晓红　段欣宇　胡新　李健锋
赵玮　刘洋　于鸿达　刘志华　方静
施晓峰　黄波　陈博　王宏勋　刘文娜
吴小梅　周旭阳　薛强　李乐　张钊
马娟　杨莉　王晨晖　胡学兰　梁向勇
王菲　辛海霞　徐丹　任飞　刘胜天
夏怀勤　郭咏植　王滢　刘蓉　徐叶婷
姜振宾　喻乐　朱革　王春艳　韩文利
陈越　刘海莺　张莹　王琪　何敏
王广全　陈共兵　苗宇　荆英俊　周灵芝
高彦宾　张海峰　师红梅　夏宇飞　彭旭伟
王健　于晓泉

经济管理专科

陈宪章　张亮　朱云强　谢鹏　吕勤英
张春明　吴昊　崔晶　孙多　刘新梅
薛坤　芦峰　李明东　李玲子　李飞鹏
原向前　张继新　孔庆平　朱正炜　宋宪辉
李建光　张大勇　张德杰　李敏　周建
牛汝秀　罗浩　杨雷　朱坤　苏海燕
潘永刚　李志华　孙斌　李琳　郭俊庆
蔡伟　贺凡　宋成年　刘怀友　刘新颜
刘艳　任向东　王云刚　郗成　孙冬
聂侠玲　卢军　孟杰　梁伟　高强
穆丽娟　杨丽　李坤　吕文祁　李涛
迟志川　赵炳超　朱东涛　张庆明　钱艺柏
马昕梅　李云峰　李立军　江军　马丽亚
于泗溪　李龄泉　任尔平　尹贺飞　徐守丰
桑兆锋　李征　张金萍　李晓雁　刘澎
王淑红　杨大杉　王伟　刘强　徐志强
张亚东　温长江　董瑜鹏　安鹏程　宋卫
华锐　李玉芬　於莉　张学斌　江迎秋
随礼仪　罗立仁　孙献　李云峰　郭群
王明　栾士杰　赵晖　马绍峰

精算与保险决策专科

张蕾　贾薇　邓军　胡学东　付文胜
王禄民　赵芳彬　胡新安　杨春燕　郭彤
郑海涛　王春燕

计算机信息管理专科

张颖	王波馨	孙许卫	王辉	杨广辉
王桢懿	刘永振	王永贞	王俊方	蔡连凤
吴丹丹	顾文权	曹丽	董庆娟	杨军
胡秀华	唐时荣	王艳青	于秀莉	刘维平
靳昌茂	陈健	寇易	王小菊	孙良红
武剑虹	付希智	刘迎新	潘佳昕	张立杰
刘石臣	余长嵘	贾金花	刘新颖	方志勇
谭京伟	扈学英	张宝利	赵静	苏进
刘恒元	白莹	牟晓滨	刘雯	家魁元
白涌	何震罡	王安华	王爱斌	李瑞芝
李文萍	蔡伟	陈瑶	周行	于泳
刘金兰	李莉	刘青峰	赵晶	王红
周晓红	乔平	赵建华	赵军	敖春艳
杨旭	蒋娜	龙金凤	王瑜	赵丽蕊
苏杰	董衡翰	孙素芝	程建平	赵振宇
贾波	孟庆利	李翠华	刘玮	赵晋
侯睿	孙燕龙	李中林	邢飞	于红勤
赵志平	王秀梅	李义琪	康文杰	王东
王景若	景玉琳	马春英	夏银军	李建军
孔凡忠	苏军峰	张帆	胡淑琴	袁敏
李月东	孙建宇	朱砚茹	崔伶	温千发
刘金海	赵恒	吴激扬	刘伟	张敏
姚聪静	刘克国	阳艳燕	李景	李智清
王继东	姜琰	刘旭东	王志辉	陆翊
马新文	杨志强	乔昕	傅强	姚勇
李明义	张勇	许红	张静玉	孟卫军
李慧敏	张传霞	何建伟	李志刚	李晓峰
张争	田峰	马保民	齐志超	韩静
冯忠萍	蒋新丽	姜文福	张艳霞	卢常青
张广玉	裴鹏	刘静	王春辉	何昭

广告学专科

郭晶	李军峰	张朝晖	胡聪	廖文
黄燕	刘明君	常泽	金海	王刚
胡昊	郝景阳	鲁希	田野	郭伟
陈键	李坤仪	曹骇	罗佳佳	孙万娟
宋怡琳	钱利	于艳莉	郭大卫	李立雯
贾洪清	蔡青	惠言	杨媚华	吕萍
王萍	林鸥	赵小兵	李峥	代迎
张青青	张锐	仇剑梅	刘颖	刘弢
刘艳	张军	商辉	葛红	王永恒
孙文静	叶李勇	李红媛	张浩	王宇
张超群	涂东霞	娄巍	孙翠之	于俊贤
贾凤霞	朱立华	崔丽岩	王斌	瞿涛
吴阳	乔军梅	刘晓丹	高华	刘艳辉
姜丹妮	金力	李洪洁	戴艳菊	葛雁
袁英	路峰	韩莉	陈莲宇	杨莉
王欣	韩琳	杨朝晖	王素梅	奚江
宋振宇	曾爱蓉	黄鹤	蒋富山	孙嘉颖

文化艺术管理专科

武占春	李进	张立	刘宏胤	史丽群
李滟	伏荣川	李剑锋	包秀英	孙宇
李丽芬	陈昆艺	王叶强	普松	段菊仙
林祖元	张荣贵	罗开香	罗志东	段毅
孙沁南	赵家美	许美芬	廖建钢	孔令翠
李昔	袁永明	黄俊	王新义	黄明祥
邹燕	张晓东	任淑梅	毛丽芬	袁淑君
王玫	石宝鑫	彭跃昆	朱生忠	李虹
张华				

英语专科

朱利文	韦京	曾蔚欣	张晓霞	杨小英
刘玉梅	孔继萍	芦晋君	蔡天明	孔医星
韩芸	张玉宇	刘青锋	戴华峰	曲涛
彭敏	沈沐	梁红	杨宏伟	张玉梅
李晓力	徐蕾	朱宁静	贾江宁	柳海玲
张京兰	刘瑜	李伟	赵小倩	夏宏智
陈通	曾颖	陈立莉	李衡	周杰
刘文晋	李星南	赵军	叶红	夏静
周嘉	陈冰	陈伟	刘晓红	归滨
徐佶	张洪涛	宋伟	程放	

电子与计算机技术专科

崔学君

法语专科

王潇燕	支立	吴海霞	胡毅	杨婉娟
毕亚敏	倪晓宇	王宁	高蕾	杨春晓
李媛	宋英	陈杰瑛	季子正	张莉
王健	陈紫倩	满晓丽	白爱云	于咏丹
周纯洁	余婷	张妮妮	王桂红	

房地产与物业管理专科

蒋文俊	王利	董亚丽	麦丽	黄玉波
杜亚雷	姜振峰	朱新德	刘彦军	邢典
梁宇	赵翀	李霞	陈飞	李坤
郑少鹏	孙剑锋	蒋志勇	周予昀	代迎华
韩守君	张凤超	王瑞卿	陈旻	杨木
梅海波	陈岩	胡继刚	何剑敏	郑丽雅
柯雪丹	董亚丽	张鹏	李威	施胜展
柯杰盛	刘治	李路加	朱畅	金琦

李丽　郭磊　刘铁鹏　邹阿江　吕欧
李政　田秋云

计算机应用专科

栾建波　侯迪　翁伟　梁筑山　杨壮
曾寒　于张建　王艳　郭方军　蔡华锋
刘颖　孙晓芳　王鹏　陈全国　戴振刚
单晓龙　李矶胜　张锦绣　孙耀成　许骏
汪世攀　袁卫华　岳波　吴继　张有尚
王荣涛　苏春玲　金飞　陈智烈　陈佳佳
宋素英　陈振海　郑杰　辜松　郑国省
王伟　蒋旭　马朝洪　付志永　苑冀东
杨宏伟　欧阳昆　赵婧昶　邢朝　王芳英
王婷　任建辉　曾海毅　徐爱刚　陈文西
卢炜　王勤　张慧　王坚　孙锋
邵军政　董海燕　张晓衡　赵晓栋　李春生

生物化学与分子生物学专科

贾楠　姜茗

市场分析与营销技术专科

柳幼萍　夏晓蓉　傅谦　林秀建　诸葛春
刘鸿治　付晓光　李华　司小光　肖志贤
邱小虎　袁晓龙　许静　花利刚　丁磊
姜玲娟　鲁洪光　池林峰　范柯新　王勇
王然　林志毓　刁曜晨　陈玉玲　李功楷
李圣　舒勇强　施秀娟　黄润权　胡德
汪海娇　肖立晔　吴疆　宋文辉　林默
聂弘亮　张晓勇　张瑞利　刘丽　赵斐
李珂　李梅花　田园　房小雪　马倩
胡晓莉　徐威　周冰尧　崔瑞杰　吴浪龙
张爽　王莉　张静　徐阳秀　徐欣宇
王润东　孔凡军　邹晨阳　葛新锋　谭乐
郑钰滢

西班牙语专科

仇志方　吴芳　张秀华　张晔　韩徐飞
唐中杰　阎敬萍　朱鲜花　吴蔚

现代会计专科

郭景蓉　关楠　高原　马洪敏　徐浩杰
赵志刚　赵明　杨章胜　田慈　李丽伟
孔振宇　张鹤　申小刚　周海洋　王和平
陈小芳　王迁　李红　李志刚　韩东颖
冯征　杨丽敏　程振文　闫秋妹　张虹宇
詹峻　任虹　赵鹤笛　尹舵　卢恩玉
艾湘华　韩成元　陈纯　李军伟　张国徽
李颖　董科　仲伟红　季颖　金银凤
黄鑫　刘锐　陈蕾　程琦　方芳
米飞亚　张志刚　童雪丹　张文博　戴建辉
李瑛　邵钢　陈小象　陈珺　薛海桢
许志鹏　何怡云　李毅　郭颖　陈秀敏
陈莹　周婧　郭春霞

管理决策专科

胡跃玲　谢奇明　石明星　毛剑青　曾贤贵
赵刚　陈建安　丁俊辉　罗武钦　徐理晟
肖卫红　熊拥军　李胜龙　杨长勋　郭双利
吴曼松　陈钦义　林建

行政管理专科

付长城　李志强　赵小强　曹祥鹏　刘慧
赵晋迎　王志荣　赵彦钢　秦丽萍　魏春艳
郭小兵　赵春生　赵光明　王丽娟　杨晓梅
李强　张红亮　包海东　赵莉军　赵晋文
李江　王运栓　郝俊芳　樊海伟　马俊生
李建宏　王江　刘淑英　崔芳　高凯
王海潮　李清军　杜开杰　郝巧玲　李纪文
张宝华　靳爱民　田忠延　赵志刚　刘兆玖
魏俊英　周运动　李中民　燕青　刘文思
张小云　刘超辉　卫世瑜　陈君　刘长山
翟胜利　苏军波　伍建泽　王新维　胡正军
李立心　高金芳　杨公社　牛建国　张双青
张华　樊宏文　晁胜伟　代淑华　冯永生
沈慧　曹秀会　南华栋　樊红泉　蔺玉楠
陈二联　王学民　武晓东　曹海龙　翟书团
刘红莉　白岩峰　史爱香

法律(知识产权)专科

周剑光　王强　杨典朋　刘剀　张有强
罗立华　钟镇　熊杨广　李新　彭伟平
彭文胜　傅力　姜正远　龙远鹏　魏秋玲
朱慧萍　胡文琨　闵青柏　胡涛　郭佐庆
潘成林　李强　万强　魏振宇　郑军
刘爱良　朱捃　张斌　吴劼　吴堂洋
胡艳　朱海南　谌铁彬　张莉

法学专科起点本科

尹蓉蓉　熊国庆　余琰芳　刘正华　舒超
邹宏　杨巧　徐琰　袁萍　肖海
葛辉　文炜　王俊　张辉　刘红樟
高翔　刘鸿斌　邓宇明　黄璞林　郑潭光
李强　潘晓明　束敦明　丛琳　杨红强
汪印琪　彭卫勇　毛镇祥　万伟　李泓

罗　琳　陈　红　陈义烽　金学锋　甘杰民
林　芳　周宇桓　邓　纯　吴　曙　张小兰
朱　丹　祝咏梅　王　燕　罗　敏　赖任群
蓝美荣　杨　煌　胡　涛　晏庆峰　金　毅
余成勇　陶玉英　贾建平　胡睿华　涂远武
李青峰　符立新　凌红武　陈建平　温　慧
叶澄平　闵平凡　汤伟锋　万春利　胡叔华
潘振华　袁芙蓉　冯　欣　陈晟晟　周建源

理财学专科起点本科

赵海涛　廖晓岚　霍　言　尚　蓉　胡贤良
王　蕾　唐意萍　李迪菁　王晓英　王　娴
李　硕　张晓飞　贺　巍　何　勇　谭　瑞
夏　庆　范海婷　孙畅墩　黄　慧　程丽华
钱　伟　姜锐杰　王　斌　张　茹　辜正煊
彭智勇　杨明海　张　宁　赵　蕾　黄海岩
陆　柳　欧阳芳　闫葆姝　吴　瀛　袁红红
孙仁吉　石银燕　陈书凤　王　欣　李鸿涛
邵力鹏　孙　波　成隆君　彭　驰　张　俊
蔡玉忠　王　岚　陈　剑　梁　艳　郭艳辉
付　丽　石　琳　连　廉　刘　巍　徐　晴
周　华　高建敏　刘　华　王明磊　李晓东
龚光雄　周佑平　宫　平　刘月梅　冯延刚
徐继红　许高峰　杨　平　薛明宇　李桂芳
黑建峰　万　洪　胡海燕　蒋茂昌　韩　君
张　蕾　丁　文　骆永健　常　旭　王长林
王冬菊　蒋　霞　高海英　刘世鑫　王欢迎
曹燕菲　崔秀丽　茅大力　王韶华　李　进
侯玉梅　谭青柏　沈冬云　张晓东　高燕江
靳国安　黄　灵　蒋辉灿　王　颢　高林明
薛广义　邱红梅　柳青青　陈之信　张雨欣
姚海新　许小满　刘志英　王永红　牛颖立
张　萍　刘爱军　刘　欣　高　岚　蒯象悦
李慧娟　张　巍　彭基青　谭　斌　于　璠
周　娟　许　宁　张　岩　刘殿波　刘晓琳
张小兵　董　青　张建秀　陈　姝　祁晓文
杨　静　范庆海　舒莉渝　王　辉　王　羽
吴冬梅　盖发卿　马小慧　李　曦　冯　军
宋芝柳　张　庆　杨锦果　边颖颖　苏荃芳
丁开忠　杨爱军　石　钉　黄红兵　李孝振
彭卫平　饶震红　王纳新　梁卫东　郝建侦
曹　煊　黄　敏　张　杰　韩秀芳　孙世伟
丁剑磊　马　辛　刘列雅　李永刚　范　兵
陈思建　周　鹏　王志刚　雷强兴　陆玉清
徐　莉　杨兴东　逢向阳　陈启彬　贺达春
王晓辉　李佩环　林　丽　毕晓炬　乔淑芬
龙梅　李向英　周淑芬　姜　琳　邹卫东
王冬梅　杨珊玉　黄　英　管丽丽　郭衍迎
戴　霞　张学英　赵海润　李　滨　朱秋惠
潘　巍　孙传杰　刘　萍　田世江　邓晓东
刘　莹　刘　晨　初金涛　李东亮　李　莉
张安扶　沈　斐　蔡晓鸣　刘清萍　胡天奇
王志文　邓　芳　赵　峰　赵新刚　李　伟
贾春华　贺春艳　崔小梅　王　超　徐爱民
马莉萍　刘英杰　杨钦华　李　菁　盛　勇
宁天军　王　军　刘　群　廖永军　聂　宏
张　秀　邱莉萍　陈　虹　黎　明　李知甜
刘向明　孙　婧　张宇光　张　玲　张永慧
钟会玲　张意梅　杨海泳　于　洋　马军文
穆宏轩　冉启红　陈翔宇　张召杰　娇　俐
张志清　魏芊丽　曾朝辉　庞之洪　王　霆
刘红睿　荆　涛　刘　寅　杨绚英　陈　艳
刘　茜　洪　岩　岳京凯　刘立志　杜兴玲
孙　兵　姚　立　高明凯　董宏霞　黑春雷
周冰梅　李文颖　谢华婷　杨泽民　刘力坤
刘宏伟　张宏梅　郑海光　常金玲　谷丽丽
刘　敬　许延梅　毛天成　赵艳丽　李仕强
周晓芬　陈　谦　汪　洋　董　茜　肖海珠
宋洪涛　吴增涛　李志刚　王海燕　任宏亮
杨　梅　朱海玉　张　军　刘四新　张宝祥
张丽娟　孟繁东　刘　凯　姚　昕　黄　渤
张圣爱　郭　莉　刘梦春　杨　军　靖袆琨
安　静　魏雪辉　赵　彬　邹　军　姜　琳
耿嘉玲　王桂芸　王有玲　刘云波　隋维林
张在红　曾　辉　常香婷　魏　莉　文世华
李江秋　李　滨　李春玲　李燕涓　周广平
王　露　王瑾玉　霍　宏　张岳文　赵雪梅
吴　平　姜　霞　石洪茜　常益荣　李春玲
姚兴志　刘　莉　戴　军　王文毅　李白林
郭建华　汪宗武　史海霞　刘红丽　裴景菲
刘明联　刘　清　何　伟　迟悦光　孙燕林
于　洋　陈　伟　王冬梅　王福华　王　芳
赵　岩　赵　军　张　丽　李博涛　张东丽
刘艳英　沈滨昌　朱志涛　孙立兵　苗剑英
唐　永　艾亚文　张　羽　宋　磊　郑　勇
宋丽艳　李百云　王陟忠　李博睊　支　军
刘　伟　杨素文　高长江　李　兵　徐　兵
刘　丽　江士洪　陈　浩　高红云　董海霞
张秀姝　冷　向　庞英英　孙　晖　欧阳风华

环境工程专科起点本科

刘　萍　冯　倩　张晓丽　崔宝山　王建林
曾　曦　徐　红　王洪国　王振华　朱景震
王　强　勾怀亮　钱　茜　娄维国　汤轶君

綦慧萍	周围	李东海	田玉亭	朱大成
李明华	刘存功	吕文丽	焦青	李晓慧
董乃霖	袁梅	徐复忠	石颖	姜延伟
张海斌	陈更	牟月新	安宁	

计算机及应用专科起点本科

钱玉春	宋顶利	薛兆冀	刘国权	吴笑飒
黄爱民	王新彤	段迎博	王宁	李井泉
李晓静	姚益江	熊健	魏明熙	刘祥锁
陈静	马君华	彭爱春	程藏勇	张艳春
黄志山	王浩实	殷雅楠	杨达	康丽萍
杨希军	孙锦程	郭利平	吕冰	曾军
王颖辉	吴永利	李霄立	黄峻峰	惠安
赵金霞	陈淑敏	严迪英	高海英	秦久莲
高庆辉	陈增彬	李树鑫	李公田	张华栋
刘雅昆	李铁山	王海静	郑薇薇	李艳洁
常永富	艾健	史艳秋	王焕成	肖贵璋
彭慧文	闫爱定	齐志坚	魏玲	孙春华
张晓青	卜智勇	屈玉梅		

国际贸易专科起点本科

张百菊	饶方方	付佳	解楠	王晶
李中迎	李宁	聂翌	高雪梅	王维强
谢学保	曹瑜	于莉	杨京城	陶志文
黄秋	钱靖	洪文秋	颜国斌	张乐乐
李宁	宋歌	李媛	张剑鸣	王东涛
刘志广	陈楠	吕利华	李青林	李辉
李燕博	李迎	万国峰	张维杰	宋宁宝
乔建徐	乔本成	李军亮	高智聪	梁越
马妹	刘洪	吴晓霞	汪波	幸利
袁靖	虞喆	陈雪平	彭博	易平
赵怡	孙立昊	张晓鹏	李挺峰	娄雪莲
董永春	陈柳	徐建中	曹义	王玉祥
陈肖军				

计算机及应用专科起点本科

周一平	熊宇航	刘卫	龙友	吴广胜
陈文	李英慧	邢曲光	王云	蔺炜
袁露阳	王肖群			

行政管理学专科起点本科

刘霞	武燕	王英	秦沧	刘雪莲
张瑞生	刘玉凤	常巍	魏丽	王阳
周喜东	邢耀武	李秀峰	李娟	薄志强
刘志强	杜俊	周兵	张玮	杜巍
张文戟	秦汇涛	胡渊	刘英绚	梁红燕
马文霞	杨轶平	王帅	崔海鹏	杨朝霞
王东	刘菁	尹国强	王冰洁	李其
禹萍	王艳艳	张蕊芬	刘源	王振坤
朱大石	付芳	佟素琴	郝亮	周晓娅
袁静	苏洁	周笑芳	陈和平	蔡朔
李佳慧	张喜林	康朝晖	王谷红	曹育民
张晓南	贾冬梅	马彤	郭锐	王朝辉
褚列群	汪欣	闫平	赵士杰	白洁
杨红	孙晔	康谦	刘佳	方文心
祁静京	刘铭	徐田胜	刘红梅	陈艳
张军	唐建华	刘朝生	智海燕	刘德发
王慧	张卫红	朱承瑜	李朝晖	郝雅军
杨秀英	陈华	孙玲	奚艳辉	马少波
张晓涛	丁昱	郭卉瑾	翟谦	蒋莉
高玲	杜丰	赵莉平	杨金利	王立新
黄典平	马晓静	齐万斌	常正	王丽萍
黄晓芳	方桐	吴云	潘怡	陈卉
于力丰	刘光恩	周一娟	高和平	张淑英
岳双进	刘建标	张芳	冯智慧	张少华
王惠霞	李征	韩晓明	李京萍	刘林刚
吴南竹	袁美玲	曹秀云	韩晓明	胡蓉
刘颖	张洪江	武树景	吕新杰	张铁成
郑红	邬军军	朱大磊	王洪	姬春
姚小军	黄荣欣	张鹏云		

图书馆学专科起点本科

郭悦群	崔爱萍	王琰	唐慧芳	施炀
胡建	刘亚芹	王仁永	费一红	纪晓群
姚亚莉	罗昕	臧豫平	胡琳	陈群
娄有济	赵宏云	周琳	刘彤	吴宁
张小曼	赵宝萍	朱学军	杨斌	于洪
唐克俊	刘卫宣	李静	陈艳杰	张英
曹海红	陈芳	董莉萍	蒋海军	王芳
汪毅	邵晓路	陈清	王茜蓉	李伟
蔡春	王培英	宋玉川	王宇红	洪蕾
卢宏	贾兵	赵丽娟	洪梅	任晓萍
陈争鸣	华斌	刘为群	秦宝森	张少柏
贾芳	李艳	万里鹏	方肃平	张晓雪
田永娟	应佩峰	房安东	严永康	王桂云
柴凤琴	运耕涛	阎淑红	陈艳茹	吴曼秋
雷宏	叶卿	王建涛	朱晶	邓成英
张春芳	刘渊华	刘传珍	刘乐	赵薏敏
杨华	张炜	丁咏梅	赵黎明	何洁
吴乃娟	龙泽铭	邵敏	温宝青	商琳
郝从华	赵金玲	张晓霞	赵洋	王学颖
封国华	秦岷	马朝霞	谷宇	何琰
华江虹	李庚	刘文玲	贾莉莉	杨允平
李玉春	张力	翟宏	黄海波	卢月红

谷爱国　刘燕敏　倪淑燕　朱末霞　张文幻
王　红　刘　君　仲超生　李　蓉　涂　茵
胡　军　徐卫红　郑新广　张海英　武　红
宋雪燕　程向阳　万　群　单　群　马晓峰
苗　勇　彭建云　胡　晓　张春明　高亚东
韦　宁　郭菊松　姜　华　张丽君　梁泽军
李庆文　袁先林　殷成文　尹建伟　闫　虹
秦红军　齐　荃　王福玉　张志美　申飞驹
方　勇　孙　勇　刘国民　郑　屹　张　梅

货币银行学专科起点本科

陈朝春　刘　浩　徐　斌　许梅农　沈瑞雪
顾　然　丁冬冬　蔡　云　龙小平　王　刚
张冬梅　苏　宁　潘隆鑫　陈　玫　樊　莉
蔡咏梅　陈　军　穆咏梅　冷绪森　魏江林
何飞燕　孙天彧　许　慧　金　星　贺劲松
赵　宇　陈善琴　候丽珍　于　水　毛新国
龙水生　魏　玲　王惠芳　张　楠　邹军涛
白爱华　邓昱明　肖剑峰　吴　波　张　莉
牛晓丽　时　伟　李明富　廖为民　曹俊松
王艳丽　尹小敏　武　晶　吴洁清　魏太华
邓小红　吴颖慧　孙丽萍　李国强　胡　荣
詹巧梁　许　洁　张　杰　王　钰　邱晓文
谭跃斌　林仙琴　张利群　杨玉伟　滕文毅
孙　辉　祝　康　程宗礼　章　玲　刘明焱
陈革园　付丽华　汪海波　周志宏　林　岚
夏士鹏　李　环　宋晓磊　黄金凡　赵峰林
闻国平　李　青　陈艳春　胡　青　张　琳
李慕群　林燕飞　孙颖超　曲　力　罗　虹
谭　利　邱大明　刘莉莉　李　楠　李勇华
鞠晓浩　罗秋瑜　彭建平　虞　凌　张　岩
周　英　滕云盛　余　悦　何伟新　张　洪
宗　华　杨　玲　郭宏伟　林　红　胡军太
肖　峻　李圣杰　叶　军　林　琳　樊洪樱
陈　泉　侯雪凡　韩　敏　张长征　王怀斗
钱学宁　郑　岩　刘　颖　史明霞　徐丽波
高　霞

（成人教育学院）

毕业留学生

国家	姓名	性别	学生类别	专业
奥地利	雷立柏	男	博士研究生	中国哲学史
澳大利亚	高安东	男	本科	物理学
巴基斯坦	米尔·扎法乌拉	男	硕士研究生	现代汉语
波兰	沃斯那	男	本科	国际贸易
波兰	雅努什·亨里克·比尔斯基	男	本科	国际政治
朝鲜	蔡在浩	男	本科	国际经济
俄罗斯	伊夫钦科·塔拉斯	男	博士研究生	古代汉语
俄罗斯	西多连科娃	女	本科	国际法
韩国	金泰政	男	本科	经济法
韩国	沈清辅	男	本科	法律学
韩国	柳周成	男	本科	经济法
韩国	李文徽	男	本科	经济法
韩国	朴建泰	男	本科	国际经济
韩国	沈亨燮	男	本科	汉语言文学
韩国	金勉植	男	本科	国际经济
韩国	张炳镐	男	本科	经济管理
韩国	李　正	男	本科	汉语言文学
韩国	韩万昱	男	本科	国际经济

国家	姓名	性别	学生类别	专业
韩国	林希钟	男	本科	中国历史
韩国	林浚贤	男	本科	国际经济
韩国	金承焕	男	本科	国际经济
韩国	金太佑	男	本科	国际经济
韩国	吉正镇	男	本科	国际政治
韩国	李政俊	男	本科	英语言文学
韩国	金翰九	男	本科	经济法
韩国	申东镐	男	本科	国际法
韩国	徐愚是	男	本科	国际政治
韩国	申仁澈	男	本科	经济法
韩国	朴盛烈	男	本科	中国历史
韩国	金一凡	男	本科	国际经济
韩国	安载皓	男	博士研究生	中国哲学
韩国	李光赫	男	博士研究生	古文字学
韩国	李相斌	男	博士研究生	政治学理论
韩国	李在郁	男	博士研究生	古文字学
韩国	宋正勋	男	博士研究生	国际政治
韩国	李政林	男	博士研究生	古代文学
韩国	朴胜显	男	博士研究生	哲学
韩国	金晟焕	男	博士研究生	先秦哲学
韩国	慎锡赞	男	博士研究生	现当代文学
韩国	吴万钟	男	博士研究生	古代文学
韩国	申正浩	男	博士研究生	现代文学
韩国	李准晔	男	博士研究生	经济学
韩国	金教年	男	博士研究生	考古学
韩国	徐在日	男	博士研究生	古代文学
韩国	李哲洙	男	博士研究生	古代文学
韩国	柳东垣	男	博士研究生	国际政治
韩国	李南周	男	博士研究生	政治学理论
韩国	林庆洙	男	硕士研究生	政治学理论
韩国	李定桓	男	硕士研究生	国际政治
韩国	王席赞	男	硕士研究生	政治学
韩国	洪芝完	男	硕士研究生	国际政治
韩国	李章郁	男	硕士研究生	中国古代史
韩国	朴永镇	男	硕士研究生	伦理学
韩国	金容基	男	硕士研究生	中国近代史
韩国	赵原绪	男	硕士研究生	企业管理
韩国	全相胤	男	硕士研究生	经济法
韩国	刘宰源	男	硕士研究生	经济法
韩国	李　榕	男	硕士研究生	经济法
韩国	李承烈	男	硕士研究生	企业管理
韩国	高汉承	男	硕士研究生	国际法
韩国	金宪郁	男	硕士研究生	企业管理
韩国	李政株	女	本科	中国历史
韩国	丁文贞	女	本科	英语言文学

国　家	姓　名	性　别	学生类别	专　业
韩国	成东姬	女	本科	经济法
韩国	李承雨	女	本科	经济法
韩国	李先胤	女	本科	汉语言文学
韩国	李真娥	女	本科	汉语言文学
韩国	宋涓丞	女	本科	汉语言文学
韩国	金珍景	女	本科	汉语言文学
韩国	许承镇	女	本科	汉语言文学
韩国	李细兰	女	本科	汉语言文学
韩国	李受映	女	本科	国际政治
韩国	申秀景	女	本科	国际政治
韩国	李英信	女	本科	国际政治
韩国	朴宣文	女	本科	国际经济法
韩国	金美延	女	本科	中国历史
韩国	赵庭胤	女	本科	国际经济
韩国	郑仑正	女	本科	汉语言文学
韩国	吴京嬉	女	博士研究生	比较文学
韩国	李正男	女	博士研究生	政治学理论
韩国	宋玄宣	女	博士研究生	现代汉语
韩国	姜必任	女	博士研究生	古代文学
韩国	李知玄	女	硕士研究生	语言学
韩国	金芝英	女	硕士研究生	现代汉语
韩国	尹贤姬	女	硕士研究生	现代汉语
韩国	梁秀敬	女	硕士研究生	现代汉语
韩国	卢京姬	女	硕士研究生	现代汉语
韩国	刘安春	女	硕士研究生	现代汉语
韩国	李钟淑	女	硕士研究生	考古学
韩国	李银姬	女	硕士研究生	经济法
韩国	邢玉珠	女	硕士研究生	国际政治
韩国	朴庆恩	女	硕士研究生	国际政治
韩国	崔秀庆	女	硕士研究生	国际经济法
韩国	裴贞和	女	硕士研究生	古代文学
韩国	安渭贞	女	硕士研究生	朝语言文学
韩国	金明珠	女	硕士研究生	朝语言文学
老挝	苏万赛·高拉	男	本科	英语语言文学
马来西亚	林天全	男	本科	会计学
马来西亚	赖贞皇	男	本科	国际经济
美国	千辰焕	男	博士研究生	国际政治
美国	崔珠丽	女	本科	英语言文学
蒙古	布拉根	女	本科	国际政治
蒙古	苏布达苏仁	女	本科	国际政治
日本	河本一志	男	本科	中国历史
日本	道上峰史	男	本科	中国历史
日本	森胁泰裕	男	本科	经济法
日本	冈田友和	男	本科	汉语言文学
日本	市毛利英	男	本科	汉语言文学

国家	姓名	性别	学生类别	专业
日本	曳地清	男	本科	汉语言文学
日本	杉山正一	男	本科	汉语言文学
日本	西真永志	男	本科	汉语言文学
日本	椿忠晃	男	本科	国际政治
日本	谷正孝	男	本科	国际政治
日本	秋吉秀昭	男	本科	国际经济
日本	平井喜康	男	本科	国际经济
日本	竹内元规	男	本科	国际法
日本	本泽春树	男	本科	法律学
日本	桥本秀美	男	博士研究生	古典文献学
日本	西真绫子	女	本科	汉语言文学
日本	大东尚子	女	本科	汉语言文学
日本	吉原雅子	女	本科	汉语言文学
日本	挂札真美	女	本科	国际政治
日本	村井香织	女	本科	国际经济法
日本	吉贺佐知子	女	本科	国际法
日本	赤川圭	女	本科	中国历史
日本	柳沼绫	女	本科	考古学
日本	小野久美子	女	本科	中国历史
日本	森田真弓	女	本科	中国历史
日本	藤田香织(大野香织)	女	博士研究生	比较文学
日本	林丽子	女	硕士研究生	古代文学
日本	西真延子	女	硕士研究生	现代汉语
日本	石原正代	女	硕士研究生	现代汉语
泰国	帕特娜	女	博士研究生	政治经济学
泰国	林金珊	女	硕士研究生	中国历史
泰国	吴 琼	女	硕士研究生	古代文学
新加坡	杨振光	男	本科	汉语言文学
新加坡	彭俊豪	男	本科	汉语言文学
新加坡	叶若诗	女	本科	汉语言文学
新加坡	陈小菱	女	硕士研究生	古代文学
叙利亚	卡尔塔	男	本科	汉语言文学
印度尼西亚	何慧娜	女	本科	国际经济
印度尼西亚	朱 贤	女	硕士研究生	国际政治
英国	刘 波	男	博士研究生	东方学
越南	阮黄英	女	硕士研究生	现代汉语

· 1999年大事记 ·

1 月

1月1日 燕园地区居民户口本换发工作经过近半年准备，今日起开始为居民换发新本。

保密办和计算中心联合召开北大22个计算机网员单位负责人会议，传达国家保密局关于清查"网上黑客"的文件，布置全校清查工作。

1月5日 学校分别召开了党委常委会和党委会最后一次全体会议，讨论召开第十次党代会的有关事项。会议初步定于1月23日召开党代会；通过代表资格审查小组建议名单，秘书长和副秘书长建议名单，大会主席团成员和各次大会执行主席建议名单。会上通报：出席大会正式代表288人、列席代表58人、校内嘉宾8人。

由团中央、中国科协、全国学联主办，北大承办的"挑战杯"全国大中学生展望新世纪主题设计竞赛在全国开展。该项目是青年学生纪念五四运动80周年的重点活动之一，参赛者将围绕21世纪可能实现的科技进步与突破、三大产业中可能出现的产品和制造方式、人类可能的生活方式等主题进行设计，以形成的实物模型、图片、电脑设计、文章等进行比赛。团中央书记处书记胡春华、北大副校长林钧敬出席启动仪式并讲话。

1月6日 校党委书记任彦申召开新任区县政协委员座谈会。海淀区政协委员郑胜利(法律系)、胡坚(经济学院)、张颐武(中文系)、邱建国(自然科学处)、唐晓峰(城环系)、姚孟臣(数学学院)和昌平县政协委员吴孟如(后勤)参加了座谈会。

"胡济民先生追思会"举行，校长陈佳洱院士、国家自然科学基金委副主任王乃彦院士和杨立铭、黎乐民、魏宝文、钱绍钧等院士参加了追思会。会上，与会各单位积极响应关于设立"胡济民教育科学奖励基金"的倡议，北大技术物理系和重离子物理研究所表示先期捐款10万元。

以众议长埃米利奥—马丁内斯为团长的哥伦比亚议会代表团一行五人访问北大，常务副校长迟惠生会见了代表团一行。

1月6～7日 中国高等教育文献保障体系建设项目工作会议在北大图书馆举行。教育部、国家计委、卫生部的有关领导和61所"211"院校的主管校长、图书馆馆长出席了会议。会议由高教司副司长刘凤泰主持，该项目领导小组组长钟秉林、北大党委书记任彦申等到会并讲话。中国高等教育文献保障系统由北大负责牵头实施，管理中心设在北大图书馆。该项目是"211工程"公共服务项目，是实现"211工程"建设总体目标的重要保障，由国家发展计划委员会正式批准，在"九五"期间进行建设。

1月7日 北京大学中国传统文化研究中心与北大出版社在临湖轩举办了《中华文明之光》丛书出版座谈会。全国人大副委员长丁石孙、全国政协副主席罗豪才及季羡林、张岱年、吴树青、郝斌、何芳川等出席了会议。《中华文明之光》是北京大学中国传统文化研究中心与中央电视台联合制作的150集电视系列节目，以中华文明发展的历史脉络为序，上至远古传说，下至五四运动，内容涉及哲学、宗教、文学、语言、艺术、考古、天文、地理、科技、民俗、中外文化交流等学科领域，包括了中国各民族在各个历史时期所创造的优秀文化成果。

北大附小娃娃京剧团新创编的儿童版京剧《京调》和《百灵》参加了第二届中国京剧艺术节的演出。

1月9日 北大与市台联联合举办首都部分高校台湾学生迎新年联谊会。来自北大、清华、人大、北医大、电影学院、戏曲学院的20多名台湾学生欢聚在农园。

1月10日 1999中国数学奥林匹克开营式在北大举行，校长陈佳洱、中国数学会奥林匹克委员会主席王元出席仪式并讲话。中国数学奥林匹克是由中国数学会与北京大学、南开大学、复旦大学、中国科技大学协商兴办的全国中学生数学冬令营活动，今年是第十四届。陈佳洱、张恭庆、王元等三院士担任本届冬令营名誉主任，北大数学学院院长张继平担任营主任。

1月12日 北京大学季羡林海外基金会举行迎新春座谈会，基金会成员季羡林、王学珍、郝斌、何芳川、刘波和基金会顾问及北大首批获得基金赞助的项目负责人出席。基金管委会主任郝斌介绍了自基金建立以来的工作和活动情况。季羡林教授在讲话中进一步阐述了该基金会的宗旨，提出了今后的工作重点和努力方向。

北大在副校长马树孚和海淀区

规划局领导指挥下，拆除了中关园违章私搭乱建的部分建筑。共拆房56间、744平方米，清运渣土313吨。

上午10时许，数学学院96级学生莫旭(男，湖南长沙人)从29楼四层西侧窗户跳楼自杀。同时发现该院96级学生顾一驰(女，江苏南通人)躺倒在29楼202本人宿舍地上，脸、颈部被刀划伤。莫、顾被分别送往天坛和空军医院抢救。顾已脱离危险。

在1月12～16日召开的海淀区政协六届一次会议上，北大教师郑胜利当选为副主席，胡坚、张颐武当选为常委。

1月13日 校长办公会开会。(1)会议确定1998、1999年度各类专业技术职务评审工作要遵循以下原则：定岗定编；注意照顾重点学科，加强薄弱基础学科；利于吸引和稳定优秀的年轻人才；减员增效，提高质量；为实行全员聘任制创造条件。办公会授权闵维方、郝斌、陈文申制定有改革力度的职称评审工作过渡性方案提交办公会讨论。(2)听取并原则同意陈文申关于为"长江计划"特聘教授提供相关配套支持的建议的汇报，具体操作时作个案处理。(3)同意百周年纪念讲堂牌匾用字为中文的"百周年纪念讲堂"。

1月14日 北大举行庆祝大会，祝贺费孝通教授荣获"霍英东杰出奖"，校领导郝斌、闵维方、何芳川及费孝通本人出席会议。会上，费孝通接受了北大教育基金会名誉理事长的聘书。

美国仁斯利尔理工学院代表团访问北大，迟惠生副校长会见了来宾。具有175年历史的仁斯利尔理工学院是美国著名的高等学府之一，它的工程学院一直列全美前20名之内。会见后，代表团成员为北大师生作了题为"信息技术现状与展望"专题报告。

1月15日 北京市召开高校统战理论研究会常务理事会，北大赵存生当选为会长，卢咸池、周爽分别担任秘书长、副秘书长。

《陈岱孙学术精要与解读》、《陈岱孙纪念文集》出版座谈会举行，前者是陈岱孙先生亲自编目的最后一部著作，该书从他70年间百余万字的著述中，精选出最有代表性的25篇，集中反映了陈先生的主要学术成果。《陈岱孙纪念文集》收录了83篇海内外各界人士纪念陈先生的文章及照片等。

北京大学教育经济研究所举行成立大会。常务副校长闵维方出席大会并讲话。该研究所是在国家教育部、财政部和国家计委的领导下成立的，它将成为向国家有关领导部门提供教育财政和教育经济政策、建议和依据的研究基地，着重从事我国教育与经济发展的关系、教育投资及其效益、教育财政政策分析等方面的研究，同时也从事一些有关教育经济学的教育财政学方面的基础理论研究。

1月16日 北京大学珠海校友会在珠海度假村碧丽宫成立，来自市内各行业的118名校友与会。校友会挂靠在珠海市吉大海湾花园珠海丽骏企业有限公司。

1月19日 以宋锡球校长为团长的韩国东国大学代表团一行访问北大。陈佳洱、林钧敬会见了来宾。双方就1998年9月在韩国举行的由两所学校主办的"信息化时代的中韩传统文化——第一届中韩学术研讨会"进行了回顾，决定1999年秋季由北大承办第二届双边学术研讨会，主题为"中韩传统文化交流"。

1月20日 党委常委开会，通过后勤党委换届选举结果，由张宝岭任书记，免去其一机关党委副书记职务；免去黄道林海外教育学院副院长职务；任命潘国华为国际关系学院常务副院长，袁明、李玉、许振山、贾庆国为副院长；决定国际关系所、亚非所不再是处级建制；通过光华管理学院行政班子换届，厉以宁任院长，张维迎、王其文(兼)、朱善利任副院长；人口所行政班子换届，郑晓瑛任所长；图书馆行政班子换届，戴龙基任馆长；计算机系行政班子换届，李晓明任主任。

会议决定教代会年会于1月29日召开，主要议题是报告一年工作，传达党代会精神。

1月21日 何芳川及王选、赵柏林院士在临湖轩接待以张镜湖董事长为团长的台湾中国文化大学代表团一行6人。

1月22日 国务院学位办主任赵沁平，副主任王亚杰、李军、谢桂华等来北大考察工作。副校长闵维方接待。研究生院常务副院长周其凤汇报近年来研究生教育的改革与发展情况。赵主任对北大研究生教育工作给予了肯定，并对今后的工作提出了意见。

1月23～26日 北大召开第十次党代会。中共中央政治局委员、北京市市委书记贾庆林、教育部部长陈至立出席了开幕式并讲话。288位代表、61位列席人员和13位特邀嘉宾出席了会议。会议听取并讨论、通过了上届党委工作报告、纪委工作报告，选举了新一届党委委员、纪委委员。任彦申任党委书记，赵存生、岳素兰、王登峰任党委副书记，王丽梅任纪委书记，叶静漪任纪委副书记。

1月25日 学校开始放寒假。

北大举行授予德国前总理兼外交部长根舍北京大学名誉教授仪式。根舍是德国著名政治家，一向重视发展德中友好合作关系。

韩国前总理李寿成访问北大，陈佳洱、迟惠生会见了李寿成一行。

1月29日 北京大学第三届教职工代表大会举行第四次会议，陈佳洱校长在会上作工作报告。代表们认真学习了北大第十次党代会的精神，并就如何落实科教兴国战略，建成世界一流大学进行了讨论。

1月30日 北京大学金融与证券研究中心举办《证券法》与中国证券市场发展研讨会。与会的专家学者有:《证券法》起草小组组长、光华管理学院院长厉以宁教授,《证券法》起草小组成员、光华管理学院副院长曹凤岐教授,光华管理学院张维迎、刘力教授等。北京证券有限公司董事长卢克群教授以及金融证券业内其他知名人士也出席了研讨会。研讨会由北大金融与证券研究中心副主任于鸿君博士主持。与会人员围绕《证券法》对中国证券市场的影响、如何贯彻执行《证券法》以及 1999 年中国证券市场走势等方面的问题进行了讨论。

1 月　美国纽约摄影学会向中国华侨摄影学会 14 位摄影家颁授摄影荣衔,北大校长办公室吴瑛南副研究员被授予高级会士荣衔。美国纽约摄影学会是由著名美籍华人摄影家梁光明先生于 50 年代创办的,成员以华人为主。

2　月

2 月 1 日　"全国大中学生展望新世纪主题设计大赛"启动仪式在北大举行。北大被确定为大赛总决赛承办单位。团中央书记处书记胡春华、团中央学校部部长邓勇出席,校领导林钧敬、王登峰等也参加了启动仪式。北大数学学院院长张继平教授代表青年科学家发言。

2 月 3 日　"中国企业管理案例库组建工程"项目秘书处在北大光华管理学院举办新闻发布会,迟惠生、厉以宁等出席会议。"中国企业管理案例库组建工程"是国家教育部人文社科研究"九五"规划重点项目,北大为牵头单位,由全国 40 多所高校和企业界共同完成,该项目总负责人为厉以宁教授。

2 月 4 日　校长办公会开会。(1) 听取陈文申关于今年各类专业技术职务评审工作指导思想及安排的汇报。原则同意人事处的方案作为过渡性方案。(2) 讨论《校园参观管理暂行办法》,同意做适当修改后由闵维方签发。(3) 听取唐幸生副总务长关于学生宿舍区改造问题的汇报,原则上同意改造规划。并认为,学生区改造应尽快启动,设法吸收校外单位的资金,设法在学校周边建学生宿舍。(4) 同意文博院大楼楼址定在红湖西岸基建处材料库现址。(5) 同意委托资源集团对校名和有关标志申请商标注册,注册成功后,再委托国有资产管理办公室和资源集团进行管理。(6) 同意与香港中文大学共同成立智能工程联合研究中心和植物基因工程联合实验室。此二机构均为虚体,前者挂靠在信息科学中心,后者挂靠在生命科学学院。同意重离子物理研究所与原子能研究院核物理所共同成立北京核科学中心(虚体)。(7) 同意挂靠在力学与工程科学系的系统科学研究中心更名为系统与控制研究中心;同意挂靠在计算机科学技术系的软件工程研究中心更名为软件工程研究所,其编制在计算机科学技术系内调剂解决;同意建立核磁中心,挂靠单位和编制问题另议。(8) 同意 1 月 20 日校党委常委决定的国际关系学院、图书馆等单位行政干部换届、任命意见。(9) 同意数学科学学院聘请美国宾州大学许进超、计算机科学技术系聘请贝尔实验室许浚、城市与环境学系聘请香港大学叶嘉安和日本筑波大学唐艳鸿等四人为客座教授。

2 月 4～14 日　北大现代科学与哲学研究中心举办"经济学与哲学专题讨论会",与会学者就当前国际金融危机、经济全球化问题、市场经济问题、国有企业改革与产权问题以及未来我国经济发展模式等进行了研讨。常务副校长闵维方到会祝贺。

2 月 10 日　北大召开 1999 年新春团拜会。会议由校党委书记任彦申主持,校长陈佳洱致辞。全国政协副主席罗豪才和北医、北航等单位领导参加了团拜。叶朗、林建华、张维迎代表教师发言。

2 月 11 日　教育部部长陈至立、副部长周远清等在陈佳洱校长的陪同下看望了北大老教授季羡林、张岱年和徐光宪。

2 月 27 日　学校开学。

3　月

3 月 4 日　学校保卫部召开各单位保卫委员维护稳定工作会议。会上传达了市委维护稳定工作的意见,介绍了当前的敌情动态,布置了维护稳定工作的措施。

3 月 9 日　"美育精品"系列讲座本学期第一讲由著名电影导演谢晋开讲。

日本理光公司资助北大发展信息科学技术研究备忘录签字仪式在临湖轩举行,校务委员会主任任彦申和理光公司常务董事桥本诚先生在协议上签字。

北大举行授予日本千叶大学吉川明彦教授北京大学客座教授仪式。吉川明彦教授是国际上著名的宽禁带半导体材料与器件专家,任日本千叶大学光电子研究中心主任。自 1994 年开始,他与北大开展了合作研究,并曾来北大讲学,指导试验研究工作。

3 月 10 日　市委统战部常务副部长赵龙飞到北大调研党外知识分子工作,赵存生和统战部负责人参加了接待,并介绍了北大统战工作的有关情况。

江苏省委书记陈焕友来北大作题为"江苏发展与人才需求"的报告。校领导任彦申、陈章良、林钧敬等出席了报告会。

香港中文大学校长李国章一行访问我校,校长陈佳洱、副校长迟惠生、陈章良会见了来宾。双方签署了两校"智能工程联合研究中心"、"植物基因工程联合实验室"合作协议书,并举行了揭牌仪式。

3月11日 教育部有关领导听取北大、清华建设世界一流大学计划的汇报。陈至立部长在会上宣布，北大、清华建设世界一流大学计划正式启动，目前已落实为两校先期各投入1亿元经费，用于学科建设、人才引进及基础设施维修等。

康柏公司总裁埃克·菲弗尔来北大演讲。陈佳洱、迟惠生、郝平等参加接待。

3月11～12日 北大电子学系参与承担的自然科学基金重大项目“原子光学与时间基准研究”通过了专家委员会的结题评审，专家们对项目的评价为“优”。该项目由三个子课题组成。由北大王义遒教授负责的子课题“基于原子喷泉的新型原子频标研究”在国内首次实现了磁光阱，得到了铯冷原子，并在国内首次实现了原子的光学粘团，获得了铯的超冷原子团，用飞行时间法测得自由下落的超冷原子团的最低温度。

3月12日 由校团委与北大全体澳门学生联合主办的“北京大学迎澳门回归图片展”在光华楼举行剪彩仪式。全国政协副主席、澳门中华总商会会长马万祺，全国政协委员、澳门中华总商会常务会员马有礼，国务院港澳办副主任陈佐洱及北大校领导赵存生、林钧敬等出席并剪彩。

全校干部会在电教报告厅举行。任彦申、陈佳洱同志在会上讲话，对去年一年的工作进行了总结，对今年的各项工作做了部署和安排。

3月12日 加拿大永明保险公司向北大经济学院赠书仪式在临湖轩举行。迟惠生副校长出席并致词。这次捐赠的是180本《保险学词典》。

中国国际友好联络会常务副会长梁是、副会长萧榕等一行八人访问北大，校领导陈佳洱、闵维方、迟惠生会见了代表团。会谈后，代表团参观了校园。光华管理学院院长厉以宁以及近两百名师生参加了报告会。

3月14日 校团委在光华楼举行“北京大学微星&AMD杯首届计算机文化节”开幕式。副校长林钧敬等出席。

3月16日 组织部召开全校组织委员会议，传达市委组织工作会议精神，并布置了当年的工作要点。

宣传部召开全校宣传委员会议，布置当年工作。

3月17日 纪律检查委员会召开全体会议，通过《中共北京大学纪律检查委员会职责》、《中共北京大学纪律检查委员会委员工作职责》、《中共北京大学纪律检查委员会工作制度》等文件，并布置了全年的纪检监察工作。

北京市副市长林文漪、刘海燕和市有关单位负责人到北大，考察“北京大学首都发展研究院”的筹备情况。他们听取了任彦申书记、迟惠生常务副校长、史守旭秘书长的汇报，参观了城市与环境学系和数字地球、城市之星、人地系统模拟实验室和法律学系的中国法制信息中心。“北京大学首都发展研究院”是为了贯彻“科教兴国”战略，适应党中央、国务院关于将北京市建成国际城市的发展规划，以及北大创建世界一流大学的需要，由北京市和北京大学共建的服务于首都发展的事业机构。

3月18日 北京大学保密委员会开会。传达学习江泽民总书记1998年对保密工作的三次批示、北京市1999年保密工作要点及有关领导讲话精神，讨论1999年保密工作计划，并播放了《秘密保卫战》的录像。

3月19日 校长办公会开会，通过《关于动员组织公民无偿献血的暂行办法》，作适当的文字修改后发布实施；通过了《关于实行会计人员派驻制的暂行规定》和《关于实行会计人员派驻制暂行规定的实施细则》，作适当的文字修改后发布实施。

美国SUN计算机公司副总裁一行访问北大，常务副校长闵维方会见了来宾。

北大举行了“以马列主义、毛泽东思想、邓小平理论指导教学、科研和学科建设”的文科教员座谈会。任彦申、赵存生、何芳川及文科26个院系的教师代表出席了会议。与会者认为，要坚持马克思主义学术阵地，弘扬并发展马克思主义学科理论，这是北大文科的传统和优势，要理论联系实际，自觉以马列主义、邓小平理论为指导进行有效地教学科研与学科建设。

3月20日 由北京市与北大共同建立的服务于首都发展的事业机构“北京大学首都发展研究院”正式成立。科技部部长朱丽兰、北京市市长刘淇为研究院揭牌。北京市副市长林文漪、刘海燕，国家发展计划委员会、教育部的有关领导、11所兄弟院校的负责人，以及校领导任彦申、迟惠生、史守旭等出席成立仪式。北京大学首都发展研究院依托北京大学多学科的综合优势，与北京市有关部门和机构密切配合，针对北京市社会、经济、技术、文化及可持续发展等方面的重大问题，开展跨学科研究，为北京市政府及有关部门提供政策建议和决策咨询，提供文化、科技和人才支持，为投资公司和地方企业提供技术咨询和技术服务。研究院由北京市市长刘淇担任理事长，副市长林文漪、刘海燕，北京大学党委书记任彦申、校长陈佳洱任副理事长，北京大学常务副校长迟惠生任院长。

学工部召开了为期一天的班主任工作研讨会，就人才培养、如何做好班主任工作等问题进行了研讨。任彦申、王登峰等出席研讨会并讲话，优秀班主任代表在会上发言。本次研讨会共有300余名班主任参加。

美国康涅狄格大学校长菲利普·奥斯丁一行访问北大，迟惠生副校长会见了来宾。

以泰国大学事务部部长巴蜀·猜亚讪为团长的泰国教育代表团一行访问北大，何芳川副校长会见了来宾。陪同巴蜀部长来访的有泰国驻华使馆和大学事务部官司员，朱拉隆功大学、踏玛萨特大学、萨克森大学和阿梭普绅大学校长及校长代表。这些大学都表示希望与北大开展学术交流。

3月23日　党委常委会开会，决定：(1) 1999年，学校将以教学改革为核心，以体制改革为突破口，启动创建世界一流大学计划，完成与北医的合并。在完成改革发展任务的同时，必须始终保持安定团结的政治局面。(2) 结合纪念五四运动80周年、国庆50周年、迎澳门回归以及党员干部“三讲”和民主评议党员等活动，进行爱国主义、集体主义、社会主义教育，进一步用邓小平理论武装师生员工的头脑，在政治上、思想上、行动上与党中央保持高度一致。(3) 要切实关心学生的学习和生活问题，加大改善学生学习生活条件的力度，避免因学习生活问题引发事端。积极做好理顺情绪、化解矛盾的工作。(4) 加强教师特别是青年教师的思想政治工作。要弘扬北大教师长期以来形成的优良师德和教风，注重为人师表，精心教书育人。不遵守校规校纪，在课堂上随便发表不负责任的议论，对学生产生不良影响的现象必须坚决制止。对个别严重违反课堂教学纪律的教师，学校将进行严肃处理。(5) 加强校园管理，注意思想动向，加强值班，注意对BBS的监控，及时通报信息。(6) 学校成立以任彦申为组长的稳定工作领导小组，有关部门负责人参加。各院系、各部门都要落实稳定工作责任制。(7) 成立纪念北大五四运动80周年活动领导小组，由赵存生同志牵头，林钧敬、王登峰和有关部门的负责人参加。领导小组要梳理各单位拟报的纪念活动，宜精不宜多，要有档次，能够代表北大的水平。(8) 任命朱星为自然科学处处长，免去严纯华自然科学处处长职务；物理系行政班子换届，甘子钊继续任主任；固体物理所不再作为处级建制。

3月24　纪委召开全校纪检委员会议，布置本学期工作，并通报了1998年校内各单位使用招待费的情况。

以奔驰公司高级副总裁克来内特和该公司东北亚地区主席李伯特为首的高级代表团一行访问北大。全国人大副委员长丁石孙、全国政协副主席罗豪才及常务副校长闵维方会见了来宾。奔驰公司代表团此行来访是为加强与北大的联系，增进双方的友谊。该公司曾捐款为北大修缮古建筑，并于五年前在北大设立奖学金，迄今已有96名学生获得此项奖励。

3月25日　校党委召开全校分党委书记工作会议，通报五四期间的活动安排及有关稳定工作的部署。并宣布，这样的会议今后每月召开一次。任彦申、赵存生、岳素兰、王登峰、王丽梅等出席会议并讲话。

保密委员会召开全校各单位保密工作负责人会议，传达江总书记对保密工作的批示和有关文件，总结1998年保密工作，并布置了1999年保密工作要点。

3月26日　为纪念五四运动80周年，学生社团五四文学社举办了“土地·想像力——第十七届未名湖诗会”。

由北京大学和中国青年报社联合举办的“纪念五四运动80周年全国大学生征文比赛”拉开帷幕。截至3月26日，征稿启事已经在《中国青年报》和《中国教育报》刊登三次，并得到广泛的回应。

北大明天资源科技有限公司同微软(中国)有限公司签署战略合作协议，以进一步加强在企业管理软件开发领域的合作。

3月27日　校党委书记任彦申在临湖轩会见了香港城市大学校长张信刚一行。北大与香港城市大学有良好的合作关系，北大曾为该大学编写了“中国传统文化”专题教材。张校长此次率团来访旨在进一步拓展两校交流合作的领域，寻求可行性的合作项目。

3月27～28日　北京大学团校与环境发展协会共同向全校同学发出“保护母亲河，捐植防护林”的倡议，并进行了宣传和现场募捐活动。

3月28日　晨6点多，三角地发现一条标语：“北约从南斯拉夫滚出去”(10×50公分)，并贴有《人民日报》3月27日《强权践踏公理》的文字及漫画的复印件。

“北大杯”足球赛开幕式及首场比赛在五四操场举行。

北大党委办公室被评为1998年度北京市党委系统信息工作优秀单位。

3月29日　统战部召开各分党委统战委员会议，布置本学期有关工作。任彦申参加并讲话。

教育部高等教育司批准北大本科专业的调整方案。北大现有本科专业77个(文科51个、理科23个、工科3个)。其中艺术学系的艺术学专业，力学与工程学系的工程结构分析专业，经济学院的保险专业均属本科专业目录外专业。另外教育部还批准了城市与环境学系新申报的城市规划专业。

迟惠生副校长会见比利时鲁汶大学副校长伯伦夫妇一行。

3月30日　以葡萄牙大学校长委员会主席、阿威罗大学校长帕德萨为团长的葡萄牙大学校长代表团访问北大。代表团由8所公立大学校长组成。何芳川副校长会见了来宾并向客人们介绍了北大与葡萄牙各大学间的合作与交流情况。

迟惠生副校长会见韩国高丽大学校长金贞培一行。北大于1993年与高丽大学签订了校际交流协议。

凌晨，发现三角地贴出标语：“向伟大的南斯拉夫人民致敬”；13:30又发现三角地贴出了“抗议北约暴行!!!!!”、“向南联盟人民致敬!!!”的标语。

3 月 北约空袭南联盟成为校园中的关注热点。

首次全国优秀博士学位论文评选揭晓,共评出 100 篇优秀论文,北大有 7 篇论文入选。它们是:凝聚态物理专业孟峥的《扫描隧道显微镜的应用研究》、无线电电子学专业张佩的《波分复用光纤通信系统中若干问题的理论与实践研究》、无机化学专业周德建的《Ⅰ.C60 衍生物的合成及性质;Ⅱ.功能性金属配合物及 LB 膜》、应用数学专业许传祥的《二进小波变换、吴方法及其在图像处理和计算机视觉中的应用》、概率论与数理统计专业王启华的《随机删失模型中的渐近理论》、汉语言文学专业孙玉文的《汉语变调构词研究》、中国近代史专业尚小明的《清代学人的幕府生涯及学术活动》。

4 月

4 月 1 日 华夏银行行长段晓兴、副行长向敏等一行 8 人来访问北大。党委书记任彦申、常务副校长闵维方、方正总裁张玉峰、资源总裁叶丽宁等会见了华夏银行一行。双方对合作的必要性、可能性及前景进行了探讨,认为有必要成立专门机构负责这一合作事宜。

4 月 2 日 校长办公会开会:(1) 听取了研究生院常务副院长、副教务长周其凤关于教学工作会议总结安排问题的汇报。决定会议于 4 月 8 日至 10 日在西山杏林山庄如期举行。(2) 同意将《关于研究生专业基础课和专业主干课任课教师聘任制实施办法》作为教学工作会议总结会上的参阅文件印发与会代表讨论。(3) 同意中国特色社会主义理论研究中心更名为邓小平理论研究中心,挂靠单位由哲学系改为马克思主义学院。(4) 原则同意今年“五四”期间纪念“五四”运动 80 周年和庆祝建校 101 周年的活动安排。(5) 办公会同意技术物理系聘请日本理化研究所谷勇夫、社会学系聘请美国 A. 沃尔德为客座教授。

’99“五四”科技文化活动月开幕式在光华楼举行。团中央书记处常务书记、全国青联主席巴音朝鲁,团中央书记处书记胡春华,团中央学校部部长邓勇,和校领导王登峰、林钧敬等参加开幕式并讲话。

4 月 4 日 泰国公主诗琳通率代表团一行 25 人访问北大,校长陈佳洱、副校长迟惠生会见了公主一行。陈佳洱向公主介绍了北大百年校庆和北大留学生的情况。诗琳通公主希望北大与泰国教育界更多地交流与合作,加深两国间的了解。

4 月 4 日～5 日 香港中文大学、台湾大学、复旦大学、北京大学四校会计专业交流辩论赛在北大举行。四校会计专业的同学就“会计信息的可靠性与相关性”、“财务信息的充分披露和商业秘密有没有矛盾”等论题进行了辩论。四校师生还举办了各种形式的联谊活动。本次辩论赛由四校联合发起,是四校“龙腾会计学术联盟”的重要活动之一。“龙腾会计学术联盟”于 1998 年 11 月成立,其宗旨是凝聚四校教学与科研力量、开展会计人才教育和培训。

4 月 5 日 以格雷森校长为首的奥地利维也纳大学代表团一行 3 人访问北大。校长陈佳洱会见了代表团。双方讨论了进一步加强两校间的交流与合作问题。

4 月 6 日 埃及总统穆巴拉克访问北大,陪同前来的有教育部部长陈至立、中国驻埃及大使安慧侯、埃及驻华大使贾拉勒。党委书记任彦申、校长陈佳洱在办公楼礼堂举行仪式欢迎穆巴拉克总统。陈佳洱校长代表北大授予穆巴拉克总统北京大学名誉博士。仪式结束后,穆巴拉克总统到民主楼南侧,种下了一棵象征中埃两国人民友谊的长青树,随后参观了校园。

召开全校分党委书记和主管学生工作副书记、学工组长会议,传达中央关于朱总理访美、科索沃问题的急电精神。任彦申、林钧敬、王登峰等参加会议并讲话。

4 月 6 日 受国际基因工程和生物技术中心的支持和委托,由北大生物信息中心举办的国际生物信息学讲习班开学。来自英、德、意、荷兰、澳大利亚等国的 8 位专家应邀来讲习班讲学,并为来自泰国、突尼斯、香港特区及全国各地的 32 名学员进行上机培训。讲习班介绍了国外生物信息学研究的最新进展和欧洲分子生物学网络组织中国节点——北京大学生物信息中心的数据库和软件。

4 月 7 日 北大副校长林钧敬在临湖轩会见以台湾东吴大学学生事务长潘维大教授为团长的东吴大学代表团一行 23 人。双方就学生管理工作进行了探讨,交流了经验。

香港特别行政区立法委员会主席范徐丽泰及家人一行 4 人到北大进行非正式访问。校领导任彦申、闵维方会见了范徐丽泰。

4 月 8 日 北大召开纪念《保密法》颁布十周年、北大学生保密法规知识竞赛抽奖与颁奖会。本次比赛共有 28 个院系的学生参加,回收答卷 3942 份,其中有效答卷 3920 份。有 3582 人取得了 80 分以上的好成绩,占有效答卷的 91%,有 10 名同学获一等奖,19 名同学获二等奖。

国家审计署工作组进驻北大,开始对北大的综合财务和基建、产业等方面的情况进行为期四个月的审计工作。

4 月 8～10 日 北大 8 日召开教学工作会议。各院、系(所中心)党政领导及主管教学工作的院长、主任(所长),院、系学术委员会及学位委员会主任,学校教学部门和其他职能部门的负责人等 200 多人参加了会议。副校长迟惠生传达了前不久教育部领导在听取北大、清华两校汇报时所作的指示精神。党委书记任彦申在讲话中强调教学是全校第一位的工作，抓好教师工作对北大争创世界一流大学具有重要意义。闵维方就学校的财务现状和远景规划作了报告。部分院系和有关部处的负责人向大会介绍了各自部门的工作和有关改革方案。与会者结合北大第十次党代会精神，围绕如何深化教学改革这一中心，分别就本科与研究生招生、修订本科与研究生培养方案、本科与研究生教学的衔接、课程建设、继续教育与远程教育、留学生工作等问题，展开了讨论，提出了许多建设性意见。

4月9～10日 学生五四文学社与戏剧社联合在办公楼礼堂上演纪念海子逝世十周年的诗剧《太阳》。

4月11日 第十三届"京华杯"北大、清华棋牌对抗赛在清华举行，清华获胜。至此，北大、清华双方总比分为9∶4。

北大业余党校第六期高级班开学。本期共有810名学员报名参加培训。校党委副书记岳素兰出席了开班典礼，吴树青为学员作了主题为"当前国内形势"的报告。同日，昌平园区党性教育读书讨论班也正式开班，共有180余名入党积极分子参加讨论班学习。

首届首都高校心理学文化节开幕式在北大举行。首届研究生"学术十杰"评选活动、首届学生创业计划大赛也拉开了帷幕。

4月12日 北大出版社在勺园7号楼多功能厅举行出版比尔·盖茨新作《未来时速》的新闻发布会。原全国人大常委会副委员长雷洁琼、微软中国公司总裁吴世鸿出席了会议。

教育部主持对北大微电子所承建的北方微电子研发基地"九五"科技专项建设任务"新工艺新器件新结构电路专项实验室"进行了验收。经过审核和讨论，一致认为，北大微电子所已经圆满完成了"新工艺新器件新结构电路专项实验室"的建设任务，并在建设过程中取得了多项创造性成果，同意通过验收，并希望实验室继续努力，进一步扩大对国内外各大学、研究机构和工厂的开放，加强科技成果向产业的转化，为我国集成电路产业发展继续做出贡献。

4月13日 校党委常委开会。(1)学校的领导力量重新进行调配。决定由党委书记任彦申、校长陈佳洱统揽全局；常务副校长闵维方负责行政工作，主抓人、财、物以及体制改革和后勤保障、产业发展等工作，副校长马树孚、林钧敬参加；常务副校长迟惠生主抓教学、科研和外事工作，副校长陈章良、何芳川参加；党委副书记赵存生、岳素兰、王登峰负责党务工作。(2)决定1999年的主要工作安排：①启动创建世界一流大学计划，由迟惠生负总责，于6月底前完成下列任务：确定启动创建世界一流大学计划的第一批项目，确定启动创建世界一流大学计划的第一批试点单位，确定"长江学者"第一批特聘教授上岗的配套计划、确定创建世界一流大学的总体方案。②办学体制改革，由陈佳洱负总责，本学期内完成下列任务：制定与北京医科大学的合并计划、制定与清华大学的8项合作计划、制定与北京航空航天大学的合作计划。③关于首都发展研究院的工作，由迟惠生主抓。④积极参与中关村科技园区的规划。⑤内部管理体制改革，由任彦申负总责、闵维方主抓，主要任务包括：校机关改革，岳素兰参加，5月份开始实施；拟定后勤改革方案，确定工作日程，马树孚、鞠传进参加；实施院系重组计划，本学期完成语言学院、法学院、社会科学学院的组建工作，何芳川参加；关于人事分配制度改革，主要解决减员增效、优才优遇、优劳优得、多劳多得等问题；财务改革。⑥上半年召开三个工作会议：教学工作会议(已召开)，由迟惠生负责落实会议精神；科研工作会议，5月底前召开，由迟惠生负责；人事财政工作会议，由闵维方负责。⑦关于后勤改革，纳入到学校总体改革方案之中，由闵维方负总责。后勤日常工作由马树孚负责。除日常工作外，后勤今年的主要任务是：完成筒子楼解困改造计划；做好昌平校区的撤点和学生区的改造工作；制定经济适用房的建设计划；拟定后勤改革的总体方案，确定工作日程。⑧关于多种形式办学、成人继续教育发展问题，由何芳川负总责。主要任务是明确思路，制定规划，深化改革，加强规范，积极探索非义务教育产业化、远程化等问题。⑨昌平园区的长远规划和使用问题，由林钧敬负总责，主要任务是：做好园区的撤点准备；制定园区的过渡方案；制定园区的长远使用规划。⑩关于学校高科技产业改组、改制、上市和拓展新的产学研基地等问题，由任彦申负总责、闵维方参加。同时要研究勺园、出版社的企业化管理问题。⑪关于职称评定工作，5月份开始启动，由闵维方、陈文申负责。⑫关于大讲堂的后续工程和管理体制问题，由赵存生负责调研，尽快提出建议。⑬关于理科楼群的分配、使用、管理等问题，由迟惠生负总责，马树孚、史守旭参加。理科楼群要在原分配方案的基础上，根据启动创建世界一流大学计划、机构改革、院系重组等情况，调整分配方案，制定出使用和管理规定。⑭关于环境保护、校园整治、综合治理以及燕园街道的管理体制等问题，待进一步调研后，确定具体工作任务和责任人。⑮关于校园总体规划问题，由任彦申负总责，制定新的校园规划。⑯关于打通白颐路的问题，成立北大改造白颐路工作领导小组，由鞠传进牵头，校产办、资源集团参加。⑰关于党建、稳定和今年重大节庆日的活动安排，由任彦申负总责，主要任务包括：校园稳定工作，由任彦申负总责；邓小平理论学习和"两课"改革工作，由赵存生负总责；干部“三讲”、民主评议党员工作以及党风廉政责任制建设，由岳素兰负总责，王丽梅参加；重要节庆的活动安排，纪念五四活动由赵存生负总责，庆祝国庆活动由林钧敬、王登峰负责。(3) 通过考古系党委选举结果，赵朝洪任书记、刘旭任副书记；任命关成华为学工部部长(兼团委书记)，免去王登峰学工部部长职务；免去李平方产业办公室主任职务。

4 月 14 日 任彦申、何芳川到圆明园校区视察。听取成人教育学院院长沈鹏关于圆明园校区建设、成人教育改革发展取得的成果及发展思路的汇报。任彦申说，在建设一流大学的过程中，成人教育一定要抓住机遇，要以改革创新的面貌出现，努力创建一个与一流大学相称的成人教育、继续教育体系。

4 月 16 日 北大 1999 年本科毕业生已签订协议 393 份，申请自费出国留学 112 人。

菲律宾“小雅歌”青少年合唱团参观北大，并于当日晚在办公楼礼堂演出。

4 月 17 日 校教工运动会在五四操场举行。全国教育工会副主席由国栋、北京市总工会副主席郑守廷、北京市教育工会副主席赵秀华等出席了开幕式。闵维方、迟惠生、赵存生、岳素兰、王登峰、林钧敬、陈文申、郝平、鞠传进、史守旭以及王学珍、吴树青、张学书、郝斌、李安模等出席开幕式并观看了比赛。本次运动会分为 8 线，设立了 57 个项目，累计参加人数 7000。经过比赛，附中、图书馆、印刷厂、计算中心、计算机系、化学学院、电子学系、英语系等单位分列总分前八名，另有几个单位获精神文明奖。

4 月 17 日 由中俄友协、中国俄罗斯文学研究会、普希金研究会、北大俄罗斯语言文学系联合主办的“纪念普希金诞辰 200 周年”学术讨论会在北大开幕。校领导迟惠生、俄驻华大使罗高寿、中俄友协副会长陈昊苏等出席开幕式。本次会议共有 80 多名中俄学者参加，收到论文 60 多篇。与会学者就普希金作品本身和从比较文学的角度对普希金进行探讨。

4 月 18 日 海淀区委书记朱善璐等到北大调研周边环境治理问题，鞠传进等陪同调研。

4 月 19 日 由北大西语系主办的纪念巴尔扎克诞辰 200 周年学术研讨会“巴尔扎克在中国：翻译与研究”在北大举行。副校长何芳川、法国驻华大使毛磊出席开幕式并致辞。

4 月 20 日 岳素兰、林钧敬、王学珍、张学书等到北医三院参加史梦兰同志遗体告别仪式。史梦兰曾任北大党委书记、副书记，4 月 14 日因病逝世，享年 88 岁。

4 月 22 日 由宣传部、社科处等单位主办的“五四运动与马克思主义中国化”理论研讨会在体教中心召开。中共中央党史研究室副主任石仲泉、教育部社科中心主任田心铭、中宣部理论局副局长张国祚、北京市委宣传部副部长王学勤和北大校领导任彦申、赵存生及北大学者 40 余人参加了会议。

以校长罗伯特为首的加拿大蒙特利尔大学代表团访问北大，何芳川会见了来宾。

北大数学科学学院第三届数学文化节开幕式在电教报告厅举行。全国人大常委会副委员长丁石孙，中科院吴文俊院士、王元院士、周毓麟院士出席开幕式。开幕式后，丁石孙教授作了首场报告。本届文化节以“迎接世纪挑战、振兴中华数学”为主题，举办了系列讲座和座谈等活动。

4 月 23 日 由校团委组织的北京大学第二届学生“演讲十佳”大赛在电教报告厅举行。叶朗、沙健孙、梁柱、谢冕、王登峰、林钧敬、白岩松、王胜春、钟岩、彭波等担任本次大赛评委，赵存生等出席。

“五四精神与跨世纪青年的历史使命”研讨会在北大图书馆报告厅开幕。60 余位专家学者和北京市委副书记李志坚，团中央书记处书记胡春华，校党委副书记赵存生、王登峰，副校长林钧敬等出席了开幕式。学者们就“五四精神与中国青年运动的方向”、“五四精神与跨世纪青年的历史使命”、“五四精神与青年知识分子的成长”三个主题展开了研讨。

香港英皇集团主席杨受成向北京大学捐赠港币 1000 万元支持学校的建设捐赠仪式举行。在捐赠仪式上，北大授予杨先生“北京大学杰出教育贡献奖”，并聘请杨先生担任“北京大学教育基金会名誉理事”。杨先生在仪式上致辞，表示愿以力所能及的方式支持祖国的教育事业，共同为国家的强盛做出贡献。

在本日召开的 1998 年度北京市思想政治工作先进单位表彰大会上，北京大学、北大方正集团受到表彰。

国际关系学院世界社会主义研究所主办主题为“北约空袭南联盟及其对国际政治格局的影响”研讨会，邀请了校内外的近 40 位专家学者进行探讨。

韩国全北大学校长申铁淳一行访问北大，副校长林钧敬在临湖轩会见了来宾。

4 月 24 日 北大党委统战部与学校各民主党派联合召开 1999 年各民主党派“学习邓小平理论，落实科教兴国战略，创建世界一流大学”论文交流研讨会。岳素兰出席并讲话。

为庆祝“五一”、“五四”和校庆，北京大学京昆艺术学会邀请北京京剧院梅兰芳京剧团到北大演出。著名京剧表演艺术家梅葆玖、梅葆玥、张学津等为师生表演了《盗仙草》、《女起解》、《赤桑镇》、《大登殿》等剧目。

4 月 24～25 日 北大与共青团北京市委共同举办“五四精神与跨世纪青年的历史使命”研讨会。团中央书记处书记胡春华，团市委书记张孝廉，副书记刘志国、王英偶，北京大学领导赵存生、王登峰、林钧敬等出席了开幕式；中共中央党史研究室龚育之等60余位专家、学者和青年工作者参加了研讨会。

4月27日　澳大利亚前总理基廷一行访问北大。陈佳洱校长会见了来宾，详细介绍了北大与澳大利亚姊妹学校的交流情况。

为了迎接五四运动80周年和北大101年校庆，校党委宣传部主办的以“继承北大传统，宏扬五四精神”为主题的网络摄影展在图书馆新馆报告厅开幕。吴全德、唐有祺等10余位院士和张世英、孙小礼等50余位学者出席并观看了展览。

北大召开全校分党委书记会，通报4月24日～25日法轮功习练者在新华门外集会事件，传达了中央关于科索沃问题的文件精神，要求全校师生冷静观察、正确分析，做好学校各项工作。

4月28日　由共青团北京市委和北京电视台主办、北大协办的“青春与祖国同行——纪念五四运动80周年文艺晚会”在北大西校门东侧草坪举行。北京市委常委、教工委书记徐锡安，北京市委宣传部副部长王学勤，北京团市委书记张效廉，北大校领导任彦申、闵维方、赵存生、岳素兰、林钧敬等观看了演出。

古巴共产党中央政治局委员、国务委员会副主席马查多一行访问北大。随同来访的还有古共中央国际部亚洲事务负责人露易斯，古巴驻华大使、驻华公使等。校党委副书记赵存生会见了来宾，双方表示愿为两国间的教育交流做出努力。

1999年北京大学体育文化节暨学生田径运动会在“五四”运动场开幕。教育部、北京市教委和体委的有关领导出席了开幕式。经过比赛，法律系、力学系分获甲、乙组总分第一名。

4月29日　北京大学工程研究院成立仪式在北京航空航天大学举行。全国政协副主席周铁农，科技部部长朱丽兰，教育部副部长韦钰，国防科工委副主任张洪飚，北大校领导任彦申、陈佳洱等出席仪式。成立北大工程研究院是两校为贯彻“共建、调整、合作、合并”的高等教育管理体制改革精神，落实科教兴国战略采取的一项重要举措。工程研究院实行理事会领导下的院长负责制，理事长由北京大学校长兼任，院长由北航校长兼任。

中央歌剧芭蕾舞剧院的艺术家为北大师生举办“纪念五四运动80周年中外艺术歌曲音乐会”。这台晚会是根据李岚清副总理的指示和建议进行的。教育部副部长周远清，社政司司长顾海良，体卫司司长杨立和北大校领导任彦申、陈佳洱、闵维方、赵存生、岳素兰、林钧敬及近万名师生出席欣赏了艺术家的表演。

“北京大学绿色行动青年志愿者分队成立暨绿色行动启动仪式”在蔚秀园举行，来自全校31个院系的近400名志愿者参加了启动仪式。林钧敬出席仪式并向分队代表授队旗。

4月30日　北京市委组织部、北京团市委组织首都各高校1000余名学生新党员，在北大静园草坪烈士纪念碑前举行“承五四青年报国志、做科教兴国栋梁材”首都高校学生新党员宣誓仪式。北京市委组织部副部长李连良、团市委书记张效廉、副书记王英偶，及北大领导岳素兰、林钧敬等出席仪式。宣誓仪式后，还举行了1999年度首都“先锋杯”优秀团支部、优秀团干部、优秀共青团员表彰会。

5　月

5月1～3日　“纪念五四运动80周年国际学术研讨会”在北大图书馆新馆北配楼报告厅开幕。组委会主任陈佳洱在开幕式上致词。全国人大常委会副委员长丁石孙等出席了开幕式并讲话。来自中国大陆、香港、台湾地区，以及美国、俄罗斯、德国、法国、日本、韩国、新加坡、澳大利亚等国的百余名学者参加了会议，提交大会的学术论文共147篇。与会学者以“五四运动与20世纪的中国”为主题，就五四运动的历史地位、五四精神与五四传统的评估、五四运动与20世纪中国政治、五四运动与东西文化论战、五四运动与中国的现代化等问题进行了交流、讨论。

5月2日　共青团广州市市委和北大团委共同主办的“广州市优秀青年代表赴北京大学迎五四火种”点火仪式在静园草坪革命烈士纪念碑前举行。原中顾委秘书长荣高棠，广州市委关心下一代工作委员会副主任司徒梅芳，北大副校长林钧敬等参加仪式。

5月3日　由北大师生与中国交响乐团在北大百周年纪念讲堂联合演出合唱交响音乐会。中共中央政治局常委、国务院副总理李岚清，全国人大常委会副委员长丁石孙、成思危，教育部部长陈至立，国务院副秘书长徐荣凯，财政部副部长张佑才，北京市委副书记李志坚，中国科协党组书记张玉台，团中央书记处书记黄丹华、赵勇等与北大师生员工共同欣赏了音乐会。这是百周年纪念讲堂建成后首次投入使用。

5月3日上午，校长陈佳洱、校党委副书记岳素兰受中共中央政治局常委、国务院副总理李岚清，教育部部长陈至立委托，向张岱年教授敬送鲜花，祝贺他90华诞，感谢他为中国哲学的发展和哲学人才的培养所做出的贡献，祝愿他健康长寿。北京市委副书记李志坚也委托代表向张岱年先生敬送了花篮。

5月4日　由周恩来邓颖超研究中心与北大团委联合举办的“周恩来、邓颖超与五四运动图片展”剪彩仪式在北大新图书馆前举行。原国家安全部部长、周恩来总理办公室副主任、周恩来邓颖超研究中心特约顾问罗青长，周恩来邓颖超研究中心顾问委员会副主任力平，全国政协提案委员会副主任、原邓颖超同志秘书赵炜，中央警卫局副局长、原周恩来邓颖超警卫秘书高振普，中日友协副会长王效贤，天津市委宣传部副部长张秉诚，校党委副书记赵存生等出席剪彩仪式。

由北大师生自编、自导、自演的“世纪春潮——庆祝五四运动80周年文艺晚会”在百周年纪念讲堂举行。晚会通过歌曲、舞蹈、诗朗诵、小品等形式，表达了北大学子“承五四青年报国志，做科教兴国栋梁材”的共同心声。

5月5日 校工会组织召开“21世纪北大发展与青年教师的责任”座谈会，任彦申、闵维方、赵存生、岳素兰等到会并讲话。

“当代青年的榜样”秦文贵先进事迹报告会在电教报告厅举行。团中央书记处书记胡春华、团中央宣传部副部长刘可为和校领导任彦申、王登峰出席了会议，400余名师生到会听了报告。

5月6日 南非共和国总统纳尔逊·曼德拉访问北大，并在图书馆报告厅发表演讲。陪同曼德拉总统来访的有：曼德拉总统的女儿曼德拉－德拉米尼公主、南非共和国外长恩佐、南非共和国驻华大使戴克瑞，我国驻南非大使王学贤等。教育部副部长韦钰、北大党委书记任彦申、校长陈佳洱及200多名师生参加了欢迎仪式。

纪念五四80周年全国大学生征文大赛评选结果揭晓。共评出一等奖12篇，其中北大4篇；二等奖20篇，北大4篇；三等奖40篇，北大6篇。

5月8日 凌晨，以美国为首的北约悍然用导弹袭击了我驻南联盟大使馆，造成我新华社和光明日报的三位记者英勇牺牲，并造成馆舍严重毁坏。消息传来，北大师生愤怒声讨北约暴行，深切悼念死难烈士。

下午，北大200余名学生前往使馆区参加示威游行。

“北大金科网络研究开发中心”成立仪式暨新闻发布会在北大图书馆报告厅举行。校党委书记任彦申、TCL总裁李东生、金科集团总裁何志毅、中国人民银行科技司司长李晔出席会议并讲话。该中心是经学校批准，由北大数学学院和金科集团联合建立，主要进行有关网络的较全面和深入的研究开发工作。金科集团以及SUN公司、惠普公司、SISCO公司投入设备价值人民币200万元，金科集团另外投资100万元作为运行经费。

北大紧急召开校领导会和全校干部会，通报以美国为首的北约轰炸我驻南使馆情况，传达中央的有关精神和市委要求。会议决定成立以任彦申为首的紧急处理抗议活动领导小组，对抗议活动、信息工作、记者接待、留学生动向等工作作了部署。

校长办公会开会。(1)听取自然科学处、社会科学处关于全校科研工作会议筹备情况的汇报，决定此次会议在5月底前召开，5月20日左右由两个科研处向学术委员会汇报会议筹备情况。(2)听取教务处就修订大学生学籍管理细则问题所做的说明，原则通过《北京大学大学生学籍管理细则》(修订稿)，同意该文件做适当修改后由林钧敬副校长签发。(3)听取吴同瑞副教务长关于中华文明史项目筹划情况的汇报。(4)听取迟惠生关于访问考察青岛市和在青岛市建立北大园的汇报，原则同意在青岛市建立北大园，同意授权史守旭秘书长牵头成立筹备小组。(5)同意后勤系统成立益通发展中心，委托其按照公司运行机制改造学生区，授权马树孚、林钧敬牵头提出详细的论证报告和具体方案。(6)讨论并原则通过《关于在昌平园区工作的教职工在原单位的编制和工资待遇问题的决定》和《关于节假日和晚上对入校机动车进行收费的暂行办法》，同意将这两个文件做适当的文字修改后由闵维方签发。

绿色行动青年志愿者分队队员前往北京西客站，参加由北京团市委、市文明办组织的青少年环境治理统一行动日暨铁道、河道环境治理重点战役启动仪式，并进行了卫生清理活动。

北大民革支部分别为经济学院胡代光教授和法律系王存厚教授庆祝80岁和70岁寿辰。

5月11日 从5月8日下午开始至今日，北大共有8批次、约3000人到使馆区参加抗议以美国为首的北约轰炸我驻南使馆的示威游行。

校党委常委开会，同意电子学系党委换届，由郭英任书记；同意出版社党委换届，由王明舟任书记；免去崔殿祥昌平园区工委主任职务(退休)，由张荫春主持全面工作。

5月12日 国际关系学院王杰教授为师生主讲“时事焦点系列讲座”第一讲——“科索沃危机中的思考”。

5月13日 北大召开学生干部大会，党委书记任彦申通报了近日来学生抗议活动的情况，分析了当前的形势，重申有关规定，并对学生干部提出了明确要求。林钧敬、王登峰等和800余名学生骨干参加了会议。

国际关系学院副院长贾庆国教授为师生主讲“时事焦点系列讲座”第二讲——“当前中美关系的几个主要问题”。

街道办、综治办、派出所、校卫队、房产处、基建处、动力办等单位出动80余人拆除中关园内共计11户19间220平米的违章建筑。

5月14日 北大召开全校班主任大会，林钧敬、王登峰通报了近日来抗议活动的情况，分析了目前的形势，对班主任工作提出了具体的要求。300多名班主任参加会议。

法律系龚刃韧教授为师生主讲“时事焦点系列讲座”第三讲——

“北约轰炸中国使馆和国际法”。

北大方正集团公司和中国报协联合举行发布会，宣布方正公司推出以标准浏览器为界面的第四代新闻采编系统与全数字跨媒体解决方案，实现了新闻采编系统的重大突破。

5月15日 北大各院系、所、中心的300余个班级，分别召开主题为“谴责北约、悼念英烈、勤奋学习、立志报国”的班会或主题团日活动，声讨北约暴行，缅怀英烈事迹，认真学习江泽民总书记在欢迎驻南联盟工作人员大会上的讲话精神。

5月17日 北京大学与清华大学合作办学签字仪式在北大图书馆举行。两校将在人才培养、师资队伍建设、科学研究、精神文明建设、国际交流、公共服务体系建设、后勤社会化等8个方面携手共建，努力实现优势互补、资源共享，加快建设世界一流大学的步伐。教育部副部长周远清，北京市委常委、教工委书记徐锡安等出席了签字仪式。

5月18日 国防大学张召忠教授为北大师生作题为“北约空袭南联盟的特点和启示”的报告。这是北大举办的时事焦点系列讲座第四讲。

俄语系教授田宝齐遗体告别仪式在北医三院举行。校领导赵存生等参加了告别仪式。田教授于5月11日因病去世，享年93岁。

5月20日 “北京大学古代文明研究中心”举行成立大会。国家文物局局长张文彬，北大校长陈佳洱，著名学者季羡林、柯俊，中国社会科学院考古研究所、中国历史博物馆、中国文物研究所、北京市文物研究所、北大各科系领导和专家学者100余人出席了大会。

5月22日 我国驻南使馆工作人员和新闻工作者事迹报告会在办公楼礼堂举行。驻南使馆一等秘书王辅国、新华社《参考消息》报总编辑夏海涛、光明日报社国际部副主任柴野、我国驻南使馆副武官王树工、三等秘书陈波分别作了题为“时刻牢记祖国的嘱托”、“为捍卫和平和正义事业而献身”、“他们是祖国的好儿女”、“祖国是我们坚强的后盾”和“我们更加热爱社会主义祖国”的报告，报告会由校党委副书记王登峰主持。中宣部、外交部、教育部、北京市委教育工委的有关领导和北大副校长林钧敬等出席。

5月23日 我国学术界、教育界、文化界的专家学者在北大集会，庆贺著名哲学家张岱年教授90华诞。校领导闵维方、赵存生代表学校向张岱年教授祝寿。国家计生委主任张维庆，北京图书馆馆长、著名学者任继愈，以及兄弟院校和有关单位的负责人也出席了庆贺仪式。

5月24日 北大纪委召开全体委员会议，讨论对《党风廉政责任制》的意见，并听取纪委委员对学校党风廉政建设的意见和建议。

5月25日 党委常委会开会。(1)传达教育部高校内部管理体制改革座谈会的精神，讨论通过校机关改革方案，责成有关同志作最后补充修改，于6月份开始实施。校纪委拟定的实施机关改革方案的纪律要求，在方案实施时一并公布执行。(2)原则同意成立法学院、外国语言文化学院。要求按照有利于教学改革，有利于学科整合，有利于资源优化配置和有效利用，有利于加强管理、减员增效的原则，组建好这两个学院。要通过典型示范，推动院系改革，尽快建立起新的院系管理体制。(3)原则通过《北京大学校务委员会规章》，决定于近期内按照这个规章的要求，对校委会进行调整。

北大与国家行政学院达成合作办学协议，双方将组成合作办学委员会，实现优势互补，共同培养高层次的政治人才和政府管理人才。国务委员、国务院秘书长、国家行政学院院长王忠禹，北京大学校长陈佳洱等出席了签字仪式。双方近期将就以下项目进行合作：联合招收与培养政治学与行政管理等专业的博士研究生，取得经验后，逐步扩展到经济学和法学等领域；合作开设国家行政学院青年干部培训班学员的研究生学位教育课程，该班学员在学习期满后，可向北京大学申请硕士学位，北京大学按照有关规定，组织论文指导和答辩；根据教学需要，双方将进行教师互聘；为对方教师和学员提供便利条件，以多种方式合作进行科学研究工作，并实现图书资料和其他信息资源的交流与共享。

5月26日 北大青年志愿者文明礼仪学校第三期毕业典礼暨文明礼仪知识竞赛在法学楼举行。林钧敬等出席。

5月27～29日 北大召开科技工作会议。科技部部长朱丽兰出席开幕式并讲话，校长陈佳洱在会上作了主题报告，副校长迟惠生同志作了会议总结，任彦申、闵维方等同志在会上讲话，北航校长沈士团、北医副校长王宇也在会上介绍了有关情况，赵存生、岳素兰、陈章良、何芳川、林钧敬等出席了会议。

5月28日 北京大学与中国青年报社联合举办的“纪念五四运动80周年全国大学生征文比赛”颁奖会在北大举行。团中央书记处书记胡春华、《中国青年报》副总编陈泉涌、《中国教育报》副总编刘仁镜、团中央宣传部副部长刘可为，北大领导任彦申、王登峰等出席并讲话。到会的还有单项奖和组织奖的部分获奖代表及北大师生代表。大赛自3月22日刊出启事，4月20日截稿，一个月内共收到来自全国各省、区、市近千所高校8000余名学子的来稿。经评审专家组评选，共有272名参赛者获得个人奖，其中一等奖12名，二等奖20名，三等奖40名，优秀奖200名，共有12所学校获得组织奖。

人民文学出版社向北大学子赠送《突出重围》仪式在北大举行。人民文学出版社社长聂震宁、副总编高贤钧，《突出重围》的作者柳建伟，北大领导王登峰等出席仪式并讲话。

5月29日 北京大学首届本科生“学术希望之星”和首届研究生“学术十杰”评选结果揭晓。本科生徐辉、张路路、刘耀辉、姚翔、杨海峰、刘莉、龙华等7位同学被评为“学术希望之星”；硕士生黄岩谊、张洪洲、党宝海、江慧琴，博士生袁烽、王任小、韩嵘、贺红梅、刘艳红、段培君被评为“学术十杰”。

6 月

6月3日 “挑战杯”中国大中学生展望新世纪主题设计大赛全国总决赛暨作品展开幕仪式在北大图书馆举行。全国人大常委会副委员长彭珮云、全国政协副主席钱伟长、共青团中央书记处第一书记周强、中宣部副部长刘鹏、共青团中央书记处书记胡春华，北大陈佳洱、林钧敬等出席了开幕式。本次主题设计大赛由共青团中央、全国科协、全国学联主办，北大承办，从今年1月开始，历时半年。总决赛暨作品展是从全国报送的近3000件作品中，评选出500余件优秀作品参展，并评出“杰出展望奖”10项，“最佳展望奖”60项。北大有2项作品获“杰出展望奖”，8项作品获“最佳展望奖”。

6月5日 北大第七届“挑战杯”——五四青年科学奖评选结果揭晓。考古文博院95级本科生刘耀辉的《北朝唐宋考古所见十二生肖探析》及数学学院96级本科生邵永武的《对偶原理的推广及其应用》等12件作品获得一等奖。

6月9日 北大召开有校党委委员、纪委委员，各单位党委（总支、直属支部）书记，各院系（所、中心）主任，各部（处）长，各民主党派负责同志参加的全校干部大会，任彦申、陈佳洱就校机关机构改革及职称评审的有关工作讲话，岳素兰宣布了校机关机构改革方案，陈文申、王杰同志就有关工作做了具体安排和部署。闵维方主持会议，迟惠生、赵存生、马树孚、林钧敬等参加了大会。

6月10日 北大召开校机关全体干部大会。任彦申、岳素兰、陈文申等在会上就校机关机构改革及职称评审的有关工作做了说明和部署。

6月11日 校长办公会和党委常委（扩大）会举行联席会议。（1）听取廖陶琴代表财务处所作的关于全校财政工作会议准备情况的汇报，原则同意该会议于6月24～25日举行。（2）听取陈文申代表人事处所作的关于全校人事工作会议准备情况的汇报，原则同意该会议于6月26～27日举行，并决定成立人事分配制度改革工作班子，请人事、组织、教学、科研部门负责人参加。（3）决定成立法学院。任命吴志攀为法学院院长，朱苏力、李鸣、张守文、张建武（兼）为副院长；刘守芬为法学院党委书记，王磊、张建武为副书记。（4）决定：成立外国语学院。该学院由东方学系、西方语言文学系、俄罗斯语言文学系和英语语言文学系四个外语系共同组成；任命胡家峦为外国语学院院长，吴新英（兼）、周金福、刘曙雄、任光宣为副院长；吴新英为外国语学院党委书记，郑惠康、李桂霞为副书记。

6月12日 北大团校第十五期毕业典礼在电教中心举行。任彦申、王登峰等出席典礼并讲话。

6月13日 在北京市台联六届五次理事会上，卢咸池当选为北京市台联会长。

6月14日 北大与华夏银行举行《银校合作协议》签字仪式。北大校领导任彦申、陈佳洱、闵维方等，华夏银行董事长陆宇澄、行长段晓兴、副行长向敏以及教育部、科技部、北京市有关方面的负责人出席了仪式。根据协议，华夏银行1999年将为北大提供总额5亿元人民币的融资额度，支持北京大学建成世界一流大学；支持北大科技成果转化，促进产学研一体化，为北大四大企业集团扩大业务规模、提高市场竞争力提供全面支持；向北京大学提供个人教育助学贷款，向教职员工提供多种消费贷款。北京大学将以输送优秀毕业生、提供业务和管理培训等形式给华夏银行以大力支持。

6月19日 北大光华管理学院和经济科学出版社联合出版《北京大学MBA教材》签约仪式在北大举行。这是我国首部按国际通行方式运作的中国自己的MBA教科书，它将吸收当代最先进的管理学知识和经典案例。为确保一流专著水准，编委会将通过新闻媒体和因特网向海内外公开招聘作者，每部书稿只有通过指定的专家小组评审，才能出版。

6月22日 党委常委会举行扩大会议。（1）通报体制改革进展情况，决定继续教育部与继续教育学院剥离，对继续教育学院的职能进行调整的工作，由何芳川同志、林钧敬、沈鹏、李国斌、周其凤参与；决定逐渐弱化总务部职能，逐步加强社区服务，调整职能、人员变动的工作由林钧敬负责，鞠传进参与；决定会议中心挂靠在两办，由此产生的勺园、大讲堂、对外交流中心打通，统一安排会议服务以及有关的涉外活动；负责设备的采购、订货、维修的设备服务中心挂靠在资产管理部，由闵维方负责；决定成立改制工作小组，出版社的改制工作由迟惠生负责，改制工作小组参与。要求以上工作于9、10月份基本完成。（2）通报人事财政会议筹备情况，决定由闵维方作主报告，任彦申讲话，下发四个文件（关于工资体系改革方案，一流大学计划岗位津贴实行办法，关于聘任制，关于流动人员管理的暂行办法）的讨论稿，请院系提出意见，9月开始操作。（3）通过教学科研委员会名单。主任由主管学科建设的常务副校长（迟惠生）担任，副主任由负责文科、理科的副校长和羌笛担任；秘书长由校长助理担任；办公室主任由羌笛担任（羌笛退休后由校长助理兼任）；周其凤、李克安、吴同瑞、朱星、程郁缀为委员会成员。(4) 通过学部主任建议名单，请校长办公会通过讨论决定：人文学部：袁行霈；社科学部：厉以宁；理学学部：甘子钊；信息与工程科学部：杨芙清或王阳元。(5) 通过"双代会"由赵存生、林钧敬等11人组成的（工会、教代会）筹备工作领导小组名单。(6) 传达北京市关于"法轮功"问题的有关指示精神，决定由王登峰负责处理相关事宜。

北京大学外国语学院举行成立大会。中共中央对外联络部副部长李成仁，教育部国际合作交流司司长李东翔，北大任彦申、陈佳洱、闵维方、季羡林等出席会议。任彦申、陈佳洱为外国语学院揭牌，闵维方向外国语学院发放了建院经费100万元人民币。

6月25日　诺贝尔物理奖获得者丁肇中教授及欧洲核子中心主任Luciano Maiani访问北大。

6月26日　北京大学法学院举行成立大会。全国政协副主席、中国法学会会长、最高人民法院前院长任建新，全国政协副主席、最高人民法院副院长、北京大学教授罗豪才，中国法学会副会长、国务院法制局前局长孙琬钟，文化部副部长徐文伯，国务院法制办副主任宋大涵和北大任彦申、陈佳洱等出席了大会。

6月28日　北京大学文化、科技、卫生"三下乡"暑期社会实践活动拉开帷幕。32个院系的50多支团队、1000余名大学生将奔赴各地进行社会实践。其中，赴边远地区扶贫支教、赴企事业单位进行考察锻炼和赴沿海开放城市考察的各约占三分之一。作为中国青少年基金会和世界自然基金会选定的6所大学之一，北大还将组织学生赴长江中游地区进行经济生态调查。

6月30日　召开第十届党委常委会第7次（扩大）会议。(1) 通报校机关各部门副职招聘情况；决定此次招聘副职试聘期一年，放假前举行上岗仪式、颁发聘书。决定在一周内作出继续教育部和继续教育学院的改革方案。(2) 通报世界一流大学建设规划进展情况，决定在报告中增加中关村科技园区的内容、学生创新的内容，强调素质教育的内容。(3) 同意地质系党委换届，宋振清任书记；任命张宏印为校医院院长，陈占安为马克思主义学院院长。

6月　享有"体操王子"美誉的98级法学院学生李宁当选为由国际体育记者协会评选的"本世纪最佳运动员"。在所选出的25名运动员中，他是唯一获此殊荣的中国运动员。

7　月

7月2日　北京大学1999年本专科生毕业典礼在百周年纪念讲堂举行，典礼由校党委副书记王登峰主持，陈佳洱校长及教师代表、毕业生代表在会上讲话。林钧敬副校长宣读了表彰优秀毕业生的决定和北京市及北京大学优秀毕业生名单。今年北大共有本、专科生毕业生2066名，其中本科生1997人，专科生18人，另有第二学位51人。

北大举行自费外国留学生学习优秀奖学金颁奖仪式，20位本科生、7位硕士生和8位博士生获该项奖学金。该项奖学金于1998年决定设立的，奖金总额为25万元人民币，每年评选一次。

7月5日　由团中央、中宣部、教育部联合举办的"首都大学生暑期三下乡出征仪式"在北大举行。教育部副部长张天保、团中央书记处书记胡春华、团北京市委书记吉林及校领导林钧敬、王登峰等参加了这一仪式。

7月6日　北京大学1999年研究生毕业典礼在百周年纪念讲堂举行，共有1256名硕士研究生和321名博士研究生获得学位。典礼由研究生院常务副院长周其凤主持，陈佳洱校长及教师代表、毕业生代表讲话。会上还颁发了首届"北京大学优秀博士学位论文世顺奖"。该奖是香港世顺集团捐资100万设立的。本次获奖的59篇优秀博士学位论文是从1995～1997年度所授博士的683篇博士学位论文中，经专家严格评选产生的。获奖论文的指导教师也同时受到奖励。

7月8日　北大正式宣布成立人文学部、社会科学部、理学部和信息与工程科学部等四个学部。

7月9日　北大为朱小健和岳升阳同学举行表彰大会，授予他们优秀毕业生的光荣称号。陈佳洱、林钧敬、王登峰等在会上讲话。朱小健是生命科学院动物学专业96级博士研究生，导师为潘文石教授。朱小健以长期的、大量的野外研究工作为基础，对野生大熊猫繁殖行为和繁殖对策作出了科学的分析，提出了独到的见解。她的博士论文《秦岭大熊猫的交配系统和母幼关系》得到同行专家的高度评价。岳升阳是城市与环境学系历史地理专业96级博士研究生，导师为于希贤教授。同行专家认为岳升阳的博士论文《北京城市空间结构的演变与宣南士人文化》为近代思想文化史的研究开拓了视野、拓展了领域，填补了北京城市历史地理和城市史的空白，对深化北京城市历史地理研究有重要的学术价值，对今天城市建设与改造也有重要意义。

7月14日　党委常委会议。(1) 讨论决定2000年计划扩招1000人。(2) 决定免去费振刚中文系系主任职务，任命温儒敏为中文系系主任，免去其出版社总编辑职务；由王明舟代理出版社总编辑；通过力学系党委换届选举结果，由于年才任书记；通过力学系行政班子换届，方竞任主任；任命杨河（兼）、仝华、孙蚌珠为马克思主义学院副院长。

7月21日 党委常委举行扩大会议，传达中央关于取缔“法轮功”的有关文件精神，决定成立专门工作小组处理这一问题，由王登峰、林钧敬负责；各院系、部处由一把手负全责；22日将文件精神传达到全体党员；传达后，各单位要对本单位练功人数进行摸底；集中学习，进行世界观的教育。

召开全校干部会，传达中央关于取缔“法轮功”的有关文件精神和学校贯彻批判的意见。

7月24日 为贯彻落实中央有关文件精神，揭露“法轮功”迷信惑众，危害社会的真相，进一步提高认识，召开了主题为“崇尚科学、反对迷信”的座谈会。陈佳洱、赵存生、王登峰、林钧敬等校领导，化学学院张滂院士，数学科学学院张恭庆院士，马克思主义学院教授沙健孙、陈占安，哲学系教授赵家祥、陈志尚，法律学系教授肖蔚云，政治学系教授宁骚和部分学生代表参加了座谈会。与会师生从自然科学、哲学、法律、心理学等不同角度分析、揭露“法轮功”邪教的真相、产生的根源及严重的社会危害性，并对如何处理好这一问题以及今后的工作方向、方法等问题提出了建议。

学校揭批“法轮功”工作领导小组召集保卫部、燕园街道办事处、燕园派出所等有关职能部门的负责人开会，研究部署下一步工作安排。会议商定，继续加强对校内和家属区“法轮功”习练点的监控；对“法轮功”习练人员，特别是对近日参加非法聚会的人员要加强监控和教育工作。

7月26日 北大举行仪式，聘请周琦年为校赛艇队教练。46岁的周琦年是原国家赛艇女队教练，现任浙江省划船队总教练。他培养了一批优秀的赛艇运动员，曾多次带队参加国际比赛，1990年曾获首都新闻单位评选的80年代“十佳”教练称号。

7月28日 北大、清华“旅游杯”赛艇比赛在昆明湖至玉渊潭河道上进行。北大队以23分22秒47的成绩夺得冠军。今年3月，北大、清华和琅岐镇签订三方协议：两校从今年起每年分别在琅岐岛和北京各举办一届赛艇对抗赛，为期一百年。首期合同5年。

7月28～31日 北大女子登山队两批队员成功登上四川境内海拔5588米的雪宝顶峰。北大女子登山队成立于1998年12月，是国内唯一一支学生女子登山队。

7月 全国高校第七次党建工作会议在北京举行。北大被评为党的建设和思想政治工作（1993～1998）先进高等学校。

8 月

8月1日 北大女子登山队第三批队员离开营地冲顶，行至海拔5200米时，队员周慧霞（北大应用文理学院国际贸易专业学生）在雪坡发生滑坠，不幸遇难。

8月16日 来自澳门各界及北京大学的18名选手在北大法学楼参加“九九京澳普通话大赛”，包新宇（北大）、钱盈（澳门）获一等奖，另5人分获二、三等奖。这次大赛是由澳门普通话联谊会、中央电视台和北京大学学生会共同主办的。

8月21日 由张海霞、欧阳泽曼组成的北大队在“露露杯”第四届全国大学生羽毛球锦标赛中获团体冠军。欧阳泽曼获女子单打第一名。

8月27～28日 党委常委举行扩大会议：(1)传达全国科技创新大会精神。(2)商定下学期的工作为：①确保庆祝国庆50周年的各项活动顺利进行，抓好宣传教育工作，整治校园环境。②做好新生入学、庆祝教师节、召开教代会等项工作。(3)继续深化教学科研改革，结合技术创新，发展产业化。(4)积极、推进学校体制改革，此为学校工作重点。机构改革、人事分配制度改革要尽快到位；启动后勤改革、产业改革。(5)积极参与中关村建设计划，作出远景规划。(6)做好处理“法轮功”问题的后续工作。

9 月

9月1日 党委常委举行扩大会议：(1)通过在机构改革中关键岗的设置规划，决定1～3级为关键岗，设1000个，4～6级为重点岗，设1500个，7～9级为责任岗，设1500个，9级以下为一般岗；(2)决定对“双肩挑”的干部要给予补贴；(3)通过内设机构正副职年龄限制：原处级干部低聘办公室负责人，年龄不超过56岁，其他应聘者续任的年龄不超过54岁，新聘任的不超过52岁，内设机构正副职年龄不再分层次。会议还决定委托教务部等有关部门作出教师节表彰方案。

9月3日 校长陈佳洱、常务副校长闵维方会见美国哈佛大学校长特使塞奇一行，双方就今年10月底将在哈佛大学召开的首届“中美大学校长论坛”的有关事宜进行协商。

素质教育工作委员会召开全体成员会议。该委员会是为贯彻落实全国第三次教育工作会议和《关于深化教育改革全面推进素质教育的决定》精神，进一步加强北大素质教育而成立的。委员会的基本职责是加强对素质教育工作的领导，研究素质教育工作的思路、方法并组织实施。

9月4日 新生入学。北大今年录取本科生2425人，外国留学生102人，专科起点思想政治教育本科班83人，二学位50人；录取研究生2500余人，其中硕士研究生1752人，统考录取799人，单独考试录取200人，全国工商管理硕士联考录取270人，免试录取480人。录取博士研究生765人，其中国内生源686人中，硕博连读生70人，港澳台学生38人，应届生179人，分流人员15人。

来自数十个国家的493名外国留学生进入北大。新生中有222人为攻读学位生，占新生总数的45%，其中182人是经过正式考试被录取的自费留学生，另外40人享受政府奖学金。学位生中有本科生131人、硕士生44人、博士生47人，所选专业主要分布在中国文学、国际政治、法律、经济、历史、哲学、考古等文科院系。攻读理科学位的学生有7人（博士 生4人，硕士生2人，本科生1人）。

9月5日　北大召开优秀新生代表座谈会，新生中的奥赛奖牌获得者代表、高考状元代表、新生党员代表、优秀学生干部代表、文体特长生代表等参加了会议，校领导和教师代表对他们表示欢迎与祝贺，勉励他们努力成材。1999年北大新生中有各省市自治区文史、外语、理工类前五名149人，其中第一名44人，第二名29人，第三名31人，第四名23人，第五名22人。

9月6日　在百周年纪念讲堂召开1999年本科新生和研究生新生开学典礼。任彦申、陈佳洱、闵维方、迟惠生、何芳川、王登峰、王丽梅、王杰、陈文申、郝平、鞠传进等出席。典礼由林钧敬主持，陈佳洱在会上讲话，叶朗教授、周曾铨教授代表教师讲话。

由北大国际合作部、艺术学系和校学生会联合主办的"维也纳大学——北京大学迎新生室内音乐会"在办公楼礼堂举行，奥地利驻华大使和维也纳大学校长及北大领导陈佳洱、迟惠生、郝平等出席音乐会。

陈佳洱代表学校看望北京医科大学在北大学习的100名99级新同学。

98级本科生顺利完成军训任务。林钧敬、王登峰等前往军训点检阅军训成果并迎接同学返校。

9月8日　国务院副总理李岚清在教育部部长陈至立、国务院副秘书长徐荣凯、北京市副市长林文漪及校长陈佳洱等的陪同下看望了中科院院士、北大化学与分子工程学院唐有祺先生，向他表示节日的问候。

北京市教育工会在北大百周年纪念讲堂举行迎建国50周年、庆99教师节"走进新世纪"文艺演出。北京市教育工会主席刘祚屏、校党委副书记、工会主席赵存生等观看了演出。

北京大学、香港大学校际交流协议续签仪式及两校稀土联合实验室揭牌仪式在北大举行。

9月9日　在新图书馆报告厅召开"北京大学庆祝1999年教师节暨素质教育委员会成立大会"。陈佳洱、闵维方、迟惠生、赵存生、岳素兰、林钧敬、王登峰、王学珍、陈文申、鞠传进及各院系和职能部门的负责人、受到表彰的教师代表和素质教育委员会成员近200人参加了大会。大会由赵存生主持。陈佳洱在会上讲话，闵维方宣布了1998～1999学年度获得各级、各类奖励的教师名单。1998年共获得国家级奖励8项，其中科技进步奖6项，发明奖2项；获教育部科技进步奖一等奖5项，二等奖9项，三等奖10项；获全国高等学校第二届(1998)人文社会科学研究优秀成果奖一等奖5项，二等奖17项，三等奖12项；获北京市第五届哲学社会科学优秀成果奖特等奖1项，一等奖14项，二等奖30项。他还在会上宣读了北大入选国家教育部"跨世纪优秀人才培养计划"(人文社会科学)第一批、第二批人员的名单，以及"关于表彰北京大学1998～1999学年度优秀德育奖与优秀班主任奖的决定"、"关于宣布北京大学优秀主干基础课及表彰1999年教学优秀奖的决定"。会上还对宁骚、赖茂生等62名教龄已满30年的教师进行了表彰。化学与分子工程学院教师王颖霞及98级本科生张卫华分别作为获奖教师和学生代表在会上发言。迟惠生宣布北京大学素质教育委员会的组成名单，该委员会四个分会的构成，以及近期将要进行的主要工作。

9月10日　校工会邀请全总文工团来校举行庆祝教师节文艺演出。全国教育工会副主席万明东、校党委副书记、工会主席赵存生等观看了演出。

第一届"中美大学校长论坛"中方与会大学在北大举行预备会议，北大校长陈佳洱、清华大学校长王大中、复旦大学副校长徐明镜、上海交通大学副校长张圣坤、西安交大校长徐同模、南京大学校长蒋树声、浙江大学校长潘云鹤出席会议。会议讨论了中美大学校长论坛的主要议题。这届"论坛"由美国哈佛大学主办，将于10月29日在哈佛大学举行，旨在促进中美大学校长间的沟通与交流，推动双方探讨高等教育发展所面临的机遇与挑战。

智利著名钢琴家弗里佩·布朗在办公楼礼堂举行专场钢琴音乐会，迟惠生等出席。

9月12日　来自中英双方的北京大学清华大学代表队与剑桥大学牛津大学代表队的近100名运动员进行了田径对抗赛。经过39个项目的比赛，北大清华队以较大优势战胜了剑桥牛津队。

9月13日　为促进高等学校后勤社会化改革，教育部《中国高等教育》编辑部、新华社《经济参考报》社、北京金德房地产开发公司在北大举办大学生公寓开发建设研讨会，与会者就大学生公寓开发建设中政府、银行、房地产公司与学校之间的合作关系，旧有学生宿舍改造等问题进行了研讨。

由北京大学主办的"第八届国际泥沙和水相互作用学术研讨会"在中国科技会堂召开，来自30多个国家的150名外国学者和数十位中国学者参加了这次会议。国际泥沙和水相互作用学术研讨会每三年举行一次，本届会议是首次在中国举办。会议由北大城市与环境学系陈静生教授担任主席，环境科学中心倪晋仁担任秘书长和科学委员会副主席。北大常务副校长迟惠生和国际泥沙和水科学学会主席 Walling 教授分别代表北京大学和国际组织在开幕式上致辞。会议于 17 日结束。

9月14日 法国参议院议长蓬斯莱访问北大，并在图书馆报告厅作了题为“法国参议院在法国政治生活中的作用和地位”的演讲。演讲会由国际关系学院副院长袁明主持，陈佳洱校长、法国参议院副议长瓦拉德、参议院中法友好小组主席贝松和法国驻华大使毛磊出席了演讲会。

英国上议院议长兼法律大臣欧文勋爵访问北大，并在图书馆报告厅作了题为“法治对促进经济发展和改进社会观念的作用”的演讲，法学院院长吴志攀主持了演讲会，何芳川副校长、英国驻华大使高德年出席了演讲会。

9月15日 北大召开全校干部大会，任彦申、陈佳洱分别在会上总结了上半年的工作，并对本学期工作进行了部署和安排。

9月16日 党委常委举行扩大会议。(1) 传达、讨论教育部领导在听取北大、清华汇报创建世界一流大学计划时的讲话精神。(2) 决定从现在起进入人事制度改革的审核阶段，先由人事部选择第一批审核单位，交由学部进行审核。学部在进行审核时，要严格审查各院系是否确实执行了聘任上岗的程序，是否确实着眼于创建世界一流大学，是否真正贯彻、把握了改革的基本精神，是否确保了关键岗位应聘人员的质量，保持了合理的结构。学校的终审委员会由校长召集校学术委员会和校长办公会成员组成，对学部审核的结果进行终审，争取在10月份基本完成审核工作。(3) 责成王丽梅牵头，由校监察室、组织部等有关职能部门以及教代会和教师代表组成“申诉受理调查委员会”，统一受理目前一些教职员工对各院系评审工作的申诉。(4) 决定由宣传部、发展规划部共同起草一份宣传提纲，明确我们当前的形势、目标、任务、存在的问题及相关政策，争取广大教职员工的理解、支持，营造良好的舆论导向。(5) 通过校部机关内设机构及挂靠、代管、直属单位负责人的招聘结果。

9月17日 校园规划委员会开会，对北大校园总体规划进行讨论，并重点讨论了学生宿舍区的改造规划问题。

王选教授被授予“首都楷模”的光荣称号，北京市共有 50 人获此殊荣。

9月18日 党中央、国务院、中央军委决定，对当年为研制“两弹一星”做出突出贡献的 23 位科技专家予以表彰。他们当中，于敏、朱光亚、邓稼先、周光召、郭永怀、彭桓武等人都在北大(包括西南联大)工作或学习过。

由光华管理学院主办的“中国投资基金高级论坛”在北大举行，150位专家学者出席会议，探讨世纪之交的中国投资基金业的规范、发展和前景等问题。光华管理学院院长厉以宁、全国人大财经委副主任刘鸿儒分别作了主题报告。

9月20日 北大召开以“弘扬两弹一星精神，争作科教兴国先锋”为主题的座谈会，深入学习江泽民总书记在 9 月 18 日中共中央召开的表彰为研制“两弹一星”作出突出贡献的科技专家大会上的重要讲话精神。校党委书记任彦申、副书记赵存生、王登峰和各院系的 30 多名师生代表参加了座谈会。与会者把“两弹一星”精神与自己当前的任务、使命相结合，从不同角度探讨了对江泽民讲话精神的理解。

新闻出版署召开第四届国家图书奖颁奖大会。北大出版社出版的《全宋诗》获国家图书奖荣誉奖，《比较法研究》获国家图书奖。

9月22日 财政部、教育部有关司局的负责人到北大听取关于创建世界一流大学计划的汇报。任彦申、闵维方、迟惠生、陈文申、鞠传进及校有关部门的负责人详细汇报了有关情况。

赵存生主持召开《北京大学年鉴》(1999)编辑部会议，就年鉴的编写工作进行了布置和安排。

迟惠生副校长会见日本筑波大学校长北原保雄一行。

9月23日 国家社会科学基金项目优秀成果奖颁奖大会在人民大会堂举行。中共中央政治局常委、国家副主席、中央军委副主席胡锦涛在会上作了重要讲话。北大一等奖获得者黄楠森教授代表所有获奖者在大会上发言。北大有 18 项社科成果获奖(2 项成果是与外校合作项目)，其中特别荣誉奖 2 项(全国仅 2 项)，一等奖 2 项(全国 14 项)，二等奖 4 项(全国 38 项)，三等奖 10 项(全国 99 项)。此次评奖是由全国哲学社会科学规划领导小组组织的，评奖的对象为“六五”至“八五”时期国家社会科学基金项目的优秀成果。北大获奖成果为：《行行重行行——乡镇发展论述》(费孝通著)，《改革以来中国农村婚姻家庭的新变化》(雷洁琼主编)获特别荣誉奖；《马克思主义哲学史》(黄楠森等主编)、《中国石窟寺研究》(宿白著)获一等奖；《评当代西方学者对马克思〈资本论〉研究》(胡代光等主编)、《现代化新论》、《现代化新论续篇》(罗荣渠著)、《印度古代文学史》(季羡林主编)、《中国艺术学》(彭吉象主编)获二等奖；《黑格尔辞典》(张世英主编)、《列宁哲学思想的历史命运》(张翼星编著)、《民主社会主义模式比较研究》(曹长盛主编)、《强国之路——邓小平改革思想研究》(阎志民主编)、《唐·吐蕃·大食政治关系史》(王小甫著)、《现代西方法理学》(沈宗灵著)、《教育经济学研究》(厉以宁主编)、《教育投资决策研究》(秦宛顺主编)、《非洲通史》(何芳川、陆庭恩、郑家馨、宁骚合作)、《现代海湾国家政治体制研究》(安维华等合作)获三等奖。

华夏银行在北大进行教育助学贷款的宣传咨询活动，并现场为5名同学办理了贷款申请审批手续。华夏银行此项贷款的最高金额为5万元，最长期限为8年，执行国家规定利率。该项目是北大与华夏银行银校合作协议的重要内容。华夏银行率先推出了学生联保的方式，即有两名以上北大同学做担保即可获得贷款，克服了学生无法提供切实的财产抵押的困难，受到同学们的欢迎。

北大召开宣传工作会议，部署本学期的宣传工作。会议由党委宣传部部长赵为民主持，赵存生在会上讲话，各院系宣传委员出席了会议。会议强调，当前要搞好国庆50周年的宣传和文化活动，营造团结奋进、欢乐喜庆、昂扬向上的气氛。要深化邓小平理论的学习，把理论学习同学习全国教育工作会议、全国科技创新大会的精神结合起来，同学习十五届四中全会的精神结合起来。同时，要继续开展弘扬科学精神，反对封建迷信的活动；要做好迎接澳门回归的准备活动，把迎接澳门回归同迎接新世纪结合起来。

组织部召开各基层党委(总支、直属支部)组织委员会议，布置了本学期的党建工作，并要求各基层党组织要围绕学校当前的体制改革发挥作用，做好党员和群众的思想工作。岳素兰参加会议。

校工会召集教代会执委、工会常委举行会议，赵存生通报了学校近期各项改革的情况，要求教代会、工会发挥自己的作用，积极帮助、促进改革的顺利进行。会议并对校工会下半年的工作进行了部署和安排。

中央统战部四局的负责人来北大看望已故党外著名学者黄子卿教授夫人夏静仁、郑昕教授夫人房季娴、余逊教授夫人徐孝婉、罗志茹教授夫人杜心怡、闵嗣鹤教授夫人朱敬一等，并给她们送了慰问金。

“北京大学99‘世纪凌云’十佳歌手总决赛暨‘迎国庆、庆回归’学生艺术节开幕式”在百周年纪念讲堂举行。

北大京昆艺术学会举行“庆国庆、迎中秋”师生专场京昆演出。

何芳川在临湖轩会见危地马拉议会副议长安娜·比列加率领的议会议员代表团一行。

9月24日　北京市委教育工委常务副书记尹栋年在岳素兰陪同下来北大慰问了建国前入党的老党员张学书同志。

截至9月24日，北大定岗定编“申诉受理调查委员会”共收到有关各院系定岗问题的书面申诉65件。该委员会已就这些申诉开展工作。

9月25日　四川人民艺术剧院在百周年纪念讲堂为北大师生演出校园音乐剧《未来组合》。这是由党委宣传部主办的庆祝中华人民共和国成立50周年系列活动之一。赵存生与2000多名师生观看了演出。校园音乐剧《未来组合》在四川省入选“五个一”工程，在北大演出两场后，将参加由文化部主办的“庆祝中华人民共和国成立50周年优秀剧目献礼演出”。

9月26日　日本高山软式棒球协会向北京大学、清华大学赠送器材仪式在北大举行。仪式后，北大、清华两支棒球队在五四操场进行了棒球友谊赛。

9月27日　“北京大学庆祝中华人民共和国成立50周年招待会”在勺园举行。任彦申、闵维方、迟惠生、岳素兰、林钧敬、王登峰等和北医、北航的领导以及北大的专家学者、师生代表欢聚一堂，共同欢庆祖国的五十华诞。招待会由闵维方主持。任彦申在会上讲话。歌唱家郁钧剑、小品演员黄宏、昆曲演员刘静作为正在北大就读的学生，京剧表演艺术家耿其昌作为学生家长，以及我校教工合唱团、北大附小娃娃京剧团和艺术学系、城环系的学生代表等为招待会做了演出。

北京大学计算机科学技术系与英国西英格兰大学计算与数学系联合开设的国际远程合作课程INTERNETICS（http://arch. cs. pku. edu. cn/pku-uwe）正式开课。这门课程由两部分内容组成，一是北大计算机系主任李晓明教授主持、多名青年教师参加的“WEB软件技术”；一是西英格兰大学Jim Gilligan开设的“电子商务”。目前双方学校共有18名学生选修了这门试验课程。为期10周的网上授课结束后，将进行严格的书面考核，双方互认学分。

由校团委、工会、艺术学系等主办的北京大学庆祝国庆50周年“与祖国同行”文艺晚会在百周年纪念讲堂举行。校合唱团、舞蹈团、管弦乐团、民乐团、健美操队和教工合唱团参加演出。

9月28日　中央芭蕾舞团的艺术家在百周年纪念讲堂为我校师生演出《睡双》、《舞姬》、《红色娘子军》、《黄河》等经典剧目。闵维方、赵存生、王登峰、林钧敬等与2000多名师生观看了演出。这是由党委宣传部主办的庆祝中华人民共和国成立50周年系列活动之一。

科技部副部长李学勇、教育部副部长韦钰来我校检查工作。任彦申、闵维方、迟惠生等陪同并介绍有关情况。

9月　为庆祝中华人民共和国成立50周年，北大书画协会、北大老年书画协会、北大学生书画协会举办北京大学庆祝建国50周年书画艺术作品展。展出作品有书法、绘画、篆刻、摄影、布贴画、插花等，数量近300件。

北大对荣获“教育部第二届人文社会科学研究成果奖”的教师，在发放教育部颁发的奖金的同时配套发放了奖金。

截止到9月底，校机关“三定一聘”工作全部结束。改革后的校部机关共设19个部(改革前为41个)，部下设77个办公室(改革前为85个)。处级干部已聘57人(改革前为98人)，科级干部已聘121人(改革前为138人)。机关定编总数为390人(改革前为609人)，占全校事业编制总数的6.6%。校机关全员招聘结束后，有76位待聘人员。学校对待聘人员的问题，提出三个解决办法：学校与各部门共同消化、上交学校人才与培训中心、按“转岗待聘人员管理办法”处理。

10 月

10月1日 校团委组织化学、力学、物理、地球物理、地质等8个院系的200多名同学参加了庆祝中华人民共和国建国50周年升旗仪式，出席仪式并讲话。

北大1100余名同学参加了在天安门广场举行的群众游行。当晚，又有400名同学参加庆祝晚会的集体舞表演等活动。

10月2日 印尼金光集团总经理黄志源访问北大，任彦申、陈章良会见了来宾。

10月5～10日，首届中国国际高新技术成果交易会在深圳市举行。以任彦申书记为团长的北大代表团参加了高交会。陈佳洱校长作为大会的特邀贵宾与会，主持了以生物技术与医药，新材料与新能源为主题的高科技论坛。大会期间我校有4个项目正式签约，涉及总投资额14亿元人民币。它们是：列入国家高新技术产业化示范工程、2000年深圳市十大重点建设项目的北大生物谷工程；北大方正集团与深圳保安区签署的“方正石岩湖高新园区”联合开发项目；北京大学与深圳中核集团合作发展“铁氧体软磁元器材项目”；北京大学与香港金丰公司合作发展“密集波分复用光纤通讯项目”。

10月7日 北大未名生物工程集团创建的产学研基地——深圳北大生物谷工程正式启动。任彦申、陈佳洱赴深圳出席生物谷的奠基典礼，应邀出席典礼的还有深圳市市长李子彬以及中国教育界、科技界、生物产业界、金融证券界等有关嘉宾近百人。深圳北大生物谷位于深圳高新技术产业园区，占地面积90000平方米，整个工程投资7亿元人民币，一期工程投资3亿元人民币，主要项目有基因工程干扰素多种亚型和多种剂型、基因工程白细胞介素-2、基因工程白细胞介素-11、基因工程人胰岛素和基因工程人生长激素等多个项目，预计2～3年内完成这些产品的投产计划。北大生物谷被国家计委列为国家高新技术产业化示范工程；被深圳市政府列为2000年十大重点建设项目之一和深圳市高科技生态环保园区示范工程。

10月8日 授予布洛赫博士北京大学客座教授，陈佳洱出席仪式并致辞。

迟惠生会见台湾淡江大学国际研究学院李本京教授一行。会见后，北大台湾研究中心与台湾淡江大学国际学院签署了交流协议书。

10月10～18日 第二届亚洲国际象棋团体赛在沈阳举行。北京大学法学院99级本科生、现役国家队队员许昱华同学与队友王蕾、王频、秦侃莹为中国夺得了冠军。

10月11日 党委常委开会，专题研究北大方正问题。会议通报了方正问题发生的经过和学校的应对措施，传达了教育部的指示。确定了解决的原则：会议决定改组方正集团董事会，由闵维方任董事长，苏东波任副董事长，张玉峰、王选不进董事会。

10月12日 应邀参加国庆观礼活动的印尼金光集团总经理黄志源、香港旭日国际集团有限公司主席蔡志明、香港恒通资源集团有限公司主席施子清分别访问北大。施子清在参观过程中表示愿意资助人民币100万元，用以奖励北大学报(社科版)优秀论文。

10月13日 “北京大学国庆工作总结表彰会”在图书馆报告厅举行。大会对在国庆游行和国庆晚会的组织、表演中表现突出的10个先进小队、15名学工干部和100名同学进行了表彰。

10月14日 “北京大学’99文化科技卫生‘三下乡’暑期社会实践活动表彰奖励大会”在勺园召开。大会对本次社会实践活动进行了总结，对表现突出的院系和个人进行了表彰奖励。

委内瑞拉总统乌戈·查韦斯·弗里亚斯访问北大，并在新图书馆报告厅为师生作了演讲。

海南省中学舞蹈团在北大进行专场文艺演出。教育部、海南省委有关领导和校领导赵存生等观看了演出。

10月15日 校党委召开全校党支部书记大会，任彦申在会上传达了中发17号文件的有关精神，介绍了学校当前改革的进展情况，王杰在会上布置了民主评议党员、教工党支部评估、优秀党员和先进支部评选的有关工作。

党委常委开会，责成刘宇辉在闵维方的指导下完成对《北京大学关于解决方正集团公司目前问题的决定》的修改；决定19日召开方正中层经理、分公司经理参加的干部会，传达教育部指示精神，宣布《决定》。

10月16日 “北京大学生物城”在上地举行奠基仪式。全国人大副委员长丁石孙、全国政协副主席卢嘉锡和刘淇、李志坚、林文漪、徐锡安、朱善璐等北京市和海淀区的领导，以及任彦申、闵维方、林钧敬、马树孚等出席了典礼。北大生物城位于上地信息产业基地西侧，规划占地34公顷，一期工程总建筑面积为3.2万平方米，将建成4个生物制药药厂、现代化办公大楼、世界一流水平的研发中心、人工温室等。总投资额约8亿元人民币，建设周期2～3年。建成后的北大生物城，以基因工程技术为手段，从解决医药及食物入手，将最新研究成果产业化。

北大10名学生参加了“首届‘大溶洞’杯大学生山地车铁人三项邀请赛”。比赛全程是近30公里的山路，分骑自行车(20公里)、长跑(4公里多)、爬山(4公里)三个项目。我校以总分237分获得了团体第二名。邝浩欣、付伟同学获得男子个人第三名和第四名，马景春同学获得女子个人赛的第六名。

由党委宣传部、学工部、团委等单位共同主办的“’99国际老年人年北京大学尊老敬老活动”拉开序幕。赵存生参加了开幕典礼。

10月17日 陈佳洱赴天津参加南开大学90周年校庆庆典并讲话。

北大地球物理系和九三学社北大委员会联合为李宪之教授95岁寿诞举行庆祝会。

10月18日 “Soyou杯”首都高校网络文化节在北大开幕。教育部、信息产业部领导、北大校领导、中科院院士代表、全国学联负责人，围绕“信息化时代”中国现状分别在会上致辞。香港实达科技控股有限公司行政总裁陈建文作了题为“互联网的魅力——‘所有’的前景”的演讲。本次文化节由北京市学生联合会与实达“所有”网络技术有限公司联合主办，北京大学研究生会发起并具体承办。

10月19日 “北大文科科研成果获奖表彰大会”举行，对1999年文科获奖学者进行表彰。国家首次社会科学基金项目优秀成果奖全国共评出153项，北大获得18项(其中合作项目2项)；第四届国家优秀图书奖全国共评出148种，北大获得11种。会上还表彰了北大国家社会科学基金项目优秀成果、第四届国家图书奖获奖项目和在第七届精神文明建设“五个一”工程中获奖的项目。季羡林、黄楠森、孙钦善、王小甫等作为获奖教师代表在会上发言，国家社会科学规划办主任董京泉，及任彦申、陈佳洱、迟惠生、赵存生、何芳川等参加了会议。

复旦大学书记、校长率团到北大就学校内部管理体制改革问题进行专项调研。任彦申、陈佳洱、迟惠生等介绍了北大的有关情况。

北大召开方正集团中层干部会议，任彦申在会上宣布了《北京大学关于解决方正集团公司目前问题的决定》。陈佳洱、闵维方等参加了会议并讲话。

10月20日 北大与革命老区江西省新余市达成协议：北大将组建“新余经济、社会发展专家顾问小组”，不定期赴新余考察、论证、讲学。在扶贫开发、促进科技成果转化、培植新兴产业方面建立长期稳定的科技经济合作关系。

北大成立华侨华人研究中心。该中心是跨学科、跨系所的综合性研究机构，隶属北大国际关系学院亚非研究所。它将协调有关单位的科研力量，有计划地开展海外华侨华人历史与现状的研究，出版华侨华人研究丛书，并筹备建立华侨华人研究资料库。

10月21日 何梁何利基金第六届颁奖大会在钓鱼台国宾馆举行。卢嘉锡和北大教授侯仁之获得何梁何利基金科学与成就奖。自何梁何利基金设立以来至1998年，北大已有13人获得何梁何利基金科学与科技进步奖，侯仁之教授是北大第一位获得科学与成就奖的学者。

由北大红楼梦研究会策划的北京大学“‘红楼文化月’开幕式暨周汝昌先生讲座”在电教报告厅举行，红学家周汝昌作了题为“《红楼梦》与中国传统文化”的演讲。

10月21日 北京大学中国传统文化研究中心承办的中国北京大学—韩国东国大学第二届学术讨论会在北大勺园举行开幕式。东国大学校长宋锡球教授率韩国学者代表团一行9人出席。北大副校长闵维方教授、何芳川教授和吴同瑞教授、程郁缀教授接待了韩国代表团，并出席开幕式。本次学术会议的主题是“面向21世纪的传统文化与现代化”。会议于23日结束。

10月22日 英特尔公司副总裁、全球教育项目总监Carlene Ellis女士、英特尔公司公益事业部总监Timothy Saponas等一行九人访问北大。闵维方教授、杨芙清院士接待了来宾。Carlene Ellis女士向闵维方赠送了“1999年捐赠纪念牌”。英特尔中国区总裁Jim Jarrett与杨芙清院士签署了关于在北京大学信息与工程科学部设立“北京大学Intel信息与工程科学奖学金”的协议书。

2000余名北大留学归国人员欢聚一堂，共同庆祝北京大学欧美同学会成立。全国人大副委员长、欧美同学会会长丁石孙，全国政协副主席罗豪才，欧美同学会常务副会长张锦、武铁等，陈佳洱、闵维方等北大领导出席大会并讲话。会后，中国交响乐团为庆祝同学会成立演出了专场音乐会。

10月24日 北大太平洋科技发展大厦落成暨北大太平洋电脑市场开业典礼。北京市副市长刘志华等有关领导及任彦申、陈佳洱、闵维方、岳素兰、鞠传进等参加了典礼。

北大第12期入党积极分子培训班在办公楼礼堂开课，市委组织部韩铁成副部长给培训班的800多名学员作了题为“青年知识分子成长道路”的报告。

昌平校区新生文艺汇演在昌平校区举行，任彦申、王登峰等观看了演出。

山鹰社在体育中心二楼会议室举行新闻发布会，庆祝北大山鹰社’99飘柔登山队成功登顶克孜色勒峰(6252米)及记载“山鹰”十年历程的《八千米生命高度》成功发行。

学工部完成99级经济困难学生1999～2000学年减免学费工作，共有183名同学获得432000元人民币的学费减免。

10月25日 英国Cardiff校长访问北大，王登峰会见、接待了来宾。

以格森西亲王为团长的泰国前驻华大使代表团一行八人访问北大，王学珍等会见了客人。

10月26日 考古文博院教学楼奠基仪式在北大红湖边举行，国家文物局局长张文彬，北大校领导何芳川、林钧敬等参加了仪式。

英国大学校长代表团访问北大并参观了方正集团，闵维方等与客人就加强彼此间的合作进行了会谈。

"北京大学98级本科生军训总结表彰大会"举行，林钧敬出席大会并讲话。

10月27日 来京参加中美双边科技政策学术讨论会的代表、美国国家科学基金会国际合作局迪安杰等一行六人访问我校，闵维方等参加会见。

冰岛研究理事会代表团访问北大生命科学学院，陈章良在植物蛋白基因国家重点实验室会见了客人，并介绍了生命科学学院近年来的发展情况。

由俄罗斯文化部设立的"普希金奖章"颁发仪式在俄驻华使馆举行。北大俄语系李明滨、李毓榛、任光宣、徐稚芳四位教授获此荣誉。"普希金奖章"主要颁发给国内外对研究、推广俄罗斯文化，包括俄罗斯文学、艺术和有关的艺术种类做出杰出贡献的社会活动家、学者。此次"普希金奖章"在中国的颁发同时也是为了庆祝新中国建国50周年和中俄友协成立50周年。

10月28日 "北大史学基地"揭牌仪式在东陵大红门前隆重举行。出席仪式的有学校和历史系的领导和唐山市、遵化市的领导，及有关方面人士数百人。

北大青鸟软件生产基地开工典礼在大兴县举行，赵存生等参加了典礼。

加拿大驻华公使Lipman先生率使馆有关人员一行五人访问北大，郝斌等参加会见。

10月29日 第七届"安子介国际贸易研究奖"颁奖仪式在对外经贸大学举行。此次获奖成果共19项，北大有4项奖励。其中，邵景春的《原产地规则——产生、运用及改革》、郑学益的《商战之魂——东南亚华人企业集团探微》获优秀著作三等奖；朱善利、冯晴等的《外商直接投资与中国的对外贸易》、刘怡的《出口退税：理论与实践》获"优秀论文二等奖"。另外，学生李毅获"学术鼓励奖"。

"北京大学扶贫济困募捐周"活动圆满结束。此次募捐活动，共募集到北大广大教职工向内蒙古贫困地区人民捐赠的捐款人民币5455元整，衣被6724件。其中棉衣868件，棉被204床，毛毯42条，棉毯19条，羽绒服383件，绒衣1087件，皮衣106件，毛衣2634件，单衣（夹衣）1381件。

韩国庆熙大学教授罗中一访问北大并作题为"东北亚文化产业共同体的模式"的演讲，何芳川会见了客人。

丹麦驻华大使访问北大，并在勺园就丹麦国家现状发表演讲。

10月29日 上午，中共中央宣传部、中央文献研究室、中央党史研究室在人民大会堂举行《李大钊文集》出版暨纪念李大钊同志诞辰110周年座谈会。会议由中共中央政治局候补委员、书记处书记、中组部部长曾庆红主持。中共中央政治局常委、国家副主席胡锦涛在座谈会讲话中指出，我们纪念李大钊同志，学习和研究他的著作，必须像他那样弘扬爱国主义精神，为中华民族的振兴不懈奋斗，必须像他那样始终不渝地坚持把马克思主义应用于中国实际的探索精神；必须像他那样保持无产阶级先进分子的革命气节和高尚情操。北大原党委书记、中国李大钊研究会会长王学珍在会上发了言，校党委副书记赵存生等参加了座谈会。新编《李大钊文集》是3年前经中央批准，由中国李大钊研究会负责组织，于近期完成的。

下午，中国李大钊研究会、北京大学、中共河北省委宣传部和全国党史研究会联合举办的全国李大钊学术讨论会在北大开幕。80余名国内著名学者参加讨论会。薄一波为讨论会题词："继承与发扬李大钊的革命精神，为建设有中国特色社会主义而奋斗。"会议由中国李大钊研究会会长王学珍主持。中国李大钊研究会名誉会长李运昌、河北省委常委宣传部长张世凡、北大副校长何芳川在会上致辞。会议以"李大钊与马克思主义旗帜在全国的树立"为主题展开讨论，于31日结束。

10月29～31日 "北京大学1999年教务工作研讨暨招生工作总结会"在昌平召开，赵存生出席会议并讲话。

10月31日 授予丁肇中北京大学名誉教授仪式在电教报告厅举行。仪式后，丁肇中作了学术报告。

10月 民建、致公党北大支部完成换届选举，换届后的民建主委为晏懋洵，副主委为邱建国；致公党主委为李崇熙，副主委为马军。

北大学生社团重新登记注册工作结束。共登记注册学生社团73个，其中理论类19个，实践类17个，体育类15个，文艺类22个。全校共有8000余名学生参加了各类社团。社团负责人中，女生14人，占19.2%，研究生20人，占27.4%。

11 月

11月1日 "华夏同心迎回归"——北京大学迎澳门回归系列活动开幕式在北大图书馆报告厅举

行。教育部港澳台事务办公室副主任张栋,澳门特别行政区筹委会委员、前澳门特别行政区基本法起草委员会委员、澳门大学教授黄汉强,澳门特别行政区筹委会委员、前澳门特别行政区基本法起草委员会委员、澳门特别行政区推委会委员、北大法学院教授肖蔚云,以及赵存生、王登峰等出席了开幕式。

北大港澳台办公室和国关学院联合邀请黄汉强教授主讲题为"澳门从失落到回归"的讲座。

11月2日 北大召开分党委书记及部门工会主席会议,王登峰、赵存生、岳素兰等分别就学校处理"法轮功"的有关工作及第四届教代会和第十六次工会代表大会的筹备等事项作了说明和部署。

11月3日 燕北园9号住宅楼工程破土动工,计划于2000年8月竣工。

北大法学院肖蔚云教授就澳门回归的进展情况和澳门特别行政区基本法等内容作报告。

11月4日 《田长霖的柏克利之路》出版发行仪式在勺园7号楼举行。陈佳洱校长在仪式上致辞,迟惠生向原柏克利大学校长田长霖教授赠书。仪式结束后,田长霖教授为师生作了报告。.

"秦惠箬、李政道基金管理委员会"会议在北大举行。宋平、周光召、朱光亚、陆甬祥、韦钰及陈佳洱等参加了会议。

11月5日 中铁公司承建的学生宿舍33号楼二期工程破土动工,计划于2000年8月竣工。

北大港澳研究中心常务副主任徐雅民为师生作题为"澳门回归后经济发展展望"的报告。

11月6日 北京大学出版社恢复建制20周年庆祝大会在办公楼礼堂举行,中宣部副部长龚心瀚等有关部门领导和陈佳洱、迟惠生、赵存生等校领导出席了大会。

北京大学迎澳门回归现场题词绘画活动在三角地举行。该幅长卷长19.99米、宽1.220米,象征着1999年12月20日。该幅长卷将与其他兄弟院校的另九幅长卷一起缝制成一幅长199.9米、宽1.220米的长卷,交由中国革命历史博物馆保存。

学生党支部工作研讨会在体育中心举行,各学生党支部书记、组委、宣委等290余人参加了会议,任彦申在研讨会上讲话,王杰在会上布置了学生党员评议等工作。

11月7日 北京大学新生文艺汇演暨澳门大学舞蹈团演出在办公楼礼堂同台进行,赵存生、林钧敬等观看了演出。

第六届"挑战杯"全国大学生课外学术科技作品竞赛落下帷幕。北大有6件作品参赛,获得一、二、三等奖各1名,鼓励奖2名,总分260分,全国排名第七,获"优胜杯"。在刚刚结束的北京大学生数学建模与计算机应用竞赛中,北大有5支参赛队伍获得北京市一等奖,4支参赛队伍获得二等奖。

11月8~12日 教育部理科科学研究和人才培养基地专家组对北大物理学(含核物理)、化学、生物、数学、力学、地质、地理、大气科学等八个半理科人才基地进行了验收评审和中期评估检查。专家们对北大基地建设情况表示满意,但同时也指出在管理上存在问题。

11月8日 国防大学副政委赵可铭中将率领国防大学"师以上领导干部学习邓小平理论集训班"的全体成员,其中包括14名将军和51名校官来北大参观,任彦申、林钧敬等接待了客人。

北京大学第四期研究生干部学校开学典礼暨全校研究生干部大会在图书馆报告厅召开。任彦申、林钧敬等出席了大会,任彦申在会上作了讲话。

前四通集团总裁、现任中关村科技开发有限公司总经理段永基,在北大电教中心作了题为"硅谷精神与青年创业"的报告。任彦申出席报告会。

北京大学科技开发部与江西新余肉类联合加工厂共同成立了江西北大高新生物工程集团有限责任公司。公司总投资为1亿元,北大占有46%的无形资产和技术股权。

11月9日 党委常委开会。(1)传达全国高校后勤社会化会议精神。(2)决定成立后勤改革领导小组,林钧敬任组长,后勤、人事部、财务部、资产部负责人参加。(3)同意吴志攀担任校长助理。

为加速实现高校科技成果的产业化和商品化,北京大学科技开发部与东圣投资有限公司共同设立北大先行科技产业有限公司。公司以化学学院慈云祥教授和周恒辉博士的科研成果——锂离子电池高新技术为依托,主要从事锂离子电池及其相关产品的研发、生产和销售。公司总投资为1亿元,其中北大占有40%的股份,选址于新落成的北大太平洋科技发展中心。

德国洪堡大学校长MAYER一行三人访问北大,计划逗留3天。王义遒、吴志攀等会见了来宾。

11月10日 德意志研究联合会主席奈温教授率领代表团一行七人访问北大,参观了重离子所、化学学院、生命科学学院和赛克勒博物馆。陈佳洱校长会见了来宾。

奥地利托费赫市铜管乐团中国之旅音乐会的首场演出在北大办公楼礼堂举行。该乐团成立于1874年,演出共有46名成员参加,其中年龄最小的仅13岁。

11月11日 马来西亚沙巴大学校长一行三人来访,参观了校园和赛克勒博物馆。

希腊共和国驻华大使约安尼斯·塞奥法诺普洛斯访问北大,陈佳洱校长会见了来宾。

北京国际爵士音乐节北大专场在北大五四体育场举行,参加演出的为意大利著名乐队Doctr3和奥地利维也纳爵士乐团。

11月12日 1998~1999年度

北京大学三好学生、先进集体表彰大会在办公楼礼堂举行。陈佳洱在会上讲话，迟惠生、赵存生、岳素兰、王登峰、鞠传进等出席了会议，大会由林钧敬主持。大会授予数学科学学院俞诗鹏等 116 名学生“三好学生标兵”称号；授予物理学系袁烽等 107 名学生“北京大学创新奖”；授予力学与工程科学系杨虹等 753 名学生“三好学生”称号；授予国际关系学院王丽新等 70 名学生“优秀学生干部”称号；授予电子学系、化学与分子工程学院、生命科学学院、哲学系、国际关系学院、法学院 6 院系“学生工作先进单位”称号；授予数学科学学院 98 级本科生 2 班等 26 个班集体“北京大学优秀班集体”称号；授予中国语言文学系 98 级本科生班等 47 个班集体“北京大学先进学风班”称号；推荐数学科学学院周烽等 25 名学生为“北京市三好学生”；推荐政治学与行政管理系杨光等 3 名学生为“北京市优秀学生干部”；推荐力学与工程科学系 98 级力学本科生班等 10 个班集体为“北京市优秀班集体”；此外，还对 1002 名在学习、社会工作、体育、艺术活动等方面表现突出的本专科生和研究生颁发了各类单项奖。1999 年度全校奖学金总金额为 4406200 元，其中研究生 1778900 元，本科生 2627300 元。

马来西亚 UUM 大学校长一行四人访问北大。迟惠生会见了来宾。

11 月 14 日　北京大学第十六期团校开学典礼在图书馆报告厅举行，王登峰等出席大会并讲话。

北京大学’99 暑期社会实践活动各项工作圆满结束，北大被继续评为全国大学生社会实践及大中专学生志愿者暑期“三下乡”活动先进单位。

11 月 15 日～16 日，党委常委和校长办公会举行联席会议。(1) 听取陈文申关于对第一、二批共 16 个院系岗位设置和人员聘任情况进行审核的汇报，通过其中 14 个院系所的岗位设置和人员聘任方案，同意从 1999 年 9 月起对这些单位上岗人员发放岗位津贴，先将个人津贴的 2/3 划入其牡丹卡、按月发放，其余 1/3 在学期末考核合格后发放。(2) 听取叶静漪关于接受个人申诉情况的汇报，并对已获通过的 14 个单位的申诉人员的情况进行了研究，决定对其中 11 人的岗位进行调整，另有 1 人的岗位不再调整，由人事部对他们逐一予以答复。(3) 讨论、确定在任或离任在职的校领导和机关“双肩挑”干部的定岗问题。(4) 决定离退休人员和知名学者的补贴办法：①对 1999 年度离退休人员一次性发放 2000～3000 元的补贴；②对往年离退休人员可分为几档发放补贴；③对特殊人物、知名学者另行确定发放补贴标准；④2000 年按 500 万元人民币的额度确定发放补贴的标准。责成人事部具体研究落实上述决定。(5) 原则通过《关于富余、转岗人员管理暂行办法》，责成人事部作适当的文字修改并征求教代会的意见后发布实施。(6) 原则通过《岗位奖励津贴实施细则》。(7) 听取岳素兰关于机关“三定一聘”情况和待聘人员分流办法的汇报，确认校部机关全员招聘的结果，同意对待聘人员分别采取学校和各部门共同消化、交人才交流与培训中心安排、按照《关于富余、转岗人员管理暂行办法》处理等三种办法安置。(8) 决定成立以林钧敬为组长的机关公用房调整工作小组，由该小组提出机关公用房的调整方案。(9) 原则通过《北京大学教育职员制试行办法》，责成人事部、组织部等有关部门作进一步修改后，在校机关实施，2000 年在全校管理岗位上推行。(10) 通过《北京大学党风廉政责任制》、《北京大学党委会工作规则》和《关于实行个人重大事项报告的制度》。(11) 责成组织部、人事部对附属、直属、挂靠单位的定级问题进一步进行协商后提出方案。(12) 听取林钧敬关于燕园社区服务中心的组建及实施方案的汇报，同意成立燕园社区服务中心理事会，林钧敬任理事长、赵桂莲任常务副理事长，社区服务中心三名副主任应尽快招聘到位。劳动服务公司人员进入社区服务中心后，集体工的待遇问题，授权林钧敬牵头提出具体方案后再定。社区中心与学校、后勤、燕园街道的关系问题，授权林钧敬协调解决。(13) 听取范强关于会议中心组建工作方案的汇报，原则同意该组建方案，并决定：①会议中心是在勺园和原属国际合作处的对外交流中心的基础上通过改制、剥离而组建的提供专业化服务的实体；②其所辖范围包括勺园、大讲堂、理科楼群中具有会议功能的部分（原称为交流中心的部分）；③尽快组建会议中心理事会，代表学校管理会议中心，理事长由学校委派、人选待定；勺园不再单独设立董事会；④会议中心三位副主任尽快招聘到位；⑤会议中心党组织关系属后勤党委。⑥会议中心对外联系业务时可继续使用“北京大学对外交流中心”的名义。(14) 同意设立学生创新奖。(15) 通过学位评定委员会、国内合作委员会、治安综合治理委员会、计划生育委员会名单，通过校产管理委员会部分成员调整的名单，授权林钧敬牵头提出国家安全领导小组、保密委员会调整名单；授权鞠传进提出爱国卫生委员会和绿化委员会调整名单。(16) 同意中国经济研究中心利用台湾亚陆投资银行董事长万众先生的捐赠改造朗润园 168 号院作为办公用房，要妥善做好该院居民的拆迁工作；同意分批对朗润园和镜春园进行改造，对该地区居民的违章建筑和临时建筑进行清理、拆除。(17) 同意历史学系聘请香港科技大学张灏、微电子所聘请香港科技大学余同希、光华管理学院聘请香港科技大学钱大康、城市与环境学系聘请香港科技大学黄汝常、化学与分子工程学院聘请美国耶鲁大学李中汉和香港大学陈清泉等7人为客座教授，聘期两年。

11月15日　泰国曼谷大学副校长桑提哇博士率领曼谷大学国际学院院长拉塔娜堪博士等一行四人访问北大，迟惠生等会见了来宾。

阿根廷罗撒里奥市政府代表团访问北大，其中包括罗撒里奥大学副校长。

11月15日　北大和南京大学、甘肃省图书馆共同举办的“刘国钧百年诞辰学术研讨会”开幕。刘国钧教授是我国著名图书馆学家、教育家。来自美国、韩国、台湾及内地的学者近百人出席研讨会。与会者就刘先生的学术思想、方法及治学精神进行研讨。会议收到80篇交流论文。会议于17日结束。

11月16日　1998～1999年度光华奖学金、安泰奖学金颁奖大会在办公楼礼堂举行，陈佳洱、赵存生、林钧敬、王登峰等出席。

11月17日　’99科学文化前沿系列讲座在电教报告厅拉开帷幕。陈章良教授作了第一场讲座“现代生物技术对未来人类生活的影响”。

中国科学院向新闻界公布院士增选结果：这次共增选院士55名。北大数学学院文兰教授、化学学院周其凤教授当选。至年底，北大共有两院院士32名。

北京大学应用伦理研究中心成立。何芳川副校长和程郁缀、叶朗先后在成立会上讲话。研究中心主任赵敦华教授向大家汇报了研究中心成立经过以及设计项目、筹集经费、组织队伍、推出成果等近期工作计划。

北京大学30名学生与华夏银行签署助学贷款协议。大连实德集团首期为北大学生贷款提供500万元担保额度。

11月18日　“北大红楼文化活动月”在电教报告厅落下帷幕。王蒙作了题为“《红楼梦》与我们”的报告。

英国伦敦大学学院首席副院长包士奇教授一行三人访问北大，陈佳洱等会见了来宾。

台湾“中小企业发展协进会”北京、天津观光考察团一行13人访问北大，迟惠生等会见了来宾。

11月19日　北京市政协主席陈广文、副主席李获生等到北大看望在校的市政协委员并进行座谈，任彦申和北京市政协副主席韩汝琦，北京市政协常委金声、李庆云等参加了座谈。

德国新任驻华大使于倍寿到北大演讲。此次演讲是北大举行的“中国与世界——驻华大使系列演讲”中的一讲，旨在增进北大师生对于国际关系问题、国际事务的了解和认识。

俄罗斯友好代表团一行16人访问北大，王义遒等会见了该代表团。

11月20日　北大校机关领导干部系列知识讲座举行第一讲。政治学与行政管理系李强教授为学校党政、后勤部门及有关院系的100多人主讲“后工业社会对高等教育的要求”。

11月23日　党委常委开会：(1)通过《校务委员会规章》、校务委员会名单。主任：任彦申；副主任：陈佳洱、赵存生、吴树青、王义遒、郝斌；委员：王邦维、王浦劬、甘子钊、厉以宁、卢咸池、朱星、刘宇辉、关成华、杨芙清、李克安、吴志攀、张宝岭、陈占安、林建华、林毅夫、周其凤、袁行霈、韩汝琦。(2)通过离退休同志的补贴办法。

日本立命馆大学与北京大学合作交流协议签字仪式在临湖轩举行。陈佳洱、何芳川等及立命馆大学总长长田丰臣、副总长阪本和一等出席了签字仪式。

日本东京大学校长莲实重彦一行访问北大，陈佳洱、迟惠生、何芳川、郝平等会见了来宾。

由校团委主办的北京大学“华为”科技创新周活动在法学楼模拟法庭开幕。

印度德里大学副校长梅塔教授率领印度社科理事会工作团一行三人访问北大。何芳川等会见了来宾。

11月25日　北大召开文科工作会议，会议讨论了有关申报教育部人文社会科学重点研究基地的计划，以及北京大学创建世界一流大学计划文科建设的初步打算。会议由何芳川主持，赵存生及文科各学部、院、系、所、中心和有关职能部门的负责人参加了会议。

11月26日　召开校长办公会。(1)听取发展规划部关于调整校园规划和2000年度基建立项审核情况的汇报，通过《关于北京大学校园内各种建设项目立项程序的规定》和北京大学发展规划专家组成员名单。(2)不同意体育教研部提出的修建“五四”运动场东看台及风雨操场的项目，同意改造“五四”运动场(中间铺草地、周围建塑胶跑道)。(3)重申北达资源中学的用地要按协议收回，不同意资源中学扩建教室楼。(4)讨论了财务部提出的《北京大学机关收入管理及经费分配办法(试行)》，认为办法中的条文过细，责成财务部根据会上提出的意见修改后提交闵维方、岳素兰签发，试行一年。(5)讨论了长期出国人员、因病休假人员的聘岗问题，责成人事部根据会上的意见制订出管理办法，提交闵维方签发实施。

全国“研究生院院长联席会”在京西宾馆召开成立大会。教育部副部长周远清到会讲话。大会决定将联席会秘书处挂靠在北京大学研究生院。大会通过了首届四个主席单位：北京大学研究生院、上海交通大学研究生院、哈尔滨工业大学研究生院、中山大学研究生院。北大研究生院常务副院长周其凤院士当选为联席会秘书长。

11月27日　从本月21日开始在台湾大学举行的两年一度的北京大学、台湾大学、香港中文大学两岸三地三校交流活动落下帷幕。三校进行了足球、篮球、排球三个项目的比赛，北京大学获女排冠军，台湾大学获男篮冠军，香港中文大学获足球冠军。三校还进行了高校体育教学科研、运动训练及群体活动等方面的交流。三校交流活动始于1995年，由香港中文大学组织发起。首届在香港举行，1997年第二届在北京大学举行。

生物学家、生理学家、北大博士生导师，原北京大学生物学系系主任、分子生物学研究所所长、生命科学中心主任、中共党员陈德明教授因病医治无效，在京逝世，享年79岁。

11月28日 北京大学第三届“环境与发展文化节”在图书馆报告厅开幕。国家环保总局局长解振华，北大领导迟惠生、王登峰，兄弟院校环保社团负责人以及师生100多人参加了开幕式。文化节是由北京大学环境保护办公室与北京大学环境与发展协会联合主办的。本次文化节的主题为“环境·人文·生态”，主要活动包括“环境与发展系列讲座”、“环境·人文·生态图片展”、“电影录像展播”、“环保实践活动”、“减卡救树活动”等，整个活动历时三周。开幕式结束后，北大景观生态中心主任俞孔坚教授又作了题为“中国人的环境理想”的报告。

11月29日 国务院副秘书长徐荣凯，教育部副部长张保庆，国家科教办专职副主任李主其，北京市副市长林文漪、汪光焘等一行十余人来到北大，听取关于学校发展规划、学生公寓建设和学校后勤体制改革等方面情况的汇报。任彦申、林钧敬、鞠传进及发展规划部、资产部、总务部、基建工程部、党办校办等有关职能部门的负责人汇报了有关情况。

教育部1999年度科技进步奖公布，北大共有11项成果获奖，其中应用类奖4项：二等奖1项(以北京航空航天大学为主)、三等奖3项(其中一项以北京航空航天大学为主)；科技教材奖7项：二等奖4项、三等奖3项(2项与外单位合作完成)。(1999年度教育部科技进步奖授应用、推广、发明、科技教材四类奖)

“华夏同心，共创未来”北大学生迎澳门回归演讲比赛举行总决赛。杜鹏获一等奖，张小博等8名学生分获二、三等奖。

11月30日 《马丁·菲耶罗》中文第二版的首发式在阿根廷驻华使馆举行。中译本的译者、北大西班牙语系赵振江教授被阿根廷“五月勋章理事会”授予骑士级“五月勋章”。

11月 民革北京大学支部被民革中央评为全国先进支部。支部副主委、化学学院副教授陈月华在大会上介绍了支部工作情况和经验。此前，该支部曾被民革北京市委评为北京市先进支部。该支部是由北大和清华两校组成的联合支部，共29人，其中北大22人，清华7人。

12　月

12月1日 “国家自然科学基金管理工作北京地区联络网”网长换届会议在北大召开。会议由基金委综合计划局鲁秀珍副局长主持，北京地区高校和科研院所中20多个承担基金主要单位的管理人员参加了会议。北大自1992年起与北京科技大学、北京航空航天大学连续两届共8年担任联络网网长。此次会上选出解放军总医院、中科院化学所和北方交通大学三个单位为新一届网长。

由校团委举办的“’99中国十大杰出青年北大行”活动在北大举行。任彦申会见了十位杰出青年，王登峰出席了“十杰”与200名北大学生代表的交流会并致欢迎词。

北大光华管理学院与中国民营专业管理咨询公司——北京新华信商业风险管理有限公司共同设立总额为100万元的“新华信研究奖励基金”，自2000年开始，每年评选一次，奖励光华管理学院在管理学研究领域作出杰出贡献的专家、学者。

12月2日 北大科研部接到国家自然科学基金委各学部的通知，北大共有11人获得1999年度国家杰出青年科学基金资助，4人获得海外、香港青年学者合作研究基金资助。获得前项基金资助的11人是数学学院林作铨、刘张矩，力学系王龙、王建平，物理系熊传胜，化学学院王远，生命科学学院王忆平、舒红兵，城环系胡建英、周力平，环境科学中心朱彤。

美国地理学会授予北大教授侯仁之院士乔治·大卫森勋章仪式在北大正大国际中心多功能厅举行。美国地理学会代表达伯森，北大校长陈佳洱，中国地理学会副理事长刘昌明等和有关专家学者及100名师生出席了授勋仪式。

12月2～3日 教育部召开国家重点实验室工作会议，总结1999年全国化学化工29个国家和教育部重点实验室的评估经验。北大参加评估的3个化学类实验室排名分别为第5(A)、第24(B)和第28(C)。

12月3日 印尼总统阿卜杜勒·拉赫曼·瓦希德访问北大，并在图书馆报告厅就印尼与中国关系作了演讲。演讲会由郝平主持，校长陈佳洱致欢迎辞。

12月4日 北大素质教育委员会、党委宣传部与中国人学学会、北大人学研究中心共同举行“社会主义现代化与人文素质教育研讨会”。中组部、教育部、民政部、中央党校、社科院、北京教科院、北大、人大、师大等单位的50多位专家学者参加了会议。教育部社科中心主任田心铭和北大领导赵存生等出席了会议。

纪念游国恩先生诞辰100周年研讨会在勺园多功能厅举行。游国恩于1926年毕业于北京大学，长期担任北大教授，并曾任北大中文系副主任。游国恩是研究楚辞的著名学者，代表著作有《楚辞概论》、《离骚纂义》、《天问纂义》和《中国文学史》等。

12月9日　党委常委和校长办公会举行联席会议。(1)审议通过28个院(系、所、中心)的定岗聘任方案；责成人事部对被聘为A1、A2岗位人员中教学科研工作责任有疑问者的责任书，重新进行一次认真的核对。(2)听取岗位聘任申诉受理调查委员会关于申诉受理和调查基本情况的汇报，决定对个别人的定岗做适当调整。(3)考虑到这次岗位聘任中管理岗位与教学科研岗位的差别，同意参照国家人事部和教育部的有关文件规定，在校机关试行模拟教育职员制度。(4)决定在1999～2000学年度用于提高离退休人员生活费补贴为自筹资金500万元，适度向1999年度退休的人员倾斜，同时对已离退休的院士及文科著名教授予以特别照顾。对其他离退休人员的生活费补贴分若干档一年两次发放到位。今后对离退休人员发放生活费补贴的问题，再研究改进。(5)通报国务院副秘书长徐荣凯等来校听取学校发展规划、学生公寓建设和后勤体制改革汇报时提出的意见。徐荣凯指出，北大在制订规划的时候要注意三个因素，一是要认真考虑21世纪的大学应是什么样的大学，二是北大在21世纪要成为一所什么样的大学，三是北大的发展与中关村科技园区及北京市总体规划结合的问题。要以一流的教育水平、一流的学术水平、一流的管理水平、一流的后勤服务水平和一流的园区建设水平为出发点来考虑学校的规划。要从学校的发展来考虑用地，而不是从用地来考虑学校的发展，北大要通过改革和重新规划，有脱胎换骨似的变化与发展。(6)决定第16次工会代表大会暨第4次教代会延期至明年3月召开。(7)同意经济学院聘请美国南卡罗来纳大学郭振游、电子学系聘请美国佐治亚理工学院王中林、历史学系聘请日本东京大学滨下武志、考古文博院聘请香港中文大学饶宗颐等四人为客座教授，聘期两年。(8)同意成立传播学院筹备组，何芳川副校长任组长。“《季羡林文集》出版暨季羡林先生米寿座谈会”在勺园多功能厅召开，全国人大副委员长丁石孙，全国政协副主席罗豪才，中共中央统战部副部长刘延东及北大领导任彦申、迟惠生、赵存生、何芳川等参加。

在国家科学技术部举行的“中国青年志愿者协会科技协会”成立仪式暨表彰大会上，北大被科技部、共青团中央联合授予“优秀青年志愿者援助单位”称号。

北大举行“迎澳门回归、迎新千年来临冬季长跑活动”，学校各机关、院系老师参加了长跑。

“一二·九”歌咏比赛决赛在办公楼礼堂举行，校领导任彦申、赵存生、岳素兰、林钧敬、王登峰与校机关人员一起组成合唱队登台表演。

12月10日　科学研究部完成教育部重点实验室的申报工作，本次申报的实验室有：地表过程分析与模拟(城环系)，造山带的机构、组成与演化(地质系)，纳米化学与器件(化学学院)，量子计测前沿(电子学系)以及遥感空间科学与GIS工程(遥感所)。

“北京大学中华正气社”举行成立仪式，岳素兰、王丽梅等出席。正气社以“树立中华正气，弘扬民族精神，继承爱国传统，促进祖国统一”为宗旨，以“扬中华正气，做世纪栋梁”为口号，旨在倡导“讲正气，做正事”的风尚。北大和兄弟院校师生400多人参加了大会，中华爱国工程联合会会长李德生将军及北京市学联、清华大学等十多个单位发来了贺电。

北京高校统战理论研究会年会在北大图书馆报告厅举行。法学院肖蔚云教授在会上作了关于澳门回归问题的报告。市委统战部副部长周伯琦、年会会长赵存生等出席并讲话。

“‘青鸟杯’首都大学生迎澳门回归知识竞赛”决赛在北大光华楼举行。中共北京市委常委、教育工委书记、市教委主任徐锡安，中共北京市委教育工委副书记夏强，共青团北京市委副书记王英偶，北大教授肖蔚云、徐雅民等出席。经过比赛，北大代表队获一等奖。校领导任彦申、林钧敬、王登峰等出席并为获奖代表队颁奖。

12月11日　“纪念曾昭抡诞辰100周年大会”在图书馆报告厅举行，全国人大副委员长丁石孙及北大领导陈佳洱、岳素兰等出席了大会并发表讲话。

12月13日　北京大学校长任免宣布大会在图书馆报告厅举行。中央组织部副部长张柏林，教育部党组副书记、副部长吕福源，北京市委常委、市教工委书记、市教委主任徐锡安，中科院秘书长马彤军，以及北大原校长陈佳洱、新任校长许智宏等出席大会并讲话。会议由任彦申同志主持。北大现任党政班子全体成员和前任的老领导，以及各职能部门、各院系负责人和知名专家、民主党派负责人、老干部代表、教师代表等近200人参加了会议。

美国韦尔斯利学院院长Walsh一行8人访问北大，迟惠生等会见并宴请了来宾。

12月13～15日　德国拜洛依特大学副校长Sigloch教授和国际部主任访问北大，迟惠生等会见了来宾。

12月15日　早7：00左右，光华管理学院国民经济专业99级博士生耿耿(男，37岁，山东人，住学生宿舍33号楼525房间)将同屋同学、光华管理学院国民经济专业99级博士生王淮学(男，26岁，江苏人)杀害后，从5楼阳台上抛下。8：40左右，耿耿畏罪跳楼自杀。

“北京大学授予郭振游先生客座教授”仪式在法学楼模拟法庭举

行。

日本长岛要市先生访问北大，郝平等会见了来宾。

12月17日 以韩国教育部检察官具宽书为团长的韩国教育代表团一行六人访问北大，王学珍等会见并宴请了来宾。

印度驻中国大使在北大图书馆报告厅演讲，梁柱等出席。

12月18日 北大举行中国经济研究中心成立五周年庆祝会，任彦申、赵存生、何芳川等出席。

12月19日 北大组织98、99级本科生2600余人参加“迎澳门回归冬季长跑”活动。林钧敬、王登峰等参加。

12月24日 “祝福新世纪——钢琴名曲音乐会”在图书馆南配楼举行。中央音乐学院钢琴系原系主任、知名钢琴演奏家周广仁教授携三名优秀弟子为在场的200多名师生作了表演。林钧敬等接待了周广仁一行。

12月25日 北大教育工会成立50周年庆祝大会在办公楼举行，全国总工会书记处书记纪明波，北京市委常委、北京市总工会主席阳安江，北京市委常委、北京市委教工委书记徐锡安，全国教育工会主席蒋文良，北京市教育工会主席刘祚屏，北大领导任彦申、赵存生等出席大会。

12月26日 北京大学第12期入党积极分子培训班结业典礼在百周年纪念讲堂举行，赵存生、岳素兰、王杰等出席并讲话。参加这次培训的有学校本部1070人，其中956人结业，占培训人数的89.4%，有新生预备党员119人，入党积极分子837人(教工22人、专科生85人、本科生561人、研究生169人)；昌平校区470人。

12月28日 北京大学统战系统迎新千年联谊会在勺园多功能厅举行。联谊会由统战部和北大民革、民盟、民建、民进、致公党、九三学社以及北大侨联会联合举办。任彦申、迟惠生、赵存生、岳素兰、王杰等出席。北大的全国、北京市及海淀区的人大代表、政协委员，北大各民主党派成员、归侨侨眷、港澳台胞及亲属、少数民族教职工、无党派教师等300多人参加了联谊会。

12月29日 华夏英才基金第三批支持党外专家、学者出版学术著作仪式在中央统战部礼堂举行，北大有5本专著、2本博士论文获得支持。

北大举行离退休老干部新年联欢会，任彦申、许智宏、闵维方等出席。

北京大学经济管理高研班结业典礼在贵州大厦举行，贵州省委组织部副部长陈华祥、崇文区区委组织部部长冯熙，北大领导岳素兰等出席了典礼。

12月30日 党委常委和校长办公会举行(扩大)会议。(1)听取迟惠生关于落实建设一流大学计划的总体汇报，羌笛、吴同瑞、朱星关于建设一流大学计划学科建设项目中文科、理科子项目遴选、启动情况的汇报，同意在“211工程”办公室的基础上设立建设一流大学综合办公室。(2)听取林钧敬关于北京市副市长林文漪、汪光焘召集北大清华负责人商讨落实上次汇报会上提出的几项事情的情况汇报。北京市承诺在万柳园小区为北大建10万平方米的学生公寓，由小区建设办公室负责征地、筹资、建设等工作，学生公寓建成后，由北大使用，小区建设办和北大共同管理。电力增容问题，站内及站前由市里负责，站后的由北大负责。由市里和海淀区出资在白颐路北延线上修建两座过街桥。北京大学教育工会成立50周年庆祝大会在勺园多功能厅举行。全国教育工会主席蒋文良，北京市总工会副主席孙学才，原北京市总工会副主席、北大校友郑守廷，北京市教育工会主席刘祚屏，北大领导任彦申、许智宏、赵存生、岳素兰、林钧敬、陈文申等出席了大会。

12月31日 北京大学迎接2000年联欢晚会在百周年纪念讲堂外举行，任彦申、许智宏、迟惠生、赵存生、岳素兰、陈章良、林钧敬、王丽梅、王杰等参加了晚会，许智宏致新年贺词。

北大师生150人参加在北京市中华世纪坛前举行的“首都各界迎接新世纪新千年庆祝活动”。法学院96级蒙古族本科生达奔那参加了此次庆典的圣火火炬传送。

12月 由北大地球物理系空间物理专业和技术物理系合作研制的星内粒子探测器在10月14日发射上天的“资源一号”卫星上工作正常，数据可靠。这是我国首次实现对卫星内部辐射环境状态的监测。

12月 第二届中国环境科学学会“青年科技奖”和“优秀学会工作者奖”评选揭晓，北大环境科学中心胡建信、邵敏副教授和李文军博士获“青年科技奖”；博士生温东辉获“优秀学会工作者奖”。

12月 民盟北京大学委员会、民进北京大学委员会完成换届选举工作。新一届民盟北京大学委员会主委为王晓秋，副主委为黄嘉佑、沈正华、孟广礼。新一届民进北京大学委员会主委为高巧君，副主委为胡军、佟新、潘燕生。

12月 根据北大与清华大学签订的合作办学协议，两校商定从下学期开始，将互相开设选修课。北大为清华开设10门选修课，可接纳学生300人次。清华为北大开设10门选修课，容量为200人次。两校教务部门还商定，在相互推荐研究生方面给对方预留一定的名额，北大的辅修专业和二学位将部分向清华学生开放。

★据校人事部统计，1999年全校在职教职工6514人，教师队伍中教授822人，副教授789人，讲师614人，助教104人。中科院院士30人，工程院院士2人，第三世界科学院院士4人。生师比为14∶1至15∶1。

1999年北大入选"百千万人才工程"24人：

王诗宬　张继平　龚旗煌
林建华　赵新生　严纯华
刘忠范　来鲁华　陈晓非
赵进东　顾红雅　陈建国
陈章良　唐建国　方精云
方　竞　阎步克　曾　毅
周　星　申　丹　肖建国
阳振坤　倪晋仁　周　宁

北大入选"北京市百人工程"20人：

王登峰　王岳川　阎步克
高　毅　王　东　丰子义
万俊人　郑学益　孙祁祥
胡　坚　刘　伟　龚刃韧
吴志攀　叶自成　周　星
王浦劬　朱善利　涂　平
张守民　魏　新

北大"长江计划"特聘教授已签协议15人：

田　刚　夏志宏　彭练矛
刘忠范　欧阳颀　龚旗煌
邓兴旺　阳振坤　佘振苏
鄂维南　程正迪　严纯华
赵新生　查洪彬　周力平

北大获"国家杰出青年基金"32人：

张继平　刘忠范　赵新生
陈建国　唐建国　陶　澍
龚旗煌　林建华　倪晋仁
陈晓非　赵进东　严纯华
朱玉贤　王诗宬　李振平
方精云　来鲁华　耿　直
欧阳颀　席振峰　甘良兵
刘张炬　林作铨　熊传盛
王　远　王忆平　舒红兵
周力平　胡建英　朱　彤
王　龙　王健平

★重要科研成果及获奖情况：

1. 获1999年度国家级奖励项目6项(1项为合作项目)

北大获1999年度国家级奖励项目"国家科技进步奖"2项，其中二等奖一项：重稀土分离理论与实践；三等奖一项：4×25Gbit/s154公里无中继波分复用通信系统。"自然科学奖"三等奖三项：无穷维Teichmuller空间中的几何、若干生物医学高分子的研究、参数摄动控制系统的鲁棒分析与综合。

2. 国家科技奖教育部科技进步奖获奖项目32项

1998年度国家科技奖、教育部科技进步奖评审结果于1999年3月间揭晓。在国家科技奖评比中，共有543项成果获奖。北大共获8项奖励。在教育部科技进步奖评比中，授奖项目总数658项，北大共获24项。其中，5项成果获一等奖，9项获二等奖，10项获三等奖。

3. 13项成果获第四届国家图书奖

第四届国家图书奖是从1997年、1998年全国580家出版社的13万种图书中评选出来的。在148种获奖图书中，北大学者编著的图书共有13种榜上有名。其中，国家图书奖荣誉奖12种，北大有3种；国家图书奖40种，北大有4种；国家图书奖提名奖96种，北大有6种。

获奖名单如下：《蔡元培全集》(18卷)(肖超然、梁柱、王世儒等编)、《中华文化通志》(101卷)(北大汤一介、陈平原等参与)、《全宋诗》(72册)(北大古文献研究所编)获荣誉奖；《季羡林文集》(24卷)(季羡林著)、《比较法研究》(沈宗灵著)、《草房子》(曹文轩著)、《敦煌学大辞典》(季羡林主编)获国家图书奖；影响新中国经济建设的10本经济学著作(10卷，内收有厉以宁教授的一本著作)、《现代分子生物学》(朱玉贤等著)、《红瓦》(曹文轩著)、《国立西南联合大学史料》(6卷)(王学珍与清华、南开、云南师大同志合编)、《中国心理科学》(王甦等主编)、《北京大学图书馆馆藏历代金石拓片菁华》获国家图书奖提名奖。

4. 国家社科基金优秀成果获奖项目18项

全国哲学社会科学规划领导小组对"六五"至"八五"期间国家社会科学基金项目优秀成果进行评奖。在全国153项获奖成果中，北大获奖成果占18项(两项成果是与外校合作项目)。其中特别荣誉奖2项(全国仅2项)；一等奖2项(全国14项)；二等奖4项(全国38项)；三等奖10项(全国99项)。

5. 五四时期期刊光盘数据库通过评审

北大哲学系立项并主持、北大未名科技文化发展公司制作的五四时期重要期刊光盘数据库(首批)通过有关领导及专家的评审。该项目首批数据库全文收录了五四新文化运动时期《新青年》、《新潮》、《每周评论》、《北京大学月刊》等13种重要期刊，数据库收入文献总量超过4万页，是中国现代思想文化成果数字化的有益尝试。

6. 45项成果获北京市第五届哲学社会科学成果奖

北京市第五届哲学社会科学优秀成果奖授奖208项，北大共申报110项，获奖45项，占获奖总数的22%。其中，考古系宿白教授的专著《中国石窟寺研究》获特等奖(共2项)。另获一等奖14项，二等奖30项。

7. 3项成果获优秀外国文学图书奖

第四届全国优秀外国文学图书奖一等奖共7种，北大有1种，是英语系申丹的《叙述学与小说文体学研究》。三等奖共14种，北大有2种，分别是西班牙语系赵振江、吴健恒的译作《生命与希望之歌》，英语系陶洁的译作《圣殿》。

8. 夏商周断代工程进展顺利

"夏商周断代工程"作为国家"九五"重大科研项目于1996年5月正式启动。各学科确定了工程的9个课题和40个专题，北大参加了其中的十几个专题研究，承担了技术测年的大部分任务。由北大考古系主要承担和参与的考古课题均已达到"断代工程"的进度要求，1999年，商、周的年代框架已基本确定。

9. "原子光学与时间基准研究"

通过评审

北大电子学系参与承担的自然科学基金重大项目“原子光学与时间基准研究”通过了专家委员会的结题评审，专家们对项目的评价为“优”。该项目由三个子课题组成。北大王义遒教授负责的子课题为“基于原子喷泉的新型原子频标研究”。

10. 国家理科基地名牌课北大有17项获得立项

在1998年度“国家理科基地创建名牌课程项目”正式批准的133项立项中，北大荣获17项，位居全国高校榜首。高教司对批准立项的每一个项目给2～3万的经费支持，北大共获37万元资助。

11. 7种教材获教育部1999年度科技进步奖教材奖

此次评选全国高校共有29种教材获奖，其中一等奖4项，二等奖10项，三等奖15项。北大申报的15种教材有7种获奖，其中二等奖4项，三等奖3项。获得二等奖的是：数学学院张筑生的《微分拓扑讲义》，计算机系张立昂的《可计算性与计算复杂性导引》，生命学院朱玉贤、李毅的《现代分子生物学》，化学学院唐有祺、华彤文的《化学与社会》；获得三等奖的是计算机系王克义的《微型计算机基本原理与应用》，地球物理系杨大升的《地球物理流体动力学》和城环系周一星的《城市地理学》。

12. 1999年度联合科研资助基金评审结果揭晓

在总共229份立项申请书中遴选出14项给予资助，其中北大获得3项，分别是：化学与分子工程学院刘忠范教授与香港科技大学在新材料领域的联合项目，地球物理系秦瑜教授与香港科技大学在环境领域的联合项目，微电子所王阳元教授与香港科技大学的联合项目。

13. 教育部博士点专项科研基金1999年申请项目结果公布

北大本年共申请58项，获批准21项，资助率为36.2%。'99教育部重点项目批准清单也已下达，北大有6个项目获得资助。

★1999年度筹款情况

1999年度全校筹集款项共计约7000万元人民币，其中比较重要的捐赠项目有：香港嘉里集团董事长郭鹤年捐赠2500万元人民币，用以兴建学生宿舍楼和学生餐厅；台湾亚陆投资银行董事长万众捐资1500万元人民币，支持中国经济研究中心二期扩建工程；香港英皇集团主席杨受成捐资1000万元人民币支持北大建设；深圳长江家私有限公司董事长江学院捐助支持百周年纪念讲堂建设，价值约600多万元人民币；华远房地产股份有限公司捐赠500万元人民币在光华管理学院设立教席等。

（党委办公室校长办公室　供稿）

·附 录·

1999年授予的名誉博士

穆罕默德·胡斯尼·穆巴拉克(埃及总统)

1999年授予的名誉教授

序号	姓 名	国 别	职 务	授予时间
1	迪特里希·根舍	德 国	前副总理兼外长	1999.1.6
2	施瓦布	瑞 士	世界经济论坛主席	1999.4.19
3	安得烈斯·帕斯特拉纳·阿朗戈	哥伦比亚	总统	1999.5.14
4	迪·盖尔·约翰逊	美 国	芝加哥大学经济系教授	1999.6.10
5	丁肇中	美 国	麻省理工学院教授	1999.9.20
6	桐山靖雄	日 本	阿含宗管长	1999.11.5
7	詹姆斯·莫里斯	英 国	剑桥大学政治经济学教授	1999.12.30

1999年聘请的客座教授

序号	姓 名	职 务	授予时间	备 注
1	叶嘉安	香港大学讲座教授	1999.2.4	聘期两年
2	唐艳鸿	日本环境厅国立环境研究所研究员	1999.2.4	聘期两年
3	许进超	美国宾州州立大学数学系教授兼计算数学及应用中心主任	1999.2.4	聘期两年

序号	姓 名	职 务	授予时间	备 注
4	许 浚	朗讯科技公司网络系统部通讯软件总裁	1999.2.4	聘期两年
5	李开复	微软中国研究院长	1999.3.19	聘期两年
6	吉川明彦	日本千叶大学教授	1999.3.19	聘期两年
7	杜祖贻	香港中文大学讲座教授	1999.3.19	聘期两年
8	谷佃勇夫	日本理化学研究所教授	1999.4.2	聘期两年
9	A.沃尔德	斯坦福大学社会学教授	1999.4.2	聘期两年
10	项武义	美国加州伯克利分校、香港科技大学教授	1999.5.8	聘期两年
11	励建书	香港科技大学教授	1999.5.8	聘期两年
12	彼得·马兰祖克	荷兰鹿特丹 Erasmus 大学法学院	1999.5.8	聘期两年
13	长泽雅男	日本图书情报学会会长	1999.5.8	聘期两年
14	胡小平	美国明尼苏达大学磁共振研究中心和放射医学系教授	1999.5.8	聘期两年
15	谢祖祺	美国伯克利离子设备公司执行副总裁(客座研究员)	1999.5.8	聘期两年
16	高桥保	日本北海道大学教授	1999.6.4	聘期两年
17	刘绍臣	美国佐治亚理工学院教授	1999.7.23	聘期两年
18	丁邦新	香港科技大学人文社科院院长	1999.7.23	聘期两年
19	陈清泉	香港大学(化学与分子工程学院)	1999.11.16	聘期两年
20	李中汉	Cornell 大学(化学与分子工程学院)	1999.11.16	聘期两年
21	黄汝常	香港科技大学(城市与环境学系)	1999.11.16	聘期两年
22	钱大康	香港科技大学(计算机系)	1999.11.16	聘期两年
23	李龙飞	香港科技大学(光华管理学院)	1999.11.16	聘期两年
24	余同希	香港科技大学(微电子研究所)	1999.11.16	聘期两年
25	张 灏	香港科技大学(历史学系)	1999.11.16	聘期两年
26	郭振游	美国南卡罗来纳大学(经济学院)	1999.12.9	聘期两年
27	王中林	美国佐治亚理工学院(电子学系)	1999.12.9	聘期两年
28	濱下武志	东京大学(历史学系)	1999.12.9	聘期两年
29	饶宗颐	香港中文大学(考古文博院)	1999.12.9	聘期两年

部分世界一流大学简介

加州大学伯克利分校

加利福尼亚大学伯克利分校创建于1868年，是一所公立大学。伯克利分校作为加州大学九所分校中最年长的一个，在教学质量和科研成果上亦独占鳌头，从而成为加州大学系统中最杰出的代表。

据《美国新闻与世界报道》最新的一次调查表明，伯克利分校在教学、科研、师资和学生素质等指标的综合考核中，在全美高校中排名第五。以伯克利分校为首的加州大学的崛起，对于美国的高等教育具有非常重要的意义。随着这些公立大学实力的不断增强和社会地位的迅速上升，持续了200多年的东部长春藤院校的领导地位开始发生动摇，一些优秀的高等学府也逐渐平民化，从而大大促进了美国的高等教育民主化。

一、 行政管理机构

1. 加州大学评议会

加州大学在美国高等教育设施中属于"土地赠与法案"的公立大学，其最高权力机构称为"加州大学评议会"(the Board of Regents)。

评议会的主要职责：

制定和裁决涉及大学教育方向、重大的设施性建筑和改革之类的决策；接受州财政拨款和各项公私赠予，监督大学的财政支出与实施；任命和指定大学的校长、各分校的校长，各大学范围机构的主管负责人，监督大学行政方面的管理和实施等等。

法律规定："加州大学评议会对加州大学有充分的组织和管理的权力，只有在这种立法条规的控制下才能对在规定范围内使用大学的捐赠提供必要的保证和维护大学的资金。"由此可见，加州大学评议会的主要权力在于对大学财政支出的监督和控制上，这是一所公立大学在美国社会中必须采取的措施。

评议会成员的基本情况：

职务成员　其所任职务期限即为评议会成员任期，共七人，分别为：州长、副州长、议会发言人、公共教育监督官、校友会主席、校友会副主席、加州大学校长。

指定成员　由州长征询顾问委员会决定成员人选，共18人，各任期12年。

学生代表　由评议会指定一人，全权参与，任期一年。教师代表　由学术委员会正、副主席担任，无表决权，可参与一切讨论和决策。

2. 伯克利分校的管理方式

加州大学实行的是分层管理体制。

大学整体的管理称为第一级管理层次，上对州议会与州政府负责，下对九个分校施行统一管理，实际行政职权属于大学校长(president)，由大学校长指定副校长(vice president)人选，并分别组成各自的办公室，行使日常行政职能。现共有六个副校长分别主司学术、商业财政、农业和自然资源、大学和对外关系、保健和医疗服务发展。分校这一层次的管理称为第二级管理层次。在这一层次上，管理事务更为具体，直接关系到教学安排和学生培养以及科研活动。

伯克利分校实行的是分校校长和副校长分级负责制。

分校校长(chancellor)由加州大学评议会任命，副校长(vice chancellor)经过多层次的严格考核、评选，由分校校长任命。另设教务长(provost)，也是校级管理人员。校级管理人员之下设各职能办公室。各院系设院长、系主任。

校长、副校长的具体职责

校长总理一切校务行政和教学科研管理，伯克利分校现任校长是Prof. Robert M. Berdahl。下设校长助理两名，分别负责人事和法律事务。

副校长分工负责，实施横向管理。现共有副校长七名。其中：

一名副校长兼任教务长，协助校长总司一切；

一名副校长总司商业和行政事务，下设三名副校长助理，九名(执行)主任分别负责：人力资源；公共安全和交通服务；社区关系；体育运动和娱乐活动；大学生健康服务；行政计划；内部审计；环境健康和安全；贪污舞弊监督。

一名副校长总司资金项目，下设一名副校长助理，四名(执行)主任分别负责：建设和检查服务；设计和项目管理；预算；环境计划。

一名副校长总司学术研究，下设一名副校长助理，主管信息系统和技术。

一名副校长总司资源计划和预算，下设五名(执行)主任分别负责:预算;信息系统;财政和管理分析;规划和分析;空间管理和资金项目。

一名副校长总司本科生事务,下设两名副校长助理分别负责招生和大学生生活教育。另有一名执行主任负责学生食宿。

一名副校长总司大学关系,下设一名副校长助理,四名(执行)主任分别负责:发展项目和服务;学生活动;预算和行政;加州大学校友会。

其它职能办公室

伯克利分校各行政与教学职能部门是一个很大的摊子,除上述部门设置外,还有一些职能办公室分别负责以下事务:继续教育;职业和研究生服务;环境健康和安全;国际合作;财政支援;留学生和外国学者服务;夏季学期;大学健康服务;妇女资源;注册和警务监督等等。

院系负责人

分校的第二层次诸如学院、学校、研究所、中心、实验室均设院长、主任等实施管理,他们拥有对一切行政事务的最后裁决权。院校之下又分系科,设系主任,跨系科组织负责人,新学科协调人。

分校现有院长(dean)16名,分别负责文理学院;商学院;化学学院;教育研究院;工学院;环境设计学院;研究生部;信息管理和系统学院;国际和地域研究中心;新闻研究院;法学院;自然资源学院;眼科学院;公共保健学院;公共政策学院;社会福利学院。

二、 院系设置

加州大学伯克利分校的组织结构是:以传统的多学科综合的文理学院为主,以新兴学科和专业学院为辅。全校共有3个法学院,5个医学院,14个学院,大多数学院下面还设有系。

1. 文理学院

文理学院是西方教育体制中一种传统的分学科综合教育组织,以系为主干,伯克利的文理学院是14个学院中最重要的,也是学生人数最多的一个学院,它共有6个学部,46个系。

生命科学部:生物学系、分子和细胞生物学系、生化和分子生物学系、细胞和发展生物学系、基因学系、免疫学系、细胞核生物学系和生理学系。

人文科学部:艺术史系、艺术实践系、古典艺术系、比较文学系、戏剧艺术系、东亚语言系、英语系、法语系、德语系、意大利研究系、音乐系、近东研究系、哲学系、修辞系、斯堪迪那语系、斯拉夫语言文学系、南亚和东南亚研究系以及西班牙语和葡萄牙语系。

物理科学部:天文学系、地质地理系、数学系和统计学系。

社会科学部:美洲黑人研究系、人类学系、民主学系、经济学系、民族学研究系、地理系、历史学系、语言学系、政治学系、心理学系、社会学系和女性学系。

跨学科和本科生教育部:美国研究项目、认知研究项目、创造性写作项目、环境科学项目、交叉学科研究项目、法律制度研究项目、女同性恋,男同性恋,双性恋和变性研究项目、大众传播研究项目、宗教研究项目、亚洲研究项目、发展研究项目、拉丁美洲研究项目、中东研究项目、和平和冲突研究项目、工业社会的政治经济研究项目、本科研究项目、国防教育研究项目等。

本科生服务学部:文理学院的许多系都提供辅修学位。

2. 商学院

提供本科生项目和研究生项目。研究生项目包括:M. B. A;J. D. /M. B. A(和法学院合办);M. B. A/M. P. H.(和公共保健学院合办);M. B. A/M. A;工商管理硕士和亚洲研究;E. M. B. A;在职的MBA和管理学的P. H. D。

3. 化学学院

下设两个系:化工机械系和化学系。

4. 教育研究院

提供认知和发展教育;语言文学文化教育;政策、组织、衡量和评价等研究领域。

提供本科辅修项目。

5. 工学院

下设市政工程系、电子工程和计算机科学系、工业工程和操作研究系、材料科学和采矿工程系、机械工程系、海上建筑和海岸工程系、核技术工程系。

提供六个双学位项目。

6. 环境设计学院

下设建筑系、城市和区域规划系和景观建筑系。

提供本科辅修项目。

7. 新闻研究院

提供法律项目、亚洲研究项目和拉丁美洲研究项目。

只提供硕士学位。

8. 法学院

提供J.D.法律专业博士项目(高级职业学位);L. L.M. 法律硕士项目(为外国律师提供的学位);J. S. D.法律科学博士项目;M. A. /PH. D;法律和社会政策硕士;哲学博士项目。

9. 信息管理和系统学院

提供信息管理和系统的硕士学位和如下哲学博士学位:信息用户和社会;信息组织的管理和服务;信息经济学;信息检索;信息技术;系统分析和设计;信息政策。

10. 自然资源学院

下设农业和资源经济系、环境科学系、营养科学系、植物科学系。

提供本科辅修项目。

11. 眼科学院

提供视力科学项目。

12. 公共保健学院

提供卫生统计项目、环境卫生科学项目、传染病研究项目、健康服务和政策分析项目、免疫项目、微生物项目、健康和药学项目、基因咨询项目。

13. 公共政策学院

提供本科辅修项目、公共政策硕士项目、公共政策哲学博士项目。

14. 社会福利学院

提供社会福利哲学博士项目、社会福利硕士项目(为准备参加社会福利实际工作者提供的项目)。

三、 师生的基本数据

1. 师资

加州大学伯克利分校拥有阵容强大的教师队伍。据1997～1998年度的统计,全校共有教授1661人,其中男教授占77%,女教授占23%,少数民族占16%,获得终身职位的教授占80%,有8名诺贝尔奖金获得者,121名美国科学院院士,76名美国工程科学院院士,198名美国艺术科学院院士,140名Guggenheim奖获得者,22名MacArthur奖获得者,3名普利策奖获得者。

雄厚的师资为伯克利分校的教学质量和科研发展奠定了坚实的基础,同时也为加州大学伯克利分校吸引了许多优秀的学生,并且在一定程度上提高了学校的声誉,为学校吸引来了大量的科研资金。

伯克利分校设有许多重要的研究机构,其中有美国能源开发署的三个重要的世界闻名的大型研究中心:劳伦斯伯克利实验研究中心、劳伦斯弗莫尔实验室和阿拉莫斯科学实验室。其中,劳伦斯伯克实验研究中心是享誉世界的物理学研究中心。

2. 本科生学习

伯克利分校优秀的教学质量和良好的声誉吸引了众多优秀的学生,因而入学竞争格外激烈。加利福尼亚州全州最优秀的高中毕业生才能进入加州大学学习,约为整个高中毕业生的12.5%。而能就读于伯克利分校的大概只有1%。进入伯克利学习的学生也格外追求上进。据统计,在伯克利分校获得学士学位后又继续深造获得博士学位学生的比例比其他任何一所美国大学都要高。

伯克利分校实行四年制本科生教育制度,学生只能主修下面七个学院的项目:化学学院;工程学院;环境设计学院;文理学院;自然资源学院;商学院和眼科学院。

伯克利分校现有本科生21,738人,其中男生10,948人,女生10,790人。除大多数学生系加州的公民外,还有来自全美国各州和全世界100多个国家的留学生。伯克利分校的学生中不少人都是来自具有不同文化背景的少数族裔,他们和白人学生共同构成了伯克利大学丰富的多元文化氛围。下面是1999～2000年本科生种族比例:亚裔:40.9%;本土人:31.4%;西班牙裔:13.2%;非洲裔:13.2%;印第安人:1.2%;其它:7.2%

3. 研究生学习

伯克利分校拥有全美最大的研究生部,提供了近100个专业的学位项目。现共有硕士、博士和博士后研究生9262人,占学生总数的三分之一。1997～1998年度共授予硕士1632人、博士752人、职业性学位340人。

伯克利分校的研究生教育质量更是久负盛名。

1995年在National Research Council关于博士教育的调查中,伯克利有36个博士项目名列全美前十名。下面是其中28个项目的排名:人类学3,艺术史3,生化和分子生物学4,天文学3,生物工程8,化工机械学3,化学1,古典艺术2,英语1,比较文学10,计算机科学3,环境进化行为8,经济学7,电子工程学4,法语7,地理学6,德语1,历史2,语言学6,材料科学4,数学1,音乐3,哲学4,心理学9,政治学2,物理3,社会学3,西班牙语和葡萄牙语9。

1998年由US News & World Report发表的一项对职业学校的调查中,伯克利的排名是:建筑6,商业10,教育1,工程2,法律7,公共保健6,社会工作3。

研究生不少人是来自具有不同文化背景的少数族裔,还有众多的国际学生。下面是1997年研究生的种族人数:亚裔:1226人;高加索人:4664人;西班牙裔:511人;非洲裔:314人;本土人:71人;菲律宾裔:80人;其它:347人;国际学生1,339人。

附:1997～1998年度14所学院的招生人数(包括本科生)

化学学院:1061人
文理学院:20172人
商学院:1346人
教育研究院:409人
工学院:3828人
环境设计学院:1003人
信息管理和系统学院:52人
新闻研究院:113人
法学院:955人
自然资源学院:1035人
眼科学院:277人
公共保健学院:456人
公共政策学院:112人
社会福利学院:238人

四、 产、学、研相结合

美国人崇尚务实精神，同样影响着美国高等学校的办学方向。从350年前创办哈佛大学至今，社会服务一直是每个高等学校或明确或暗含的目标，美国人通常把教学、研究和社会服务视为高校的三大功能。

战后，随着大学与工业企业互相联合的趋势不断发展，越来越多的工业科研机构和拥有高精技术的工业公司建立在科研力量雄厚的大学周围，进而形成了"波士顿——剑桥科学工业综合体"、"华盛顿——巴尔的摩科学工业综合体"、"纽约一新泽西科学工业综合体"、"旧金山——帕洛阿尔托科学工业综合体"和"洛杉矶——圣地亚哥科学工业综合体"五个庞大的区域性科学工业综合体。其中，围绕斯坦福大学、加州大学和加州理工学院而形成的"旧金山——帕洛阿尔托科学工业综合体"，是美国西海岸最大的地区性科学工业综合体。

《美国新闻和世界报道》曾做过一项十分有意义的调查，调查哪些学校能为美国未来的工程师提供最好的教育，伯克利分校排名第四。伯克利分校努力建立与附近大企业公司的联系，使学校、学生、企业三方受益。例如，该校在为社会服务中成效显著，由于自身在电脑辅助设计及制造研究上的超前性，使其能从经营半导体的十几家公司得到价值在1800万美元以上的捐款和设备。此外，校方提供许多机会，使学生可以接触到最先进的设备和研究工作。同时，企业和公司由于学校在热门学科方面的显赫地位，对其毕业生也大开方便之门，从而使企业、学生双重受益。

五、 兼容并包、思想自由

"兼容并包、思想自由"的办学思想是使伯克利分校这所西部的大学明星光辉璀璨的永恒精神。

加州大学素以学术自由和学生自治著称。海阔凭鱼跃，天高任鸟飞。在伯克利，没有来自保守传统的约束，没有不可逾越的清规戒律。在这片自由的土地上，你可以天马行空，畅想一切，自由地探索未来世界；在这里，即使别人并不同意你的观点，但你的思想永远会受到尊重。正是缘于这种自由思想，才使无数伟大的思想和发现在这里得以孕育和成熟。加州大学的历任校长们都非常珍视这一宝贵的传统，哪怕在这种自由思想和美国的现实世界发生严重冲突时，校长们也没有放弃过对加州大学自由主义传统的保护。

伯克利分校坚持学术民主，不搞论资排辈，不拿名人和权威压人。学校要求新教师不与著名教授合作搞科研、写论文，鼓励他们自己去开创新的研究领域。这一做法是鼓励竞争，促使学术领域充满勃勃生机的明智之举。伯克利分校充分发挥教授会的力量，教授会拥有相当大的权力，教授是决定教育方向，参与决策，推动实施的"主要力量"。

加州大学历任校长都鼓励学生自立自治。校长斯普劳尔就曾是学生运动的积极分子，在其任期内也同样大力提倡学生和教员自治。在惠勒校长施政时期，发动了学生自行管理的"高年级学生作用"活动，就是让高年级学生自行组织学生会，带动和领导低年级学生，使学生的学习、课余活动以及学生的交往均由学生自己去主持。这样，一方面使学生在大学就得到了锻炼，具备适应社会的能力；另一方面也减轻了教师管理的任务，使教师可以专注于教学，而不至于因为管理学生事务而分心。惠勒因势利导，有力地利用学生组织，使其活动得到充分开展，作用和影响日益扩大，最终成为现在加州大学的三大组织之一。学生以自治会的形式参与学校的管理，一方面符合学术自治的原则，另一方面也有利于学校保持常新的局面，而不是逐步趋于保守，落后于时代。

正是由于自由的传统，伯克利才能够保持常新和不断进取的精神，这点在其新学科的建设上得到了充分的体现。随着科技浪潮对教育界的冲击，伯克利采取了诸多措施，在传统的学科教育组织之外设立了各类新兴学科组织，开设了大量的新兴学科的课程和研究项目，并且对原有的学科范围进行调整，增设了许多新的学科领域。此外，学校还非常注意对交叉学科、边缘学科的研究，例如文理学院就设立了一个学科专门研究男同性恋、女同性恋和双性恋的问题。

麻省理工学院

一、 概 况

麻省理工学院（MIT）是美国培养高级科技人才和管理人才、从事科学与技术教育与研究的一所私立大学。1865年创建于波士顿，1961年迁到现在所在的坎布里奇。虽然后来增设了人文、社会科学等系科，但该学院仍保持了其纯技术性质的特色，主要培养工程师和技术人员，其办学方向是把理论科学和应用科学的教育与研究结合起来。

MIT创建之初，只有15名学生。经过近140年的发展，现已有学生近万名，并且已被世界公认为与牛津、剑桥、哈佛等老牌大学齐名的、以理工科为主的、综合性的世界一流大学。

二、 现 状

MIT依靠其在自然科学、工程学、建筑学、人文科学和社会科学以及管理学方面的实力，致力于对学生进行科学和技术知识的教育，通过优秀的教育、研究和公共服务，来为社会做贡献。这一使命是通过创建者的远见卓识和后继者们“识时务者为俊杰”的办学理念和理工与人文融通，博学与专精兼取，教学与实验并重的办学方针来实现的。

自由的学术气氛和严谨的科学态度，使 MIT 产生了威廉·肖克利、保罗·塞缪尔森、罗伯特·索洛等众多的诺贝尔奖得主（截止到 1987 年，共计 14 人），也使 MIT 拥有了最好的管理分院和能源实验室以及林肯实验室等这样的优秀科研机构。正如现任院长查理斯·M·怀斯特所说，“MIT 是一所虽不排除其它学科，但以科学和工程学为主的研究型大学。我们通过发现自然、社会、经济和审美领域的基本知识服务于国家和世界；通过与其他人协力合作，用这方面的知识迎接世界的巨大挑战；通过为有很高天赋的和多样化的学生群体提供很好的教育，以让他们深刻地理解科学和工程学，并发展他们的能力、塑造他们的价值观、激发他们的情感，使他们明智而有创造性地把所学知识应用到人类的进步当中去。我们可以为取得这些成就而自豪，我们也确实是这样。”

MIT 是一个令人激动的地方。学生之所以报考，是因为它除了拥有最好的自然科学分院、工程分院和管理分院外，还拥有一流的建筑与规划分院、人文科学和社会科学分院；是因为它拥有学生所需要的学位计划和课程，是因为学生们甚至新生都可以聆听到诺贝尔奖得主的教诲，是因为学校会给学生无数的良机，让学生与世界上著名的科学家共同研究。学生和教授间的关系很亲密，在教授与高才生之间培养了一种良好的合作精神。学生们在 MIT 可以同与他们相似的人——科学和数学方面的佼佼者，杰出的音乐家、运动员、企业家和团体领导者共同生活和学习。MIT 能为学生提供以分期付款的方式偿还的资助。但“MIT 并不是只要用功的学生就能念的学校”，它有高度的科学倾向和严格的必修科目：所有学生要在一年之内修完微积分和物理，一个学期之内修完生物和化学；二年级时，学生要求在各自不同的学科领域要修毕 3 种课程，同时要取得实验方面的成绩；为保证 MIT 学生能获得真正有意义的自由科学教育，学校规定每个学生要花 8 个学期的时间学习人文和社会学科。正因如此，在第一年，学校为缓和压力，全面采用了避免失败的成绩考核法。

MIT 是一所重视科学、技术和管理的世界一流大学，它在宇宙科学、原子科学、航天技术、生物工程等领域的科学研究居美国领先地位，并因与商业界和政府的密切关系而闻名世界。MIT 是高强度的、有创造力的和企业家式的。尽管它拥有一流的文艺教育计划，但不容置疑的是，这些条件都不能当作投考 MIT 的主要原因，因为毕业生所得到的学位还是理学士，MIT 的本质依然在于它的科学技术。

三、 办学理念

从美国第一所学院——哈佛学院创建直到 19 世纪中期以来，美国的大学教育充满着浓厚的古典和宗教色彩，经典学派的传统教法和死记硬背的学习方式把美国高等教育推进了腐儒式的泥潭，这种教学方式越来越不适应工业的发展和社会的进步。由于传统的大学和学院很难适应现代社会的要求，因而，麻省理工学院的创始人威廉·巴敦·罗杰斯在反思自己教育经历的过程中曾产生了创建一所“超过国内任何一所大学”的学校的想法。他指出：这样一所学校不仅仅是能传授工艺技能，重要的是要为学生们将来在工业部门工作打好科学理论基础，并把“通过实验进行学习”作为学校的教育信条。在赠地法案的推动以及罗杰斯个人的努力下，1865 年 2 月 20 日在波士顿市中心的商业图书馆响起了麻省理工学院第一堂课的铃声，MIT 由此走上了其成功之路。

一所大学的建立固然有其偶然性的方面，但它的成功却非偶然。MIT 的成功源于其教师的创新意识、领导者高瞻远瞩的办学理念以及卓越的领导和管理才能。具体表现为如下几方面：

1. 实用知识的教育价值观：罗杰斯认为在工业社会，学生将从趋向于有用目标的动力中获益。今天，这种教育价值观在世界范围内被广泛接受。MIT 开设的课程“适于培养机械师、土木工程师、建筑师、矿冶工程师和实用化学师”。学院还聘请了一些有创新意识的教授，如埃利奥特、爱德华·C. 皮克林，他们带来了新的教学方法和模式。正是学院的办学宗旨和这些革新者使 MIT 成为埋葬僵死学术的一座“坟墓”，也成为新思想、新方法和新活力的源泉。这从学生的评价中可见端倪：这里的教学方法对我们学生来说都是新颖的；我们告别了旧的、囫囵吞枣式的学习方法；我们感到老师是通过让我们与大自然的直接接触去认识它，而数学、语言和历史则是达到这一目的的手段。社会所要求的知识越来越多，MIT 的教育重点也时刻在变，但“有用”始终是 MIT 的核心。也正是这一价值观使 MIT 把重心放在有利于促进科技发展的领域。

2. 社会责任感：为社会的利益发现和应用知识是 MIT 的中心使命。1873 年以前，机械工程一直是 MIT 的第一专业，之后与土木工程易位。这是因为当时美国有成千上万英里的铁路需要铺设，还要开凿隧道、修筑桥梁、兴建公共设施，这都需要大批训练有素的工程技术人员。此外，在一战期间，MIT 还广泛增设专业，开展与战争有关的科学研究。MIT 为报效祖国办起了培训陆军和海军飞行员、航空工程、无线电工程师以及其它人员的专业,广泛开展与战争有关的科研工作。一战后,为寻求资金支持,学校成立了工作合作与科学研究研究室。根据该室与工业界签订的合同规定,由学院派人帮助工业部门解决科研难题。对此,有些教授大为不满,认为重视实际问题会干扰理论研究,但这种做法还是坚持下来了。而且这个研究室逐渐发展成工业联络规划室和协作办公室,加强了与工业界的联系和相互促进。1940～1946年,MIT建立了微波雷达研究机构,1951年又建立了林肯实验室。这与1940年前经济萧条时期美国工业发展趋势也是大有关系的。在冷战日益加剧之时,国务院就前苏联干扰"美国之音"一事委托在1950年年内完成一项"特洛伊"研究规划,这项研究促使MIT于1951年组建了国际研究中心,并于1965年成立了政治学系,这个系的不少研究工作与国家的重大决策有关。1972年,为寻求解决震撼世界的能源危机新途径,能源实验室在MIT应运而生,有65位教授和许多研究生参与了这项工作。

3. 文理相通——通识教育与专业教育相结合:MIT虽然是一所著名的理工学院,但它并不忽视人文学科的教育。罗杰斯院长在1865年建校之初,为学院规定的宗旨之一便是"提供一般的教育,使其在数学、物理和自然科学、英语和其它现代语言以及心理学和政治学的基础上,为学生在毕业后能适应任何领域的工作做好准备"。沃克院长加强了课程设置中的社会科学内容,康普顿院长通过建立人文学研究室又给了社会科学以新的重要地位。刘易斯报告否定了学院要象医科和法律学校那样仅为毕业班开设适应职业要求课程的传统看法,认为:"技术的和社会的问题如此错综复杂地交织在一起,以致人文学和社会科学必然成为人的职业所需要的部分"。吉里安院长也指出"需要在科学与人文学之间创造更好的联系……,从而能从现代社会的各种问题所形成的障碍中找出一条道路来"。因此MIT于1948年成立了人文学与社会科学分院,后来又增设了政治学系、心理学系和哲学系,分院拥有一批人文学家和社会科学家。人文学系开设历史、文学、写作、人类学、音乐等人文课程,人文课是理工各科学生的第二主修课。内森·西林、西里尔·S.史密斯、威廉·C.格林都是MIT培养出来的著名人文学者。MIT拥有世界上第一流的语言学家(罗曼·雅各布逊、乔姆斯基),在语言研究方面一直处于世界领先地位。在社会科学方面,MIT也拥有一批出类拔萃的专家学者。国家科学基金会在一篇论述在本世纪社会科学领域中最伟大成就的文章中,曾公布了一批杰出学者的名单,其中有11人为MIT现任或离任的教师。它表明科技与社会科学之间的相互影响已为人们所承认。这种相互影响在MIT的教学和科研工作中,历来体现得很明显。格雷院长曾预言:MIT对工程技术人员进行人文学科教育的做法,"很有可能对美国的教育产生深远的影响"。教育不仅仅是智力的发展,也是为生活做准备。因而学生受教育的整体环境是重要的。以培养工程技术人才为主的MIT,越来越重视文科教育,目的是为了学生毕业后能顺利地承担高级工作。在MIT,通识教育与专业教育相结合,为本科生提供了一种平衡的教育。MIT认为仅发展熟练的技术是不够的,高等教育应使个体有能力和有效地参与集体文化。因而一种整合的教育计划仍是MIT本科教育的原则。在MIT,"越少是越多"指导着本科生课程的设置,给予学生基础知识以帮助他们进行终身的自我教育。更好地学习和掌握有限的基本概念与专业主题比掌握一堆事实更助于培养未来的专家。尽管内、外部的压力要求MIT拓宽课程,但MIT仍强调基本原理,不增加课程量。与此同时,MIT对整体课程也不断地进行评定和修改,而不是仅仅增加需要的零散饭。

MIT已经进入了第二个百年,其总规划的最重要特点是:进行建制上的改革,即重点发展若干跨学科研究中心。在这项改革过程中,斯特拉顿院长亲自指导下建立起来的电子研究实验室获得了成功,为建立某些跨系的实验室和研究中心提供了样板。这些跨系的实验室和中心基于一个事实建立起来的:新发现的科学通常总是跨越了传统的学科界限而存在,它们为理和工以及基础理论研究与应用的结合创造了条件,并且对二者均有裨益。1966年霍华德·W.约翰逊任院长时说"学院已经到了我们的社会乐于向它提出许多要求的阶段,即要求我们大量地解决有关教育、生活、地区开发、交通运输、商业和工业、医疗乃至国与国之间和平共处等全国民众共同关注的问题"。

四、特色

1. 大学生科研机会规划(UROP)

MIT作为一所新型大学于1865年建立时就既重视基础理论知识又强调实际的操作能力。首任院长罗杰斯认为,学生应当从实在的数据中了解具体的结论。"通过实验进行教学"是罗杰斯的教育信条。他强调积极主动的学习,让学生寻找新的信息,因而把个人的经验转化成知识。MIT强调利用实验室、工厂和计算机资源进行教学,让本科生从事研究活动。MIT是第一所制定"大学生研究计划"的大学。1957年,发明偏振片照相机的埃德温·H·兰德在MIT的讲座——"伟大之产生",对MIT的教学思想产生了很大的影响。他认为,标准的大学考试和评分制度只能压抑学生成为伟大人物的潜力,学生不应被看作是不成熟的孩子,应被教授们当作年轻的同事,并应及时给他们以从事独立的、有激励性的科研的机会。为此,几年后他专门设立了一项给MIT使用的托管基金,用来从事具有特别重要意义的工作。因而1969年MIT制定了“大学生研究机会计划”(UROP),它给本科生提供广阔的、开放的、作为教师的初级同事参与研究的工作。它是以研究为基础的本科生同教师进行智力协作的计划。UROP现在仍是全美大学中最大和最广泛的计划,没有其他哪所大学在这方面能与之比肩。MIT也是唯一一所学生可在每一门可获得的学科中进行研究的大学,包括艺术、社会科学和人文科学,而不是仅仅限制在自然科学和工程学领域。UROP向所有MIT和威尔斯利学院的学生提供了参与研究的机会,学生可参加研究活动的每一个阶段:提出或发展研究计划、建议、进行研究、分析数据、写作研究结果的书面报告。UROP的项目可在学年或暑假的任何时间进行,同时也可在任何系或跨学科的实验室进行。对UROP经历的评价,在每一学期或暑假结束时由学生和教师各写一份。除自然科学和工程学之外,UROP也适用于其它分院和各系,包括艺术、人文科学、图书馆和写作等。在研究项目的质量评估结束后,对教师和学生进行各种各样的奖励。教师们认为同“大学生科研机会规划”的学生一起工作是自己活动的重要内容之一,“这在MIT是最重要的计划之一,对教师和学生来说都是重要的财富”。1998年度,教师从他们自己的研究资金中拿出500万美元作为参加“大学生科研机会规划”的学生的工资。UROP的项目可在学年或暑假的任何时间进行,IAP是开始一个UROP项目的最佳时机。(IAP－独立活动时期在MIT是指特殊的四个星期,即从1月4日到29日。IAP为教师和学生提供了一个令人高兴的使他们从学习常规中摆脱出来的休息日。学生可自由安排自己的学习日程,从事独立的课题或做一些在学期内不可能做的事情。许多教师可以尝试有创新性的教育实验,并能同学生进行非正式的接触。)本科生在MIT的五个分院和40多个跨学科实验室与中心同教师一起做研究。尽管“大学生科研机会规划”的课题能帮助学生作出有关专业或职业的决定,但许多学生喜欢探索与自己专业有很少或几乎没有联系的领域。与教师合作研究是学生进研究院或就业的很好的推荐书,这项规划已使许多本科生进入了科学界。“‘大学生科研机会规划’的经历可能是本科教育最好的要素。学生只有在这种典型的情况下才能对未解决的问题进行真正的研究。这些未解决的问题相对来说更难、更使人困惑和更易失败。有时它们甚至可能没有解决的办法”。

2. 企业家式的精神

企业家是美国经济改革的驱动力,他们把新的思想、方法和先进的技术介绍给商界和市场,并进行创造性的工作。企业家的精神在MIT随处可见。即使学生对商界很少感兴趣,MIT的企业家式的精神却鼓励学生进行有创造性的努力以产生新的制度和解决方法。学生为了求知而进行研究同应用知识使之服务于社会的观念相配合导致了从实验室产生的大部分成果都能应用于现实世界。如果把MIT的研究生和教师建立的公司组成一个独立的国家,这些公司创造的总收入将使这个国家成为世界第24大经济强国。MIT的校友、教师和学生在美国上千个公司的创办中发挥了重要作用,这些公司位于马萨诸塞州、硅谷、美国各地和世界上的其它国家。许多公司在生物工艺学、防御工事、半导体、微电子、高级计算机和投机资本等方面已成为新兴工业的基石。为了维持和扩展校园企业家式的传统,MIT企业家中心对来自于学院的所有分院、系和校园社团群体的广泛的和处于增长中的企业家式的活动、项目和资源系列都给予了足够的重视。企业家中心设计和实行新的对企业家未来的实践作铺垫的教育和研究计划。同时,校园内部有许多竞赛和奖学金鼓励学生去从事科学、技术和企业家的职业,激励学生成为有创造性的个体。

3. 正规教育与非正规教育的结合(研究、学术和集体生活一体化)

高等教育的目的是培养高素质的学生,造就一批有批判性的、对做任何事都追求优秀的知识分子,这也是MIT的使命和所追求的目标。正规学习与非正规教育的结合有力地促进了MIT对这一使命的完成,为MIT赢得了声誉。21世纪高素质的学生要具备三个基本特性:判断力、知识和智慧。具备和发展良好的批判能力和理性推理能力,不但可以深入了解各种科学方法,而且能获得、评价和使用信息,从而提出和解决生活中存在的各种各样的复杂问题。发展良好的判断力,可以形成适应巨大变革的灵活性和自信心,批判性地思考道德和伦理问题,有效地与他人交流,更好地与他人共事。在某一领域不但要有广博的基础知识,而且还必须具有一定的理论深度和实践经验,才能把这种知识同社会的重大问题相互联系起来,对科技与社会间的互动有充分认识。所有这些也反映了MIT以实用知识为基础的教育价值观。与技术定向和知识定向的教育相区别,有结构的教育和无结构或非正规的教育的结合使MIT培养出了成千上万的素质全面的学生,为MIT赢得了广泛而良好的声誉。研究、学术和集体生活一体化及学生相互间的合作以及同教师的互动成为MIT的一个显著特征。

五、 交叉路口

MIT从一所名不见经传的小学院发展成为闻名遐迩的世界一流大学,既有过要被哈佛吞并的经历,也曾徘徊于前进的十字路口。

1930年起MIT开始了从工学院向理工学院的转变。这既与当时美国的发展状况有关,也不能抹煞当时的院长康普顿的个人作用。30年代，科学和技术、纯理论研究和应用研究的联系日益加强和明显。美国政府营业部认为，纯理论研究和应用研究是使经济增长和提高经济效率的基础和手段，科学及技术的应用必须以基础理论知识的持续进展为基础，基础科学和工业的关系日益密切。随着美国工业生产及科研水平的发展，基础科学在工业中的重要作用日益直接和明显，办单纯的工科大学就日益不适应美国工业的需要。过去的一两百年，由于科学发展的速度不快，工科所用的科学基础知识是较为稳定的，工科大学过去所需的科学基础知识比较少，且可满足学生毕业后十几年甚至几十年的需要，所以过去开些数理化基础课程就行了。现代科技的发展比过去快，从基础理论的成果到工业上应用，需要过渡的时间大大缩短，较少和较低的科学基础知识，特别是缺乏不断补充最新科学基础知识的能力，已不能满足学生毕业后几年之内的需要。因而，MIT从1930年起开始加强理科建设，注重理工结合。康普顿首先把物理系从只为工科学生教授基础课改变为研究生培养及科学研究上具有重要地位的系科，这在一定程度上适当处理了理论和实践的关系。MIT的演变历程表明，大学的办学方向要随着条件、时间、地点而不断调整，以达到理论和实践更好地相互促进。加强理科、理工结合也促进了工科的发展，提高了工科研究生的培养质量。MIT现有工学分院、建筑分院、理学分院、管理分院和人文分院，理工结合最密切的是电气工程系，也是MIT最大的系之一。电气工程系和物理系的关系几乎到了不分彼此的密切程度，“在各系学位教学计划中，物理及数学在三、四年级的课程中日益重要，在许多新领域内缺乏基础科学的坚实基础就无法创造性地进行工作”。1930年，理科在MIT的地位主要是给工科开设基础课，这使第一流的科学家不相信MIT能向他们提供培养研究生及开展基础科学研究的条件。20年代末，工业已开始重视理论研究。二战对军事科技的要求提高了，特别是在基础科学方面，MIT在1930～1940年加强了理科、理工结合，因而经受住了考验。

六、 未来战略

斯特拉顿院长在回顾学院的发展和成就时说：“我们决不应该忘记，大学的特有产品是学生；大学之所以存在，其基本原因便是生产这样的产品”。MIT的过去、现在和将来的命运都取决于它的学生，因而对学生高标准、严要求是MIT一贯的传统，如何保持这个传统而又使学生对学习不至于产生厌倦情绪，以便为日后个人的创造和对社会有所建树打下坚实的基础，便成了问题的关键所在。MIT既拥有一流的科学、工程学和管理计划，也有令人称赞的艺术、人文科学、建筑和社会科学计划，这为学生非凡创造力的培养提供了一种良好的智力环境，也为21世纪的大学提供了一种理想的前景。MIT将保持并进一步加强这种智力环境的培育。

怀斯特院长在他的报告中说，“当今世界变化如此之快，如果我们想更好地服务于学生、国家和社会，就必须提前几年重新明确自己的使命和研究型大学的特性。二战已远离历史，我们正处于一个新的、快节奏的、全球互联的知识经济时代。这个时代呈现出不稳定性和危险性，同时也给我们带来了丰富的承诺和机会。随着信息革命和基因革命的兴起和日益突出的环境问题，社会将期待MIT的研究生和教师对科学和工程学进行有创造性的理解和应用，但社会也期待MIT和它的成员在世界事务的许多方面表现日益重要的领导才能。我们已开始通过同商业、工业和政府的理解与合作来加强自身学习、研究和解决问题的能力，以使MIT在未来发挥更大的作用”。在未来社会里，经济实力和国家的地位绝大部分由技术上和组织上的革新所决定，这种革新必须建立在对科学、工程学和管理进行新的研究的基础上；科学和技术的作用不再仅限于国家防御，也关系到经济成活力、环境问题和国民保健；历史上，MIT的教育和研究使其处于优先地位，这是源于联邦政府的巨大投资和其它捐赠，而今，预算压力和国家重点的转移使政府对高等教育，尤其是MIT的拨款减少，而高等教育的实际成本继续增长。这些都表明MIT作为一所理工科大学已走到另一个历史性的交叉路口，必须从战略的角度重新审视教育使命以使它对未来的学生和捐赠者有足够的吸引力。通过对未来社会、科学和大学自身研究的基础上，MIT制定了未来的发展战略：

吸引最优秀的学生和教师，给他们提供有刺激性的和有效的生活与学习环境。

致力于研究基础科学，但应在把研究、学习和行动整合成一体的新模式中处于领先地位。

致力于学术、探究和批判精神，然而擅长把工业、政府和学术界联合起来，共同探索、解决世界面临的主要问题。

继续保证艺术、人文学科和社会科学方面的强大计划。

致力于扩大技术上和管理上的能力，但要考虑到道德和伦理问题。

把服务于国家作为首要的和最重要的原则，但要认识到这需要全球性的参与、合作与竞争。

开拓新的财政来源，增加公民、联邦政府和商业界对科学、技术、研究和高等教育的理解与支持，吸引私人投资的增加。

这些都是确保MIT在下个世纪继续保持研究型大学地位所必需的目标，也是将给MIT带来更辉煌未来的保证。

·索 引·

使用说明

一、本索引采用内容分析索引法编制,主要按汉语拼音音序(同音字按声调)排列,具体排序方法是:以数字开头的标目排在最前面,然后是以英文字母开头的标目,接下来是汉语拼音排序的索引标目。

二、除"大事记"外,年鉴的各部分内容均列入索引范围,以便于检索使用。

三、索引标目后的数字表示内容所在的页码,数字后的英文字母a、b、c,代表年鉴正文自左至右的栏别。

四、年鉴的篇名作为索引标目时,用黑体字标明;表格、图片标目则用楷体字标明;其它标目以宋体字编排。

五、索引中遇有全称与简称、通称标目时,以"见"参照予以反映。一般是简称见全称,或全称、简称见通称。

六、为反映索引款目间的上下级关系,对于二级标目,采取在上一级标目下缩二格的编排形式,之后再按汉语拼音音序排列。

0—9

A—Z

F

G

K

L

R

S

(萧东发　王彦祥)